U0892756

新版“律师业务必备”丛书

权·威·的·中·国·律·师·业·务·指·南

建设工程法
法律制度与实务技能

THE LEGAL SYSTEM AND PRACTICAL SKILLS OF CONSTRUCTION ENGINEERING LAWS

李 恒 马凤玲 / 著

法律出版社
LAW PRESS·CHINA

第三版序

此次修订保持了原版的基本体例和结构，但由于我国建设工程法律法规及行业发展发生了重大变化，相较于2014年的第一次修订，此次修订的内容较多，主要体现在以下方面：

一、更新了建设工程相关的法律法规。《民法典》、最高人民法院《建设工程施工合同纠纷适用法律问题的解释（一）》等法律法规先后颁布实施，建设工程领域的改革措施也不断出台，如企业资质改革、招标投标监管制度改革、“放、管、服”及行政审批制度改革等，建设工程领域的大量法规不断修订，相关的政策文件也不断更新。本书对涉及的法律法规、规范性文件等进行了全面梳理，更新了相应内容。

二、更新了建设工程领域相关争议问题的观点。随着建设工程司法实务及相关工作实践的不断丰富，司法机关、仲裁机构及行政主管部门对建设工程领域的一些问题逐渐明晰了观点，或形成了新的观点，比如“挂靠”“实际施工人”的区分和界定等，本书修改了相应内容，更新了有关判例。

三、增加了建设工程环境资源保护及其他内容。建设工程环境资源保护越来越受到重视，而且建设工程总承包、全过程咨询等模式也不断创新发展，本书增加了必要的内容，进一步完善了建设工程法律制度体系。

四、删除了一些现已不太适宜的内容。随着中国企业不断“走出去”，特别是“一带一路”倡议的实施，中国企业对承揽国际工程的法律风险防控也越来越重视，同时海外工程所在主要国家的法律制度及更新变化，较以往有更多途径及时获取，本书将原版中有关国家的法律制度予以删除。另外，本书原版下篇中的一些建设工程实务技能内容已经时过境迁，此次修订时也予以删除。

笔者在繁忙的律师业务和教学科研工作之余从事写作，且建设工程领域法律法规纷繁复杂，虽尽力修订本书，仍难免有错误或遗漏之处，希望读者批评指正。

作　者

2021年4月26日

原版序

创新研究方法　梳理法律制度　规范实务操作

建筑业作为我国国民经济的支柱产业之一，对推动我国国民经济增长和社会全面发展发挥了重要作用。在建筑业不断规范、发展以及逐步与国际接轨的过程中，建设工程法律制度与实务研究尤为重要。

目前，有关建设工程的法律书籍已琳琅满目，但结合法律制度本身进行实务研究的书籍并不多。本书着眼于我国经济体制的改革发展过程，从经济发展的宏观角度，对中华人民共和国成立以来建设工程立法历史沿革进行了具有创新性的研究总结，并强调以平等民事主体的市场经济原则为建设工程法律制度理论和实务立足点，视野开阔，论述翔实，此为本书的主要价值之一。

我国现行建设工程法律体系浩繁、庞杂，大量规章、政策交叉、交结，因此，应当将我国建设工程纷繁复杂的法规政策，用一条“红线”有机地串联起来，从而将我国建设工程法律制度梳理得清晰有序。在建设工程市场，要实施一个具体的建设工程项目，首先要有符合条件的法律主体，即具备相应条件和资格的主体方可进入建设工程市场，我国建设工程的法人主体制度、资质许可制度、从业人员资格许可制度、外商投资主体市场准入制度等，共同构成了建设工程市场主体法律制度。按照建设工程的基本程序和流程，本书详尽梳理了我国建设工程合同法律制度、勘察设计法律制度、监理法律制度、承发包法律制度、开工法律制度、安全管理法律制度、质量管理法律制度、竣工交付法律制度、工程价款法律制度等。此外，为了明晰我国建设工程领域的知识产权保护相关问题及对我国建设工程领域“走出去”战略实施和发展的关注，本书对我国建设工程知识产权法律制度和我国对外承包工程法律制度进行了专章研述。本书以我国建设工程实施程序和步骤为“红线”，编排、梳理和研述我国建设工程法律制度，在现有建设工程法律制度理论研究中是较有创见的，此为本书的主要价值之二。

在研究、梳理我国建设工程法律制度的基础上，本书对建设工程许多法律实务问题提出了解决思路，特别是作为中华全国律师协会民事业务委员会建设工程方面的专业委员的李恒律师，在建设工程法律实务中的许多经验，充分体现了建设工程法律制度实务操作性强的突出特点，有利于建设工程法律制度理论与实务的相互结合、互相促进，并解决法学理论与建设工程司法实务相结合的操作性，此为本书的主要价值之三。

多年以来，我一直倡导律师及律师事务所发展专业化服务，律师应当加强法律理论和实务的研究，成为专家型律师。现在，我欣喜地看到，我国律师及律师事务所的专业化已经取得了长足的进步。本书作者之一的李恒律师是我们民委会的年轻专业委员，多年从事建设工程和房地产法律业务，在繁忙的律师业务之余，勤于笔耕，善于总结，已取得不俗的成绩。本书的另一作者马凤玲副教授,在山东建筑大学从事多年的建设法学教学和研究工作,结合教研成果对工程建设法律制度进行深入分析,研究颇有建树。两位作者充分发挥各自长处,用心著成本书。我相信,本书对建设工程的立法者、律师、行政管理者、理论和实务研习者,以及建设工程管理人员、专业人士,均能有所裨益。

原中华全国律师协会民事业务委员会主任

朱树英

目　　录

上　　篇

下　篇

上篇

第一章　建设工程法律制度概论

第一节　建设工程与建筑工程的基本概念及法律界定

一、建设工程的概念及法律界定

（一）建设工程与建筑工程在词义学中的解释

建设、建筑、建设工程和建筑工程经常出现在人们的视野和语言表达中，但很多人却并不清楚上述词语的明确含义。辞海中也仅仅对建设、建筑、工程做出了一般意义上的概括。“建设”是指“（1）设置、创立。（2）陈设、布置”[①]。“建筑”是指“（1）建筑物和构筑物[②]的统称。（2）工程技术和建筑艺术的综合创作。（3）各种土木工程、建筑工程的建造活动”[③]。“工程”是指“（1）将自然科学的原理应用到工农业生产部门中去而形成的各学科的总称。如土木建筑工程、水利工程、冶金工程、生物工程等。（2）指具体的基本建设项目。如南京长江大桥工程、成昆铁路工程、葛洲坝水利枢纽工程等”[④]、“新建、改建、修复建筑物和构筑物，装设暖气、卫生、通风、照明、煤气等设备，建造机器设备基础，敷设管道等称为建筑工程”。但“建设工程”一词在《辞海》中没有得到解释。

（二）建设工程与建筑工程在法律法规中的解释

我国现行法对“建设工程”和“建筑工程”用语的规定主要体现在《建筑法》《民法典》《政府采购法》《建设工程质量管理条例》《建设工程安全生产管理条例》等法律法规中。

《建筑法》第2条规定：“本法所称建筑活动，是指各类房屋建筑及其附属设施的建造和与其配套的线路、管道、设备的安装活动。”《建筑

① 辞海编辑委员会：《辞海（缩印本）》，上海辞书出版社1990年版，第570页。

② 通常情况下，所谓构筑物就是不具备、不包含或不提供人类居住功能的人工建筑物，比如水塔、水池、过滤池、澄清池、沼气池等。一般具备、包含或提供人类居住功能的人工建筑物称为“狭义的建筑物”，比如民用建筑、工业建筑等。

③ 辞海编辑委员会：《辞海（缩印本）》，上海辞书出版社1990年版，第571页。

④ 辞海编辑委员会：《辞海（缩印本）》，上海辞书出版社1990年版，第575页。

法》以“建筑活动”来代称“工程”，而没有对工程的概念进行明确界定。在该法中，建筑活动与建筑工程是活动与客体、动态与静态的关系，是一个事物的两面。但该法中的工程是我国目前在法律法规中最狭义的工程概念，仅仅局限于“各类房屋建筑及其附属设施的建造和与其配套的线路、管道、设备的安装活动”。《民法典》合同编第十八章对“建设工程合同”作了规定，第788条规定：“建设工程合同是承包人进行工程建设，发包人支付价款的合同。建设工程合同包括工程勘察、设计、施工合同。”第796条规定：“建设工程实行监理的，发包人应当与监理人采用书面形式订立委托监理合同。发包人与监理人的权利和义务以及法律责任，应当依照本编委托合同以及其他有关法律、行政法规的规定。”《建设工程质量管理条例》第2条规定：“本条例所称建设工程，是指土木工程、建筑工程、线路管道和设备安装工程及装修工程。”《建设工程安全生产管理条例》第2条规定：“本条例所称建设工程，是指土木工程、建筑工程、线路管道和设备安装工程及装修工程。”《建设工程质量管理条例》和《建设工程安全生产管理条例》对工程的概念有所扩大。《政府采购法》第2条第6款规定：“本法所称工程，是指建设工程，包括建筑物和构筑物的新建、改建、扩建、装修、拆除、修缮等。”

2001年7月20日原建设部颁布的《建筑工程施工质量验收统一标准》（建标〔2001〕157号，已失效）对建筑工程下了一个定义，即建筑工程是指为新建、改建或扩建房屋建筑物和附属构筑物设施所进行的规划、勘察、设计和施工、竣工等各项技术工作和完成的工程实体。《建设工程质量管理条例》《建设工程安全生产管理条例》虽然对建设工程做出了一般的界定，即建设工程是指土木工程、建筑工程、线路管道和设备安装工程及装修工程。但是这种界定仅仅局限于行政法规的层次，而且和工程建设的实际相比仍不全面。《建筑工程施工质量验收统一标准》虽然对建筑工程下了一个明确的定义，但由于《建筑工程施工质量验收统一标准》仅仅为一个部颁标准，而且它将建筑工程主要局限于房屋建筑工程，范围较窄。

我国现行法律和行政法规对于建筑工程的内涵、建设工程与建筑工程的区别，以及在何种情况下采用“建设工程”，何种情况下采用“建筑工程”并没有做出统一、明确的概念界定。笔者认为，“建设工程”与“建筑工程”的词义差别，工程类别、等级与工程项目的类别、等级差异，立法技术的欠缺，工程分行业归口不同部门管理产生的部门立法严重倾向，立法机关对工程立法的统一性、整体性缺乏足够的认识和把握等主客观因素，造成我国现行法律法规对“建设工程”与“建筑工程”及“建设工程项目”的法律界定存在交叉，甚至遗漏、错位等问题，进而导致部门规章、地方法规、规范性文件等对“建设工程”及“建筑工程”交叉混淆使用更加严重，存在更多不一致，甚至矛盾和冲突。

根据法律和行政法规对“建设工程”及“建筑工程”的用语和界定，笔者认为，“建设工程”与“建筑工程”不仅在专业含义上是不同的，而且在法律上的含义也是不同的，《建筑法》作为我国工程领域的基本法律，《建筑法》规定的“建筑工程”主要是针对房屋建筑工程，而“建设工程”是一个较为宽泛的概念，在法律上涵盖了“房屋建筑工程”在内的各专业工程。显然，建筑工程为建设工程的一部分，与建设工程的范围相比，建筑工程的范围相对较窄，其专指各类房屋建筑及其附属设施和与其配套的线路、管道、设备的安装工程，因此也被称为房屋建筑工程。同时，《建筑法》第81条规定，建筑法关于施工许可、建筑施工企业资质审查和建筑工程发包、承包、禁止转包，以及建筑工程监理、建筑工程安全和质量管理等规定，适用于其他专业建筑工程的建筑活动，具体办法由国务院规定。该法第83条和第84条规定，省、自治区、直辖市人民政府确定的小型房屋建筑工程的建筑活动，参照《建筑法》执行。依法核定作为文物保护的纪念建筑物和古建筑等的修缮,依照文物保护的有关法律规定执行。抢险救灾及其他临时性房屋建筑和农民自建低层住宅的建筑活动,不适用《建筑法》。军用房屋建筑工程建筑活动的具体管理办法,由国务院、中央军事委员会依据《建筑法》制定。由此可见,其他专业建筑工程,省、自治区、直辖市人民政府确定的小型房屋建筑工程,依法核定作为文物保护的纪念建筑物和古建筑,抢险救灾及其他临时性房屋建筑和农民自建低层住宅,以及军用房屋建筑工程,都不属于《建筑法》中规定的建筑工程。

根据《建筑法》,工程施工许可、企业资质和工程发包、承包、禁止转包,以及工程勘察、设计、监理、安全和质量管理等基本法律制度均适用于包括我国房屋建筑工程在内的各专业工程。本书一般采用“建设工程”这一用语。囿于《建筑法》的原因,小型房屋建筑工程、抢险救灾及其他临时性房屋建筑工程、农民自建低层住宅工程、文物工程、军事工程不是本书研究的内容,故在本书中将不再涉及。

二、建设工程的类别和等级

(一)建设工程的学理分类

1. 根据投资的再生产性质的不同划分

工程项目按投资的再生产性质可以分为基本建设项目和更新改造项目。基本建设项目如新建、扩建、改建、迁建、重建;更新改造项目如技术改造项目、技术引进项目、设备更新项目等:(1)新建项目,指从无到有,“平地起家”的项目,即在原有固定资产为零的基础上投资建设的项目;按国家规定,若建设项目原有基础很小,扩大建设规模后,其新增固定资产价值超过原有固定资产价值3倍以上的,也视为新建项目。(2)扩建项目,指企事业单位在原有的基础上投资扩大建设的项目,如在企业原有场地范围内或其他地点为扩大原有产品的生产能力或增加新产品的生产能力而建设的主要生产车间、独立的生产线或总厂下的分厂,事业单位和行政单位增建的业务用房(如办公楼、病房、门诊部等)。(3)改建项目,指企事业单位对原有设施、工艺条件进行改造的项目。我国法律规定,企业为消除各工序或车间之间生产能力的不平衡,增加或扩建的不直接增加本企业主要产品生产能力的车间为改建项目。现有企业、事业、行政单位增加或扩建部分辅助工程和生活福利设施并不增加本单位主要效益的,也为改建项目。(4)迁建项目,指原有企事业单位为改变生产力布局,迁移到另地建设的项目,不论其建设规模扩大与否,都属于迁建项目。(5)重建/恢复项目,指企事业单位因自然灾害、战争等原因,使已建成的固定资产全部或部分报废以后又投资重新建设的项目。但是尚未建成投产的项目,因自然灾害损坏再重建的,仍按原项目看待,不属于重建项目。(6)技术改造项目,指企业采用先进的技术、工艺、设备和管理方法,为增加产品品种、提高产品质量、扩大生产能力、降低生产成本、改善劳动条件而投资建设的改造项目。(7)技术引进项目,是技术改造项目的一种,少数是新建项目,主要特点是由国外引进专利、技术许可证和先进设备,再配合国内投资建设的工程。(8)设备更新工程,指用新的设备更换原有设备,或用先进的技术对原有设备进行局部改造的工程。

2. 根据建设规模划分

按国家规定的标准,基本建设项目可分为大型项目、中型项目、小型项目;更新改造项目分为限额以上项目、限额以下项目。基本建设项目是按项目的建设总规模或总投资来确定的。习惯上将大型和中型项目合称为大中型项目。新建项目按项目的全部设计规模(能力)或所需投资(总概算)计算;扩建项目按扩建新增的设计能力或扩建所需投资(扩建总概算)计算,不包括扩建以前原有的生产能力。但是，新建项目的规模是指经批准的可行性研究报告中规定的建设规模，而不是指远景规划所设想的长远发展规模。明确分期设计、分期建设的，应按分期规模计算。基本建设项目大中小型的划分标准，是国家规定的，按总投资划分的项目，能源、交通、原材料工业项目5000万元以上，其他项目3000万元以上的为大中型项目，在此标准以下的为小型项目。

3. 根据建设阶段划分

根据建设阶段划分，工程项目可以分为筹建项目、施工项目、投产项目、收尾项目和停缓建项目：(1)筹建项目，指尚未开工，正在进行选址、规划、设计等施工前各项准备工作的建设项目。(2)施工项目，指报告期内实际施工的建设项目，包括报告期内新开工的项目、上期跨入报告期续建的项目、以前停建而在本期复工的项目、报告期施工并在报告期建成投产或停建的项目。(3)投产项目，指报告期内按设计规定的内容，形成设计规定的生产能力（或效益）并投入使用的建设项目，包括部分投产项目和全部投产项目。(4)收尾项目，指已经建成投产和已经组织验收，设计能力已全部建成，但还遗留少量尾工需继续进行扫尾的建设项目。(5)停缓建项目，指根据现有人财物力和国民经济调整的要求，在计划期内停止或暂缓建设的项目。

4. 根据项目在国民经济中的作用划分

按项目在国民经济中的作用划分，工程项目可以分为生产性项目和非生产性项目：(1)生产性项目，指直接用于物质生产或直接为物质生产服务的项目，主要包括工业项目（含矿业）、建筑业项目、地质资源勘探及农林水有关的生产项目、运输邮电项目、商业和物资供应项目等。(2)非生产性项目，指直接用于满足人们物质和文化生活需要的项目，主要包括文教卫生、科学研究、社会福利、公用事业建设、行政机关和团体办公用房建设等项目。

5. 根据项目工作阶段划分

根据项目工作阶段划分，工程项目可以分为前期工作项目、预备项目、新开工项目和续建项目：(1)前期工作项目，指已批准项目建议书，正在做可行性研究或者进行初步设计（或扩初设计）的项目。(2)预备项目，指已批准可行性研究报告和初步设计（或扩初设计），正在进行施工准备待转入正式计划的项目。(3)新开工项目，指施工准备已经就绪，经批准，报告期内计划新开工建设的项目。(4)续建项目（包括报告期建成投产项目），指在报告期之前已开始建设，跨入报告期继续施工的项目。

6. 根据项目隶属关系划分

根据项目隶属关系划分，工程项目可以分为中央项目和地方项目：(1)中央项目，亦称部直属项目，指中央各主管部门直接安排和管理的企业、事业和行政单位的建设项目。这些项目的基本建设计划，由中央各主管部门编制、报批和下达；所需的统配物资和主要设备以及建设过程中存在的问题，均由中央各主管部门直接供应和解决。(2)地方项目，指由省、市、自治区和地（市）、县等各级地方主管部门直接安排和管理的企业、事业、行政单位的建设项目。这些项目的基本建设计划由各级地方主管部门编制、报批和下达，所需物资和设备由各地方地方主管部门直接供应。

7. 根据资金来源划分

根据资金来源划分，工程项目可以分为：(1)国家预算拨款项目；(2)国家“拨改贷”项目；(3)银行贷款项目；(4)企业联合投资项目；(5)企业自筹项目；(6)利用外资项目；(7)外资项目。

（二）建设工程的法律分类

我国现行法律和行政法规对建设工程的分类方法和标准并没有作出规定，但相关部门规章、工程技术类标准规范、地方规范性文件根据不同的标准，对建设工程做出了不同的类型区分。

1.《工程监理企业资质管理规定》中关于建设工程的分类

根据《工程监理企业资质管理规定》（住房和城乡建设部令第45号），建设工程可以分为房屋建筑工程、冶炼工程、矿山工程、化工石油工程、水利水电工程、电力工程、农林工程、铁路工程、公路工程、港口与航道工程、航天航空工程、通信工程、市政公用工程和机电安装工程14个类别。

（1）房屋建筑工程。包括一般公共建筑、高耸构筑工程和住宅工程。房屋建筑工程包括结合城市建设与民用建筑修建的附建人防工程。每类房屋建筑工程等级均分别划分为一、二、三级。

（2）冶炼工程。包括钢铁冶炼、连铸工程，轧钢工程，冶炼辅助工程，有色冶炼工程，建材工程5种具体类别。每类冶炼工程等级均分别划分为一、二级。

（3）矿山工程。包括煤矿工程、冶金矿山工程、化工矿山工程、铀矿工程和建材类非金属矿工程5个具体类别。每类矿山工程等级均分别划分为一、二级。

（4）化工石油工程。包括油田工程、油气储运工程、炼油化工工程、基本原材料工程、化肥工程、酸碱工程、轮胎工程、核化工及加工工程、医药及其他化工工程9个具体类别。每类化工石油工程等级均划分为一、二级。

（5）水利水电工程。包括水库工程、水力发电站工程和其他水利工程3个具体类别。每类水利水电工程等级均划分为一、二、三级。

（6）电力工程。包括火力发电站工程、输变电工程和核电工程3个具体类别。火力发电站工程分为一级和二级2个级别，输变电工程分为一级和二级两个级别，核电工程只有一级1个级别。

（7）农林工程。包括林业局（场）总体工程、林产工业工程、农业综合开发工程、种植业工程、兽医/畜牧工程、渔业工程、设施农业工程和核设施退役及放射性三废处理处置工程8个具体类别。每类农林工程等级均划分为一、二级。

（8）铁路工程。包括铁路综合工程，铁路桥梁工程，铁路隧道工程，铁路通信、信号、电力电气化工程4个具体类别。每类铁路工程等级均划分为一、二级。

（9）公路工程。包括公路工程、公路桥梁工程、公路隧道工程和其他工程4个具体类别。每类公路工程等级划分为一、二、三级。

（10）港口与航道工程。包括港口工程，通航建筑与整治工程，航道工程，修造船水工工程，防波堤、导流堤等水工工程和其他水运工程项目6个具体类别。每类港口与航道工程等级均划分为一、二级。

（11）航天航空工程。包括民用机场工程、航空飞行器和航天空间飞行器3个具体类别。每类航天航空工程等级均划分为一、二级。

（12）通信工程。包括有线、无线传输通信工程，卫星、综合布线通信工程；邮政、电信、广播枢纽及交换工程和发射台工程3个具体类别。每类通信工程等级均划分为一、二级。

（13）市政公用工程。包括城市道路工程、给水排水工程、燃气热力工程、垃圾处理工程、地铁轻轨工程、风景园林工程6个具体类别。除地铁轻轨工程只有一级1个级别外，其余各类市政公用工程等级均划分为一、二、三级。

（14）机电安装工程。包括机械工程、电子工程、轻纺工程、兵器工程、船舶工程和其他工程6个具体类别。每类机电安装工程等级均划分为一、二级。

2.《建设工程工程量清单计价规范》中关于建设工程的分类

《建设工程工程量清单计价规范》（GB 50500—2003）明确规定建设工程工程量清单计价规范适用于工业与民用建筑物和构筑物工程、工业与民用建筑物和构筑物的装饰装修工程、工业与民用安装工程、城市市政建设工程、园林绿化工程。《建设工程工程量清单计价规范》（GB 50500—2008）将该规范增加适用于矿山工程，即《建设工程工程量清单计价规范》将建设工程的范围界定为工业与民用建筑物和构筑物工程、工业与民用建筑物和构筑物的装饰装修工程、工业与民用安装工程、城市市政建设工程、园林绿化工程和矿山工程。

3. 有关部门规章对专业工程的分类

我国有关部门规章对部分专业工程做了相应分类。如原邮电部 1995 年 12 月 28 日发布的《通信建设工程类别划分标准》将通信建设工程包括电信工程和邮政工程，按建设项目划分为一类、二类、三类、四类工程，按单项工程分为通信线路工程、电信设备安装工程。再如国家煤炭工业局 1999 年 3 月 10 日发布的《煤炭工业建（构）筑物工程项目（结构）等级分类标准》将煤炭工业建（构）筑物工程分一级、二级、三级工程。

4. 有关地方法规中关于建设工程的分类

我国各个地方对于建设工程的类型划分不尽相同，各地划分标准不统一。如 2003 年 7 月 1 日起施行的《深圳市建设工程类别划分标准》（已失效）将建筑工程分为土石方工程、打桩工程、软基加固及支护工程、住宅建筑、公共建筑、特殊建筑、工业建筑、其他建筑、构筑物 9 种，将安装工程分为民用（住宅、公共）建筑安装工程、工业建筑及其他建筑安装工程（包含变配电设备安装工程，送配电线路安装工程，电梯安装工程，室外管网安装工程，空调通风安装工程，消防安装工程，自动化控制设备安装工程，锅炉安装工程，起重设备安装工程，各类工业设备安装、车间工艺设备安装及其相配套的安装工程）及其他工程；将市政工程分为土石方工程、道路工程、桥涵工程、隧道工程、给水工程、排水工程、燃气工程、路灯工程、地铁工程、其他工程；将园林建筑绿化工程分为土石方工程，打桩工程，支护、软基加固及围堰工程，园林建筑工程，绿化种植工程，绿化养护工程。

5. 具体建设工程项目的工程分类

基本建设工程项目，亦称建设项目，指按一个总体设计组织施工，建成后具有完整的系统，可以独立地形成生产能力或者使用价值的建设工程。一般以一个企业（或联合企业）、事业单位或独立工程作为一个建设项目。凡属于一个总体设计中的主体工程和相应的附属配套工程、综合利用工程、环境保护工程、供水供电工程以及水库的干渠配套工程等，都统作为一个建设项目；凡是不属于一个总体设计，经济上分别核算，工艺流程上没有直接联系的几个独立工程，应分别列为几个建设项目。按照建设项目分解管理的需要，可将建设项目分解为单项工程、单位工程（子单位工程）、分部工程（子分部工程）、分项工程和检验批。

（1）单项工程，指具有独立的设计文件，竣工后可以独立发挥生产能力或效益的工程。如工厂中的生产车间、办公楼、住宅，学校中的教学楼、食堂、宿舍等。是基建项目的组成部分。

（2）单位工程，指具有单独设计和独立施工条件，不能独立发挥生产能力或效益的工程，是单项工程的组成部分。如生产车间这个单项工程是由厂房建筑工程和机械设备安装工程等单位工程所组成。建筑工程还可以细分为一般土建工程、水暖卫工程、电器照明工程和工业管道工程等单位工程。

（3）分部工程，是单位工程的组成部分，是建筑工程和安装工程的各个组成部分。分部工程一般是按单位工程的结构形式、工程部位、构件性质、使用材料、设备种类等的不同而划分的工程项目。例如,一般土建工程可以划分为地基与基础工程、主体结构工程、建筑装饰装修工程、屋面工程、建筑电气工程等。按建筑工程的主要部位或工种工程及安装工程的种类可以划分为土方工程、地基与基础工程、砌体工程、地面工程、装饰工程、管道工程、通风工程、通用设备安装工程、容器工程、自动化仪表安装工程、工业炉砌筑工程等。当分部工程较大时,可将其分为若干子分部工程,如装饰工程可分为地面、门窗、吊顶工程,建筑电气工程可划分为室外电气、电气照明安装、电气动力等子分部工程。

(4)分项工程,指分部工程的组成部分,是施工图预算中最基本的计算单位。是按照不同的施工方法、不同材料的不同规格等,将分部工程进一步划分。例如,钢筋混凝土分部工程,可分为捣制和预制两种分项工程。分项工程是最小的,再也分不下去的,若干个分项工程合在一起就形成一个分部工程,分部工程合在一起就形成一个单位工程,单位工程合在一起就形成一个单项工程,一个单项工程或几个单项合在一起构成一个建设项目。

(5)检验批,指按同一生产条件或按规定的方式汇总起来供检验用的,由一定数量样本组成的检验体。检验批是工程质量验收的基本单元,如果一个分项工程需要验评多次,那么每一次验评就叫一个检验批,行业规定每个检验批的检验部位必须完全相同。检验批只做检验,不作评定。检验批通常按下列原则划分:检验批内质量均匀一致,抽样应符合随机性和真实性的原则;贯彻过程控制的原则,按施工次序、便于质量验收和控制关键工序的需要划分检验批。

第二节　中国建设工程立法的历史沿革

一、中华人民共和国成立以前的建设工程立法概况

梁思成先生在《中国建筑史》中开明宗义称“中国建筑乃一独立之结构系统,历史悠长,散布区域辽阔”。关于建筑工程的规则、规范,梁思成先生在该书中称“我国关于营造之术书极少,宋清两朝,各刊官书一部”,即宋朝的《营造法式》和清朝工部《工程做法则例》,这两部官书主要规定了相关工程技术规范、估工算料等方法。从中华法系立法历史上看,我国并无建筑立法之传统,有的只是各朝代针对工程技术方法进行的总结和规范,有的以官方名义制定了相应的工程技术规范和标准,可以认为属于工程技术立法。清末开始借鉴、移植西方法律,1902~1911 年,清政府拟订的经济法律、法规、章程、则例、办法等,约有 62 项①,其中《公司律》《矿务铁路公共章程》《重订铁路简明章程》等均为我国历史上具有开创性的立法,涉及开矿、铁路等工程的开发主体等方面,但尚未就建设工程专门立法。至我国民国时期,始专门对建设工程立法,《中华民国建筑法》于民国二十七年(1938 年)12 月 26 日由国民政府制定公布(全文共 47 条),民国三十三年(1944 年)9 月 21 日国民政府修正公布(全文共 50 条,1949 年之后又有多次修改),从我国建设工程立法的整体历史上看,这是具有首创意义的建设工程专门立法。

① 徐卫国:《论清末新政时期的经济政策》,载《中国经济史研究》1997 年第 3 期。

二、中华人民共和国成立以后的建设工程立法概况

有研究者将中华人民共和国成立以来的建设工程立法分为8个阶段①,即初步建立阶段(1949~1952年),初步完善阶段(1953~1957年),第一次曲折发展阶段(1958~1960年),进一步恢复与完善阶段(1961~1965年),第二次曲折发展阶段(1966~1976年),恢复、完善与发展阶段(1977~1983年),体系化、规范化和科学化的新时期(1984~1994年),《建筑法》颁布和实施。也有研究者对中华人民共和国成立以来的建设工程立法历史作了不同阶段的总结和回顾②。

中华人民共和国成立以来,我国建设工程立法取得了巨大的成就,是我国社会主义法律体系的重要组成部分,经历了从无到有,从粗到细,从初步建立、曲折发展到逐步完善的过程。在我国计划经济时期,我国经济建设完全靠政府的计划手段来调节,各部门的"红头文件"是这一时期工程建设的政策依据。随着我国经济体制改革的不断深入和对外开放的不断扩大,工程建设法治建设围绕经济体制改革的基本精神和具体要求取得了长足的发展。特别是我国社会主义市场经济的确立,以及2001年我国加入世界贸易组织(World Trade Organization,WTO)之后,我国建设工程领域与国际进一步接轨,我国的建设工程立法也逐渐从计划经济体制下的立法,转变到市场经济体制下的立法,进而发展为与国际工程市场接轨的立法。因此,笔者依据我国经济体制的改革发展过程,从经济发展的宏观角度,将中华人民共和国成立以来我国建设工程立法历史分为5个阶段,即计划经济体制下的起步、发展阶段(1949~1978年),计划经济与市场经济转型阶段的转变、发展阶段(1978~1992年),市场经济体制下的快速发展阶段(1992~2001年),加入WTO后新的完善发展阶段(2001~2013年),简政放权后建筑行业全面转型升级阶段(2013年至今)。

(一)计划经济体制下的起步、发展阶段(1949~1978年)

中华人民共和国成立后,在长期的计划经济体制下,我国建设工程领域主要通过行政指令、计划调整,几乎不存在建设工程市场交易行为,从而也不存在规范工程市场交易的法律法规(即使是工程取费的施工定额也是计划经济的产物,而且这种取费方式和标准在我国长期存在)。在这一时期,借鉴苏联模式和经验,结合我国自身实际情况,我国先后颁布实施了一些在计划经济体制下构建和管理我国建设工程的规范性法规、文件,主要有:

1950年2月,原政务院发布《关于决算制度、预算审核、投资的施工计划和货币管理的决定》(已失效),规定必须先设计后施工的工作程序,这是中国政府最早颁布的有关建筑业生产经营的法规性文件。

1951年3月,原政务院财经委员会发布《基本建设工作程序暂行办法》(已失效),后来经过试行和补充,修订为《基本建设工作暂行办法》(已失效),于1952年1月由时任政务院财经委员会主任陈云签署命令颁布,这是中国第一部全面的、纲领性的建设管理法规。

1953年3月,原建筑工程部发布《包工试行办法(草案)》,于1954年6~7月,又相继颁布《关于试行包工包料的指示》(已失效)、《建筑安装工程包工暂行办法》(已失效)。

1955年原国家建设委员会等发布了一系列规范性文件,如《工业、民用建筑设计和预算编制暂行办法》《基本建设工程交工和动用暂行办法》《建筑机械管理办法》《建筑安装企业财务成本

---

① 李峻编著:《建筑法概论》,中国建筑工业出版社2008年版,第5~7页。

② 刘亚臣、李闫岩:《工程建设法学》,大连理工大学出版社2009年版,第13页。该书将中华人民共和国成立以来的建设工程立法分为三个阶段,即稳步发展时期(1949~1956年)、曲折发展时期(1957~1978年)、蓬勃发展时期(1978年至今)。

责任制暂行办法》(上述文件均已失效)。

1956年4月,原国家建设委员会发布了《1956年度建筑安装工程统一施工定额实施办法》,同年5月,国务院常务会议通过了《关于加强和发展建筑工业的决定》、《关于加强设计工作的决定》、《关于加强新工业区和新工业城市建设工作几个问题的决定》(已失效)。

在这一时期,由于发生"大跃进"(1958~1960年)、"文化大革命"(1966~1976年),当时的建设工程立法遭到严重破坏,有关工程质量和安全作业方面的规章制度被大量废除,以致工程质量事故和伤亡事故大幅度上升。在"大跃进"和"文化大革命"后期,国家相关方面对混乱的建设工程领域做了一些调整努力,如1972年年初国务院《批转国家计委、国家建委、财政部关于加强基本建设管理的几项意见》。1973年又对建设收费、竣工验收作了规定。"文化大革命"结束以后,为全面恢复建设秩序,1977~1978年,原国家基本建设委员会等部门发布了一系列关于建设程序、安全施工、工程质量的规定。

(二)计划经济与市场经济转型阶段的转变、发展阶段(1978~1992年)

从1978年开始改革开放到1992年社会主义市场经济体制确立,大致经历了14年时间①。在这14年里,我国经济体制转型,我国社会主义市场经济法制建设真正起步和发展。笔者认为,从计划经济转向市场经济,最重要的就是建立平等、公平的市场交易制度即合同法律制度,从而取代计划经济体制下自上而下的计划调配、行政指令制度。1981年12月13日,第五届全国人民代表大会第四次会议通过《经济合同法》(已失效),笔者认为,这是我国转向市场经济法制的重要标志。为促进和规范建设工程合同制度的形成,国务院1983年8月8日发布了《建设工程勘察设计合同条例》(已失效)和《建筑安装工程承包合同条例》(已失效)。1986年4月12日,第六届全国人民代表大会第四次会议通过《民法通则》(已失效),《民法通则》的颁布实施更直接地推进了我国民商事立法进程。毋庸置疑,这些重要的、规范平等民事主体之间民事行为的基本法律法规,规范了我国建设工程的市场主体民事行为,对推动我国建设工程发展起到了重大作用。

为了逐渐改变建设工程领域计划经济管理体制,推动我国建设工程管理体制转型,在这一阶段我国相继发布实施了一些相关规定。1980年,原国家基本建设委员会、原国家计划委员会、财政部等五部门发布了《关于扩大国营施工企业经营管理自主权有关问题的暂行规定》,恢复了2.5%的法定利润;1981年,原国家基本建设委员会等四部门发布了《关于施工企业推行经济责任制的若干规定》;1983年,原建设部召开了全国建筑工作会议,制定了建筑业改革大纲,并相继发布了若干关于工程质量、建筑设计、科技和各类建筑企业综合管理的规定,发布了《关于建筑安装工程招标试行办法》;1984年,原建设部提出了建筑领域系统改革的纲领性文件《发展建筑业纲要》,同年9月,国务院发布了《关于改革建筑业和基本建设管理体制若干问题的暂行规定》(已失效)。这两个文件,是建筑业全面改革的纲领性文件,也为建筑业立法工作走向体系化的道路奠定了基础。1991年11月21日,原建设部、原国家工商局《关于印发〈建筑市场管理规定〉的通知》(已失效),进一步完善和规范建筑市场管理。

建设工程的标准、规范方面,在这一经济体制转型阶段,我国逐渐恢复、完善了建设工程领域的有关技术、质量、安全、计价等标准、规范,如1991年7月9日原建设部发布《建筑安全生产监督管理规定》(已失效)等,特别是1988年12月29日第七届全国人大常委会第五次会议通过了

① 沈传亮:《党史知识大讲堂第九讲:社会主义市场经济体制目标的确立》,载新华网2011年6月20日,http://news.xinhuanet.com/video/2011-06/20/c_121558587.htm。

《标准化法》,标志着我国建设工程领域标准、规范的制定、完善和修改、实施,有了上位法的支撑和规范。

建设工程的立法程序方面,1987 年国务院发布了《行政法规制定程序暂行条例》(已失效),1988 年原建设部发布了《建设部立法工作程序和分工的规定》(已失效)。在法规体系上,我国已形成建筑法律、行政法规、部门规章和地方法规相结合的法规体系。在建设工程领域的其他方面,国家及地方也相继出台了一些规定,我国建设工程法规体系向全面系统方向发展。

(三)市场经济体制下的快速发展阶段(1992 ~ 2001 年)

随着我国市场经济体制的确立,我国市场经济法制建设步伐明显加快,在这一时期,我国先后出台了多部重要的基本法律。1993 年 12 月 29 日,第八届全国人民代表大会常务委员会第五次会议通过《公司法》,《公司法》对于按照现代企业模式实施我国国有建筑企业改制,建立规范的公司制建设工程发包承包主体,无疑起到了非常重要的作用。针对建设工程领域的企业化改造,国家先后出台相关规定,如 1994 年 9 月 29 日国务院发布《关于工程勘察设计单位改建为企业问题的批复》、2000 年 12 月 13 日原建设部发布《建筑工程设计事务所管理办法》(已失效)等。

为进一步确立我国建设工程基本法律制度,1997 年 11 月 1 日,第八届全国人民代表大会常务委员会第二十八次会议通过了《建筑法》,并自 1998 年 3 月 1 日起施行。《建筑法》是我国建设工程的基本法律,是建设工程法律体系的基础。《建筑法》的制定在我国建设工程立法史上具有里程碑意义。

为进一步规范建设工程承发包市场,1999 年 8 月 30 日,第九届全国人民代表大会常务委员会第十一次会议通过《招标投标法》,2000 年、2001 年先后出台相应招标投标具体规定,如 2000 年 5 月 1 日国务院批准原国家发展计划委员会发布《工程建设项目招标范围和规模标准规定》(已失效),2000 年 6 月 1 日原建设部发布《房屋建筑和市政基础设施工程施工招标投标管理办法》,2000 年 6 月 30 日原建设部发布《工程建设项目招标代理机构资格认定办法》(已失效),2000 年 7 月 1 日原国家发展计划委员会发布《工程建设项目自行招标试行办法》、《招标公告发布暂行办法》(已失效),2000 年 10 月 18 日原建设部发布《建筑工程设计招标投标管理办法》(已失效),2001 年 7 月 5 日原国家发展计划委员会、原国家经济贸易委员会、原建设部等七部委联合发布《评标委员会和评标方法暂行规定》,2001 年 11 月 5 日原建设部发布《建筑工程施工发包与承包计价管理办法》(已失效),明确施工图预算、招标标底和投标报价由成本(直接费、间接费)、利润和税金构成。

随着我国改革开放的不断发展,《经济合同法》已不适应市场经济发展的需要,1999 年 3 月 15 日,第九届全国人民代表大会第二次会议通过《合同法》(已失效),对建设工程合同做了专章规定。原《合同法》自 1999 年 10 月 1 日起施行,《经济合同法》《涉外经济合同法》《技术合同法》同时废止,国务院 1983 年 8 月 8 日发布的《建设工程勘察设计合同条例》《建筑安装工程承包合同条例》均告失效。

为了进一步规范建设工程市场主体的资格问题,原建设部先后出台相应的资质管理规定。1994 年 3 月 22 日发布《在中国境内承包工程的外国企业资质管理暂行办法》(已失效)、1994 年 6 月 16 日发布《在中国境内承包工程的外国企业资质管理暂行办法实施细则》、1995 年 1 月 7 日发布《建筑施工企业项目经理资质管理办法》、1995 年 4 月 12 日发布《关于工程勘察设计单位分支机构资格证书有关问题的通知》(已失效)、2000 年 3 月 29 日发布修订后的《房地产开发企业资质管理规定》、2001 年 1 月 25 日发布《工程造价咨询单位管理办法》(已失效)、2001 年 4 月 18

日发布《建筑业企业资质管理规定》(已失效)、2001 年 7 月 25 日发布《建设工程勘察设计企业资质管理规定》(已失效)、2001 年 8 月 29 日发布《工程监理企业资质管理规定》(已失效)等。

关于建筑市场管理、施工、安全、质量管理及标准规范制度,国家先后出台相应规定。如 1992 年 12 月 30 日原建设部发布《工程建设国家标准管理办法》《工程建设行业标准管理办法》、1995 年 7 月 14 日原建设部发布《建设工程施工现场综合考评试行办法》、1995 年 12 月 15 日原建设部发布《工程建设监理规定》(已失效)、1996 年 10 月 16 日公安部发布《建筑工程消防监督审核管理规定》(已失效)、1996 年原劳动部发布《建设项目(工程)劳动安全卫生监察规定》、1997 年 12 月 23 日原建设部发布《超限高层建筑工程抗震设防管理暂行规定》(已失效)、1999 年 1 月 21 日原建设部发布《建设工程勘察设计市场管理规定》(已失效)、1999 年 2 月 3 日原建设部发布《建设行政处罚程序暂行规定》、2000 年 9 月 25 日国务院发布《建设工程勘察设计管理条例》、2000 年 2 月 17 日原建设部发布《建筑工程施工图设计文件审查暂行办法》(已失效)、2000 年 1 月 30 日国务院发布《建设工程质量管理条例》、2000 年 4 月 7 日原建设部发布《房屋建筑工程和市政基础设施工程竣工验收备案管理暂行办法》、2000 年 6 月 30 日原建设部发布《房屋建筑工程质量保修办法》、2000 年 8 月 1 日原建设部发布《建设工程勘察质量管理办法》、2000 年 8 月 25 日原建设部发布《实施工程建设强制性标准监督规定》、2001 年 7 月 4 日原建设部发布修正后的《建筑工程施工许可管理办法》(已失效)等。

在这一时期,国家及地方都出台了大量法律法规及政策性规定,不可否认的是,这些法规政策极大地促进了我国建设事业和工程行业的发展,但是也存在不尽如人意之处,如法规重复、冲突等问题。

(四)加入 WTO 后新的完善发展阶段(2001 ~ 2013 年)

2001 年 11 月 11 日我国正式加入 WTO,按照加入 WTO 服务贸易协议的谈判中我国对建设领域开放的承诺,我国加快了健全和完善建设工程法律体系的步伐。为适应加入 WTO 的需要,我国应建立更为完整合理、先进的建筑业法规体系,作为执行我国政府向 WTO 所作承诺的支撑,用以规范和约束国内建筑市场的国际竞争。通过法规及其体系的调整、修改、补充和完善,做好建筑业法规与国际建筑服务通行规则的接轨工作,按照国际建筑业的行业规范来管理中国的建筑市场。①

这一时期,一方面对我国建设工程法律法规进行了诸多具体调整和修订(实际上在正式加入 WTO 前的一段时间里,我国就已经着手调整和修订了部分法规如行业资质管理方面的规定),体现最惠国待遇原则、国民待遇原则、市场准入原则、透明度原则等原则;另一方面,借鉴工业发达国家先进的立法经验,进一步健全和完善我国已经形成的法律、行政法规和规章、技术标准与规范这 3 个层次的建筑业法规体系,进一步完善建筑市场运行机制。我国先后颁布、修订实施了一些重要的法律、法规和标准、规范,如 2002 年 6 月 29 日发布的《安全生产法》、2002 年 12 月 4 日发布的《建设工程勘察质量管理办法》、2003 年 2 月 22 日发布的《评标专家和评标专家库管理暂行办法》、2003 年 3 月 8 日发布的《工程建设项目施工招标投标办法》、2003 年 6 月 12 日发布的《工程建设项目勘察设计招标投标办法》、2003 年 11 月 24 日发布的《建设工程安全生产管理条例》、2005 年 8 月 31 日发布的《工程建设工法管理办法》(法释〔2004〕14 号,已失效)、2004 年 10

---

① 原建设部《加入 WTO 对我国建设事业的影响及相关对策》课题组:《加入 WTO 对我国建设事业的影响及相关对策》,知识产权出版社 2003 年版,第 125 页。

月25日发布的最高人民法院《关于审理建设工程施工合同纠纷案件适用法律问题的解释》(以下简称《施工合同司法解释》,已失效)、2007年10月28日发布的《城乡规划法》,等等。

加入WTO后对中国也产生了"进口高端产品并出口低端产品"的"坏的贸易",甚至有学者反思并提出"应考虑退出WTO"①,尽管笔者不完全认同其观点,但我国建设工程领域也确实存在一些类似问题,这些问题都需要进一步完善。如随着我国加入WTO,建筑方案设计市场全面对外开放,允许境外设计机构以跨境交付的服务方式参与我国的建筑方案设计投标,并享受同等国民待遇,但是一些地方盲目追求境外设计,片面求洋,忽视了地方风貌,在设计收费上不执行国家制定的收费标准,境内外设计单位收费标准差距过大,给境外单位超国民待遇,对国内设计单位不公平,不利于营造平等竞争的市场环境,影响建筑设计市场的正常有序发展。2008年3月,住房和城乡建设部发布《关于印发〈建筑工程方案设计招标投标管理办法〉的通知》,该办法自2008年5月1日起实施,在境外设计机构的投标主体资格、境外企业的设计收费,以及方案设计阶段提交技术投标文件的深度方面作出规定,使其既有利于繁荣我国的建筑设计市场,同时还有利于对境外企业进入中国参与方案设计投标的行为进行规范。②

(五)简政放权后建筑业全面转型升级阶段(2013年至今)

2013年11月12日,中国共产党第十八届中央委员会第三次全体会议通过了《中共中央关于全面深化改革若干重大问题的决定》。该决定指出,必须切实转变政府职能,深化行政体制改革,创新行政管理方式,增强政府公信力和执行力,建设法治政府和服务型政府。为推动建筑业发展和改革,保障工程质量安全,提升工程建设水平,解决当前建筑市场和工程建设管理中存在的突出问题,住房和城乡建设部于2014年7月1日发布《关于推进建筑业发展和改革的若干意见》(建市〔2014〕92号),加快完善现代市场体系,充分发挥市场在资源配置中的决定性作用和更好发挥政府作用,紧紧围绕正确处理好政府和市场关系的核心,切实转变政府职能,全面深化建筑业体制机制改革。简政放权,开放市场,坚持放管并重,消除市场壁垒,构建统一开放、竞争有序、诚信守法、监管有力的全国建筑市场体系;创新和改进政府对建筑市场、质量安全的监督管理机制,加强事中事后监管,强化市场和现场联动,落实各方主体责任,确保工程质量安全;转变建筑业发展方式,推进建筑产业现代化,促进建筑业健康协调可持续发展。国务院办公厅2017年2月21日发布的《关于促进建筑业持续健康发展的意见》(国办发〔2017〕19号)指出,按照国务院统一部署,统筹推进"五位一体"总体布局和协调推进"四个全面"战略布局,牢固树立和贯彻落实创新、协调、绿色、开放、共享的发展理念,坚持以推进供给侧结构性改革为主线,按照适用、经济、安全、绿色、美观的要求,深化建筑业"放管服"改革,完善监管体制机制,优化市场环境,提升工程质量安全水平,强化队伍建设,增强企业核心竞争力,促进建筑业持续健康发展,打造"中国建造"品牌。

1. 进一步开放建筑市场

根据国务院《关于促进市场公平竞争维护市场正常秩序的若干意见》(国发〔2014〕20号),2015年9月21日,住房和城乡建设部《关于印发〈推动建筑市场统一开放若干规定〉的通知》(建市〔2015〕140号)指出,各级住房城乡建设主管部门应当按照简政放权、方便企业、规范管理的原

---

① 贾根良:《中国在加入WTO十周年之际应考虑退出WTO》,载乌有之乡2011年3月30日,http://m.wyzxwk.com/content.php? classid=15&cpage=0did=215741。

② 《完善制度 优选方案 促进建筑设计招投标市场规范有序发展——王早生同志在〈建筑工程方案设计招标投标管理办法〉宣贯会上的讲话》,载《吉林勘察设计》2008年第1期。

则,简化前置管理,强化事中事后监管,给予外地建筑企业与本地建筑企业同等待遇,实行统一的市场监管,推动建筑市场统一开放。2016 年 6 月 27 日,国务院办公厅发布《关于清理规范工程建设领域保证金的通知》(国办发〔2016〕49 号),清理规范工程建设领域保证金。对建筑业企业在工程建设中需缴纳的保证金,除依法依规设立的投标保证金、履约保证金、工程质量保证金、农民工工资保证金外,其他保证金一律取消。

2. 优化资质资格管理

坚持淡化工程建设企业资质、强化个人执业资格的改革方向,探索从主要依靠资质管理等行政手段实施市场准入,逐步转变为充分发挥社会信用、工程担保、保险等市场机制的作用,实现市场优胜劣汰。加快完善信用体系、工程担保及个人执业资格等相关配套制度,加强事中事后监管。强化个人执业资格管理,明晰注册执业人员的权利、义务和责任,加大执业责任追究力度。住房和城乡建设部陆续修改制定《建筑业企业资质等级标准》(2015 年 1 月 1 日起施行)、《建筑业企业资质管理规定》(2015 年 3 月 1 日起施行)和《建筑业企业资质管理规定和资质标准实施意见》(2015 年 3 月 1 日起施行)等新的资质管理文件,进一步简政放权,规范行政审批,引导建筑业结构调整和转型升级,促进建筑业人才持续发展。上述资质管理文件保持施工总承包资质、专业承包资质和施工劳务资质 3 个序列不变。对不符合现行法律法规和职能要求的承包资质予以取消,对部分专业划分过细、市场需求少、经营范围相近的专业承包资质予以合并。施工总承包资质专业类别仍为 12 个,但专业类别名称和等级有所变化;专业承包资质专业类别由原来的 60 个减少为 36 个,同时专业类别名称和等级有所变化,取消了 19 个类别;劳务分包资质由原来的 13 个专业类别合并为施工劳务资质企业资质,不再分类别和等级。在资质标准要求方面,对部分与目前工程实际制度不相适应的要求进行了调整,并增加了必要的引导。

为进一步推进简政放权、放管结合、优化服务改革,住房和城乡建设部《关于简化建筑业企业资质标准部分指标的通知》(建市〔2016〕226 号,2016 年 11 月 1 日起施行)简化了《建筑业企业资质标准》中的部分指标。除各类别最低等级资质外,取消关于注册建造师、中级以上职称人员、持有岗位证书的现场管理人员、技术工人的指标考核。对申请建筑工程、市政公用工程施工总承包特级、一级资质的企业,未进入全国建筑市场监管与诚信信息发布平台的企业业绩不作为有效业绩认定。省级住房城乡建设主管部门要加强本地区工程项目数据库建设,完善数据补录办法,使真实有效的企业业绩及时进入全国建筑市场监管与诚信信息发布平台。按照国务院推进简政放权、放管结合、优化服务改革的要求,住房和城乡建设部办公厅《关于做好取消城市园林绿化企业资质核准行政许可事项相关工作的通知》(2017 年 4 月 13 日起施行)要求各级住房城乡建设(园林绿化)主管部门不得以任何方式,强制要求将城市园林绿化企业资质或市政公用工程施工总承包等资质作为承包园林绿化工程施工业务的条件,园林绿化资质自 2017 年 4 月 13 日起废止。

3. 完善招标投标制度

将依法必须招标的工程建设项目纳入统一的公共资源交易平台,遵循公平、公正、公开和诚信的原则,规范招标投标行为。进一步简化招标投标程序,尽快实现招标投标交易全过程电子化,推行网上异地评标。对依法通过竞争性谈判或单一来源方式确定供应商的政府采购工程建设项目,符合相应条件的应当颁发施工许可证。电子招标投标在提高采购透明度,节约资源和交易成本,利用技术手段解决弄虚作假、“暗箱操作”、串通投标、限制排斥潜在投标人等突出问题方面具有独特优势。2013 年 2 月 4 日发布的《电子招标投标办法》(国家发展和改革委员会令第

20号)规定,依法设立的招标投标交易场所、招标人、招标代理机构以及其他依法设立的法人组织可以按行业、专业类别,建设和运营电子招标投标交易平台。国家鼓励电子招标投标交易平台平等竞争。

工程招投标方式改革力度不断加大,全国许多地方陆续出台允许社会投资建设工程项目自主发包。国家发展和改革委员会于2018年3月27日发布《必须招标的工程项目规定》,2018年6月6日发布《必须招标的基础设施和公用事业项目范围规定》,这两个规定较大地缩小并严格界定了必须进行招标的工程建设项目范围,放宽了社会投资项目自主发包范围,并将直接影响司法实践中"黑白合同"的认定和处理,有利于建设工程领域诚信体系建设。

4. 推进建筑市场监管信息化与诚信体系建设

2014年7月25日,住房和城乡建设部《关于印发〈全国建筑市场监管与诚信信息系统基础数据库数据标准(试行)〉和〈全国建筑市场监管与诚信信息系统基础数据库管理办法(试行)〉的通知》(建市〔2014〕108号)的下发,正式启动了"四库一平台"的建设。"四库一平台"暨住房和城乡建设部全国建筑市场监管与诚信发布平台,"四库"指的是企业数据库基本信息库、注册人员数据库基本信息库、工程项目数据库基本信息库、诚信信息数据库基本信息库,"一平台"就是一体化工作平台。"四库"互联互通,以身份证可以查人员,以单位名可以查人员,以人员可以查单位。作用是解决数据多头采集、重复录入、真实性难以核实、项目数据缺失、诚信信息难以采集、市场监管与行政审批脱离、"市场与现场"两场无法联动等问题,保证数据的全面性、真实性、关联性和动态性,全面实现全国建筑市场"数据一个库、监管一张网、管理一条线"的信息化监管目标。

5. 完善工程合同及承发包模式的相关法律

2018年12月29日,最高人民法院发布《关于审理建设工程施工合同纠纷案件适用法律问题的解释(二)》(法释〔2018〕20号,以下简称《施工合同司法解释(二)》,已失效),对《施工合同司法解释》(已失效)进行了完善和补充,这两个司法解释对建设工程施工合同纠纷解决具有十分重要的作用。

2019年12月23日,住房和城乡建设部、国家发展和改革委员会联合发布了《房屋建筑和市政基础设施项目工程总承包管理办法》(建市规〔2019〕12号),这是我国推广工程总承包模式的第一部全国性规范性文件,有利于解决国内各地方关于工程总承包政策性规定不统一的问题,有利于规范国内工程总承包的具体实施。

2020年5月28日,全国人民代表大会第三次会议通过了《民法典》并于2021年1月1日起施行。这是我国社会主义法治建设具有重大意义的标志性成就。《民法典》对建设工程合同相关的法律规定进行了梳理、修改和完善,将对建设工程合同及相关方面产生重要影响。《民法典》实施后,《合同法》《物权法》等一系列法律文件随之废止。

第三节 我国建设工程法律体系

一、建设工程法律体系

所谓法律体系的构成,就是指法律体系采取的结构形式。从法学意义上讲,法律体系应该包括两层含义：一是指其实然状态，即客观存在的，实际的法律体系；二是指其应然状态，即理想的，应当具有的法律体系。在通常意义下，探讨法律体系往往指的是前者。

（一）建设工程法律体系的概念

建设工程法律体系，是指把已经制定和需要制定的建设法律、建设行政法规和建设部门规章衔接起来，形成一个相互联系、相互协调的完整统一的框架结构。就广义的工程法学的法规体系而言，体系中还包括地方性建设法规和建设规章，并应把国家制定或认可的技术法规和与建设工程有关的国际公约、国际惯例和国际标准等纳入其中。建设工程法律体系是国家法律体系的重要组成部分，与宪法和相关法律保持一致，但又相对独立，自成体系。它应覆盖建设活动的各个行业、各个领域以及工程建设的全过程，使建设活动的各个方面都有法可依；同时，它还应该注意纵向不同层次法规之间的相互衔接和横向同层次法规之间的配套协调，防止不同法规之间出现立法重复、矛盾和抵触的现象。

（二）我国建设工程法律体系采用梯形结构

建设工程法律体系是由很多不同层次的法规组成的，它的结构形式一般有宝塔型和梯形两种。宝塔型结构形式，是先制定一部基本法律，将领域内业务可能涉及的所有问题都在该法中作出规定，然后再分别制定不同层次的专项法律、行政法规、部门规章，对一个个具体问题作出补充规定。梯形结构即不设立基本法律，而以若干并列的专项法律组成法规体系的最顶层，然后对每部专项法律再配置相应的，不同层次的行政法规和部门规章作补充，形成若干相互联系而又相对独立的小体系。

我国建设工程法律体系采用的是梯形结构方式，由宪法（建筑业的立法依据，同时又明确规定国家基本建设的方针和原则）、建设法律（由全国人民代表大会及其常务委员会制定颁布的建设工程各项法律）、建设行政法规（国务院依法制定并颁布的建设工程各项行政法规）、建设部门规章（由国务院各部委颁布的建设工程部门规章）、地方性建设法规（由省、自治区、直辖市人民代表大会及其常务委员会制定颁行的或经其批准颁行的由其下级人民代表大会及其常务委员会制定的建设方面的法规）、地方性建设规章（省、自治区、直辖市人民政府及省、自治区人民政府所在地，包括经国务院批准的较大的市的人民政府根据法律、行政法规制定地方性规章）、有关建设工程的司法解释（最高人民法院发布的有关建设工程的司法解释）、建设工程技术法规（国家制定或认可的，在全国范围内有效的技术规程、规范、标准、定额、方法等技术文件）、有关建设工程的国际条约、国际惯例和国际标准。

二、我国建设工程法律体系的横向结构

1989 年，原建设部组织了工程建设法规体系的研究、论证工作，并于 1990 年制定出《建设法律体系规划方案》（已失效），使我国工程建设立法走上了系统化、科学化的健康发展之路。我国工程建设法规体系采用了梯型结构形式，至 2003 年 5 月底，已制定颁行的建设法律有 3 部（《城乡规划法》《建筑法》《城市房地产管理法》）、行政法规 15 部、建设行政规章 88 部、地方性建设法规及地方建设规章则有几百部。需要指出的是，与建设活动关系密切的相关法律、行政法规和部门规章虽不属建设法规体系，但其中有些规定对调整建设活动有十分重要的作用，也应予以关注。

（一）我国建设工程法律体系的横向结构

1. 城乡规划法

城乡规划法是调整城乡规划制定和实施过程中和在规划区内进行建设活动中发生的社会关

系的法律规范的总称。其立法目的在于加强城乡规划管理，协调城乡空间布局，改善人居环境，促进城乡经济社会全面协调可持续发展。《城乡规划法》于2007年10月28日通过，2008年1月1日起施行，《城市规划法》同时废止。

2. 城市房地产管理法

城市房地产管理法是对调整城市房地产业和各项房地产经营活动及其社会关系的法律规范的总称。其立法目的在于加强对城市房地产的管理，维护房地产市场秩序，保障房地产权利人的合法权益，促进房地产业的健康发展。《城市房地产管理法》于1994年7月5日通过，1995年1月1日起施行。2007年、2009年、2019年分别进行了修正。

3. 建筑法

建筑法是调整建筑活动及其社会关系的法律规范的总称。其立法目的在于加强对建筑活动的监督管理，维护建筑市场秩序，保证建筑工程的质量和安全，促进建筑业健康发展。《建筑法》于1997年11月1日通过，1998年3月1日起施行，2011年、2019年分别进行了修正。

4. 住宅法

住宅法是调整城市住宅所有权、房屋建设的融资、房屋建筑管理与维修等活动及其社会关系的法律规范的总称。其立法目的在于保障公民享有住房的权利，保证住宅所有者的合法权益，促进住宅的建设发展，不断改进公民的住房条件和提高居住水平。我国并未专门制定住宅法，有关住宅权利的内容在《民法典》中有相应规定。

5. 工程设计法

工程设计法是调整工程设计的资质管理、质量管理、技术管理，以及制定设计文件全过程及其社会关系的法律规范的总称。其立法目的在于加强对工程设计的管理，保证设计质量，提高工程设计水平。

6. 市政公用事业法

市政公用事业法是调整城市市政设施公用事业、市容环境卫生、园林绿化等建设、管理活动及其社会关系的法律规范的总称。其立法目的在于加强市政公用事业的统一管理，保证城市市政公用事业建设和管理工作的顺利进行，发挥城市多功能的作用。

7. 风景名胜区法

风景名胜区法是调整人们保护、利用、开发和管理风景名胜资源各项活动中产生的各种社会关系的法律规范的总称。其立法目的在于加强风景名胜区的管理、保护、利用和合理开发风景名胜资源。

8. 村镇建设法

村镇建设法是调整村庄、集镇的规划、综合开发、设计、施工、公用基础建设、住宅和环境管理等活动及其社会关系的法律规范的总称。其立法目的在于加强村镇建设管理，不断改善村镇环境，促进城乡经济、社会协调发展，推动社会主义新村镇的建设。由于《城乡规划法》的颁布，城乡统筹规划，村镇建设法纳入城乡建设法的范畴。

（二）建设工程全过程的工程法律体系

工程建设活动是一项复杂的经济活动，一个建设工程项目从可行性报告的提出、决策、设计、施工到竣工验收、投入生产使用的全过程，各个阶段都应该有相应的法律、行政法规和规章进行规范。工程法律体系的横向结构就是指工程建设法律的涵盖范围。因此从横向上看，工程法律体系应该包括规划决策阶段的工程建设法律，主要包括规划、报建、取得土地使用权、拆迁等内容,以及建设工程相应主体的确立或确认;合同签订阶段(包含招标投标阶段)的工程建设法律;勘察设计阶段的工程建设法律;施工阶段(包含监理)的工程建设法律和工程竣工验收阶段及竣工结算、交付阶段的工程建设法律。这样根据工程建设主要阶段进行划分的工程建设法律,基本上符合一个工程从规划决策到竣工验收的全过程,但是不够全面。还有一些内容与工程建设过程紧密相关,如建设工程知识产权、对外工程等,也应该纳入建设工程法律体系,这样建设工程法律体系的结构更加完整。

建设工程法律法规所确认的制度是一系列规范建设行为的内容体系,以规范建筑市场行为为起点、以建筑工程质量和安全为重点,确立了建设行为的一些基本制度。基于一个工程建设项目的实际,按照工程建设的程序,把与工程建设各个阶段紧密相关的法律法规纳入工程建设法律体系和制度,是本书写作的一个思路,这种研究方式也是本书的一个主要特点和价值所在。不过,笔者认为,建设工程所涉及的规划、土地、拆迁等具有较大的独立性,可以独立于建设工程法律制度之外,所以未纳入本书的研究范畴,至于与工程建设存在一定的关系,但不属于工程建设所独有的部分内容,如劳动法律制度、不正当竞争法律制度和争议解决制度等,亦没有纳入本书的专门研究和写作范畴。因此,本书上篇(制度篇)按照工程建设的基本程序,遵循具有工程建设法规特色的标准,主要梳理、研究建设工程市场主体法律制度、建设工程合同法律制度、建设工程勘察设计法律制度、建设工程监理法律制度、建设工程发包与承包法律制度、建设工程开工法律制度、建设工程安全生产管理法律制度、建设工程质量管理法律制度、建设工程竣工交付法律制度、建设工程价款法律制度、建设工程知识产权法律制度、建设工程环境保护法律制度、国际工程法律制度等。

三、我国建设工程法律体系的纵向结构

(一)我国建设工程法律体系的纵向结构

目前,根据我国《立法法》有关立法权限的规定,我国工程法律纵向体系涉及5个层次:

1. 工程法律

工程法律,指由全国人民代表大会及其常务委员会制定颁布的,属于国务院建设法规主管部门主管业务范围的各项法律,是工程法规体系的核心和基础;主要有《建筑法》《城市房地产管理法》《城乡规划法》《招标投标法》《安全生产法》《民法典》等。

2. 工程行政法规

工程行政法规,指由国务院制定颁行的,属于建设行政主管业务范围的条例、规定和办法等。如《建设工程质量管理条例》《建设工程安全生产管理条例》《建设工程勘察设计管理条例》《国有土地上房屋征收与补偿条例》《招标投标法实施条例》等。

3. 工程部门规章

工程部门规章,指由国务院建设行政主管部门或国务院建设行政主管部门与国务院其他相关部门根据国务院规定的职责范围,依法制定并颁布的各项规定,以及条例实施细则与建设技术规范等。如《建筑业企业资质管理规定》《建设工程勘察设计企业资质管理规定》《工程监理企业资质管理规定》等。建设技术规范包括实施工程建设勘察、设计、规划、施工、安装、检测、验收等技术规程、规范、条例、定额等规范性文件,作为全国建设业共同遵守的准则和依据。

4. 工程地方性法规

工程地方性法规,指在不与宪法、法律、行政法规相抵触的前提下,由省、自治区、直辖市人民

代表大会及其常务委员会制定颁行的或经其批准颁行的由其下级人民代表大会及其常务委员会制定的有关建设方面的法规。

5. 工程地方性规章

工程地方性规章,指由省、自治区、直辖市人民政府制定颁行的或经其批准颁行的由其所辖城市人民政府制定的建设方面的规章。

此外,还有最高人民法院关于建设法律适用的司法解释,如最高人民法院《关于审理建设工程施工合同纠纷案件适用法律问题的解释(一)》(法释〔2020〕25 号,以下简称《施工合同司法解释(一)》)等。

(二)我国建设工程法律体系中的效力层级

在建设工程法律体系内部,纵向不同层次的法规之间,应当相互衔接,不能抵触;横向同层次的法规之间,应当协调配套,不能互相矛盾、重复或者留有"空白"。此外,建设工程法律体系作为国家法律体系的一个子系统,还应当考虑与其他法律体系的相互衔接。

建设工程法律体系是一个有机联系的整体,但由于法规制定权属于不同的部门,涉及建设领域的各个方面。在该体系的内部,建设法律的法律效力最高,层次越往下的法规的法律效力越低。法律效力低的建设法规不得与比其法律效力高的建设法规相抵触,否则,其相应规定将被视为无效。根据《立法法》的规定,部门规章之间、部门规章与地方政府规章之间具有同等效力,在各自的权限范围内施行,对同一事项规定不一致的,由国务院裁决。而地方性法规的效力高于本级和下级地方政府的规章。部门规章与地方性法规之间对同一事项的规定不一致的,由国务院提出意见,国务院认为应当适用地方性法规的,应当决定在该地方适用地方性法规的规定;认为应当适用部门规章的,应当提请全国人民代表大会常务委员会裁决。在适用法律法规过程中,还应注意遵循新法优于旧法、特别法优于一般法、法律文本优于法律解释原则等。

在建设工程法律体系中存在法规重复、冲突的突出问题,造成这种问题的原因不仅仅在于立法技术的不成熟,还在于部门利益、地方利益的交结和冲突。这是值得我们高度重视和审慎改进的地方,应当严格遵守《立法法》,严格规范我国建设工程立法工作。

第二章　建设工程市场主体法律制度

第一节　建设工程市场主体概述

从1992年我国确立发展社会主义市场经济体制以来，我国建设工程市场不断发展完善，建设工程的投资规模、行业产值持续大幅度增长，建设工程业在国民经济增长中起到了重要作用。因此，笔者认为，在大力发展建设工程市场经济的前提下，应当更主要地从平等民事主体的视角审视建设工程市场的从业主体，摒弃过去计划经济体制下的意识和理念，不应过多地从行政管制、行政干预的角度对待建设工程市场的从业主体。

我国现行有关法律法规已经构建了建设工程市场主体法律制度。在此法律制度框架下，我国建设工程市场中从事建设工程业务的单位或个人，包括作为发包人的各类建设单位、勘察单位、设计单位、监理单位、施工单位、特种设备供应单位、工程中介服务单位等有关单位，以及从事勘察、设计、监理、施工、特种设备操作、工程造价等专业的人员，都应当是具备民事权利能力和民事行为能力的民事主体，这是参与建设工程市场活动的前提；同时，建设工程市场主体还应当具备法律规定的特殊从业资格，这是工程建设的行业、技术、安全等特征和要求所决定的，包括对从业单位的资质以及对从业人员的执业资格的要求等。

自从我国加入WTO以来，我国按照相关协议和承诺，建设工程市场对外开放程度不断提高，世界上越来越多的国家和地区的设计、施工、管理等工程专业公司和机构承揽了我国相应的工程业务。总体而言，我国对境外从事工程业务的公司和机构实行的市场准入机制，与世界上大部分国家实行的建设工程市场准入机制基本一致，其中，对于境外从事工程业务的公司和机构的市场主体资格，按照国民待遇原则，我国允许境外从事工程业务的公司和机构在中国境内按照中国法律设立中外合资、合作、独资的公司，并按照中国法律取得从事工程业务所需的从业资质和资格，可以在资质允许范围内从事相应的工程业务，但在特殊情况下如跨境交付设计服务方面有特殊规定。同时，对我国香港特别行政区、澳门特别行政区和台湾地区从事工程业务的公司和机构在内地/大陆从事工程业务也有相应的规定。

不具备建设工程民事主体资格、从业资格的单位或个人,在法律上应当认定为不具备从事建设工程业务的专业素质和能力。不具有从事建设工程业务的专业素质和能力的主体从事建设工程业务不仅是侵害当事人的合法权益,而且会危害社会公共安全、利益,是不能容忍的。因此,我国法律禁止不具备建设工程民事主体资格、从业资格的单位和个人从事建设工程业务,其违法从事建设工程的民事行为依法应当被认定为无效,同时,行政机关依法应当对其予以相应的行政处罚;不具备建设工程民事主体资格、从业资格的主体从事建设工程业务,如果造成重大质量、安全责任事故的,构成刑事犯罪的,还应当承担相应刑事责任。

第二节　建设工程民事主体制度

民事主体是民事法律关系主体的简称,指依法参与民事法律关系,享有民事权利和承担民事义务的人。民事主体应当具有民事权利能力和民事行为能力。民事权利能力是指民事主体依法享有民事权利和承担民事义务的资格;民事行为能力是指民事主体以自己的行为享有民事权利和承担民事义务的资格。

一、民事主体判断标准

主流的民事主体判断标准认为,民事主体的本质条件包括两个方面:一是一定的社会经济条件的存在;二是国家法律的确认。商品经济的产生和发展,是民事主体存在的决定性因素;国家以法律形式加以确认,也是其存在所不可缺少的条件。[①] 一般认为,判断民事主体的实质标准主要有名义独立、意志独立、财产独立、责任独立。[②] 缺一者不能被法律确认为独立的民事主体。长期以来,人们存在一种认识上的误区,即把能否独立承担民事责任作为取得民事主体资格的决定性条件。但从社会组织的发展历史来看,法人是在独资企业、合伙企业普遍存在之后才出现的。若以法人作为评判民事主体的标准,则独资企业、合伙企业都无民事主体地位。实际上,法人之所以具有民事主体资格,并不因为其能够独立承担民事责任。因此,一般认为的判断民事主体的"四要件",已经不符合社会经济发展现状,其将大量事实的民事主体排除在法律主体之外,不利于经济和社会的发展。

在我国,继《民法通则》(已失效)之后的立法对民事主体的规定已突破原《民法通则》的自然人与法人二元结构,如《合同法》(已失效)第 2 条规定,除自然人、法人以外其他组织(如合伙企业)也是合同关系中的主体,从而扩充了民事主体的范围。《民法典》总则编更是明确规定了民事主体的种类包括自然人、法人和非法人组织。《民法典》总则编同时规定了非法人组织是不具有法人资格,但是能够依法以自己的名义从事民事活动的组织,非法人组织包括个人独资企业、合伙企业、不具有法人资格的专业服务机构等。非法人组织虽然不具有法人资格,但仍属于民事主体的范畴。上述规定在事实上推翻了传统民事主体理论中强调的独立财产、独立承担民事责

---

① 佟柔主编:《中国民法》,法律出版社 1990 年版,第 63 页。

② 陈华、刘勇:《合伙可以成为独立的民事主体和民事诉讼主体》,载《法商研究》1999 年第 5 期。

任的要件。对于非自然人主体被确认为民事主体,其实质要件为"独立的意志"加上"拥有可支配的财产"。

1. 独立的意志

只有具有独立意志,才能成为其他主体的一个具体的交易对象,才能与其他主体发生意志交流,安排双方的权利义务关系,从而建立民事法律关系。团体意志或独立意志,并不是某个或某几个成员的个人意志或个人意志的简单相加,而是互相尊重并排除了个性而最终达成的合力意志。单纯个人和财产所形成的团体意志,其意志是人和物的利用紧密相结合而体现出的意志,人的因素和物的因素彼此不能分离。该意志是人的因素和物的因素相结合的纽带。

2. 拥有可支配的财产

拥有自身可支配的财产,是一个客观实体成为民事主体的重要物质基础,这是民事主体的静的功能。要能成为财产的载体,完成交易的使命,是民事主体的动的功能。①

二、建设工程市场的民事主体

建设工程市场的民事主体,应当具备"独立的意志"加上"拥有可支配的财产"的实质要件,但是由于建设工程的特殊性,我国建设工程市场的民事主体主要为法人、其他组织,在特殊情况下,如农民自建低层住宅的建筑活动中,发承包人可以是自然人,但是这种特殊情况不适用《建筑法》。我国法律仅仅赋予具有建设工程从业资格的自然人(主要是工程专业技术人员)从事工程相关专业的职业,但自然人原则上不能成为建设工程民事法律关系的主体。考察法人、其他组织是否是建设工程市场民事主体,应当审查其是否依法设立,是否具有从事建设工程的经营范围或业务范围,其中对具有独立法人资格的公司类民事主体,还应当审查其注册资本、专业技术人员、技术装备等是否符合法律、行政法规的规定。

2013 年修订的《公司法》,将我国公司的注册资本由实缴登记制改为认缴登记制,放宽注册资本登记条件,降低了公司设立门槛。(1)公司设立向所有的市场主体放开,注册资本不因公司形式的不同而有不同的要求。除法律、行政法规以及国务院决定对有限责任公司或者股份有限公司的注册资本最低限额另有规定外,取消有限责任公司最低注册资本 3 万元、一人有限责任公司最低注册资本 10 万元、股份有限公司最低注册资本 500 万元的限制。(2)取消对公司注册资本实缴的限制,除法律、行政法规以及国务院决定对有限责任公司或者股份有限公司的注册资本实缴另有规定外,取消有限责任公司股东或者发起设立股份有限公司的发起人的首次出资比例和最长缴足期限。募集设立的股份有限公司的注册资本为在公司登记机关登记的实收股本总额,有限责任公司的注册资本为在公司登记机关登记的全体股东认缴的出资额,发起设立的股份有限公司的注册资本为在公司登记机关登记的全体发起人认购的股本总额。有限责任公司股东或者发起设立的股份有限公司的发起人在公司章程中自行规定其认缴的注册资本是否分期出资、出资额和出资时间,包括一人有限责任公司也不需要在公司设立时一次足额缴纳公司章程规定的出资额。全体股东(发起人)认缴的注册资本可以在 10 年、20 年甚至更长时间内缴足。(3)取消公司登记提交验资证明的要求,公司营业执照不再记载"实收资本"事项。股东认足公司章程规定的出资后,由全体股东指定的代表或者共同委托的代理人向公司登记机关报送公司登记申请书、公司章程等文件,申请设立登记。股东缴纳出资后,不再要求必须经依法设立的验

---

① 唐伟元:《论民事主体的判断标准》,载《科技创新导报》2008 年第 18 期。

资机构验资并出具证明,公司登记机关也不再要求提供验资证明,不再登记公司股东的实缴出资情况,公司营业执照不再记载"实收资本"事项。由于《公司法》的这一修改,在2014年3月1日新修订的《公司法》施行以后修订的建设工程市场的民事主体的相关管理办法,也在注册资本这一事项上逐渐相应修改。

(一)建设单位

我国法律允许具有民事行为能力的自然人取得建设用地使用权,因此,理论上依法取得建设用地使用权的自然人可以作为利用其土地实施工程建设的建设主体,但是我国《建筑法》《城乡规划法》等法律均将建设工程的建设主体称为"建设单位"(通常也称为"业主"),并没有法律明确规定自然人可以作为"建设单位"。因此,建设单位应当是依据我国法律法规成立的法人或其他组织,如公司、合伙企业、政府机关、事业单位、社会团体等。

1996年1月20日,原国家计划委员会发布《关于实行建设项目法人责任制的暂行规定》(计建设〔1996〕673号,已失效),规定我国实行基本建设工程项目法人责任制度,因此,具有法人资格的项目公司,是建设工程市场中最主要的民事主体。项目公司作为建设工程的建设单位,其注册资本金不得低于法律、行政法规规定的最低限额,同时,自1996年8月23日国务院发布《关于固定资产投资项目试行资本金制度的通知》(国发〔1996〕35号)以来,我国实行审慎而严格的项目资本金制度。对各种经营性投资项目,包括国有单位的基本建设、技术改造、房地产开发项目和集体投资项目,实行资本金制度,投资项目必须首先落实资本金才能进行建设。个体和私营企业的经营性投资项目也参照该规定执行。投资项目资本金占总投资的比例,根据不同行业和项目的经济效益等因素确定,具体规定如下:交通运输、煤炭项目,资本金比例为35%及以上;钢铁、邮电、化肥项目,资本金比例为25%及以上;电力、机电、建材、化工、石油加工、有色、轻工、纺织、商贸及其他行业的项目,资本金比例为20%及以上。投资项目资本金的具体比例,由项目审批单位根据投资项目的经济效益以及银行贷款意愿和评估意见等情况,在审批可行性研究报告时核定。经国务院批准,对个别情况特殊的国家重点建设项目,可以适当降低资本金比例。1998年7月20日国务院发布实施的《城市房地产开发经营管理条例》(国务院令248号)第13条规定:"房地产开发项目应当建立资本金制度,资本金占项目总投资的比例不得低于20%。"

(二)勘察、设计单位

2017年修订的《建设工程勘察设计管理条例》(国务院令第687号)对从事建设工程勘察设计的主体界定为"勘察设计单位",并于第37条明确规定:"违反本条例规定,建设工程勘察、设计注册执业人员和其他专业技术人员未受聘于一个建设工程勘察、设计单位或者同时受聘于两个以上建设工程勘察、设计单位,从事建设工程勘察、设计活动的,责令停止违法行为,没收违法所得,处违法所得2倍以上5倍以下的罚款;情节严重的,可以责令停止执行业务或者吊销资格证书;给他人造成损失的,依法承担赔偿责任。"因此,我国建设工程市场中从事勘察设计业务的民事主体应当是勘察设计单位,而具有勘察、设计执业资格的人员必须受聘于一家勘察设计单位,具有勘察、设计执业资格的人员不得以其个人名义从事工程勘察、设计活动。

我国在实施勘察设计体制改革以前,我国的勘察设计单位主要是事业单位。1994年9月29日国务院《关于工程勘察设计单位改建为企业问题的批复》(国函〔1994〕100号)原则同意实行事业单位企业化管理的工程勘察设计单位逐步改建为企业,特别是1999年12月18日国务院办公厅《转发建设部等部门〈关于工程勘察设计单位体制改革若干意见〉的通知》(国办发〔1999〕01号)发布后,我国勘察设计单位加快了改制步伐,目前为止,我国大部分勘察设计单位已经改制为不同类型的企业。

勘察、设计单位可以是依法注册设立,具有独立法人资格的有限责任公司、股份有限公司。根据《建设工程勘察设计管理条例》《建设工程勘察设计资质管理规定》《工程勘察资质标准》的相关规定,工程勘察综合资质企业的实缴注册资本不少于1000万元人民币,工程勘察专业资质甲级企业的实缴注册资本不少于300万元人民币,工程勘察专业资质乙级企业的实缴注册资本不少于150万元人民币,工程勘察专业资质丙级企业的实缴注册资本不少于80万元人民币,工程勘察劳务资质企业的实缴注册资本不少于50万元人民币;工程设计综合资质企业的注册资本不少于6000万元人民币;工程设计行业资质甲级企业的注册资本不少于600万元人民币,工程设计行业资质乙级企业的注册资本不少于300万元人民币,工程设计行业资质丙级企业的注册资本不少于100万元人民币;工程设计专业资质甲级企业的注册资本不少于300万元人民币,工程设计专业资质乙级企业的注册资本不少于100万元人民币,工程设计专业资质丙级企业的注册资本不少于50万元人民币,工程设计专业资质丁级(限建筑工程设计)企业的注册资本不少于5万元人民币;工程设计专项资质企业的注册资本符合相应工程设计专项资质标准的规定。

(三)监理单位

按照我国法律规定,我国建设工程监理市场中的民事主体只能是依法设立的工程监理单位。自然人不能成为建设工程市场中承担工程监理业务的"监理单位",具有监理人员从业资格的自然人,只能受聘于监理单位,从事监理职业。

根据《工程监理企业资质管理规定》、《工程监理企业资质标准》(已失效)等有关法律规定,工程监理单位可以是依法设立的具有法人资格的公司,也可依法设立为合伙企业。其中综合资质的监理公司注册资本不少于600万元人民币;专业甲级资质的监理公司注册资本不少于300万元人民币,专业乙级资质的监理公司注册资本不少于100万元人民币,专业丙级资质的监理公司注册资本不少于50万元人民币;对合伙企业的监理事务所的合伙人出资限额没有作出具体规定。另外,我国针对不同专业的工程监理单位的注册资本作出了一些特别要求,如《水利工程建设监理单位资质管理办法》(水利部令第50号)规定,水利工程建设甲级监理单位注册资金不少于200万元人民币,乙级监理单位注册资金不少于100万元人民币,丙级和不定级监理单位注册资金不少于50万元人民币。

(四)施工单位

我国建设工程市场中最为活跃、数量最多的民事主体当属施工单位,我国法律将施工单位分为三大类,即施工总承包企业、专业承包企业和劳务分包企业。施工单位均应当是依法设立的具有独立法人资格的企业,可以是有限责任公司或股份有限公司。《建筑业企业资质等级标准》对不同等级的施工总承包企业、专业承包企业和劳务分包企业的注册资本金作出了明确规定。

现行法律并未明确规定施工单位可以是依法设立的合伙企业,但是,我国法律允许两个或两个以上施工单位组成联合体,参加建设工程投标,联合体中标后,可以共同承揽建设工程施工任务。笔者认为,这种情况下,建设工程施工联合体本身并不是法律上的民事主体,联合体并未改变施工单位的独立法人资格,联合体也未经注册或登记,只不过组成联合体的施工单位对建设单位承担连带责任,联合体实际上是一种松散型合伙。

依据《合伙企业法》关于法人设立合伙企业的规定,两个以上具有法人资格的非国有企业施工单位可以设立普通合伙企业,而且具有法人资格的施工单位可以设立有限合伙企业,因此,在理论上施工单位是可以依法设立施工类合伙企业的。不过目前施工类合伙企业并未成为建设工程市场主体，究其原因不是因为其民事主体资格的问题，而是因为现行施工企业资质法规只允许具有法人资格的施工企业申请取得施工资质。笔者认为，既然现行法律允许施工企业组成“松散型合伙”的联合体承揽工程业务，也应允许施工企业依法设立“紧密型合伙”的施工类合伙企业并获得施工资质，因此建议修改我国现行的施工企业资质规定，允许施工企业依法设立的施工类合伙企业取得施工资质。

另外，劳务分包企业目前不允许设立合伙企业、个体工商户，但是现实中大量存在的是劳务人员信赖以老乡关系建立起来的“包工头”雇佣关系，许多劳务分包企业实际上都是个体经营的。为逐步消除建筑劳务“挂靠”“包工头”等形式的不规范行为，可以允许依法设立劳务分包的合伙企业，允许个体经营注册劳务企业并承担无限责任，以降低门槛、明确风险承担。

（五）工程总承包企业

工程总承包是国际通行的工程建设项目组织实施方式之一，但是我国建设领域在改革开放初期才开始尝试工程承包和组织方式的变革，1982 年原化工部对江西氨厂改尿素工程实行第一个以设计为主体的工程总承包试点。1984 年原国家计委在总结原化工部工程总承包经验的基础上，将工程总承包纳入了国务院颁发的《关于改革建筑业和基本建设管理体制若干问题的暂行规定》（国发〔1984〕123 号，已失效），明确提出了对项目建设实行全过程总承包的要求。1987 年，原国家计划委员会等五部委联合颁发《关于批准第一批推广鲁布革工程管理经验试点企业有关问题的通知》。此后，原国家计划委员会、原建设部等部委相继下发文件，要求在设计、施工企业组建开展工程总承包试点，并先后批准了 94 家工程总承包试点企业，指出“试点企业可对工程项目实行设计、采购、施工全过程的总承包”。

随着我国建设工程，特别是对外工程的不断发展，我国工程总承包企业从无到有并不断发展壮大，工程总承包企业也是我国建设工程市场中的重要民事主体。1992 年 4 月 3 日原建设部发布实施的《工程总承包企业资质管理暂行规定（试行）》规定，工程总承包企业是指对工程从立项到交付使用全过程承包的企业，应当是具有独立法人资格的企业，不包括以设计院为主体的设计工程公司，并且企业自有资金 1 亿元人民币以上，其中自有流动资金 3000 万元人民币以上。2003 年 2 月 13 日，原建设部发布《关于培育发展工程总承包和工程项目管理企业的指导意见》（建市〔2003〕30 号）规定，“鼓励具有工程勘察、设计或施工总承包资质的勘察、设计和施工企业，通过改造和重组，建立与工程总承包业务相适应的组织机构、项目管理体系，充实项目管理专业人员，提高融资能力，发展成为具有设计、采购、施工（施工管理）综合功能的工程公司，在其勘察、设计或施工总承包资质等级许可的工程项目范围内开展工程总承包业务。工程勘察、设计、施工企业也可以组成联合体对工程项目进行联合总承包。”“鼓励大型设计、施工、监理等企业与国际大型工程公司以合资或合作的方式，组建国际型工程公司或项目管理公司，参加国际竞争。”

根据《房屋建筑和市政基础设施项目工程总承包管理办法》，工程总承包，是指承包单位按照与建设单位签订的合同，对工程设计、采购、施工或者设计、施工等阶段实行总承包，并对工程的质量、安全、工期和造价等全面负责的工程建设组织实施方式。工程总承包企业按照合同约定对工程项目的质量、工期、造价等向业主负责。工程总承包企业可依法将所承包工程中的部分工作发包给具有相应资质的分包企业；分包企业按照分包合同的约定对总承包企业负责。工程总承包的具体方式、工作内容和责任等，由业主与工程总承包企业在合同中约定。工程总承包主要有设计采购施工/交钥匙总承包、设计—施工总承包（本书第六章对承包方式等进行详细阐述）。

工程总承包单位应当同时具有与工程规模相适应的工程设计资质和施工资质，或者由具有相应资质的设计单位和施工单位组成联合体。工程总承包单位应当具有相应的项目管理体系和项目管理能力、财务和风险承担能力,以及与发包工程相类似的设计、施工或者工程总承包业绩。设计单位和施工单位组成联合体的,应当根据项目的特点和复杂程度,合理确定牵头单位,并在联合体协议中明确联合体成员单位的责任和权利。联合体各方应当共同与建设单位签订工程总承包合同,就工程总承包项目承担连带责任。

我国设计单位、施工单位以及由具有相应资质的设计单位和施工单位组成的联合体均可以依法成为或依法设立具有独立法人资格的工程总承包企业,也可以组成工程总承包的非法人型联合体,也可以依据我国中外合资、合作法律规定,设立从事工程总承包的中外合资、合作经营企业。

(六)工程项目管理企业

工程项目管理也是国际通行的工程建设项目组织实施方式之一。工程项目管理,是指从事工程项目管理的企业(以下简称工程项目管理企业)受业主委托,按照合同约定,代表业主对工程项目的组织实施进行全过程或若干阶段的管理和服务。工程项目管理企业不直接与该工程项目的总承包企业或勘察、设计、供货、施工等企业签订合同,但可以按合同约定,协助业主与工程项目的总承包企业或勘察、设计、供货、施工等企业签订合同,并受业主委托监督合同的履行。工程项目管理的具体方式及服务内容、权限、取费和责任等,由业主与工程项目管理企业在合同中约定。工程项目管理主要有项目管理服务、项目管理承包(本书第六章对项目管理方式等进行详细阐述)。

2003年2月13日,原建设部发布《关于培育发展工程总承包和工程项目管理企业的指导意见》,大力推进我国工程项目管理企业的组建和发展,"鼓励具有工程勘察、设计、施工、监理资质的企业,通过建立与工程项目管理业务相适应的组织机构、项目管理体系,充实项目管理专业人员,按照有关资质管理规定在其资质等级许可的工程项目范围内开展相应的工程项目管理业务。""鼓励大型设计、施工、监理等企业与国际大型工程公司以合资或合作的方式,组建国际型工程公司或项目管理公司,参加国际竞争。"2008年11月12日,住房和城乡建设部发布《关于大型工程监理单位创建工程项目管理企业的指导意见》,推进有条件的大型工程监理单位创建工程项目管理企业。2004年11月16日,原建设部发布《建设工程项目管理试行办法》,规定:"两个及以上项目管理企业可以组成联合体以一个投标人身份共同投标。联合体中标的,联合体各方应当共同与业主方签订委托项目管理合同,对委托项目管理合同的履行承担连带责任。联合体各方应签订联合体协议,明确各方权利、义务和责任,并确定一方作为联合体的主要责任方,项目经理由主要责任方选派。"

故此,我国工程勘察、设计、施工、监理企业均可以依法设立具有独立法人资格的项目管理企业,并且可以设立工程项目管理的中外合作、合资公司。

(七)工程技术咨询和服务类企业

在我国建设工程市场中,工程咨询、招标代理、造价咨询、质量检测等工程技术咨询和服务中介类企业,也是不可或缺的民事主体。

1. 工程咨询单位

根据《工程咨询行业管理办法》,工程咨询是遵循独立、公正、科学的原则,综合运用多学科知识、工程实践经验、现代科学和管理方法,在经济社会发展、境内外投资建设项目决策与实施活动中,为投资者和政府部门提供阶段性或全过程咨询和管理的智力服务。工程咨询单位,是指在中国境内设立的从事工程咨询业务并具有独立法人资格的企业、事业单位。

工程咨询业务按照以下专业划分:(1)农业、林业;(2)水利水电;(3)电力(含火电、水电、核电、新能源);(4)煤炭;(5)石油天然气;(6)公路;(7)铁路、城市轨道交通;(8)民航;(9)水运(含港口河海工程);(10)电子、信息工程(含通信、广电、信息化);(11)冶金(含钢铁、有色);(12)石化、化工、医药;(13)核工业;(14)机械(含智能制造);(15)轻工、纺织;(16)建材;(17)建筑;(18)市政公用工程;(19)生态建设和环境工程;(20)水文地质、工程测量、岩土工程;(21)其他(以实际专业为准)。

工程咨询服务范围包括:(1)规划咨询:含总体规划、专项规划、区域规划及行业规划的编制;(2)项目咨询:含项目投资机会研究、投融资策划,项目建议书(预可行性研究)、项目可行性研究报告、项目申请报告、资金申请报告的编制,政府和社会资本合作(PPP)项目咨询等;(3)评估咨询:各级政府及有关部门委托的对规划、项目建议书、可行性研究报告、项目申请报告、资金申请报告、PPP 项目实施方案、初步设计的评估,规划和项目中期评价、后评价,项目概预决算审查,及其他履行投资管理职能所需的专业技术服务;(4)全过程工程咨询:采用多种服务方式组合,为项目决策、实施和运营持续提供局部或整体解决方案以及管理服务。有关工程设计、工程造价、工程监理等资格,由国务院有关主管部门认定。

2. 工程招标代理机构

工程建设项目招标代理,是指工程招标代理机构接受招标人的委托,从事工程的勘察、设计、施工、监理以及与工程建设有关的重要设备(进口机电设备除外)、材料采购招标的代理业务。工程招标代理机构是指对工程的勘察、设计、施工、监理以及与工程建设有关的重要设备(进口机电设备除外)、材料采购招标代理的依法设立的中介组织。

3. 工程造价咨询单位

工程造价咨询单位,是指接受委托,对建设项目工程造价的确定与控制提供专业服务,出具工程造价成果文件的中介组织或咨询服务机构。2000 年 9 月 19 日,原建设部发布《关于工程造价咨询机构与政府部门实行脱钩改制的通知》(建标〔2000〕208 号),要求所有挂靠政府部门及其下属单位的工程造价咨询机构进行脱钩改制。挂靠企业的工程造价咨询机构,也应参照该通知要求进行脱钩改制。脱钩后的工程造价咨询机构要按照该通知和国家有关法律、法规规定的组织形式,改制成为由造价工程师发起设立的合伙制或有限责任制的社会中介机构。

(1)合伙制,由 2 名以上具有造价工程师资格的人员合伙发起设立(法律、法规另有规定的除外)。合伙人按照协议约定或法律规定,以各自的财产承担法律责任,对工程造价咨询机构的债务承担无限连带责任。

(2)有限责任制,由 5 名以上具有造价工程师资格的人员共同出资发起设立(法律、法规另有规定的除外)。出资人以其出资额为限承担法律责任,工程造价咨询机构以其全部财产对其债务承担责任。

由此可见,工程造价咨询单位应当是依法设立的合伙企业或有限责任公司。根据 2020 年修正的《工程造价咨询企业管理办法》(住房和城乡建设部令第 50 号)的规定,甲级工程造价咨询企业近 3 年工程造价咨询营业收入累计不低于 500 万元人民币,乙级工程造价咨询企业暂定期内工程造价咨询营业收入累计不低于 50 万元人民币。

4. 工程质量检测机构

建设工程质量检测,是指工程质量检测机构接受委托,依据国家有关法律、法规和工程建设强制性标准，对涉及结构安全项目的抽样检测和对进入施工现场的建筑材料、构配件的见证取样检测。根据《建设工程质量检测管理办法》(建法规〔2019〕6 号)的规定，工程质量检测机构应当是具有独立法人资格的中介机构。

第三节 建设工程从业资质制度

建设工程的企业从业资质制度是对从事工程建设活动的企业进入市场的准入性资格审查，属于行政许可法的调整范围，是一种准入性的行政许可制度。在现行法律框架下，企业资质管理权高度集中在政府部门手里，资质的审批、年检、监督、出发等管理的内容和程序、权限划分等都以部门规章、规范性文件来规定，并由相关政府主管部门解释和实施。我国目前企业资质管理的基本思路是扶植大企业使其更强、更大，如取得施工总承包序列中某一类别特级资质的企业，在核发本类别建筑业企业特级资质证书的同时，核发某一相应行业的工程设计甲级资质证书，从而为本类企业承担设计—施工总承包任务奠定了资质基础，但这在一定程度上限制了中小企业的发展，也可能造成一些转包、挂靠现象。

为此，有研究者提出应当改革资质管理制度，建立社会化和市场化机制，逐步建立由市场认定企业能力的机制，企业能力由市场第三方如工程担保、质量安全保险企业去认证，并通过权利义务的制衡来实现；应用信息技术，建立信息共享和公开机制，随着“统一的信用信息平台、统一的信用评价标准、统一的信用法规体系、统一的信用奖惩机制”的建筑市场信用体系在我国全面展开和信息共享、公开机制的完善，建筑企业承担的工程项目信息、项目建设效果、信用等信息全面公开，即可为业主方提供能力和信用查询，从而弱化资质管理的效应。同时，企业资质应当简约化，增强企业竞争能力。

中共中央《关于全面深化改革若干重大问题的决定》指出，必须切实转变政府职能，深化行政体制改革，创新行政管理方式，增强政府公信力和执行力，建设法治政府和服务型政府。为进一步深化建筑业“放管服”改革，加快产业升级，促进建筑业持续健康发展，根据 2017 年 2 月 21 日发布的国务院办公厅《关于促进建筑业持续健康发展的意见》的规定，进一步简化工程建设企业资质类别和等级设置，减少不必要的资质认定。选择部分地区开展试点，对信用良好、具有相关专业技术能力、能够提供足额担保的企业，在其资质类别内放宽承揽业务范围限制，同时，加快完善信用体系、工程担保及个人执业资格等相关配套制度，加强事中事后监管。之后，规定建设工程从业资质制度的相关法律法规，也在不断地简化工程建设企业资质类别和等级设置，减少不必要的资质认定。

一、建设单位的从业资质

对于建设单位而言，一般没有从业资质的要求，只要具备民事主体资格即可从事建设工程的开发建设，例如，企事业单位自建自用的办公楼工程，对建设单位并不要求具有特殊的建设工程从业资质。但是，由于房地产开发经营的特殊性，我国现行法律对于房地产开发企业的从业资质做了特别规定。

我国《城市房地产管理法》规定，房地产开发企业是以营利为目的，从事房地产开发和经营的企业。《城市房地产开发经营管理条例》规定,房地产开发经营是指房地产开发企业在城市规划区内国有土地上进行基础设施建设、房屋建设,并转让房地产开发项目或者销售、出租商品房的行为。房地产开发主管部门应当根据房地产开发企业的资产、专业技术人员和开发经营业绩等,对备案的房地产开发企业核定资质等级。房地产开发企业应当按照核定的资质等级,承担相应的房地产开发项目。具体办法由国务院建设行政主管部门制定。2018 年 12 月 22 日住房和城乡建设部发布的《关于修改〈房地产开发企业资质管理规定〉等部门规章的决定》对房地产开发企业的资质管理作了具体规定。

房地产开发企业按照企业条件分为 4 个资质等级。各资质等级企业的条件根据企业从事房地产开发经营的年限,业绩,建筑工程质量合格率,相应专业管理人员、技术人员的数量,质量保证体系以及是否发生过重大工程质量事故等分别确定。

新设立的房地产开发企业应当自领取营业执照之日起 30 日内,在资质审批部门的网站或平台提出申请备案事项,提交营业执照、企业章程、专业技术人员资格证书和劳动合同的电子材料。房地产开发主管部门应当在收到备案申请后 30 日内向符合条件的企业核发《暂定资质证书》。《暂定资质证书》有效期 1 年。房地产开发主管部门可以视企业经营情况延长《暂定资质证书》有效期,但延长期限不得超过 2 年。自领取《暂定资质证书》之日起 1 年内无开发项目的,《暂定资质证书》有效期不得延长。房地产开发企业应当在《暂定资质证书》有效期满前 1 个月内向房地产开发主管部门申请核定资质等级。房地产开发主管部门应当根据其开发经营业绩核定相应的资质等级。

房地产开发企业根据资质等级承担相应的房地产项目。一级资质的房地产开发企业承担房地产项目的建设规模不受限制,可以在全国范围承揽房地产开发项目;二级资质及二级资质以下的房地产开发企业可以承担建筑面积 25 万平方米以下的开发建设项目,承担业务的具体范围由省、自治区、直辖市人民政府建设行政主管部门确定。各资质等级企业应当在规定的业务范围内从事房地产开发经营业务,不得越级承担任务。

二、勘察、设计单位的从业资质

根据《建设工程勘察设计资质管理规定》(住房和城乡建设部令第 45 号)的规定,从事建设工程勘察、工程设计活动的企业,应当按照其拥有的资产、专业技术人员、技术装备和勘察设计业绩等条件申请资质,经审查合格,取得建设工程勘察、工程设计资质证书后,方可在资质许可的范围内从事建设工程勘察、工程设计活动。

工程勘察资质分为工程勘察综合资质、工程勘察专业资质、工程勘察劳务资质。工程勘察综合资质只设甲级;工程勘察专业资质设甲级、乙级,根据工程性质和技术特点,部分专业可以设丙级;工程勘察劳务资质不分等级。取得工程勘察综合资质的企业,可以承接各专业(海洋工程勘察除外)、各等级工程勘察业务;取得工程勘察专业资质的企业,可以承接相应等级相应专业的工程勘察业务;取得工程勘察劳务资质的企业,可以承接岩土工程治理、工程钻探、凿井等工程勘察劳务业务。

工程设计资质分为工程设计综合资质、工程设计行业资质、工程设计专业资质和工程设计专项资质。工程设计综合资质只设甲级;工程设计行业资质、工程设计专业资质、工程设计专项资质设甲级、乙级。根据工程性质和技术特点,个别行业、专业、专项资质可以设丙级,建筑工程专业资质可以设丁级。取得工程设计综合资质的企业,可以承接各行业、各等级的建设工程设计业务;取得工程设计行业资质的企业,可以承接相应行业相应等级的工程设计业务及本行业范围内同级别的相应专业、专项(设计施工一体化资质除外)工程设计业务;取得工程设计专业资质的企业,可以承接本专业相应等级的专业工程设计业务及同级别的相应专项工程设计业务(设计施工一体化资质除外);取得工程设计专项资质的企业,可以承接本专项相应等级的专项工程设计业务。

三、监理单位的从业资质

根据《工程监理企业资质管理规定》(住房和城乡建设部令第45号)的规定,工程监理企业资质分为综合资质、专业资质和事务所资质。其中,专业资质按照工程性质和技术特点划分为若干工程类别。综合资质、事务所资质不分级别。专业资质分为甲级、乙级;其中,房屋建筑、水利水电、公路和市政公用专业资质可设立丙级。

工程监理企业资质相应许可的业务范围如下:(1)综合资质,可以承担所有专业工程类别建设工程项目的工程监理业务。(2)专业资质,专业甲级资质可承担相应专业工程类别建设工程项目的工程监理业务;专业乙级资质可承担相应专业工程类别二级以下(含二级)建设工程项目的工程监理业务;专业丙级资质可承担相应专业工程类别三级建设工程项目的工程监理业务。(3)事务所资质,可承担三级建设工程项目的工程监理业务,但是国家规定必须实行强制监理的工程除外。工程监理企业可以开展相应类别建设工程的项目管理、技术咨询等业务。

四、施工单位的从业资质

施工单位即建筑业企业,是指从事土木工程、建筑工程、线路管道设备安装工程的新建、扩建、改建等施工活动的企业。

(一)施工单位从业资质的法律规定

根据《建筑业企业资质管理规定》(住房和城乡建设部令第45号)的规定,企业应当按照其拥有的资产、主要人员、已完成的工程业绩和技术装备等条件申请建筑业企业资质,经审查合格,取得建筑业企业资质证书后,方可在资质许可的范围内从事建筑施工活动。建筑业企业资质分为施工总承包资质、专业承包资质、施工劳务资质3个序列。施工总承包资质、专业承包资质按照工程性质和技术特点分别划分为若干资质类别,各资质类别按照规定的条件划分为若干资质等级。施工劳务资质不分类别与等级。

根据2014年11月6日发布的《建筑业企业资质标准》(建市〔2014〕159号),建筑业企业资质分为施工总承包、专业承包和施工劳务3个序列。其中施工总承包序列设有12个类别,一般分为4个等级(特级、一、二、三级);专业承包序列设有36个类别,一般分为3个等级(一、二、三级);施工劳务序列不分类别和等级。本标准包括建筑业企业资质各个序列、类别和等级的资质标准。具有法人资格的企业申请建筑业企业资质应具备下列基本条件:(1)具有满足本标准要求的资产;(2)具有满足本标准要求的注册建造师及其他注册人员、工程技术人员、施工现场管理人员和技术工人;(3)具有满足本标准要求的工程业绩;(4)具有必要的技术装备。

不同资质序列的建筑业企业承揽业务的范围如下:(1)施工总承包工程应由取得相应施工总承包资质的企业承担。取得施工总承包资质的企业可以对所承接的施工总承包工程内各专业工程全部自行施工,也可以将专业工程依法进行分包。对设有资质的专业工程进行分包时,应分包给具有相应专业承包资质的企业。施工总承包企业将劳务作业分包时,应分包给具有施工劳务资质的企业。(2)设有专业承包资质的专业工程单独发包时,应由取得相应专业承包资质的企业承包。取得专业承包资质的企业可以承接具有施工总承包资质的企业依法分包的专业工程或建设单位依法发包的专业工程。取得专业承包资质的企业应对所承接的专业工程全部自行组织施工,劳务作业可以分包,但应分包给具有施工劳务资质的企业。(3)取得施工劳务资质的企业可以承接具有施工总承包资质或专业承包资质的企业分包的劳务作业。(4)取得施工总承包资质的企业,可以从事资质证书许可范围内的相应工程总承包、工程项目管理等业务。

(二)施工单位从业资质的改革

2014年7月1日,住房和城乡建设部发布《关于推进建筑业发展和改革的若干意见》,首次提出坚持淡化工程建设企业资质、强化个人执业资格的改革方向,探索从主要依靠资质管理等行政手段实施市场准入,逐步转变为充分发挥社会信用、工程担保、保险等市场机制的作用,实现市场优胜劣汰。2015年10月9日,住房和城乡建设部发布《关于建筑业企业资质管理有关问题的通知》,提出简化特级资质标准要求,放开承包合同金额限制。2016年4月,住房和城乡建设部同意在浙江、安徽、陕西3省开展劳务用工改革试点。2016年10月14日,住房和城乡建设部发布《简化建筑业企业资质标准部分指标的通知》规定,除各类别最低等级资质外,取消关于注册建造师、中级以上职称人员、持有岗位证书的现场管理人员、技术工人的指标考核,进一步简化了资质标准要求。

为进一步深化建筑业简政放权改革,2017年2月21日,国务院办公厅《关于促进建筑业持续健康发展的意见》发布,进一步简化工程建设企业资质类别和等级设置,减少不必要的资质认定。选择部分地区开展试点,对信用良好、具有相关专业技术能力、能够提供足额担保的企业,在其资质类别内放宽承揽业务范围限制。该意见明确提出,推动建筑业劳务企业转型,大力发展木工、电工、砌筑、钢筋制作等以作业为主的专业企业。以专业企业为建筑工人的主要载体,逐步实现建筑工人公司化、专业化管理。截至2018年年底,山东省、青海省、江苏省、黑龙江省、河南省等省份也相继取消对施工劳务企业的资质要求。2017年4月13日,各级住房城乡建设(园林绿化)主管部门不再受理城市园林绿化企业资质核准的相关申请,园林绿化企业资质正式取消。各级住房城乡建设(园林绿化)主管部门不得以任何方式,强制要求将城市园林绿化企业资质或市政公用工程施工总承包等资质作为承包园林绿化工程施工业务的条件。

2018年开始,建筑业企业资质改革主要集中在资质申请的流程和手续方面,具体包括资质审批告知承诺制的试行和电子化申报和审批。(1)告知承诺审批,是指对提出资质行政审批申请的申请人,由行政审批机关一次性告知其审批条件,申请人以书面形式承诺符合审批条件,行政审批机关根据申请人承诺直接作出行政审批决定的制度。2018年10月15日,住房和城乡建设部办公厅《关于在江西等4省推行建筑业企业资质审批告知承诺制的通知》发布,决定在江西省、河南省、四川省、陕西省推行建筑业企业资质审批告知承诺制。2019年3月26日,住房和城乡建设部办公厅发布的《关于实行建筑业企业资质审批告知承诺制的通知》(建办市〔2019〕20号)决定在全国范围对建筑工程、市政公用工程施工总承包一级资质审批实行告知承诺制。(2)电子化申报和审批。2018年9月12日,住房和城乡建设部《关于建设工程企业资质统一实行电子化申报和审批的通知》(建办市函〔2018〕493号)指出,从2019年1月1日开始,对于相关资质的新申请、升级、增项、重新核定事项,住房和城乡建设部不再接受纸质申报材料,统一实行电子化申报和审批。

五、工程总承包企业的从业资质

1992年，原建设部发布了《工程总承包企业资质管理暂行规定(试行)》，第一次通过部门规章的形式把工程总承包企业规定为建筑业的一种企业类型，同时发布了《设计单位进行工程总承包资格管理的有关规定》(已失效)，对设计单位进行工程总承包资格问题做出了规定；1997年11月发布了《建筑法》，提倡对建筑工程进行总承包，并规定从事建筑活动的主体取得相关资质等级后才可在其范围内从事建筑活动；1999年8月26日，原建设部印发了《关于推进大型设计单位创建国际型工程公司的指导意见》，先后有560家设计单位领取了甲级工程总承包资格证书。

为适应市场经济发展和加入WTO后国际工程总承包的需要，2003年原建设部印发了《关于培育发展工程总承包和工程项目管理企业的指导意见》，规定凡是具有勘察、设计资质或施工总承包资质的企业都可以在企业资质等级许可的范围内开展工程总承包业务。为打破设计与施工的分类界限，使设计施工成为一体，原建设部于2006年发布了4个设计与施工专项资质标准：《建筑智能化工程设计与施工资质标准》《消防设施工程设计与施工资质标准》《建筑装饰装修工程设计与施工资质标准》《建筑幕墙工程设计与施工资质标准》(均已失效)。为引导企业成为技术含量高，融资能力强，管理水平高的龙头企业，2006年、2007年原建设部先后发布了《建设工程勘察设计资质管理规定》《施工总承包企业特级资质标准》。在国家政策支持下，近年来工程总承包市场逐渐扩大，境外工程总承包项目经营额大幅度增长。

我国工程总承包模式和承包企业的发展是分行业、分地区培育起来的，我国工程总承包资质管理按行业及行政职能部门分割，工程总承包企业"画地为牢"，《建设工程勘察设计资质管理规定》中规定的85个类别限定了企业只能在所申报的类别中进行建筑业务活动，不同种类的资质业务范围和内容不同，不得相互逾越，同种资质的企业只能在同类业务范围内进行竞争，而不能凭借自己的能力在整个建筑市场上自由选择，严重制约了有活力企业的发展空间；另外，可以承担工程总承包任务的勘察、设计综合资质和施工特级资质的企业在承担设计—采购—施工或交钥匙工程时，仍然面临招标资格的问题。

为了解决上述问题，2019年12月23日，住房和城乡建设部、国家发展和改革委员会《关于印发〈房屋建筑和市政基础设施项目工程总承包管理办法〉的通知》明确规定，工程总承包是指承包单位按照与建设单位签订的合同，对工程设计、采购、施工或者设计、施工等阶段实行总承包，并对工程的质量、安全、工期和造价等全面负责的工程建设组织实施方式。工程总承包单位应当同时具有与工程规模相适应的工程设计资质和施工资质，或者由具有相应资质的设计单位和施工单位组成联合体。工程总承包单位应当具有相应的项目管理体系和项目管理能力、财务和风险承担能力，以及与发包工程相类似的设计、施工或者工程总承包业绩。设计单位和施工单位组成联合体的，应当根据项目的特点和复杂程度，合理确定牵头单位，并在联合体协议中明确联合体成员单位的责任和权利。联合体各方应当共同与建设单位签订工程总承包合同，就工程总承包项目承担连带责任。工程总承包单位不得是工程总承包项目的代建单位、项目管理单位、监理单位、造价咨询单位、招标代理单位。建设单位依法采用招标或者直接发包等方式选择工程总承包单位。工程总承包项目范围内的设计、采购或者施工中，有任一项属于依法必须进行招标的项目范围且达到国家规定规模标准的，应当采用招标的方式选择工程总承包单位。

六、工程项目管理企业的从业资质

建设工程项目管理，是指项目管理企业受工程项目业主方委托，对工程建设全过程或分阶段进行专业化管理和服务活动。根据《建设工程项目管理试行办法》,项目管理企业应当具有工程勘察、设计、施工、监理、造价咨询、招标代理等一项或多项资质。工程勘察、设计、施工、监理、造价咨询、招标代理等企业可以在本企业资质以外申请其他资质。企业申请资质时,其原有工程业绩、技术人员、管理人员、注册资金和办公场所等资质条件可合并考核。工程项目管理业务范围包括:(1)协助业主方进行项目前期策划、经济分析、专项评估与投资确定;(2)协助业主方办理土地征用、规划许可等有关手续;(3)协助业主方提出工程设计要求、组织评审工程设计方案、组织工程勘察设计招标、签订勘察设计合同并监督实施,组织设计单位进行工程设计优化、技术经济方案比选并进行投资控制;(4)协助业主方组织工程监理、施工、设备材料采购招标;(5)协助业主方与工程项目总承包企业或施工企业及建筑材料、设备、构配件供应等企业签订合同并监督实施;(6)协助业主方提出工程实施用款计划,进行工程竣工结算和工程决算,处理工程索赔,组织竣工验收,向业主方移交竣工档案资料;(7)生产试运行及工程保修期管理,组织项目后评估;(8)项目管理合同约定的其他工作。

根据《关于培育发展工程总承包和工程项目管理企业的指导意见》,对于依法必须实行监理的工程项目,具有相应监理资质的工程项目管理企业受业主委托进行项目管理,业主可不再另行委托工程监理,该工程项目管理企业依法行使监理权利,承担监理责任;没有相应监理资质的工程项目管理企业受业主委托进行项目管理,业主应当委托监理。

七、工程技术咨询、服务单位的从业资质

(一)工程咨询单位

根据国务院《关于取消一批行政许可事项的决定》,自 2017 年 9 月 22 日起取消工程咨询单位资格认定行政许可事项。根据《工程咨询行业管理办法》,对工程咨询单位实行告知性备案管理。工程咨询单位订立服务合同和开展相应的咨询业务,应当与备案的专业和服务范围一致。

国家发展和改革委员会应当推进工程咨询单位资信管理体系建设,指导监督行业组织开展资信评价,为委托单位择优选择工程咨询单位和政府部门实施重点监督提供参考依据。工程咨询单位资信评价等级以一定时期内的合同业绩、守法信用记录和专业技术力量为主要指标,分为甲级和乙级两个级别,具体标准由国家发展和改革委员会制定。

工程咨询单位的资信评价结果,由国家和省级发展和改革委员会通过在线平台和“信用中国”网站向社会公布。行业自律性质的资信评价等级,仅作为委托咨询业务的参考。任何单位不得对资信评价设置机构数量限制,不得对各类工程咨询单位设置区域性、行业性从业限制,也不得对未参加或未获得资信评价的工程咨询单位设置执业限制。

(二)工程招标代理机构

2017 年修正的《招标投标法》删去“从事工程建设项目招标代理业务的招标代理机构,其资格由国务院或者省、自治区、直辖市人民政府的建设行政主管部门认定。具体办法由国务院建设行政主管部门会同国务院有关部门制定。从事其他招标代理业务的招标代理机构,其资格认定的主管部门由国务院规定。”上述条款的删除意味着招标人自主选择代理机构属于市场行为,代理机构可以通过市场竞争、发挥行业自律作用予以规范。

住房和城乡建设部办公厅《关于取消工程建设项目招标代理机构资格认定加强事中事后监管的通知》(建办市〔2017〕77 号)指出,自 2017 年 12 月 28 日起,各级住房城乡建设部门不再受理招标代理机构资格认定申请,停止招标代理机构资格审批。招标代理机构可按照自愿原则向

工商注册所在地省级建筑市场监管一体化工作平台报送基本信息，供招标人根据工程项目实际情况选择参考。加快推进建筑市场监管一体化工作平台建设，规范招标代理机构信用信息采集、报送机制，加大信息公开力度，强化信用信息应用，推进部门之间信用信息共享共用。加快建立失信联合惩戒机制，强化信用对招标代理机构的约束作用，构建“一处失信、处处受制”的市场环境。

（三）工程造价咨询单位

根据2020年修正的《工程造价咨询企业管理办法》（住房和城乡建设部令第50号）的规定，工程造价咨询企业，是指接受委托，对建设项目投资、工程造价的确定与控制提供专业咨询服务的企业。工程造价咨询企业应当依法取得工程造价咨询企业资质，并在其资质等级许可的范围内从事工程造价咨询活动。

工程造价咨询企业资质等级分为甲级、乙级。工程造价咨询企业依法从事工程造价咨询活动，不受行政区域限制。甲级工程造价咨询企业可以从事各类建设项目的工程造价咨询业务。乙级工程造价咨询企业可以从事工程造价2亿元人民币以下各类建设项目的工程造价咨询业务。工程造价咨询业务范围包括：(1)建设项目建议书及可行性研究投资估算、项目经济评价报告的编制和审核；(2)建设项目概预算的编制与审核，并配合设计方案比选、优化设计、限额设计等工作进行工程造价分析与控制；(3)建设项目合同价款的确定（包括招标工程工程量清单和标底、投标报价的编制和审核），合同价款的签订与调整（包括工程变更、工程洽商和索赔费用的计算）及工程款支付，工程结算及竣工结（决）算报告的编制与审核等；(4)工程造价经济纠纷的鉴定和仲裁的咨询；(5)提供工程造价信息服务等。工程造价咨询企业可以对建设项目的组织实施进行全过程或者若干阶段的管理和服务。

（四）工程质量检测机构

根据《建设工程质量检测管理办法》（建法规〔2019〕6号）的规定，建设工程质量检测（以下简称质量检测），是指工程质量检测机构（以下简称检测机构）接受委托，依据国家有关法律、法规和工程建设强制性标准，对涉及结构安全项目的抽样检测和对进入施工现场的建筑材料、构配件的见证取样检测。

检测机构资质按照其承担的检测业务内容分为专项检测机构资质和见证取样检测机构资质：(1)专项检测，包括地基基础工程检测、主体结构工程现场检测、建筑幕墙工程检测和钢结构工程检测。(2)见证取样检测，包括水泥物理力学性能检验，钢筋（含焊接与机械连接）力学性能检验，砂、石常规检验，混凝土、砂浆强度检验，简易土工试验，混凝土掺加剂检验，预应力钢绞线，锚夹具检验，沥青、沥青混合料检验。

我国对于建设工程领域的其他不同类型工程，如煤炭工程质量检测机构资质、水利工程的质量检测机构资质，以及特种设备的检测机构资质也有特别规定。根据原煤炭工业部1998年1月23日发布的《煤炭建设工程质量检测工作管理办法》（煤基字〔1998〕第26号），煤炭建设工程质量检测机构划分为综合型、土建型、构件型、预拌混凝土搅拌站型4个类型。综合型分为2个等级，土建型、构件型各分为3个等级，预拌混凝土搅拌站型分为1个等级。根据2019年修正的《水利工程质量检测管理规定》（水利部令第50号），水利工程质量检测，是指水利工程质量检测单位依据国家有关法律、法规和标准，对水利工程实体以及用于水利工程的原材料、中间产品、金属结构和机电设备等进行的检查、测量、试验或者度量，并将结果与有关标准、要求进行比较以确定工程质量是否合格所进行的活动。检测单位应当按照该规定取得资质，并在资质等级许可的范围内承担质量检测业务。检测单位资质分为岩土工程、混凝土工程、金属结构、机械电气和量测共5个类别,每个类别分为甲级、乙级2个等级。检测单位资质等级标准由水利部另行制定并向社会公告。取得甲级资质的检测单位可以承担各等级水利工程的质量检测业务。大型水利工程(含一级堤防)主要建筑物以及水利工程质量与安全事故鉴定的质量检测业务,必须由具有甲级资质的检测单位承担。取得乙级资质的检测单位可以承担除大型水利工程(含一级堤防)主要建筑物以外的其他各等级水利工程的质量检测业务。上述所称主要建筑物是指失事以后将造成下游灾害或者严重影响工程功能和效益的建筑物,如堤坝、泄洪建筑物、输水建筑物、电站厂房和泵站等。根据原国家质量检验检疫总局《特种设备检验检测机构管理规定》(已失效)规定,特种设备检验检测机构应当经国家质量监督检验检疫总局核准,取得《特种设备检验检测机构核准证》后,方可在核准的项目范围内从事特种设备检验检测活动。检验检测机构按照其规模、性质、能力、管理水平等核定为A级、B级、C级,具体级别核定条件等按《特种设备检验检测机构鉴定评审规则》(TSG Z7002—2004)执行。检验检测机构申请从事特种设备定期检验时,其申请项目对应的在用设备数量(已落实任务的)应当符合有关核准项目规定的最低要求。

第四节 建设工程从业人员的执业资格制度

我国法律仅赋予具有建设工程从业资格的自然人(主要是工程专业技术人员以及特种作业人员)从事工程相关专业的职业,而且具有一定数量有执业资格的建设工程专业技术人员和具有特种施工作业操作资格的人员,是建设工程从业主体取得相应从业资质的实质性要件之一。

一、建设工程专业技术人员执业资格制度

(一)基本情况

执业资格许可制度是指对具备一定专业学历的从事建筑活动的专业技术人员要求其参加相关考试以获取执业资格,并按规定进行注册后,就确定了其执业的技术资格,获得相应建筑工程文件签字权的一种制度。《建筑法》第14条对此作出了规定:"从事建筑活动的专业技术人员,应当依法取得相应的执业资格证书,并在执业资格证书许可的范围内从事建筑活动"。

在技术要求较高的行业实行专业技术人员执业资格制度,在发达国家已有100多年的历史,现已成为国际惯例。当前世界大多数发达国家,如美国、英国、日本、加拿大等,对从事涉及公众生命和财产安全的建筑活动的专业技术人员都制定了严格的执业资格制度。自20世纪80年代中期开始,我国也先后在律师、会计、教师、建筑、医生、资产评估等行业实行执业资格制度。为了适应社会主义市场经济体制建立,自20世纪80年代末,原建设部在调研国外一些发达国家在专业技术人员资格管理方面好的经验和做法的基础上,结合我国建设行业发展的需要,会同原国家人事部,逐步建立了注册建筑师、勘察设计注册工程师、造价工程师、注册城市规划师、监理工程师、房地产估价师、房地产经纪人、建造师、物业管理师9项执业资格制度。其中建筑行业是从1992年开始实行注册监理工程师制度的。2004年,依据《行政许可法》,经国务院批准,除房地产经纪人外,其他8项执业资格正式列入行政许可项目。另外,原国家安全生产监督管理局与原国家人事部建立的注册安全工程师职业资格制度,也应当属于建设工程领域的从业人员资格制度。

按照国际通行做法，对于关系公众生命财产安全，实行强制性准入控制的执业资格，由政府授权的机构依法进行教育评估及注册管理；对于非强制性的服务类的执业资格，由行业注册师协会实行自律管理。目前，我国建设行业执业资格制度除房地产经纪人由专业学会自律管理外，都带有政府强制性，即只有取得执业资格并经过注册的专业技术人员才被允许以相应的名义执业，并享有相关的权利和义务，承担相应的法律责任。在我国社会主义市场经济体制尚不完善的情况下，这种强制性不仅是必须的，而且在实际工作中也取得了较好的效果。住房和城乡建设主管部门或其委托的执业资格注册中心、学会、协会负责执业资格注册、继续教育、社会信用管理等工作。① 参照国际上的成熟做法，我国建设工程专业人员执业资格制度主要由考试制度、注册制度、继续教育制度、教育评估制度、社会信用制度5项基本制度组成。但是建设工程从业人员执业资格制度建立的时间不长，还存在一些突出的矛盾和问题：一是法律法规和配套政策体系不完善，除注册建筑师有行政法规予以规定外，其他专业没有专门的法律法规，缺乏法律配套保障。二是队伍总量不足，地区之间发展不平衡，执业素质也有待进一步提高。三是管理环节过多、手续烦琐、信息查询不够便捷，服务水平有待提高。四是“重发证、轻监管”等问题还比较严重。五是个别执业人员违反职业道德、不讲诚信、执业行为不规范等现象时有发生，缺乏社会责任感，需要不断加以改进和完善。②

（二）实行执业资格制度的主要建设工程专业人员

鉴于建设工程专业人员的执业资格较多，笔者仅对注册建筑师、勘察设计注册工程师、注册造价工程师、注册监理工程师、注册建造师、注册安全工程师进行阐述。

1. 注册建筑师

1995年9月23日，国务院发布实施了《注册建筑师条例》，标志着我国正式实行注册建筑师执业资格制度。为配合注册建筑师制度的实施，1996年7月1日原建设部发布实施了《注册建筑师条例实施细则》（建设部令第52号，已失效）。为进一步规范注册建造师执业资格制度，2008年3月15日原建设部发布实施了《注册建筑师条例实施细则》（建设部令第167号）。为进一步推进政府职能转变和“放管服”改革，根据2019年4月23日国务院《关于修改部分行政法规的决定》，对《注册建筑师条例》进行了修改。至此，我国已经建立了一套较高水准的注册建筑师教育、实践、考试和继续教育的标准，逐步规范了考试、注册、管理程序和手段。注册建筑师制度的建立，明确了注册建筑师的法律地位，使注册建筑师的名称和执业行为置于法律监督和保护之下。建立了一套教育评估、职业训练、资格考试、继续教育相结合的人才评估体系，明确了注册建筑师的责任、权利和义务，以更好地发挥他们在工程设计中的主导作用；实施了执业资格注册管理，促进优胜劣汰机制的形成。

按照《注册建筑师条例实施细则》第3条规定，注册建筑师，是指经考试、特许、考核认定取得中国注册建筑师执业资格证书，或者经资格互认方式取得建筑师互认资格证书，并按照《注册建筑师条例实施细则》注册，取得中国注册建筑师注册证书和注册建筑师执业印章，从事建筑设计及相关业务活动的专业技术人员。未取得注册证书和执业印章的人员，不得以注册建筑师的名义从事建筑设计及相关业务活动。注册建筑师级别分为一级建筑师和二级建筑师。注册建筑师实行注册执业管理制度。取得执业资格证书或者互认资格证书的人员，必须经过注册方可以注

① 夏志业：《我国建设行业实行执业资格制度的实践》，载《中国建设教育》2005年第3期。

② 赵春山：《在山东省建设执业资格注册管理工作会议上的讲话》，载山东省建设厅执业资格注册中心2007年3月6日，http://www.ljzc.net/zhuanti/2007zhuanti/zhaozhuren.htm。

册建筑师的名义执业。取得资格证书的人员,应当受聘于中国境内的一个建设工程勘察、设计、施工、监理、招标代理、造价咨询、施工图审查、城乡规划编制等单位,经注册后方可从事相应的执业活动。从事建筑工程设计执业活动的,应当受聘并注册于中国境内一个具有工程设计资质的单位,由聘用单位接受委托并统一收费。

2. 勘察设计注册工程师

2001 年 1 月 4 日,原人事部、原建设部正式出台了《勘察设计行业注册工程师制度总体框架及实施规划》,总体框架将注册工程师分为 17 个专业,包括土木、结构、公用设备、电气、机械、化工、电子工程、航天航空、农业、冶金、矿业/矿物、核工业、石油/天然气、造船、军工、海洋、环保。2005 年 2 月 4 日,原建设部发布《勘察设计注册工程师管理规定》(建设部令第 137 号),并于 2016 年对该规定予以修正。

根据《勘察设计注册工程师管理规定》的规定,勘察设计注册工程师,是指经考试取得中国注册工程师资格证书,并按照该规定注册,取得中国注册工程师注册执业证书和执业印章,从事建设工程勘察、设计及有关业务活动的专业技术人员。未取得注册证书及执业印章的人员,不得以注册工程师的名义从事建设工程勘察、设计及有关业务活动。

注册工程师按专业类别设置,除注册结构工程师分为一级和二级外,其他专业注册工程师不分级别。取得资格证书并受聘于一个建设工程勘察、设计、施工、监理、招标代理、造价咨询等单位的人员,应当通过聘用单位提出注册申请,并可以向单位工商注册所在地的省、自治区、直辖市人民政府住房城乡建设主管部门提交申请材料;省、自治区、直辖市人民政府住房城乡建设主管部门收到申请材料后,应当在 5 日内将全部申请材料报审批部门。国务院住房城乡建设主管部门在收到申请材料后,应当依法作出是否受理的决定,并出具凭证。取得资格证书的人员,应受聘于一个具有建设工程勘察、设计、施工、监理、招标代理、造价咨询等一项或多项资质的单位,经注册后方可从事相应的执业活动。但从事建设工程勘察、设计执业活动的,应受聘并注册于一个具有建设工程勘察、设计资质的单位。注册工程师的执业范围包括:(1)工程勘察或者本专业工程设计;(2)本专业工程技术咨询;(3)本专业工程招标、采购咨询;(4)本专业工程的项目管理;(5)对工程勘察或者本专业工程设计项目的施工进行指导和监督;(6)国务院有关部门规定的其他业务。建设工程勘察、设计活动中形成的勘察、设计文件由相应专业注册工程师按照规定签字盖章后方可生效。

3. 注册监理工程师

1992 年 6 月 4 日,原建设部发布了《监理工程师资格考试和注册试行办法》(已失效),我国开始实施监理工程师资格考试。1993 年 5 月 25 日,原建设部、原人事部发布《关于〈监理工程师资格考试和注册试行办法〉实施意见的通知》,以加强对监理工程师资格考试和注册工作的统一领导与管理。2006 年 1 月 26 日,原建设部发布《注册监理工程师管理规定》(建设部令第 147 号),进一步规范注册监理师的注册、执业、继续教育和监督管理,并根据 2016 年 9 月 13 日住房和城乡建设部《关于修改〈勘察设计注册工程师管理规定〉等 11 个部门规章的决定》予以修正。

根据《注册监理工程师管理规定》的规定,注册监理工程师,是指经考试取得中国监理工程师资格证书,并按照该规定注册,取得中国注册监理工程师注册执业证书和执业印章,从事工程监理及相关业务活动的专业技术人员。未取得注册证书和执业印章的人员,不得以注册监理工程师的名义从事工程监理及相关业务活动。

注册监理工程师实行注册执业管理制度。取得资格证书的人员,经过注册方能以注册监理工程师的名义执业。注册监理工程师依据其所学专业、工作经历、工程业绩，按照《工程监理企业资质管理规定》划分的工程类别，按专业注册。每人最多可以申请两个专业注册。取得资格证书并受聘于一个建设工程勘察、设计、施工、监理、招标代理、造价咨询等单位的人员，应当通过聘用单位提出注册申请，并可以向单位工商注册所在地的省、自治区、直辖市人民政府住房城乡建设主管部门提交申请材料；省、自治区、直辖市人民政府住房和城乡建设主管部门收到申请材料后，应当在5日内将全部申请材料报审批部门。国务院住房和城乡建设主管部门在收到申请材料后，应当依法作出是否受理的决定，并出具凭证。取得资格证书的人员，应当受聘于一个具有建设工程勘察、设计、施工、监理、招标代理、造价咨询等一项或者多项资质的单位，经注册后方可从事相应的执业活动。从事工程监理执业活动的，应当受聘并注册于一个具有工程监理资质的单位。注册监理工程师可以从事工程监理、工程经济与技术咨询、工程招标与采购咨询、工程项目管理服务，以及国务院有关部门规定的其他业务。工程监理活动中形成的监理文件由注册监理工程师按照规定签字盖章后方可生效。

4. 注册建造师

建造师执业资格制度源于英国，迄今已有150余年历史。世界上许多发达国家均已经建立了该项制度。2002年12月5日，原人事部、原建设部联合印发了《建造师执业资格制度暂行规定》，标志着我国建造师执业资格制度的工作正式建立。根据该规定，我国的建造师是指从事建设工程项目总承包和施工管理关键岗位的专业技术人员。2003年2月27日国务院《关于取消第二批行政审批项目和改变一批行政审批项目管理方式的决定》规定，取消建筑施工企业项目经理资质核准，由注册建造师代替，并设立过渡期。2003年4月23日，原建设部发布《关于建筑业企业项目经理资质管理制度向建造师执业资格制度过渡有关问题的通知》，对过渡期作出了规定。2006年12月28日，原建设部发布《注册建造师管理规定》（建法规〔2019〕6号），进一步规范注册建造师的注册、执业、继续教育和监督管理，并于2016年9月13日依据住房和城乡建设部《关于修改〈勘察设计注册工程师管理规定〉等11个部门规章的决定》对该规定予以修正。2007年11月19日，原建设部办公厅发布《关于建筑业企业项目经理资质管理制度向建造师执业资格制度过渡有关问题的补充通知》，规定2008年2月27日开始停止使用建筑业企业项目经理资质证书，但是具有统一颁发的建筑业企业一级项目经理资质证书，且未取得建造师资格证书的人员，符合该通知规定条件的，经审批可取得一级建造师临时执业证书。一级建造师临时执业证书有效期为5年，于2013年2月27日废止。

根据《注册建造师管理规定》的规定，注册建造师，是指通过考核认定或考试合格取得中国建造师资格证书，并按照该规定注册，取得中国建造师注册证书和执业印章，担任施工单位项目负责人及从事相关活动的专业技术人员。未取得注册证书和执业印章的，不得担任大中型建设工程项目的施工单位项目负责人，不得以注册建造师的名义从事相关活动。注册建造师实行注册执业管理制度，注册建造师分为一级注册建造师和二级注册建造师。取得资格证书的人员，经过注册方能以注册建造师的名义执业。

取得一级建造师资格证书并受聘于一个建设工程勘察、设计、施工、监理、招标代理、造价咨询等单位的人员，应当通过聘用单位提出注册申请，并可以向单位工商注册所在地的省、自治区、直辖市人民政府住房城乡建设主管部门提交申请材料。省、自治区、直辖市人民政府住房城乡建设主管部门收到申请材料后，应当在5日内将全部申请材料报国务院住房城乡建设主管部门审批。国务院住房城乡建设主管部门在收到申请材料后，应当依法作出是否受理的决定，并出具凭证。涉及铁路、公路、港口与航道、水利水电、通信与广电、民航专业的,国务院住房城乡建设主管部门应当将全部申报材料送同级有关部门审核。

取得资格证书的人员应当受聘于一个具有建设工程勘察、设计、施工、监理、招标代理、造价咨询等一项或者多项资质的单位,经注册后方可从事相应的执业活动。担任施工单位项目负责人的,应当受聘并注册于一个具有施工资质的企业。注册建造师的具体执业范围按照《注册建造师执业工程规模标准》执行。注册建造师不得同时在两个及两个以上的建设工程项目上担任施工单位项目负责人。注册建造师可以从事建设工程项目总承包管理或施工管理,建设工程项目管理服务,建设工程技术经济咨询,以及法律、行政法规和国务院建设主管部门规定的其他业务。建设工程施工活动中形成的有关工程施工管理文件,应当由注册建造师签字并加盖执业印章。施工单位签署质量合格的文件上,必须有注册建造师的签字盖章。

5. 注册造价工程师

1996 年 8 月 26 日,根据原人事部、原建设部《关于印发〈造价工程师执业资格制度暂行规定〉的通知》(已失效),我国开始实施造价工程师执业资格制度。1998 年 1 月,原人事部、原建设部下发《关于实施造价工程师执业资格考试有关问题的通知》,并于当年在全国首次实施了造价工程师执业资格考试。2000 年 1 月 21 日,原建设部发布《造价工程师注册管理办法》。为进一步规范注册造价工程师的注册、执业、继续教育和监督管理,2006 年 12 月 25 日原建设部发布《注册造价工程师管理办法》,《造价工程师注册管理办法》废止。后根据 2016 年 9 月 13 日住房和城乡建设部发布的《关于修改〈勘察设计注册工程师管理规定〉等 11 个部门规章的决定》对《注册造价工程师管理办法》予以修正;根据 2020 年 2 月 19 日住房和城乡建设部发布的《关于修改〈工程造价咨询企业管理办法〉〈注册造价工程师管理办法〉的决定》对《注册造价工程师管理办法》(住房和城乡建设部令第 50 号)予以修正。

根据《注册造价工程师管理办法》的规定,注册造价工程师,是指通过土木建筑工程或者安装工程专业造价工程师职业资格考试,取得造价工程师职业资格证书或者通过资格认定、资格互认,并按照该办法注册后,从事工程造价活动的专业人员。注册造价工程师分为一级注册造价工程师和二级注册造价工程师。注册造价工程师实行注册执业管理制度。取得职业资格的人员,经过注册方能以注册造价工程师的名义执业。符合注册条件的人员申请注册的,可以向聘用单位工商注册所在地的省、自治区、直辖市人民政府住房和城乡建设主管部门或者国务院有关专业部门提交申请材料。申请一级注册造价工程师初始注册,省、自治区、直辖市人民政府住房和城乡建设主管部门或者国务院有关专业部门收到申请材料后,应当在 5 日内将申请材料报国务院住房和城乡建设主管部门。国务院住房和城乡建设主管部门在收到申请材料后,应当依法作出是否受理的决定,并出具凭证。国务院住房和城乡建设主管部门应当自受理之日起 20 日内作出决定。申请二级注册造价工程师初始注册,省、自治区、直辖市人民政府住房和城乡建设主管部门收到申请材料后,应当依法作出是否受理的决定,并出具凭证。省、自治区、直辖市人民政府住房和城乡建设主管部门应当自受理之日起 20 日内作出决定。

一级注册造价工程师执业范围包括建设项目全过程的工程造价管理与工程造价咨询等,具体工作内容如下:(1)项目建议书、可行性研究投资估算与审核,项目评价造价分析;(2)建设工程设计概算、施工预算编制和审核;(3)建设工程招标投标文件工程量和造价的编制与审核;(4)建设工程合同价款、结算价款、竣工决算价款的编制与管理;(5)建设工程审计、仲裁、诉讼、保险中的造价鉴定,工程造价纠纷调解;(6)建设工程计价依据、造价指标的编制与管理;(7)与工程造价管理有关的其他事项。二级注册造价工程师协助一级注册造价工程师开展相关工作，并可以独立开展以下工作：(1)建设工程工料分析、计划、组织与成本管理，施工图预算、设计概算编制；(2)建设工程量清单、最高投标限价、投标报价编制；(3)建设工程合同价款、结算价款和竣工决算价款的编制。注册造价工程师应当根据执业范围，在本人形成的工程造价成果文件上签字并加盖执业印章，承担相应的法律责任。最终出具的工程造价成果文件应当由一级注册造价工程师审核并签字盖章。

6. 注册安全工程师

2002年9月3日，原国家安全生产监督管理局在由原人事部专业技术人员管理司领导和安全工程方面专家参加的注册安全工程师执业资格制度专家论证会基础上，发布了《注册安全工程师执业资格制度暂行规定》，并同时出台了《注册安全工程师执业资格认定办法》(已失效)。这两个文件的出台，标志着我国注册安全工程师执业资格制度开始启动，标志着我国安全生产领域关键技术岗位的准入制度开始实施，标志着我国安全领域人才社会化评价工作开始与国际接轨。注册安全工程师执业资格制度的建立，对我国建立安全生产监督体系和长效机制，推动安全生产形势的根本好转发挥了重要作用。

2003年8月，原人事部和原国家安全生产监督管理总局又出台了《注册安全工程师执业资格考试实施办法》(已失效)，确定了具体的考试办法和考试科目。2004年5月，原国家安全生产监督管理总局发布了《注册安全工程师注册管理办法》(已失效)，规定了注册安全工程师的注册管理和执业行为要求。为了进一步规范取得注册安全工程师执业资格证书的人员注册以及注册后的执业、继续教育及其监督管理，2007年1月11日，原国家安全生产监督管理总局发布《注册安全工程师管理规定》，《注册安全工程师注册管理办法》同时废止。后根据2013年8月19日原国家安全生产监督管理总局《关于修改〈生产经营单位安全培训规定〉等11件规章的决定》对《注册安全工程师管理规定》(国家安全生产监督管理总局令第63号)予以修正。

根据《注册安全工程师管理规定》的规定，注册安全工程师是指取得中国注册安全工程师执业资格证书，在生产经营单位从事安全生产管理、安全技术工作或者在安全生产中介机构从事安全生产专业服务工作，并按照该规定注册取得中国注册安全工程师执业证和执业印章的人员。从业人员在300人以上的煤矿、非煤矿矿山、建筑施工单位和危险物品生产、经营单位，应当按照不少于安全生产管理人员15%的比例配备注册安全工程师；安全生产管理人员在7人以下的，至少配备1名。上述规定以外的其他生产经营单位，应当配备注册安全工程师或者委托安全生产中介机构选派注册安全工程师提供安全生产服务。安全生产中介机构应当按照不少于安全生产专业服务人员30%的比例配备注册安全工程师。取得资格证书的人员，经注册取得执业证和执业印章后方可以注册安全工程师的名义执业。注册安全工程师的执业范围包括：(1)安全生产管理；(2)安全生产检查；(3)安全评价或者安全评估；(4)安全检测检验；(5)安全生产技术咨询、服务；(6)安全生产教育和培训；(7)法律、法规规定的其他安全生产技术服务。注册安全工程师应当由聘用单位委派，并按照注册类别在规定的执业范围内执业，同时在出具的各种文件、报告上签字和加盖执业印章。生产经营单位的下列安全生产工作，应有注册安全工程师参与并签署意见：(1)制定安全生产规章制度、安全技术操作规程和作业规程；(2)排查事故隐患，制订整改方案和安全措施；(3)制订从业人员安全培训计划；(4)选用和发放劳动防护用品；(5)生产安全事故调查；(6)制定重大危险源检测、评估、监控措施和应急救援预案；(7)其他安全生产工作事项。聘用单位应当为注册安全工程师建立执业活动档案，并保证档案内容的真实性。

为贯彻落实中共中央、国务院《关于推进安全生产领域改革发展的意见》和《安全生产法》的有关要求,加强安全生产监督管理,完善注册安全工程师职业资格制度,2017 年 11 月 2 日,原国家安全生产监督管理总局、人力资源和社会保障部发布了《注册安全工程师分类管理办法》。注册安全工程师专业类别划分为:煤矿安全、金属非金属矿山安全、化工安全、金属冶炼安全、建筑施工安全、道路运输安全、其他安全(不包括消防安全)。如需另行增设专业类别,由国务院有关行业主管部门提出意见,人力资源和社会保障部、国家安全监督管理部门共同确定。注册安全工程师级别设置为:高级、中级、初级(助理)。注册安全工程师按照专业类别进行注册,国家安全监督管理部门或其授权的机构为注册安全工程师职业资格的注册管理机构。注册安全工程师可在相应行业领域生产经营单位和安全评价检测等安全生产专业服务机构中执业。

2019 年 1 月 25 日,应急部、人力资源和社会保障部联合发布了《注册安全工程师职业资格制度规定》《注册安全工程师职业资格考试实施办法》,自 2019 年 3 月 1 日起施行。自这两个规定施行之日起,《注册安全工程师执业资格制度暂行规定》废止。

二、建设工程施工特种作业人员的操作资格制度

(一)施工特种作业人员的范围

施工特种作业人员是建设工程施工过程中不可或缺的人员,也是具有特殊技术技能的专业技术人员。根据《建设工程安全生产管理条例》的规定,建设工程施工特种作业人员包括:垂直运输机械作业人员、起重机械安装拆卸工、爆破作业人员、起重信号工、登高架设作业人员等。根据《建筑施工特种作业人员管理规定》(建质〔2008〕75 号)规定,建筑施工特种作业人员是指在房屋建筑和市政工程施工活动中,从事可能对本人、他人及周围设备设施的安全造成重大危害作业的人员。建筑施工特种作业人员包括:建筑电工、建筑架子工、建筑起重信号司索工、建筑起重机械司机、建筑起重机械安装拆卸工、高处作业吊篮安装拆卸工、经省级以上人民政府建设主管部门认定的其他特种作业。建筑施工特种作业人员必须经建设主管部门考核合格,取得建筑施工特种作业人员操作资格证书,方可上岗从事相应作业。

(二)施工特种作业人员的操作资格

《建设工程安全生产管理条例》第 25 条规定:“垂直运输机械作业人员、安装拆卸工、爆破作业人员、起重信号工、登高架设作业人员等特种作业人员,必须按照国家有关规定经过专门的安全作业培训,并取得特种作业操作资格证书后,方可上岗作业。”申请从事建筑施工特种作业的人员,应当具备下列基本条件:(1)年满 18 周岁且符合相关工种规定的年龄要求;(2)经医院体检合格且无妨碍从事相应特种作业的疾病和生理缺陷;(3)初中及以上学历;(4)符合相应特种作业需要的其他条件。

持有资格证书的人员,应当受聘于建筑施工企业或者建筑起重机械出租单位,方可从事相应的特种作业。用人单位对于首次取得资格证书的人员,应当在其正式上岗前安排不少于 3 个月的实习操作。建筑施工特种作业人员应当严格按照安全技术标准、规范和规程进行作业,正确佩戴和使用安全防护用品,并按规定对作业工具和设备进行维护保养。建筑施工特种作业人员应当参加年度安全教育培训或者继续教育,每年不得少于 24 小时。在施工中发生危及人身安全的紧急情况时,建筑施工特种作业人员有权立即停止作业或者撤离危险区域,并向施工现场专职安全生产管理人员和项目负责人报告。

建筑施工特种作业人员的考核发证工作,由省、自治区、直辖市人民政府建设主管部门或其

委托的考核发证机构负责组织实施。符合规定的人员应当向本人户籍所在地或者从业所在地考核发证机关提出申请,并提交相关证明材料。考核发证机关应当自收到申请人提交的申请材料之日起5个工作日内依法作出受理或者不予受理决定。对于受理的申请,考核发证机关应当及时向申请人核发准考证。资格证书有效期为两年。有效期满需要延期的,建筑施工特种作业人员应当于期满前3个月内向原考核发证机关申请办理延期复核手续。延期复核合格的,资格证书有效期延期2年。考核发证机关应当制定建筑施工特种作业人员考核发证管理制度,建立本地区建筑施工特种作业人员档案。县级以上地方人民政府建设主管部门应当监督检查建筑施工特种作业人员从业活动,查处违章作业行为并记录在档。考核发证机关应当在每年年底向国务院建设主管部门报送建筑施工特种作业人员考核发证和延期复核情况的年度统计信息资料。

第五节　建设工程市场中若干特殊主体资格问题

由于历史和现实的一些原因,在建设工程市场中存在一些特殊的主体,某些特殊主体具备建设工程民事法律关系的主体资格,但有的特殊主体不具备建设工程民事法律关系的主体资格,应当依据我国有关法律法规,对相关特殊主体的主体资格作出判断,这对于确定相关特殊主体民事行为的法律效力、民事责任的承担以及规范建设工程市场主体管理,均具有重要意义。

一、未经工商登记的项目经理部等企业内设部门的主体资格问题

项目经理部是施工企业为了完成某项建设工程施工任务而设立的组织。项目经理部是由一个项目经理与技术、生产、材料、成本等管理人员组成的项目管理班子,是一次性的,具有弹性的现场生产组织机构。项目经理部不具备法人资格,而是施工企业根据建设工程施工项目而组建的非常设下属机构。项目经理根据企业法人的授权,组织和领导本项目经理部的全面工作。

实践中,未经工商登记的项目经理部往往是施工企业为完成某一项具体的项目施工而专门成立的管理部门,项目经理部仅是个临时的职能部门,随工程的承接而成立,随工程的完工而解散。从项目经理部的专项性、临时性的性质来看,其对外仅能代表施工企业,而不具有独立的民事法律行为能力,在没有明确授权的情况下,不能以自己的名义从事民事法律行为。并且,项目经理部未经工商登记,不具有独立的法人资格,不具有独立的民事行为能力,不能以其自己的名义对外实施民事法律行为,也不属于《民事诉讼法》规定的"其他组织"范畴,因此,未经工商登记的项目经理部不具有民事主体资格。

由于项目经理部系施工企业内部机构,不具备法人资格,未办理工商注册登记,因此,在使用项目经理部公章的场合,如何认定项目经理部公章的法律效力及相关合同的效力,应区分不同情形,分别处理:(1)施工企业出具载明委托事项及委托权限的授权委托书,授权项目经理部公章在委托事项及委托权限内代表施工企业行使职能的,只要是项目经理部公章未超越委托事项及委托权限范围的,项目经理部公章应视为施工企业公章,对施工企业产生法律效力,不能因项目经理部不具备法人资格而机械地认定项目经理部公章没有法律效力。(2)项目经理部公章如超越委托事项及委托权限,如施工企业追认,则项目经理部公章视为建筑企业公章,对施工企业产生法律效力。(3)施工企业出具授权委托书,但委托事项及委托权限不明确,施工企业应对其授

权不明确负责,项目经理部公章应视为施工企业公章,对施工企业产生法律效力,但对方当事人负有举证责任,应提供证据证实施工企业出具授权委托书的事实。(4)施工企业未出具授权委托书,但事后认可项目经理部公章的,项目经理部公章视为施工企业公章,对施工企业产生法律效力。(5)施工企业未出具授权委托书,事后也不认可项目经理部公章的,此种情况下,项目经理部公章至少可起到证明的作用。如对方当事人能够提供证据证实尽管使用的是项目经理部公章,但合同的实际履行者是施工企业(如施工合同由施工企业签订,工程竣工结算由施工企业与发包人进行等),或能够提供施工企业认可项目经理部公章对外效力的其他证据,则应视为施工企业追认项目经理部公章,项目经理部公章对施工企业产生法律效力。

上述情形之外,准用民法无权代理相关规定,凡不需法定资质即可进行的行为(如项目经理部购买建筑材料的行为),应认定项目经理部公章具有法律效力,合同应有效,但因项目经理部不具备民事主体资格,不能独立承担民事责任,其民事责任由施工企业承担;如法律、行政法规规定需法定资质方可进行的行为(如施工企业的施工行为、为他人债务提供保证等),则应认定为项目经理部主体不合格,以项目经理部公章签订的合同应无效,但项目经理部因合同无效产生的法律责任由施工企业承担,同时,施工企业应承担其所属项目经理部违反资质管理相关规定的法律责任。

二、法人分支机构的主体资格问题

(一)法人的分支机构

法人分支机构是法人依法设立并领取营业执照,在法人授权范围内依法从事经营活动的相对独立的组织,其经营管理的财产是法人财产的一部分,法人分支机构并不具有独立的人格,是法人的组成部分,其行为后果最终由所属法人承担责任。

法人设立分支机构,应当符合法律规定。根据《民法典》第74条的规定,法人可以依法设立分支机构。法律、行政法规规定分支机构应当登记的,依照其规定。分支机构以自己的名义从事民事活动,产生的民事责任由法人承担;也可以先以该分支机构管理的财产承担,不足以承担的,由法人承担。对于公司法人,《公司法》第14条第1款规定,公司可以设立分公司,设立分公司,应当向公司登记机关申请登记,领取营业执照。《公司登记管理条例》第七章对分公司登记有关事项进行了规定。对于其他企业法人,《企业法人登记管理条例》第34条第1款规定,企业法人设立不能独立承担民事责任的分支机构,由该企业法人申请登记,经登记主管机关核准,领取营业执照,在核准登记的经营范围内从事经营活动。公司以及企业法人设立分支机构,应当依照以上法律、法规进行登记。

分支机构是法人在一定区域内设置的,从事经营或者其他业务活动的机构。分支机构是法人的组成部分,但与法人内设机构不同,分支机构是具有一定独立性的机构。分支机构通常有自己的名称、场所、管理机构和负责人,以及从事业务活动所需要的资金和从业人员,建立符合规定的财务制度,营利法人分支机构还领取独立的营业执照。为便于分支机构开展业务活动,分支机构可以自己的名义从事民事活动。

(二)分支机构的民事责任

分支机构虽然具有一定的独立性,有自己的名称,但其名称应反映其与法人的隶属关系;分支机构虽可以从事经营及其他业务活动,但没有独立的章程,其经营权限来自法人的授权;分支机构虽有自己的组织机构和工作人员,但其人员管理由法人决定,分支机构自身没有自主权;分支机构虽有自己的财产，但所有资产隶属于法人并列入法人的资产负债表。因此，分支机构不具有独立的法人资格，不能独立承担民事责任。基于此，分支机构从事民事活动产生的民事责任由法人承担。分支机构的民事责任也可以先以该分支机构管理的财产承担，不足以承担的由法人承担。分支机构有一定的财产，其虽不具有法人资格，不能成为最终民事责任的承担主体，但对于分支机构的债务，允许由分支机构管理的财产承担，不足部分再由法人承担。这样一方面便于分支机构债权人就近选择分支机构主张权利，另一方面也减轻业务范围覆盖广、拥有众多分支机构的法人的负担。

凡不需法定资质即可进行的民事行为（如法人分支机构购买建筑材料的行为），应认定法人分支机构的民事行为具有法律效力，合同有效，但法人分支机构的民事责任由法人承担；也可以先以该分支机构管理的财产承担，不足以承担的由法人承担。如法律、行政法规规定需法定资质方可进行的民事行为（如施工行为等），由于企业法人的资质并不当然是企业法人分支机构的资质，则应认定为法人分支机构主体不合格，以法人分支机构名义签订的合同无效，但法人分支机构因合同无效产生的法律责任由法人承担；也可以先以该分支机构管理的财产承担，不足以承担的由法人承担。同时，法人企业应承担其分支机构违反资质管理相关规定的法律责任。

三、挂靠经营主体的主体资格问题

（一）挂靠的概念和认定

根据《建筑工程施工发包与承包违法行为认定查处管理办法》（建市规〔2019〕1号）的规定，挂靠，是指单位或个人以其他有资质的施工单位的名义承揽工程的行为。上述所称承揽工程，包括参与投标、订立合同、办理有关施工手续、从事施工等活动。《建筑工程施工发包与承包违法行为认定查处管理办法》第10条规定，存在下列情形之一的，属于挂靠：（1）没有资质的单位或个人借用其他施工单位的资质承揽工程的；（2）有资质的施工单位相互借用资质承揽工程的，包括资质等级低的借用资质等级高的，资质等级高的借用资质等级低的，相同资质等级相互借用的；（3）本办法第8条第1款第3～9项规定的情形，有证据证明属于挂靠的。第8条规定，存在下列情形之一的，应当认定为转包，但有证据证明属于挂靠或者其他违法行为的除外：……（3）施工总承包单位或专业承包单位未派驻项目负责人、技术负责人、质量管理负责人、安全管理负责人等主要管理人员，或派驻的项目负责人、技术负责人、质量管理负责人、安全管理负责人中一人及以上与施工单位没有订立劳动合同且没有建立劳动工资和社会养老保险关系，或派驻的项目负责人未对该工程的施工活动进行组织管理，又不能进行合理解释并提供相应证明的；（4）合同约定由承包单位负责采购的主要建筑材料、构配件及工程设备或租赁的施工机械设备，由其他单位或个人采购、租赁，或施工单位不能提供有关采购、租赁合同及发票等证明，又不能进行合理解释并提供相应证明的；（5）专业作业承包人承包的范围是承包单位承包的全部工程，专业作业承包人计取的是除上缴给承包单位“管理费”之外的全部工程价款的；（6）承包单位通过采取合作、联营、个人承包等形式或名义，直接或变相将其承包的全部工程转给其他单位或个人施工的；（7）专业工程的发包单位不是该工程的施工总承包或专业承包单位的，但建设单位依约作为发包单位的除外；（8）专业作业的发包单位不是该工程承包单位的；（9）施工合同主体之间没有工程款收付关系，或者承包单位收到款项后又将款项转拨给其他单位和个人，又不能进行合理解释并提供材料证明的。

由于建筑工程施工过程中有时特定项目的转包、挂靠的违法行为外部特征区分并不明显，实践中转包和挂靠对外表现形式较难以区分。上述管理办法对于转包与挂靠的区分,有利于行政执法和司法裁判的标准掌握和统一。

(二)挂靠经营单位的主体资格

《建筑法》第26条规定:“禁止建筑施工企业超越本企业资质等级许可的业务范围或者以任何形式用其他建筑施工企业的名义承揽工程。禁止建筑施工企业以任何形式允许其他单位或者个人使用本企业的资质证书、营业执照,以本企业的名义承揽工程。”但是在建筑领域存在不少个人挂靠有资质的单位、无资质的单位挂靠有资质的单位、资质低的单位挂靠资质高的单位承揽工程业务活动的情况。这些活动虽为《建筑法》所禁止,违法挂靠经营的单位或个人均不具有建设工程民事法律关系的主体资格,其挂靠承揽建设工程业务的民事行为应当为无效民事法律行为。但是,挂靠经营主体不具备建设工程民事法律关系的主体资格并不影响其依法具备相应的民事诉讼主体资格,也不影响其依法应当承担其违法挂靠经营所应承担的法律责任。

对于挂靠经营主体的民事诉讼主体资格问题,最高人民法院《关于适用〈中华人民共和国民事诉讼法〉若干问题的意见》(已失效)第43条规定:“个体工商户、个人合伙或私营企业挂靠集体企业并以集体企业的名义从事生产经营活动的,在诉讼中,该个体工商户、个人合伙或私营企业与其挂靠的集体企业为共同诉讼人。”这是现有审理建筑领域挂靠经营,确定挂靠经营主体的民事诉讼主体资格的主要法律依据。

(三)与挂靠经营相关的工程建设领域民事纠纷的类型

1. 发包人诉挂靠人和被挂靠人工程质量纠纷

依据《建筑法》第66条的规定,建筑施工企业转让、出借资质证书或者以其他方式允许他人以本企业的名义承揽工程的,对因该项承揽工程不符合规定的质量标准造成的损失,建筑施工企业与使用本企业名义的单位或者个人承担连带赔偿责任。《施工合同司法解释(一)》第15条明确规定,因建设工程质量发生争议的,发包人可以总承包人、分包人和实际施工人为共同被告提起诉讼。因此在因工程质量产生纠纷时,发包方可以挂靠人与被挂靠人为共同被告提起诉讼,要求挂靠人与被挂靠人承担连带责任。

2. 挂靠人、被挂靠人及发包人工程款、材料款结算纠纷

(1)因被挂靠人拖欠材料款、劳务费等引起的合同欠款纠纷

对于这一类型案件,挂靠人和被挂靠人应为共同被告,债权人可以同时起诉挂靠人和被挂靠人,但根据当事人起诉自愿原则,债权人也可只起诉挂靠人或被挂靠人,人民法院不能依职权追加被告。

(2)因发包人拖欠工程款引起的施工合同纠纷

对于这一类型案件,挂靠人和被挂靠人系债权人,但被挂靠人是名义债权人,挂靠人是实际债权人。订立工程施工合同的双方是被挂靠人与发包人,被挂靠人可以依据合同向发包人主张债权,至于挂靠人能否以自己名义主张债权,在实践中有争议,有人认为挂靠人不是订立的合同一方,不能允许挂靠人主张债权,若允许挂靠人主张债权,因为挂靠人不具备建设业从业资格,则涉及施工合同的效力,造成法律关系的混乱,挂靠人只能以被挂靠人的名义主张权利或向被挂靠人主张权利。笔者认为,只要查清挂靠人确属于挂靠性质,挂靠人可以依据施工合同主张债权,因为挂靠人负责投资、组织施工,对发包人支付工程款享有请求权,案件的处理结果与其有直接的因果关系,其具备原告主体资格,应赋予挂靠人提起诉讼的主体资格。因为若挂靠人不能作为原告起诉,被挂靠人未投资,其无实际损失,若被挂靠人亦不起诉,则挂靠人的权益就难以得到保

护,民工工资、料款不能支付,必将引发许多社会矛盾。而且,如发包人明知、放任或故意追求不具备资质的单位或个人借用资质承揽其工程的,多数观点认为挂靠人与发包人已经形成直接的工程承发包合同关系,应由发包人对挂靠人承担直接的工程结算支付责任。

另外,根据《施工合同司法解释(一)》第1条第1款第2项的规定,借用资质订立的建设工程施工合同无效。同时,依据《民法典》第793条的规定,若建设工程经竣工验收合格,借用他人资质的承包人仍可以请求参照合同约定支付工程价款。

(3)因被挂靠人欠挂靠人工程款及挂靠人欠被挂靠人管理费、垫付材料费等引起的挂靠合同纠纷

对于这一类型的案件,实践中意见有分歧,一种意见认为,该纠纷挂靠人和被挂靠人属于一个法人内部的争议,无论谁起诉,人民法院均不应受理;另一种意见认为,挂靠人名义上属于被挂靠人下属机构,但实际属于挂靠性质,被挂靠人和挂靠人往往一个是法人单位一个是公民个人,属于不同主体,二者基于挂靠引起的债权债务纠纷,属于民事权利义务争议,人民法院应当受理任何一方的起诉。司法实践中,有书面挂靠合同的,按合同确定双方的权利义务,没有书面合同的,按普通意义上的挂靠关系来确定双方的权利义务,即挂靠人应对施工中产生的债权债务承担责任,被挂靠人的工程款债权由挂靠人享有,施工中欠他人款项由挂靠人负责人偿还,挂靠人有义务按约定支付被挂靠人管理费。被挂靠人占有工程款的,应当返还挂靠人,被挂靠人代挂靠人垫付劳务费、料款等费用的,可以向挂靠人追偿。

四、建筑企业项目经理的主体资格问题

原建设部1995年1月7日发布的《建筑施工企业项目经理资质管理办法》(建建字〔1995〕1号)第2条规定:"项目经理是指接受企业法定代表人委托对该工程项目施工过程全面负责的管理者,是建筑施工企业法定代表人在工程项目上的代表人"。由此可见,项目经理是建筑施工企业的法定代表人委托对某工程项目进行全面负责、管理的人,其与施工企业的法定代表人之间系一种委托被委托关系,是在法定代表人授权许可的范围内代表法定代表人行使职权的人。根据民法基本理论,委托代理是代理的一种,而代理是指代理人在代理权限内,以被代理人的名义向第三人发出意思表示或接受意思表示,并由被代理人直接承受该行为的后果的行为。委托人的行为后果亦由委托人承担,即项目经理(被委托人)与企业法定代表人(委托人)之间是内部关系,企业法定代表人在该工程项目上与相对人之间的关系则是由项目经理所实施的行为所引起的法律关系。至于项目经理与相对人之间则基本上无法律关系,只有在项目经理实施其代理行为过程中有非法侵害相对人情节时,二者之间才可能产生侵权责任关系。由此可见,在建设工程合同中项目经理不具备民事主体资格,也不能独立地对外承担责任。

应当注意的是,关于项目经理的表见代理问题,最高人民法院《关于当前形势下审理民商事合同纠纷案件若干问题的指导意见》(法发〔2009〕40号)强调,法院应当正确适用《合同法》(已失效)第49条关于表见代理制度的规定,严格认定表见代理行为。表见代理制度不仅要求代理人的无权代理行为在客观上形成具有代理权的表象,而且要求相对人在主观上善意且无过失地相信行为人有代理权。合同相对人主张构成表见代理的,应当承担举证责任,不仅应当举证证明代理行为存在诸如合同书、公章、印鉴等有权代理的客观表象形式要素,而且应当证明其善意且无过失地相信行为人具有代理权。人民法院在判断合同相对人主观上是否属于善意且无过失时,应当结合合同缔结与履行过程中的各种因素综合判断合同相对人是否尽到合理注意义务,此

外还要考虑合同的缔结时间,以谁的名义签字,是否盖有相关印章及印章真伪,标的物的交付方式与地点,购买的材料,租赁的器材,所借款项的用途,建筑单位是否知道项目经理的行为、是否参与合同履行等各种因素,作出综合分析判断。

另外,在实践中施工企业还往往与项目经理签订内部承包合同来确定各自的权利义务,但是项目经理与施工企业之间签订的合同无论怎样约定,都只对其双方发生约束力。这是合同的相对性所决定,而不能对合同外的第三人产生法律上的约束力,即内部合同的约定不对抗合同关系之外的第三人。因此项目经理在经营期间与第三人产生的法律关系所产生的债务仍应由施工企业来承担,当然,施工企业承担责任后可依据内部合同进行追偿。①

五、工程建设联合体的主体资格问题

我国《招标投标法》第31条第1款规定:"两个以上法人或者其他组织可以组成一个联合体,以一个投标人的身份共同投标。"《工程建设项目施工招标投标办法》第42条第1款、《工程建设项目货物招标投标办法》第38条第1款亦作了相同的规定。《建筑法》第27条则从承包的角度规定"大型建筑工程或者结构复杂的建筑工程,可以由两个以上承包单位联合共同承包。"联合体各方均应当具备法律法规规定的资格条件和承担招标项目的相应能力,这是对投标联合体资质条件的要求。根据《招标投标法》第31条的相关规定,对联合体各方资质条件的要求如下:(1)联合体各方均应具有承担招标项目必备的条件如相应的人力、物力、资金等。(2)国家或招标文件对投标人资格条件有特殊要求的,联合体各个成员都应当具备规定的相应资格条件。(3)同一专业的单位组成的联合体,应当按照资质等级较低的单位确定联合体的资质等级。此外,联合体各方应当签订共同投标协议,明确约定各方拟承担的工作和责任,并将共同投标协议连同投标文件一并提交招标人。联合体中标的,联合体各方应当共同与招标人签订合同,就中标项目向招标人承担连带责任,即招标人有权要求联合体的任何一方履行全部合同义务,联合体的任何一方均不得以其内部联合体协议的约定来对抗招标人。而联合体各方是由联合体协议联结在一起的合伙合同关系,联合体内部之间权利、义务、责任的承担等问题需要以联合体各方订立的协议为依据,按照协议的约定分享权利、分担义务。中标之前,联合体各成员间有一个标前的共同投标协议,该协议作为投标文件附件一并提交投标人。

关于工程建设联合体的法律性质,我国相关法律尚未作出明确的规定。上述法律法规规定的"联合共同承包"或者"联合体共同投标"型的工程建设联合体不属于《民法通则》(已失效)第51条规定的"法人型联营",因为"法人型联营"必须在"联营"后成立新的法人,并应以新法人自身的资质条件承担工程。根据《建筑法》《招标投标法》关于联合体各方负连带责任的规定以及原《民法通则》第53条的规定,"联合共同承包"或者"联合体共同投标"也不是松散的"合同型联营"。因此,"联合共同承包"或者"联合体共同投标"应当属于原《民法通则》第52条规定的"合伙型联营"。

现行有关法律规定的工程建设联合体符合合伙的各项法律特征:(1)合伙是基于合伙协议而成立;联合各方为共同投标需要签订共同投标协议(联合体协议书),明确约定各方应承担的工作和职责。(2)合伙是一种将出资、经营、收益、风险融为一体的共同体;联合体中标后,为完成

---

① 李志捷:《浅谈建筑领域挂靠经营诉讼主体资格的确定》,载中国法院网2004年10月15日,https://chiracourt.org/ariticle/detail/2004/10/id/136007.shtml。

中标项目,各方将按照约定共同出资、共同经营、共享利益、共担风险,既是利益共同体,也是责任共同体。(3)合伙人之间负无限连带责任;联合体中标的,联合体各方之间也要就中标项目向招标人承担连带责任,《招标投标法》《建筑法》对工程建设联合体成员间承担连带责任做了明确的规定。因此,通过对工程建设联合体成立方式、各方的权利和义务、责任的承担方式等的分析来看,工程建设联合体的法律性质属于民法上的合伙,联合体各方就是合伙人,联合体各方之间的权利义务应当按照合伙的规定来界定,工程建设联合体属于《民法通则》(已失效)第52条规定的"合伙型联营"。应当注意的是,《民法典》现已经取消了原《民法通则》原有的"联营"的规定。由于联合体各方并未依据我国《合伙企业法》规定出资设立合伙企业,而且联合体本身并不具有资质,联合体承揽工程业务时仍应以联合体各方所具备的最低资质为要件,联合体承揽工程业务也是以各自为主体共同或单独签订合同,只不过联合体各方承诺承担连带责任。因此,笔者认为,工程建设联合体本身并不具备建设工程主体资格,组成联合体的具备相应资质的企业法人才是建设工程法律关系的适格主体。

六、实际施工人的主体资格问题

2005年《施工合同司法解释》(已失效)首次规定了实际施工人的保护制度,2019年2月1日起施行的《施工合同司法解释(二)》(已失效),在《施工合同司法解释》的基础上,进一步对于实际施工人的权利保护制度进行完善。2021年《民法典》施行后,与之配套的《施工合同司法解释(一)》基本上承继了原《施工合同司法解释》和原《施工合同司法解释(二)》关于实际施工人的规定。

(一)实际施工人的概念和范围

我国现行法律法规中没有对实际施工人作出明确的定义,《施工合同司法解释》(已失效)、《施工合同司法解释(二)》(已失效)、《施工合同司法解释(一)》均没有对该概念作出界定。最高人民法院民一庭冯小光法官在《回顾与展望——写在〈施工合同司法解释〉颁布实施三周年之际》中指出:"《合同法》《建筑法》《工程质量条例》等法律、法规,在表述承包人概念时使用了以下几个概念:承包人、建筑施工企业、施工人、承包建筑工程的单位等,没有出现过'实际施工人'的表述。此表述为《施工合同司法解释》创设的新概念,意在表达无效合同中实际干活的单位或者个人为实际施工人,实际施工人可能是法人、非法人团体、个人合伙、自然人等。使用'实际施工人'的概念本身就意味着'实际施工人'参与签订的合同无效,实际施工人为无效合同当事人,包括转包、非法分包、没有资质借用有资质的建筑施工企业名义等违反法律、行政法规强制性规定的违法行为。"因此,虽然实际施工人一般都具有民事权利能力和民事行为能力,但是实际施工人不具有从事建设工程施工的从业资质资格,实际施工人不是法律规定从事建设工程业务的合法市场主体,其从事工程施工转包、违法分包行为为无效民事行为。

《2011年全国民事审判工作会议纪要》第28条规定,人民法院在受理建设工程施工合同纠纷时,不能随意扩大《施工合同司法解释》第26条第2款的适用范围,要严格控制实际施工人向与其没有合同关系的转包人、违法分包人、总承包人、发包人提起的民事诉讼,且发包人只在欠付工程价款范围内对实际施工人承担责任。从该纪要来看,发包人与转包人、违法分包人、总承包人是并列关系,不是包含关系。发包人不包含转包人、违法分包人、总承包人等。《施工合同司法解释》(已失效)、《施工合同司法解释(二)》(已失效)、《施工合同司法解释(一)》将实际施工人与分包人、总承包人并列而表述,将实际施工人作为与"转包人""违法分包人"相对应的对方当事人而规定。由此可以看出,实际施工人是与“分包人、总承包人、转包人、违法分包人”相对的、不相容的概念。[①]《施工合同司法解释》(已失效)、《施工合同司法解释(二)》(已失效)、《施工合同司法解释(一)》使用“实际施工人”这一表述均是为了与我国合同法中规定的合法施工人相区别。并应将实际施工人限于转包违法分包中的施工承包人。

(二)实际施工人的主体资格

关于实际施工人提起诉讼的诉讼主体问题,根据合同相对性原则,在建筑市场上,实际施工人的合同相对人就是转包人或者违法分包人,他们之间就是合同相对人。但是为了保护实际施工人的利益,原《施工合同司法解释》和原《施工合同司法解释(二)》明确了实际施工人提起诉讼的诉讼主体问题,《施工合同司法解释(一)》作出了进一步规定。

1. 实际施工人以转包人、违法分包人为被告主张权利

《施工合同司法解释(一)》第 43 条第 1 款规定,实际施工人以转包人、违法分包人为被告起诉的,人民法院应当依法受理。第 43 条第 1 款规定的目的是坚持合同相对性原则。实际施工人与转包人、违法分包人是建设工程施工合同的承、发包当事人,是建设工程施工分包或者转包合同的相对人。由于转包、违法分包合同违反法律的强制性规定而无效,作为无效合同的当事人,一方向另外一方起诉主张权利的,人民法院应当受理。

2. 实际施工人以发包人为被告主张权利

《施工合同司法解释(一)》第 43 条第 2 款规定,实际施工人以发包人为被告主张权利的,人民法院应当追加转包人或者违法分包人为本案第三人,在查明发包人欠付转包人或者违法分包人建设工程价款的数额后,判决发包人在欠付建设工程价款范围内对实际施工人承担责任。根据上述司法解释,如果实际施工人直接以发包人为被告主张权利,如果实际施工人没有以转包方、违法分包方等为诉讼主体,直接起诉发包人,法院必须追加转包人或者违法分包人为本案第三人,在查明相关事实后,判决发包人在欠付工程款范围内承担责任。基于保护处于弱势地位的建筑工人权益的目的,上述规定突破了合同相对性原则,即实际施工人可以直接向发包人主张权利。

《施工合同司法解释(一)》第 43 条规定在对发包人的责任进行相应限制的同时,将追加转包人或者违法分包人作为案件第三人以及查明发包人欠付转包人或者违法分包人建设工程价款的数额规定为法院的义务,以准确认定发包人的责任范围。

3. 实际施工人提起代位权诉讼

《施工合同司法解释(一)》第 44 条规定,实际施工人依据《民法典》第 535 条的规定,以转包人或者违法分包人怠于向发包人行使到期债权或者与该债权有关的从权利,影响其到期债权实现,提起代位权诉讼的,人民法院应予支持。该司法解释的规定旨在加大对实际施工人的保护力度,增加了代位权诉讼,赋予实际施工人提起代位权诉讼的权利。即实际施工人的转包人、违法分包人等怠于向发包人主张工程款,造成实际施工人损失的,其可以直接代替转包人或者违法分包人向发包人提起代位权诉讼。实际施工人根据《民法典》第 535 条规定对发包人提起代位权诉讼时,代位权诉讼被告主体只能限制为发包人,不能将转包人或者违法分包人和发包人列为共同被告,但可以将转包人或者违法分包人列为第三人。

---

① 丁茂福:《质疑:“实际施工人”及其诉权——最高院[2004]14 号司法解释第 26 条的缺陷与修复》,载《中国律师和法学家》2008 年第 11 期。

代位权诉讼的条件比较苛刻，强调合同相对性；而直接起诉发包人的条件相对简单，其实际已经突破了合同相对性。在代位权诉讼中，发包人需支付的工程款，是属于转包人或违法分包人的债权，发包人的“直接付款对象”并不是实际施工人，无非是因转包人或违法分包人欠付实际施工人工程款，发包人才需“代为支付”。如果转包人或违法分包人存在其他对外债务，那其他债权人也有权向发包人提起代位权诉讼，或就发包人向实际施工人“代为支付”的工程款主张参与分配。而在实际施工人直接起诉发包人诉讼中，发包人是直接对实际施工人承担付款责任，其承担了“共同付款责任”或“连带付款责任”，该工程款属于实际施工人自身享有的债权，转包人或违法分包人的其他债权人无法参与分配。

第六节　建设工程领域外商投资主体准入制度

按照我国《公司法》《外商投资法》等有关法律法规，以及我国加入 WTO 的相关协议，与有关国家或地区的双边或多边投资等有关规定，我国允许外国自然人、企业和其他组织（以下为了方便阐述统一简称为外商投资主体），按照平等互利的原则，经我国政府批准，在我国境内，同我国的企业或其他组织共同举办合营、合作企业，也允许外商投资主体在我国境内举办外资独资企业。

在我国建设工程领域，原则上不允许外国法人、其他组织或个人直接在我国境内从事建设工程业务（某些特殊情况如跨境交付方案设计服务除外），外商投资主体除应当按照我国法律设立中外合资、合作或独资的中国企业法人外，还应当取得在我国从事建设工程的相应资质、资格等条件，方可依法在我国境内从事建设工程相关业务。我国现已经逐步建立健全了外商投资主体承揽我国境内建设工程业务的法律制度。

一、我国建设工程领域对外开放的承诺

（一）关于勘察设计咨询业的承诺

1. 关于市场准入的限制

（1）对于方案设计的跨境交付没有限制，除此之外的跨境交付，要求以与中国专业设计机构合作的方式进行。（2）允许设立合营企业，允许外资拥有多数股权。中国加入 WTO 后 5 年内，允许设立外商独资企业。

2. 关于国民待遇的限制

外国服务提供者必须是在本国从事建筑设计、工程、城市规划服务的注册建筑师、工程师或企业。

（二）关于建筑施工的承诺

1. 关于市场准入的限制

仅限于合资企业形式，允许外资拥有多数股权。中国加入 WTO 后 3 年内，允许设立外商独资企业。外商独资企业只能承揽下列 4 种类型的建筑项目：（1）全部由外国投资、赠款或外国投资和赠款的建设项目；（2）由国际金融机构贷款并采取国际招标的建设项目；（3）外资等于或超过 50% 的中外联合建设项目；及外资少于 50%、但因技术困难而不能由中国建筑企业独立实施

的中外联合建设项目;(4)国内投资,但中国建筑企业难以独立实施的建设项目,经省级政府批准,可由中外建筑企业联合承揽。

2. 关于国民待遇的限制

对现行合资建筑企业注册资本要求与国内企业的要求略有不同。中国加入 WTO 后 3 年内,取消以上限制。

3. 对有关国家的承诺

除以上两方面承诺内容外,我国同日本代表团在《关于中国加入世界贸易组织双边谈判纪要》中的承诺同样适用于所有 WTO 成员方:(1)中方将按照国民待遇原则,尽力降低外商独资建筑业企业以及中外合资、中外合作建筑业企业的最低注册资本金额要求标准。(2)在新规定中(加入 WTO 后 3 年内出台的规定),中方在确定新设立的外商独资建筑业企业的资质等级时,将尽力考虑其母公司的承包业绩。(3)中方将保留允许外国建筑业企业不需要在华设立商业存在即可承包工程的现行规定,直到允许设立外商独资建筑业企业的新规定开始实施。(4)在现行规定被取消之前,中方将提前发布有关的公告。即使现行规定被取消,按照现行规定已得到批准的工程合同仍可以继续完成。

根据以上承诺,我国建筑及相关工程服务业的过渡期已于 2004 年 12 月 11 日结束,包括建筑设计服务、工程服务、集中工程服务和城市规划服务(城市总体规划服务除外)在内的专业服务过渡期也于 2006 年 12 月 11 日结束。

二、建设工程投资建设主体准入

我国建设工程领域对外开放的承诺中并不涉及对建设工程投资建设主体的承诺,但笔者认为,在我国现行法律框架下,实际上存在明确的建设工程投资建设主体准入要求。

实施建设工程的前提基础之一是依法取得建设用地,《城镇国有土地使用权出让和转让暂行条例》第 3 条规定:"中华人民共和国境内外的公司、企业、其他组织和个人,除法律另有规定者外,均可依照本条例的规定取得土地使用权,进行土地开发、利用、经营。"因此,外国公司、企业、其他组织和个人等外商投资主体,均可以直接取得我国国有建设用地使用权,那么理论上外商投资主体取得我国国有建设用地使用权后可以作为建设工程的投资建设主体。但是,我国有关法律明确规定,作为建设工程的投资建设主体只能是依据中国法律设立的法人、其他组织等"建设单位",那么外商投资主体要在我国境内投资建设工程项目,应当依照我国《公司法》《外商投资法》等有关法律法规,成立中外合资、合作或独资经营企业。

同时,外商投资主体在我国境内投资建设工程项目,应当遵守我国关于外商投资产业范围的规定。2019 年 7 月 30 日起施行的《鼓励外商投资产业目录(2019 年版)》对我国鼓励外商投资产业做出了明确规定。我国与有关国家签订的自由贸易区协议另有规定的,从其规定,国务院专项规定或产业政策另有规定的,从其规定。外商投资主体只能在鼓励、限制外商投资产业的范围内,依法设立相应的中外合资、合作或独资企业,并依法取得我国国有建设用地使用权后,作为建设单位实施建设工程;外商投资主体不得设立从事我国禁止外商投资产业的中外合资、合作或独资企业,当然也不得从事我国禁止外商投资产业的建设工程。

三、建设工程勘察设计市场主体准入

自 20 世纪 80 年代以来,为了引进外资,学习国外先进的技术和管理经验,提高我国工程设计人员设计水平，我国政府允许国外设计机构与国内设计机构以合作设计的方式，或以成立中外合资、中外合作企业的方式参与中国境内项目的工程设计活动。如1986年6月5日，经国务院批准，原国家计划委员会和原对外经济贸易部联合发布的《中外合作设计工程项目暂行规定》（已失效）和1992年1月1日原建设部、原对外经济贸易部联合印发的《成立中外合营工程设计机构审批管理的规定》，就对国外企业以上述两种方式进入国内市场的有关政策进行了明确规定。在加入WTO的谈判中，我国政府承诺允许国外企业以跨境交付和商业存在两种方式进入中国工程设计市场。由于工程勘察的特殊性（涉及国家战略资源等国家安全问题），按照国际惯例，中国在加入WTO的谈判中对工程勘察市场开放问题未作承诺。

为了履行加入WTO的承诺，规范国外企业在国内从事设计的活动，同时采取合理的技术壁垒保护我国设计行业，在法律法规难以很快修改的情况下，原建设部先后于2002年9月27日和2004年5月1日发布了《外商投资建设工程设计企业管理规定》（已失效）和《关于外国企业在中华人民共和国境内从事建设工程设计活动的管理暂行规定》，对国外企业通过商业存在和跨境交付两种方式从事设计活动都提出了规定和要求。其中，对以商业存在方式，即成立中外合资、合作或独资企业的方式，在我国从事设计活动的外国企业，提出了必须有1/8（合资、合作企业）或1/4（独资企业）的外国服务提供者取得中国的注册执业资格，及外国服务提供者在中国注册的建筑师、工程师、技术骨干，每人每年在中国境内累计居住时间不少于6个月等限制条件。对跨境交付方式，提出外方只能单独从事方案设计，如从事初步设计和施工图设计必须要与中国专业机构进行合作，业主可以对国外企业进行资格审查，要遵守中国法律法规和强制性标准，中外合作设计文件要报中国有关政府部门审查等要求。但是，由于《外商投资建设工程设计企业管理规定》规定的限制条件同我国加入WTO前的规定相比，增加了更多的限制性，客观上造成了准入门槛的提高，且这些规定和限制条件没有列入我国加入WTO承诺时提出的限制条件中，因此，受到一些国家及地区的质疑，尤其是美国和欧盟，要求我国取消这两个限制条件。由于我国政府在加入WTO中关于市场准入限制方面作出了被称为“祖父条款”的承诺，即“对于各合同协议或股权协议、或设立或批准现有外国服务提供者从事经营或提供服务的许可中所列所有权、经营和活动范围的条件，将不会使之比中国加入WTO之前更具限制性”。因此，《外商投资建设工程设计企业管理规定》确实存在与我国加入WTO市场准入承诺冲突的嫌疑。① 为了解决这些问题，2007年1月5日，原建设部、商务部联合发布《外商投资建设工程设计企业管理规定实施细则》（已失效），对外商投资建设工程设计企业资质核定条件作出相应调整，放宽了部分条件。

另外，根据国务院批准的《内地与香港关于建立更紧密经贸关系的安排》和《内地与澳门关于建立更紧密经贸关系的安排》，2003年12月19日原建设部和商务部颁布了《〈外商投资建设工程设计企业管理规定〉的补充规定》，就《外商投资建设工程设计企业管理规定》做如下补充规定：（1）自2004年1月1日起，允许香港服务提供者和澳门服务提供者在内地以独资形式设立建设工程设计企业。（2）香港服务提供者和澳门服务提供者在内地投资设立建设工程设计企业以及申请资质，参照《外商投资建设工程设计企业管理规定》以及有关的建设工程设计企业资质管理规定执行。（3）本规定中的香港服务提供者和澳门服务提供者应分别符合《内地与香港关于建立更紧密经贸关系的安排》和《内地与澳门关于建立更紧密经贸关系的安排》中关于“服务提

① 王素卿：《加入WTO后我国勘察设计咨询业面临的机遇与挑战——在中国勘察设计协会建筑设计分会五届二次常务理事会上的讲话》，载《建筑设计管理》2004年第5期。

供者"定义及相关规定的要求。根据《海峡两岸经济合作框架协议》附件四,允许台湾服务提供者在大陆设立合资、合作或独资企业,提供专业设计服务。

为进一步开放工程领域市场,2018 年 10 月 31 日,根据住房和城乡建设部、商务部《关于废止〈外商投资建设工程设计企业管理规定〉等部门规章的决定》《外商投资建设工程设计企业管理规定》《〈外商投资建设工程设计企业管理规定〉的补充规定》《外商投资建设工程服务企业管理规定》于该决定发布之日废止。

四、建设工程施工市场主体准入

为了履行我国加入 WTO 有关建筑施工市场主体准入的承诺,2002 年 9 月 27 日,原建设部、原对外贸易经济合作部联合发布了《外商投资建筑业企业管理规定》(已失效),依据该规定,自 2003 年 10 月 1 日起,1994 年 3 月 22 日原建设部发布的《在中国境内承包工程的外国企业资质管理暂行办法》废止;自 2002 年 12 月 1 日起,原建设部、原对外贸易经济合作部联合发布的《关于设立外商投资建筑业企业的若干规定》废止。

《外商投资建筑业企业管理规定》在具体内容上作出了以下调整:(1)废止原市场准入政策中允许外国企业可以不在我国境内设立公司,而以外国公司身份直接在我境内承包工程的制度。(2)废止《关于设立外商投资建筑业企业的若干规定》中的暂不允许设立外商独资公司的规定,允许设立外商独资建筑业企业。(3)外国企业在中国境内承包工程,除根据《招标投标法》规定的"使用国际组织或者外国政府贷款、援助资金的项目进行招标,贷款方、资金提供方对招标投标的具体条件和程序有不同规定的,可以适用其规定"内容外,必须注册为中国公司法人,并按照《建筑业企业资质管理规定》的要求,经审查取得资质证书。(4)中外合资合作建筑业企业资质标准和承包工程专业范围实行国民待遇,即与国内企业完全相同。取消原有规定中关于合资合作企业承包工程比例要求的限制。(5)外商独资建筑业企业承包工程范围作以下限制(按照加入 WTO 承诺规定,第 1 ~4 项限制于 2004 年 12 月 11 日取消):①全部由外国投资或拨款资助的建设项目;②由国际金融组织资助并通过依据贷款协议条款进行国际招标而授予的建设项目;③外商投资等于或超过 50% 中外合营建设项目和外商投资少于 50% 但技术上难以由中国建筑企业单独执行的中外合营建设项目;④由中方投资,但中方建筑企业难以单独执行的建设项目,经省政府批准,可以由中外合营建筑企业联合承接;⑤根据我国承诺,中外合资合作建筑业企业外方可以控股,而中外合资合作建筑公司承包工程范围没有限制,因此,为防止外方采取假合资的方式规避独资企业承包工程范围的限制内容,对外方控股比例作出限制。

根据 2020 年 1 月 17 日住房和城乡建设部、商务部发布的《关于废止〈外商投资建筑业企业管理规定〉等规章的决定》(住房和城乡建设部、商务部令第 49 号),自 2020 年 1 月 17 日起《外商投资建筑业企业管理规定》《〈外商投资建筑业企业管理规定〉的补充规定》废止。外商投资建筑业企业申请建筑业企业资质应当和内资建筑业企业申请资质适用同样的法律法规的规定,具体包括《建筑业企业资质管理规定》《建筑业企业资质等级标准》等有关建筑业企业资质管理的规章、规范性文件。

五、建设工程服务市场主体准入

建设工程服务主要指工程监理、造价咨询、招标代理等。我国加入 WTO 之后,为了进一步开发建设工程服务市场,修订了《工程建设监理单位资质管理试行办法》(已失效),删除了有关中外合资工程监理公司必须取得监理许可证方可从事经营活动的限制，允许外国投资者在中国境内设立合资或合作的建设监理公司、工程造价咨询公司；允许境外监理工程师对在中国境内建造的国外贷款工程及国外投资工程进行监理。

2007年1月22日原建设部和商务部联合发布了《外商投资建设工程服务企业管理规定》（已失效），对外商投资建设工程服务企业作出了进一步系统性规定。外国投资者可以在我国境内依法设立，并取得相应资质的中外合资经营建设工程服务企业、中外合作经营建设工程服务企业和外资建设工程服务企业。但是，申请设立外商投资建设工程服务企业的外方投资者，应当是在其所在国从事相应工程服务的企业、其他经济组织或者注册专业技术人员。外国投资者在我国境内设立外商投资建设工程服务企业，从事建设工程服务活动，应当依法取得商务主管部门颁发的外商投资企业批准证书，经工商行政管理部门注册登记，并取得建设主管部门颁发的相应建设工程服务企业资质证书。申请外商投资建设工程服务企业资质，应当符合相应的建设工程监理、工程招标代理和工程造价咨询企业资质标准要求的条件。

我国香港特别行政区、澳门特别行政区和台湾地区的投资者在其他省、自治区、直辖市内投资设立建设工程服务企业，从事建设工程服务活动，参照《外商投资建设工程服务企业管理规定》（建设部、商务部令155号）执行，但法律、法规、国务院另有规定的除外。

根据住房和城乡建设部、商务部《关于废止〈外商投资建设工程设计企业管理规定〉等部门规章的决定》（住房和城乡建设部、商务部令第44号），自2018年10月31日起，《外商投资建设工程服务企业管理规定》废止。2018年10月31日以后，外商投资建设工程服务企业从事建设工程服务和内资企业从事建设工程服务适用同样的法律法规的规定，具体包括《工程监理企业资质管理规定》《工程造价咨询企业管理办法》等有关建设工程服务企业资质管理的规章、规范性文件。根据住房和城乡建设部办公厅《关于取消工程建设项目招标代理机构资格认定加强事中事后监管的通知》，自2017年12月28日起，各级住房城乡建设部门不再受理招标代理机构资格认定申请，停止招标代理机构资格审批。因此对外商投资建设工程服务企业从事招标代理也不再有资质的要求。

六、自由贸易试验区深化改革创新背景下的工程建设领域境外投资主体的准入

建设自由贸易试验区（以下简称自贸试验区）是党中央、国务院在新形势下全面深化改革和扩大开放的战略举措。党的十九大报告强调要赋予自贸试验区更大改革自主权，为新时代自贸试验区建设指明了新方向、提出了新要求。为贯彻落实党中央、国务院决策部署，支持自贸试验区深化改革创新，进一步提高建设质量，根据国务院《关于支持自由贸易试验区深化改革创新若干措施的通知》（国发〔2018〕38号）的规定，在营造优良投资环境方面：（1）借鉴北京市服务业扩大开放综合试点经验，放宽外商投资建设工程设计企业外籍技术人员的比例要求、放宽人才中介机构限制。（2）将外商投资设立建筑业（包括设计、施工、监理、检测、造价咨询等所有工程建设相关主体）资质许可的省级及以下审批权限下放至自贸试验区。（3）自贸试验区内的外商独资建筑业企业承揽本省（市）的中外联合建设项目时，不受建设项目的中外方投资比例限制。（4）在《内地与香港关于建立更紧密经贸关系的安排》《内地与澳门关于建立更紧密经贸关系的安排》《海峡两岸经济合作框架协议》下，对自贸试验区内的港澳台资建筑业企业，不再执行《外商投资建筑业企业管理规定》中关于工程承包范围的限制性规定。（5）对于自贸试验区内为本省（市）服务的外商投资工程设计（工程勘察除外）企业，取消首次申请资质时对投资者的工程设

计业绩要求。在推进人力资源领域先行先试方面,授权自贸试验区制定相关港澳专业人才执业管理办法(国家法律法规暂不允许的除外),允许具有港澳执业资格的金融、建筑、规划、专利代理等领域专业人才,经相关部门或机构备案后,按规定范围为自贸试验区内企业提供专业服务。

为贯彻落实国务院《关于支持自由贸易试验区深化改革创新若干措施的通知》的要求,支持自贸试验区深化改革创新,进一步提高建设质量,根据住房和城乡建设部《关于落实〈国务院关于支持自由贸易试验区深化改革创新若干措施的通知〉有关事项的通知》(建外〔2019〕10号),放开建设工程设计领域外资准入限制,调整有关行政审批事项的审批权限和审批方式:(1)放开建设工程设计领域外资准入限制。按照住房和城乡建设部、商务部《关于废止〈外商投资建设工程设计企业管理规定〉等部门规章的决定》(住房和城乡建设部、商务部令第44号)的规定,取消外商投资建设工程设计企业外籍技术人员的比例要求,取消外商投资工程设计企业首次申请资质时对投资者工程设计业绩的要求。(2)调整有关行政审批事项的审批权限和审批方式。将外商投资设立建筑业(包括设计、施工、监理、检测、造价咨询等所有工程建设相关主体)资质许可的省级及以下审批权限下放至自贸试验区。(3)放宽有关建筑业企业承揽业务范围限制。自贸试验区内的外商独资建筑业企业承揽本省(市)的中外联合建设项目时,不受建设项目的中外方投资比例限制。在《内地与香港关于建立更紧密经贸关系的安排》《内地与澳门关于建立更紧密经贸关系的安排》《海峡两岸经济合作框架协议》下,对自贸试验区内的港澳台资建筑业企业,不再执行《外商投资建筑业企业管理规定》中关于工程承包范围的限制性规定。(4)进一步推进粤港澳有关领域服务贸易自由化。授权广东自贸试验区制定港澳相关专业人才执业管理办法(国家法律法规暂不允许的除外),允许具有港澳执业资格的建筑、规划等领域专业人才,经相关部门或机构备案后,按规定范围为自贸试验区内企业提供专业服务。

第三章 建设工程合同法律制度

第一节 建设工程合同概述

任何一个建设工程项目的实施,都需要通过签订、履行相应合同来实现,建设工程合同是实施建设工程中各类合同的核心。通过对建设工程合同内容、范围、工期、质量、标准和价款等合同条款的设定和履行,建设工程承发包人的权利得以实现,义务得以履行。

一、建设工程合同的概念

《民法典》第 788 条第 1 款规定:“建设工程合同是承包人进行工程建设,发包人支付价款的合同。”建设工程合同包括工程勘察、设计、施工合同。建设工程合同属于承揽合同的一种,德国、日本、法国等国的民法也均把建设工程合同纳入承揽合同中。

《民法典》未将监理合同列入建设工程合同,但因其与勘察、设计、施工等建设工程合同具有密切关联性,广义上也属于建设工程合同。关于建设工程监理部分的内容在本书之后的章节将进行陈述,本章不作阐述。

建设工程合同的主体是发包人和承包人。发包人一般为建设工程的建设单位,即投资建设该项工程的单位,通常也称作“业主”。承包人即实施建设工程的勘察、设计、施工等业务的单位,包括对建设工程实行总承包的单位和承包分包工程的单位。建设工程实行总承包的,总承包单位经发包人同意,在法律规定的范围内对部分工程项目进行分包的,工程总承包单位即成为分包工程的发包人。

二、建设工程合同的特征

建设工程合同是一种特殊的,以不动产为加工对象的加工承揽合同,因此它除了具有承揽合同的一般法律特征,如诺成合同、双务合同、有偿合同之外,还具有以下特征。

(一)承包人的主体资格受到严格限定

建设工程合同与一般合同的最大区别之处,在于承包人在必须具有民事主体资格的同时，也必须具有法律规定的从业资质。自然人不具有作为承包人的资格，不能成为建设工程合同的承包人。

（二）建设工程合同的标的是特定的

建设工程合同的标的具有特殊性，仅限于完成建设工程工作的行为。这就使建设工程合同具有了内容复杂、履行期限长、投资规模大、风险较大等特点。

（三）建设工程合同签订和履行具有严格的程序性

对于承揽合同，国家一般不予以特殊的监督和管理，而对于建设工程合同，由于其建设周期长，质量要求高、涉及的方面广，各阶段的工作之间有一定的严密顺序。国家对基本建设项目实行计划控制，尤其是国家重大项目的建设工程合同。一般工程项目的确定，首先要立项，即由有关业务主管部门和建设单位提出项目建议书，经批准后进行可行性研究，编制可行性研究报告，选定工程地址。在可行性研究报告被批准后，根据可行性研究报告签订勘察、设计合同。在勘察设计合同履行后，根据批准的初步设计、技术设计、施工图纸和总概算等签订施工合同。

（四）建设工程合同的签订及履行受到行政监督管理

我国规范和调整建设工程合同的法律法规，除《民法典》《建筑法》等法律外，还存在大量的行政法规、行政规章、地方性法规以及地方规章。对于大型基础设施、公用事业等关系社会公共利益、公众安全的项目等属于强制招标范围的工程建设项目，包括项目的勘察、设计、施工、监理以及与工程建设有关的重要设备、材料等的采购，一般必须通过招标投标的方式，选定承包人，并订立建设工程合同。同时，大量行政法规和部门规章对工程建设的各个环节都进行严格管制，存在大量强制性规定和禁止性规定，违反相关规定可能导致建设工程合同无效或造成合同履行障碍。

（五）建设工程合同为要式合同

《民法典》第 469 条规定："当事人订立合同，可以采用书面形式、口头形式或者其他形式。"《民法典》第 789 条规定："建设工程合同应当采用书面形式。"《民法典》第 792 条还规定，国家重大建设工程合同，应当按照国家规定的程序和国家批准的投资计划、可行性研究报告等文件订立。书面形式是指合同书、信件以及数据电文（包括电报、电传、传真、电子数据交换和电子邮件）等可以有形地表现所载内容的形式。在实践中，工程建设一般采用合同书的形式订立合同。通过合同书，当事人写明各自的名称、地址，工程的名称和工程范围，明确规定履行内容、方式、期限，违约责任以及解决争议的方法等。住房和城乡建设部、原国家工商行政管理总局发布了建筑行业的合同示范文本并向全国推荐使用，如《建设工程施工合同（示范文本）》（GF—2017—0201）等。实践中，当事人可以根据自己的需要参照有关的合同示范文本订立建设工程合同。特殊情况下，建设工程承发包双方未签订合同，但承包人已经全部或部分履行义务，发包人接受了履行的工程成果，根据《民法典》第 490 条的规定，应当认为建设工程合同成立。

三、建设工程合同的分类

（一）按照工程建设阶段分类

按照工程建设阶段分类，建设工程合同可分为建设工程勘察合同、建设工程设计合同和建设工程施工合同。

1. 建设工程勘察合同

勘察合同，是指发包人与勘察人就完成建设工程地理、地质等状况的调查研究工作而达成的协议。经发包人同意,承包人也可以与勘查人签订勘查合同。

2. 建设工程设计合同

建设工程设计一般分为方案设计、初步设计和施工图设计,实践中可分别签署方案设计、初步设计和施工图设计合同,也可以订立一份设计合同涵盖方案设计、初步设计和施工图设计。

3. 建设工程施工合同

建设工程施工合同,是指建设单位为发包人,施工企业为承包人,依据基本建设程序,为完成特定建设工程的施工而订立的明确双方权利义务关系的协议。经发包人同意,承包人也可以与符合条件的其他施工企业订立施工分包合同。

(二)根据承包形式和内容的不同分类

根据承包形式和内容的不同,建设工程合同可以分为总承包合同和分包合同。

1. 总承包合同(包括工程总承包合同、施工总承包合同)

建设单位可以将工程勘察、设计、施工、设备采购一并发包给一个工程总承包单位,与工程总承包单位签订建设工程总承包合同。建设单位也可将工程全部施工任务发包给一个施工总承包单位,双方签订建设工程施工总承包合同。

2. 分包合同(包括专业分包、劳务分包合同)

工程总承包单位应依法与分包单位签订分包合同。工程总承包单位和分包单位均可以进行劳务分包,与具备劳务资质的劳务分包单位签订施工劳务分包合同。

(三)按建设工程承包合同的主体分类

按建设工程承包合同的主体分类,建设工程合同可以分为国内工程合同和国际工程合同。

1. 国内工程合同

国内工程合同,是指针对我国国内建设工程承包签订的合同,国内工程合同的承发包双方一般是国内承发包主体(但有例外,如工程方案设计合同的设计人可以是外国设计公司),国内工程合同应适用我国法律法规。

2. 国际工程合同

国际工程合同,是指针对外国或境外地区建设工程承包签订的合同。国际工程承包合同的主体一方或双方是外国人。合同内容是双方当事人依据有关国家的法律和国际惯例,并依据特定的国际工程招标投标程序确立的,为完成国际工程双方当事人之间的权利义务。

第二节　建设工程合同的订立

一、建设工程合同订立的程序

《民法典》第471条规定:"当事人订立合同,可以采取要约、承诺方式或者其他方式。"要约和承诺是合同订立的必经阶段。建设工程合同作为合同的一种,其成立必然遵循合同成立的一般规则。但就建设工程合同本身而言,它的成立存在两种具体的方式:一种为直接发包,即发包人经过批准或按有关规定就建设工程合同内容直接与承包人协商,在双方达成一致意思后签订建设工程承包合同。在这种建设工程合同的成立方式中,它的要约和承诺表现形式与其他合同没有区别,完全符合合同订立的一般程序。另一种方式为招标发包,即通过招标投标发包建设工程项目,确定发包人与承包人的合同关系。在建设工程合同的这种订立过程中,其缔约形式与一般合同存在很多不同。

(一)一般的要约和承诺方式

1. 要约

(1)要约的概念和构成要件

要约指的是希望和他人订立合同的意思表示。根据《民法典》第 472 条的规定,要约的构成要件是:①要约是由具有缔约能力的特定人作出的意思表示。②要约需具有订立合同的意图。要约是具有法律约束力的,要约人在要约有效期间要受自己要约的约束,并负有与作出承诺的受要约人签订合同的义务。要约一经要约人发出,并经受要约人承诺,合同即告成立。③要约须向要约人希望与其缔结合同的受要约人发出。④要约的内容须具体确定。由于要约一经受要约人承诺,合同即为成立,所以要约必须是能够决定合同主要内容的意思表示。要约的内容首先应当确定,不能含混不清;其次还应当完整和具体,应包含合同得以成立的必要条款。要约不同于要约邀请。根据《民法典》第 473 条的规定,要约邀请是希望他人向自己发出要约的意思表示,也称要约引诱。拍卖公告、招标公告、招股说明书、债券募集办法、基金招募说明书、商业广告和宣传、寄送的价目表等为要约邀请。当然,如果商业广告和宣传的内容符合要约规定的,则视为要约。

(2)要约的生效

我国采取到达主义的立法原则,即要约到达受要约人时生效。要约自生效时起对要约人产生约束力,受要约人承诺时,要约人负有与其签订合同的义务,而不得随意撤销要约。

2. 承诺

(1)承诺的概念和构成要件

根据《民法典》第 479 条的规定,承诺是指受要约人同意要约的意思表示。承诺的构成要件包括:①承诺须由受要约人作出。②承诺的内容应当与要约的内容一致。根据《民法典》第 488 条和第 489 条的规定,受要约人对要约的内容作出实质性变更的,为新要约。有关合同标的、数量、质量、价款或者报酬、履行期限、履行地点和方式、违约责任和解决争议方法等的变更,是对要约内容的实质性变更。承诺对要约的内容作出非实质性变更的,除要约人及时表示反对或者表明承诺不得对要约的内容作出任何变更的以外,该承诺有效,合同的内容以承诺的内容为准。

(2)承诺生效的时间

《民法典》第 480 条规定,承诺应当以通知的方式作出,但根据交易习惯或要约表明可通过行为作出承诺的除外。《民法典》第 484 条规定,以通知方式作出的承诺,生效的时间适用《民法典》第 137 条的规定。承诺不需要通知的,根据交易习惯或者要约的要求作出承诺的行为时生效。

(二)招标投标缔约方式

招标投标缔约方式是由招标人向数个相对人或不特定人发出邀请,并在诸投标人中选择最优者与其订立合同的缔约方式。基于建设工程与国家利益及社会公共利益的关系密切,我国《招标投标法》虽未要求所有的工程项目实行招标投标制,但实践中招标人出于自身的利益考虑,也会自愿选择通过招标投标的方式选择承包人。于是招标投标便成为建设工程的主要缔约方式。在我国,以招标投标方式订立建设工程合同时,要经过招标、投标、开标、评标、定标和订立合同等几个阶段。

1. 建设工程招标

建设工程招标,是指建设工程的发包人采用发布招标公告或招标邀请书的形式,向不特定的勘察人、设计人、施工人或工程总承包单位发出的,以吸引或邀请有意提供承建某项工程建设服务的承包人订立合同的意思表示。

(1)建设工程招标的方式

根据《招标投标法》第 10 条的规定,招标分为公开招标和邀请招标。①公开招标,亦称无限竞争性招标,是指招标人以招标公告的方式邀请不特定的法人或者其他组织投标。一般情况下,公开招标比较符合招标投标的公平、公正和公开的原则,可以引来众多的承包人参与投标,发包人的选择范围非常广泛,可以选择更为合适的投标人中标。但由于招标时间长,对投标申请者进行资格预审和评标的时间长且工作量大,导致该程序整体费用高。同时,参加竞争的投标者越多,每个参加者中标机会就越小,可能会造成社会经济成本的浪费。②邀请招标,亦称有限招标,是指招标人以投标邀请书的方式邀请特定的法人或者其他组织投标。虽然这种方式不用发招标公告,不进行资格预审,简化了招标程序,节约了招标费用并缩短了招标时间,但是,由于投标竞争的激烈程度不大,有可能提高中标的合同价;也有可能排除了某些在技术上或报价上有竞争力的供应商、承包商参与投标。根据《招标投标法》第 17 条的规定,招标人采用邀请招标方式的,应当向 3 个以上具备承担招标项目的能力、资信良好的特定的法人或者其他组织发出投标邀请书。

《招标投标法实施条例》明确规定,按照国家有关规定依法需要履行项目审批、核准手续的必须进行招标的项目,其招标范围、招标方式、招标组织形式应当报项目审批、核准部门审批、核准。项目审批、核准部门应当及时将审批、核准确定的招标范围、招标方式、招标组织形式汇报有关行政监督部门。国有资金占控股或者主导地位的依法必须进行招标的项目,应当公开招标;但有下列情形之一的,可以邀请招标:①技术复杂、有特殊要求或者受自然环境限制,只有少量潜在投标人可供选择;②采用公开招标方式的费用占项目合同金额的比例过大。如有上述所列情形,属于该条例规定的项目,由项目审批、核准部门在审批、核准项目时作出认定;其他项目由招标人申请有关行政监督部门作出认定。除《招标投标法》第 66 条规定的可以不进行招标的特殊情况外,有下列情形之一的,可以不进行招标:①需要采用不可替代的专利或者专有技术;②采购人依法能够自行建设、生产或者提供;③已通过招标方式选定的特许经营项目投资人依法能够自行建设、生产或者提供;④需要向原中标人采购工程、货物或者服务,否则将影响施工或者功能配套要求;⑤国家规定的其他特殊情形。招标人为适用上述规定弄虚作假的,属于《招标投标法》第 4 条规定的规避招标。

(2)招标的法律性质

对于建设工程招标的法律性质,大体存在以下几种不同观点:一种观点认为,招标行为属于要约邀请,而不具有要约的效力①。招标的目的是邀请投标人投标,即邀请投标人发出要约。但是,如果招标人在招标公告中已明确表示将与报价最优者订立合同,这一招标行为则已具有要约的性质。在这种观点内部也存在分歧:大陆法系学者一般认为,招标是一种要约邀请,属于事实行为,无法律意义;而英美法系学者在承认招标为要约邀请的同时,认为招标具有法律意义,即招标文件发出以后,在法律上业已构成承包合同条件,对承发包双方具有约束力。② 另一种观点则认为,招标的法律性质为要约。③ 我国《民法典》明确规定,招标公告是要约邀请,这是在法律层

① 王利明、崔建远:《合同法新论·总则》,中国政法大学出版社 2000 年版,第 241 页。

② 王利明、崔建远:《合同法新论·总则》,中国政法大学出版社 2000 年版,第 241 页。

③ 《全国监理工程师培训教材》编写委员会:《工程建设合同管理》,中国建筑工业出版社 1997 年版,第 46 页。

面明确界定招标行为的法律性质，但在我国工程领域，对招标的法律性质存在长期的争议。① 之所以建设工程领域没有消除对招标行为法律性质的争议，主要在于建设工程招标行为具有非常复杂的特殊性，招标行为在某些方面和要约极为相似。

从内容上看，招标行为与要约区别不大。招标公告（或招标邀请书）及招标文件的内容具有相当的确定性，这与《民法典》对要约的要求一致。以我国《招标投标法》的规定为例，它要求招标人在招标公告或招标邀请书中载明招标人的名称和地址、招标项目的性质、数量、实施地点和时间，以及获取招标文件的办法等事项，还要求其编制的招标文件应当包括招标项目的技术要求、对投标人资格审查的标准、投标报价要求和评标标准等所有实质性要求和条件以及拟签订合同的主要条款。从我国《招标投标法》的上述规定看，招标的内容确已较为具体明确，甚至包含有拟签订合同的主要条款。当然，不能仅仅因招标行为的这些内容就认定其法律性质为要约，招标行为与拟订合同的有关条款存在某种必要的关联，但不能就此认定这种内容就是合同的主要条款。各国法律在明确招标行为属要约邀请这一法律性质的同时，又对招标行为的内容提出了不同于一般要约邀请的要求。②

就招标行为的法律效力而言，法律也赋予了其一定的法律约束力。招标行为尽管不能直接因投标人的投标导致合同的成立，但它却是合同得以成立的必经法定程序。因此，招标行为并非没有任何法律意义，其具有一定的法律约束力。招标人在发出招标文件之后不得擅自变更招标文件，否则将承担缔约过失责任。③ 从我国《招标投标法》的规定看，明确要求招标人对已发出的招标文件进行必要澄清或修改的，应当在招标文件要求提交投标文件截止时间至少 15 日前，以书面形式通知所有招标文件收受人。而且还要求招标人应当确定投标人编制投标文件所需要的合理时间，依法必须进行招标的项目，自招标文件发出之日至投标人提交投标文件截止之日，最短不得少于 20 日。

虽然招标行为中确有构成要约的一些类似特征，但是这些特征不足以使招标行为构成要约。因为招标行为是希望具备投标条件的所有投标人来参与投标，即向自己发出订立建设工程合同的要约，其本质特征就是通过众多投标者的激烈竞争，达到选择最佳承包者的目的。虽然从内容上看招标行为包含了明确具体的内容，但是招标文件不包含建设工程合同中重要的条款之一即合同价款。招标行为虽对招标人有拘束力，在规定的期限内招标人不得随意撤回或者撤销，但它并不具备“一经受要约人承诺合同即告成立”之要约最根本的效力。因此招标行为与《民法典》规定的一般要约邀请存在明显差别，招标是具有一定法律拘束力的要约邀请。

（3）招标禁止性规定

《招标投标法实施条例》明确规定，禁止招标人与投标人串通投标。有下列情形之一的，属于招标人与投标人串通投标：①招标人在开标前开启投标文件并将有关信息泄露给其他投标人；②招标人直接或者间接向投标人泄露标底、评标委员会成员等信息；③招标人明示或者暗示投标人压低或者抬高投标报价；④招标人授意投标人撤换、修改投标文件；⑤招标人明示或者暗示投标人为特定投标人中标提供方便；⑥招标人与投标人为谋求特定投标人中标而采取的其他串通行为。

---

① 何红锋等编：《工程建设中的合同法与招投标法》，中国计划出版社 2002 年版，第 46 页。

② 王建东：《论建设工程合同的成立》，载《政法论坛》2004 年第 3 期。

③ 王建东：《论建设工程合同的成立》，载《政法论坛》2004 年第 3 期。

2. 建设工程投标

投标人是响应招标、参加投标竞争的法人或者其他组织。《招标投标法》第 26 条规定,投标人应当具备承担招标项目的能力;国家有关规定对投标人资格条件或者招标文件对投标人资格条件有规定的,投标人应当具备规定的资格条件。根据 2013 年 5 月 1 日修订后施行的《工程建设项目施工招标投标办法》第 35 条的规定,招标人的任何不具独立法人资格的附属机构(单位),或者为施工招标项目的前期准备或者监理工作提供设计、咨询服务的任何法人及其任何附属机构(单位),都无资格参加该招标项目的投标。根据 2019 年 3 月 2 日修订后施行的《招标投标法实施条例》的规定,与招标人存在利害关系,可能影响招标公正性的法人、其他组织或者个人,不得参加投标。单位负责人为同一人或者存在控股、管理关系的不同单位,不得参加同一标段投标或者未划分标段的同一招标项目投标。违反前两款规定的,相关投标均无效。

(1)投标文件的编制、提交

投标人应当按照招标文件的要求编制投标文件。投标文件应当对招标文件提出的实质性要求和条件作出响应。招标项目属于建设施工的,投标文件的内容应当包括拟派出的项目负责人与主要技术人员的简历、业绩和拟用于完成招标项目的机械设备等。根据《工程建设项目施工招标投标办法》的规定,投标文件一般包括下列内容:①投标函;②投标报价;③施工组织设计;④商务和技术偏差表。投标人根据招标文件载明的项目实际情况,拟在中标后将中标项目的部分非主体、非关键性工作进行分包的,应当在投标文件中载明。根据《建筑工程设计招标投标管理办法》,投标人应当按照招标文件、建筑方案设计文件编制深度规定的要求编制投标文件;进行概念设计招标的,应当按照招标文件要求编制投标文件。投标文件应当由具有相应资格的注册建筑师签章,加盖单位公章。

投标人应当在招标文件要求提交投标文件的截止时间前,将投标文件送达投标地点。招标人收到投标文件后,应当签收保存,不得开启。投标人少于 3 个的,招标人应当依法重新招标。在招标文件要求提交投标文件的截止时间后送达的投标文件,招标人应当拒收。

投标人在招标文件要求投标文件的截止时间前,可以补充、修改或者撤回已提交的投标文件,并书面通知招标人。补充、修改的内容为投标文件的组成部分。投标人撤回已提交的投标文件,应当在投标截止时间前书面通知招标人。招标人已收取投标保证金的,应当自收到投标人书面撤回通知之日起 5 日内退还。投标截止后投标人撤销投标文件的,招标人可以不退还投标保证金。未通过资格预审的申请人提交的投标文件,以及逾期送达或者不按照招标文件要求密封的投标文件,招标人应当拒收。

招标人应当如实记载投标文件的送达时间和密封情况,并存档备查。投标人发生合并、分立、破产等重大变化的,应当及时书面告知招标人。投标人不再具备资格预审文件、招标文件规定的资格条件或者其投标影响招标公正性的,其投标无效。

(2)投标禁止性规定

《招标投标法实施条例》明确规定,禁止投标人相互串通投标。有下列情形之一的,属于投标人相互串通投标:①投标人之间协商投标报价等投标文件的实质性内容;②投标人之间约定中标人;③投标人之间约定部分投标人放弃投标或者中标;④属于同一集团、协会、商会等组织成员的投标人按照该组织要求协同投标;⑤投标人之间为谋取中标或者排斥特定投标人而采取的其他联合行动。有下列情形之一的,视为投标人相互串通投标:①不同投标人的投标文件由同一单位或者个人编制;②不同投标人委托同一单位或者个人办理投标事宜;③不同投标人的投标文件载明的项目管理成员为同一人；④不同投标人的投标文件异常一致或者投标报价呈规律性差异；⑤不同投标人的投标文件相互混装；⑥不同投标人的投标保证金从同一单位或者个人的账户转出。

（3）投标担保

国际工程中通常采用保证担保的方式。根据保证人主体不同进行划分，可将建设工程保证担保归纳为四种模式：第一种是由银行充当保证人，出具银行保函（bank guarantee），这种模式在欧洲各国得到广泛采用；第二种是由担保公司充当保证人，开具担保保证书（surety bond），美国是采用这种模式的主要国家；第三种是由另一家具有同等或更高资信水平的承包商作为保证人来提供担保，日本的国内合同经常采用这种模式；第四种是由母公司充当保证人，为其子公司担保。母公司担保（parent company guarantee）模式得到 1999 年版国际咨询工程师联合会（Fédération Internationale Des Ingénieurs Conseils，FIDIC）合同条件的确认。

根据《招标投标法实施条例》的规定，招标人在招标文件中要求投标人提交投标保证金的，投标保证金不得超过招标项目估算价的 2%。投标保证金有效期应当与投标有效期一致。依法必须进行招标的项目的境内投标单位，以现金或者支票形式提交的投标保证金应当从其基本账户转出。招标人不得挪用投标保证金。中标人无正当理由不与招标人订立合同，在签订合同时向招标人提出附加条件，或者不按照招标文件要求提交履约保证金的，取消其中标资格，投标保证金不予退还。在我国招投标活动中，招标人也通常会要求投标人提供投标担保，一般是提交投标保证金，投标保证金除现金外，可以是银行出具的银行保函、保兑支票、银行汇票或现金支票，投标人不按招标文件要求提交投标保证金的，该投标文件将被拒绝，作废标处理。值得注意的是，《工程建设项目施工招标投标办法》《工程建设项目勘察设计招标投标办法》对投标保证金规定了最高数额限制，但《招标投标法实施条例》仅规定了比例限制，没有规定最高数额限制。

应当指出的是，投标担保与我国《民法典》规定的担保相似，却又有不同。投标人提供的银行保函类似于保证担保，但是在保证担保方式中，涉及债权人、债务人和保证人三方关系，而保证人一定为债权人和债务人之外的第三人，保证人不能充当自己债务的保证人。而银行保函是债务人先向银行账户汇入一定资金后，银行向债务人出具的在一定金额内的保函，银行出具保函的实质是投标人为自己提供的担保。因此，银行保函和保证担保并不相同。投标人提供现金投标保证金，类似于“定金”，但是，投标担保的“罚则”仅约束投标人，而不约束招标人，不同于约束双方的“定金罚则”。投标人提交保兑支票、银行汇票或现金支票等票据，这与《民法典》中规定的权利质押类似。

（4）联合体投标

联合体投标是指 2 个以上的法人或者其他组织组成 1 个联合体，以 1 个投标人的身份共同投标。联合体各方均应当具备承担招标项目的相应能力，国家有关规定或者招标文件对投标人资格条件有规定的，联合体各方均应当具备规定的相应的资格条件。由同一专业的单位组织联合体，按照资质等级较低的单位确定资质等级。

《招标投标法》第 31 条第 3 款规定：“联合体各方应当签订共同投标协议，明确约定各方拟承担的工作和责任，并将共同投标协议连同投标文件一并提交招标人。联合体中标的，联合体各方应当共同与招标人签订合同，就中标项目向招标人承担连带责任。”《工程建设项目施工招标投标办法》规定，2 个以上法人或者其他组织可以组成 1 个联合体，以 1 个投标人的身份共同投标。联合体各方签订共同投标协议后，不得再以自己的名义单独投标，也不得组成新的联合体或参加其他联合体在同一项目中投标。联合体参加资格预审并获通过的,其组成的任何变化都必须在提交投标文件截止之日前征得招标人的同意。如果变化后的联合体削弱了竞争,含有事先未经过资格预审或者资格预审不合格的法人或者其他组织,或者使联合体的资质降到资格预审文件中规定的最低标准以下,招标人有权拒绝。联合体各方必须指定牵头人,授权其代表所有联合体成员负责投标和合同实施阶段的主办、协调工作,并应当向招标人提交由所有联合体成员法定代表人签署的授权书。联合体投标的,应当以联合体各方或者联合体中牵头人的名义提交投标保证金。以联合体中牵头人名义提交的投标保证金,对联合体各成员具有约束力。根据上述规定,联合体各方的权利和义务分为内部和外部2种。

就联合体各方内部的权利和义务而言,共同投标协议属于内部合同关系,联合体内部各方通过该协议明确约定各方在中标后要承担的工作和责任,该约定必须详细、明确,以免日后发生争议。同时,该共同协议应当同投标文件一并提交招标人,使招标人了解有关情况,并在评标时予以考虑。就联合体各方外部的权利和义务而言,联合体各方就中标项目对外向招标人承担连带责任。联合体各方在中标后承担的连带责任包括以下2种情况:联合体在接到中标通知书未与招标人签订合同前,除不可抗力外,联合体放弃中标项目的,其已提交的投标保证金不予退还,给招标人造成的损失超过投标保证金数额的,还应当对超过部分承担连带赔偿责任;中标的联合体共同与招标人签订合同后,联合体各方对发包人(招标人)承担连带责任。

3. 开标、评标

(1)开标

开标应当在招标文件确定的提交投标文件截止时间的同一时间公开进行;开标地点应当为招标文件中预先确定的地点。开标由招标人主持,邀请所有投标人参加。开标时,由投标人或其推选的代表检查投标文件的密封情况,也可以由招标人委托的公证机构检查并公证。经确认无误后,由工作人员当众拆封,宣读投标人名称、投标价格和投标文件的其他主要内容。建设工程招标人在招标文件要求提交投标文件的截止时间前收到的所有投标文件,开标时都应当当众予以拆封、宣读。开标过程应当记录,并存档备查。如果投标文件没有密封或发现有曾被打开过的痕迹,应被认定为无效投标,不予宣读。

(2)评标

建设工程评标是指招标人将投标人的投标书公开后,按照招标文件规定的评标标准和程序对投标书进行评价、比较的行为。评标由招标人依法组建的评标委员会负责。依法必须进行招标的项目,其评标委员会由招标人的代表和有关技术、经济等方面的专家组成,成员人数为5人以上的单数,其中技术、经济方面的专家不得少于总数的2/3。评标委员会的名单,在中标结果确定前属于保密的内容,不得泄露。招标人应当采取必要的措施,保证评标在严格保密的情况下进行。任何单位和个人不得非法干预、影响评标的过程和结果。评标委员会应当按照招标文件确定的评标标准和方法,对投标文件进行评审和比较。评标委员会完成评标后,应当向招标人提出书面评标报告,并推荐合格的中标候选人。

《招标投标法实施条例》规定,国家实行统一的评标专家专业分类标准和管理办法。具体标准和办法由国务院发展改革部门会同国务院有关部门制定。省级人民政府和国务院有关部门应当组建综合评标专家库。除《招标投标法》第37条第3款规定的特殊招标项目外,依法必须进行招标的项目,其评标委员会的专家成员应当从评标专家库内相关专业的专家名单中以随机抽取方式确定。任何单位和个人不得以明示、暗示等任何方式指定或者变相指定参加评标委员会的专家成员。依法必须进行招标的项目的招标人非因《招标投标法》和《招标投标法实施条例》规定的事由,不得更换依法确定的评标委员会成员。更换评标委员会的专家成员应当依照前款规定进行。评标委员会成员与投标人有利害关系的,应当主动回避。有关行政监督部门应当按照规定的职责分工,对评标委员会成员的确定方式、评标专家的抽取和评标活动进行监督。行政监督部门的工作人员不得担任本部门负责监督项目的评标委员会成员。

《招标投标法实施条例》规定,有下列情形之一的,评标委员会应当否决其投标:①投标文件未经投标单位盖章和单位负责人签字;②投标联合体没有提交共同投标协议;③投标人不符合国家或者招标文件规定的资格条件;④同一投标人提交2个以上不同的投标文件或者投标报价,但招标文件要求提交备选投标的除外;⑤投标报价低于成本或者高于招标文件设定的最高投标限价;⑥投标文件没有对招标文件的实质性要求和条件作出响应;⑦投标人有串通投标、弄虚作假、行贿等违法行为。

投标文件中有含义不明确的内容、明显的文字或者计算错误,评标委员会认为需要投标人作出必要澄清、说明的,应当书面通知该投标人。投标人的澄清、说明应当采用书面形式,并不得超出投标文件的范围或者改变投标文件的实质性内容。评标委员会不得暗示或者诱导投标人作出澄清、说明,不得接受投标人主动提出的澄清、说明。评标完成后,评标委员会应当向招标人提交书面评标报告和中标候选人名单。中标候选人应当不超过3个,并标明排序。评标报告应当由评标委员会全体成员签字。对评标结果有不同意见的评标委员会成员应当以书面形式说明其不同意见和理由,评标报告应当注明该不同意见。评标委员会成员拒绝在评标报告上签字又不书面说明其不同意见和理由的,视为同意评标结果。

4. 定标及中标通知书

(1)定标

建设工程定标又称工程决标,是指招标人根据评标委员会提出的书面评标报告和推荐的中标候选人确定中标人。招标人也可以授权评标委员会直接确定中标人。中标人的投标应当具备下列情形之一:①能最大限度满足招标文件中规定的各项综合评价标准;②能够满足招标文件的实质性要求,并且经评审的投标价格最低;但是投标价格低于成本的除外。

(2)中标通知书

《招标投标法》规定,中标人确定后,招标人应当向中标人发出中标通知书,并同时将中标结果通知所有未中标的投标人。中标通知书对招标人和中标人具有法律效力。招标人和中标人应当自中标通知书发出之日起30日内,按照招标文件和中标人的投标文件订立书面合同。招标人和中标人不得再行订立背离合同实质性内容的其他协议。《招标投标法实施条例》规定,招标人和中标人应当依照《招标投标法》和《招标投标法实施条例》的规定签订书面合同,合同的标的、价款、质量、履行期限等主要条款应当与招标文件和中标人的投标文件的内容一致。招标人和中标人不得再行订立背离合同实质性内容的其他协议。招标人和中标人不按照招标文件和中标人的投标文件订立合同,合同的主要条款与招标文件、中标人的投标文件的内容不一致,或者招标人、中标人订立背离合同实质性内容的协议的,由有关行政监督部门责令改正,可以处中标项目金额5‰以上10‰以下的罚款。招标人最迟应当在书面合同签订后5日内向中标人和未中标的投标人退还投标保证金及银行同期存款利息。招标文件要求中标人提交履约保证金的,中标人应当按照招标文件的要求提交。履约保证金不得超过中标合同金额的10%。中标人应当按照合同约定履行义务,完成中标项目。中标人不得向他人转让中标项目,也不得将中标项目支解后分别向他人转让。中标人按照合同约定或者经招标人同意,可以将中标项目的部分非主体、非关键性工作分包给他人完成。接受分包的人应当具备相应的资格条件,并不得再次分包。中标人应当就分包项目向招标人负责,接受分包的人就分包项目承担连带责任。

二、建设工程合同的成立、生效及备案

(一)合同成立

承诺生效时合同成立。当事人采用合同书形式订立合同的,自双方当事人签字或者盖章时合同成立。当事人采用信件、数据电文等形式订立合同的,可以在合同成立之前要求签订确认书,签订确认书时合同成立。

根据《民法典》第490条的规定,法律、行政法规规定或者当事人约定采用书面形式订立合同,当事人未采用书面形式但一方已经履行主要义务,对方接受的,该合同成立。采用合同书形式订立合同,在签字或者盖章之前,当事人一方已经履行主要义务,对方接受的,该合同成立。

(二)合同的生效

根据《民法典》第502条的规定,依法成立的合同,自成立时生效,但是法律另有规定或者当事人另有约定的除外。依照法律、行政法规的规定,合同应当办理批准等手续的,依照其规定。未办理批准等手续影响合同生效的,不影响合同中履行报批等义务条款以及相关条款的效力。应当办理申请批准等手续的当事人未履行义务的,对方可以请求其承担违反该义务的责任。依照法律、行政法规的规定,合同的变更、转让、解除等情形应当办理批准等手续的,适用前款规定。

(三)建设工程施工合同的备案

建设工程施工合同备案是指为达到一定的管理水平,建设行政主管部门对已签订的施工合同进行登记、办理存备的行为。1993年1月29日发布的《建设工程施工合同管理办法》(已失效),2004年10月20日发布的财政部、原建设部《关于印发〈建设工程价款结算暂行办法〉的通知》(财建〔2004〕369号),2004年10月29日发布的国务院办公厅《转发建设部等部门关于进一步解决建设领域拖欠工程款问题意见的通知》(国办发〔2004〕78号,已失效)中都明确指出施工合同应当在有关部门办理备案登记。《房屋建筑和市政基础设施工程施工招标投标管理办法》(建设部令第89号,已失效)第47条对施工合同备案作了强制性要求,但未对备案内容、审查方式、法律后果进行统一规定,从而导致各个地方建设行政主管部门在制定建设工程施工合同备案管理办法或细则时,所持态度存在较大差异。建设工程施工合同备案是一种行政管理措施,是建设行政主管部门以"备案"的形式对外实施的行政管理行为。在行政法上,行政管理行为从法律性质上可以划分为行政法律行为、准行政法律行为和行政事实行为3种类型。[①] 有学者从实证研究的角度出发,按照当前我国建设工程施工合同备案的审查内容,把我国当前施工合同备案分为不同类型[②]:

1. 记载式备案

所谓记载式备案,是指建设行政主管部门仅对施工合同的信息,如当事人名称、项目概况、合同金额、工期等记录在案,并留存合同副本以备查阅。备案机关仅对备案资料是否齐全进行形式审查,而对合同内容不予审查。比如,上海市2008年12月发布的《上海市建设工程合同登记备

---

① 高印立:《建设工程施工合同备案的法律性质剖析》,载《建筑经济》2011年第5期。

② 高印立:《建设工程施工合同备案的法律性质剖析》,载《建筑经济》2011年第5期。

案操作程序(试行)》(已失效)规定,受理人员仅审查当事人提交的合同副本与登记表所记载的数据及网上登记的数据是否一致,不一致的,可以要求当事人当场改正,不能改正的,一次性告知补齐内容。在此类备案活动中,行政主体主观上无任何“意思表示”,也不追求达到影响相对人权利义务的目的,因此其在法律性质上不属于行政法律行为。但此类备案活动属于行政事实行为,还是属于准行政法律行为,要看行政主体有无“观念表示”和是否会产生间接法律效果。

2. 确认式备案

确认式备案,是指建设行政主管部门在合同备案时,除审查备案资料的完整性外,还依法审查合同的合法性,包括合同主体、合同价与中标价是否相符等。比如,《深圳市建设工程合同备案办法》(深建字〔2003〕9 号,已失效)第 13 条规定了施工合同不予办理备案的情形,包括签订合同的主体不合法、应当实行招标投标的工程未招标投标、施工合同价与中标价不符、结算原则与中标原则相背离,等等。该办法第 7 条同时规定,未按规定办理合同备案手续的建设工程,建设行政主管部门不予颁发施工许可证。可见,确认式备案明确表明了行政主体对相对人所签合同的态度,是对合同合法性的一种行政确认(不管实际中的确认是否符合真实情况),是一种典型的“观念表示”。但这种确认并不直接对相对人的权利义务产生影响,即使由于行政主体的不予备案而导致合同内容的修改,也是由于法律规定的影响,而非备案这一行为所造成。因此,确认式备案应当属于准行政法律行为范畴。

3. 批准式备案

批准式备案,是指建设行政主管部门在合同备案时,除审查备案资料的完整性外,还对合同主要条款进行审查,审查通过后才予以批准备案。比如,《黑龙江省建设工程施工合同备案管理办法》中所规定的备案即属此类。该办法第 17 条对备案审查内容作了详细规定,除审查建设单位是否将工程支解发包、合同价与中标价是否一致、合同主体是否合法、是否经过招投标外,还审查预付工程款的比例(或数额)及支付时限、工程进度的支付方式、数额(工程价款的 60% ~ 90%)及时限、工期提前或延误的奖惩约定、是否使用统一的合同文本、工程发生变更时工程款的调整方法、索赔方式;等等。此类合同备案行为除具有记载和确认的功能外,行政主体还被赋予了批准的职能。此时,即使合同条款合法,如果其不符合备案要求,行政相对人必须进行修改,否则无法登记备案。可见,在这种情况下,行政主体具有意图影响相对人权利义务的“意思表示”,并会直接产生影响相对人权利义务的法律效果。因此,此类合同备案在性质上应认定为行政法律行为。

关于施工合同备案的可诉性,施工合同备案是一种行政管理行为,判断其是否可诉,关键要看备案是否会对行政相对人的权利义务产生实际影响。可见,属于行政事实行为的记载式合同备案不具有可诉性,而属行政法律行为的批准式合同备案符合可诉性标准。准行政法律行为在我国尚属于不明确的“模糊地带”,学者对此也持有不同的观点。但“有权利,则必有救济”,否则行政权力的滥用将在所难免,从这个意义上看,赋予当事人对准行政法律行为寻求司法救济的权利具有进步意义。对于性质上属于准行政法律行为的合同备案,尽管其不能直接影响相对人的权利义务,但一旦行政主体作出不予备案的决定,相对人将无法取得相应的施工许可,这将对相对人的权利义务产生重大影响。因此,赋予相对人对行政主体不予备案决定的诉讼权利,有利于限制行政权力的滥用,有利于维护当事人的合法权益。[①]《深圳市建设工程合同备案办法》(已失

① 高印立:《建设工程施工合同备案的法律性质剖析》,载《建筑经济》2011 年第 5 期。

效)第18条规定了合同当事人对不予备案决定的行政诉讼权利。尽管该办法仅是一个规范性文件,效力位阶较低,但却表明了有关行政部门的态度。

4.施工合同备案的取消

2018年5月14日,国务院办公厅发布《关于开展工程建设项目审批制度改革试点的通知》(国办发〔2018〕33号),要求取消施工合同备案。为贯彻落实国务院深化"放管服"改革,优化营商环境的要求,2018年9月28日,住房和城乡建设部对《房屋建筑和市政基础设施工程施工招标投标管理办法》作出修改:删去第47条第1款中的"订立书面合同后7日内,中标人应当将合同送工程所在地的县级以上地方人民政府建设行政主管部门备案"的规定。

施工合同备案取消之后,应当在工程承揽的过程中进一步强化诚实信用的原则,严格依法惩处承揽过程中违反诚实信用的行为。政府主管部门在开展加强建筑市场诚信体系建设与建设工程合同的监管工作中,一方面要推动行业信息共享,建立招标投标、合同备案、履约过程合同信息与日常监管检查数据的互通互用、信息公开;建立诚信信息的公开共享,消除信息孤岛,推进诚信信用评价信息的应用;实行信用差别化管理,对诚信企业予以奖励支持,对失信企业提高失信成本并实行惩戒制度,如失信曝光、重点监管、市场退出等。另一方面要加强与企业各部门,包括资质、人员资格、招标投标、施工许可、合同信息报送、设计、施工、监理、造价、质量安全等建立联动机制,实现行业与企业的数据共享,从而形成行政监督与社会监督、市场管理与现场管理相结合的监管保障体制,通过建设工程全过程、全方位的守信激励和失信惩戒机制,促进合同监管工作的开展。①

三、国家重大建设工程合同的订立程序

建设工程合同因涉及基本建设规划,其标的物为不动产的工程,承包人所完成的工作成果不仅具有不可移动性,而且须长期存在和发挥效用,事关国计民生。为了规范国家重大工程的建设,保证国家投资计划得以实现,保障质量,避免资源浪费,保证投资效益,减少投资风险,《民法典》第792条规定,国家重大建设工程合同,应当根据国家规定的程序和国家批准的投资计划、可行性研究报告等文件订立。

虽然法律并没有具体规定哪些建设工程属于国家重大建设工程,在实践中,一般列入国家重点投资计划而且投资额巨大,建设周期特别长,由中央政府全部投资或者参与投资的工程,属于国家重大建设项目,如三峡工程。有些虽然未列入国家重点投资计划,投资额不算巨大,但影响很大的工程项目,也属于国家重大建设工程项目,如国家大剧院工程。还有些工程,虽然属于地方政府投资,但投资巨大、影响广泛的工程项目,如亚运工程建设,主要是由北京市政府投资的工程,其投资计划经过国家批准,也属于国家重大建设工程项目。

国家重大建设工程事先应当进行可行性研究,对工程的投资规模、建设效益进行论证分析,并编制可行性研究报告,然后申请立项,立项批准后,遵照国家规定的程序进行发包,与承包人订立建设工程合同。这里规定的国家规定的程序是指《建筑法》《招标投标法》等有关法律、行政法规规定的重大工程建设项目订立的程序。

国家重大建设工程合同必须实行公开招标发包,发包人应当按照法定的程序和方式,发布招标公告,提供载有招标工程的主要技术要求、主要合同条款、评标的标准和方法以及开标、评标、

① 周翠:《关于完善建设工程合同监督管理措施的探究》,载《建设监理》2019年第8期。

定标的程序等内容的招标文件。开标应当在招标文件规定的时间、地点公开进行。开标后应当按照招标文件规定的评标标准和程序对标书进行评价、比较，确定中标候选名单，中标候选单位必须具备能够建设该重大工程项目的相应资质。发包人在具有相同资质条件的投标者中，择优选择中标者，发包人应当同中标者订立建设工程承包合同。

四、建设工程合同的主要内容

（一）合同的主要条款

《民法典》第470条规定，合同的内容由当事人约定，一般包括以下条款：（1）当事人的名称或者姓名和住所；（2）标的；（3）数量；（4）质量；（5）价款或者报酬；（6）履行期限、地点和方式；（7）违约责任；（8）解决争议的方法。当事人可以参照各类合同的示范文本订立合同。

合同的条款是合同中经双方当事人协商一致、规定双方当事人权利义务的具体条文。合同的权利义务，除法律规定的以外，主要由合同的条款确定。合同的条款是否齐备、准确，决定了合同能否顺利地履行、实现订立合同的目的。

（二）建设工程勘察设计合同的主要条款

《民法典》第794条规定："勘察、设计合同的内容一般包括提交有关基础资料和概预算等文件的期限、质量要求、费用以及其他协作条件等条款。"参照《建设工程勘察合同（示范文本）》（GF—2016—0203），该示范文本由合同协议书、通用合同条款和专用合同条款三部分组成：（1）合同协议书。该示范文本合同协议书共计12条，主要包括工程概况、勘察范围和阶段、技术要求及工作量、合同工期、质量标准、合同价款、合同文件构成、承诺、词语定义、签订时间、签订地点、合同生效和合同份数等内容，集中约定了合同当事人基本的合同权利义务。（2）通用合同条款。通用合同条款是指合同当事人根据《民法典》《建筑法》《招标投标法》等相关法律法规的规定，就工程勘察的实施及相关事项对合同当事人的权利义务作出的原则性约定，具体包括一般约定、发包人、勘察人、工期、成果资料、后期服务、合同价款与支付、变更与调整、知识产权、不可抗力、合同生效与终止、合同解除、责任与保险、违约、索赔、争议解决及补充条款等共计17条。上述条款安排既考虑了现行法律法规对工程建设的有关要求，也考虑了工程勘察管理的特殊需要。（3）专用合同条款。专用合同条款是对通用合同条款原则性约定的细化、完善、补充、修改或另行约定的条款。合同当事人可以根据不同建设工程的特点及具体情况，通过双方的谈判、协商对相应的专用合同条款进行修改补充。

参照《建设工程设计合同示范文本（房屋建筑工程）》（GF—2015—0209），该示范文本由合同协议书、通用合同条款和专用合同条款三部分组成。该示范文本适用于建设用地规划许可证范围内的建筑物构筑物设计、室外工程设计、民用建筑修建的地下工程设计及住宅小区、工厂厂前区、工厂生活区、小区规划设计及单体设计等，以及所包含的相关专业的设计内容（总平面布置、竖向设计、各类管网管线设计、景观设计、室内外环境设计及建筑装饰、道路、消防、智能、安保、通信、防雷、人防、供配电、照明、废水治理、空调设施、抗震加固等）等工程设计活动。

参照《建设工程设计合同示范文本（专业建设工程）》（GF—2015—0210），该示范文本由合同协议书、通用合同条款和专用合同条款三部分组成。该示范文本适用于房屋建筑工程以外各行业建设工程项目的主体工程和配套工程（含厂/矿区内的自备电站、道路、专用铁路、通信、各种管网管线和配套的建筑物等全部配套工程）以及与主体工程、配套工程相关的工艺、土木、建筑、环境保护、水土保持、消防、安全、卫生、节能、防雷、抗震、照明工程等工程设计活动。房屋建筑工程以外的各行业建设工程统称为专业建设工程，具体包括煤炭、化工石化医药、石油天然气（海洋石油）、电力、冶金、军工、机械、商物粮、核工业、电子通信广电、轻纺、建材、铁道、公路、水运、民航、市政、农林、水利、海洋等工程。

根据《民法典》第800条的规定，勘察、设计的质量不符合要求或者未按照期限提交勘察、设计文件拖延工期，造成发包人损失的，勘察人、设计人应当继续完善勘察、设计，减收或者免收勘察、设计费并赔偿损失。

（三）建设工程施工合同的主要条款

《民法典》第795条规定："施工合同的内容一般包括工程范围、建设工期、中间交工工程的开工和竣工时间、工程质量、工程造价、技术资料交付时间、材料和设备供应责任、拨款和结算、竣工验收、质量保修范围和质量保证期、相互协作等条款。"

目前，我国在建设工程施工合同领域普遍采用住房和城乡建设部、原国家工商行政管理总局制定的《建设工程施工合同（示范文本）》（GF—2017—0201）。该示范文本由合同协议书、通用合同条款和专用合同条款三部分组成。（1）合同协议书。示范文本合同协议书共计13条，主要包括工程概况、合同工期、质量标准、签约合同价和合同价格形式、项目经理、合同文件构成、承诺以及合同生效条件等重要内容，集中约定了合同当事人基本的合同权利义务。（2）通用合同条款。通用合同条款是合同当事人根据《建筑法》《民法典》等法律法规的规定，就工程建设的实施及相关事项，对合同当事人的权利义务作出的原则性约定；共计20条，具体条款分别为：一般约定、发包人、承包人、监理人、工程质量、安全文明施工与环境保护、工期和进度、材料与设备、试验与检验、变更、价格调整、合同价格、计量与支付、验收和工程试车、竣工结算、缺陷责任与保修、违约、不可抗力、保险、索赔和争议解决。（3）专用合同条款。专用合同条款是对通用合同条款原则性约定的细化、完善、补充、修改或另行约定的条款。合同当事人可以根据不同建设工程的特点及具体情况，通过双方的谈判、协商对相应的专用合同条款进行修改补充。该示范文本为非强制性使用文本。该示范文本适用于房屋建筑工程、土木工程、线路管道和设备安装工程、装修工程等建设工程的施工承发包活动，合同当事人可结合建设工程具体情况，根据该示范文本订立合同，并按照法律法规规定和合同约定承担相应的法律责任及合同权利义务。

五、缔约过失责任

缔约过失责任是指在订立合同的过程中，当事人一方因违背其诚实信用原则所产生的先合同义务，而致另一方的信赖利益的损失，并应承担损害赔偿责任。我国《民法典》第500条确立了缔约过失责任制度，根据该条的规定，当事人在订立合同过程中有下列情形之一，给对方造成损失的，应当承担损害赔偿责任：

（一）假借订立合同，恶意进行磋商

所谓"假借"，就是根本没有与对方订立合同的意思，与对方进行谈判只是个借口，目的是损害订约对方当事人的利益。此处所说的"恶意"，是指假借磋商、谈判，而故意给对方造成损害的主观心理状态。恶意必须包括两个方面的内容，一是行为人主观上并没有谈判意图，二是行为人主观上具有给对方造成损害的目的和动机。恶意是此种缔约过失行为构成的最核心的要件。

（二）故意隐瞒与订立合同有关的重要事实或者提供虚假情况

此种情况属于缔约过程中的欺诈行为。欺诈，是指一方当事人故意实施某种欺骗他人的行为，并使他人陷入错误而订立的合同。无论何种欺诈行为都具有两个共同的特点：（1）欺诈方故意陈述虚假事实或隐瞒真实情况。(2)欺诈方客观上实施了欺诈行为。最高人民法院《关于贯彻执行〈中华人民共和国民法通则〉若干问题的意见(试行)》(法释〔2008〕15号,已失效)第68条规定:"一方当事人故意告知对方虚假情况,或者故意隐瞒事实情况,诱使对方当事人作出错误意思表示的,可以认定为欺诈行为。"

(三)泄露或不正当地使用商业秘密

所谓泄露,是指将商业秘密透露给他人,包括在要求对方保密的条件下向特定人、少部分人透露商业秘密,以及由不正当的手段获取的,其披露当然是违背权利人的意思的。所谓不正当使用,是指未经授权而使用该秘密或将该秘密转让给他人。如将商业秘密用于自己的生产经营,有自己直接利用商业秘密的使用价值的行为或状态,或非法允许他人使用。无论行为人是否因此而获取一定的利益,都有可能构成缔约过失责任。

(四)其他违背诚实信用原则的行为

即包括除了前三种情形以外的违背先契约义务的行为。在缔约过程中常表现为一方当事人未尽到通知、协助、告知、照顾等义务而造成对方当事人人身或财产的损失的情形。

第三节 建设工程合同的效力

依法成立并生效之合同,犹如当事人之间的法律,当事人应当严格按照合同约定履行。建设工程合同成立后,能否产生法律效力要视合同是否具备生效要件。具备合同有效成立的要件,才能得到国家法律的保护,欠缺有效要件的建设工程合同,属于法律效力有瑕疵的合同,不能产生当事人订立合同所预期的效果。

一、建设工程合同的生效要件

(一)合同的成立与生效

从民法理论的角度看,对于建设工程合同来说,其成立和生效是两个不同性质的问题,是两个有着严格区别的法律概念。第一,合同成立并不等于生效。理由是合同的成立仅仅反映的是当事人的意志,它体现了合同自由的原则;而合同的生效反映了国家的意志,即国家法律对已成立合同的一种法律的认可或价值判断,它体现了国家对合同关系的干预,决定了合同的生效。另外,合同的成立是事实问题,而合同的生效是法律问题。合同的成立是合同生效的前提条件,但合同的成立和生效是两个不同性质的问题,应该严格加以区分。第二,在构成要件上,合同的成立是订约当事人就合同的主要条款达成合意,亦即合同因承诺生效而成立,故合同成立的条件一般就是承诺生效的条件。而合同生效的条件才是判断合同是否具有法律效力的标准。[①]

虽然我国现行法律没有就合同生效要件作出明确的规定,但根据《民法典》的相关规定,合同的生效要件可分为实质要件和形式要件。实质要件主要包括《民法典》第143条的规定,具备下列条件的民事法律行为有效:(1)行为人具有相应的民事行为能力;(2)意思表示真实;(3)不违反法律、行政法规的强制性规定,不违背公序良俗。这些规定也就是合同生效的一般要件,亦

① 王利明主编:《民法》(第五版),中国人民大学出版社2010年版,第456页。

称实质要件。对于有些合同,合同的生效还须具备特殊要件,即形式要件。这些合同主要包括两种情形:一是当事人根据《民法典》第158~160条的规定所订立的合同,在所附条件成就时或所附生效时间到来时,合同才能生效;二是根据《民法典》第502条第2款的规定,依照法律、行政法规规定应当办理批准、登记等手续的,在办理了批准、登记等手续后,合同才能生效。

(二)建设工程合同的生效要件

1. 行为人具有相应的民事行为能力

建设工程合同的当事人,即发包人和承包人,应当符合法律和行政法规规定的条件,即合同的主体要件。合同当事人必须具有相应的缔约能力,即相应的民事权利和民事行为能力,发包人应当具备开发建设的条件,承包人应当具备承揽工程的相应资质,才能成为适格的合同主体。发包人与承包人的主体要件具体要求在本书第二章中已做详细介绍,在此不再赘述。

2. 意思表示真实

合同当事人意思表示真实,是指行为人的意思表示应当真实反映其内心的意思,即当事人是否订立建设工程合同、合同对方当事人的选择,以及合同内容的确定等均出于真实的意愿,非受到欺诈、胁迫,或乘人之危,也不属于因产生重大误解而订立或合同内容显失公平,违背对方真实意思订立合同的情况。由于合同成立后,当事人的意思表示是否真实往往难以从其外部判断,法律对此一般不主动干预,是否缺乏意思表示真实,应当由当事人举证证明,因此,意思表示不真实,并不导致合同绝对无效。

3. 不违反法律、行政法规的强制性规定,不违背公序良俗

(1)合同的内容合法,即合同条款中约定的权利、义务及其指向的对象及标的等,应符合法律的规定和社会公共利益的要求。

(2)合同的目的合法,即当事人缔约的原因和预达目的是合法的,不存在以合法的方式达到非法目的等规避法律的事实。

4. 具备法律、行政法规规定合同生效所必须具备的形式要件

建设工程施工合同的当事人,即发包人和承包人,在签订合同的过程中应当履行法律和行政法规规定的必须履行的程序,这一条件是建设工程合同所特有的条件。如依照我国《招标投标法》规定了强制招标的工程建设项目的范围。《民法典》第789条规定,建设工程合同应当采用书面形式。

建设工程合同同时具备以上4个要件,即为有效的建设工程合同,当事人应当信守合同,不履行合同或者履行合同不符合约定的,要承担相应的违约责任。

二、无效的建设工程合同

(一)无效建设工程合同的主要类型

无效合同,指的是欠缺合法性要件的合同,不能产生当事人订立合同所预期的效果。按照《民法典》第144条、第146条、第153条、第154条的规定,无效民事法律行为包括:(1)无民事行为能力人实施的民事法律行为无效。(2)行为人与相对人以虚假的意思表示实施的民事法律行为无效。(3)违反法律、行政法规的强制性规定的民事法律行为无效;但是,该强制性规定不导致该民事法律行为无效的除外。(4)行为人与相对人恶意串通,损害他人合法权益的民事法律行为无效。另外,根据《民法典》第506条的规定,合同当事人在合同中预先约定的,旨在限制或免除其未来责任的下列免责条款无效:(1)造成对方人身伤害的;(2)因故意或者重大过失造成对

方财产损失的。

(二)无效的建设工程合同

建设工程合同的无效,是指合同虽然已经成立,但因违反法律、行政法规的强制性规定或者社会公共利益,自始不能产生法律约束力。《民法典》规定的无效合同的情形当然适用于建设工程合同的无效。根据《施工合同司法解释(一)》第1条的规定,有下列情形之一的,应当根据《民法典》的规定,认定建设工程施工合同无效:

1. 承包人未取得建筑施工企业资质或者超越资质等级的

承包人应当具有与所承包工程相适应的资质证书,否则所订立合同无效。主要表现在:(1)施工单位无证、无照承包工程,所订立的合同无效,不过一般的农建工程除外。(2)施工单位超越经营范围、资质等级承包工程所订立的合同无效。(3)建筑公司的分支机构对外承包工程,所签订的合同无效。(4)2个施工单位联合共同承包工程的,应按资质等级低的单位的业务许可范围承包工程,否则所订立的合同无效。

应当注意,根据《施工合同司法解释(一)》规定,承包人超越资质等级许可的业务范围签订建设工程施工合同,在建设工程竣工前取得相应资质等级,不再按照无效合同处理。

2. 没有资质的实际施工人借用有资质的建筑施工企业名义的

《建筑法》第26条规定:"禁止建筑施工企业以任何形式允许其他单位或者个人使用企业的资质证书、营业执照,以本企业的名义承揽工程。"但在实践中存在以下违法行为:(1)不具有从事建筑活动主体资格的个人、合伙组织或企业以具备从事建筑活动资格的建筑企业的名义承揽工程。(2)资质等级低的建筑企业以资质等级高的建筑企业的名义承揽工程。(3)不具有工程总包资格的建筑企业以具有总包资格的建筑企业的名义承揽工程。上述行为,实质上属于无证承包或借用他人资质证书进行的承包,违反国家禁止性规定,这种非法订立的建设工程合同应当无效。

3. 建设工程必须进行招标而未招标或者中标无效的

(1)依法应当招标而未招标的合同无效

根据《招标投标法》第3条的规定,在我国境内进行下列工程建设项目包括项目的勘察、设计、施工、监理以及与工程建设有关的重要设备、材料等的采购,必须进行招标:①大型基础设施、公用事业等关系社会公共利益、公众安全的项目;②全部或者部分使用国有资金投资或者国家融资的项目;③使用国际组织或者外国政府贷款、援助资金的项目。依法必须进行招标的工程建设项目的具体范围和规模标准,由国务院发展改革部门会同国务院有关部门制订,报国务院批准后公布施行。

根据《必须招标的工程项目规定》(国家发展和改革委员会令第16号)、《必须招标的基础设施和公用事业项目范围规定》(发改法规〔2018〕843号)的规定,工程建设项目招标范围和规模标准如下:①全部或者部分使用国有资金投资或者国家融资的项目包括:使用预算资金200万元人民币以上,并且该资金占投资额10%以上的项目;使用国有企业事业单位资金,并且该资金占控股或者主导地位的项目。②使用国际组织或者外国政府贷款、援助资金的项目包括:使用世界银行、亚洲开发银行等国际组织贷款、援助资金的项目;使用外国政府及其机构贷款、援助资金的项目。③不属于前两种规定情形的大型基础设施、公用事业等关系社会公共利益、公众安全的项目,必须招标的具体范围包括:煤炭、石油、天然气、电力、新能源等能源基础设施项目;铁路、公路、管道、水运,以及公共航空和A1级通用机场等交通运输基础设施项目;电信枢纽、通信信息网络等通信基础设施项目;防洪、灌溉、排涝、引(供)水等水利基础设施项目;城市轨道交通等城建项目。

上述规定范围内的项目,其勘察、设计、施工、监理以及与工程建设有关的重要设备、材料等的采购达到下列标准之一的,必须招标:①施工单项合同估算价在400万元人民币以上;②重要设备、材料等货物的采购,单项合同估算价在200万元人民币以上;③勘察、设计、监理等服务的采购,单项合同估算价在100万元人民币以上。同一项目中可以合并进行的勘察、设计、施工、监理以及与工程建设有关的重要设备、材料等的采购,合同估算价合计达到前款规定标准的,必须招标。

(2)中标无效而订立的建设工程合同应当认定无效

根据《招标投标法》等法律法规的规定,中标无效的情况有:①招标代理机构违反法律规定,泄露应当保密的与招标投标活动有关的情况和资料,或者与招标人、投标人串通损害国家利益、社会公共利益或者他人合法权益的行为影响中标结果的,中标无效。②依法必须进行招标的项目的招标人向他人透露已获取招标文件的潜在投标人的名称、数量或者可能影响公平竞争的有关招标投标的其他情况,或者泄露标底的行为影响中标结果的,中标无效。③投标人相互串通投标或者与招标人串通投标的,投标人以向招标人或者评标委员会成员行贿的手段谋取中标的,中标无效;④投标人以他人名义投标或者以其他方式弄虚作假,骗取中标的,中标无效。⑤招标人违反《招标投标法》的规定,与投标人就投标价格、投标方案等实质性内容进行谈判的行为影响中标结果的,中标无效。⑥招标人在评标委员会依法推荐的中标候选人以外确定中标人的,依法必须进行招标的项目在所有投标被评标委员会否决后自行确定中标人的,中标无效。

上述导致中标无效的情况可以分为2类:第一类,违法行为直接导致中标无效,如上述③、④、⑥;第二类,只有在违法行为影响了中标结果时,中标无效,如上述①、②、⑤。依法必须进行招标的项目违反招标投标法规定,中标无效的,应当依照《招标投标法》规定的中标条件,从其余投标人中重新确定中标人,或者依照《招标投标法》重新进行招标。

另外,根据《建筑法》《招标投标法》等相关法律法规的规定,建设单位在建设工程施工合同的订立和履行过程中,必须遵循相应的法定程序,依法办理立项、土地、规划等审批许可手续,如果没有办理相应手续,也会影响后续订立的施工合同的效力。《施工合同司法解释(一)》第3条规定,当事人以发包人未取得建设工程规划许可证等规划审批手续为由,请求确认建设工程施工合同无效的,人民法院应予支持,但发包人在起诉前取得建设工程规划许可证等规划审批手续的除外。发包人能够办理审批手续而未办理,并以未办理审批手续为由请求确认建设工程施工合同无效的,人民法院不予支持。

(三)无效建设工程合同的法律后果

1. 无效的合同或被撤销的合同自始不具有法律效力

《民法典》第155条规定:"无效的或者被撤销的民事法律行为自始没有法律约束力。"第156条规定:"民事法律行为部分无效,不影响其他部分效力的,其他部分仍然有效。"第157条规定:"民事法律行为无效、被撤销或者确定不发生效力后,行为人因该行为取得的财产,应当予以返还;不能返还或者没有必要返还的,应当折价补偿。有过错的一方应当赔偿对方由此所受到的损失;各方都有过错的,应当各自承担相应的责任。法律另有规定的,依照其规定。"据此,建设工程合同被确认无效或被撤销后,使合同从订立时起即不具有法律约束力,尚未履行的合同不再履行,因该合同取得的财产应当予以返还;不能返还或者没有必要返还的,应当折价补偿,并根据过错承担相应的损失赔偿责任。

2. 解决争议的条款不因合同无效而无效

《民法典》第507条规定："合同不生效、无效、被撤销或者终止的，不影响合同中有关解决争议方法的条款的效力。"据此，建设工程合同中关于解决争议的方法条款的效力具有独立性，合同无效、被撤销或者终止后，仍应依据当事人关于争议解决方式的约定解决争议。

3. 建设工程施工合同无效但建设工程质量合格的，可以参照合同约定结算工程价款

建设工程施工合同具有特殊性，合同履行的过程就是将劳动和建筑材料物化在建筑产品的过程，承包人付出了劳动，投入了资金，在施工过程中，上述财产只是从一种形态转化为另一种形态，其价值并未改变，并已全部转移到新的建筑工程之中，因此，合同被确认无效后，已经履行的内容不能适用返还的方式使合同恢复到签约前的状态，而只能按照折价补偿的方式处理。《民法典》第793条规定，建设工程施工合同无效，但是建设工程经竣工验收合格，可以参照合同关于工程价款的约定折价补偿承包人。

从建设工程施工合同的实际履行情况看，合同无效后的折价补偿方式主要有2种：（1）以工程定额为标准，通过工程造价鉴定确定建设工程价款。由于在我国目前的建筑市场上，有的发包人签订合同时往往把工程价款压得很低，并不按照定额取费，如果合同被确认无效还按照工程定额折价补偿，将会造成无效合同比有效合同的工程价款还高，超出了当事人签订合同的预期。（2）参照合同约定结算工程价款。这种折价补偿的方式不仅符合双方当事人在订立合同时的真实意思，而且还可以节省鉴定费用，提高效率。

参照合同约定结算工程价款的折价补偿原则，仅适用于建设工程质量合格的无效施工合同，不包括质量不合格的建设工程。但是工程经过承包人修复后，再验收合格，可以按照合同约定结算工程价款，修复费用一般情况下应当由承包人承担。《施工合同司法解释（一）》第24条进一步规定，当事人就同一建设工程订立的数份建设工程施工合同均无效，但建设工程质量合格，一方当事人请求参照实际履行的合同关于工程价款的约定折价补偿承包人的，人民法院应予支持。实际履行的合同难以确定，当事人请求参照最后签订的合同关于工程价款的约定折价补偿承包人的，人民法院应予支持。

4. 建设工程施工合同无效，且建设工程经竣工验收不合格的，承包人请求支付工程价款的，不予支持

（1）根据《民法典》第793条的规定，建设工程经竣工验收不合格的，修复后也未经竣工验收合格的，承包人请求支付工程价款的，不予支持。（2）因建设工程不合格造成的损失，发包人有过错的，也应承担相应的民事责任。《民法典》第157条规定，合同无效后，有过错的一方应当赔偿对方因此受到的损失，双方都有过错的，应当各自承担相应的责任。一般说来，承包人对工程质量不合格应当承担责任，因此，造成的损失也应当由承包人承担。但是，如果发包人对造成工程质量不合格也有过错的，也应当承担与过错相适应的责任。

5. 返还财产或赔偿损失

民事法律行为无效或者确定不发生效力后，行为人因该行为取得的财产，应当予以返还；不能返还或者没有必要返还的，应当折价补偿。有过错的一方应当赔偿对方由此所受到的损失；各方都有过错的，应当各自承担相应的责任。根据《施工合同司法解释（一）》第6条的规定，建设工程施工合同无效，一方当事人请求对方赔偿损失的，应当就对方过错、损失大小、过错与损失之间的因果关系承担举证责任。损失大小无法确定，一方当事人请求参照合同约定的质量标准、建

设工期、工程价款支付时间等内容确定损失大小的,人民法院可以结合双方过错程度、过错与损失之间的因果关系等因素作出裁判。

三、效力待定的建设工程合同

效力待定的合同,是指合同当事人欠缺相应的缔约能力而订立的合同,其法律效力能否发生尚未确定,一般须经有权人表示追认方能生效;有权人拒绝追认,或无权处分人事后未取得处分权的,或与越权行为人订立合同的相对人为恶意的,合同无效。

根据《民法典》的规定,效力待定的合同包括:

(1)限制民事行为能力人订立的合同。限制民事行为能力人订立的合同,经法定代理人追认后,该合同有效,但纯获利益的合同或者与其年龄、智力、精神健康状况相适应而订立的合同,不必经法定代理人追认。相对人可以催告法定代理人在 30 日内予以追认。法定代理人未作表示的,视为拒绝追认。合同被追认之前,善意相对人有撤销的权利。撤销应当以通知的方式作出。

(2)无权代理人订立的合同。行为人没有代理权、超越代理权或者代理权终止后以被代理人名义订立的合同,未经被代理人追认,对被代理人不发生效力,由行为人承担责任。相对人可以催告被代理人在 1 个月内予以追认。被代理人未作表示的,视为拒绝追认。合同被追认之前,善意相对人有撤销的权利。撤销应当以通知的方式作出。

在建设工程合同领域,效力待定的合同主要是因为无权代理订立的建设工程合同。无权代理行为,是指行为人没有代理权、超越代理权限范围或者代理权终止后仍以被代理人的名义订立的合同。无权代理订立的建设工程合同,如果无权代理行为具有“外表授权”的假象,即客观上使第三人有理由相信该无权代理人有代理权,而与之订立建设工程合同,则该无权代理行为属于表见代理,对被代理人发生有权代理的法律效果。如施工企业借用其他具有较高资质的施工企业承揽工程所订立的合同,由于被借用单位出具合同专用章、印鉴等,足以使第三人信赖借用单位有代理权,此时订立的建设工程合同虽属于无权代理,但发生与有权代理相同的法律后果。不具备“外表授权”假象的无权代理合同属于效力待定的合同。未经被代理人追认,对被代理人不发生效力,由无权代理的行为人自己承担责任。

表见代理的主观要件是相对人误认为无权代理人有权代理,且对此误认善意无过失;表见代理的客观要件是具有使相对人相信无权代理人具有代理权的依据。无权代理人与相对人所为的民事法律行为符合民事行为一般有效要件和代理的表面特征。表见代理的被代理人以书面或者口头形式直接或者间接地向相对人表示以某人为自己的代理人,而事实上并未对该人进行代理授权;被代理人将证明代理权存在的文件交与某人,或者该人从其他途径获取这些文件,相对人信赖这些文件而与该人交易,被代理人事实上对该人并无授予代理权的意图;代理关系终止后被代理人未采取必要措施公示代理关系终止的事实并收回代理人持有的代理证书,造成相对人不知代理关系终止而仍然与代理人交易等。①

最高人民法院《关于当前形势下审理民商事合同纠纷案件若干问题的指导意见》(法发〔2009〕40 号)要求正确把握法律构成要件,稳妥认定表见代理行为。表见代理制度不仅要求代理人的无权代理行为在客观上形成具有代理权的表象,而且要求相对人在主观上善意且无过失

---

① 马凤玲:《建设工程法律法规实务》,中国矿业大学出版社 2016 年版,第 201～202 页。

地相信行为人有代理权。合同相对人主张构成表见代理的,应当承担举证责任,不仅应当举证证明代理行为存在诸如合同书、公章、印鉴等有权代理的客观表象形式要素,而且应当证明其善意且无过失地相信行为人具有代理权。人民法院在判断合同相对人主观上是否属于善意且无过失时,应当结合合同缔结与履行过程中的各种因素综合判断合同相对人是否尽到合理注意义务,此外还要考虑合同的缔结时间、以谁的名义签字、是否盖有相关印章及印章真伪、标的物的交付方式与地点、购买的材料、租赁的器材、所借款项的用途、建筑单位是否知道项目经理的行为、是否参与合同履行等各种因素,作出综合分析判断。

四、可撤销的建设工程合同

可撤销的合同,指的是欠缺当事人真实意思表示而订立的合同,又称为相对无效的合同,一方当事人可以依照自己的意思,请求人民法院或仲裁机构予以变更或者撤销。

《民法典》对可撤销的民事法律行为进行了规定,主要涉及以下方面:(1)基于重大误解实施的民事法律行为,行为人有权请求人民法院或者仲裁机构予以撤销。(2)一方以欺诈手段,使对方在违背真实意思的情况下实施的民事法律行为,受欺诈方有权请求人民法院或者仲裁机构予以撤销。(3)第三人实施欺诈行为,使一方在违背真实意思的情况下实施的民事法律行为,对方知道或者应当知道该欺诈行为的,受欺诈方有权请求人民法院或者仲裁机构予以撤销。一方或者第三人以胁迫手段,使对方在违背真实意思的情况下实施的民事法律行为,受胁迫方有权请求人民法院或者仲裁机构予以撤销。(4)一方利用对方处于危困状态、缺乏判断能力等情形,致使民事法律行为成立时显失公平的,受损害方有权请求人民法院或者仲裁机构予以撤销。

根据《民法典》的规定,有下列情形之一的,撤销权消灭:(1)当事人自知道或者应当知道撤销事由之日起一年内、重大误解的当事人自知道或者应当知道撤销事由之日起 90 日内没有行使撤销权;(2)当事人受胁迫,自胁迫行为终止之日起 1 年内没有行使撤销权;(3)当事人知道撤销事由后明确表示或者以自己的行为表明放弃撤销权。当事人自民事法律行为发生之日起 5 年内没有行使撤销权的,撤销权消灭。

五、关于建设工程合同的其他法律规定

(一)建设工程施工合同中“黑白合同”的法律效力

“黑白合同”的形成有其深层次的社会原因。“黑白合同”伴随我国招标投标制度的产生而产生,尤其强制招标项目中私人利益和政府代表的社会公共利益会形成一对矛盾。这对矛盾冲突时便会引发当事人追求自身利益的最大化,规避政府监管,从而发生签订“黑白合同”的行为。现实中大部分情况下是发包人利用自身的优势地位迫使中标者接受不合理要求,订立与招标投标文件、中标结果实质性内容相背离的协议。但有时承包人反过来也会处于优势地位,利用发包人工期紧等情况要求对招标投标文件、中标结果进行修改,另行签订“黑合同”。更有甚者,招标人和中标人为了共同的利益,对原合同进行实质性内容的修改,形成了“黑合同”。①

---

① 陈沸:《“黑白合同”与合同变更的区别以及建设工程施工合同变更的操作实务》,载建纬(杭州)律师事务所网站 2020 年 3 月 10 日,https://wenku.baidu.com/view/df571d27842458fb770bf78a6529647d272834bc.html。

1."黑白合同"的概念

建设工程"黑白合同"或"阴阳合同",是指建设工程施工合同的当事人就同一建设工程签订的两份或两份以上实质性内容相异的合同。"黑白合同"一词最早见于2003年10月27日时任全国人大常委会副委员长李铁映所作的《全国人大常委会执法检查组关于检查〈中华人民共和国建筑法〉实施情况的报告》(以下简称《关于检查建筑法实施情况的报告》)。《关于检查建筑法实施情况的报告》中是这样报告"黑白合同"情况的:"各地反映,建设单位与投标单位或招标代理机构串通,搞虚假招标,明招暗定,签订'黑白合同'的问题相当突出。所谓'黑合同',就是建设单位在工程招标投标过程中,除了公开签订的合同外,又私下与中标单位签订合同,强迫中标单位垫资带资承包、压低工程款等。'黑合同'违反了《招标投标法》、《合同法》和《建筑法》的有关规定,极易造成建筑工程质量隐患,既损害承包人的利益,最终也损害建设方的利益。在检查中,检查组了解到这个问题不仅相当普遍,而且难以查处。"

2."黑白合同"中"合同实质性内容"的判定

《招标投标法》第46条规定,招标人和中标人应当自中标通知书发出之日起30日内,按照招标文件和中标人的投标文件订立书面合同。招标人和中标人不得再行订立背离合同实质性内容的其他协议。第59条进一步规定,招标人与中标人不按照招标文件和中标人的投标文件订立合同的,或者招标人、中标人订立背离合同实质性内容的协议的,责令改正;可以处中标项目金额5‰以上10‰以下的罚款。《施工合同司法解释》(已失效)第21条规定,当事人就同一建设工程另行订立的建设工程施工合同与经过备案的中标合同实质性内容不一致的,应当以备案的中标合同作为结算工程价款的根据。《招标投标法》第46条和《施工合同司法解释》(已失效)第21条涉及合同实质性内容这一重要问题,合同实质性内容的界定范围将直接决定"黑白合同"的认定。所谓"合同实质性内容",按照学理解释,是指影响或者决定当事人基本权利义务的条款。但究竟哪些条款属于建设工程施工合同的实质性内容,在该规定中并不明确。《民法典》沿用《合同法》(已失效)第30条定关于实质性变更的规定,在其第488条中规定,有关合同标的、数量、质量、价款或者报酬、履行期限、履行地点和方式、违约责任和解决争议方法等的变更,是对要约内容的实质性变更。这一范围似乎较为宽泛,且对要约的实质性变更的判定标准是否能够借鉴在对建设工程施工合同的实质性变更的判断上,也存有疑问。[①] 2004年11月,最高人民法院编著出版的《建设工程施工合同司法解释的理解与适用》一书中,将合同实质性条款解释为:工程价款、工程期限、工程质量。《招标投标法实施条例》第57条第1款规定,招标人和中标人应当依照招标投标法和本条例的规定签订书面合同,合同的标的、价款、质量、履行期限等主要条款应当与招标文件和中标人的投标文件的内容一致。招标人和中标人不得再行订立背离合同实质性内容的其他协议。根据上述规定,比较容易得出"合同的标的、价款、质量、履行期限等主要条款"与"合同实质性内容"在一般意义上范围一致,据此可以界定"合同实质性内容"。[②]

随着审判实践的丰富,"合同实质性内容"的范围有所扩大。在(2013)民申字第1791号案中,最高人民法院认为,付款方式也属合同的实质性内容。在(2014)民一终字第00067号案中,最高人民法院认为,有关工程范围、价款、质量、管辖争议条款等均是合同的实质性内容。2015年《第八次全国法院民事商事审判工作会议纪要》第31条规定:"招标人和中标人另行签订改变

① 陈鑫范、王琦:《最高人民法院建设工程施工合同司法解释(二)实务操作与案例精解》,中国法制出版社2019年版,第56页。

② 马凤玲:《建设工程法律法规实务》,中国矿业大学出版社2016年版,第113~116页。

工期、工程价款、工程项目性质等影响中标结果实质性内容的协议,导致合同双方当事人就实质性内容享有的权利义务发生较大变化的,应认定为变更中标合同实质性内容。”可见,该会议纪要将合同的实质性内容界定为工期、工程价款和工程项目性质。

《施工合同司法解释(一)》沿用了《施工合同司法解释(二)》(已失效)关于“黑白合同”认定的规定。在其第 2 条规定,招标人和中标人另行签订的建设工程施工合同约定的工程范围、建设工期、工程质量、工程价款等实质性内容,与中标合同不一致,一方当事人请求按照中标合同确定权利义务的,人民法院应予支持。招标人和中标人在中标合同之外就明显高于市场价格购买承建房产、无偿建设住房配套设施、让利、向建设单位捐赠财物等另行签订合同,变相降低工程价款,一方当事人以该合同背离中标合同实质性内容为由请求确认无效的,人民法院应予支持。该条规定明确了背离中标合同实质性内容的判断标准,揭示了以间接方式实质性变更工程造价的表现形式。根据《施工合同司法解释(一)》的规定,施工合同“实质性内容”主要指有关工程范围、建设工期、工程质量、工程价款等内容。司法实践中,招标人与中标人在中标合同之外就明显高于市场价格购买承建房产、无偿建设住房配套设施、让利、向建设方捐赠财物等另行签订合同的,属于变相地以隐蔽的方式变更中标合同工程造价实质性内容的行为,也应当认定为变相的变更施工合同的“实质性内容”。

实践中有争议的问题是工程款的付款期限及付款方式的变更是否属于实质性内容的变更。《招标投标法实施条例》第 57 条第 1 款规定的履行期限,仅指合同工期还是包括工程款的支付期限?对此,实务界存在截然不同的观点。一种观点认为,对实质性内容的把握宜从严处理,工程款支付期限不应作为实质性内容。另一种观点则认为,需从宽把握,将之纳入实质性内容。对此,如果单从文义入手,履行期限,既指通常认定的工程建设履行期限,也可以指付款履行期限。笔者认为上述内容是否属于实质性内容的变更,应当根据具体案件从严把握,《施工合同司法解释(一)》既然将施工合同“实质性内容”界定为工程范围、建设工期、工程质量、工程价款等内容,不宜对上述“实质性内容”作出扩张性解释,扩大“实质性内容”范围。除了工程范围、建设工期、工程质量、工程价款等“实质性内容”之外的其他内容的变更,应当属于当事人意思自治的范畴,原则上不构成实质性变更,而属于合同变更的范畴。合同履行过程中正常的变更,发包人与承包人之间可以通过签证等形式进行。工程签证是工程承包、发包双方在施工过程中按合同约定对支付各种费用、顺延工期、赔偿损失所达成的双方意思表示一致的补充协议,互相书面确认的签证即成为工程结算或最终结算增减工程造价的凭据。《施工合同司法解释(一)》第 20 条规定,当事人对工程量有争议的,按照施工过程中形成的签证等书面文件确认。承包人能够证明发包人同意其施工,但未能提供签证文件证明工程量发生的,可以按照当事人提供的其他证据确认实际发生的工程量。

3.《招标投标法》第 46 条是否适用于不属于必须招标的建设工程

《施工合同司法解释》(已失效)第 21 条规定,当事人就同一建设工程另行订立的建设工程施工合同与经过备案的中标合同实质性内容不一致的,应当以备案的中标合同作为结算工程价款的依据。对于依法必须招标的工程,适用该条没有异议。对于依法不必须招标的工程但经过招标投标的,在中标合同之外,当事人又订立实质性内容不同的合同,以哪份合同作为结算工程价款的依据,即关于《招标投标法》第 46 条是否仅约束依法必须招标的工程的问题,在《施工合同司法解释(二)》(已失效)出台以前,存在颇多争议。实践中存在不同观点。一种观点认为,当事人自愿进行招标投标的项目,在中标合同之外,如果又另行签订的合同并不违反法律禁止性规定，不存在“黑白合同”的问题，根据双方当事人实际履行的合同作为结算工程价款的依据。另一种观点认为，虽然工程项目不属于依法必须招标的工程，但当事人自愿进行招标投标，应当受《招标投标法》的约束，同样也存在“黑白合同”问题，应根据中标合同作为结算工程价款的依据。因为《招标投标法》所保护的不仅是当事人自身的利益，更是对社会招标投标市场的规范，事关不特定投标人利益的保护，涉及市场竞争秩序的维护，因此，只要根据《招标投标法》进行的招标投标并因此签订的合同，均应受该法约束。当事人实际履行的建设工程施工合同与中标合同实质性内容不一致的，以中标合同作为工程价款的结算依据。[①]《施工合同司法解释（二）》（已失效）采纳了第二种观点，《施工合同司法解释（一）》沿用了原《施工合同司法解释（二）》的规定，在其第23条规定，发包人将依法不属于必须招标的建设工程进行招标后，与承包人另行订立的建设工程施工合同背离中标合同的实质性内容，当事人请求以中标合同作为结算建设工程价款依据的，人民法院应予支持，但发包人与承包人因客观情况发生了在招标投标时难以预见的变化而另行订立建设工程施工合同的除外。该解释明确了不管是否依法必须招标投标的，只要当事人选择了招标投标，就不能以在实质内容上背离“白合同”的“黑合同”作为履行依据。《招标投标法》的适用范围既包括依法必须招标的工程，也包括依法不是必须招标的工程进行招标的情形。招标投标活动应当遵循公平、公正、公开、诚实信用的原则，《招标投标法》的目的是规范所有的招标活动，保护国家利益、社会公共利益和招标投标活动当事人的合法权益，提高经济效益，保证项目质量；对于非依法必须招标投标项目，既然当事人选择进行招标投标，就应当受该法的约束。[②] 建设工程招标投标不仅关涉施工合同双方的利益，亦关涉竞争秩序的维护和公平价值的弘扬，以备案合同作为结算工程价款的依据有利于维护竞争秩序，弘扬公平正义。

4. 施工合同备案取消后的“黑白合同”

为加强对建筑工程施工合同的监督管理，维护建筑市场秩序，保护建筑工程施工合同当事人的合法权益，防止利用合同危害国家利益、社会公共利益的违法行为，《招标投标法》、2001年6月1日起施行的《房屋建筑和市政基础设施工程施工招标投标管理办法》等规定了相关备案制度，包括：（1）招标文件备案。《招标投标法》第12条规定：“依法必须进行招标的项目，招标人自行办理招标事宜的，应当向有关行政监督部门备案。”2001年6月1日起施行的《房屋建筑和市政基础设施工程施工招标投标管理办法》规定，依法必须进行施工招标的工程，招标人应当在招标文件发出的同时，将招标文件报工程所在地的县级以上地方人民政府建设行政主管部门备案。建设行政主管部门发现招标文件有违反法律、法规内容的，应当责令招标人改正。（2）施工合同备案。《房屋建筑和市政基础设施工程施工招标投标管理办法》规定，招标人和中标人应当自中标通知书发出之日起30日内，按照招标文件和中标人的投标文件订立书面合同；招标人和中标人不得再行订立背离合同实质性内容的其他协议。订立书面合同后7日内，中标人应当将合同送工程所在地的县级以上地方人民政府建设行政主管部门备案。实践中，各地建设行政主管部门一般要求使用合同示范文本进行备案，对施工合同内容的审查也较为严格。为了规避有关部门的监管或者基于自身利益的考量，当事人往往会签订与备案的中标合同不一致的施工合同或补充协议，这就产生了“黑白合同”问题。

为贯彻落实国务院深化“放管服”改革，优化营商环境的要求，2018年9月28日施行的《房

---

① 潘军锋：《建设工程价款结算审判疑难问题研究》，载《法律适用》2019年第5期。

② 最高人民法院民事审判第一庭：《最高人民法院建设工程施工合同司法解释（二）理解与适用》，人民法院出版社2019年版，第211～214页。

屋建筑和市政基础设施工程施工招标投标管理办法》(建设部令第89号)正式取消了建设工程施工合同备案这一程序,但是并未取消招标文件的备案。因此,招标文件仍然依法应当经过建设行政主管部门的审查备案。在招标文件的备案程序中,建设行政主管部门往往会对招标文件中的内容进行较为严格的实质性审查。由此,为了逃避施工合同备案监管而出现的"黑白合同"的现象会逐渐减少,而为了规避招标文件监管而出现的与招标文件等不一致施工合同的现象会逐渐增多。为应对这一问题,《施工合同司法解释(一)》沿用了《施工合同司法解释(二)》(已失效)的规定,在其第22条中规定,当事人签订的建设工程施工合同与招标文件、投标文件、中标通知书载明的工程范围、建设工期、工程质量、工程价款不一致,一方当事人请求将招标文件、投标文件、中标通知书作为结算工程价款的依据的,人民法院应予支持。

5."黑白合同"的效力

关于"黑白合同"的效力,《施工合同司法解释》(已失效)并未作明确规定。《施工合同司法解释》第21条规定,当事人就同一建设工程另行订立的建设工程施工合同与经过备案的中标合同实质性内容不一致的,应当以备案的中标合同作为结算工程价款的根据。但是第21条仅仅明确了以哪一份合同作为结算工程款的依据,明确了结算工程款的依据并不影响对合同效力的判定,该条文并未涉及两份合同的效力。《施工合同司法解释(一)》也未单独就"黑白合同"的效力问题作出明确规定。

笔者认为,"黑白合同"效力的认定还应当依据《民法典》关于民事法律行为效力的规定。《民法典》对无效民事法律行为的规定涉及如下法律条文:《民法典》第144条规定,无民事行为能力人实施的民事法律行为无效。第146条规定,行为人与相对人以虚假的意思表示实施的民事法律行为无效。第153条规定,违反法律、行政法规的强制性规定的民事法律行为无效。但是,该强制性规定不导致该民事法律行为无效的除外。违背公序良俗的民事法律行为无效。第154条规定,行为人与相对人恶意串通,损害他人合法权益的民事法律行为无效。"黑合同"若违反上述情形,应当认定为无效,反之则为有效。实践中不能简单地认定"黑合同"为无效。根据《民法典》的规定,对民事法律行为效力的判断,应以当事人的真实意思表示及该合同是否存在效力上的法律否定来判定。在"黑合同"与"白合同"实质内容不一致的情况下,首先应判断当事人的真实意思。在确定当事人真实意思的情况下,再来看体现当事人真实意思的合同是否属于《民法典》规定的合同无效的情况,如无效力上的法律否定,便应认定为有效合同,并据以判定双方的权利义务,而无论该合同是"黑合同"还是"白合同"。①

(二)带资、垫资合同的法律效力

1.带资、垫资合同的概念和特征

"垫资"不是一个严谨的法律概念,法律、行政法规层面对垫资没有明确定义和规定。根据《关于严禁政府投资项目使用带资承包方式进行建设的通知》(建市〔2006〕6号)的规定,带资承包,是指建设单位未全额支付工程预付款或未按工程进度按月支付工程款(不含合同约定的质量保证金),由建筑业企业垫款施工。有学者认为,带资、垫资合同是指建设工程的承包、发包双方在签订施工合同时明确约定,建设单位不预付工程款,而由施工单位自带资金先行施工,工程实施到一定阶段或程度时,再由建设单位分期分批地给付施工单位工程款的建设工程施工合同。②

---

① 陈鑫范、王琦:《最高人民法院建设工程施工合同司法解释(二)实务操作与案例精解》,中国法制出版社2019年版,第56页。

② 张培忠、隋卫东编:《建筑与招标投标法教程》,山东人民出版社2005年版,第211~214页。

工程建设业属于资金密集型行业，目前建筑市场又处于供大于求的状况，为了转嫁资金缺口或谋求资金效益的最大化，建设单位强行要求施工方带资、垫资施工，并以此作为发包条件的现象非常普遍。带资、垫资施工的主要表现形式有：(1)发包人和承包人在合同中明确约定承包人自带部分资金，把垫资承包作为承包人的一项合同义务看待；(2)合同中无垫资施工条款，但签订补充协议明确规定垫资义务；(3)合同中虽未明确约定承包人的垫资义务，但在合同实际履行中双方达成默契，由承包人带资建设或发包人延付工程款承包人被迫垫资建设。

《施工合同司法解释(一)》基本上沿用了《施工合同司法解释》(已失效)关于垫资的规定，在其第25条规定，当事人对垫资和垫资利息有约定，承包人请求按照约定返还垫资及其利息的，人民法院应予支持，但是约定的利息计算标准高于垫资时的同类贷款利率或者同期贷款市场报价利率的部分除外。当事人对垫资没有约定的，按照工程欠款处理。当事人对垫资利息没有约定，承包人请求支付利息的，人民法院不予支持。实践中还存在所谓的“硬垫资”与“软垫资”的区分。所谓“硬垫资”，通常是指在合同中明确约定由承包人垫资施工，也即《施工合同司法解释(一)》中所规定的当事人对垫资或垫资利息有约定的。“软垫资”，通常指未在合同中明确约定垫资施工，但实际是由承包人垫资施工的，其具体方式表现为要求施工单位提供高额的保证金、约定滞后的形象进度付款节点、延迟支付进度款等。而法院会将这部分资金按照工程欠款处理，即《施工合同司法解释(一)》中规定的当事人对垫资没有约定的，按照工程欠款处理。在司法实践中，“软垫资”似乎并不被法院认定为“垫资”。①

2. 工程建设施工单位垫资在法律制度上的变迁

1996年，原建设部、原国家计划委员会、财政部发布《关于严格禁止在工程建设中带资承包的通知》(已失效)，要求任何建设单位都不得以要求施工单位带资承包作为招标投标条件，更不得强行要求施工单位将此类内容写入工程承包合同。对于在工程建设过程中出现的资金短缺，应由建设单位自行筹集解决，不得要求施工单位垫款施工。施工单位不得以带资承包作为竞争手段承揽工程，也不得用拖欠建材和设备生产厂家货款的方法转嫁由此造成的资金缺口。该通知明令禁止垫资施工，并规定了相关的行政处罚。该通知并未解决实践中出现的垫资问题。

为了防范贷款垫资带来的风险，中国人民银行《关于进一步加强房地产信贷业务管理的通知》(银发〔2003〕121号)要求，商业银行要严格防止建筑施工企业使用银行贷款垫资房地产开发项目。对自有资金低、应收账款多的承建房地产建设项目的建筑施工企业，商业银行应限制对其发放贷款。2006年，原建设部、国家发展和改革委员会、财政部、中国人民银行又联合下发了《关于严禁政府投资项目使用带资承包方式进行建设的通知》(建市〔2006〕6号)，该通知明确规定政府投资项目一律不得以建筑业企业带资承包的方式进行建设，不得将建筑业企业带资承包作为招标投标条件；严禁将此类内容写入工程承包合同及补充条款，同时要对政府投资项目实行告知性合同备案制度。同时，其也规定了较为严格的处罚措施。由此可见，我国政府对政府投资项目仍然不允许垫资，但由于该通知效力较低，政府投资项目垫资虽然“违规”，但并不“违法”，不影响合同的效力。

2019年4月14日，国务院公布的《政府投资条例》第22条规定：“政府投资项目所需资金应当按照国家有关规定确保落实到位。政府投资项目不得由施工单位垫资建设。”《政府投资条

---

① 莫非：《政府投资项目中的“垫资”何去何从？——以〈政府投资条例〉为中心》，载咸宁城市发展(集团)有限公司网站2019年7月31日，http://www.xncfjt.com/xwzx/xyxw/201907/t20190731_1799263.shtml。

例》以行政法规的形式将政府投资项目中的施工单位垫资列为禁止性规定，但《政府投资条例》明确禁止垫资承包工程项目的范围仅限于政府投资项目。根据《政府投资条例》的规定，政府投资，是指在中国境内使用预算安排的资金进行固定资产投资建设活动，包括新建、扩建、改建、技术改造等。政府投资资金按项目安排，以直接投资方式为主；对确需支持的经营性项目，主要采取资本金注入方式，也可以适当采取投资补助、贷款贴息等方式。安排政府投资资金应当符合推进中央与地方财政事权和支出责任划分改革的有关要求，并平等对待各类投资主体，不得设置歧视性条件。国家通过建立项目库等方式，加强对使用政府投资资金项目的储备。政府采取直接投资方式、资本金注入方式投资的项目，项目单位应当编制项目建议书、可行性研究报告、初步设计，按照政府投资管理权限和规定的程序，报投资主管部门或者其他有关部门审批。因此，政府投资资金分为直接投资、资本金注入、投资补助、贷款贴息等方式，其中仅有直接投资和资本金注入这两种政府投资资金方式属于《政府投资条例》所规定的“政府投资项目”。只有政府采用直接投资或资本金注入方式建设的工程，才禁止施工单位垫资建设，如果政府采用投资补助、贷款贴息等其他方式参与工程投资建设的，则不受《政府投资条例》第22条垫资施工的禁止性规定的约束。根据《政府投资条例》的规定，政府投资资金应当投向市场不能有效配置资源的社会公益服务、公共基础设施、农业农村、生态环境保护、重大科技进步、社会管理、国家安全等公共领域的项目，以非经营性项目为主。但并非所有的公益性项目都不得采用施工企业垫资的行为。在当前财政与金融严控形势下，平台公司市场化转型已经势在必行。而在平台进行转型后，根据国家政策性规定，可以开展公益性项目。则“政府投资项目”可以转化为“国有企业投资项目”，因此，若转型后的平台公司开展公益性项目，将仍然可以采用施工企业垫资的模式。

3. 带资、垫资合同的性质及法律效力

对带资、垫资施工合同的性质认识，理论上和实务中主要有两种看法：一种是借贷说。认为这类合同其实质是一种借贷合同，是发包人向承包人借贷建设资金的行为，故其属企业之间的借贷性质。另一种是约定说。认为带资、垫资施工合同是契约当事人根据意思自治的基本原则，在工程合同中发包人与承包人就承包人进行工程建设、发包人支付价款的一种约定。

2005年《施工合同司法解释》（已失效）施行前，人民法院认为建设工程施工合同中的垫资、带资条款或者当事人另行签订的垫资合同的性质为企业法人间违规拆借资金，这种行为违反了《关于严禁政府投资项目使用带资承包方式进行建设的通知》（建市〔2006〕6号）的规定，但对于是否应当认定垫资条款无效，却有不同认识。有的认为既然建设部等明文规定禁止垫资施工，违反其规定而订立的垫资条款就应当无效；有的则认为存在即合理，我国现行法律对带资、垫资承包问题没有禁止，应承认其垫资条款的法律效力。根据《民法典》的基本原则，只要发包、承包双方对于垫资条款达成一致的意思表示，便符合民事法律行为生效的一般要件，只要不存在《民法典》关于无效民事法律行为的规定，那么该合同和条款即应生效。虽然《民法典》规定，“违反法律、行政法规的强制性规定的民事法律行为无效”。但是当时，垫资承包并没有被法律和行政法规强制禁止，违反《关于严禁政府投资项目使用带资承包方式进行建设的通知》（建市〔2006〕6号）由国务院相关部门联合发布的规范性文件并不导致民事法律行为无效。《施工合同司法解释（一）》基本上沿用了原《施工合同司法解释》关于垫资的规定，自此垫资合法化在我国得以承认，明确约定的垫资条款也应当获得法院支持。

2019年7月1日《政府投资条例》正式施行之后，由于《政府投资条例》明确禁止了政府投资项目中的垫资行为，基于《政府投资条例》属于行政法规，因此在政府投资项目订立的合同中要求承包人垫资,将可能导致该合同中的垫资条款无效。《政府投资条例》第 34 条规定了项目单位要求施工单位对政府投资项目垫资建设应承担的法律责任,包括责令改正,根据具体情况,暂停、停止拨付资金或者收回已拨付的资金,暂停或者停止建设活动,对负有责任的领导人员和直接责任人员依法给予处分。但是这种处罚措施,对于建设单位来讲,明显责任偏轻,甚至有人认为这实际是“无责任规定”①,而“暂停、停止拨付资金或者收回已拨付资金,暂停或者停止建设活动”对施工企业的影响显然更不利。

(三)建设工程领域强制性规定的认定对合同效力的影响

在学理上,强制性规范可区分为效力性规范和管理性规范。所谓效力性规范,指法律、行政法规明确规定违反了这些禁止性规定将导致合同无效的规范,或者虽然法律、行政法规没有明确规定违反该规范将导致合同无效,但违反之后将损害国家利益和社会公共利益的规范。所谓管理性规范(也称“取缔性规范”),指法律及行政法规没有明确规定违反此类规范将导致合同无效或者不成立,而且违反此类规范后如果使合同继续有效也并不损害国家或者社会公共利益,而只是损害当事人的利益的规范,管理性强制规范并不指向法律行为的效力,亦即违反该类规范并不影响行为的效力。管理性强制性规定和效力性强制性规定的理论主要体现在《民法典》第 153 条的规定中,该条规定,违反法律、行政法规的强制性规定的民事法律行为无效。但是,该强制性规定不导致该民事法律行为无效的除外。

对效力性规定和管理性规定划分标准,有学者认为,可以采取下列标准:第一,法律法规明确规定违反禁止性规定将导致合同无效或不成立的,该规定属于效力性规范。第二,法律法规虽没有明确规定违反禁止性规定将导致合同无效或不成立,但违反该规定以后若是合同继续有效将损害国家利益或社会公共利益的,也应当认为该规范属于效力性规范。第三,法律法规虽没有明确规定违反禁止性规定将导致合同无效或不成立,违反该规定以后若是合同继续有效并不损害国家利益和社会公共利益,而只是损害当事人的利益的,在此情况下该规范不应属于效力性规范,而是取缔性规范。建设工程施工合同受到不同领域的多部法律及其他规范性文件调整,法律、行政法规和部颁规章中调整建设工程施工合同的强制性规范就达 60 余条。即使是法律和行政法规的强制性规定,有的属于行政管理规范,如果当事人违反了这些规范,应当受到行政处罚,但是不应当影响民事合同的效力。因工程建设法律体系中的强制性规定和工程建设标准中的强制性标准比较多,在司法实践中应审慎判断。

第四节　建设工程合同的价款

一、建设工程合同的定价方式

按照我国《价格法》的规定,我国收费标准的定价方式分 3 种:市场调节价、政府指导价和政府定价。市场调节价是由经营者自主制定,通过市场竞争形成的价格。政府指导价是依照《价格法》的规定,由政府价格主管部门或其他有关部门按照定价权限和范围,规定基准价及其浮动幅

---

① 莫非:《政府投资项目中的“垫资”何去何从?——以〈政府投资条例〉为中心》,载咸宁城市发展(集团)有限公司网站 2019 年 7 月 31 日,http://www.xncfjt.com/xwzx/xyxw/201907/t20190731_1799263.shtml。

度,指导经营者制定的价格。政府定价是依照《价格法》的规定,由政府价格主管部门或其他有关部门按照定价权限和范围制定的价格。建设工程勘察、设计、施工合同分别采用不同的定价方式。

(一)工程勘察、设计计价方式

根据原国家发展计划委员会、原建设部《工程勘察设计收费管理规定》(已失效)的规定,工程勘察和工程设计收费根据建设项目投资额的不同,分别实行政府指导价和市场调节价。建设项目总投资估算额500万元及以上的工程勘察和工程设计收费实行政府指导价;建设项目总投资估算额500万元以下的工程勘察和工程设计收费实行市场调节价。实行政府指导价的工程勘察和工程设计收费,其基准价根据《工程勘察收费标准》(已失效)或者《工程设计收费标准》(已失效)计算,除《工程勘察设计收费管理规定》(已失效)第7条另有规定者外,浮动幅度为上下20%。发包人和勘察人、设计人应当根据建设项目的实际情况在规定的浮动幅度内协商确定收费额。实行市场调节价的工程勘察和工程设计收费,由发包人和勘察人、设计人协商确定收费额。工程勘察费和工程设计费,应当体现优质优价的原则。工程勘察和工程设计收费实行政府指导价的,凡在工程勘察设计中采用新技术、新工艺、新设备、新材料,有利于提高建设项目经济效益、环境效益和社会效益的,发包人和勘察人、设计人可以在上浮25%的幅度内协商确定收费额。

为贯彻落实党中央国务院关于加强法治政府建设和推进简政放权、放管结合、优化服务的要求,营造良好营商环境,激发市场活力和创造力,2016年1月1日,国家发展和改革委员会《关于废止部分规章和规范性文件的决定》废止《工程勘察设计收费管理规定》。自2016年1月1日起,工程勘察和工程设计收费实行市场调节价,一般最终设计收费是按市场及双方协商确定。

(二)工程施工计价方式

《建筑法》第18条规定,建筑工程造价应当按照国家有关规定,由发包单位与承包单位在合同中约定。公开招标发包的,其造价的约定须遵守招标投标法律的规定。发包单位应当按照合同的约定,及时拨付工程款项。根据2014年2月1日起施行的《建筑工程施工发包与承包计价管理办法》,工程发承包计价包括编制工程量清单、最高投标限价、招标标底、投标报价,进行工程结算,以及签订和调整合同价款等活动。建筑工程施工发包与承包价在政府宏观调控下,由市场竞争形成。工程发承包计价应当遵循公平、合法和诚实信用的原则。

1. 工程量清单计价

根据《建筑工程施工发包与承包计价管理办法》的规定,全部使用国有资金投资或者以国有资金投资为主的建筑工程,应当采用工程量清单计价;非国有资金投资的建筑工程,鼓励采用工程量清单计价。国有资金投资的建筑工程招标的,应当设有最高投标限价;非国有资金投资的建筑工程招标的,可以设有最高投标限价或者招标标底。最高投标限价及其成果文件,应当由招标人报工程所在地县级以上地方人民政府住房城乡建设主管部门备案。工程量清单应当依据国家制定的工程量清单计价规范、工程量计算规范等编制。工程量清单应当作为招标文件的组成部分。最高投标限价应当依据工程量清单、工程计价有关规定和市场价格信息等编制。招标人设有最高投标限价的,应当在招标时公布最高投标限价的总价,以及各单位工程的分部分项工程费、措施项目费、其他项目费、规费和税金。招标标底应当依据工程计价有关规定和市场价格信息等编制。投标报价不得低于工程成本,不得高于最高投标限价。投标报价应当依据工程量清单、工程计价有关规定、企业定额和市场价格信息等编制。发承包双方在确定合同价款时,应当考虑市场环境和生产要素价格变化对合同价款的影响。实行工程量清单计价的建筑工程,鼓励发承包双方采用单价方式确定合同价款。建设规模较小、技术难度较低、工期较短的建筑工程,发承包双方可以采用总价方式确定合同价款。紧急抢险、救灾以及施工技术特别复杂的建筑工程,发承包双方可以采用成本加酬金方式。

实行工程量清单计价是工程造价管理领域的一项重大变革,从本质上讲,工程量清单计价模式是一种与市场经济相适应的计价模式,工程量清单计价是目前国际上通行的做法。工程量清单指表现拟建工程的分部分项工程项目、措施项目、其他项目名称和相应数量的明细清单。推行工程量清单计价是深化工程造价管理改革的重要内容,也是规范建筑市场经济秩序的重要措施。工程量清单计价有利于在公开、公正、公平的竞争环境中合理确定工程造价,提高投资效益。2013 年 4 月 8 日住房和城乡建设部发布的《建设工程工程量清单计价规范》(GB 50500—2013)适用于建设工程发承包及实施阶段的计价活动。建设工程发承包及实施阶段的工程造价应由分部分项工程费、措施项目费、其他项目费、规费和税金组成。根据《建设工程工程量清单计价规范》(GB 50500—2013)的规定,使用国有资金投资的建设工程发承包,必须采用工程量清单计价。非国有资金投资的建设工程,宜采用工程量清单计价。工程量清单应采用综合单价计价。措施项目中的安全文明施工费必须按国家或省级、行业建设主管部门的规定计算,不得作为竞争性费用。规费和税金必须按国家或省级、行业建设主管部门的规定计算,不得作为竞争性费用。

2. 建设工程定额计价

建设工程定额,是指在正常的施工条件和合理劳动组织、合理使用材料及机械的条件下,完成单位合格产品所必须消耗资源的数量标准,其中的资源主要包括在建设生产过程中所投入的人工、机械、材料和资金等生产要素。工程定额是计算工程造价的主要依据,不同设计阶段应选用不同的定额标准。工程规划与可行性研究报告阶段编制投资估算,应用估算指标;初步设计与技术设计阶段编制设计概算,应用概算定额;施工图设计阶段编制设计预算,应用预算定额。估算指标、概算定额系在预算定额的基础上,根据工程项目划分情况予以适当综合与扩大,以适应不同设计深度的要求。概(预)算定额是以整个建筑物或按建筑物的结构部位、分部分项工程的扩大量度单位来进行计算的。为合理确定工程造价,我国工程定额采用分级管理的体制,划分为国家定额、地方定额和企业定额。

建设工程定额标准是各地住房城乡建设主管部门根据本地建筑市场建安成本的平均值确定的,可以理解为完成单位工程量所消耗的劳动、材料,以及机械台班等的标准额度,属于政府指导价范畴,也是任意性规范而非强制性规范,应当允许合同当事人随行就市订立与定额标准不一致的工程结算价格。因此,发包单位与承包单位如果在承包合同中约定了工程的计价标准或计价方法,则应首先从其约定,充分尊重当事人的意愿。

根据《施工合同司法解释(一)》,当事人对建设工程的计价标准或者计价方法有约定的,按照约定结算工程价款。因设计变更导致建设工程的工程量或者质量标准发生变化,当事人对该部分工程价款不能协商一致的,可以参照签订建设工程施工合同时当地建设行政主管部门发布的计价方法或者计价标准结算工程价款。

二、建设工程合同的付款

(一)工程预付款

1. 工程预付款的概念

建设工程勘察、设计、施工合同都存在预付款,预付款是发包人在工程勘察、设计或施工实施前预先支付的款项,用于勘察人、设计人、施工人为工程实施作相应准备,有利于合同的顺利履行。但实践中,工程预付款通常指建设工程施工合同的预付款,它是施工准备和所需材料、结构件等流动资金的主要来源,国内习惯上又称为预付备料款。施工准备事项包括购置材料、工程设备、施工设备、修建临时设施以及组织施工队伍进场等。工程是否实行预付款,取决于工程性质、承包工程量的大小以及发包人在招标文件中的规定。工程实行预付款的,合同双方应根据合同通用条款及价款结算办法的有关规定,在合同中约定向承包人预付工程款的时间和数额,开工后按约定的时间和比例逐次扣回。

发包人为确保预付款支付的安全,可要求承包人提供预付款保函。预付款保函用于保证工程预付款专用于合同工程,保证在合同提前终止时能够返还预付款。

2. 工程预付款的性质

关于工程预付款的性质,大致有以下几种观点:第一种观点认为,工程预付款是发包人提前支付给承包人的工程款,即"工程预付款又称动员预付款,是业主为了帮助承包商解决施工前期开展工作时的资金短缺,从未来的工程款中提前支付的一笔款项。"[①]合同中工程是否有预付款,以及预付款的金额多少、支付和扣还方式等,均在合同的专用条款内由承发包双方当事人进行约定。第二种观点认为,工程预付款的性质应该为业主借给承包商的一笔"无息贷款"。如有学者认为,在招标投标的实践中,"业主将向承包商提供一笔预付款,这笔预付款实际上是无息贷款,主要用于工程的动员费用。"[②]又如"动员预付款是业主暂时支付承包商的一笔无息贷款,以供施工准备和开工之用。"[③]第三种观点则在认可预付款是发包人提供给承包人启动项目的资金的基础上,认为预付款还有定金担保的作用。

(二)建设工程进度款

工程进度款,指施工期间发包人根据工程完成情况应支付给承包人的一种工程价款。目前,建设工程施工合同履行过程中进度款的支付方式主要有以下几种[④]:(1)按月计量支付。即实行旬末或月中预支,月终按工程师确认的当月完成的有效工程量进行结算,竣工后办理竣工结算。(2)界面付款。即双方约定按单项工程或单位工程的形象进度划分不同阶段进行结算。如对一般工业民用建筑可以划分为基础、结构、装饰、设备安装等几个阶段,每阶段工程完工后再进行结算;高层建筑可把每完成1层的施工作为1个结算段;公路工程也可分为基础层和面层2个结算段等。(3)竣工后1次结算。项目规模较小、工期较短(一般在12月以内)的工程,可以实行在施工过程中分几次预支、竣工后1次结算的方法。而在房屋建筑工程施工合同中用得较多的是按月计量支付和界面付款两种方式。

1. 按月计量支付

按月计量支付,是指承包人可以在月末或月中向发包人提交预支工程款账单,预支1个月或半个月的工程款,月终再提交工程款结算账单和已完工程的月报表,发包人对这部分已完工程的质量验收合格后,向承包人及时支付当月工程款。

按月计量支付遵循的是公平原则,只要质量验收合格,承包人干多少,发包人就支付多少。所以这种方式的优点是:支付时间清晰;支付费用易计算;应用起来比较简单、方便,适用于绝大

① 中国建设监理协会组织编写:《建设工程合同管理》,知识产权出版社2004年版,第262页。
② 解洪、曾玉成:《菲迪克(FIDIC)条款在中国的应用》,四川人民出版社2004年版,第243页。
③ 卢谦编著:《建设工程招标投标与合同管理》(第二版),中国水利电力出版社2004年版,第371页。
④ 李素蕾、程文韬、张英:《建设工程施工合同中两种付款方式的比较》,载《建筑经济》2007年第1期。

多数工程项目。但这种方式也存在其自身难以克服的缺点:在这种支付条件下,有的承包人机械地、按部就班地进行施工,只要完成预定的工作内容就能拿到当月工程款,激励作用的效果不明显;再者,在实际工程施工过程中,有时难以界定造成工程进度、质量或成本不符合合同约定的责任。

2. 界面付款

界面付款,是将承包工程分解成不同的控制界面,由发包人验收控制界面质量合格后支付工程款的一种支付方式。采用这种方法,应根据工程不同性质和特点,将其划分为几个施工界面,经过具体测算,定出每一个施工界面的造价占单项工程全部造价的比重,然后乘以单项工程的预算造价,确定界面结算的总额,每阶段工程完工后再进行结算。具体划分应由发包人与承包人在合同中明确。

界面付款方式能够产生激励作用,能促进承包人在保证质量的前提下高效完成施工任务,保证发包人对工程的管理和控制。但是界面付款也有其局限性,界面付款主要适用于房屋建筑合同,因为其界面容易划分,每个工种工序相对独立,在操作过程中,可根据具体工程量大小进行划分。界面付款的有效性依赖于界面的明确划分,但对于有些工程界面难以划分的,这种付款方式就不再适用。界面付款需要发包人保证建设资金持续充足,否则,会使界面付款的预期效果大大减弱。

3. 工程结算款

工程结算款,即竣工结算款,指工程竣工结算后发包人应该支付给承包人的除质保金外的剩余工程价款。竣工结算款等于竣工结算价减去质保金和已付款后的金额。竣工结算款支付的前提条件是工程竣工验收合格,且承发包双方完成竣工结算。合同没有约定竣工结算款支付时间的,可按《施工合同司法解释(一)》第27条"(1)建设工程已实际交付的,为交付之日;(2)建设工程没有交付的,为提交竣工结算文件之日;(3)建设工程未交付,工程价款也未结算的,为当事人起诉之日"的规定处理。

第五节　建设工程合同的履行

一、建设工程合同的履行

(一)建设工程合同履行的原则

1. 实际履行原则

实际履行原则,是指合同当事人按照合同规定的标的履行。除非由于不可抗力,否则合同当事人应交付和接受标的,不得任意降低标的物的标准、变更标的物或以货币代替实物。

2. 全面履行原则

全面履行原则,是指合同当事人必须按照合同规定的标的、质量和数量、履行地点、履行价格、履行时间和履行方式等,全面地完成各自应当履行的义务。

(二)建设工程合同履行的规则

建设工程合同的当事人应当按照约定全面履行自己的义务。当事人应当遵循诚实信用原则,根据合同的性质、目的和交易习惯履行通知、协助、保密等义务。合同生效后,当事人就质量、价款或者报酬、履行地点等内容没有约定或者约定不明确的,可以协议补充;不能达成补充协议的,按照合同有关条款或者交易习惯确定。

当事人就有关合同内容约定不明确,依照《民法典》第510条的规定仍不能确定的,适用下列规定:(1)质量要求不明确的,按照国家标准、行业标准履行;没有国家标准、行业标准的,按照通常标准或者符合合同目的的特定标准履行。(2)价款或者报酬不明确的,按照订立合同时履行地的市场价格履行;依法应当执行政府定价或者政府指导价的,按照规定履行。(3)履行地点不明确,给付货币的,在接受货币一方所在地履行;交付不动产的,在不动产所在地履行;其他标的,在履行义务一方所在地履行。(4)履行期限不明确的,债务人可以随时履行,债权人也可以随时要求履行,但应当给对方必要的准备时间。(5)履行方式不明确的,按照有利于实现合同目的的方式履行。(6)履行费用的负担不明确的,由履行义务一方负担。执行政府定价或者政府指导价的,在合同约定的交付期限内政府价格调整时,按照交付时的价格计价。逾期交付标的物的,遇价格上涨时,按照原价格执行;价格下降时,按照新价格执行。逾期提取标的物或者逾期付款的,遇价格上涨时,按照新价格执行;价格下降时,按照原价格执行。

二、建设工程合同履行中的抗辩权

建设工程合同是承包人进行工程建设,发包人支付相应价款的合同,是典型的双务合同,因此在建设工程合同的履行过程中也存在同时履行抗辩权、先履行抗辩权与不安抗辩权3种。

(一)同时履行抗辩权

《民法典》第525条规定:"当事人互负债务,没有先后履行顺序的,应当同时履行。一方在对方未履行之前有权拒绝其履行请求。一方在对方履行债务不符合约定时,有权拒绝其相应的履行请求。"建设工程合同中的同时履行抗辩权,是指建设工程合同未约定履行的先后顺序的,承发包当事人应该同时履行,一方当事人在对方当事人未对等履行以前,有权拒绝其履行请求。在建设工程合同履行中,成立同时履行抗辩权须具备一定条件:第一,双方当事人的债务因同一建设工程合同而发生;第二,两项给付没有先后顺序;第三,对方当事人未履行债务或履行债务不符合约定;第四,对方存在对待给付的可能。

双务合同履行上的牵连性是同时履行抗辩权存在的法理基础,在具体的建设工程合同中,要注意区分和适用同时履行抗辩权。如在建设施工合同中,双方主要给付义务并不都具有牵连性,建设单位提供场地和技术资料的义务是施工的条件,属于先履行义务,而非同时履行义务。违反主给付义务可行使同时履行抗辩权。在一般情况下,主给付义务对附随义务或从给付义务的履行不得作同时履行抗辩。但如果附随义务或从给付义务的履行与合同目的的实现以及对方利益密切相关,依照诚实信用原则,当事人可以援引同时履行抗辩。建设工程施工合同中,建设单位应履行诸多从给付义务或附随义务,但需注意其中许多义务属于先履行义务,不发生同时履行抗辩。发生施工单位行使同时履行抗辩权的主要是建设单位违反协助义务的情形。施工单位违反从给付义务或附随义务的,一般不发生建设单位同时履行抗辩权的情形。

(二)先履行抗辩权

《民法典》第526条规定:"当事人互负债务,有先后履行顺序,应当先履行债务一方未履行的,后履行一方有权拒绝其履行请求。先履行一方履行债务不符合约定的,后履行一方有权拒绝其相应的履行请求。"建设工程合同中的先履行抗辩权,是指依照建设工程合同约定或法律规定负有先履行义务的一方当事人,届期未履行义务、履行义务有重大瑕疵或预期违约时,相对方为保护自己的期待利益、顺序利益或为保证自己履行合同的条件而中止履行建设工程合同的权利。

在建设工程合同履行中，只要一方的履行是另一方履行的先决条件，后履行者就可以行使先履行抗辩权；先履行抗辩权不可能永久存续，当先期违约人纠正违约，使建设工程合同的履行趋于正常时，先履行抗辩权消灭，行使先履行抗辩权的一方应当及时恢复履行。例如，在建设工程施工合同中，如合同双方约定了发包人支付工程预付款义务，在发包人未能按约定支付工程预付款时，承包人就可以主张暂不开工、开工期顺延和损失赔偿的权利。

（三）不安抗辩权

《民法典》第 527 条规定："应当先履行债务的当事人，有确切证据证明对方有下列情形之一的，可以中止履行：（一）经营状况严重恶化；（二）转移财产、抽逃资金，以逃避债务；（三）丧失商业信誉；（四）有丧失或者可能丧失履行债务能力的其他情形。当事人没有确切证据中止履行的，应当承担违约责任。"第 528 条规定："当事人依据前条规定中止履行的，应当及时通知对方。"对方提供适当担保的，应当恢复履行。中止履行后，对方在合理期限内未恢复履行能力且未提供适当担保的，中止履行的一方可以解除合同。

在建设工程合同履行中，成立不安抗辩权须具备一定的条件：第一，双方债务因同一建设工程合同而发生；第二，负有先履行义务的一方当事人才能享有不安抗辩权；第三，对方有不能为对待给付的现实危险。为保护对方当事人的合法权益，维护正常的经济秩序，《民法典》对不安抗辩权的行使做了限制。这种限制主要表现在以下 3 个方面：一是要有确切证据，当事人没有确切证据就中止履行的，应认定为违约，并应承担相应责任；二是依法中止履行时，必须及时通知对方当事人，否则仍应承担相应责任；三是中止履行后，一旦对方当事人提供了适当担保，就应当恢复履行，否则将被认定为违约。当然，在中止履行后，对方当事人如在合理期限内未恢复履行能力并且未提供适当担保，先履行的一方可解除合同。

建设工程施工承包人在有预付款的情况下能否行使不安抗辩权？如之前所述，工程预付款是发包人为承包人能够有效地启动项目所提供的无息贷款，属借贷法律关系，需要承包人偿还。预付款在性质上既不是进度款的支付，在功能上也不是进度款的担保。故发包人因破产或丧失信誉而危及履约能力，不妨碍承包人不安抗辩权的行使。

三、建设工程合同履行的担保

建设工程合同履行的担保，是保证建设工程合同履行的一项法律制度，是建设工程合同当事人为全面履行建设工程合同及避免因对方违约遭受损失而设定的保证措施。建设工程合同履行的担保是通过签订担保合同或是在建设工程合同中设立担保条款来实现的。担保合同是从合同，被担保合同是主合同。当被担保人不履行其义务且不承担相应责任时，担保人应承担其担保责任。

（一）保证

保证是指保证人与债权人约定，当债务人不履行债务时，由保证人按照约定代为履行或代为承担责任的担保方式。保证是建设工程活动中最为常用的一种担保方式。由于建设工程活动中担保的标的额较大，保证人往往是银行，也有信用较高的其他担保人（如担保公司）。银行出具的书面保证通常称为保函，其他保证人出具的书面保证一般称为保证书。

保证的方式有：（1）一般保证；（2）连带责任保证。当事人在保证合同中约定，债务人不能履行债务时，由保证人承担保证责任的，为一般保证。一般保证的保证人在主合同纠纷未经审判或者仲裁，并就债务人财产依法强制执行仍不能履行债务前，对债权人可以拒绝承担保证责任。当事人在保证合同中约定保证人与债务人对债务承担连带责任的，为连带责任保证。连带责任保证的债务人在主合同规定的债务履行期届满没有履行债务的，债权人可以要求债务人履行债务，也可以要求保证人在其保证范围内承担保证责任。当事人对保证方式没有约定或者约定不明确的，按照连带责任保证承担保证责任。

保证担保的范围包括主债权及利息、违约金、损害赔偿金和实现债权的费用。保证合同另有约定的，按照约定。当事人对保证担保的范围没有约定或者约定不明确的，保证人应当对全部债务承担责任。

一般保证的保证人与债权人未约定保证期间的，保证期间为主债务履行期届满之日起6个月。在合同约定的保证期间和前文规定的保证期间，债权人未对债务人提起诉讼或者申请仲裁的，保证人免除保证责任；债权人已提起诉讼或者申请仲裁的，保证期间适用诉讼时效中断的规定。连带责任保证的保证人与债权人未约定保证期间的，债权人有权自主债务履行期届满之日起6个月内要求保证人承担保证责任。在合同约定的保证期间和前文规定的保证期间，债权人未要求保证人承担保证责任的，保证人免除保证责任。

在建设工程合同的保证担保中，应当注意虽然《民法典》规定国家机关、学校、幼儿园、医院等以公益为目的的事业单位、社会团体不得为保证人，但是在政府工程、公益工程中，特别是采取建设—移交（BT）建设模式下，政府部门、公益机构往往需要向承包人提供保证担保，只要履行了有关法规规定的担保审批程序，政府部门、公益机构提供的保证担保应当是合法有效的。

（二）抵押

为确保债务的履行，债务人或者第三人不转移财产的占有，将该财产抵押给债权人的，债务人不履行到期债务或者发生当事人约定的实现抵押权的情形，债权人有权就该财产优先受偿。其中，债务人或者第三人为抵押人，债权人为抵押权人，提供担保的财产为抵押财产。

1. 可以抵押的财产范围

根据《民法典》的相关规定，债务人或者第三人有权处分的下列财产可以抵押：(1)建筑物和其他土地附着物；(2)建设用地使用权；(3)海域使用权；(4)生产设备、原材料、半成品、产品；(5)正在建造的建筑物、船舶、航空器；(6)交通运输工具；(7)法律、行政法规未禁止抵押的其他财产。以建筑物抵押的，该建筑物占用范围内的建设用地使用权一并抵押。以建设用地使用权抵押的，该土地上的建筑物一并抵押。抵押人未依照上述规定一并抵押的，未抵押的财产视为一并抵押。

2. 抵押权的设立

设立抵押权，当事人应当采取书面形式订立抵押合同。抵押合同一般包括下列条款：(1)被担保债权的种类和数额；(2)债务人履行债务的期限；(3)抵押财产的名称、数量、质量、状况、所在地、所有权归属或者使用权归属；(4)担保的范围。抵押权人在债务履行期届满前，不得与抵押人约定债务人不履行到期债务时抵押财产归债权人所有。

以建筑物和其他土地附着物，建设用地使用权，以招标、拍卖、公开协商等方式取得的荒地等土地承包经营权，正在建造的建筑物抵押的，应当办理抵押登记。抵押权自登记时设立。以生产设备、原材料、半成品、产品，交通运输工具，正在建造的船舶、航空器抵押的，抵押权自抵押合同生效时设立；未经登记，不得对抗善意第三人。企业、个体工商户、农业生产经营者以《民法典》规定的动产抵押的，应当向抵押人住所地的工商行政管理部门办理登记。抵押权自抵押合同生效时设立;未经登记,不得对抗善意第三人。依法抵押的,不得对抗正常经营活动中已支付合理价款并取得抵押财产的买受人。

3. 抵押权的实现

债务人不履行到期债务或者发生当事人约定的实现抵押权的情形,抵押权人可以与抵押人协议,以抵押财产折价或者以拍卖、变卖该抵押财产所得的价款优先受偿。协议损害其他债权人利益的,其他债权人可以在知道或者应当知道撤销事由之日起一年内请求人民法院撤销该协议。抵押权人与抵押人未就抵押权实现方式达成协议的,抵押权人可以请求人民法院拍卖、变卖抵押财产。抵押财产折价或者变卖的,应当参照市场价格。

同一财产向 2 个以上债权人抵押的,拍卖、变卖抵押财产所得的价款依照下列规定清偿:(1)抵押权已登记的,按照登记的先后顺序清偿;顺序相同的,按照债权比例清偿;(2)抵押权已登记的先于未登记的受偿;(3)抵押权未登记的,按照债权比例清偿。建设用地使用权抵押后,该土地上新增的建筑物不属于抵押财产。该建设用地使用权实现抵押权时,应当将该土地上新增的建筑物与建设用地使用权一并处分,但新增建筑物所得的价款,抵押权人无权优先受偿。

(三)质押

1. 动产质押

为确保债务的履行,债务人或者第三人将其动产出质给债权人占有,债务人不履行到期债务或者发生当事人约定的实现质权的情形,债权人有权就该动产优先受偿。其中,债务人或者第三人为出质人,债权人为质权人,交付的动产为质押财产。设立质权,当事人应当采取书面形式订立质权合同。质权合同一般包括下列条款:(1)被担保债权的种类和数额;(2)债务人履行债务的期限;(3)质押财产的名称、数量、质量、状况;(4)担保的范围;(5)质押财产交付的时间。质权人在债务履行期届满前,不得与出质人约定债务人不履行到期债务时质押财产归债权人所有。质权自出质人交付质押财产时设立。

债务人履行债务或者出质人提前清偿所担保的债权的,质权人应当返还质押财产。债务人不履行到期债务或者发生当事人约定的实现质权的情形,质权人可以与出质人协议以质押财产折价,也可以就拍卖、变卖质押财产所得的价款优先受偿。质押财产折价或者变卖的,应当参照市场价格。

2. 权利质权

债务人或者第三人有权处分的下列权利可以出质:(1)汇票、支票、本票;(2)债券、存款单;(3)仓单、提单;(4)可以转让的基金份额、股权;(5)可以转让的注册商标专用权、专利权、著作权等知识产权中的财产权;(6)应收账款;(7)法律、行政法规规定可以出质的其他财产权利。

(四)留置

债务人不履行到期债务,债权人可以留置已经合法占有的债务人的动产,并有权就该动产优先受偿。其中,债权人为留置权人,占有的动产为留置财产。债权人留置的动产,应当与债权属于同一法律关系,但企业之间留置的除外。法律规定或者当事人约定不得留置的动产,不得留置。

留置权人与债务人应当约定留置财产后的债务履行期间;没有约定或者约定不明确的,留置权人应当给债务人 2 个月以上履行债务的期间,但鲜活易腐等不易保管的动产除外。债务人逾期未履行的,留置权人可以与债务人协议以留置财产折价,也可以就拍卖、变卖留置财产所得的价款优先受偿。留置财产折价或者变卖的,应当参照市场价格。留置财产折价或者拍卖、变卖后，其价款超过债权数额的部分归债务人所有，不足部分由债务人清偿。留置权人对留置财产丧失占有或者留置权人接受债务人另行提供担保的，留置权消灭。

（五）定金

当事人可以约定一方向对方给付定金作为债权的担保。债务人履行债务后，定金应当抵作价款或者收回。给付定金的一方不履行约定的债务的，无权要求返还定金；收受定金的一方不履行约定的债务的，应当双倍返还定金。在建设工程勘察和设计合同中，通常采用定金这种担保方式。定金应当以书面形式约定。当事人在定金合同中应当约定交付定金的期限。定金合同从实际交付定金之日起生效。定金的数额由当事人约定，但不得超过主合同标的额的20%。

在建设工程施工合同中较为多见的是履约保证金，是工程发包人为防止承包人在合同执行过程中违反合同规定或违约，并弥补给发包人造成的经济损失。其形式有履约保证金、履约银行保函和履约担保书3种。《招标投标法》《工程建设项目施工招标投标办法》关于履约保证金的规定，仅约束承包人，不约束发包人，不适用"定金罚则"，并不符合《民法典》关于定金的规定。

四、建设工程合同的保全

合同的保全是法律为防止合同债务人的财产不当减少，维护其财产状况，允许合同的债权人向债务人行使一定权利的制度。合同的保全也可理解为法律强制实施的一般担保，即债务人应以其所有的全部财产来保证其合同债务的履行。它可弥补保证、抵押、定金、留置等特殊担保及民事强制执行的不足。《民法典》所设立的合同保全有两种：代位权和撤销权。

（一）代位权

代位权，是指因债务人怠于行使其到期债权，对债权人造成损害的，债权人可以向人民法院请求以自己的名义代位行使债务人的债权的权利。但是，按照《民法典》的规定，该债权专属于债务人自身的除外。代位权的行使范围以债权人的债权为限。债权人行使代位权的必要费用，由债务人负担。提起代位权诉讼，应当符合下列条件：(1)债权人对债务人的债权合法；(2)债务人怠于行使其到期债权，对债权人造成损害；(3)债务人的债权已到期；(4)债务人的债权不是专属于债务人自身的债权。

1. 建设工程领域行使代位权的主体

(1)分包商对发包人的代位权

在工程项目实施过程中，总承包人不能从建设单位获得工程款，进而不能支付分包商合同价款的情况非常普遍。在这种情况下，分包人可以考虑行使代位权维护自身利益，以自己的名义向发包人提起代位权之诉。

(2)劳务工人、供应商对总承包人的代位权

在由分包人选择劳务施工队伍或材料设备供应商的项目管理模式之下，当分包人不能给付工人工资或材料款时，劳务工人（劳务公司）及供应商得以向拖欠分包商款项的总承包人提起代位权之诉。在工程实践中，一个工程项目中往往涉及多个施工队和供应商，在这种情况下需注意，2个或者2个以上债权人以同一个债务人为被告提起代位权诉讼的，人民法院可以合并审理。当然，部分劳务工人作为债权人依法向次债务人（总承包商）提起代位权诉讼，法院判决对

未成为原告的其他劳务工人(债权人)应同样产生法律拘束力。[①]

2. 实际施工人的法律地位

《施工合同司法解释(一)》基本保留了《施工合同司法解释》(已失效)、《施工合同司法解释(二)》(已失效)关于实际施工人的规定。《施工合同司法解释(一)》第 43 条第 1 款规定,实际施工人以转包人、违法分包人为被告起诉的,人民法院应当依法受理。这一规定维护了合同相对性原则,实际施工人与转包人、违法分包人存在合同关系,因此实际施工人向转包人、违法分包人主张权利,当然应该支持。

《施工合同司法解释(一)》第 43 条第 2 款规定,实际施工人以发包人为被告主张权利的,人民法院应当追加转包人或者违法分包人为本案第三人,在查明发包人欠付转包人或者违法分包人建设工程价款的数额后,判决发包人在欠付建设工程价款范围内对实际施工人承担责任。这一规定允许实际施工人以发包人被告主张权利,但是发包人只在欠付工程款的范围内对实际施工人承担责任。如果发包人与承包人(其上家)已完成工程价款结算,实际施工人则无权要求重新结算,只能要求发包人在欠付工程款的范围内支付工程款。因此有学者认为实际施工人的这一权利其实是代位权的延伸[②],如果发包人与承包人已结清工程款,则实际施工人就丧失了要求发包人支付工程款的权利。但笔者认为,代位权有严格的条件,实际施工人主张上述权利严格意义上不属于代位权。这一规定在对发包人的责任进行相应限制的同时,将追加转包人或者违法分包人作为案件第三人以及查明发包人欠付转包人或者违法分包人建设工程价款的数额规定为法院的义务,以准确认定发包人的责任范围。

《施工合同司法解释(一)》第 44 条规定,实际施工人依据《民法典》第 535 条的规定,以转包人或者违法分包人怠于向发包人行使到期债权或者与该债权有关的从权利,影响其到期债权实现,提起代位权诉讼的,人民法院应予支持。该规定旨在加大了对实际施工人的保护力度,增加了代位权诉讼,赋予实际施工人提起代位权诉讼的权利。也即实际施工人的转包人、违法分包人等怠于向发包人主张工程款的,造成实际施工人损失的,其可以直接代替转包人或者违法分包人向发包人提起代位权诉讼。上述规定明确了实际施工人行使代位权行使条件为“怠于向发包人行使到期债权或者与该债权有关的从权利,影响其到期债权实现”,明确了转包人或者违法分包人怠于向发包人行使权利的范围不仅包括“到期债权”,也包括“与该债权有关的从权利”。

(二)撤销权

撤销权,是指因债务人放弃其到期债权或者无偿转让财产,对债权人造成损害的,债权人可以请求人民法院撤销债务人的行为。债务人以明显不合理的低价转让财产,对债权人造成损害,并且受让人知道该情形的,债权人也可请求人民法院撤销债务人的行为。撤销权的行使范围以债权人的债权为限。债权人行使撤销权的必要费用由债务人负担。撤销权自债权人知道或者应当知道撤销事由之日起 1 年内行使。自债务人的行为发生之日起 5 年内没有行使撤销权的,该撤销权消灭。

五、建设工程合同与情势变更原则

情势变更,指合同有效成立后,因不可归责于双方当事人的原因发生情势变更,致使合同基

---

① 邱国林、宿辉:《建设工程领域代位权的应用研究——以合同权利解决工程款拖欠为视角》,载《建筑经济》2007 年第 3 期。

② 高晓:《实际施工人向发包人主张权利法律问题研究》,厦门大学 2006 年硕士学位论文,第 28 页。

础动摇或丧失,若继续维持合同原有效力会导致显失公平,因而允许变更合同内容或解除合同的一项制度。情势变更作为合同履行的一项基本制度,实质上是"公平、诚实信用"及"平等、等价有偿"之原则的具体运用,目的在于消除因情势变更所产生的不公平结果。①

我国1981年12月13日发布的《经济合同法》(已失效)第27条第4项规定,由于不可抗力或由于一方当事人虽无过失但无法防止的外因,致使经济合同无法履行的,允许变更或解除经济合同。该条规定被认为是我国对情势变更原则的最早的规定。最高人民法院在1993年5月6日发布的《全国经济审判工作座谈会纪要》中明确提出:"由于不可归责于当事人双方的原因,作为合同基础的客观情况发生了非当事人所能预见的根本性变化,以致按原合同履行显失公平的,可以根据当事人的申请,按情势变更的原则变更或解除合同"。我国《合同法》(已失效)在制定过程中由于对情势变更原则争议较大,最后颁布的《合同法》(已失效)未规定情势变更原则,奉行严格责任,法定免责事由均为不可抗力,除此之外均需承担违约责任。最高人民法院《关于适用〈中华人民共和国合同法〉若干问题的解释(二)》(以下简称《合同法司法解释(二)》,已失效)第26条规定:"合同成立以后客观情况发生了当事人在订立合同时无法预见的、非不可抗力造成的不属于商业风险的重大变化,继续履行合同对于一方当事人明显不公平或者不能实现合同目的,当事人请求人民法院变更或者解除合同的,人民法院应当根据公平原则,并结合案件的实际情况确定是否变更或者解除"。这一规定实际上确认了情势变更原则,弥补了原《合同法》之不足。之后,最高人民法院进一步发布规定,要求各地法院在具体案件中从严适用情势变更原则。

《合同法司法解释(二)》(已失效)将情势变更与不可抗力进行了区分,认为不可抗力不属于情势变更的范畴。但在司法审判中,结合复杂的具体案情,对情势变更和不可抗力进行严格区分存在极大困难。此外,在理论界,韩世远教授认为,不可抗力与情势变更并非泾渭分明,二者存在一定共性,即都会规范到当事人没有承受的、支配领域外的风险。原《合同法司法解释(二)》将不可抗力和情势变更二元分割的做法引发了不少争论,加大了法院把握裁判制度的难度。为了解决这一问题,《民法典》第533条规定:"合同成立后,合同的基础条件发生了当事人在订立合同时无法预见的、不属于商业风险的重大变化,继续履行合同对于当事人一方明显不公平的,受不利影响的当事人可以与对方重新协商;在合理期限内协商不成的,当事人可以请求人民法院或者仲裁机构变更或者解除合同。"这是我国第一次在民法基本法对情势变更制度作出规定。相比原《合同法司法解释(二)》,《民法典》情势变更的规定有以下几点不同:(1)将"客观情况"变更为"合同的基础条件";(2)发生的重大变化删除了"非不可抗力",即"不可抗力"情形下,也可以适用情势变更条款予以变更或解除合同;(3)删除了"不能实现合同目的"可适用情势变更的条件;(4)增加了重新协商的义务,即"受不利影响的当事人可以与对方重新协商;在合理期限内协商不成的,当事人可以请求人民法院或者仲裁机构变更或者解除合同";(5)增加了当事人可向仲裁机构申请救济的途径(前提是当事人订有仲裁条款)。

在建设工程合同领域,有学者认为对照情势变更的构成要件,施工期间建筑材料价格出现异常波动,事实上已构成了民法上的情势变更。② 情势变更原则在建设工程合同中主要适用以下几种情况:(1)在施工期间出现建筑材料价格异常波动,工程已竣工验收但尚未办理结算的施工合同纠纷;(2)建设工程尚在施工期间,建筑材料价格出现异常波动的施工合同纠纷;(3)即将发

---

① 邱业伟:《论情势变更原则对合同效力的影响》,载《西南师范大学学报》2006年第9期。

② 顾东林:《运用情势变更原则解决建材价格异常波动争议》,载《建筑经济》2009年第8期。

包的建设工程施工合同。①

也有学者通过区分建设工程合同不同的计价方式探讨情势变更制度的适用情况②。笔者认同有关学者的观点,建设工程合同的不同计价方式会对情势变更原则的适用产生影响。一般说来,成本加酬金方式和可调价格方式,情势变更原则基本上没有适用的必要,而固定总价与情势变更原则的关系最密切。固定总价的建设工程施工合同与成本加酬金的合同正好相反,其对风险的管理是基本封闭式的,在合同签订前,风险在发包人一方;在合同签订后,风险在承包人一方。虽然固定总价合同的合同总价也并非绝对的固定,双方当事人可以或应当在合同中约定合同价格不可调整的风险范围,不过这种可在合同中约定的风险范围较前述几种计价方式合同的风险范围要小得多,一般仅限于国家法律政策和重大设计变更等事项,而经济形势、自然条件等的变化均在固定总价中考虑。因此,如果在建设工程合同的履行过程中客观发生了《民法典》第533 条规定的"合同成立后,合同的基础条件发生了当事人在订立合同时无法预见的、不属于商业风险的重大变化",继续履行合同对于当事人一方明显不公平的,受不利影响的当事人可以与对方重新协商;在合理期限内协商不成的,当事人可以请求人民法院或者仲裁机构变更或者解除合同。人民法院或者仲裁机构应当结合案件的实际情况,根据公平原则变更或者解除合同。

第六节　建设工程合同的变更和终止

一、建设工程合同的变更

当事人协商一致,可以变更合同。法律、行政法规规定变更合同应当办理批准、登记等手续的,依照其规定。当事人对合同变更的内容约定不明确的,推定为未变更。

(一)建设工程合同变更的情形

根据我国《民法典》的规定,建设工程合同的变更,包括法定变更与协议变更两种情形。法定变更,即依据法律规定而变更合同内容。协议变更,即合同当事人在合意的基础上,以协议的方式对合同的内容进行变更。

1. 法定原因的变更

《民法典》第 803 条规定:"发包人未按照约定的时间和要求提供原材料、设备、场地、资金、技术资料的,承包人可以顺延工程日期,并有权要求赔偿停工、窝工等损失。"在一方当事人违约的情形下,法律直接赋予另一方当事人变更合同的权利。

另外,《民法典》对可撤销的民事法律行为进行了规定,主要涉及以下方面:(1)基于重大误解实施的民事法律行为,行为人有权请求人民法院或者仲裁机构予以撤销。(2)一方以欺诈手段,使对方在违背真实意思的情况下实施的民事法律行为,受欺诈方有权请求人民法院或者仲裁机构予以撤销。(3)第三人实施欺诈行为,使一方在违背真实意思的情况下实施的民事法律行为,对方知道或者应当知道该欺诈行为的,受欺诈方有权请求人民法院或者仲裁机构予以撤销。(4)一方或者第三人以胁迫手段,使对方在违背真实意思的情况下实施的民事法律行为,受胁迫

---

① 顾东林:《运用情势变更原则解决建材价格异常波动争议》,载《建筑经济》2009 年第 8 期。

② 田宪刚、李相华:《论建设工程施工合同不适用情势变更制度》,载《山东省青年管理干部学院学报》2009 年第 3 期。

方有权请求人民法院或者仲裁机构予以撤销。(5)一方利用对方处于危困状态、缺乏判断能力等情形,致使民事法律行为成立时显失公平的,受损害方有权请求人民法院或者仲裁机构予以撤销。根据《民法典》第585条的规定,约定的违约金低于造成的损失的,当事人可以请求人民法院或者仲裁机构予以增加;约定的违约金过分高于造成的损失的,当事人可以请求人民法院或者仲裁机构予以适当减少。

《民法典》第533条规定,合同成立后,合同的基础条件发生了当事人在订立合同时无法预见的、不属于商业风险的重大变化,继续履行合同对于当事人一方明显不公平的,受不利影响的当事人可以与对方重新协商;在合理期限内协商不成的,当事人可以请求人民法院或者仲裁机构变更或者解除合同。人民法院或者仲裁机构应当结合案件的实际情况,根据公平原则变更或者解除合同。

2. 协议变更

《民法典》第543条规定:"当事人协商一致,可以变更合同。"这种变更必须取得当事人意思一致,当事人对合同变更的内容约定不明确的,推定为未变更。

建设工程合同的变更往往是通过工程签证、补充协议等形式来加以确认的。在中国建设工程造价管理协会发布的《工程造价咨询业务操作指导规程》(中价协〔2002〕第016号)中,工程签证被解释和定义为:"按承发包合同约定,一般由承发包双方代表就施工过程中涉及合同价款之外的责任事件所作的签认证明。"建设工程施工合同所出现的工程签证,从法律定性上看,属于建设工程施工合同履行过程中的有关合同权利义务的增加或变更之性质。①《施工合同司法解释(一)》明确了工程签证的法律意义,其第20条规定:"当事人对工程量有争议的,按照施工过程中形成的签证等书面文件确认。承包人能够证明发包人同意其施工,但未能提供签证文件证明工程量发生的,可以按照当事人提供的其他证据确认实际发生的工程量。"从该司法解释规定可以看出,工程签证不是工程事实的简单记载,而是工程量争议确定的极其重要依据。

(二)建设工程合同变更的处理

1. 除了法定情形外,一般应由当事人协商一致

通常情况下,工程量的增减,均应有建设单位或施工方的工程变更单,经双方确认(签证)后实施。《建设工程施工合同(示范文本)》(GF—2017—0201)"10.4.2　变更估价程序"中规定,承包人应在收到变更指示后14天内,向监理人提交变更估价申请。监理人应在收到承包人提交的变更估价申请后7天内审查完毕并报送发包人,监理人对变更估价申请有异议,通知承包人修改后重新提交。发包人应在承包人提交变更估价申请后14天内审批完毕。发包人逾期未完成审批或未提出异议的,视为认可承包人提交的变更估价申请。

2. 必须遵循法定程序和方式

依据《建设工程质量管理条例》等相关规定,建设单位应当将施工图设计文件报县级以上人民政府建设行政主管部门或者其他有关部门审查,施工图设计文件未经审查批准的,不得使用。建设工程勘察、设计文件内容需要作重大修改的,建设单位应当报经原审批机关批准后,方可修改。由此可见,施工图设计文件和勘察设计文件作为当事人之间合同权利义务的主要内容,如发生变更,经有关部门批准后才可以变更。

根据《民法典》第792条的规定,"国家重大建设工程合同,应当按照国家规定的程序和国家

---

① 高宁:《浅议工程签证的法律性质及操作实务》,载《法制与社会》2011年第1期。

批准的投资计划、可行性研究报告等文件订立。”国家重大建设工程合同的变更，若涉及内容的重大变化，如规模扩大、工期变化、质量标准改变等，都应当按照合同订立审批的程序进行合同变更。

3. 建设工程合同的变更不具有溯及力

由于建设工程合同的变更是在原合同的基础上将合同内容发生变化，因此建设工程合同依法变更后，发包人与承包人应按变更后的合同履行义务，任何一方违反变更后的合同内容都将违约。同时，由于建设工程合同的变更只是原合同内容的局部变更而非全部变更，原合同中未变更的内容仍然继续有效，双方应继续按原合同约定的内容履行义务。

建设工程合同的变更不具有溯及既往的效力，已经履行的债务不因合同的变更而失去法律依据。也就是说，无论是发包人还是承包人，均不得以变更后的合同条款来作为重新调整双方在变更前的权利义务关系的依据。

（三）发包人单方变更工程设计与建设工程合同变更的关系

1. 就建设工程合同的性质而言，允许发包人单方变更工程设计

我国《民法典》虽未对建设工程合同的设计变更作明确的规定，但是《民法典》第 808 条规定：“本章没有规定的，适用承揽合同的有关规定。”《民法典》第 777 条规定：“定作人中途变更承揽工作的要求，造成承揽人损失的，应当赔偿损失。”依此规定，建设工程勘察、设计文件内容需要作重大修改的，建设单位应报原审批机关批准，并允许建设单位相应变更建设工程合同，但要赔偿因此给承包人造成的相应的经济损失。没有发包人的变更令，承包人不能自行增减工程量或变更工程，否则应承担相应的法律责任。

2. 发包人单方变更工程设计是建设工程合同变更的重要原因之一

发包人单方变更工程设计是建设工程合同变更的重要原因之一，但又区别于一般的建设工程合同的变更。建设工程合同的变更，是发包人与承包人双方协商一致的结果，非经双方协商一致，则不发生变更。但是，发包人单方变更工程设计是发包人的一项权利，承包人必须按发包人依法变更后的设计要求进行施工，否则就构成违约。当然，因发包人变更设计给承包人造成的损失应予以赔偿。一般而言，工程设计的变更仅为一般的修改完善，而非根本性地推翻原来的设计，如果属于根本性的变更设计，实际上导致建设工程项目的根本性改变，此种情况的后果是建设工程合同的解除和新建设工程合同的产生，而非建设工程合同的变更。

二、建设工程合同的转让

（一）建设工程合同转让的概念

建设工程合同的转让，指的是合同的一方当事人依法将合同的权利义务全部或部分地转让给第三人，而合同内容并未发生变化的行为，其实质是建设工程合同主体的变更。

（二）建设工程合同转让的种类

1. 建设工程合同权利的转让

建设工程合同权利的转让，指的是建设工程合同的权利人与第三人订立合同，将自己的合同权利全部或部分转移给第三人。根据《民法典》第 545 条的规定，债权人可以将合同的权利全部或者部分转让给第三人，如承包人按照施工合同完工后，发包人拖欠工程款，承包人将索要工程款的权利转让给第三人。因为当事人将合同权利转让给第三人，对于债务人来说，基本不会增加债务人的负担，所以依据《民法典》第 546 条的规定，债权人转让权利的，应当通知债务人。未经

通知,该转让对债务人不发生效力。

债权人转让权利的,受让人取得与债权有关的从权利,但该从权利专属于债权人自身的除外。债务人接到债权转让通知后,债务人对让与人的抗辩可以向受让人主张。债务人接到债权转让通知时,债务人对让与人享有债权,并且债务人的债权先于转让的债权到期或者同时到期的,债务人可以向受让人主张抵销。

2. 建设工程合同义务的转让

建设工程合同义务的转让,指的是建设工程合同中负有义务的一方当事人,将自己的合同义务全部或部分转让给第三人的行为。如发包人将支付拖欠工程款的义务协议转让给第三人。因为合同义务的转让关系债权人的权利能否实现和在多大程度上实现,所以根据《民法典》第551条的规定,债务人将合同的义务全部或者部分转移给第三人的,应当经债权人同意。

债务人转移义务的,新债务人可以主张原债务人对债权人的抗辩。债务人转移义务的,新债务人应当承担与主债务有关的从债务,但该从债务专属于原债务人自身的除外。法律、行政法规规定转让权利或者转移义务应当办理批准、登记等手续的,依照其规定。

3. 建设工程合同权利义务的概括转让

建设工程合同权利义务的概括转让,指的是建设工程合同的当事人将其在合同中的权利义务一并转移给第三人的行为,包括合同转让和企业合并或分立引起的概括转让。如发包人与承包人签订施工合同后,因故将合同转让给第三人,由第三人取代原发包人在施工合同中的地位,承受其权利义务。因为权利义务的概括转让涉及受让人的履行能力和债权人的权利实现,根据《民法典》第555条的规定,当事人一方经对方同意,可以将自己在合同中的权利和义务一并转让给第三人。当事人订立合同后合并的,由合并后的法人或者其他组织行使合同权利,履行合同义务。当事人订立合同后分立的,除债权人和债务人另有约定的以外,由分立的法人或者其他组织对合同的权利和义务享有连带债权,承担连带债务。

(三)建设工程合同转让与建设工程合同转包

1. 建设工程合同的转包

根据《建筑工程施工发包与承包违法行为认定查处管理办法》的规定,建设工程合同的转包,是指承包单位承包工程后,不履行合同约定的责任和义务,将其承包的全部工程或者将其承包的全部工程支解后以分包的名义分别转给其他单位或个人施工的行为。存在下列情形之一的,应当认定为转包,但有证据证明属于挂靠或者其他违法行为的除外:

(1)承包单位将其承包的全部工程转给其他单位(包括母公司承接建筑工程后将所承接工程交由具有独立法人资格的子公司施工的情形)或个人施工的;

(2)承包单位将其承包的全部工程支解以后,以分包的名义分别转给其他单位或个人施工的;

(3)施工总承包单位或专业承包单位未派驻项目负责人、技术负责人、质量管理负责人、安全管理负责人等主要管理人员,或派驻的项目负责人、技术负责人、质量管理负责人、安全管理负责人中一人及以上与施工单位没有订立劳动合同且没有建立劳动工资和社会养老保险关系,或派驻的项目负责人未对该工程的施工活动进行组织管理,又不能进行合理解释并提供相应证明的;

(4)合同约定由承包单位负责采购的主要建筑材料、构配件及工程设备或租赁的施工机械设备,由其他单位或个人采购、租赁,或施工单位不能提供有关采购、租赁合同及发票等证明,又

不能进行合理解释并提供相应证明的;

(5)专业作业承包人承包的范围是承包单位承包的全部工程,专业作业承包人计取的是除上缴给承包单位"管理费"之外的全部工程价款的;

(6)承包单位通过采取合作、联营、个人承包等形式或名义,直接或变相将其承包的全部工程转给其他单位或个人施工的;

(7)专业工程的发包单位不是该工程的施工总承包或专业承包单位的,但建设单位依约作为发包单位的除外;

(8)专业作业的发包单位不是该工程承包单位的;

(9)施工合同主体之间没有工程款收付关系,或者承包单位收到款项后又将款项转拨给其他单位和个人,又不能进行合理解释并提供材料证明的。

2个以上的单位组成联合体承包工程,在联合体分工协议中约定或者在项目实际实施过程中,联合体一方不进行施工也未对施工活动进行组织管理的,并且向联合体其他方收取管理费或者其他类似费用的,视为联合体一方将承包的工程转包给联合体其他方。

2. 建设工程合同的转让与转包的区别

建设工程合同的转让与转包,表面看来有相似之处,但二者存在本质区别:

(1)建设工程合同转让与转包的主体不同。一方面,转让主体可以是发包人或承包人;转包主体则只能是承包人。另一方面,合同权利义务依法全部转让后,转让人退出原建设工程合同,受让人取代转让人的法律地位,成为原合同的一方当事人,受让人直接向合同对方负责。承包人转包后,存在2个合同关系,一个是原合同,当事人是发包人与承包人;另一个是转包合同,当事人是承包人与受让转包的次承包人,次承包人对原承包人负责,原承包人对发包人负责。

(2)建设工程合同的转让只要依法进行,就是有效的;而转包是无效的。发包人转让合同的,只要经过了承包人的同意即可;承包人转让合同的,受让人应当具备相应的资质,并应经发包人同意。经过招标投标程序订立的建设工程合同,承包人不能转让,因为根据《招标投标法》的规定,中标人将中标项目转让给他人,或者将中标项目支解后分别转让给他人的,转让无效。我国现行法律明确规定禁止转包。《建筑法》第28条规定:"禁止承包单位将其承包的全部建筑工程转包给他人,禁止承包单位将其承包的全部建筑工程肢解以后以分包的名义分别转包给他人。"无论建设项目的转包是否经过发包人的同意,转包合同都是无效的。

(四)建设工程合同的转让与分包

1. 建设工程合同的分包

建设工程合同的分包,指的是建设工程合同的总承包人经建设单位认可,将自己承建的工程中非基础和主体结构的部分工程发包给具备相应资质分包单位的行为。关于建设工程分包的法律性质,存在不同的观点:第一种观点认为,在法律性质上,建设工程分包合同属于"并存的债务转移"。① 第二种观点认为,分包人向发包人的履行属于第三人代为履行。② 第三种观点认为,建设工程分包在理论上类似于债务代替履行,分包人向发包人的履行类似于第三人,但是分包人对于发包人并非完全不负责任,并且总承包人将其部分工作交于第三人时,须取得发包人同意,这又使其具有了债的转让的性质,所以建设工程分包的性质较为特殊。③

---

① 李健、张庆云:《建筑工程分包合同若干法律问题的分析》,载《建筑》2001年第8期。

② 李显东主编:《中国合同法要义与案例释解》,中国民主法制出版社1999年版,第974页。

③ 王红亮:《承揽合同·建设工程合同》,中国法制出版社2000年版,第204页。

《民法典》第791条第2款和第3款规定:“总承包人或者勘察、设计、施工承包人经发包人同意,可以将自己承包的部分工作交由第三人完成。第三人就其完成的工作成果与总承包人或者勘察、设计、施工承包人向发包人承担连带责任。承包人不得将其承包的全部建设工程转包给第三人或者将其承包的全部建设工程支解以后以分包的名义分别转包给第三人。禁止承包人将工程分包给不具备相应资质条件的单位。禁止分包单位将其承包的工程再分包。建设工程主体结构的施工必须由承包人自行完成”。《建筑法》第29条规定,“建筑工程总承包单位可以将承包工程中的部分工程发包给具有相应资质条件的分包单位;但是,除总承包合同中约定的分包外,必须经建设单位认可。”

根据《建筑工程施工发包与承包违法行为认定查处管理办法》的规定,违法分包,是指承包单位承包工程后违反法律法规规定,把单位工程或分部分项工程分包给其他单位或个人施工的行为。存在下列情形之一的,属于违法分包:(1)承包单位将其承包的工程分包给个人的;(2)施工总承包单位或专业承包单位将工程分包给不具备相应资质单位的;(3)施工总承包单位将施工总承包合同范围内工程主体结构的施工分包给其他单位的,钢结构工程除外;(4)专业分包单位将其承包的专业工程中非劳务作业部分再分包的;(5)专业作业承包人将其承包的劳务再分包的;(6)专业作业承包人除计取劳务作业费用外,还计取主要建筑材料款和大中型施工机械设备、主要周转材料费用的。

2. 建设工程项目的分包与转让

建设工程项目的分包与转让都要经过合同对方当事人的同意,有相似之处,但也有本质区别:合同转让的主体可以是建设项目的发包人,也可以是建设项目的承包人。当事人之间仅存在发包人与受让人之间的一个合同法律关系,而且合同转让的次数不受限制。而工程分包主体只能是与发包人订立了建设工程合同的总承包人,合同的分包中存在总包合同与分包合同两个合同关系,而且,分包合同的内容不得超越总包合同,分包的次数仅限于一次,分包人不得再分包。

分包是承包人与分包人之间独立的合同法律关系,因此分包工程价款应由承包人与分包单位结算。在第三人代为履行的情况下,当事人约定由第三人向债权人履行债务,但是第三人并没有加入合同关系中来,也没有承担债务而成为合同当事人;发生纠纷时,第三人并无直接的法律责任。[①] 因此建设工程合同的分包并不属于第三人代为履行。在免责的债务承担中,第三人就移转的债务完全取代了债务人的法律地位,原债务人相当于免责了,因此建设工程合同也不属于“免责的债务承担”。而在并存的债务承担情况下,债权人与第三人订立协议,或者债务人和第三人订立协议,原债务人并不脱离合同关系,而第三人加入债务关系,与债务人连带承担合同义务。在建设工程合同的分包中,分包人就其完成的工作成果与总包人一起向发包人承担连带责任,有观点认为属于并存的债务承担。

三、建设工程合同的终止

(一)建设工程合同终止的概念

建设工程合同的终止,指的是建设工程合同因某种原因而引起当事人权利义务的消灭。建设工程合同终止的原因大致有3类:一是基于当事人的意思;二是基于合同目的的消灭;三是基于法律直接规定。建设工程合同终止主要包括合同履行完毕的自然终止和履行过程中某种原因

① 马凤玲、刘晓宏编著:《建设法规》(第二版),中国建筑工业出版社2018年版,第98~99页。

导致的合同终止。根据《民法典》第 557 条的规定，有下列情形之一的，债权债务终止：(1)债务已经履行；(2)债务相互抵销；(3)债务人依法将标的物提存；(4)债权人免除债务；(5)债权债务同归于一人；(6)法律规定或者当事人约定终止的其他情形。合同解除的，该合同的权利义务关系终止。上述情形同样适用于建设工程合同的终止。建设工程实践中，除承发包双方当事人按照合同约定履行义务而导致合同的自然终止以外，最常见的就是合同解除而导致的建设工程合同的终止。

(二)建设工程合同的解除

1. 建设工程合同解除的概念和特征

建设工程合同的解除，指合同成立之后，尚未履行或未全部履行之前，合同当事人依法行使解除权，或者双方协商提前解除合同效力，致使合同权利义务关系终止的行为。合同解除具有如下特征：(1)合同的解除适用于合法有效的合同，而无效合同、可撤销合同不发生合同解除。(2)合同解除须具备法律规定的条件。非依照法律规定，当事人不得随意解除合同。(3)合同解除须有解除的行为。无论哪一方当事人享有解除合同的权利，其必须向对方提出解除合同的意思表示，才能达到合同解除的法律后果。(4)合同解除使合同关系自始消灭或者向将来消灭，可视为当事人之间未发生合同关系，或者合同尚存的权利义务不再履行。

2. 建设工程合同解除的种类

(1)协议解除

根据《民法典》第 562 条的规定，当事人协商一致，可以解除合同。协议解除，是指合同成立以后，在未履行或未完全履行之前，当事人双方通过协商解除合同，使合同效力消灭的行为。这种方式解除合同是在合同成立以后，而不是在合同订立时约定解除权。由于建设工程周期较长，在履行过程中出现了某种情况，当事人认为没有必要继续履行合同，双方协商一致，可以解除建设工程合同。

协议解除的法律特征包括：第一，协议解除本身是通过订立一个新的合同而解除原来的合同，当事人协商的目的是达成一个解除合同的协议；第二，协议解除合同的内容由当事人双方协商确定，不得违背国家利益和社会公共利益，否则协议解除无效；第三，在协议解除的情况下，合同解除后是否恢复原状、如何恢复原状，也应当由当事人协商确定。这也是协议解除与其他解除方法的不同之处。

(2)约定解除权解除

根据《民法典》第 562 条第 2 款的规定，当事人可以约定一方解除合同的事由。解除合同的事由发生时，解除权人可以解除合同。约定解除权解除是指当事人双方在合同中约定，在合同成立以后，没有履行或没有完全履行之前，当事人一方在某种解除合同的条件成就时享有解除权，并可以通过行使合同解除权，使合同关系消灭。

约定解除权解除的法律特征包括：第一，约定解除权是双方在合同中约定一方享有解除合同的权利，属于事前的约定，它规定在将来发生一定情况时，一方享有解除权；第二，约定解除权的解除是由双方当事人在合同中约定未来可能出现的解除合同的条件；第三，享有解除权的一方实际行使解除权，解除合同的解除条件成就以后，使一方享有解除权。在这一点上，约定解除权和附条件解除的合同是不同的，对于附解除条件的合同来说，双方约定的条件成就，就会导致合同自动解除。但如果是约定解除权解除，必须是由解除权人主动行使解除权，才能导致合同解除。

(3)法定解除

法定解除,是指在合同成立以后,没有履行或没有履行完毕以前,当事人一方通过行使法定的解除权而使合同效力消灭的行为。法定解除主要适用于不可抗力或当事人不履行合同的主要义务,致使合同的目的无法实现而解除合同的情形。《民法典》第563条第1款规定:有下列情形之一的,当事人可以解除合同:(1)因不可抗力致使不能实现合同目的;(2)在履行期限届满之前,当事人一方明确表示或者以自己的行为表明不履行主要债务;(3)当事人一方迟延履行主要债务,经催告后在合理期内仍未履行;(4)当事人一方迟延履行债务或者有其他违约行为致使不能实现合同目的;(5)法律规定的其他情形。

3. 合同解除的程序

《民法典》第564条规定:"法律规定或者当事人约定解除权行使期限,期限届满当事人不行使的,该权利消灭。法律没有规定或者当事人没有约定解除权行使期限,自解除权人知道或者应当知道解除事由之日起一年内不行使,或者经对方催告后在合理期限内不行使的,该权利消灭。"解除权的行使期限一般只存在于约定解除期限的解除和法定解除中,而协商一致解除合同一般不会发生解除期限问题。

依据《民法典》第565条的规定,当事人一方依法主张解除合同的,应当通知对方。合同自通知到达对方时解除;通知载明债务人在一定期限内不履行债务则合同自动解除,债务人在该期限内未履行债务的,合同自通知载明的期限届满时解除。对方对解除合同有异议的,任何一方当事人均可以请求人民法院或者仲裁机构确认解除行为的效力。当事人一方未通知对方,直接以提起诉讼或者申请仲裁的方式依法主张解除合同,人民法院或者仲裁机构确认该主张的,合同自起诉状副本或者仲裁申请书副本送达对方时解除。

4. 合同解除的法律后果

根据《民法典》第566条和第567条的规定,建设工程合同解除后的法律后果有:

(1)合同解除后,尚未履行的,终止履行。无论何种情形的解除,都是因为合同没有履行的必要或合同不能继续履行下去,因此,建设工程合同解除后,原合同不应继续履行。

(2)已经履行的,根据履行情况和合同性质,当事人可以要求恢复原状、采取其他补救措施,并有权要求赔偿损失。因为施工人已完成的工程存在严重的质量瑕疵,必须拆除重建,发包人会因承包人的严重违约解除合同,同时有权要求承包人拆除已建工程,恢复原状。当然,如果承包人已建部分工程符合质量安全等法律和合同约定的标准,发包人因其他原因解除合同的,就不能要求承包人拆除。另外,建设工程因一方违约导致合同解除的,违约方应当赔偿因此而给对方造成的损失。

(3)合同的权利义务终止,不影响合同中结算和争议解决条款的效力。建设工程合同终止后,往往还涉及施工人已完成了部分工程,发包人也已支付部分工程款,已履行部分如何结算等问题,合同当事人进行经济结算以及处理合同善后事宜,仍需要有依据,因此结算和争议解决条款具有相对的独立性,不因合同的解除而失效。

5. 建设工程施工合同解除的特殊规定

《民法典》第806条规定了发包人和承包人的解除权,对《民法典》第563条关于合同解除权规定适用于建设工程施工合同进行了具体规定,其目的是通过明确解除合同的条件,防止合同随意被解除,从而保证建设工程施工合同全面实际履行。

(1)发包人的合同解除权。根据《民法典》第806条第1款规定,承包人将建设工程转包、违法分包的，发包人可以解除合同。承包人转包、非法分包违反有关法律、行政法规强制性规定，转包、违法分包合同无效，且发包人有权解除与承包人的施工合同。

（2）承包人的合同解除权。根据《民法典》第 806 条第 2 款的规定，发包人提供的主要建筑材料、建筑构配件和设备不符合强制性标准或者不履行协助义务，致使承包人无法施工，经催告后在合理期限内仍未履行相应义务的，承包人可以解除合同。建筑材料、建筑构配件及设备直接关系到工程质量，为此，《建设工程质量管理条例》第 14 条规定，由发包人提供的建筑材料、建筑构配件和设备应当符合设计文件及合同要求，同时施工单位必须按照工程设计要求、施工技术标准及合同约定，对建筑材料、建筑构配件等进行检验，未经检验或检验不合格的，不得在工程中使用，否则，除需承担赔偿责任外，还会受到较重的行政处罚。根据《标准化法》，强制性标准必须执行。不符合强制性标准的产品、服务，不得生产、销售、进口或者提供。由此看出，强制性标准是必须执行的最低质量标准，在发包人提供的建筑材料、建筑构配件或设备不符合该标准时，施工单位应当要求发包人在合理期限内进行更换修理，发包人拒绝履行的，施工单位有权行使合同解除权，解除施工合同。

（3）建设工程施工合同解除的法律后果。根据《民法典》第 806 条第 3 款的规定，合同解除后，已经完成的建设工程质量合格的，发包人应当按照约定支付相应的工程价款；已经完成的建设工程质量不合格的，参照本法第 793 条的规定处理。建设工程施工合同无效，但是建设工程经验收合格的，可以参照合同关于工程价款的约定折价补偿承包人。建设工程施工合同无效，且建设工程经验收不合格的，按照以下情形处理：①修复后的建设工程经验收合格的，发包人可以请求承包人承担修复费用；②修复后的建设工程经验收不合格的，承包人无权请求参照合同关于工程价款的约定折价补偿。发包人对因建设工程不合格造成的损失有过错的，应当承担相应的责任。从这些规定中可以看出，合同解除后施工单位工程款能否得到结算的关键在于已完成工程的质量状况，如工程质量验收合格或虽不合格但经修复验收合格的，其工程款的结算要求仍可得到支持，但如果经修复后仍无法验收合格，其工程款的结算要求将不被支持。因发包人违约导致合同解除的，发包人应赔偿因此而给施工单位造成的损失。一般而言，合同解除给施工方造成的损失应包括实际损失及可得利益的损失。其中实际损失包括因发包人违约导致停工的人工损失、工地管理费用增加的损失、机械设备租赁费用增加的损失以及因合同解除后撤场引起的费用损失等；而可得利益损失主要指由于未能完成施工使施工单位蒙受的预期可得利润的损失。因建设工程质量不合格造成的损失，发包人有过错的，也应承担相应的民事责任。

第七节　建设工程合同的违约责任

一、违约责任的概念和特征

违约责任，是指合同当事人因违反合同义务所承担的责任。违约责任的产生以合同的有效存在为前提。《民法典》规定，当事人一方不履行合同义务或者履行合同义务不符合约定的，应当承担继续履行、采取补救措施或者赔偿损失等违约责任。

违约责任具有如下特征：（1）违约责任的产生是以合同当事人不履行合同义务为条件的；（2）违约责任具有相对性，这是由合同关系的相对性决定的；（3）违约责任主要具有补偿性，即旨在弥补或补偿因违约行为造成的损害后果;(4)违约责任可以由合同当事人约定,但约定不符合法律要求的,将会被宣告无效或被撤销;(5)违约责任是民事责任的一种形式。

二、违约责任的构成要件

违约责任的构成要件是指违约当事人应具备何种条件才应承担违约责任。

(一)违约行为

违约行为是指合同当事人违反合同义务的行为。我国《民法典》采用了“当事人一方不履行合同义务或者履行合同义务不符合约定的”的表述来阐述违约行为的概念。

根据违约行为发生的时间,违约行为总体上可分为预期违约和实际违约。我国《民法典》也规定了预期违约制度,在第578条作出了规定:“当事人一方明确表示或者以自己的行为表明不履行合同义务的,对方可以在履行期限届满前请求其承担违约责任。”

实际违约又可分为不履行(包括根本违约和拒绝履行)、不符合约定的履行和其他违反合同义务的行为;而不符合约定的履行又可分为迟延履行、质量有瑕疵的履行、不完全履行(包括部分履行、履行地点不当的履行和履行方法不当的履行)。

(二)不存在法定或约定的免责事由

根据《民法典》的相关规定,当事人一方不履行合同义务或者履行合同义务不符合约定的,应当承担违约责任。违约方如果能够证明其违约行为存在法定的或者约定的免责事由,便可免除违约责任。违约责任的免责事由既包括法定的责任事由,如不可抗力,也包括约定的责任事由,如免责条款。

根据《民法典》的相关规定,因不可抗力不能履行合同的,根据不可抗力的影响,部分或者全部免除责任,但法律另有规定的除外。当事人迟延履行后发生不可抗力的,不能免除责任。不可抗力,是指不能预见、不能避免并不能克服的客观情况。当事人一方因不可抗力不能履行合同的,应当及时通知对方,以减轻可能给对方造成的损失,并应当在合理期限内提供证明。

三、承担违约责任的方式

《民法典》规定,当事人一方不履行合同义务或者履行合同义务不符合约定的,应当承担继续履行、采取补救措施或者赔偿损失等违约责任。

(一)继续履行

《民法典》规定,当事人一方不履行合同义务或者履行合同义务不符合约定的,应当承担继续履行、采取补救措施或者赔偿损失等违约责任。当事人一方未支付价款或者报酬的,对方可以要求其支付价款或者报酬。当事人一方不履行非金钱债务或者履行非金钱债务不符合约定的,对方可以要求履行,但有下列情形之一的除外:(1)法律上或者事实上不能履行;(2)债务的标的不适于强制履行或者履行费用过高;(3)债权人在合理期限内未要求履行。继续履行是一种违约后的补救方式,是否要求违约方继续履行是非违约方的一项权利。继续履行可以与违约金、定金、赔偿损失并用,但不能与解除合同的方式并用。

(二)采取补救措施

《民法典》规定,质量不符合约定的,应当按照当事人的约定承担违约责任。对违约责任没有约定或者约定不明确,依法仍不能确定的,受损害方根据标的的性质以及损失的大小,可以合理选择要求对方承担修理、更换、重作、退货、减少价款或者报酬等违约责任。

（三）违约金和定金

《民法典》规定，当事人可以约定一方违约时应当根据违约情况向对方支付一定数额的违约金，也可以约定因违约产生的损失赔偿额的计算方法。约定的违约金低于造成的损失的，当事人可以请求人民法院或者仲裁机构予以增加；约定的违约金过分高于造成的损失的，当事人可以请求人民法院或者仲裁机构予以适当减少。

当事人就迟延履行约定违约金的，违约方支付违约金后，还应当履行债务。

当事人可以约定一方向对方给付定金作为债权的担保。定金合同自实际交付定金时成立。定金的数额由当事人约定；但是不得超过主合同标的额的20%，超过部分不产生定金的效力。实际交付的定金数额多于或者少于约定数额的，视为变更约定的定金数额。债务人履行债务的，定金应当抵作价款或者收回。给付定金的一方不履行债务或者履行债务不符合约定，致使不能实现合同目的的，无权请求返还定金；收受定金的一方不履行债务或者履行债务不符合约定，致使不能实现合同目的的，应当双倍返还定金。

当事人既约定违约金，又约定定金的，一方违约时，对方可以选择适用违约金或者定金条款。定金不足以弥补一方违约造成的损失的，对方可以请求赔偿超过定金数额的损失。

（四）赔偿损失

《民法典》规定，当事人一方不履行合同义务或者履行合同义务不符合约定的，在履行义务或者采取补救措施后，对方还有其他损失的，应当赔偿损失。

《民法典》规定，当事人一方不履行合同义务或者履行合同义务不符合约定，给对方造成损失的，损失赔偿额应当相当于因违约所造成的损失，包括合同履行后可以获得的利益，但不得超过违反合同一方订立合同时预见或者应当预见的因违反合同可能造成的损失。据此，只有当违约所造成的损害是违约方在订约时可以预见的情况下，方能认为损害结果与违约行为之间具有因果关系，违约方才应当对这些损害承担赔偿责任。如果损害是不可预见的，则违约方不应赔偿。

《民法典》规定，当事人一方违约后，对方应当采取适当措施防止损失的扩大；没有采取适当措施致使损失扩大的，不得就扩大的损失要求赔偿。当事人因防止损失扩大而支出的合理费用，由违约方承担。对于当事人一方违反合同的，另一方不能任凭损失的扩大，在接到对方的通知后，应当及时采取措施防止损失扩大，即使没有接到对方通知，也应当采取适当措施；如果没有及时采取措施致使损失扩大的，无权就扩大的损失部分请求赔偿。

第四章　建设工程勘察设计法律制度

第一节　概　述

在工程建设中,勘察是基础,设计是整个工程建设的灵魂,它们对工程的质量和效益都起着至关重要的作用。

一、基本概念

(一)建设工程勘察的概念

建设工程勘察,是指根据建设工程的要求,查明、分析、评价建设场地的地质、地理环境特征和岩土工程条件,编制建设工程勘察文件的活动。建设工程勘察包括建设工程项目的工程测量,岩土工程、水文地质勘察,环境地质勘察等工作。建设工程勘察的目的是根据建设工程建设的规划、设计、施工、运营和综合治理的需要,对地形、地质及水文等要素进行测绘、勘察、测试和综合评定,并提供可行性评价和建设所需要的勘察成果。

(二)建设工程设计的概念

建设工程设计,是指根据建设工程的要求,对建设工程所需的技术、经济、资源、环境等条件进行综合分析、论证,编制建设工程设计文件的活动。建设工程设计运用工程技术理论及技术经济方法,按照现行技术标准,对新建、扩建、改建项目的工艺、土建、公用工程、环境工程等进行综合性设计,包括必需的非标准设备设计及经济技术分析,并提供作为工程建设依据的文件和图纸。

二、建设工程勘察设计现行主要法规

现行立法主要涉及规范勘察设计市场管理、规范勘察设计资质管理和规范勘察设计质量管理三个方面,主要包括:《建设工程勘察设计管理条例》(国务院令第687号),《建设工程设计招标投标管理办法》(住房和城乡建设部令第33号),《建设工程质量管理条例》(国务院令第714号),《实施工程建设强制性标准监督规定》(住房和城乡建设部令第23号),《房屋建筑和市政基础设施工程施工图设计文件审查管理

办法》(住房和城乡建设部令第46号),《工程勘察设计资质分类标准和工程设计资质分级标准的通知》(建设〔2001〕22号,部分失效),《工程勘察、工程设计资质分级标准补充规定》(建设〔2001〕178号),《建设工程勘察质量管理办法》(住房和城乡建设部令第53号),《工程建设项目勘察设计招标投标办法》(国家发展和改革委员会、工业和信息化部、财政部、住房和城乡建设部、交通运输部、铁道部、水利部、国家广播电影电视总局、中国民用航空局令第23号),建设部、国家知识产权局《关于印发〈工程勘察设计咨询业知识产权保护与管理导则〉的通知》(建质〔2003〕210号),《勘察设计注册工程师管理规定》,《建设工程勘察设计资质管理规定》(住房和城乡建设部令第45号),《建筑工程设计文件编制深度规定(2016版)》(建质函〔2016〕247号),等等。

三、建设工程勘察设计的要求

(一)从业资质和执业资格的要求

勘察设计是专业性很强的工作,为了保证建设工程勘察设计的质量,国家对从事工程建设勘察设计活动的单位实行资质管理制度,并对从事工程建设勘察、设计活动的专业技术人员实行职业资格注册管理制度。

(二)科学勘察设计的要求

建设工程勘察、设计应当与社会、经济发展水平相适应,做到经济效益、社会效益和环境效益相统一。从事建设工程勘察、设计活动,应当坚持先勘察,后设计,再施工的原则。国家鼓励在建设工程勘察、设计活动中采用先进技术、先进工艺、先进设备、新型材料和现代管理方法。

(三)依法勘察设计的要求

从事建设工程勘察、设计的单位和个人必须依法进行建设工程勘察、设计,严格执行工程建设强制性标准,并对建设工程勘察、设计的质量负责。

四、建设工程勘察设计的发包与承包

建设工程勘察、设计发包依法实行招标发包或者直接发包。《建设工程勘察设计管理条例》规定,可以采取直接发包的建设工程勘察设计的项目有:(1)用特定的专利或者专有技术的;(2)建筑艺术造型有特殊要求的;(3)国务院规定的其他建设工程的勘察、设计。除以上有特定要求的一些项目在经有关主管部门批准后可以直接发包外,工程建设勘察设计任务都必须依照我国《招标投标法》的规定,采用招标发包的方式。

发包人不得将建设工程勘察、设计业务发包给不具有相应勘察、设计资质等级的建设工程勘察、设计单位。承揽建设工程勘察、设计业务的建设工程勘察、设计单位应具有相应勘察、设计资质等级。发包人可以将整个建设工程的勘察、设计发包给一个勘察、设计单位,也可以将建设工程的勘察、设计分别发包给几个勘察、设计单位。建设工程勘察、设计单位不得将所承揽的建设工程勘察、设计转包。除建设工程主体部分的勘察、设计外,经发包人书面同意,承包人可以将建设工程其他部分的勘察、设计再分包给其他具有相应资质等级的建设工程勘察、设计单位。

建设工程勘察、设计的发包人与承包人,应当执行国家规定的建设工程勘察、设计程序,签订建设工程勘察设计合同,并执行国家有关建设工程勘察设计收费的管理规定。

第二节　建设工程勘察设计标准

工程建设标准，是指为在工程建设领域获得最佳秩序，对建设工程的勘察、设计、施工、安装、验收、运营维护及管理等活动和结果需要协调统一的事项所制定的共同的、重复使用的技术依据和准则。

我国关于工程建设标准的法律法规主要有：《标准化法》（1989 年 4 月 1 日起施行，2017 年 11 月 4 日修订）、《标准化法实施条例》（1990 年 4 月 6 日起施行）、《工程建设国家标准管理办法》（1992 年 12 月 30 日施行）、《实施工程建设强制性标准监督规定》（2000 年 8 月 25 日起施行，2015 年 1 月 22 日修正）等。

一、工程建设标准

（一）工程建设标准的学理分类

工程建设标准涉及工程建设领域的各个方面，标准数量多、内容综合性强、相互之间有较强的协调和相互关系。对于工程建设标准，从不同的角度出发，有多种不同的分类方式。常用的分类方法主要有：阶段分类法、层次分类法、属性分类法、性质分类法、对象分类法 5 种。

1. 阶段分类法

阶段分类法，是根据建设工程的基本建设程序，按照每一建设工程建设标准的服务阶段，将其划分为不同阶段的标准。习惯上，通常把基本建设程序划分为两大阶段：（1）决策阶段，即可行性研究和计划任务书阶段。（2）实施阶段，即从工程项目的勘察、规划、设计、施工、验收使用、管理、维护、加固到拆除。

2. 层次分类法

层次分类法，是按照每一项工程建设标准的使用范围，即标准的覆盖面，将其划分为不同层次的分类方法。这种层次关系，过去又被称为标准的级别。根据我国发布的标准化的法律和行政法规，可将工程建设标准划分为国家标准、行业标准、地方标准和企业标准 4 个层次。

3. 属性分类法

属性分类法，是按照每一项工程建设标准在实际建设活动中要求贯彻执行的程度不同，将其划分为不同法律属性的分类方法。按照这种分类方法，工程建设标准划分为强制性标准和推荐性标准。强制性标准必须执行，推荐性标准自愿采用。

4. 性质分类法

性质分类法，是按照每一项工程建设标准的内容，将其划分为不同性质标准的分类方法。根据这种分类方法，工程建设标准一般划分为技术标准、经济标准和管理标准。技术标准是指工程建设中需要协调统一的技术要求所制定的标准，技术要求一般包括工程的质量特性、采用的技术措施和方法等；经济标准是指工程建设中针对经济方面需要协调统一的事项所制定的标准，用以规定或衡量工程的经济性能和造价等，如工程概算、预算定额、工程造价指标、投资估算定额等；管理标准是指管理机构行使其管理职能而制定的具有特定管理功能的标准，如《建设工程监理规范》（GB/T 50319—2013）、《建设工程项目管理规范》（GB/T 50326—2017）、《建筑设计企业质量管理规范》(GB/T 50380—2006)等。管理标准根据其功能的不同，又可以细分为一般管理标准和岗位工作标准。

5. 对象分类法

对象分类法，是指按照每一项工程建设标准的标准化对象，将其进行分类的方法。按标准对象本身的特性进行分类，一般分为基础标准，方法标准，安全、卫生和环境保护标准，综合性标准，质量标准。基础标准是指在一定范围内作为其他标准制定、执行的基础，而普遍使用，并具有广泛指导意义的标准，一般包括技术语言标准、互换配合标准、技术通用标准3种。方法标准是指以工程建设中的试验、检验、分析、抽样、评定、计算、统计、测定、作业等方法为对象制定的标准。安全、卫生和环境保护标准是指工程建设中为保护人体健康、人身和财产的安全，保护环境等而制定的标准。质量标准是指为保证工程建设各环节最终成果的质量，以技术上需要确定的方法、参数、指标等为对象而制定的标准。综合性标准是指以上述几类标准的两种或若干种的内容为对象而制定的标准。综合性标准在工程建设标准中所占的比重比较大，一般来说，勘察、规划、设计、施工及验收等方面的标准规范，都属于综合性标准的范畴，如《钢结构工程施工及验收规范》。

(二)我国工程建设标准的分类

《标准化法》规定，标准包括国家标准、行业标准、地方标准和团体标准、企业标准。国家标准分为强制性标准、推荐性标准，行业标准、地方标准是推荐性标准。强制性标准必须执行。国家鼓励采用推荐性标准。法律、行政法规和国务院决定对强制性标准的制定另有规定的，从其规定。

1. 工程建设国家标准

工程建设国家标准分为强制性标准和推荐性标准。

(1)工程建设国家标准的范围和类型

《标准化法》规定，对保障人身健康和生命财产安全、国家安全、生态环境安全以及满足经济社会管理基本需要的技术要求，应当制定强制性国家标准。对满足基础通用、与强制性国家标准配套、对各有关行业起引领作用等需要的技术要求，可以制定推荐性国家标准。原建设部《工程建设国家标准管理办法》规定，对需要在全国范围内统一的下列技术要求，应当制定国家标准：①工程建设勘察、规划、设计、施工(包括安装)及验收等通用的质量要求；②工程建设通用的有关安全、卫生和环境保护的技术要求；③工程建设通用的术语、符号、代号、量与单位、建筑模数和制图方法；④工程建设通用的试验、检验和评定等方法；⑤工程建设通用的信息技术要求；⑥国家需要控制的其他工程建设通用的技术要求。法律另有规定的，依照法律的规定执行。

下列标准属于强制性标准：①工程建设勘察、规划、设计、施工(包括安装)及验收等通用的综合标准和重要的通用的质量标准；②工程建设通用的有关安全、卫生和环境保护的标准；③工程建设重要的通用的术语、符号、代号、量与单位、建筑模数和制图方法标准；④工程建设重要的通用的试验、检验和评定方法等标准；⑤工程建设重要的通用的信息技术标准；⑥国家需要控制的其他工程建设通用的标准。强制性标准以外的标准是推荐性标准。推荐性标准，国家鼓励企业自愿采用。

(2)工程建设国家标准的制定

《标准化法》规定，国务院有关行政主管部门依据职责负责强制性国家标准的项目提出、组织起草、征求意见和技术审查。国务院标准化行政主管部门负责强制性国家标准的立项、编号和对外通报。省、自治区、直辖市人民政府标准化行政主管部门可以向国务院标准化行政主管部门提出强制性国家标准的立项建议,由国务院标准化行政主管部门会同国务院有关行政主管部门决定。社会团体、企业事业组织以及公民可以向国务院标准化行政主管部门提出强制性国家标准的立项建议,国务院标准化行政主管部门认为需要立项的,会同国务院有关行政主管部门决定。推荐性国家标准由国务院标准化行政主管部门制定。《工程建设国家标准管理办法》(建设部令第 24 号)规定,制订国家标准的工作程序按准备、征求意见、送审和报批 4 个阶段进行。

(3)工程建设国家标准的审批发布和编号

《标准化法》规定,强制性国家标准由国务院批准发布或者授权批准发布。强制性标准文本应当免费向社会公开。国家推动免费向社会公开推荐性标准文本。《工程建设国家标准管理办法》规定,工程建设国家标准的编号由国家标准代号、发布标准的顺序号和发布标准的年号组成。强制性国家标准的代号为"GB",推荐性国家标准的代号为"GB/T"。例如,《建筑工程施工质量验收统一标准》(GB 50300—2013),其中"GB"表示为强制性国家标准,"50300"表示标准发布顺序号,"2013"表示是 2013 年批准发布的;《工程建设施工企业质量管理规范》(GB/T 50430—2017),其中"GB/T"表示为推荐性国家标准,"50430"表示标准发布顺序号,"2017"表示是 2017 年批准发布的。

(4)国家标准的复审与修订

国家标准实施后,应当根据科学技术的发展和工程建设的需要,由该国家标准的管理部门适时组织有关单位进行复审。复审一般在国家标准实施后 5 年进行一次。复审可以采取函审或会议审查,一般由参加过该标准编制或审查的单位或个人参加。国家标准复审后,标准管理单位应当提出其继续有效或者予以修订、废止的意见,经该国家标准的主管部门确认后报国务院工程建设行政主管部门批准。凡属下列情况之一的国家标准,应当进行局部修订:①国家标准的部分规定已制约了科学技术新成果的推广应用;②国家标准的部分规定经修订后可取得明显的经济效益、社会效益、环境效益;③国家标准的部分规定有明显缺陷或与相关的国家标准相抵触;④需要对现行的国家标准做局部补充规定。

2. 工程建设行业标准

《标准化法》规定,对没有推荐性国家标准、需要在全国某个行业范围内统一的技术要求,可以制定行业标准。行业标准由国务院有关行政主管部门制定,报国务院标准化行政主管部门备案。

(1)工程建设行业标准的范围

原建设部《工程建设行业标准管理办法》规定,对没有国家标准而需要在全国某个行业范围内统一的下列技术要求,可以制定行业标准:①工程建设勘察、规划、设计、施工(包括安装)及验收等行业专用的质量要求;②工程建设行业专用的有关安全、卫生和环境保护的技术要求;③工程建设行业专用的术语、符号、代号、量与单位和制图方法;④工程建设行业专用的试验、检验和评定等方法;⑤工程建设行业专用的信息技术要求;⑥其他工程建设行业专用的技术要求。行业标准不得与国家标准相抵触。行业标准的某些规定与国家标准不一致时,必须有充分的科学依据和理由,并经国家标准的审批部门批准。行业标准在相应的国家标准实施后,应当及时修订或废止。

(2)工程建设行业标准的制订、修订程序与复审

工程建设行业标准的制订、修订程序，也可以按准备、征求意见、送审和报批四个阶段进行。工程建设行业标准实施后，根据科学技术的发展和工程建设的实际需要，该标准的批准部门应当适时进行复审，确认其继续有效或予以修订、废止。一般也是5年复审一次。

3. 工程建设地方标准

我国幅员辽阔，各地的自然条件差异较大，而工程建设在许多方面要受到自然条件的影响。例如，我国的黄土地区、冻土地区以及膨胀土地区，对建筑技术的要求有很大区别。因此，工程建设标准除国家标准、行业标准外，还需要有相应的地方标准。《标准化法》规定，为满足地方自然条件、风俗习惯等特殊技术要求，可以制定地方标准。

4. 工程建设团体标准

《标准化法》规定，国家鼓励学会、协会、商会、联合会、产业技术联盟等社会团体协调相关市场主体共同制定满足市场和创新需要的团体标准，由本团体成员约定采用或者按照本团体的规定供社会自愿采用。

(1)团体标准的定性和基本要求

国家标准化管理委员会、民政部《团体标准管理规定》(国标委联〔2019〕1号)规定，团体标准是依法成立的社会团体为满足市场和创新需要，协调相关市场主体共同制定的标准。《标准化法》规定，制定团体标准，应当遵循开放、透明、公平的原则，保证各参与主体获取相关信息，反映各参与主体的共同需求，并应当组织对标准相关事项进行调查分析、实验、论证。国家支持在重要行业、战略性新兴产业、关键共性技术等领域利用自主创新技术制定团体标准、企业标准。《团体标准管理规定》进一步规定，禁止利用团体标准实施妨碍商品、服务自由流通等排除、限制市场竞争的行为。团体标准应当符合相关法律法规的要求，不得与国家有关产业政策相抵触。团体标准的技术要求不得低于强制性标准的相关技术要求。国家鼓励社会团体制定高于推荐性标准相关技术要求的团体标准；鼓励制定具有国际领先水平的团体标准。

(2)团体标准制定的程序

制定团体标准的一般程序包括：提案、立项、起草、征求意见、技术审查、批准、编号、发布、复审。

5. 工程建设企业标准

《标准化法》规定，企业可以根据需要自行制定企业标准，或者与其他企业联合制定企业标准。推荐性国家标准、行业标准、地方标准、团体标准、企业标准的技术要求不得低于强制性国家标准的相关技术要求。国家鼓励社会团体、企业制定高于推荐性标准相关技术要求的团体标准、企业标准。

国家实行团体标准、企业标准自我声明公开和监督制度。企业应当公开其执行的强制性标准、推荐性标准、团体标准或者企业标准的编号和名称；企业执行自行制定的企业标准的，还应当公开其产品、服务的功能指标和产品的性能指标。国家鼓励团体标准、企业标准通过标准信息公共服务平台向社会公开。企业应当按照标准组织生产经营活动，其生产的产品、提供的服务应当符合企业公开标准的技术要求。

(三)工程建设强制性标准实施的规定

我国工程建设领域所出现的各类工程质量事故，大多是没有贯彻或没有严格贯彻强制性标准的结果。因此，《标准化法》规定，强制性标准，必须执行。2019年4月经修正后发布的《建筑

法》规定,建筑活动应当确保建筑工程质量和安全,符合国家的建设工程安全标准。

1. 工程建设各方主体实施强制性标准的规定

《建筑法》规定,建设单位不得以任何理由,要求建筑设计单位或者建筑施工企业在工程设计或者施工作业中,违反法律、行政法规和建筑工程质量、安全标准,降低工程质量。

建筑工程设计应当符合按照国家规定制定的建筑安全规程和技术规范,保证工程的安全性能。勘察、设计文件应当符合有关法律、行政法规的规定和建筑工程质量、安全标准、建筑工程勘察、设计技术规范以及合同的约定。设计文件选用的建筑材料、建筑构配件和设备,应当注明其规格、型号、性能等技术指标,其质量要求必须符合国家规定的标准。

建筑工程监理应当依照法律、行政法规及有关的技术标准、设计文件和建筑工程承包合同,对承包单位在施工质量、建设工期和建设资金使用等方面,代表建设单位实施监督。工程监理人员认为工程施工不符合工程设计要求、施工技术标准和合同约定的,有权要求建筑施工企业改正。工程监理人员发现工程设计不符合建筑工程质量标准或者合同约定的质量要求的,应当报告建设单位要求设计单位改正。

2019 年修订的《建设工程质量管理条例》进一步规定,建设单位不得明示或者暗示设计单位或者施工单位违反工程建设强制性标准,降低建设工程质量。建筑设计单位和建筑施工企业对建设单位违反规定提出的降低工程质量的要求,应当予以拒绝。勘察、设计单位必须按照工程建设强制性标准进行勘察、设计,并对其勘察、设计的质量负责。施工单位必须按照工程设计图纸和施工技术标准施工,不得擅自修改工程设计,不得偷工减料。施工单位必须按照工程设计要求、施工技术标准和合同约定,对建筑材料、建筑构配件、设备和商品混凝土进行检验,检验应当有书面记录和专人签字;未经检验或者检验不合格的,不得使用。

2. 对工程建设强制性标准的监督检查

《实施工程建设强制性标准监督规定》(住房和城乡建设部令第 23 号)规定,在中国境内从事新建、扩建、改建等工程建设活动,必须执行工程建设强制性标准。

(1)监督管理机构及其职责

国务院住房城乡建设主管部门负责全国实施工程建设强制性标准的监督管理工作。国务院有关主管部门按照国务院的职能分工负责实施工程建设强制性标准的监督管理工作。县级以上地方人民政府住房城乡建设主管部门负责本行政区域内实施工程建设强制性标准的监督管理工作。建设项目规划审查机构应当对工程建设规划阶段执行强制性标准的情况实施监督;施工图设计文件审查单位应当对工程建设勘察、设计阶段执行强制性标准的情况实施监督;建筑安全监督管理机构应当对工程建设施工阶段执行施工安全强制性标准的情况实施监督;工程质量监督机构应当对工程建设施工、监理、验收等阶段执行强制性标准的情况实施监督。建设项目规划审查机关、施工图设计文件审查单位、建筑安全监督管理机构、工程质量监督机构的技术人员必须熟悉、掌握工程建设强制性标准。

(2)监督检查的内容和方式

强制性标准监督检查的内容包括:①有关工程技术人员是否熟悉、掌握强制性标准;②工程项目的规划、勘察、设计、施工、验收等是否符合强制性标准的规定;③工程项目采用的材料、设备是否符合强制性标准的规定;④工程项目的安全、质量是否符合强制性标准的规定;⑤工程中采用的导则、指南、手册、计算机软件的内容是否符合强制性标准的规定。工程建设标准批准部门应当定期对建设项目规划审查机关、施工图设计文件审查单位、建筑安全监督管理机构、工程质量监督机构实施强制性标准的监督进行检查，对监督不力的单位和个人，给予通报批评，建议有关部门处理。工程建设标准批准部门应当对工程项目执行强制性标准情况进行监督检查。监督检查可以采取重点检查、抽查和专项检查的方式。建设行政主管部门或者有关行政主管部门在处理重大事故时，应当有工程建设标准方面的专家参加；工程事故报告应当包含是否符合工程建设强制性标准的意见。工程建设标准批准部门应当将强制性标准监督检查结果在一定范围内公告。

二、发达国家和地区工程建设标准体系

发达国家和地区借助由技术规范、技术标准和合格评定程序构筑的“三位一体”的技术性壁垒，进一步完善了通过设置市场准入门槛进行贸易保护的运作机制，已成为其实现“保出”“限进”的“杀手锏”。① 发达国家和地区的建筑技术法规构架特点可概括为“三层次”、“两方面”和“多级法规”。

建筑技术法规构架多由3个层次构成：法律、建筑法规和法规的执行指南。② 如欧盟的《欧洲经济共同体条约》《建设产品指令》《指令解释性文件》等。其中建筑法律是基本大法，是技术法规的立法基础；建筑法规相对简练，只提强制性规定；执行指南与法规内容一一对应，提供强制执行的可供选择的方法、途径。

建筑技术法规内容多由2方面构成：管理性要求和基本技术要求。如欧盟《建设产品指令》中的“管理性要求”和“基本技术要求”；英国《建筑法规》中的“行政管理规定”和“技术规定”；其中管理性要求包括建筑工程管理和建筑标准化管理两个方面，技术要求基本依照WTO/TBT协议规定的“正当目标”范围。

部分区域性国家联盟和联邦制国家为多级技术法规并存。如欧盟现行技术法规是《建设产品指令》，各成员国还要结合本国法律发布相应的执行指令来贯彻实施；德国由联邦政府颁布《建筑模式法规》，各州依此制定本地区的建筑技术法规，在区域内强制执行；美国的《国际建筑技术法规》与各州的《建筑技术法规》并存，前者是后者制定模式依据。

技术标准为自愿性标准体系。欧盟、美、日等经济发达国家和地区的技术标准都不具有法律强制性。由使用者自愿采用或在合同契约中约定使用，其内容包括2个方面：一是实现技术法规的强制性目标、功能陈述和性能要求的方法和途径；二是建设工程各环节和使用中的非强制性技术要求及其实现方法和途径。

技术标准是建筑法规和技术准则引用的重点对象，这是标准制约法制化的重要特征。比如：英国13册建筑技术准则中共引用BS标准达155本；美国联邦法规和州法律中许多条款引用了美国机械工程师学会标准；欧盟的许多指令也引用了欧洲标准等。标准被技术法规或技术准则引用，被引用条款即具有与技术法规相同的法律地位。

发达国家和地区标准多分为3级：国家标准、专业团体协会标准和企业标准。政府多授权协会团体等社会组织制订和批准发布国家标准，如英国标准化学会、德国标准化学会、法国标准化学会等都是经政府授权批准编制国际标准。

---

① 武振、张智慧、叶英华：《发达国家工程建设标准制约体制的启示》，载《建筑经济》2005年第10期。

② 武振、张智慧、叶英华：《发达国家工程建设标准制约体制的启示》，载《建筑经济》2005年第10期；朱宏亮、崔晶晶：《工程建设标准与法律法规互动关系研究》，载《科技进步与对策》2009年第11期。

欧共体理事会1985年批准了《技术协调与标准新方法》决议，即所谓“新方法”。其核心内容如下：第一，把立法仅限于确保产品在欧共体市场自由流通中所必须符合的人类健康和安全的基本要求；第二，将制定用于技术协调的技术规范的任务交给欧洲标准化组织完成，使法律通过“采用标准”的方式对技术进步做出快速反应。“新方法指令”的实质是只对强制性技术要求（目标）做出原则性规定，具有较高的稳定性，而对需采用的非强制性技术方法则具有较大的灵活性。新方法指令标志着欧盟技术法规编写模式由“大一统”向“以目标为基础”的顺利转型。这一模式对国际通行的“技术法规—技术标准”体制发展产生了广泛而深刻的影响，成为多数国家效法的典范。

我国现行工程建设标准体制存在强制性标准的界限不清和数量过多，推荐性标准无法发挥作用，我国工程建设标准体系中的国家标准、行业标准和地方标准在内容上存在大量重复交叉现象，非政府标准化组织和行业协会未发挥作用，标准的标龄过长等问题。为此，借鉴发达国家的经验和WTO的有关规定，逐步建立适应社会主义市场经济体制的工程建设技术法规与技术标准体制，已经成为我国工程建设标准化发展的必然趋势。住房和城乡建设部已将技术法规—技术标准双层标准体制作为我国建设标准体制的改革方向，并制订了这一目标的“三步走”方案。2000年4月20日原建设部《关于发布〈工程建设标准强制性条文〉（房屋建筑部分）的通知》的发布，标志着第二步“条文强制”的目标已完成。

三、工程勘察设计标准

（一）工程勘察标准

《基本建设勘察工作管理暂行办法》第32条规定，勘察技术标准（包括规范、规程）是工程建设标准化工作的组成部分，是各项勘察工作的技术依据。各类建设工程的勘察都必须制定相应的技术标准，并逐步建立统一的工程勘察技术标准体系，同时要在一定时间内完成配套工作。制定或修订技术标准，都必须贯彻执行国家的有关技术经济政策，要紧紧围绕提高经济效益，做到技术先进、经济合理、安全适用、确保质量。勘察技术标准一经颁发，就是技术法规，在一切工程建设的勘察工作中都必须执行，凡不符合勘察技术标准要求的勘察技术成果，不得提出。

勘察技术标准，分为国家、部、省市自治区和勘察单位4级。各级技术标准的审批和颁发，应采取分级负责的办法。国家勘察技术标准，是指在全国范围内需要统一的标准，应由主编单位提出并报国家计划委员会审批、颁发。部勘察技术标准，是指在全国各专业范围内需要统一的标准，应由主编单位提出并报主管部门审批、颁发，同时报国家计划委员会备案。省市自治区勘察技术标准，是指在本地区范围内需要统一的标准，应由主编单位提出并报省、市、自治区主管基建的综合部门审批、颁发，同时报国家计划委员会备案。勘察单位可根据本单位工作特点和需要制定在本单位内部使用的勘察技术细则、勘察技术规定，由勘察单位自行颁发执行，并报上一级主管部门备案。

（二）工程设计标准

《基本建设设计工作管理暂行办法》规定，工程建设设计标准规范和标准设计，是设计标准化的重要组成部门。各类工程建设的设计都必须制定相应的标准规范；各类工程建设的构配件（零部件），通用的构筑物、建筑物、公用设施以及单项工程等，凡有条件的都应编制标准设计。制定或修订设计标准规范和标准设计，必须贯彻执行国家的技术经济政策，密切结合自然条件和技术发展水平，合理利用能源、资源、材料和设备，充分考虑使用、施工、生产和维修的要求，做到通用性强,技术先进,经济合理,安全适用,确保质量,便于工业化生产。设计标准规范一经颁发,就是技术法规,在一切工程建设设计工作中都必须执行。标准设计一经颁发,建设单位和设计单位要因地制宜地积极采用,凡无特殊理由的不得另行设计。

设计标准规范分为国家、部、省市自治区和设计单位4级。标准设计分为国家、部和省市自治区3级。各级设计标准规范和标准设计的审批,颁发,应采取分级负责的办法。国家设计标准规范和标准设计,是指在全国范围内需要统一的标准规范和标准设计,应由主编部门提出并报国家计划委员会审批、颁发。部设计标准规范和标准设计,是指在全国各专业范围内需要统一的标准规范和标准设计,应由主编单位提出并报省、市、自治区主管基建的综合部门审批、颁发。标准规范应报国家计划委员会备案。设计单位标准规范,是指在本单位范围内需要统一、在本单位内部使用的设计技术原则、设计技术规定,由设计单位批准执行,并报上一级主管部门备案。

第三节　建设工程勘察设计文件的编制与实施

建设工程勘察设计工作是工程建设的关键环节,在建设项目确定以前,为建设项目预测提供科学依据,在建设项目确定以后,为工程建设提供设计文件。做好勘察设计工作,对于建设工程建设过程中节约投资和建成投产后取得好的经济效益,起着决定性的作用。

一、工程勘察设计文件编制的依据和要求

(一)工程勘察设计文件编制的依据

编制建设工程勘察、设计文件,应当以下列规定为依据:(1)项目批准文件;(2)城市规划;(3)工程建设强制性标准;(4)国家规定的建设工程勘察、设计深度要求。铁路、交通、水利等专业建设工程,还应当以专业规划的要求为依据。

(二)编制工程勘察、设计文件的要求

编制建设工程勘察文件,应当真实、准确,满足建设工程规划、选址、设计、岩土治理和施工的需要。

编制方案设计文件,应当满足编制初步设计文件和控制概算的需要。编制初步设计文件,应当满足编制施工招标文件、主要设备材料订货和编制施工图设计文件的需要。编制施工图设计文件,应当满足设备材料采购、非标准设备制作和施工的需要,并注明建设工程合理使用年限。设计文件中选用的材料、构配件、设备,应当注明其规格、型号、性能等技术指标,其质量要求必须符合国家规定的标准。除有特殊要求的建筑材料、专用设备和工艺生产线等外,设计单位不得指定生产厂、供应商。

二、建设工程设计阶段和内容

(一)建设工程设计阶段划分

设计单位应当根据勘察成果文件进行建设工程设计。关于设计阶段的划分,国际上一般分为"概念设计""基本设计""详细设计"3个阶段。我国习惯根据建设项目的复杂程度来划分建设工程设计阶段。

建设项目一般按初步设计、施工图设计2个阶段进行;技术上复杂的建设项目,根据主管部门的要求,可按初步设计、技术设计和施工图设计3个阶段进行。小型建设项目中技术简单的,经主管部门同意,在简化的初步设计确定后,就可做施工图设计。对有些牵涉面广的大型矿区、油田、林区、垦区和联合企业等建设项目,应做总体设计。

(二)建设工程设计各阶段的内容和深度

1. 总体设计

总体设计一般由文字说明和图纸2部分组成。其内容包括:建设规模、产品方案、原料来源、工艺流程概况、主要设备配备、主要建筑物及构筑物、公用和辅助工程、“三废”治理及环境保护方案、占地面积估计、总图布置及运输方案、生活区规划、生产组织和劳动定员估计、工程进度和配合要求、投资估算等。总体设计的深度应满足开展初步设计,主要大型设备、材料的预安排,土地征收谈判等工作的要求。

2. 初步设计

初步设计文件应根据批准的可行性研究报告、设计任务书和可靠的设计基础资料进行编制。初步设计和总概算经批准后,是确定建设项目的投资额,编制固定资产投资计划,签订建设工程总包合同、贷款总合同,施行投资包干,控制建设工程拨款,组织主要设备订货,进行施工准备技艺编制技术设计文件(或施工图设计文件)等的依据。初步设计一般应包括以下文字说明和图纸:设计依据,设计指导思想,建设规模,产品方案,原料、燃料、动力的用量和来源,工艺流程,主要设备选型及配置,总图运输,主要建筑物和构筑物,公用及辅助设施,新技术采用情况,主要材料用量,外部协作条件,占地面积和土地利用情况,综合利用和“三废”治理,生活区建设,抗震和人防措施,生产组织和劳动定员,各项技术经济指标,建设顺序和期限,总概算等。初步设计的深度应满足开展设计方案的比选和确定、主要设备和材料的订货、土地征收、基建投资的控制、施工图设计的编制、施工组织设计的编制、施工准备和生产准备等。

3. 技术设计

技术设计文件应根据批准的初步设计文件进行编制。技术设计和修正总概算经批准后,是建设工程拨款和编制施工图设计文件等的依据。技术设计的内容由有关部门根据工程的特点和需要自行制定。其深度应满足确定设计方案中重大技术问题和有关实验、设备制造等方面的要求。

4. 施工图设计

施工图设计应根据已获批准的初步设计和主要设备的订货情况进行编制,并据以指导施工。施工图预算经审定后,即作为预算、工程结算的依据。施工图设计的深度应满足以下要求:设备、材料的安排和非标准设备的制作、施工图预算的编制、施工要求等。

三、设计文件的审批与修改

(一)设计文件的审批

我国建设项目设计文件的审批实行分级管理、分级审批的原则。《基本建设设计工作管理暂行办法》对设计文件具体审批权限规定如下:(1)大中型建设项目的初步设计和总概算及技术设计,按隶属关系由国务院主管部门或省、直辖市、自治区审批;(2)小型建设项目初步设计的审批权限由主管部门或省、直辖市、自治区自行规定;(3)总体规划设计或总体设计的审批权限与初步设计的审批权限相同;(4)各部直接代管的下放项目的初步设计,以国务院主管部门为主,会同有关省、市、自治区审查或批准。(5)施工图设计除主管部门规定要审查者外,一般不再审批,设计单位要对施工图的质量负责,并向生产、施工单位进行技术交底,听取意见。

(二)设计文件的修改

设计文件是工程建设的主要依据,经批准后就具有一定的严肃性,不得任意修改和变更。如必须修改,则需有关部门批准根据其批准权限,视修改的内容所涉及的范围而定。

根据《建设工程勘察设计管理条例》的规定,建设单位、施工单位、监理单位不得修改建设工程勘察、设计文件;确需修改建设工程勘察、设计文件的,应当由原建设工程勘察、设计单位修改。经原建设工程勘察、设计单位书面同意,建设单位也可以委托其他具有相应资质的建设工程勘察、设计单位修改。修改单位对修改的勘察、设计文件承担相应责任。施工单位、监理单位发现建设工程勘察、设计文件不符合工程建设强制性标准、合同约定的质量要求的,应当报告建设单位,建设单位有权要求建设工程勘察、设计单位对建设工程勘察、设计文件进行补充、修改。建设工程勘察、设计文件内容需要作重大修改的,建设单位应当报经原审批机关批准后,方可修改。

建设工程勘察、设计文件中规定采用的新技术、新材料,可能影响建设工程质量和安全,又没有国家技术标准的,应当由国家认可的检测机构进行试验、论证,出具检测报告,并经国务院有关部门或者省、自治区、直辖市人民政府有关部门组织的建设工程技术专家委员会审定后,方可使用。建设工程勘察、设计单位应当在建设工程施工前,向施工单位和监理单位说明建设工程勘察、设计意图,解释建设工程勘察、设计文件。建设工程勘察、设计单位应当及时解决施工中出现的勘察、设计问题。

第四节　施工图设计文件的审查

一、我国施工图设计文件审查的发展历史

《建筑法》规定,“有满足施工需要的资金安排,施工图纸及技术资料”是申请领取施工许可证的必要条件之一;“建筑工程的勘察、设计单位必须对其勘察、设计的质量负责。勘察、设计文件应当符合有关法律、行政法规的规定和建筑工程质量、安全标准、建筑工程勘察、设计技术规范以及合同的约定”,并没有涉及施工图审查的相关规定。20 世纪 90 年代末,随着投资主体多元化和勘察设计单位的企业化、民营化,全国发生多起因勘察设计监管不力造成的重大工程质量事故,促使建设主管部门及各级政府认识到必须通过完善法律法规,设立施工图设计文件审查制度来加强勘察设计质量监管。我国于 1998 年开始建筑工程项目施工图设计文件的审查试点工作,通过对施工图设计文件的审查,在节约投资、发现设计质量隐患和市场违法违规行为等方面有明显的成效。2000 年 1 月 30 日,国务院发布《建设工程质量管理条例》,同年 9 月 25 日,国务院又发布了《建设工程勘察设计管理条例》,明确规定进行施工图审查。至此,施工图审查制度正式确立。施工图设计文件的质量直接影响建设工程的质量,进行严格的施工图审查工作,是一项关系社会公共安全和社会公众利益的重要举措。自 2000 年以后,我国施工图审查制度的发展历史大致分为行政审批—政府监管与市场化交叉—政府购买与市场化—逐步取消 4 个阶段。

(一)第一阶段:行政审批阶段(2000~2004 年)

2000 年 1 月 30 日和 9 月 25 日,国务院分别发布了《建设工程质量管理条例》和《建设工程勘

察设计管理条例》两部行政法规，建立了施工图设计文件审查制度。至此，通过行政立法手段，施工图审查制度被强制实施。①

《建设工程质量管理条例》(2000 年版)第 11 条规定，建设单位应当将施工图设计文件报县级以上人民政府建设行政主管部门或者其他有关部门审查。施工图设计文件审查的具体办法，由国务院建设行政主管部门会同国务院其他有关部门制定。施工图设计文件未经审查批准的，不得使用。《建设工程勘察设计管理条例》(2000 年版)第 33 条规定，县级以上人民政府建设行政主管部门或者交通、水利等有关部门应当对施工图设计文件中涉及公共利益、公众安全、工程建设强制性标准的内容进行审查。施工图设计文件未经审查批准的，不得使用。

同年，根据原建设部发布的《建筑工程施工图设计文件审查暂行办法》(建设〔2000〕41 号，已失效)，施工图审查是政府主管部门对建筑工程勘察设计质量监督管理的重要环节，是基本建设必不可少的程序，工程建设各方必须认真贯彻执行。2000 年 5 月 25 日，原建设部《关于印发〈建筑工程施工图设计文件审查有关问题的指导意见〉的通知》(建设技〔2000〕21 号，已失效)指出，对施工图设计文件进行安全和强制性标准执行情况的审查是今后建设行政主管部门对建筑工程勘察设计质量进行监督管理的主要途径和方式，各地建设行政主管部门应对此项工作高度重视。2000 年 8 月 25 日，原建设部发布《实施工程建设强制性标准监督规定》(建设部令 81 号，已被修改)，其中第 6 条规定，施工图设计文件审查单位应对工程建设勘察、设计阶段执行强制性标准的情况实施监督。

根据原建设部 2000 年 2 月 17 日发布的《建筑工程施工图设计文件审查暂行办法》(已失效)的规定，房屋建筑工程施工图实施由政府主管部门委托的施工图审查机构进行审查。从这一阶段的立法规定看，施工图设计文件的审查是政府行为和职能，法规明确施工图审查由建设行政主管部门负责，审查主体是政府(县级以上人民政府建设行政主管部门或者其他有关部门)对施工图设计文件的审查属于行政审批(施工图设计文件未经审查批准的，不得使用)。由此，从这一制度的设立看，施工图审查的性质一开始便属于行政审批，应该由政府进行施工图文件的审查工作。② 在当时的经济和社会环境条件下，施工图审查制度使勘察设计质量监管方式实现突破，并可以将勘察设计文件中存在的质量问题在工程施工之前发现并及时纠正。同时，该项制度实现了工程建设的全面覆盖，提升了工程建设的可靠性。因此，该项制度在特定时期发挥了其应用的作用。③

(二)第二阶段：政府监管与市场化交叉阶段(2004～2017 年)

2004 年 5 月 19 日，国务院《关于第三批取消和调整行政审批项目的决定》发布，其中，施工图审查被列入国务院决定改变管理方式，不再作为行政审批，实行自律管理的行政审批项目目录。由此，施工图审查的性质和定位有所改变(属于自律管理的行政审批)，即由原施工图审查的政府行为和职能转变为由市场化方式实施。但是，此时的《建设工程质量管理条例》并未修订，国务院《关于第三批取消和调整行政审批项目的决定》有违反上位法之嫌，因此从法律角度

---

① 孙少华：《取消施工图审查制度对设计单位的影响》，载《城市道桥与防洪》2019 年第 7 期。

② 陈建国、华春翔、胡文发等：《施工图设计文件审查制度发展历程的回顾与分析》，载《中国勘察设计》2019 年 5 期。

③ 《关于印发徐波、吴慧娟同志在〈房屋建筑和市政基础设施工程施工图设计文件审查管理办法〉宣贯会上讲话的通知》，载住房和城乡建设部网站 2006 年 11 月 1 日，http://www.mohurd.gov.cn/wjfb/200611/t20061101_157975.html。

上来讲，此阶段仍属行政审批阶段。①

2004年8月23日，原建设部发布了《房屋建筑和市政基础设施工程施工图设计文件审查管理办法》（已失效，以下简称原建设部第134号令），根据《建设工程质量管理条例》《建设工程勘察设计管理条例》，对施工图审查中的各种问题进行了详细的规定和解释，明确施工图审查由审查机构执行，并对审查机构的资质和行为加以规定。该管理办法第3条明确：国家实施施工图设计文件（含勘察文件）审查制度；施工图审查机构由建设主管部门认定；施工图未经审查合格的，不得使用。第5条规定：建设主管部门"应当按照本办法规定的审查机构条件，结合本行政区域内的建设规模，确定相应数量的审查机构""审查机构是不以营利为目的的独立法人"。此后，在全国范围内有些地方的施工图审查制度就主要以市场化方式或限定条件下的市场化方式实施和开展，建设单位自主选择或按规定自主选择施工图审查机构，与施工图审查机构签订施工图审查合同，并承担相应费用。就实施施工图设计文件审查制度而言，此时的政府建设行政主管部门的职能主要转变为：对施工图审查进行指导和监督、对施工图审查机构进行审批等。

2013年4月27日，住房和城乡建设部发布了《房屋建筑和市政基础设施工程施工图设计文件审查管理办法》，对施工图审查中的相关问题进行了更加详细的规定和解释，同时废止了原建设部第134号令。但2013年版《房屋建筑和市政基础设施工程施工图设计文件审查管理办法》在施工图审查性质和定位等方面的规定与原建设部第134号令相比，没有实质性的变化。②

2015年6月12日，国务院《关于修改〈建设工程勘察设计管理条例〉的决定》发布，但此次修改未对涉及施工图审查的相关内容进行修改，《建设工程勘察设计管理条例》第33条中依然保留了"县级以上人民政府建设行政主管部门或者交通、水利等有关部门应当对施工图设计文件中涉及公共利益、公众安全、工程建设强制性标准的内容进行审查"的规定。因而在此阶段，施工图设计文件的审查仍应是政府行为和职能。从立法层面上讲，施工图审查的性质和定位在这一阶段是较为模糊，不甚清晰的。

（三）第三阶段：政府购买与市场化阶段（2017～2019年）

为了改善营商环境、加快审批速度、减少审批环节，2017年10月7日，国务院《关于修改部分行政法规的决定》发布，对《建设工程质量管理条例》《建设工程勘察设计管理条例》两部行政法规的部分条款予以修改。将《建设工程质量管理条例》第11条第1款修改为："施工图设计文件审查的具体办法，由国务院建设行政主管部门、国务院其他有关部门制定"，删除了"建设单位应当将施工图设计文件报县级以上人民政府建设行政主管部门或者其他有关部门审查"的规定。将《建设工程勘察设计管理条例》第33条第1款修改为："施工图设计文件审查机构应当对房屋建筑工程、市政基础设施工程施工图设计文件中涉及公共利益、公众安全、工程建设强制性标准的内容进行审查。县级以上人民政府交通运输等有关部门应当按照职责对施工图设计文件中涉及公共利益、公众安全、工程建设强制性标准的内容进行审查"，删除了"县级以上人民政府建设行政主管部门或者水利等有关部门应当对施工图设计文件中涉及公共利益、公众安全、工程建设强制性标准的内容进行审查"的规定。修改后的这两部行政法规，明确规定了施工图设计文件的审查不再是政府行为和职能（交通运输工程施工图设计文件审查除外），而由施工图设计文件审

---

① 陈建国、华春翔、胡文发等：《施工图设计文件审查制度发展历程的回顾与分析》，载《中国勘察设计》2019年第5期。

② 陈建国、华春翔、胡文发等：《施工图设计文件审查制度发展历程的回顾与分析》，载《中国勘察设计》2019年第5期。

查机构对房屋建筑工程、市政基础设施工程的施工图设计文件进行审查。政府的职能转变为指导、监督以及机构审批等。①

然而，2018 年 5 月 14 日，国务院办公厅《关于开展工程建设项目审批制度改革试点的通知》发布，在“（十）合并审批事项”中，提出“推行以政府购买服务方式开展施工图设计文件审查”。若是“政府购买服务”，施工图审查似乎又应回归政府行为和职能，施工图审查的性质和定位又发生了变化。住房和城乡建设部于 2018 年 12 月 29 日发布《关于修改〈房屋建筑和市政基础设施工程施工图设计文件审查管理办法〉的决定》，提出“逐步推行以政府购买服务方式开展施工图设计文件审查”。

（四）第四阶段：逐步取消阶段（2019 年至今）

在上述 2 个国务院令出台后，施工图审查更成为争议焦点，出现不同的解读：一种观点认为，施工图审查应是政府监管行为，或应继续由政府指定的施工图审查机构进行审查，推行政府购买服务，审查制度应不断完善和强化。中国勘察设计协会副理事长王树平指出，对“两个条例”的修改，再一次强调了施工图审查是建设程序中的强制性要求，进一步明确了施工图审查机构作为专业技术性机构为政府的质量监管提供技术性服务，也进一步确定了施工图审查机构的地位和作用。② 另一种观点则认为，施工图行政审批制度应回归基本建设程序，由设计单位自行审查。施工图审查应该回归设计单位自行审查的源头上来，政府审查施工图不应继续作为行政行为。③

2019 年 3 月 13 日，国务院办公厅《关于全面开展工程建设项目审批制度改革的实施意见》发布，提出要进一步精简审批环节，要求“试点地区在加快探索取消施工图审查（或缩小审查范围）、实行告知承诺制和设计人员终身负责制等方面，尽快形成可复制可推广的经验”。这是近年来国务院首次明确提出要取消施工图审查制度，而且对取消施工图审查之后的责任落地提出了解决办法，即告知承诺制以及设计师终身负责制。

至此，从 2017 年 10 月，国务院令对《建设工程质量管理条例》《建设工程勘察设计管理条例》中有关施工图审查的部分进行修改，取消了其中“应当将施工图设计文件报县级以上人民政府建设行政主管部门或者其他有关部门审查”的规定，即相关部门不必对施工图进行审查，没有了法定义务和责任。直至上述实施意见提出“将加快探索取消施工图审查”，从行政审批到行政审批与市场化交叉，再到政府购买与市场化，及至逐步取消，施工图审查将走完其全生命周期。

二、其他国家和地区的施工图审查制度

（一）美国

美国对建筑工程产品，特别是事关社会公众利益和公共安全的建设工程，采取直接监管的方式。美国的《国际建筑规范》明确规定建筑工程实行规划许可、施工许可、使用许可制度，施工图审查通过是颁发施工许可证、使用许可证的必备条件。美国各州法律规定，地方政府（市/县）必须设置建管局（或类似机构），建立完善的审查制度，明确审查权限，配备符合规定的审查员来执行施工图审查，建管局与消防局、规划局、公务局等协调审查工作。

美国施工图审查的范围包括厂房、住宅、化工、医药等各类工业与民用建筑；审查的内容包

---

① 陈建国、华春翔、胡文发等：《施工图设计文件审查制度发展历程的回顾与分析》，载《中国勘察设计》2019 年第 5 期。

② 王树平：《完善施工图审查制度保障工程设计质量》，载《建筑设计管理》2018 年第 1 期。

③ 何立山、姜兴周、唐礼民等：《施工图审查权应回归设计单位》，载《建筑设计管理》2018 年第 3 期。

括:结构设计、建筑构造设计、防火安全与灭火、紧急逃生与预警、无障碍设计、节能设计、机械设计、电气设计等。审查员需具有工程经历、培训经历、土木工程师资格,并取得行业组织核发的审查员证书。施工图审查是非营利性质的政府行为,审查机构收取相当于工程造价的0.5% ~1%的审查费,工程的设计质量仍由设计单位负责。在施工图审查中,当发生经验不足或疏忽等质量责任时,一般不会追究审查员个人的民事和刑事责任,其仅承担名誉损失,由审查机构承担民事责任。①

(二)德国

在德国,联邦交通建设房屋部负责城市建设、住宅建设和建筑业的行政管理。各市/县设有相应的建设管理机构。开发商和业主可持建筑设计方案、结构设计图及结构计算书向市或县的建设审批部门提出施工图审查申请。政府重点审查建设项目是否符合国家法律、法规和规划建设要求。审核的主要方面包括:(1)结构稳定性、安全性审查;(2)消防安全审查;(3)交通安全审查;(4)适用性能审查;(5)其他方面的审查。以上5方面的审查内容,以结构安全最为重要,由政府委托技术审核工程师来完成。技术审核工程师必须获得由国家认可的专业机构颁发的资质证书。其他方面的内容,由政府技术管理人员及委托的专业技术人员完成。审核通过,由审核工程师向建设审批机关出具审查报告,政府建设审批机关审批后再开工建设。②

(三)新加坡

在新加坡,建设工程施工图审查工作由公共工程局下属的建筑控制署负责。政府对各类建设工程制定详细的设计标准,建筑控制署主要审查建筑图和结构图,并注重发挥顾问工程师(必须是相关协会会员并在政府注册)的作用。尤其是在建筑使用安全性方面,要求顾问工程师严格遵照法律法规执行。工程施工图必须由顾问工程师签字认可,并由其报送审查。政府高度重视结构设计的安全性,除要求报送结构施工图及结构计算书外,对超限的工程和由公共工程局自己设计的工程,要求结构设计在报送审查前须经政府认可的第三方机构进行复核,复核认可签字后才可正式报送审查。③

(四)我国香港特别行政区

在我国香港特别行政区,环境运输及公务局下属的建筑署和房屋及规划局下属的屋宇署是特别行政区管理工程建设行业的部门,在建筑署与屋宇署均设有专门的施工图审查部门④。其中,建筑署设立的"审查委员会"负责政府投资工程的施工图审查,屋宇署设立的"工程设计审查委员会"负责私人投资工程的施工图审查,对审查合格的项目颁发审查通过证明,作为申领工程开工许可证的必备条件。建筑署和屋宇署负责施工图审查的工作人员均为政府公务员,另外聘请社会专业人员具体负责施工图审查工作。

三、施工图设计文件审查的概念、范围和内容

(一)施工图设计文件审查的概念

根据《房屋建筑和市政基础设施工程施工图设计文件审查管理办法》(住房和城乡建设部令

---

① 井润霞、毛龙泉:《美国建筑工程设计和施工图审查质量的法律责任探析》,载《工程质量》2010年第9期。

② 建设部住宅产业化促进中心:《中国住宅工程质量》,中国建筑工业出版社2007年版,第126~127页。

③ 李世蓉、徐波:《新加坡建筑管理体制及相关制度(一)》,载《建筑》1996年第6期。

④ 《关于印发徐波、吴慧娟同志在全国建设工程质量监督工作研讨会上讲话的通知》,载住房和城乡建设部网站2006年11月1日,http://www.mohurd.gov.cn/zcfg/jswj/gczl/200611/t20061101_157999.htm。

第46号)的规定,施工图审查,是指施工图审查机构按照有关法律、法规,对施工图涉及公共利益、公众安全和工程建设强制性标准的内容进行的审查。施工图审查应当坚持先勘察、后设计的原则。施工图未经审查合格的,不得使用。从事房屋建筑工程、市政基础设施工程施工、监理等活动,以及实施对房屋建筑和市政基础设施工程质量安全监督管理,应当以审查合格的施工图为依据。

(二)施工图设计文件审查的内容

根据《房屋建筑和市政基础设施工程施工图设计文件审查管理办法》的规定,施工图审查机构应当对施工图审查下列内容:(1)是否符合工程建设强制性标准;(2)地基基础和主体结构的安全性;(3)消防安全性;(4)人防工程(不含人防指挥工程)防护安全性;(5)是否符合民用建筑节能强制性标准,对执行绿色建筑标准的项目,还应当审查是否符合绿色建筑标准;(6)勘察设计企业和注册执业人员以及相关人员是否按规定在施工图上加盖相应的图章和签字;(7)法律、法规、规章规定必须审查的其他内容。

四、施工图审查机构

(一)施工图审查机构的性质

根据《房屋建筑和市政基础设施工程施工图设计文件审查管理办法》的规定,省、自治区、直辖市人民政府住房城乡建设主管部门应当会同有关主管部门按照本办法规定的审查机构条件,结合本行政区域内的建设规模,确定相应数量的审查机构,逐步推行以政府购买服务方式开展施工图设计文件审查。具体办法由国务院住房城乡建设主管部门另行规定。审查机构是专门从事施工图审查业务,不以营利为目的的独立法人。省、自治区、直辖市人民政府住房城乡建设主管部门应当将审查机构名录报国务院住房城乡建设主管部门备案,并向社会公布。

(二)审查机构的设置

审查机构按承接业务范围分两类:一类机构承接房屋建筑、市政基础设施工程施工图审查业务范围不受限制;二类机构可以承接中型及以下房屋建筑、市政基础设施工程的施工图审查。房屋建筑、市政基础设施工程的规模划分,按照国务院住房城乡建设主管部门的有关规定执行。建设单位应当将施工图送审查机构审查,但审查机构不得与所审查项目的建设单位、勘察设计企业有隶属关系或者其他利害关系。送审管理的具体办法由省、自治区、直辖市人民政府住房城乡建设主管部门按照“公开、公平、公正”的原则规定。建设单位不得明示或者暗示审查机构违反法律法规和工程建设强制性标准进行施工图审查,不得压缩合理审查周期、压低合理审查费用。

施工图审查制度要求审查机构具有公正性、公益性,而大多数企业性质的施工图审查公司具有营利性、竞争性,这一对矛盾始终存在。各地在施工图审查主体、审查机构的性质、业务范围、审查费收取等方面进行积极探索,涌现出若干不同的运行模型,典型的模式包括:政府购买服务模式、公益服务型模式、公司竞争型模式。其中,依据审查机构的性质不同,公益服务型模式又可分为:重庆模式(行业协会管理+审图公司)、江苏模式(事业+民办非企业审图中心)、贵州模式(事业单位,设计质量监督站)等。[①] 也有学者总结我国施工图审查制度运行典型模式包括政府购买服务模式、公益服务型模式和公司竞争型模式(见表1),进而提出统一施工图审查管理机构、统一管理和分派审查工作任务的运行模式,规范审查机构的入库及评估工作,有条件的地区

① 刘少华、吴爱武、崔跃:《施工图审查的云南模式及思考》,载《中国勘察设计》2014年第6期。

实行政府购买服务模式，当地财政无力负担的地区采用公益型服务模式。①

表1　国内施工图审查制度运行典型模式

模式类别	政府购买服务模式	公益服务型模式	公司竞争型模式
典型案例	武汉模式	江苏模式	上海模式
审查主体	建设行政主管部门	建设行政主管部门	审查机构
审查机构性质	国营、民营企业+民办非企业	事业+民办非企业审图中心	国营、民营企业+民办非企业
审查机构构成	大多依附于原有设计院、工程咨询公司或是其内部派生机构	各级建筑主管部门下属的事业单位或民办非企业审图中心	大多依附于原有设计院、工程咨询公司或是其内部派生机构
审查合同签订	建设单位与建设行政主管部门订立合同	建设单位与审图机构订立合同	建设单位与审图机构订立合同
审查费支付	政府购买服务，向审图机构支付审查费	建设单位向审图机构支付审查费	建设单位向审图机构支付审查费
审查机构业务范围	根据资质自主承接，不受行政区划限制	根据资质在行政区划内承接业务，受行政区划限制	根据资质自主承接，不受行政区划限制
审查机构选择	建设单位不可自主选择审查机构	建设单位不可自主选择审查机构	建设单位可自主选择审查机构
独立法人	完全独立法人	不完全独立法人	完全独立法人
应用地区	武汉市	江苏省、云南省、安徽省、内蒙古自治区	上海市、浙江省、黑龙江省

（三）审查机构的责任

根据《房屋建筑和市政基础设施工程施工图设计文件审查管理办法》的规定，勘察设计企业应当依法进行建设工程勘察、设计，严格执行工程建设强制性标准，并对建设工程勘察、设计的质量负责。审查机构对施工图审查工作负责，承担审查责任。施工图经审查合格后，仍有违反法律、法规和工程建设强制性标准的问题，给建设单位造成损失的，审查机构依法承担相应的赔偿责任。该办法体现了施工图审查制度由质量把关型向质量监管型转变的理念。建设行政主管部门不再承担具体的审查事务，而是通过审查机构的审查对建设单位、勘察设计企业、注册执业人员的违法违规行为进行监督，建设主管部门履行对审查机构和审查人员的监督检查职责。

1.勘察设计单位与人员之责任

勘察设计单位及其人员必须对自己勘察设计文件的质量负责，并不因施工图通过了审查机构的审查就可免责。对此，《建设工程质量管理条例》第19条及《建设工程勘察设计管理条例》第5条第2项均有明确规定。施工图审查机构应当对审查的图纸质量负相应的审查责任，但不代替设计单位承担设计质量责任。审查机构的审查只是一种监督行为，仅对工程设计质量承担间接的审查责任，其直接责任仍由完成勘察设计的单位及个人负责。倘若出现质量问题，勘察设

① 余宏亮、范秋怡、张荣青等：《“去市场化”条件下建设工程施工图设计审查制度运行模式研究》，载《建筑经济》2017年第12期。

计单位及人员必须依据实际情况和相关法律规定,负担相应的民事责任、行政责任与刑事责任。

2. 审查机构与人员之责任

审查机构与审查人员在设计质量上的免责并不意味着审查机构与人员就不负担任何责任。审查机构违反规定,有下列行为之一的,由县级以上地方人民政府住房城乡建设主管部门责令改正,处3万元罚款,并记入信用档案;情节严重的,省、自治区、直辖市人民政府住房城乡建设主管部门不再将其列入审查机构名录:(1)超出范围从事施工图审查的;(2)使用不符合条件审查人员的;(3)未按规定的内容进行审查的;(4)未按规定上报审查过程中发现的违法违规行为的;(5)未按规定填写审查意见告知书的;(6)未按规定在审查合格书和施工图上签字盖章的;(7)已出具审查合格书的施工图,仍有违反法律、法规和工程建设强制性标准的。

根据《房屋建筑和市政基础设施工程施工图设计文件审查管理办法》的规定,审查机构出具虚假审查合格书的,审查合格书无效,县级以上地方人民政府住房城乡建设主管部门处3万元罚款,省、自治区、直辖市人民政府住房城乡建设主管部门不再将其列入审查机构名录。审查人员在虚假审查合格书上签字的,终身不得再担任审查人员;对于已实行执业注册制度的专业审查人员,还应当依照《建设工程质量管理条例》第72条、《建设工程安全生产管理条例》第58条规定予以处罚。因此,建设工程经施工图审查后因勘察设计原因发生工程质量问题,审查机构必须承担审查失察的责任,其所负的责任可能有民事责任、行政责任与刑事责任,将依具体事实及相关情节依法认定。

3. 政府主管部门之责任

依据相关法律规定,政府各级建设行政主管部门在施工图审查中拥有行政审批权,主要负责行政监督管理和程序性审批工作。对于设计文件的质量不承担直接责任,但对其审批工作的质量负有不可推卸的责任,此项责任具体表现为行政责任与刑事责任。根据《房屋建筑和市政基础设施工程施工图设计文件审查管理办法》的规定,国家机关工作人员在施工图审查监督管理工作中玩忽职守、滥用职权、徇私舞弊,构成犯罪的,依法追究刑事责任;尚不构成犯罪的,依法给予行政处分。

五、施工图审查中存在的问题

(一)施工图审查制度设置的目的与执行定位之间存在差异

设立施工图审查制度,目的是以行政和技术手段将事后的质量管理变为事前的监督管理,将勘察设计文件中存在的质量问题在工程施工之前发现并及时纠正,排除质量安全隐患,确保设计文件符合国家法律、法规和强制性标准,确保工程设计不损害公共安全和公众利益,确保工程设计质量以及国家财产和人民生命财产的安全。按照《建设工程质量管理条例》《建设工程勘察设计管理条例》的规定,施工图审查具有社会公共事务管理属性,具有强制性,应由政府部门组织实施审查,属于行政审批的范畴。但国务院《关于第三批取消和调整行政审批项目的决定》改变了施工图审查管理方式,实行自律管理。《房屋建筑和市政基础设施工程施工图设计文件审查管理办法》又明确规定:建设单位可以自主选择审查机构,施工图由审查机构进行审查并直接出具审查合格书,仅需在政府建设主管部门备案。因此,有研究者认为施工图审查失去了行政效力,就会严重削弱了施工图审查制度的权威性和制约力。①

---

① 余宏亮:《国内外建设工程施工图审查制度比较研究》,载《建筑经济》2011年第9期。

(二)审查机构设置不当,难以发挥强制监管作用

根据《房屋建筑和市政基础设施工程施工图设计文件审查管理办法》的规定,各地行政主管部门往往会根据本地实际情况,设立相应的施工图审查机构成立条件并进行行政审批,对整体施工图审查机构数量进行控制,起到了很好的效果。但此规定却与《行政许可法》的规定存在不一致,《行政许可法》规定,达到相关要求的合法机构,行政机关应准予其从事特定的行为。因此,《房屋建筑和市政基础设施工程施工图设计文件审查管理办法》可进行适当修改,避免相关内容与上位法相冲突,如提高准入条件,或争取能够在上位法中增添针对一些特定行业的行政许可方式的解读。① 《房屋建筑和市政基础设施工程施工图设计文件审查管理办法》规定"施工图审查机构是不以营利为目的的独立法人",但在原建设部宣传贯彻上述办法时又指出,关于"不以营利为目的"的提法是一个带有导向性的原则,审查机构的发展也需要合理的盈利,然而审查工作是为了满足政府监管质量的需要由政府强制推行的,审查机构有准公共机构的色彩,就不允许有过高的盈利。在实际执行中,部分省市认定的施工图审查机构不但有事业单位,还有企业单位、民办非企业单位,甚至有私有企业单位等。审查机构设置的不当,使非事业单位性质的施工图审查机构因营利目的屈从于建设单位的压力,被迫满足其不合理的要求,从而使施工图审查难以发挥政府强制监管作用。针对目前参差不齐的施工图审查水平以及不同类的审查工作,众多学者与业内人士提出了诸多改革方向,如有学者提出了分别设立省级建设工程施工图审查中心以及地/市建设行政主管部门设立下属的施工图审查机构,负责不同层面项目的施工图审查,不再批准新的企业性质的审查机构的建议。②

第五节 建设工程勘察设计收费的历史发展

我国工程勘察设计收费标准的发展,见证了我国经济体制从计划经济体制向市场经济体制的变革。

一、我国工程勘察设计收费标准的确立

20世纪80年代起,工程勘察设计企业开始实行行政事业单位的企业化管理试点。1979年,原国家计划委员会、原国家基本建设委员会、财政部《关于勘察设计单位实行企业化取费试点的通知》(已失效)中暂定的取费率为:工业建设项目控制在概算投资额的2%以内,其中有色冶金项目应控制在概算投资额的2.5%以内,民用项目控制在概算投资额的1.5%以内,采用标准设计的取费率应低于0.5%。勘察设计单位按单项工程工作量采取定额取费的办法。1984年,原国家计划委员会发布了《工程勘察收费标准》、《工程设计收费标准(试行)》(已失效),确定民用建筑和市政工程的设计按照统一的工程概算百分比收费,同时规定设计单位不得提高收费标准,也不得压价竞争。从此我国有了一套正式的勘察设计收费标准。

---

① 陈建国、华春翔、胡文发等:《施工图设计文件审查制度发展历程的回顾与分析》,载《中国勘察设计》2019年第5期。

② 余宏亮:《国内外建设工程施工图审查制度比较研究》,载《建筑经济》2011年第9期。

二、工程勘察设计收费标准的规范与完善

随着设计单位的企业化转变和市场经济地位的逐渐确立,1992 年,原国家物价局和原建设部在 1984 年试行标准的基础上进行了调整,发布了《关于发布工程勘察和工程设计收费标准的通知》(已失效),提出了民用建筑分级标准、收费定额及调整系数等,收费水平仍控制在"工业项目 2%,民用建筑 1.5%"的低标准上。收费标准以实物定额收费办法为主,辅以按单项工程概算为计算基础。该标准仍保留了低收费的原则,采用政府定价的方式,明确规定各有关部门和单位必须严格执行统一的工程勘察、工程设计收费办法和收费标准。未经批准,不得擅自增加收费项目,不得自行提高或降低收费标准。

为了贯彻落实国务院办公厅《转发建设部等部门关于工程勘察设计单位体制改革若干意见的通知》,调整工程勘察设计收费标准,规范工程勘察设计收费行为,原国家发展计划委员会和原建设部制定并于 2002 年 1 月 7 日发布《工程勘察设计收费标准》(已失效),对各类建筑和各类工程的收费加权系数进行了详细的规定,基本覆盖了所有勘察设计项目,收费比率也由 1984 年的 1.5% 大幅提升到 3% 左右。援外项目依据原对外贸易经济合作部、财政部颁发的《对外援助项目经济技术咨询实施管理办法》《对外援助成套项目设计监理取费标准》《对外援助成套项目施工监理取费标准》,及其他一些地方政府根据当地情况发布的一些地区收费标准。①

勘察设计行业收费标准的发展已经历三个阶段,基本每十年为一个修订期,根据市场经济发展水平、国家建设管理需求和物价水平等,对收费标准进行修订和完善。除取消按"部门分类",实行按"工程性质分类",合并简化了收费标准之外,《工程勘察设计收费标准》具有如下特征:(1)由政府定价改为政府指导价与市场调节因素相结合的模式;(2)较前一版的规定提高了收费标准;(3)统一收费方式,取消"实物定额"和"概算百分比"双轨制收费方式。此标准有效地规范了工程勘察设计收费行为,维护了工程发包人和勘察设计人双方的合法权益,改革和完善了市场定价机制。②

根据《工程勘察设计收费标准》的规定,"工程勘察和工程设计收费根据建设项目投资额的不同情况,分别实行政府指导和市场调节价。建设项目总投资估算额 500 万元及以上的工程勘察和工程设计收费实行政府指导价;建设项目总投资估算额 500 万元以下的工程勘察和工程设计收费实行市场调节价"。由于重大建设项目对社会经济发展有较大的影响,且大量投资来源主要是各级政府财政性资金,为了保证设计质量和公共安全,并合理控制工程投资,《工程勘察设计收费标准》规定对投资规模较大的项目采取政府指导价是十分必要的。然而,实际操作中,不仅大部分民间投资建设项目无论投资金额高低都采用市场调节价,更有不少政府投资项目也采用市场调节价方式确定价格。在一定程度上造成当时施行的收费标准政府指导功能的失效。

三、工程勘察设计收费的市场化

有学者基于民用建筑设计行业与其他勘察设计行业相比市场更加开放、竞争更加激烈、设计更加注重创意的特点,建议将民用建筑设计行业收费标准从现行工程设计收费标准中区分出来,形成不同于其他勘察设计行业的有针对性、合理性和科学性的收费标准。并开展设计文件内容

---

① 李克强:《浅析中国建筑设计行业收费及对策》,载《建筑设计管理》2010 年第 4 期。

② 张星:《对市场经济中建筑设计行业收费的思考》,载《建筑设计管理》2013 年第 4 期。

和深度以及技术标准的研究,明确设计应达到的技术深度,适当扩大设计服务的业务分类和细化范围,并在收费标准中明确解决实际工程中大量重复深化设计及多重返工等现象的问题。建议根据投资主体确定不同的收费方式。政府投资项目采用现行造价比率法收费,以控制合理投资规模,确保财政性资金的安全,便于监督管理。房地产开发项目可以完全放开,市场自由竞价。给予企业更多的自主性和灵活性,符合市场竞争特性的产品的定价由市场竞争的法则来确定。①

2002 年,原国家发展计划委员会、原建设部颁布了《工程勘察设计收费标准》作为政府指导价标准。2013 年,国家价格主管部门拟将工程勘察设计收费标准全部放开,使其进入全面市场化。2014 年,住房和城乡建设部接到国家发展和改革委员会《关于放开有关领域服务价格意见的函》。来函提出:按照中共中央《关于全面深化改革若干重大问题的决定》"完善主要由市场决定价格的机制""政府定价范围主要限定在重要公用事业、公共服务、网络型自然垄断环节"的要求,拟对工程勘察设计服务价格逐步放开,实行市场调节价,取消政府指导价。具体措施:第一步,采取实行政府指导价和市场调节相结合的方式,即对属于政府购买服务的政府投资项目服务,继续实行政府指导价管理;对属于非政府投资项目以及政府没有购买服务的政府投资项目服务实行市场调节价管理;第二步,待市场发育更为成熟后,全面放开工程勘察设计服务价格,全面实行市场调节管理。② 针对这一问题,全国人大代表王玉芝认为,勘察设计收费全面市场化或将带来一系列的问题:(1)加剧了行业内的恶性竞争。《工程勘察设计收费标准》由于执行和执法力度严重不足,已经造成市场秩序混乱、恶意竞争加剧。全面放开价格,必将进一步加剧市场环境恶化,工程勘察设计行业及企业整体收入水平将呈现大幅下降的态势。(2)加大了工程设计质量风险。企业为确保预期经济效益,必然压缩设计环节成本、降低设计深度、减少出图数量,导致设计质量降低,给工程质量和安全带来重大隐患。(3)削弱了优秀企业的市场竞争力。对技术投入高、质量管控严、注重职业操守、遵守市场秩序、维护行业信誉、综合实力强的设计企业将造成巨大冲击,并对行业和企业的科技进步、专有技术造成巨大影响,严重削弱企业的国际竞争力;对于人员资质挂靠、技术配置不足、质量保证体系空虚、靠恶意压价生存的企业,产生"竞争优势",造成"打优扶劣"的局面,有悖于国家倡导的节约型社会的塑造。(4)打击了工程设计人员的积极性。工程技术人员的社会地位和创作积极性将进一步下降。(5)增加了行业内的矛盾纠纷。发包方和承包方的矛盾和纠纷将加大加重。因此,王玉芝建议,工程勘察设计收费应采取分类指导的办法过渡。国家预算内投资、国有控股企业投资、事业单位投资以及国家重要重大项目、涉及国计民生的项目和生命线工程项目继续执行国家指导价,并在《工程勘察设计收费标准》的基础上适度调升,政府价格主管部门应同时加大执法力度。其余可由市场调节的工程勘察设计项目,由发包方和承包方商定合理的收费标准。③

一方面,为贯彻落实党中央、国务院关于加强法治政府建设和推进简政放权、放管结合、优化服务的要求,营造良好营商环境,激发市场活力和创造力,2016 年 1 月 1 日,《工程勘察设计收费管理规定》被国家发展和改革委员会《关于废止部分规章和规范性文件的决定》废止。自 2016 年 1 月 1 日起,工程勘察和工程设计收费实行市场调节价,一般最终设计收费按市场及双方协商确定。自 2002 年以来,我国勘察设计行业实际执行的就是政府指导价与市场调节价相结合的方

---

① 朱小地:《工程设计收费标准亟待调整》,载《建筑设计管理》2011 年第 5 期。

② 李武英:《工程勘察设计服务价格将市场化》,载《建筑设计管理》2014 年第 6 期。

③ 陈园园:《全国人大代表王玉芝:工程勘察设计收费应实行分类指导》,载《中国建设报》2014 年 3 月 15 日,第 1 版。

式，只是随着建设项目规模的不断扩大，通货膨胀及原材料等价格的飞涨，多数项目也并未严格执行取费标准，取费计算方式也并未按工程造价百分比取费，而多是双方协商后按面积收费。但另一方面，境外事务所、国际设计大师的方案设计按境外标准或远高于中国标准收费的现象也普遍存在。从某种意义上来讲，其实目前我国勘察设计行业已突破原收费标准中投资额的限定，完全执行市场调节价。

第六节 建设工程勘察设计的责任与保险制度

一、建设工程勘察、设计单位的质量责任和义务

勘察设计质量是决定工程建设质量的首要环节，关系国家财产和人民生命的安全，关系建设投资的综合效益，也反映了一个国家的科技水平和文化水平，因此，勘察设计质量工作一直是各级主管部门和勘察设计单位的工作重点。

（一）勘察设计业务承揽应符合资质要求

从事建设工程勘察、设计的单位应当依法取得相应等级的资质证书，并在其资质等级许可的范围内承揽工程。禁止勘察、设计单位超越其资质等级许可的范围或者以其他勘察、设计单位的名义承揽工程。禁止勘察、设计单位允许其他单位或者个人以本单位的名义承揽工程。勘察、设计单位不得转包或者违法分包所承揽的工程。

（二）勘察设计按照工程建设强制性标准进行

勘察、设计单位必须按照工程建设强制性标准进行勘察、设计，并对其勘察、设计的质量负责。

（三）注册执业人员签字制度

注册建筑师、注册结构工程师等注册执业人员应当在设计文件上签字，对设计文件负责。

（四）工程勘察质量要求

勘察单位提供的地质、测量、水文等勘察成果必须真实、准确，应当符合国家规定的勘察深度要求。工程勘察企业的法定代表人、项目负责人、审核人、审定人等相关人员，应当在勘察文件上签字或者盖章，并对勘察质量负责。

（五）工程设计质量要求

设计单位应当根据勘察成果文件进行建设工程设计。设计文件应当符合国家规定的设计深度要求，注明工程合理使用年限。设计单位在设计文件中选用的建筑材料、建筑构配件和设备，应当注明规格、型号、性能等技术指标，其质量要求必须符合国家规定的标准。除有特殊要求的建筑材料、专用设备、工艺生产线等外，设计单位不得指定生产厂、供应商。

（六）施工图设计文件说明义务

设计单位应当就审查合格的施工图设计文件向施工单位作出详细说明。

（七）设计单位参与设计建设工程质量事故分析

设计单位应当参与建设工程质量事故分析，并对因设计造成的质量事故，提出相应的技术处理方案。

二、建设工程勘察、设计的违法责任

(一)建设单位的违法责任

发包人将建设工程勘察设计业务发包给不具有相应资质等级的建设工程勘察、设计单位的，责令改正，处50万元以上100万元以下的罚款。

(二)勘察设计单位的违法责任

1. 非法承揽业务的责任

建设工程勘察、设计单位超越其资质等级许可的范围或以其他建设工程勘察、设计单位的名义承揽建设工程勘察、设计业务，或者建设工程勘察、设计单位允许其他单位或者个人以本单位的名义承揽建设工程勘察、设计业务的，责令停止违法行为，处合同约定的勘察费、设计费1倍以上2倍以下的罚款，有违法所得的，予以没收；可以责令停业整顿，降低资质等级；情节严重的，吊销资质证书。未取得资质证书承揽工程的，予以取缔，依照以上规定处以罚款；有违法所得的，予以没收。以欺骗手段取得资质证书承揽工程的，吊销资质证书，依照以上规定处以罚款；有违法所得的，予以没收。

2. 非法转包的责任

建设工程勘察、设计单位将所承揽的建设工程勘察、设计转包的，责令改正，没收违法所得，处合同约定的勘察费、设计费25%以上50%以下的罚款，可以责令停业整顿，降低资质等级；情节严重的，吊销资质证书。

3. 不按规定进行勘察设计的责任

工程勘察设计单位有下列行为之一的，责令改正，处10万元以上30万元以下的罚款：(1)勘察单位未按照工程建设强制性标准进行勘察的；(2)设计单位未根据勘察成果文件进行工程设计的；(3)设计单位指定建筑材料、建筑构配件的生产厂、供应商的；(4)设计单位未按照工程建设强制性标准进行设计的。有上述所列行为，造成工程质量事故的，责令停业整顿，降低资质等级；情节严重的，吊销资质证书；造成损失的，依法承担赔偿责任。

(三)勘察、设计执业人员的违法责任

未经注册，擅自以注册建设工程勘察、设计人员的名义从事建设工程勘察、设计活动的，责令停止违法行为，没收违法所得，处违法所得2倍以上5倍以下罚款；给他人造成损失的，依法承担赔偿责任。建设工程勘察、设计注册执业人员和其他专业技术人员未受聘于一个建设工程勘察、设计单位或者同时受聘于两个以上建设工程勘察、设计单位，从事建设工程勘察、设计活动的，责令停止违法行为，没收违法所得，处违法所得2倍以上5倍以下的罚款；情节严重的，可以责令停止执行业务或者吊销资格证书；给他人造成损失的，依法承担赔偿责任。

(四)国家机关工作人员的违法责任

国家机关工作人员在建设工程勘察、设计活动的监督管理工作中玩忽职守、滥用职权、徇私舞弊，构成犯罪的，依法追究刑事责任；尚不构成犯罪的，依法给予行政处分。

三、建设工程勘察设计责任保险制度

(一)建设工程勘察设计责任保险制度作用

为了保障建设工程的安全和质量、维护社会公众利益，提高建设工程设计质量和水平、促进行业持续、健康发展，设立工程勘察设计责任保险制度是必要和切实有效的方法。

1. 与国务院相关行政法规配套,落实勘察设计质量责任制度

《建设工程质量管理条例》第3条规定,建设单位、勘察单位、设计单位、施工单位、工程监理单位依法对建设工程质量负责。《建设工程勘察设计管理条例》第5条规定,建设工程勘察、设计单位必须依法进行建设工程勘察、设计,严格执行工程建设强制性标准,并对建设工程勘察、设计的质量负责。为有效落实勘察设计单位和人员的责任制度,实施建设工程勘察设计保险责任制度。

2. 为勘察设计单位提供一个分解风险的机制

尽管工程勘察设计责任事故发生的概率较小,但一旦发生,后果严重。推行勘察设计保险,工程勘察设计单位通过缴纳少量的保险费便可以转移其难以承受的巨大风险,增强其抗风险的能力。① 建立勘察设计责任保险制度,对于保障建设单位的投资安全,保证工程勘察设计单位的稳定经营,转移工程勘察设计单位及技术人员执业责任风险是非常有必要的。

(二)我国开展工程勘察设计保险的现状

我国于1999年由原建设部颁布了《关于同意北京市、上海市、深圳市开展工程设计保险试点工作的通知》,决定在以上三个城市实行设计保险。为了配合原建设部的试点工作,由中国人民保险公司牵头,上海、深圳、山东、四川、北京、天津、湖南等省市的相关处室组成险种开发小组,在借鉴国际先进经验的基础上,设计开发了与试点工作相配套的《建设工程设计责任保险条款》,于1999年10月报经原中国保险监督管理委员会核准备案。2003年,原建设部又发布了《关于积极推进过程设计责任保险工作的指导意见》,要求各地在2004年年底前建立工程设计责任保险制度,并对试点工作中存在的问题提供了指导性意见。各地方也发布了相关执行文件,如山东省发布了《关于建立建设工程勘察设计责任保险制度的通知》《山东省建设工程勘察设计责任保险实施细则》等。

但各地对如何推行设计保险、对工程设计保险是否强制性投保却存有较大不同。上海市和北京市都是强调保险以自愿、合理为基础,政府不强制设计企业参加设计保险,但是明确要求参加投标的设计单位必须提供经济赔偿能力证明,设计单位一般可有以下三个选择:自由资产担保、第三方担保、参加设计保险;②深圳市则实行了强制保险制度,要求政府、国有集体企事业单位投资以及国有企事业单位控股企业投资的工程都必须投保,私人投资的工程是否需要设计保险,由业主自主决定。③

(三)国外工程设计保险制度的基本情况

国外政府部门对工程设计保险的要求有两种:一种是政府法规规定必须实行强制性的保险;另一种是非强制性的,由企业自愿购买。由于业主在工程委托中会要求设计企业购买足够额度的工程设计保险,以保证投资安全,所以无论是实施强制性还是非强制性保险制度,建筑师事务所或工程师事务所等工程设计企业基本上都能自愿购买工程设计保险,以减少企业经营风险。

1. 国际惯例中的两种设计保险类型④

(1)十年责任保险

工程完工后,建筑工程依然存在潜在的风险,特别是投资特别大的重要工程以及采用新工艺

---

① 陈陈:《建设工程设计责任保险综述》,载《上海保险》2005年第5期。
② 胡兴球:《国际惯例中的设计保险与我国实践》,载《建筑经济》2004年第11期。
③ 孙文成:《对我国工程设计保险推行方式的思考》,载《工程建设》2007年第2期。
④ 胡兴球:《国际惯例中的设计保险与我国实践》,载《建筑经济》2004年第11期。

或新技术的工程项目。工程质量责任保险正是基于建筑物使用周期长,承包商流动性大的特点而专门设立的。依据 FIDIC 条款,在十年的责任期限到期时,将终止对设计人员提出诉讼的任何权利。据此,大部分国家将工程质量责任保险的年限定为十年,而保险的标的是十年内建筑物本身及其他有关的人身财产。十年责任保险需要一次性购买,承包商是投保人,业主是被保险人,保险率按议定的保险期限/建设投资额度等因素确定。由于国际上工程建设普遍实行总承包制,因此该种险的特点是保险范围不但包含了由于设计工作疏忽或过失引起质量问题造成的损失,同时包含了施工、材料或使用过程中由于疏忽或过失引起质量问题造成的损失。在许多国家,十年责任险是强制性险种,如法国《建筑职责与保险》明确要求承包商(包括负责建筑设计的咨询工程师)必须对工程本身在十年内承担相应的质量缺陷责任。

(2)建筑师职业责任险

建筑师职业责任险是一种典型的职业责任险种,根据投保人不同,可分为法人职业责任保险和自然人职业责任保险两大类。前者的投保人是具有法人资格的设计企业,以在投保企业工作的个人作为保险对象。后者的投保人是作为个体的自然人(执业建筑师),其保险对象是自己的职业责任风险。建筑师职业责任保险的具体做法是设计企业或者执业建筑师按一定周期(一般为 1 年或者 2 年)购买一定额度的保险,投保企业或者投保建筑师在保险期内由于设计错误、工作疏忽、监督失误等原因给业主或承包商造成的损失,保险公司负责进行评估并赔偿损失,赔偿额度不超过设计单位购买的保险额度。一般来说,设计企业或者执业建筑师在执业期间都需要每年连续购买职业责任保险,以保证保险期的连续性。不同的国家,对于设计企业或者执业的建筑师是否需要必须购买建筑师职业责任险的要求不同。但是由于设计行业的特点,绝大多数执业的设计企业或建筑师都会主动购买建筑师职业责任险,以保证其能够正常开展业务。为了保障自己的投资安全,业主在选择建筑师时,该建筑师是否购买职业责任保险也是其选择标准之一。可以说,建筑师职业责任保险是国际上普遍实行的一种设计保险类型。

2. 国外工程设计保险业务的运作方式及特点

国外工程设计保险业务的运作有以下三种方式:

(1)政府授权给相应的工程设计协会承办保险业务。协会设立工程设计保险委员会,负责工程设计职业责任险业务,如加拿大安大略省皇家建筑师协会保险委员会。保险委员会本身按政府规定是非营利性组织,自收自支,为行业服务,只经营处理工程设计保险业务,不涉及其他保险业务领域。这种形式将保险业务与行业管理结合起来,有利于通过设计保险促进行业管理,促进行业技术发展,促进设计队伍素质的提高,提升工程设计质量,同时有利于保险业务的开展、质量事故的鉴定与仲裁。存在的问题是保险委员会直接出保单,有一定的风险,同时需要聘用一批懂法律、有经验、懂金融并具有丰富工作经验的专家参加工作,运作有一定的难度。

(2)在行业协会下建立专门的保险经纪人公司,中介于保险公司和设计企业之间,为双方服务。一方面,经纪人公司为设计企业选择经济、合适且具有良好声望信誉的保险公司;另一方面,经纪人公司在发生质量事故时帮助设计企业追偿索赔,提供法律诉讼等服务。同时,经纪人公司为保险公司提供投保设计企业业绩,企业职业道德、综合能力、经营情况等评价服务,在发生质量事故时,协助保险公司进行工程质量鉴定。这种形式的经纪人公司方便了保险公司开展业务,既降低成本又提高工作效率,同时也方便了设计企业,减少投保的盲目性,保证企业投资的有效性。经纪人公司是经政府主管部门批准成立的独立法人实体,为设计企业和保险公司提供双向服务,收取有偿服务费。澳大利亚基本上是采用保险经纪人公司的运作模式。由澳大利亚皇家建筑师协会控股RAIA保险经纪人公司担负了澳大利亚全国75%以上的工程设计保险业务，并在澳大利亚全国主要城市和部分国家、地区设立了分公司，开展工程设计保险业务。

（3）设计企业直接向有关的保险公司投保，如在我国的香港特别行政区。此种方式具有直接性，减少中间环节，但在保险业务中，设计企业要专门配备有经验、懂法律和保险业务人员从事工作，否则很难保证选择最佳的保险公司和确定投保费率，其工作缺乏准确性和有效性。同时，保险公司还要设置专门的懂建筑业务的部门和人员负责处理有关质量鉴定和仲裁。①

（四）工程勘察设计责任保险的内容

中国人民保险公司会同有关各方，按照国际惯例中的建筑师职业责任险和十年责任险，开发了建设工程设计责任保险和单项建设工程设计责任保险两个险种并制定了相应的保险条款。建设工程设计责任保险（年保），是指工程设计单位以全年设计项目为投保标的，根据其年承担的设计项目所遇风险和出险概率选择年累计赔偿限额，保险期限为一年。单项建设工程设计责任保险（单保），则是以工程设计的单个项目为投保标的，并以工程项目预算为赔偿限额的依据。由于在全国范围的层面尚缺少工程勘察设计责任保险制度的具体规范，下文以《山东省建设工程勘察设计责任保险实施细则》为例，简单介绍工程勘察设计责任保险制度的基本内容。

1. 勘察设计责任保险的投保人

凡取得国家建设行政主管部门或省建设行政主管部门核发的勘察设计资质证书，并在工商行政主管部门注册登记，具有独立法人资格的勘察设计单位，应当积极参加工程勘察设计责任保险。能够提供自有资产担保和第三方担保证明的勘察设计单位可不参加本保险。

2. 保险范围

单项工程保险范围主要为：全部或部分是财政投资、融资的建设工程；国有、集体单位投资或控股的建设工程；涉及社会公共利益、公众安全的住宅小区、公建、城市基础设施等工程；业主事先约定勘察设计单位应当参加责任保险的建设工程等。年保保险范围是投保单位在保险期内完成的所有勘察设计工程。

3. 投保方式

建设工程勘察设计责任保险分为年保和单项工程投保两类。年保，是指工程勘察设计单位以全年设计项目为投保标的，根据其年承担的勘察设计项目所遇风险和出险概率选择年累计赔偿限额。单项工程投保，是指以单个工程勘察设计项目为投保标的，以工程项目预算金额为赔偿限额。年保项目保险期限为1年，保险期限自保险人签发保险单次日0时起至期满日24时止。期满可续保。单项投保项目的保险期限为自保险单约定的起保日开始至投保工程竣工的验收合格期满3年之日终止。除非另有约定，保险期限不得超过8年，大型工程不得超过10年。

4. 保险条款和保险合同

建设工程设计责任保险条款原则上按照中国保险监管部门核准备案的条款执行，具体事宜由投保人与保险人协商确定。

5. 业主要求勘察设计单位投保的权利

各级建设行政主管部门要积极推动建设工程勘察设计责任保险工作，在业主进入有形市场招标时，应当告之业主有要求投标人参加工程勘察设计责任保险的权利。

---

① 林选才：《深化勘察设计行业体制改革建立工程设计保险制度——在工程设计保险试点城市研讨会上的讲话》，载《核工业勘察设计》2000年第3期。

（五）我国现行勘察设计保险中存在的问题①

1. 现行的责任保险法规不健全

如建设工程设计风险防范的具体措施、工程质量事故的鉴定主体和责任认定等问题，由于缺乏具体的责任保险法规，往往处于无法可依的状况。

2. 勘察设计保险险种比较单一，保险条款不完善

目前险种只有综合年度保险、单项工程保险两种，选择余地不大。保险条款不完善之处主要有：保险公司承担的保险责任不明确；保险公司责任免除范围过宽而且条款含义不明确；保险人（保险公司）和被保险人（如工程设计单位）权利义务不对等；被保险人的违约责任过重，并且难以进行客观判断；赔偿程度不明确、不具体等。

3. 勘察设计责任事故的鉴定和处理缺乏明确的规范

勘察设计责任事故的鉴定和处理具有专业性、技术性强等特点，勘察设计责任事故的鉴定和处理不能简单套用司法鉴定的程序和保险公估机构的做法，需要有一套具有本行业特色的事故鉴定机构和处理程序，在这方面我国尚处于空白。

---

① 陈陈：《建设工程设计责任保险综述》，载《上海保险》2005年第5期。

第五章　建设工程监理法律制度

第一节　建设工程监理概述

一、建设工程监理制产生的背景

从中华人民共和国成立直至改革开放以前，我国固定资产投资基本上是由国家统一安排计划，由国家统一财政拨款。在这种模式下，建设工程管理的经验不能承袭升华，教训却不断重复发生，使我国建设工程管理水平长期在低水平徘徊，当时建设工程领域中概算超估算、预算超概算、结算超预算、工期延长的现象较为普遍。1978 年我国实行改革开放以来，外商和国际组织纷纷来我国投资，“三资”项目、贷款项目越来越多，在这些项目的建设管理中，业主基本上都要求采用国际通用的工程管理制度，其中最有代表性、最有划时代意义的就是 1982 年世界银行贷款的云南鲁布革水电站项目，设置“工程师”(engineer)机构，按国际合同管理方式代表业主对工程进行现场综合监督管理，以保证项目管理的顺利实施。在随后的项目建设中，监理的介入使项目在投资控制、进度控制和质量控制方面均取得了令人满意的效果。例如，利用世界银行贷款的京津塘高速公路建设，由我国监理工程师为主进行工程监理，在工程质量方面取得了突出成绩，赢得了国内外的好评。监理在工程建设上的突出表现，最终得到了我国建设领域行政管理层的重视与认同。原建设部于 1988 年 5 月成立了建设监理司，以指导全国的建设监理工作，开始开展建设监理学科学术研究，开展建设监理行业的试点工作。1988 年 7 月，原建设部发布《关于开展建设监理工作的通知》，明确提出要建立建设监理制度。

二、我国建设工程监理制度的历史沿革

自 1988 年以来，分别以 1988 年的《关于展开建设监理工作的通知》、1992 年的《工程建设监理规定》(已失效)、1995 年的《工程建设监理规定》(已失效)、2005 年全国建设工程监理工作会议为划分标志，我

国的工程监理制度先后经历了改革试点、稳步发展、全面推行、创新发展①和转型升级五个阶段。

（一）改革试点阶段（1988～1991年）

1988年7月，原建设部发布了《关于开展建设监理工作的通知》，标志着我国监理事业的正式开始。1988年11月，原建设部发布《印发〈关于开展建设监理试点工作的若干意见〉的通知》，决定建设监理制度先在北京、上海、南京、天津、宁波、沈阳、哈尔滨、深圳8市和能源、交通的水电与公路系统进行试点。1989年4月，原交通部颁发《公路工程施工监理暂行办法》（已失效），并先后在京津塘高速公路、济南—青岛公路等9条高级公路建设中进行了监理试点。1989年7月，原建设部发布《建设监理试行规定》（已失效），提出建立专业化、社会化的建设监理和以规划、协调、监督、服务为内容的政府监督管理的建设监理制度，标志着我国建设监理工作的正式实施。

1988～1991年，各地区、各有关部门先后组建了195家建设监理单位，参加监理工作的人员共计6500余人，投资达775亿元，累计有456项工程实行了建设监理。实行监理的工程在工期、质量、造价等方面均取得了较好的效果。② 这一阶段的监理对象大多为国家、地方重点工程项目，监理方式主要为自行监理，即由业主直接派出人员组织监理。

（二）稳步发展阶段（1992～1995年）

在这一阶段，有关工程监理的法律法规得到进一步完善。我国先后颁布实施了《工程建设监理单位资质管理试行办法》（已失效）、《监理工程师资格考试和注册试行办法》（已失效）、《关于发布工程建设监理费有关规定的通知》（已失效）、《工程建设监理规定》（已失效）。北京、上海、河北、浙江、湖南等省市的政府或人大常委会也发布了本地区的建设监理法规。1995年10月，原建设部、原国家工商行政管理局还联合发布了《工程建设监理合同（示范文本）》（GF—95—0202）。

这一期间，监理业务和监理队伍有了稳步发展，1993年全国已成立监理单位501家，从业人员达23,831人，国家确认的监理工程师376人。到1995年，监理单位已发展到1500家，其中甲级资质的123家；从业人员8万余人，其中注册监理工程师1184人。全国29个省、自治区、直辖市和国务院39个工业、交通等部门相继推行了建设监理制度，受监工程的投资规模达到5000亿元。③ 监理的全面介入，大大促进了我国工程建设项目管理水平的提高。同时，通过委托监理，项目法人大大精简了筹建队伍。在推广方面，建设监理制度得到了更广泛的普及，推行监理的地级市已达到78%的水平。在建工程实行监理的比例已达40%。④

（三）全面推行阶段（1996～2005年）

1995年12月15日，原建设部发布《工程建设监理规定》（已失效），标志着建设监理制度进入全面推行阶段。1997年11月1日，第八届全国人大常委会第二十八次会议通过了《建筑法》，《建筑法》第30条确立了工程监理在建设活动中的法律地位。此阶段，我国先后颁布实施了《建设工程质量管理条例》《建设工程安全生产管理条例》，进一步明确了监理责任。为了规范工程监理行为，保障工程监理健康发展，原建设部先后出台了《监理工程师资格考试和注册管理办法》（已失效）、《建设工程监理范围和规模标准规定》等部门规章；国务院铁道、交通、水利、信息产业等有关部门也出台了相应专业工程监理的部门规章。一些省市也相继出台了地方法规和规章，如浙江省于2001年出台了《浙江省建设工程监理管理条例》，深圳市于2002年出台了《深圳

① 周羿：《工程监理企业开展项目管理服务的研究》，同济大学2008年硕士学位论文，第11页。

② 数据来自原建设部《关于进一步开展建设监理工作的通知》（1992年2月20日发布）。

③ 周羿：《工程监理企业开展项目管理服务的研究》，同济大学2008年硕士学位论文，第12页。

④ 周羿：《工程监理企业开展项目管理服务的研究》，同济大学2008年硕士学位论文，第14页。

经济特区建设工程监理条例》,四川、河北等省也以省长令形式出台了监理规定。这些法律、法规和规章的出台,初步形成了我国工程监理的法规体系,为工程监理工作提供了法律保障。①

同时,《建设工程监理规范》(GB 50319—2000)的发布实施,标志着我国监理行业有了统一的标准,在规范化的道路上迈进了一大步。工程监理制度的推行,对控制工程质量、投资、进度发挥了重要作用,取得了明显效果,促进了我国工程建设管理水平的提高。我国已在铁道、交通、水利、电力、冶金、机电、林业、矿山、航空航天、石油化工、信息产业、轻工纺织、房屋建筑和市政公用等各类建设工程中普遍实施了工程监理制度,尤其是在三峡工程、青藏铁路、西气东输、西电东送、南水北调等一批国家重点工程和大中型建设项目上,工程监理的作用日益明显,目前大多数建设单位从被动接受监理向主动选择监理转变。

我国工程监理队伍也在不断发展壮大。全国监理企业从1995年的1500家发展到2005年的6200多家;从业人员由1995年的8万余人发展到2005年的27万余人;通过考试取得监理工程师执业资格证书的人员2005年已达10万余人,其中有8万余人经过注册取得了监理工程师岗位证书。这一阶段,工程监理行业已形成了总监理工程师、专业监理工程师、监理员三个层次的人才队伍。②

(四)创新发展阶段(2006~2016年)

2005年6月29~30日,原建设部在大连召开了第七次全国建设监理工作会议。会议的主要内容是按照全面落实科学发展观的要求,回顾10年来我国建设监理工作取得的成就,总结、交流经验,表彰先进,分析建设监理工作面临的形式和存在的问题,研究建设监理工作的发展方向和改革措施,部署今后的建设监理工作,推进建设监理工作持续健康的发展。

在此阶段,建设工程监理法律法规体系进一步完善,工程监理的行为及服务范围得到了明确和拓展。2006年1月26日,原建设部发布《注册监理工程师注册管理规定》,同时废止1992年6月4日原建设部发布的《监理工程师资格考试和注册试行办法》。自2006年4月1日起施行的《注册监理工程师注册管理规定》,对于加强和规范注册监理工程师的管理、提高工程监理质量和水平、维护公共利益和建筑市场秩序、保障监理工程师的权利和义务等,都具有重要的意义。2006年10月16日,原建设部发布《关于落实建设工程安全生产监理责任若干意见》,对建设工程安全生产监理的主要工作内容、工作程序、监理责任等作出了规定。2006年11月29日,原建设部发出《关于报送2006年建设工程监理统计报表的通知》,要求自2006年起正式实行《建设工程监理统计报表制度》。2007年1月22日,原建设部和商务部共同发布《外商投资建设工程服务企业管理规定》(已失效),这是我国政府发布的第一个关于规范外商投资建设工程服务企业的管理性文件。2007年3月30日,国家发展和改革委员会和原建设部联合发布了《建设工程监理与相关服务收费管理规定》(已失效)和《建设工程监理与相关服务收费标准》(已失效)。这些规范性文件对于规范建设工程监理及相关服务收费行为,维护发包人和监理人双方合法权益,促进工程监理行业健康发展,起到了重要的作用。

(五)转型升级阶段(2016年至今)

从2016年开始,结合国外经验及国内市场变化,国家通过推动全过程工程咨询,开始推动和

---

① 黄卫:《改革创新 科学发展 努力开创工程监理工作的新局面——建设部副部长黄卫在全国建设工程监理会议上的讲话》,载《中国建设信息》2005年第14期。

② 黄卫:《改革创新 科学发展 努力开创工程监理工作的新局面——建设部副部长黄卫在全国建设工程监理会议上的讲话》,载《中国建设信息》2005年第14期。

指导监理行业转型升级。

2017 年,国务院办公厅《国务院办公厅关于促进建筑业持续健康发展的意见》提出完善工程建设组织模式,培育全过程工程咨询。鼓励投资咨询、勘察、设计、监理、招标代理、造价等企业采取联合经营、并购重组等方式发展全过程工程咨询,培育一批具有国际水平的全过程工程咨询企业。政府投资工程应带头推行全过程工程咨询,鼓励非政府投资工程委托全过程工程咨询服务。2017 年,住房和城乡建设部发布《关于开展全过程工程咨询试点工作的通知》,选择北京、上海、江苏、浙江、福建、湖南、广东、四川 8 省(市)以及中国建筑设计院有限公司等 40 家企业开展全过程工程咨询试点,健全全过程工程咨询管理制度,完善工程建设组织模式,培养有国际竞争力的企业,提高全过程工程咨询服务能力和水平,为全面开展全过程工程咨询积累经验。

2017 年 7 月 7 日,住房和城乡建设部发布《关于促进工程监理行业转型升级创新发展的意见》,要求完善工程监理制度,更好发挥监理作用,促进工程监理行业转型升级、创新发展,鼓励支持监理企业为建设单位做好委托服务的同时,进一步拓展服务主体范围,积极为市场各方主体提供专业化服务。

2019 年,国家发展和改革委员会、住房和城乡建设部联合印发《关于推进全过程工程咨询服务发展的指导意见》,要求以全过程咨询推动完善工程建设组织模式。在房屋建筑、市政基础设施等工程建设中,鼓励建设单位委托咨询单位提供招标代理、勘察、设计、监理、造价、项目管理等全过程咨询服务,满足建设单位一体化服务需求,增强工程建设过程的协同性。

就监理行业而言,市场合同总额在增加,监理合同额比例有所下降,其他业务如咨询服务、项目管理、招标代理、造价咨询等的合同额在增加,总量在扩大。截至 2018 年年底,全国工程监理企业有 8393 家,企业从业人员近 117 万人,承揽合同额 5902.42 亿元,全年营业收入 4314.42 亿元。甲级企业和乙级企业共计 7179 家,占 90.36%;以房屋建筑和市政为主营业务的共计 7339 家,占92.37%,居于主导地位。①

三、建设工程监理的概念和性质

(一)建设工程监理的概念

根据《建筑法》《建设工程监理规范》(GB/T 50319—2013),笔者认为,建设工程监理是指具有相应资质的工程监理企业,接受建设单位的委托,依据法律、行政法规以及有关的技术标准、设计文件和建设工程监理合同及建设工程承包合同,在施工阶段对建设工程质量、进度、造价进行控制,对合同、信息进行管理,对工程建设相关方的关系进行协调,并履行建设工程安全生产管理法定职责的服务活动。建设工程监理不同于建设行政主管部门的监督管理。后者的行为主体是政府部门,具有明显的强制性,是行政性的监督管理,它的任务、职责、内容不同于建设工程监理。同样,总承包单位对分包单位的监督管理也不能视为建设工程监理。

(二)建设工程监理的性质

《建筑法》明确指出,工程监理企业应当根据建设单位的委托,客观、公正地执行监理任务。《建设工程监理规范》(GB/T 50319—2013)规定:“工程监理单位应公平、独立、诚信、科学地开展

---

① 王早生:《不忘监理初心　积极转型升级　努力促进建筑业高质量发展》,载中国建设新闻网 2019 年 8 月 7 日,http://chinajsb.cn/html/201908/07/4505.html。

建设工程监理与相关服务活动。”按照《建设工程监理概论》等多本教材①的观点，建设工程监理的性质包括服务性、科学性、独立性和公正性。

（三）监理单位的法律地位

目前，社会各界对工程监理的认识存在分歧，对于监理单位的法律地位，有的观点认为监理企业应是独立的第三方，有的观点认为应是业主方的代表，还有的观点认为监理应代表政府，等。这种定位的不清晰性，影响了工程监理行业的健康发展。笔者认为，对监理单位的法律地位的分析应该从几个方面来理解：

1. 监理单位与建设单位属于委托关系，监理单位的履行监理职责的权限来自建设单位的授权

根据《民法典》第 796 条、第 919 条、第 922 条、第 928 条之规定，建设单位与其委托的工程监理单位应当订立书面委托合同，工程建设监理的权利与义务是通过与建设单位所签订的委托监理合同赋予的：建设单位是监理任务的委托方，工程监理单位是监理任务的受托方。监理单位与施工单位是监理与被监理的关系。建设单位在工程建设中拥有选择勘察、设计、施工、监理单位以及确定建设规模、标准、功能等重大问题的决策权，工程监理单位则在建设单位的授权范围内从事项目监督管理服务。监理工程师代表监理单位完成合同约定的委托事项。根据《建筑法》第 32 条的规定，监理单位在履行监理职责时，除了要按照建设单位与监理单位之间签订的建设工程监理合同的约定对施工单位的工程建设行为进行监督外，还不得违反相关《建筑法》《招标投标法》《民法典》等法律法规以及监理单位职业道德标准的规定，以维护社会公共利益和公共安全。

2. 监理单位与建设单位的委托关系不得影响监理单位的独立法律地位，监理业务具有独立性

依据有关法律法规的规定，监理单位是具有法人资格的企业，具有独立的法律地位，是我国法律体系中独立的民商事主体，不同资质等级的建筑工程监理单位承担不同的建筑工程监理业务。独立性是建设工程监理的一项国际惯例。从事建设工程监理活动的监理企业是直接参与建设工程项目的“第三方”，当委托监理合同确定后，建设单位不得干涉监理企业的正常工作。监理企业应依法独立地以自己的名义成立自己的组织，并且根据自己的工作准则来行使工程承包合同及委托监理合同中所确认的职权，承担相应的职业道德责任和法律责任。按照独立性要求，工程监理单位应当严格地按照有关法律、法规、规章、工程建设文件、工程建设技术标准、建设工程委托监理合同、有关的建设工程合同等的规定实施监理；在委托监理的工程中，与承建单位不得有隶属关系和其他利害关系；在开展工程监理的过程中，必须建立自己的组织，按照自己的工作计划、程序、流程、方法、手段，根据自己的判断，独立地开展工作。

虽然监理单位是受建设单位委托，代表建设单位对工程实施监理，并不意味着监理单位应当受建设单位指使，无条件听从建设单位的意见。如果把监理单位当作建设单位的质量代言人，或是建设单位、施工单位的现场质量管理员，就是片面理解了工程监理员的职责。

---

① 郑惠虹、胡红霞主编：《建设工程监理概论》，中国电力出版社 2009 年版；巩天真、张泽平主编：《建设工程监理概论》（第 2 版），北京大学出版社 2009 年版；韩庆主编：《土木工程监理概论》，水利水电出版社 2008 年版。

第二节　建设工程监理的实施

一、建设工程监理范围和规模标准规定

（一）建设工程监理的工作范围

建设工程监理包括两个方面：一是工程类别，其范围确定为各类土木工程、建筑工程、线路管道工程、设备安装工程和装修工程；二是工程建设阶段，其范围确定为工程建设投资决策阶段、勘察设计招投标与勘察设计阶段、施工招投标与施工阶段（包括设备采购与制造和工程质量保修）。

《建设工程监理规范》（GB/T 50319—2013）适用于新建、扩建、改建建设工程监理与相关服务活动。实施建设工程监理前，建设单位应委托具有相应资质的工程监理单位，并以书面形式与工程监理单位订立建设工程监理合同，合同中应包括监理工作的范围、内容、服务期限和酬金，以及双方的义务、违约责任等相关条款。在订立建设工程监理合同时，建设单位将勘察、设计、保修阶段等相关服务一并委托的，应在合同中明确相关服务的工作范围、内容、服务期限和酬金等相关条款。

由于目前我国的监理工作在工程建设投资决策阶段、勘察设计招投标与勘察设计阶段尚不够成熟，需要进一步探索完善，而在施工阶段（包括设备采购与制造和工程质量保修）的监理工作已经摸索总结出一套比较成熟的经验和做法，因而目前该规范主要适用于建设工程施工阶段的监理工作。

（二）建设工程强制监理的范围

《建筑法》第30条规定，国务院可以规定实行强制监理的建筑工程的范围。《建设工程质量管理条例》第12条规定了必须实行监理的建设工程范围。2000年12月29日起施行的《建设工程监理范围和规模标准规定》则对必须实行监理的建设工程作出了更具体的规定。根据《建设工程监理范围和规模标准规定》的规定，我国现阶段必须实行工程建设监理的工作项目范围，具体包括以下几类工程：

1. 国家重点建设工程

国家重点建设工程，是指依据《国家重点建设项目管理办法》所确定的，对国民经济和社会发展有重大影响的骨干项目。

2. 大中型公用事业工程

大中型公用事业工程，是指项目总投资额在3000万元以上的下列工程项目：(1)供水、供电、供气、供热等市政工程项目；(2)科技、教育、文化等项目；(3)体育、旅游、商业等项目；(4)卫生、社会福利等项目；(5)其他公用事业项目。

3. 成片开发建设的住宅小区工程

成片开发建设的住宅小区工程，建筑面积在5万平方米以上的住宅建设工程必须实行监理；5万平方米以下的可以实行监理，具体范围和规模标准，由省、自治区、直辖市人民政府建设行政主管部门规定。为了保证住宅质量，对高层住宅及地基、结构复杂的多层住宅应当实行监理。

4. 利用外国政府或者国际组织贷款、援助资金的工程

(1)使用世界银行、亚洲开发银行等国际组织贷款资金的项目;(2)使用国外政府及其机构贷款资金的项目;(3)使用国际组织或者国外政府援助资金的项目。

5. 国家规定必须实行监理的其他工程

(1)项目总投资额在3000万元以上关系社会公共利益、公众安全的下列基础设施项目:①煤炭、石油、化工、天然气、电力、新能源等项目;②铁路、公路、管道、水运、民航以及其他交通运输业等项目;③邮政、电信枢纽、通信、信息网络等项目;④防洪、灌溉、排涝、发电、引(供)水、滩涂治理、水资源保护、水土保持等水利建设项目;⑤道路、桥梁、地铁和轻轨交通、污水排放及处理、垃圾处理、地下管道、公共停车场等城市基础设施项目;⑥生态环境保护项目;⑦其他基础设施项目。(2)学校、影剧院、体育场馆项目。

二、建设工程监理的依据

《建筑法》第32条规定:“建筑工程监理应当依照法律、行政法规及有关的技术标准、设计文件和建筑工程承包合同,对承包单位在施工质量、建设工期和建设资金使用等方面,代表建设单位实施监督。工程监理人员认为工程施工不符合工程设计要求、施工技术标准和合同约定的,有权要求建筑施工企业改正。工程监理人员发现工程设计不符合建筑工程质量标准或者合同约定的质量要求的,应当报告建设单位要求设计单位改正。”《建设工程监理规范》(GB/T 50319—2013)规定,实施建设工程监理应遵循下列主要依据:(1)法律法规及工程建设标准;(2)建设工程勘察设计文件;(3)建设工程监理合同及其他合同文件。具体来说,建设工程监理的依据主要有:

(一)工程建设相关的法律法规、标准、规范

1. 与工程建设相关的法律主要包括:《建筑法》《民法典》《招标投标法》等。

2. 国务院制定的行政法规主要包括:《建设工程质量管理条例》《建设工程安全生产管理条例》等。

3. 标准、规范主要包括:《工程建设标准强制性条文》、《建设工程监理规范》以及有关的工程技术标准、规范、规程等。

(二)工程建设文件

工程建设文件包括:批准的可行性研究报告、建设项目选址意见书、建设用地规划许可证、建设工程规划许可证、审查批准的施工图设计文件、施工许可证等。

(三)建设工程合同和建设工程监理合同

工程监理企业应当根据下述两类合同进行监理:一是建设单位与工程监理企业签订的建设工程监理合同;二是建设单位与其他单位签订的建设工程合同,包括建设工程勘察设计合同、建设工程施工合同等。依法签订的建设工程合同,是工程建设监理工作具体控制工程投资、质量、进度的主要依据。监理工程师应以此为尺度严格监理,并努力达到工程实施的依据。实施建设工程监理前,监理单位必须与建设单位签订合法的书面委托监理合同,以明确双方的权利和义务。建设工程委托监理合同是监理单位进行监理工作的主要依据。

三、建设工程监理的程序

建设工程监理单位在签订委托监理合同后,即可着手实施建设工程监理。建设工程监理一

般按照下列程序进行：

（一）确定项目总监理工程师并成立项目监理机构

监理单位应根据建设工程的规模、性质、业主对监理的要求，委派称职的人员担任项目总监理工程师。总监理工程师是一个建设工程监理工作的总负责人，对内向监理单位负责，对外向业主负责。

（二）编制建设工程监理规划

建设工程监理规划是开展工程监理活动的纲领性文件，是项目监理机构全面开展建设工程监理工作的指导性文件。监理规划是在总监理工程师的主持下，针对项目的实际情况编制，经监理单位技术负责人批准，用来明确项目监理机构的工作目标，确定具体的监理工作制度、程序、方法和措施，指导项目监理机构全面开展监理工作的指导性文件。监理规划应结合工程实际情况，明确项目监理机构的工作目标，确定具体的监理工作制度、内容、程序、方法和措施。监理规划可在签订建设工程监理合同及收到工程设计文件后由总监理工程师组织编制，并应在召开第一次工地会议前报送建设单位。

编制监理规划应依据建设工程的相关法律法规及项目审批文件，与建设工程项目有关的标准、设计文件、技术资料，监理大纲、委托监理合同文件，以及与建设工程项目相关的合同文件。监理规划编审应遵循下列程序：(1)总监理工程师组织专业监理工程师编制；(2)总监理工程师签字后由工程监理单位技术负责人审批。

监理规划应包括下列主要内容：工程概况；监理工作的范围、内容、目标；监理工作依据；监理组织形式、人员配备及进退场计划、监理人员岗位职责；监理工作制度；工程质量控制；工程造价控制；工程进度控制；安全生产管理的监理工作；合同与信息管理；组织协调；监理工作设施。

在实施建设工程监理过程中，实际情况或条件发生变化而需要调整监理规划时，应由总监理工程师组织专业监理工程师修改，并应经工程监理单位技术负责人批准后报建设单位。

（三）制定各专业监理实施细则

对专业性较强、危险性较大的分部分项工程，项目监理机构应编制监理实施细则。监理实施细则应在相应工程施工开始前由专业监理工程师编制，并应报总监理工程师审批。监理实施细则应符合监理规划的要求，并应具有可操作性。

监理实施细则的编制应依据下列资料：监理规划；工程建设标准、工程设计文件；施工组织设计、（专项）施工方案。

监理实施细则应包括下列主要内容：专业工程特点；监理工作流程；监理工作要点；监理工作方法及措施。在实施建设工程监理过程中，监理实施细则可根据实际情况进行补充、修改，并应经总监理工程师批准后实施。

（四）参与建设工程竣工验收并签署建设工程监理意见

项目监理机构发现施工存在质量问题的，或施工单位采用不适当的施工工艺，或施工不当，造成工程质量不合格的，应及时签发监理通知单，要求施工单位整改。整改完毕后，项目监理机构应根据施工单位报送的监理通知回复对整改情况进行复查，提出复查意见。对需要返工处理加固补强的质量缺陷，项目监理机构应要求施工单位报送经设计等相关单位认可的处理方案，并应对质量缺陷的处理过程进行跟踪检查，同时应对处理结果进行验收。对需要返工处理或加固补强的质量事故，项目监理机构应要求施工单位报送质量事故调查报告和经设计等相关单位认可的处理方案，并应对质量事故的处理过程进行跟踪检查，同时应对处理结果进行验收。项目监理机构应及时向建设单位提交质量事故书面报告,并将完整的质量事故处理记录整理归档。项目监理机构应审查施工单位提交的单位工程竣工验收报审表及竣工资料,组织工程竣工预验收。存在问题的,应要求施工单位及时整改;合格的,总监理工程师应签认单位工程竣工验收报审表。工程竣工预验收合格后,项目监理机构应编写工程质量评估报告,并应经总监理工程师和工程监理单位技术负责人审核签字后报建设单位。

项目监理机构应参加由建设单位组织的竣工验收,对验收中提出的整改问题,应督促施工单位及时整改。工程质量符合要求的,总监理工程师应在工程竣工验收报告中签署意见。

(五)监理文件资料管理

项目监理机构应及时、准确、完整地收集、整理、编制、传递监理文件资料。项目监理机构应及时整理、分类汇总监理文件资料,并应按规定组卷,形成监理档案。工程监理单位应根据工程特点和有关规定,保存监理档案,并应向有关单位、部门移交需要存档的监理文件资料。

监理文件资料应包括下列主要内容:(1)勘察设计文件、建设工程监理合同及其他合同文件;(2)监理规划、监理实施细则;(3)设计交底和图纸会审会议纪要;(4)施工组织设计、(专项)施工方案、施工进度计划报审文件资料;(5)分包单位资格报审文件资料;(6)施工控制测量成果报验文件资料;(7)总监理工程师任命书,工程开工令、暂停令、复工令,开工或复工报审文件资料;(8)工程材料、构配件、设备报验文件资料;(9)见证取样和平行检验文件资料;(10)工程质量检查报验资料及工程有关验收资料;(11)工程变更、费用索赔及工程延期文件资料;(12)工程计量、工程款支付文件资料;(13)监理通知单、工作联系单与监理报告;(14)第一次工地会议、监理例会、专题会议等会议纪要;(15)监理月报、监理日志、旁站记录;(16)工程质量或生产安全事故处理文件资料;(17)工程质量评估报告及竣工验收监理文件资料;(18)监理工作总结。

四、建设工程监理的任务和内容

由于建设工程监理工作具有技术管理、经济管理、合同管理、组织管理和工作协调等多项业务、职能,对其工作内容方式方法范围和深度均有特殊要求。监理工作的内容在工程建设的不同阶段也不尽相同。一般来说,建设工程监理工作的主要内容包括:协助建设单位进行工程项目可行性研究、优选设计方案、设计单位和施工单位审查设计文件、控制工程质量造价和工期监督、管理建设工程合同的履行以及协调建设单位与工程建设有关各方的工作、关系等。

(一)建设工程监理的任务

我国把建设监理的任务归纳为“三控制、两管理、一协调”。其中心任务是实现“三控制”目标,且以合同管理为主要依据和手段来保证“三控制”目标的最优实现。

1.“三控制”

“三控制”是建设工程监理的核心工作,包括质量控制、投资控制和工期控制。工程进度控制,是指项目实施阶段(包括设计准备、设计、施工、施工前准备各阶段)的进度控制,控制的目的是通过采用控制措施,确保项目交付使用时间目标的实现。工程质量控制,是指监理工程师组织参加施工的承包商,按合同标准进行建设,并对形成质量的诸因素进行检测、核验,对差异提出调整、纠正措施的监督管理过程。工程投资(成本)控制,是指在工程项目投资范围内得到合理控制,对施工单位是工程造价控制,而对于建设单位和监理单位来说,就是成本控制。

工程项目的投资、进度和质量目标相互关联、相互制约,具有对立统一关系的目标系统。三大目标是一个不可分割的目标系统,监理工程师在进行目标控制时应注意统筹兼顾,合理确定投资、进度、质量三大目标的标准，针对整个目标系统实施控制，防止盲目追求单一目标而冲击或干扰其他目标，以实现项目目标系统作为衡量目标控制效果的标准，追求目标系统整体效果。

2.“两管理”

“两管理”是监理在项目内部的管理，主要是对建设工程合同管理、工程建设过程中有关信息的管理和安全管理。建设项目监理的合同贯穿合同的签订、履行、变更或终止等活动的全过程。职业健康安全与环境管理是围绕动态目标控制展开的，而安全是工程建设过程中最重要的目标控制的基础。施工项目管理是一项复杂的现代化管理活动，更要依靠大量的信息以及对大量信息的管理，并应用电子计算机进行辅助。

3.“一协调”

“一协调”是协调参与工程建设各方，包括业主、施工、监理、审计、设计院、工程相关行政管理部门等工作关系。“一协调”指全面地组织协调（协调的范围分为内部的协调和外部的协调）。

（二）建设工程监理的内容

建设工程监理工作内容根据项目进度的不同，分为决策阶段监理、设计阶段监理、施工阶段监理和其他服务四个部分。

1. 建设工程决策阶段的监理工作内容

建设工程决策阶段的工作主要是对投资决策、立项决策和可行性决策的咨询。建设工程的决策咨询，既不是监理单位替建设单位决策，更不是替政府决策，而是受建设单位或政府的委托选择决策咨询单位，协助建设单位或政府与决策咨询单位签订咨询合同，并监督合同的履行，对咨询意见进行评估。建设工程决策阶段监理的内容如下：

（1）投资决策咨询

投资决策咨询的委托方可能是建设单位（筹备机构），还可能是金融单位，还可能是政府。这一阶段的监理内容为：协助委托方选择投资决策咨询单位，并协助签订合同书；监督管理投资决策咨询合同的实施；对投资咨询意见评估，并提出监理报告。

（2）建设工程立项决策咨询

建设工程立项决策主要是确定拟建工程项目的必要性和可行性（建设条件是否具备）以及拟建规模。这一阶段的监理内容为：协助委托方选择建设工程立项决策咨询单位，并协助签订合同书；监督管理立项决策咨询合同的实施；对立项决策咨询方案进行评估，并提出监理报告。

（3）建设工程可行性研究决策咨询

建设工程的可行性研究是根据确定的项目建议书在技术上、经济上、财务上对项目进行详细论证，提出优化方案。这一阶段的监理内容为：协助委托方选择建设工程可行性研究单位，并协助签订可行性研究合同书；监督管理可行性研究合同的实施；对可行性研究报告进行评估，并提出监理报告。

2. 建设工程勘察设计阶段的监理工作内容

建设工程勘察设计阶段监理的工作主要是对勘察、设计进度、质量和投资的监督管理，具体内容包括：（1）协助业主组织设计招标或设计方案竞赛，选择勘察、设计单位；（2）协助业主签订勘察、设计合同；（3）整理并提供设计所需的基础性资料；（4）参与设计方案的比选和优化；（5）按勘察、设计进度要求，配合业主做好与建设有关各方的协调工作，重点是为业主提供技术支持；（6）参与设备和材料的选型；（7）审核勘察、设计文件和造价文件；（8）检查、控制勘察、设计进度及质量。

3. 工程建设施工阶段的监理工作内容

(1)施工准备阶段监理工作内容

主要内容有:①协助业主组织招标[项目报建、施工(设备、材料)招标文件编制、标底编制、资格预审、评标组织]。②协助业主签订施工合同及设备、材料采购合同。③在设计交底前,熟悉设计文件,并对图纸中存在的问题通过建设单位向设计单位提出书面意见和建议。④参加由建设单位组织的设计技术交底会,总监签认会议纪要。⑤工程项目开工前,审查承包单位报送的施工组织设计(方案)报审表,提出审查意见,并经总监理工程师审核、签认后报建设单位。⑥审查承包单位现场项目管理机构的质量管理体系、技术管理体系和质量保证体系(包括质量管理、技术管理和质量保证的组织机构,质量管理、技术管理制度,专职管理人员和特种作业人员的资格证、上岗证等)。⑦审查分包商的资格(分包工程开工前,专业监理工程师应审查承包单位报送的分包单位资格报审表和分包单位有关资质资料)。⑧检查测量放线控制成果及保护措施。⑨审批开工申请,专业监理工程师审查承包单位报送的工程开工报审表及相关资料,具备开工条件时,由总监理工程师签发,并报建设单位。

(2)施工阶段监理工作内容

①工程质量控制。主要内容有:A. 施工组织设计进行调整、补充或变动时,应经专业监理工程师审查,并应由总监签认。B. 要求承包单位报送重点部位、关键工序的施工工艺和确保工程质量的措施。C. 审定新材料、新工艺、新技术、新设备的施工工艺措施和证明材料,必要时组织专题论证。D. 复验和确认承包单位在施工过程中报送的施工测量放线成果,专业监理工程师考核承包单位的试验室。E. 审核承包单位报送的拟进场工程材料、构配件和设备报审表及其质量证明资料,并对进场的实物按照委托监理合同约定或有关工程质量管理文件规定的比例采用平行检验或见证取样方式进行抽检。F. 定期检查承包单位的直接影响工程质量的计量设备的技术状况。G. 施工过程进行巡视和检查,对隐蔽工程的隐蔽过程、下道工序施工完成后难以检查的重点部位,专业监理工程师应安排监理员进行旁站监理。H. 现场检查隐蔽工程报验申请表和签认自检结果。I. 审核承包单位报送的分项工程质量验评资料。J. 对施工过程中出现的质量缺陷,应及时下达监理工程师通知,要求承包单位整改,并检查整改结果,做好记录。K. 施工存在重大质量隐患,可能造成质量事故或已经造成质量事故,总监理工程师应及时下达工程暂停令,要求承包单位停工整改;下达工程暂停令和签署工程复工报审表,宜事先向建设单位报告。L. 对需要返工处理或加固补强的质量事故,总监理工程师应责令承包单位报送质量事故调查报告和经设计单位等相关单位认可的处理方案,项目监理机构应对质量事故的处理过程和处理结果进行跟踪检查和验收。

②工程造价控制。主要内容有:A. 工程款支付。包括现场计量,按施工合同的约定审核工程量清单和工程款支付申请表;总监理工程师签署工程款支付证书,并报建设单位。B. 竣工结算。包括审核承包单位报送的竣工结算报表;总监与建设单位、承包单位协商一致后,签发竣工结算文件和最终的工程款支付证书,报建设单位。C. 造价风险分析与管理。D. 审查工程变更的方案,确定工期、费用变更。E. 及时收集、整理有关的施工和监理资料,为处理费用索赔提供证据。F. 未经监理人员质量验收合格的工程量,或不符合施工合同规定的工程量,监理人员应拒绝计量和该部分的工程款支付申请。

③工程进度控制。主要内容有:A. 总监理工程师审批承包单位报送的施工总进度计划。B. 总监理工程师审批承包单位编制的年、季、月度施工进度计划。C. 专业监理工程师对进度计

划实施情况进行检查、分析。D. 对进度目标进行风险分析，制定防范性对策，报送建设单位。E. 总监理工程师应在监理月报中向建设单位报告工程进度和所采取进度控制措施的执行情况，并提出合理预防由建设单位原因导致的工程延期及其相关费用索赔的建议。

(3)工程竣工验收阶段监理工作内容

主要内容有：①审查承包单位报送的竣工资料，并对工程质量进行竣工预验收。合格的，签署工程竣工报验单，并提出工程质量评估报告。工程质量评估报告应经总监理工程师和监理单位技术负责人审核签字。②参加由建设单位组织的竣工验收，并提供相关监理资料。③对验收中提出的整改问题，项目监理机构应要求承包单位进行整改。④总监理工程师会同参加验收的各方签署竣工验收报告。

(4)工程质量保修期监理工作内容

监理单位应依据委托监理合同约定的工程质量保修期、监理工作的时间、范围和内容开展工作。承担质量保修期监理工作时，监理单位应安排监理人员对建设单位提出的工程质量缺陷进行检查和记录，对承包单位进行修复的工程质量进行验收合格后予以签认。监理人员应对工程质量缺陷原因进行调查分析，并确定责任归属。对非承包单位原因造成的工程质量缺陷，监理人员应核实修复工程的费用和签署工程款支付证书，并报建设单位。

(5)施工合同管理的其他工作

①工程暂停及复工。总监理工程师在签发工程暂停令时，应根据暂停工程的影响范围和影响程度，按照施工合同和委托监理合同的约定签发。在发生下列情况之一时，总监理工程师可签发工程暂停令：建设单位要求暂停施工且工程需要暂停施工；为了保证工程质量而需要进行停工处理；施工出现了安全隐患，总监理工程师认为有必要停工以消除隐患；发生了必须暂时停止施工的紧急事件；承包单位未经许可擅自施工或拒绝项目监理机构管理。

由于建设单位原因，或其他非承包单位原因导致工程暂停时，项目监理机构应如实记录所发生的实际情况。总监理工程师应在施工暂停原因消失，具备复工条件时，及时签署工程复工报审表，指令承包单位继续施工。由于承包单位原因导致工程暂停，在具备恢复施工条件时，项目监理机构应审查承包单位报送的复工申请及有关材料，同意后由总监理工程师签署工程复工报审表，指令承包单位继续施工。

②工程变更的管理。工程变更，是指在工程项目实施过程中，按照合同约定的程序对部分或全部工程在材料、工艺、功能、构造、尺寸、技术指标、工程数量及施工方法等方面做出的改变。变更是指承包人根据监理签发设计文件及监理变更指令进行的、在合同工作范围内各种类型的变更，包括合同工作内容的增减、合同工程量的变化、因地质原因引起的设计更改、根据实际情况引起的结构物尺寸、标高的更改、合同外的任何工作等。

项目监理机构应按下列程序处理工程变更：A. 设计单位对原设计存在的缺陷提出的工程变更，应编制设计变更文件；建设单位或承包单位提出的工程变更，应提交总监理工程师，由总监理工程师组织专业监理工程师审查。审查同意后，应由建设单位转交原设计单位编制设计变更文件。当工程变更涉及安全、环保等内容时，应按规定经有关部门审定。B. 项目监理机构应了解实际情况和收集与工程变更有关的资料。C. 总监理工程师必须根据实际情况、设计变更文件和其他有关资料，按照施工合同的有关条款，对工程变更的费用和工期作出评估。D. 总监理工程师应就工程变更费用及工期的评估情况与承包单位和建设单位进行协调。E. 总监理工程师签发工程变更单。F. 项目监理机构应根据工程变更单监督承包单位实施。

项目监理机构处理工程变更应符合下列要求：A. 项目监理机构在工程变更的质量、费用和工期方面取得建设单位授权后，总监理工程师应按施工合同规定与承包单位进行协商，经协商达成一致后，总监理工程师应将协商结果向建设单位通报，并由建设单位与承包单位在变更文件上签字。B. 在项目监理机构未能就工程变更的质量、费用和工期方面取得建设单位授权时，总监理工程师应协助建设单位和承包单位进行协商，并达成一致。C. 在建设单位和承包单位未能就工程变更的费用等方面达成协议时，项目监理机构应提出一个暂定的价格，作为临时支付工程进度款的依据。该项工程款最终结算时，应以建设单位和承包单位达成的协议为依据。

在总监理工程师签发工程变更单之前，承包单位不得实施工程变更。未经总监理工程师审查同意而实施的工程变更，项目监理机构不得予以计量。

③费用索赔的处理。费用索赔，是指根据承发包合同的约定，合同一方因另一方的原因造成本方经济损失，通过监理工程师向对方索取费用的活动。

项目监理机构处理费用索赔应依据下列内容：国家有关的法律、法规和工程项目所在地的地方法规；本工程的施工合同文件；国家、部门和地方有关的标准、规范和定额；施工合同履行过程中与索赔事件有关的凭证。

当承包单位提出费用索赔的理由需要同时满足以下条件时，项目监理机构方可受理：索赔事件造成了承包单位直接经济损失；索赔事件是由于非承包单位的责任发生的；承包单位已按照施工合同规定的期限和程序提出费用索赔申请表，并附有索赔凭证材料。

承包单位向建设单位提出费用索赔，项目监理机构应按下列程序处理：承包单位在施工合同规定的期限内向项目监理机构提交对建设单位的费用索赔意向通知书；总监理工程师指定专业监理工程师收集与索赔有关的资料；承包单位在承包合同规定的期限内向项目监理机构提交对建设单位的费用索赔申请表；总监理工程师初步审查费用索赔申请表；总监理工程师进行费用索赔审查，并在初步确定一个额度后，与承包单位和建设单位进行协商；总监理工程师应在施工合同规定的期限内签署费用索赔审批表，或在施工合同规定的期限内发出要求承包单位提交有关索赔报告的进一步详细资料的通知，待收到承包单位提交的详细资料后，按程序进行。

④工程延期及工程延误的处理。当承包单位提出工程延期要求符合施工合同文件的规定条件时，项目监理机构应予以受理。当影响工期事件具有持续性时，项目监理机构可在收到承包单位提交的阶段性工程延期申请表并经过审查后，先由总监理工程师签署工程临时延期审批表并通报建设单位。当承包单位提交最终的工程延期申请表后，项目监理机构应复查工程延期及临时延期情况，并由总监理工程师签署工程最终延期审批表。项目监理机构在作出临时工程延期批准或最终的工程延期批准之前，均应与建设单位和承包单位进行协商。当承包单位未能按照施工合同要求的工期竣工交付造成工期延误时，项目监理机构应按施工合同规定从承包单位应得款项中扣除误期损害赔偿费。

⑤合同争议的调解。项目监理机构接到合同争议的调解要求后应进行以下工作：及时了解合同争议的全部情况，包括进行调查和取证；及时与合同争议的双方进行磋商；在项目监理机构提出调解方案后，由总监理工程师进行争议调解；当调解未能达成一致时，总监理工程师应在施工合同规定的期限内提出处理该合同争议的意见；在争议调解过程中，除已达到了施工合同规定的暂停履行合同的条件之外，项目监理机构应要求施工合同的双方继续履行施工合同。

在总监理工程师签发合同争议处理意见后，建设单位或承包单位在施工合同规定的期限内未对合同争议处理决定提出异议，在符合施工合同的前提下，此意见应成为最后的决定，双方必须执行。在合同争议的仲裁或诉讼过程中,项目监理机构接到仲裁机关或法院要求提供有关证据的通知后,应公正地向仲裁机关或法院提供与争议有关的证据。

⑥合同的解除。施工合同的解除必须符合法律程序。当建设单位违约导致施工合同最终解除时,项目监理机构应就承包单位按施工合同规定应得到的款项与建设单位和承包单位进行协商,并应按施工合同的规定确认承包单位应得到的全部款项,并书面通知建设单位和承包单位。由于承包单位违约导致施工合同终止后,项目监理机构应按程序清理承包单位的应得款项,或偿还建设单位的相关款项,并书面通知建设单位和承包单位。由于不可抗力或非建设单位、承包单位原因导致施工合同终止时,项目监理机构应按施工合同规定处理合同解除后的有关事宜。

⑦监理资料的管理。施工阶段的监理资料应包括下列内容:施工合同文件及委托监理合同;勘察设计文件;监理规划;监理实施细则;分包单位资格报审表;设计交底与图纸会审会议纪要;施工组织设计(方案)报审表;工程开工/复工报审表及工程暂停令;测量核验资料;工程进度计划;工程材料、构配件、设备的质量证明文件;检查试验资料;工程变更资料;隐蔽工程验收资料;工程计量单和工程款支付证书;监理工程师通知单;监理工作联系单;报验申请表;会议纪要;来往函件;监理日记;监理月报;质量缺陷与事故的处理文件;分部工程、单位工程等验收资料;索赔文件资料;竣工结算审核意见书;工程项目施工阶段质量评估报告等专题报告;监理工作总结等。监理资料必须及时整理、真实完整、分类有序。监理资料的管理应由总监理工程师负责,并指定专人具体实施。监理资料应在各阶段监理工作结束后及时整理归档。监理档案的编制及保存应按有关规定执行。

(6)各阶段都可以开展的其他委托业务

监理企业可以接受业主委托,开展的其他委托业务:①协助业主办理项目报建手续;②协助业主办理项目申请供水、供电、供气、电信线路等协议或批文。

五、建设工程监理模式

(一)平行承发包模式条件下的监理模式

与建设工程平行承发包模式相适应的监理模式主要有以下两种形式:

1. 业主委托一家监理单位监理。这种模式要求被委托的监理单位应该具有较强的合同管理与组织协调能力,并能做好全面规划工作。

2. 业主委托多家监理单位监理。采用这种模式,监理单位对象相对单一,但建设工程监理工作被支解,各监理单位各负其责,缺少一个对建设工程进行总体规划与协调控制的监理单位。

(二)设计或施工总分包模式条件下的监理模式

对设计或施工总分包模式,业主可以委托一家监理单位进行实施阶段全过程的监理,也可以分别按照设计阶段和施工阶段委托监理单位。前者的优点是监理单位可以对设计阶段和施工阶段的工程投资、进度、质量控制统筹考虑,合理进行总体规划协调,更可使监理工程师掌握设计思路与设计意图,有利于施工阶段的监理工作。

(三)项目总承包模式条件下的监理模式

在项目总承包模式下,一般宜委托一家监理单位进行监理。在这种模式下,监理工程师需具备较全面的知识,做好合同管理工作。

六、建设工程监理与项目管理的关系

建设工程监理是我国建筑业和基本建设管理体制改革发展的产物,国外没有与建设工程监理完全一致的概念。英国特许建造学会(The Chartered Institute of Building,CIOB)对建设工程项目管理是这样定义的:从项目的开始到项目的完成,对项目进行全过程的计划、协调和控制。其目的是满足建设单位的要求,在给定的费用和所要求的质量标准下,按时完成具有一定功能和经济实用性的项目。2003 年原建设部发布的《关于培育发展工程总承包和工程项目管理企业的指导意见》对建设工程项目管理的含义作了明确的定义,即建设工程项目管理是指从事工程项目管理的企业受建设单位委托,按照合同约定在工程项目决策阶段为建设单位编制可行性研究报告,进行可行性分析和项目策划;在工程项目实施阶段,为建设单位提供招标代理、设计管理、采购管理、施工管理和试运行(竣工验收)等服务,代表建设单位对工程项目进行质量、安全、进度、费用、合同、信息等管理和控制。

根据《关于大型工程监理单位创建工程项目管理企业的指导意见》的规定,工程项目管理企业是以工程项目管理专业人员为基础,以工程项目管理技术为手段,以工程项目管理服务为主业,具有与提供专业化工程项目管理服务相适应的组织机构、项目管理体系、项目管理专业人员和项目管理技术,通过提供项目管理服务,创造价值并获取利润的企业。

工程项目管理企业应具备以下基本特征:(1)具有工程项目投资咨询、勘察设计管理、施工管理、工程监理、造价咨询和招标代理等方面能力,能够在工程项目决策阶段为业主编制项目建议书、可行性研究报告,在工程项目实施阶段为业主提供招标管理、勘察设计管理、采购管理、施工管理和试运行管理等服务,代表业主对工程项目的质量、安全、进度、费用、合同、信息、环境、风险等方面进行管理。根据合同约定,可以为业主提供全过程或分阶段项目管理服务。(2)具有与工程项目管理服务相适应的组织机构和管理体系,在企业的组织结构、专业设置、资质资格、管理制度和运行机制等方面满足开展工程项目管理服务的需要。(3)掌握先进、科学的项目管理技术和方法,拥有先进的工程项目管理软件,具有完善的项目管理程序、作业指导文件和基础数据库,能够实现工程项目的科学化、信息化和程序化管理。(4)拥有配备齐全的专业技术人员和复合型管理人员构成的高素质人才队伍。配备与开展全过程工程项目管理服务相适应的注册监理工程师、注册造价工程师、一级注册建造师、一级注册建筑师、勘察设计注册工程师等各类执业人员和专业工程技术人员。(5)具有良好的职业道德和社会责任感,遵守国家法律法规、标准规范,科学、诚信地开展项目管理服务。

为进一步区分建设工程项目管理与建设工程监理的关系,可以从服务对象及提供者、业务范围、法律责任、行业准入等方面对两者进行比较分析,以便进一步搞清两者之间的关系及区别。

(一)业务范围

按照 2004 年原建设部发布的《建设工程项目管理试行办法》,建设工程项目管理的工作内容包括可行性研究、招标代理、造价咨询、工程监理和勘察设计、施工管理等。建设工程项目管理企业必须能够代表建设单位统筹资源,把前面提及的各种拆零细分的专业服务(前期策划、造价控制、设计过程管理、招标代理、监理、审图)以及其他管理因素“化零为整”进行综合管理。因此,建设工程项目管理在某种程度上是对各种专业服务的整合与集成。而建设工程监理的主要工作内容可以归纳为“三控制、两管理、一协调”,其是对施工阶段的质量、进度、费用、安全等方面的监督管理,这在《建筑法》等法律法规中已作了明确规定。

因此,从业务范围上讲,建设工程监理是建设工程项目管理的重要组成部分,但不是项目管理的全部。工程项目管理与工程监理的另一大区别在于:前者可包括设计过程的项目管理(某些情况下还可以承担相应的设计工作),甚至包括项目前期策划,而建设工程监理一般不包括设计和设计过程管理,更不涉及项目前期策划。

(二)服务对象及提供者

建设工程项目管理范围较大。它不单纯是施工企业的项目管理,在建筑业中,项目参与各方都需要项目管理,如建设单位方项目管理、设计方项目管理、施工方项目管理、供货方项目管理等。但由于建设单位是建设工程项目生产过程的总集成者和总组织者,因此建设单位方的项目管理是一个项目的项目管理核心,若其缺乏项目管理经验,可委托专业的项目管理公司提供项目管理服务。没有或者缺乏项目管理经验的施工单位或者设计单位,也可委托专业的项目管理公司为其提供项目管理服务。此外,项目参与各方若有足够的项目管理经验,也可以是建设工程项目管理服务的提供者。建设工程监理则不同,建设工程监理单位只是受建设单位的委托,依照法律法规及有关的技术标准、设计文件和合同实施监理。建设单位是建设工程监理的唯一服务对象。

(三)法律责任

与我国建设工程项目管理相适应的法律法规体系尚不完善。根据项目规模、性质不同,其实施的灵活性较大,一般情况下项目管理的内容及深度要求可在与业主签订的合同中约定,明确责任。我国建设监理制度从产生至今,已有较长的发展历史,有一套较为成熟和完善的法律法规体系与之相配套,对工程监理工作的地位、权利、职责、义务和法律责任作出了明确的界定,形成了一套适用于监理的标准合同文本。

(四)行业准入

国家对建设工程监理行业实行市场准入制度,只有符合条件的监理单位才能进入本行业;监理工程师作为工程专业人员,必须通过考试发证注册登记才能执业。根据《建设工程项目管理试行办法》的规定,我国建设工程项目管理市场对具备勘察、设计、施工、监理、造价咨询、招标代理资质的企业开放,同时对项目管理从业人员没有设定新的准入制度。建设工程项目管理相对于建设工程监理在服务对象、业务范围、行业准入等方面有了较大的扩展和延伸,可以根据建设单位的需求提供订单式的服务,以满足不同客户的不同需求。从某种程度上说,建设工程项目管理代表了工程监理今后的发展方向。因此,应鼓励和支持有条件的监理企业向工程项目管理企业过渡,以适应自身的发展和市场的需要。

第三节　建设工程监理合同

一、建设工程监理合同的概念

建设工程监理合同的全称为建设工程委托监理合同,也简称为监理合同,是指工程建设单位委托监理单位对其工程项目进行管理,明确双方权利、义务的协议。建设单位(业主)称委托人,监理单位称受托人或监理人。

建设工程监理合同在性质上属于委托合同,具有委托合同的特征,除此之外还有以下特点:(1)监理合同的委托人必须是有国家批准的建设项目、落实投资计划的建设单位,作为受托人必须是依法成立,具有法人资格的监理单位,并且所承担的工程监理业务应与单位资质相符合。(2)监理合同的订立必须符合工程项目建设程序和有关法律规定。(3)委托监理合同的标的是服务。监理合同与建设工程实施阶段所签订的其他合同的最大区别，就是标的性质上的差异。工程建设实施阶段所签订的其他合同，如勘查设计合同、施工承包合同、物资采购合同、加工承揽合同的标的物是产生新的物质或信息成果，而监理合同的标的是服务，即监理工程师凭据自己的知识、经验、技能受业主委托为其所签订的其他合同的履行实施监督和管理。正因为监理合同标的这一特殊性，《民法典》第796条规定："建设工程实行监理的，发包人应当与监理人采用书面形式订立委托监理合同。发包人与监理人的权利和义务以及法律责任，应当依照本编委托合同以及其他有关法律、行政法规的规定。"

二、建设工程监理合同的订立

订立建设工程监理合同是一种法律行为，因此必须按照法律、行政法规规定的程序签订。根据2018年6月1日起施行的《必须招标的工程项目规定》，依法须招标建设工程的监理服务，应通过招标方式确定监理人。建设单位在为其建设工程委托监理单位时，从合同签订前的准备直至合同的签订，一般应遵循以下程序：

（一）委托人对监理人的资格审查

委托人对监理人的资格审查可以通过招标预审（或后审）进行，也可以通过社会调查进行：(1)审查其法人资格；(2)审查其单位资质；(3)审查其实际能力及社会信誉，包括监理人员素质、主要检测设备情况，监理业绩等。

（二）监理人对委托人及工程的调查

(1)核查委托人是否具有签订合同的合法资格；(2)核查该工程是否合法可行；(3)核查委托人是否具有相当的经济基础。

（三）监理人的风险、利益评估

(1)监理企业应考量自身实际条件后，判断承担该项目所能获得的预计利润；(2)监理企业应充分考虑自己的特点和竞争对手的实力后，判断投标风险及投标报价。

（四）中标后的合同谈判

无论是建设单位还是监理单位，都应本着平等协商的观念对合同条款进行磋商，不得违反监理招标及中标文件的实质性条款。在使用《建设工程委托监理合同（示范文本）》时，对通用条款的哪些条款不予采用、专用条款哪些需要具体规定，以及有附加协议条款的，都应逐条加以确认。

（五）监理合同的订立

建设单位和监理单位就建设工程委托监理合同的各项条款达成一致后，就可以正式签订合同文件。合同的签订，意味着委托关系的形成，双方的行为将受到合同的约束。订立合同时需注意如下问题：(1)签订合同必须是双方法定代表人或经其授权的代表签署并监督执行；(2)双方的书面交往文件或确认某些口头协议的函件，构成招投标文件，不可忽视；(3)通用条款和专用条款没有覆盖的内容，经双方达成一致应写入附加协议条款；(4)合同应做到文字简洁、清晰、严密，以保证意思表达准确。

（六）建设工程委托监理合同示范文本

推行建设工程委托监理合同示范文本，有利于提高合同签订的质量，减少双方签订合同的工作量，也有利于保护合同当事人的合法权益。原建设部、原国家工商行政管理局2000年2月发布的《建设工程委托监理合同（示范文本）》（GF—2000—0202，已失效）由"建设工程委托监理合同"、"标准条件"和"专用条件"组成。2012年，住房和城乡建设部、原国家工商行政管理总局对

《建设工程委托监理合同(示范文本)》(GF—2000—0202,已失效)进行了修订,发布了《建设工程委托监理合同(示范文本)》(GF—2012—0202),由"协议书""通用条件""专用条件""附录"组成。

1. 协议书

协议书是一份标准的格式文件,其主要内容为工程概况,合同签订、生效、完成的时间,合同文件的组成等。组成合同的文件包括:(1)协议书;(2)中标通知书(适用于招标工程)或委托书(适用于非招标工程);(3)投标文件(适用于招标工程)或监理与相关服务建议书(适用于非招标工程);(4)专用条件;(5)通用条件;(6)附录。监理合同签订后,双方依法签订的补充协议也是监理合同文件的组成部分。

2. 通用条款

其内容包括了定义与解释、监理人的义务、委托人的义务、违约责任、支付、合同生效、变更、暂停、解除与终止、争议解决、其他等。通用条款是委托监理合同的通用文件,适用于各类建设工程项目监理,是所有签约工程都应遵守的基本条件。

3. 专用条款

由于通用条款适用于所有的工程建设监理委托,因此其中的某些条款规定得比较笼统,需要在签订具体工程项目的监理委托合同时,就地域特点、专业特点和委托监理项目的特点,对通用条款中的某些条款进行补充、修正。例如对委托监理的工作内容而言,认为通用条款中的条款还不够全面,允许在专用条款中增加双方议定的条款内容。

(1)补充条款。"补充"是指标准条款中的某些条款明确规定,在该条款确定的原则下,在专用条款中进一步明确具体内容,使通用及专用条款中相同序号的条款共同组成一条内容完备的条款。

(2)修正条款。"修正"是指标准条款中规定的程序方面的内容,如果双方认为不合适,可以在专用条款中予以修改。

4. 附录

包括附录A"相关服务的范围和内容"、附录B"委托人派遣的人员和提供的房屋、资料、设备"。

三、建设工程监理服务费用

2007年3月30日,国家发展和改革委员会、原建设部联合发布了《建设工程监理与相关服务收费管理规定》(已失效),自2007年5月1日起执行。依据该规定,发包人在进行监理服务招标时,不能仅以监理服务收费的高低作为评标依据,而应充分体现监理服务的特点,优先对监理单位的资信程度、监理方案的优劣等技术因素进行评定。

建设工程监理与相关服务收费根据建设项目性质不同情况,分别实行政府指导价或市场调节价。依法必须实行监理的建设工程施工阶段的监理收费实行政府指导价;其他建设工程施工阶段的监理收费和其他阶段的监理与相关服务收费实行市场调节价。

实行政府指导价的建设工程施工阶段监理收费,其基准价根据《建设工程监理与相关服务收费标准》计算,浮动幅度为上下20%。发包人和监理人应当根据建设工程的实际情况在规定的浮动幅度内协商确定收费额。实行市场调节价的建设工程监理与相关服务收费,由发包人和监理人协商确定收费额。建设工程监理与相关服务收费,应当体现优质优价的原则。在保证工程质量的前提下，由于监理人提供的监理与相关服务节省投资，缩短工期，取得显著经济效益的，发包人可根据合同约定奖励监理人。

为贯彻落实党中央国务院关于加强法治政府建设和推进简政放权、放管结合、优化服务的要求，营造良好营商环境，激发市场活力和创造力，根据2016年1月1日《关于废止部分规章和规范性文件的决定》，《建设工程监理与相关服务收费管理规定》废止。自2016年1月1日起，建设工程监理服务费用全部实行市场调节价。

四、建设工程监理合同的履行

监理合同的履行，是指委托人与监理人双方依据监理合同的规定，实现各自享有的权利，并承担各自的义务。

（一）监理人应完成的监理工作

监理工作包括正常工作、附加工作。在示范文本通用条款中给出了如下含义：(1)工程监理"正常工作"，是指本合同订立时通用条件和专用条件中约定的监理人的工作。(2)工程监理"附加工作"，是指本合同约定的正常工作以外的监理人的工作。

（二）监理人监理合同的履行

监理人监理合同的履行包括：(1)确定项目总监理工程师，建立项目监理机构。(2)制定工程项目监理规划。(3)制定工程项目监理实施细则。(4)在监理规划和实施细则的指导下开展监理工作。(5)提交工程建设监理档案资料。

监理工作总结除包括工程概况、监理机构概况外，还应有目标控制完成情况，委托监理合同纠纷的处理情况，施工过程中出现的问题及合理化建议产生的实际效果情况等。

（三）监理酬金的支付

1. 正常工作酬金

正常工作酬金，是指监理人完成正常工作，委托人应给付监理人并在协议书中载明的签约酬金额。正常工作酬金增加额按下列方法确定：

正常工作酬金增加额＝工程投资额或建筑安装工程费增加额×正常工作酬金÷工程概算投资额（或建筑安装工程费）

2. 附加工作酬金

附加工作酬金，是指监理人完成附加工作，委托人应给付监理人的金额。附加工作酬金按下列方法确定：

附加工作酬金＝善后工作及恢复服务的准备工作时间（天）×正常工作酬金÷协议书约定的监理与相关服务期限（天）

除不可抗力外，因非监理人原因导致本合同期限延长时，附加工作酬金按下列方法确定：

附加工作酬金＝本合同期限延长时间（天）×正常工作酬金÷协议书约定的监理与相关服务期限（天）

3. 奖励

监理人在服务过程中提出的合理化建议，使委托人获得经济效益的，双方在专用条款中约定奖励金额的确定方法。奖励金额在合理化建议被采纳后，与最近一期的正常工作酬金同期支付。

4. 酬金的扣减

因工程规模、监理范围的变化导致监理人的正常工作量减少时，按减少工作量的比例从协议书约定的正常工作酬金中扣减相同比例的酬金。

5. 支付

(1)正常监理工作酬金的支付在专用条款中具体约定，一般首付款在合同签订后 7 日内支付，尾款在监理服务期届满后 14 日内支付。(2)委托人对监理人提交的支付申请书有异议时，应当在收到监理人提交的支付申请书后 7 日内，以书面形式向监理人发出异议通知。无异议部分的款项应按期支付，有异议部分的款项按约定办理。(3)委托人逾期付款利息按下列方法确定：逾期付款利息 = 当期应付款总额 × 银行同期贷款利率 × 拖延支付天数。

五、监理合同双方义务

(一)委托人义务

1. 委托人应在委托人与承包人签订的合同中明确监理人、总监理工程师和授予项目监理机构的权限。如有变更，应及时通知承包人。

2. 委托人应按照附录 B 约定，无偿向监理人提供工程有关的资料。在本合同履行过程中，委托人应及时向监理人提供最新的与工程有关的资料。

3. 委托人应为监理人完成监理与相关服务提供必要的条件。

(1)委托人应按照约定，派遣相应的人员，提供房屋、设备，供监理人无偿使用。(2)委托人应负责协调工程建设中所有外部关系，为监理人履行本合同提供必要的外部条件。

4. 委托人应授权一名熟悉工程情况的代表，负责与监理人联系。委托人应在双方签订本合同后 7 天内，将委托人代表的姓名和职责书面告知监理人。当委托人更换委托人代表时，应提前 7 天通知监理人。

5. 在合同约定的监理与相关服务工作范围内，委托人对承包人的任何意见或要求应通知监理人，由监理人向承包人发出相应指令。

6. 委托人应在专用条件约定的时间内，对监理人以书面形式提交并要求作出决定的事宜，给予书面答复。逾期未答复的，视为委托人认可。

7. 委托人应按合同约定，向监理人支付酬金。

(二)监理人义务

1. 监理的范围和工作内容在专用条款中约定。

2. 除专用条款另有约定外，监理工作内容包括：

(1)收到工程设计文件后编制监理规划，并在第一次工地会议 7 天前报委托人。根据有关规定和监理工作需要，编制监理实施细则。

(2)熟悉工程设计文件，并参加由委托人主持的图纸会审和设计交底会议。

(3)参加由委托人主持的第一次工地会议；主持监理例会并根据工程需要主持或参加专题会议。

(4)审查施工承包人提交的施工组织设计，重点审查其中的质量安全技术措施、专项施工方案与工程建设强制性标准的符合性。

(5)检查施工承包人工程质量、安全生产管理制度及组织机构和人员资格。

(6)检查施工承包人专职安全生产管理人员的配备情况。

(7)审查施工承包人提交的施工进度计划，核查承包人对施工进度计划的调整。

(8)检查施工承包人的试验室。

(9)审核施工分包人资质条件。

(10)查验施工承包人的施工测量放线成果。

(11)审查工程开工条件,对条件具备的签发开工令。

(12)审查施工承包人报送的工程材料、构配件、设备质量证明文件的有效性和符合性,并按规定对用于工程的材料采取平行检验或见证取样方式进行抽检。

(13)审核施工承包人提交的工程款支付申请,签发或出具工程款支付证书,并报委托人审核、批准。

(14)在巡视、旁站和检验过程中,发现工程质量、施工安全存在事故隐患的,要求施工承包人整改并报委托人。

(15)经委托人同意,签发工程暂停令和复工令。

(16)审查施工承包人提交的采用新材料、新工艺、新技术、新设备的论证材料及相关验收标准。

(17)验收隐蔽工程、分部分项工程。

(18)审查施工承包人提交的工程变更申请,协调处理施工进度调整、费用索赔、合同争议等事项。

(19)审查施工承包人提交的竣工验收申请,编写工程质量评估报告。

(20)参加工程竣工验收,签署竣工验收意见。

(21)审查施工承包人提交的竣工结算申请并报委托人。

(22)编制、整理工程监理归档文件并报委托人。

3. 监理人应组建满足工作需要的项目监理机构,配备必要的检测设备。项目监理机构的主要人员应具有相应的资格条件。

4. 本合同履行过程中,总监理工程师及重要岗位监理人员应保持相对稳定,以保证监理工作正常进行。

5. 监理人可根据工程进展和工作需要调整项目监理机构人员。监理人更换总监理工程师时,应提前7天向委托人书面报告,经委托人同意后方可更换;监理人更换项目监理机构其他监理人员,应以相当资格与能力的人员替换,并通知委托人。

6. 监理人员的更换

监理人应及时更换有下列情形之一的监理人员:(1)严重过失行为的;(2)有违法行为不能履行职责的;(3)涉嫌犯罪的;(4)不能胜任岗位职责的;(5)严重违反职业道德的;(6)专用条款约定的其他情形。

7. 监理人的职责

监理人应遵循职业道德准则和行为规范,严格按照法律法规、工程建设有关标准及本合同履行职责:

(1)在监理与相关服务范围内,委托人和承包人提出的意见和要求,监理人应及时提出处置意见。当委托人与承包人之间发生合同争议时,监理人应协助委托人、承包人协商解决。

(2)当委托人与承包人之间的合同争议提交仲裁机构仲裁或人民法院审理时,监理人应提供必要的证明资料。

(3)监理人应在专用条件约定的授权范围内,处理委托人与承包人所签订合同的变更事宜。如果变更超过授权范围,应以书面形式报委托人批准。在紧急情况下,为了保护财产和人身安全,监理人所发出的指令未能事先报委托人批准时,应在发出指令后的 24 小时内以书面形式报委托人。

(4)除专用条件另有约定外,监理人发现承包人的人员不能胜任本职工作的,有权要求承包人予以调换。

8. 监理人应按专用条款约定的种类、时间和份数向委托人提交监理与相关服务的报告。

9. 在本合同履行期内,监理人应在现场保留工作所用的图纸、报告及记录监理工作的相关文件。工程竣工后,应当按照档案管理规定将监理有关文件归档。

10. 除专用条件另有约定外,委托人提供的房屋、设备属于委托人的财产,监理人应妥善使用和保管,在合同终止时将这些房屋、设备的清单提交委托人,并按专用条款约定的时间和方式移交给委托人。

第四节　建设监理的法律责任

建设监理的法律责任是指监理单位或监理工程师违反现行法律法规、合同条款等规定,没有履行或没有适当履行其所规定的义务,而应承担的法律规定的不利后果。[①] 根据建设监理行为的具体性质和危害程度的不同,把建设监理的法律责任分为建设监理的民事责任、建设监理的刑事责任和建设监理的行政责任。[②]

一、建设监理民事责任

(一)我国现行法关于建设监理民事责任的一般规定

1.《民法典》中的有关规定

《民法典》第 577 条规定:"当事人一方不履行合同义务或者履行合同义务不符合约定的,应当承担继续履行、采取补救措施或者赔偿损失等违约责任。"第 929 条规定:"有偿的委托合同,因受托人的过错造成委托人损失的,委托人可以请求赔偿损失。……受托人超越权限造成委托人损失的,应当赔偿损失。"

2.《建筑法》中的有关规定

《建筑法》第 35 条规定:"工程监理单位不按照委托监理合同的约定履行监理义务,对应当监督检查的项目不检查或者不按照规定检查,给建设单位造成损失的,应当承担相应的赔偿责任。工程监理单位与承包单位串通,为承包单位谋取非法利益,给建设单位造成损失的,应当与承包单位承担连带赔偿责任。"第 80 条规定:"在建筑物的合理使用寿命内,因建筑工程质量不合格受到损害的,有权向责任者要求赔偿。"

(二)建设监理的侵权责任

侵权责任,即因侵权行为发生的民事责任。侵权行为是指行为人侵害他人的财产或者人身权益,依法应当承担民事责任的行为,以及依照法律特别规定应当承担民事责任的其他致人损害

---

① 张佳峰:《我国建设监理责任的法律分析》,西南政法大学 2009 年硕士学位论文,第 30 页。

② 张佳峰:《我国建设监理责任的法律分析》,西南政法大学 2009 年硕士学位论文,第 31 页。

的行为。[①] 在监理民事侵权责任方面,根据我国《民法典》第 1191 条的规定,用人单位的工作人员因执行工作任务造成他人损害的,由用人单位承担侵权责任。若是由单位造成的侵权,则监理单位是其责任主体,若是由监理工程师个人的行为造成的侵权,则由监理工程师个人承担侵权责任。

1. 监理侵权责任的构成要件

侵权责任的构成要件,是指行为人承担侵权责任必须具备的条件。大陆法系民法上的侵权责任的形式只有损害赔偿一种,侵权责任的构成即侵权损害赔偿责任的构成要件,包括侵权行为、损害事实、侵权行为与损害事实之间的因果关系和行为过错四个方面。我国《民法典》上的侵权责任构成要件因责任形式的不同而存在差异。[②] 监理侵权赔偿责任的构成要件包括:监理单位与监理人员的违法侵权行为和主观过错、损害事实、违法行为与损害事实之间的因果关系四个方面。

(1)建设监理侵权行为。根据我国监理法律法规和《民法典》的规定,需要承担侵权责任的监理行为包括:泄露建设单位的商业机密;对他人进行诽谤、中伤、诋毁他人名誉等;未经他人同意,采用他人的有关资料;盗用他人名义发表文章。[③]

(2)损害事实。损害,是指侵权行为给受害人造成的不利后果,包括财产损害、人身和精神损害。[④] 建设监理侵权造成的损害事实主要是财产利益的减少,包括监理单位下达错误指令,致使施工单位遭受损失;未尽职尽责或越权行事,致使建设单位遭受损失;侵犯设计单位知识产权,致使设计单位遭受损失;泄露其他参建单位的商业秘密,致使其他参建单位遭受损失等。这些损失均属于损害事实。还有就是采取诽谤、中伤、诋毁等手段侵害他人名誉,致使他人名誉受损,既可能造成财产利益的减少或灭失,也可能造成非财产利益的减少或灭失,这同样是损害事实。[⑤]

(3)建设监理侵权行为与损害事实之间的因果关系。因果关系,是指侵权人实施的行为和损害后果之间存在因果上的联系。因果关系是行为人对损害事实承担民事责任的必备条件之一。[⑥] 认定因果关系的意义在于确定监理的侵权行为与损害事实之间的关联程度,进而确定监理的侵权行为在造成损害事实的过程中所起到的作用。监理侵权行为与损害事实之间的因果关系,是指侵权行为与损害事实之间存在客观的、必然的联系,即损害事实是由监理侵权行为所引起的必然结果,而监理侵权行为正是引起损害事实的原因,如果没有监理侵权行为,就不会发生该损害事实。监理侵权行为必须要与损害事实之间存在必然的、直接的因果关系,监理才承担侵权损害赔偿责任。[⑦]

(4)主观过错。过错,是指行为人通过实施的侵害行为所表现出来的在法律上和道德上应受非难的故意和过失状态。[⑧] 过错有故意和过失两种。故意,是指行为人已经预见到自己行为的损害后果,仍然积极地追求或者听任该后果的发生。过失,是指行为人因未尽合理的注意义务

---

① 王利明:《民法》,中国人民大学出版社 2010 年版,第 565 页。

② 王利明:《民法》,中国人民大学出版社 2010 年版,第 566 页。

③ 王家远、林晓明:《基于中国法律制度下的监理责任研究》,《建筑经济》2003 年第 3 期;张佳峰:《我国建设监理责任的法律分析》,西南政法大学 2009 年硕士学位论文,第 31 页。

④ 王利明:《民法》,中国人民大学出版社 2010 年版,第 567 页。

⑤ 席绪军:《建设工程监理的法律责任问题研究》,复旦大学 2009 年硕士学位论文,第 34 页。

⑥ 王利明:《民法》,中国人民大学出版社 2010 年版,第 567 页。

⑦ 席绪军:《建设工程监理的法律责任问题研究》,复旦大学 2009 年硕士学位论文,第 35 页。

⑧ 王利明:《民法》,中国人民大学出版社 2010 年版,第 567 页。

而未能预见损害后果，并致损害后果发生。未尽一般人对他人人身、财产的注意义务，为重大过失；未尽处于行为人地位对他人人身、财产的合理注意义务，为一般过失。正确划分和认定过错程度对于确定责任的归属和承担具有重要意义。特别是在混合过错和共同过错的情形下，过错程度直接影响过失相抵规则的适用和共同侵权行为人责任的分担。

2. 监理侵权损害赔偿责任的归责原则

侵权责任的归责原则，是指基于一定的归责事由确定侵权责任承担的法律原则。侵权损害赔偿责任归责原则主要包括三项：过错责任原则、过错推定责任原则和严格责任原则。

（1）过错责任，是指以过错作为归责的最终构成要件，并且以过错作为确定责任范围的重要依据。《民法典》第1165条第1款规定，行为人因过错侵害他人民事权益造成损害的，应当承担侵权责任。主观上的过错是损害赔偿责任构成的基本要件之一，缺少这一要件，即使加害人的行为造成了损害事实，并且加害人行为与损害结果之间有因果关系，也不承担民事赔偿责任。

（2）过错推定责任，是指基于法律的特别规定，推定加害人存在过错而应承担责任，加害人能够证明自己没有过错的除外。《民法典》第1165条第2款规定，依照法律规定推定行为人有过错，其不能证明自己没有过错的，应当承担侵权责任。

（3）严格责任，是指基于法律的特别规定，受害人能够证明所受损害是加害人的行为或者物件所致，加害人就应承担民事责任，加害人能够证明存在法定抗辩事由的除外。《民法典》第1166条规定，行为人造成他人民事权益损害，不论行为人有无过错，法律规定应当承担侵权责任的，依照其规定。

监理侵权行为大多属于我国民法规定的一般侵权行为，建设监理损害赔偿责任适用过错归责原则，由受害人对监理单位的主观过错承担举证责任。特殊情况下适用过错推定归责原则，由监理单位举证证明自己对于损害的发生没有主观过错。

3. 建设监理共同侵权行为

我国相关法律、法规和规章对于监理共同侵权行为承担连带责任有明确规定。《建筑法》第35条第2款规定，工程监理单位与承包单位串通，为承包单位谋取非法利益，给建设单位造成损失的，应当与承包单位承担连带赔偿责任。《建筑法》第69条第1款规定，工程监理单位与建设单位或者建筑施工企业串通，弄虚作假、降低工程质量的，责令改正，处以罚款，降低资质等级或者吊销资质证书；有违法所得的，予以没收；造成损失的，承担连带赔偿责任；构成犯罪的，依法追究刑事责任。《建设工程质量管理条例》第67条规定，工程监理单位有下列行为之一的，责令改正，处50万元以上100万元以下的罚款，降低资质等级或者吊销资质证书；有违法所得的，予以没收；造成损失的，承担连带赔偿责任：（1）与建设单位或者施工单位串通，弄虚作假、降低工程质量的；（2）将不合格的建设工程、建筑材料、建筑构配件和设备按照合格签字的。《实施工程建设强制性标准监督规定》第19条规定，工程监理单位违反强制性标准规定，将不合格的建设工程以及建筑材料、建筑构配件和设备按照合格签字的，责令改正，处50万元以上100万元以下的罚款，降低资质等级或者吊销资质证书；有违法所得的，予以没收；造成损失的，承担连带赔偿责任。不区分监理单位的主观状态是故意还是过失，只要工程监理单位违反强制性标准规定，将不合格的建设工程以及建筑材料、建筑构配件和设备按照合格签字的，造成损失的，就要与其他单位承担连带责任，即采用严格责任的归责原则。

（三）建设监理的违约责任

违约责任即违反合同的民事责任，是指合同当事人一方不履行或者不适当履行合同义务所应承担的继续履行、采取补救措施、赔偿损失、支付违约金等民事法律后果。① 在建设监理违约责任方面应注意：（1）建设单位和监理单位是监理委托合同的当事双方，根据合同相对性原则，对建设单位的违约责任在外部应由监理单位来承担。监理单位承担违约赔偿责任后，有权在单位内部向有过错行为的监理工程师追偿，监理单位在聘用监理工程师时，也应在与其签订的工作合同中明确这一内容。（2）监理单位只对监理工程师从事职务活动时的监理行为所造成的违约行为承担责任。（3）在建设工程实践中，可能经常发生的是混合责任，即监理工程师的过错行为同时导致民事、行政和刑事责任发生。根据我国《民法典》第187条的规定，民事主体因同一行为应当承担民事责任、行政责任和刑事责任的，承担行政责任或者刑事责任不影响承担民事责任；民事主体的财产不足以支付的，优先用于承担民事责任。②

1. 建设监理的违约行为

监理工程师在履行监理合同的过程中，可能的违约行为方式有以下几种：

（1）越权，即超越委托权限的监理行为。监理人员必须在委托监理合同的授权下，在委托的范围内为业主提供服务，否则就可能发生越权的错误行为。例如，工程中经常遇到工程变更问题，业主也授予监理签发变更指令的权力，但变更往往涉及设计图纸的变动，这些变动需要得到设计人的确认，如果监理工程师利用自己的权力，在未得到有关的确认之前，单方面指令承包人实施，就超越了自己的工作权限；再如，工程设计如果不符合建设工程质量标准或合同约定的要求，监理工程师有权要求设计改正，但这种要求应通过业主来实现，如果监理工程师直接要求设计进行改正，就发生了越权的错误。③

（2）失职，是指监理人员在监理过程中不履行或不适当地履行合同义务，也就是不按照合同约定和法律、法规的规定来履行监理职责。例如，对必须进行检查验收的项目，不进行检查验收或不按照规定方法进行检查验收；对于需要审批的技术文件，不进行审批或不进行认真分析、核对即盲目批准；该巡视的未巡视、该旁站的未进行旁站；或者，对于该签发的指令，未及时签发或发出错误的工作指令，等等。④ 这一类行为都是明显的失职。失职通常是一种消极不作为的行为方式，即不做应当做的事情，或不按照规定要求的方式履行义务。其主观状态既可能是故意，也可能是过失。⑤

至于未尽职尽责是否应作为一种违约行为，存在争议，有学者认为，监理的工作成效是建立在监理工程师的主观能动性及所掌握的专业技能之上的，其好坏有很大的伸缩性，对于上述的建议、检查、监督、确认及协商等履约行为，同样的工作内容，对不同的工程师来说，效果可能是完全不同的。运用自身掌握的专业技能，尽职尽责，完成委托监理合同约定的义务，是对监理工程师的基本要求。因此未尽职尽责应该作为一种违约行为。⑥ 也有人对此持相反意见，⑦认为监理人员运用自身掌握的专业技能，尽职尽责地完成委托监理合同约定的义务，是对监理人员的基本要求，这不需要通过监理合同来约定，应当放在监理规范和监理职业道德的要求中。据此认为应将

---

① 王利明：《民法》，中国人民大学出版社2010年版，第559页。

② 陈晓华：《建设工程监理的法律责任及风险研究》，西安建筑科技大学2005年硕士学位论文，第24页。

③ 王家远、申立银：《监理违约责任的归责原则研究》，载《基建优化》2001年第5期。

④ 王家远、申立银：《监理违约责任的归责原则研究》，载《基建优化》2001年第5期。

⑤ 席绪军：《建设工程监理的法律责任问题研究》，复旦大学2009年硕士学位论文，第26页。

⑥ 王家远、申立银：《监理违约责任的归责原则研究》，载《基建优化》2001年第5期。

⑦ 席绪军：《建设工程监理的法律责任问题研究》，复旦大学2009年硕士学位论文，第27页。

未尽职尽责作为侵权的一种行为方式,由受损害方承担证明监理未尽职尽责的责任。① 笔者同意第二种观点,未尽职尽责还是不作为违约行为为宜。

2. 建设监理违约责任的归责原则

违约责任的归责原则,是指基于一定的归责事由确定违约责任承担的法律原则。我国《民法典》确立了以严格责任原则为主,以过错责任原则为辅的违约责任归责原则。《民法典》第 577 条规定,当事人一方不履行合同义务或者履行合同义务不符合约定的,应当承担继续履行、采取补救措施或者赔偿损失等违约责任。该条规定了违约责任的一般归责原则为严格责任原则。《民法典》第 929 条第 1 款规定:"有偿的委托合同,因受托人的过错给委托人造成损失的,委托人可以要求赔偿损失。无偿的委托合同,因受托人的故意或者重大过失给委托人造成损失的,委托人可以要求赔偿损失。"第 2 款规定:"受托人超越权限给委托人造成损失的,应当赔偿损失。"该条第 1 款规定的委托合同违约责任归责原则为过错责任原则。第 2 款对于越权违约适用的又是严格责任归责原则。监理合同应该适用《民法典》中关于委托合同归责原则的规定。《建筑法》第 35 条第 1 款规定:"工程监理单位不按照委托监理合同的约定履行监理义务,对应当监督检查的项目不检查或者不按照规定检查,给建设单位造成损失的,应当承担相应的赔偿责任。"显然,《建筑法》对监理违约采用了严格责任原则,也就是说,只要监理不按照委托监理合同的约定履行监理义务,无论其是否有过错行为,都必须承担违约责任。可见,《建筑法》和《民法典》对监理违约责任的归责原则存在分歧,研究者对此也有分歧。②③ 但笔者认为,建设监理的违约责任,首先是合同法意义上的概念,应当适用《民法典》关于违约责任的归责原则。

(四)建设监理侵权责任与违约责任的竞合

违约责任和侵权责任虽属于不同的民事责任类型,有各自的责任归责原则和责任承担的构成要件。但是由于工程实践中具体行为的复杂性和法律的交叉调整,同一违法行为可能既符合侵权责任构成要件,又符合违约责任构成要件,使两种责任不可避免地发生竞合。例如,监理工作完成后,故意不将属于业主的财产按合同移交给业主,侵犯了业主的财产权,同时违反了委托监理合同规定的监理义务;监理因为签发了错误的指令而造成项目返工,延误了工期,给业主带来了财产损失。这是由违约引起侵权而造成的责任竞合问题。在实际工作中,大多数责任竞合属于这种情况。④

我国《民法典》第 186 条规定:"因当事人一方的违约行为,损害对方人身权益、财产权益的,受损害方有权选择请求其承担违约责任或者侵权责任。"可见,在发生侵权责任和违约责任竞合时,允许受损害方自由选择按照何种方式行使请求权。因此,在发生监理违约责任和侵权责任竞合时,业主可以选用对自身最为有利的一种方式来主张自身的权利。

二、建设监理行政责任

建设监理的行政责任,是指监理单位、监理人员实施了法律、法规所禁止的行为而引起的行政上必须承担的法律后果。监理单位是否承担行政责任,关键看其是否发生了违反相关法律、法

---

① 席绪军:《建设工程监理的法律责任问题研究》,复旦大学 2009 年硕士学位论文,第 28 页。

② 洪学军:《房地产法原理精要与实务指南》,人民法院出版社 2008 年版,第 300 页。

③ 王家远、林晓明:《基于中国法律制度下的监理责任研究》,载《建筑经济》2003 年第 3 期。

④ 张译尹、王家远:《论监理违约责任与侵权责任的竞合》,载《建设监理》2006 年第 6 期。

规的行为,但其行为并不一定需要导致后果。①

(一)建设监理行政责任的一般规定

《建筑法》第69条规定:"工程监理单位与建设单位或者建筑施工企业串通,弄虚作假、降低工程质量的,责令改正,处以罚款,降低资质等级或者吊销资质证书;有违法所得的,予以没收;造成损失的,承担连带赔偿责任;构成犯罪的,依法追究刑事责任。工程监理单位转让监理业务的,责令改正,没收违法所得,可以责令停业整顿,降低资质等级;情节严重的,吊销资质证书。"

《建设工程质量管理条例》第72条规定:"违反本条例规定,注册建筑师、注册结构工程师、监理工程师等注册执业人员因过错造成质量事故的,责令停止执业1年;造成重大质量事故的,吊销执业资格证书,5年以内不予注册;情节特别恶劣的,终身不予注册。"

(二)建设监理行政责任的责任主体及责任承担

建设监理行政责任的责任主体有两个:一是监理单位;二是监理工程师个人。监理工程师个人承担行政责任时有以下几种情况:(1)以个人名义承接业务的;(2)涂改、倒卖、出租、出借或者以其他形式非法转让注册证书或者执业印章的;(3)泄露执业中应当保守的秘密并造成严重后果的;(4)超出规定执业范围或者聘用单位业务范围从事执业活动的;(5)弄虚作假提供执业活动成果的;(6)同时受聘于两个或者两个以上的单位,从事执业活动的;(7)未按照《建设工程质量管理条例》的要求履行监理职责,降低工程质量的行为;(8)未按照《建设工程安全生产管理条例》的要求履行监理职责,导致重大安全事故的行为等。②

监理单位和监理工程师的上述违法行为,应当接受行政处罚,承担行政责任,由各级建设行政主管机关根据法律规定,给予违法行为人一定的行政处分和行政处罚。视情节轻重对监理单位的行政处分和处罚方式主要有:责令改正、降低资质登记、责令监理单位停业整顿、罚款、没收非法所得、吊销资质证书等。对监理工程师的行政处分和处罚方式主要有:没收违法所得、暂停执业、罚款或吊销执业证书等形式。③

三、建设监理刑事责任

(一)建设监理刑事责任的一般规定

1.《建筑法》中的有关规定

《建筑法》第69条规定:"工程监理单位与建设单位或者建筑施工企业串通,弄虚作假、降低工程质量的,责令改正,处以罚款。降低资质等级或者吊销资质证书:有违法所得的,予以没收;造成损失的,承担连带赔偿责任;构成犯罪的,依法追究刑事责任。"

2.《刑法》中的有关规定

在刑法司法实践和理论研究中,重大责任事故犯罪有广义和狭义之分,重大责任事故犯罪从狭义上来看,仅指《刑法》第134条规定的内容,而广义的重大责任事故犯罪,是指《刑法》第134条至第139条规定的内容,分别是第134条的重大责任事故罪、第135条的重大劳动安全事故罪、第136条的危险物品肇事罪、第137条的工程重大安全事故罪、第138条的教育设施重大安全事故罪、第139条消防责任事故罪共6条罪名。本书采用广义的重大责任事故犯罪,从前面的

---

① 吴旭艺:《浅析建设工程安全生产的监理责任》,载《山西建筑》2007年第27期。

② 席绪军:《建设工程监理的法律责任问题研究》,复旦大学2009年硕士学位论文,第30页。

③ 石礼花:《建设工程监理责任探讨》,载《科技情报开发与经济》2005年第14期。

条款内容上看,其中适用于工程建设监理的是第 134 条和第 137 条。建设监理的刑事犯罪主要适用工程重大安全事故罪和重大责任事故罪。①

《刑法》第 134 条(重大责任事故罪)规定:"在生产、作业中违反有关安全管理的规定,因而发生重大伤亡事故或者造成其他严重后果的,处三年以下有期徒刑或者拘役;情节特别恶劣的,处三年以上七年以下有期徒刑。强令他人违章冒险作业,或者明知存在重大事故隐患而不排除,仍冒险组织作业,因而发生重大伤亡事故或者造成其他严重后果的,处五年以下有期徒刑或者拘役;情节特别恶劣的,处五年以上有期徒刑。"

《刑法》第 137 条(工程重大安全事故罪)规定:"建设单位、设计单位、施工单位、工程监理单位违反国家规定,降低工程质量标准,造成重大安全事故的,对直接责任人员,处五年以下有期徒刑或者拘役,并处罚金;后果特别严重的,处五年以上十年以下有期徒刑,并处罚金。"

(二)犯罪构成要件分析

《刑法》第 134 条规定了重大责任事故罪。该罪的犯罪主体是自然人,犯罪的主观方面是过失,侵犯的犯罪客体是安全生产的管理秩序,犯罪的客观方面是在生产、作业中违反有关安全管理的规定,或者强令他人违章冒险作业,因而发生重大伤亡事故或者造成其他严重后果。监理个人不服管理、违反规章制度,从而导致发生重大伤亡事故或者造成其他严重后果的,属于监理个人按照自己的个人意志所从事的行为,应由监理个人承担刑事责任,即重大责任事故罪,它是自然人犯罪,而不是单位犯罪。②

《刑法》第 137 条规定了工程重大安全事故罪。明确规定是"建设单位、设计单位、施工单位、工程监理单位"实施了违反国家规定,降低质量标准的行为,这就表明,该犯罪的主体只能是单位,而不可能是自然人。③ 犯罪的主观方面是过失,侵犯的犯罪客体是安全生产的管理秩序和工程质量标准,犯罪的客观方面是单位违反国家规定,降低工程质量标准,造成重大安全事故。但对于该犯罪的处罚采取的是单罚制,即只处罚直接责任人员,对单位并不处罚。④ 所谓"直接责任人员",就是其实施的行为与发生的重大安全事故具有直接关系的人员,包括直接参与工程建设的亲临现场的工程监理人员以及对是否降低工程质量具有决定权的领导人员。建设监理实行总监理工程师负责制,这里的领导人员主要是指项目的总监理工程师。⑤

---

① 张佳锋:《我国建设监理责任的法律分析》,西南政法大学 2009 年硕士学位论文,第 35 页。
② 席绪军:《建设工程监理的法律责任问题研究》,复旦大学 2009 年硕士学位论文,第 28 页。
③ 张佳锋:《我国建设监理责任的法律分析》,西南政法大学 2009 年硕士学位论文,第 35 页。
④ 席绪军:《建设工程监理的法律责任问题研究》,复旦大学 2009 年硕士学位论文,第 30 页。
⑤ 张佳锋:《我国建设监理责任的法律分析》,西南政法大学 2009 年硕士学位论文,第 37 页。

第六章　建设工程发包与承包法律制度

第一节　建设工程发包与承包概述

一、建设工程发包与承包的概念

建设工程发包与承包，是指发包人通过合同将完成某一工程的全部或其中一部分工程交由承包人承揽的交易行为。其中，把某项工作交给他人完成并有义务接受工作成果，支付工作报酬是发包；承揽他人交付某项工作，并按时完成该项工作任务，有权利接受工作报酬的是承包。工程发包人一般为建设单位或工程总承包单位；工程承包人一般为工程勘察、设计单位、施工单位等。发包人与承包人的权利、义务都由双方签订的合同来加以规定。

在计划经济时期，我国的工程建设任务采取由行政主管部门分配的方式。改革开放以后，我国的经济体制向市场经济转轨，过去计划经济下的分配工程任务的方式已不适应市场经济的竞争机制。自1982年起，我国工程建设领域开始进行改革，逐步确定了建设工程发包与承包制度，把工程勘察设计与施工推向市场，由相关企业在公平竞争的环境中竞争承包。实践证明，建设工程发包与承包制度，能鼓励竞争，防止垄断，有效提高工程质量、严格控制工程造价和工期，对市场经济发展起到了良好的促进作用。当然，也要清醒地看到，我国建设工程承发包市场仍存在不少混乱现象，如多种形式的支解发包、转包、违法分包等，扰乱了正常的市场秩序，严重影响了建设工程的质量。为解决上述问题，必须进一步完善并严格实行建设工程发包与承包制度。

二、建设工程发包与承包的主要法规

目前，我国现行的与建设工程承、发包有关的主要法律法规有《建筑法》《招标投标法》两部法律，以及住房和城乡建设部颁布的部委规章和规范性文件，主要包括《建设工程设计招标投标管理办法》（住房和城乡建设部令第33号）、《必须招标的工程项目规定》（国家发展和改革委员会令第16号）、《必须招标的基础设施和公用事业项目范围规定》（发改法规规〔2018〕843号）、《工程建设项目自行招标试行办法》（国家发

展计划委员会第 5 号令,已被修改)、《房屋建筑和市政基础设施工程施工招标投标管理办法》(住房和城乡建设部令第 43 号)、《工程建设项目施工招标投标办法》(国家发展和改革委员会、国工业和信息化部、财政部、住房和城乡建设部、交通运输部、铁道部、水利部、国家广播电影电视总局、中国民用航空局令第 23 号)、《房屋建筑和市政基础设施工程施工分包管理办法》(已被修改)、《基础设施和公用事业特许经营管理办法》(国家发展和改革委员会、财政部、住房和城乡建设部、交通运输部、水利部、中国人民银行令第 25 号)、《房屋建筑和市政基础设施项目工程总承包管理办法》(建市规〔2019〕12 号)。

三、建设工程发包与承包的一般规定

(一)建设工程发包的基本规定

《建筑法》规定,建筑工程实行招标发包的,发包单位应当将建筑工程发包给依法中标的承包单位。建筑工程实行直接发包的,发包单位应当将建筑工程发包给具有相应资质条件的承包单位。按照合同约定,建筑材料、建筑构配件和设备由工程承包单位采购的,发包单位不得指定承包单位购入用于工程的建筑材料、建筑构配件和设备或者指定生产厂、供应商。《政府投资条例》规定,政府投资项目所需资金应当按照国家有关规定确保落实到位。政府投资项目不得由施工单位垫资建设。

《建筑法》第 19 条规定:"建筑工程依法实行招标发包,对不适于招标发包的可以直接发包。"因此,建设工程发包有两种方式:(1)招标发包。建设工程招标发包,是指发包方事先通过招标公告或者投标邀请书标明其拟建工程的内容和要求,由存在承包意愿的单位递交投标书,明确承包工程的价格、工期、质量等条件,再由发包方从中择优选择工程承包方的交易方式。招标发包又分为两种方式:公开招标和邀请招标。公开招标,是指招标人以招标公告的方式邀请不特定的法人或者其他组织投标。邀请招标,是指招标人以投标邀请书的方式邀请特定的法人或者其他组织投标。建设工程的招标发包,主要适用《招标投标法》及其有关规定。建设工程招投标活动通常应当包括招标、投标、开标、评标、定标等步骤。《招标投标法》第 3 条规定了必须进行招标的工程建设项目范围。(2)直接发包。建设工程直接发包,是指发包方与承包方直接进行协商,以约定工程建设的价格、工期、质量和其他条件的交易方式。比如,建设单位直接同相应资质等级的建筑施工企业洽谈建设工程的事宜,通过协商来确定承包单位。对于不适于招标发包可以直接发包的建设工程,承包人依然要符合资质的要求。

《建筑工程施工发包与承包违法行为认定查处管理办法》(建市规〔2019〕1 号)规定,存在下列情形之一的,属于违法发包:(1)建设单位将工程发包给个人的;(2)建设单位将工程发包给不具有相应资质的单位的;(3)依法应当招标未招标或未按照法定招标程序发包的;(4)建设单位设置不合理的招标投标条件,限制、排斥潜在投标人或者投标人的;(5)建设单位将一个单位工程的施工分解成若干部分发包给不同的施工总承包或专业承包单位的。

(二)建设工程承包的基本规定

《建筑法》规定,承包建筑工程的单位应当持有依法取得的资质证书,并在其资质等级许可的业务范围内承揽工程。禁止建筑施工企业超越本企业资质等级许可的业务范围或者以任何形式用其他建筑施工企业的名义承揽工程。禁止建筑施工企业以任何形式允许其他单位或者个人使用本企业的资质证书、营业执照,以本企业的名义承揽工程。

第二节 建设工程的承包

一、建设工程总承包

(一)我国建设工程总承包制度的发展历程

为克服工程建设传统模式存在的超概算、拖工期等诸多弊端,从20世纪80年代初,以设计为主导的工程总承包拉开帷幕,我国建设工程领域逐步开启了对工程总承包模式的探索。大致经历了如下几个阶段。

1. 试点阶段(1982～1992年)

原化工部1982年6月8日发布了《关于改革现行基本建设管理体制,试行以设计为主体的工程总承包制的意见》(已失效)的通知,明确指出“根据中央关于调整、改革、整顿、提高的方针,我们总结了过去的经验,研究了国外以工程公司的管理体制组织工程建设的具体方法,吸取了我们同国外工程公司进行合作设计的经验,为了探索化工基本建设管理体制改革的途径,部决定进行以设计为主体的工程总承包管理体制的试点。”①从此拉开了以设计单位主导的工程总承包试验序幕。

为了落实全国人大关于改革建筑业和基本建设管理体制的精神,国务院于1984年9月18日发布了《关于改革建筑业和基本建设管理体制若干问题的暂行规定》(已失效),工程总承包单位可以从工程可行性研究阶段介入项目直至竣工投产,包括的工作范围广泛。为进一步搞好试点,加快改革进程,1987年4月20日,原国家计划委员会、财政部等四部门印发《关于设计单位进行工程总承包试点有关问题的通知》,公布了全国第一批12家工程总承包试点单位。1989年4月1日,原建设部、原国家计划委员会等五部门印发了《关于设计单位进行工程总承包试点及有关问题的补充通知》,公布了第二批31家工程总承包试点单位。从此,工程总承包试点工作在21个行业的勘察设计单位展开。为了扩大试点,原国家计划委员会、财政部、中国人民建设银行、原物资部、原建设部五部门1989年4月1日又联合发布了《关于设计单位进行工程总承包试点及有关问题的补充通知》,扩大了工程总承包试点单位的范围。但该补充通知规定“设计单位不能辖有施工队伍,也不应与施工单位联合投标总承包工程项目。设计单位在进行工程总承包时,只负责勘探设计、设备采购、施工招标、发包、项目管理、质量监督和试车考核,不直接从事施工,不必领取施工执照。”在一定程度上也限制了设计单位向设计施工一体化综合建筑企业发展的可能。但该补充通知又规定“设计单位进行工程总承包,必须有两个以上设计单位参加投标竞争,择优选定总承包单位。”

这一阶段是以勘察设计单位为试验主体的工程总承包探索阶段,总承包单位可以对项目建设的可行性研究、勘察设计、设备选购、材料订货、工程施工、生产准备直到竣工投产实行全过程的总承包,工程总承包的工作范围较大。但在1989年五部门补充通知之后,规定设计单位不直接从事施工,不利于设计单位向综合性工程企业发展。同时补充通知也引进了工程总承包竞标

---

① 荣世立:《改革开放40年我国工程总承包发展回顾与思考》,载《中国勘察设计》2018年第12期。

程序,为优化我国建筑市场起到了示范作用。①

2. 推广阶段(1992～2003 年)

为加强对工程总承包企业的资质管理,提高工程建设的社会经济效益,维护建设市场秩序,原建设部 1992 年 4 月 3 日制定了《工程总承包企业资质管理暂行规定》,该暂行规定第 2 条规定:"工程总承包企业,是指对工程从立项到交付使用全过程承包的企业,不包括以设计院为主体的设计工程公司"。这一规定说明施工总承包企业的工作范围与国务院《关于改革建筑业和基本建设管理体制若干问题的暂行规定》中规定的总承包的工作范围一致。该文将总承包企业分为三个等级,并规定了每个等级的工程总承包企业可承揽工程的范围,同时对总承包管理提出了要求,有利于我国工程总承包的规范发展。

1992 年 11 月,在试点的基础上,原建设部发布实施了《设计单位进行工程总承包资格管理有关规定》(已失效),明确我国将设立工程总承包资质,取得工程总承包资格证书后,方可承担批准范围内的总承包任务。为强化设计院工程总承包功能,推进大型工程设计单位国际化转型,1999 年 8 月,原建设部发布了《关于推进大型工程设计单位创建国际型工程公司的指导意见》,明确了国际型工程公司的基本特征和条件,提出要用 5 年左右的时间,将一批有条件的大型工程设计单位创建成为具有设计、采购、建设总承包能力的国际型工程公司,积极开拓国内、国际工程承包市场,并制定了创建国际型工程公司的政策与措施。1999 年 12 月,国务院办公厅《转发建设部等部门关于工程勘察设计单位体制改革的若干意见的通知》发布,要求将勘察设计单位由现行的事业性质改为科技型企业,使之成为适应市场经济要求的法人实体和市场主体,要参照国际通行的工程公司、工程咨询设计公司、设计事务所、岩土工程公司等模式进行改造。勘察设计单位改为企业后,要充分发挥自身技术、知识密集的优势,精心勘察、精心设计,积极开展可行性研究、规划选址、招标代理、造价咨询、施工监理、项目管理和工程总承包等业务。

随着我国改革的深化和对外开放的日益扩大,国际工程承包已超出单纯的工程施工安装范围,成为货物贸易、技术贸易和服务贸易的综合载体。为了适应大力发展对外工程承包业务,国务院办公厅《转发外经贸部等部门关于大力发展对外承包工程的意见的通知》,要求各商业银行、政策性银行应对具备条件的建设—经营—转让(BOT)、建设—拥有—经营(BOO)、建设—拥有—经营—转让(BOOT)等项目的融资予以支持,将其纳入国家境外投资项目统一管理,按规定进行审批。自此,国内工程总承包开始与国际融资接轨。

这一阶段,我国工程总承包在资质管理、市场管理、国际化等方面均得到长足发展,在参照国际经验的同时并结合我国国情,摸索出了一套工程总承包管理的经验。工程总承包单位在走出去的同时,也将国际设计采购施工(EPC)模式以及 BT、BOT 等投资建设运营一体化模式引进了国内。②

3. 规范阶段(2003～2016 年)

为了深化我国工程建设项目组织实施方式改革,培育发展专业化的工程总承包和工程项目管理企业,2003 年 2 月 13 日,原建设部发布《关于培育发展工程总承包和工程项目管理企业的指导意见》,该指导意见取消了勘察设计企业的工程总承包资质,明确了工程总承包的概念和工程

---

① 李宏远:《我国政策环境下工程总承包模式的特点简介》,载德恒律师事务所网 2020 年 2 月 28 日,http://www.dehenglaw.com/CN/tansuocontent/0008/017941/7.aspx? MID =0902。

② 李宏远:《我国政策环境下工程总承包模式的特点简介》,载德恒律师事务所网 2020 年 2 月 28 日,http://www.dehenglaw.com/CN/tansuocontent/0008/017941/7.aspx? MID =0902。

总承包可采用的四种主要形式:设计采购施工(EPC)/交钥匙总承包、设计—施工总承包(DB)、设计—采购总承包(EP)、采购—施工总承包(PC)。鼓励具有工程勘察、设计或施工总承包资质的勘察、设计和施工企业,通过改造和重组,建立与工程总承包业务相适应的组织机构、项目管理体系,充实项目管理专业人员,提高融资能力,发展成为具有设计、采购、施工(施工管理)综合功能的工程公司,在其勘察、设计或施工总承包资质等级许可的工程项目范围内开展工程总承包业务。

2005 年,住房和城乡建设部发布《建设项目工程总承包管理规范》(GB/T50358 - 2005),该规范主要适用于总承包企业签订工程总承包合同后对工程总承包项目的管理,对指导企业建立工程总承包项目管理体系、科学实施项目具有里程碑意义。作为工程总承包管理的国家标准,可视为我国工程总承包规范化发展的标志。住房和城乡建设部于 2017 年 5 月 4 日发布的《建设项目工程总承包管理规范》(GB/T 50358 - 2017)对 2005 版的管理规范进行了修订,发布了建设项目工程总承包管理的新的国家标准,自 2018 年 1 月 1 日起实施。

为规范工程总承包合同当事人的合规竞争和诚信履约,住房和城乡建设部、原国家工商行政管理总局于 2011 年 9 月 7 日联合发布《关于印发〈建设项目工程总承包合同示范文本(试行)〉的通知》,在房屋建筑与市政基础设施工程行业推广试行《建设项目工程总承包合同示范文本(试行)》(GF—2011—216),该示范合同文本详细规定了按 EPC 模式实施的工程总承包各方的权利义务,填补了工程总承包没有合同示范文本的空白。①

国家发展和改革委员会、工业和信息化部、财政部、住房和城乡建设部、交通运输部、原铁道部、水利部、国家广播电视总局、中国民用航空局于 2011 年 12 月 20 日联合发布《关于印发简明标准施工招标文件和标准设计施工总承包招标文件的通知》,该文附具了《标准设计施工总承包招标文件》,要求招标人对该标准文件中的"投标人须知"(投标人须知前附表和其他附表除外)、"评标办法"(评标办法前附表除外)、"通用合同条款"应当不加修改地引用。

上述文件的出台和标准的发布,标志着我国工程总承包开始走向标准化、规范化、科学化的新阶段。

4. 全面发展阶段(2016 年至今)

为了提升城市建筑水平,深化建设项目组织实施方式改革,2016 年 2 月 6 日,中共中央、国务院《关于进一步加强城市规划建设管理工作的若干意见》发布,提出深化建设项目组织实施方式改革,推广工程总承包制。加强建筑市场监管,严厉查处转包和违法分包等行为,推进建筑市场诚信体系建设。

为落实上述意见,深化建设项目组织实施方式改革,推广工程总承包制,提升工程建设质量和效益,住房和城乡建设部于 2016 年 5 月 20 日发布《关于进一步推进工程总承包发展的若干意见》,对工程总承包项目的发包阶段、工程总承包企业的选择、工程总承包项目的分包、工程总承包项目的监管手续等作出了相应规定。继 2014 年 8 月住房和城乡建设部批准浙江省为工程总承包首个试点省份后,上海、福建、广东、广西、湖南、湖北、四川、重庆、吉林等 9 省市工程总承包试点工作逐步展开,各地制定了推行工程总承包的试点方案和相关配套政策。

为进一步深化建筑业"放管服"改革,加快产业升级,促进建筑业持续健康发展,为新型城镇化提供支撑,国务院办公厅于 2017 年 2 月 21 日发布《关于促进建筑业持续健康发展的意见》,规

---

① 荣世立:《改革开放 40 年我国工程总承包发展回顾与思考》,载《中国勘察设计》2018 年第 12 期。

定装配式建筑原则上应采用工程总承包模式。政府投资工程应完善建设管理模式，带头推行工程总承包。加快完善工程总承包相关的招标投标、施工许可、竣工验收等制度规定。按照总承包负总责的原则，落实工程总承包单位在工程质量安全、进度控制、成本管理等方面的责任。除以暂估价形式包括在工程总承包范围内且依法必须进行招标的项目外，工程总承包单位可以直接发包总承包合同中涵盖的其他专业业务。

为规范房屋建筑和市政基础设施项目工程总承包活动，提升工程建设质量和效益，国家发展和改革委员会、住房和城乡建设部于 2019 年 12 月 23 日发布《关于印发房屋建筑和市政基础设施项目工程总承包管理办法的通知》，该通知附具《房屋建筑和市政基础设施项目工程总承包管理办法》所称工程总承包，是指承包单位按照与建设单位签订的合同，对工程设计、采购、施工或者设计、施工等阶段实行总承包，并对工程的质量、安全、工期和造价等全面负责的工程建设组织实施方式。该管理办法是新时期我国工程总承包管理的规范性文件，其实施对我国工程总承包模式的发展带来重大变化。

这一阶段，建筑、市政工程总承包规模迅速扩大，我国工程总承包进入全面发展阶段。

(二)工程总承包的基本概念和主要方式

工程总承包是国际通行的建设项目组织实施方式。大力推进工程总承包，有利于提升项目可行性研究和初步设计深度，实现设计、采购、施工等各阶段工作的深度融合，提高工程建设水平。

1. 工程总承包的基本概念

根据《关于培育发展工程总承包和工程项目管理企业的指导意见》，工程总承包，是指从事工程总承包的企业（以下简称工程总承包企业）受业主委托，按照合同约定对工程项目的勘察、设计、采购、施工、试运行（竣工验收）等实行全过程或若干阶段的承包。工程总承包企业按照合同约定对工程项目的质量、工期、造价等向业主负责。工程总承包企业可依法将所承包工程中的部分工作发包给具有相应资质的分包企业；分包企业按照分包合同的约定对总承包企业负责。这一概念之下，工程总承包模式有四种类型：设计采购施工（EPC）/交钥匙总承包、设计施工总承包（DB）、设计采购总承包（EP）、采购施工总承包（PC）。而《建设项目工程总承包合同示范文本（试行）》（GF—2011—216）、住房和城乡建设部《关于进一步推进工程总承包发展的若干意见》以及《房屋建筑和市政基础设施项目工程总承包管理办法》对工程总承包的概念范围进行了限缩，认为工程总承包是指承包单位按照与建设单位签订的合同，对工程设计、采购、施工或者设计、施工等阶段实行总承包，并对工程的质量、安全、工期和造价等全面负责的工程建设组织实施方式。

2. 工程总承包的主要方式

根据《关于培育发展工程总承包和工程项目管理企业的指导意见》，我国工程总承包模式可分为设计采购施工（EPC）/交钥匙总承包、设计施工总承包（DB）、设计采购总承包（EP）、采购施工总承包（PC）这四种类型，建设单位可以根据项目的特点和自身管理的实际需要选择。根据《建设项目工程总承包合同示范文本（试行）》（GF—2011—216）、《标准设计施工总承包招标文件》、住房和城乡建设部《关于进一步推进工程总承包发展的若干意见》和《房屋建筑和市政基础设施项目工程总承包管理办法》的相关规定，我国的工程总承包一般采用设计—采购—施工总承包（EPC）或者设计—施工总承包模式（DB）。建设单位也可以根据项目特点和实际需要，按照风险合理分担原则和承包工作内容采用其他工程总承包模式。工程总承包的具体方式、工作内容和责任等，由业主与工程总承包企业在合同中约定。工程总承包的两种主要模式具体如下：

（1）设计采购施工（EPC）/交钥匙总承包。是指工程总承包企业按照合同约定，承担工程项目的设计、采购、施工、试运行服务等工作，并对承包工程的质量、安全、工期、造价全面负责。交钥匙总承包是设计采购施工总承包业务和责任的延伸，最终向业主提交一个满足使用功能，具备使用条件的工程项目。EPC 合同条件更适用于设备专业性强、技术性复杂的工程项目，FIDIC《设计采购施工（EPC）交钥匙工程合同条件》前言推荐此类合同条件："可适用于以交钥匙方式提供加工或动力设备、工厂或类似设施、或基础设施工程或其他类型开发项目"。

（2）设计—施工总承包（DB）。是指工程总承包企业按照合同约定，承担工程项目设计和施工，并对承包工程的质量、安全、工期、造价全面负责。根据工程项目的不同规模、类型和业主要求，工程总承包还可采用设计—采购总承包（EP）、采购—施工总承包（PC）等方式。（如图 1 所示）

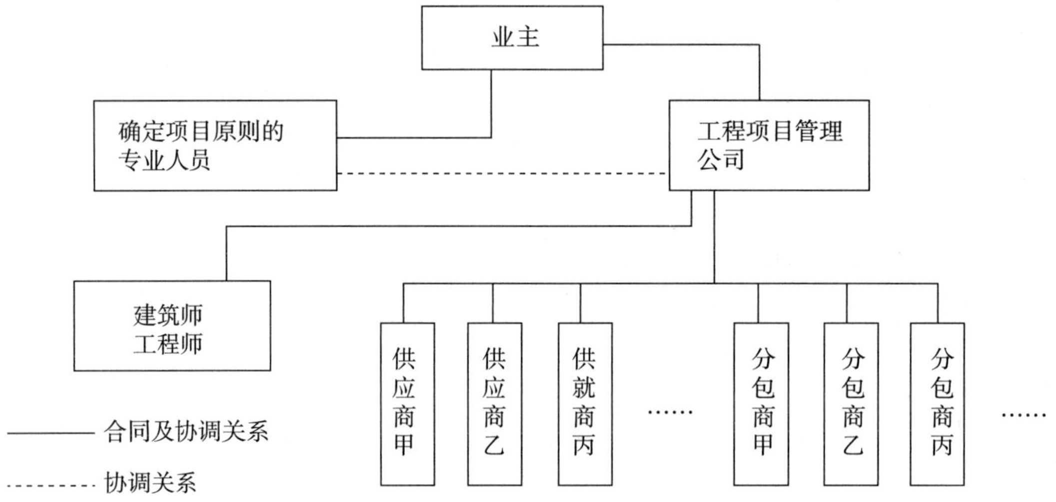

图 1　DB 模式的组织形式

3. EPC 模式和 DB 模式的区别

（1）工作内容不同。EPC 模式包括对工程建设项目的设计、采购、施工、试运行等工作内容；DB 模式包括从决策、设计到试运行的建设项目发展周期实行等工作内容。

（2）管理机制不同。EPC 模式采用二元管理体制，即不再设置工程师角色，仅要求业主派遣业主代表负责项目的监督管理工作，并不需要聘请工程师这一独立的第三方角色实施对工程的监督管理；DB 模式采用由业主、总承包商、工程师组成的三元管理体制。

（3）发包、承包双方承担的风险范围区别。在 EPC 模式下，由于承包人介入项目较早，承包人承担了合同价格包含的风险范围之内的全部风险，合同价格一般不允许调整，承包人风险较大。而在 DB 模式之下，承包人介入项目在详细设计阶段，建设单位承担一部分风险，承包人承担一部分，承包人承担的风险没有 EPC 条件下大。

（4）发包人的控制程度区别。风险与权利是对等的，鉴于承包人在 EPC 模式中承担较多工作和较大风险，承包人对项目的控制程度高，利润也高。DB 模式中承包人的风险小，控制程度低些，利润也相对低些。

鉴于我国推行强制监理制度，由于监理单位必须作为总承包项目管理中的一个重要角色出现,无论项目采用哪种总承包模式,EPC 与 DB 均在管理结构上的差别缩小。根据中共中央、国务院《关于进一步加强城市规划建设管理工作的若干意见》和国务院办公厅《关于促进建筑业持续健康发展的意见》,对于政府投资项目推荐采用工程总承包模式发包。但根据《房屋建筑和市政基础设施项目工程总承包管理办法》的规定,采用工程总承包方式的政府投资项目,原则上应当在初步设计审批完成后进行工程总承包项目发包。所以对于政府投资项目,原则上应在初步设计审批完成后才启动工程总承包招标工作。那么无论采取哪种工程总承包形式,承包人的设计工作均从施工图设计开始,设计范围差别将会缩小。根据《房屋建筑和市政基础设施项目工程总承包管理办法》的规定,政府投资项目在完成初步设计审批后,大型工程设备已完成选型,除非配套性、非标准设备外,承包人可主导的设备选型有限,使 EPC 总承包模式下承包人自主权受限。①

(三)工程总承包项目的发包和承包

1. 工程总承包项目的发包

建设单位应当在发包前完成项目审批、核准或者备案程序。采用工程总承包方式的企业投资项目,应当在核准或者备案后进行工程总承包项目发包。采用工程总承包方式的政府投资项目,原则上应当在初步设计审批完成后进行工程总承包项目发包;其中,按照国家有关规定简化报批文件和审批程序的政府投资项目,应当在完成相应的投资决策审批后进行工程总承包项目发包。建设单位依法采用招标或者直接发包等方式选择工程总承包单位。工程总承包项目范围内的设计、采购或者施工中,有任一项属于依法必须进行招标的项目范围且达到国家规定规模标准的,应当采用招标的方式选择工程总承包单位。

建设单位应当根据招标项目的特点和需要编制工程总承包项目招标文件,主要包括以下内容:(1)投标人须知;(2)评标办法和标准;(3)拟签订合同的主要条款;(4)发包人要求,列明项目的目标、范围、设计和其他技术标准,包括对项目的内容、范围、规模、标准、功能、质量、安全、节约能源、生态环境保护、工期、验收等的明确要求;(5)建设单位提供的资料和条件,包括发包前完成的水文地质、工程地质、地形等勘察资料,以及可行性研究报告、方案设计文件或者初步设计文件等;(6)投标文件格式;(7)要求投标人提交的其他材料。建设单位可以在招标文件中提出对履约担保的要求,依法要求投标文件载明拟分包的内容;对于设有最高投标限价的,应当明确最高投标限价或者最高投标限价的计算方法。推荐使用由住房和城乡建设部会同有关部门制定的工程总承包合同示范文本。

2. 工程总承包单位的资质

工程总承包单位应当同时具有与工程规模相适应的工程设计资质和施工资质,或者由具有相应资质的设计单位和施工单位组成联合体。工程总承包单位应当具有相应的项目管理体系和项目管理能力、财务和风险承担能力,以及与发包工程相类似的设计、施工或者工程总承包业绩。设计单位和施工单位组成联合体的,应当根据项目的特点和复杂程度,合理确定牵头单位,并在联合体协议中明确联合体成员单位的责任和权利。联合体各方应当共同与建设单位签订工程总承包合同,就工程总承包项目承担连带责任。

工程总承包单位不得是工程总承包项目的代建单位、项目管理单位、监理单位、造价咨询单

① 李宏远:《我国政策环境下工程总承包模式的特点简介》,载德恒律师事务所网 2020 年 2 月 28 日,http://www.dehenglaw.com/CN/tansuocontent/0008/017941/7.aspx? MID=0902。

位、招标代理单位。政府投资项目的项目建议书、可行性研究报告、初步设计文件编制单位及其评估单位,一般不得成为该项目的工程总承包单位。政府投资项目招标人公开已经完成项目建议书、可行性研究报告、初步设计文件的,上述单位可以参与该工程总承包项目的投标,经依法评标、定标,成为工程总承包单位。

鼓励设计单位申请取得施工资质。已取得工程设计综合资质、行业甲级资质、建筑工程专业甲级资质的单位,可以直接申请相应类别施工总承包一级资质。鼓励施工单位申请取得工程设计资质,具有一级及以上施工总承包资质的单位可以直接申请相应类别的工程设计甲级资质。完成的相应规模工程总承包业绩可以作为设计、施工业绩申报。

3. 工程总承包项目的风险分担

建设单位和工程总承包单位应当加强风险管理,合理分担风险。建设单位承担的风险主要包括:(1)主要工程材料、设备、人工价格与招标时基期价相比,波动幅度超过合同约定幅度的部分;(2)因国家法律法规政策变化引起的合同价格的变化;(3)不可预见的地质条件造成的工程费用和工期的变化;(4)因建设单位原因产生的工程费用和工期的变化;(5)不可抗力造成的工程费用和工期的变化。具体风险分担内容由双方在合同中约定。鼓励建设单位和工程总承包单位运用保险手段增强防范风险能力。

企业投资项目的工程总承包宜采用总价合同,政府投资项目的工程总承包应当合理确定合同价格形式。采用总价合同的,除合同约定可以调整的情形外,合同总价一般不予调整。建设单位和工程总承包单位可以在合同中约定工程总承包计量规则和计价方法。依法必须进行招标的项目,合同价格应当在充分竞争的基础上合理确定。

(四)工程总承包项目的实施

1. 建设单位的项目管理

建设单位应当加强工程总承包项目全过程管理,督促工程总承包企业履行合同义务。建设单位根据自身资源和能力,可以自行对工程总承包项目进行管理,也可以委托勘察设计单位、代建单位等项目管理单位,赋予相应权利,依照合同对工程总承包项目进行管理。项目管理单位可以是本项目的可行性研究、方案设计或者初步设计单位,也可以是其他工程设计、施工或者监理等单位,但项目管理单位不得与工程总承包企业具有利害关系。

2. 工程总承包单位的管理

工程总承包单位应当建立与工程总承包相适应的组织机构和管理制度,形成项目设计、采购、施工、试运行管理以及质量、安全、工期、造价、节约能源和生态环境保护管理等工程总承包综合管理能力。工程总承包单位应当设立项目管理机构,设置项目经理,配备相应管理人员,加强设计、采购与施工的协调,完善和优化设计,改进施工方案,实现对工程总承包项目的有效管理控制。

工程总承包项目经理应当具备下列条件:(1)取得相应工程建设类注册执业资格,包括注册建筑师、勘察设计注册工程师、注册建造师或者注册监理工程师等;未实施注册执业资格的,取得高级专业技术职称。(2)担任过与拟建项目相类似的工程总承包项目经理、设计项目负责人、施工项目负责人或者项目总监理工程师。(3)熟悉工程技术和工程总承包项目管理知识以及相关法律法规、标准规范。(4)具有较强的组织协调能力和良好的职业道德。工程总承包项目经理不得同时在两个或者两个以上工程项目担任工程总承包项目经理、施工项目负责人。

3. 工程总承包项目的分包

工程总承包单位可以采用直接发包的方式进行分包。但以暂估价形式包括在总承包范围内的工程、货物、服务分包，属于依法必须进行招标的项目范围且达到国家规定规模标准的，应当依法招标。

建设单位不得迫使工程总承包单位以低于成本的价格竞标，不得明示或者暗示工程总承包单位违反工程建设强制性标准、降低建设工程质量；不得明示或者暗示工程总承包单位使用不合格的建筑材料、建筑构配件和设备。工程总承包单位应当对其承包的全部建设工程质量负责，分包单位对其分包工程的质量负责，分包不免除工程总承包单位对其承包的全部建设工程所负的质量责任。工程总承包单位、工程总承包项目经理依法承担质量终身责任。

建设单位不得对工程总承包单位提出不符合建设工程安全生产法律、法规和强制性标准规定的要求，不得明示或者暗示工程总承包单位购买、租赁、使用不符合安全施工要求的安全防护用具、机械设备、施工机具及配件、消防设施和器材。工程总承包单位对承包范围内工程的安全生产负总责。分包单位应当服从工程总承包单位的安全生产管理，分包单位不服从管理导致生产安全事故的，由分包单位承担主要责任，分包不免除工程总承包单位的安全责任。工程保修书由建设单位与工程总承包单位签署，保修期内工程总承包单位应当根据法律法规规定以及合同约定承担保修责任，工程总承包单位不得以其与分包单位之间的保修责任划分而拒绝履行保修责任。

工程总承包企业应当加强对分包的管理，不得将工程总承包项目转包，也不得将工程总承包项目中的设计和施工业务一并或者分别分包给其他单位。工程总承包企业自行实施设计的，不得将工程总承包项目工程主体部分的设计业务分包给其他单位。工程总承包企业自行实施施工的，不得将工程总承包项目工程主体结构的施工业务分包给其他单位。

4. 工程总承包项目的监管手续

建设单位和工程总承包单位应当加强设计、施工等环节管理，确保建设地点、建设规模、建设内容等符合项目审批、核准、备案要求。政府投资项目所需资金应当按照国家有关规定确保落实到位，不得由工程总承包单位或者分包单位垫资建设。政府投资项目建设投资原则上不得超过经核定的投资概算。

5. 工程总承包企业的责任

《建筑法》规定，建筑工程总承包单位按照总承包合同的约定对建设单位负责；分包单位按照分包合同的约定对总承包单位负责。总承包单位和分包单位就分包工程对建设单位承担连带责任。《建设工程质量管理条例》进一步规定，建设工程实行总承包的，总承包单位应当对全部建设工程质量负责；建设工程勘察、设计、施工、设备采购的一项或者多项实行总承包的，总承包单位应当对其承包的建设工程或者采购的设备的质量负责。国务院办公厅《关于促进建筑业持续健康发展的意见》规定，按照总承包负总责的原则，落实工程总承包单位在工程质量安全、进度控制、成本管理等方面的责任。除以暂估价形式包括在工程总承包范围内且依法必须进行招标的项目外，工程总承包单位可以直接发包总承包合同中涵盖的其他专业业务。

住房和城乡建设部《关于进一步推进工程总承包发展的若干意见》（建市〔2016〕93 号）进一步规定，工程总承包企业对工程总承包项目的质量和安全全面负责。工程分包不能免除工程总承包企业的合同义务和法律责任，工程总承包企业和分包企业就分包工程对建设单位承担连带责任。工程总承包企业按照合同约定向建设单位出具履约担保，建设单位向工程总承包企业出具支付担保。工程总承包企业自行实施工程总承包项目施工的，应当依法取得安全生产许可证；将工程总承包项目中的施工业务依法分包给具有相应资质的施工企业完成的，施工企业应当依法取得安全生产许可证。工程总承包企业应当组织分包企业配合建设单位完成工程竣工验收,签署工程质量保修书。

工程总承包单位和工程总承包项目经理在设计、施工活动中有转包违法分包等违法违规行为或者造成工程质量安全事故的,按照法律法规对设计、施工单位及其项目负责人相同违法违规行为的规定追究责任。

(五)工程总承包商的地位问题

有种观点认为此时工程总承包商处于间接代理人的地位。根据《民法典》第925条、第926条的规定,间接代理系指代理人以自己的名义为委托人的利益行事。该观点认为工程总承包商虽然以自己的名义对外发包,但因工程项目并非其所有,其只是代理业主,其身份为代理人。

但《建筑法》第29条规定:"建筑工程总承包单位按照总承包合同的约定对建设单位负责;分包单位按照分包合同的约定对总承包单位负责。"另外,FIDIC合同在"承包商的一般义务"条款中规定,承包商对所有现场作业、所有施工方法,以及全部的完备性、稳定性和安全性承担责任。承包商对所有承包商文件、临时工程,以及按照合同要求的每项生产、设备和材料的设计承担责任;承包商应把任何分包商、其代理人或雇员的行为或违约视同承包商自己的行为或违约,并对其负责。在实践中,正如FIDIC合同规定的那样,业主只与总承包商有合同关系,业主不与任何第三方发生法律关系。同样,在总承包模式下,业主不与分包发生法律关系,分包企业也无权绕开工程总承包商直接接触业主。①

因此,在工程总承包的方式下,工程总承包商并非处于代理人的地位,其对所签订的合同独立承担责任。这不论是对工程总承包商而言还是对分包商而言,都是一个相当大的挑战,因工程总承包商包揽了设计、施工、采购,任一环节的错误,均视作工程总承包商的违约;对于工程总承包商的分包商特别是施工分包商而言,其合同相对方是工程总承包商,和真正的工程业主之间并无合同关系,各项费用均由工程总承包商来支付。

二、建设工程平行承发包

(一)建设工程平行承发包的概念

建设工程平行承发包,又称为分别承发包,是指发包人根据建设工程项目的特点、项目进展情况和控制的要求等因素,将建设工程勘察、设计、施工和设备材料采购其中之一项或多项工作按工程部位或者专业进行合理分解,分别发包给一家或者多家资质、信誉等条件符合要求的勘察、设计、施工承包单位和供应商,并分别与之签订合同。发包单位与各个勘察、设计、施工、供应单位之间的关系是平行的,分别对发包单位负责。这是国际上通行的承发包模式之一,也是我国允许的承发包模式。

采用平行发包模式,由于有隶属不同和专业不同的多家承包单位共同承担同一个建设项目,同时工作作业面增多,施工空间扩大,勘察、设计、施工各个建设阶段以及施工各阶段搭接顺畅,有利于缩短项目建设周期。平行发包模式由于合同个数较多,合同界面之间存在相互制约关系,具有他人控制质量的特点,在我国目前具有一般承包资质的单位总体多于具有总承包资质的单

---

① 王志强:《工程总承包方式的应用及相关法律问题》,载王志强律师博客2011年9月7日,http://www.lawtime.cn/article/lll714685719779oo51626。

位情况下,平行发包模式有利于建设单位择优选择承包单位,有利于繁荣建筑市场。①

（二）平行承发包模式的主要优缺点

1. 平行承发包模式的优点

(1)有利于缩短工期。设计阶段与施工阶段有可能形成搭接关系,从而缩短整个建设工程工期。(2)有利于质量控制。整个工程经过分解分别发包给各承建单位,合同约束与相互制约使每一部分能够较好地实现质量要求。(3)有利于业主选择承建单位。这种模式的合同内容比较单一,无论大型承建单位还是中小型承建单位都有机会竞争。

2. 平行承发包模式的缺点

(1)合同数量多,会造成合同管理困难。合同关系复杂,使建设工程系统内结合部位数量增加,组织协调工作量大。(2)投资控制难度大。主要表现在:①总合同价不易确定,影响投资控制实施;②工程招标任务量大,需控制多项合同价格,增加了投资控制难度;③在施工过程中设计变更和修改较多,可能导致投资增加。

（三）平行发包的表现形式②

1. 把群体工程中的勘察、设计、施工、材料供应等多项工作分别发包给勘察、设计、施工、材料供应等承包单位。

2. 把群体工程中的勘察、设计、施工、材料供应的某一项工作,如勘察设计或者施工任务分别发包给不同的承包单位。

3. 把单体工程中的勘察、设计、施工、材料供应分别发包给不同的承包单位。

4. 取得群体工程总承包资格的承包单位,将不同的单体工程分别发包给不同的施工、勘察、设计、材料供应单位。这种发包模式也叫作总分包模式,这时,总包单位代行了建设单位部分职能,成了发包单位。

（四）平行发包与支解发包

支解发包,是指将应当由一个承包单位完成的建设工程支解成若干部分发包给几个承包单位的行为。平行发包与支解发包有相似之处:都是由一个以上的承包单位承担工程勘察、设计、施工中的一项工作,发包单位既可以是建设单位,也可以是总包单位,各承包单位之间的关系是平行的。两种发包模式的主要区别在于发包的工程是不是"应当由一个承包单位完成的工程"。如果是应当由一个承包单位完成的工程,且只有一个承包单位在完成这项工程,那么,这种发包模式就是平行发包模式;反之,则是支解发包模式。

三、建设工程共同承包

《建筑法》第 27 条规定:"大型建筑工程或结构复杂的建筑工程,可以由两个以上的承包单位联合共同承包"。《招标投标法》第 31 条规定:"两个以上法人或者其他组织可以组成一个联合体,以一个投标人的身份共同投标"。《关于培育发展工程总承包和工程项目管理企业的指导意见》第 4 条第 1 项第 2 款规定:"工程勘察、设计、施工企业也可以组成联合体对工程项目进行联合总承包。"根据上述法规的规定,承包人既可以单独承包工程,也可以与其他企业联合共同承包(包括联合总承包)。在具体项目操作过程中,如果工程建设联合体中标,联合投标就转化成

① 袁受权:《浅议平行发包与肢解发包》,载《建设监理》2003 年第 2 期。

② 袁受权:《浅议平行发包与肢解发包》,载《建设监理》2003 年第 2 期。

共同承包。建设工程共同承包,是指由两个以上具备承包资格的单位共同组成非法人的联合体,以共同的名义对工程进行承包的行为。这是在国际工程发承包活动中较为通行的一种做法,可有效地规避工程承包风险。如果两个以上的单位组成一个法人实体进行承包某一建设工程,与发包人签订了建设工程承包合同,那么这就属于该法人实体的单独承包,不属于共同承包。

(一)建设工程共同承包的适用范围

《建筑法》规定,大型建筑工程或者结构复杂的建筑工程,可以由两个以上的承包单位联合共同承包。

作为大型的建筑工程或结构复杂的建筑工程,一般具有投资额大、技术要求复杂和建设周期长的特点,潜在风险较大,如果采取联合共同承包的方式,有利于更好发挥各承包单位在资金、技术、管理等方面优势,增强抗风险能力,保证工程质量和工期,提高投资效益。至于中小型或结构不复杂的工程,则无须采用共同承包方式,完全可由一家承包单位独立完成。

(二)共同承包的资质要求

《建筑法》规定,两个以上不同资质等级的单位实行联合共同承包的,应当按照资质等级低的单位的业务许可范围承揽工程。这主要是为防止以联合共同承包为名而进行"资质挂靠"的不规范行为。

(三)共同承包的责任

《招标投标法》规定,联合体中标的,联合体各方应当共同与招标人签订合同,就中标项目向招标人承担连带责任。《建筑法》也规定,共同承包的各方对承包合同的履行承担连带责任。共同承包各方应签订联合承包协议,明确约定各方的权利、义务以及相互合作、违约责任承担等条款。各承包方就承包合同的履行对建设单位承担连带责任。如果出现赔偿责任,建设单位有权向共同承包的任何一方请求赔偿,而被请求方不得拒绝,在其支付赔偿后可依据联合承包协议及有关各方过错大小,有权对超过自己应赔偿的那部分份额向其他方进行追偿。

四、PPP 模式(含 BOT 模式)

BOT 模式是 PPP 模式中的一种类型,而且 PPP 模式(含 BOT 模式)在性质上属于项目投融资模式,不属于工程项目的承发包模式,但实践中存在大量 PPP 模式(含 BOT 模式)的项目,有必要对其予以分析。

(一)PPP 模式基本含义

PPP 是英文 Public - Private Partnership 的缩写,其有多种译法,如公私伙伴关系、公私合作伙伴模式、公共/私人合作关系、公私机构的伙伴合作、民间开放公共服务、公共民营合作制等,目前在国际上尚未形成一致公认的定义。关于 PPP 的起源,一般认为现代 PPP 起源于 20 世纪 80 年代的英国,最早涉及的是交通、供水等公共基础设施建设和公共服务领域。英国政府于 1989 年解除原有限制,开始允许私营资本投向公用事业领域,并在 1992 年率先提出私营融资计划(Private Finance Initiative, PFI)的模式。英国工党政府于 1997 开始执政后,设立了专门机构负责组织和协调 PPP 相关事宜,并于 2000 年成立了"英国伙伴关系"(Partnerships UK, PUK)机构,专门代表公共部门主管 PPP 项目,逐渐形成了一系列成熟的 PPP 模式管理制度,确立了完整的私营资本参与公共事业建设的机制。

从广义上讲,PPP 是指公共部门和私营部门为提供公共产品或服务而建立的各种合作关系的总称,以授予特许经营权为特征,主要包括建设—经营—转让(BOT)、建设—拥有—经营

（BOO）以及各种衍生模式、私人筹资计划（PFI）等模式。狭义 PPP 与 BOT 的原理相似，都由“使用者付费”，但它比 BOT 更强调合作过程中的风险分担机制和项目的衡工量值（Value For Money）原则。在我国财政部发布的《关于推广运用政府和社会资本合作模式有关问题的通知》中，对 PPP 模式的定义如下：政府部门和社会资本在基础设施及公共服务领域建立的一种长期合作关系。通常模式是由社会资本承担设计、建设、运营、维护基础设施的大部分工作，并通过“使用者付费”及必要的“政府付费”获得合理投资回报；政府部门负责基础设施及公共服务价格和质量监管，以保证公共利益最大化。

2018 年 9 月 14 日，财政部公布的统计数据显示，截至 2018 年 7 月底，全国 PPP（政府和社会资本合作）综合信息平台项目库累计入库项目 7867 个、投资额 11.8 万亿元。已签约落地项目 3812 个、投资额 6.1 万亿元，已开工项目 1762 个、投资额 2.5 万亿元。

（二）我国 PPP 模式的相关政策

中国 PPP 模式的发展一直采取政策先行、政策导向方式。1989 年国务院发布的《关于鼓励外商投资的规定》可以视作我国第一个关于 PPP 模式的相关规定。1994 年后，随着分税制改革的推进，地方政府的部分财权上缴中央，PPP 模式成为地方政府进行基础设施建设的重要选择。进入 21 世纪，随着基础设施建设需求大量增多，政府鼓励公私合营及特许经营模式的开展，先后出台《市政公用事业特许经营管理办法》《关于鼓励支持和引导个体私营等非公有制经济发展的若干意见》等相关政策。经过 2008 年的“金融海啸”，社会资本竞争力下降，PPP 模式的开展遭遇瓶颈。2013 年后，经济刺激导致的地方性债务膨胀和新型城镇化建设的必然性，使 PPP 模式再次得到重视。

十八届三中全会确定“允许社会资本通过特许经营等方式参与城市基础设施投资和运营”的改革方向以来，中国政府首次以国务院《关于创新重点领域投融资机制鼓励社会投资的指导意见》的形式，大力倡导在若干重点发展领域（不限于城市基础设施）创新投融资体制，吸引和鼓励社会资本（特别是民间资本）参与投资。充分发挥政府投资的引导和带动作用，要求在同等条件下，政府投资优先支持引入社会资本的项目，根据不同项目情况，通过投资补助、基金注资、担保补贴、贷款贴息等方式，支持社会资本参与重点领域建设。抓紧制定政府投资支持社会投资项目的管理办法，规范政府投资安排行为。这可以看作我国 PPP 模式改革的重要信号，PPP 模式新一轮改革就此展开。

2014 年，国务院发布《关于加强地方政府性债务管理的意见》（国发〔2014〕43 号）中明确提出鼓励社会资本通过特许经营等方式，参与到城市基础设施等有一定收益的公益性事业的投资和运营中，并规定政府不允许在这种合作模式中担任投资者。该意见的出台是 PPP 模式改革的正式开始。2014 年 9 月，财政部下发《关于推广运用政府和社会资本合作模式有关问题的通知》（财金〔2014〕76 号），明确指出 PPP 模式中政府和社会资本分别应负的责任，提出 PPP 项目设计、建设、运营及维护基础设施的大部分工作应由社会资本负责，政府则需保障配套基础设施。2014 年 11 月，国务院发布《关于创新重点领域投融资机制鼓励社会投资的指导意见》（国发〔2014〕60 号），提出 PPP 模式中的项目选择范围，鼓励社会资本投入生态环保、农林水利、市政基础建设、交通路网建设，及社会事业等重点建设项目。2014 年年末，财政部发布的《政府和社会资本合作模式操作指南》（财金〔2014〕113 号，已失效）和国家发展和改革委员会发布的《关于开展政府和社会资本合作的指导意见》（发改投资〔2014〕2724 号）均规范了 PPP 模式的范围以及操作模式，同时对 PPP 项目从储备到退出机制都进行了详细规定。至此，我国 PPP 模式顶层政策设计基本完成。

2015年4月,《基础设施和公用事业特许经营管理办法》(国家发展和改革委员会、财政部、住房和城乡建设部、交通运输部、水利部、中国人民银行令第25号)发布,明确了PPP模式的操作流程及政府部门的责任,被认为是PPP推进的"基本法"。该办法对项目实施方案、评估标准及融资方式提出较详细的规定。要求项目运营时间不超过30年,同时允许对特许经营项目进行预期收益质押贷款,同时鼓励以设立产业基金等形式入股提供项目资本金,支持项目公司成立私募基金,发行项目收益票据、资产支持票据、企业债、公司债等拓宽融资渠道。2015年12月,财政部发布《关于印发〈PPP物有所值评价指引(试行)〉的通知》(财金〔2015〕167号,已失效),力求通过定性定量双重考虑论证PPP项目的可行性。

2016年以来,随着各类PPP项目的落地,项目实际操作中出现各种问题。对此,国家发展和改革委员会、财政部等部委相继出台《关于切实做好传统基础设施领域政府和社会资本合作有关工作的通知》(发改投资〔2016〕1744号)等相关通知,对PPP项目的审核、可行性研究论证等相关内容进行了更明确的规定,使PPP运作更加规范化。

2016年12月21日,国家发展和改革委员会、中国证券监督管理委员会《关于推进传统基础设施领域政府和社会资本合作(PPP)项目资产证券化相关工作的通知》(发改投资〔2016〕2698号)发布,推进PPP项目资产证券化工作。上海证券交易所和深圳证券交易所纷纷响应通知内容,成立专门PPP项目组,鼓励PPP资产证券化项目的开展。基金业协会随后发布《PPP项目资产证券化产品实施专人专岗备案通知》,要求PPP项目资产证券化产品需通过基金业协会备案管理系统以电子化方式报备。2017年5月5日,原中国保险监督管理委员会发布《关于保险资金投资政府和社会资本合作项目有关事项的通知》(保监发〔2017〕41号),批准保险资金参与PPP项目。

2017年7月21日,原国务院法制办公安联合国家发展和改革委员会、财政部起草《基础设施和公共服务领域政府和社会资本合作条例(征求意见稿)》,我国PPP项目立法进程加速。该条例规定,PPP合作项目协议中不得约定由政府回购社会资本方投资本金或者承担社会资本方投资本金的损失,同时不得约定社会资本方的最低收益以及由政府为合作项目融资提供担保。同时,对项目公司的经营范围进行了严格的约定,项目公司不得从事与合作项目实施无关的经营活动,合作项目的设施、设备以及土地使用权、项目收益权和融资款项不得用于实施合作项目以外的用途或为他人担保,社会资本方在合作项目建设期内不得转让其持有的项目公司股权,不得擅自中断公共服务的提供。

(三)PPP模式的分类

目前,PPP分类模型还没有完全统一。有学者认为PPP模式分为三种,第一种为外包类,这种类型主要由政府进行投资,私人部门仅为项目的分包商,不需要对整个项目负责,因此也不需要承担太大风险。第二种为特许经营类,这种类型需要私人部门部分投资,双方风险共担,收益共享。第三种为私有化类,这种类型需要私人部门全部投资,风险最大。① 对于PPP模式的具体运作方式的运用则取决于项目投资收益系数、融资需求程度、风险分担方式等因素。② 根据2014年财政部发布的《政府与社会资本合作模式操作指南》(已失效)的规定,PPP项目运作方式主要

---

① 王灏:《PPP的定义和分类研究》,载《都市快轨交通》2004年第5期。

② 吕江林:《我国PPP模式中政府监管存在的主要问题法律对策》,湖南师范大学2018年硕士学位论文,第8页。

包括委托运营、管理合同、建设—运营—移交、建设—拥有—运营、转让—运营—改建—运营—移交等。

1. 委托运营(Operations & Maintenance,O & M),是指政府将存量公共资产的运营维护职责委托给社会资本或项目公司,社会资本或项目公司不负责用户服务的政府和社会资本合作项目运作方式。政府保留资产所有权,只向社会资本或项目公司支付委托运营费。合同期限一般不超过 8 年。

2. 管理合同(Management Contract,MC),是指政府将存量公共资产的运营、维护及用户服务职责授权给社会资本或项目公司的项目运作方式。政府保留资产所有权,只向社会资本或项目公司支付管理费。管理合同通常作为转让—运营—移交的过渡方式,合同期限一般不超过 3 年。

3. 建设—运营—移交(Build - Operate - Transfer,BOT),是指由社会资本或项目公司承担新建项目设计、融资、建造、运营、维护和用户服务职责,合同期满后项目资产及相关权利等移交给政府的项目运作方式。合同期限一般为 20 ~ 30 年。

4. 建设—拥有—运营(Build - Own - Operate,BOO),由 BOT 方式演变而来,二者的区别主要是 BOO 方式下社会资本或项目公司拥有项目所有权,但必须在合同中注明保证公益性的约束条款,一般不涉及项目期满移交。

5. 转让—运营—移交(Transfer - Operate - Transfer,TOT),是指政府将存量资产所有权有偿转让给社会资本或项目公司,并由其负责运营、维护和用户服务,合同期满后资产及其所有权等移交给政府的项目运作方式。合同期限一般为 20 ~ 30 年。

6. 改建—运营—移交(Rehabilitate - Operate - Transfer,ROT),是指政府在 TOT 模式的基础上,增加改扩建内容的项目运作方式。合同期限一般为 20 ~ 30 年。

(四)BOT 模式的概念和特征

1. BOT 模式的概念

BOT,即建设—运营—移交,是指“政府授予私营企业以一定期限的特许经营权,许可其融资建设和经营特定的公用基础设施,并准许其通过向用户收取费用或出售产品以清偿贷款、回收投资并赚取利润;特许权期满时,该基础设施无偿移交给政府。”①

2. BOT 模式的特征

(1)私营企业基于许可取得通常由政府部门承担的建设和经营特定基础设施的专营权(由招标方式进行)。BOT 投资的基础设施项目范围比较广泛,具体包括:①自然资源的开采,如采油、采矿、采气等,但前提是储量已经探明;②电厂、水厂、污水和垃圾处理厂,但是先要与政府达成政府购买足够产量的合同,并有一套严格的支付机制;③公路、桥梁、隧道,但要保证在一定区域范围内项目的唯一性;④铁路和地铁,但这类项目的投资相对较大,施工难度和内部结算方式等可能导致风险较大;⑤机场、港口,但这类项目涉及与国内外航空、航海公司签订协议,且受国际政治、外交和经济形势等影响大,而后者不是某个公司或政府容易控制的,因此风险较大。此外,通信等高科技项目,如移动电话、光缆和卫星等也多采取 BOT 方式,因为技术垄断性且利润相对较高,但技术更新的风险较大。

(2)由获专营权的私营企业在特许权期限内负责项目的建设、经营、管理,并用取得的收益偿还贷款;根据 BOT 投资方式,取得特许权的私人投资者对特定项目享有独立建设权和经营权,

---

① 余劲松:《国际投资法》,法律出版社 1997 年版,第 142 ~ 143 页。

一般自己负责项目的设计,自己通过股权投资和项目融资建设该项目。项目完成以后,在规定期限进行经营,以经营获取的收益偿还贷款、回收投资并赚取一定利润。这一点是 BOT 与工程承包的重要区别,工程承包一般只提供承包服务,并不进行股权投资或融资,也不负责项目的经营。

(3)在特许权期限内,私人投资者通过项目经营回收投资,偿还贷款并获取收益。特许权期限届满时,项目公司须无偿将该基础设施移交给政府。

BOT 模式典型结构框架如图 2 所示。

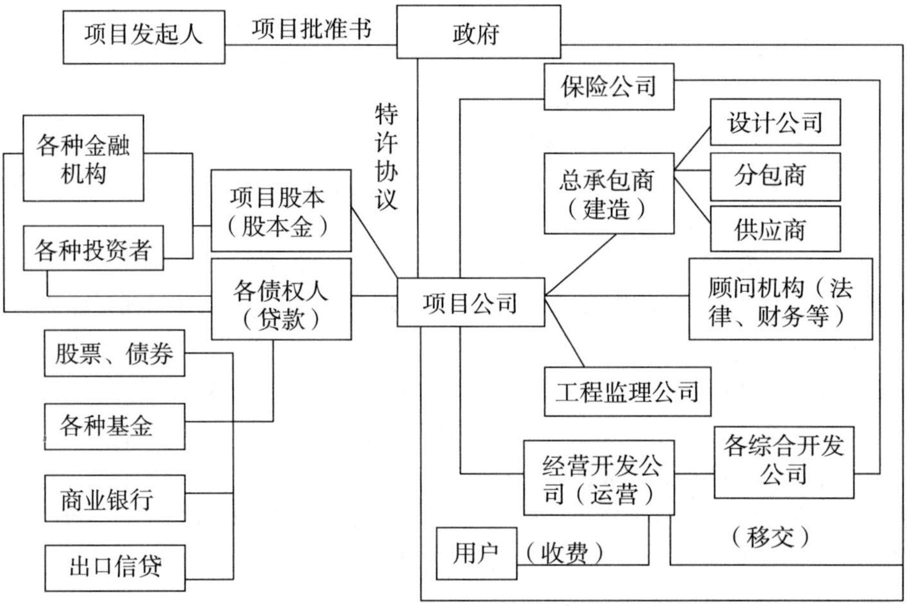

图 2　BOT 模式典型结构框架

(五)BOT 的基本方式

世界银行《1994 年世界发展报告》提出,BOT 至少有三种方式:BOT、BOOT 和 BOO。

(1)BOT(Build - Operate - Transfer):即建设—运营—移交。私人合伙人或国际财团,在获得政府对项目建设的特许权后,融资、建设基础设施,通过对设施的经营收回投资并取得合理利润后,将其无偿移交给业主国政府。政府授予项目公司建设新项目的特许权时,通常采用这种方式。

(2)BOOT(Build - Own - Operate - Transfer):即建设—所有—经营—移交。私人合伙人或某国际财团融资建设基础设施项目,项目建成后,在规定的期限内拥有所有权并进行经营,期满后将项目移交给政府。

(3)BOO(Build - Own - Operate):即建设—拥有—运营。这种方式是开发商按照政府授予的特许权,建设并经营某项基础设施,但并不将此基础设施移交给政府或公共部门。项目一旦建成,项目公司对其拥有所有权,当地政府只是购买项目服务。

(六)我国关于 BOT 的立法

我国第一个 BOT 项目是 1984 年的深圳沙角 B 电厂项目,至 1995 年原对外贸易经济合作部发布《关于以 BOT 方式吸收外商投资有关问题的通知》(已失效)(以下简称《BOT 吸引外商投资通知》)。《BOT 吸引外商投资通知》规定 BOT 仍然纳入我国现行的有关外商投资企业法律和审批体制,外商可以以合作、合资或独资的方式建立 BOT 项目公司,原对外贸易经济合作部按照现有利用外资的有关法律和审批程序对项目公司合同、章程进行审批。1995年8月，原国家计划委员会、原电力部、原交通部联合下发《关于试办外商投资特许权项目审批管理有关问题的通知》（以下简称《特许权审批管理通知》），为国内运作BOT项目提供了法规依据。其中《特许权审批管理通知》对特许权项目的内容、所有权、项目公司权利与义务、政府权力与保证责任、投资范围及项目的审批程序均作出了具体规定。

但是这两个通知属于国务院下属各部委制定的部门规章，效力层次较低。另外，这两个通知条文内容过于简单，难以指导和规范BOT项目的实际运作。如《BOT吸引外商投资通知》第3条明确规定"政府机构一般不应对项目做任何形式的担保或承诺（如外汇兑换担保、贷款担保等）。"而《特许权审批管理通知》第3条则规定："对于项目公司偿还贷款本金、利息和红利汇出所需要的外汇，国家保证兑换和汇出境外。"对于BOT方式中应否转移项目所有权的问题，两个通知也存在冲突，《BOT吸引外商投资通知》将BOT界定为"建设—运营—转交"的狭义模式，即认为在BOT方式中，东道国政府不转移项目的所有权；而《特许权审批管理通知》的第2条则规定，在特许期内项目公司拥有特许权项目的所有权，认为东道国政府应转移项目所有权。两部规章内部上的冲突不利于BOT方式在我国的良好发展。此外，两个通知与我国现行的一些法律法规之间也存在一些矛盾。如BOT项目中的政府保证违背了《担保法》（已失效）第8条的规定，即"国家机关不得为保证人，但经国务院批准为使用外国政府或者国际经济组织贷款进行转贷的除外"。BOT项目中成立项目公司时采用的"先登记，后出资"的授权资本制与《公司法》规定的"先出资，后登记"的法定资本制相矛盾。

由于两个通知都是在我国BOT项目试点期间发布的，当时基本上都是外资BOT项目，因此文件中的各条款也主要是针对外资BOT投资方式中出现的问题制定的。而且我国目前关于BOT的鼓励政策及相关法规都是以外商作为政策制定对象和法规实施对象，对于国内民间资本参与投资的政策和法规甚少，缺乏内资BOT投资项目的政策法规。

第三节　建设工程分包和转包

一、建设工程分包

《建筑法》第29条规定，建筑工程总承包单位可以将承包工程中的部分工程发包给具有相应资质条件的分包单位；但是，除总承包合同中约定的分包外，必须经建设单位认可。施工总承包的，建筑工程主体结构的施工必须由总承包单位自行完成。根据《房屋建筑和市政基础设施工程施工分包管理办法》，施工分包分为专业工程分包和劳务作业分包。专业工程分包，是指施工总承包企业将其所承包工程中的专业工程发包给具有相应资质的其他建筑业企业完成的活动。劳务作业分包，是指施工总承包企业或者专业承包企业将其承包工程中的劳务作业发包给劳务分包企业完成的活动。

（一）建设工程合法分包概念

1. 建设工程合法分包概念

建设工程的分包有合法分包和违法分包之分。建设工程合法分包，是指建设工程总承包单位将所承包工程的一部分依法发包给具有相应资质的承包单位的行为，该总承包人与分包人就分包人完成的工程成果向发包人承担连带责任。根据《建筑工程施工发包与承包违法行为认定查处管理办法》的规定，违法分包，是指承包单位承包工程后违反法律法规规定，把单位工程或分部分项工程分包给其他单位或个人施工的行为。

2. 建设工程合法分包的要件

(1)分包必须取得发包人的同意或认可；(2)分包只能是一次分包，即分包单位不得再将其承包的工程再次分包出去；(3)分包必须是分包给具备相应资质条件的承包单位；(4)总承包人可以将承包工程中的部分工程发包给具有相应资质条件的分包单位，但不得将主体工程分包出去。此外，有些规定对合法分包的工程量作出限制，如《公路建设市场管理办法》第 38 条规定，允许分包的工程范围应当在招标文件中规定，分包的工程不得超过总工程量的 30%。

3. 分包工程的范围

《建筑法》规定，建筑工程总承包单位可以将承包工程中的部分工程发包给具有相应资质条件的分包单位。禁止承包单位将其承包的全部建筑工程转包给他人，禁止承包单位将其承包的全部建筑工程支解以后以分包的名义分别转包给他人。施工总承包的，建筑工程主体结构的施工必须由总承包单位自行完成。

《招标投标法》也规定，中标人按照合同约定或者经招标人同意，可以将中标项目的部分非主体、非关键性工作分包给他人完成。中标人不得向他人转让中标项目，也不得将中标项目支解后分别向他人转让。《招标投标法实施条例》进一步规定，中标人不得向他人转让中标项目，也不得将中标项目支解后分别向他人转让。中标人按照合同约定或者经招标人同意，可以将中标项目的部分非主体、非关键性工作分包给他人完成。接受分包的人应当具备相应的资格条件，并不得再次分包。中标人应当就分包项目向招标人负责，接受分包的人就分包项目承担连带责任。

据此，总承包单位承包工程后可以全部自行完成，也可以将其中的部分工程分包给其他承包单位完成，但依法只能分包部分工程，并且是非主体、非关键性工作；如果是施工总承包，其主体结构的施工则须由总承包单位自行完成。这主要是防止以分包为名而发生转包行为。

(二)建设工程分包的法律性质

《民法典》第 791 条规定："第三人就其完成的工作成果与总承包人或者勘察、设计、施工承包人向发包人承担连带责任。"《建筑法》第 29 条第 2 款同时规定："总承包单位和分包单位就分包工程对建设单位承担连带责任。"所谓连带责任，是指对分包工程发生的责任，建设单位既可以向分发包人请求赔偿，也可以向分承包人请求赔偿，分发包人或分承包人进行赔偿后，有权利根据分包合同对不属于自己的责任赔偿向另一方追偿。对建设工程分包的法律性质，学者间存在不同的认识，主要有以下三种观点。

1. 分包人向发包人的履行属于第三人代为履行①

第三人代替履行，又称履行承担，是指第三人与债务人约定，由其代为履行债务的合同。从第三人处于债务关系之外这一点上看，与分包人在总包合同中所处的地位相同。但二者存在如下区别：

(1)成立条件不同。《民法典》第 791 条第 2 款明确规定："总承包人或者勘察、设计、施工承包人经发包人同意，可以将自己承包的部分工作交由第三人完成。"因此，分包合同的成立必须征得发包人的同意。而在履行承担中第三人只是代替债务人履行合同义务，债务人的主体地位不

---

① 李显东主编：《中国合同法要义与案例释解》，中国民主法制出版社 1999 年版，第 974 页。

变，所以履行承担合同的订立无须债权人的同意，只需第三人单方表示其愿意代替债务人清偿债务，或者与债务人达成代替其清偿债务的协议，即可产生效力。

（2）法律效力不同。在分包中，由于分包人须承担连带责任，所以分包工程存在质量问题或者违约，发包人可以向总包人主张权利也可以直接向分包人请求，要求其承担责任。而在履行承担当中，第三人仅为履行主体而非义务主体，对于合同的债权人而言，他只能将第三人作为债务履行的辅助人而不能作为合同的当事人对待，只有债务人可以向第三人请求其代为履行的义务，债权人则无权直接请求第三人履行其与债务人之间的合同义务，当第三人拒绝履行时，由合同债务人负责履行。

（3）法律后果不同。建设工程分包，分包人对其完成的工作成果所出现的质量问题除应对总包人负责外，按照《民法典》第791条的规定，还应与总包人向发包方承担连带责任。第三人代为履行中第三人并没有加入合同关系中，也没有承担债务而成为合同当事人；在发生纠纷时第三人并无直接的法律责任。①

2. 在法律性质上，建设工程分包合同属“并存的债务转移”②

并存的债务转移又称并存的债务承担，是指债权人与第三人订立协议，或者债务人和第三人订立协议，原债务人并不脱离合同关系，而第三人加入债务关系，与债务人连带承担合同义务的债务承担方式。结合实际情况，建筑工程分包合同应当属于“债务人与第三人，或者债权人、债务人与第三人之间共同约定，由第三人加入债的关系”的情况。这种情况下，债务人与第三人承担连带责任。虽然从分包人就其完成的工作成果与总包人一起向发包人承担连带责任来看，似乎建设工程分包与并存的债务承担有相似之处，但其不同于并存的债务承担，在实质上二者之间存在明显的差异：

（1）订立合同的方式不同。分包合同是总包人与分包人达成的协议，订立分包合同的只能是总包人和分包人，发包人无权与分包人订立分包合同；债务承担的协议则既可以由债务人与第三人订立，也可以由债权人与第三人订立。

（2）成立的条件不同。分包人与总包人订立分包合同，必须经发包方同意方为有效；债权人与承担人订立的债务承担协议，不必征得债务人同意。

（3）当事人的法律地位不同。在分包情况下，原承包合同关系不变，而是在此基础上，再成立一个新的合同关系，因此发包方不是分包合同的当事人，原承包合同的当事人仍是总包人与发包人，分包人并未因为其与总包人间的分包合同关系而加入总承包合同当中，成为总承包合同的当事人。在并存的债务承担的情况下，合同主体发生了变更，第三人加入合同关系中，成为原债权债务关系的当事人，与原债务人一起就债务的履行对债权人承担连带责任。

（4）法律后果不同。分包合同的生效并不可能使分包人成为总承包合同的当事人。其只承担了连带责任的义务，却没取得相应的权利，分包人对发包人无抗辩权，只能依照法律的规定就其分包的工程对发包人承担连带责任。而在并存的债务承担中，债务转移生效后，第三人成为合同的连带债务人。根据《民法典》第553条的规定，新债务人可主张原债务人对债权人的抗辩。③

3. 建设工程分包在理论上类似于债务代替履行，但具有特殊性

分包人向发包人的履行类似于第三人，但是分包人对于发包人并非完全不负责任，并且总承

---

① 周娟：《建设工程分包若干法律问题探析》，载《安徽工业大学学报（社会科学版）》2005年第4期。

② 李健、张庆云：《建筑工程分包合同若干法律问题的分析》，载《建筑》2001年第8期。

③ 周娟：《建设工程分包若干法律问题探析》，载《安徽工业大学学报（社会科学版）》2005年第8期。

包人将其部分工作交于第三人时,须取得发包人同意,这又使其具有了债的转让的性质,所以建设工程分包的性质较为特殊。①结合上面的分析,笔者认可这一观点。笔者认为,建设工程分包既不同于债的转让,也不同于第三人代替履行,而是具有较为特殊的性质。

(三)建设工程违法分包

不具备建设工程合法分包的任一要件的均是违法分包。违法分包在形式上均是承包人发包其承包的一"部分"或几"部分"工程(在形式上与转包不同)。违法分包主要包括未经发包人同意或认可的分包、虽经发包人同意或认可但未分包给具有相应资质的承包单位、虽经发包人同意或认可但将主体结构部分分包以及再分包等情况。

1. 未经发包人同意或认可的分包

发包人同意或认可是分包合法有效的前提条件之一。《建筑法》规定,在实行总承包的建设工程中,如果发包人与承包人在总承包合同中就非主体结构部分约定可以由总承包人分包的,总承包人可以按照该约定进行分包;如果总承包合同对是否允许分包没有约定或约定不明的,发包人又不认可,总承包人进行的分包无效。

应当明确的是发包人"认可"的含义。《建筑法》等相关法律法规没有明确规定发包人"认可"的方式和时间。可以肯定的是,事先在总承包合同中约定对非主体结构部分允许分包是发包人认可的一种方式。但在实务中,存在总承包合同对是否允许分包没有约定或约定不明的,有的发包人对于总承包人分包非主体结构部分的施工,不作口头或书面明确表态,也不阻止分包施工;总承包合同约定禁止分包但承包人分包非主体结构部分的施工,有的发包人不反对也不阻止分包施工;有的发包人虽然明确表示不同意总承包人分包但未书面向承包人提出,也未阻止分包施工,等等。如何认定发包人是否已经"认可"?"认可"作为一项民事行为,可以有明示或默示两种方式,也可以在事前、事中或事后认可。最高人民法院《关于贯彻执行〈民法通则〉若干问题的意见(试行)》(已失效)第66条规定:"一方当事人向对方当事人提出民事权利的要求,对方未用语言或者文字明确表示意见,但其行为表明已接受的,可以认定为默示。不作为的默示只有在法律有规定或者当事人双方有约定的情况下,才可以视为意思表示。"由于《建筑法》等法规对于默示的分包"认可"没有规定,一般情况下,应当认为发包人"认可"是一种明示的认可,从证据的确定性和有效性出发,应将"认可"确定为书面的明示认可。因此,发包人"认可"除承发包双方事先在总承包合同中书面约定允许分包外,还包括在承包人实施分包的过程中发包人书面同意或认可。如果承包合同明确约定不允许分包,除非发包人在承包人实施分包过程中书面同意或认可的(视为分包条款的变更),应认定分包无效。作为一个特例,如果总承包合同未约定是否允许分包或约定不明的,发包人既未书面反对承包人分包,也未阻止分包实施,并接受分包施工的成果的,也就是说没有确凿证据证明发包人不认可该分包的情况下,应认定发包人已经以其行为认可了该分包。

2. 虽经发包人同意或认可但未分包给具有相应资质的承包单位

这是对分包方施工资质的要求,分包方作为建筑施工企业,应当与总承包方一样,符合《建筑法》《建筑业企业资质管理规定》等相关法律规定的施工资质要求。特别是一些专业工程分包,如消防工程分包等,应符合专业工程的施工资质规定。承包人在依法进行分包时,应审查分包人是否具备合法的施工资质。否则,也可能导致分包无效。

---

① 王红亮:《承揽合同·建设工程合同》,中国法制出版社2000年版,第204页。

3.虽经发包人同意或认可但将主体结构部分分包

《建筑法》明确规定，总承包方经发包人认可实施分包，但建设工程的主体结构的施工必须自行完成。然而，《建筑法》对“自行完成”的含义没有明确界定。根据目前建设工程施工的实际情况，所谓“自行完成”，一般是指承包人利用自身提供的机械设备、使用自购或发包人提供的建筑材料、有完善的项目管理机构、运用自身技术和管理力量全面管理施工进度、技术、质量、安全和资金等，达到向发包人交付符合约定的施工成果。承包人“自行完成”下的项目管理人员应属于其自有职工，而施工劳务层，承包人可以使用属于自有职工的劳务人员，也可使用非自有职工的劳务人员。使用非自有职工的劳务人员，承包人可以通过签订劳务分包合同方式，由劳务提供单位为承包人提供施工劳务服务。

现行建筑法律、法规、规章尚未对“主体结构”进行定义。学理上一般认为“建筑物的主体结构是指在建筑中，由若干构件连接而成的能起承受作用的平面或空间体系。主体结构要具备足够的强度、刚度、稳定性，用以承重建筑物上的各种荷载，建筑物主体结构可以由一种或多种材料构成。建筑物的主体工程更是建筑物的重要组成部分。”根据上述学理解释，可以通俗地认为，“主体结构”是工程的“骨骼”，是工程的主要承重及传力体，是工程的主要部分、重要部分。以房屋建筑为例：梁、柱、剪力墙及楼面板，屋面梁及屋面板，就是工程主体结构；屋内上下水、电、煤气、通信、闭路、宽带等各种管道、线路安装工程，楼地面、墙体抹灰喷涂贴砖、门窗安装、防水工程，屋面瓦铺设、立面及屋面造型安装等，则不属于工程的主体结构。专业工程是指非主体结构、需要专业化施工的分部分项工程。参照原建设部《专业承包企业资质等级标准》的规定，可以分包的专业工程包括60种。①

4.再分包也是违法分包的一种形式

所谓再分包，是指分包人将其分包的工程再次部分或全部发包给第三人。只要是分包人再次向第三人发包，无论分包人与总承包人的分包是否合法或再分包人是否具备相应施工资质等级，均是违法无效的。为防止层层分包，《房屋建筑和市政基础设施工程施工分包管理办法》规定，除专业承包企业可以将其承包工程中的劳务作业发包给劳务分包企业外，专业分包工程承包人和劳务作业承包人都必须自行完成所承包的任务。

根据《建筑工程施工发包与承包违法行为认定查处管理办法》的规定，存在下列情形之一的，属于违法分包：(1)承包单位将其承包的工程分包给个人的；(2)施工总承包单位或专业承包单位将工程分包给不具备相应资质单位的；(3)施工总承包单位将施工总承包合同范围内工程主体结构的施工分包给其他单位的，钢结构工程除外；(4)专业分包单位将其承包的专业工程中非劳务作业部分再分包的；(5)专业作业承包人将其承包的劳务再分包的；(6)专业作业承包人除计取劳务作业费用外，还计取主要建筑材料款和大中型施工机械设备、主要周转材料费用的。

(四)劳务分包

1.劳务分包概念

根据《房屋建筑和市政基础设施工程施工分包管理办法》(住房和城乡建设部令第47号)的规定，劳务作业分包，是指施工总承包企业或者专业承包企业(以下简称劳务作业发包人)将其承包工程中的劳务作业发包给劳务分包企业(以下简称劳务作业承包人)完成的活动。据此，笔者认为，劳务分包是指施工总承包企业或者专业承包企业即劳务作业发包人将其承包工程中的

---

① 高晓英：《浅谈建设工程施工中的转包和分包》，载《科学之友》2010年第2期。

劳务作业发包给具有相应资质的劳务承包企业即劳务作业承包人完成的活动。

劳务分包的核心内容是从事劳务作业的承包指向的对象是完成工程分包的劳务作业而不是分包工程本身。这一核心内容也是区别专业工程分包和劳务分包的根本界限。合法的劳务分包应具备的要件是:建设工程(总)承包人与发包人(建设单位)的承包合同合法有效;劳务分包人是具有相应施工劳务资质的企业(已取消劳务资质的地区除外);劳务分包人提供的仅仅是施工作业劳务。这些要件缺一不可,否则劳务分包合同可能归于无效。

2. 劳务分包的特征

(1)从属性。劳务分包在存在工程施工合同的前提下派生,属于施工合同等合同的从合同,没有建设工程施工合同,就不会派生出劳务分包合同。①

(2)劳务分包的发包人是建设工程总承包人,也可以是专业分包的承包人,而劳务承包人是具有相应资质的劳务企业。

(3)劳务分包合同的对象是计件或计时的施工劳务,主要是指人工费用以及劳务施工的相应管理费用,而不是指向分部分项工程,不能计取分包的工程款。

(4)劳务分包并不是《建筑法》第 29 条规定的"分包"形式,该法律规定主要是针对建设工程中的专业工程如消防工程的分包,以及建设工程除主体结构外的其他部分的分包。因此,劳务分包不受《建筑法》第 29 条的限制,无须建设单位认可或同意。

3. 专业工程分包和劳务分包的区别②

(1)分包主体的资质不同。专业工程分包持有的是专业承包企业资质,不同资质条件共有地基与基础工程等 60 种;劳务分包人持有的是劳务作业企业资质,不同资质条件共有木工作业等 13 种(已有地区取消劳务资质)。

(2)合同标的的指向不同。专业工程分包合同指向的标的是分部分项的工程,计取的是工程款,其表现形式主要体现为包工包料;劳务分包合同指向的是工程施工的劳务,计取的是人工费,其表现形式主要体现为包工不包料,俗称"包清工"。

(3)分包条件的限制不同。总承包人对工程分包有一系列的限制,并且必须具备的一个重要条件是经发包人的同意;而总包人包括工程分包人的劳务分包则无须获得发包人的同意。

(4)承担责任的范围不同。专业工程分包条件下,总包要对分包工程实施管理,总分包双方要对分包的工程以及分包工程的质量缺陷向发包人承担连带责任;而劳务分包条件下,分包人可自行进行管理,并且只对总包或工程分包人负责,总包和工程分包人对发包人负责,劳务分包人对发包人不直接承担责任。

4. 劳务资质

2001 年 3 月 8 日,原建设部发布《建筑业劳务分包企业资质标准》,规定了 13 项劳务作业分包种类及各种类的资质标准 13 种劳务作业分别为:木工、砌筑、抹灰、石制作、油漆、钢筋、混凝土、脚手架、模板、焊接、水暖、钣金、架线。劳务分包企业需要具有劳务分包资质,并在资质等级许可的范围内承揽工程,否则被视为违法分包。

2016 年 4 月 11 日,住房和城乡建设部发布了《关于批准浙江、安徽、陕西 3 省开展建筑劳务用工制度改革试点工作的函》(建市函〔2016〕75 号),批准在浙江省、安徽省、陕西省开展建筑劳

---

① 王东:《扩大化的劳务分包法律探析》,载《建筑经济》2011 年第 6 期。

② 田野:《劳务分包的界限》,载《施工企业管理》2006 年第 12 期。

务用工制度改革试点工作，这标志着中国建筑劳务用工制度改革的开始。国务院办公厅《关于促进建筑业持续健康发展的意见》要求深化建筑业简政放权改革，优化资质资格管理，进一步简化工程建设企业资质类别和等级设置，减少不必要的资质认定。为了促进国务院办公厅《关于促进建筑业持续健康发展的意见》一文的贯彻和实施，地方政府纷纷发文取消劳务资质。山东省人民政府办公厅《关于贯彻国办发〔2017〕19 号文件促进建筑业改革发展的实施意见》（鲁政办发〔2017〕57 号）规定，改革建筑用工模式，推动建筑劳务企业转型，取消建筑劳务资质认定。江苏省人民政府《促进建筑业改革发展的意见》（苏政发〔2017〕151 号）规定，完善企业资质资格管理，取消劳务企业资质，实行专业作业企业备案管理制度。河南省住房和城乡建设厅发布《关于印发河南省培育新时期建筑产业工人队伍试点工作方案的通知》（豫建建〔2018〕69 号），自 2018 年 12 月 1 日起，济源市、固始县、长垣县、林州市取消建筑劳务资质，开展建筑产业工人队伍试点工作。黑龙江省住房和城乡建设厅发布《关于加强建筑劳务用工管理的通知》（黑建建〔2018〕14 号），明确自 2018 年 11 月 13 日起，黑龙江全省取消施工劳务资质。

2017 年 11 月 7 日，住房和城乡建设部正式发布《关于培育新时期建筑产业工人队伍的指导意见（征求意见稿）》（建办市函〔2017〕763 号）。该征求意见稿规定取消建筑施工劳务资质审批，设立专业作业企业资质，实行告知备案制。鼓励和引导现有劳务班组或有一定技能和经验的班组长成立以作业为主的专业公司或注册个体工商户，作为建筑工人的合法载体，促进建筑业农民工向技术工人转型，提高建筑工人的归属感。建立全国建筑工人管理服务信息平台，制定数据标准，加强信息互联共享。施工总承包企业要将劳动合同信息纳入实名制管理，严禁用劳务分包合同代替劳动合同，杜绝代签合同。

劳务资质逐渐取消后，是否有劳务资质不再影响劳务分包合同的效力。赋予施工企业更多用工选择权，从事房屋建筑和市政工程的工程总承包、施工总承包和专业承包企业，自主选择具备相应作业能力和从业资格的劳务队伍或建筑工人，既可以与劳务企业、专业作业企业签订劳务合同，也可以直接与劳务人员签订劳动合同，确立劳动关系。明晰“三方”用工关系。按照“总承包负总责”“谁用工谁负责”的原则，总承包企业（包括工程总承包、施工总承包和直接承包建设单位发包工程的专业承包企业，下同）对所承包项目的建筑作业活动负总责，并依法承担全部用工责任；直接与建筑工人确立劳动关系的企业对本企业的用工行为负直接责任。总承包企业对建筑工人工资支付情况负监督责任，对直接与建筑工人确立劳动关系的企业未按月足额支付工资行为负连带责任。

（五）指定分包

1. 指定分包的概念

指定分包，是指由于发包人认为某一分包商在工程建设某方面的专业技能值得信赖或其熟悉某一工序、能提供某种令发包人满意的材料或工程设备等，发包人希望其为本工程所雇用，并指定其为分包商，由总承包商与其签订分包合同。“指定分包人”一词援引自 FIDIC 编制的《土木工程施工合同条件》，原意是指发包人或工程师指定的进行与工程实施、货物采购等工作有关的分包人。对这些分包人的指定，可以在招标文件中指定，也可以在工程开工后指定。但是这些分包人并不直接与发包人签订合同，而是与承包人签订合同，由总承包人对他们进行协调和管理。指定分包现象在大型公共建筑中尤为普遍。

《建筑法》并没有禁止指定分包，但《房屋建筑和市政基础设施工程施工分包管理办法》（住房和城乡建设部令第 47 号）规定：“建设单位不得直接指定分包工程承包人。任何单位和个人不得对依法实施的分包活动进行干预。"根据《工程建设项目施工招标投标办法》的规定，招标人不得直接指定分包人。《房屋建筑和市政基础设施工程施工分包管理办法》和《工程建设项目施工招标投标办法》均属于部门规章，法律效力的层级较低，因此实践中存在大量的发包人以各种形式指定分包的行为，并不能以上述部门规章的规定否定指定分包合同的法律效力。

2. 指定分包的特征

指定分包必须符合《建筑法》《建设工程质量管理条例》有关工程分包的规定。指定分包有以下几个本质特征：

（1）指定分包的工程必须是总承包范围中的专业工程；

（2）分包人签订合同必须是与总承包人签订，或与总承包人、建设单位签订；

（3）分包人的确定不是总承包人的独立选定，往往以建设单位的意见为主来选定。

指定分包工程价款结算应遵从合同相对性原则和合同约定优先原则。① 指定分包造成建设工程质量缺陷的，发包人承担过错责任，但总承包人并不因此完全免责，仍应对免责范围之外的建设工程质量负责。

3. 指定分包与一般分包的区别

虽然指定分包与一般分包存在共性，但二者并非完全一致，主要差异体现在以下几个方面：

（1）选择分包单位的权利不同。指定分包往往由发包人选定分包单位；一般分包则由承包人选定分包单位。

（2）分包合同的工作内容不同。指定分包人的工作一般不属于总承包人直接负责完成的工作范围（但指定分包仍纳入总包管理范围）；一般分包人的工作则为总承包人承包工作范围的一部分。

（3）工程款的支付开支项目不同。为了不损害承包人的利益，给指定分包人的付款应从暂列金额内开支。而对一般分包人的付款，则从工程量清单中相应工作内容项内支付。对于指定分包，总承包人计取总包配合（服务）费，但对于一般分包，总承包人不计取该费用。

（4）发包人对分包人利益的保护不同。由于指定分包人是发包人选定的，在合同条件内往往列有保护指定分包人的条款。对于一般分包人则无相应规定，发包人和工程师一般不直接介入分包合同履行的监督。

4. 指定分包的具体模式

FIDIC 合同条款中的指定分包商的特征包括以下几点：（1）业主合同中事先指定或施工过程中指定，承包人不享有自主选择权。（2）虽为指定，但其属性仍然是分包商，因此一般情况下总包商仍需就总承包范围内的全部工程（包括指定分包工程）向业主承担全部责任。（3）承包人依然享有对指定分包商付款的权利，并且如有合理证据有权利扣减相应分包工程款。

指定分包在国内的实际操作中，由于配套制度的不完善，以及各种法律漏洞及利益驱使，产生了各种各样的变异：

（1）常规指定分包。由总承包人与指定分包人签订分包合同，指定分包人的工程款先经过总承包人的账户，再由总承包人支付给指定分包人，这种模式一定程度上有利于总承包人对指定分包人的监管。这也是目前对总承包人来说相对较好的指定分包模式。

（2）发包人直接付工程款。该种形式中由发包人直接将工程款支付给指定分包人，分包合

---

① 陈旭虎：《论总承包人在指定分包合同下的法律风险防范》，载《知识经济》2009 年第 14 期。

同仍然是由总承包人与指定分包人签订。无论指定分包工程款是否包含在总承包款内，发包人对分包工程款的支付都有绝对的支配权。在这种模式下，总承包人承担的风险最大，一旦发包人不及时付款，指定分包人自然会依据合同向总承包人追索。总包对分包人的控制权将大大的减弱，增加了总包管理的难度。

（3）三方签约。该种形式中，由发包人指定分包人，但分包合同由发包人、总承包人和指定分包人三方签订。

实际操作中更多见的是发包人直接与特定分包人签订单项工程分包合同，分包人直接对发包人负责。指定分包人从自身利益的角度考虑，更愿意与发包人直接签订合同，以便从发包人手中直接获取工程款。这种模式并不是严格意义上的指定分包，实际上是独立承包的形式。

5. 指定分包的法律后果

（1）指定分包工程价款结算应遵从合同相对性原则和合同约定优先原则。指定分包人应和签订合同的总承包人遵守合同约定结算工程价款。通常情况下，发包人直接支付工程款给指定分包人不合法，因为既无法律规定也无合同约定。在这种情况下，发包人支付工程款给指定分包人并不能免除发包人对总承包人所负的债务。这里关键在于发包人支付给指定分包人工程款是否经过总承包人同意，如果没有经过总承包人同意，则发包人有直接发包工程之嫌，既不免除合同责任，又可能为法律所禁止。作为发包人对此风险应格外注意。①

（2）指定分包造成建设工程质量缺陷的，发包人承担过错责任，但总承包人并不因此全面免责，仍应对免责范围之外的建设工程质量负责。《施工合同司法解释（一）》第 13 条规定旨在说明承包人的免责事由，即发包人承担过错责任，并不是说指定分包工程只要存在质量缺陷总承包人就不承担任何责任。工程总承包人应当对该分包工程进行项目管理，即总承包人承担项目管理责任。否则，根据《房屋建筑和市政基础设施工程施工分包管理办法》的规定，该指定分包工程很容易演变成为总承包人转包工程，为法律所严格禁止。在建设工程质量缺陷纠纷中，形成质量缺陷往往存在混合过错，即指定分包人和总承包人都有过错，如指定分包人施工中擅自降低质量标准，承包人发现后不予以拒绝或者是承包人没有发现质量缺陷等。根据《建设工程质量管理条例》的规定，建设工程实行总承包的，总承包单位应当对全部建设工程质量负责。总承包人对质量缺陷依然不能免责，这时总承包人依然和指定分包人承担质量缺陷连带责任。

二、建设工程转包

（一）建设工程转包的概念和特征

关于对转包的界定，我国法律、法规及部门规章中均有涉及，早在原建设部 1992 年发布的《工程总承包企业资质管理暂行规定》（建施〔1992〕189 号）中规定："工程总承包企业不得倒手转包建设工程项目。前款所称倒手转包，是指将建设项目转包给其他单位承包，只收取管理费，不派项目管理班子对建设项目进行管理，不承担技术经济责任的行为。"这里的"倒手转包"就是建设工程实务中的转包行为。《建筑法》第 28 条规定："禁止承包单位将其承包的全部建筑工程转包给他人，禁止承包单位将其承包的全部建筑工程肢解以后以分包的名义分别转包给他人。"《民法典》第 791 条第 2 款进一步规定："承包人不得将其承包的全部建设工程转包给第三人或者将其承包的全部建设工程支解以后以分包的名义分别转包给第三人。"《建筑法》《民法典》虽然

---

① 陈旭虎：《论总承包人在指定分包合同下的法律风险防范》，载《知识经济》2009 年第 14 期。

没有明确规定转包的定义，但却明确规定了法律禁止的两种转包行为。

《建设工程质量管理条例》第78条第4款规定："本条例所称转包，是指承包单位承包建设工程后，不履行合同约定的责任和义务，将其承包的全部建设工程转给他人或者将其承包的全部建设工程肢解以后以分包的名义分别转给其他单位承包的行为。"根据《建筑工程施工发包与承包违法行为认定查处管理办法》的规定，转包，是指承包单位承包工程后，不履行合同约定的责任和义务，将其承包的全部工程或者将其承包的全部工程支解后以分包的名义分别转给其他单位或个人施工的行为。

转包具有以下特征：

（1）违法性。由于建设工程的特殊性，遏制层层转包层层盘剥的现象，保障建设工程的质量安全，维护公共利益，因此，《建筑法》明确规定无论发包人是否同意承包人转包，均予以禁止。

（2）非法营利性。承包人将其承包的全部建设工程转让给他方，具有营利目的，而且这种盈利不具有合法性。建设工程承包人通过转让所承包的全部工程而获取的利益属于非法利益。在实务中承包人往往与受转让方约定计取管理费等费用，在转包基础上承包人获取的诸如管理费之类的利益均不受法律保护。

（3）转让的完全性。《建筑法》规定，转包是承包人将其承包的全部建设工程整体转让或将全部工程支解后以"分包"名义转包。承包人将全部工程支解后以"分包"名义转包的，应注意与合法分包的区别。以分包名义转包是承包人将承包的工程分割后"全部"转让给其他方，承包人不自行完成所承包工程的任何部分；而合法分包是经发包人认可只分包除主体结构外的"部分"工程，承包人仍应自行完成主体结构部分的施工。

（4）管理的放任性。承包人对于转包的工程不进行管理和控制，承包人在施工现场不派遣施工技术、质量、安全、财务等人员，也不提供其自有机械设备或采购、提供建筑材料，放任该工程的技术、质量、安全、进度、资金使用等主要方面，该工程实际上完全由受转让方自行管理。

实践中，几乎所有的转包合同均以"分包"的名义出现。在认定是否属于转包时，应当严格按照以上含义和特征进行判断。如果不完全符合以上要件，不应当认定为转包，而应认定为违法分包。同时，施工承包人应注意：如果发包人同意承包人不施工该工程而由第三人承揽其整体工程的，应避免采取经发包人同意并由承包人与第三人签订不获利或获利的"转包"合同形式，承包人应采取与发包人协议解除原承包合同，然后由发包人另行组织招投标与第三人订立承包合同的方式。

（二）建设工程转包的形态

转包在建设工程实务中具有多种形态，根据不同的标准可以进行不同的分类①：

1. 依据转包的方式及转承包人的人数，转包的形态可分为：直接转包与变相转包

直接转包，是指承包单位将其承包的全部工程直接转包给某一施工人；变相转包，是指承包单位将其承包的全部工程通过支解后，以分包的名义转包给他人。直接转包与变相转包两者只是形式的不同，并无实质的区别，其本质均是转包人不履行原合同中全部的建设工程任务，而由转承包人实际完成全部的建设工程任务。

---

① 曹文衔、宋仲春：《论建设工程中非法转包的认定及法律处理原则》，载法律图书馆2006年12月8日，http://www.law-lib.com/lw/lw_view.asp?no=7866。

2. 依据转包的次数，转包的形态可分为：一次转包与层层转包

一次转包，是指承包单位承包建设工程后，不履行合同约定的责任和义务，将其承包的全部建设工程转给他人或者将其承包的全部工程支解以后以分包的名义分别转给他人承包后不再转让的行为；层层转包，是指承包单位承包建设工程后，不履行合同约定的责任和义务，将其承包的全部建设工程转给他人或者将其承包的全部工程支解以后以分包的名义分别转给他人承包后工程被再次或数次转让的行为。

3. 依据转包的对象，转包的形态可分为：工程总承包（包括勘察、设计、施工）转包、施工转包、勘察转包、设计转包；施工转包又可以分为施工总承包转包，专业工程转包

工程总承包转包，是指工程总承包单位承包建设工程后，不履行合同约定的责任和义务，将其承包的全部建设工程转给他人或者将其承包的全部工程支解以后以分包的名义分别转给他人承包的行为；施工转包，是指施工承包单位承包建设工程后，不履行合同约定的责任和义务，将其承包的全部建设工程施工义务转给他人或者将其承包的全部工程施工义务支解以后以分包的名义分别转给他人的行为；勘察转包，是指勘察承包单位承包建设工程后，不履行合同约定的责任和义务，将其承包的全部建设工程勘察转给他人或者将其承包的全部工程勘察支解以后以分包的名义分别转给他人承包的行为；设计转包，是指设计承包单位承包建设工程设计任务后，不履行合同约定的责任和义务，将其承包的全部建设工程设计任务转给他人或者将其承包的全部工程设计任务支解以后以分包的名义分别转给他人承包的行为。相应地，施工总承包人转让全部工程施工义务的属于施工总承包转包，专业承包人转包全部的专业工程施工义务的属于专业工程转包。

（三）转包与相关概念的区别

1. 转包与内部承包的联系与区别

内部承包一般表现为以总公司或母公司的名义对外承揽工程，但总公司或母公司只收取管理费，并不直接参与工程项目的实际施工和对质量、安全生产进行统一管理，具体施工和管理由下属的分公司或子公司来负责。主要有两种具体的模式：①

（1）总公司和分公司之间的内部承包模式

所谓总公司和分公司之间的内部承包模式，是指总公司承包建设工程后，并不实际履行建设工程合同的权利与义务，而是将承包的全部建设工程任务转给下属的分公司承包的行为。按照我国《公司法》第14条第1款的规定："公司可以设立分公司，设立分公司，应当向公司登记机关申请登记，领取营业执照。分公司不具有法人资格，其民事责任由公司承担。"因此，总公司和分公司之间这种内部承包方式，因不具备前文所述转包的构成要件，并不是《民法典》《建筑法》意义上的转包，只是公司内部的分工属于公司经营策略的范畴。

（2）母公司与子公司之间的内部承包模式

所谓母公司与子公司之间的内部承包模式就是指母公司承包建设工程后，并不实际履行建设工程合同的权利与义务，而是将承包的全部建设工程任务转给下属的子公司承包的行为。依照我国《公司法》第14条第2款的规定："公司可以设立子公司，子公司具有法人资格，依法独立承担民事责任。"因此子公司相对于母公司来说具有独立的法人人格，子公司可以视为独立于母

① 曹文衔、宋仲春：《论建设工程中非法转包的认定及法律处理原则》，载法律图书馆2006年12月8日，http://www.law-lib.com/lw/lw_view.asp?no=7866。

公司之外的第三人。据此母公司与子公司之间的所谓内部承包实际上属于转包。当然,如果子公司本身也有承揽该工程的资质,这种所谓的内部承包就完全属于转包;如果子本身没有承揽该工程的资质,那么子公司的行为可能属于借用资质的情况。

2. 转包与劳务分包的区别

(1)转包与劳务分包指向的对象不同。转包的对象是工程或分部分项的工程;劳务分包仅指向工程中的劳务。在转包的情况下,转包人是将承包的全部建设工程任务转让给转承包人,包括建设工程任务中的经济技术责任,管理责任及劳务作业任务;劳务分包的情况下,劳务作业发包人仅将其承包建设工程任务中的劳务作业任务分包给劳务作业承包人。

(2)两者承担责任范围不同。在劳务分包中,劳务作业承包人按照劳务分包合同的约定向劳务分包的发包人负责,劳务作业发包人和劳务作业承包人仅对工程的劳务作业部分向总承包人及建设单位承担连带责任;按照我国法律规定,在转包行为中,转包人和转承包人对因此造成的工程质量、工期或其他工程问题向发包人承担连带责任。

(3)两者的合同效力不同。劳务分包属于合法行为;转包属于法律法规所明确禁止的无效行为。

3. 建设工程施工转包与分包的区别

区分二者的关键有两点:一是审查承包人发包的是“全部”工程还是其中的“部分”工程。“全部建设工程”支解以后分别转给他人的是转包,如转给他人的只是专业部分的工程则是分包;如果发包给他人的是支解以后的部分工程,那也并非转包,而是违法分包。二是审查承包人是将承包的工程“支解”发包,还是将“专业工程”发包。即其发包的对象是“支解后的工程”还是“专业工程”。所谓“支解发包”,是把一个建设工程支解成几个部分进行发包,该“支解”的各个部分并非都是“专业工程”。[①]

4. 转包与挂靠

根据《建筑工程施工发包与承包违法行为认定查处管理办法》的规定,挂靠,是指单位或个人以其他有资质的施工单位的名义承揽工程的行为。转包与挂靠是内涵完全不同的两种行为,从实质上看区分明显:

(1)合同关系不同。转包过程中有两份施工合同,一是发包人或承包人与转包人之间的工程施工合同,二是转包人与转承包人之间的工程施工合同;而挂靠行为只涉及一份施工合同,即挂靠人以被挂靠人名义对外同发包人或承包人签订的工程施工合同。

(2)法律关系形成时间不同。转包法律关系形成于转包人与发包人或承包人签订的工程施工合同之后,即先有工程再转包;而挂靠法律关系形成于以被挂靠人名义与发包人或承包人签订的工程施工合同之前,即先挂靠再接工程。

(3)涉及的合同效力不同。转包行为中涉及的两份合同中,转包合同是无效的,但转包人与发包人或承包人之间的工程施工合同并不因此而无效;而挂靠签订的工程施工合同,根据《施工合同司法解释(一)》第1条的规定,以被挂靠人名义同发包人或承包人之间签订的工程施工合同无效。

(4)对外责任不同。转包人对转承包人施工的工程质量安全等向发包人承担连带责任,但对于转承包人对外的债务,比如转承包人以自己名义对外签订的材料买卖、周转租赁等合同而产

---

① 罗慧敏:《浅析建设工程项目中的非法转包与违法分包》,载《法制与社会》2016年第27期。

生的债务、转承包人现场人员工伤的赔偿责任等,转包人不承担连带责任;而挂靠行为中,因对外商事等行为及合同都是以被挂靠人名义做出,而挂靠施工经营的最终收益都是归挂靠人,所以我国法律规定,挂靠人对被挂靠人施工的工程质量及对外债务承担连带责任。当然,被挂靠人承担连带责任后,有权向挂靠人追偿。

但是二者往往在表现形式上存在高度的相似性,特别是全部转包与挂靠,导致实践中难以区分。具体表现在:(1)二者都存在名义上的承包人和实际施工人,且实践中,在转包的情形下,实际施工人往往都没有相应的资质,符合挂靠人的情况;(2)实践中的工程管理人员往往由实际施工人派驻,无论是挂靠还是转包,均存在承包人与管理人员之间没有劳动关系的情况;(3)承包人与实际施工人均为相对独立的经济主体,无论是转包还是挂靠中,都存在实际施工人以自己的名义直接对外购买建材等情况;(4)无论是转包还是挂靠,工程款的支付均有可能发生在施工总承包单位与实际施工人之间,或者由承包人收到款项后支付给实际施工人。

转包与挂靠的上述外观相似性,导致实践中无法从合同主体、承包人与项目管理人员之间有无劳动关系、合同主体间是否存在独立的财务核算以及工程款的支付形式等方面明确区分转包与挂靠。由于转包与挂靠在表现形式上存在高度重合性,在司法实践中,二者的认定往往取决于裁判者的自由裁量。且与转包相比,挂靠的认定更加严格,其法律后果也更加严重。因此,《建筑工程施工发包与承包违法行为认定查处管理办法》从另一个角度出发,分别规定了转包和挂靠的基本概念,并在具体情形中区分了二者的基本形式,将二者在外观上相似的部分全部划归到转包情形中,总括性地规定"有证据证明属于挂靠或者其他违法行为的除外",这对于司法实践的指导意义更大。

《建筑工程施工发包与承包违法行为认定查处管理办法》第8条规定,存在下列情形之一的,应当认定为转包,但有证据证明属于挂靠或者其他违法行为的除外:(1)承包单位将其承包的全部工程转给其他单位(包括母公司承接建筑工程后将所承接工程交由具有独立法人资格的子公司施工的情形)或个人施工的;(2)承包单位将其承包的全部工程支解以后,以分包的名义分别转给其他单位或个人施工的;(3)施工总承包单位或专业承包单位未派驻项目负责人、技术负责人、质量管理负责人、安全管理负责人等主要管理人员,或派驻的项目负责人、技术负责人、质量管理负责人、安全管理负责人中一人及以上与施工单位没有订立劳动合同且没有建立劳动工资和社会养老保险关系,或派驻的项目负责人未对该工程的施工活动进行组织管理,又不能进行合理解释并提供相应证明的;(4)合同约定由承包单位负责采购的主要建筑材料、构配件及工程设备或租赁的施工机械设备,由其他单位或个人采购、租赁,或施工单位不能提供有关采购、租赁合同及发票等证明,又不能进行合理解释并提供相应证明的;(5)专业作业承包人承包的范围是承包单位承包的全部工程,专业作业承包人计取的是除上缴给承包单位"管理费"之外的全部工程价款的;(6)承包单位通过采取合作、联营、个人承包等形式或名义,直接或变相将其承包的全部工程转给其他单位或个人施工的;(7)专业工程的发包单位不是该工程的施工总承包或专业承包单位的,但建设单位依约作为发包单位的除外;(8)专业作业的发包单位不是该工程承包单位的;(9)施工合同主体之间没有工程款收付关系,或者承包单位收到款项后又将款项转拨给其他单位和个人,又不能进行合理解释并提供材料证明的。

两个以上的单位组成联合体承包工程,在联合体分工协议中约定或者在项目实际实施过程中,联合体一方不进行施工也未对施工活动进行组织管理的,并且向联合体其他方收取管理费或者其他类似费用的,视为联合体一方将承包的工程转包给联合体其他方。

《建筑工程施工发包与承包违法行为认定查处管理办法》第 10 条规定,存在下列情形之一的,属于挂靠:(1)没有资质的单位或个人借用其他施工单位的资质承揽工程的;(2)有资质的施工单位相互借用资质承揽工程的,包括资质等级低的借用资质等级高的,资质等级高的借用资质等级低的,相同资质等级相互借用的;(3)本办法第 8 条第 1 款第 3 项至第 9 项规定的情形,有证据证明属于挂靠的。

(四)建设工程转包的法律处理原则

1. 转包行为无效

《施工合同司法解释(一)》第 1 条第 2 款规定,承包人因转包、违法分包建设工程与他人签订的建设工程施工合同,应当依据《民法典》第 153 条第 1 款及第 791 条第 2 款、第 3 款的规定,认定无效。

2. 建设工程质量合格的,转承包人可以直接向发包人主张工程价款

虽然承包人非法转包工程被依法认定为无效,债权关系依旧存在,根据《民法典》第 793 条的规定,建设工程施工合同无效,但是建设工程经验收合格的,可以参照合同关于工程价款的约定折价补偿承包人。建设工程施工合同无效,且建设工程经验收不合格的,按照以下情形处理:修复后的建设工程经验收合格的,发包人可以请求承包人承担修复费用;修复后的建设工程经验收不合格的,承包人无权请求参照合同关于工程价款的约定折价补偿。发包人对因建设工程不合格造成的损失有过错的,应当承担相应的责任。

《施工合同司法解释(一)》第 6 条进一步规定施工合同。无效时损失的承担规则,即建设工程施工合同无效,一方当事人请求对方赔偿损失的,应当就对方过错、损失大小、过错与损失之间的因果关系承担举证责任。损失大小无法确定,另一方当事人请求参照合同约定的质量标准、建设工期、工程价款支付时间等内容确定损失大小的,人民法院可以结合双方过错程度、过错与损失之间的因果关系等因素作出裁判。

3. 转包工程的,转包人应受到行政处罚

《建筑法》第 67 条第 1 款规定:“承包单位将承包的工程转包的,或者违反本法规定进行分包的,责令改正,没收违法所得,并处罚款,可以责令停业整顿,降低资质等级;情节严重的,吊销资质证书。”《建设工程质量管理条例》第 62 条规定:“违反本条例规定,承包单位将承包的工程转包或者违法分包的,责令改正,没收违法所得,对勘察、设计单位处合同约定的勘察费、设计费 25% 以上 50% 以下的罚款;对施工单位处工程合同价款 0.5% 以上 1% 以下的罚款;可以责令停业整顿,降低资质等级;情节严重的,吊销资质证书。工程监理单位转让工程监理业务的,责令改正,没收违法所得,处合同约定的监理酬金 25% 以上 50% 以下的罚款;可以责令停业整顿,降低资质等级;情节严重的,吊销资质证书。”

第四节　建设工程项目管理

近代项目管理起源于 20 世纪 50 年代,特别是 20 世纪 60 年代美国运用 CPM 和 PERT 技术,在阿波罗登月计划中取得成功后,项目管理开始在全球风靡。我国对项目管理系统的研究和行业实践起步较晚,我国目前关于建设工程项目管理的规范性法律文件主要是原建设部发布的《关

于培育发展工程总承包和工程项目管理企业的指导意见》《建设工程项目管理试行办法》。《建设工程项目管理试行办法》的主要内容包括项目管理企业的资质、服务范围、服务内容、管理机构、服务收费、监理管理和工程项目管理的专业技术人员执业资格及执业原则,等等。

一、工程项目管理的概念

工程项目管理模式,即将管理的对象作为一个系统,通过一定的组织和管理的方式使系统能够正常运行,并确定其目标得以实现。工程项目管理模式主要与工程项目的管理与组织有关。[①]一般将项目管理类型分为业主的项目管理、施工单位的项目管理、设计单位的项目管理和施工总承包单位的项目管理等。[②] 但是根据原建设部《关于培育发展工程总承包和工程项目管理企业的指导意见》的规定,工程项目管理,是指从事工程项目管理的企业受业主委托,按照合同约定,代表业主对工程项目的组织实施进行全过程或若干阶段的管理和服务。《建设工程项目管理试行办法》第 2 条第 2 款规定,建设工程项目管理,是指从事工程项目管理的企业,受工程项目业主方委托,对工程建设全过程或分阶段进行专业化管理和服务活动。上述两种定义均将建设工程项目管理规定为业主委托建设工程项目管理企业对建设项目的组织实施进行的全过程或若干阶段的管理和服务。工程项目管理企业不直接与该工程项目的总承包企业或勘察、设计、供货、施工等企业签订合同,但可以按合同约定,协助业主与工程项目的总承包企业或勘察、设计、供货、施工等企业签订合同,并受业主委托监督合同的履行。

二、建设工程项目管理的方式

业主是建设项目生产过程的组织者,因此对于一个建设工程项目而言,虽然有代表不同利益方的项目管理,但是业主的项目管理是管理的核心。业主的项目管理模式主要有两种:一是业主依靠自有管理资源自行管理;二是业主委托管理模式,即业主委托一个或多个工程项目管理公司进行管理。

(一)业主自行管理模式

其特征是业主与设计、施工单位直接签订合同,业主组成相应机构直接行使对项目的管理。在我国,这种业主自行管理形式从 20 世纪 50 年代开始一直延续到今天,成为国内主要的基本建设方式。但是,这种自行管理模式正在受到越来越大的冲击,在目前国内大型合资项目中,中外双方矛盾的焦点集中在项目管理模式上,中方往往坚持这种自行管理方式,即“指挥部”模式,既是项目的投资主体,又是项目的管理主体。而外方往往坚持采用专业的工程公司作为项目集成管理的主体。

(二)业主委托管理模式

业主委托管理模式,即由业主委托建设工程项目管理企业作为业主代表或业主的延伸,对项目进行集成化管理。在业主委托工程项目管理公司进行管理模式下,业主选择一家工程项目管理公司负责从项目前期到项目投入运营准备阶段的全过程或部分阶段的管理。此模式的特点是业主管理、协调工作量小,具体有项目管理服务(Project Management,PM)和项目管理承包

---

① 丁士昭:《国际工程项目管理模式的探讨——暨对我国重大工程项目管理模式改革和发展的思考》,载《土木工程学报》2002 年第 1 期。

② 谢伟、李世蓉、兰定筠:《浅谈工程项目管理模式与工程承发包模式的区别》,载《基建优化》2007 年第 3 期。

(Project Management Contract/Contractor,PMC)两种管理模式。根据工程项目的不同规模、类型和业主要求,还可采用其他项目管理方式。

1. PM

(1)PM 的内涵

PM,是指工程项目管理企业按照合同约定,在工程项目决策阶段为业主编制可行性研究报告,进行可行性分析和项目策划;在工程项目实施阶段,为业主提供招标代理、设计管理、采购管理、施工管理和试运行(竣工验收)等服务,代表业主对工程项目进行质量、安全、进度、费用、合同、信息等管理和控制。工程项目管理企业一般应按照合同约定承担相应的管理责任。严格来说,对 PM 可以从广义和狭义两方面进行理解。就广义的 PM 来讲,内涵非常丰富,泛指为实现项目的工期、质量和成本目标,按照工程建设的内在规律和程序对项目建设全过程实施计划、组织、控制和协调,其主要内容包括项目前期的策划与组织,项目实施阶段成本、质量和工期目标的控制及项目建设全过程的协调。从狭义上理解,PM 通常是指业主委托建筑师/咨询工程师为其提供全过程项目管理服务,即由业主委托建筑师/咨询工程师进行前期的各项有关工作,待项目评估立项后再进行设计,在设计阶段进行施工招标文件准备,随后通过招标选择承包商。项目实施阶段有关管理工作也由业主授权建筑师/咨询工程师进行。建筑师/咨询工程师和承包商没有合同关系,但承担业主委托的管理和协调工作。这种项目管理模式在国际上出现最早,最为通用,也被称为传统模式。FIDIC 施工合同条件红皮书就是 PM 模式的典范。虽然 PM 最早开始于传统模式,但随着其他项目管理模式的快速发展,PM 的内涵也不断扩大,有时 PM 也泛指为业主提供的项目管理服务或者是 PM 单位,而且 PM 可能与其他项目管理模式共存于一个工程项目之中。

我国的工程建设监理实际上也是一种 PM 模式,监理企业接受业主的委托为业主提供项目管理服务。只是同国际通用的传统模式相比,我国的监理不像建筑师/咨询工程师一样承担前期策划和设计工作,而是往往只提供施工阶段的监理服务。原建设部《关于培育发展工程总承包和工程项目管理企业的指导意见》规定的是狭义上的 PM,其基本特征是业主不再自行管理项目,而是委托 PM(建筑师/咨询工程师/监理工程师)帮助其对项目进行管理,PM 按照委托合同的要求代表业主行使项目管理职能,为业主提供项目管理咨询服务。PM 不承包工程,除自己利益外主要考虑业主的各种利益,在施工中监督承包商对承包合同的履行。

(2)PM 的优势和适用范围

应用 PM 模式,业主可将项目管理工作委托给专业化的 PM 公司,既减轻了业主方的工作量,又提高了项目管理的水平,而且委托给 PM 的工作内容和范围比较灵活,可以使业主根据自身情况和项目特点有更多的选择。PM 科学有效的项目管理服务,有利于业主更好地实现工程项目建设目标,提高投资效益。

PM 模式的适用范围非常广泛,既可应用于大型复杂项目,也可应用于中小型项目;既可应用于传统的 D + D + B(设计—招标—建造)模式,也可应用于 D + B 模式和非代理 CM 模式;既可应用于项目建设的全过程,也可以只应用于其中的某个阶段。

2. PMC

(1)PMC 的内涵

PMC,是指工程项目管理企业按照合同约定,除完成 PM 的全部工作内容外,还可以负责完成合同约定的工程初步设计(基础工程设计)等工作。需要完成工程初步设计(基础工程设计)

工作的工程项目管理企业,应当具有相应的工程设计资质。项目管理承包企业一般应当按照合同约定承担一定的管理风险和经济责任。PMC模式在国外的广泛应用开始于20世纪90年代中期,而在我国还处于刚刚起步的探索阶段。PMC作为一种新的项目建设和管理模式,不同于我国传统的由业主组建指挥部或类似机构进行项目管理的模式,而是由工程公司或项目管理公司接受业主委托,代表业主对原有的项目前期工作和项目实施工作进行管理、监督、指导,是工程公司或项目管理公司利用其管理经验、人才优势对项目管理领域的拓展。但是,就项目管理承包商使用的管理理念、管理原则、管理程序、管理方法而言,与以往的项目管理相比并没有本质不同。

(2)PMC的优点和适用范围

目前,PMC模式在我国的应用还较少,根据国际上应用PMC的情况来看,其突出优势体现在3个方面:首先,PMC全过程、专业化的项目管理承包,使项目管理更符合系统化、集成化的要求,可以大大提高整个项目的管理水平;其次,PMC往往还协助业主完成有关的项目融资工作,使业主以项目为导向的融资工作更为顺利,从而也可以降低投资风险;最后,PMC合同通常采用成本加酬金方式,并约定节约投资利益分成和超过投资责任承担的方式,建立约束激励机制,有利于节约投资。此外,采用PMC模式也有利于业主精简管理机构和人员,集中精力做好项目的战略管理工作。

PMC模式一般适用于以下项目:投资和规模巨大,工艺技术复杂的大型项目;利用银行和国际金融机构、财团贷款或出口信贷而建设的项目;业主方由很多公司组成,内部资源短缺,对工程的工艺技术不熟悉的项目。由于PMC模式主要适用大公司业主联合的大型项目,其实施项目往往较为复杂且难度很大。

三、工程项目管理服务内容和责任

(一)工程项目管理服务内容

工程项目管理服务内容主要包括:(1)协助业主方进行项目前期策划,经济分析、专项评估与投资确定;(2)协助业主方办理土地征用、规划许可等有关手续;(3)协助业主方提出工程设计要求、组织评审工程设计方案、组织工程勘察设计招标、签订勘察设计合同并监督实施,组织设计单位进行工程设计优化、技术经济方案比选并进行投资控制;(4)协助业主方组织工程监理、施工、设备材料采购招标;(5)协助业主方与工程项目总承包企业或施工企业及建筑材料、设备、构配件供应等企业签订合同并监督实施;(6)协助业主方提出工程实施用款计划,进行工程竣工结算和工程决算,处理工程索赔,组织竣工验收,向业主方移交竣工档案资料;(7)生产试运行及工程保修期管理,组织项目后评估;(8)项目管理合同约定的其他工作。

(二)工程项目管理企业的权限

工程项目业主方可以通过招标或委托等方式选择项目管理企业,并与选定的项目管理企业以书面形式签订委托项目管理合同。合同中应当明确履约期限,工作范围,双方的权利、义务和责任,项目管理酬金及支付方式,合同争议的解决办法等。工程勘察、设计、监理等企业同时承担同一工程项目管理和其资质范围内的工程勘察、设计、监理业务时,依法应当招标投标的应当通过招标投标方式确定。施工企业不得在同一工程从事项目管理和工程承包业务。项目管理企业应当根据委托项目管理合同约定,选派具有相应执业资格的专业人员担任项目经理,组建项目管理机构,建立与管理业务相适应的管理体系,配备满足工程项目管理需要的专业技术管理人员,制定各专业项目管理人员的岗位职责,履行委托项目管理合同。工程项目管理实行项目经理责任制。项目经理不得同时在两个及以上工程项目中从事项目管理工作。

(三)工程项目管理企业的责任

两个及以上项目管理企业可以组成联合体以一个投标人身份共同投标。联合体中标的,联合体各方应当共同与业主方签订委托项目管理合同,对委托项目管理合同的履行承担连带责任。联合体各方应签订联合体协议,明确各方权利、义务和责任,并确定一方作为联合体的主要责任方,项目经理由主要责任方选派。项目管理企业经业主方同意,可以与其他项目管理企业合作,并与合作方签订合作协议,明确各方权利、义务和责任。合作各方对委托项目管理合同的履行承担连带责任。

四、工程项目管理企业的执业原则

在履行委托项目管理合同时,项目管理企业及其人员应当遵守国家现行的法律法规、工程建设程序,执行工程建设强制性标准,遵守职业道德,公平、科学、诚信地开展项目管理工作。国务院有关专业部门、省级政府建设行政主管部门应当加强对项目管理企业及其人员市场行为的监督管理,建立项目管理企业及其人员的信用评价体系,对违法违规等不良行为进行处罚。各行业协会应当积极开展工程项目管理业务培训,培养工程项目管理专业人才,制定工程项目管理标准、行为规则,指导和规范建设工程项目管理活动,加强行业自律,推动建设工程项目管理业务健康发展。

项目管理企业在执业过程中不得有下列行为:(1)与受委托工程项目的施工以及建筑材料、构配件和设备供应企业有隶属关系或者其他利害关系;(2)在受委托工程项目中同时承担工程施工业务;(3)将其承接的业务全部转让给他人,或者将其承接的业务支解以后分别转让给他人;(4)以任何形式允许其他单位和个人以本企业名义承接工程项目管理业务;(5)与有关单位串通,损害业主方利益,降低工程质量。

同时,项目管理人员不得有下列行为:(1)取得一项或多项执业资格的专业技术人员,不得同时在两个及以上企业注册并执业;(2)收受贿赂、索取回扣或者其他好处;(3)明示或者暗示有关单位违反法律法规或工程建设强制性标准,降低工程质量。

第五节 全过程工程咨询

一、全过程工程咨询的产生与发展

随着我国固定资产投资项目建设水平逐步提高,为更好地实现投资建设意图,投资者或建设单位在固定资产投资项目决策、工程建设、项目运营过程中,对综合性、跨阶段、一体化的咨询服务需求日益增强。这种需求与现行制度造成的单项服务供给模式之间的矛盾日益突出。

2016 年 7 月 5 日,中共中央、国务院《关于深化投融资体制改革的意见》出台,明确了投融资体制改革的顶层设计,新一轮投融资体制改革全面展开。该意见要求优化管理流程,按照并联办理、联合评审的要求,相关部门要协同下放审批权限,探索建立多评合一、统一评审的新模式。规范政府投资管理,改进和规范政府投资项目审批制,采用直接投资和资本金注入方式的项目,对经济社会发展、社会公众利益有重大影响或者投资规模较大的,要在咨询机构评估、公众参与、专家评议、风险评估等科学论证基础上，严格审批项目建议书、可行性研究报告、初步设计。

2017年2月21日，国务院办公厅印发了《关于促进建筑业持续健康发展的意见》，明确要求完善工程建设组织模式，培育全过程工程咨询，这是在建筑工程全产业链中首次明确提出"全过程工程咨询"这一概念。随后，5月2日，住房和城乡建设部发布《关于开展全过程工程咨询试点工作的通知》，正式启动了全过程工程咨询试点工作。地方政府也在积极推进全过程工程咨询服务的开展。

2019年，河北省住房和城乡建设厅发布《关于印发〈推动工程监理企业转型升级创新发展的指导意见〉的通知》（冀建质安〔2019〕7号），明确坚持工程监理服务多元化发展导向，以主要从事施工现场监理服务的专业服务企业和以提供全过程工程咨询服务的综合型企业要齐头并进。大力发展全过程工程咨询，是监理企业转型升级的重要方向。山东省住房和城乡建设厅、山东省发展和改革委员会发布的《关于在房屋建筑和市政工程领域加快推行全过程工程咨询服务的指导意见》（鲁建建管字〔2019〕19号）中也明确提出：鼓励投资咨询、招标代理、勘察、设计、监理、造价、项目管理等企业联合经营、并购重组，培育一批高水平的咨询单位。鼓励建设单位选择具备全牌照、全资质的咨询单位开展全过程工程咨询服务。政府投资和国有资金投资的项目原则上实行全过程工程咨询服务，鼓励民间投资项目积极采用全过程工程咨询服务。

2019年3月，国家发展和改革委员会、住房城乡建设部发布了《关于推进全过程工程咨询服务发展的指导意见》（发改投资规〔2019〕515号），明确要在房屋建筑和市政基础设施领域大力发展以市场需求为导向、满足委托方多样化需求的全过程工程咨询服务模式。深化工程领域咨询服务供给侧结构性改革，破解工程咨询市场供需矛盾，必须完善政策措施，创新咨询服务组织实施方式，大力发展以市场需求为导向、满足委托方多样化需求的全过程工程咨询服务模式。特别是要遵循项目周期规律和建设程序的客观要求，在项目决策和建设实施两个阶段，着力破除制度性障碍，重点培育发展投资决策综合性咨询和工程建设全过程咨询，为固定资产投资及工程建设活动提供高质量智力技术服务，全面提升投资效益、工程建设质量和运营效率，推动高质量发展。

二、全过程工程咨询的概念

关于全过程工程咨询的概念，学界有不同的理解。同济大学和上海工程咨询协会对全过程工程咨询的概念作出如下解释：全过程工程咨询是对工程建设项目前期研究和决策以及工程项目实施和运营的全生命周期提供包含规划和设计在内的涉及组织、管理、经济和技术等各有关方面的工程咨询服务。这一定义明确了两个概念，一是服务的时间范畴，即全过程工程咨询是对工程建设项目前期研究和决策以及工程项目实施和运营的全生命周期；二是服务范围，即全过程工程咨询提供包含设计和规划在内的涉及组织、管理、经济和技术等各有关方面的工程咨询服务。①

也有学者认为全过程工程咨询不同于工程项目管理，不同于建设工程监理与项目管理一体化。对全过程工程咨询的概念从内涵和外延两个方面进行分析，认为全过程工程咨询，就是由具有一定执业水准的土木工程勘察、设计、监理等专业人员组成全过程工程咨询企业，建设单位按照自己的意图和建设工程项目的基本要求，将项目建议书、可行性研究报告编制、项目实施总体策划、报批报建管理、合同管理、勘察管理、规划及设计优化、工程监理、招标代理、造价控制、验收

① 丁士昭：《全过程工程咨询的概念和核心理念》，载《中国勘察设计》2018年第9期。

移交、配合审计等全部或部分业务一并委托给一个全过程工程咨询企业,全过程工程咨询企业组织符合要求的专业力量,全权负责包括建设单位委托的事项在内的全过程一体化项目管理。"全过程工程咨询"的内涵是:"监理企业在立足施工阶段监理的基础上,向'上下游'拓展服务领域,提供项目咨询、招标代理、造价咨询、项目管理、现场监督等全部或部分业务的咨询服务。"其外延是:"在服务对象上,既可以是建设单位或业主,也可以是政府和贷款银行等其他社会组织;在服务内容上,包括项目建议书、可行性研究报告编制、项目实施总体策划、报批报建管理、合同管理、勘察管理、规划及设计优化、工程监理、招标代理、造价控制、验收移交、配合审计等全部或部分业务。"①

住房和城乡建设部建筑市场监管司发布的《关于推进全过程工程咨询服务发展的指导意见(征求意见稿)》(建市监函〔2018〕9号)提出,全过程工程咨询服务是对工程建设项目前期研究和决策以及工程项目实施和运行(或称运营)的全生命周期提供包含设计和规划在内的涉及组织、管理、经济和技术等各有关方面的工程咨询服务。全过程工程咨询服务可采用多种组织模式,为项目决策、实施和运营持续提供局部或整体解决方案。《工程咨询行业管理办法》(发改委令2017年第9号)明确提出,全过程工程咨询是采用多种服务方式组合,为项目决策、实施和运营持续提供局部或整体解决方案以及管理服务。

全过程工程咨询具有如下特点:(1)全过程,围绕项目全生命周期持续提供工程咨询服务;(2)集成化,整合投资咨询、招标代理、勘察、设计、监理、造价、项目管理等业务资源和专业能力,实现项目组织、管理、经济、技术等全方位一体化;(3)多方案,采用多种组织模式,为项目提供局部或整体多种解决方案。

三、全过程工程咨询的资格条件

对工程咨询单位实行告知性备案管理。工程咨询单位应当通过全国投资项目在线审批监管平台备案以下信息:(1)基本情况,包括企业营业执照(事业单位法人证书)、在岗人员及技术力量、从事工程咨询业务年限、联系方式等;(2)从事的工程咨询专业和服务范围;(3)备案专业领域的专业技术人员配备情况;(4)非涉密的咨询成果简介。工程咨询单位应当保证所备案信息真实、准确、完整。工程咨询单位基本信息由国家发展和改革委员会通过在线平台向社会公布。工程咨询单位订立服务合同和开展相应的咨询业务,应当与备案的专业和服务范围一致。

工程咨询业务按照以下专业划分:(1)农业、林业;(2)水利水电;(3)电力(含火电、水电、核电、新能源);(4)煤炭;(5)石油天然气;(6)公路;(7)铁路、城市轨道交通;(8)民航;(9)水运(含港口河海工程);(10)电子、信息工程(含通信、广电、信息化);(11)冶金(含钢铁、有色);(12)石化、化工、医药;(13)核工业;(14)机械(含智能制造);(15)轻工、纺织;(16)建材;(17)建筑;(18)市政公用工程;(19)生态建设和环境工程;(20)水文地质、工程测量、岩土工程;(21)其他(以实际专业为准)。

工程咨询服务范围包括:(1)规划咨询:含总体规划、专项规划、区域规划及行业规划的编制;(2)项目咨询:含项目投资机会研究、投融资策划,项目建议书(预可行性研究)、项目可行性研究报告、项目申请报告、资金申请报告的编制,政府和社会资本合作(PPP)项目咨询等;(3)评估咨询:各级政府及有关部门委托的对规划、项目建议书、可行性研究报告、项目申请报告、资金申请

---

① 王伟、王平:《全过程工程咨询概念辨析》,载《建筑》2018年第1期。

报告、PPP项目实施方案、初步设计的评估，规划和项目中期评价、后评价，项目概预决算审查，及其他履行投资管理职能所需的专业技术服务；(4)全过程工程咨询：采用多种服务方式组合，为项目决策、实施和运营持续提供局部或整体解决方案以及管理服务。有关工程设计、工程造价、工程监理等资格，由国务院有关主管部门认定。

根据《关于推进全过程工程咨询服务发展的指导意见》的规定，工程建设全过程咨询服务应当由一家具有综合能力的咨询单位实施，也可由多家具有招标代理、勘察、设计、监理、造价、项目管理等不同能力的咨询单位联合实施。全过程咨询单位提供勘察、设计、监理或造价咨询服务时，应当具有与工程规模及委托内容相适应的资质条件。全过程咨询服务单位应当自行完成自有资质证书许可范围内的业务，在保证整个工程项目完整性的前提下，按照合同约定或经建设单位同意，可将自有资质证书许可范围外的咨询业务依法依规择优委托给具有相应资质或能力的单位，全过程咨询服务单位应对被委托单位的委托业务负总责。建设单位选择具有相应工程勘察、设计、监理或造价咨询资质的单位开展全过程咨询服务的，除法律法规另有规定外，可不再另行委托勘察、设计、监理或造价咨询单位。工程建设全过程咨询项目负责人应当取得工程建设类注册执业资格且具有工程类、工程经济类高级职称，并具有类似工程经验。工程建设全过程咨询服务中承担工程勘察、设计、监理或造价咨询业务的负责人，应具有法律法规规定的相应执业资格。全过程咨询服务单位应根据项目管理需要配备具有相应执业能力的专业技术人员和管理人员。设计单位在民用建筑中实施全过程咨询的，要充分发挥建筑师的主导作用。

四、全过程工程咨询服务模式

根据《关于推进全过程工程咨询服务发展的指导意见》，除投资决策综合性咨询和工程建设全过程咨询外，咨询单位可根据市场需求，从投资决策、工程建设、运营等项目全生命周期角度，开展跨阶段咨询服务组合或同一阶段内不同类型咨询服务组合。

（一）投资决策综合性咨询

综合性工程咨询单位接受投资者委托，就投资项目的市场、技术、经济、生态环境、能源、资源、安全等影响可行性的要素，结合国家、地区、行业发展规划及相关重大专项建设规划、产业政策、技术标准及相关审批要求进行分析研究和论证，为投资者提供决策依据和建议。

投资决策综合性咨询服务可由工程咨询单位采取市场合作、委托专业服务等方式牵头提供，或由其会同具备相应资格的服务机构联合提供。牵头提供投资决策综合性咨询服务的机构，根据与委托方合同约定对服务成果承担总体责任；联合提供投资决策综合性咨询服务的，各合作方承担相应责任。鼓励纳入有关行业自律管理体系的工程咨询单位发挥投资机会研究、项目可行性研究等特长，开展综合性咨询服务。投资决策综合性咨询应当充分发挥咨询工程师(投资)的作用，鼓励其作为综合性咨询项目负责人，提高统筹服务水平。

（二）工程建设全过程咨询

工程建设全过程咨询服务应当由一家具有综合能力的咨询单位实施，也可由多家具有招标代理、勘察、设计、监理、造价、项目管理等不同能力的咨询单位联合实施。由多家咨询单位联合实施的，应当明确牵头单位及各单位的权利、义务和责任。引导政府投资项目和国有企业投资项目带头推行工程建设全过程咨询，鼓励民间投资项目的建设单位根据项目规模和特点，依法选择优秀团队实施工程建设全过程咨询。

（三）其他形式全过程工程咨询服务模式

除投资决策综合性咨询和工程建设全过程咨询外，咨询单位可根据市场需求，从投资决策、工程建设、运营等项目全生命周期角度,开展跨阶段咨询服务组合或同一阶段内不同类型咨询服务组合。鼓励和支持咨询单位创新全过程工程咨询服务模式,为投资者或建设单位提供多样化的服务。同一项目的全过程工程咨询单位与工程总承包、施工、材料设备供应单位之间不得有利害关系。

五、全过程工程咨询的酬金计取

全过程工程咨询服务酬金可在项目投资中列支,也可根据所包含的具体服务事项,通过项目投资中列支的投资咨询、招标代理、勘察、设计、监理、造价、项目管理等费用进行支付。全过程工程咨询服务酬金在项目投资中列支的,所对应的单项咨询服务费用不再列支。投资者或建设单位应当根据工程项目的规模和复杂程度,咨询服务的范围、内容和期限等与咨询单位确定服务酬金。全过程工程咨询服务酬金可按各专项服务酬金叠加后再增加相应统筹管理费用计取,也可按人工成本加酬金方式计取。全过程工程咨询单位应努力提升服务能力和水平,通过为所咨询的工程建设或运行增值来体现其自身市场价值,禁止恶意低价竞争行为。鼓励投资者或建设单位根据咨询服务节约的投资额对咨询单位予以奖励。

第七章 建设工程开工法律制度

第一节 建设工程开工法律制度概述

建设工程施工活动的专业性、技术性极强。因此,对建设工程是否具备施工条件以及对从业单位、专业技术人员进行严格的过程管控,对于规范建设市场秩序,保证工程质量和安全施工,保障公民生命财产安全和国家财产安全,提高投资效益,意义重大。

我国对建设工程开工实行相应的行政管制,主要包括施工许可及开工报告制度。《建筑法》第 7 条规定:“建筑工程开工前,建设单位应当按照国家有关规定向工程所在地县级以上人民政府建设行政主管部门申请领取施工许可证。”实践证明,实行施工许可,既可以保证建设工程的合法性和可行性,监督建设单位尽快建成拟建项目,防止土地闲置,影响社会公共利益;又能保证建设项目开工后能够顺利进行,避免由于不具备施工条件而盲目上马,给参与建筑工程的单位造成不必要的损失;同时也有助于建设行政主管部门对在建项目实施有效地监督管理。

施工许可制度,是由国家授权的有关行政主管部门,在建设工程开工之前对其是否符合法定的开工条件进行审核,对符合条件的建设工程允许其开工建设的法定制度。我国目前对建设工程开工条件的审批,存在颁发“施工许可证”和批准“开工报告”两种形式。施工许可证,是指建设工程开始施工前,建设单位向建设行政主管部门申请的可以施工的证明。目前,我国建设工程的多数工程是办理施工许可证,由住房城乡建设主管部门审批,作为开发计划;部分工程则为批准开工报告,由国家发展改革主管部门审批,作为基建计划。

第二节 施工许可制度

一、施工许可证的适用范围

(一)需要办理施工许可证的建设工程

《建筑法》第7条规定,建筑工程开工前,建设单位应当按照国家有关规定向工程所在地县级以上人民政府建设行政主管部门申请领取施工许可证;但是,国务院建设行政主管部门确定的限额以下的小型工程除外。按照国务院规定的权限和程序批准开工报告的建筑工程,不再领取施工许可证。《建筑工程施工许可管理办法》(住房和城乡建设部令第42号)进一步规定,在中国境内从事各类房屋建筑及其附属设施的建造、装修装饰和与其配套的线路、管道、设备的安装,以及城镇市政基础设施工程的施工,建设单位在开工前应当依照本办法的规定,向工程所在地的县级以上地方人民政府住房城乡建设主管部门申请领取施工许可证。应当申请领取施工许可证的建筑工程未取得施工许可证的,一律不得开工。任何单位和个人不得将应当申请领取施工许可证的工程项目分解为若干限额以下的工程项目,规避申请领取施工许可证。

住房和城乡建设部办公厅《关于工程总承包项目和政府采购工程建设项目办理施工许可手续有关事项的通知》(建办市〔2017〕46号)中规定,各级住房城乡建设主管部门可以根据工程总承包合同及分包合同确定设计、施工单位,依法办理施工许可证。对在工程总承包项目中承担分包工作,且已与工程总承包单位签订分包合同的设计单位或施工单位,各级住房城乡建设主管部门不得要求其与建设单位签订设计合同或施工合同,也不得将上述要求作为申请领取施工许可证的前置条件。对依法通过竞争性谈判或单一来源方式确定供应商的政府采购工程建设项目,应严格执行《建筑法》《建筑工程施工许可管理办法》等规定,对符合申请条件的,应当颁发施工许可证。

(二)不需要办理施工许可证的建设工程

1. 限额以下的小型工程

按照《建筑法》的规定,国务院建设行政主管部门确定的限额以下的小型工程,可以不申请办理施工许可证。据此,《建筑工程施工许可管理办法》规定,工程投资额在30万元以下或者建筑面积在300平方米以下的建筑工程,可以不申请办理施工许可证。省、自治区、直辖市人民政府住房城乡建设主管部门可以根据当地的实际情况,对限额进行调整,并报国务院住房城乡建设主管部门备案。目前,有些省、自治区、直辖市人民政府住房城乡建设主管部门规定的限额已经超过了《建筑工程施工许可管理办法》规定的限额标准。

2. 抢险救灾等工程

抢险救灾及其他临时性房屋建筑和农民自建低层住宅的建筑活动,不适用《建筑法》的施工许可规定。

3. 不重复办理施工许可证的建设工程

为避免同一建设工程的开工由不同行政主管部门重复审批的现象,《建筑法》规定,按照国务院规定的权限和程序批准开工报告的建筑工程,不再领取施工许可证。这一规定有两层涵义:一是实行开工报告批准制度的建设工程,必须符合国务院的规定,其他任何部门的规定无效;二是开工报告与施工许可证不要重复办理。

4. 另行规定的建设工程

《建筑法》规定，军用房屋建筑工程建筑活动的具体管理办法，由国务院、中央军事委员会依据本法制定。据此，军用房屋建筑工程不向建设行政主管部门申请办理施工许可证。

二、施工许可证的申请主体

《建筑法》规定，建设单位应当按照国家有关规定向工程所在地县级以上人民政府建设行政主管部门申请领取施工许可证。建设单位是建设项目的投资者，为建设工程开工和施工单位进场做好各项前期准备工作，是建设单位应尽的义务。因此，施工许可证的申请领取，应该是由建设单位负责，而不是施工单位或其他单位。

三、施工许可证的法定批准条件

根据《建筑法》第8条和《建筑工程施工许可管理办法》第4条的规定，建设单位申请领取施工许可证，应当具备下列条件，并提交相应的证明文件：

（一）依法应当办理用地批准手续的，已经办理该建筑工程用地批准手续

《土地管理法》规定，经批准的建设项目需要使用国有建设用地的，建设单位应当持法律、行政法规规定的有关文件，向有批准权的县级以上人民政府土地行政主管部门提出建设用地申请，经土地行政主管部门审查，报本级人民政府批准。如果没有办理用地批准手续，意味着将没有合法的土地使用权，自然是无法开工的，因此，不能颁发施工许可证。

（二）在城市、镇规划区的建筑工程，已经取得建设工程规划许可证

在城市、镇规划区内，规划许可证包括建设用地规划许可证和建设工程规划类许可证。在乡、村庄规划区内进行乡镇企业、乡村公共设施和公益事业建设的，须核发乡村建设规划许可证。根据2016年5月发布的国务院《关于印发清理规范投资项目报建审批事项实施方案的通知》的要求，将原建设工程规划许可证核发、历史建筑实施原址保护审批等4项合并为“建设工程规划类许可证核发”。

1. 建设用地规划许可证

建设用地规划许可证是城乡规划行政主管部门确定建设项目的用地位置和范围，证明建设项目符合规划的证明。2019年4月23日修改后发布的《城乡规划法》对于建设用地规划许可证作了如下规定：

（1）以划拨方式提供国有土地使用权的建设项目用地规划许可证

在城市、镇规划区内以划拨方式提供国有土地使用权的建设项目，经有关部门批准、核准、备案后，建设单位应当向城市、县人民政府城乡规划主管部门提出建设用地规划许可申请，由城市、县人民政府城乡规划主管部门依据控制性详细规划核定建设用地的位置、面积、允许建设的范围，核发建设用地规划许可证。建设单位在取得建设用地规划许可证后，方可向县级以上地方人民政府土地主管部门申请用地，经县级以上人民政府审批后，由土地主管部门划拨土地。

（2）以出让方式提供国有土地使用权的建设项目用地规划许可证

在城市、镇规划区内以出让方式提供国有土地使用权的，在国有土地使用权出让前，城市、县人民政府城乡规划主管部门应当依据控制性详细规划，提出出让地块的位置、使用性质、开发强度等规划条件，作为国有土地使用权出让合同的组成部分。未确定规划条件的地块，不得出让国

有土地使用权。以出让方式取得国有土地使用权的建设项目,建设单位在取得建设项目的批准、核准、备案文件和签订国有土地使用权出让合同后,向城市、县人民政府城乡规划主管部门领取建设用地规划许可证。城市、县人民政府城乡规划主管部门不得在建设用地规划许可证中,擅自改变作为国有土地使用权出让合同组成部分的规划条件。

核发建设用地规划许可证的目的在于确保土地利用符合城市规划,维护建设单位按照城乡规划使用土地的合法权益。建设项目如果不具备城乡规划行政主管部门核发的建设用地规划许可证,在该宗地上所建设的项目属非法建设,不能领取房地产权属证件。如果没有取得规划许可证,意味着为非法用地,自然不能颁发施工许可证。

2. 建设工程规划许可证

在城市、镇规划区内进行建筑物、构筑物、道路、管线和其他工程建设的,建设单位或者个人应当向城市、县人民政府城乡规划主管部门或者省、自治区、直辖市人民政府确定的镇人民政府申请办理建设工程规划许可证。

建设工程规划许可证是有关建设工程符合城乡规划要求的法律凭证,是建设单位建设工程的法律凭证,是建设活动中接受监督检查时的法定依据。没有此证的建设单位属于违法建设,其工程建筑是违法建筑,不能领取房地产权属证件。如未取得建设工程规划许可证或者违反建设工程规划许可证的规定进行开发建设,严重影响城乡规划的,由城乡规划行政主管部门责令停止建设,限期拆除或者没收违法建筑物、构筑物及其他设施,对有关责任人员,可由所在单位或者上级主管机关给予行政处分。

申请办理建设工程规划许可证,应当提交使用土地的有关证明文件、建设工程设计方案等材料。需要建设单位编制修建性详细规划的建设项目,还应当提交修建性详细规划。对符合控制性详细规划和规划条件的,由城市、县人民政府城乡规划主管部门或者省、自治区、直辖市人民政府确定的镇人民政府核发建设工程规划许可证。城市、县人民政府城乡规划主管部门或者省、自治区、直辖市人民政府确定的镇人民政府应当依法将经审定的修建性详细规划、建设工程设计方案的总平面图予以公布。

3. 乡村建设规划许可证

在乡、村庄规划区内进行乡镇企业、乡村公共设施和公益事业建设的,建设单位或者个人应当向乡、镇人民政府提出申请,由乡、镇人民政府报城市、县人民政府城乡规划主管部门核发乡村建设规划许可证。在乡、村庄规划区内使用原有宅基地进行农村村民住宅建设的规划管理办法,由省、自治区、直辖市制定。在乡、村庄规划区内进行乡镇企业、乡村公共设施和公益事业建设以及农村村民住宅建设,不得占用农用地;确需占用农用地的,应当依照《土地管理法》有关规定办理农用地转用审批手续后,由城市、县人民政府城乡规划主管部门核发乡村建设规划许可证。建设单位或者个人在取得乡村建设规划许可证后,方可办理用地审批手续。

(三)施工场地已经基本具备施工条件,需要征收房屋的,其进度符合施工要求

施工场地应该具备的基本施工条件,通常要根据建设工程项目的具体情况决定。对在城市旧区进行建筑工程的新建、改建、扩建,拆迁是施工准备的一项重要任务。对成片进行综合开发的,应根据工程建设计划,在满足施工要求的前提下,分期分批进行拆迁。拆迁必须按计划和施工进度要求进行,过早或过迟,都会造成损失和浪费。因此,开始修建工程之前,必须首先解决拆迁的问题。但是,解决拆迁的问题并不意味着必须要拆迁完毕才能施工,只要拆迁的进度能够满足后续施工的要求就可以了。例如,已进行场区的施工测量,设置永久性经纬坐标桩、水准基桩

和工程测量控制网;搞好“三通一平”或“七通一平”;在施工现场要设安全纪律牌、施工公告牌、安全标志牌等。实行监理的建设工程,一般要由监理单位查看后填写“施工场地已具备施工条件的证明”,并加盖单位公章确认。《民法典》第 243 条规定,为了公共利益的需要,依照法律规定的权限和程序可以征收集体所有的土地和组织、个人的房屋以及其他不动产。

(四)已经确定施工企业

在工程开工前,建设单位必须确定承包该工程的建筑施工企业。建设单位依法确定建筑施工企业后,双方应当签订书面的建设工程合同,并将该合同的副本作为申领施工许可证的必备资料之一报建设行政主管机关。建设工程的施工必须由具备相应资质的施工企业来承担。因此,在建设工程开工前,建设单位必须依法通过招标或直接发包的方式确定承包该建设工程的施工企业,并签订建设工程承包合同,明确双方的责任、权利和义务。

《建筑工程施工许可管理办法》规定,按照规定应该招标的工程没有招标,应该公开招标的工程没有公开招标,或者支解发包工程,以及将工程发包给不具备相应资质条件的,所确定的施工企业无效。

(五)有满足施工需要的技术资料,施工图设计文件已按规定审查合格

施工图纸是工程建设最根本的技术文件,是施工的依据。因此,在开工前必须有满足施工需要的施工图纸。技术资料一般包括地形、地质、水文、气象等自然条件资料和主要原材料、燃料来源、水电供应和运输条件等技术经济条件资料。《建设工程勘察设计管理条例》规定,编制施工图设计文件,应当满足设备材料采购、非标准设备制作和施工的需要,并注明建设工程合理使用年限。我国有严格的施工图设计文件审查制度。《建设工程质量管理条例》规定,施工图设计文件未经审查批准的,不得使用。根据国务院《关于优化建设工程防雷许可的决定》的规定,整合部分建设工程防雷许可,将气象部门承担的房屋建筑工程和市政基础设施工程防雷装置设计审核,整合纳入建筑工程施工图审查,统一由住房城乡建设部门监管,切实优化流程、缩短时限、提高效率。

(六)有保证工程质量和安全的具体措施

《建设工程质量管理条例》规定,建设单位在开工前,应当按照国家有关规定办理工程质量监督手续,工程质量监督手续可以与施工许可证或者开工报告合并办理。《建设工程安全生产管理条例》规定,建设单位在申请领取施工许可证时,应当提供建设工程有关安全施工措施的资料。建设行政主管部门在审核发放施工许可证时,应当对建设工程是否有安全施工措施进行审查,对没有安全施工措施的,不得颁发施工许可证。《建筑工程施工许可管理办法》中对“有保证工程质量和安全的具体措施”作了进一步规定,施工企业编制的施工组织设计中应有根据建筑工程特点制定的相应质量、安全技术措施。建立工程质量安全责任制并落实到人。专业性较强的工程项目应编制专项质量、安全施工组织设计,并按照规定办理工程质量、安全监督手续。

(七)建设资金已经落实

建设资金的落实是建设工程开工后能否顺利实施的关键。建设单位在工程施工过程中必须拥有足够的建设资金,这是预防拖欠工程款,保证施工顺利进行的基本经济保障。因此,在工程开工前,要求建设单位提供建设资金已经落实承诺书,否则不予颁发施工许可证。

(八)法律、行政法规规定的其他条件

县级以上地方人民政府住房城乡建设主管部门不得违反法律法规规定,增设办理施工许可证的其他条件。

建设工程申请领取施工许可证，除了应当具备以上 8 项条件外，还应当具备其他法律、行政法规规定的有关工程开工的条件。由于工程施工活动本身复杂，各类工程的质量及安全要求、施工方法、技术要求等不同，申请领取施工许可证的条件也有不同的特点和要求。

1. 消防设计图纸及技术资料

根据 2019 年 4 月 23 日修改后发布的《消防法》的规定，对按照国家工程建设消防技术标准需要进行消防设计的建设工程，实行建设工程消防设计审查验收制度。国务院住房和城乡建设主管部门规定的特殊建设工程，建设单位应当将消防设计文件报送住房和城乡建设主管部门审查，住房和城乡建设主管部门依法对审查的结果负责。上述规定以外的其他建设工程，建设单位申请领取施工许可证或者申请批准开工报告时应当提供满足施工需要的消防设计图纸及技术资料。特殊建设工程未经消防设计审查或者审查不合格的，建设单位、施工单位不得施工；其他建设工程，建设单位未提供满足施工需要的消防设计图纸及技术资料的，有关部门不得发放施工许可证或者批准开工报告。

《建设工程消防设计审查验收管理暂行规定》（住房和城乡建设部令第 51 号）对特殊建设工程实行消防设计审查制度。特殊建设工程的建设单位应当向消防设计审查验收主管部门申请消防设计审查，消防设计审查验收主管部门依法对审查的结果负责。特殊建设工程未经消防设计审查或者审查不合格的，建设单位、施工单位不得施工。其他建设工程，建设单位申请施工许可或者申请批准开工报告时，应当提供满足施工需要的消防设计图纸及技术资料。未提供满足施工需要的消防设计图纸及技术资料的，有关部门不得发放施工许可证或者批准开工报告。

2. 节能环保审核

《民用建筑节能条例》第 13 条规定，施工图设计文件审查机构应当按照民用建筑节能强制性标准对施工图设计文件进行审查；经审查不符合民用建筑节能强制性标准的，县级以上地方人民政府建设主管部门不得颁发施工许可证。

3. 防震、规费等其他法规规定的条件

（1）抗震设计审查

《防震减灾法》规定："新建、扩建、改建建设工程，应当达到抗震设防要求。"《山东省防震减灾条例》第 31 条规定，新建、改建、扩建建设工程，必须达到国家规定的抗震设防要求。不符合抗震设防要求的工程不得开工建设。重大建设工程和可能发生严重次生灾害的建设工程，必须按照国家和省有关规定在建设项目可行性研究阶段进行地震安全性评价，并根据评价结果，确定抗震设防要求，进行抗震设防。地震安全性评价工作必须纳入基本建设管理程序。对未按规定进行地震安全性评价的工程建设项目，计划部门不得批准立项，建设行政主管部门不得批准施工。《云南省建设工程抗震设防管理条例》第 22 条规定，下列建筑工程在初步设计时，建设单位应当向建设行政主管部门提出抗震设防专项审查报告：①超出国家现行抗震设计规范所规定的高度、层数、体型规则性和其他强制性规定的高层建筑工程；②采用现行建筑抗震设计规范规定以外的结构体系（结构型式）的高层建筑；③采用隔震、减震等新技术或者新材料的建筑工程；④经安全性评价、地震动参数复核和开展过地震小区划工作的高层建筑工程；⑤国家建筑工程抗震设防分类标准中甲类和重要的乙类建筑工程；⑥省人民政府规定需要进行抗震专项审查的地震灾区恢复重建项目。前款所列建筑工程未经抗震设防专项审查的，建设行政主管部门不予批复初步设计、不予颁发施工许可证。

（2）意外伤害保险费、规费等

原建设部《关于加强建筑意外伤害保险工作的指导意见》（建质〔2003〕107 号）规定，施工企业应在工程项目开工前，办理完投保手续。鉴于工程建设项目施工工艺流程中各工种调动频繁、用工流动性大，投保应实行不记名和不计人数的方式。工程项目中有分包单位的由总承包施工企业统一办理，分包单位合理承担投保费用。业主直接发包的工程项目由承包企业直接办理。各级建设行政主管部门要强化监督管理，把在建工程项目开工前是否投保建筑意外伤害保险情况作为审查企业安全生产条件的重要内容之一；未投保的工程项目，不予发放施工许可证。2010 年河北省清欠办发出《调整规范农民工工资保证金收缴方式和使用管理的通知》，对农民工工资保证金的收缴方式和使用管理作出调整，明确规定农民工工资保证金由建设单位和施工企业双方分别缴纳。主管部门在核发施工许可证时，核验建设单位和施工企业缴纳农民工工资保证金的缴费凭证，不能提供缴纳保证金凭证的，不予办理施工许可证。2011 年，山东省东营市发布《关于进一步规范建筑工程施工许可管理的通知》，其第 5 条规定，建设单位在申领施工许可证前应一次性足额缴纳城市基础设施配套费、建筑企业养老保障金、新型墙体材料专项基金等建设规费，否则不予办理施工许可手续。缴纳建设规费后 30 日内应及时申领施工许可证；30 日内未申领施工许可证的，如遇建设规费征收标准调整，应按照就高不就低的标准予以征收。

目前，已增加的施工许可证申领条件主要是消防设计审核和节能环保审核。根据《建筑法》的规定，只有全国人大及其常委会制定的法律和国务院制定的行政法规，才有权增加施工许可证新的申领条件。据此，《建筑工程施工许可管理办法》明确规定，县级以上地方人民政府住房城乡建设主管部门不得违反法律法规规定，增设办理施工许可证的其他条件。虽然上述地方性法规等规范性法律文件规定了施工许可证申请的其他条件，比如防震、规费等，但并不能影响施工许可证的颁发。需要注意的是，上述各项法定条件必须同时具备，缺一不可。

四、施工许可证的颁发

（一）施工许可证的颁发程序

根据《建筑工程施工许可管理办法》的规定，申请办理施工许可证，应当按照下列程序进行：（1）建设单位向发证机关领取《建筑工程施工许可证申请表》。（2）建设单位持加盖单位及法定代表人印鉴的《建筑工程施工许可证申请表》，并附规定的证明文件，向发证机关提出申请。（3）发证机关在收到建设单位报送的《建筑工程施工许可证申请表》和所附证明文件后，对于符合条件的，应当自收到申请之日起 7 日内颁发施工许可证；对于证明文件不齐全或者失效的，应当当场或者 5 日内一次告知建设单位需要补正的全部内容，审批时间可以自证明文件补正齐全后作相应顺延；对于不符合条件的，应当自收到申请之日起 7 日内书面通知建设单位，并说明理由。建筑工程在施工过程中，建设单位或者施工单位发生变更的，应当重新申请领取施工许可证。同时，按照《行政诉讼法》的规定，建设单位如果认为工程符合规定的颁发施工许可证条件，而建设行政主管部门拒绝颁发施工许可证或者建设行政主管部门在规定的 15 日内不予答复的，则有权向发证机关的上一级行政机关申请行政复议，对复议决定不服的，可以向人民法院提起行政诉讼，建设单位也可以直接向人民法院提起行政诉讼。

（二）施工许可证的管理

1. 施工许可证的延期

《建筑法》规定，建设单位应当自领取施工许可证之日起 3 个月内开工。因故不能按期开工的,应当向发证机关申请延期;延期以两次为限,每次不超过 3 个月。建设单位的施工许可证在以下两种情形自行废止:(1)在施工许可证的有效期内没有开工,建设单位又没有向原发证机关申请延期;(2)建设单位超过延期时限的。

2. 施工许可证的核验

《建筑法》规定,在建的建筑工程因故中止施工的,建设单位应当自中止施工之日起 1 个月内向发证机关报告,并按照规定做好建筑工程的维护管理工作。建筑工程恢复施工时,应当向发证机关报告;中止施工满 1 年的工程恢复施工前,建设单位应当报发证机关核验施工许可证。

中止施工,是指建设工程开工后,在施工过程中因特殊情况的发生而中途停止施工的一种行为。中止施工的原因很复杂,包括地震、洪水等不可抗力,以及宏观调控压缩基建规模、停建缓建建设工程等。对于因故中止施工的,建设单位应当按照规定的时限向发证机关报告,并按照规定做好建设工程的维护管理工作,以防止建设工程在中止施工期间遭受不必要的损失,保证在恢复施工时可以尽快启动。在恢复施工时,建设单位应当向发证机关报告恢复施工的有关情况。中止施工满 1 年的,在建设工程恢复施工前,建设单位还应当报发证机关核验施工许可证,看是否仍具备组织施工的条件,经核验符合条件的,应允许恢复施工,施工许可证继续有效;经核验不符合条件的,应当收回其施工许可证,不允许恢复施工,待条件具备后,由建设单位重新申领施工许可证。

第三节 建设工程开工报告制度

一、建设工程开工报告

(一)开工报告制度

开工报告制度是我国沿用已久的一种建设项目开工管理制度。1979 年,原国家计划委员会、原国家基本建设委员会在《关于做好基本建设前期工作的通知》中规定了这项制度。1984 年原国家计划委员会发布的《关于简化基本建设项目审批手续的通知》(已失效)中将其简化。1988 年以后,又恢复了开工报告制度。1995 年国务院《严格限制新开工项目,加强固定资产投资源头的通知》《关于严格控制高档房地产开发项目的通知》中,均提到了开工报告审批制度。近些年来,公路建设项目等已由开工报告制度改为施工许可制度。2019 年 4 月 14 日发布的《政府投资条例》规定,国务院规定应当审批开工报告的重大政府投资项目,按照规定办理开工报告审批手续后方可开工建设。

开工报告是建设单位依照国家有关规定向计划行政主管部门申请准予开工的文件。为了避免出现同一项工程的开工由不同的政府行政主管部门多头重复审批的现象,《建筑法》第 7 条规定:“按照国务院规定的权限和程序批准开工报告的建筑工程,不再领取施工许可证。”至于哪些工程实行开工报告审批制度,以及有关行政主管部门对开工报告的审批权限和审批程序,则应当按照国务院的有关规定执行。

(二)开工报告的审查

开工报告审查的内容主要包括:(1)资金到位情况;(2)投资项目市场预测;(3)设计图纸是否满足施工要求;(4)现场条件是否具备“三通一平”等的要求。按照原国家计划委员会的有关规定,建设单位在向计划行政主管部门申请批准开工报告时也要具备一定的条件,如项目法人已经确定,项目初步设计及总概算已经审查核定和批复,项目资本金和其他建设资金已经落实,项目总体网络计划已经编制完成,项目主体工程的施工单位已经通过招标选定,项目法人与项目设计单位已签订供图协议,项目征地、拆迁和施工场地"四通一平"工作已经完成,项目建设所需大型、专用设备或材料已作出计划安排等,这些同《建筑法》第8条规定的申请领取施工许可证的条件基本一致。

对于实行开工报告制度的建设工程,《建筑法》规定,按照国务院有关规定批准开工报告的建筑工程,因故不能按期开工或者中止施工的,应当及时向批准机关报告情况。因故不能按期开工超过6个月的,应当重新办理开工报告的批准手续。

（三）建设工程开工报告制度与建设监理中的开工报告不同

根据《建设工程监理规范》(GB/T 50319—2013)的规定,承包商即施工单位在工程开工前应按合同约定向监理工程师提交开工报告,经总监理工程师审定通过后,即可开工。虽然在字面上都是"开工报告",但二者之间有着本质不同:(1)性质不同,前者是政府主管部门的一种行政许可制度,后者则是建设监理过程中的监理单位对施工单位开工准备工作的认可,是建设监理过程中的内部管理程序;(2)主体不同,前者是建设单位向政府主管部门申报,由发展和改革委员会批准;后者则是施工单位向监理单位提出,由总监理工程师审定通过;(3)内容不同,前者主要是审查建设单位应具备的开工条件,后者则是审查施工单位应具备的开工条件。

二、新开工项目的管理

（一）各类投资项目开工建设的条件

按照国务院办公厅《关于加强和规范新开工项目管理的通知》(国办发〔2007〕64号)的规定,新开工项目管理是投资管理的重要环节,也是宏观调控的重要手段。为进一步深化投资体制改革,依法加强和规范新开工项目管理,应切实从源头上把好项目开工建设关,维护投资建设秩序,严格规范投资项目新开工条件。

各类投资项目开工建设必须符合下列条件:(1)符合国家产业政策、发展建设规划、土地供应政策和市场准入标准。(2)已经完成审批、核准或备案手续。实行审批制的政府投资项目已经批准可行性研究报告,其中需审批初步设计及概算的项目已经批准初步设计及概算;实行核准制的企业投资项目,已经核准项目申请报告;实行备案制的企业投资项目,已经完成备案手续。(3)规划区内的项目选址和布局必须符合城乡规划,并依照城乡规划法的有关规定办理相关规划许可手续。(4)需要申请使用土地的项目必须依法取得用地批准手续,并已经签订国有土地有偿使用合同或取得国有土地划拨决定书。其中,工业、商业、旅游、娱乐和商品住宅等经营性投资项目,应当依法以招标、拍卖或挂牌出让方式取得土地。(5)已经按照建设项目环境影响评价分类管理、分级审批的规定完成环境影响评价审批。(6)已经按照规定完成固定资产投资项目节能评估和审查。(7)建筑工程开工前,建设单位依照《建筑法》的有关规定,已经取得施工许可证或者开工报告,并采取保证建设项目工程质量安全的具体措施。(8)符合国家法律法规的其他相关要求。

（二）新开工项目管理联动机制

各级发展改革、城乡规划、国土资源、环境保护、建设和统计等部门应加强沟通,密切配合,明确工作程序和责任,建立新开工项目管理联动机制。

实行审批制的政府投资项目，项目单位应首先向发展改革等项目审批部门报送项目建议书，依据项目建议书批复文件分别向城乡规划、国土资源和环境保护部门申请办理规划选址、用地预审和环境影响评价审批手续。完成相关手续后，项目单位根据项目论证情况向发展改革等项目审批部门报送可行性研究报告，并附规划选址、用地预审和环评审批文件。项目单位依据可行性研究报告批复文件向城乡规划部门申请办理规划许可手续，向国土资源部门申请办理正式用地手续。

实行核准制的企业投资项目，项目单位分别向城乡规划、国土资源和环境保护部门申请办理规划选址、用地预审和环评审批手续。完成相关手续后，项目单位向发展改革等项目核准部门报送项目申请报告，并附规划选址、用地预审和环评审批文件。项目单位依据项目核准文件向城乡规划部门申请办理规划许可手续，向国土资源部门申请办理正式用地手续。

实行备案制的企业投资项目，项目单位必须首先向发展改革等备案管理部门办理备案手续，备案后，分别向城乡规划、国土资源和环境保护部门申请办理规划选址、用地和环评审批手续。

各级发展改革等项目审批（核准、备案）部门和城乡规划、国土资源、环境保护、建设等部门都要严格遵守上述程序和规定，加强相互衔接，确保各个工作环节按规定程序进行。对未取得规划选址、用地预审和环评审批文件的项目，发展改革等部门不得予以审批或核准。对于未履行备案手续或者未予备案的项目，城乡规划、国土资源、环境保护等部门不得办理相关手续。对应以招标、拍卖或挂牌出让方式取得土地的项目，国土资源管理部门要会同发展改革、城乡规划、环境保护等部门将有关要求纳入土地出让方案。对未按规定取得项目审批（核准、备案）、规划许可、环评审批、用地管理等相关文件的建筑工程项目，建设行政主管部门不得发放施工许可证。对于未按程序和规定办理审批和许可手续的，要撤销有关审批和许可文件，并依法追究相关人员的责任。

各类投资主体要严格执行国家法律、法规、政策规定和投资建设程序。项目开工前，必须履行完各项建设程序，并自觉接受监督。对于以化整为零、提供虚假材料等不正当手段取得审批、核准或备案文件的项目，发展改革等项目审批（核准、备案）部门要依法撤销该项目的审批、核准或备案文件，并责令其停止建设。对于违反城乡规划、土地管理、环境保护、施工许可等法律法规和国家相关规定擅自开工建设的项目，一经发现，即应停止建设，并由城乡规划、国土资源、环境保护、建设部门依法予以处罚，由此造成的损失均由项目投资者承担。对于在建设过程中不遵守城乡规划、土地管理、环境保护和施工许可要求的项目，城乡规划、国土资源、环境保护、建设部门要依法予以处罚，责令其停止建设或停止生产，并追究有关单位和人员的责任。

第四节　未取得施工许可证开工的法律后果

一、未取得施工许可证擅自开工不影响建设工程施工合同的效力

（一）施工许可证是一种行政许可，不影响民事合同的效力

颁发施工许可证是建设行政主管部门对建设工程项目加强监管的一种行政手段，主要目的是审查建设单位或者施工单位是否具备法律规定的建设或者施工条件，具有行政管理的性质。从关于办理施工许可证的规定列于《建筑法》“建筑许可”一章来看，也可以说明施工许可证是一

种行政许可，如果建设单位或者施工单位违反该管理规定，应当受到相应的行政处理。《建筑法》并没有规定发包人因没有施工许可证而导致合同无效。

（二）我国现行法律法规并没有规定在签订建设工程施工合同前必须申领施工许可证，也未规定申领施工许可证是建设工程施工合同生效的必备条件

相反，《建筑法》第8条规定在申请领取施工许可证时必须具备的条件之一就是要有确定的建筑施工企业。可见依据法律规定签订建设工程施工合同必须在申领施工许可证之前。

二、未取得施工许可证施工需要承担的行政责任

（一）未经许可开工应承担的法律责任

《建筑法》规定，违反本法规定，未取得施工许可证或者开工报告未经批准擅自施工的，责令改正，对不符合开工条件的责令停止施工，可以处以罚款。《建设工程质量管理条例》规定，建设单位未取得施工许可证或者开工报告未经批准，擅自施工的，责令停止施工，限期改正，处工程合同价款1%以上2%以下的罚款。《建筑工程施工许可管理办法》规定，对于未取得施工许可证或者为规避办理施工许可证将工程项目分解后擅自施工的，由有管辖权的发证机关责令停止施工，限期改正，对建设单位处工程合同价款1%以上2%以下罚款；对施工单位处3万元以下罚款。

（二）规避办理施工许可证应承担的法律责任

《建筑工程施工许可管理办法》规定，对于未取得施工许可证或者为规避办理施工许可证将工程项目分解后擅自施工的，由有管辖权的发证机关责令停止施工，限期改正，对建设单位处工程合同价款1%以上2%以下罚款；对施工单位处3万元以下罚款。

（三）骗取和伪造施工许可证应承担的法律责任

《建筑工程施工许可管理办法》规定，建设单位采用欺骗、贿赂等不正当手段取得施工许可证的，由原发证机关撤销施工许可证，责令停止施工，并处1万元以上3万元以下罚款；构成犯罪的，依法追究刑事责任。

建设单位隐瞒有关情况或者提供虚假材料申请施工许可证的，发证机关不予受理或者不予许可，并处1万元以上3万元以下罚款；构成犯罪的，依法追究刑事责任。

建设单位伪造或者涂改施工许可证的，由发证机关责令停止施工，并处1万元以上3万元以下罚款；构成犯罪的，依法追究刑事责任。

（四）对单位主管人员等处罚的规定

给予单位罚款处罚的，对单位直接负责的主管人员和其他直接责任人员处单位罚款数额5%以上10%以下罚款。单位及相关责任人受到处罚的，作为不良行为记录予以通报。

第五节 开工日期的认定

一、开工日期的法律意义

在建设工程施工合同纠纷中，工期纠纷、工程造价争议和工程质量争议并称为建设工程施工合同三类常见的纠纷，工期作为建设工程施工合同的实质性内容之一，工期往往涉及承包人是否违约及计算违约金的数额、给付工程款的本金及利息的起算时间、建设工程交付及风险转移等诸

多问题,而且,在承包人提出工程款支付请求时,工期延误往往是发包人抗辩的一个重要理由之一。因此对于建设工程施工合同而言,开工日期的确定比较重要。

从合同角度看,开工日期不仅单纯涉及工期问题,开工日期的争议往往与发承包双方是否履行了开工前各自应当履行的合同义务(主要是开工前的准备),尤其是工程是否具备开工条件等争议相互关联。因此,开工日期有两个意义:一个是承包人正式、全面履行合同的起始日期,自此日期起合同双方活动受合同约束。另一个就是工期的起算时间,自此控制工期风险的第一个重要节点开始,工期作为合同履行时间,从很多方面制约着双方利益。

二、开工日期的认定

(一)FIDIC合同和NEC合同对开工日期的定义

1. FIDIC合同对开工日期的定义

FIDIC对开工日期的定义为:承包商收到"中标函"后42天内,或者工程师提前7天向承包商发出开工通知的日期,当中较早的一个。通常情况下,尽早开工对于合同双方均有利,因此FIDIC采用了"当中较早的一个"这一表述。同时,应注意"或者工程师提前7天向承包商发出开工通知的日期"这一表述,但是应注意这里的开工通知不是总监/工程师颁发的开工令。这里的开工通知内容FIDIC有规定:"我们在此通知,根据合同条件第×××款,开工日期应为……"由此可以看出,FIDIC的开工通知明确的是合同开工日期,总监/工程师颁发的开工令则是明确的实际开工日。

2. NEC合同对开工日期的定义

NEC合同对于开工日期的处理则更为灵活。开工,承包商从第一个工程现场占有日起开始施工作业,并应在竣工日或竣工日前竣工。承包商的工程进度计划应提交项目经理认可,并表明:开工日、现场占有日和竣工日……这也体现了另一种对于开工日期的处理方式,即第一个工程现场占有日作为双方合同正式实施日期。而对于开工日即实际动工的日期的,承包商有权做出自己的计划并根据工程师的批准实施;而工程师也有权审核或制定动工日期。它表明实际动工的日期是需要双方确认具备实际开工的所有前提条件。

(二)我国工程实践中几种开工日期的区分

我国现行法律法规对开工日期未作出明确规定。《建设工程施工合同(示范文本)》(GF—2017—0201)规定的开工日期包括计划开工日期和实际开工日期。计划开工日期,是指合同协议书约定的开工日期;实际开工日期,是指监理人按照约定发出的符合法律规定的开工通知中载明的开工日期。开工日期本身也有多种性质,包括具有法律意义的开工日期和实际开工日期。具有法律意义的开工日期实际上就是根据工程合同定义或生成的开工日;而实际开工日期更多地指向承包人根据其进度计划而设定的开工日。

实践中开工日期存在以下几种:一是以合同约定的开工日期为准;二是以施工许可证确定的日期为准;三是以相关人员签署的开工令为准;四是以实际开工日为准。若这四者是一致的(或当事人最终协商确定一致),则无争议。但是,在更多的情况下,这四者却并非一致。因此,准确界定开工日期则对发包人、承包人均具有重要的法律意义。

1. 合同约定的开工日

合同约定的开工日期是一个明确的约定,可以避免发包人与承包人之间因开工日期产生争议。合同约定的开工日期只是一个时间点,实际开工条件并不以时间点的确定而当然具备。《建设工程施工合同(示范文本)》(GF—2017—0201)在第二部分通用合同条款的第7.3.2条"开工通知"中规定,发包人应按照法律规定获得工程施工所需的许可。经发包人同意后,监理人发出的开工通知应符合法律规定。监理人应在计划开工日期7日前向承包人发出开工通知,工期自开工通知中载明的开工日期起算。除专用合同条款另有约定外,因发包人原因造成监理人未能在计划开工日期之日起90日内发出开工通知的,承包人有权提出价格调整要求,或者解除合同。发包人应当承担由此增加的费用和(或)延误的工期,并向承包人支付合理利润。

开工报告上明确的开工日期和协议书约定的开工日期均属于发包人、承包人的意思表示(合意),但双方确认的开工报告的日期在协议书签订的日期之后。若这二者确定的开工日期不同,可以理解为发包人、承包人通过开工报告对协议书约定的开工日期进行的变更达成了一致的意思表示。所以,在开工报告上明确的开工日期和协议书约定的开工日期不一致的情况下,当以"开工报告"上明确的开工日期为准。

2. 施工许可证确定的日期

《建筑法》规定了施工许可证办理条件、审批程序、施工中止中断情况的报告制度等情况。获得施工许可证的主体是建设单位,建设单位应当自领取施工许可证之日起3个月内开工。因故不能按期开工的,应当向发证机关申请延期;延期以两次为限,每次不超过3个月。既不开工又不申请延期或者超过延期时限的,施工许可证自行废止。因此,建设工程施工许可证只是表明该建设工程的前期准备工作已经完成,具备开工的法律条件,取得建设工程开工的法律凭证并享有开工的权利。建设单位可以在获取施工许可证之日起3个月内组织施工。所以,施工许可证载明的时间一般早于实际开工日期。同时,根据《建筑法》第64条"未取得施工许可证或者开工报告未经批准擅自施工的,责令改正,对不符合开工的责令停止施工,可以处以罚款。"的规定,未取得施工许可证并不会必然导致工程停工。如果建设单位未取得施工许可证而被主管部门责令停止施工的,施工单位可向建设单位要求工期顺延及经济补偿,如果建设单位未取得施工许可证而没有被主管部门责令停止施工的,该工程工期仍应以实际开工日按合同约定工期计算。因此,建设单位获得施工许可证后,并不必然导致工程施工。

建设行政主管部门颁发的施工许可证上同样明确了工程的开工日期。若开工报告上明确的开工日期迟于施工许可证上明确的开工日期,当以开工报告为准;但是,若开工报告上明确的开工日期早于施工许可证上明确的开工日期,又当如何?有观点认为,《建筑法》中关于建设工程施工前应取得施工许可证的规定显属强制性规定,未取得施工许可证擅自施工的应承担相应的法律责任。因此,开工报告上确认的开工时间不得早于施工许可证上明确的开工日期,否则,仍应以施工许可证确认的开工日期为准。

笔者对此观点不敢苟同。首先,《建筑法》中关于施工许可证的所有规定显然属于管理性强制性规定而非效力性强制性规定,其不能否认作为民事合意行为的开工报告的法律效力。其次,施工许可证颁发的本意是控制开工的条件而非解决开工的日期问题,即施工许可证是从行政法意义上判断其时是否符合开工的条件,而非为发包、承包双方确定实际开工的日期;因此,一般情况下,施工许可证上的开工日期源于协议书上约定的开工日期。最后,根据《建筑法》第64条规定,即使未取得施工许可证,其法律责任(后果)也是"责令改正",即补办施工许可证,并不影响承包人的施工行为;若该施工行为不符合开工条件的,方应被"责令停止施工"。也就是说,在被"责令停止施工"前,承包人的施工行为并不被法律所禁止,由此开工日期不应以施工许可证而确定。工程未经许可而施工的行政违法性不影响工程业已开工事实,也即存在早已施工却一直未领取施工许可证的情况。可见,施工许可证上所确定的开工日期不能对抗开工报告上确定的开工日期。①

3. 开工令或开工报告确定的时间为开工日期

开工报告一般是承包人向监理工程师报送的书面资料,目的是向其表明承包人已经做好了开工准备。监理工程师对此有一个审核的期间,如果以开工报告确定的时间作为实际开工日期,该日期显然具有不确定性。开工令是监理单位总监理工程师签发的,与开工报告是一种对应的关系。《2007 年标准施工招标文件》中第 1.1.4.2 条"开工日期"规定,指监理人按第 11.1 款发出的"开工通知"中写明的开工日期。第 11.1.1 条规定,监理人应在开工日期 7 天前向承包人发出开工通知。监理人在发出开工通知前应获得发包人同意。工期自监理人发出的开工通知中载明的开工日期起计算。承包人应在开工日期后尽快施工。如果以开工令为准计算施工日期,则有可能出现与合同约定日期不一致的现象,同时,开工令是一种单方行为,对于开工条件承包人和总监理工程师可能会存在认识上的差异。在具体的工程建设过程中,监理工程师签发"开工令"均以施工许可证为基础,因此,以"开工令"为准计算工期,也可能出现争议。

发包人在合同中约定开工日期以"开工报告"或"开工令"为准,如果发包人已经按照合同约定提供了开工所需的条件,承包人应该无条件按照开工报告确定的时间开工,否则承包人就要承担逾期开工的违约责任。但是,如果发包人未按照合同约定提供开工条件,如未完成场地的"三通一平",虽然发包人下达开工报告或开工令,作为承包人仍然可以拒绝开工。同时,若以总监/工程师颁发的开工令的日期作为工程正式开工、合同正式实施的标志,则是漠视承包人的施工准备工作。总监/工程师颁发开工令是承包人提交开工申请后的批复,是施工准备完成后才能通过的动工申请。而施工准备也是履行合同义务的一部分。如果以开工令日期作为"合同正式实施的标志",那么承包人的施工准备工作就不受合同保护;取得工程现场占有权和使用权的承包人也不受合同约束。②

4. 实际开工日期

承包人有证据证明实际开工日期的,则应认定该日期为实际开工日期。承包人的证据可以是发包人向承包人发出的通知、工程监理的记录、当事人的会议纪要、施工许可证等;承包人虽无证据证明实际开工日期,但有开工报告,则应认定开工报告中记载的开工日期为实际开工日期;若承包人无任何证据证明实际开工日期,亦无开工报告,则应以合同约定的开工日期为准。若基于发包人、承包人双方的合意(如开工纪要等),实际开工日期早于协议书、开工报告、施工许可证上确定的开工日期,该实际施工日期亦可视为发包人、承包人双方就开工日期变更达成新的合意,只要事实上的开工行为并未导致被责令停止施工的法律后果,当以实际开始的施工日期作为工程的开工日期。③

(三)开工日期的认定

开工日期是表明工程承发包双方履行合同义务的起始日期。关于开工标准,当事人有约定

① 吴涛:《建设工程施工合同工期若干法律问题辨析》,载浙江国傲律师事务所网 2011 年 4 月 25 日,http://www.zjga.com/articles/detail/1706.html。

② 陈现安:《建设工程开工日期法律实务》,载个人图书馆网 2016 年 3 月 20 日,http://www.360doc.com/content/16/0320/00/26671400_543704274.shtml。

③ 吴涛:《建设工程施工合同工期若干法律问题辨析》,载浙江国傲律师事务所网 2011 年 4 月 25 日,http://www.zjga.com/articles/detail/1706.html。

的,从其约定;当事人没有约定或者约定不明的,则一般以承包人的机器、设备、人员进场施工为标准。实践中,当事人就开工的时间经常发生争议,其原因是当事人约定的开工日期与实际开工日期不一致。在此情形下,根据《施工合同司法解释(一)》的规定,当事人对建设工程开工日期有争议的,人民法院应当分别按照以下情形予以认定:(1)开工日期为发包人或者监理人发出的开工通知载明的开工日期;开工通知发出后,尚不具备开工条件的,以开工条件具备的时间为开工日期;因承包人原因导致开工时间推迟的,以开工通知载明的时间为开工日期。(2)承包人经发包人同意已经实际进场施工的,以实际进场施工时间为开工日期。(3)发包人或者监理人未发出开工通知,亦无相关证据证明实际开工日期的,应当综合考虑开工报告、合同、施工许可证、竣工验收报告或者竣工验收备案表等载明的时间,并结合是否具备开工条件的事实,认定开工日期。

通常情况下,一项工程具备开工条件至少需要同时符合下述两项要求:(1)工程现场已具备进场施工的基础条件。《民法典》第803条规定:"发包人未按照约定的时间和要求提供原材料、设备、场地、资金、技术资料的,承包人可以顺延工程日期,并有权请求赔偿停工、窝工等损失。"结合该规定,这里的基础条件包括但不限于发包人移交施工界面;发包人按合同约定应先行提供的原材料、设备、资金等已到位;承包人已取得施工图纸以及与实施工程相关的资料等。(2)发包人已领取建设工程施工许可证。根据《建筑法》《建筑工程施工许可管理办法》规定的施工许可证的条件、程序以及未取得施工许可证的法律后果,未领取施工许可证即开工的项目,面临被责令停工的风险,同时承包、发包双方及单位相关负责人均面临罚款风险,且单位及相关责任人受到处罚的,还将作为不良行为记录予以通报。在前述两项条件中,如按照合同约定属于发包人义务的,因发包人原因导致开工条件不具备,即使发出了开工通知,仍应以具备开工条件之日为实际开工日期,即对发包人不利;如按照合同约定属于承包人义务的,因承包人原因导致开工条件不具备,即使开工时间推迟了,仍应以开工通知载明的时间为实际开工日期,即对承包人不利。

(四)开工日期延迟的原因

工程开工应当符合法定的开工条件和约定的开工条件。法定的开工条件即按《建筑法》的规定依法取得施工许可证(除国务院建设行政主管部门确定的限额以下的小型工程以及按照国务院规定的权限和程序批准开工报告的建筑工程外);约定的开工条件即发包人提供符合约定施工条件的场地及其他约定条件,承包人准备相应的人工机械等满足约定开工要求。虽然合同一般都约定了明确的开工日期,但实际施工中往往会延迟开工,具体原因有:(1)发包人原因。约定开工日届满发包人未取得施工许可证,根据《建筑法》《建设工程质量管理条例》规定,擅自施工将被责令停止施工、限期改正或处工程合同价款1%以上2%以下的罚款,因此承包人拒绝开工。发包人未能提供具备合同约定的开工条件,主要表现为场地未完成"三通一平"、未提供资金、技术资料、施工蓝图等,致使承包人无法进场施工。(2)承包人原因。具备开工条件时承包人无力开工,主要表现为施工人员、机械设备、资金、施工材料等没有及时到位。(3)不可能抗力原因。主要表现为,自然灾害如台风暴雨无法施工、恶劣气候不适合施工,政府原因导致的停止施工等。①

---

① 陈现安:《建设工程开工日期法律实务》,载个人图书馆网2016年3月20日,http://www.360doc.com/content/16/0320/00/26671400_543704274.shtml。

三、未取得施工许可证而开工的工期认定

从法律规定看，施工许可制度是对工程开工的行政管理，是否取得开工许可证与是否实际开工没有必然的联系，开工与否是事实判断，开工合法与否是价值判断，两者不能混淆。未取得施工许可证开工属于违法开工，可能面临停止施工、限期改正、罚款等行政处罚，即便被责令停工也仅会产生工期顺延的情形，但不能改变开工的事实。

根据《建筑法》的规定，应该是先取得了施工许可证才能开工，但实践中常出现未取得施工许可证而先施工，后来补办施工许可证的情形，这时工期的起算点问题就成了争议。理论中有两种观点，一种认为应以实际开工的时间起算，另一种则认为应以随后取得施工许可证的时候起算。我们认为，未取得施工许可证而提前开工的，应以实际开工日期作为开工日期，并以此来计算工期的起始日。从《建筑法》《建筑工程施工许可管理办法》的相关规定看，第一，未取得施工许可证而施工并不必然导致停工，只要符合开工条件，进行改正即补办施工许可证即可，当然可能要承担罚款等行政责任。第二，改正（补办施工许可证）后在效果上与开工前取得了施工许可证的效果是一样的，即改正后可以视为对前期未取得施工许可证状态的补正、追认。

开工事实并不因未取得施工许可证就不存在。而且，在未取得施工许可证的情况下，承包人完全有理由拒绝开工，而一旦选择了开工，应视为放弃了违法施工的抗辩，并不能再援引“未取得施工许可证”为由来推迟工期的起算点，无法逃避逾期完工的违约责任。未取得施工许可证的施工进度和取得了施工许可证的施工进度是一样的，不能否认未取得施工许可证时完成的工程量的合法性，否则就要将已建成的工程拆除重建。因此，未取得施工许可证而进场施工的，以进场施工之日作为实际开工日，施工许可证对开工日期的认定并无实质影响。

第八章　建设工程安全生产管理法律制度

第一节　建设工程安全生产管理法律制度概述

中共中央、国务院《关于推进安全生产领域改革发展的意见》中指出，贯彻以人民为中心的发展思想，始终把人的生命安全放在首位，正确处理安全与发展的关系，大力实施安全发展战略，为经济社会发展提供强有力的安全保障。

建设工程施工具有人员流动性大，露天高处作业多，手工操作，体力劳动繁重等特点，这决定了建设工程施工安全事故的多发性和易发性。随着我国建设工程和科学技术的发展，新材料、新工艺、新设备被广泛应用，国家鼓励建设工程安全生产的科学技术研究和先进技术的推广应用，推进建设工程安全生产的科学管理。建设工程安全生产管理，是指在新建、改建、扩建和拆除等建设活动中，运用各种有效资源，通过计划、组织、协调和控制等手段，控制物的不安全因素和人的不安全行为，防止和减少安全事故，实现安全生产的管理活动。

与该管理活动相关的法律制度包括建设工程安全生产监督管理制度、建设工程安全生产责任制度、建设工程安全生产许可制度、建设工程重大安全事故的处理制度以及建设工程安全生产法律责任制度等。这些制度作为一个整体，共同发挥着保障建设工程生产安全的作用。建筑工程安全生产意义重大，它直接关系公众生命与财产安全，关系社会稳定与和谐发展。

一、我国建设工程安全生产现状

从2001年起我国建筑施工安全事故数量和死亡人数的总量呈逐年下降趋势，但建筑业仍是我国安全事故高发行业之一，每年施工的死亡人数仅次于交通运输和矿山井下作业，在全国各行业中居第三位。从全国工程生产安全事故情况统计情况可以看出，高处坠落、坍塌、物体打击、起重伤害及触电仍然是建筑安装工程的重大危险因素。造成安全事故的原因在于责任不落实、监管不到位、安全技术规范在施工中得不到落实、有章不循，冒险蛮干、以包代管，安全管理薄弱、一线操作人员安全意识和技能较差等。建筑安全事故给国家、社会，特别是给事故死伤人员的家庭造成了极为重大的损失和影响。

二、建设工程安全生产管理主要法规、规范

建筑安全生产管理直接关系到生命和财产安全，是建筑活动管理的重要内容之一。为此，全国人民代表大会常务委员会和国务院制定了一系列有关建筑安全生产的法律、法规，具体有：《建筑法》《安全生产法》《特种设备安全法》《劳动法》《劳动合同法》《消防法》《建设工程安全生产管理条例》《特种设备安全监察条例》《生产安全事故报告和调查处理条例》《安全生产许可证条例》《生产安全事故应急条例》《国务院关于特大安全事故行政责任追究的规定》《工伤保险条例》。

国务院建设行政主管部门也通过了一些关于建设安全生产的部门规章和其他规范性法律文件。具体有：《建筑施工企业主要负责人项目负责人和专职安全生产管理人员安全生产管理规定》《建筑起重机械安全监督管理规定》《安全生产事故隐患排查治理暂行规定》《生产安全事故应急预案管理办法》《生产经营单位安全培训规定》《安全生产培训管理办法》《实施工程建设强制性标准监督规定》《建筑施工企业安全生产许可证管理规定》《危险性较大的分部分项工程安全管理规定》《安全生产监管监察职责和行政执法责任追究的规定》《安全生产违法行为行政处罚办法》《建设项目安全设施“三同时”监督管理办法》《〈生产安全事故报告和调查处理条例〉罚款处罚暂行规定》《建筑施工企业主要负责人、项目负责人和专职安全生产管理人员安全生产管理规定实施意见》《建筑施工企业安全生产管理机构设置及专职安全生产管理人员配备办法》《建筑施工企业负责人及项目负责人施工现场带班暂行办法》《建筑施工特种作业人员管理规定》《建筑起重机械备案登记办法》《建设工程高大模板支撑系统施工安全监督管理导则》《建筑施工企业安全生产许可证动态监管暂行办法》《建筑施工安全生产标准化考评暂行办法》。

除前述法律、行政法规、部门规章和其他规范性法律文件之外，国家还颁布了很多关于建设安全生产管理的安全生产标准和技术规范。目前，在建筑工程安全生产领域，我国已经形成了以《建筑法》《安全生产法》《建设工程安全生产管理条例》《生产安全事故报告和调查处理条例》《安全生产许可证条例》等法律和行政法规为主干，以住房和城乡建设部、人力资源和社会保障部、国家安全生产监督管理局等相关部委发布的部门规章、强制性安全技术规范及地方性法规为分支的法律法规体系。

建筑业相关法律、法规，是国家从宏观层面上对建筑业进行监管的法律依据；建筑标准规范属于技术法规，是国家从微观层面上对建筑工程各个生产阶段、各种工序及产品进行管理的法律依据。前述规范构成了广义的建筑安全生产管理法规。

三、建设工程安全生产管理原则及管理方针

（一）安全生产管理原则

1. 坚持管生产必须管安全的原则

“安全生产是一切经济部门和生产企业的头等大事”，要落实“管生产必须管安全”的原则，就要在管理生产的同时认真贯彻执行国家安全生产的法规、政策和标准，制定本企业、本部门的安全生产规章制度包括各种安全生产责任制、安全生产管理规定、安全卫生技术规范、岗位安全操作规程等，健全安全生产组织管理机构配齐专职、兼职人员。

2."安全具有否决权"的原则

"安全具有否决权"的原则,是指安全工作是衡量企业经营管理工作好坏的一项基本内容。该原则要求在对企业进行各项指标考核、评选先进时必须要首先考虑安全指标的完成情况。安全生产指标具有一票否决的作用。

3.坚持"三同时"的原则

《劳动法》《安全生产法》对工程建设项目都提出了"三同时"的要求。这是为确保建设项目(工程)符合国家规定的职业安全卫生标准,保障劳动者在生产过程中的安全与健康的重要措施。所谓"三同时",就是指新建、扩建、改建工程的劳动安全卫生设施必须与主体工程同时设计、同时施工、同时投入生产和使用。因此,企业在搞新建、改建、扩建基本建设项目(工程)技术改造项目(工程)和引进工程技术项目时,项目中的安全卫生设施必须与主体工程实施"三同时"。

4."五同时"原则

"五同时",是指企业的生产组织及领导者在计划、布置、检查、总结、评比生产工作的时候,同时计划、布置、检查、总结、评比安全工作。

5.坚持"四不放过"原则

"四不放过",是指在调查处理工伤事故时必须坚持事故原因分析不清不放过、事故责任者和群众没有受到教育不放过、没有采取切实可行的防范措施不放过、事故责任者没有被处理不放过。

6."三个同步"原则

"三个同步",是指安全生产与经济建设、深化改革、技术改造同步规划,同步发展,同步实施。

(二)安全生产管理方针

《安全生产法》规定,安全生产工作应当以人为本,坚持安全发展,坚持安全第一、预防为主、综合治理的方针。

安全第一,就是要在生产经营活动中,在处理保证安全与实现生产经营活动的其他各项目标的关系上,始终把安全特别是从业人员和其他人员的人身安全放在首位,实行"安全优先"的原则。在确保安全的前提下,努力实现生产经营的其他目标。安全第一,体现了以人为本的思想,是预防为主,综合治理的"统帅",没有安全第一的思想,预防为主就失去了思想支撑,综合治理就失去了整治依据。

预防为主是安全生产方针的核心和具体体现,是实施安全生产的根本途径,也是实现安全第一的根本途径。预防为主,是要把建设工程施工安全生产工作的关口前移,建立预教、预警、预防的施工事故隐患预防体系,改善施工安全生产状况,预防施工安全事故。坚持预防为主,就要坚持培训教育为主。在提高生产经营单位主要负责人、安全管理人员和从业人员的安全素质上下功夫,最大限度地减少违章指挥、违章作业、违反劳动纪律的现象,努力做到"不伤害自己,不伤害他人,不被他人伤害"。

综合治理,就是要综合运用法律、经济、行政等手段,从发展规划、行业管理、安全投入、科技进步、经济政策、教育培训、安全文化以及责任追究等方面着手,建立安全生产长效机制。综合治理,秉承"安全发展"的理念,从遵循和适应安全生产的规律出发,运用法律、经济、行政等手段,多管齐下,并充分发挥社会、职工、舆论的监督作用,形成标本兼治、齐抓共管的格局。综合治理,是一种新的安全管理模式,它是保证“安全第一,预防为主”的安全管理目标实现的重要手段和方法,只有不断健全和完善综合治理工作机制,才能有效贯彻安全生产方针。

第二节 建设工程安全生产管理制度

一、我国安全生产管理制度的发展历程

我国历来重视劳动保护、安全生产工作。中华人民共和国成立前夕,中国人民政治协商会议通过的《共同纲领》明确规定:“公私企业目前一般应实行八小时至十小时的工作制”“保护青工女工的特殊利益”“实行工矿检查制度,以改进工矿的安全和卫生设备”。中华人民共和国一建立,中央人民政府就设立了劳动部,劳动部下设劳动保护司,各地方劳动部门设劳动保护处、科,作为劳动保护工作的专管机构。政府许多产业部相继在部内的生产或人事部门设立了专管劳动保护工作的机构。中华全国总工会在各级工会中设立了劳动保护部,工会基层组织一般设立了劳动保护委员会,以加强对企业劳动保护的监督。1950 年 10 月,原政务院批准的《中央人民政府劳动部试行组织条例》(已失效)《省、市劳动局暂行组织通则》(已失效)都规定,各级劳动部门自建立伊始,即担负起监督、指导各产业部门和工矿企业劳动保护工作的任务,对工矿企业的劳动保护和安全生产工作实施监督管理。1956 年 9 月,国务院批准的《劳动部组织简则》(已失效)规定,劳动部负责“管理劳动保护工作:监督检查国民经济各部门的劳动保护、安全技术和工业卫生工作,领导劳动保护监督机构的工作,检查企业中的重大事故并且提出结论性的处理意见”。

1979 年 5 月,原国家劳动总局召开全国劳动保护座谈会,重新肯定加强安全生产立法和建立安全生产监察制度的重要性和迫切性。1982 年 2 月,国务院发布《矿山安全条例》、《矿山安全监察条例》(已失效)和《锅炉压力容器安全监察暂行条例》(已失效),宣布在各级劳动部门设立矿山、职业安全卫生和锅炉压力容器安全监察机构。1983 年 5 月,国务院常务会议批准的《劳动人事部任务与职责》(已失效)中规定,劳动人事部“负责贯彻执行党和国家的方针、政策、法律和指示,研究拟定有关劳动保护的具体方针、政策和规章制度”“综合管理劳动保护、矿山安全、锅炉压力容器安全工作,实行国家监察。提出劳动保护规划要求,督促各地区、各部门改善劳动条件,推动劳动保护科学研究和宣传教育工作,参加重大伤亡事故的处理。劳动人事部设劳动保护局、矿山安全监察局和锅炉压力容器安全监察局。”

为了协调各部门和更有利于开展全国安全生产监督管理工作,1985 年 1 月,全国安全生产委员会成立。全国安全生产委员会为我国的安全生产作出了巨大贡献,由于种种原因,该委员会于 1993 年被撤销。1993 年,国务院下发了《关于加强安全生产工作的通知》,在明确规定原劳动部负责综合管理全国安全生产工作,对安全生产实行国家监察的同时,也明确要求各级综合管理生产的部门和行业主管部门,在管生产的同时必须管安全,提出一个建立社会主义市场经济过程中的新安全生产管理体制,即实行“企业负责、行业管理、国家监察、群众监督”的新体制。随后,在实践中又增加了劳动者遵章守纪的内容,形成了“企业负责、行业管理、国家监察、群众监督、劳动者遵章守纪”的安全管理体制。

1998 年,在国务院机构改革中,国务院决定成立劳动和社会保障部,将原劳动部承担的安全生产综合管理、职业安全卫生监察、矿山安全卫生监察的职能,交由国家经济贸易委员会承担;原

劳动部承担的职业卫生监察职能，交由卫生部承担；原劳动部承担的锅炉压力容器监察职能，交由国家质量技术监督局承担；劳动保护工作中的女职工和未成年人工作特殊保护、工作时间和休息时间，以及工伤保险、劳动保护争议与劳动关系仲裁等职能，仍由劳动和社会保障部承担。国家经济贸易委员会成立安全生产局后，综合管理全国安全生产工作，对安全生产行使国家监督监察管理职权；拟订全国安全生产综合法律、法规、政策、标准；组织协调全国重大安全事故的处理。

2000 年 12 月，为适应我国安全生产工作的需要，进一步加强对安全生产的监督管理，预防和减少各类伤亡事故，国务院决定成立国家安全生产监督管理局和国家煤矿安全监察局，实行一个机构、两块牌子。涉及煤矿安全监察方面的工作，以国家煤矿安全监察局的名义实施。国家安全生产监督管理局是综合管理全国安全生产工作、履行国家安全生产监督管理和煤矿安全监察职能的行政机构，由原国家经济贸易委员会负责管理。

2001 年 3 月，国务院决定成立国务院安全生产委员会，安全生产委员会成员由国家经济贸易委员会、公安部、监察部、全国总工会等部门的主要负责人组成。安全委员会办公室设在国家安全生产监督管理局。

2003 年 3 月，第十届全国人民代表大会第一次会议通过了《国务院机构改革方案》。该方案将国家经济贸易委员会管理的国家安全生产监督管理局改为国务院直属机构，负责全国安全生产综合监督管理和煤矿安全监察。安全生产机构从削减到恢复，再到单独设置，体现了我国政府对安全生产工作的高度重视，标志着我国安全生产监督管理工作达到了一个更高的高度。

2004 年 11 月，国务院调整补充了部分省级煤矿安全监察机构，将煤矿安全监察办事处改为监察分局。与国家煤矿安全监察局的垂直管理不同的是，安全生产监督管理的体制是在省、地、市分别设置安全生产监督管理部门，由各级地方政府分级管理。

2005 年 2 月，国家安全生产监督管理局调整为国家安全生产监督管理总局，升为正部级，为国务院直属机构；国家煤矿安全监察局单独设立，为副部级，为国家安全生产监督管理总局管理的国家局。把国家安全监管局升为总局，提高了政府安全生产监督管理的权威性和严肃性，政府对企业安全生产管理力度明显加大，并且有利于规范我国安全生产监督管理体制和机制。

2018 年 3 月，根据第十三届全国人民代表大会第一次会议批准的国务院机构改革方案，设立中华人民共和国应急管理部。应急管理部将分散在国家安全生产监督管理总局、国务院办公厅、公安部(消防)、民政部、国土资源部、水利部、农业部、林业局、地震局以及防汛抗旱指挥部、国家减灾委、抗震救灾指挥部、森林防火指挥部等的应急管理相关职能进行整合，在很大程度上可以实现对全灾种的全流程和全方位的管理，有利于提升公共安全保障能力。其主要职责为组织编制国家应急总体预案和规划，指导各地区各部门应对突发事件工作，推动应急预案体系建设和预案演练；建立灾情报告系统并统一发布灾情，统筹应急力量建设和物资储备并在救灾时统一调度，组织灾害救助体系建设，指导安全生产类、自然灾害类应急救援，承担国家应对特别重大灾害指挥部工作；指导火灾、水旱灾害、地质灾害等防治；负责安全生产综合监督管理和工矿商贸行业安全生产监督管理等。应急管理部的成立整合了多个政府部门，有利于减少这些部门之间相互协作的难度，提升应急管理的协同绩效。应急管理部的成立将应急响应与日常管理统筹起来，有利于提升日常的预防与准备，推动风险的源头治理，从根本上保障人民群众的生命财产安全。应急管理部的成立为探索中国的综合应急管理模式提供了推动力。

二、建设工程安全生产监督管理体制

(一)建设工程安全生产的行政监督管理的分级管理

建设工程安全生产的行政监督管理,是指各级人民政府建设行政主管部门及其授权的建设工程安全生产监督机构,对建设工程安全生产所实施的行政监督管理。我国现行对建设工程(含土木工程、建筑工程、线路管道和设备安装工程)安全生产的行政监督管理是分级进行的,建设行政主管部门因级别不同,具有的管理职责也不完全相同。

(二)建设工程安全生产监督管理体制

《建筑法》第 43 条,《安全生产法》第 9 条和《建设工程安全生产管理条例》第 39 条、第 40 条对建设工程安全生产管理体制均作出了明确规定。国务院负责安全生产监督管理的部门对全国建设工程安全生产工作实施综合监督管理,其职责主要体现在对安全生产工作的指导、协调和监督上。县级以上地方人民政府负责安全生产监督管理的部门对本行政区域内建设工程安全生产工作实施综合监督管理。

国务院建设行政主管部门对全国的建设工程安全生产实施监督管理,国务院铁路、交通、水利等有关部门按照国务院规定的职责分工,负责有关专业建设工程安全生产的监督管理。县级以上地方人民政府建设行政主管部门对本行政区域内的建设工程安全生产实施监督管理。县级以上地方人民政府交通、水利等有关部门在各自的职责范围内,负责本行政区域内的专业建设工程安全生产的监督管理。建设工程安全生产的监督管理主要体现在结合行业特点制定相关的规章制度和标准并实施行政监管上,形成统一管理与分级管理、综合管理与专门管理相结合的管理体制。

(三)负责建筑施工安全生产管理的行政部门及其分工

《建筑法》第 43 条、《安全生产法》第 9 条、《建设工程安全生产管理条例》第 44 条等相关法律法规规定的管理模式是,在各级安全生产监督管理部门"综合管理"的基础上,各级建设行政主管和劳动行政主管部门"主管",各级政府有关部门如质量技术监督等部门对部分安全生产事项"专项管理"。

笔者认为,建筑施工安全生产管理实际上是对建筑施工 4 个安全要素的管理,即对施工企业的资力,施工作业人员,施工作业机械设备、建筑材料,施工作业流程 4 个要素的安全管理,由各有关行政部门管理。

根据《安全生产法》第 54 条、《安全生产许可证条例》第 4 条及《建设工程安全生产管理条例》、《工程建设重大事故报告和调查程序的规定》等相关行政法规和部门规章的规定,以及原建设部颁布的建筑施工安全技术规范规程,各级建设行政主管部门是建筑施工安全生产的主管部门,是工程建设安全事故的归口管理部门,其对建筑施工的以上四要素均有监管权,有权依照有关法律法规的规定,对涉及安全生产的事项需要审查批准(包括批准、核准、许可、注册、认证、颁发证照等)或者验收的,依照有关法律、法规和国家标准或者行业标准规定的安全生产条件和程序进行审查,有权监督查处超越资质等级承揽工程、督促检查施工企业安全生产的具体实施并纠正违反安全规范规程的行为,有权调查处理建筑施工安全事故,有权对违反建筑施工安全管理规定的予以行政处罚。但建设行政主管部门更侧重于施工企业的安全资力管理、施工作业机械设备的安全管理和施工作业流程的安全管理。劳动行政部门主要依据《劳动法》《建设项目(工程)劳动安全卫生监察规定》等法规,侧重于建筑施工人员的安全保障管理。质量技术监督主管部门依据《产品质量法》《特种设备质量监督与安全监督规定》等法规，重点对建筑材料以及施工用特种设备的安全防范予以管理。消防部门依据消防安全法规，对建筑施工的消防安全予以管理。

(四)建筑施工安全生产行政管理的实施

建筑施工安全生产行政管理主要有4个方面的内容，即审批、检查、调查和处罚。建筑施工安全生产的审批主要包括：建设行政主管部门依据《安全生产许可证条例》等法规，审查批准颁发安全生产许可证等其他行政许可，劳动行政主管部门依据《建设项目(工程)劳动安全卫生监察规定》等法规，审查批准有关建筑施工劳动安全保障的许可认证；特种设备行政主管部门依据《特种设备安全管理条例》等法规，审查批准有关建筑特种设备的认证；等等。

建筑施工安全生产的检查主要包括：建设行政主管部门对建筑施工安全制度、规范的贯彻执行的检查及纠正，劳动部门对建设工程“三同时”、施工人员的劳动安全防护措施等的检查和纠正，特种设备管理部门对建筑施工特种机械设备的使用、建筑材料的安全性的检查和纠正，等等。

各有关行政主管部门的行政处罚应当按照《行政处罚法》及有关部门规章，如原建设部发布的《建设行政处罚程序暂行规定》、原国家安全生产监督管理局发布的《安全生产违法行为行政处罚办法》等法规规定的程序，调查核实有关当事人违反安全生产法规的事实后，作出处罚。施工企业如果不服相关行政处罚，可以依照《行政复议法》(参照有关部门规章如原国家经济贸易委员会发布的《安全生产行政复议暂行办法》)、《行政诉讼法》等法规的规定，提起行政复议或行政诉讼，依法维护权益。

建筑施工安全生产事故的调查，是指发生建筑施工安全生产事故后，相关主管部门对事故原因、后果、责任等进行调查，形成调查报告，报送有关部门。《建设工程安全生产管理条例》第50条规定：“施工单位发生生产安全事故，应当按照国家有关伤亡事故报告和调查处理的规定，及时、如实地向负责安全生产监督管理的部门、建设行政主管部门或者其他有关部门报告；特种设备发生事故的，还应当同时向特种设备安全监督管理部门报告。接到报告的部门应当按照国家有关规定，如实上报。实行施工总承包的建设工程，由总承包单位负责上报事故。”有关部门调查后，形成的调查报告一般包括事故的发生原因、人员和财产损失、事故性质和责任、防范措施的建议、对事故责任人的处理建议、应急措施的情况等。调查报告应反映安全生产事故的全面情况。

目前，建筑施工安全生产管理体制存在多部门管理、各部门职权分工不够清晰、法规交叉等情况，造成了建筑施工安全生产重复管理、冲突管理的问题。

三、生产经营单位对安全生产的监督管理

生产经营单位在日常的生产经营活动中，必须加强对安全生产的监督管理；对于存在较大危险因素的场地、设备及施工作业，更应依法进行重点检查、管理，以防生产安全事故的发生。对此，《安全生产法》作出了明确的规定。

(一)管理机构、人员

建筑施工单位应当设置安全生产管理机构或者配备专职安全生产管理人员。

(二)检查及处理

生产经营单位的安全生产管理人员应当根据本单位的生产经营特点，对安全生产状况进行经常性检查。对检查中发现的安全问题，应立即处理；不能处理的，应及时报告本单位的有关负责人，检查及处理情况应记录在案。

(三)相关义务

1. 教育、督促及告知义务

生产经营单位应教育和督促从业人员严格执行本单位的安全生产规章制度和安全操作规程;并向从业人员如实告知作业场所和工作岗位存在的危险因素、防范措施以及事故应急措施。

2. 警示义务

生产经营单位应当在存有较大危险因素的生产经营场所和有关设施、设备上,设置明显的安全警示标志,以引起人们对危险因素的注意,预防生产安全事故的发生。

(四)管理措施

1. 危险作业的管理

生产经营单位进行爆破、吊装等危险作业,应安排专门人员进行现场安全管理,确保操作规程的遵守和安全措施的落实。

2. 重大危险源的管理

生产经营单位对危险物品大量聚集的重大危险源应当登记建档,进行定期检测、评估、监控,并制定应急预案,告知从业人员和相关人员在紧急情况下应当采取的应急措施。

3. 设备的管理

生产经营单位不得使用国家明令淘汰、禁止使用的危及生产安全的工艺、设备;对使用的安全设备必须进行经常性维护、保养,并定期检测,以保证正常运转。维护、保养、检测应当作好记录,并由有关人员签字。

4. 特种设备及危险物品的管理

生产经营单位使用的涉及生命安全、危险性较大的特种设备(如锅炉、压力容器、电梯、起重机械等)以及危险物品(如易燃易爆品、危险化学品等)的容器、运输工具,必须是按照国家有关规定,由专业生产单位生产,并且必须经具有专业资质的检测、检验机构检测,检测合格,取得安全使用证或安全标志后,方可投入使用。

四、社会对安全生产的监督管理

安全生产工作关系各类生产经营单位和社会的方方面面,涉及范围极广,要开展好这项工作,除依赖生产单位自律以及政府部门的监督管理之外,还需要充分调动和发挥社会各界的积极性,齐抓共管,群防群治,这样,才能建立起经常性的、更为有效的监督机制,从根本上保障生产安全。安全生产的社会监督主要包括社会组织的监督和社会公众的监督。

(一)社会组织的监督

1. 工会的监督

工会有权对建设项目的安全设施与主体工程同时设计、同时施工、同时投入生产和使用进行监督,提出意见。工会对生产经营单位违反安全生产法律、法规,侵犯从业人员合法权益的行为,有权要求纠正;发现生产经营单位违章指挥、强令冒险作业或者发现事故隐患时,有权提出解决的建议,生产经营单位应当及时研究答复;发现危及从业人员生命安全的情况时,有权向生产经营单位建议组织从业人员撤离危险场所,生产经营单位必须立即作出处理。工会有权依法参加事故调查,向有关部门提出处理意见,并要求追究有关人员的责任。

2. 基层群众性自治组织的监督

居民委员会、村民委员会发现其所在区域内的生产经营单位存在事故隐患或安全生产违法时,应当向当地人民政府或有关部门报告。

3. 新闻媒体的监督

新闻、出版、广播、电影、电视等单位有进行安全生产教育的义务,同时,对违反安全生产法律、法规的行为有进行舆论监督的权利。

4. 社会中介机构的监督

承担安全评价、认证、检测、检验的中介机构,可通过其服务行为对相关安全生产事项实施监督管理。

(二)社会公众的监督

任何单位和个人对事故隐患和安全违法行为,均有向安全生产监督管理部门报告或举报的权利。安全生产监督管理部门应建立举报制度,公开举报电话、信箱或电子邮件地址。

第三节　建设工程安全生产许可证制度

《安全生产许可证条例》中规定,国家对矿山企业、建筑施工企业和危险化学品、烟花爆竹、民用爆炸物品生产企业实行安全生产许可制度。企业未取得安全生产许可证的,不得从事生产活动。

《建筑施工企业安全生产许可证管理规定》(建法规〔2019〕6 号)中规定,本规定所称建筑施工企业,是指从事土木工程、建筑工程、线路管道和设备安装工程及装修工程的新建、扩建、改建和拆除等有关活动的企业。建筑施工企业未取得安全生产许可证的,不得从事建筑施工活动。

住房和城乡建设部办公厅《关于建筑施工企业安全生产许可证等证书电子化的意见》(建办质函〔2019〕375 号)规定,各省级住房和城乡建设主管部门可根据工作需要,对相关证书实行电子化管理作出明确规定,其他地区住房和城乡建设主管部门对依法核发的电子证书应予认可。

一、申请领取安全生产许可证的条件

《建筑施工企业安全生产许可证管理规定》规定,建筑施工企业取得安全生产许可证,应当具备下列安全生产条件:(1)建立、健全安全生产责任制,制定完备的安全生产规章制度和操作规程;(2)保证本单位安全生产条件所需资金的投入;(3)设置安全生产管理机构,按照国家有关规定配备专职安全生产管理人员;(4)主要负责人、项目负责人、专职安全生产管理人员经建设主管部门或者其他有关部门考核合格;(5)特种作业人员经有关业务主管部门考核合格,取得特种作业操作资格证书;(6)管理人员和作业人员每年至少进行一次安全生产教育培训并考核合格;(7)依法参加工伤保险,依法为施工现场从事危险作业的人员办理意外伤害保险,为从业人员交纳保险费;(8)施工现场的办公、生活区及作业场所和安全防护用具、机械设备、施工机具及配件符合有关安全生产法律、法规、标准和规程的要求;(9)有职业危害防治措施,并为作业人员配备符合国家标准或者行业标准的安全防护用具和安全防护服装;(10)有对危险性较大的分部分项工程及施工现场易发生重大事故的部位、环节的预防、监控措施和应急预案;(11)有生产安全事故应急救援预案、应急救援组织或者应急救援人员,配备必要的应急救援器材、设备;(12)法律、法规规定的其他条件。

二、安全生产许可证的申请

《安全生产许可证条例》规定,省、自治区、直辖市人民政府建设主管部门负责建筑施工企业安全生产许可证的颁发和管理,并接受国务院建设主管部门的指导和监督。《建筑施工企业安全生产许可证管理规定》进一步明确,建筑施工企业从事建筑施工活动前,应当依照本规定向企业注册所在地省、自治区、直辖市人民政府住房城乡建设主管部门申请领取安全生产许可证。

建筑施工企业申请安全生产许可证时,应当向住房城乡建设主管部门提供下列材料:(1)建筑施工企业安全生产许可证申请表;(2)企业法人营业执照;(3)与申请安全生产许可证应当具备的安全生产条件相关的文件、材料。

建筑施工企业申请安全生产许可证,应当对申请材料实质内容的真实性负责,不得隐瞒有关情况或者提供虚假材料。

建设主管部门应当自受理建筑施工企业的申请之日起45日内审查完毕;经审查符合安全生产条件的,颁发安全生产许可证;不符合安全生产条件的,不予颁发安全生产许可证,书面通知企业并说明理由。企业自接到通知之日起应当进行整改,整改合格后方可再次提出申请。建设主管部门审查建筑施工企业安全生产许可证申请,涉及铁路、交通、水利等有关专业工程时,可以征求铁路、交通、水利等有关部门的意见。

三、安全生产许可证的政府监管

(一)安全生产许可证的有效期

安全生产许可证的有效期为3年。安全生产许可证有效期满需要延期的,企业应当于期满前3个月向原安全生产许可证颁发管理机关办理延期手续。企业在安全生产许可证有效期内,严格遵守有关安全生产的法律法规,未发生死亡事故的,安全生产许可证有效期届满时,经原安全生产许可证颁发管理机关同意,不再审查,安全生产许可证有效期延期3年。

(二)安全生产许可证的变更

建筑施工企业变更名称、地址、法定代表人等,应当在变更后10日内,到原安全生产许可证颁发管理机关办理安全生产许可证变更手续。建筑施工企业破产、倒闭、撤销的,应当将安全生产许可证交回原安全生产许可证颁发管理机关予以注销。建筑施工企业遗失安全生产许可证,应当立即向原安全生产许可证颁发管理机关报告,并在公众媒体上声明作废后,方可申请补办。安全生产许可证申请表采用住房城乡建设主管部门规定的统一式样。安全生产许可证采用国务院安全生产监督管理部门规定的统一式样。安全生产许可证分正本和副本,正、副本具有同等法律效力。住房和城乡建设部《关于取消部分部门规章和规范性文件设定的证明事项的决定》规定,建筑施工企业安全生产许可证遗失补办,由申请人告知资质许可机关,由资质许可机关在官网发布信息。

(三)安全生产许可证的暂扣、吊销和撤销

未取得安全生产许可证的,不得从事建筑施工活动。住房城乡建设主管部门在审核发放施工许可证时,应当对已经确定的建筑施工企业是否有安全生产许可证进行审查,对没有取得安全生产许可证的,不得颁发施工许可证。安全生产许可证颁发管理机关发现企业不再具备安全生产条件的,应当暂扣或者吊销安全生产许可证。企业不得转让、冒用安全生产许可证或者使用伪造的安全生产许可证。

建筑施工企业取得安全生产许可证后,不得降低安全生产条件,并应当加强日常安全生产管理,接受建设主管部门的监督检查。安全生产许可证颁发管理机关发现企业不再具备安全生产条件的,应当暂扣或者吊销安全生产许可证。取得安全生产许可证的建筑施工企业,发生重大安全事故的,暂扣安全生产许可证并限期整改。建筑施工企业不再具备安全生产条件的,暂扣安全生产许可证并限期整改;情节严重的,吊销安全生产许可证。

安全生产许可证颁发管理机关或者其上级行政机关发现有下列情形之一的,可以撤销已经颁发的安全生产许可证:(1)安全生产许可证颁发管理机关工作人员滥用职权、玩忽职守颁发安全生产许可证的;(2)超越法定职权颁发安全生产许可证的;(3)违反法定程序颁发安全生产许可证的;(4)对不具备安全生产条件的建筑施工企业颁发安全生产许可证的;(5)依法可以撤销已经颁发的安全生产许可证的其他情形。

四、安全生产许可证违法行为应承担的主要法律责任

(一)未取得安全生产许可证擅自从事施工活动应承担的法律责任

《安全生产许可证条例》规定,未取得安全生产许可证擅自进行生产的,责令停止生产,没收违法所得,并处10万元以上50万元以下的罚款;造成重大事故或者其他严重后果,构成犯罪的,依法追究刑事责任。

《建筑施工企业安全生产许可证管理规定》进一步规定,建筑施工企业未取得安全生产许可证擅自从事建筑施工活动的,责令其在建项目停止施工,没收违法所得,并处10万元以上50万元以下的罚款;造成重大安全事故或者其他严重后果,构成犯罪的,依法追究刑事责任。

(二)安全生产许可证有效期满未办理延期手续继续从事施工活动应承担的法律责任

《安全生产许可证条例》规定,安全生产许可证有效期满未办理延期手续,继续进行生产的,责令停止生产,限期补办延期手续,没收违法所得,并处5万元以上10万元以下的罚款;逾期仍不办理延期手续,继续进行生产的,依照未取得安全生产许可证擅自进行生产的规定处罚。

《建筑施工企业安全生产许可证管理规定》进一步规定,安全生产许可证有效期满未办理延期手续,继续从事建筑施工活动的,责令其在建项目停止施工,限期补办延期手续,没收违法所得,并处5万元以上10万元以下的罚款;逾期仍不办理延期手续,继续从事建筑施工活动的,依照未取得安全生产许可证擅自从事建筑施工活动的规定处罚。

(三)转让安全生产许可证等应承担的法律责任

《安全生产许可证条例》规定,转让安全生产许可证的,没收违法所得,处10万元以上50万元以下的罚款,并吊销其安全生产许可证;构成犯罪的,依法追究刑事责任;接受转让的,依照未取得安全生产许可证擅自进行生产的规定处罚。冒用安全生产许可证或者使用伪造的安全生产许可证的,依照未取得安全生产许可证擅自进行生产的规定处罚。

《建筑施工企业安全生产许可证管理规定》进一步规定,建筑施工企业转让安全生产许可证的,没收违法所得,处10万元以上50万元以下的罚款,并吊销安全生产许可证;构成犯罪的,依法追究刑事责任;接受转让的,依照未取得安全生产许可证擅自从事建筑施工活动的规定处罚。冒用安全生产许可证或者使用伪造的安全生产许可证的,依照未取得安全生产许可证擅自从事建筑施工活动的规定处罚。

(四)以不正当手段取得安全生产许可证应承担的法律责任

《建筑施工企业安全生产许可证管理规定》规定,建筑施工企业隐瞒有关情况或者提供虚假

材料申请安全生产许可证的，不予受理或者不予颁发安全生产许可证，并给予警告，1 年内不得申请安全生产许可证。建筑施工企业以欺骗、贿赂等不正当手段取得安全生产许可证的，撤销安全生产许可证，3 年内不得再次申请安全生产许可证；构成犯罪的，依法追究刑事责任。

（五）暂扣安全生产许可证并限期整改的规定

《建筑施工企业安全生产许可证管理规定》规定，取得安全生产许可证的建筑施工企业，发生重大安全事故的，暂扣安全生产许可证并限期整改。建筑施工企业不再具备安全生产条件的，暂扣安全生产许可证并限期整改；情节严重的，吊销安全生产许可证。

第四节　建设单位和相关单位的安全生产责任制度

为了加强建设工程安全生产监督管理，保障人民群众生命和财产安全，在我国境内从事建设工程的新建、扩建、改建和拆除等有关活动，建设单位、勘察单位、设计单位、施工单位、工程监理单位及其他与建设工程安全生产有关的单位，必须遵守安全生产法律、法规的规定，保证建设工程安全生产，依法承担建设工程安全生产责任。

一、建设单位的安全责任

（一）向施工单位提供资料的责任

《建筑法》第 40 条规定，建设单位应当向建筑施工企业提供与施工现场相关的地下管线资料，建筑施工企业应当采取措施加以保护。《建设工程安全生产管理条例》第 6 条规定，建设单位应当向施工单位提供施工现场及毗邻区域内供水、排水、供电、供气、供热、通信、广播电视等地下管线资料，气象和水文观测资料，相邻建筑物和构筑物、地下工程的有关资料，并保证资料的真实、准确、完整。建设单位因建设工程需要，向有关部门或者单位查询前款规定的资料时，有关部门或者单位应当及时提供。

（二）不得向有关单位提出影响安全生产的违法要求

《建设工程安全生产管理条例》第 7 条规定，建设单位不得对勘察、设计、施工、工程监理等单位提出不符合建设工程安全生产法律、法规和强制性标准规定的要求，不得压缩合同约定的工期。

（三）建设单位应当保证安全生产投入

建设单位应当提供建设工程安全生产作业环境及安全施工措施所需的费用。《安全生产法》第 20 条规定，生产经营单位应当具备的安全生产条件所必需的资金投入，由生产经营单位的决策机构、主要负责人或者个人经营的投资人予以保证，并对由于安全生产所必需的资金投入不足导致的后果承担责任。《建设工程安全生产管理条例》第 8 条规定，建设单位在编制工程概算时，应当确定建设工程安全作业环境及安全施工措施所需费用。

（四）不得明示或暗示施工单位使用不符合安全施工要求的物资

《建设工程安全生产管理条例》第 9 条规定，建设单位不得明示或者暗示施工单位购买、租赁、使用不符合安全施工要求的安全防护用具、机械设备、施工机具及配件、消防设施和器材。

（五）办理施工许可证或开工报告时应当报送安全施工措施

《建设工程安全生产管理条例》第 10 条规定，建设单位在申请领取施工许可证时，应当提供建设工程有关安全施工措施的资料。依法批准开工报告的建设工程,建设单位应当自开工报告批准之日起15日内,将保证安全施工的措施报送建设工程所在地的县级以上人民政府建设行政主管部门或者其他有关部门备案。

(六)应当将拆除工程发包给具有相应资质的施工单位

《建筑法》规定,涉及建筑主体和承重结构变动的装修工程,建设单位应当在施工前委托原设计单位或者具有相应资质条件的设计单位提出设计方案;没有设计方案的,不得施工。《建筑法》还规定,房屋拆除应当由具备保证安全条件的建筑施工单位承担。

《建设工程安全生产管理条例》进一步规定,建设单位应当将拆除工程发包给具有相应资质等级的施工单位。建设单位应当在拆除工程施工15日前,将下列资料报送建设工程所在地的县级以上地方人民政府建设行政主管部门或者其他有关部门备案:(1)施工单位资质等级证明;(2)拟拆除建筑物、构筑物及可能危及毗邻建筑的说明;(3)拆除施工组织方案;(4)堆放、清除废弃物的措施。实施爆破作业的,应当遵守国家有关民用爆炸物品管理的规定。

(七)办理特殊作业申请批准手续的责任

根据《建筑法》第42条的规定,有下列情形之一的,建设单位应当按照国家有关规定办理申请批准手续:(1)需要临时占用规划批准范围以外场地的;(2)可能损坏道路、管线、电力、邮电通讯等公共设施的;(3)需要临时停水、停电、中断道路交通的;(4)需要进行爆破作业的;(5)法律、法规规定需要办理报批手续的其他情形。如实施爆破作业的,还应当遵守国家有关民用爆炸物品管理的规定。根据《民用爆炸物品安全管理条例》的规定,使用爆破器材的单位,必须经上级主管部门审查同意,并持说明使用爆破器材的地点、品名、数量、用途、四邻距离的文件和安全操作规程,向所在地县、市公安局申请领取《爆炸物品使用许可证》,方准使用。根据《民用爆炸物品安全管理条例》的规定,进行大型爆破作业,或在城镇与其他居民聚居的地方、风景名胜区和重要工程设施附近进行控制爆破作业,施工单位必须事先将爆破作业方案报县、市以上主管部门批准,并征得所在地县、市公安局同意,方准爆破作业。

(八)建设单位违法行为应承担的法律责任

《建设工程安全生产管理条例》规定,建设单位未提供建设工程安全生产作业环境及安全施工措施所需费用的,责令限期改正;逾期未改正的,责令该建设工程停止施工。

建设单位未将保证安全施工的措施或者拆除工程的有关资料报送有关部门备案的,责令限期改正,给予警告。

建设单位有下列行为之一的,责令限期改正,处20万元以上50万元以下的罚款;造成重大安全事故,构成犯罪的,对直接责任人员,依照刑法有关规定追究刑事责任;造成损失的,依法承担赔偿责任:(1)对勘察、设计、施工、工程监理等单位提出不符合安全生产法律、法规和强制性标准规定的要求的;(2)要求施工单位压缩合同约定的工期的;(3)将拆除工程发包给不具有相应资质等级的施工单位的。

二、勘察、设计单位的安全责任

(一)勘察单位的安全责任

建设工程勘察是工程建设的基础性工作。建设工程勘察文件,是建设工程项目规划、选址和设计的重要依据,其勘察成果是否科学、准确,对建设工程安全生产具有重要影响。《建设工程安全生产管理条例》规定,勘察单位应当按照法律、法规和工程建设强制性标准进行勘察,提供的勘察文件应当真实、准确,满足建设工程安全生产的需要。勘察单位在勘察作业时,应当严格执行操作规程,采取措施保证各类管线、设施和周边建筑物、构筑物的安全。勘察单位的安全责任包括:

1. 确保勘察文件的质量,以保证后续工作的安全的责任。勘察单位应当按照法律、法规和工程建设强制性标准进行勘察,提供的勘察文件应当真实、准确,满足建设工程安全生产的需要。

2. 科学勘察,以保证周边建筑物安全的责任。勘察单位在勘察作业时,应当严格按照操作规程,采取措施保证各类管线、设施和周边建筑物、构筑物的安全。

(二)设计单位的安全责任

工程设计是工程建设的灵魂。在建设工程项目确定后,工程设计便成为工程建设中最重要、最关键的环节,对安全施工有着重要影响。《建筑法》第 37 条对设计单位的安全责任有明确规定:"建筑工程设计应符合按照国家规定制定的建筑安全规程和技术规范,保证工程的安全性能。"根据《建设工程安全生产管理条例》第 13 条的规定,设计单位的安全责任包括:

1. 按照法律、法规和工程建设强制性标准进行设计

设计单位应当按照法律、法规和工程建设强制性标准进行设计,防止因设计不合理导致生产安全事故的发生。

2. 提出防范生产安全事故的指导意见和措施建议

设计单位应当考虑施工安全操作和防护的需要,对涉及施工安全的重点部位和环节在设计文件中注明,并对防范生产安全事故提出指导意见。采用新结构、新材料、新工艺的建设工程和特殊结构的建设工程,设计单位应当在设计中提出保障施工作业人员安全和预防生产安全事故的措施建议。

3. 对设计成果承担责任

设计单位和注册建筑师等注册执业人员应当对其设计负责。

(三)勘察、设计单位应承担的法律责任

《建设工程安全生产管理条例》规定,勘察单位、设计单位有下列行为之一的,责令限期改正,处 10 万元以上 30 万元以下的罚款;情节严重的,责令停业整顿,降低资质等级,直至吊销资质证书;造成重大安全事故,构成犯罪的,对直接责任人员,依照刑法有关规定追究刑事责任;造成损失的,依法承担赔偿责任:(1)未按照法律、法规和工程建设强制性标准进行勘察、设计的;(2)采用新结构、新材料、新工艺的建设工程和特殊结构的建设工程,设计单位未在设计中提出保障施工作业人员安全和预防生产安全事故的措施建议的。

注册执业人员未执行法律、法规和工程建设强制性标准的,责令停止执业 3 个月以上 1 年以下;情节严重的,吊销执业资格证书,5 年内不予注册;造成重大安全事故的,终身不予注册;构成犯罪的,依照刑法有关规定追究刑事责任。

三、工程监理单位的安全责任

工程监理,是监理单位受建设单位的委托,依照法律、法规和建设工程监理规范的规定,对工程建设实施的监督管理。

(一)对安全技术措施或专项施工方案进行审查

《建设工程安全生产管理条例》规定,工程监理单位应当审查施工组织设计中的安全技术措施或者专项施工方案是否符合工程建设强制性标准。施工组织设计中应当包括安全技术措施和

施工现场临时用电方案，对基坑支护与降水工程、土方开挖工程、模板工程、起重吊装工程、脚手架工程、拆除、爆破工程等达到一定规模的危险性较大的分部分项工程，还应当编制专项施工方案。工程监理单位要对这些安全技术措施和专项施工方案进行审查，重点审查是否符合工程建设强制性标准；对于达不到强制性标准的，应当要求施工单位进行补充和完善。

（二）依法对施工安全事故隐患进行处理

《建设工程安全生产管理条例》规定，工程监理单位在实施监理过程中，发现存在安全事故隐患的，应当要求施工单位整改；情况严重的，应当要求施工单位暂时停止施工，并及时报告建设单位。施工单位拒不整改或者不停止施工的，工程监理单位应当及时向有关主管部门报告。

（三）承担建设工程安全生产的监理责任

《建设工程安全生产管理条例》规定，工程监理单位和监理工程师应当按照法律、法规和工程建设强制性标准实施监理，并对建设工程安全生产承担监理责任。

工程监理单位有下列行为之一的，责令限期改正；逾期未改正的，责令停业整顿，并处10万元以上30万元以下的罚款；情节严重的，降低资质等级，直至吊销资质证书；造成重大安全事故，构成犯罪的，对直接责任人员，依照刑法有关规定追究刑事责任；造成损失的，依法承担赔偿责任：（1）未对施工组织设计中的安全技术措施或者专项施工方案进行审查的；（2）发现安全事故隐患未及时要求施工单位整改或者暂时停止施工的；（3）施工单位拒不整改或者不停止施工，未及时向有关主管部门报告的；（4）未依照法律、法规和工程建设强制性标准实施监理的。

四、设备检验检测单位的安全责任

《建设工程安全生产管理条例》规定，检验检测机构对检测合格的施工起重机械和整体提升脚手架、模板等自升式架设设施，应当出具安全合格证明文件，并对检测结果负责。《安全生产法》规定，承担安全评价、认证、检测、检验的机构应当具备国家规定的资质条件，并对其作出的安全评价、认证、检测、检验的结果负责。

根据《特种设备安全法》的规定，起重机械等的安装、改造、重大修理过程，应当经特种设备检验机构按照安全技术规范的要求进行监督检验；未经监督检验或者监督检验不合格的，不得出厂或者交付使用。

特种设备检验、检测机构的检验、检测人员应当经考核，取得检验、检测人员资格，方可从事检验、检测工作。特种设备检验、检测机构的检验、检测人员不得同时在两个以上检验、检测机构中执业；变更执业机构的，应当依法办理变更手续。

特种设备检验、检测机构及其检验、检测人员应当依法为特种设备生产、经营、使用单位提供安全、可靠、便捷、诚信的检验、检测服务。特种设备检验、检测机构及其检验、检测人员应当客观、公正、及时地出具检验、检测报告，并对检验、检测结果和鉴定结论负责。

特种设备检验、检测机构及其检验、检测人员在检验、检测中发现特种设备存在严重事故隐患时，应当及时告知相关单位，并立即向负责特种设备安全监督管理的部门报告。

负责特种设备安全监督管理的部门应当组织对特种设备检验、检测机构的检验、检测结果和鉴定结论进行监督抽查，但应当防止重复抽查。监督抽查结果应当向社会公布。

特种设备生产、经营、使用单位应当按照安全技术规范的要求向特种设备检验、检测机构及其检验、检测人员提供特种设备相关资料和必要的检验、检测条件，并对资料的真实性负责。特种设备检验、检测机构及其检验、检测人员对检验、检测过程中知悉的商业秘密，负有保密义务。

特种设备检验、检测机构及其检验、检测人员不得从事有关特种设备的生产、经营活动,不得推荐或者监制、监销特种设备。特种设备检验机构及其检验人员利用检验工作故意刁难特种设备生产、经营、使用单位的,特种设备生产、经营、使用单位有权向负责特种设备安全监督管理的部门投诉,接到投诉的部门应当及时进行调查处理。

五、出租机械设备和施工机具及配件单位的安全责任

《建设工程安全生产管理条例》规定,为建设工程提供机械设备和配件的单位,应当按照安全施工的要求配备齐全有效的保险、限位等安全设施和装置。出租的机械设备和施工机具及配件,应当具有生产(制造)许可证、产品合格证。出租单位应当对出租的机械设备和施工机具及配件的安全性能进行检测,在签订租赁协议时,应当出具检测合格证明。禁止出租检测不合格的机械设备和施工机具及配件。

《建筑起重机械安全监督管理规定》(建设部令第166号)规定,出租单位出租的建筑起重机械和使用单位购置、租赁、使用的建筑起重机械应当具有特种设备制造许可证、产品合格证、制造监督检验证明。出租单位在建筑起重机械首次出租前,自购建筑起重机械的使用单位在建筑起重机械首次安装前,应当持建筑起重机械特种设备制造许可证、产品合格证和制造监督检验证明到本单位工商注册所在地县级以上地方人民政府建设主管部门办理备案。出租单位应当在签订的建筑起重机械租赁合同中明确租赁双方的安全责任,并出具建筑起重机械特种设备制造许可证、产品合格证、制造监督检验证明、备案证明和自检合格证明,提交安装使用说明书。

有下列情形之一的建筑起重机械,不得出租、使用:(1)属国家明令淘汰或者禁止使用的;(2)超过安全技术标准或者制造厂家规定的使用年限的;(3)经检验达不到安全技术标准规定的;(4)没有完整安全技术档案的;(5)没有齐全有效的安全保护装置的。建筑起重机械有以上第1~3项情形之一的,出租单位或者自购建筑起重机械的使用单位应当予以报废,并向原备案机关办理注销手续。从事建筑起重机械安装、拆卸活动的单位应当依法取得建设主管部门颁发的相应资质和建筑施工企业安全生产许可证,并在其资质许可范围内承揽建筑起重机械安装、拆卸工程。

六、施工起重机械和自升式架设设施安装、拆卸单位的安全责任

建筑起重机械,是指纳入特种设备目录,在房屋建筑工地和市政工程工地安装、拆卸、使用的起重机械,如塔式起重机、物料提升机等。自升式架设设施,是指通过自有装置可将自身升高的架设设施,如整体提升脚手架等。

(一)安装、拆卸施工起重机械和自升式架设设施必须具备相应的资质

《建设工程安全生产管理条例》规定,在施工现场安装、拆卸施工起重机械和整体提升脚手架、模板等自升式架设设施,必须由具有相应资质的单位承担。

《建筑业企业资质管理规定》《建筑业企业资质标准》规定,从事施工起重机械、附着升降脚手架等安拆活动的单位,应当按照资质条件申请资质,经审查合格并取得专业承包资质证书后,方可在资质许可的范围内从事安装、拆卸活动。

(二)编制安装、拆卸方案和现场监督

《建设工程安全生产管理条例》规定,安装、拆卸施工起重机械和整体提升脚手架、模板等自升式架设设施,应当编制拆装方案、制定安全施工措施,并由专业技术人员现场监督。

《建筑起重机械安全监督管理规定》进一步规定，建筑起重机械使用单位和安装单位应当在签订的建筑起重机械安装、拆卸合同中明确双方的安全生产责任。实行施工总承包的，施工总承包单位应当与安装单位签订建筑起重机械安装、拆卸工程安全协议书。

安装单位应当履行下列安全职责：(1)按照安全技术标准及建筑起重机械性能要求，编制建筑起重机械安装、拆卸工程专项施工方案，并由本单位技术负责人签字；(2)按照安全技术标准及安装使用说明书等检查建筑起重机械及现场施工条件；(3)组织安全施工技术交底并签字确认；(4)制定建筑起重机械安装、拆卸工程生产安全事故应急救援预案；(5)将建筑起重机械安装、拆卸工程专项施工方案，安装、拆卸人员名单，安装、拆卸时间等材料报施工总承包单位和监理单位审核后，告知工程所在地县级以上地方人民政府建设主管部门。安装单位应当按照建筑起重机械安装、拆卸工程专项施工方案及安全操作规程组织安装、拆卸作业。安装单位的专业技术人员、专职安全生产管理人员应当进行现场监督，技术负责人应当定期巡查。

（三）出具自检合格证明、进行安全使用说明、办理验收手续的责任

《建设工程安全生产管理条例》规定，施工起重机械和整体提升脚手架、模板等自升式架设设施安装完毕后，安装单位应当自检，出具自检合格证明，并向施工单位进行安全使用说明，办理验收手续并签字。

《建筑起重机械安全监督管理规定》进一步规定，建筑起重机械安装完毕后，安装单位应当按照安全技术标准及安装使用说明书的有关要求对建筑起重机械进行自检、调试和试运转。自检合格的，应当出具自检合格证明，并向使用单位进行安全使用说明。建筑起重机械安装完毕后，使用单位应当组织出租、安装、监理等有关单位进行验收，或者委托具有相应资质的检验检测机构进行验收。建筑起重机械经验收合格后方可投入使用，未经验收或者验收不合格的不得使用。实行施工总承包的，由施工总承包单位组织验收。

（四）依法对施工起重机械和自升式架设设施进行检测

《建设工程安全生产管理条例》规定，施工起重机械和整体提升脚手架、模板等自升式架设设施的使用达到国家规定的检验检测期限的，必须经具有专业资质的检验检测机构检测。经检测不合格的，不得继续使用。

第五节　施工单位的安全生产责任制度

施工单位是工程建设活动中的重要主体之一，在施工安全中居于核心地位，是绝大部分生产安全事故的直接责任方。《安全生产法》规定，生产经营单位的安全生产责任制应当明确各岗位的责任人员、责任范围和考核标准等内容。生产经营单位应当建立相应的机制，加强对安全生产责任制落实情况的监督考核，保证安全生产责任制的落实。《建筑法》还规定，建筑施工企业必须依法加强对建筑安全生产的管理，执行安全生产责任制度，采取有效措施，防止伤亡和其他安全生产事故的发生。《建设工程安全生产管理条例》对施工单位的市场准入、施工单位的安全生产行为规范和安全生产条件以及施工单位主要负责人、项目负责人、安全管理人员和作业人员的安全责任，作出了明确的规定。

一、施工单位应当具备相应的资质

《安全生产法》《建设工程安全生产管理条例》对施工单位的资质作出了规定,施工单位从事建设工程的新建、扩建、改建和拆除等活动,应当具备国家规定的注册资本、专业技术人员、技术装备和安全生产等条件,依法取得相应等级的资质证书,并在其资质等级许可的范围内承揽工程。

2014年7月1日,住房和城乡建设部发布《关于推进建筑业发展和改革的若干意见》,首次提出坚持淡化工程建设企业资质、强化个人执业资格的改革方向,探索从主要依靠资质管理等行政手段实施市场准入,逐步转变为充分发挥社会信用、工程担保、保险等市场机制的作用,实现市场优胜劣汰。

《建筑业企业资质标准》(建市〔2014〕159号)直接取消土石方工程、混凝土预制构件、电梯安装工程、金属门窗工程、预应力工程、爆破与拆除工程、无损检测、体育场地设施工程8项专业承包资质;高耸构筑物工程、电信工程、水工建筑物基础处理工程、堤防工程、水工大坝工程、水工隧洞工程、火电设备安装工程、炉窑工程、冶炼机电设备安装工程、化工石油设备管道安装工程、管道工程、城市轨道交通工程12项专业承包资质并入相应总承包资质;建筑防水工程、防腐保温工程、建筑智能化工程等8项资质进行了合并。

2015年10月9日,住房和城乡建设部发布《关于建筑业企业资质管理有关问题的通知》(建市〔2015〕154号),简化特级资质标准要求,放开承包合同金额限制。

2016年10月14日,住房和城乡建设部发布《简化建筑业企业资质标准部分指标的通知》(建市〔2016〕226号),直接取消了资质标准中的建造师等人员要求,进一步简化了资质标准要求,同时,该通知提升了一级资质标准、二级资质标准的业绩要求。

国务院办公厅《关于促进建筑业持续健康发展的意见》提出,深化建筑业简政放权改革,着重强调优化资质资格管理。进一步简化工程建设企业资质类别和等级设置,减少不必要的资质认定。选择部分地区开展试点,对信用良好、具有相关专业技术能力、能够提供足额担保的企业,在其资质类别内放宽承揽业务范围限制。

住房和城乡建设部办公厅《做好取消城市园林绿化企业资质核准行政许可事项相关工作的通知》(建办城〔2017〕27号)规定,自2017年4月13日起,各级住房城乡建设(园林绿化)主管部门不再受理城市园林绿化企业资质核准的相关申请,园林资质正式取消。

二、施工单位相关负责人员的安全责任

施工单位主要负责人和项目负责人的安全素质直接关系施工安全,必须将其应负的施工安全责任法律化。住房和城乡建设部、应急管理部《关于加强建筑施工安全事故责任企业人员处罚的意见》(建质规〔2019〕9号)规定,建筑施工企业主要负责人、项目负责人和专职安全生产管理人员等必须具备相应的安全生产知识和管理能力。对没有履行安全生产职责、造成生产安全事故特别是较大及以上事故发生的建筑施工企业有关责任人员,住房城乡建设主管部门要依法暂停或撤销其与安全生产相关执业资格、岗位证书,并依法实施职业禁入;构成犯罪的,依法追究刑事责任。

(一)施工单位主要负责人的安全责任

1. 施工单位主要负责人的安全责任

根据《安全生产法》的规定,生产经营单位的主要负责人对本单位的安全生产工作全面负

责，具体包括下列职责：（1）建立、健全本单位安全生产责任制；（2）组织制定本单位安全生产规章制度和操作规程；（3）保证本单位安全生产投入的有效实施；（4）督促、检查本单位的安全生产工作，及时消除生产安全事故隐患；（5）组织制定并实施本单位的生产安全事故应急救援预案；（6）及时、如实报告生产安全事故；（7）组织制定并实施本单位安全生产教育和培训计划。

《建筑法》第44条规定，建筑施工企业的法定代表人对本企业的安全生产负责。《建设工程安全生产管理条例》第21条第1款规定，施工单位主要负责人依法对本单位的安全生产工作全面负责。施工单位应当建立、健全安全生产责任制和安全教育培训制度，制定安全生产规章制度和操作规程，保证本单位安全生产条件所需资金的投入，对所承担的建设工程进行定期和专项安全检查，并做好安全检查记录。

2014年6月住房和城乡建设部发布的《建筑施工企业主要负责人、项目负责人和专职安全生产管理人员安全生产管理规定》（住房和城乡建设部令第17号）中规定，主要负责人应当与项目负责人签订安全生产责任书，确定项目安全生产考核目标、奖惩措施，以及企业为项目提供的安全管理和技术保障措施。工程项目实行总承包的，总承包企业应当与分包企业签订安全生产协议，明确双方安全生产责任。住房和城乡建设部《建筑施工企业主要负责人项目负责人和专职安全生产管理人员安全生产管理规定实施意见》（建质〔2015〕206号）规定，企业主要负责人包括法定代表人、总经理（总裁）、分管安全生产的副总经理（副总裁）、分管生产经营的副总经理（副总裁）、技术负责人、安全总监等。

2016年12月9日，中共中央、国务院《关于推进安全生产领域改革发展的意见》（中发〔2016〕32号）发布，该意见指出，企业实行全员安全生产责任制度，法定代表人和实际控制人同为安全生产第一责任人，主要技术负责人负有安全生产技术决策和指挥权，强化部门安全生产职责，落实一岗双责。建立企业全过程安全生产和职业健康管理制度，做到安全责任、管理、投入、培训和应急救援"五到位"。

2.施工单位项目负责人的安全责任

施工单位的项目负责人作为生产经营单位主要负责人，应当对建设工程项目的安全生产负责。项目负责人在施工活动中占有非常重要的地位，代表施工企业法定代表人对项目组织实施中劳动力的调配、资金的使用、建筑材料的购进等行使决策权。因此，施工单位的项目负责人应当对建设工程项目施工安全负全面责任，是项目安全生产的第一责任人。为了加强对项目负责人安全资格的管理，明确其安全生产职责，《建设工程安全生产管理条例》第21条第2款规定，施工单位的项目负责人应当由取得相应执业资格的人员担任，对建设工程项目的安全施工负责，落实安全生产责任制度、安全生产规章制度和操作规程，确保安全生产费用的有效使用，并根据工程的特点组织制定安全施工措施，消除安全事故隐患，及时、如实报告生产安全事故。

原人事部、原建设部《建造师执业资格制度暂行规定》规定，建造师经注册后，有权以建造师名义担任建设工程项目施工的项目经理及从事其他施工活动的管理。

《建筑施工企业主要负责人、项目负责人和专职安全生产管理人员安全生产管理规定》规定，项目负责人对本项目安全生产管理全面负责，应当建立项目安全生产管理体系，明确项目管理人员安全职责，落实安全生产管理制度，确保项目安全生产费用有效使用。项目负责人应当按规定实施项目安全生产管理，监控危险性较大分部分项工程，及时排查处理施工现场安全事故隐患，隐患排查处理情况应当记入项目安全管理档案；发生事故时，应当按规定及时报告并开展现场救援。工程项目实行总承包的，总承包企业项目负责人应当定期考核分包企业安全生产管理情况。

(二)建筑施工企业负责人及项目负责人施工现场带班制度

1. 施工单位负责人施工现场带班制度

国务院《关于进一步加强企业安全生产工作的通知》(国发〔2010〕23 号)规定,强化生产过程管理的领导责任。企业主要负责人和领导班子成员要轮流现场带班。

《建筑施工企业负责人及项目负责人施工现场带班暂行办法》(建质〔2011〕11 号)进一步规定,企业负责人带班检查,是指由建筑施工企业负责人带队实施对工程项目质量安全生产状况及项目负责人带班生产情况的检查。建筑施工企业负责人,是指企业的法定代表人、总经理、主管质量安全和生产工作的副总经理、总工程师和副总工程师。建筑施工企业法定代表人是落实企业负责人及项目负责人施工现场带班制度的第一责任人,对落实带班制度全面负责。建筑施工企业负责人要定期带班检查,每月检查时间不少于其工作日的25%。建筑施工企业负责人带班检查时,应认真做好检查记录,并分别在企业和工程项目存档备查。工程项目进行超过一定规模的危险性较大的分部分项工程施工时,建筑施工企业负责人应到施工现场进行带班检查。工程项目出现险情或发现重大隐患时,建筑施工企业负责人应到施工现场带班检查,督促工程项目进行整改,及时消除险情和隐患。对于有分公司(非独立法人)的企业集团,集团负责人因故不能到现场的,可书面委托工程所在地的分公司负责人对施工现场进行带班检查。

2. 施工单位项目负责人施工现场带班制度

《建筑施工企业负责人及项目负责人施工现场带班暂行办法》规定,项目负责人是工程项目质量安全管理的第一责任人,应对工程项目落实带班制度负责。项目负责人带班生产是指项目负责人在施工现场组织协调工程项目的质量安全生产活动。项目负责人在同一时期只能承担一个工程项目的管理工作。项目负责人带班生产时,要全面掌握工程项目质量安全生产状况,加强对重点部位、关键环节的控制,及时消除隐患。要认真做好带班生产记录并签字存档备查。项目负责人每月带班生产时间不得少于本月施工时间的80%。因其他事务需离开施工现场时,应向工程项目的建设单位请假,经批准后方可离开。离开期间应委托项目相关负责人负责其外出时的日常工作。

住房和城乡建设部办公厅《关于进一步加强危险性较大的分部分项工程安全管理的通知》(建办质〔2017〕39 号)中规定,施工单位项目经理是危大工程安全管控第一责任人,必须在危大工程施工期间现场带班,超过一定规模的危大工程施工时,施工单位负责人应当带班检查。

(三)施工单位安全生产管理机构和专职安全生产管理人员的职责

《安全生产法》规定,矿山、金属冶炼、建筑施工、道路运输单位和危险物品的生产、经营、储存单位,应当设置安全生产管理机构或者配备专职安全生产管理人员。生产经营单位作出涉及安全生产的经营决策,应当听取安全生产管理机构以及安全生产管理人员的意见。生产经营单位不得因安全生产管理人员依法履行职责而降低其工资、福利等待遇或者解除与其订立的劳动合同。生产经营单位的安全生产管理人员应当根据本单位的生产经营特点,对安全生产状况进行经常性检查;对检查中发现的安全问题,应当立即处理;不能处理的,应当及时报告本单位有关负责人,有关负责人应当及时处理。检查及处理情况应当如实记录在案。生产经营单位的安全生产管理人员在检查中发现重大事故隐患,依照前款规定向本单位有关负责人报告,有关负责人不及时处理的,安全生产管理人员可以向主管的负有安全生产监督管理职责的部门报告,接到报告的部门应当依法及时处理。

《建设工程安全生产管理条例》还规定，施工单位应当设立安全生产管理机构，配备专职安全生产管理人员。专职安全生产管理人员负责对安全生产进行现场监督检查。发现安全事故隐患，应当及时向项目负责人和安全生产管理机构报告；对违章指挥、违章操作的，应当立即制止。

1. 建筑施工企业安全生产管理机构的职责

《建筑施工企业安全生产管理机构设置及专职安全生产管理人员配备办法》（建质〔2008〕91号）规定，建筑施工企业应当依法设置安全生产管理机构，在企业主要负责人的领导下开展本企业的安全生产管理工作。建筑施工企业安全生产管理机构具有以下职责：(1)宣传和贯彻国家有关安全生产法律法规和标准；(2)编制并适时更新安全生产管理制度并监督实施；(3)组织或参与企业生产安全事故应急救援预案的编制及演练；(4)组织开展安全教育培训与交流；(5)协调配备项目专职安全生产管理人员；(6)制订企业安全生产检查计划并组织实施；(7)监督在建项目安全生产费用的使用；(8)参与危险性较大工程安全专项施工方案专家论证会；(9)通报在建项目违规违章查处情况；(10)组织开展安全生产评优评先表彰工作；(11)建立企业在建项目安全生产管理档案；(12)考核评价分包企业安全生产业绩及项目安全生产管理情况；(13)参加生产安全事故的调查和处理工作；(14)企业明确的其他安全生产管理职责。

2. 建筑施工企业安全生产管理机构专职安全生产管理人员的职责

建筑施工企业安全生产管理机构专职安全生产管理人员在施工现场检查过程中具有以下职责：(1)查阅在建项目安全生产有关资料、核实有关情况；(2)检查危险性较大工程安全专项施工方案落实情况；(3)监督项目专职安全生产管理人员履责情况；(4)监督作业人员安全防护用品的配备及使用情况；(5)对发现的安全生产违章违规行为或安全隐患，有权当场予以纠正或作出处理决定；(6)对不符合安全生产条件的设施、设备、器材，有权当场作出查封的处理决定；(7)对施工现场存在的重大安全隐患有权越级报告或直接向建设主管部门报告；(8)企业明确的其他安全生产管理职责。

3. 建设工程项目专职安全生产管理人员的职责

建筑施工企业应当实行建设工程项目专职安全生产管理人员委派制度。建设工程项目的专职安全生产管理人员应当定期将项目安全生产管理情况报告企业安全生产管理机构。

项目专职安全生产管理人员具有以下主要职责：(1)负责施工现场安全生产日常检查并做好检查记录；(2)现场监督危险性较大工程安全专项施工方案实施情况；(3)对作业人员违规违章行为有权予以纠正或查处；(4)对施工现场存在的安全隐患有权责令立即整改；(5)对于发现的重大安全隐患，有权向企业安全生产管理机构报告；(6)依法报告生产安全事故情况。

4. 建设工程项目安全生产领导小组的职责

建筑施工企业应当在建设工程项目组建安全生产领导小组。建设工程实行施工总承包的，安全生产领导小组由总承包企业、专业承包企业和劳务分包企业项目经理、技术负责人和专职安全生产管理人员组成。

安全生产领导小组的主要职责：(1)贯彻落实国家有关安全生产法律法规和标准；(2)组织制定项目安全生产管理制度并监督实施；(3)编制项目生产安全事故应急救援预案并组织演练；(4)保证项目安全生产费用的有效使用；(5)组织编制危险性较大工程安全专项施工方案；(6)开展项目安全教育培训；(7)组织实施项目安全检查和隐患排查；(8)建立项目安全生产管理档案；(9)及时、如实报告安全生产事故。

5. 专职安全生产管理人员的配备要求

建筑施工企业安全生产管理机构专职安全生产管理人员的配备应满足下列要求，并应根据企业经营规模、设备管理和生产需要予以增加：(1)建筑施工总承包资质序列企业：特级资质不少于6人；一级资质不少于4人；二级和二级以下资质企业不少于3人。(2)建筑施工专业承包资质序列企业：一级资质不少于3人；二级和二级以下资质企业不少于2人。(3)建筑施工劳务分包资质序列企业：不少于2人。(4)建筑施工企业的分公司、区域公司等较大的分支机构应依据实际生产情况配备不少于2人的专职安全生产管理人员。

总承包单位配备项目专职安全生产管理人员应当满足下列要求：(1)建筑工程、装修工程按照建筑面积配备：①1万平方米以下的工程不少于1人；②1万～5万平方米的工程不少于2人；③5万平方米及以上的工程不少于3人，且按专业配备专职安全生产管理人员。(2)土木工程、线路管道、设备安装工程按照工程合同价配备：①5000万元以下的工程不少于1人；②5000万～1亿元的工程不少于2人；③1亿元及以上的工程不少于3人，且按专业配备专职安全生产管理人员。

分包单位配备项目专职安全生产管理人员应当满足下列要求：(1)专业承包单位应当配置至少1人，并根据所承担的分部分项工程的工程量和施工危险程度增加。(2)劳务分包单位施工人员在50人以下的，应当配备1名专职安全生产管理人员；50～200人的，应当配备2名专职安全生产管理人员；200人及以上的，应当配备3名及以上专职安全生产管理人员，并根据所承担的分部分项工程施工危险实际情况增加，不得少于工程施工人员总人数的5‰。

采用新技术、新工艺、新材料或致害因素多、施工作业难度大的工程项目，项目专职安全生产管理人员的数量应当根据施工实际情况，在以上规定的配备标准上增加。

施工作业班组可以设置兼职安全巡查员，对本班组的作业场所进行安全监督检查。建筑施工企业应当定期对兼职安全巡查员进行安全教育培训。

（四）施工作业人员安全生产的权利和义务

《安全生产法》规定，生产经营单位的从业人员有依法获得安全生产保障的权利，并应当依法履行安全生产方面的义务。生产经营单位与从业人员订立的劳动合同，应当载明有关保障从业人员劳动安全、防止职业危害的事项，以及依法为从业人员办理工伤保险的事项。生产经营单位不得以任何形式与从业人员订立协议，免除或者减轻其对从业人员因生产安全事故伤亡依法应承担的责任。

《建筑法》规定，建筑施工企业和作业人员在施工过程中，应当遵守有关安全生产的法律、法规和建筑行业安全规章、规程，不得违章指挥或者违章作业。作业人员有权对影响人身健康的作业程序和作业条件提出改进意见，有权获得安全生产所需的防护用品。作业人员对危及生命安全和人身健康的行为有权提出批评、检举和控告。

1. 施工作业人员安全生产的权利

按照《建筑法》《安全生产法》《建设工程安全生产管理条例》等法律、行政法规的规定，施工作业人员主要享有如下的安全生产权利：

(1)知情权和建议权。《安全生产法》规定，生产经营单位的从业人员有权了解其作业场所和工作岗位存在的危险因素、防范措施及事故应急措施，有权对本单位的安全生产工作提出建议。《建筑法》规定，作业人员有权对影响人身健康的作业程序和作业条件提出改进意见。《建设工程安全生产管理条例》进一步规定，施工单位应当向作业人员提供安全防护用具和安全防护服装,并书面告知危险岗位的操作规程和违章操作的危害。

(2)施工安全防护用品的获得权。《安全生产法》规定,生产经营单位必须为从业人员提供符合国家标准或者行业标准的劳动防护用品,并监督、教育从业人员按照使用规则佩戴、使用。《建筑法》规定,作业人员有权获得安全生产所需的防护用品。《建设工程安全生产管理条例》进一步规定,施工单位应当向作业人员提供安全防护用具和安全防护服装。

(3)批评、检举、控告权及拒绝违章指挥权。《建筑法》规定,作业人员对危及生命安全和人身健康的行为有权提出批评、检举和控告。《建设工程安全生产管理条例》进一步规定,作业人员有权对施工现场的作业条件、作业程序和作业方式中存在的安全问题提出批评、检举和控告,有权拒绝违章指挥和强令冒险作业。《安全生产法》还规定,生产经营单位不得因从业人员对本单位安全生产工作提出批评、检举、控告或者拒绝违章指挥、强令冒险作业而降低其工资、福利等待遇或者解除与其订立的劳动合同。

(4)紧急避险权。《安全生产法》规定,从业人员发现直接危及人身安全的紧急情况时,有权停止作业或者在采取可能的应急措施后撤离作业场所。生产经营单位不得因从业人员在前款紧急情况下停止作业或者采取紧急撤离措施而降低其工资、福利等待遇或者解除与其订立的劳动合同。《建设工程安全生产管理条例》也规定,在施工中发生危及人身安全的紧急情况时,作业人员有权立即停止作业或者在采取必要的应急措施后撤离危险区域。

(5)获得工伤保险和意外伤害保险赔偿的权利。《建筑法》规定,建筑施工企业应当依法为职工参加工伤保险缴纳工伤保险费。鼓励企业为从事危险作业的职工办理意外伤害保险,支付保险费。

(6)请求民事赔偿权。《安全生产法》规定,因生产安全事故受到损害的从业人员,除依法享有工伤保险外,依照有关民事法律尚有获得赔偿的权利的,有权向本单位提出赔偿要求。

《安全生产法》规定,生产经营单位与从业人员订立的劳动合同,应当载明有关保障从业人员劳动安全、防止职业危害的事项,以及依法为从业人员办理工伤保险的事项。生产经营单位不得以任何形式与从业人员订立协议,免除或者减轻其对从业人员因生产安全事故伤亡依法应承担的责任。生产经营单位使用被派遣劳动者的,被派遣劳动者享有本法规定的从业人员的权利。

2. 施工作业人员安全生产的义务

按照《建筑法》《安全生产法》《建设工程安全生产管理条例》等法律、行政法规的规定,施工作业人员主要应当履行如下安全生产义务:

(1)遵守用人单位安全生产规章制度的义务。《安全生产法》规定,从业人员在作业过程中,应当严格遵守本单位的安全生产规章制度和操作规程,服从管理,正确佩戴和使用劳动防护用品。《建筑法》规定,建筑施工企业和作业人员在施工过程中,应当遵守有关安全生产的法律、法规和建筑行业安全规章、规程,不得违章指挥或者违章作业。《建设工程安全生产管理条例》进一步规定,作业人员应当遵守安全施工的强制性标准、规章制度和操作规程,正确使用安全防护用具、机械设备等。

(2)接受安全生产教育培训的义务。《安全生产法》规定,从业人员应当接受安全生产教育和培训,掌握本职工作所需的安全生产知识,提高安全生产技能,增强事故预防和应急处理能力。《建设工程安全生产管理条例》也规定,作业人员进入新的岗位或者新的施工现场前,应当接受安全生产教育培训。未经教育培训或者教育培训考核不合格的人员,不得上岗作业。劳务派遣单位要加强劳务派遣工基本安全知识培训,劳务使用单位要确保劳务派遣工与本企业职工接受同等安全培训。

(3)施工安全事故隐患报告的义务。《安全生产法》规定,从业人员发现事故隐患或者其他不安全因素,应当立即向现场安全生产管理人员或者本单位负责人报告;接到报告的人员应当及时予以处理。《安全生产法》规定,生产经营单位使用被派遣劳动者的,被派遣劳动者应当履行本法规定的从业人员的义务。

3. 工会的职责

工会有权对建设项目的安全设施与主体工程同时设计、同时施工、同时投入生产和使用进行监督,提出意见。工会对生产经营单位违反安全生产法律、法规,侵犯从业人员合法权益的行为,有权要求纠正;发现生产经营单位违章指挥、强令冒险作业或者发现事故隐患时,有权提出解决的建议,生产经营单位应当及时研究答复;发现危及从业人员生命安全的情况时,有权向生产经营单位建议组织从业人员撤离危险场所,生产经营单位必须立即作出处理。工会有权依法参加事故调查,向有关部门提出处理意见,并要求追究有关人员的责任。

三、施工总承包和分包单位的安全生产责任

《安全生产法》规定,两个以上生产经营单位在同一作业区域内进行生产经营活动,可能危及对方生产安全的,应当签订安全生产管理协议,明确各自的安全生产管理职责和应当采取的安全措施,并指定专职安全生产管理人员进行安全检查与协调。

(一)总承包单位应当承担的法定安全生产责任

根据《建筑法》的规定,施工现场安全由建筑施工企业负责。实行施工总承包的,由总承包单位负责。

1. 分包合同应当明确总分包双方的安全生产责任。《建设工程安全生产管理条例》规定,总承包单位依法将建设工程分包给其他单位的,分包合同中应当明确各自的安全生产方面的权利、义务。

2. 统一组织编制建设工程生产安全应急救援预案。《建设工程安全生产管理条例》规定,施工单位应当根据建设工程施工的特点、范围,对施工现场易发生重大事故的部位、环节进行监控,制定施工现场生产安全事故应急救援预案。实行施工总承包的,由总承包单位统一组织编制建设工程生产安全事故应急救援预案,工程总承包单位和分包单位按照应急救援预案,各自建立应急救援组织或者配备应急救援人员,配备救援器材、设备,并定期组织演练。

3. 自行完成建设工程主体结构的施工和负责上报施工生产安全事故。《建设工程安全生产管理条例》规定,总承包单位应当自行完成建设工程主体结构的施工。实行施工总承包的建设工程,由总承包单位负责上报事故。

4. 承担连带责任。《建设工程安全生产管理条例》规定,总承包单位和分包单位对分包工程的安全生产承担连带责任。

(二)分包单位应当承担的法定安全生产责任

《建筑法》规定,分包单位向总承包单位负责,服从总承包单位对施工现场的安全生产管理。《建设工程安全生产管理条例》进一步规定,分包单位应当服从总承包单位的安全生产管理,分包单位不服从管理导致生产安全事故的,由分包单位承担主要责任。

四、施工单位安全生产教育培训制度

国务院《关于坚持科学发展安全发展促进安全生产形势持续稳定好转的意见》(国发〔2011〕

40 号)规定,企业主要负责人、安全管理人员、特种作业人员一律经严格考核、持证上岗。《建筑法》规定,建筑施工企业应当建立健全劳动安全生产教育培训制度,加强对职工安全生产的教育培训;未经安全生产教育培训的人员,不得上岗作业。《建设工程安全生产管理条例》进一步规定,施工单位应当建立健全安全生产责任制度和安全生产教育培训制度,制定安全生产规章制度和操作规程,保证本单位安全生产条件所需资金的投入,对所承担的建设工程进行定期和专项安全检查,并做好安全检查记录。

(一)施工单位管理人员的培训考核

《安全生产法》规定,生产经营单位的主要负责人和安全生产管理人员必须具备与本单位所从事的生产经营活动相应的安全生产知识和管理能力。建筑施工、道路运输单位的主要负责人和安全生产管理人员,应当由主管的负有安全生产监督管理职责的部门对其安全生产知识和管理能力考核合格。考核不得收费。

《建设工程安全生产管理条例》规定,施工单位的主要负责人、项目负责人、专职安全生产管理人员应当经建设行政主管部门或者其他部门考核合格后方可任职。施工单位应当对管理人员和作业人员每年至少进行一次安全生产教育培训,其教育培训情况记入个人工作档案。安全生产教育培训考核不合格的人员,不得上岗。

《建筑施工企业主要负责人、项目负责人和专职安全生产管理人员安全生产管理规定》规定,企业主要负责人、项目负责人和专职安全生产管理人员合称为“安管人员”。“安管人员”应当通过其受聘企业,向企业工商注册地的省、自治区、直辖市人民政府住房城乡建设主管部门申请安全生产考核,并取得安全生产考核合格证书。安全生产考核合格证书有效期为 3 年,证书在全国范围内有效。建筑施工企业应当建立安全生产教育培训制度,制订年度培训计划,每年对“安管人员”进行培训和考核,考核不合格的,不得上岗。

(二)特种作业人员的培训考核

《安全生产法》规定,生产经营单位的特种作业人员必须按照国家有关规定经专门的安全作业培训,取得相应资格,方可上岗作业。

《建设工程安全生产管理条例》进一步规定,垂直运输机械作业人员、安装拆卸工、爆破作业人员、起重信号工、登高架设作业人员等特种作业人员,必须按照国家有关规定经过专门的安全作业培训,并取得特种作业操作资格证书后,方可上岗作业。

《建筑施工特种作业人员管理规定》规定,建筑施工特种作业包括:(1)建筑电工;(2)建筑架子工;(3)建筑起重信号司索工;(4)建筑起重机械司机;(5)建筑起重机械安装拆卸工;(6)高处作业吊篮安装拆卸工;(7)经省级以上人民政府建设主管部门认定的其他特种作业。

(三)施工单位从业人员的安全生产教育培训

《安全生产法》规定,生产经营单位应当对从业人员进行安全生产教育和培训,保证从业人员具备必要的安全生产知识,熟悉有关的安全生产规章制度和安全操作规程,掌握本岗位的安全操作技能,了解事故应急处理措施,知悉自身在安全生产方面的权利和义务。未经安全生产教育和培训合格的从业人员,不得上岗作业。生产经营单位使用被派遣劳动者的,应当将被派遣劳动者纳入本单位从业人员统一管理,对被派遣劳动者进行岗位安全操作规程和安全操作技能的教育和培训。劳务派遣单位应当对被派遣劳动者进行必要的安全生产教育和培训。生产经营单位应当建立安全生产教育和培训档案,如实记录安全生产教育和培训的时间、内容、参加人员以及考核结果等情况。

《建设工程安全生产管理条例》规定,施工单位应当对管理人员和作业人员每年至少进行一次安全生产教育培训,其教育培训情况记入个人工作档案。安全生产教育培训考核不合格的人员,不得上岗。

(四)进入新岗位或者新施工现场前的安全生产教育培训

《建设工程安全生产管理条例》规定,作业人员进入新的岗位或者新的施工现场前,应当接受安全生产教育培训。未经教育培训或者教育培训考核不合格的人员,不得上岗作业。

(五)采用新技术、新工艺、新设备、新材料前的安全生产教育培训

《安全生产法》规定,生产经营单位采用新工艺、新技术、新材料或者使用新设备,必须了解、掌握其安全技术特性,采取有效的安全防护措施,并对从业人员进行专门的安全生产教育和培训。《建设工程安全生产管理条例》规定,施工单位在采用新技术、新工艺、新设备、新材料时,应当对作业人员进行相应的安全生产教育培训。

五、施工单位安全生产费用的提取和使用管理

《安全生产法》规定,生产经营单位应当具备的安全生产条件所必需的资金投入,由生产经营单位的决策机构、主要负责人或者个人经营的投资人予以保证,并对由于安全生产所必需的资金投入不足导致的后果承担责任。有关生产经营单位应当按照规定提取和使用安全生产费用,专门用于改善安全生产条件。安全生产费用在成本中据实列支。《建设工程安全生产管理条例》进一步规定,施工单位对列入建设工程概算的安全作业环境及安全施工措施所需费用,应当用于施工安全防护用具及设施的采购和更新、安全施工措施的落实、安全生产条件的改善,不得挪作他用。

安全生产费用,是指企业按照规定标准提取在成本中列支,专门用于完善和改进企业或者项目安全生产条件的资金。安全费用按照“企业提取、政府监管、确保需要、规范使用”的原则进行管理。

(一)施工单位安全费用的提取管理

2012年2月,财政部、原国家安全生产监督管理总局发布的《企业安全生产费用提取和使用管理办法》(财企〔2012〕16号)中规定,建设工程施工企业以建筑安装工程造价为计提依据。各建设工程类别安全费用提取标准如下:(1)矿山工程为2.5%;(2)房屋建筑工程、水利水电工程、电力工程、铁路工程、城市轨道交通工程为2.0%;(3)市政公用工程、冶炼工程、机电安装工程、化工石油工程、港口与航道工程、公路工程、通信工程为1.5%。建设工程施工企业提取的安全费用列入工程造价,在竞标时,不得删减,列入标外管理。总包单位应当将安全费用按比例直接支付分包单位并监督使用,分包单位不再重复提取。企业在上述标准的基础上,根据安全生产实际需要,可适当提高安全费用提取标准。

2005年6月,原建设部发布的《建筑工程安全防护、文明施工措施费用及使用管理规定》中规定,建筑工程安全防护、文明施工措施费用是由《建筑安装工程费用项目组成》中措施费所含的文明施工费、环境保护费、临时设施费、安全施工费组成。安全施工费由临边、洞口、交叉、高处作业安全防护费,危险性较大工程安全措施费及其他费用组成。

建设单位、设计单位在编制工程概(预)算时,应当依据工程所在地工程造价管理机构测定的相应费率,合理确定工程安全防护、文明施工措施费。依法进行工程招投标的项目,招标方或具有资质的中介机构编制招标文件时,应当按照有关规定并结合工程实际单独列出安全防护、文

明施工措施项目清单。投标方应当根据现行标准规范，结合工程特点、工期进度和作业环境要求，在施工组织设计文件中制定相应的安全防护、文明施工措施，并按照招标文件要求结合自身的施工技术水平、管理水平对工程安全防护、文明施工措施项目单独报价。投标方安全防护、文明施工措施的报价，不得低于依据工程所在地工程造价管理机构测定费率计算所需费用总额的90%。

建设单位与施工单位应当在施工合同中明确安全防护、文明施工措施项目总费用，以及费用预付、支付计划，使用要求、调整方式等条款。建设单位与施工单位在施工合同中对安全防护、文明施工措施费用预付、支付计划未作约定或约定不明的，合同工期在1年以内的，建设单位预付安全防护、文明施工措施项目费用不得低于该费用总额的50%；合同工期在1年以上的（含1年），预付安全防护、文明施工措施费用不得低于该费用总额的30%，其余费用应当按照施工进度支付。

2013年3月，住房和城乡建设部、财政部《关于印发〈建筑安装工程费用项目组成〉的通知》（建标〔2013〕44号）发布，其中规定，安全文明施工费包括：(1)环境保护费，是指施工现场为达到环保部门要求所需要的各项费用。(2)文明施工费，是指施工现场文明施工所需要的各项费用。(3)安全施工费，是指施工现场安全施工所需要的各项费用。(4)临时设施费，是指施工企业为进行建设工程施工所必须搭设的生活和生产用的临时建筑物、构筑物和其他临时设施费用，包括临时设施的搭设、维修、拆除、清理费或摊销费等。

（二）施工单位安全费用的使用管理

《企业安全生产费用提取和使用管理办法》（财企〔2012〕12号）规定，建设工程施工企业安全费用应当按照以下范围使用：(1)完善、改造和维护安全防护设施设备支出（不含“三同时”要求初期投入的安全设施），包括施工现场临时用电系统、洞口、临边、机械设备、高处作业防护、交叉作业防护、防火、防爆、防尘、防毒、防雷、防台风、防地质灾害、地下工程有害气体监测、通风、临时安全防护等设施设备支出；(2)配备、维护、保养应急救援器材、设备支出和应急演练支出；(3)开展重大危险源和事故隐患评估、监控和整改支出；(4)安全生产检查、评价（不包括新建、改建、扩建项目安全评价）、咨询和标准化建设支出；(5)配备和更新现场作业人员安全防护用品支出；(6)安全生产宣传、教育、培训支出；(7)安全生产适用的新技术、新标准、新工艺、新装备的推广应用支出；(8)安全设施及特种设备检测检验支出；(9)其他与安全生产直接相关的支出。

在规定的使用范围内，企业应当将安全费用优先用于满足安全生产监督管理部门、煤矿安全监察机构以及行业主管部门对企业安全生产提出的整改措施或者达到安全生产标准所需的支出。企业提取的安全费用应当专户核算，按规定范围安排使用，不得挤占、挪用。年度结余资金结转下年度使用，当年计提安全费用不足的，超出部分按正常成本费用渠道列支。主要承担安全管理责任的集团公司经过履行内部决策程序，可以对所属企业提取的安全费用按照一定比例集中管理，统筹使用。

企业应当建立、健全内部安全费用管理制度，明确安全费用提取和使用的程序、职责及权限，按规定提取和使用安全费用。企业应当加强安全费用管理，编制年度安全费用提取和使用计划，纳入企业财务预算。企业年度安全费用使用计划和上一年安全费用的提取、使用情况按照管理权限报同级财政部门、安全生产监督管理部门、煤矿安全监察机构和行业主管部门备案。企业安全费用的会计处理，应当符合国家统一的会计制度的规定。企业提取的安全费用属于企业自提自用资金，其他单位和部门不得采取收取、代管等形式对其进行集中管理和使用，国家法律、法规另有规定的除外。

《建筑工程安全防护、文明施工措施费用及使用管理规定》(建办〔2005〕89号)规定,实行工程总承包的,总承包单位依法将建筑工程分包给其他单位的,总承包单位与分包单位应当在分包合同中明确安全防护、文明施工措施费用由总承包单位统一管理。安全防护、文明施工措施由分包单位实施的,由分包单位提出专项安全防护措施及施工方案,经总承包单位批准后及时支付所需费用。建设单位应当按照本规定及合同约定及时向施工单位支付安全防护、文明施工措施费,并督促施工企业落实安全防护、文明施工措施。

施工单位应当确保安全防护、文明施工措施费专款专用,在财务管理中单独列出安全防护、文明施工措施项目费用清单备查。施工单位安全生产管理机构和专职安全生产管理人员负责对建筑工程安全防护、文明施工措施的组织实施进行现场监督检查,并有权向建设主管部门反映情况。

工程总承包单位对建筑工程安全防护、文明施工措施费用的使用负总责。总承包单位应当按照本规定及合同约定及时向分包单位支付安全防护、文明施工措施费用。总承包单位不按上述规定和合同约定支付费用,造成分包单位不能及时落实安全防护措施导致发生事故的,由总承包单位负主要责任。

六、施工现场安全防护制度

(一)编制安全技术措施、临时用电方案和安全专项施工方案

1. 编制安全技术措施、临时用电方案

《建筑法》规定,建筑施工企业在编制施工组织设计时,应当根据建筑工程的特点制定相应的安全技术措施;对专业性较强的工程项目,应当编制专项安全施工组织设计,并采取安全技术措施。《建设工程安全生产管理条例》规定,施工单位应当在施工组织设计中编制安全技术措施和施工现场临时用电方案。

2. 安全专项施工方案的编制

《建设工程安全生产管理条例》规定,对下列达到一定规模的危险性较大的分部分项工程编制专项施工方案,并附具安全验算结果,经施工单位技术负责人、总监理工程师签字后实施,由专职安全生产管理人员进行现场监督:(1)基坑支护与降水工程;(2)土方开挖工程;(3)模板工程;(4)起重吊装工程;(5)脚手架工程;(6)拆除、爆破工程;(7)国务院建设行政主管部门或者其他有关部门规定的其他危险性较大的工程。对以上所列工程中涉及深基坑、地下暗挖工程、高大模板工程的专项施工方案,施工单位还应当组织专家进行论证、审查。

所谓危险性较大的分部分项工程(以下简称危大工程),是指房屋建筑和市政基础设施工程在施工过程中,容易导致人员群死群伤或者造成重大经济损失的分部分项工程。《危险性较大的分部分项工程安全管理规定》(住房和城乡建设部令第47号)规定,施工单位应当在危大工程施工前组织工程技术人员编制专项施工方案。实行施工总承包的,专项施工方案应当由施工总承包单位组织编制。危大工程实行分包的,专项施工方案可以由相关专业分包单位组织编制。专项施工方案应当由施工单位技术负责人审核签字、加盖单位公章,并由总监理工程师审查签字、加盖执业印章后方可实施。危大工程实行分包并由分包单位编制专项施工方案的,专项施工方案应当由总承包单位技术负责人及分包单位技术负责人共同审核签字并加盖单位公章。对于超过一定规模的危大工程,施工单位应当组织召开专家论证会对专项施工方案进行论证。实行施

工总承包的,由施工总承包单位组织召开专家论证会。专家论证前专项施工方案应当通过施工单位审核和总监理工程师审查。专家论证会后,应当形成论证报告,对专项施工方案提出通过、修改后通过或者不通过的一致意见。专家对论证报告负责并签字确认。专项施工方案经论证不通过的,施工单位修改后应当按照本规定的要求重新组织专家论证。

建设单位应当依法提供真实、准确、完整的工程地质、水文地质和工程周边环境等资料。建设单位应当组织勘察、设计等单位在施工招标文件中列出危大工程清单,要求施工单位在投标时补充完善危大工程清单并明确相应的安全管理措施。建设单位应当按照施工合同约定及时支付危大工程施工技术措施费以及相应的安全防护文明施工措施费,保障危大工程施工安全。施工单位应当在施工现场显著位置公告危大工程名称、施工时间和具体责任人员,并在危险区域设置安全警示标志。施工单位应当严格按照专项施工方案组织施工,不得擅自修改专项施工方案。因规划调整、设计变更等原因确需调整的,修改后的专项施工方案应当按照规定重新审核和论证。

(二)安全施工技术交底

《建设工程安全生产管理条例》规定,建设工程施工前,施工单位负责项目管理的技术人员应当对有关安全施工的技术要求向施工作业班组、作业人员作出详细说明,并由双方签字确认。

《危险性较大的分部分项工程安全管理规定》规定,专项施工方案实施前,编制人员或者项目技术负责人应当向施工现场管理人员进行方案交底。施工现场管理人员应当向作业人员进行安全技术交底,并由双方和项目专职安全生产管理人员共同签字确认。

(三)施工现场安全防范措施

《建筑法》规定,建筑施工企业应当在施工现场采取维护安全、防范危险、预防火灾等措施;有条件的,应当对施工现场实行封闭管理。施工现场对毗邻的建筑物、构筑物和特殊作业环境可能造成损害的,建筑施工企业应当采取安全防护措施。

国务院办公厅《关于促进建筑业持续健康发展的意见》规定,全面落实安全生产责任,加强施工现场安全防护,特别要强化对深基坑、高支模、起重机械等危险性较大的分部分项工程的管理,以及对不良地质地区重大工程项目的风险评估或论证。

1. 危险部位设置安全警示标志

《安全生产法》规定,生产经营单位应当在有较大危险因素的生产经营场所和有关设施、设备上,设置明显的安全警示标志。

《建设工程安全生产管理条例》进一步规定,施工单位应当在施工现场入口处、施工起重机械、临时用电设施、脚手架、出入通道口、楼梯口、电梯井口、孔洞口、桥梁口、隧道口、基坑边沿、爆破物及有害危险气体和液体存放处等危险部位,设置明显的安全警示标志。安全警示标志必须符合国家标准。施工单位应当根据不同施工阶段和周围环境及季节、气候的变化,在施工现场采取相应的安全施工措施。施工现场暂时停止施工的,施工单位应当做好现场防护,所需费用由责任方承担,或者按照合同约定执行。

《安全生产法》规定,生产经营单位进行爆破、吊装以及国务院安全生产监督管理部门会同国务院有关部门规定的其他危险作业,应当安排专门人员进行现场安全管理,确保操作规程的遵守和安全措施的落实。

《危险化学品安全管理条例》还规定,进行可能危及危险化学品管道安全的施工作业,施工单位应当在开工的 7 日前书面通知管道所属单位,并与管道所属单位共同制定应急预案,采取相应的安全防护措施。管道所属单位应当指派专门人员到现场进行管道安全保护指导。

2. 施工现场临时设施的安全卫生要求

《建设工程安全生产管理条例》规定,施工单位应当将施工现场的办公、生活区与作业区分开设置,并保持安全距离;办公、生活区的选址应当符合安全性要求。职工的膳食、饮水、休息场所等应当符合卫生标准。施工单位不得在尚未竣工的建筑物内设置员工集体宿舍。施工现场临时搭建的建筑物应当符合安全使用要求。施工现场使用的装配式活动房屋应当具有产品合格证。

《食品安全法》规定,学校、托幼机构、养老机构、建筑工地等集中用餐单位的食堂应当严格遵守法律、法规和食品安全标准;从供餐单位订餐的,应当从取得食品生产经营许可的企业订购,并按照要求对订购的食品进行查验。

3. 对施工现场周边的安全防护措施

《建设工程安全生产管理条例》规定,施工单位对因建设工程施工可能造成损害的毗邻建筑物、构筑物和地下管线等,应当采取专项防护措施。在城市市区内的建设工程,施工单位应当对施工现场实行封闭围挡。

(四)施工现场的环境保护

《建筑法》第41条规定,施工单位应当遵守有关环境保护法律、法规的规定,在施工现场采取措施,防止或减少粉尘、废气、废水、固体废物、噪声、振动和施工照明对人和环境的危害和污染。

《建设工程安全生产管理条例》第30条规定,施工单位应当遵守有关环境保护法律、法规的规定,在施工现场采取措施,防止或者减少粉尘、废气、废水、固体废物、噪声、振动和施工照明对人和环境的危害和污染。

(五)安全防护设备、机械设备等的安全管理

《建设工程安全生产管理条例》规定,施工单位采购、租赁的安全防护用具、机械设备、施工机具及配件,应当具有生产(制造)许可证、产品合格证,并在进入施工现场前进行查验。施工现场的安全防护用具、机械设备、施工机具及配件必须由专人管理,定期进行检查、维修和保养,建立相应的资料档案,并按照国家有关规定及时报废。施工单位在使用施工起重机械和整体提升脚手架、模板等自升式架设设施前,应当组织有关单位进行验收,也可以委托具有相应资质的检验检测机构进行验收;使用承租的机械设备和施工机具及配件的,由施工总承包单位、分包单位、出租单位和安装单位共同进行验收。验收合格的方可使用。

《特种设备安全监察条例》规定的施工起重机械,在验收前应当经有相应资质的检验检测机构监督检验合格。施工单位应当自施工起重机械和整体提升脚手架、模板等自升式架设设施验收合格之日起30日内,向建设行政主管部门或者其他有关部门登记。登记标志应当置于或者附着于该设备的显著位置。

七、施工单位的消防安全制度

(一)施工单位消防安全责任人和消防安全职责

国务院《关于加强和改进消防工作的意见》(国发〔2011〕46号)规定,机关、团体、企业事业单位法定代表人是本单位消防安全第一责任人。

《消防法》规定,机关、团体、企业、事业等单位应当履行下列消防安全职责:(1)落实消防安全责任制,制定本单位的消防安全制度、消防安全操作规程,制定灭火和应急疏散预案;(2)按照

国家标准、行业标准配置消防设施、器材，设置消防安全标志，并定期组织检验、维修，确保完好有效；(3)对建筑消防设施每年至少进行一次全面检测，确保完好有效，检测记录应当完整准确，存档备查；(4)保障疏散通道、安全出口、消防车通道畅通，保证防火防烟分区、防火间距符合消防技术标准；(5)组织防火检查，及时消除火灾隐患；(6)组织进行有针对性的消防演练；(7)法律、法规规定的其他消防安全职责。单位的主要负责人是本单位的消防安全责任人。

重点工程的施工现场多定为消防安全重点单位，按照《消防法》的规定，除应当履行所有单位都应当履行的职责外，还应当履行下列消防安全职责：(1)确定消防安全管理人，组织实施本单位的消防安全管理工作；(2)建立消防档案，确定消防安全重点部位，设置防火标志，实行严格管理；(3)实行每日防火巡查，并建立巡查记录；(4)对职工进行岗前消防安全培训，定期组织消防安全培训和消防演练。

《建设工程安全生产管理条例》还规定，施工单位应当在施工现场建立消防安全责任制度，确定消防安全责任人，制定用火、用电、使用易燃易爆材料等各项消防安全管理制度和操作规程，设置消防通道、消防水源，配备消防设施和灭火器材，并在施工现场入口处设置明显标志。建设工程的建设、设计、施工和监理等单位应当遵守消防法律、法规、规章和工程建设消防技术标准，在工程设计使用年限内对工程的消防设计、施工质量承担终身责任。

（二）施工现场的消防安全要求

国务院《关于加强和改进消防工作的意见》规定，公共建筑在营业、使用期间不得进行外保温材料施工作业，居住建筑进行节能改造作业期间应撤离居住人员，并设消防安全巡逻人员，严格分离用火用焊作业与保温施工作业，严禁在施工建筑内安排人员住宿。新建、改建、扩建工程的外保温材料一律不得使用易燃材料，严格限制使用可燃材料。建筑室内装饰装修材料必须符合国家、行业标准和消防安全要求。

公安部、住房和城乡建设部《关于进一步加强建设工程施工现场消防安全工作的通知》(公消〔2009〕131号)规定，施工单位应当在施工组织设计中编制消防安全技术措施和专项施工方案，并由专职安全管理人员进行现场监督。施工现场要设置消防通道并确保畅通。建筑工地要满足消防车通行、停靠和作业要求。在建建筑内应设置标明楼梯间和出入口的临时醒目标志，视实际情况安装楼梯间和出入口的临时照明，及时清理建筑垃圾和障碍物，规范材料堆放，保证发生火灾时，现场施工人员疏散和消防人员扑救快捷畅通。施工现场要按有关规定设置消防水源。应当在建设工程平地阶段按照总平面设计设置室外消火栓系统，并保持充足的管网压力和流量。根据在建工程施工进度，同步安装室内消火栓系统或设置临时消火栓，配备水枪水带，消防干管设置水泵接合器，满足施工现场火灾扑救的消防供水要求。施工现场应当配备必要的消防设施和灭火器材。施工现场的重点防火部位和在建高层建筑的各个楼层，应在明显和方便取用的地方配置适当数量的手提式灭火器、消防沙袋等消防器材。动用明火必须实行严格的消防安全管理，禁止在具有火灾、爆炸危险的场所使用明火；需要进行明火作业的，动火部门和人员应当按照用火管理制度办理审批手续，落实现场监护人，在确认无火灾、爆炸危险后方可动火施工；动火施工人员应当遵守消防安全规定，并落实相应的消防安全措施；易燃易爆危险物品和场所应有具体防火防爆措施；电焊、气焊、电工等特殊工种人员必须持证上岗；将容易发生火灾、一旦发生火灾后果严重的部位确定为重点防火部位，实行严格管理。

（三）施工单位消防安全自我评估和防火检查

国务院《关于加强和改进消防工作的意见》中指出，要建立消防安全自我评估机制，消防安全重点单位每季度、其他单位每半年自行或委托有资质的机构对本单位进行一次消防安全检查评估,做到安全自查、隐患自除、责任自负。

《关于进一步加强建设工程施工现场消防安全工作的通知》规定,施工单位应及时纠正违章操作行为,及时发现火灾隐患并采取防范、整改措施。国家、省级等重点工程的施工现场应当进行每日防火巡查,其他施工现场也应根据需要组织防火巡查。

(四)建设工程消防施工的质量和安全责任

施工单位应当承担下列消防施工的质量和安全责任:(1)按照国家工程建设消防技术标准和经消防设计审核合格或者备案的消防设计文件组织施工,不得擅自改变消防设计进行施工,降低消防施工质量;(2)查验消防产品和具有防火性能要求的建筑构件、建筑材料及装修材料的质量,使用合格产品,保证消防施工质量;(3)建立施工现场消防安全责任制度,确定消防安全负责人。加强对施工人员的消防教育培训,落实动火、用电、易燃可燃材料等消防管理制度和操作规程。保证在建工程竣工验收前消防通道、消防水源、消防设施和器材、消防安全标志等完好有效。

(五)施工单位的消防安全教育培训和消防演练

国务院《关于加强和改进消防工作的意见》指出,要加强对单位消防安全责任人、消防安全管理人、消防控制室操作人员和消防设计、施工、监理人员及保安、电(气)焊工、消防技术服务机构从业人员的消防安全培训。

2009 年 5 月,公安部、住房和城乡建设部等 9 部委发布的《社会消防安全教育培训规定》(公安部、教育部、民政部、人力资源和社会保障部、住房和城乡建设部、文化部、国家广播电影电视总局、国家安全生产监督管理总局、国家旅游局令第 109 号)规定,在建工程的施工单位应当开展下列消防安全教育工作:(1)建设工程施工前应当对施工人员进行消防安全教育;(2)在建设工地醒目位置、施工人员集中住宿场所设置消防安全宣传栏,悬挂消防安全挂图和消防安全警示标识;(3)对明火作业人员进行经常性的消防安全教育;(4)组织灭火和应急疏散演练。

根据《关于进一步加强建设工程施工现场消防安全工作的通知》的规定,施工人员上岗前的安全培训应当包括有关消防法规、消防安全制度和保障消防安全的操作规程,本岗位的火灾危险性和防火措施;有关消防设施的性能、灭火器材的使用方法,报火警、扑救初起火灾以及自救逃生的知识和技能等消防内容,保障施工现场人员具有相应的消防常识和逃生自救能力。施工单位应当根据国家有关消防法规和建设工程安全生产法规的规定,建立施工现场消防组织,制定灭火和应急疏散预案,并至少每半年组织一次演练,提高施工人员及时报警、扑灭初期火灾和自救逃生能力。

第六节　建设工程生产安全事故的应急救援与调查处理

一、生产安全事故的等级划分

《安全生产法》规定,生产安全一般事故、较大事故、重大事故、特别重大事故的划分标准由国务院规定。

2007 年 4 月国务院发布的《生产安全事故报告和调查处理条例》规定,根据生产安全事故(本条例简称事故)造成的人员伤亡或者直接经济损失,事故一般分为以下等级:(1)特别重大事故，是指造成30人以上死亡，或者100人以上重伤（包括急性工业中毒，下同），或者1亿元以上直接经济损失的事故；(2)重大事故，是指造成10人以上30人以下死亡，或者50人以上100人以下重伤，或者5000万元以上1亿元以下直接经济损失的事故；(3)较大事故，是指造成3人以上10人以下死亡，或者10人以上50人以下重伤，或者1000万元以上5000万元以下直接经济损失的事故；(4)一般事故，是指造成3人以下死亡，或者10人以下重伤，或者1000万元以下直接经济损失的事故。所称的“以上”包括本数，所称的“以下”不包括本数。

《生产安全事故报告和调查处理条例》还规定，没有造成人员伤亡，但是社会影响恶劣的事故，国务院或者有关地方人民政府认为需要调查处理的，依照本条例的有关规定执行。

二、生产安全事故应急救援预案

《安全生产法》规定，生产经营单位应当制定本单位生产安全事故应急救援预案，与所在地县级以上地方人民政府组织制定的生产安全事故应急救援预案相衔接，并定期组织演练。

《建设工程安全生产管理条例》规定，施工单位应当制定本单位生产安全事故应急救援预案，建立应急救援组织或者配备应急救援人员，配备必要的应急救援器材、设备，并定期组织演练。

《生产安全事故应急条例》规定，生产经营单位应当加强生产安全事故应急工作，建立、健全生产安全事故应急工作责任制，其主要负责人对本单位的生产安全事故应急工作全面负责。

（一）施工生产安全事故应急救援预案的编制

《安全生产法》规定，生产经营单位对重大危险源应当登记建档，进行定期检测、评估、监控，并制定应急预案，告知从业人员和相关人员在紧急情况下应当采取的应急措施。生产经营单位应当按照国家有关规定将本单位重大危险源及有关安全措施、应急措施报有关地方人民政府安全生产监督管理部门和有关部门备案。

《建设工程安全生产管理条例》规定，施工单位应当根据建设工程施工的特点、范围，对施工现场易发生重大事故的部位、环节进行监控，制定施工现场生产安全事故应急救援预案。

《生产安全事故应急条例》规定，生产经营单位应当针对本单位可能发生的生产安全事故的特点和危害，进行风险辨识和评估，制定相应的生产安全事故应急救援预案，并向本单位从业人员公布。生产安全事故应急救援预案应当符合有关法律、法规、规章和标准的规定，具有科学性、针对性和可操作性，明确规定应急组织体系、职责分工以及应急救援程序和措施。

《生产安全事故应急预案管理办法》规定，生产经营单位应急预案分为综合应急预案、专项应急预案和现场处置方案。综合应急预案，是指生产经营单位为应对各种生产安全事故而制定的综合性工作方案，是本单位应对生产安全事故的总体工作程序、措施和应急预案体系的总纲。专项应急预案，是指生产经营单位为应对某一种或者多种类型生产安全事故，或者针对重要生产设施、重大危险源、重大活动防止生产安全事故而制定的专项性工作方案。现场处置方案，是指生产经营单位根据不同生产安全事故类型，针对具体场所、装置或者设施所制定的应急处置措施。综合应急预案应当规定应急组织机构及其职责、应急预案体系、事故风险描述、预警及信息报告、应急响应、保障措施、应急预案管理等内容。专项应急预案应当规定应急指挥机构与职责、处置程序和措施等内容。现场处置方案应当规定应急工作职责、应急处置措施和注意事项等内容。生产经营单位应当在编制应急预案的基础上，针对工作场所、岗位的特点，编制简明、实用、有效的应急处置卡。应急处置卡应当规定重点岗位、人员的应急处置程序和措施，以及相关联络人员和联系方式,便于从业人员携带。

《职业病防治法》第20条规定:"用人单位应当采取下列职业病防治管理措施:……(六)建立、健全职业病危害事故应急救援预案。"《特种设备安全法》规定,特种设备使用单位应当制定特种设备事故应急专项预案,并定期进行应急演练。

(二)应急准备

1. 生产安全事故应急救援预案的修订

有下列情形之一的,生产安全事故应急救援预案制定单位应当及时修订相关预案:(1)制定预案所依据的法律、法规、规章、标准发生重大变化;(2)应急指挥机构及其职责发生调整;(3)安全生产面临的风险发生重大变化;(4)重要应急资源发生重大变化;(5)在预案演练或者应急救援中发现需要修订预案的重大问题;(6)其他应当修订的情形。

2. 应急救援协议与应急救援队伍

建筑施工单位应当建立应急救援队伍。其中,小型企业或者微型建筑施工单位可以不建立应急救援队伍,但应当指定兼职的应急救援人员,并且可以与邻近的应急救援队伍签订应急救援协议。工业园区、开发区等产业聚集区域内的建筑施工单位,可以联合建立应急救援队伍。

应急救援队伍的应急救援人员应当具备必要的专业知识、技能、身体素质和心理素质。应急救援队伍建立单位或者兼职应急救援人员所在单位应当按照国家有关规定对应急救援人员进行培训;应急救援人员经培训合格后,方可参加应急救援工作。应急救援队伍应当配备必要的应急救援装备和物资,并定期组织训练。

建筑施工单位应当及时将本单位应急救援队伍建立情况按照国家有关规定报送县级以上人民政府负有安全生产监督管理职责的部门,并依法向社会公布。

建筑施工单位应当至少每半年组织一次生产安全事故应急救援预案演练,并将演练情况报送所在地县级以上地方人民政府负有安全生产监督管理职责的部门。建筑施工单位应当根据本单位可能发生的生产安全事故的特点和危害,配备必要的灭火、排水、通风以及危险物品稀释、掩埋、收集等应急救援器材、设备和物资,并进行经常性维护、保养,保证正常运转。

3. 应急值班制度

建筑施工单位应当建立应急值班制度,配备应急值班人员。规模较大、危险性较高的易燃易爆物品、危险化学品等危险物品的生产、经营、储存、运输单位应当成立应急处置技术组,实行24小时应急值班。

4. 应急教育和培训

建筑施工单位应当对从业人员进行应急教育和培训,保证从业人员具备必要的应急知识,掌握风险防范技能和事故应急措施。建筑施工单位可以通过生产安全事故应急救援信息系统办理生产安全事故应急救援预案备案手续,报送应急救援预案演练情况和应急救援队伍建设情况;但依法需要保密的除外。

(三)应急救援

生产安全事故发生后,生产经营单位应当立即启动生产安全事故应急救援预案,采取下列一项或者多项应急救援措施,并按照国家有关规定报告事故情况:(1)迅速控制危险源,组织抢救遇险人员;(2)根据事故危害程度,组织现场人员撤离或者采取可能的应急措施后撤离;(3)及时通知可能受到事故影响的单位和人员;(4)采取必要措施,防止事故危害扩大和次生、衍生灾害发生;(5)根据需要请求邻近的应急救援队伍参加救援,并向参加救援的应急救援队伍提供相关技术资料、信息和处置方法;(6)维护事故现场秩序,保护事故现场和相关证据;(7)法律、法规规定的其他应急救援措施。

有关地方人民政府及其部门接到生产安全事故报告后,应当按照国家有关规定上报事故情况,启动相应的生产安全事故应急救援预案,并按照应急救援预案的规定采取下列一项或者多项应急救援措施:(1)组织抢救遇险人员,救治受伤人员,研判事故发展趋势以及可能造成的危害;(2)通知可能受到事故影响的单位和人员,隔离事故现场,划定警戒区域,疏散受到威胁的人员,实施交通管制;(3)采取必要措施,防止事故危害扩大和次生、衍生灾害发生,避免或者减少事故对环境造成的危害;(4)依法发布调用和征用应急资源的决定;(5)依法向应急救援队伍下达救援命令;(6)维护事故现场秩序,组织安抚遇险人员和遇险遇难人员亲属;(7)依法发布有关事故情况和应急救援工作的信息;(8)法律、法规规定的其他应急救援措施。

有关地方人民政府不能有效控制生产安全事故的,应当及时向上级人民政府报告。上级人民政府应当及时采取措施,统一指挥应急救援。

应急救援队伍接到有关人民政府及其部门的救援命令或者签有应急救援协议的生产经营单位的救援请求后,应当立即参加生产安全事故应急救援。应急救援队伍根据救援命令参加生产安全事故应急救援所耗费用,由事故责任单位承担;事故责任单位无力承担的,由有关人民政府协调解决。

发生生产安全事故后,有关人民政府认为有必要的,可以设立由本级人民政府及其有关部门负责人、应急救援专家、应急救援队伍负责人、事故发生单位负责人等人员组成的应急救援现场指挥部,并指定现场指挥部总指挥。现场指挥部实行总指挥负责制,按照本级人民政府的授权组织制定并实施生产安全事故现场应急救援方案,协调、指挥有关单位和个人参加现场应急救援。参加生产安全事故现场应急救援的单位和个人应当服从现场指挥部的统一指挥。在生产安全事故应急救援过程中,发现可能直接危及应急救援人员生命安全的紧急情况时,现场指挥部或者统一指挥应急救援的人民政府应当立即采取相应措施消除隐患,降低或者化解风险,必要时可以暂时撤离应急救援人员。

生产安全事故发生地人民政府应当为应急救援人员提供必需的后勤保障,并组织通信、交通运输、医疗卫生、气象、水文、地质、电力、供水等单位协助应急救援。现场指挥部或者统一指挥生产安全事故应急救援的人民政府及其有关部门应当完整、准确地记录应急救援的重要事项,妥善保存相关原始资料和证据。生产安全事故的威胁和危害得到控制或者消除后,有关人民政府应当决定停止执行依照有关法律、法规采取的全部或者部分应急救援措施。

(四)施工总分包单位的职责分工

《建设工程安全生产管理条例》规定,实行施工总承包的,由总承包单位统一组织编制建设工程生产安全事故应急救援预案,工程总承包单位和分包单位按照应急救援预案,各自建立应急救援组织或者配备应急救援人员,配备救援器材、设备,并定期组织演练。

三、安全生产事故报告

《建筑法》规定,施工中发生事故时,建筑施工企业应当采取紧急措施减少人员伤亡和事故损失,并按照国家有关规定及时向有关部门报告。

《建设工程安全生产管理条例》进一步规定,施工单位发生生产安全事故,应当按照国家有关伤亡事故报告和调查处理的规定,及时、如实地向负责安全生产监督管理的部门、建设行政主管部门或者其他有关部门报告;特种设备发生事故的,还应当同时向特种设备安全监督管理部门报告。实行施工总承包的建设工程,由总承包单位负责上报事故。

(一)施工生产安全事故报告的基本要求

《安全生产法》规定,生产经营单位发生生产安全事故后,事故现场有关人员应当立即报告本单位负责人。单位负责人接到事故报告后,应当迅速采取有效措施,组织抢救,防止事故扩大,减少人员伤亡和财产损失,并按照国家有关规定立即如实报告当地负有安全生产监督管理职责的部门,不得隐瞒不报、谎报或者迟报,不得故意破坏事故现场、毁灭有关证据。

《特种设备安全法》进一步规定,特种设备发生事故后,事故发生单位应当按照应急预案采取措施,组织抢救,防止事故扩大,减少人员伤亡和财产损失,保护事故现场和有关证据,并及时向事故发生地县级以上人民政府负责特种设备安全监督管理的部门和有关部门报告。与事故相关的单位和人员不得迟报、谎报或者瞒报事故情况,不得隐匿、毁灭有关证据或者故意破坏事故现场。

1. 事故报告的时间要求

《生产安全事故报告和调查处理条例》规定,事故发生后,事故现场有关人员应当立即向本单位负责人报告;单位负责人接到报告后,应当于 1 小时内向事故发生地县级以上人民政府安全生产监督管理部门和负有安全生产监督管理职责的有关部门报告。情况紧急时,事故现场有关人员可以直接向事故发生地县级以上人民政府安全生产监督管理部门和负有安全生产监督管理职责的有关部门报告。

安全生产监督管理部门和负有安全生产监督管理职责的有关部门接到事故报告后,应当依照下列规定上报事故情况,并通知公安机关、劳动保障行政部门、工会和人民检察院:(1)特别重大事故、重大事故逐级上报至国务院安全生产监督管理部门和负有安全生产监督管理职责的有关部门;(2)较大事故逐级上报至省、自治区、直辖市人民政府安全生产监督管理部门和负有安全生产监督管理职责的有关部门;(3)一般事故上报至设区的市级人民政府安全生产监督管理部门和负有安全生产监督管理职责的有关部门。

安全生产监督管理部门和负有安全生产监督管理职责的有关部门依照前款规定上报事故情况,应当同时报告本级人民政府。国务院安全生产监督管理部门和负有安全生产监督管理职责的有关部门以及省级人民政府接到发生特别重大事故、重大事故的报告后,应当立即报告国务院。必要时,安全生产监督管理部门和负有安全生产监督管理职责的有关部门可以越级上报事故情况。安全生产监督管理部门和负有安全生产监督管理职责的有关部门逐级上报事故情况,每级上报的时间不得超过 2 小时。

2. 事故报告的内容要求

《生产安全事故报告和调查处理条例》规定,报告事故应当包括下列内容:(1)事故发生单位概况;(2)事故发生的时间、地点以及事故现场情况;(3)事故的简要经过;(4)事故已经造成或者可能造成的伤亡人数(包括下落不明的人数)和初步估计的直接经济损失;(5)已经采取的措施;(6)其他应当报告的情况。

事故报告后出现新情况的,应当及时补报。自事故发生之日起 30 日内,事故造成的伤亡人数发生变化的,应当及时补报。道路交通事故、火灾事故自发生之日起 7 日内,事故造成的伤亡人数发生变化的,应当及时补报。

(二)事故救援与现场保护

《安全生产法》规定,生产经营单位发生生产安全事故时,单位的主要负责人应当立即组织抢救,并不得在事故调查处理期间擅离职守。

《建设工程安全生产管理条例》进一步规定,发生生产安全事故后,施工单位应当采取措施防止事故扩大,保护事故现场。需要移动现场物品时,应当做出标记和书面记录,妥善保管有关证物。

1. 组织应急抢救工作

《生产安全事故报告和调查处理条例》规定,事故发生单位负责人接到事故报告后,应当立即启动事故相应应急预案,或者采取有效措施,组织抢救,防止事故扩大,减少人员伤亡和财产损失。事故发生地有关地方人民政府、安全生产监督管理部门和负有安全生产监督管理职责的有关部门接到事故报告后,其负责人应当立即赶赴事故现场,组织事故救援。

2. 妥善保护事故现场

《生产安全事故报告和调查处理条例》规定,事故发生后,有关单位和人员应当妥善保护事故现场以及相关证据,任何单位和个人不得破坏事故现场、毁灭相关证据。因抢救人员、防止事故扩大以及疏通交通等原因,需要移动事故现场物件的,应当做出标志,绘制现场简图并做出书面记录,妥善保存现场重要痕迹、物证。

四、生产安全事故的调查

《安全生产法》规定,事故调查处理应当按照科学严谨、依法依规、实事求是、注重实效的原则,及时、准确地查清事故原因,查明事故性质和责任,总结事故教训,提出整改措施,并对事故责任者提出处理意见。事故调查报告应当依法及时向社会公布。

(一)事故调查的管辖

《生产安全事故报告和调查处理条例》规定,特别重大事故由国务院或者国务院授权有关部门组织事故调查组进行调查。重大事故、较大事故、一般事故分别由事故发生地省级人民政府、设区的市级人民政府、县级人民政府负责调查。省级人民政府、设区的市级人民政府、县级人民政府可以直接组织事故调查组进行调查,也可以授权或者委托有关部门组织事故调查组进行调查。未造成人员伤亡的一般事故,县级人民政府也可以委托事故发生单位组织事故调查组进行调查。上级人民政府认为必要时,可以调查由下级人民政府负责调查的事故。

自事故发生之日起30日内(道路交通事故、火灾事故自发生之日起7日内),因事故伤亡人数变化导致事故等级发生变化,依照《生产安全事故报告和调查处理条例》规定,应当由上级人民政府负责调查的,上级人民政府可以另行组织事故调查组进行调查。

特别重大事故以下等级事故,事故发生地与事故发生单位不在同一个县级以上行政区域的,由事故发生地人民政府负责调查,事故发生单位所在地人民政府应当派人参加。

(二)事故调查组的组成与职责

事故调查组的组成应当遵循精简、高效的原则。根据事故的具体情况,事故调查组由有关人民政府、安全生产监督管理部门,负有安全生产监督管理职责的有关部门、监察机关、公安机关以及工会派人组成,并应当邀请人民检察院派人参加。事故调查组可以聘请有关专家参与调查。

事故调查组成员应当具有事故调查所需要的知识和专长,并与所调查的事故没有直接利害关系。事故调查组组长由负责事故调查的人民政府指定。事故调查组组长主持事故调查组的工作。

(三)事故调查组的职责

事故调查组履行下列职责:(1)查明事故发生的经过、原因、人员伤亡情况及直接经济损失;

(2)认定事故的性质和事故责任;(3)提出对事故责任者的处理建议;(4)总结事故教训,提出防范和整改措施;(5)提交事故调查报告。

事故调查组有权向有关单位和个人了解与事故有关的情况,并要求其提供相关文件、资料,有关单位和个人不得拒绝。事故发生单位的负责人和有关人员在事故调查期间不得擅离职守,并应当随时接受事故调查组的询问,如实提供有关情况。事故调查中发现涉嫌犯罪的,事故调查组应当及时将有关材料或者其复印件移交司法机关处理。事故调查中需要进行技术鉴定的,事故调查组应当委托具有国家规定资质的单位进行技术鉴定。必要时,事故调查组可以直接组织专家进行技术鉴定。技术鉴定所需时间不计入事故调查期限。事故调查组成员在事故调查工作中应当诚信公正、恪尽职守,遵守事故调查组的纪律,保守事故调查的秘密。未经事故调查组组长允许,事故调查组成员不得擅自发布有关事故的信息。

事故直接经济损失统计是调查组的职责之一,按照现在执行的原劳动部《企业职工伤亡事故经济损失统计标准》(GB 6721—86)中关于事故直接经济损失的规定,直接经济损失包括死亡赔偿金,也包括政府部门对事故责任单位的罚款。至于对死亡人员家属赔偿的死亡赔偿金数额的具体确定,是事故善后处理的一部分。一般而言,死亡赔偿金由生产经营单位和从业人员家属按照或参照有关民事法律自行协商处理,协商不成时,按民事案件经民事诉讼解决。囿于事故调查组提交事故调查报告的时间有限,事故赔偿完成的时限根本无法保证。至于事故罚款,其最基本的依据是事故调查报告中关于事故责任的认定。事故责任的认定以调查报告生效为前提,事故调查报告的生效条件是形成报告并经过政府的批复。如此一来,事故调查报告和事故罚款互相成为对方的前置条件。没有调查报告确定不了事故罚款,没有事故罚款形成不了事故调查报告。由此,最终导致事故调查报告中关于直接经济损失只能是估计的数据。

(四)事故调查组的权利与纪律

事故调查组有权向有关单位和个人了解与事故有关的情况,并要求其提供相关文件、资料,有关单位和个人不得拒绝。事故发生单位的负责人和有关人员在事故调查期间不得擅离职守,并应当随时接受事故调查组的询问,如实提供有关情况。事故调查中发现涉嫌犯罪的,事故调查组应当及时将有关材料或者其复印件移交司法机关处理。事故调查中需要进行技术鉴定的,事故调查组应当委托具有国家规定资质的单位进行技术鉴定。必要时,事故调查组可以直接组织专家进行技术鉴定。技术鉴定所需时间不计入事故调查期限。

事故调查组成员在事故调查工作中应当诚信公正、恪尽职守,遵守事故调查组的纪律,保守事故调查的秘密。未经事故调查组组长允许,事故调查组成员不得擅自发布有关事故的信息。

(五)事故调查报告的期限与内容

事故调查组应当自事故发生之日起 60 日内提交事故调查报告;特殊情况下,经负责事故调查的人民政府批准,提交事故调查报告的期限可以适当延长,但延长的期限最长不超过 60 日。

事故调查报告应当包括下列内容:(1)事故发生单位概况;(2)事故发生经过和事故救援情况;(3)事故造成的人员伤亡和直接经济损失;(4)事故发生的原因和事故性质;(5)事故责任的认定以及对事故责任者的处理建议;(6)事故防范和整改措施。事故调查报告应当附具有关证据材料。事故调查组成员应当在事故调查报告上签名。事故调查报告报送负责事故调查的人民政府后,事故调查工作即告结束。事故调查的有关资料应当归档保存。

(六)对事故调查报告异议的处理

安全事故调查报告全面反映事故情况,特别是对事故性质和责任的判断,直接影响事故有关当事人的权益，是调查报告的关键部分。因此，有关行政部门应在其职责范围内，在事故调查报告中客观真实地反映事故原因和损害后果，准确界定事故性质，明确事故责任方和其行政责任。依照《安全生产事故报告和调查处理条例》的规定，事故调查组应当自事故发生之日起60日内提交事故调查报告，有关人民政府应当做出事故处理批复，这是在事故调查阶段和事故处理阶段形成的重要法律文书。安全生产监督管理机关根据同级人民政府对该事故调查报告的批复，作出相应的行政处罚和处分。行政关系相对人对行政处罚、处分有异议的，可以提起行政诉讼。

事故调查报告作为行政处罚事实依据，是否可诉，在此就相当重要。对事故调查报告的可诉性有两种观点，一种观点认为可诉，另一种观点认为不可诉。①

1. 安全生产事故调查报告不具有可诉性

认为安全生产事故调查报告不具有可诉性的主要理由包括：(1)事故调查小组非独立的行政主体。根据《安全生产事故报告和调查处理条例》的有关规定："根据事故的有关情况，事故调查组由有关人民政府、安全生产监督管理部门、负有安全生产监督管理职责的有关部门、监察机关、公安机关以及工会派人组成，并应当邀请人民检察院派人参加。"事故调查工作结束后，事故调查组随即解散。事故调查组是临时性工作机构，不在行政机构编制之列，不是独立的行政主体，无权对行政关系相对人做出具体行政行为。(2)事故调查报告是在专业性、技术性指导下，客观反映事故产生原因、结果的书面结论。是在查明事故真相的基础上，对事故性质、原因、责任主体等出具的结论性意见。事故调查报告由参加事故调查组的成员个人签名后，即报同级人民政府。经过同级人民政府批复后，根据对事故调查报告的批复，安全生产监督管理局对行政关系相对人作出行政处罚或行政处分。(3)对调查报告的异议，不属于行政复议、行政诉讼的受案范围。

《安全生产行政复议规定》第7条规定，安全生产监督管理部门作出的下列行政行为，不属于安全生产行政复议范围：(1)生产安全事故调查报告；(2)不具有强制力的行政指导行为和信访答复行为；(3)生产安全事故隐患认定；(4)公告信息发布；(5)法律、行政法规规定的非具体行政行为。根据《行政诉讼法》的规定，行政相对人提起行政诉讼的主体，必须是独立的国家行政机关，诉讼事由是认为侵犯其合法权益的、独立的、完整的具体行政行为。而事故调查小组是一种临时的、专门的工作机构，不具有被诉的行政主体资格。由于事故调查报告不具备上述法定特征，所以行政关系相对人不能针对事故调查组及其事故查报告提起行政复议、行政诉讼。

2. 安全生产事故调查报告具有可诉性

认为安全生产事故调查报告具有可诉性的主要理由是：事故调查报告是具体的行政行为，只要对当事人权利义务产生实际影响的行政行为，就应该具有可诉性。事故调查报告中已含有事故责任的认定、对事故责任者的处理建议等。因此，调查报告以及随后政府对该事故的批复，均应当是具体行政行为。该具体行政行为侵犯其合法权益的，自然有权依法向人民法院提起诉讼。据此，安全生产事故调查报告是可诉的。

不可回避的现实，事故调查报告的责任认定部分确实对行政关系相对人的权利、义务产生直接影响。其一，直接影响其是否受到行政处罚以及处罚的轻重；其二，直接影响其民事赔偿的数额。因此，如果事故调查报告不可诉，如何保护行政关系相对人合法权益也是亟待解决的问题。安全事故调查是有关行政部门行使其行政职权的行为，有关行政部门在调查后，根据调查的情况

① 张富信：《安全生产事故调查报告是否具有可诉性？》，载张富信律师的博客2011年3月17日，http://blog.sina.com.cn/s/blog_451ca70d0100qywh.html。

出具的调查报告是对安全事故发生的原因、后果及行政责任的承担和行政处理,可以说这是有关行政机关进一步作出相应行政处罚的直接依据。而对于事故损害涉及的民事责任,行政部门无权作出认定(但事故事实的调查报告可以是确定民事责任承担的证据),如果涉及刑事犯罪,也应当只是提出对有关当事人刑事处罚的建议(事故事实的调查报告可以是确定刑事责任承担的证据),而不能直接认定,因为当事人的民事责任和刑事责任均应当由司法机关认定和裁判。因此,笔者认为有关行政部门对安全生产事故作出调查报告,应当只是反映事故客观事实、确定行政责任的承担主体,是针对特定相对人的具体行政行为,直接影响相对人的权益,应当具有行政可诉性,有关当事人可以依据《行政复议法》《行政诉讼法》等法律的规定,提起行政复议或行政诉讼,要求更正事故事实和行政责任的认定。

五、施工生产安全事故的处理

(一)事故处理时限和落实批复

《生产安全事故报告和调查处理条例》规定,重大事故、较大事故、一般事故,负责事故调查的人民政府应当自收到事故调查报告之日起15日内做出批复;特别重大事故,30日内做出批复,特殊情况下,批复时间可以适当延长,但延长的时间最长不超过30日。

有关机关应当按照人民政府的批复,依照法律、行政法规规定的权限和程序,对事故发生单位和有关人员进行行政处罚,对负有事故责任的国家工作人员进行处分。事故发生单位应当按照负责事故调查的人民政府的批复,对本单位负有事故责任的人员进行处理。

负有事故责任的人员涉嫌犯罪的,依法追究刑事责任。

(二)事故发生单位的防范和整改措施

事故发生单位应当认真吸取事故教训,落实防范和整改措施,防止事故再次发生。防范和整改措施的落实情况应当接受工会和职工的监督。

安全生产监督管理部门和负有安全生产监督管理职责的有关部门应当对事故发生单位落实防范和整改措施的情况进行监督检查。

(三)处理结果的公布

事故处理的情况由负责事故调查的人民政府或者其授权的有关部门、机构向社会公布,依法应当保密的除外。

第七节 建设工程生产安全事故责任追究制度

《安全生产法》第14条规定:"国家实行生产安全事故责任追究制度,依照本法和有关法律、法规的规定,追究生产安全事故责任人员的法律责任。"《生产安全事故报告和调查处理条例》第五章专门就事故责任追究问题作出了具体规定。该条例的有关规定,涵盖了事故责任要件、事故责任主体、实施法律制裁等法律适用问题。

一、生产安全事故责任的构成要件

《生产安全事故报告和调查处理条例》规定,对责任事故的责任者依法追究法律责任。无论是事故发生单位还是有关人民政府、安全生产监督管理部门、负有安全生产监督管理职责的有关部门及其有关人员，凡是实施了《生产安全事故报告和调查处理条例》规定的违法行为的，都要对其实施责任追究。但在如何界定其是否负有责任并且是否应当追究责任的法律适用上，应当遵循责任法定的原则，明确严格、具体的法律界限。根据法理，确定事故责任的要件有 4 个，缺一不可。

（一）责任承担主体未履行义务

确定是否属于事故责任承担主体，一要看其是否负有法定义务，二要看其是否履行了法定义务。负有法定义务而未履行其义务的，承担法律责任。依照《生产安全事故报告和调查处理条例》有关责任追究的规定，事故发生单位及其有关人员必须是在安全生产管理和事故报告、救援、接受与配合调查等方面负有法定义务而未履行其义务的，才承担相应的法律责任。有关人民政府、安全生产监督管理部门和负有安全生产监督管理职责的有关部门及其有关人员，在事故报告、救援、调查和处理等项工作中不履行法定职责或者义务的，也要承担相应的法律责任。

（二）责任承担主体实施了违法行为

事故责任承担主体主观上必须有违法的故意或者过失，客观上独立并且直接实施了《生产安全事故报告和调查处理条例》规定的具有社会危害性的违法行为。这里要强调的是，责任者实施的违法行为的范围不得扩大或者缩小，必须是安全生产法律、法规有关义务性规范和禁止性规范中明文规定的行为。实施了法无规定的行为，不能认定或者推定为违法行为。

（三）违法行为应与事故发生有直接的因果关系

确定是否应负法律责任，必须搞清楚违法行为与损害后果之间是否具有直接的因果关系。所谓直接的因果关系，应当是出自行为人的故意或者过失而实施的违法行为，直接导致了事故的发生。在这个问题上，既应坚持对事故的直接责任者不放过，也应注意不要把一些间接原因推导成为直接原因，从而扩大责任追究的范围。

（四）责任承担主体必须是依法应当予以制裁的

依照《生产安全事故报告和调查处理条例》的规定，实施责任追究的不仅是未履行法定义务、实施了违法行为并造成危害后果的责任承担主体，而且必须是法律、行政法规明文规定应当给予法律制裁的责任承担主体。也就是说，只具备了前三个要件还不够，还要同时具备第四个要件，才能实施责任追究。因为对某些实施了一般违法行为、危害后果和违法情节显著轻微的责任者，有关法律、法规并不规定都要给予法律制裁。所以，只有法律、法规明文规定应当承担法律责任的，才能实施责任追究。

二、事故责任承担主体的确定

事故责任承担主体即事故责任者，是指未履行法定义务、实施了相关违法行为、对事故发生和事故报告、救援、调查处理负有责任并应受法律制裁的社会组织和个人。依照《生产安全事故报告和调查处理条例》的规定，应受到责任追究的事故责任承担主体主要有 4 种：

（一）事故发生单位

《安全生产法》规定，生产经营单位是生产经营活动的主体，依法应当履行加强管理、确保安全生产的义务；因其违法造成事故的，应当承担相应的法律责任。《生产安全事故报告和调查处理条例》规定，生产经营单位（事故发生单位）发生生产安全事故后，负有报告、救援和接受调查的义务。据此，生产经营单位对事故发生负有直接责任，应当作为独立的责任主体承担法律责任。

(二)事故发生单位有关人员

《生产安全事故报告和调查处理条例》规定,不仅要追究事故发生单位的责任,还要对其有关人员实行责任追究。事故发生单位有关人员包括负有责任的主要负责人、直接负责的主管人员和其他直接责任人员。“主要负责人”包括企业法定代表人、实际控制人等对生产经营活动负全面领导责任、有主要决策指挥权的负责人;“直接负责的主管人员”包括负有直接领导、管理责任的有关负责人、安全管理机构的负责人和管理人员;“其他直接责任人员”包括负有直接责任的从业人员和其他人员。

(三)有关政府、部门工作人员

《生产安全事故报告和调查处理条例》规定,有关地方人民政府、安全生产监督管理部门和负有安全生产监督管理职责的有关部门实施违法行为,对其直接负责的主管人员和其他直接责任人员予以责任追究。“直接负责的主管人员”包括负有责任的有关地方人民政府的领导人、安全生产监督管理部门和有关部门的负责人;“其他直接责任人员”包括负有责任的行政机关内设机构的负责人和其他工作人员。

(四)中介机构及其相关人员

《生产安全事故报告和调查处理条例》规定,对发生事故的单位提供虚假证明的中介机构及其相关人员实行责任追究。

三、事故责任承担主体的法律责任

追究事故责任承担主体的法律责任,必须正确、适当地适用法律,既不能放纵责任者,也不能伤及无辜。《生产安全事故报告和调查处理条例》有关实施法律制裁的规定,主要涉及4个问题:

(一)法律责任方式

《生产安全事故报告和调查处理条例》明确了事故责任承担主体承担法律责任方式,有行政责任和刑事责任两种,两种责任方式可以单独适用或者并用。

1.行政责任

《生产安全事故报告和调查处理条例》规定,应当实施责任追究的行政责任主体包括行政主体和企业主体两类,事故责任承担主体不同则责任追究的规定也不同。行政主体包括对事故负有责任的有关地方人民政府、安全生产监管部门和有关部门中的工作人员;企业主体包括事故发生单位及其有关人员。两类主体因违反国家行政管理法律、法规的规定而应当承担的法律责任是行政责任。

2.刑事责任

《生产安全事故报告和调查处理条例》规定,对事故责任承担主体中构成刑事犯罪的,依法追究刑事责任。刑事责任主体也包括行政主体和企业主体两类。两类主体的有关人员的违法行为触犯《刑法》关于安全生产犯罪规定的,应当承担相应的刑事责任。引发建设工程施工安全生产事故的行为,侵害的是不特定对象的人身权或财产权。由该类行为所构成的犯罪,规定在《刑法》“危害公共安全罪”一章中。具体而言,在“危害公共安全罪”一章中,《刑法》对重大责任事故罪、重大劳动安全事故罪、危险物品肇事罪、工程重大安全事故罪等重大责任事故犯罪的犯罪构成及刑事责任作了规定。

(1)工程重大安全事故罪。《刑法》第137条规定,建设单位、设计单位、施工单位、工程监理单位违反国家规定,降低工程质量标准,造成重大安全事故的,对直接责任人员处5年以下有期徒刑或者拘役,并处罚金;后果特别严重的,处5年以上10年以下有期徒刑,并处罚金。根据2015年12月发布的最高人民法院、最高人民检察院《关于办理危害生产安全刑事案件适用法律若干问题的解释》(法释〔2015〕22号)的规定,发生安全事故,具有下列情形之一的,应当认定为"造成重大安全事故",对直接责任人员,处5年以下有期徒刑或者拘役,并处罚金:①造成死亡1人以上,或者重伤3人以上的;②造成直接经济损失100万元以上的;③其他造成严重后果或者重大安全事故的情形。

(2)重大责任事故罪。《刑法》第134条规定,在生产、作业中违反有关安全管理的规定,因而发生重大伤亡事故或者造成其他严重后果的,处3年以下有期徒刑或者拘役;情节特别恶劣的,处3年以上7年以下有期徒刑。强令他人违章冒险作业,或者明知存在重大事故隐患而不排除,仍冒险组织作业,因而发生重大伤亡事故或者造成其他严重后果的,处5年以下有期徒刑或者拘役;情节特别恶劣的,处5年以上有期徒刑。根据最高人民法院、最高人民检察院《关于办理危害生产安全刑事案件适用法律若干问题的解释》的规定,明知存在事故隐患、继续作业存在危险,仍然违反有关安全管理的规定,实施下列行为之一的,应当认定为《刑法》规定的"强令他人违章冒险作业":①利用组织、指挥、管理职权,强制他人违章作业的;②采取威逼、胁迫、恐吓等手段,强制他人违章作业的;③故意掩盖事故隐患,组织他人违章作业的;④其他强令他人违章作业的行为。

(3)重大劳动安全事故罪。《刑法》第135条规定,安全生产设施或者安全生产条件不符合国家规定,因而发生重大伤亡事故或者造成其他严重后果的,对直接负责的主管人员和其他直接责任人员,处3年以下有期徒刑或者拘役;情节特别恶劣的,处3年以上7年以下有期徒刑。根据最高人民法院、最高人民检察院《关于办理危害生产安全刑事案件适用法律若干问题的解释》的规定,发生安全事故,具有下列情形之一的,应当认定为"发生重大伤亡事故或者造成其他严重后果":①造成死亡1人以上,或者重伤3人以上的;②造成直接经济损失100万元以上的;③其他造成严重后果或者重大安全事故的情形。

(二)事故责任承担主体的违法行为

《生产安全事故报告和调查处理条例》按照责任主体的不同,对不同责任主体应予追究法律责任的违法行为分别作出了界定。

1. 事故发生单位的违法行为

有《生产安全事故报告和调查处理条例》第36条规定的6种行为之一的,对事故发生单位给予行政处罚。其中前五种行为是在事故发生后实施的违法行为;第六种行为主要是指,在事故发生前,由事故发生单位及其有关人员实施的造成事故的违法行为。只要事故是因生产经营单位及其有关人员违反安全生产法律、法规的规定而发生的,事故发生单位均应负法律责任。

2. 事故发生单位有关人员的违法行为

《生产安全事故报告和调查处理条例》重点对事故发生单位主要负责人的3类10种违法行为作出了界定,第一类是第35条列举的3种违法行为;第二类是第36条列举的6种违法行为;第三类是第37条列举的未履行法定安全生产管理职责的违法行为。事故发生单位直接负责的主管人员、其他直接责任人员有第36条列举的6种违法行为之一的,也要追究责任。

3. 行政机关工作人员的违法行为

《生产安全事故报告和调查处理条例》对有关地方人民政府、安全生产监管部门和负有安全生产监督管理职责的有关部门等行政机关工作人员的3类8种违法行为也作出了界定，第一类是第39条列举的4种违法行为；第二类是第41条列举的事故调查人员的3种违法行为；第三类是第42条列举的故意拖延或者拒绝落实经批复的对事故责任人的处理意见的违法行为。

4. 中介机构及其相关人员的违法行为

《生产安全事故报告和调查处理条例》第40条第2款对因中介机构及其相关人员出具虚假证明造成事故的违法行为，设定了行政处罚。

（三）行政处罚种类、幅度的设定

《生产安全事故报告和调查处理条例》对负有行政责任的事故责任承担主体，设定了资格罚、财产罚和治安管理处罚3种行政处罚，旨在强化安全准入监管和加大事故违法“成本”。

1. 资格罚

资格罚，是指行政机关依法停止、吊销、撤销行政责任主体从事相关活动的许可、资格的行政处罚。《生产安全事故报告和调查处理条例》第40条规定的对事故发生负有责任的事故发生单位、有关人员和提供虚假证明的中介机构及其相关人员的资格罚，应当依照有关安全生产法律、法规的规定处罚。不仅是指依照某个或者几个法律、法规实施处罚，凡是有关法律、法规对生产经营单位、中介机构及其相关责任人员有资格罚的规定的，都可以实施处罚。

2. 财产罚

财产罚，是指行政机关依法处以行政责任主体缴纳一定数额的罚款的行政处罚。《生产安全事故报告和调查处理条例》规定实施财产罚的企业主体，不以其所有制不同而有所区分。凡是依法应当给予财产罚的，无论事故发生单位的所有制和管理体制有何不同，都要对该单位及其有关人员处以罚款。

3. 治安管理处罚

为了配合事故报告、救援和调查处理工作，维护事故现场秩序和社会公共安全，《生产安全事故报告和调查处理条例》第36条对实施6种违法行为中构成违反治安管理行为的，规定由公安机关依照《治安管理处罚法》给予治安管理处罚。

（四）行政处罚的实施

鉴于现行法律、行政法规中有关财产罚、行政处罚种类、幅度和决定机关的规定不尽相同，为了与其衔接，《生产安全事故报告和调查处理条例》在行政处罚实施问题上，既对实施财产罚作出了一般规定，又对某些特殊问题作出了特别规定。

1. 关于财产罚的一般规定

《生产安全事故报告和调查处理条例》第43条第1款规定：“本条例规定的罚款的行政处罚，由安全生产监督管理部门决定”。至于由哪一级安全生产监督管理部门决定，应当依照《生产安全事故报告和调查处理条例》的上位法《安全生产法》第94条的规定，由县级以上人民政府安全生产监督管理部门决定。作为国务院安全生产监督管理部门的应急管理部，有权依照法律、行政法规制定部门规章，对县级以上安全生产监督管理部门如何实施罚款的行政处罚作出具体规定。

2. 关于行政处罚种类、幅度和决定机关的特别规定

按照特别法优于一般法的法律适用原则，《生产安全事故报告和调查处理条例》第43条第2款规定：“法律、行政法规对行政处罚种类、幅度和决定机关另有规定的，依照其规定。”该款规定仅限于国家法，即法律、行政法规对负有责任的事故发生单位及其有关人员实施行政处罚有特别规定的，从其规定。地方性法规或者地方政府规章对此另有规定或者没有规定的，应当适用法

律、行政法规的规定。具体而言，法律、行政法规设定的行政处罚种类超出《生产安全事故报告和调查处理条例》规定的，可以依法作出资格罚、财产罚以外的其他种类的行政处罚；处以罚款的幅度与《生产安全事故报告和调查处理条例》规定不同的，可以依照特别法规定的幅度处以罚款；对行政执法主体另有规定的，应由特别法授权的行政机关实施行政处罚。

第八节 建设工程施工中人身损害赔偿的类型化分析及路径选择

建设工程施工单位是工程建设活动中的重要主体之一，在施工安全中居于核心地位，是绝大多数生产安全事故的直接责任方。在建设工程施工过程中，对受害人进行赔偿的情形繁多，分类复杂。对受害人与建设工程施工单位之间的关系进行类型化分析，可较为清晰地确立前述关系中人身损害赔偿的路径。

建设工程施工单位与受害人之间的损害赔偿关系分为3种类型：(1)合法用工关系情形下的工伤保险赔偿；(2)非法用工关系情形下的人身损害赔偿；(3)无用工关系情形下的侵权损害赔偿。建设工程施工单位与受害人之间存在用工关系时，既需要区分《工伤保险条例》与《非法用工单位伤亡人员一次性赔偿办法》的适用，又需要明确工伤保险赔偿与民事赔偿之间的关系；建设工程施工单位与受害人之间不存在用工关系时，受害人的人身损害赔偿问题，适用民事侵权损害赔偿的相关规定。

一、合法用工关系下的工伤保险赔偿认定及路径选择

(一)建设工程施工单位与从业人员间合法用工关系的认定

根据《工伤保险条例》的规定，在我国境内的企业、民办非企业单位、个体经济组织等经济实体与劳动者建立劳动关系，应当签订劳动合同，并按时、足额为本单位全部职工或雇工缴纳工伤保险费。一旦发生工伤事故，职工或雇工有权依照《工伤保险条例》享受工伤保险待遇。但是，在实践中，建设工程施工单位与其职工或雇工之间的关系比较复杂，常常难以界定。建设工程施工单位与从业人员之间的关系，可具体区分为以下3种情形。

1. 签订劳动合同

该种情形是指建设工程施工单位与其从业人员依《劳动合同法》《劳动法》的相关规定订立劳动合同，合理确定双方的权利、义务。在前述情形下，建设工程施工单位应依法参加工伤保险，为从业人员缴纳保险费。

建设工程施工单位与其从业人员订立的劳动合同，应载明下述重要事项：防止职业危害的事项、保障从业人员劳动安全的事项、为从业人员办理工伤保险的事项等。这其中尤为重要的是，建设工程施工单位应就从业人员因生产安全事故发生的伤亡，依法承担责任；建设工程施工单位不得以任何形式与其从业人员就前述责任的减免订立协议。

2. 存在事实上的劳动关系

所谓“事实上的劳动关系”，是指在建设工程施工单位与其从业人员未签订书面劳动合同或签订的书面劳动合同无效的情形下，从业人员在事实上成为建设工程施工单位的成员，并为其提

供有偿劳动,从而形成的劳动关系。只要从业人员与建设工程施工单位存在事实上的劳动关系,从业人员就可适用《劳动合同法》《工伤保险条例》等相关法律、行政法规保护其合法权益。

3. 劳务违法分包或转包

在建设工程施工单位将工程(业务)或经营权发包给不具备用工主体资格的组织或自然人的情形下,具备用工主体资格的发包方应对前述组织或自然人招用的劳动者承担用工主体的责任。建设工程施工单位进行劳务分包,应当将劳务作业分包给有相应资质的劳务企业;禁止将劳务作业分包给"包工头"。在违法分包的情形下,劳务发包人应依法承担用工主体的相关责任。

在前述3种情形下,即在建设工程施工单位与其从业人员之间存在法律上或事实上的劳动关系以及劳务被违法分包或转包的情形下,从业人员因工作遭受事故伤害或因患职业病进行治疗,如果能够被认定为工伤的,可依法享受工伤医疗待遇。

从业人员享受工伤医疗待遇的,相关费用的支付分为两种情形:用人单位已参加工伤保险的,相关费用由权利人从工伤保险基金中领取;用人单位应参加工伤保险而未参加的,相关费用由该用人单位按规定的工伤保险待遇项目和标准支付。

(二)合法劳动关系下的工伤保险赔偿和民事赔偿的并存

1. 工伤保险补偿与民事损害赔偿的关系模式在比较法上的考察

在某些情形下,受害人的工伤保险请求权与侵权损害赔偿请求权会同时存在。各国对此的处理规则不尽相同,归纳起来,主要有4种模式。

(1)择一模式。其是指在工伤事故发生后,受害人可在侵权损害赔偿与工伤保险赔偿之间选择其一,作为救济方式。该种模式给予受害人的选择权只具有形式意义。在实践中,侵权损害赔偿需要劳动者承担举证责任,且诉讼过程较为漫长。尤其是,赔偿的实际获得不单取决于受害人的举证能力,还取决于被告的赔偿能力。基于此,在该种模式中,多数受害人都会接受工伤保险赔偿,其选择权名存实亡。

(2)取代模式。其是指受害人遭受意外伤害的,法律规定,以工伤保险机构给付工伤保险金的形式取代民事损害赔偿请求权。在该种模式下,侵权损害赔偿请求权形同虚设。采用这一模式的优点在于减轻雇主责任,避免劳资对抗,减少诉讼,节约社会资源。不过,这一模式的缺陷也是相当明显的:剥夺了受害人获得完全赔偿的权利以及其基于民事法律获得精神损害赔偿的权利;不利于从法律层面加强对安全生产事故的防范以及对相关责任主体的制裁。

(3)兼得模式。其是指允许受害人在接受工伤保险给付的同时,获得侵权行为法上的赔偿。该模式对受害人极为有利,因为在发生工伤事故的情况下,受害人可同时获得工伤保险给付和侵权赔偿的双重救济。尤其是在工伤保险待遇和民事赔偿标准偏低的情形下,该模式可更好地保障受害人的权益。

(4)补充模式。其是指在发生安全生产事故后,受害人可同时主张侵权损害赔偿与工伤保险给付,但赔偿总额不得超过实际损失。该模式建立在抵销和求偿两项原则之上。既能够保护受害人的利益,又能够预防安全生产事故并加强对相关责任主体的制裁。较之于前述3种模式,补充模式的逻辑更为严密,也更符合社会公平正义的观念。[①]

---

① 吕琳:《工伤保险与民事赔偿适用关系研究》,载《法商研究》2003年第3期;张新宝:《工伤保险赔偿请求权与普通人身损害赔偿请求权的关系》,载《中国法学》2007年第2期。

2. 工伤保险补偿与民事损害赔偿的关系在我国立法中的体现

《安全生产法》第53条规定，从业人员因生产安全事故受到损害的，除依法享有工伤保险外，依有关民事法律规定尚有获得赔偿的权利的，有权向本单位提出赔偿要求。《职业病防治法》中也有类似规定，该法第52条规定，职业病病人除依法享有工伤社会保险外，依有关民事法律规定尚有获得赔偿的权利的，可向用人单位提出赔偿要求。

对于前述规定，学术界存在不同认识，有的认为是"兼得模式"，有的则认为是"补充模式"。①仅从前述两个法律条文来看，笔者认为，我国法律允许侵权损害赔偿请求权与工伤保险请求权并存。因此，在安全生产和职业病领域内，在遵循民事赔偿"损害填补规则"的前提下，发生请求权竞合时，特定情况下，应赋予受伤害的职工享有双重赔偿权利，即既享受工伤保险待遇又可向用人单位索赔。

最高人民法院《关于审理人身损害赔偿案件适用法律若干问题的解释》第12条规定，劳动者因工伤事故受到人身损害的，可向用人单位主张工伤保险赔偿；如果该损害是由于用人单位以外的第三人侵权所致，劳动者可同时向该第三人主张人身损害赔偿。按照该条文的规定，因用人单位以外的第三人侵权致劳动者损害产生的纠纷属于普通民事侵权赔偿案件，受损害的劳动者可直接要求侵权人给予赔偿。

前述规定表明，赔偿权利人(受损害的劳动者)对于侵权的第三人有独立的赔偿请求权。该规定针对用人单位以外的第三人确立了人身损害赔偿责任，符合"责任应由直接责任者承担"的原则。不过，该规定也存在漏洞：在劳动者就工伤保险赔偿和第三人人身损害赔偿同时主张的情形下，在计算赔偿数额时，对于重复费用是否予以扣除的问题，该规定并未涉及。按照民法理论，无论是工伤保险赔偿，还是人身损害赔偿，其根本目的均为赔偿损失、弥补损害。故此对于二者的关系，笔者认为，在权利竞合方面，应采用"兼得模式"；在赔偿数额方面，应采用"补充模式"。

二、非法用工关系下的人身损害赔偿认定及路径选择

(一)非法用工关系的认定

建设工程施工单位的"非法用工"，是指劳动力的使用者与提供者一方或双方不具备用人单位主体资格或劳动者主体资格的用工。在"非法用工"的情形下，用人单位与劳动者之间的关系由于存在主体资格瑕疵问题，既不是合同劳动关系，也不是事实劳动关系。进一步来说，非法用工不能形成合法的劳动关系，故基于此所产生的事故伤害或疾病不能适用工伤保险的相关规定。

用人单位资质上存在瑕疵，不具有合法的劳动用工权，属于行政管理的范畴，其与劳动关系的确立无直接因果关系。故此笔者的观点是，非法用工单位雇用劳动者的事实，只要符合劳动关系确立的实质性要素，就应认为在二者之间确立了劳动关系。

(二)非法用工关系下人身损害赔偿的方式

人力资源和社会保障部发布的《非法用工单位伤亡人员一次性赔偿办法》，针对建设工程施工单位在非法用工情形下发生人员伤亡的赔付问题作出了规定。按照该赔偿办法的规定，下述单位的职工受到事故伤害或患职业病的，由该单位向伤残职工本人或死亡职工的近亲属给予一次性赔偿：无营业执照的单位，未经依法登记、备案的单位，被依法吊销营业执照的单位，撤销登

---

① 最高人民法院民事审判第一庭编著：《最高人民法院人身损害赔偿司法解释的理解与适用》，人民法院出版社2004年版，第197页。

记、备案的单位;用人单位使用童工造成童工伤残、死亡的,由该单位向童工或其近亲属给予一次性赔偿。在前述两种情形下,赔偿标准均不得低于该赔偿办法规定的工伤保险待遇。

伤残职工本人或死亡职工的近亲属、童工或童工的近亲属,就赔偿数额问题与单位发生争议的,按处理劳动争议的有关规定处理。

三、民事侵权人身损害赔偿认定及路径选择

侵权责任,是指行为人侵害他人财产或人身,依法应当承担的后果。建设工程施工单位在施工过程中可能会因一般侵权或特殊侵权产生侵权责任。建设工程施工单位在施工过程中,因过错侵害他人财产权或人身权并造成损害的,对其责任的认定应适用过错责任原则和侵权责任的一般构成要件理论;建设工程施工单位在施工过程中,基于与单位有关的行为、物件、事件或其他特别原因致人损害的,对其责任的认定应适用侵权责任法的特别责任条款或民事特别法的相关规定。

建设工程施工造成第三人人身或财产损害的,责任方应承担侵权责任。建设工程施工单位作为责任方承担特殊侵权责任的情形,主要有物件损害责任和环境污染责任等。① 其为《民法典》明确规定的特殊侵权行为形态。

(一)物件损害责任

建设工程施工中物件损害责任,是指建设工程施工单位管领下的物件造成他人损害,由物件的所有人、管理人或使用人承担的特殊侵权责任。具体包括4种情形。

1.抛掷物致害责任

在建设工程施工过程中,从建筑物中抛掷物品造成他人损害或从建筑物上坠落的物品造成他人损害,责任的承担分为两种情况:第一种是能够确定侵权人为建设工程施工单位的,由该单位承担侵权责任;第二种是难以确定具体侵权人的,由不能证明自己不是侵权人的可能加害的建筑物使用人给予补偿。在第二种情形下,可能加害人无须对受害人的全部损害承担责任,只需依具体情况给予适当补偿即可,换言之,该情形下的责任是一种补偿责任。

2.建筑物等脱落坠落责任

建设工程施工单位管领下的建筑物、构筑物或其他设施及其悬挂物、搁置物发生坠落、脱落,造成他人损害的,如果所有人、管理人或使用人不能够证明自己无过错,则需承担侵权责任。前述责任主体赔偿后,有其他责任人的,其可向其他责任人追偿。

3.地面施工致害责任

建设工程施工单位在公共场所、通道上或道旁挖坑、修缮安装地下设施等,施工人有义务设置明显的标志和采取其他必要的安全措施,因未设置明显标志和未采取安全措施而造成他人损害的,施工人应承担民事责任。

地面施工致人损害的行为属于不作为的侵权行为。施工人未依法履行警示义务,是导致侵权发生的原因,也是施工单位承担责任的原因。在此,需要注意的是,前述损害不包括施工人员自身受到的伤害,因为该伤害所涉赔偿关系应适用用工关系的赔偿方式加以调整。

4.建筑物等倒塌责任

建筑物、构筑物或其他设施倒塌,造成他人损害的,由建设单位与施工单位承担连带责任。

---

① 马凤玲编著:《建设法规》,中国建筑工业出版社2014年版,第286~287页。

在前述情形下，建设单位和施工单位赔偿后，有其他责任人的，其可向其他责任人追偿。因其他责任人的原因，建筑物、构筑物或其他设施倒塌造成他人损害的，由其他责任人承担侵权责任。这是物件致害责任中最严格的责任类型：法律明确规定建设单位与施工单位对受害人承担连带责任。

（二）环境污染责任

环境污染责任是一种特殊的侵权责任，其归责原则采用了无过错责任原则。《民法典》和《环境保护法》均对此作了规定。

按照《建筑法》的规定，建设工程施工单位有义务遵守有关安全生产和环境保护的法律、法规，有义务采取措施，控制和处理施工现场的废气、废水、固体废弃物、粉尘、噪声、振动对环境的污染和危害。《海洋环境保护法》第 90 条第 1 款规定，造成海洋环境污染损害的责任人，应排除危害，并赔偿损失；因第三人原因，造成海洋环境污染损害的，由该第三人排除危害，并承担赔偿责任。《水污染防治法》第 85 条第 1 款规定，因水污染受到损害的当事人，可要求排污人排除危害和赔偿损失。《大气污染防治法》第 122 条第 1 款规定，造成大气污染事故的，由县级以上人民政府生态环境主管部门处以罚款。《固体废物污染环境防治法》第 118 条第 1 款规定，造成固体废物污染环境事故的，应承担赔偿责任，采取治理措施。《环境噪声污染防治法》第 61 条第 1 款规定，受环境噪声污染危害的单位、个人，可要求加害人排除危害；有损失的，可要求赔偿损失。《放射性污染防治法》第 59 条规定，因放射性污染造成他人损害的，应承担民事责任。

《民法典》专门在侵权责任编第七章"环境污染和生态破坏责任"对"环境污染责任"进行了规定。该章第 1229 条规定，因污染环境、破坏生态造成他人损害的，侵权人应当承担侵权责任。《民法典》对环境污染责任的规定，采用了无过错责任的归责原则，这与前述法律的规定是一致的。

环境污染责任实行严格责任原则，因污染环境发生纠纷的，污染者应就下述事实承担举证责任：法定的不承担责任或减轻责任的情形；其行为与损害之间不存在因果关系的事实。环境污染责任由污染者承担，被侵权人可请求其予以赔偿。有两个以上污染者的，应根据污染物的种类、排放量等因素确定各污染者承担责任的大小。因第三人过错污染环境造成损害的，被侵权人可请求污染者赔偿，也可请求第三人赔偿；污染者赔偿后，可向第三人追偿。

《民事诉讼法》在 2012 年修订时，增加了关于"民事公益诉讼"的规定：对于污染环境的行为，法律规定的机关和有关组织可起诉。① 《民事诉讼法》在 2017 年修订时，对此做了补充规定，人民检察院在履行职责中发现破坏生态环境和资源保护、食品药品安全领域侵害众多消费者合法权益等损害社会公共利益的行为，在没有前款规定的机关和组织或者前款规定的机关和组织不提起诉讼的情况下，可以向法院提起诉讼。前款规定的机关或者组织提起诉讼的，人民检察院可以支持起诉。2014 年修订的《环境保护法》第 58 条规定得更为详细。该条文确立了两类组织的诉讼主体资格，一是在地级市以上政府民政部门登记的社会组织；二是连续 5 年以上专门从事环境保护公益活动且无违法记录的社会组织。前述两类组织可就污染环境、破坏生态、损害社会公共利益的行为，向法院提起诉讼。

---

① 张彬彬、张斗胜：《我国环境公益诉讼制度的不足与完善——以新环境保护法第 58 条为视角》，载《贵州警官职业学院学报》2015 年第 1 期。

第九章　建设工程质量管理法律制度

2019年9月5日，国务院办公厅《转发住房城乡建设部关于完善质量保障体系提升建筑工程品质指导意见的通知》（国办函〔2019〕92号）发布，要求强化各方责任，突出建设单位首要责任，落实施工单位主体责任，明确房屋使用安全主体责任，履行政府的工程质量监管责任。

第一节　建设工程质量管理法律制度概述

一、建设工程质量概述

（一）建设工程质量的概念和特点

1. 建设工程质量的概念

建设工程质量的概念分为狭义和广义两种。狭义的建设工程质量，是指工程符合业主需要而具备使用功能。这一概念强调的是工程的实体质量，如基础是否坚固、主体结构是否安全，以及通风、采光是否合理等。广义的建设工程质量不仅包括工程的实体质量，还包括形成实体质量的工作质量。工作质量是指参与工程的建设者，为了保证工程实体质量所从事工作的水平和完善程度，包括：（1）社会工作质量，如社会调查、市场预测、质量回访和保修服务等；（2）生产过程工作质量，如管理工作质量、技术工作质量和后勤工作质量等。工作质量直接决定实体质量，工程实体质量的好坏是决策、建设工程勘察、设计、施工等单位各方面、各环节工作质量的综合反映。

基于质量管理和控制的要求，国内外大多倾向于从广义上理解建设工程质量。本章涉及的建设工程质量为狭义上的建设工程质量，仅指工程实体质量，即在国家现行的有关法律、法规、技术标准、设计文件和合同中，对于工程的安全、适用、经济和美观等特性的综合要求。

2. 建设工程质量的特点

与一般的产品质量相比较，工程质量具有如下特点：（1）影响因素多，质量变动大。决策、设计、材料、机械、环境、施工工艺、管理制度以及参建人员素质等均直接或间接地影响工程质量。（2）隐蔽性强，终检局限性大。建设工程在生产过程中,由于工序交接多、中间产品多、隐蔽工程多,若不及时检查并发现其存在的质量问题,完工后表面质量可能很好,从而容易产生错误判断,导致不合格的建设工程被确认为合格的建设工程。有的工程质量问题在终检时是很难通过肉眼判断出来的,有时即使用检测工具也不一定能发现问题。(3)对社会环境影响大。工程质量不仅直接影响使用者的生产生活,而且还影响社会可持续发展的环境,特别是会产生有关绿化、环保和噪声等方面的问题。

(二)建设工程质量形成过程与影响因素分析

工程建设的不同阶段,对工程项目质量的形成起不同的作用和影响。

(1)项目可行性研究对建设工程质量的影响。工程项目的可行性研究阶段,需要确定工程项目的质量要求,并与投资目标相协调,项目的可行性研究直接影响项目的决策质量和设计质量。

(2)项目决策对建设工程质量的影响。项目决策阶段是通过项目可行性研究和项目评估,对项目的建设方案作出决策,项目决策阶段对工程质量的影响主要是确定工程项目应达到的质量目标和水平。

(3)工程勘察、设计对建设工程质量的影响。工程勘察、设计阶段是影响工程质量的关键环节。地质勘察工作的内容、深度和可靠程度,将决定工程设计方案能否正确考虑场地的地层构造、岩土的性质、不良地质现象及地下水位等工程地质条件。地质勘察失控会直接产生工程质量隐患,如果依据不合格的地质勘察报告进行设计,就可能产生严重的后果。

(4)工程施工对建设工程质量的影响。工程施工活动决定了设计意图能否体现,直接关系工程的安全可靠、使用功能的保证,以及外表观感能否体现建筑设计的艺术水平。在一定程度上,工程施工是形成实体质量的决定性环节。

(5)工程竣工验收对建设工程质量的影响。竣工验收和交付使用阶段是影响工程质量的重要环节。在工程竣工验收阶段,建设单位组织设计、施工、监理等有关单位对施工阶段的质量进行最终检验,以考核质量目标是否符合设计阶段的质量要求。工程竣工验收是保证最终产品质量的重要手段。

二、建设工程质量管理的主要法律法规

建设工程质量管理一直是国家工程建设管理的重要内容,建设工程质量立法也一直是工程立法的重点。为此,全国人民代表大会常务委员会和国务院制定了一系列有关建筑安全生产的法律、法规,具体有:《建筑法》《产品质量法》《节约能源法》《建设工程质量管理条例》《生产安全事故报告和调查处理条例》《建设项目环境保护管理条例》《民用建筑节能条例》。《建筑法》第六章将“建设工程质量管理”予以专章规定,2000 年 1 月 30 日国务院制定了与《建筑法》配套实施的《建设工程质量管理条例》。该条例对建设行为主体的有关责任和义务作出了明确的规定。

除此以外,国务院建设行政主管部门及其相关部门也先后颁发一系列调整建设工程质量的建设行政规章及一般规范性文件,具体有:《房屋建筑工程和市政基础设施工程竣工验收备案管理暂行办法》[建设部令第 78 号,2009 年其名称修改为《房屋建筑和市政基础设施工程竣工验收备案管理办法》(住房和城乡建设部令第 2 号)]、《房屋建筑工程质量保修办法》(建设部令第 80 号)、《建设工程勘察质量管理办法》(住房和城乡建设部令第 53 号)、《建设工程质量检测管理办法》、《房屋建筑和市政基础设施工程质量监督管理规定》(住房和城乡建设部令第 5 号)、《城市

地下管线工程档案管理办法》(住房和城乡建设部令第47号)、《房屋建筑工程和市政基础设施工程实行见证取样和送检的规定》(建建〔2000〕211号)、《房屋建筑和市政基础设施工程竣工验收规定》(建质〔2013〕171号)、《建设工程质量保证金管理办法》(建质〔2017〕138号)、《建筑工程五方责任主体项目负责人质量终身责任追究暂行办法》(建质〔2014〕124号)。

除前述法律、行政法规、部门规章和其他规范性法律文件之外,国家还颁布了很多关于建设工程质量管理的标准和技术规范。

目前,在建设工程质量管理领域,我国已经形成了以《建筑法》《产品质量法》《建设工程质量管理条例》《民用建筑节能条例》等法律和行政法规为主干,以住房和城乡建设部等相关部委发布的部门规章、质量技术标准规范及地方性法规为分支的建设工程质量管理法律法规体系。

第二节 我国建设工程质量的政府监督管理

一、我国建设工程质量政府监督管理的发展历程

建设工程质量政府监督制度的发展,对于提高建设工程质量,促进建筑行业质量的发展,起到了积极推动作用。有学者认为,我国建设工程质量政府监督管理制度的发展,分为以《关于改革建筑业和基本建设管理体制若干问题的暂行规定》(已失效)、《建设工程质量管理办法》(已失效)和《建设工程质量管理条例》3个文件为标志的建立、规范和深化改革的3个阶段。① 也有学者把监理制度的建立包括在内,认为我国建设工程质量政府监督管理大致经历了施工单位自身管控、建设单位检查验收、建立政府质量监管制度和建立监理监督制度4个阶段。② 还有学者从我国应该建立建设工程质量保险着手,认为我国建设工程质量管理的发展大致经历4个阶段:(1)第一阶段(1953~1963年):单一的施工企业内部检查制度;(2)第二阶段(1963~1984年):第二方建设单位质量验收检查制度;(3)第三阶段(1984~2000年):政府建设工程质量等级核验制度的形成;(4)第四阶段(2000年至今):推行竣工验收备案制度。在实施建设工程质量保险后,我国的工程质量管理将进入第5个阶段。③ 笔者认为,我国建设工程质量政府监督管理大致经历了以下4个阶段:

(一)施工单位自身管控阶段(1953~1963年)

中华人民共和国成立初期,在国家计划经济管控下,建设项目由国家政府计划,财政拨款,政府进行行政管理,建设活动由国家性质的建筑公司及其工人自行完成,由建筑公司自身对所建设工程质量进行检查管控。

1953年,原中央人民政府重工业部《关于在基本建设中深入贯彻责任制与提高工程质量的指示》(已失效)中提出:基本建设部门应当根据本身建立责任制的情况,进行自我检查,确定负责人;参与的部门如建设单位、施工单位、设计部门都应负技术监督的责任。该项指示的出台标志着我国开始形成工程质量管理制度,表明质量责任制开始逐渐被接受并推广。

1955年4月,国务院将城市建设总局划拨出来成立城市建设总局,由建筑工程管理部门管理

---

① 郭汉丁、刘应宗:《我国建设工程质量政府监督制度沿革》,载《工程质量》2002年第4期。

② 贾春芳:《建设工程质量政府监督管理研究》,长安大学2019年硕士学位论文,第21页。

③ 李慧民、马海骋、盛金喜:《建设工程质量保险制度基础》,科学出版社2017年版,第120页。

建筑企业，针对建筑企业的各类问题进行直接行政干预。此举标志着我国建筑工程管理部门成为重要的代表国家检查质量安全规制的主体。以国务院为统领，其他部门既各司其职又相互配合的建筑业安全规制机构体系初步建立。

此时政府对各建设工程参与主体只是一种单向的行政命令管理，投资活动由国家行政部门从上而下层层拨付。建设工程质量由建筑施工单位进行内部自检、自评、自控、自管。但是在这种单一的施工企业内部检查制度的实施过程中，一旦工期和产量与质量要求产生矛盾，施工企业往往选择牺牲质量，导致自检工作不能完全有效开展，质量管理的目的无法达到。①

（二）建设单位检查验收阶段（1963～1984年）

由于单一的施工单位内部质量检查制度无法有效保障工程质量，原建筑工程部在1963年制定并发布《建筑安装工程技术监督工作条例》（已失效），加强对施工单位的管理力度，并开始编制《建筑工程质量检验评定标准》。此举标志着我国工程质量管理从原来单一的施工单位内部质量检查制度逐渐进入建设单位质量检查验收制度。国家规定由建设单位对建设工程项目施工过程进行检查，对关键隐蔽工程内容进行验收，甲方牵制和制约乙方的模式有效促进工程质量的提高。但当时建设工程行业法律法规仍未健全，工程勘察、设计、施工、验收缺乏统一的标准规范来约束，管理效果具有明显的局限性。

在经历了一段长时间的发展停滞后，直至1978年党的十一届三中全会之后，我国的基本建设工作才得到了迅速发展，但由于建设规模膨胀过快，质量管理工作出现失控。仅在1980～1982年，全国就发生房屋倒塌事故327起。建设工程质量管理面临的形势严峻，迫切要求改革原有的工程质量管理体制，迅速提升全国工程质量。

1983年，原城乡建设环境保护部、原国家技术监督局联合颁布《建设工程质量监督条例》（已失效），提出建立质量监督机构，强化施工企业内部的质量管理，强调质监机构的相对独立性和权威性，提出在全国推行工程质量管理制度，并明确建设、施工、勘察设计等单位的质量责任义务与相关部门的职责分工。

（三）政府建设工程质量等级核验制度（1984～2000年）

20世纪80年代，伴随经济体制转轨，原有的工程建设管理体制已无法满足发展的要求，建设工程质量事故频发。为改变这种严峻的情况，1984年国务院《关于改革建筑业和基本建设管理体制若干问题的暂行规定》（已失效）提出"改革工程质量监督办法"，大中型工业、交通建设项目，由建设单位负责监督检查；对于一般民用项目，在地方政府领导下，按城市建立有权威的工程质量监督机构，根据有关法规和技术标准，对本地区的工程质量进行监督检查，该机构实行企业化管理，向委托单位收取一定的监督和检测费用。该暂行规定要求在地方政府的领导下，按区域成立建设工程质量管理机构，根据有关法规和技术标准，对本地区的工程质量进行监督检查，标志着我国建设工程质量政府监督制度的正式建立。继而我国开始在全国县级以上建设行政管理部门成立质量监督机构，接受建设行政主管部门的委托，行使工程质量监管职能。

1985年，原城乡建设环境保护部发布《建设工程质量监督站工作暂行规定》，1986年3月，原国家计划委员会、原中国（人民）建设银行下发《关于工程质量监督机构监督范围和取费标准的通知》，要求于1986年年底以前完成制定工程质量监督办法和建立监督机构的工作，并逐步建立健全工程质量检测机构。经过两年多的时间，我国建立起了覆盖全国的工程质量监督机构体系，

---

① 李慧民、马海骋、盛金喜：《建设工程质量保险制度基础》，科学出版社2017年版，第121页。

形成了相当规模的监督队伍。此举标志着我国在施工单位自检、建设单位抽检的基础上,建立了质量监督机构,形成自检、抽检和第三方监督相结合的质量管理体系,推动了质量管理工作由政府单向行政管理向专业技术质量管理转变,由第二方检查向政府质量监管、施工企业自控、建设单位检查相结合转变。

1987 年 5 月 3 日,原城乡建设环境保护部发布《建筑工程质量监督站工作补充规定》,确立了建筑工程质量监督站(以下简称质监站),质监站是当地政府履行工程质量监督的专职执法机构,实行站长负责制,受监工程实行质量监督员负责制,对质监站站长和监督员的资质条件和职能规范作出了规定。1987 年 1 月 23 日发布的《建筑工程质量责任暂行规定》(已失效)规定,建筑工程的勘察、设计、施工、构配件生产单位以及相应的建筑材料、设备供应单位,应对自己的勘察设计、施工的工程质量和生产、供应的产品质量承担责任。这一阶段,我国建设工程质量政府监督的主要内容局限于建设过程中的实体质量的抽样检查和建设工程质量等级的核定上,实际上已转变成为质量责任主体之一。

1990 年 4 月 9 日,《建设工程质量监督管理规定》(已失效)发布,标志着建设工程质量政府监督管理步入规范化轨道。该规定明确了由政府授权的质量监督机构对各类新建、改建和扩建的工业、交通和民用、市政公用工程及建筑配件实行监督的权力,明确监督的依据是国家颁发的有关法律、法规、技术标准及设计文件,并且对工程质量监督机构的职责、管理人员资质、工程监督程序、监督内容、权限与责任作出了明确的规定。

1993 年 11 月 16 日发布的《建设工程质量管理办法》(已失效)规定了建设单位、工程勘察设计单位、施工单位、建筑材料、构配件生产和设备供应单位的质量责任和义务,它标志着建设工程质量监督管理纳入法制化轨道。《建设工程质量管理办法》(已失效)明确了建设工程的范围,即房屋建设、土木工程、设备安装、管线铺设等工程;界定了建设工程质量,即在国家现行的有关法律法规、技术标准、设计文件和合同中,对工程的安全、适用、经济、美观等特性的综合要求,体现了工程质量的综合性。《建设工程质量管理办法》(已失效)的最大特点是首次将建设单位纳入建设工程质量责任主体,明确规定其质量责任和义务;对建设、勘察设计、施工和构配件生产等单位违反《建设工程质量管理办法》(已失效)所规定的质量责任和义务的惩罚作出了明文规定,依法承担相应的责任;对于从事工程质量监督的工作人员作出了违法承担责任和处罚的规定,保证工程质监工作的权威性、法制性;对阻碍进行工程质量监督的国家工作人员依法处罚,为工程质量依法监督提供了法律支持。①

(四)推行竣工验收备案制度阶段(2000 年至今)

2000 年《建设工程质量管理条例》发布,推行竣工验收备案制度对工程建设各方责任主体的质量行为进行约束,恢复质量监督机构的执法地位,使其能够依法对参建各方建设主体的质量行为实施严格、公正的监督,促使各方建设主体承担法律法规规定的责任和义务。

《建设工程质量管理条例》从根本上改变了工程质量管理工作方式,实现政府由直接验收核定工程质量等级向竣工验收备案转变,由微观监督向宏观监督转变,由阶段监督向全过程监督转变,由直接监督向间接监督转变,并针对政府承担的质量监管责任、质量监督机构承担的监督责任,以及参与各方承担的己方质量责任进行了清晰的界定。《建设工程质量管理条例》的实施,体现了工程质量政府监督的事前控制思想和依法监督思想。由此质量监督机构也从责任主体中

---

① 方华林:《建设工程质量政府监督管理模式的研究》,华南理工大学 2011 年硕士学位论文,第 27 页。

解脱出来，转为受政府部门委托执法的机构。

2000年7月18日，原建设部下发《关于建设工程质量监督机构深化改革的指导意见》（已失效），指出工程质量政府监督的主要目的，提出对监督机构深化改革的指导意见，对各方性质、责任与要求进行具体界定，标志着我国工程质量管理在社会主义市场经济体制下步入宏观调控管理深化改革的新阶段。

2003年8月5日，原建设部印发《工程质量监督工作导则》（已失效），对工程质量监督机构的工作内容、相关制度的制定、工程各方主体的质量行为监督和实体的监督等进行了规范。但该导则作为规范性文件，法律层级依然较低，尤其未明确工程质量监督机构的定位，造成工程质量监督机构在工程实践中指导性和约束力不足，无法适应我国建筑业发展的新环境。

根据2008年12月财政部《关于公布取消和停止征收100项行政事业性收费项目的通知》的精神，自2009年1月1日起取消质量监督费，使质量监督机构的执法地位相对独立，真正代表政府对工程质量实施监督。

随后，住房和城乡建设部相继出台了一些与建设工程质量管理的部门规章和规范性法律文件，主要包括：2010年8月1日发布的《房屋建筑和市政基础设施工程质量监督管理规定》，2013年4月27日发布的《房屋建筑和市政基础设施工程施工图设计文件审查管理办法》，2014年8月25日发布的《建筑施工项目经理质量安全责任十项规定（试行）》等。

二、我国现行建设工程质量政府监督管理的行政管理模式

（一）我国的建设工程质量监督管理体制

《建设工程质量管理条例》规定，国务院建设行政主管部门对全国的建设工程质量实施统一监督管理。国务院铁路、交通、水利等有关部门按照国务院规定的职责分工，负责对全国的有关专业建设工程质量的监督管理。

国务院发展计划部门按照国务院规定的职责，组织稽查特派员，对国家出资的重大建设项目实施监督检查。国务院经济贸易主管部门按照国务院规定的职责，对国家重大技术改造项目实施监督检查。

县级以上地方人民政府建设行政主管部门对本行政区域内的建设工程质量实施监督管理。县级以上地方人民政府交通、水利等有关部门在各自的职责范围内，负责对本行政区域内的专业建设工程质量的监督管理。建设工程质量监督管理，可以由建设行政主管部门或者其他有关部门委托的建设工程质量监督机构具体实施。

建设工程质量监督管理，可以由建设行政主管部门或者其他有关部门委托的建设工程质量监督机构具体实施。从事房屋建筑工程和市政基础设施工程质量监督的机构，必须按照国家有关规定经国务院建设行政主管部门或者省、自治区、直辖市人民政府建设行政主管部门考核；从事专业建设工程质量监督的机构，必须按照国家有关规定经国务院有关部门或者省、自治区、直辖市人民政府有关部门考核。经考核合格后，方可实施质量监督。在政府加强监督的同时，还要发挥社会监督的巨大作用，即任何单位和个人对建设工程的质量事故、质量缺陷都有权检举、控告、投诉。

（二）建设工程政府监督检查的内容和措施

建设工程政府质量监督管理法律依据很多，主要有《建筑法》《建设工程质量管理条例》以及住房和城乡建设部的部门规章和一些规范性法律文件，包括：《房屋建筑和市政基础设施工程竣

工验收备案管理办法》《房屋建筑工程质量保修办法》《建设工程质量检测管理办法》《房屋建筑和市政基础设施工程质量监督管理规定》《房屋建筑工程和市政基础设施工程实行见证取样和送检的规定》《建筑工程五方责任主体项目负责人质量终身责任追究暂行办法》。

《建设工程质量管理条例》规定,国务院建设行政主管部门和国务院铁路、交通、水利等有关部门,以及县级以上地方人民政府建设行政主管部门和其他有关部门,应当加强对有关建设工程质量的法律、法规和强制性标准执行情况的监督检查。《建设工程质量管理条例》还规定了建设工程质量监督管理的内容,主要包括:建设单位在领取施工许可证或者开工报告前,应当按照国家有关规定办理质量监督手续。建设单位应当自建设工程竣工验收合格之日起15日内,将建设工程竣工验收报告和规划、公安消防、环保等部门出具的认可文件或者准许使用文件报建设行政主管部门或者其他有关部门备案。建设行政主管部门或者其他有关部门发现建设单位在竣工验收过程中有违反国家有关建设工程质量管理规定行为的,责令停止使用,重新组织竣工验收。

县级以上人民政府建设行政主管部门和其他有关部门履行监督检查职责时,有权采取下列措施:(1)要求被检查的单位提供有关工程质量的文件和资料;(2)进入被检查单位的施工现场进行检查;(3)发现有影响工程质量的问题时,责令改正。有关单位和个人对县级以上人民政府建设行政主管部门和其他有关部门进行的监督检查应当支持与配合,不得拒绝或者阻碍建设工程质量监督检查人员依法执行职务。《建设工程质量管理条例》规定,供水、供电、供气、公安消防等部门或者单位不得明示或者暗示建设单位、施工单位购买其指定的生产供应单位的建筑材料、建筑构配件和设备。

(三)建设工程质量监督机构

1. 建设工程质量监督机构的性质

根据《建设工程质量管理条例》的规定,建设工程质量监督管理,可由建设行政主管部门或者其他有关部门委托的建设工程质量监督机构具体实施。建设工程质量监督机构是经省级以上建设行政主管部门或有关专业部门考核认定的独立法人。建设工程质量监督机构接受县级以上地方人民政府建设行政主管部门或有关专业部门的委托,依法对建设工程质量进行强制性监督,并对委托部门负责。

按照建设工程质量监督机构社会化、专业化的原则,提倡有条件的城市设立若干个具有独立法人资格的建设工程质量监督机构(包括各类专业工程的质量监督机构),分别接受政府有关部门的委托对工程质量进行监督。地级以上城市也可以设立一个建设工程质量监督机构,接受当地人民政府建设行政主管部门或有关专业部门的委托,组织协调工程质量监督工作,对本行政区内的建设工程质量监督机构进行业务指导和管理。对工程项目具体实施质量监督的机构对委托部门负责。省、自治区人民政府建设行政主管部门可根据本地实际情况,设立建设工程质量监督管理机构,对本行政区内的建设工程质量监督机构进行业务指导和管理,不进行具体工程质量监督。

2. 建设工程质量监督机构应具备的基本条件

建设工程质量监督机构应具备的基本条件包括:(1)有一定数量的质量监督工程师和助理质量监督工程师,质量监督工程师和助理质量监督工程师的比例不得低于1∶8,这些人员应占质监机构总人数的75%以上;(2)有固定的工作场所和适应工程质量监督检查工作需要的仪器、设备;(3)有健全的技术管理和质量管理制度。从事施工图设计文件审查的建设工程质量监督机构,还应当符合《建筑工程施工图设计文件审查暂行办法》规定的设计审查机构的条件。

3. 建设工程质量监督机构的工作内容

建设工程质量监督机构的工作内容主要包括:(1)根据政府主管部门的委托,受理建设工程项目质量监督。(2)制定质量监督工作方案。确定负责该项工程的质量监督工程师和助理质量监督工程师;根据有关法律、法规和工程建设强制性标准,针对工程特点,明确监督的具体内容、监督方式;在方案中对地基基础、主体结构和其他涉及结构安全的重要部位和关键工序作出实施监督的详细计划安排。建设工程质量监督机构应将质量监督工作方案通知建设、勘察、设计、施工、监理单位。(3)检查施工现场工程建设各方主体的质量行为。核查施工现场工程建设各方主体及有关人员的资质或资格;检查勘察、设计、施工、监理单位的质量保证体系和质量责任制落实情况;检查有关质量文件、技术资料是否齐全并符合规定。(4)检查建设工程的实体质量。按照质量监督工作方案,对建设工程地基基础、主体结构和其他涉及结构安全的关键部位进行现场实地抽查,对用于工程的主要建筑材料、构配件的质量进行抽查;对地基基础分部工程、主体结构分部工程和其他涉及结构安全的分部工程的质量验收进行监督。(5)监督工程竣工验收。监督建设单位组织的工程竣工验收的组织形式、验收程序以及在验收过程中提供的有关资料和形成的质量评定文件是否符合有关规定,实体质量是否存有严重缺陷,工程质量的检验评定是否符合国家验收标准。(6)报送建设工程质量监督报告。工程竣工验收后5日内,应向委托部门报送建设工程质量监督报告。建设工程质量监督报告应包括对地基基础和主体结构质量检查的结论,工程竣工验收的程序、内容和质量检验评定是否符合有关规定,及历次抽查该工程发现的质量问题和处理情况等内容。建设工程质量监督报告必须由质量监督工程师签署。(7)对预制建筑构件和商品混凝土的质量进行监督。(8)受委托部门委托,按规定收取工程质量监督费。(9)政府主管部门委托的工程质量监督管理的其他工作。

4. 建设工程质量监督机构及其工作人员的责任

建设工程质量监督机构及其工作人员的责任主要包括:(1)建设工程质量监督机构在进行监督工作中发现有违反建设工程质量管理规定行为和影响工程质量的问题时,有权采取责令改正、局部暂停施工等强制性措施,直至问题得到改正。需要给予行政处罚的,报告委托部门批准后实施。(2)建设工程质量监督机构及质量监督工程师对监督的工程质量承担监督责任。建设工程质量监督机构不履行监督职责、弄虚作假、提供虚假建设工程质量监督报告,或未认真执行质量监督工作方案而发生重大质量事故的,退还工程质量监督费,根据情节轻重,依法分别给予警告、通报批评、停止执行任务直至撤销建设工程质量监督机构资格的处理。质量监督工程师和助理质量监督工程师发生弄虚作假、玩忽职守、滥用职权、徇私舞弊等行为的,由主管部门视情节轻重,给予批评、警告、记过直至取消质量监督工程师和助理质量监督工程师资格等处理;构成犯罪的,依法追究刑事责任。

(四)建设工程质量事故报告制度

《建设工程质量管理条例》规定,建设工程发生质量事故,有关单位应当在24小时内向当地建设行政主管部门和其他有关部门报告。对重大质量事故,事故发生地的建设行政主管部门和其他有关部门应当按照事故类别和等级向当地人民政府和上级建设行政主管部门和其他有关部门报告。特别重大质量事故的调查程序按照国务院有关规定办理。

《生产安全事故报告和调查处理条例》规定,特别重大事故,是指造成30人以上死亡,或者100人以上重伤(包括急性工业中毒),或者1亿元以上直接经济损失的事故。特别重大事故、重大事故逐级上报至国务院安全生产监督管理部门和负有安全生产监督管理职责的有关部门。每级上报的时间不得超过两小时。必要时,安全生产监督管理部门和负有安全生产监督管理职责的有关部门可以越级上报事故情况。

(五)有关质量违法行为应承担的法律责任

《建设工程质量管理条例》规定,发生重大工程质量事故隐瞒不报、谎报或者拖延报告期限的,对直接负责的主管人员和其他责任人员依法给予行政处分。

供水、供电、供气、公安消防等部门或者单位明示或者暗示建设单位或者施工单位购买其指定的生产供应单位的建筑材料、建筑构配件和设备的,责令改正。

国家机关工作人员在建设工程质量监督管理工作中玩忽职守、滥用职权、徇私舞弊,构成犯罪的,依法追究刑事责任;尚不构成犯罪的,依法给予行政处分。

第三节　建设工程质量责任制度

2014 年 8 月住房和城乡建设部发布的《建筑工程五方责任主体项目负责人质量终身责任追究暂行办法》(建质〔2014〕124 号)规定,建筑工程开工建设前,建设、勘察、设计、施工、监理单位法定代表人应当签署授权书,明确本单位项目负责人。建筑工程五方责任主体项目负责人质量终身责任,是指参与新建、扩建、改建的建筑工程项目负责人按照国家法律法规和有关规定,在工程设计使用年限内对工程质量承担相应责任。工程质量终身责任实行书面承诺和竣工后永久性标牌等制度。2017 年 2 月发布的国务院办公厅《关于促进建筑业持续健康发展的意见》规定,全面落实各方主体的工程质量责任,特别要强化建设单位的首要责任和勘察、设计、施工单位的主体责任。严格执行工程质量终身责任制,在建筑物明显部位设置永久性标牌,公示质量责任主体和主要责任人。

一、建设单位的质量责任与义务

《关于促进建筑业持续健康发展的意见》中明确提出,“特别要强化建设单位的首要责任”。建设单位有权选择承包单位,有权对建设过程进行检查、控制,对建设工程进行验收,是建设工程的重要责任主体,在整个建设活动中居于主导地位。

(一)依法发包工程

建筑业企业资质等级是对从事工程建设活动资格和能力的评价,是国家实行建设市场准入管理的重要手段。《建设工程勘察设计资质管理规定》《建筑业企业资质管理规定》《工程监理企业资质管理规定》等,均对工程勘察单位、工程设计单位、施工企业和工程监理单位的资质等级、资质标准、业务范围等作了明确规定。

《建设工程质量管理条例》规定,建设单位应当将工程发包给具有相应资质等级的单位。建设单位不得将建设工程支解发包。建设单位应当依法对工程建设项目的勘察、设计、施工、监理以及与工程建设有关的重要设备、材料等的采购进行招标。

《建筑工程五方责任主体项目负责人质量终身责任追究暂行办法》进一步规定,建设单位项目负责人对工程质量承担全面责任,不得违法发包、支解发包,不得以任何理由要求勘察、设计、施工、监理单位违反法律法规和工程建设标准,降低工程质量,其违法违规或不当行为造成工程质量事故或质量问题，应当承担责任。

（二）依法向有关单位提供原始资料

《建设工程质量管理条例》规定，建设单位必须向有关的勘察、设计、施工、工程监理等单位提供与建设工程有关的原始资料。原始资料必须真实、准确、齐全。

在工程实践中，建设单位根据委托任务必须向勘察单位提供如勘察任务书、项目规划总平面图、地下管线、地形地貌等在内的基础资料；向设计单位提供政府有关部门批准的项目建议书、可行性研究报告等立项文件，设计任务书，有关城市规划、专业规划设计条件，勘察成果及其他基础资料；向施工单位提供概算批准文件，建设项目正式列入国家、部门或地方的年度固定资产投资计划，建设用地的征用资料，施工图纸及技术资料，建设资金和主要建筑材料、设备的来源落实资料，建设项目所在地规划部门批准文件，施工现场完成“三通一平”的平面图等资料；向工程监理单位提供的原始资料，除包括给施工单位的资料外，还要有建设单位与施工单位签订的承包合同文本。①

（三）建设单位的禁止性行为

《建筑法》规定，建设单位不得以任何理由，要求建筑设计单位或者建筑施工企业在工程设计或者施工作业中，违反法律、行政法规和建筑工程质量、安全标准，降低工程质量。

《建设工程质量管理条例》进一步规定，建设工程发包单位，不得迫使承包方以低于成本的价格竞标，不得任意压缩合理工期。建设单位不得明示或者暗示设计单位或者施工单位违反工程建设强制性标准，降低建设工程质量。

（四）依法报审施工图设计文件

施工图设计文件是设计文件的重要内容，是编制施工图预算、安排材料、设备订货和非标准设备制作，进行施工、安装和工程验收等工作的依据。2000 年发布的《建设工程质量管理条例》（现已被修改）第 11 条规定，建设单位应当将施工图设计文件报县级以上人民政府建设行政主管部门或者其他有关部门审查。施工图设计文件未经审查批准的，不得使用。2017 年 10 月 7 日国务院《关于修改部分行政法规的决定》将该条例第 11 条第 1 款修改为：“施工图设计文件审查的具体办法，由国务院建设行政主管部门、国务院其他有关部门制定”。但该条例第 11 条第 2 款“施工图设计文件未经审查批准的，不得使用”仍然保留。

（五）依法实行工程监理

《建设工程质量管理条例》规定，实行监理的建设工程，建设单位应当委托具有相应资质等级的工程监理单位进行监理，也可以委托具有工程监理相应资质等级并与被监理工程的施工承包单位没有隶属关系或者其他利害关系的该工程的设计单位进行监理。下列建设工程必须实行监理：（1）国家重点建设工程；（2）大中型公用事业工程；（3）成片开发建设的住宅小区工程；（4）利用外国政府或者国际组织贷款、援助资金的工程；（5）国家规定必须实行监理的其他工程。

（六）依法办理工程质量监督手续

《建设工程质量管理条例》第 13 条规定，建设单位在领取施工许可证或者开工报告前，应当按照国家有关规定办理工程质量监督手续。为进一步推进政府职能转变和“放管服”改革，更大程度激发市场、社会的创新创造活力，营造法治化、国际化、便利化的营商环境，2019 年 4 月 23 日

---

① 全国一级建造师执业资格考试用书编写委员会编写：《建设工程法规及相关知识》，中国建筑工业出版社 2019 年版，第 305 页。

国务院《关于修改部分行政法规的决定》将条例第13条修改为:“建设单位在开工前,应当按照国家有关规定办理工程质量监督手续,工程质量监督手续可以与施工许可证或者开工报告合并办理。”修改前的《建设工程质量管理条例》将建设单位开工手续分为两步:第一步为按照国家有关规定办理工程质量监督手续;第二步为领取施工许可或者开工报告。《关于修改部分行政法规的决定》将两步合并为一步,办理工程质量监督手续的同时即可合并办理施工许可证或者开工报告。这是国务院落实“放管服”改革在工程建设领域的又一举措,通过“一窗受理、集成服务、一次办结”进行服务模式创新。

建设单位在开工之前,应当依法到建设行政主管部门或铁路、交通、水利等有关管理部门,或其委托的工程质量监督机构办理工程质量监督手续,接受政府主管部门的工程质量监督。建设单位办理工程质量监督手续,应提供以下文件和资料:(1)工程规划许可证;(2)设计单位资质等级证书;(3)监理单位资质等级证书、监理合同及《工程项目监理登记表》;(4)施工单位资质等级证书及营业执照副本;(5)工程勘察设计文件;(6)中标通知书及施工承包合同等。

(七)依法保证建筑材料等符合要求

《建设工程质量管理条例》规定,按照合同约定,由建设单位采购建筑材料、建筑构配件和设备的,建设单位应当保证建筑材料、建筑构配件和设备符合设计文件和合同要求。建设单位不得明示或者暗示施工单位使用不合格的建筑材料、建筑构配件和设备。

(八)依法进行装修工程

建筑设计方案是根据建筑物的功能要求,具体确定建筑标准、结构形式、建筑物的空间和平面布置以及建筑群体的安排。所以,对于涉及建筑主体和承重结构变动的装修工程,必须重新进行计算和设计,形成新的设计方案。《建设工程质量管理条例》规定,涉及建筑主体和承重结构变动的装修工程,建设单位应当在施工前委托原设计单位或者具有相应资质等级的设计单位提出设计方案;没有设计方案的,不得施工。房屋建筑使用者在装修过程中,不得擅自变动房屋建筑主体和承重结构。

(九)组织竣工验收并移交建设项目档案

《建设工程质量管理条例》规定,建设单位收到建设工程竣工报告后,应当组织设计、施工、工程监理等有关单位进行竣工验收。建设工程竣工验收应当具备下列条件:(1)完成建设工程设计和合同约定的各项内容;(2)有完整的技术档案和施工管理资料;(3)有工程使用的主要建筑材料、建筑构配件和设备的进场试验报告;(4)有勘察、设计、施工、工程监理等单位分别签署的质量合格文件;(5)有施工单位签署的工程保修书。建设工程经验收合格的,方可交付使用。建设单位应当严格按照国家有关档案管理的规定,及时收集、整理建设项目各环节的文件资料,建立、健全建设项目档案,并在建设工程竣工验收后,及时向建设行政主管部门或者其他有关部门移交建设项目档案。

(十)建设单位质量违法行为应承担的法律责任

《建筑法》规定,建设单位违反本法规定,要求建筑设计单位或者建筑施工企业违反建筑工程质量、安全标准,降低工程质量的,责令改正,可以处以罚款;构成犯罪的,依法追究刑事责任。

《建设工程质量管理条例》规定,建设单位有下列行为之一的,责令改正,处20万元以上50万元以下的罚款:(1)迫使承包方以低于成本的价格竞标的;(2)任意压缩合理工期的;(3)明示或者暗示设计单位或者施工单位违反工程建设强制性标准,降低工程质量的;(4)施工图设计文件未经审查或者审查不合格,擅自施工的;(5)建设项目必须实行工程监理而未实行工程监理的;(6)未按照国家规定办理工程质量监督手续的;(7)明示或者暗示施工单位使用不合格的建筑材料、建筑构配件和设备的;(8)未按照国家规定将竣工验收报告、有关认可文件或者准许使用文件报送备案的。

《建筑工程五方责任主体项目负责人质量终身责任追究暂行办法》规定,发生本办法第6条所列情形之一的,对建设单位项目负责人按以下方式进行责任追究:(1)项目负责人为国家公职人员的,将其违法违规行为告知其上级主管部门及纪检监察部门,并建议对项目负责人给予相应的行政、纪律处分;(2)构成犯罪的,移送司法机关依法追究刑事责任;(3)处单位罚款数额5%以上10%以下的罚款;(4)向社会公布曝光。

二、勘察设计单位的质量责任与义务

《建筑法》规定,建筑工程的勘察、设计单位必须对其勘察、设计的质量负责。勘察、设计文件应当符合有关法律、行政法规的规定和建筑工程质量、安全标准、建筑工程勘察、设计技术规范以及合同的约定。

(一)依法承揽工程的勘察、设计业务

《建设工程质量管理条例》规定,从事建设工程勘察、设计的单位应当依法取得相应等级的资质证书,并在其资质等级许可的范围内承揽工程。禁止勘察、设计单位超越其资质等级许可的范围或者以其他勘察、设计单位的名义承揽工程。禁止勘察、设计单位允许其他单位或者个人以本单位的名义承揽工程。勘察、设计单位不得转包或者违法分包所承揽的工程。

(二)勘察、设计必须执行强制性标准

《建设工程质量管理条例》规定,勘察、设计单位必须按照工程建设强制性标准进行勘察、设计,并对其勘察、设计的质量负责。注册建筑师、注册结构工程师等注册执业人员应当在设计文件上签字,对设计文件负责。

《建筑工程五方责任主体项目负责人质量终身责任追究暂行办法》进一步规定,勘察、设计单位项目负责人应当保证勘察设计文件符合法律法规和工程建设强制性标准的要求,对因勘察、设计导致的工程质量事故或质量问题承担责任。

(三)勘察单位提供的勘察成果必须真实、准确

《建设工程质量管理条例》规定,勘察单位提供的地质、测量、水文等勘察成果必须真实、准确。

(四)设计依据和设计深度

勘察成果文件是设计的基础资料,是设计的依据。《建设工程质量管理条例》规定,设计单位应当根据勘察成果文件进行建设工程设计。设计文件应当符合国家规定的设计深度要求,注明工程合理使用年限。

关于建设工程的设计合理使用年限,主要指建筑主体结构的设计使用年限。根据《建筑结构可靠性设计统一标准》(GB 50068—2018)和《民用建筑设计统一标准》(GB 50352—2019)的规定,建设工程的设计合理使用年限分为4类:(1)对于临时性建筑,其设计使用年限为5年;(2)对于易于替换结构构件的建筑,其设计使用年限为25年;(3)对于普通房屋和构筑物,其设计使用年限为50年;(4)对于纪念性建筑和特别重要的建筑结构,其结构设计使用年限为100年。此外,对于专业建筑工程,则应按照相应的专业技术规范要求确定其设计合理使用年限。

(五)依法规范设计对建筑材料等的选用

《建筑法》《建设工程质量管理条例》规定,设计单位在设计文件中选用的建筑材料、建筑构

配件和设备,应当注明规格、型号、性能等技术指标,其质量要求必须符合国家规定的标准。除有特殊要求的建筑材料、专用设备、工艺生产线等外,设计单位不得指定生产厂、供应商。

(六)依法对设计文件进行设计交底

《建设工程质量管理条例》规定,设计单位应当就审查合格的施工图设计文件向施工单位作出详细说明。设计文件的设计交底,通常的做法是设计文件完成后,通过建设单位发给施工单位,再由设计单位将设计的意图、特殊的工艺要求,以及建筑、结构、设备等各专业在施工中的难点、疑点和容易发生的问题等向施工单位作详细说明,并负责解释施工单位对设计图纸的疑问。

(七)依法参与建设工程质量事故分析

《建设工程质量管理条例》规定,设计单位应当参与建设工程质量事故分析,并对因设计造成的质量事故,提出相应的技术处理方案。

(八)勘察、设计单位质量违法行为应承担的法律责任

《建设法》规定,建筑设计单位不按照建筑工程质量、安全标准进行设计的,责令改正,处以罚款;造成工程质量事故的,责令停业整顿,降低资质等级或者吊销资质证书,没收违法所得,并处罚款;造成损失的,承担赔偿责任;构成犯罪的,依法追究刑事责任。

《建设工程质量管理条例》规定,有下列行为之一的,责令改正,处10万元以上30万元以下的罚款:(1)勘察单位未按照工程建设强制性标准进行勘察的;(2)设计单位未根据勘察成果文件进行工程设计的;(3)设计单位指定建筑材料、建筑构配件的生产厂、供应商的;(4)设计单位未按照工程建设强制性标准进行设计的。有以上所列行为,造成工程质量事故的,责令停业整顿,降低资质等级;情节严重的,吊销资质证书;造成损失的,依法承担赔偿责任。

《建筑工程五方责任主体项目负责人质量终身责任追究暂行办法》规定,发生本办法第6条所列情形之一的,对勘察单位项目负责人、设计单位项目负责人按以下方式进行责任追究:(1)项目负责人为注册建筑师、勘察设计注册工程师的,责令停止执业1年;造成重大质量事故的,吊销执业资格证书,5年以内不予注册;情节特别恶劣的,终身不予注册;(2)构成犯罪的,移送司法机关依法追究刑事责任;(3)处单位罚款数额5%以上10%以下的罚款;(4)向社会公布曝光。

三、施工单位的质量责任与义务

施工单位是工程建设的重要责任主体之一。《建筑法》规定,建筑施工企业对工程的施工质量负责。国务院办公厅《关于促进建筑业持续健康发展的意见》规定,全面落实各方主体的工程质量责任,特别要强化建设单位的首要责任和勘察、设计、施工单位的主体责任。严格执行工程质量终身责任制,在建筑物明显部位设置永久性标牌,公示质量责任主体和主要责任人。《建筑工程五方责任主体项目负责人质量终身责任追究暂行办法》规定,建筑工程开工建设前,建设、勘察、设计、施工、监理单位法定代表人应当签署授权书,明确本单位项目负责人。工程质量终身责任实行书面承诺和竣工后永久性标牌等制度。

(一)依法承揽工程的施工业务

《建设工程质量管理条例》规定,施工单位应当依法取得相应等级的资质证书,并在其资质等级许可的范围内承揽工程。禁止施工单位超越本单位资质等级许可的业务范围或者以其他施工单位的名义承揽工程。禁止施工单位允许其他单位或者个人以本单位的名义承揽工程。施工单位不得转包或者违法分包工程。

（二）施工单位对施工质量负责

《建设工程质量管理条例》规定，施工单位对建设工程的施工质量负责。施工单位应当建立质量责任制，确定工程项目的项目经理、技术负责人和施工管理负责人。

《建筑工程五方责任主体项目负责人质量终身责任追究暂行办法》规定，施工单位项目经理应当按照经审查合格的施工图设计文件和施工技术标准进行施工，对因施工导致的工程质量事故或质量问题承担责任。

（三）总分包单位的质量责任

《建筑法》规定，建筑工程实行总承包的，工程质量由工程总承包单位负责，总承包单位将建筑工程分包给其他单位的，应当对分包工程的质量与分包单位承担连带责任。分包单位应当接受总承包单位的质量管理。

《建设工程质量管理条例》进一步规定，建设工程实行总承包的，总承包单位应当对全部建设工程质量负责；建设工程勘察、设计、施工、设备采购的一项或者多项实行总承包的，总承包单位应当对其承包的建设工程或者采购的设备的质量负责。总承包单位依法将建设工程分包给其他单位的，分包单位应当按照分包合同的约定对其分包工程的质量向总承包单位负责，总承包单位与分包单位对分包工程的质量承担连带责任。

据此，在总分包的情况下存在总包、分包 2 个合同以及 3 种法律关系或责任：(1)总包质量责任。无论是实行建设工程总承包还是对建设工程勘察、设计、施工、设备采购的一项或者多项实行总承包，总承包单位都应当按照合同约定对其所承包的工程或工作向建设单位承担总体的质量责任。(2)分包质量责任。总承包单位依法将建设工程分包给其他单位的，分包单位应当按照分包合同的约定对其分包工程的质量向总承包单位承担质量责任。分包单位还应当接受总承包单位的质量管理。(3)总分包连带质量责任。总承包单位与分包单位对分包工程的质量承担连带责任，即分包工程发生质量问题时，建设单位或其他受害人既可以向分包单位请求赔偿，也可以向总承包单位请求赔偿；进行赔偿的一方，有权依据分包合同的约定，对不属于自己责任的那部分赔偿向对方追偿。①

（四）按照工程设计图纸和施工技术标准施工

《建筑法》规定，建筑施工企业必须按照工程设计图纸和施工技术标准施工，不得偷工减料。工程设计的修改由原设计单位负责，建筑施工企业不得擅自修改工程设计。

《建设工程质量管理条例》进一步规定，施工单位必须按照工程设计图纸和施工技术标准施工，不得擅自修改工程设计，不得偷工减料。施工单位在施工过程中发现设计文件和图纸有差错的，应当及时提出意见和建议。

（五）对建筑材料、设备等进行检验检测

《建筑法》规定，建筑施工企业必须按照工程设计要求、施工技术标准和合同的约定，对建筑材料、建筑构配件和设备进行检验，不合格的不得使用。

《建设工程质量管理条例》进一步规定，施工单位必须按照工程设计要求、施工技术标准和合同约定，对建筑材料、建筑构配件、设备和商品混凝土进行检验，检验应当有书面记录和专人签字；未经检验或者检验不合格的，不得使用。施工人员对涉及结构安全的试块、试件以及有关材

① 全国一级建造师执业资格考试用书编写委员会编写：《建设工程法规及相关知识》，中国建筑工业出版社 2019 年版，第 297 页。

料,应当在建设单位或者工程监理单位监督下现场取样,并送具有相应资质等级的质量检测单位进行检测。

(六)施工质量检验制度

《建设工程质量管理条例》规定,施工单位必须建立、健全施工质量的检验制度,严格工序管理,做好隐蔽工程的质量检查和记录。隐蔽工程在隐蔽前,施工单位应当通知建设单位和建设工程质量监督机构。施工质量检验,通常是指工程施工过程中工序质量检验(或称为过程检验),包括预检、自检、交接检、专职检、分部工程中间检验以及隐蔽工程检验等。

隐蔽工程,是指在施工过程中某一道工序所完成的工程实物,被后一工序形成的工程实物所隐蔽,而且不可以逆向作业的那部分工程。隐蔽工程被后续工序隐蔽后,其施工质量就很难检验及认定。所以,隐蔽工程在隐蔽前,施工单位除了要做好检查、检验并做好记录外,还应当及时通知建设单位(实施监理的工程为监理单位)和建设工程质量监督机构,以接受政府监督和向建设单位提供质量保证。

(七)建设工程的返修

《建筑法》规定,对已发现的质量缺陷,建筑施工企业应当修复。《建设工程质量管理条例》进一步规定,施工单位对施工中出现质量问题的建设工程或者竣工验收不合格的建设工程,应当负责返修。《民法典》第801条也作了相应规定,因施工人的原因致使建设工程质量不符合约定的,发包人有权请求施工人在合理期限内无偿修理或者返工、改建。不论是施工过程中出现质量问题的建设工程,还是竣工验收时发现质量问题的工程,施工单位都要负责返修。对于非施工单位原因造成的质量问题,施工单位也应当负责返修,但是因此而造成的损失及返修费用由责任方负责。

(八)建立健全职工教育培训制度

《建设工程质量管理条例》规定,施工单位应当建立、健全教育培训制度,加强对职工的教育培训;未经教育培训或者考核不合格的人员,不得上岗作业。

(九)违法行为应承担的法律责任

1. 违反资质管理规定和转包、违法分包造成质量问题应承担的法律责任

《建筑法》规定,建筑施工企业转让、出借资质证书或者以其他方式允许他人以本企业的名义承揽工程的,对因该项承揽工程不符合规定的质量标准造成的损失,建筑施工企业与使用本企业名义的单位或者个人承担连带赔偿责任。承包单位将承包的工程转包的,或者违反本法规定进行分包的,对因转包工程或者违法分包的工程不符合规定的质量标准造成的损失,与接受转包或者分包的单位承担连带赔偿责任。

2. 偷工减料等违法行为应承担的法律责任

《建筑法》规定,建筑施工企业在施工中偷工减料的,使用不合格的建筑材料、建筑构配件和设备的,或者有其他不按照工程设计图纸或者施工技术标准施工的行为的,责令改正,处以罚款;情节严重的,责令停业整顿,降低资质等级或者吊销资质证书;造成建筑工程质量不符合规定的质量标准的,负责返工、修理,并赔偿因此造成的损失;构成犯罪的,依法追究刑事责任。

《建设工程质量管理条例》规定,施工单位在施工中偷工减料的,使用不合格的建筑材料、建筑构配件和设备的,或者有不按照工程设计图纸或者施工技术标准施工的其他行为的,责令改正,处工程合同价款2%以上4%以下的罚款;造成建设工程质量不符合规定的质量标准的,负责返工、修理,并赔偿因此造成的损失;情节严重的,责令停业整顿,降低资质等级或者吊销资质

证书。

3. 项目经理违法行为应承担的法律责任

《建筑工程五方责任主体项目负责人质量终身责任追究暂行办法》规定,符合下列情形之一的,县级以上地方人民政府住房城乡建设主管部门应当依法追究项目负责人的质量终身责任:(1)发生工程质量事故;(2)发生投诉、举报、群体性事件、媒体报道并造成恶劣社会影响的严重工程质量问题;(3)由于勘察、设计或施工原因造成尚在设计使用年限内的建筑工程不能正常使用;(4)存在其他需追究责任的违法违规行为。对施工单位项目经理按以下方式进行责任追究:(1)项目经理为相关注册执业人员的,责令停止执业 1 年;造成重大质量事故的,吊销执业资格证书,5 年以内不予注册;情节特别恶劣的,终身不予注册。(2)构成犯罪的,移送司法机关依法追究刑事责任。(3)处单位罚款数额 5% 以上 10% 以下的罚款。(4)向社会公布曝光。

4. 检验检测违法行为应承担的法律责任

《建设工程质量管理条例》规定,施工单位未对建筑材料、建筑构配件、设备和商品混凝土进行检验,或者未对涉及结构安全的试块、试件以及有关材料取样检测的,责令改正,处 10 万元以上 20 万元以下的罚款;情节严重的,责令停业整顿,降低资质等级或者吊销资质证书;造成损失的,依法承担赔偿责任。

5. 构成犯罪的追究刑事责任

《建设工程质量管理条例》规定,建设单位、设计单位、施工单位、工程监理单位违反国家规定,降低工程质量标准,造成重大安全事故,构成犯罪的,对直接责任人员依法追究刑事责任。建设、勘察、设计、施工、工程监理单位的工作人员因调动工作、退休等原因离开该单位后,被发现在该单位工作期间违反国家有关建设工程质量管理规定,造成重大工程质量事故的,仍应当依法追究法律责任。

《刑法》第 137 条规定,建设单位、设计单位、施工单位、工程监理单位违反国家规定,降低工程质量标准,造成重大安全事故的,对直接责任人员处 5 年以下有期徒刑或者拘役,并处罚金;后果特别严重的,处 5 年以上 10 年以下有期徒刑,并处罚金。

四、工程监理单位的质量责任和义务

工程监理单位接受建设单位的委托,代表建设单位,对建设工程进行管理。因此,工程监理单位也是建设工程质量的责任主体之一。

(一)依法承担工程监理业务

《建筑法》规定,工程监理单位应当在其资质等级许可的监理范围内,承担工程监理业务。工程监理单位不得转让工程监理业务。

《建设工程质量管理条例》进一步规定,工程监理单位应当依法取得相应等级的资质证书,并在其资质等级许可的范围内承担工程监理业务。禁止工程监理单位超越本单位资质等级许可的范围或者以其他工程监理单位的名义承担工程监理业务。禁止工程监理单位允许其他单位或者个人以本单位的名义承担工程监理业务。工程监理单位不得转让工程监理业务。

(二)对有隶属关系或其他利害关系的回避

《建筑法》《建设工程质量管理条例》均规定,工程监理单位与被监理工程的施工承包单位以及建筑材料、建筑构配件和设备供应单位有隶属关系或者其他利害关系的,不得承担该项建设工程的监理业务。

(三)监理工作的依据和监理责任

《建设工程质量管理条例》规定,工程监理单位应当依照法律、法规以及有关技术标准、设计文件和建设工程承包合同,代表建设单位对施工质量实施监理,并对施工质量承担监理责任。

《建筑工程五方责任主体项目负责人质量终身责任追究暂行办法》进一步规定,监理单位总监理工程师应当按照法律法规、有关技术标准、设计文件和工程承包合同进行监理,对施工质量承担监理责任。

(四)工程监理的职责和权限

《建设工程质量管理条例》规定,工程监理单位应当选派具备相应资格的总监理工程师和监理工程师进驻施工现场。未经监理工程师签字,建筑材料、建筑构配件和设备不得在工程上使用或者安装,施工单位不得进行下一道工序的施工。未经总监理工程师签字,建设单位不拨付工程款,不进行竣工验收。

(五)工程监理的形式

《建设工程质量管理条例》规定,监理工程师应当按照工程监理规范的要求,采取旁站、巡视和平行检验等形式,对建设工程实施监理。旁站,是指监理人员在建筑工程施工阶段中,对关键部位、关键工序的施工质量实施全过程现场跟班的监督活动。巡视,是指监理人员对正在施工的部位或工序在现场进行的定期或不定期的监督活动,是监理工作的日常程序。平行检验,是指监理人员利用一定的检查或检测手段,在施工单位自检的基础上,按照一定的比例独立进行的工程质量检测活动。平行检查体现工程监理的独立性、工作的科学性,也是管理专业化的要求。对于关键性、较大体量的工程实物,采取分段后平行检验的方式,有利于及时发现质量问题,及时采取措施予以纠正。

(六)工程监理单位质量违法行为应承担的法律责任

《建筑法》规定,工程监理单位与建设单位或者建筑施工企业串通,弄虚作假、降低工程质量的,责令改正,处以罚款,降低资质等级或者吊销资质证书;有违法所得的,予以没收;造成损失的,承担连带赔偿责任;构成犯罪的,依法追究刑事责任。

《建设工程质量管理条例》规定,工程监理单位有下列行为之一的,责令改正,处 50 万元以上 100 万元以下的罚款,降低资质等级或者吊销资质证书;有违法所得的,予以没收;造成损失的,承担连带赔偿责任:(1)与建设单位或者施工单位串通、弄虚作假、降低工程质量的;(2)将不合格的建设工程、建筑材料、建筑构配件和设备按照合格签字的。

《建筑工程五方责任主体项目负责人质量终身责任追究暂行办法》规定,发生本办法第 6 条所列情形之一的,对监理单位总监理工程师按以下方式进行责任追究:(1)责令停止注册监理工程师执业 1 年;造成重大质量事故的,吊销执业资格证书,5 年以内不予注册;情节特别恶劣的,终身不予注册;(2)构成犯罪的,移送司法机关依法追究刑事责任;(3)处单位罚款数额 5% 以上 10% 以下的罚款;(4)向社会公布曝光。

五、有关单位的消防设计、施工质量责任与义务

《建设工程消防设计审查验收管理暂行规定》规定,建设单位依法对建设工程消防设计、施工质量负首要责任。设计、施工、工程监理、技术服务等单位依法对建设工程消防设计、施工质量负主体责任。建设、设计、施工、工程监理、技术服务等单位的从业人员依法对建设工程消防设计、施工质量承担相应的个人责任。

(一)建设单位的消防设计、施工质量责任与义务

建设单位应当履行下列消防设计、施工质量责任和义务:(1)不得明示或者暗示设计、施工、工程监理、技术服务等单位及其从业人员违反建设工程法律法规和国家工程建设消防技术标准,降低建设工程消防设计、施工质量;(2)依法申请建设工程消防设计审查、消防验收,办理备案并接受抽查;(3)实行工程监理的建设工程,依法将消防施工质量委托监理;(4)委托具有相应资质的设计、施工、工程监理单位;(5)按照工程消防设计要求和合同约定,选用合格的消防产品和满足防火性能要求的建筑材料、建筑构配件和设备;(6)组织有关单位进行建设工程竣工验收时,对建设工程是否符合消防要求进行查验;(7)依法及时向档案管理机构移交建设工程消防有关档案。

(二)设计单位的消防设计、施工质量责任与义务

设计单位应当履行下列消防设计、施工质量责任和义务:(1)按照建设工程法律法规和国家工程建设消防技术标准进行设计,编制符合要求的消防设计文件,不得违反国家工程建设消防技术标准强制性条文;(2)在设计文件中选用的消防产品和具有防火性能要求的建筑材料、建筑构配件和设备,应当注明规格、性能等技术指标,符合国家规定的标准;(3)参加建设单位组织的建设工程竣工验收,对建设工程消防设计实施情况签章确认,并对建设工程消防设计质量负责。

(三)施工单位的消防设计、施工质量责任与义务

施工单位应当履行下列消防设计、施工质量责任和义务:(1)按照建设工程法律法规、国家工程建设消防技术标准,以及经消防设计审查合格或者满足工程需要的消防设计文件组织施工,不得擅自改变消防设计进行施工,降低消防施工质量;(2)按照消防设计要求、施工技术标准和合同约定检验消防产品和具有防火性能要求的建筑材料、建筑构配件和设备的质量,使用合格产品,保证消防施工质量;(3)参加建设单位组织的建设工程竣工验收,对建设工程消防施工质量签章确认,并对建设工程消防施工质量负责。

(四)工程监理单位的消防设计、施工质量责任与义务

工程监理单位应当履行下列消防设计、施工质量责任和义务:(1)按照建设工程法律法规、国家工程建设消防技术标准,以及经消防设计审查合格或者满足工程需要的消防设计文件实施工程监理;(2)在消防产品和具有防火性能要求的建筑材料、建筑构配件和设备使用、安装前,核查产品质量证明文件,不得同意使用或者安装不合格的消防产品和防火性能不符合要求的建筑材料、建筑构配件和设备;(3)参加建设单位组织的建设工程竣工验收,对建设工程消防施工质量签章确认,并对建设工程消防施工质量承担监理责任。

第四节　建设工程质量检测制度

《建筑法》规定,建筑施工企业必须按照工程设计要求、施工技术标准和合同的约定,对建筑材料、建筑构配件和设备进行检验,不合格的不得使用。《建设工程质量管理条例》进一步规定,施工单位必须按照工程设计要求、施工技术标准和合同约定,对建筑材料、建筑构配件、设备和商品混凝土进行检验,检验应当有书面记录和专人签字;未经检验或者检验不合格的,不得使用。施工人员对涉及结构安全的试块、试件以及有关材料,应当在建设单位或者工程监理单位监督下

现场取样,并送具有相应资质等级的质量检测单位进行检测。

一、建设工程质量检测

建设工程质量检测工作是建筑工程质量监督管理工作的重要手段。根据《建设工程质量检测管理办法》的规定,建设工程质量检测,是指工程质量检测机构接受委托,依据国家有关法律、法规和工程建设强制性标准,对涉及结构安全项目的抽样检测和对进入施工现场的建筑材料、构配件的见证取样检测。

(一)普通送检

施工单位对进入施工现场的建筑材料、建筑构配件、设备和商品混凝土实行检验制度,是施工单位质量保证体系的重要组成部分,也是保证施工质量的重要前提。施工单位必须按照工程设计要求、施工技术标准和合同约定,在使用前对建筑材料、建筑构配件、设备和商品混凝土等进行送检,送检数量和频次必须满足工程验收规范的要求。

(二)施工检测的见证取样和送检制度

见证取样和送检,是指在建设单位或工程监理单位人员的见证下,由施工单位的现场试验人员对工程中涉及结构安全的试块、试件和材料在现场取样,并送至具有法定资格的质量检测单位进行检测的活动。

原建设部发布的《房屋建筑工程和市政基础设施工程实行见证取样和送检的规定》(建建〔2000〕211 号)规定,涉及结构安全的试块、试件和材料见证取样和送检的比例不得低于有关技术标准中规定应取样数量的30%。下列试块、试件和材料必须实施见证取样和送检:(1)用于承重结构的混凝土试块;(2)用于承重墙体的砌筑砂浆试块;(3)用于承重结构的钢筋及连接接头试件;(4)用于承重墙的砖和混凝土小型砌块;(5)用于拌制混凝土和砌筑砂浆的水泥;(6)用于承重结构的混凝土中使用的掺加剂;(7)地下、屋面、厕浴间使用的防水材料;(8)国家规定必须实行见证取样和送检的其他试块、试件和材料。

见证人员应由建设单位或该工程的监理单位中具备施工试验知识的专业技术人员担任,并由建设单位或该工程的监理单位书面通知施工单位、检测单位和负责该项工程的质量监督机构。在施工过程中,见证人员应按照见证取样和送检计划,对施工现场的取样和送检进行见证。取样人员应在试样或其包装上作出标识、封志。标识和封志应标明工程名称、取样部位、取样日期、样品名称和样品数量,并由见证人员和取样人员签字。见证人员应制作见证记录,并将见证记录归入施工技术档案。见证人员和取样人员应对试样的代表性和真实性负责。见证取样的试块、试件和材料送检时,应由送检单位填写委托单,委托单应有见证人员和送检人员签字。检测单位应检查委托单及试样上的标识和封志,确认无误后方可进行检测。检测单位应严格按照有关管理规定和技术标准进行检测,出具公正、真实、准确的检测报告。见证取样和送检的检测报告必须加盖见证取样检测的专用章。

二、建设工程质量检测的历史沿革

建设工程质量检测工作是工程质量监督管理工作的重要手段。我国建设工程质量检测行业的发展大致可分为3个时期。

(一)第一个时期(1985 年以前)

由于当时我国还处于计划经济阶段,建筑企业都是国家和集体所有。建设工程质量检测主要为两种形式:一种是建筑企业内部试验室,另一种是科研院校内部试验室。前者是为本企业服务,不受市场的约束;后者是具有教学科研性质的试验室,检测市场没有任何竞争力。

(二)第二个时期(1985～2005年)

改革开放以后,建筑业的多元化形成,我国加强了对建设工程及其所用材料、制品、设备的质量监督检测工作。为提高工程质量,防止工程质量事故的发生,原城乡建设环境保护部于1985年10月21日发布了《关于印发〈建筑工程质量检测工作规定〉的通知》,带有政府色彩的各级质量监督管理部门的检测机构纷纷产生。这类检测机构以政府为背景,克服了成立时间短的劣势,通过垄断的形式在规模和检测能力上迅速占据优势,成为建筑工程质量检测的主要力量。但是,由于受到政府政策的保护,相关检测机构的服务意识差,仪器、设备落后,技术水平不高,自身竞争能力差,检测市场比较混乱。2000年9月,原建设部发布《房屋建筑工程和市政基础设施工程实行见证取样和送检的规定》,规范房屋建筑工程和市政基础设施工程中涉及结构安全的试块、试件和材料的见证取样和送检工作,保证工程质量。

(三)第三个时期(2005年至今)

第三个时期以2005年10月18日原建设部出台《建设工程质量检测管理办法》为标志。该办法规定,检测机构是具有独立法人资格的中介机构,不得与行政机关,法律、法规授权的具有管理公共事务职能的组织,以及所检测工程项目相关的设计单位、施工单位、监理单位有隶属关系或者其他利害关系。现在我国检测行业正处于第三个时期,住房城乡建设主管部门和各地建设主管部门都出台了各种文件和措施,加强质量检测机构建设,规范质量检测行为,明确检测机构应当对检测数据承担法律责任,以保证工程质量检测的科学性和公正性。2015年5月4日,依据住房和城乡建设部《关于修改〈房地产开发企业资质管理规定〉等部门规章的决定》修改了《建设工程质量检测管理办法》,删除了附件二"检测机构资质标准"的第1条第1项,取消了专项检测机构和见证取样检测机构的注册资本的要求。

三、建设工程质量检测行业的现状和特点

(一)建设工程质量检测行业的现状①

建设工程质量检测行业规模由小变大,工作类型由单一到综合,检测市场化概念从无到有、从暗到明,数量众多的企业试验室属于第一方试验室,即企业为了保证自身产品质量而设立的试验室,其自身性质很大程度上限制了它们走向检测市场的步伐,作为企业内部附属机构的地位使其在经济实力、检测能力、规模和技术力量等各个环节处于劣势,在检测市场所占市场份额约为20%。各级监督机构设立的检测室由于有了政策上的绝对优势,由于其政府背景,克服了成立时间短的劣势,通过垄断检测任务的形式很快在规模和检测能力上占据优势,成为目前检测市场中的主流检测力量。但是垄断行为的副作用是其长期处在政策保护状态,相比其他机构效率低下,技术水平不高,服务意识差,自身竞争能力差。科研院校随着事业单位机构改革,不断加大检测业务投入,使其变成主业发展,并相继将其转型为第三方独立法人检测企业。依靠原来国家科研投入的优势,在技术力量、硬件设备和办公场地方面有不可比拟的优势。由于它们最早走向市场,在市场竞争中已经总结了许多经验。

---

① 贾秀苹:《浅谈建设工程质量检测行业的发展状况》,载《经营管理者》2009年第10期;宁宇:《建设工程质量检测行业的现状及发展对策》,载《天津科技》2010年第3期。

（二）建设工程质量检测行业特点①

1. 政策性较强

检测机构因建设工程质量的相关管理规定应运而生，检测市场的形成和发展受政策导向的直接影响。检测机构的资格认可和行业资质管理本身就是政府政策调节的手段，检测市场的大小同样也由政府质量管理政策直接决定。因此，检测市场是不完全开放的市场，检测行业是一个政策导向性很强的行业。

2. 地域性较强

由于检测行业是政策性很强的行业，各级地方行政主管部门都会根据自己地方实际制定有地方特色的管理要求，外地机构打入本地市场受到限制。另外，工程质量检测本身需要大型的检测设备，并且样品的检测具有明确的实效性，因此从交通、成本、运作方便性考虑，检测工作跨地区开展具有难度，从而决定了各行政区域内市场的独立性。

3. 技术门槛不高

与国外先进的检测同行相比，在检测工作管理方面缺少科学、系统的内部管理体系和经验，通常的检测单位对设备场地等硬件和技术培养等软件的投入较少，技术门槛较低。

4. 体制单一

目前的检测行业体制单一，但是随着国有事业机构改革，检测机构股份制改造成为可能，将改变体制单一的现状。

检测业发展至今，检测机构都是作为建筑行业的附属，还没有形成独立运作的管理体系。但是随着加入 WTO 的冲击，检测机构应根据国际通用要求"导则 25"②来管理，整个行业面临升级转型。建筑业在我国正处在高速发展阶段，随着全国质量意识提高，检测行业充满发展的潜力和希望，社会对检测的要求会更迫切、更高。因此，检测行业的出路必须是检测走向产业化，最终使检测机构成为真正意义上的第三方公正性的中介机构。

四、建设工程质量检测机构资质管理

《建设工程质量检测管理办法》规定，工程质量检测机构是具有独立法人资格的中介机构。检测机构不得与行政机关、法律法规授权的具有管理公共事务职能的组织以及所检测工程项目相关的设计单位、施工单位、监理单位有隶属关系或者其他利害关系。按照其承担的检测业务内容，分为专项检测机构资质和见证取样检测机构资质。检测机构未取得相应的资质证书，不得承担上述管理办法规定的质量检测业务。质量检测业务由工程项目建设单位委托具有相应资质的检测机构进行检测。委托方与被委托方应当签订书面合同。

专项检测机构和见证取样检测机构应满足下列基本条件：（1）所申请检测资质对应的项目应通过计量认证。（2）有质量检测、施工、监理或设计经历，并接受了相关检测技术培训的专业技

---

① 叶冉：《建设工程质量检测行业现状及发展对策》，载《山西建筑》2010 年第 12 期。

② "导则 25"是 ISO/IEC 导则 25：1990《校准和检测实验室能力的通用要求》的简称，它是由国际标准化组织 ISO/CASCO（国际标准化组织/合格评定委员会）制定的实验室管理标准。国际上对实验室认可进行管理的组织是国际实验室认可合作组织（ILAC），由包括中国实验室国家认可委员会（CNACL）在内的 44 个实验室认可机构参加。"导则 25"标准主要包括：定义、组织和管理、质量体系、审核和评审、人员、设施和环境、设备和标准物质、量值溯源和校准、校准和检测方法、样品管理、记录、证书和报告、校准或检测的分包、外部协助和供给、投诉等内容。该标准中的核心内容为设备和标准物质、量值溯源和校准、校准和检测方法、样品管理，这些内容重点是评价实验室校准或检测能力是否达到预期要求。

术人员不少于10人;边远的县(区)的专业技术人员可不少于6人。(3)有符合开展检测工作所需的仪器、设备和工作场所;其中,使用属于强制检定的计量器具,要经过计量检定合格后,方可使用。(4)有健全的技术管理和质量保证体系。

专项检测机构除应满足基本条件外,还需满足下列条件:(1)地基基础工程检测类。专业技术人员中从事工程桩检测工作3年以上并具有高级或者中级职称的不得少于4名,其中1人应当具备注册岩土工程师资格。(2)主体结构工程检测类。专业技术人员中从事结构工程检测工作3年以上并具有高级或者中级职称的不得少于4名,其中1人应当具备二级注册结构工程师资格。(3)建筑幕墙工程检测类。专业技术人员中从事建筑幕墙检测工作3年以上并具有高级或者中级职称的不得少于4名。(4)钢结构工程检测类。专业技术人员中从事钢结构机械连接检测、钢网架结构变形检测工作3年以上并具有高级或者中级职称的不得少于4名,其中1人应当具备二级注册结构工程师资格。

见证取样检测机构除应满足基本条件外,专业技术人员中从事检测工作3年以上并具有高级或者中级职称的不得少于3名;边远的县(区)可不少于2人。

国务院建设主管部门负责对全国质量检测活动实施监督管理,并负责制定检测机构资质标准。省、自治区、直辖市人民政府建设主管部门负责对本行政区域内的质量检测活动实施监督管理,并负责检测机构的资质审批。市、县人民政府建设主管部门负责对本行政区域内的质量检测活动实施监督管理。工程检测机构的资质标准、资质申请等具体内容在本书第二章有专门阐述,在此不再赘述。

五、建设工程质量检测范围及业务内容

《建设工程质量管理条例》第31条规定:“施工人员对涉及结构安全的试块、试件以及有关材料,应当在建设单位或者工程监理单位监督下现场取样,并送具有相应资质等级的质量检测单位进行检测。”《建筑工程施工质量验收统一标准》(GB 50300—2013)第3.0.3条规定:“建筑工程的施工质量控制应符合下列规定:1 建筑工程采用的主要材料、半成品、成品、建筑构配件、器具和设备应进行进场检验。”第3.0.6条规定:“建筑工程施工质量应按下列要求进行验收:……4 对涉及结构安全、节能、环境保护和主要使用功能的试块、试件及材料,应在进场时或施工中按规定进行见证检验。”

根据《建设工程质量检测管理办法》(建法规〔2019〕6号)的规定,检测机构从事的质量检测业务有:(1)专项检测:①地基基础工程检测,包括地基及复合地基承载力静载检测、桩的承载力检测、桩身完整性检测以及锚杆锁定力检测;②主体结构工程现场检测,包括混凝土、砂浆、砌体强度现场检测,钢筋保护层厚度检测,混凝土预制构件结构性能检测以及后置埋件的力学性能检测;③建筑幕墙工程检测,包括建筑幕墙的气密性、水密性、风压变形性能、层间变位性能检测以及硅酮结构胶相容性检测;④钢结构工程检测,包括钢结构焊接质量无损检测,钢结构防腐及防火涂装检测,钢结构节点、机械连接用紧固标准件及高强度螺栓力学性能检测,钢网架结构的变形检测。(2)见证取样检测:①水泥物理力学性能检验;②钢筋(含焊接与机械连接)力学性能检验;③砂、石常规检验;④混凝土、砂浆强度检验;⑤简易土工试验;⑥混凝土掺加剂检验;⑦预应力钢绞线、锚夹具检验;⑧沥青、沥青混合料检验。

建设工程质量检测业务由工程项目建设单位委托具有相应资质的检测机构进行检测。委托方与被委托方应当签订书面合同。检测机构不得转包建设工程质量检测业务。检测机构跨省、

自治区、直辖市承担建设工程质量检测业务的,应当向工程所在地的省、自治区、直辖市人民政府建设主管部门备案。

六、建设工程质量检测责任

检测机构完成检测业务后,应当及时出具检测报告。检测报告经检测人员签字、检测机构法定代表人或者其授权的签字人签署,并加盖检测机构公章或者检测专用章后方可生效。检测报告经建设单位或者工程监理单位确认后,由施工单位归档。见证取样检测的检测报告中应当注明见证人单位及姓名。任何单位和个人不得明示或者暗示检测机构出具虚假检测报告,不得篡改或者伪造检测报告。如果检测结果利害关系人对检测结果发生争议,由双方共同认可的检测机构复检,复检结果由提出复检方报当地建设主管部门备案。

检测机构应当将检测过程中发现的建设单位、监理单位、施工单位违反有关法律、法规和工程建设强制性标准的情况,以及涉及结构安全检测结果的不合格情况,及时报告工程所在地建设主管部门。检测机构应当建立档案管理制度,并应当单独建立检测结果不合格项目台账。检测人员不得同时受聘于两个或者两个以上的检测机构。检测机构和检测人员不得推荐或者监制建筑材料、构配件和设备。检测机构不得与行政机关,法律、法规授权的具有管理公共事务职能的组织以及所检测工程项目相关的设计单位、施工单位、监理单位有隶属关系或者其他利害关系。检测机构不得转包检测业务。检测机构应当对其检测数据和检测报告的真实性和准确性负责。检测机构违反法律、法规和工程建设强制性标准,给他人造成损失的,应当依法承担相应的赔偿责任。

《建设工程质量检测管理办法》规定,违反规定,未取得相应的资质,擅自承担本办法规定的检测业务的,其检测报告无效,由县级以上地方人民政府建设主管部门责令改正,并处 1 万元以上 3 万元以下的罚款。检测机构隐瞒有关情况或者提供虚假材料申请资质的,省、自治区、直辖市人民政府建设主管部门不予受理或者不予行政许可,并给予警告,1 年之内不得再次申请资质。以欺骗、贿赂等不正当手段取得资质证书的,由省、自治区、直辖市人民政府建设主管部门撤销其资质证书,3 年内不得再次申请资质证书;并由县级以上地方人民政府建设主管部门处以 1 万元以上 3 万元以下的罚款;构成犯罪的,依法追究刑事责任。

检测机构违反规定,有下列行为之一的,由县级以上地方人民政府建设主管部门责令改正,可并处 1 万元以上 3 万元以下的罚款;构成犯罪的,依法追究刑事责任:(1)超出资质范围从事检测活动的;(2)涂改、倒卖、出租、出借、转让资质证书的;(3)使用不符合条件的检测人员的;(4)未按规定上报发现的违法违规行为和检测不合格事项的;(5)未按规定在检测报告上签字盖章的;(6)未按照国家有关工程建设强制性标准进行检测的;(7)档案资料管理混乱,造成检测数据无法追溯的;(8)转包检测业务的。

检测机构伪造检测数据,出具虚假检测报告或者鉴定结论的,县级以上地方人民政府建设主管部门给予警告,并处 3 万元罚款;给他人造成损失的,依法承担赔偿责任;构成犯罪的,依法追究其刑事责任。

第五节　建设工程质量验收制度

工程质量验收是建设工程质量控制的重要环节,包括工程施工质量验收和工程竣工验收两个方面,具体包括分户验收、专业验收、竣工验收等。通过对工程建设中间产出品和最终产品的质量验收,从过程控制和终端把关两个方面进行工程项目的质量控制,以确保达到业主所要求的使用价值,实现建设投资的经济效益和社会效益。

一、住宅工程的分户验收

住宅工程涉及千家万户,住宅工程质量的好坏直接关系广大人民群众的切身利益。为加强住宅工程质量管理,落实住宅工程参建各方主体质量责任,提高住宅工程质量水平,住房和城乡建设部发布《关于做好住宅工程质量分户验收工作的通知》(建质〔2009〕291号),推进住宅工程质量分户验收(以下简称分户验收)。

(一)分户验收的概念和内容

1. 分户验收的概念

分户验收,是指建设单位组织施工、监理等单位,在住宅工程各检验批、分项、分部工程验收合格的基础上,在住宅工程竣工验收前,依据国家有关工程质量验收标准,对每户住宅及相关公共部位的观感质量和使用功能等进行检查验收,并出具验收合格证明的活动。

2. 分户验收内容

分户验收内容主要包括:(1)地面、墙面和顶棚质量;(2)门窗质量;(3)栏杆、护栏质量;(4)防水工程质量;(5)室内主要空间尺寸;(6)给水排水系统安装质量;(7)室内电气工程安装质量;(8)建筑节能和采暖工程质量;(9)有关合同中规定的其他内容。

(二)分户验收的依据和程序

1. 分户验收的依据

分户验收的依据为国家现行有关工程建设标准,主要包括住宅建筑规范、混凝土结构工程施工质量验收、砌体工程施工质量验收、建筑装饰装修工程施工质量验收、建筑地面工程施工质量验收、建筑给水排水及采暖工程施工质量验收、建筑电气工程施工质量验收、建筑节能工程施工质量验收、智能建筑工程质量验收、屋面工程质量验收、地下防水工程质量验收等标准规范,以及经审查合格的施工图设计文件。

2. 分户验收程序

分户验收应当按照以下程序进行:(1)根据分户验收的内容和住宅工程的具体情况确定检查部位、数量;(2)按照国家现行有关标准规定的方法,以及分户验收的内容适时进行检查;(3)每户住宅和规定的公共部位验收完毕,应填写《住宅工程质量分户验收表》,建设单位和施工单位项目负责人、监理单位项目总监理工程师分别签字;(4)分户验收合格后,建设单位必须按户出具《住宅工程质量分户验收表》,并作为《住宅质量保证书》的附件,一同交给住户。

分户验收不合格,不能进行住宅工程整体竣工验收。同时,住宅工程整体竣工验收前,施工单位应制作工程标牌,将工程名称、竣工日期和建设、勘察、设计、施工、监理单位全称镶嵌在该建筑工程外墙的显著部位。

(三)分户验收的组织实施

分户验收由施工单位提出申请,建设单位组织实施,施工单位项目负责人、监理单位项目总监理工程师及相关质量、技术人员参加,对所涉及的部位、数量按分户验收内容进行检查验收。已经预选物业公司的项目,物业公司应当派人参加分户验收。

建设、施工、监理等单位应严格履行分户验收职责,对分户验收的结论进行签认,不得简化分户验收程序。对于经检查不符合要求的,施工单位应及时进行返修,监理单位负责复查。返修完成后重新组织分户验收。

工程质量监督机构要加强对分户验收工作的监督检查,发现问题及时监督有关方面认真整改,确保分户验收工作质量。对在分户验收中弄虚作假、降低标准或将不合格工程按合格工程验收的,依法对有关单位和责任人进行处罚,并纳入不良行为记录。

二、建设工程的专业验收

(一)专业验收的概念

《建设工程质量管理条例》规定,建设单位应当自建设工程竣工验收合格之日起 15 日内,将建设工程竣工验收报告和规划、公安消防、环保等部门出具的认可文件或者准许使用文件报建设行政主管部门或者其他有关部门备案。专业验收,是指规划、公安消防、人防等行政管理部门依照法律、法规的规定,对建设工程项目落实工程报建审批事项情况所作的检验和认可。

专业验收的类型主要包括:(1)规划验收。主要是依据《城乡规划法》及国务院有关规定,审核建设工程是否按批准的《建设工程规划许可证》及其附件、附图确定的内容进行建设等。(2)消防验收。主要是依据《消防法》《建设工程消防设计审查验收管理暂行规定》,检查建设项目消防设施是否符合消防监督意见要求。(3)人防验收。主要是依据《人防法》,检查防空设施是否实施到位、符合要求。(4)环保验收("三同时"验收)。主要是依据《建设项目环境保护管理条例》《建设项目竣工环境保护验收管理办法》,对建设项目水、气、声、渣等环境保护措施落实情况进行查验,以考核该建设项目是否达到环境保护要求。(5)用地验收。主要是依据《土地管理法》及国务院有关规定,对建设项目是否按批准的土地位置和面积使用土地、是否改变土地用途、是否擅自增加容积率等进行检查。(6)房地产开发项目验收。主要是依据《城市房地产开发经营管理条例》,对房地产开发项目涉及公共安全的内容进行检查。此外,还包括其他涉及工程建设的各类验收。如国家气象局 2011 年发布的《防雷装置设计审核和竣工验收规定》的规定,防雷装置实行竣工验收制度,建设单位应当向许可机构提出申请,填写《防雷装置竣工验收申请书》。

(二)专业验收的性质

在我国,对于专业验收是否属于行政许可,理论上分歧较大,实践中做法也不一。有的从国家法规层面上就规定其属于行政许可,如防雷装置检测。绝大部分未作统一规定,导致地方各行其是。如规划验收,有的地方政府规定其属于行政许可,并通过政府令公布,有的则将其作为非许可的行政审批事项,还有的将其作为行政许可的事后监管措施。《城乡规划法》第 45 条规定,县级以上地方人民政府城乡规划主管部门按照国务院规定对建设工程是否符合规划条件予以核实。未经核实或者经核实不符合规划条件的,建设单位不得组织竣工验收。即《城乡规划法》规定规划部门对建设工程是否符合规划条件予以"核实",以与《行政许可法》第 61 条"核查"相衔接。由此,除国家法律、法规层面有统一规定外,其他专业验收均属于行政许可的事后监管措施,而非单设的行政许可。

（三）建设工程竣工规划验收

《城乡规划法》规定，县级以上地方人民政府城乡规划主管部门按照国务院规定对建设工程是否符合规划条件予以核实。未经核实或者经核实不符合规划条件的，建设单位不得组织竣工验收。建设单位应当在竣工验收后6个月内向城乡规划主管部门报送有关竣工验收资料。

建设工程竣工后，建设单位应当依法向城乡规划行政主管部门提出竣工规划验收申请，由城乡规划行政主管部门按照选址意见书、建设用地规划许可证、建设工程规划许可证、乡村建设规划许可证及其有关规划的要求，对建设工程进行规划验收，包括对建设用地范围内的各项工程建设情况，建筑物的使用性质、位置、间距、层数、标高、平面、立面、外墙装饰材料和色彩，各类配套服务设施，临时施工用房，施工场地等进行全面核查，并作出验收记录。对于验收合格的，由城乡规划行政主管部门出具规划认可文件或核发建设工程竣工规划验收合格证。

《城乡规划法》还规定，建设单位未在建设工程竣工验收后6个月内向城乡规划主管部门报送有关竣工验收资料的，由所在地城市、县人民政府城乡规划主管部门责令限期补报；逾期不补报的，处1万元以上5万元以下的罚款。

（四）建设工程的消防验收

《消防法》规定，国务院住房和城乡建设主管部门规定应当申请消防验收的建设工程竣工，建设单位应当向住房和城乡建设主管部门申请消防验收。规定以外的其他建设工程，建设单位在验收后应当报住房和城乡建设主管部门备案，住房和城乡建设主管部门应当进行抽查。依法应当进行消防验收的建设工程，未经消防验收或者消防验收不合格的，禁止投入使用；其他建设工程经依法抽查不合格的，应当停止使用。

根据《建设工程消防设计审查验收管理暂行规定》的规定，对特殊建设工程实行消防验收制度。特殊建设工程竣工验收后，建设单位应当向消防设计审查验收主管部门申请消防验收；未经消防验收或者消防验收不合格的，禁止投入使用。对其他建设工程实行备案抽查制度。其他建设工程经依法抽查不合格的，应当停止使用。

1. 特殊工程

《建设工程消防设计审查验收管理暂行规定》规定，具有下列情形之一的建设工程是特殊建设工程：(1)总建筑面积大于2万平方米的体育场馆、会堂，公共展览馆、博物馆的展示厅；(2)总建筑面积大于1.5万平方米的民用机场航站楼、客运车站候车室、客运码头候船厅；(3)总建筑面积大于1万平方米的宾馆、饭店、商场、市场；(4)总建筑面积大于2500平方米的影剧院，公共图书馆的阅览室，营业性室内健身、休闲场馆，医院的门诊楼，大学的教学楼、图书馆、食堂，劳动密集型企业的生产加工车间，寺庙、教堂；(5)总建筑面积大于1000平方米的托儿所、幼儿园的儿童用房，儿童游乐厅等室内儿童活动场所，养老院、福利院，医院、疗养院的病房楼，中小学校的教学楼、图书馆、食堂，学校的集体宿舍，劳动密集型企业的员工集体宿舍；(6)总建筑面积大于500平方米的歌舞厅、录像厅、放映厅、卡拉OK厅、夜总会、游艺厅、桑拿浴室、网吧、酒吧，具有娱乐功能的餐馆、茶馆、咖啡厅；(7)国家工程建设消防技术标准规定的一类高层住宅建筑；(8)城市轨道交通、隧道工程，大型发电、变配电工程；(9)生产、储存、装卸易燃易爆危险物品的工厂、仓库和专用车站、码头，易燃易爆气体和液体的充装站、供应站、调压站；(10)国家机关办公楼、电力调度楼、电信楼、邮政楼、防灾指挥调度楼、广播电视楼、档案楼；(11)设有上述第1项至第6项所列情形的建设工程；(12)上述第10项、第11项规定以外的单体建筑面积大于4万平方米或者建筑高度超过50米的公共建筑。

2. 特殊建设工程的消防验收

建设单位组织竣工验收时,应当对建设工程是否符合下列要求进行查验:(1)完成工程消防设计和合同约定的消防各项内容;(2)有完整的工程消防技术档案和施工管理资料(含涉及消防的建筑材料、建筑构配件和设备的进场试验报告);(3)建设单位对工程涉及消防的各分部分项工程验收合格;施工、设计、工程监理、技术服务等单位确认工程消防质量符合有关标准;(4)消防设施性能、系统功能联调联试等内容检测合格。经查验不符合上述规定的建设工程,建设单位不得编制工程竣工验收报告。

建设单位申请消防验收,应当提交下列材料:(1)消防验收申请表;(2)工程竣工验收报告;(3)涉及消防的建设工程竣工图纸。消防设计审查验收主管部门收到建设单位提交的消防验收申请后,对申请材料齐全的,应当出具受理凭证;申请材料不齐全的,应当一次性告知需要补正的全部内容。消防设计审查验收主管部门受理消防验收申请后,应当按照国家有关规定,对特殊建设工程进行现场评定。现场评定包括对建筑物防(灭)火设施的外观进行现场抽样查看;通过专业仪器设备对涉及距离、高度、宽度、长度、面积、厚度等可测量的指标进行现场抽样测量;对消防设施的功能进行抽样测试、联调联试消防设施的系统功能等内容。

消防设计审查验收主管部门应当自受理消防验收申请之日起15日内出具消防验收意见。对符合下列条件的,应当出具消防验收合格意见:(1)申请材料齐全、符合法定形式;(2)工程竣工验收报告内容完备;(3)涉及消防的建设工程竣工图纸与经审查合格的消防设计文件相符;(4)现场评定结论合格。对不符合上述规定条件的,消防设计审查验收主管部门应当出具消防验收不合格意见,并说明理由。实行规划、土地、消防、人防、档案等事项联合验收的建设工程,消防验收意见由地方人民政府指定的部门统一出具。

3. 其他建设工程的消防备案与抽查

其他建设工程竣工验收合格之日起5个工作日内,建设单位应当报消防设计审查验收主管部门备案。建设单位办理备案,应当提交下列材料:(1)消防验收备案表;(2)工程竣工验收报告;(3)涉及消防的建设工程竣工图纸。消防设计审查验收主管部门收到建设单位备案材料后,对备案材料齐全的,应当出具备案凭证;备案材料不齐全的,应当一次性告知需要补正的全部内容。

消防设计审查验收主管部门应当对备案的其他建设工程进行抽查。抽查工作推行"双随机、一公开"制度,随机抽取检查对象,随机选派检查人员。抽取比例由省、自治区、直辖市人民政府住房和城乡建设主管部门,结合辖区内消防设计、施工质量情况确定,并向社会公示。

消防设计审查验收主管部门应当自其他建设工程被确定为检查对象之日起15个工作日内,按照建设工程消防验收有关规定完成检查,制作检查记录。检查结果应当通知建设单位,并向社会公示。建设单位收到检查不合格整改通知后,应当停止使用建设工程,并组织整改,整改完成后,向消防设计审查验收主管部门申请复查。消防设计审查验收主管部门应当自收到书面申请之日起7个工作日内进行复查,并出具复查意见。复查合格后方可使用建设工程。

(五)建设工程竣工环保验收

《建设项目环境保护管理条例》规定,编制环境影响报告书、环境影响报告表的建设项目竣工后,建设单位应当按照国务院环境保护行政主管部门规定的标准和程序,对配套建设的环境保护设施进行验收,编制验收报告。建设单位在环境保护设施验收过程中,应当如实查验、监测、记载建设项目环境保护设施的建设和调试情况，不得弄虚作假。除按照国家规定需要保密的情形外，建设单位应当依法向社会公开验收报告。分期建设、分期投入生产或者使用的建设项目，其相应的环境保护设施应当分期验收。

编制环境影响报告书、环境影响报告表的建设项目，其配套建设的环境保护设施经验收合格，方可投入生产或者使用；未经验收或者验收不合格的，不得投入生产或者使用。

（六）建筑工程节能验收

《节约能源法》规定，国家实行固定资产投资项目节能评估和审查制度。不符合强制性节能标准的项目，建设单位不得开工建设；已经建成的，不得投入生产、使用。政府投资项目不符合强制性节能标准的，依法负责项目审批的机关不得批准建设。

《民用建筑节能条例》进一步规定，建设单位组织竣工验收，应当对民用建筑是否符合民用建筑节能强制性标准进行查验；对不符合民用建筑节能强制性标准的，不得出具竣工验收合格报告。

建筑节能工程施工质量的验收，主要应按照国家标准《建筑节能工程施工质量验收规范》（GB 50411—2007）以及《建筑工程施工质量验收统一标准》（GB 50300—2013）、各专业工程施工质量验收规范等执行。单位工程竣工验收应在建筑节能分部工程验收合格后进行。建筑节能工程为单位建筑工程的一个分部工程，并按规定划分为分项工程和检验批。建筑节能工程应按照分项工程进行验收，当建筑节能分项工程的工程量较大时，可以将分项工程划分为若干个检验批进行验收。当建筑节能工程验收无法按照要求划分分项工程或检验批时，可由建设、施工、监理等各方协商进行划分。但验收项目、验收内容、验收标准和验收记录均应遵守规范的规定。

1.建筑节能分部工程进行质量验收的条件

建筑节能分部工程的质量验收，应在检验批、分项工程全部合格的基础上，进行建筑围护结构的外墙节能构造实体检验，严寒、寒冷和夏热冬冷地区的外窗气密性现场检测，以及系统节能性能检测和系统联合试运转与调试，确认建筑节能工程质量达到验收的条件后方可进行。

2.建筑节能分部工程验收的组织

建筑节能工程验收的程序和组织应遵守《建筑工程施工质量验收统一标准》（GB 50300—2013）的要求，并符合下列规定：（1）节能工程的检验批验收和隐蔽工程验收应由监理工程师主持，施工单位相关专业的质量检查员与施工员参加。（2）节能分项工程验收应由监理工程师主持，施工单位项目技术负责人和相关专业的质量检查员、施工员参加；必要时可邀请设计单位相关专业的人员参加。（3）节能分部工程验收应由总监理工程师（建设单位项目负责人）主持，施工单位项目经理、项目技术负责人和相关专业的质量检查员、施工员参加；施工单位的质量或技术负责人应参加，设计单位节能设计人员应参加。

3.建筑节能工程验收的程序

（1）施工单位自检评定。建筑节能分部工程施工完成后，施工单位对节能工程质量进行检查，确认符合节能设计文件要求后，填写《建筑节能分部工程质量验收表》，并由项目经理和施工单位负责人签字。（2）监理单位进行节能工程质量评估。监理单位收到《建筑节能分部工程质量验收表》后，应全面审查施工单位的节能工程验收资料且整理监理资料，对节能各分项工程进行质量评估，监理工程师及项目总监在《建筑节能分部工程质量验收表》中签字确认验收结论。（3）建筑节能分部工程验收。由监理单位总监理工程师（建设单位项目负责人）主持验收会议，组织施工单位的相关人员、设计单位节能设计人员对节能工程质量进行检查验收。验收各方对工程质量进行检查,提出整改意见。建筑节能质量监督管理部门的验收监督人员到施工现场对节能工程验收的组织形式、验收程序、执行验收标准等情况进行监督,发现有违反规定程序、执行标准或评定结果不准确的,应要求有关单位改正或停止验收。对未达到国家验收标准合格要求的质量问题,签发监督文书。(4)施工单位按验收意见进行整改。施工单位按照验收各方提出的整改意见进行整改;整改完毕后,建设、监理、设计、施工单位对节能工程的整改结果进行确认。对建筑节能工程存在重要的整改内容的项目,质量监督人员参加复查。(5)节能工程验收结论。符合建筑节能工程质量验收规范的工程为验收合格,即通过节能分部工程质量验收。对节能工程验收不合格的工程,按《建筑节能工程施工质量验收规范》(GB 50411—2007)和其他验收规范的要求整改完后,重新验收。(6)验收资料归档。建筑节能工程施工质量验收合格后,相应的建筑节能分部工程验收资料应作为建设工程竣工验收资料中的重要组成部分归档。

《民用建筑节能条例》规定,建设单位对不符合民用建筑节能强制性标准的民用建筑项目出具竣工验收合格报告的,由县级以上地方人民政府建设主管部门责令改正,处民用建筑项目合同价款2%以上4%以下的罚款;造成损失的,依法承担赔偿责任。

三、建设工程竣工验收

《建筑法》规定,交付竣工验收的建筑工程,必须符合规定的建筑工程质量标准,有完整的工程技术经济资料和经签署的工程保修书,并具备国家规定的其他竣工条件。建筑工程竣工经验收合格后,方可交付使用;未经验收或者验收不合格的,不得交付使用。

(一)建设工程竣工验收备案制度

建设工程竣工验收,是指建设工程完工且具备法定和约定条件后,由建设单位组织有关单位依法定程序及相关依据对所有工程项目进行全面检验与测试。建设工程经竣工验收合格的,方可交付使用。竣工验收非行政行为,而是市场主体的行为。

《建设工程质量管理条例》颁布实施以后,政府对建设工程质量的监督管理方式发生了根本性的转变,由过去的"管理主义"模式转变为"裁判主义"模式。这种模式的改变反映在确认工程质量结果——竣工验收上,表现为以前由政府(通过专门机构)确认验收结果发证,转变为由各类建设单位将竣工验收合格结果报政府(通过职能部门)备案的工作方式。建设工程质量监督部门从原先的工程质量核定主体转变为现在的质量监督管理主体,建设工程质量竣工验收中各主体的权利义务分配发生了重大调整。

1. 竣工验收与竣工验收备案

工程竣工验收,是建设单位依据建设工程管理制度、竣工验收技术标准,以及建设工程合同的约定,组织有关单位对建设工程进行查验接收的行为。工程竣工验收系建设单位等平等地位的合同主体基于法律规定及合同约定自主进行的一种行为,是上述平等主体对施工单位是否全面履行合同义务、建设工程质量是否符合合同约定的一种确认,具有民事法律行为的性质,其效力及于合同各方。

工程竣工验收备案,则是建设工程质量监督部门在建设单位申请备案并提交完整的建设工程竣工验收有关文件的情况下予以备案,以供查考的行为。根据《建设工程质量管理条例》第46条和第49条的规定,是否予以备案是质量监督部门依法在自身职权范围内行使的权力,具有行政法律行为的性质。竣工验收备案并未对建设工程质量作任何实体的认定,仅是对建设单位自主组织的竣工验收行为等进行程序性、形式性的审查。

按照有关法律法规,建设工程交付使用的条件是建设工程竣工验收合格,而非通过竣工验收备案。因此,在建设工程质量的实体认定上,竣工验收具有决定性的意义,其也是竣工验收备案的必要前提和基础。

2. 竣工验收备案

《建设工程质量管理条例》第 17 条规定,建设单位应当严格按照国家有关档案管理的规定,及时收集、整理建设项目各环节的文件资料,建立、健全建设项目档案,并在建设工程竣工验收后,及时向建设行政主管部门或者其他有关部门移交建设项目档案。《建设工程质量管理条例》第 49 条规定,建设单位应当自建设工程竣工验收合格之日起 15 日内,将建设工程竣工验收报告和规划,公安消防、环保等部门出具的认可文件或者准许使用文件报建设行政主管部门或者其他有关部门备案。建设行政主管部门或者其他有关部门发现建设单位在竣工验收过程中有违反国家有关建设工程质量管理规定行为的,责令停止使用,重新组织竣工验收。

3. 竣工验收备案的性质

关于备案的法律性质,归纳起来主要有 3 种代表性观点①,即“行政许可说”“备案式登记说”“条件性告知行政管理行为说”。2003 年《国务院关于第二批取消和调整行政审批项目的决定》(国发〔2003〕5 号)明确界定,建设工程的竣工验收备案由“审查性备案”调整为“告知性备案”。可见,竣工验收备案只是行政机关对建设工程竣工验收的一种程序上的管理。

4. 竣工验收备案的行政可诉性

关于竣工验收备案是否具有行政可诉性,有两种截然不同的观点。笔者认为,建设工程竣工验收备案实质上是行政机关对特定建设工程进行质量审查的一项具体行政行为,竣工验收备案行为能产生行政法意义上的法律效果,实质上是一种行政确认行为,其完全符合行政诉讼的所有要求,因此,具有行政可诉性。

(二)建设工程竣工验收的主体

《建设工程质量管理条例》规定,建设单位收到建设工程竣工报告后,应当组织设计、施工、工程监理等有关单位进行竣工验收。《房屋建筑工程和市政基础设施工程竣工验收暂行规定》进一步规定,工程竣工验收由建设单位负责组织实施。

对工程进行竣工检查和验收,是建设单位法定的权利和义务。在建设工程完工后,承包单位应当向建设单位提供完整的竣工资料和竣工验收报告,提请建设单位组织竣工验收。建设单位收到竣工验收报告后,应及时组织有设计、施工、工程监理等有关单位参加的竣工验收,检查整个工程项目是否已按照设计要求和合同约定全部建设完成,并符合竣工验收条件。

(三)竣工验收应当具备的法定条件

《建设工程质量管理条例》第 16 条规定,建设单位收到建设工程竣工报告后,应当组织设计、施工、工程监理等有关单位进行竣工验收。建设工程竣工验收应当具备下列条件:(1)完成建设工程设计和合同约定的各项内容;(2)完整的技术档案和施工管理资料;(3)有工程使用的主要建筑材料、建筑构配件和设备的进场试验报告;(4)有勘察、设计、施工、工程监理等单位分别签署的质量合格文件;(5)有施工单位签署的工程保修书。《建设工程质量管理条例》第 49 条规定,建设行政主管部门或者其他部门发现建设单位在竣工验收过程中违反国家有关建设工程质量管理规定行为的,责令停止使用,重新组织竣工验收。

---

① 王建英:《建设工程消防设计、竣工验收备案的法律性质及其可诉性探讨》,载《商品与质量》2010 年第 10 期。

《房屋建筑工程和市政基础设施工程竣工验收暂行规定》进一步规定,工程符合下列要求方可进行竣工验收:(1)完成工程设计和合同约定的各项内容。(2)施工单位在工程完工后对工程质量进行了检查,确认工程质量符合有关法律、法规和工程建设强制性标准,符合设计文件及合同要求,并提出工程竣工报告。工程竣工报告应经项目经理和施工单位有关负责人审核签字。(3)对于委托监理的工程项目,监理单位对工程进行了质量评估,具有完整的监理资料,并提出工程质量评估报告。工程质量评估报告应经总监理工程师和监理单位有关负责人审核签字。(4)勘察、设计单位对勘察、设计文件及施工过程中由设计单位签署的设计变更通知书进行了检查,并提出质量检查报告。质量检查报告应经该项目勘察、设计负责人和勘察、设计单位有关负责人审核签字。(5)有完整的技术档案和施工管理资料。(6)有工程使用的主要建筑材料、建筑构配件和设备的进场试验报告,以及工程质量检测和功能性试验资料。(7)建设单位已按合同约定支付工程款。(8)有施工单位签署的工程质量保修书。(9)对于住宅工程,进行分户验收并验收合格,建设单位按户出具《住宅工程质量分户验收表》。(10)建设主管部门及工程质量监督机构责令整改的问题全部整改完毕。(11)法律、法规规定的其他条件。

(四)工程竣工验收的程序

根据《房屋建筑工程和市政基础设施工程竣工验收暂行规定》的规定,工程竣工验收应当按以下程序进行:(1)工程完工后,施工单位向建设单位提交工程竣工报告,申请工程竣工验收。实行监理的工程,工程竣工报告须经总监理工程师签署意见。(2)建设单位收到工程竣工报告后,对符合竣工验收要求的工程,组织勘察、设计、施工、监理等单位组成验收组,制定验收方案。对于重大工程和技术复杂工程,根据需要可邀请有关专家参加验收组。(3)建设单位应当在工程竣工验收7个工作日前将验收的时间、地点及验收组名单书面通知负责监督该工程的工程质量监督机构。(4)建设单位组织工程竣工验收:①建设、勘察、设计、施工、监理单位分别汇报工程合同履约情况和在工程建设各个环节执行法律、法规和工程建设强制性标准的情况;②审阅建设、勘察、设计、施工、监理单位的工程档案资料;③实地查验工程质量;④对工程勘察、设计、施工、设备安装质量和各管理环节等方面作出全面评价,形成经验收组人员签署的工程竣工验收意见。参与工程竣工验收的建设、勘察、设计、施工、监理等各方不能形成一致意见时,应当协商提出解决的方法,待意见一致后,重新组织工程竣工验收。

(五)竣工验收的依据

建设工程产品的形成,是承包人依据若干技术、经济、管理文件,组织项目实施,最终达成的竣工成果。办理竣工验收手续应依据与该建设工程有关的文件,这些文件具有设计、合同和技术的规定性和约束力。

1. 批准的设计文件、施工图纸及说明书

这是由发包人提供的,主要内容应涵盖:上级批准的设计任务书或可行性研究报告;用地、征地、拆迁文件;地质勘察报告;设计施工图及有关说明等。《建筑法》第58条规定:"建筑施工企业必须按照工程设计图纸和施工技术标准施工,不得偷工减料。"照图施工是承包人的重要责任,这种责任是质量和技术的责任。所以,设计文件、施工图纸是组织施工的第一手技术资料,是竣工验收的重要依据。

2. 双方签订的施工合同

建设工程施工合同是发包人和承包人为完成约定的工程,明确相互权利、义务的协议。工程竣工验收时,对照合同约定的主要内容,可以检查承包人和发包人的履约情况。

3. 设备技术说明书

发包人供应的设备,承包人应按供货清单接收并有设备合格证明和设备的技术说明书,据此按照施工图纸进行设备安装。设备技术说明书是进行设备安装调试、检验、试车、验收和处理设备质量、技术等问题的重要依据。若由承包人采购的设备,应符合设计和有关标准的要求,按规定提供相关的技术说明书,并对采购的设备质量负责。

4. 设计变更通知书

设计变更通知书,是施工图纸补充和修改的记录。设计变更原则上由设计单位主管技术负责人签发,发包人认可签章后由承包人执行。

5. 施工验收规范及质量验收标准

施工中要遵循的工程建设规范和标准很多,主要有施工及验收规范、工程质量检验评定标准等。在建设工程项目管理中,经常使用的工程建设国家和行业标准与施工有关的就达数十个。对不按强制性标准施工,质量达不到合格标准的,不得进行竣工验收。

6. 外资工程应依据我国有关规定提交竣工验收文件

国家规定,凡有引进技术和引进设备的建设项目,要做好引进技术和引进设备的图纸、文件的收集、整理工作,无论通过何种渠道得到的与引进技术或引进设备有关的档案资料,均应交档案部门统一管理。

(六)竣工验收标准、规范体系及要求

建设工程施工质量验收标准、规范体系的编制中坚持了“验评分离,强化验收,完善手段,过程控制”的指导思想。工程施工质量验收统一标准、规范体系由《建筑工程施工质量验收统一标准》(GB 50300—2013)和各专业验收规范共同组成。《建筑工程施工质量验收统一标准》(GB 50300—2013)规定了建筑工程施工质量应按下列要求进行验收:(1)工程质量验收均应在施工单位自检合格的基础上进行;(2)参加工程施工质量验收的各方人员应具备相应的资格;(3)检验批的质量应按主控项目和一般项目验收;(4)对涉及结构安全、节能、环境保护和主要使用功能的试块、试件及材料,应在进场时或施工中按规定进行见证检验;(5)隐蔽工程在隐蔽前应由施工单位通知监理单位进行验收,并应形成验收文件,验收合格后方可继续施工;(6)对涉及结构安全、节能、环境保护和使用功能的重要分部工程,应在验收前按规定进行抽样检验;(7)工程的观感质量应由验收人员现场检查,并应共同确认。建筑工程施工质量验收合格应符合下列规定:(1)符合工程勘察、设计文件的要求;(2)符合本标准和相关专业验收规范的规定。

《建筑工程施工质量验收统一标准》(GB 50300—2013)规定,建筑工程质量验收应划分为单位工程、分部工程、分项工程和检验批,具体要求如表2所示。

表2 建筑工程质量验收要求

项目	单位工程	分部工程	分项工程	检验批
划分	具备独立施工条件并能形成独立使用功能的建筑物或构筑物为一个单位工程; 对于规模较大的单位工程,可将其能形成独立使用功能的部分划分为一个子单位工程	可按专业性质、工程部位确定; 当分部工程较大或较复杂时,可按材料种类、施工特点、施工程序、专业系统及类别将分部工程划分为若干子分部工程	应按主要工种、材料、施工工艺、设备类别进行划分	可根据施工、质量控制和专业验收的需要,按工程量、楼层、施工段、变形缝进行划分

续表

项目	单位工程	分部工程	分项工程	检验批
合格规定	1. 所含分部工程的质量均应验收合格； 2. 质量控制资料应完整； 3. 所含分部工程中有关安全、节能、环境保护和主要使用功能的检测资料应完整； 4. 主要使用功能的抽查结果应符合相关专业验收规范的规定； 5. 观感质量验收应符合要求	1. 所含分项工程的质量均应验收合格； 2. 质量控制资料应完整； 3. 有关安全、节能、环境保护和主要使用功能的抽样检测结果应符合有关规定； 4. 观感质量验收应符合要求	1. 所含检验批的质量均应验收合格； 2. 所含检验批的质量验收记录应完整	1. 主控项目的质量经抽样检验均应合格。 2. 一般项目的质量经抽样检验合格。当采用计数抽样时，合格点率应符合有关专业验收规范的规定，且不得存在严重缺陷。对于计数抽样的一般项目，正常检验一次、二次抽样可按本标准附录 D 判定。 3. 具有完整的施工操作依据、质量检查记录
验收的程序和组织	单位工程中的分包工程完工后，分包单位应对所承包的工程项目进行自检，并应按本标准规定的程序进行验收。验收时，总包单位应派人参加。分包单位应将所分包工程的质量控制资料整理完整后，移交给总包单位。 单位工程完工后，应组织有关人员进行自检。总监理工程师应组织各专业监理工程师对工程质量进行竣工预验收。存在施工质量问题时，应由施工单位及时整改。整改完毕后，由施工单位向建设单位提交工程竣工报告，申请工程竣工验收	应由总监理工程师组织施工单位项目负责人和项目技术、质量负责人等进行验收； 勘察、设计单位项目负责人和施工单位技术、质量部门负责人应参加地基与基础部分工程的验收； 设计单位项目负责人和施工单位技术、质量部门负责人应参加主体结构、节能分部工程的验收	应由专业监理工程师组织施工单位项目专业技术负责人等进行验收	应由专业监理工程师组织施工单位项目专业质量检查员、专业工长等进行验收

（七）建设工程竣工验收报告

工程竣工验收合格后，建设单位应当及时提出工程竣工验收报告。工程竣工验收报告主要包括工程概况，建设单位执行基本建设程序情况，对工程勘察、设计、施工、监理等方面的评价，工程竣工验收时间、程序、内容和组织形式，工程竣工验收意见等内容。

工程竣工验收报告还应附有下列文件：（1）施工许可证。（2）施工图设计文件审查意见。（3）工程竣工验收条件中的规定：①施工单位在工程完工后对工程质量进行检查，确认工程质量符合有关法律、法规和工程建设强制性标准，符合设计文件及合同要求，并提出工程竣工报告；工程竣工报告应经项目经理和施工单位有关负责人审核签字。②对于委托监理的工程项目，监理单位对工程进行了质量评估，具有完整的监理资料，并提出工程质量评估报告；工程质量评估报告应经总监理工程师和监理单位有关负责人审核签字。③勘察、设计单位对勘察、设计文件及施工过程中由设计单位签署的设计变更通知书进行了检查,并提出质量检查报告;质量检查报告应经该项目勘察、设计负责人和勘察、设计单位有关负责人审核签字。④有施工单位签署的工程质量保修书。(4)验收组人员签署的工程竣工验收意见。(5)法规、规章规定的其他有关文件。

四、未经竣工验收而交付使用的工程质量责任

建设工程的竣工验收在施工合同的履行过程中具有重要的意义,作为施工过程的最后一道程序,是全面检验施工质量的重要环节。《建筑法》规定,建筑工程竣工时,屋顶、墙面不得留有渗漏、开裂等质量缺陷;对已发现的质量缺陷,建筑施工企业应当修复。《建设工程质量管理条例》规定,施工单位对施工中出现质量问题的建设工程或者竣工验收不合格的建设工程,应当负责返修。

(一)竣工工程质量争议的处理

1.承包方责任的处理

《民法典》规定,因施工人的原因致使建设工程质量不符合约定的,发包人有权要求施工人在合理期限内无偿修理或者返工、改建。

如果承包人拒绝修理、返工或改建的,《施工合同司法解释(一)》第12条规定,因承包人的原因造成建设工程质量不符合约定,承包人拒绝修理、返工或者改建,发包人请求减少支付工程价款的,人民法院应予支持。

2.发包方责任的处理

《建筑法》规定,建设单位不得以任何理由,要求建筑设计单位或者建筑施工企业在工程设计或者施工作业中,违反法律、行政法规和建筑工程质量、安全标准,降低工程质量。

《施工合同司法解释(一)》第13条第1款规定,发包人具有下列情形之一,造成建设工程质量缺陷,应当承担过错责任:(1)提供的设计有缺陷;(2)提供或者指定购买的建筑材料、建筑构配件、设备不符合强制性标准;(3)直接指定分包人分包专业工程。

(二)建设工程未经验收不得提前使用的相关法律规定

《民法典》第799条规定:"建设工程竣工后,发包人应当根据施工图纸及说明书、国家颁发的施工验收规范和质量检验标准及时进行验收。验收合格的,发包人应当按照约定支付价款,并接收该建设工程。建设工程竣工经验收合格后,方可交付使用;未经验收或者验收不合格的,不得交付使用。"

《城市房地产管理法》第27条规定,"房地产开发项目竣工,经验收合格后,方可交付使用。"

《建筑法》第61条规定:"交付竣工验收的建筑工程,必须符合规定的建筑工程质量标准,有完整的工程技术经济资料和经签署的工程保修书,并具备国家规定的其他竣工条件。建筑工程竣工验收合格后,方可交付使用;未经验收或者验收不合格的,不得交付使用。"

国务院《城市房地产开发经营管理条例》第17条第1款规定:"房地产开发项目竣工,经验收合格后,方可交付使用;未经验收或者验收不合格的,不得交付使用。"

《建设工程质量管理条例》第16条第1款规定:"建设单位收到建设工程竣工报告后,应当组织设计、施工、工程监理等有关单位进行竣工验收。"同时第3款规定:"建设工程经验收合格的,方可交付使用。"

从上述法律法规可知,建设工程必须经过竣工验收后方可交付使用。但前述规定仅规定了

工程经验收合格方可交付使用,未就建设工程提前使用的原因及建设工程提前使用所产生的法律后果作出具体的规定。

(三)工程未经验收提前使用后质量问题责任承担

建设工程经竣工验收合格后,方可交付使用;未经验收或者验收不合格的,不得交付使用。但是,实践中存在建设工程未经竣工验收合格而交付使用的情况。

1.关于工程未经验收提前使用后质量问题责任承担的几种观点

针对工程未经验收发包人提前使用后,建设工程所出现的质量问题责任划分,主要有两种观点:

(1)发包人未经工程验收,提前使用建设工程出现的质量问题,由发包人自行承担责任。我国立法上已明确规定建设工程竣工验收合格后,方可交付使用;未经验收或者验收不合格的,不得交付使用。建设工程竣工后进行验收是法律的强制性规定。这一规定既是对发包方权利的限制,也是维护发包方的最终利益,发包方在明确法律、法规禁止提前使用未经验收工程的情况下,仍提前使用未经验收工程,属于发包人对自己权利的放弃,主观存在过错,随之产生的法律后果也应自工程使用之时起,由发包人自行承担工程质量责任风险。

(2)发包人提前使用未经验收的工程确应承担相应责任,但并不能免除承包人对工程质量应承担的法律责任。《民法典》《建筑法》只是规定了禁止交付使用未经验收或验收不合格的工程,并没有对未经验收的原因及提前使用的法律后果作出明确规定。实践中,建设工程未经验收便投入使用的情况比较复杂,既有发包方的原因,也有承包方的原因,如在承包方以必须付清全部工程款为要挟拒不进行验收,发包方为履行与别人的购房合同避免损失的扩大而提前使用工程的情况下,仍将所产生的质量问题全部由发包方承担,有失公平,应根据过错原则,确定双方责任,而不能完全由发包方承担。

2.应区分具体的质量类型、质量产生原因等确定责任的承担

尽管现有法律已规定建设工程未经验收不得提前使用,但是提前使用未经验收的建设工程出现质量问题后,不能完全免除承包人的责任,因为建设工程质量问题产生的原因是错综复杂的,并不能单纯地以建设工程是否验收合格或者以发包方是否提前使用作为确定质量责任风险承担的标准,而应综合考虑工程未进行验收的原因,以及具体的质量类型、质量产生原因等情况来确定发包方和承包方应承担的责任。《施工合同司法解释(一)》第14条规定:"建设工程未经竣工验收,发包人擅自使用后,又以使用部分质量不符合约定为由主张权利的,人民法院不予支持;但是承包人应当在建设工程的合理使用寿命内对地基基础工程和主体结构质量承担民事责任。"以下,笔者将结合该司法解释对相关主体的法律责任予以分析。

(1)在建设工程的合理使用寿命内地基基础工程和主体结构所产生的质量问题,无论是否竣工验收,都应由承包人承担责任

建筑物的地基,是指支承由基础传递的上部结构荷载的土体或岩体。建筑物的主体结构,是指在建筑中,由若干构件连接而成的能承受作用的平面或空间体系。建筑物的地基基础工程和主体结构工程是建筑工程的重要基础和主体,如果一项建筑工程在地基基础工程和主体结构出现质量问题,即使其他部分施工质量再好,也难以保证整个建筑的工程质量。《建筑法》第60条第1款规定:"建筑物在合理使用寿命内,必须确保地基基础工程和主体结构的质量。"从该规定可知,确保地基基础工程和主体结构质量在建筑物合理使用寿命内不能出现问题,是承包人依照法律规定必须履行的工程质量保证义务,如果出现问题,承包人必须承担民事责任。《施工合同

司法解释(一)》第14条对于上述内容予以明确规定,该规定进一步明确,即使发包人提前使用建设工程,承包人也应当在建设工程的合理使用寿命内对地基基础工程和主体结构承担民事责任。

关于“合理使用寿命”问题,目前我国法律还没有统一规定,具体各类建设工程的合理使用年限,要根据建筑物的使用功能、所处的自然环境等因素,由相关技术部门作出判断。根据《民用建筑设计统一标准》(GB 50352—2019),一般认为按民用建筑主体结构确定的建筑耐久年限分为4级:一级耐久年限为100年以上,适用于重要的建筑和高层建筑(指10层以上住宅建筑、总高度超过24米的公共建筑及综合性建筑);二级耐久年限为50~100年,适用于一般建筑;三级耐久年限为25~50年,适用于次要建筑;四级耐久年限为15年以下,适用于临时性建筑。耐久年限即为工程合理使用年限,建筑单位如有地基和主体结构发生质量缺陷,对其是否在合理使用寿命内引起争议,应首先确定该建筑物的合理使用寿命。已有确定年限的,以该年限为准;无确定年限的,由原设计单位或有权确认的部门确定,并按此确定的年限为准。

(2)质量问题产生的原因系因承包人在施工过程中存在偷工减料、欺诈等行为造成时,应由承包人承担责任

《建筑法》第58条规定:“……建筑施工企业必须按照工程设计图纸和施工技术标准施工,不得偷工减料。”第59条规定:“建筑施工企业必须按照工程设计要求、施工技术标准和合同的约定,对建筑材料、建筑构配件和设备进行检验,不合格的不得使用。”《建设工程质量管理条例》第28条第1款规定:“施工单位必须按照工程设计图纸和施工技术标准施工,不得擅自修改工程设计,不得偷工减料。”第29条规定:“施工单位必须按照工程设计要求、施工技术标准和合同约定,对建筑材料、建筑构配件、设备和商品混凝土进行检验,检验应当有书面记录和专人签字;未经检验或者不合格的,不得使用。”

以上法律、法规规定了施工企业在工程施工过程中最基本的质量保证义务和施工义务,就是不得在施工过程中偷工减料,对于需检测的建筑材料、设备等未经检验合格不得使用。由于房屋建筑是较永久性的建设项目,建筑质量问题错综复杂,因此,发包人提前使用未经验收工程所产生的质量问题也是多方面的。对于施工企业严格按设计规范及施工规范施工所产生的质量问题,如并非地基基础工程和主体结构质量问题,发包人应对其提前使用房屋这一过错承担责任。但如果质量问题是内在的质量瑕疵,是施工企业在施工过程中偷工减料、未按设计要求和施工规范进行施工,或使用不合格产品、劣质材料、假冒伪劣产品等欺诈行为而导致,则应由承包人承担责任。虽然前述《施工合同司法解释(一)》没有明确规定此种情况下由承包人承担责任,但因为不得偷工减料、按设计要求和施工规范进行施工,使用合格产品系承包人在施工过程中所承担的基本义务,根据诚实信用的原则,如承包人违背该基本义务,即使发包人有提前使用的行为,也不能免除承包人的责任,绝不能因发包人未经验收提前使用工程,就将原来依法应由承包人承担的法律责任全部转嫁到发包人身上。

(3)因承包方原因导致发包方被迫提前使用工程的,不能免除承包人的责任

众所周知,实践中一项工程未经验收便投入使用的原因是多方面的,既有发包人的原因,也有承包人的原因。如因发包人为逃避竣工结算付款而提前使用,或在施工单位不存在违约行为的情况下擅自使用,所产生的质量问题由发包人承担无可厚非。但如未经验收而提前使用的原因是承包人在未达到合同约定的付款条件下以结清全部工程款相要挟,或施工企业弃施工现场于不顾,或施工企业拒不进行验收等,导致发包人无法组织竣工验收,发包人为了避免损失的继

续扩大而将工程提前使用的,也不能免除承包人的质量责任。

《施工合同司法解释(一)》仅是规定发包人擅自提前使用未经验收的工程时,承包人对地基基础工程和主体结构质量承担责任,而对于其他质量问题,没有区分工程未经验收的原因,而将其他质量问题的责任归咎于发包方,未免是一个遗憾。笔者认为,应该区分工程未经验收的原因,对因承包方原因导致发包方不能组织验收而提前使用,承包人的质量责任不能免除。

(4)对于发包人未使用部分工程,承包人仍应承担责任

发包人在未经验收提前使用时,对于承包人施工的工程,有的发包人并未全部使用,此种情况下,如产生质量问题,不能要求发包人对于全部工程承担责任,对于未使用部分,承包人仍应依法承担质量责任。因为根据我国建筑有关法律规定,建筑工程质量责任应由施工单位负责,对发包人应承担的质量责任应作严格限制,不能让发包人对其未使用部分的质量问题也承担责任,否则,将使本应由第一责任人施工企业承担的责任转嫁到建设单位,明显不公平、不合理。而且《施工合同司法解释(一)》中也明确规定,发包人仅对其"擅自使用"部分承担工程质量风险责任,对于未使用部分,则仍应由施工企业承担。

五、竣工验收报告备案

《建设工程质量管理条例》规定,建设单位应当自建设工程竣工验收合格之日起15日内,将建设工程竣工验收报告和规划、公安消防、环保等部门出具的认可文件或者准许使用文件报建设行政主管部门或者其他有关部门备案。建设行政主管部门或者其他有关部门发现建设单位在竣工验收过程中有违反国家有关建设工程质量管理规定行为的,责令停止使用,重新组织竣工验收。

(一)竣工验收备案的时间及须提交的文件

2009年10月,住房和城乡建设部经修改后发布的《房屋建筑和市政基础设施工程竣工验收备案管理办法》规定,建设单位应当自工程竣工验收合格之日起15日内,依照本办法规定,向工程所在地的县级以上地方人民政府建设主管部门备案。

建设单位办理工程竣工验收备案应当提交下列文件:(1)工程竣工验收备案表;(2)工程竣工验收报告(应当包括工程报建日期,施工许可证号,施工图设计文件审查意见,勘察、设计、施工、工程监理等单位分别签署的质量合格文件及验收人员签署的竣工验收原始文件,市政基础设施的有关质量检测和功能性试验资料以及备案机关认为需要提供的有关资料);(3)法律、行政法规规定应当由规划、环保等部门出具的认可文件或者准许使用文件;(4)法律规定应当由公安消防部门出具的对大型的人员密集场所和其他特殊建设工程验收合格的证明文件;(5)施工单位签署的工程质量保修书;(6)法规、规章规定必须提供的其他文件。住宅工程还应当提交《住宅质量保证书》《住宅使用说明书》。

2019年3月,住房和城乡建设部经修改后发布的《城市地下管线工程档案管理办法》还规定,建设单位在地下管线工程竣工验收备案前,应当向城建档案管理机构移交下列档案资料:(1)地下管线工程项目准备阶段文件、监理文件、施工文件、竣工验收文件和竣工图;(2)地下管线竣工测量成果;(3)其他应当归档的文件资料(电子文件、工程照片、录像等)。建设单位向城建档案管理机构移交的档案资料应当符合《建设工程文件归档规范》(GB/T 50328)的要求。

(二)竣工验收备案文件的签收和处理

《房屋建筑和市政基础设施工程竣工验收备案管理办法》规定,备案机关收到建设单位报送

的竣工验收备案文件,验证文件齐全后,应当在工程竣工验收备案表上签署文件收讫。工程竣工验收备案表一式两份,一份由建设单位保存,另一份留备案机关存档。工程质量监督机构应当在工程竣工验收之日起5日内,向备案机关提交工程质量监督报告。备案机关发现建设单位在竣工验收过程中有违反国家有关建设工程质量管理规定行为的,应当在收讫竣工验收备案文件15日内,责令停止使用,重新组织竣工验收。

(三)竣工验收备案违反规定的处罚

《房屋建筑和市政基础设施工程竣工验收备案管理办法》规定,建设单位在工程竣工验收合格之日起15日内未办理工程竣工验收备案的,备案机关责令限期改正,处20万元以上50万元以下罚款。

建设单位将备案机关决定重新组织竣工验收的工程,在重新组织竣工验收前擅自使用的,备案机关责令停止使用,处工程合同价款2%以上4%以下的罚款。建设单位采用虚假证明文件办理工程竣工验收备案的,工程竣工验收无效,备案机关责令停止使用,重新组织竣工验收,处20万元以上50万元以下罚款;构成犯罪的,依法追究刑事责任。备案机关决定重新组织竣工验收并责令停止使用的工程,建设单位在备案之前已投入使用或者建设单位擅自继续使用造成使用人损失的,由建设单位依法承担赔偿责任。

《城市地下管线工程档案管理办法》规定,建设单位违反本办法规定,未移交地下管线工程档案的,由建设主管部门责令改正,处1万元以上10万元以下的罚款;对单位直接负责的主管人员和其他直接责任人员,处单位罚款数额5%以上10%以下的罚款;因建设单位未移交地下管线工程档案,造成施工单位在施工中损坏地下管线的,建设单位依法承担相应的责任。

第六节　建设工程质量保修制度

建设工程实行质量保修制度,是《建筑法》确立的一项基本法律制度。《建设工程质量管理条例》在建设工程的保修范围、保修期限和保修责任等方面,对该项制度作出了更具体的规定。《建筑法》第62条和《建设工程质量管理条例》第39条均明确规定,建筑工程实行质量保修制度。建设工程质量保修制度,是指建设工程竣工经验收后,在规定的保修期限内,因勘察、设计、施工、材料等原因造成的质量缺陷,应当由施工承包单位负责维修、返工或更换,由责任单位负责赔偿损失的法律制度。

一、建设工程质量的保修范围和保修期限

(一)建设工程质量保修书

根据《建设工程质量管理条例》第16条的规定,由施工单位签署的工程保修书,是建设工程竣工验收应具备的条件之一。工程质量保修书也是一种合同,是发包、承包双方就保修范围、保修期限和保修责任等设立权利义务的协议,集中体现了承包单位对发包单位的工程质量保修承诺。

《建设工程质量管理条例》规定,建设工程承包单位在向建设单位提交工程竣工验收报告时,应当向建设单位出具质量保修书。质量保修书中应当明确建设工程的保修范围、保修期限和

保修责任等。

《建筑法》规定,建筑工程的保修范围应当包括地基基础工程、主体结构工程、屋面防水工程和其他土建工程,以及电气管线、上下水管线的安装工程,供热、供冷系统工程等项目。当然,不同类型的建设工程,其保修范围有所不同。

(二)建设工程的最低保修期限

《建筑法》规定,保修的期限应当按照保证建筑物合理寿命年限内正常使用,维护使用者合法权益的原则确定。具体的保修范围和最低保修期限由国务院规定。

《建设工程质量管理条例》规定,在正常使用条件下,建设工程的最低保修期限为:(1)基础设施工程、房屋建筑的地基基础工程和主体结构工程,为设计文件规定的该工程的合理使用年限;(2)屋面防水工程、有防水要求的卫生间、房间和外墙面的防渗漏,为5年;(3)供热与供冷系统,为2个采暖期、供冷期;(4)电气管线、给排水管道、设备安装和装修工程,为2年。其他项目的保修期限由发包方与承包方约定。

上述保修范围属于法律强制性规定。超出该范围的其他项目的保修不是强制的,而是属于发包、承包双方意思自治的领域。最低保修期限同样属于法律强制性规定,发包、承包双方约定的保修期限不得低于条例规定的期限,但可以延长。保修期限规定了各专业工程的"最低保修期",同时规定当事人双方可以就其他项目的保修期限作出约定。上述规定属于法律、法规强制性规定,合同当事人必须遵守,对保修范围的约定不得少于上述内容,同时保修期限不得低于最低保修期,否则约定无效。

建设工程质量保修期的具体期限,在符合《建筑工程质量管理条例》中保修范围和最低保修期限的情况下,由承包、发包当事人在合同中约定具体的保修期限。根据《房屋建筑工程质量保修办法》的规定,房屋建筑工程保修期从工程竣工验收合格之日起计算。《建设工程质量管理条例》规定,建设行政主管部门或者其他有关部门发现建设单位在竣工验收过程中有违反国家有关建设工程质量管理规定行为的,责令停止使用,重新组织竣工验收。

(三)建设工程超过合理使用年限后需要继续使用的规定

施工单位在质量保修书中,应当向建设单位承诺保修范围、保修期限和有关具体实施保修的措施,如保修的方法、人员及联络办法,保修答复和处理时限,不履行保修责任的罚则等。

《建设工程质量管理条例》规定,建设工程在超过合理使用年限后需要继续使用的,产权所有人应当委托具有相应资质等级的勘察、设计单位鉴定,并根据鉴定结果采取加固、维修等措施,重新界定使用期。

二、建设工程的保修责任

(一)建设工程的质量保修范围

《建设工程质量管理条例》规定,建设工程在保修范围和保修期限内发生质量问题的,施工单位应当履行保修义务,并对造成的损失承担赔偿责任。《施工合同司法解释(一)》第18条规定,因保修人未及时履行保修义务,导致建筑物毁损或者造成人身、财产损害的,保修人应当承担赔偿责任。保修人与建筑物所有人或者发包人对建筑物毁损均有过错的,各自承担相应的责任。发包人具有下列情形之一,造成建设工程质量缺陷,应当承担过错责任:(1)提供的设计有缺陷;(2)提供或者指定购买的建筑材料、建筑构配件、设备不符合强制性标准;(3)直接指定分包人分包专业工程。承包人有过错的,也应当承担相应的过错责任。以上法规和司法解释明确施工单位的损害赔偿责任仅限于保修期限内的保修范围内的质量问题。

《房屋建筑工程质量保修办法》规定，房屋建筑工程在保修范围和保修期限内出现质量缺陷，施工单位应当履行保修义务。保修费用由质量缺陷的责任方承担。该办法第8条规定，房屋建筑工程保修期从工程竣工验收合格之日起计算。《房屋建筑工程质量保修办法》还规定了3种不属于保修范围的情况，包括：(1)因使用不当造成的质量缺陷；(2)第三方造成的质量缺陷；(3)不可抗力造成的质量缺陷。

(二)建设工程的质量保修程序

《房屋建筑工程质量保修办法》对建设工程质量的保修程序具体规定如下：(1)房屋建筑工程在保修期限内出现质量缺陷的，建设单位或者房屋建筑所有人应当向施工单位发出保修通知。(2)施工单位接到保修通知后，应当到现场核查情况，在保修书约定的时间内予以保修。发生涉及结构安全或者严重影响使用功能的紧急抢修事故，施工单位接到保修通知后，应当立即到达现场抢修。(3)发生涉及结构安全的质量缺陷，建设单位或者房屋建筑所有人应当立即向当地建设行政主管部门报告，采取安全防范措施；由原设计单位或者具有相应资质等级的设计单位提出保修方案，施工单位实施保修，原工程质量监督机构负责监督。(4)保修完成后，由建设单位或者房屋建筑所有人组织验收。涉及结构安全的，应当报当地建设行政主管部门备案。(5)施工单位不按工程质量保修书约定保修的，建设单位可以另行委托其他单位保修，由原施工单位承担相应责任。

三、建设工程质量保证金

2016年6月国务院办公厅发布的《关于清理规范工程建设领域保证金的通知》规定，对建筑业企业在工程建设中需缴纳的保证金，除依法依规设立的投标保证金、履约保证金、工程质量保证金、农民工工资保证金外，其他保证金一律取消；严禁新设保证金项目；转变保证金缴纳方式，推行银行保函制度；未按规定或合同约定返还保证金的，保证金收取方应向建筑业企业支付逾期返还违约金；在工程项目竣工前，已经缴纳履约保证金的，建设单位不得同时预留工程质量保证金。

(一)建设工程质量保证金的概念

住房和城乡建设部、财政部发布的《建设工程质量保证金管理办法》规定，建设工程质量保证金，是指发包人与承包人在建设工程承包合同中约定，从应付的工程款中预留，用以保证承包人在缺陷责任期内对建设工程出现的缺陷进行维修的资金。

缺陷，是指建设工程质量不符合工程建设强制性标准、设计文件，以及承包合同的约定。缺陷责任期一般为1年，最长不超过2年，由发包、承包双方在合同中约定。缺陷责任期从工程通过竣工验收之日起计。由于承包人原因导致工程无法按规定期限进行竣工验收的，缺陷责任期从实际通过竣工验收之日起计。由于发包人原因导致工程无法按规定期限进行竣工验收的，在承包人提交竣工验收报告90天后，工程自动进入缺陷责任期。

(二)质量保证金的预留与使用管理

1. 质量保证金的预留

发包人应当在招标文件中明确保证金预留、返还等内容，并与承包人在合同条款中对涉及保证金的下列事项进行约定：(1)保证金预留、返还方式；(2)保证金预留比例、期限；(3)保证金是否计付利息，如计付利息，利息的计算方式；(4)缺陷责任期的期限及计算方式；(5)保证金预留、返还及工程维修质量、费用等争议的处理程序；(6)缺陷责任期内出现缺陷的索赔方式；(7)逾期返还保证金的违约金支付办法及违约责任。

缺陷责任期内,实行国库集中支付的政府投资项目,保证金的管理应按国库集中支付的有关规定执行。其他政府投资项目,保证金可以预留在财政部门或发包方。缺陷责任期内,如发包方被撤销,保证金随交付使用资产一并移交使用单位管理,由使用单位代行发包人职责。社会投资项目采用预留保证金方式的,发包、承包双方可以约定将保证金交由第三方金融机构托管。发包人应按照合同约定方式预留保证金,保证金总预留比例不得高于工程价款结算总额的3%。合同约定由承包人以银行保函替代预留保证金的,保函金额不得高于工程价款结算总额的3%。

2. 质量保证金的使用管理

推行银行保函制度,承包人可以银行保函替代预留保证金。在工程项目竣工前,已经缴纳履约保证金的,发包人不得同时预留工程质量保证金。采用工程质量保证担保、工程质量保险等其他保证方式的,发包人不得再预留保证金。

缺陷责任期内,由承包人原因造成的缺陷,承包人应负责维修,并承担鉴定及维修费用。如承包人不维修也不承担费用,发包人可按合同约定从保证金或银行保函中扣除;费用超出保证金额的,发包人可按合同约定向承包人进行索赔。承包人维修并承担相应费用后,不免除对工程的损失赔偿责任。由他人原因造成的缺陷,发包人负责组织维修,承包人不承担费用,且发包人不得从保证金中扣除费用。

(三)质量保证金的返还

缺陷责任期内,承包人认真履行合同约定的责任,到期后,承包人向发包人申请返还保证金。发包人在接到承包人返还保证金申请后,应于14天内会同承包人按照合同约定的内容进行核实。如无异议,发包人应当按照约定将保证金返还给承包人。对返还期限没有约定或者约定不明确的,发包人应当在核实后14天内将保证金返还承包人,逾期未返还的,依法承担违约责任。发包人在接到承包人返还保证金申请后14天内不予答复,经催告后14天内仍不予答复,视同认可承包人的返还保证金申请。

发包人和承包人对保证金预留、返还以及工程维修质量、费用有争议的,按承包合同约定的争议和纠纷解决程序处理。建设工程实行工程总承包的,总承包单位与分包单位有关保证金的权利与义务的约定,参照《建设工程质量保证金管理办法》关于发包人与承包人相应权利与义务的约定执行。

(四)质量保证金的返还与保修义务的履行

《施工合同司法解释(一)》沿用《建设工程质量保证金管理办法》中关于缺陷责任期的起算点的规定,《施工合同司法解释(一)》第17条规定,有下列情形之一,承包人请求发包人返还工程质量保证金的,人民法院应予支持:(1)当事人约定的工程质量保证金返还期限届满。(2)当事人未约定工程质量保证金返还期限的,自建设工程通过竣工验收之日起满2年。(3)因发包人原因建设工程未按约定期限进行竣工验收的,自承包人提交工程竣工验收报告90日后起当事人约定的工程质量保证金返还期限届满;当事人未约定工程质量保证金返还期限的,自承包人提交工程竣工验收报告90日后起满2年。发包人返还工程质量保证金后,不影响承包人根据合同约定或者法律规定履行工程保修义务。

四、建设工程质量损害赔偿责任

(一)建设工程质量损害赔偿责任的相关法律规定

目前,涉及建设工程质量责任方面的特别法共计60余条,主要分散在《建筑法》《建设工程质量管理条例》等法律法规中。这些有关建设工程质量责任的法律规范集民事、行政、刑事责任于一体,形成了分散式立法体例。目前,我国对建设工程或建筑物的质量责任条文主要有:

《建筑法》第 80 条规定,在建筑物的合理使用寿命内,因建筑工程质量不合格受到损害的,有权向责任者要求赔偿。《建设工程质量管理条例》第 41 条规定,建设工程在保修范围和保修期限内发生质量问题的,施工单位应当履行保修义务,并对造成的损失承担赔偿责任。第 42 条规定,建设工程在超过合理使用年限后需要继续使用的,产权所有人应当委托具有相应资质等级的勘察、设计单位鉴定,并根据鉴定结果采取加固、维修等措施,重新界定使用期。《房屋建筑工程质量保修办法》第 14 条规定,在保修期限内,因房屋建筑工程质量缺陷造成房屋所有人、使用人或者第三方人身、财产损害的,房屋所有人、使用人或者第三方可以向建设单位提出赔偿要求。《施工合同司法解释(一)》第 18 条规定,因保修人未及时履行保修义务,导致建筑物毁损或者造成人身、财产损害的,保修人应当承担赔偿责任。保修人与建筑物所有人或者发包人对建筑物毁损均有过错的,各自承担相应的责任。

(二)建设工程质量损害赔偿责任的义务主体

《建筑法》第 80 条规定:"在建筑物的合理使用寿命内,因建筑工程质量不合格受到损害的,有权向责任者要求赔偿。"关于"责任者"的范围,该条并没有明确。《建设工程质量管理条例》第 3 条对此作了明确规定:"建设单位、勘察单位、设计单位、施工单位、工程监理单位依法对建设工程质量负责。"可见,建设工程质量缺陷的损害赔偿责任主体包括了上述 5 个单位。因这些主体的原因产生的建筑质量问题,造成他人人身、财产损失的,这些单位应当承担相应的赔偿责任。受损害人可以向上述主体中对建筑物缺陷负有责任者要求赔偿,也可以向各方共同提出赔偿要求,在查明原因的基础上由真正责任者承担赔偿责任。我国《城市房地产开发经营管理条例》第 16 条第 2 款、第 3 款规定:"房地产开发企业应当对其开发建设的房地产开发项目的质量承担责任。勘察、设计、施工、监理等单位应当依照有关法律、法规的规定或者合同的约定,承担相应的责任。"因此,因建设工程质量缺陷而受到损害的除建设单位以外的受害人,可以直接向建设单位要求损害赔偿,建设单位向受害人承担责任后,在分清责任的基础上,再由勘察、设计、施工、监理等单位对其蒙受的损失进行赔偿的问题,按相应的法律、法规或者合同的约定处理。

1. 建设单位的赔偿责任

根据《建设工程质量管理条例》的规定,建设单位承担赔偿责任的情形有:(1)未组织竣工验收,擅自交付使用,造成损失的;(2)验收不合格,擅自交付使用,造成损失的;(3)对不合格的建设工程按照合格工程验收,造成损失的;(4)涉及建筑主体或者承重结构变动的装修工程,没有设计方案擅自施工,造成损失的。

2. 勘察、设计单位的赔偿责任

根据《建筑法》《建设工程质量管理条例》的规定,勘察、设计单位承担赔偿责任的情形有:(1)勘察单位未按照工程建设强制性标准进行勘察,造成工程质量事故,并造成损失的;(2)建筑设计单位不按照建筑工程质量、安全标准进行设计,造成工程质量事故,并造成损失的;(3)设计单位未根据勘察成果文件进行工程设计,造成工程质量事故,并造成损失的;(4)设计单位指定建筑材料、建筑构配件的生产厂、供应商,造成工程质量事故,并造成损失的。

3. 施工单位的赔偿责任

根据《建筑法》《建设工程质量管理条例》的规定,施工单位承担赔偿责任的情形有:(1)施工企业转让、出借资质证书或者以其他方式允许他人以本企业的名义承揽工程,对因该项承揽工程不符合规定的质量标准造成的损失,施工企业与使用本企业名义的单位或者个人承担连带赔偿责任;(2)承包单位将承包的工程转包的,或者违反建筑法规定进行分包,对因转包工程或者违法分包的工程不符合规定的质量标准造成的损失,与接受转包或者分包的单位承担连带赔偿责任;(3)施工企业在施工中偷工减料、使用不合格的建筑材料、建筑构配件和设备,或者有其他不按照工程设计图纸或者施工技术标准施工的行为,造成建筑工程质量不符合规定的质量标准的,负责返工、修理,并赔偿因此造成的损失;(4)施工企业违反建筑法规定,不履行保修义务或者拖延履行保修义务的,对在保修期内因屋顶、墙面渗漏、开裂等质量缺陷造成的损失,承担赔偿责任;(5)施工企业未对建筑材料、建筑构配件、设备和商品混凝土进行检验,或者未对涉及结构安全的试块、试件以及有关材料取样检测,造成损失的,依法承担赔偿责任。

4. 工程监理单位的赔偿责任

根据《建筑法》《建设工程质量管理条例》的规定,工程监理单位承担赔偿责任的情形有:(1)工程监理单位与建设单位或者建筑施工企业串通,弄虚作假、降低工程质量,造成损失的,承担连带赔偿责任;(2)将不合格的建设工程、建筑材料、建筑构配件和设备按照合格签字,造成损失的,承担连带赔偿责任。

另外,根据《建筑法》第 79 条的规定,负责颁发建筑工程施工许可证的部门及其工作人员对不符合施工条件的建筑工程颁发施工许可证的,负责工程质量监督检查或者竣工验收的部门及其工作人员对不合格的建筑工程出具质量合格文件或者按合格工程验收的,造成的损失,由该部门承担相应的赔偿责任。

最后,对于建筑材料、建筑构配件和设备生产厂商的质量责任追究,适用《产品质量法》的规定和我国相应的法规、规章的规定。《建筑法》《建设工程质量管理条例》对此没有具体规定,并不说明其无须负质量责任。《产品质量法》第 2 条第 3 款明确规定:“建设工程不适用本法规定;但是,建设工程使用的建筑材料、建筑构配件和设备,属于前款规定的产品范围的,适用本法规定。”这一规定表明,由于建设工程质量缺陷给他人造成损害的,如果能够证明造成损害的原因是建筑材料、建筑构配件和设备存在质量瑕疵,受损害人可以依据《产品质量法》提起民事赔偿诉讼。

(三)建设工程质量损害赔偿责任的主要类型

在缺陷责任期和质量保修期内,如果发生质量问题并造成了损害,则承包人承担保修义务的同时,责任方还应承担损害赔偿责任。在缺陷责任期、质量保修期届满后的建筑物的合理使用寿命内,如果发生质量问题,责任人仍然应当承担赔偿责任。建设工程质量责任从建设单位与勘察、设计、施工、监理等单位之间的关系来看,是一种合同责任。如果由于质量不合格给建设单位造成损害,则发生侵权责任和违约责任的竞合。

《民法典》第 186 条规定:“因当事人一方的违约行为,损害对方人身权益、财产权益的,受损害方有权选择请求其承担违约责任或者侵权责任。”所以,建设单位可以从保护自身利益的角度出发,对由于不同责任而产生的不同请求权作出选择:如果由于工程质量缺陷仅造成建设单位的财产损失,如修理、重建等,应按合同纠纷处理;如果由于工程质量缺陷造成建设单位的人员伤亡及其精神损害的,应按侵权责任处理。

《建设工程质量管理条例》规定,因施工承包人在质量保修期内未及时履行保修义务,导致建筑物毁损或者造成人身、财产损害的,保修人应当承担赔偿责任。保修人与建筑物所有人或发包人对建筑物毁损均有过错的,各自承担相应的责任。即使施工承包人履行了保修义务,仍因质量缺陷发生了损害后果，经鉴定若属于勘察、设计、施工、监理等单位的责任，这些单位仍应承担损害赔偿责任。

《房屋建筑工程质量保修办法》第 15 条规定："因保修不及时造成新的人身、财产损害，由造成拖延的责任方承担赔偿责任。"

《施工合同司法解释(一)》第 13 条规定，发包人具有下列情形之一，造成建设工程质量缺陷，应当承担过错责任：(1)提供的设计有缺陷；(2)提供或者指定购买的建筑材料、建筑构配件、设备不符合强制性标准；(3)直接指定分包人分包专业工程。承包人有过错的，也应当承担相应的过错责任。

最高人民法院《关于审理人身损害赔偿案件适用法律若干问题的解释》第 16 条规定，道路、桥梁、隧道等人工建造的构筑物因设计、施工缺陷造成损害的，由所有人、管理人与设计、施工者承担连带责任。

《民法典》第 1252 条规定，建筑物、构筑物或者其他设施倒塌、塌陷造成他人损害的，由建设单位与施工单位承担连带责任，但是建设单位与施工单位能够证明不存在质量缺陷的除外。建设单位、施工单位赔偿后，有其他责任人的，有权向其他责任人追偿。因所有人、管理人、使用人或者第三人的原因，建筑物、构筑物或者其他设施倒塌、塌陷造成他人损害的，由所有人、管理人、使用人或者第三人承担侵权责任。《民法典》第 1253 条规定，建筑物、构筑物或者其他设施及其搁置物、悬挂物发生脱落、坠落造成他人损害，所有人、管理人或者使用人不能证明自己没有过错的，应当承担侵权责任。所有人、管理人或者使用人赔偿后，有其他责任人的，有权向其他责任人追偿。《民法典》第 1252 条是针对建筑物存在质量缺陷引起倒塌事故的情形，第 1253 条是针对除建筑物质量缺陷和自然原因之外的人为原因引起倒塌事故的情形。由此可以得出，第 1252 条中的"其他责任人"包括勘察设计单位、监理单位和不合格建筑材料供应单位；第 1253 条中的"其他责任人"具有兜底条款的作用，包括所有人或管理人和其他任何致建筑物倒塌的第三人。《民法典》第 1254 条规定，禁止从建筑物中抛掷物品。从建筑物中抛掷物品或者从建筑物上坠落的物品造成他人损害的，由侵权人依法承担侵权责任；经调查难以确定具体侵权人的，除能够证明自己不是侵权人的外，由可能加害的建筑物使用人给予补偿。可能加害的建筑物使用人补偿后，有权向侵权人追偿。物业服务企业等建筑物管理人应当采取必要的安全保障措施防止前款规定情形的发生；未采取必要的安全保障措施的，应当依法承担未履行安全保障义务的侵权责任。发生本条第一款规定的情形的，公安等机关应当依法及时调查，查清责任人。

五、《建设工程施工合同(示范文本)》(GF—2017—0201)对保修的规定

(一)保修责任

工程保修期从工程竣工验收合格之日起算，具体分部分项工程的保修期由合同当事人在专用合同条款中约定，但不得低于法定最低保修年限。在工程保修期内，承包人应当根据有关法律规定以及合同约定承担保修责任。

发包人未经竣工验收擅自使用工程的，保修期自转移占有之日起算。

(二)修复费用

保修期内，修复的费用按照以下约定处理：(1)保修期内，因承包人原因造成工程的缺陷、损坏，承包人应负责修复，并承担修复的费用以及因工程的缺陷、损坏造成的人身伤害和财产损失；(2)保修期内，因发包人使用不当造成工程的缺陷、损坏，可以委托承包人修复，但发包人应承担

修复的费用,并支付承包人合理利润;(3)因其他原因造成工程的缺陷、损坏,可以委托承包人修复,发包人应承担修复的费用,并支付承包人合理的利润,因工程的缺陷、损坏造成的人身伤害和财产损失由责任方承担。

(三)修复通知

在保修期内,发包人在使用过程中,发现已接收的工程存在缺陷或损坏的,应书面通知承包人予以修复,但情况紧急必须立即修复缺陷或损坏的,发包人可以口头通知承包人并在口头通知后48小时内书面确认,承包人应在专用合同条款约定的合理期限内到达工程现场并修复缺陷或损坏。

(四)未能修复

因承包人原因造成工程的缺陷或损坏,承包人拒绝维修或未能在合理期限内修复缺陷或损坏,且经发包人书面催告后仍未修复的,发包人有权自行修复或委托第三方修复,所需费用由承包人承担。但修复范围超出缺陷或损坏范围的,超出范围部分的修复费用由发包人承担。

(五)承包人出入权

在保修期内,为了修复缺陷或损坏,承包人有权出入工程现场,除情况紧急必须立即修复缺陷或损坏外,承包人应提前24小时通知发包人进场修复的时间。承包人进入工程现场前应获得发包人同意,且不应影响发包人正常的生产经营,并应遵守发包人有关保安和保密等规定。

第七节 建设工程质量责任期间①

关于建设工程竣工验收合格后的质量责任期间,实践中常混淆使用质量保修期、缺陷责任期、质量损害赔偿责任期、质量保证期等,以致发生诸多争议纠纷。笔者根据我国现行有关法律法规,辨析建设工程竣工验收合格后质量责任的若干误区,明确界定建设工程的质量保修期、缺陷责任期、质量损害赔偿责任期、质量保证期,并提出解决相关法律问题的若干思路,希望有利于廓清相关责任主体和责任的性质,并有利于解决建设工程竣工验收合格后发生的质量争议纠纷。

一、建设工程质量保修期的界定

(一)关于质量保修期的主要法规规定

《建筑法》第62条规定:"建筑工程实行质量保修制度。建筑工程的保修范围应当包括地基基础工程、主体结构工程、屋面防水工程和其他土建工程,以及电气管线、上下水管线的安装工程,供热、供冷系统工程等项目;保修的期限应当按照保证建筑物合理寿命年限内正常使用,维护使用者合法权益的原则确定。具体的保修范围和最低保修期限由国务院规定。"虽然《建筑法》所称建筑活动,是指各类房屋建筑及其附属设施的建造和与其配套的线路、管道、设备的安装活动。但是《建筑法》第81条明确规定:"本法关于施工许可、建筑施工企业资质审查和建筑工程发包、承包、禁止转包,以及建筑工程监理、建筑工程安全和质量管理的规定,适用于其他专业建筑工程的建筑活动,具体办法由国务院规定。"因此,包括房屋建设工程在内的其他专业建设工程

---

① 本节内容参见李恒:《建设工程质量责任期间辨析》,有删节。这篇论文获得首届泉城法治论坛优秀论文奖。

均应适用上述规定实行质量保修。

《建设工程质量管理条例》第40条对建设工程的最低保修期作出了具体规定。该条例适用于土木工程、建设工程、线路管道和设备安装工程及装修工程等建设工程。《房屋建筑工程质量保修办法》对房屋建筑工程质量保修进一步作出了规定。

（二）质量保修期的概念和特征

笔者认为，建设工程的质量保修期，是指在建设工程竣工验收合格后，建设工程的施工承包人及时履行对工程进行质量维护、维修、抢修，保证建筑物合理寿命年限内正常使用、维护使用者合法权益的法定期限和约定期限。建设工程质量保修期具有以下主要法律特征：

1. 质量保修期是建设工程施工承包人对发包人承担工程质量保修义务的期间

《建设工程质量管理条例》第41条规定，建设工程在保修范围和保修期限内发生质量问题的，施工单位应当履行保修义务。因此，笔者认为，建设工程施工承包人是履行工程质量保修的义务主体，建设工程的发包人是要求承包人履行工程质量保修义务的权利主体。而且，根据《建筑法》第55条的规定，总包、分包施工单位对工程质量承担连带责任，因此，总包、分包施工单位同样应对保修义务承担连带责任。

2. 质量保修期内建设工程施工承包人应及时履行保修义务，目的在于保证建筑物合理寿命年限内正常使用，维护使用者合法权益

关于工程质量保修义务的具体内容，《建筑法》《建设工程质量管理条例》并未明确作出规定，但是《房屋建筑工程质量保修办法》第3条规定："房屋建筑工程质量保修，是指对房屋建筑工程竣工验收后在保修期限内出现的质量缺陷，予以修复。"同时，原建设部、原国家工商行政管理局发布的《房屋建筑工程质量保修书（示范文本）》第3条明确规定了承包人应在接到保修通知之日起7日内派人保修，并应在发生紧急抢修事故时立即进行现场抢修等。因此，笔者认为，工程质量保修义务的具体内容应当是对工程质量缺陷及时修复，保证建筑物合理寿命年限内正常使用，维护使用者合法权益。

3. 质量保修期内发生的保修费用由责任方承担

《建筑法》《建设工程质量管理条例》对保修费用的承担未作出明确规定，实践中对于保修费用的承担存在一些争议纠纷。《房屋建筑工程质量保修办法》第13条、《房屋建筑工程质量保修书（示范文本）》第4条规定，保修费用由造成质量缺陷的责任方承担，笔者认为，虽然这不是法律和行政法规的规定，但是这一规定符合《建筑法》《建设工程质量管理条例》关于工程质量保修规定的法律精神。法律规定建设工程施工承包人是履行工程质量保修的义务主体，但并不意味着保修费用当然应由施工承包人承担。因为工程质量缺陷的责任认定可能比较复杂，需要一定时间进行专业鉴定，如果在出现工程质量缺陷后由质量缺陷的责任主体进行保修，显然在实践中难以实施，无法实现及时、快捷修复工程质量缺陷的目的。因此，建设工程施工承包人履行了及时保修义务后，若承包人所保修的工程质量缺陷并非施工承包人的原因或其他责任方的原因造成，承包人有权向责任人追索保修发生的费用。

4. 质量保修期是工程竣工验收合格后的质量责任期限，自工程竣工验收合格之日起计算

根据《建设工程质量管理条例》第16条的规定，工程竣工验收合格之日应当是指建设单位组织设计、施工、监理等有关单位竣工验收合格的日期。《房屋建筑和市政基础设施工程竣工验收备案管理办法》第4条规定表明，工程竣工验收合格后建设单位向主管部门备案，竣工验收备案的时间不是竣工验收合格的时间。当事人对起算工程质量保修期的竣工验收合格之日有争议

的,应当参考《施工合同司法解释(一)》第9条的规定,以及双方当事人签订的合同约定进行判断。

5. 质量保修期的具体期限由法律规定和合同约定

《建设工程质量管理条例》第40条规定了基础设施工程、房屋建筑的地基基础工程和主体结构工程、防水工程、供热与供冷系统、电气管线、给排水管道、设备安装和装修工程的最低保修期,其他项目的保修期则由发包人与承包人约定。因此,承包、发包双方合同约定的质量保修期不得低于《建设工程质量管理条例》规定的最低保修期,低于法定最低保修期的约定无效。而《建设工程质量管理条例》未规定的项目工程质量保修期可由承包、发包双方约定具体期限。

二、建设工程缺陷责任期的界定

(一)关于缺陷责任期的现行主要法规规定

国家发展和改革委员会等九部委于2007年11月1日发布的《〈标准施工招标资格预审文件〉和〈标准施工招标文件〉试行规定》规定,在政府投资项目中试行《标准施工招标资格预审文件》(2007年版)和《标准施工招标文件》(2007年版);2013年3月11日发布的《〈标准施工招标资格预审文件〉和〈标准施工招标文件〉暂行规定》进一步明确,上述两标准文件适用于依法必须招标的工程建设项目。其中,《标准施工招标文件》(2007年版)的合同通用条款第19条约定了缺陷责任期,并对缺陷责任期和保修期予以区别。

《建设工程质量保证金管理办法》规定,缺陷责任期一般为1年,最长不超过2年,由发包、承包双方在合同中约定。缺陷责任期从工程通过竣工验收之日起计。由于承包人原因导致工程无法按规定期限进行竣工验收的,缺陷责任期从实际通过竣工验收之日起计。由于发包人原因导致工程无法按规定期限进行竣工验收的,在承包人提交竣工验收报告90天后,工程自动进入缺陷责任期。《施工合同司法解释(一)》引入了《建设工程质量保证金管理办法》中关于缺陷责任期的起算点规定,规定发包人返还工程质量保证金后,不影响承包人根据合同约定或者法律规定履行工程保修义务,区分了缺陷责任期和保修期。

(二)缺陷责任期的概念

除上述部门规章外,我国现行建设工程的法律、行政法规并未对缺陷责任期作出规定,但部门规章的法律效力较低,如果承包人、发包人在合同中不约定缺陷责任期或确定的缺陷责任期不符合该部门规章规定,并不构成无效,而且上述部门规章对缺陷责任期的含义并未作出明确界定,存在一定争议。

有研究者指出,缺陷责任期是从FIDIC合同条件引进的概念,国内在高速公路工程中首先使用该概念。工程缺陷,是指工程在交工或完工或竣工时遗留的质量缺陷或不合格,或新出现的质量缺陷或不合格,或保修期间出现的质量缺陷或不合格。缺陷责任期,是指发包人或监理人要求承包人完成质量缺陷修复发出通知的时间至承包人按招标人或监理人的要求完成质量缺陷修复,经发包人或监理人验收达合格标准或符合发包人使用要求的时间。具体时间将根据项目的性质、规模、用途、缺陷修复的难易程度等因素,在合同中约定。缺陷责任期短则1周,长则1年,最多不超过2年。在缺陷责任期承包人完成质量缺陷修复,经发包人或监理人验收达合格标准或符合发包人使用要求发包人接受,视为承包人完成缺陷责任,履行了合同关于缺陷责任的条款内容。否则,如缺陷责任期在验收前,视为承包人在施工期间违约,如缺陷责任期在验收后,视为承包人在保修期间违约。

笔者认为，与上述研究者对缺陷责任期认定的概念不同的是，《建设工程质量保证金管理办法》及《标准施工招标文件》(2007 年版)的合同通用条款第 19 条规定的缺陷责任期，只是指从工程通过竣(交)工验收之日起算的缺陷修复期间，与工程质量保修期的起算时间一致，因此，现行法规规定的工程缺陷责任期是工程质量保修期的组成部分，不包括竣工验收合格前的缺陷修复期间。

(三)缺陷责任期与质量保修期的主要区别

工程缺陷责任期和质量保修期的起算时间相同，施工承包人在工程缺陷责任期和质量保修期的主要义务都是对工程缺陷及时进行修复。但是两者存在以下主要区别：

1. 期限长短不同

缺陷责任期一般为 1 年，最长不超过 2 年。质量保修期最低期限要比缺陷责任期长得多，为《建设工程质量管理条例》第 40 条规定的期限。

2. 期限届满后的责任不同

缺陷责任期届满后，如果质量保修期未届满的，承包人仍应承担工程质量保修义务。但是质量保修期届满后，承包人不再承担工程保修义务。

3. 质量保证金及质量保修金的扣除和返还不同

《建筑法》《建设工程质量管理条例》对于工程质量保证金和质量保修金均没有明确规定。而《建设工程质量保证金管理暂行办法》(已失效)规定使用“质量保证金(保修金)”。2017 年《建设工程质量保证金管理办法》直接称为“建设工程质量保证金”，并规定了发包人应按照合同约定方式预留保证金，保证金总预留比例不得高于工程价款结算总额的 3%；合同约定由承包人以银行保函替代预留保证金的，保函金额不得高于工程价款结算总额的 3%。实践中也存在将“质量保证金”与“质量保修金”混同使用的情况，有的合同甚至约定“质量保证金”是保证承包人履行保修义务的担保。

笔者认为，没有任何法律法规规定“质量保证金”具有担保性质，无论是“质量保证金”还是“质量保修金”，均只是确保质量责任人(或保修义务人)承担保修费用的一种保障措施，本质上属于工程价款支付方式之一，只是支付该价款应具备一定的条件和期限，即缺陷责任期届满，且质量缺陷得到及时修复。“质量保证金”“质量保修金”的预留比例由当事人约定，即使约定预留比例高于或低于工程价款结算总额 3%，均不应认定为无效约定。

《建设工程质量保证金管理办法》规定，缺陷责任期内，由承包人原因造成的缺陷，承包人应负责维修，并承担鉴定及维修费用。如承包人不维修也不承担费用，发包人可按合同约定从保证金或银行保函中扣除相关费用，费用超出保证金额的，发包人可按合同约定向承包人进行索赔。承包人维修并承担相应费用后，不免除对工程的损失赔偿责任。由他人原因造成的缺陷，发包人负责组织维修，承包人不承担费用，且发包人不得从保证金中扣除费用。按照《建设工程质量管理条例》关于保修期的规定，可以认为质量保修金应当在最低保修期届满后返还，但是《建设工程质量管理条例》规定的工程基础和主体结构部分的保修期为设计使用合理年限，则该部分的保修金(设计使用合理年限往往为 50 年)退还的时间遥遥无期，对于承包人而言并不公平。因此，《建设工程质量保证金管理办法》缺陷责任期满后退还质量保证金(保修金)的规定能较好地解决这个问题。

4. 履行保修义务方式上有所区别

《建设工程质量保证金管理办法》第 8 条规定，缺陷责任期内对缺陷进行维修分两种情况：由承包人原因造成的缺陷,由承包人负责维修并承担鉴定及维修费用;由他人原因造成的缺陷,发包人负责组织维修,承包人不承担费用,且发包人不得从保证金中扣除费用。

笔者认为,工程缺陷往往难以在较短时间内确定责任方,而且往往争议较多,如果按照《建设工程质量保证金管理办法》的规定执行,则很可能造成修复缺陷的延迟,甚至僵局,导致损失扩大。而《建筑法》《建设工程质量管理条例》关于工程质量保修期内承包人履行保修义务的规定与之不同,在保修期内无论是什么原因造成的缺陷,承包人均应负责及时修复,只是保修费用由责任方承担,承包人先行已经支付的,承包人可向责任方追索,这有利于确保承包人及时、快捷履行保修义务并及时保障建筑物使用人的合法权益。

三、建设工程质量损害赔偿责任期的界定

(一)关于建设工程质量损害赔偿责任期的主要法规规定

《建筑法》第80条规定:"在建筑物的合理使用寿命内,因建设工程质量不合格受到损害的,有权向责任者要求赔偿。"

《建设工程质量管理条例》第41条规定,建设工程在保修范围和保修期限内发生质量问题的,施工单位应当履行保修义务,并对造成的损失承担赔偿责任。第42条规定,建设工程在超过合理使用年限后需要继续使用的,产权所有人应当委托具有相应资质等级的勘察、设计单位鉴定,并根据鉴定结果采取加固、维修等措施,重新界定使用期。

《房屋建设工程质量保修办法》第14条规定,在保修期内,因房屋建设工程质量缺陷造成房屋所有人、使用人或者第三方人身、财产损害的,房屋所有人、使用人或者第三方可以向建设单位提出赔偿要求。建设单位向造成房屋建设工程质量缺陷的责任方追偿。第15条规定,因保修不及时造成新的人身、财产损害,由造成拖延的责任方承担赔偿责任。

(二)建设工程质量损害赔偿责任期的概念及特征

有研究者指出,质量保修期届满后,意味着另一种责任期间的开始,即进入损害赔偿责任期间。在有些国家这种责任为零,但是在大多数国家,业主都可以在一段时期内向有关责任者要求损害赔偿。与保修期内的责任形式不同,保修期内只要发现任何瑕疵,不管有无损害承包商均有义务修复,不修复将承担一定的后果;但在保修期后的损害赔偿责任期内,出现的质量问题要有损害才可主张赔偿,而且并不是所有的损害都可以获得赔偿。在大多数国家和地区,如意大利、加拿大魁北克省、西班牙、瑞典和英国,将损害分为微小损害和重大损害,只有重大损害才可追究责任。当然,至于孰是"微小"孰是"重大",这些国家的法律和实践都没有一个确定的标准,可以说因事而异。《建筑法》第80条的规定表明:我国立法对建筑物损害赔偿责任期的规定比较严厉,针对建筑物的地基和主体结构以及其他部位,即使在普通部位的保修期届满后,只要因质量不合格造成损害的,均可要求责任者承担赔偿责任(法律并未规定一律由施工方负责)。与业主订有合同者,包括勘察设计单位、施工单位,监理单位等,以及与业主没有直接合同关系者,包括政府建设工程质量监督部门、质量检测机构、分包商、供应商等均可能成为承担赔偿责任的责任者。①

笔者认为,我国现行法律并未明确使用建设工程"质量损害赔偿责任期"这一概念,也并未

① 朱树英、王盈盈:《工程竣工交付后的质量责任与保险》,载《建设工程法律实务》,法律出版社2001年版,第211页。

明确“质量损害赔偿期”是质量保修期届满后的一种责任期间。但应该承认,根据我国现行有关法律规定,我国实行了较为严厉的工程质量损害赔偿制度,在建设工程质量保修期、缺陷责任期、合理使用年限内均存在不同的质量损害赔偿责任,我国建设工程质量损害赔偿责任期可以作一个较为宽泛的定义,是指建设工程竣工验收合格后,因建设工程的质量缺陷(或质量瑕疵),或质量保修义务人怠于履行义务,导致给业主、第三人造成损害的责任人应承担损害赔偿责任的法定期限。建设工程质量损害赔偿责任期的主要特征如下:

1. 质量损害赔偿责任期为建设工程验收合格之日起的合理使用年限,包含了缺陷责任期、质量保修期

《建筑法》第 80 条规定“在建筑物的合理使用寿命内”,但是法律并未对“合理使用寿命”作出明确界定。有研究者指出,建设工程的使用寿命是自其建成到报废或拆除之间的年限。按建设工程报废、拆除或更新等发生的原因,可分为技术寿命和经济寿命(建设工程作为固定资产,在财务上还涉及折旧年限)。从合理使用寿命的概念来看,所谓合理,应指经济上合理(前提是结构安全),合理使用寿命应按经济寿命而不是按技术寿命加以确定。合理使用寿命是建设工程平均合理使用寿命的数学期望。[①] 因此,笔者认为,“合理使用寿命”并不是一个严格的法律概念。

有研究者认为,《建设工程质量管理条例》第 21 条规定:“设计文件应当……注明工程合理使用年限”,这就明确规定了以设计单位作为确定建设工程合使用寿命的主体者。[②] 但是,许多专家认为“设计使用年限”不同于“使用寿命”者。建筑结构设计使用年限,是指设计规定的结构或结构构件不需进行大修即可按其预定目的使用的时期。设计基准期是为确定可变作用及与时间有关的材料性能等取值而选用的时间参数,目前通常采用 50 年。即结构设计采用的荷载、材料参数是以 50 年为统计年限来取值的,50 年内发生的最大荷载应为结构采用的极限值,而 50 年不遇或 100 年不遇的灾害性荷载就会超出结构荷载的取值范围,造成结构破坏应是可能的。现行国家标准《建筑结构可靠度设计统一标准》(GB 50068—2001)规定,建设工程结构的设计使用年限分别为:(1)临时性结构,设计使用年限为 5 年;(2)易于替换的结构构件,设计使用年限为 25 年;(3)普通房屋和构筑物,设计使用年限为 50 年;(4)纪念性建筑和特别重要的建筑结构,设计使用年限为 100 年。若建设单位提出更高要求,也可按建设单位的要求确定。原建设部颁布的《民用建筑设计通则》(GB 50352—2005)规定,混凝土、砖混结构的住宅设计使用年限一般为 50 年。

鉴于此,笔者认为,应当在《建筑法》修订时对“合理使用寿命”作出明确规定,明确“合理使用寿命”与“设计使用年限”的关系。尽管“设计使用年限”不等同于“合理使用寿命”,但是“设计使用年限”应当是在“合理使用寿命”之内的,而且质量保修期、缺陷责任期均应包含于“合理使用寿命”之内,这有利于解决在“合理使用寿命”中出现的绝大部分的质量损害赔偿责任问题;在相关法律作出修订之前,应当依据现行国家建设工程相应标准规范及《建设工程质量管理条例》的规定,结合实际情况,对建设工程的质量损害是否处于“合理使用寿命”内作出综合判断。

---

① 黄如宝、钱永峰:《对〈建筑法〉中建筑物“合理使用寿命”相关问题的分析和探讨》,载《建筑技术》2001 年第 32 卷第 6 期。

② 黄如宝、钱永峰:《对〈建筑法〉中建筑物“合理使用寿命”相关问题的分析和探讨》,载《建筑技术》2001 年第 32 卷第 6 期。

2. 质量损害赔偿责任期是法定期限,违反法定期限的约定无效

与质量保修期、缺陷责任期不同的是,质量损害赔偿责任期是法定期限,根据现行法律法规规定,在建设工程"合理使用寿命"内,只要发生了质量损害后果,责任方均应承担赔偿责任。如果有关当事人在合同中约定其承担质量损害赔偿责任的期限低于"合理使用寿命",均应认定为无效约定。

3. 质量损害赔偿责任期内享有主张损害赔偿的权利主体是因建设工程质量缺陷受到人身或财产损害的受害人

实践中,因建设工程的质量缺陷或瑕疵造成损害的受害人可能是建设工程的发包人(建设单位、业主)、使用人及其他因建设工程质量受到损害的第三人,这些受害人均是行使主张损害赔偿的权利主体。

4. 质量损害赔偿责任期内承担质量损害赔偿的义务主体是造成质量损害后果的责任人

造成质量损害后果的责任人,要根据相关法律规定及实际情况作出正确判断。事实上,建设工程竣工交付使用后,发生质量问题后分析原因和责任,往往并不是一件简单的事情。建设工程的勘察人、设计人、施工人、监理人、分包商、材料商、检测机构等工程建设相关方均可能成为质量损害赔偿的责任方,而且在建设单位、管理人、使用人不正确使用、管理建设工程或怠于要求保修义务人履行保修义务的情况下,建设单位、管理人、使用人也有可能成为质量损害的责任人。

(三)建设工程质量损害赔偿责任类型及主要情形

1. 质量损害赔偿的责任类型

如前所述,质量损害赔偿责任期包含了缺陷责任期、质量保修期,因此,在缺陷责任期、质量保修期内,如果发生质量问题并造成了损害,承包人承担保修义务的同时,责任方还应承担损害赔偿责任;在缺陷责任期、质量保修期届满后的"合理使用寿命"内,如果发生质量问题,承包人不再承担保修义务,但因质量问题造成损害的,责任人仍应承担赔偿责任。因此,建设工程质量损害导致的责任可以分为两大类,即违约赔偿责任和侵权赔偿责任(这两种责任在实践中可能发生竞合)。

2. 质量损害违约赔偿责任的主要情形

(1)施工承包人在质量保修期内不履行或不及时履行保修义务,依据《施工合同司法解释(一)》第 18 条、《房屋建筑工程质量保修办法》第 12 条的规定,发包人有权委托其他单位维修,给发包人造成损害后果的,应承担违约赔偿责任。

(2)即使保修人及时履行了保修义务,仍因质量缺陷发生了损害后果的,经鉴定若属于勘察、设计、施工、监理等与发包人有合同关系当事人的责任,发包人有权追究责任方的违约赔偿责任。

3. 质量损害侵权赔偿责任的主要情形

(1)根据《民法典》第 1252 条的规定,建筑物、构筑物或者其他设施倒塌、塌陷造成他人损害的,由建设单位与施工单位承担连带责任,但是建设单位与施工单位能够证明不存在质量缺陷的除外。建设单位、施工单位赔偿后,有其他责任人的,有权向其他责任人追偿。

因所有人、管理人、使用人或者第三人的原因,建筑物、构筑物或者其他设施倒塌、塌陷造成他人损害的,由所有人、管理人、使用人或者第三人承担侵权责任。

(2)根据《民法典》第 1253 条的规定,建筑物、构筑物或者其他设施及其搁置物、悬挂物发生脱落、坠落造成他人损害,所有人、管理人或者使用人不能证明自己没有过错的,应当承担侵权责

任。所有人、管理人或者使用人赔偿后,有其他责任人的,有权向其他责任人追偿。

(3)根据《施工合同司法解释(一)》第18条的规定,因保修人未及时履行保修义务,导致建筑物毁损或者造成人身、财产损害的,保修人应当承担赔偿责任。保修人与建筑物所有人或者发包人对建筑物毁损均有过错的,各自承担相应的责任。

(4)根据《房屋建筑工程质量保修办法》第15条的规定,因保修不及时造成新的人身、财产损害,由造成拖延的责任方承担赔偿责任。

(5)根据《施工合同司法解释(一)》第13条的规定,发包人具有下列情形之一,造成建设工程质量缺陷,应当承担过错责任:①提供的设计有缺陷;②提供或者指定购买的建筑材料、建筑构配件、设备不符合强制性标准;③直接指定分包人分包专业工程。承包人有过错的,也应当承担相应的过错责任。

四、建设工程质量保证期的界定

《民法典》关于"质量保证期"有两条规定,即第621条、第795条。《民法典》第621条是关于买卖合同的规定,显然不适用于建设工程;而第795条是针对施工合同的,将"质量保修范围"和"质量保证期"并列,规定应作为施工合同的内容之一。但是作为建设工程特别法的《建筑法》等现行建设工程法律法规,并未明确规定"质量保证期",仅规定了质量保修期、缺陷责任期、质量损害赔偿责任期。因此,实践中在施工合同中使用"质量保证期"的,均属于用语有误,应当依据现行法律法规的规定及双方合同的具体约定,区别不同情况予以认定:

(1)如果当事人合同约定的"质量保证期"与《建设工程质量管理条例》第40条的最低保修期一致,且约定承包人负责在该期限内保修,应当认定"质量保证期"为质量保修期。

(2)如果当事人合同约定的"质量保证期"符合《建设工程质量保证金管理办法》关于缺陷责任期的规定,应当认定为"缺陷责任期"。

(3)如果当事人既约定"质量保证期"又约定"质量保修期",如果符合《建设工程质量管理条例》《建设工程质量保证金管理办法》的规定,应认定为"缺陷责任期"和"质量保修期"。如果都不符合,则应认定为无效约定,应依据法律效力等级,适用《建筑法》《民法典》《建设工程质量管理条例》规定的最低保修期、保修义务及损害赔偿义务。

(4)如果当事人关于"质量保证期"的约定既不符合质量保修期的法律规定,也不符合缺陷责任期的规定,则应认定为无效约定,应依据法律效力等级,适用《建筑法》《民法典》《建设工程质量管理条例》规定的最低保修期、保修义务及损害赔偿义务。

(5)如果当事人对"质量保证期"具体内容约定不明,则应当依据法律效力等级,适用《建筑法》《建设工程质量管理条例》《民法典》规定的最低保修期、保修义务及损害赔偿义务。

第八节　建设工程质量保险

一、建设工程质量保险概念和内涵

从国内外的建设工程质量保险制度来看,建设工程质量保险往往并不是一个单一的险种,而是由多个险种构成的一个完整的体系。原建设部、原中国保险监督管理委员会在《关于推进建筑工程质量保险工作的意见》(建质〔2005〕133 号)中也明确指出:“建设工程质量保险是一种转移在工程建设和使用期间由可能的质量缺陷引起的经济责任的方式,它由能够转移工程技术风险、落实质量责任的一系列保险产品组成,包括建筑工程一切险、安装工程一切险、工程质量保证保险和相关职业责任保险等。其中,工程质量保证保险主要为工程竣工后一定期限内出现的主体结构问题和渗漏问题等提供风险保障”。

因此,建设工程质量保险应当是有广义和狭义之分的,广义上的建设工程质量保险是一个由多个与工程质量相关的险种共同构成的体系,而狭义上的建设工程质量保险只是其中的一个具体险种。2006 年 9 月 19 日,中国人民财产保险股份有限公司(以下简称中国人民保险公司)推出“建筑工程质量保险”这一新产品,该保险责任范围是保险合同中载明的、由投保险人开发的建筑物,按规定的建设程序竣工验收合格满一年后,经保险人指定的建筑工程质量检查机构检查通过,在正常使用条件下,因潜在缺陷在保险期间内发生质量事故造成建筑物的损坏,经被保险人向保险人提出索赔申请,保险人按照本保险合同的约定负责赔偿修理、加固或重置的费用。该“建筑工程质量保险”实际上就是狭义上的建设工程质量保险。

二、建设工程质量保险的产生与发展

(一)国外其他国家建设工程质量保险主要模式

建设工程质量保险制度起源于法国,法国从 1978 年制定《斯比那塔法》(Spinetta Act)实施对建筑工程质量 10 年内在缺陷保险以来,建立了较为完整的建筑工程质量保险构架体系。此后一些发达国家广泛借鉴并相继建立建筑工程质量保险制度。国外建设工程质量保险模式的主要差别在于强制建造者责任险和强制业主损害保险的实施。目前国外存在工程质量保险制度的国家均有强制建造者责任险这一项。实施强制建造者责任保险制度,要求所有参与建造的单位购买责任保险后才能建造,并要求足额投保。法国和西班牙实施强制业主损害保险,而诸如意大利、芬兰和美国新泽西州等是没有这一内容的。

法国《斯比那塔法》规定,建筑工程 10 年内在缺陷保险为强制性保险,建筑工程的参建各方必须投保。西班牙工程质量保险是在总结法国建筑工程质量保险经验的基础上,经过试点正式立法实施的,在内容上基本一致。主要差异在于业主投保项目不同:在法国,业主投保的是财产保险,参建各方为民事责任险,两者都是强制的;而在西班牙,业主投保的是建筑工程侵害保险,没有强制参建各方的技术责任险。相比之下西班牙的法律有利于业主,因为民事责任保险需经过法官审判后才能实施赔偿,而侵害保险只要伤害存在,检查评估确认后保险公司立即赔付。另外,在法国建筑工程质量保险中没有设置免赔,而西班牙的建筑工程质量保险设置了免赔,因此西班牙的建筑工程质量保险的赔付率较低。

(二)我国建设工程质量保险的产生与发展①

1979 年,中国人民保险公司为配合恢复财产保险业务,拟定了建筑工程一切险、安装工程一切险的条款及保单。1979 年 8 月,中国人民银行、原国家计划委员会、原国家建设委员会、财政部、原外贸部和国家外汇管理总局发布了《关于办理引进成套设备、补偿贸易等财产保险的联合通知》,规定国内基建单位应将引进的建设项目的保险费列入投资概算,向中国人民保险公司投保建筑工程一切险或安装工程一切险。1985 年,原国家计划委员会、中国人民银行和国家审计

---

① 陈雁凌、李丽:《我国工程保险制度的发展历程》,载《成都电子机械高等专科学校学报》2007 年第 3 期。

署在联合下发的《关于基本建设项目保险问题的通知》(已失效)中指出:“对建设项目实行强制保险加大了基建投资,增加了工程造价,这种做法不妥”。此通知还规定,国家预算内的“拨贷款”项目和国家计划用信贷资金安排的基建项目不投保财产保险,各地区、各企业、各部门自筹资金的基建项目是否投保,自主决定。

1993 年,原国家建设部、中国(人民)建设银行印发了《关于调整建筑安装工程费用项目组成的若干规定》(已失效),调整后建筑安装工程费用增加了保险费项目,部分保险费可列入工程成本。1995 年我国颁布实施《保险法》,除法定保险外,实行自愿投保原则。中国人民保险公司1993 年开始重新组织编写《建筑工程一切险条款》《安装工程一切险条款》,拟定了新条款,由中国人民银行颁布于 1995 年 1 月 1 日生效。

《建筑法》第 48 条规定,施工企业必须为从事危险作业的职工办理意外伤害保险,支付保险费。据此,施工企业职工意外伤害保险属强制性保险,投保人是施工企业或施工企业委托的项目经理部,被保险人为工程施工中从事危险作业的职工,也可以是施工现场的管理人员及工作人员,规定意外伤害保险费作为直接工程费中现场管理费的组成部分,列入建筑安装工程成本,由建设单位支出。原建设部于 1999 年 12 月发文规定,在北京、上海和深圳开展工程设计责任保险的试点工作。《建设工程施工合同(示范文本)》(GF—2017—0201)规定,除专用合同条款另有约定外,发包人应投保建筑工程一切险或安装工程一切险;发包人委托承包人投保的,因投保产生的保险费和其他相关费用由发包人承担。《建设工程施工合同(示范文本)》(GF—2017—0201)规定,发包人应依照法律规定参加工伤保险,并为在施工现场的全部员工办理工伤保险,缴纳工伤保险费,并要求监理人及由发包人为履行合同聘请的第三方依法参加工伤保险。发包人和承包人可以为其施工现场的全部人员办理意外伤害保险并支付保险费,包括其员工及为履行合同聘请的第三方的人员,具体事项由合同当事人在专用合同条款约定。除专用合同条款另有约定外,承包人应为其施工设备等办理财产保险。

在实践中,一些地方也陆续开展了建筑职工意外伤害保险的试行工作。如原四川省建设厅2000 年 12 月 14 日发布了《关于印发〈四川省建筑企业职工意外伤害保险试行办法〉的通知》,决定从 2001 年 1 月 1 日起在全省建筑施工企业中实行从事危险作业的职工意外伤害保险制度。上海、山东、河北、辽宁、重庆等省市也开展了意外伤害保险试点工作。

2003 年 4 月 24 日,原建设部印发《关于加强 2003 年工程质量工作的意见》,表示要积极推进工程质量保险制度。该意见指出,2003 年重点推进和开办设计责任险和工程质量保证保险等险种,要在 15 个以上省市开展设计保险工作,并力争两年内在全国全面实施工程设计保险制度。原建设部同日印发的《关于加强 2003 年建筑安全生产工作的意见》全面推行建筑意外伤害保险工作。2003 年 5 月 23 日,原建设部发布了《关于加强建筑意外伤害保险工作的指导意见》,对建筑意外伤害保险的范围、保险期限、保险金额、保险费、投保、索赔、安全服务以及行业自保等提出了指导意见,加强和规范了建筑意外伤害保险工作。

2005 年 8 月 5 日,原建设部、原中国保险监督管理委员会联合发布了《关于推进建设工程质量保险工作的意见》,为在我国进一步推行工程质量保险工作提出了基本制度框架。2006 年 9 月 19 日,中国人民保险公司率先在北京、上海、天津、大连、青岛、厦门、深圳、兰州等 14 个城市推出了新版的建筑工程质量保险产品,这标志着全国范围的建设工程质量保险试点工作正式启动。

三、建设工程质量保险的种类

根据原建设部与原中国保险监督管理委员会联合下发了《关于推进建设工程质量保险工作

的意见》的规定,建设工程质量保险主要有以下险种。

(一)相关职业责任险

勘察、设计、监理等单位因工作失误或疏忽而造成的损失,可通过投保执业责任险来解决。职业责任保险是承保各种专业人员由于自身工作过失而造成合同对方、第三者财产损失或人身伤害的赔偿责任保险。职业责任保险只承担经济赔偿责任,对于其他的法律责任则不予承保。

(二)建设工程质量保证保险

工程竣工后,依然存在潜在的风险,工程质量保证保险正是基于建筑物使用周期长、承包商流动性大的特点而专门设立的。工程质量保证保险的标的是建设工程保修期限内建筑物本身及其他有关的人身财产。中国人民保险公司的"建筑工程质量保险"即为工程质量保证保险。

1. 适用范围

凡获得国家或当地建设主管部门资质认可的建筑开发商均可作为本保险合同的投保人,于工程开工前就其开发的住宅商品房及写字楼工程投保本保险。对上述建筑物具有所有权的自然人、法人或其他组织为本保险合同的被保险人。

2. 保险责任

由投保人开发的建筑物,按规定的建设程序竣工验收合格满一年后,经保险人指定的建筑工程质量检查控制机构检查通过,在正常使用条件下,因潜在缺陷在保险期间内发生下列质量事故造成建筑物的损坏,经被保险人向保险人提出索赔申请,保险人按照本保险合同的约定负责赔偿修理、加固或重置的费用:(1)整体或局部倒塌;(2)地基产生超出设计规范允许的不均匀沉降;(3)阳台、雨篷、挑檐等悬挑构件坍塌或出现影响使用安全的裂缝、破损、断裂;(4)主体结构部位出现影响结构安全的裂缝、变形、破损、断裂。

3. 保险合同的成立与生效

投保人于工程开工前投保本保险,保险人同意承保,保险合同成立。建筑物竣工验收合格满一年后,投保人应就其开发的建筑物,向保险人指定的建筑工程质量检查控制机构申请质量检查,上述机构检查通过后,本保险合同自检查通过之日起生效。保险期间为10年,自保险合同生效之日起算。

(三)建筑工程一切险

建筑工程一切险是承保各类民用、工业和公用事业建筑工程项目,包括道路、桥梁、水坝、港口等,在建造过程中因自然灾害或意外事故而引起的一切损失的险种。因在建工程抗灾能力差,危险程度高,一旦发生损失,不仅会对工程本身造成巨大的物质财富损失,甚至可能殃及邻近人员与财物。因此,随着各种新建、扩建、改建的建设工程项目日渐增多,许多保险公司已经开设这一险种。

建筑工程一切险往往还加保第三者责任险。第三者责任险,是指在保险有效期内因在施工工地上发生意外事故造成在施工工地及邻近地区的第三者人身伤亡或财产损失,依法应由被保险人承担的经济赔偿责任。

1. 投保人与被保险人

《建设工程施工合同(示范文本)》(GF—2017—0201)中规定,除专用合同条款另有约定外,发包人应投保建筑工程一切险或安装工程一切险;发包人委托承包人投保的,因投保产生的保险费和其他相关费用由发包人承担。

建筑工程一切险的被保险人范围较宽,所有在工程进行期间,对该项工程承担一定风险的有关各方(具有可保利益的各方),均可作为被保险人。如果被保险人不止一家,则各家接受赔偿的权利以不超过其对保险标的的可保利益为限。被保险人具体包括:(1)业主或工程所有人;(2)承包商或者分包商;(3)技术顾问,包括业主聘用的建筑师、工程师及其他专业顾问。

2. 保险责任范围

保险人对下列原因造成的损失和费用,负责赔偿:(1)自然事件,指地震、海啸、雷电、飓风、台风、龙卷风、风暴、暴雨、洪水、水灾、冻灾、冰雹、地崩、山崩、雪崩、火山爆发、地面下陷下沉及其他人力不可抗拒的破坏力强大的自然现象;(2)意外事故,指不可预料的以及被保险人无法控制并造成物质损失或人身伤亡的突发性事件,包括火灾和爆炸。

3. 除外责任

保险人对下列各项原因造成的损失不负责赔偿:(1)设计错误引起的损失和费用;(2)自然磨损、内在或潜在缺陷、物质本身变化、自燃、自热、氧化、锈蚀、渗漏、鼠咬、虫蛀、大气(气候或气温)变化、正常水位变化或其他渐变原因造成的保险财产自身的损失和费用;(3)因原材料缺陷或工艺不善引起的保险财产本身的损失以及为换置、修理或矫正这些缺点错误所支付的费用;(4)非外力引起的机械或电气装置的本身损失,或施工用机具、设备、机械装置失灵造成的本身损失;(5)维修保养或正常检修的费用;(6)档案、文件、账簿、票据、现金、各种有价证券、图表资料及包装物料的损失;(7)盘点时发现的短缺;(8)领有公共运输行驶执照的,或已由其他保险予以保障的车辆、船舶和飞机的损失;(9)除非另有约定,在保险工程开始以前已经存在或形成的位于工地范围内或其周围的属于被保险人的财产的损失;(10)除非另有约定,在保险单保险期限终止以前,保险财产中已由工程所有人签发完工验收证书或验收合格或实际占有或使用或接收的部分。

4. 第三者责任险

建筑工程一切险如果加保第三者责任险,保险人对下列原因造成的损失和费用,负责赔偿:(1)在保险期限内,因发生与所保工程直接相关的意外事故引起工地内及邻近区域的第三者人身伤亡、疾病或财产损失;(2)被保险人因上述原因支付的诉讼费用以及事先经保险人书面同意而支付的其他费用。

5. 赔偿金额

保险人对每次事故引起的赔偿金额以法院或政府有关部门根据现行法律裁定的应由被保险人偿付的金额为准,但在任何情况下,均不得超过保险单明细表中对应列明的每次事故赔偿限额。在保险期限内,保险人经济赔偿的最高赔偿责任不得超过本保险单明细表中列明的累计赔偿限额。

6. 保险期限

建筑工程一切险的保险责任自保险工程在工地动工或用于保险工程的材料、设备运抵工地之时起始,至工程所有人对部分或全部工程签发完工验收证书或验收合格,或工程所有人实际占用或使用或接收该部分或全部工程之时终止,以先发生者为准。但在任何情况下,保险期限的起始或终止不得超出保险单明细表中列明的保险生效日或终止日。

(四)安装工程一切险

安装工程一切险是承保安装机器、设备、储油罐、钢结构工程、起重机、吊车以及包含机械工程因素的各种安装工程的险种。由于科学技术日益进步,现代工业的机器设备已进入电子计算机操控的时代,工艺精密、构造复杂,技术高度密集,价格十分昂贵。在安装、调试机器设备的过程中遇到自然灾害和意外事故的发生都会造成巨大的经济损失。安装工程一切险可以保障机器设备在安装、调试过程中,被保险人可能遭受的损失能够得到经济补偿。

安装工程一切险往往还加保第三者责任险。安装工程一切险的第三者责任险,负责被保险人在保险期限内,因发生意外事故,造成在工地及邻近地区的第三者人身伤亡、疾病或财产损失,依法应由被保险人赔偿的经济损失,以及因此而支付的诉讼费用和经保险人书面同意支付的其他费用。

1. 保险责任范围

保险人对因自然灾害、意外事故(具体内容与建筑工程一切险基本相同)造成的损失和费用,负责赔偿。

2. 除外责任

其除外责任与建筑工程一切险的第2条、第5条~第10条相同,不同之处主要是:(1)因设计错误、铸造或原材料缺陷或工艺不善引起的保险财产本身的损失以及为换置、修理或矫正这些缺点错误所支付的费用;(2)由于超负荷、超电压、碰线、电弧、漏电、短路、大气放电及其他电气原因造成电气设备或电气用具本身的损失;(3)施工用机具、设备、机械装置失灵造成的本身损失。

3. 保险期限

安装工程一切险的保险责任自保险工程在工地动工或用于保险工程的材料、设备运抵工地之时起始,至工程所有人对部分或全部工程签发完工验收证书或验收合格,或工程所有人实际占有或使用接收该部分或全部工程之时终止,以先发生者为准。但在任何情况下,保险期限的起始或终止不得超出保险单明细表中列明的保险生效日或终止日。

安装工程一切险的保险期内,一般应包括一个试车考核期。试车考核期的长短一般根据安装工程合同中的约定进行确定,但不得超出安装工程保险单明细表中列明的试车和考核期限。安装工程一切险对考核期的保险责任一般不超过3个月,若超过3个月,应另行加收保险费。安装工程一切险对于旧机器设备不负考核期的保险责任,也不承担其维修期的保险责任。

4. 安装工程一切险与建筑工程一切险的区别

安装工程一切险与建筑工程一切险的区别在于:(1)建筑工程一切险的保险标的从开工以后逐步增加,保险额也逐步提高,而安装工程一切险的保险标的一开始就存放于工地,保险公司一开始就承担全部货价的风险,风险比较集中。在机器安装好之后,试车、考核所带来的危险以及在试车过程中发生机器损坏的危险是相当大的,这些危险在建筑工程一切险部分是没有的。(2)在一般情况下,自然灾难造成建筑工程一切险的保险标的损失的可能性较大,而安装工程一切险的保险标的多数是建筑物内安装及设备(石化、桥梁、钢结构建筑物等除外),受自然灾难(洪水、台风、暴雨等)损失的可能性较小,受人为事故损失的可能性较大,这就要督促被保险人加强现场安全操作治理,严格执行安全操作规程。(3)安装工程在交接前必须经过试车考核,而在试车期内,任何潜在的因素都可能造成损失,损失率要占安装工期内的总损失的一半以上。由于风险集中,试车期的安装工程一切险的保险费率通常占整个工期的保费的1/3左右,而且对旧机器设备不承担赔付责任。总的来说,安装工程一切险的风险较大,保险费率也要高于建筑工程一切险。

第十章　建设工程竣工交付法律制度

第一节　建设工程竣工交付概述

一、交付的概念

所谓交付，是指移转占有，即将自己占有的物直接移转与他人或以其他替代方式如移转所有权凭证而发生所有权变动的事实行为。但仅仅从占有转移的角度并不能完整地理解交付的意义，由于我国采取了债权基础行为加事实行为的交付的动产物权变动模式，导致必须从债的合意与事实行为交付二者结合的角度来理解交付。也只有这样，才能够区别合同法中的交付与物权法中的交付。对于不动产而言，同样存在交付的问题，但是，由于不动产的物权变动原则依据法律的强行性要求——登记而发生，所以，交付的法律意义在不动产中越发显得不重要了，而且由于不动产在物理空间上不能发生移动，所以，不动产的交付多表现为将不动产的钥匙或者其他象征管领的标识转让给他人。①

民法理论向来都承认，"交付"可分为现实交付和拟制交付。现实交付，是指出卖人将其标的物的事实管领权转移给买受人，使标的物处于买受人的实际控制之下，由买受人直接占有标的物。② 现实交付一般是指具体的、可以转移实际占有的物品的交付。拟制交付，是指出卖人将标的物的权利转移给买受人，以替代对实物的交付。拟制交付又分为简易交付、指示交付和占有改定。其中，简易交付，是指在买卖合同订立前买受人已经实际占有标的物，则合同一经成立即视为交付完成，此前买受人虽然占有标的物，但不享有所有权，合同成立时转移的只是所有权；指示交付，是指在标的物由第三人占有的情况下，出卖人将要求第三人返还标的物的请求权让与买受人，以此代替标的物的实际交付，这种返还请求权正是标的物所有权的体现；占有改定，是指买卖合同约定，买受人取得标的物的所有权，但标的物在约定的期间仍由出卖

---

① 朱岩：《物权法中"交付"的体系解释及其相关疑难问题》，载《社会科学研究》2008 年第 3 期。

② 江平主编：《中华人民共和国合同法精解》，中国政法大学出版社 1999 年版，第 114 页。

人占有，此种交付中虽不转移占有，仅转移所有权，但仍能完成交付。

二、建设工程竣工交付的概念

我国现行法律对建设工程竣工交付的概念并未作出明确规定，目前司法实务及理论界对竣工交付还存在许多片面认识，对竣工交付的理论和实务研究尚不足够。

笔者认为，建设工程竣工交付是一种现实交付，但它不同于买卖中的动产交付，也不同于一般不动产的交付，建设工程竣工交付是一种特殊的交付形态。建设工程竣工交付，是指建设工程竣工验收合格后，建设工程承包人向建设单位交付最终工程产品，转移建设工程占有、管理及风险的一系列行为。建设工程竣工交付虽不涉及不动产所有权的转移和物权登记，但具有重要的法律意义。竣工交付的前提条件是建设工程已经竣工验收合格，质量符合合同约定。竣工交付的内容包括建设工程实体、完整的工程竣工图纸等工程技术经济资料、保修书等移交交付。

《建设工程施工合同（示范文本）》（GF—2017—0201）第 13.2.5 条“移交、接收全部与部分工程”中规定，除专用合同条款另有约定外，合同当事人应当在颁发工程接收证书后 7 天内完成工程的移交。发包人无正当理由不接收工程的，发包人自应当接收工程之日起，承担工程照管、成品保护、保管等与工程有关的各项费用，合同当事人可以在专用合同条款中另行约定发包人逾期接收工程的违约责任。承包人无正当理由不移交工程的，承包人应承担工程照管、成品保护、保管等与工程有关的各项费用，合同当事人可以在专用合同条款中另行约定承包人无正当理由不移交工程的违约责任。建设工程竣工交付后，建设工程占有、管理及风险由承包人转移至建设单位，承包人承担工程保修责任及其他质量责任。

三、建设工程竣工交付的主要法律法规

《民法典》第 799 条规定：“建设工程竣工后，发包人应当根据施工图纸及说明书、国家颁发的施工验收规范和质量检验标准及时进行验收。验收合格的，发包人应当按照约定支付价款，并接收该建设工程。建设工程竣工经验收合格后，方可交付使用；未经验收或者验收不合格的，不得交付使用。”

《建筑法》第 61 条规定：“交付竣工验收的建筑工程，必须符合规定的建筑工程质量标准，有完整的工程技术经济资料和经签署的工程保修书，并具备国家规定的其他竣工条件。建筑工程竣工经验收合格后，方可交付使用；未经验收或者验收不合格的，不得交付使用。”

《施工合同司法解释（一）》第 9 条规定：“当事人对建设工程实际竣工日期有争议的，人民法院应当分别按照以下情形予以认定：（一）建设工程经竣工验收合格的，以竣工验收合格之日为竣工日期；（二）承包人已经提交竣工验收报告，发包人拖延验收的，以承包人提交验收报告之日为竣工日期；（三）建设工程未经竣工验收，发包人擅自使用的，以转移占有建设工程之日为竣工日期。”以上法律规定对建设工程竣工交付的条件、内容等作出了明确规定，是建设工程竣工交付法律制度的基本法律规定。

关于建设工程竣工图等工程技术经济资料的编制、交付和管理，1982 年 2 月 8 日，原国家建设委员会《关于编制基本建设工程竣工图的几项暂行规定》发布，对建设工程竣工图的编制作出了具体规定；《城市建设档案管理规定》《城市地下管线工程档案管理办法》《关于加强中小城市城乡建设档案工作的意见》等分别对建设工程的竣工档案管理作出了相应规定。另外，有关省、市对建设工程档案管理也作了一些地方性规定，如《济南市城市建设档案管理规定》。

本书在第九章已经阐述了竣工验收及质量保修制度,在本章节重点阐述竣工时间、竣工交付的具体内容、竣工交付的民法法律意义,至于建设工程竣工后的工程价款结算,在本书第十一章再进行专门阐述。

第二节　建设工程竣工时间

一、建设工程竣工验收合格之日与实际竣工之日的关系

建设工程竣工验收合格是认定工程质量合格的重要标志,实际竣工日期是判断承包人工期是否违约的重要依据,工程质量和工期又影响工程价款的确定。工程验收合格之日和实际竣工之日的认定将影响当事人的重大利益。

(一)建设工程竣工验收合格之日的概念①

建设工程竣工验收合格,是指施工合同当事人及相关人员根据有关法律、法规和部门规章的规定,依据建设工程的施工图纸、标准和规范,对承包人完成施工合同约定的内容进行验收,对建设工程符合工程质量标准和完成合同约定的内容进行的确认。建设工程竣工验收合格之日就是施工合同当事人及相关人员对建设工程符合工程质量标准和完成合同的约定进行确认的日期。

实践中,存在特殊情况下的建设工程没有经过竣工验收,但其质量被视为合格的情形,主要包括:(1)发包人擅自使用建设工程的情况下视为验收合格。《施工合同司法解释(一)》第14条规定:"建设工程未经竣工验收,发包人擅自使用后,又以使用部分质量不符合约定为由主张权利的,人民法院不予支持;但是承包人应当在建设工程的合理使用寿命内对地基基础工程和主体结构质量承担民事责任。"这里的"以使用部分质量不符合约定为由主张权利的,人民法院不予支持",是指发包人擅自使用建设工程后,应该视为工程验收合格。(2)发包人在合同约定的期限内不组织验收或者不提出修改意见而视为工程验收合格。《建设工程施工合同(示范文本)》(GF—2017—0201)第13.2.2条"竣工验收程序"中规定:"……(3)竣工验收合格的,发包人应在验收合格后14天内向承包人签发工程接收证书。发包人无正当理由逾期不颁发工程接收证书的,自验收合格后第15天起视为已颁发工程接收证书。……(5)工程未经验收或验收不合格,发包人擅自使用的,应在转移占有工程后7天内向承包人颁发工程接收证书;发包人无正当理由逾期不颁发工程接收证书的,自转移占有后第15天起视为已颁发工程接收证书"。这里的"自转移占有后第15天起视为已颁发工程接收证书"可以理解为建设工程经验收合格。另外,根据《标准施工招标文件(2007年版)》第四章合同条款及合同通用条款第18.3.6条的约定,发包人在收到承包人竣工验收申请报告56天内未进行验收的,视为验收合格,实际竣工之日以提交竣工验收申请报告的日期为准,但发包人由于不可抗力不能进行验收的除外。所以,建设工程可以因发包人收到承包人送交的竣工验收报告后56天不组织验收,或自建设工程转移占有后第15天起被视为验收合格。

《建设工程质量管理条例》第16条第1款规定:"建设单位收到建设工程竣工报告后,应当组

---

① 李冠军:《建设工程验收合格之日与实际竣工之日之间的联系与区别及法律意义》,载个人图书馆网2018年1月12日,http://www.360doc.com/content/18/0112/15/49249554_721353735.shtml。

织设计、施工、工程监理等有关单位进行竣工验收。”验收合格后由四方签署工程验收合格的文件,四方签署工程验收合格文件的日期就是建设工程验收合格之日。建设工程未经竣工验收,发包人擅自使用的,以发包人擅自使用之日为验收合格之日。发包人收到承包人送交的竣工验收报告后56天不组织验收,或工程未经验收或验收不合格,自转移占有后第14天内,发包人擅自使用后无正当理由逾期不颁发工程接收证书的,从发包人收到承包人送交的竣工验收报告后第57天,或自建设工程转移占有后第15天为验收合格之日。

(二)建设工程实际竣工之日的概念

实际竣工之日,是指承包人根据法律规定或者合同约定依据建设工程的施工图纸、标准和规范,完成承包合同约定的内容的日期。对于实际竣工之日,法律没有严格的定义,一般以当事人约定为准,例如,完工之日、竣工报告提交之日、竣工验收合格之日或者竣工验收合格备案完成之日等。依据《建设工程施工合同(示范文本)》(GF—2017—0201)在第13.2.3条“竣工日期”中的规定,工程经竣工验收合格的,以承包人提交竣工验收申请报告之日为实际竣工日期,并在工程接收证书中载明;因发包人原因,未在监理人收到承包人提交的竣工验收申请报告42天内完成竣工验收,或完成竣工验收不予签发工程接收证书的,以提交竣工验收申请报告的日期为实际竣工日期;工程未经竣工验收,发包人擅自使用的,以转移占有工程之日为实际竣工日期。

(三)建设工程竣工验收合格之日与实际竣工之日的关系

建设工程验收合格后,发包人不能以工程不合格为由主张权利,免除了承包人的返修义务,解决的是工程质量问题。而实际竣工日期解决的是工期问题。两者的功能不一样,所产生的法律效果也不一样。但是两者也有交叉重合的部分。工程验收合格之日与实际竣工之日的关系在实践中存在以下情形:

1. 当事人适用《建设工程施工合同(示范文本)》(GF—2017—0201)的,根据其中第13.2.2条“竣工验收程序”中的规定,工程未经验收或验收不合格,发包人擅自使用的,应在转移占有工程后7天内向承包人颁发工程接收证书;发包人无正当理由逾期不颁发工程接收证书的,自转移占有后第15天起视为已颁发工程接收证书。

该条款是关于视为验收合格的规定。工程未经验收或验收不合格,发包人擅自使用无正当理由逾期不颁发工程接收证书的,自转移占有后第15天起视为已颁发工程接收证书,视为工程验收合格之日,不是实际竣工之日。

2. 当事人适用《建设工程施工合同(示范文本)》(GF—2017—0201)的,其中第13.2.3条“竣工日期”中对工程的实际竣工日期作出如下规定:(1)工程经竣工验收合格的,以承包人提交竣工验收申请报告之日为实际竣工日期,并在工程接收证书中载明;(2)因发包人原因,未在监理人收到承包人提交的竣工验收申请报告42天内完成竣工验收,或完成竣工验收不予签发工程接收证书的,以提交竣工验收申请报告的日期为实际竣工日期;(3)工程未经竣工验收,发包人擅自使用的,以转移占有工程之日为实际竣工日期。工程竣工验收合格,是指发包人、设计单位、监理单位和承包人通过竣工验收,形成竣工验收合格文件。在竣工验收合格文件上签署的日期即竣工验收合格之日。另外分别规定了因发包人原因未在规定时间内完成竣工验收,或完成竣工验收不予签发工程接收证书的实际竣工日期和工程未经竣工验收发包人擅自使用的实际竣工日期。

(四)工程验收合格之日与实际竣工之日的法律意义

1. 工程验收合格之日的法律意义

根据《建筑法》第61条的规定,交付竣工验收的建筑工程,必须符合规定的建筑工程质量标准,有完整的工程技术经济资料和经签署的工程保修书,并具备国家规定的其他竣工条件。建筑工程竣工经验收合格后,方可交付使用;未经验收或者验收不合格的,不得交付使用。竣工经验收合格意味着建设工程符合《建筑法》、《建设工程质量管理条例》及相关法律法规的规定,也意味着符合《城乡规划法》《节约能源法》《消防法》中的关于规划验收、节能验收、消防验收等的规定,更意味着其满足了建设工程施工合同中的当事人的约定。

(1)工程验收合格是承包人向发包人办理结算的前提。《民法典》第799条规定,建设工程竣工后,发包人应当根据施工图纸及说明书、国家颁发的施工验收规范和质量检验标准及时进行验收。验收合格的,发包人应当按照约定支付价款,并接收该建设工程。建设工程竣工经验收合格后,方可交付使用;未经验收或者验收不合格的,不得交付使用。《建设工程施工合同(示范文本)》(GF—2017—0201)第14.1条"竣工结算申请"规定,除专用合同条款另有约定外,承包人应在工程竣工验收合格后28天内向发包人和监理人提交竣工结算申请单,并提交完整的结算资料,有关竣工结算申请单的资料清单和份数等要求由合同当事人在专用合同条款中约定。可见工程验收合格后承包人有权请求发包人支付剩余工程款,工程验收合格是承包人有权请求发包人支付剩余工程款的前提。

(2)工程的保修期从验收合格之日起算。根据《建设工程质量管理条例》第40条第3款的规定,建设工程的保修期,自竣工验收合格之日起计算。发包人主张在验收合格之日前除地基基础工程和主体结构外存在质量问题,应不予支持,工程进入保修期。

(3)缺陷责任期起算时间。《建设工程质量保证金管理办法》规定,缺陷责任期从工程通过竣工验收之日起计。工程验收合格意味着工程通过竣工验收,因此自工程验收合格之后,缺陷责任期开始起算。缺陷责任期到期后,承包人向发包人申请返还保证金。由此,工程验收合格也影响承包人申请返还建设工程质量保证金的期限。

2.实际竣工之日的法律意义

(1)是认定承包人工期是否违约的重要依据。工期是施工合同中一个至关重要的指标,竣工日期确定后,工程是延期还是提前竣工就能确定,便可以避免发包、承包双方之间因误期损害赔偿或提前竣工奖励问题发生争议。

(2)影响缺陷责任期的计算。根据《建设工程质量保证金管理办法》的规定,由于承包人原因导致工程无法按规定期限进行竣工验收的,缺陷责任期从实际通过竣工验收之日起计。

二、建设工程竣工日期发生争议的处理

建设工程的竣工日期若发生争议时,根据《施工合同司法解释(一)》第9条的规定,应根据不同情况分别处理。

(一)建设工程经竣工验收合格的,以竣工验收合格之日作为竣工日期

建设工程经竣工验收合格的,以竣工验收合格之日作为竣工日期,而不是以承包人提交竣工验收报告之日作为竣工日期。这里指的是一般正常情况,不包括发包人拖延验收的情形。

如果建设工程经验收为不合格,发包人有权要求承包人在合理期限内无偿修理或者返工、改建。所谓"合理期限",是指根据工程质量不符合约定的具体情形,以及根据国家相关规定确定的工期和相关合同文件约定的内容,承包人进行无偿修理或者返工、改建所需要的时间。承包人对建设工程进行修复后,经再次验收合格之日为工程竣工日期。对质量不合格的建设工程进行修理或者返工、改建,势必会占用一定的时间,这样可能会导致不能按照合同约定的竣工日期交

付工程,而逾期交付的原因是承包人的工程质量不合格而进行修复占用了时间,承包人应当承担违约责任。

(二)承包人已经提交了申请竣工验收的报告,而发包人迟迟不予验收的,以承包人提交验收报告之日为竣工日期,而不是以后来验收合格之日为竣工日期

按照《建设工程质量管理条例》的规定,建设工程完工后,承包单位应当按照国家竣工验收的有关规定,向建设单位提供完整的竣工资料和竣工验收报告,请建设单位组织竣工验收。建设单位收到竣工验收报告后,应及时组织有设计、施工、工程监理单位参加的竣工验收,检查整个建设项目是否已按设计要求和合同约定全部建设完成。工程竣工后的验收,是对承包人履行义务是否符合合同约定进行的检验,也是承包人请求支付工程款的前提条件。如果建设单位为了自己的利益恶意阻止条件成就的,应当视为条件已成就。也就是说,承包人已经提交竣工验收报告,而发包人为了达到拖欠工程款等其他目的,故意拖延验收,那么本来应以验收合格之日为实际竣工日期,为了保护承包人的合法权益,制裁发包人恶意阻止条件成就的行为,故该司法解释规定,以承包人提交验收报告之日为竣工日期。

发包人拖延进行竣工验收,首先应当根据合同约定来确定,如合同未约定发包人进行竣工验收的期限,可以参照住房和城乡建设部、交通运输部等行政机关颁布的规章确定合理期限。

(三)在建设工程未经竣工验收的情况下,发包人擅自使用的,以建设工程转移占用之日为竣工日期

在实践中,经常出现发包人出于自己的需要,为提前获得投资效益,没有经过验收就急于使用已经竣工的工程。应当视为发包人已经认可、接受承包人完成的工程产品,意味着承包人已完成其合同义务。

(四)特殊情况下建设工程竣工时间的确定

依据《施工合同司法解释(一)》第9条第1项之规定,执行过程中并不存在问题,而第2项、第3项的规定,则存在如下问题:

1. 承包人已经提交了竣工验收报告且发包人擅自使用了工程这两种情况均实际存在时竣工日期的确定

根据《施工合同司法解释(一)》第9条对3项规定的顺序来看,当两者并存时,应当首先根据第2项规定来确定实际竣工日。即《施工合同司法解释(一)》的3项规定实际上是有层次和顺位的,当发包、承包双方办理了竣工验收时,应当以验收合格之日为竣工日;当双方未办理竣工验收,而承包人提交了竣工验收报告,发包人拖延验收的,以承包人提交验收报告之日为竣工日期;当双方既没有办理竣工验收,承包人也没有提交竣工验收报告,但发包人擅自使用工程的,以转移占有建设工程之日为竣工日期。

2. 如发包、承包双方在合同中对竣工日期有与该司法解释有不同的约定时实际竣工时间的确定

例如发包、承包双方可能在工程施工合同中约定:"在本合同工程完工并且承包人已经按照合同的约定向发包人提交了竣工图等相关资料后,承包人可以向发包人提交竣工验收报告,申请进行竣工验收,发包人应当在14天内进行审核并完成竣工验收工作,如果发包人未在约定期限内进行竣工验收,则发包人收到承包人提交的竣工验收报告后的第14天视为本工程的竣工日"。该约定以提交竣工验收报告之后的第14天作为竣工日,与《施工合同司法解释(一)》第9条规定的以承包人提交验收报告之日为竣工日期不同,在这种情况下,是以当事人的约定为准还是适

用《施工合同司法解释（一）》的规定呢？笔者以为，应当尊重当事人的合意。有两点理由：

（1）《施工合同司法解释（一）》适用的前提是“当事人对建设工程实际竣工日期有争议的”，这里的“争议”可以理解为当时在建设工程合同中对建设工程的竣工时间没有约定或者约定不明，方可适用《施工合同司法解释（一）》的规定来确定实际竣工日期。即如果依据合同能够明确实际竣工日期，就应当依据合同来确定，这时就不能归结为当事人对建设工程实际竣工日期有“争议”。

（2）在实际竣工日期时间的确定上，《施工合同司法解释（一）》的规定不是禁止性规定，当事人双方的约定也不违反法律，亦不存在损害国家、集体、第三人利益的情形，所以，当事人的约定与《施工合同司法解释（一）》不一致时，应当以合同为依据来确定实际竣工日期。

除此之外，当事人可能在合同中约定以其他时间界限来确定竣工日期，如果当事人的约定不违反法律的禁止性规定，都应当作为确定实际竣工日期的依据。当然，笔者也建议在以后的立法或者司法解释中能够增加如“当事人另有约定的，从其约定”之类的弹性规定。

第三节　建设工程竣工交付

一、建设工程竣工交付的条件

根据《建筑法》《民法典》的规定，建设工程竣工验收合格是建设工程交付使用和承包人请求发包人支付工程款的前提条件。在工程实务中存在甩项工程和甩项验收。甩项工程，是指某个单位工程，为了急于交付使用，把按照施工图要求还没有完成的某些工程细目甩下，而对整个单位工程先行验收，其甩下的工程细目，称甩项工程。甩项工程中有些是漏项工程，或者是由于缺少某种材料、设备而造成的未完工程；有些是在验收过程中检查出来的需要返工或进行修补的工程。

《建设工程施工合同（示范文本）》（GF—2017—0201）在第14.3条“甩项竣工协议”中规定，发包人要求甩项竣工的，合同当事人应签订甩项竣工协议。在甩项竣工协议中应明确，合同当事人按照约定，对已完合格工程进行结算，并支付相应合同价款。在甩项交工时，既然是部分竣工通过验收，那么竣工也只是部分工程竣工，以甩项协议签署的时间来确定这部分工程的竣工时间；整个工程的竣工时间，应以甩项的工程另行通过竣工验收的时间来最终确定。

二、建设工程竣工交付的日期

建设工程通过竣工验收后，承包人应当及时向建设单位办理建设工程竣工交付手续。如果承包、发包双方在建设工程竣工验收合格之日即办理完毕建设工程的竣工交付手续，那么工程竣工验收合格之日（竣工之日）就是竣工交付之日；如果承包、发包双方在建设工程竣工验收合格后的一段合理期限内办理完毕工程竣工交付手续，则工程竣工验收合格之日（竣工之日）不是竣工交付之日，竣工交付之日是工程竣工验收合格后，承包、发包双方办理完毕工程竣工交付的日期。在甩项验收先行交付的仅为部分工程，整体工程竣工交付的时间还应待甩项工程通过验收后，按照以上原则确定最终的工程竣工交付日期。

三、建设工程竣工交付的标的

(一)建设工程实体

建设工程竣工交付的标的中,除建设工程实体外,承包人应同时交付完整的工程技术经济资料,包括完整的技术档案和施工管理资料,工程使用的主要建筑材料,建筑构配件和设备的进场试验报告,勘察、设计、施工、工程监理等单位分别签署的质量合格文件,竣工图,材料设备的使用说明和零部件或备件等,以及保修书,并符合国家有关工程竣工交付的其他条件。其中,竣工图往往是竣工交付的工程技术经济资料中最重要的资料。

(二)竣工图

原国家建设委员会《关于编制基本建设工程竣工图的几项暂行规定》[(82)建发施字50号]指出,“基本建设竣工图是真实地记录各种地上地下建筑物、构筑物等情况的技术文件,是对工程进行交工验收、维护、改建、扩建的依据,是国家的重要技术档案。”各项新建、扩建、改建的基本建设工程,特别是基础、地下建筑、管线、结构、井巷、峒室、桥梁、隧道、港口、水坝以及设备安装等隐蔽部位,都要编制竣工图。编制各种竣工图必须在施工过程中(不能在竣工后),及时做好隐蔽工程检验记录,整理好设计变更文件,确保竣工图质量。

编制竣工图的形式和深度,应根据不同情况区别对待:(1)凡按图施工没有变动的,则由施工单位(包括总包和分包施工单位,下同)在原施工图上加盖“竣工图”标志后,即作为竣工图。(2)凡在施工中,虽有一般性设计变更,但能将原施工图加以修改补充作为竣工图的,可不重新绘制,由施工单位负责在原施工图(必须是新蓝图)上注明修改的部分,并附以设计变更通知单和施工说明,加盖“竣工图”标志后,即作为竣工图。(3)凡结构形式改变、工艺改变、平面布置改变、项目改变以及有其他重大改变,不宜再在原施工图上修改、补充者,应重新绘制改变后的竣工图。由设计原因造成的,由设计单位负责重新绘图;由施工原因造成的,由施工单位负责重新绘制;由于其他原因造成的,由建设单位自行绘图或委托设计单位绘图。施工单位负责在新图上加盖“竣工图”标志并附以有关记录和说明,作为竣工图。重大的改建、扩建工程涉及原有的工程项目变更时,应将相关项目的竣工图资料统一整理归档,并在原图案卷内增补必要的说明。(4)竣工图一定要与实际情况相符,要保证图纸质量,做到规格统一、图面整洁、字迹清楚。不得用圆珠笔或其他易于褪色的墨水绘制。竣工图要经承担施工的技术负责人审核签认。

竣工图的汇总整理工作,按下列情况区别对待:(1)建设项目实行总包制的各分包单位应负责编制分包范围内的竣工图,总包单位除应编制自行施工的竣工图外,还应负责汇总整理各分包单位编制的竣工图。总包单位在交工时应向建设单位提交总包范围的各项完整、准确的竣工图。(2)建设项目由建设单位或工程指挥部分包几个施工单位承担的,各施工单位应负责编制所承包工程的竣工图,建设单位或工程指挥部负责汇总整理。(3)建设项目在签订承发包合同时,应明确规定竣工图的编制、检验和交接等问题。广义的工程技术经济资料还应包括勘察、设计、监理单位形成的建设工程技术、经济资料,但是该等资料的移交义务人应当是勘察、设计、监理单位,实践中存在建设工程施工总承包单位整理勘察、设计、监理资料并移交建设单位的情形,但是该等资料的交付义务一般不应由施工承包人承担(除非合同另有约定)。

(三)施工单位应提交的其他档案资料

《建设工程质量管理条例》规定,建设单位应当严格按照国家有关档案管理的规定,及时收集、整理建设项目各环节的文件资料,建立、健全建设项目档案,并在建设工程竣工验收后,及时向建设行政主管部门或者其他有关部门移交建设项目档案。《城市建设档案管理规定》中规定，建设单位应当在工程竣工验收后3个月内，向城建档案馆报送一套符合规定的建设工程档案。凡建设工程档案不齐全的，应当限期补充。对改建、扩建和重要部位维修的工程，建设单位应当组织设计，施工单位应当据实修改、补充和完善原建设工程档案。

《建设工程文件归档规范》(GB/T 50328—2014)规定，勘察、设计、施工、监理等单位应将本单位形成的工程文件立卷后向建设单位移交。建设工程项目实行总承包管理的，总包单位应负责收集、汇总各分包单位形成的工程档案，并应及时向建设单位移交；各分包单位应将本单位形成的工程文件整理、立卷后及时移交总包单位。建设工程项目由几个单位承包的，各承包单位应负责收集、整理立卷其承包项目的工程文件，并应及时向建设单位移交。

笔者认为，工程技术经济资料如同工程最终产品的说明书，对于建设单位管理、使用和维护建成的工程实体具有重要意义，如果工程竣工交付时承包人未交付法定及约定的竣工图等工程技术及经济资料，即使发包人已经接收、使用了工程实体，也应当认定为承包人未完成竣工交付，承包人应当承担延期交付的违约责任。

四、建设工程竣工交付的程序

(一)建设工程竣工交付的一般程序

我国现行法律法规对建设工程竣工验收程序作了一些规定，但是建设工程竣工验收不等同于建设工程竣工交付，建设工程竣工交付的程序尚无具体法律规定。结合建设工程竣工交付的实践，笔者认为，建设工程竣工交付的一般程序应当是：(1)完成竣工验收，建设工程质量符合法定及约定标准。(2)建设单位与工程施工承包人(一般是总承包单位)分别按专业组织工程竣工交付工作组(或分别指派专人)，各自指定竣工交付的总负责人及分项工作负责人。为了促进工程竣工交付顺利完成，建设工程勘察、设计及监理单位应指派专人参加建设单位组成的竣工交付工作组，有的建设单位还指派前期物业服务公司参加竣工交付。(3)建设单位及工程施工承包人分别做好工程竣工交付的其他准备工作，特别是承包人应当完成完整的竣工图等工程技术经济资料、保修书分类整理成册，工程成品清洁及保护等。(4)建设单位与工程承包人在约定的日期(如工程规模大、交接事项复杂的，一般约定交接期限)，由承包人向建设单位移交工程实体及完整的竣工图等工程技术经济资料、保修书等，双方应签署工程竣工交付的交接单或其他交接文件，表明已经完成工程竣工交付。(5)建设单位依法向城市建设档案主管部门报送建设工程建设档案。

(二)建设工程档案管理

建设工程档案管理，一般包括竣工交付后建设单位自行对其建设工程档案的管理(在此无须过多讨论)，还包括政府建设档案主管部门对城市建设档案(以下简称城建档案)的管理。《城市建设档案管理规定》规定，城建档案，是指在城市规划、建设及其管理活动中直接形成的对国家和社会具有保存价值的文字、图纸、图表、声像等各种载体的文件材料。

城建档案馆重点管理下列档案资料：(1)各类城市建设工程档案：工业、民用建筑工程；市政基础设施工程；公用基础设施工程；交通基础设施工程；园林建设、风景名胜建设工程；市容环境卫生设施建设工程；城市防洪、抗震、人防工程；军事工程档案资料中，除军事禁区和军事管理区以外的穿越市区的地下管线走向和有关隐蔽工程的位置图。(2)建设系统各专业管理部门(包括城市规划、勘测、设计、施工、监理、园林、风景名胜、环卫、市政、公用、房地产管理、人防等部门)

形成的业务管理和业务技术档案。(3)有关城市规划、建设及其管理的方针、政策、法规、计划方面的文件、科学研究成果和城市历史、自然、经济等方面的基础资料。

建设单位应当在工程竣工验收后3个月内,向城建档案馆报送一套符合规定的建设工程档案。凡建设工程档案不齐全的,应当限期补充。停建、缓建工程的档案,暂由建设单位保管。撤销单位的建设工程档案,应当向上级主管机关或者城建档案馆移交。改建、扩建和重要部位维修的工程,建设单位应当组织设计施工单位据实修改、补充和完善原建设工程档案。凡结构和平面布置等改变的,应当重新编制建设工程档案,并在工程竣工后3个月内向城建档案馆报送。列入城建档案馆档案接收范围的工程,城建档案管理机构按照建设工程竣工联合验收的规定对工程档案进行验收。

建设系统各专业管理部门形成的业务管理和业务技术档案,凡具有永久保存价值的,在本单位保管使用1~5年后,按规定全部向城建档案馆移交。有长期保存价值的档案,由城建档案馆根据城市建设的需要选择接收。城市地下管线普查和补测补绘形成的地下管线档案应当在普查、测绘结束后3个月内接收进馆。地下管线专业管理单位每年应当向城建档案馆报送更改、报废、漏测部分的管线现状图和资料。房地产权属档案的管理,由国务院建设行政主管部门另行规定。城建档案馆对接收的档案应当及时登记、整理,编制检索工具。做好档案的保管、保护工作,对破损或者变质的档案应当及时抢救。特别重要的城建档案应当采取有效措施,确保其安全无损。城建档案馆应当积极开发档案信息资源,并按照国家的有关规定,向社会提供服务。

违反《城市建设档案管理规定》,有下列行为之一的,由建设行政主管部门对直接负责的主管人员或者其他直接责任人员依法给予行政处分;构成犯罪的,由司法机关依法追究刑事责任:(1)无故延期或者不按照规定归档、报送的;(2)涂改、伪造档案的;(3)档案工作人员玩忽职守,造成档案损失的。建设工程竣工验收后,建设单位未按照规定移交建设工程档案的,依照《建设工程质量管理条例》的规定处罚。

多年以来,一些小城市(含县、镇),及一些中等城市城建档案工作发展还比较缓慢,在管理体制和工作机制等方面还不适应快速发展的城乡建设需要,严重影响了城乡建设的健康发展。2007年3月8日,原建设部发布《关于加强中小城市城乡建设档案工作的意见》,要求采取措施进一步加强城建档案工作,促进中小城市城建档案工作健康协调发展。

第四节 建设工程竣工交付的法律意义

一、交付的一般法律意义

《民法典》第224条规定,动产物权的设立和转让,自交付时发生效力,但是法律另有规定的除外。第227条规定,动产物权设立和转让前,第三人占有该动产的,负有交付义务的人可以通过转让请求第三人返还原物的权利代替交付。第311条中也规定,在善意取得制度中,转让的不动产或者动产依照法律规定应当登记的已经登记,不需要登记的已经交付给受让人。第604条规定,标的物毁损、灭失的风险,在标的物交付之前由出卖人承担,交付之后由买受人承担,但是法律另有规定或者当事人另有约定的除外。因此,一般认为,交付有三点法律意义:第一,确定标的物所有权的转移；第二，确定标的物风险的转移；第三，确定标的物孳息的归属。①

二、建设工程竣工交付

（一）建设工程竣工交付的法律意义

在实践中有4种不同情形的“交付”：(1)业主对竣工工程完全满意而接收交付工程；(2)业主对竣工工程非常不满意而不愿接收工程，要求整改后再验收。(3)业主接受工程，但对其中不完善之处与承包人达成减低工程价款的约定。如果不完善之处是由第三方引起的，承包人通常可以向该第三方提起索赔。(4)业主先做有条件的接收，而这个条件是承包人必须自费尽速修复问题部分，达到业主的要求——这也是实践中最普遍的做法。但是，不管是何种情况下的“交付”，工程交付即意味着工程施工阶段的结束和使用阶段的开始。建设工程竣工交付的法律意义为：

1. 建设工程占有转移

在建设工程竣工交付之前，建设工程实际由承包人占有。《施工合同司法解释(一)》第9条第3项规定：“建设工程未经竣工验收，发包人擅自使用的，以转移占有建设工程之日为竣工日期。”由此可见，“转移占有”是建设工程竣工交付的首要法律意义，这意味着从建设工程竣工交付之日起，建设单位完全占有建设工程，发包人开始承担保护建筑物不受意外损害的责任(如火灾、盗窃等)及第三方侵害责任，发包人对建设工程行使完全的管理、控制、使用和收益权，未经发包人同意，承包人(包括人员及机械等)不得进入建设工程实体及其范围。

2. 建设工程风险的转移

在建设工程竣工交付前，建设工程的成品保护由承包人负责，承包人应承担建设工程毁损、灭失的风险；完成竣工交付后，建设工程的占有转移至建设单位，建设工程毁损、灭失的风险也一并随之转移至建设单位。

3. 建设工程价款结算和支付

建设工程竣工交付后，即意味着承包人的交付合格工程产品的主合同义务已经履行完毕，建设单位应当与承包人办理工程结算，支付工程价款。

4. 建设工程价款利息起算

《施工合同司法解释(一)》第27条规定，利息从应付工程价款之日计付，当事人对付款时间没有约定或者约定不明的，建设工程已实际交付的，应付工程价款之日为交付之日。

5. 释放保函

在承包人提供履约保函的情况下，完成竣工交付后，建设单位应释放保函(另有约定的除外)。

6. 承包人保修义务的实际履行

建设工程的质量保修期自竣工验收合格之日起计算，但是在建设工程尚未交付建设单位前，建设工程仍由承包人占有和管理，承包人对建设工程的质量瑕疵整改，一般属于承包人工程成品保护行为。在建设工程竣工交付建设单位后发生质量问题，承包人才开始实际履行其保修义务。

---

① 陈小君：《合同法新制度研究与适用》，珠海出版社1999年版，第344页。

（二）建设工程承包人拒不交付的法律后果

根据《民法典》的有关规定及合同的约定，在建设工程竣工验收合格，但存在下列情况时，承包人可以行使抗辩权而不交付工程(部分或全部工程)：

1. 发包人拒绝办理结算

《建设工程价款结算暂行办法》第21条规定，工程竣工后，发包、承包双方应及时办清工程竣工结算，否则，工程不得交付使用，有关部门不予办理权属登记。

2. 发包人拒绝接收工程

《建设工程施工合同(示范文本)》(GF—2017—0201)第13.2.4条“拒绝接收全部或部分工程”中规定，对于竣工验收不合格的工程，承包人完成整改后，应当重新进行竣工验收，经重新组织验收仍不合格的且无法采取措施补救的，则发包人可以拒绝接收不合格工程，因不合格工程导致其他工程不能正常使用的，承包人应采取措施确保相关工程的正常使用，由此增加的费用和(或)延误的工期由承包人承担。

3. 承包人行使不安抗辩权

发包人出现《民法典》第527条规定的情形，即有证据证明发包人经营状况严重恶化；转移财产、抽逃资金，以逃避债务；丧失商业信誉；有丧失或者可能丧失履行债务能力的其他情形。但是，抗辩权的行使应当与对方不履行义务的情况相对应，即不交付的工程价值与工程欠款价值基本相当。如果发包人拖欠的工程款与不交付的建设工程价值差距较大或者部分不交付影响整个工程使用的，就会造成扩大损失而要承担赔偿责任的问题。浙江省高级人民法院《关于审理建设工程施工合同纠纷案件若干问题的意见(征求意见稿)》对此有明确规定，在其第13条中规定，建设工程完工后，承包人以发包未按约定支付工程款为由，不协助办理工程竣工验收的，视为工程停工；建设工程经竣工验收合格，发包人拖延结算或拖欠工程款的，承包人可以行使抗辩权为由不交付建设工程，但不交付工程价值应与工程欠款基本相当。如果发包人拖欠的工程款与不交付的建设工程价值差距较大或部分不交付影响整个工程使用的，承包人应承担赔偿责任。因此，承包人要善于运用法律赋予的抗辩权维护自己的权益，在以不交付工程作为对发包人拖欠工程款进行抗辩时，做到有理有节。

如发包人不存在上述情况，但是承包人拒不交付已通过竣工验收的建设工程，发包人可行使抗辩权，不予办理工程结算及付款，且承包人还应承担违约责任，及对发包人造成损害的赔偿责任，如发包人向其购房业主支付逾期交房的违约金之损失。

三、建设工程竣工交付与房地产开发项目(商品房)交付的区分

建设工程竣工交付和房地产开发项目的商品房交付，二者的内涵是不同的，究其原因还是两者交付的对象不同。《建筑法》《建设工程质量管理条例》规定建设工程经过竣工验收方可交付使用，是指施工方向建设单位(开发商)交付建设工程，而不代表建设工程经建设单位自己验收合格就能交付给消费者。《城市房地产管理法》《城市房地产开发经营管理条例》都是调整房地产开发经营活动中当事人之间关系的法律，《城市房地产管理法》《城市房地产开发经营管理条例》规定房地产开发项目竣工验收后方可交付使用，是指开发商(建设单位)向买受人交付商品房。

也有学者从两个层面理解建设工程的交付，认为建设工程的交付即两次交付：一次交付是工程竣工以后，由建设单位组织勘察、设计、施工、监理等单位进行竣工验收合格后，由施工单位交

付给建设单位。这次交付所产生的法律后果即是施工单位可以据此向建设单位要求进行工程结算。另一次交付则是开发商在接过竣工验收合格的房屋后,将符合法定和约定的商品房交付给购房者。[①] 这种理解也契合了笔者对于建设工程的交付与商品房的交付的区分。

---

① 杨家学、崇维洁:《关于建设工程竣工验收备案的法律探析》,载《重庆建筑》2008 年第 1 期。

第十一章　建设工程价款法律制度

第一节　建设工程价款概述

一、建设工程价款的概念和相关法律法规规定

(一)建设工程价款的概念

我国现行法律、行政法规未对建设工程价款作出明确的定义,笔者认为,建设工程价款指建设工程施工承包人以合理工期完成合格且符合合同约定的质量、安全要求的工程所必要的成本及合理利润,不包括建设工程的勘察、设计、监理、项目管理等费用。

(二)建设工程价款相关的法律规定

关于建设工程价款范围的规定,主要散见于住房和城乡建设部的部门规章中,主要包括《建设工程价款结算暂行办法》、《建设工程工程量清单计价规范》(GB 50500—2013)、《建筑安装工程费用项目组成》以及《建筑工程施工发包与承包计价管理办法》。

1999 年 1 月 6 日原建设部发布的《关于印发〈建设工程施工发包与承包价格管理暂行规定〉的通知》(建标〔1999〕1 号,已失效)规定,工程价格由成本(直接成本、间接成本)、利润(酬金)和税金构成。工程价格包括合同价款、追加合同价款和其他款项。合同价款,是指按合同条款约定的完成全部工程内容的价款。追加合同价款,是指在施工过程因设计变更、索赔等增加的合同价款以及按合同条款约定的计算方法计算的材料价差。其他款项,是指在合同价款之外甲方应支付的款项。

2001 年 11 月 5 日发布的《建筑工程施工发包与承包计价管理办法》(建设部令第 107 号,已失效)规定,工程发承包计价包括编制施工图预算、招标标底、投标报价、工程结算和签订合同价等活动。施工图预算、招标标底和投标报价由成本(直接费、间接费)、利润和税金构成。2004 年 10 月 20 日财政部、原建设部发布的《关于印发〈建设工程价款结算暂行办法〉的通知》规定,建设工程价款结算,是指对建设工程的发包承包合同价款进行约定和依据合同约定进行工程预付款、工程进度款、工程竣工价款结算的活动。

2012 年 12 月 25 日发布的《建设工程工程量清单计价规范》

(GB 50500—2013)第 1.0.3 条规定,建设工程发承包及实施阶段的工程造价应由分部分项工程费、措施项目费、其他项目费、规费和税金组成。第 2.0.47 条规定,签约合同价(合同价款)发承包双方在工程合同中约定的工程造价,即包括了分部分项工程费、措施项目费、其他项目费、规费和税金的合同总金额。

2013 年 3 月 21 日发布的住房和城乡建设部、财政部《关于印发〈建筑安装工程费用项目组成〉的通知》(建标〔2013〕44 号)规定,建筑安装工程费按照费用构成要素划分由人工费、材料(包含工程设备)费、施工机具使用费、企业管理费、利润、规费和税金组成。其中人工费、材料费、施工机具使用费、企业管理费和利润包含在分部分项工程费、措施项目费、其他项目费中。建筑安装工程费按照工程造价形成由分部分项工程费、措施项目费、其他项目费、规费、税金组成,分部分项工程费、措施项目费、其他项目费包含人工费、材料费、施工机具使用费、企业管理费和利润。

二、建设工程价款的形成

(一)建设工程价款的构成

一般认为,建设工程价款由成本、利润和税金构成。成本分为直接成本和间接成本。

(1)直接成本,也称直接费,包括直接工程费和措施费。直接工程费,是指施工过程中耗费的构成工程实体的各项费用,包括人工费、材料费、施工机械使用费。人工费包括基本工资、工资性补贴、生产工人辅助工资、职工福利费、生产工人劳动保护费等。材料费包括材料原价(或供应价格)、材料运杂费、运输损耗费、采购及保管费、检验试验费等。施工机械使用费包括机械安拆费和场外运费。措施费,是指为完成工程项目施工,发生于该工程施工前和施工过程中非工程实体项目的费用。措施费包括环境保护费、文明施工费、安全施工费、临时设施费、夜间施工费、二次搬运费、大型机械设备进出场及安拆费、混凝土、钢筋混凝土模板及支架费、脚手架费、已完工程及设备保护费、施工排水、降水费等。

(2)间接成本,也称间接费,由规费、企业管理费组成。规费包括工程排污费、工程定额测定费、社会保障费、住房公积金、危险作业意外伤害保险等;企业管理费包括管理人员工资、办公费、差旅交通费、固定资产使用费、工具用具使用费、劳动保险费、工会经费、职工教育经费、财产保险费、财务费、税金、其他等。

(3)利润。利润是指施工企业完成所承包工程获得的盈利。

(4)税金。税金是指国家税法规定的应计入工程造价内的增值税、城市维护建设税及教育费附加等。一般而言,施工企业应当缴纳的税种主要包括企业所得税、增值税、环境保护税、城市维护建设税、教育费附加、城镇土地使用税、房产税、车船税、印花税、车辆购置税等。

(二)与施工企业相关的主要税种

1. 企业所得税

企业所得税是对我国境内的企业和其他取得收入的组织的生产经营所得和其他所得征收的所得税。

(1)纳税人

《企业所得税法》规定,在中国境内,企业和其他取得收入的组织(以下统称企业)为企业所得税的纳税人,依照本法的规定缴纳企业所得税。个人独资企业、合伙企业不适用本法。企业分为居民企业和非居民企业。居民企业,是指依法在中国境内成立,或者依照外国(地区)法律成立但实际管理机构在中国境内的企业。非居民企业，是指依照外国（地区）法律成立且实际管理机构不在中国境内，但在中国境内设立机构、场所的，或者在中国境内未设立机构、场所，但有来自中国境内所得的企业。

（2）征税对象

居民企业应当就其来自中国境内、境外的所得缴纳企业所得税。非居民企业在中国境内设立机构、场所的，应当就其所设机构、场所取得的来自中国境内的所得，以及发生在中国境外但与其所设机构、场所有实际联系的所得，缴纳企业所得税。非居民企业在中国境内未设立机构、场所的，或者虽设立机构、场所但取得的所得与其所设机构、场所没有实际联系的，应当就其来自中国境内的所得缴纳企业所得税。

（3）应纳税所得额

企业每一纳税年度的收入总额，减除不征税收入、免税收入、各项扣除以及允许弥补的以前年度亏损后的余额，为应纳税所得额。企业以货币形式和非货币形式从各种来源取得的收入，为收入总额。包括：销售货物收入；提供劳务收入；转让财产收入；股息、红利等权益性投资收益；利息收入；租金收入；特许权使用费收入；接受捐赠收入；其他收入。收入总额中的下列收入为不征税收入：财政拨款；依法收取并纳入财政管理的行政事业性收费、政府性基金；国务院规定的其他不征税收入。企业实际发生的与取得收入有关的、合理的支出，包括成本、费用、税金、损失和其他支出，准予在计算应纳税所得额时扣除。

（4）税率

企业所得税的税率为25%。非居民企业在中国境内未设立机构、场所的，或者虽设立机构、场所但取得的所得与其所设机构、场所没有实际联系的，应当就其来源于中国境内的所得缴纳企业所得税，适用税率为20%。

2. 增值税

增值税是以商品和劳务在流转过程中产生的增值额作为征税对象而征收的一种流转税。

（1）纳税人

《增值税暂行条例》规定，在中国境内销售货物或者加工、修理修配劳务，销售服务、无形资产、不动产以及进口货物的单位和个人，为增值税的纳税人。纳税人分为一般纳税人和小规模纳税人。小规模纳税人以外的纳税人应当向主管税务机关办理登记。小规模纳税人会计核算健全，能够提供准确税务资料的，可以向主管税务机关办理登记，不作为小规模纳税人计算应纳税额。

（2）应纳税额的计算

纳税人兼营不同税率的项目，应当分别核算不同税率项目的销售额；未分别核算销售额的，从高适用税率。纳税人销售货物、劳务、服务、无形资产、不动产（以下统称应税销售行为），应纳税额为当期销项税额抵扣当期进项税额后的余额。当期销项税额小于当期进项税额不足抵扣时，其不足部分可以结转下期继续抵扣。小规模纳税人发生应税销售行为，实行按照销售额和征收率计算应纳税额的简易办法，并不得抵扣进项税额。纳税人进口货物，按照组成计税价格和《增值税暂行条例》规定的税率计算应纳税额。纳税人发生应税销售行为，按照销售额和《增值税暂行条例》规定的税率计算收取的增值税额，为销项税额。纳税人发生应税销售行为的价格明显偏低并无正当理由的，由主管税务机关核定其销售额。纳税人购进货物、劳务、服务、无形资产、不动产支付或者负担的增值税额，为进项税额。纳税人发生应税销售行为，应当向索取增值税专用发票的购买方开具增值税专用发票,并在增值税专用发票上分别注明销售额和销项税额。

属于下列情形之一的,不得开具增值税专用发票:①应税销售行为的购买方为消费者个人的;②发生应税销售行为适用免税规定的。

财政部、国家税务总局《关于建筑服务等营改增试点政策的通知》(财税〔2017〕58 号)规定,建筑工程总承包单位为房屋建筑的地基与基础、主体结构提供工程服务,建设单位自行采购全部或部分钢材、混凝土、砌体材料、预制构件的,适用简易计税方法计税。地基与基础、主体结构的范围,按照《建筑工程施工质量验收统一标准》(GB 50300—2013)附录 B《建筑工程的分部工程、分项工程划分》中的"地基与基础""主体结构"分部工程的范围执行。纳税人提供建筑服务取得预收款,应在收到预收款时,以取得的预收款扣除支付的分包款后的余额,按照本通知规定的预征率预缴增值税。按照现行规定应在建筑服务发生地预缴增值税的项目,纳税人收到预收款时在建筑服务发生地预缴增值税。按照现行规定无须在建筑服务发生地预缴增值税的项目,纳税人收到预收款时在机构所在地预缴增值税。适用一般计税方法计税的项目预征率为 2%,适用简易计税方法计税的项目预征率为 3%。

国家税务总局、住房和城乡建设部、财政部《关于进一步做好建筑行业营改增试点工作的意见》(税总发〔2017〕99 号)规定,各地税务部门要积极创造条件,在建材市场、大型工程项目部等地增设专用发票代开点,为砂土石料销售企业、临时经营企业及建筑材料零售企业代开专用发票提供便利,不断提高建筑企业购买建筑材料获得专用发票的比例。各地税务部门要强化对砂土石料等建筑材料销售企业的税收检查,及时处理建筑材料销售企业拒绝开票、加价开票等违规行为,发现建筑材料销售企业通过不开发票隐瞒收入偷税的,要依法依规严肃查处。各级住房城乡建设部门和税务部门要进一步加强信息共享,充分利用税收征管数据,对于增值税缴纳单位与建设工程合同承包方不一致的工程项目,重点核查是否存在转包、违法分包、挂靠等行为,一经发现,严肃查处,切实维护建筑市场秩序。

(3)销项税额的抵扣

《增值税暂行条例》规定,下列进项税额准予从销项税额中抵扣:①从销售方取得的增值税专用发票上注明的增值税额。②从海关取得的海关进口增值税专用缴款书上注明的增值税额。③购进农产品,除取得增值税专用发票或者海关进口增值税专用缴款书外,按照农产品收购发票或者销售发票上注明的农产品买价和 11% 的扣除率计算的进项税额,国务院另有规定的除外。④自境外单位或者个人购进劳务、服务、无形资产或者境内的不动产,从税务机关或者扣缴义务人取得的代扣代缴税款的完税凭证上注明的增值税额。

纳税人购进货物、劳务、服务、无形资产、不动产,取得的增值税扣税凭证不符合法律、行政法规或者国务院税务主管部门有关规定的,其进项税额不得从销项税额中抵扣。下列项目的进项税额不得从销项税额中抵扣:①用于简易计税方法计税项目、免征增值税项目、集体福利或者个人消费的购进货物、劳务、服务、无形资产和不动产;②非正常损失的购进货物,以及相关的劳务和交通运输服务;③非正常损失的在产品、产成品所耗用的购进货物(不包括固定资产)、劳务和交通运输服务;④国务院规定的其他项目。

(4)税率

按照国务院常务会议决定,从 2019 年 4 月 1 日起,增值税税率调整为:①纳税人销售货物、劳务、有形动产租赁服务或者进口货物,除下述第 2 项、第 4 项、第 5 项另有规定外,税率为 13%。②纳税人销售交通运输、邮政、基础电信、建筑、不动产租赁服务,销售不动产,转让土地使用权,销售或者进口下列货物,税率为9%:粮食等农产品、食用植物油、食用盐;自来水、暖气、冷气、热水、煤气、石油液化气、天然气、二甲醚、沼气、居民用煤炭制品;图书、报纸、杂志、音像制品、电子出版物;饲料、化肥、农药、农机、农膜;国务院规定的其他货物。③纳税人销售服务、无形资产,除上述第1项、第2项、第5项另有规定外,税率为6%。④纳税人出口货物,税率为零;但是,国务院另有规定的除外。⑤境内单位和个人跨境销售国务院规定范围内的服务、无形资产,税率为零。

3. 环境保护税

环境保护税是为了保护和改善环境,减少污染物排放,推进生态文明建设而征收的一种税。

(1)纳税人

《环境保护税法》规定,在中国领域和中国管辖的其他海域,直接向环境排放应税污染物的企业事业单位和其他生产经营者为环境保护税的纳税人(应税污染物详见该法所附《环境保护税税目税额表》《应税污染物和当量值表》)。有下列情形之一的,不属于直接向环境排放污染物,不缴纳相应污染物的环境保护税:①企业事业单位和其他生产经营者向依法设立的污水集中处理、生活垃圾集中处理场所排放应税污染物的;②企业事业单位和其他生产经营者在符合国家和地方环境保护标准的设施、场所贮存或者处置固体废物的。依法设立的城乡污水集中处理、生活垃圾集中处理场所超过国家和地方规定的排放标准向环境排放应税污染物的,应当缴纳环境保护税。企业事业单位和其他生产经营者贮存或者处置固体废物不符合国家和地方环境保护标准的,应当缴纳环境保护税。

(2)计税依据和应纳税额

应税污染物的计税依据按照下列方法确定:①应税大气污染物按照污染物排放量折合的污染当量数确定;②应税水污染物按照污染物排放量折合的污染当量数确定;③应税固体废物按照固体废物的排放量确定;④应税噪声按照超过国家规定标准的分贝数确定。(环境保护税的税目、税额详见该法所附《环境保护税税目税额表》)

环境保护税应纳税额按照下列方法计算:①应税大气污染物的应纳税额为污染当量数乘以具体适用税额;②应税水污染物的应纳税额为污染当量数乘以具体适用税额;③应税固体废物的应纳税额为固体废物排放量乘以具体适用税额;④应税噪声的应纳税额为超过国家规定标准的分贝数对应的具体适用税额。

(3)税收减免

下列情形,暂予免征环境保护税:①农业生产(不包括规模化养殖)排放应税污染物的;②机动车、铁路机车、非道路移动机械、船舶和航空器等流动污染源排放应税污染物的;③依法设立的城乡污水集中处理、生活垃圾集中处理场所排放相应应税污染物,不超过国家和地方规定的排放标准的;④纳税人综合利用的固体废物,符合国家和地方环境保护标准的;⑤国务院批准免税的其他情形。纳税人排放应税大气污染物或者水污染物的浓度值低于国家和地方规定的污染物排放标准30%的,减按75%征收环境保护税。纳税人排放应税大气污染物或者水污染物的浓度值低于国家和地方规定的污染物排放标准50%的,减按50%征收环境保护税。

(三)建设工程价款的确定过程

一个建设项目从决策到竣工交付使用,其建设程序大体包括以下几个阶段:项目建议书阶段、可行性研究阶段、设计阶段、建设准备阶段、施工阶段、竣工验收阶段以及后评价阶段。为了适应工程建设过程中各方经济关系的建立,适应项目管理和工程造价控制的要求,需要按照建设阶段多次进行计价：在项目建议书和可行性研究阶段编制投资估算；初步设计阶段编制设计概算；施工图设计阶段编制施工图预算；招投标阶段确定承包合同价；合同实施阶段确定结算价；竣工验收阶段编制竣工决算，如实体现该建设工程的实际造价。整个计价过程由粗到细，由浅到深，最后确定工程实际造价。“四算两价”环环相扣，前者制约后者，后者补充前者。如图 3 所示。

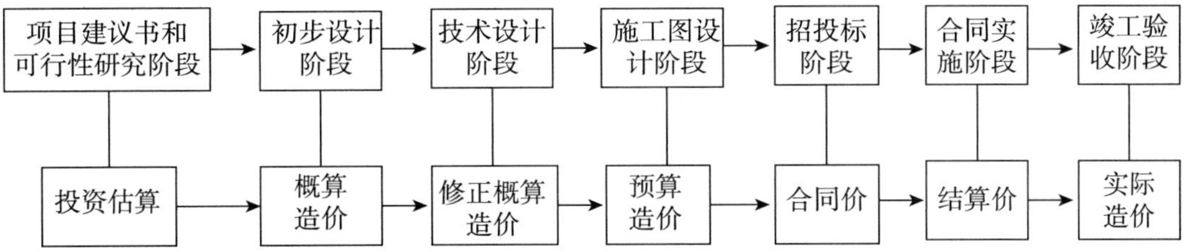

图 3　建设工程价款的确定过程

三、我国建设工程价款法律制度的沿革

（一）概预算定额

20 世纪 50 ~ 70 年代，我国的建设工程造价制度是政府的计划模式。建设产品价格通过计划分配建设工程任务而形成计划价格，概预算定额基价是量价合一的价格。1953 ~ 1958 年，工程造价制度的建立主要表现为适应计划经济需要的概预算制度的建立时期。1957 年发布的《关于编制工业与民用建设预算的若干规定》（已失效）规定各不同设计阶段都应编制概算和预算。1958 ~ 1967 年，概预算定额管理逐渐被削弱。1966 ~ 1976 年，概预算定额管理工作遭到严重破坏。从 1977 年起，国家恢复、重建造价管理机构。

随着经济体制改革的深入和对外开放政策的实施，我国基本建设概预算定额管理的模式已逐步向工程造价管理模式转换。工程造价管理体制改革的最终目标是逐步建立以市场形成价格为主的价格机制。1984 年，建设工程招标制开始施行，工程造价管理体制开始突破传统模式，但形式虽变，内容实质照旧，概预算定额的法定地位没有改变。20 世纪 90 年代初，国家建设主管部门提出“政府宏观指导，企业自主报价，竞争形成价格，加强动态管理”和“控制量，指导价，竞争费”的改革思路，但改革进程十分缓慢，改革也迟迟不见成效。20 世纪 90 年代中后期以来，《建筑法》、《价格法》、《合同法》（已失效）、《招标投标法》相继出台，定额体系开始出现一系列变化。部分材料价格渐渐放开，工程结算时的材料价格调整已经允许，但仍不能满足市场经济发展的要求。

（二）工程量清单形式计价

2001 年年初，随着建筑施工企业逐渐改制，面向市场，全国大多数省市的定额管理模式将出现历史性的改变，量价分离，单项报价提上日程，使材料价格有望走向市场化，定额的法定性地位也将降低，变为指导性。随着我国建设市场的快速发展，招标投标制、合同制的逐步推行，以及加入 WTO 和国际接轨等要求，工程造价计价依据改革不断深化。为改革工程造价计价方法，推行工程量清单计价，原建设部、原质量监督检验检疫总局于 2003 年 2 月 17 日联合发布了《建设工程工程量清单计价规范》（GB 50500—2003）作为国家标准，并于 2003 年 7 月 1 日起实施。对于以工程量清单形式计价的“全部使用国有资金投资或国有资金投资为主的大中型建设工程”，该规范为强制性规范。这种计价方法有助于形成“企业自主报价，市场竞争形成价格”的建筑市场，体现公开、公平、公正的竞争原则，并最终在工程造价管理体制上逐步建立以市场形成价格为主的价格机制。

2013年12月11日发布的《建筑工程施工发包与承包计价管理办法》规定,工程发承包计价包括编制工程量清单、最高投标限价、招标标底、投标报价,进行工程结算,以及签订和调整合同价款等活动。全部使用国有资金投资或者以国有资金投资为主的建筑工程,应当采用工程量清单计价;非国有资金投资的建筑工程,鼓励采用工程量清单计价。2017年2月21日发布的国务院办公厅《关于促进建筑业持续健康发展的意见》要求,完善工程量清单计价体系和工程造价信息发布机制,形成统一的工程造价计价规则,合理确定和有效控制工程造价。

第二节　建设工程计价模式

一、工程造价计价模式的发展历程

(一)计划经济及改革开放初期的建设工程定额计价模式

建设工程定额计价模式,是按设计图纸及统一的工程量计算规则计算工程量,并套用统一的定额与单价,计算出工程直接费,然后按照规定的取费标准计算间接费及有关费用,最终确定工程的概预算,由施工单位承建,并在竣工后编制出结算和决算,经审核后即为工程的最终造价。这种计价模式的主要定额依据如1955年原劳动部和原工程建设部联合编制全国统一劳动定额、原国家建设委员会1957年发布的《建筑工程预算定额》(已失效)、1955年发布的《一九五五年度建筑工程概算指标(草案)》(已失效)、1957年发布的《建筑安装工程间接费定额汇集》(已失效)、1978年9月原国家计划委员会、原国家建设委员会、财政部联合发布的《关于加强基本建设概、预、决算管理工作的几项规定》(已失效)、1979年10月原国家建设总局发布的《建筑安装工程统一劳动定额》(已失效)等。

这种计价模式下,国家对定额体系的完善做了大量的工作,管理体制上较多地强调集中,有统一的国家基础定额,但具体的预算定额由各地区、各部门自行制定,使地区与地区之间、部门与部门之间、地区与部门之间产生管理口径不统一;计价行为不规范;难以相互沟通的问题。市场竞争机制受到了制约,更难与国际通用规则衔接,制约了对外开放和国际工程承包的开展。这种计价模式既不能及时反映市场价格的变化,更不能反映企业的施工技术和管理水平,影响了发包人投资的积极性,剥夺了承包人生产经营的自主权。在传统定额模式下,由于价格采用由政府统一定价、统一以价格指数的形式来进行调整的静态管理方式,投标人在编制投标报价时难以根据企业自身的实际情况、市场价格信息等各种因素自主定价。

(二)经济体制转轨时期动态调整的建设工程定额计价模式

随着我国社会主义市场经济的确立和发展,僵化的建设工程概预算定额计价模式已经越来越不能适应建设工程市场的需求。为此,我国在加大建设工程统一定额更新、调整的同时,明确允许根据市场价格变化,动态调整工程造价,特别是材料价格,并且给出了一套完整的价差调整计算公式。这一时期的主要定额依据如1985年原建设部发布的《全国建筑安装工程统一劳动定额》、1986年原国家计划委员会发布的《关于编制建设工期定额的几点意见》(已失效)、1985~1986年原国家计划委员会组织编制的《全国统一安装工程预算定额》、1993年原建设部发布的《关于调整建筑安装企业流动施工津贴标准的通知》、1993年原建设部、中国人民建设银行发布的《关于调整建筑安装工程费用项目组成的若干规定》(已失效),以及1991年原建设部发布的《关于建立工程造价资料积累制度的几点意见》、1991年原建设部发布的《关于调整工程造价价差的若干规定》等。

(三)现阶段的工程量清单计价与定额计价并存模式

工程量清单计价模式,是建设工程招标投标中,招标人或招标人委托具有资质的中介机构编制工程的工程量清单,并作为招标文件的一部分提供给投标人,由投标人依据工程量清单,结合企业自身情况,自主报价的计价方式。实行工程量清单计价将改革以工程预算定额为计价依据的计价模式,逐步形成"市场形成价格、企业自主定价的新格局",把工程计价的权利真正交给企业、交给市场。实行工程量清单计价模式从根本上改变了传统定额模式下投标报价套用预算定额和费用定额进行计算的计价办法,成为由投标企业根据竞争需要、自身实力和特定的需求目标自主确定管理费和利润水平,通过竞争的方式以合同的形式来确认工程造价的定价方式。

工程量清单计价模式是现行主要的工程计价模式,但是工程定额计价方式仍然存在,即单位估价法(工料单价法)与综合单价法(工程量清单计价法)两者并存,形成"双轨制"的局面。

1. 工料单价法

工料单价是以分部分项工程量乘以单价后的合计为直接工程费,直接工程费以人工、材料、机械的消耗量及其相应价格确定。直接工程费汇总后另加间接费、利润、税金生成工程发包承包价。

按照分部分项工程单价产生的方法不同,工料单价法又可以分为预算单价法和实物法。预算单价法,就是采用地区统一单位估价表中的各分项工程工料预算单价(基价)乘以相应的各分项工程的工程量,求和后得到包括人工费、材料费和施工机械使用费在内的单位工程直接工程费,措施费、间接费、利润和税金可根据统一规定的费率乘以相应的计费基数得到,将上述费用汇总后得到该单位工程的施工图预算造价。实物法,是指用实物法编制单位工程施工图预算,就是根据施工图计算的各分项工程量分别乘以地区定额中人工、材料、施工机械台班的定额消耗量,分类汇总得出该单位工程所需的全部人工、材料、施工机械台班消耗数量,然后再乘以当时当地人工工日单价、各种材料单价、施工机械台班单价,求出相应的人工费、材料费、机械使用费,再加上措施费,就可以求出该工程的直接费。间接费、利润及税金等费用计取方法与预算单价法相同。

2. 综合单价法

综合单价是完成一个规定计量单位的分部分项工程量清单项目或措施清单项目所需的人工费、材料费、施工机械使用费和企业管理费与利润,以及一定范围内的风险费用。综合单价包括完成规定计量单位的合格产品所需的全部费用,考虑到我国的现实情况,其中包括除了规费、税金以外的全部费用。按照单价综合内容的不同,综合单价可分为全费用综合单价和部分费用综合单价。全费用综合单价即单价中综合了直接工程费、措施费、管理费、规费、利润和税金等,以各分项工程量乘以综合单价的合价汇总后,就生成工程承发包价。我国目前实行的工程量清单计价采用的综合单价是部分费用综合单价,是指完成一个规定计量单位的分部分项工程量清单项目或措施清单项目所需的人工费、材料费、施工机械使用费和企业管理费与利润,以及一定范围内的风险费用。

二、与工程量清单计价相关的规范性文件

(一)《建筑安装工程费用项目组成》

2003 年,原建设部、财政部《关于印发〈建筑安装工程费用项目组成〉的通知》(已失效)明确了措施费和规费的概念。2005 年,原建设部《关于印发〈建筑工程安全防护、文明施工措施费用及使用管理规定〉的通知》中规定,建筑工程安全防护、文明施工措施费用是由《建筑安装工程费用项目组成》中措施费所含的文明施工费、环境保护费、临时设施费、安全施工费组成。2013 年,住房和城乡建设部、财政部《关于印发〈建筑安装工程费用项目组成〉的通知》中规定,安全文明施工费包括:(1)环境保护费,是指施工现场为达到环保部门要求所需要的各项费用。(2)文明施工费,是指施工现场文明施工所需要的各项费用。(3)安全施工费,是指施工现场安全施工所需要的各项费用。(4)临时设施费,是指施工企业为进行建设工程施工所必须搭设的生活和生产用的临时建筑物、构筑物和其他临时设施费用,包括临时设施的搭设、维修、拆除、清理费或摊销费等。

(二)《建设工程价款结算暂行办法》

2004 年,原建设部、财政部《关于印发〈建设工程价款结算暂行办法〉的通知》(财建〔2004〕369 号)规定,发包、承包人在签订合同时对于工程价款的约定,可选用下列一种约定方式:(1)固定总价。合同工期较短且工程合同总价较低的工程,可以采用固定总价合同方式。(2)固定单价。双方在合同中约定综合单价包含的风险范围和风险费用的计算方法,在约定的风险范围内综合单价不再调整。风险范围以外的综合单价调整方法,应当在合同中约定。(3)可调价格。可调价格包括可调综合单价和措施费等,双方应在合同中约定综合单价和措施费的调整方法,调整因素包括:①法律、行政法规和国家有关政策变化影响合同价款;②工程造价管理机构的价格调整;③经批准的设计变更;④发包人更改经审定批准的施工组织设计(修正错误除外)造成费用增加;⑤双方约定的其他因素。

(三)《建筑工程施工发包与承包计价管理办法》

原建设部于 2001 年发布的《建筑工程施工发包与承包计价管理办法》(已失效)规定,合同价可以采用以下方式:(1)固定价。合同总价或者单价在合同约定的风险范围内不可调整。(2)可调价。合同总价或者单价在合同实施期内,根据合同约定的办法调整。(3)成本加酬金。住房和城乡建设部于 2013 年 12 月发布了《建筑工程施工发包与承包计价管理办法》,原建设部 2001 年 11 月 5 日发布的《建筑工程施工发包与承包计价管理办法》予以废止。

住房和城乡建设部于 2013 年发布的《建筑工程施工发包与承包计价管理办法》规定,国有资金投资的建筑工程招标的,应当设有最高投标限价;非国有资金投资的建筑工程招标的,可以设有最高投标限价或者招标标底。最高投标限价应当依据工程量清单、工程计价有关规定和市场价格信息等编制。招标人设有最高投标限价的,应当在招标时公布最高投标限价的总价,以及各单位工程的分部分项工程费、措施项目费、其他项目费、规费和税金。招标标底应当依据工程计价有关规定和市场价格信息等编制。全部使用国有资金投资或者以国有资金投资为主的建筑工程,应当采用工程量清单计价;非国有资金投资的建筑工程,鼓励采用工程量清单计价。工程量清单应当依据国家制定的工程量清单计价规范、工程量计算规范等编制。工程量清单应当作为招标文件的组成部分。

(四)《建设工程工程量清单计价规范》

为规范建设工程造价计价行为和建设工程发包承包及实施阶段的计价活动,统一建设工程

计价文件的编制原则和计价方法,根据《建筑法》《民法典》《招标投标法》等法律法规,住房和城乡建设部制定《建设工程工程量清单计价规范》(GB 50500—2013),《建设工程工程量清单计价规范》(GB 50500—2008)废止。《建设工程工程量清单计价规范》(GB 50500—2013)针对《建设工程工程量清单计价规范》(GB 50500—2008)执行中存在的问题,特别是清理拖欠工程款工作中普遍反映的,在工程实施阶段中有关工程价款调整、支付、结算等方面缺乏依据的问题,主要修订了《建设工程工程量清单计价规范》(GB 50500—2008)不尽合理、可操作性不强的条款及表格格式,特别增加了采用工程量清单计价如何编制工程量清单和招标控制价、投标报价、合同价款约定以及工程计量与价款支付、工程价款调整、索赔、竣工结算、工程计价争议处理等内容,并增加了条文说明。原规范的附录 A ~ E 除个别调整外,基本没有修改。原由局部修订增加的附录 F,此次修订一并纳入规范中。规范中以黑体字标志的条文为强制性条文,必须严格执行。

《建设工程工程量清单计价规范》(GB 50500—2013)规定,建设工程发承包及实施阶段的工程造价应由分部分项工程费、措施项目费、其他项目费、规费和税金组成。《建设工程工程量清单计价规范》(GB 50500—2013)规定了计价方式,使用国有资金投资的建设工程发包承包,必须采用工程量清单计价。非国有资金投资的建设工程,宜采用工程量清单计价。不采用工程量清单计价的建设工程,应执行本规范除工程量清单等专门性规定外的其他规定。工程量清单应采用综合单价计价。措施项目中的安全文明施工费必须按国家或省级、行业建设主管部门的规定计算,不得作为竞争性费用。规费和税金必须按国家或省级、行业建设主管部门的规定计算,不得作为竞争性费用。

《建设工程工程量清单计价规范》(GB 50500—2008)与《建设工程工程量清单计价规范》(GB 50500—2013)的强制性条文的数量均为 15 条。但《建设工程工程量清单计价规范》(GB 50500—2013)增加了对风险分担、措施项目清单编制、招标控制价的使用、投标报价、工程计量这五个关键性内容的强制性条文,为解决工程项目实际问题提供了依据,使清单的强制性条文更加全面,可操作性更强。《建设工程工程量清单计价规范》(GB 50500—2013)取消了 5 条对于"分部分项工程量清单"的强制性条文,表明工程量清单的编制方式已非常普及,不需再进行强制性规定,并且这使得工程量清单的编制方式更加灵活,适用范围更广。

三、工程量清单计价下的合同类型

合同的计价方式有很多种,不同种类的合同有不同的应用条件、不同的权利和责任分配、不同的付款方式,同时合同双方的风险也不同,应依具体情况选择合同类型。《建筑工程施工发包与承包计价管理办法》(2001 年版,已失效)第 12 条规定,合同价可以采用以下方式:固定价、可调价和成本加酬金。《建设工程价款结算暂行办法》规定,发包、承包人在签订合同时对于工程价款的约定,可选用下列一种约定方式:固定总价、固定单价和可调价格。《建筑工程施工发包与承包计价管理办法》(2013 年版)规定,全部使用国有资金投资或者以国有资金投资为主的建筑工程,应当采用工程量清单计价;非国有资金投资的建筑工程,鼓励采用工程量清单计价。实行工程量清单计价的建筑工程,鼓励发包承包双方采用单价方式确定合同价款。建设规模较小、技术难度较低、工期较短的建筑工程,发包承包双方可以采用总价方式确定合同价款。紧急抢险、救灾以及施工技术特别复杂的建筑工程,发包承包双方可以采用成本加酬金方式确定合同价款。

(一)单价合同

1. 单价合同的概念

单价合同亦称工程量清单合同,是指承包人根据招标文件所列的工程内容和估算工程量,确定并报出完成每项工程内容的单位价格,并据此计算出合同价。通常发包人委托工程造价咨询机构提出总工程量估算表,列出分部分项工程量,即工程量清单。承包人据此填报单价,以工程量清单和工程单价表为基础和依据来计算合同价格。但最终的结算价按照实际完成的工程量来计算,即以实际完成的工程量及其相应不变的单价进行计价和付款。承包人投标报价时,在研究招标文件和合同条款的基础上,根据施工图纸和规范拟定的初步施工方案,进行成本计算和分析,考虑一定的风险因素后,按工程量表逐项报价,最后得出投标总价。这类合同在工程结算时,允许承包人随着实际完成工程量的变化和在投标时不能合理预见的风险费用而调整工程总价,因此较为合理地分担了合同履行过程中的风险,对合同双方都比较公平。单价合同是目前国内外工程承包中采用较多的一种合同形式。

2. 单价合同的适用范围

单价合同适用于下列项目:(1)合同条款采用FIDIC合同条款,业主委托工程师管理的项目;(2)工程规模大、技术复杂、工期较长、不可预见的风险因素多的项目;(3)招标时的工程设计图纸及技术资料不完整,工程内容尚不能十分明确,工程量不能精确计算的工程。

3. 单价合同的分类

单价合同又分为固定单价合同和可调单价合同。

(1)固定单价合同。是指发包、承包双方在合同中签订的单价是固定不变的价格。在发包人没有提出变更的情况下,无论市场价格是否变化,其合同单价都不予调整。工程结算时,根据承包人实际完成的工程量乘以合同单价来进行计算。这类合同,承包人要承担全部市场价格上涨的费用,其风险比较大。固定单价合同适用于工期短、工程量变化幅度小、市场价格相对稳定的工程。

(2)可调单价合同。是指发包、承包双方在合同中签订的单价,根据合同约定的调价方法可做调整。可调价格包括可调综合单价和措施费等,双方应在合同中约定调整方法。因此,承包人的风险相对较小。可调单价合同的调整因素包括:①法律、行政法规和国家有关政策变化影响合同价款;②工程造价管理机构发布的价格调整;③经批准的设计变更;④发包人更改经审定批准的施工组织设计(修正错误除外)造成费用增加;⑤双方约定的其他因素。①

(二)总价合同

1. 总价合同的概念

总价合同,是指承包人按照合同约定完成全部工程承包内容,发包人支付承包人一个确定的总价。在这类合同中,工程内容和要求应事先明确,承包人在投标报价时须考虑一定的风险费用。当承包人实施的工程内容、要求,以及有关条件不发生变化时,发包人支付给承包人的工程总价款就不变。而对于工程实施中,因发包人的原因产生的工程变更、工程量增减、条件变化等导致的总价变化,发包、承包双方签订合同时应在合同专用条款中约定。

2. 总价合同的种类

总价合同又分为固定总价合同和可调总价合同。

---

① 杨静、邹继明:《工程量清单计价模式下合同类型的选择》,载《建筑技术》2004年11月第45卷增刊。

(1)固定总价合同。固定总价合同以一次包死的总价,价格不因环境的变化和工程量的增减而变化,没有特定情况不作变化,也称总价包死合同。在这类合同中承包人承担了全部的工作量和价格风险。承包人按投标时发包人接受的合同总价一笔包死。这种合同在履行过程中,如果发包人没有要求变更原定的工程内容,承包人在完成承包的工程任务后,不论其实际成本如何,发包人均按合同总价支付。采用固定总价合同时承包人的风险包括:①价格风险:报价计算错误;漏报项目;工程实施中物价和人工费涨价风险。②工程量风险:工程量计算错误;由于工程范围不确定或预算时工程项目未列全造成的损失;由于设计深度不够造成的工程量计算误差等。由于承包人承担了几乎全部的风险,其报价的确定必须考虑施工期间材料、设备、人工价格变化以及工程量变化带来的影响,并将之包含在投标报价中,报价中不可预见风险费用较高。显然固定总价合同的风险偏于承包人,相对发包人有利,故常被发包人所采用。

固定总价合同的适用条件一般为:①工程设计施工图纸及技术资料完备。招标时设计深度已达到施工图设计要求,技术资料详细齐全。合同履行过程中不会出现较大的设计变更,承包人依据的报价工程量与实际完成的工程量不会有较大偏差。②工程规模较小、工序相对成熟、合同工期较短、风险小的中小型工程项目。施工条件变化小,承包人在报价时能够合理地预见施工中可能遇到的各种风险。③招标时留给承包人的投标时间相对充裕。承包人有充足的时间研究招标文件,到现场实地考察,核实相关资料,从而使投标报价更准确。④工程任务、内容和范围清楚,施工要求明确。

(2)可调总价合同。这种合同与固定总价合同基本相同,只是由于合同工期较长,承包人在投标报价时不可能合理地预见市场价格浮动的影响。在固定总价合同的基础上,增加了因通货膨胀等原因使工料成本增加达到某一幅度时,合同总价可以相应调整的条款。对于这种合同,发包人承担了市场价格变动的主要风险,合同总价是一个相对固定的价格。可调总价合同一般适用于工期较长的工程。

(三)成本加酬金合同

1. 成本加酬金合同的概念

成本加酬金合同,是指由发包人向承包人支付建设工程的实际成本,并按合同约定的计算方法支付承包人一定酬金的合同。这是与固定总价合同截然相反的合同类型。在合同签订时不能确定一个具体的合同价格,只能确定酬金的比率。工程最终合同价格按承包人的实际成本加一定比率的酬金计算。

2. 成本加酬金合同的适用范围

由于合同价格按承包人的实际成本结算,所以在这类合同中承包人不承担任何风险,而发包人几乎承担了项目的全部风险。承包人由于承担的风险很小,其报酬也往往较低,承包人在工程中没有成本控制的积极性,常常不仅不愿意压缩成本,反而期望提高成本以提高自己的工程经济效益,这样会损害工程的整体效益。成本加酬金合同适用于下列项目:(1)时间特别紧迫,需要立即开展工作的项目,如抢险、救灾工程;(2)新型的工程项目,或对项目工程内容及技术经济指标尚未完全确定的工程;(3)工程特别复杂、风险很大的项目。

3. 成本加酬金合同的改进

为了克服该种合同的缺点,调动承包人成本控制的积极性,可对成本加酬金合同予以改进。按照酬金的计算方法不同,可分为成本加固定百分比酬金合同、成本加固定金额合同、成本加奖罚合同以及最高限额成本加固定最大酬金合同4种形式。

(1)成本加固定百分比酬金合同。是指发包人对承包人支付的人工、材料和施工机械使用费、其他直接费、施工管理费等按实际直接成本全部据实补偿,同时按照实际直接成本的固定百分比付给承包人一笔酬金,作为承包人的利润。这种合同使得建筑安装工程总造价及付给承包人的酬金随工程成本而水涨船高,不利于鼓励承包人降低成本,很少被采用。

(2)成本加固定金额合同。成本加固定金额合同与上述成本加固定百分比酬金合同价相似,不同之处仅在于发包人付给承包人的酬金是一笔固定金额的酬金。采用上述两种合同方式时,为了避免承包人企图获得更多的酬金而对工程成本不加控制,往往在承包合同中规定一些"补充条款",以鼓励承包人节约资金,降低成本。

(3)成本加奖罚合同。采用这种合同,首先要确定一个目标成本,这个目标成本是根据粗略估算的工程量和单价表编制出来的。在此基础上,根据目标成本来确定酬金的数额,可以是百分数的形式,也可以是一笔固定酬金。然后,根据工程实际成本支出情况另外确定一笔奖金,当实际成本低于目标成本时,承包人除从发包人处获得实际成本、酬金补偿外,还可根据成本降低额得到一笔奖金。当实际成本高于目标成本时,承包人仅能从发包人处得到成本和酬金的补偿。此外,视实际成本高出目标成本情况,若超过合同价的限额,还要处以一笔罚金。除此之外,还可设工期奖罚。这种合同形式可以促使承包人降低成本,缩短工期,而且目标成本随着设计的进展而加以调整,发包、承包双方都不会承担太大风险,故在实务中应用较多。

(4)最高限额成本加固定最大酬金合同。在这种合同中,首先要确定限额成本、报价成本和最低成本,当实际成本没有超过最低成本时,承包人花费的成本费用及应得酬金等都可得到发包人的支付,并与发包人分享节约额;如果实际工程成本在最低成本和报价成本之间,承包人只能得到成本和酬金;如果实际工程成本在报价成本与最高限额成本之间,则只能得到全部成本;实际工程成本超过最高限额成本时,则超过部分发包人不予支付。这种合同形式有利于控制工程造价,并鼓励承包人最大限度地降低工程成本。①

四、工程量清单计价规范下合同价款的约定

(一)《建设工程工程量清单计价规范》(GB 50500—2003)和《建设工程工程量清单计价规范》(GB 50500—2008)关于合同价款的规定

1.《建设工程工程量清单计价规范》(GB 50500—2003)

《建设工程工程量清单计价规范》(GB 50500—2003)侧重于规范工程招投标中的计价行为,并未对工程计价的各方面作详细规定,涉及合同价款的内容为第4.0.9条和第4.0.10条。第4.0.9条规定了合同的综合单价因工程量变更需调整时除合同另有约定外的调整方法。第4.0.10条规定了由于工程量的变更,且实际发生了费用损失的补偿问题。工程量清单计价的适用范围显然不能仅局限于招投标阶段,合同价款也应当包括很多方面,比如合同价款的约定,还应涉及后续合同履行、有关调整和结算等阶段,《建设工程工程量清单计价规范》(GB 50500—2003)的不完善容易致使承包、发包双方发生纠纷。

2.《建设工程工程量清单计价规范》(GB 50500—2008)

《建设工程工程量清单计价规范》(GB 50500—2008)规定,实行工程量清单计价的工程,宜采用单价合同。即规定了实行工程量清单计价的工程宜采用的合同类型的原则。《建设工程工

---

① 杨静、邹继明:《工程量清单计价模式下合同类型的选择》,载《建筑技术》2004年第45卷增刊。

程量清单计价规范》(GB 50500—2008)中未对合同类型作规定,在实际中,可采用固定总价合同、可调总价合同、固定单价合同、可调单价合同、成本加酬金合同等,但如不采用单价合同,就失去了实行工程量清单的真正意义。当然,规范仅规定"实行工程量清单计价的工程,宜采用单价合同",并不排斥采用总价合同。根据《建设工程价款结算暂行办法》(财建[2004]369号)第8条的规定,合同工期较短且工程合同总价较低的工程,可以采用固定总价合同方式。实践中,对总价合同的适用范围,有的省规定为工期半年以内,工程施工合同总价200万元以内,施工图纸已经审查完备的工程,施工发包、承包可以采用总价合同。《建设工程工程量清单计价规范》(GB 50500—2008)涉及合同价款的内容为第4.4.1条、第4.4.2条和第4.4.4条。其中第4.4.1条规定了招标工程合同价款的约定应满足的要求;第4.4.2条规定了实行招标的工程,合同约定不得违背招标、投标文件中关于工期、造价、质量等方面的实质性内容;第4.4.4条规定实行工程量清单计价方式的工程,发包、承包双方应在合同条款中对预付工程款的数额、支付时间及抵扣方式等9种事项进行约定。若合同中没有对这9项内容进行约定或约定不明,由双方协商确定;协商不能达成一致的,按《建设工程工程量清单计价规范》(GB 50500—2008)执行。

《建设工程工程量清单计价规范》(GB 50500—2008)的工程量计算规则沿用了过去一直使用的预算定额的模式,这就使很多企业在投标报价时仍然习惯于按照建设工程预算定额先算量后套价,再把计算的结果反算到给出的工程量清单之中,从而忽视了量价分离的指导原则,市场定价的属性未完全体现。实际操作中招标人为了规避风险,经常在招标文件中写明,招标人提供的工程量清单中开列的工程量是根据合同工程设计图纸提供的预计工程量,仅供参考,不能作为承包人履行合同义务中应予完成合同工程的实际和准确工程量,投标人应根据经验重新核实工程量,这样招标人就把工程量清单编制的责任和风险又全部推给了投标人。同样,投标人为了降低风险又将风险金加大,计入了工程报价之中。这样,可能又回到了原有的"量价不分"的老路上,阻碍了新型计价体系的实施。

(二)《建设工程工程量清单计价规范》(GB 50500—2013)关于合同价款的规定

1. 计价方式与计价风险

《建设工程工程量清单计价规范》(GB 50500—2013)第3.1条"计价方式"中规定,使用国有资金投资的建设工程发承包,必须采用工程量清单计价。非国有资金投资的建设工程,宜采用工程量清单计价。不采用工程量清单计价的建设工程,应执行本规范除工程量清单等专门性规定外的其他规定。工程量清单应采用综合单价计价。措施项目中的安全文明施工费必须按国家或省级、行业建设主管部门的规定计算,不得作为竞争性费用。规费和税金必须按国家或省级、行业建设主管部门的规定计算,不得作为竞争性费用。

第3.4条"计价风险"中规定,建设工程发承包,必须在招标文件、合同中明确计价中的风险内容及其范围,不得采用无限风险、所有风险或类似语句规定计价中的风险内容及范围。由于下列因素出现,影响合同价款调整的,应由发包人承担:(1)国家法律、法规、规章和政策发生变化;(2)省级或行业建设主管部门发布的人工费调整,但承包人对人工费或人工单价的报价高于发布的除外;(3)由政府定价或政府指导价管理的原材料等价格进行了调整。由于市场物价波动影响合同价款的,应由发承包双方合理分摊。由于承包人使用机械设备、施工技术以及组织管理水平等自身原因造成施工费用增加的,应由承包人全部承担。

第3.4.1条"强制性条文"规定:"建设工程发承包,必须在招标文件、合同中明确计价中的风险内容及其范围,不得采用无限风险、所有风险或类似语句规定计价中的风险内容及其范围"。

这一条款强化了“合同计价风险分担原则”的强制性效力，规定招标人必须在招标文件中或在签订合同时，载明投标人应考虑的风险内容及其风险范围或风险幅度。这从本质上体现了风险分担原则应秉承一种权责利对等的思想，并考虑合同各方的意愿与能力，实现风险的合理分担。

第3.4.2条明确规定了发包人应承担的影响合同价款的风险：(1)国家法律、法规、规章和政策发生变化；(2)省级或行业建设主管部门发布的人工费调整，但承包人对人工费或人工单价的报价高于发布的除外；(3)由政府定价或政府指导价管理的原材料等价格进行了调整。由于市场物价波动影响合同价款的，应由发承包双方合理分摊。由于承包人使用机械设备、施工技术以及组织管理水平等自身原因造成施工费用增加的，应由承包人全部承担。

2. 合同价款约定

实行招标的工程合同价款应在中标通知书发出之日起30天内，由发包、承包双方依据招标文件和中标人的投标文件在书面合同中约定。合同约定不得违背招标、投标文件中关于工期、造价、质量等方面的实质性内容。招标文件与中标人投标文件不一致的地方，应以投标文件为准。不实行招标的工程合同价款，应在发承包双方认可的工程价款基础上，由发承包双方在合同中约定。实行工程量清单计价的工程，应采用单价合同；建设规模较小，技术难度较低，工期较短，且施工图设计已审查批准的建设工程可采用总价合同；紧急抢险、救灾以及施工技术特别复杂的建设工程可采用成本加酬金合同。

发承包双方应在合同条款中对下列事项进行约定：(1)预付工程款的数额、支付时间及抵扣方式；(2)安全文明施工措施的支付计划，使用要求等；(3)工程计量与支付工程进度款的方式、数额及时间；(4)工程价款的调整因素、方法、程序、支付及时间；(5)施工索赔与现场签证的程序、金额确认与支付时间；(6)承担计价风险的内容、范围以及超出约定内容、范围的调整办法；(7)工程竣工价款结算编制与核对、支付及时间；(8)工程质量保证金的数额、预留方式及时间；(9)违约责任以及发生合同价款争议的解决方法及时间；(10)与履行合同、支付价款有关的其他事项等。

第三节　建设工程价款的结算

根据《建设工程价款结算暂行办法》的规定，建设工程价款结算，是指对建设工程的发承包合同价款进行约定和依据合同约定进行工程预付款、工程进度款、工程竣工价款结算的活动。

一、建设工程价款结算方法和方式

（一）结算方法

《建设工程价款结算暂行办法》规定，招标工程的合同价款应当在规定时间内，依据招标文件、中标人的投标文件，由发包人与承包人订立书面合同约定。非招标工程的合同价款依据审定的工程预（概）算书由发包、承包人在合同中约定。合同价款在合同中约定后，任何一方不得擅自改变。

发包人、承包人应当在合同条款中对涉及工程价款结算的下列事项进行约定：(1)预付工程款的数额、支付时限及抵扣方式；(2)工程进度款的支付方式、数额及时限；(3)工程施工中发生变更时,工程价款的调整方法、索赔方式、时限要求及金额支付方式;(4)发生工程价款纠纷的解决方法;(5)约定承担风险的范围及幅度以及超出约定范围和幅度的调整办法;(6)工程竣工价款的结算与支付方式、数额及时限;(7)工程质量保证(保修)金的数额、预扣方式及时限;(8)安全措施和意外伤害保险费用;(9)工期提前或延后的奖惩办法;(10)与履行合同、支付价款相关的担保事项。

工程价款结算应按合同约定办理,合同未作约定或约定不明的,发包、承包双方应依照下列规定与文件协商处理:(1)国家有关法律、法规和规章制度;(2)国务院建设行政主管部门、省、自治区、直辖市或有关部门发布的工程造价计价标准、计价办法等有关规定;(3)建设项目的合同、补充协议、变更签证和现场签证,以及经发、承包人认可的其他有效文件;(4)其他可依据的材料。

(二)结算方式

1. 按月结算与支付

即实行按月支付进度款,竣工后清算的办法。合同工期在两个年度以上的工程,在年终进行工程盘点,办理年度结算。采用旬末或月中预支,月终结算,竣工后清算。此种方式在我国使用最为广泛。

2. 分段结算与支付

即当年开工、当年不能竣工的工程按照工程形象进度,划分不同阶段支付工程进度款。该结算方法将单项或单位工程按照工程形象进度,划分不同阶段进行结算。具体划分在合同中明确。

3. 其他方式

如竣工后一次结算,建筑安装工程建设期在12个月以内,或者工程承包合同价值在100万元以下的,可以实行工程价款按月预支,竣工后一次结算。

二、工程预付款的结算

工程预付款,又称材料备料款或材料预付款。预付款用于承包人为合同工程施工购置材料、工程设备,购置或租赁施工设备、修建临时设施以及组织施工队伍进场等所需的款项。

(一)工程预付款的结算

《建筑工程施工发包与承包计价管理办法》规定,发包、承包双方应当根据国务院住房城乡建设主管部门和省、自治区、直辖市人民政府住房城乡建设主管部门的规定,结合工程款、建设工期等情况在合同中约定预付工程款的具体事宜。预付工程款按照合同价款或者年度工程计划额度的一定比例确定和支付,并在工程进度款中予以抵扣。

根据《建设工程价款结算暂行办法》的规定,工程预付款结算应符合下列规定:(1)包工包料工程的预付款按合同约定拨付,原则上预付比例不低于合同金额的10%,不高于合同金额的30%,对重大工程项目,按年度工程计划逐年预付。计价执行《建设工程工程量清单计价规范》的工程,实体性消耗和非实体性消耗部分应在合同中分别约定预付款比例。(2)在具备施工条件的前提下,发包人应在双方签订合同后的一个月内或不迟于约定的开工日期前的7天内预付工程款,发包人不按约定预付,承包人应在预付时间到期后10天内向发包人发出要求预付的通知,发包人收到通知后仍不按要求预付,承包人可在发出通知14天后停止施工,发包人应从约定应付之日起向承包人支付应付款的利息(利率按同期银行贷款利率计),并承担违约责任。(3)预付的工程款必须在合同中约定抵扣方式,并在工程进度款中进行抵扣。(4)凡是没有签订合同或不具备施工条件的工程,发包人不得预付工程款,不得以预付款为名转移资金。

（二）工程预付款的额度

工程预付款的额度应能保证施工所需材料和构件的正常储备。在施工合同中应约定工程预付款的百分比。一般方法如下：

1. 根据施工工期、建安工作量、主要材料和构件费用占建安工作量的比例以及材料储备周期等因素经测算确定。

2. 规定百分比的方法。在实际工程中，备料款的数额，要根据工程类型、合同工期、承包方式和供应方式等不同条件而定。例如，一般工程预付款的数额可为当年建筑工作量（包括水、电、暖）的20%；安装工程可为年安装工作量的10%；材料占比重多的安装工程可按年计划工作量的15%左右拨付。小型工程可以不预付备料款，直接分阶段拨付工程进度款等。计价执行《建设工程工程量清单计价规范》的工程，实体性消耗和非实体性消耗部分应在合同中分别约定预付款比例。

（三）工程预付款的扣还

工程预付款属于预付性质，在工程后期应随工程所需材料储备逐步减少，以抵充工程价款的方式陆续扣还。常用扣还办法有3种：（1）按照公式计算来确定起扣点和抵扣额。这种方法原则上是以未施工工程所需材料的价值相当于备料款数额时起扣，于每次结算工程价款时，按材料比重扣抵工程价款，竣工前全部扣清。（2）按照合同约定办法抵扣。为简便起见，可以在施工合同中采用协商的起扣点和固定的比例扣还预付款办法。（3）工程竣工结算时一次抵扣。预付款在施工前一次拨付，施工过程中不分次抵扣，在最后一次拨付工程款时将预付款一次性扣留。

三、工程进度款

《建筑工程施工发包与承包计价管理办法》规定，承包方应当按照合同约定向发包方提交已完成工程量报告。发包方收到工程量报告后，应当按照合同约定及时核对并确认。发包、承包双方应当按照合同约定，定期或者按照工程进度分段进行工程款结算和支付。依据《建设工程价款结算暂行办法》的规定，工程进度款结算与支付应符合下列规定：

1. 工程进度款结算方式

（1）按月结算与支付，即实行按月支付进度款，竣工后清算的办法。合同工期在两个年度以上的工程，在年终进行工程盘点，办理年度结算。（2）分段结算与支付，即当年开工、当年不能竣工的工程按照工程形象进度，划分不同阶段支付工程进度款。具体划分在合同中明确。

2. 工程量计算

（1）承包人应当按照合同约定的方法和时间，向发包人提交已完工程量的报告。发包人接到报告后14天内核实已完工程量，并在核实前1天通知承包人，承包人应提供条件并派人参加核实，承包人收到通知后不参加核实，以发包人核实的工程量作为工程价款支付的依据。发包人不按约定时间通知承包人，致使承包人未能参加核实，核实结果无效。（2）发包人收到承包人报告后14天内未核实完工程量，从第15天起，承包人报告的工程量即视为被确认，作为工程价款支付的依据，双方合同另有约定的，按合同执行。（3）对承包人超出设计图纸（含设计变更）范围和因承包人原因造成返工的工程量，发包人不予计量。

3. 工程进度款支付

（1）根据确定的工程计量结果，承包人向发包人提出支付工程进度款申请，14天内发包人应按不低于工程价款的60%，不高于工程价款的90%向承包人支付工程进度款。按约定时间发包人应扣回的预付款,与工程进度款同期结算抵扣。(2)发包人超过约定的支付时间不支付工程进度款,承包人应及时向发包人发出要求付款的通知,发包人收到承包人通知后仍不能按要求付款,可与承包人协商签订延期付款协议,经承包人同意后可延期支付,协议应明确延期支付的时间和从工程计量结果确认后第15天起计算应付款的利息(利率按同期银行贷款利率计)。(3)发包人不按合同约定支付工程进度款,双方又未达成延期付款协议,导致施工无法进行,承包人可停止施工,由发包人承担违约责任。

四、工程竣工结算

(一)工程竣工结算方式

《建设工程价款结算暂行办法》规定,工程完工后,双方应按照约定的合同价款及合同价款调整内容以及索赔事项,进行工程竣工结算。工程竣工结算分为单位工程竣工结算、单项工程竣工结算和建设项目竣工总结算。

(二)竣工结算文件的编制、提交与审查

1.竣工结算文件的提交

《建筑工程施工发包与承包计价管理办法》规定,工程完工后,承包方应当在约定期限内提交竣工结算文件。《建设工程价款结算暂行办法》规定,承包人应在合同约定期限内完成项目竣工结算编制工作,未在规定期限内完成并且提不出正当理由延期的,责任自负。

2.竣工结算文件的编审

单位工程竣工结算由承包人编制,发包人审查;实行总承包的工程,由具体承包人编制,在总包人审查的基础上,发包人审查。单项工程竣工结算或建设项目竣工总结算由总(承)包人编制,发包人可直接进行审查,也可以委托具有相应资质的工程造价咨询机构进行审查。政府投资项目,由同级财政部门审查。单项工程竣工结算或建设项目竣工总结算经发包、承包人签字盖章后有效。

《建筑工程施工发包与承包计价管理办法》规定,国有资金投资建筑工程的发包方,应当委托具有相应资质的工程造价咨询企业对竣工结算文件进行审核,并在收到竣工结算文件后的约定期限内向承包方提出由工程造价咨询企业出具的竣工结算文件审核意见;逾期未答复的,按照合同约定处理,合同没有约定的,竣工结算文件视为已被认可。非国有资金投资的建筑工程发包方,应当在收到竣工结算文件后的约定期限内予以答复,逾期未答复的,按照合同约定处理,合同没有约定的,竣工结算文件视为已被认可;发包方对竣工结算文件有异议的,应当在答复期内向承包方提出,并可以在提出异议之日起的约定期限内与承包方协商;发包方在协商期内未与承包方协商或者经协商未能与承包方达成协议的,应当委托工程造价咨询企业进行竣工结算审核,并在协商期满后的约定期限内向承包方提出由工程造价咨询企业出具的竣工结算文件审核意见。

3.承包方异议的处理

承包方对发包方提出的工程造价咨询企业竣工结算审核意见有异议的,在接到该审核意见后1个月内,可以向有关工程造价管理机构或者有关行业组织申请调解,调解不成的,可以依法申请仲裁或者向人民法院提起诉讼。

4.竣工结算文件的确认与备案

工程竣工结算文件经发承包双方签字确认的,应当作为工程决算的依据,未经对方同意,另一方不得就已生效的竣工结算文件委托工程造价咨询企业重复审核。发包方应当按照竣工结算

文件及时支付竣工结算款。

竣工结算文件应当由发包方报工程所在地县级以上地方人民政府住房城乡建设主管部门备案。

(三)竣工结算文件的审查期限

《建设工程价款结算暂行办法》规定,单项工程竣工后,承包人应在提交竣工验收报告的同时,向发包人递交竣工结算报告及完整的结算资料,发包人应按以下规定时限进行核对(审查)并提出审查意见:(1)500 万元以下,从接到竣工结算报告和完整的竣工结算资料之日起 20 天;(2)500 万元至 2000 万元,从接到竣工结算报告和完整的竣工结算资料之日起 30 天;(3)2000 万元至 5000 万元,从接到竣工结算报告和完整的竣工结算资料之日起 45 天;(4)5000 万元以上,从接到竣工结算报告和完整的竣工结算资料之日起 60 天。建设项目竣工总结算在最后一个单项工程竣工结算审查确认后 15 天内汇总,送发包人后 30 天内审查完成。

《建筑工程施工发包与承包计价管理办法》规定,发包、承包双方在合同中对竣工结算文件提交、审核的期限没有明确约定的,应当按照国家有关规定执行;国家没有规定的,可认为其约定期限均为 28 日。

(四)工程竣工价款结算

《建设工程价款结算暂行办法》规定,发包人收到承包人递交的竣工结算报告及完整的结算资料后,应按以上规定的期限(合同约定有期限的,从其约定)进行核实,给予确认或者提出修改意见。发包人根据确认的竣工结算报告向承包人支付工程竣工结算价款,保留 5% 左右的质量保证(保修)金,待工程交付使用 1 年质保期到期后清算(合同另有约定的,从其约定),质保期内如有返修,发生费用应在质量保证(保修)金内扣除。工程竣工结算以合同工期为准,实际施工工期比合同工期提前或延后,发包、承包双方应按合同约定的奖惩办法执行。

(五)索赔及合同以外零星项目工程价款结算

发包人、承包人未能按合同约定履行自己的各项义务或发生错误,给另一方造成经济损失的,由受损方按合同约定提出索赔,索赔金额按合同约定支付。

发包人要求承包人完成合同以外零星项目,承包人应在接受发包人要求的 7 天内就用工数量和单价、机械台班数量和单价、使用材料和金额等向发包人提出施工签证,发包人签证后施工,如发包人未签证,承包人施工后发生争议的,责任由承包人自负。

发包人和承包人要加强施工现场的造价控制,及时对工程合同外的事项如实记录并履行书面手续。凡由发包、承包双方授权的现场代表签字的现场签证以及发包、承包双方协商确定的索赔等费用,应在工程竣工结算中如实办理,不得因发包、承包双方现场代表的中途变更改变其有效性。

(六)未按规定时限办理事项的处理

发包人收到竣工结算报告及完整的结算资料后,在《建设工程价款结算暂行办法》规定或合同约定期限内,对结算报告及资料没有提出意见,则视同认可。

承包人如未在规定时间内提供完整的工程竣工结算资料,经发包人催促后 14 天内仍未提供或没有明确答复,发包人有权根据已有资料进行审查,责任由承包人自负。

根据确认的竣工结算报告,承包人向发包人申请支付工程竣工结算款。发包人应在收到申请后 15 天内支付结算款,到期没有支付的应承担违约责任。承包人可以催告发包人支付结算价款,如达成延期支付协议,发包人应按同期银行贷款利率支付拖欠工程价款的利息。如未达成延期支付协议,承包人可以与发包人协商将该工程折价,或申请人民法院将该工程依法拍卖,承包人就该工程折价或者拍卖的价款优先受偿。

(七)工程价款结算争议处理

工程造价咨询机构接受发包人或承包人委托,编审工程竣工结算,应按合同约定和实际履约事项认真办理,出具的竣工结算报告经发包、承包双方签字后生效。当事人一方对报告有异议的,可对工程结算中有异议部分,向有关部门申请咨询后协商处理,若不能达成一致的,双方可按合同约定的争议或纠纷解决程序办理。

发包人对工程质量有异议,已竣工验收或已竣工未验收但实际投入使用的工程,其质量争议按该工程保修合同执行;已竣工未验收且未实际投入使用的工程以及停工、停建工程的质量争议,应当就有争议部分的竣工结算暂缓办理,双方可就有争议的工程委托有资质的检测鉴定机构进行检测,根据检测结果确定解决方案,或按工程质量监督机构的处理决定执行,其余部分的竣工结算依照约定办理。当事人对工程造价发生合同纠纷时,可通过下列办法解决:(1)双方协商确定;(2)按合同条款约定的办法提请调解;(3)向有关仲裁机构申请仲裁或向人民法院起诉。

《施工合同司法解释(一)》第19条规定,当事人对建设工程的计价标准或者计价方法有约定的,按照约定结算工程价款。因设计变更导致建设工程的工程量或质量标准发生变化,当事人对该部分工程价款不能协商一致的,可以参照签订建设工程施工合同时当地建设行政主管部门发布的计价方法或者计价标准结算工程价款。

(八)工程价款结算管理

《建设工程价款结算暂行办法》规定,工程竣工后,发包、承包双方应及时办清工程竣工结算。否则工程不得交付使用,有关部门不予办理权属登记。

五、建设工程价款结算中的特殊问题

(一)工程决算审计与工程结算审价

1.工程决算审计与工程结算审价的区别

建设工程项目竣工决算,是指建设单位在建设项目各单项(单位)工程竣工验收合格后编制的,综合反映建设项目从筹建到竣工的全过程的实际总投资、财务状况及其建设成果的总结性文件。建设项目竣工决算由单项(单位)工程结算和征地拆迁费、前期工程费用、建设单位管理费、建设期项目贷款利息等建设期全部费用组成。建设工程决算审计就是对基本建设项目竣工验收后由建设单位编制的反映项目全过程实际支出的建设工程项目竣工决算的审计。工程结算审价,是指工程竣工验收之后,发包人和承包人依据合同约定的计价标准以及工程资料,在办理工程价款结算时,自行或委托有资质的工程造价咨询机构对工程造价所作的审核工作。

建设工程项目决算审计与工程结算审价存在本质区别:(1)法律属性不同。审计是由国家行政审计机关实施的行政监督行为;审价是民事法律行为。(2)涉及范围不同。工程结算审价是对合同约定范围内已完工程量及其价款进行计算审核;基本建设项目审计是国家审计机关对建设单位财政投资规模、资金使用情况、有无截留国家资金、有无任意扩大投资规模、执行财经纪律等行为进行审查监督。(3)法律效力不同。工程造价结算的审价结果一旦被双方确认对承发包双方具有法律约束力,成为结算工程款的依据;基本建设项目决算审计结果对建设单位具有约束力,是上级行政主管部门对建设单位实行政监督的重要措施。(4)依据不同。审价是依据合同约定的结算标准对施工图纸、工程变更资料等进行全部的核对、计算,并最终通过协商确定工程造价;审计则是依据国家及地方政府的相关规定对财政资金的专款专用、投资的规模、财务收支以及工程竣工决算、投资的效益等投资的过程及资金使用进行审查监督,是对建设项目的总预算或者概算的执行情况、年度预算的执行情况和年度决算、单项工程结算、项目竣工决算,依法进行审计;审核工程造价仅仅只是审计的一个内容而已,且此工程造价是不可协商确定的。(5)主体不同。审价既可双方自行审核工程造价,也可委托具备造价咨询资质的第三方审核;审计的主体则是国家审计机关。(6)客体不同。审价的客体是发包人与承包人商定的任何工程项目,只要经双方协商一致均可以进行审价,并未限定资金来源;审计的客体范围却较为狭窄,根据《审计法》第22条及《审计法实施条例》的规定,我国只要求全部使用预算内投资资金、专项建设基金、政府举借债务筹措的资金等财政资金的,或未全部使用财政资金但财政资金占项目总投资的比例超过50%,或者财政资金占项目总投资的比例在50%以下但政府拥有项目建设、运营实际控制权的建设项目进行决算审计。

2. 工程审价结论的效力

(1)发包人与承包人共同选择工程造价咨询机构的审价结论效力。如果承包、发包双方均签字认可该审价报告,该审价报告对双方就会发生法律效力。如果双方无法就审价结论达成一致,就要区分两种情况处理:第一种情况是双方就审价效力有约定,而且该约定不违反法律禁止性规定,则依照约定来确定审价的效力。第二种情况是合同无约定,双方又无法达成补充协议,在该种情况下审价报告不能对双方发生法律效力,需要通过司法鉴定确定工程造价。

(2)发包人(或承包人)单方委托工程造价咨询机构的审价结论效力。在此种情况下,除非另一方当事人签字认可审价结论,否则审价结论是不对对方当事人产生约束力的,只能在诉讼中作为单方证据。

(3)无资质工程造价咨询机构作出的审价结论的效力。虽然《工程造价咨询企业管理办法》规定了审价必须由有资质的单位进行,但即使是无资质的工程造价咨询机构作出的审价结论,只要发包人与承包人签字认可,该审价结论就是有效的。理由有二:首先,法律并未规定必须审价,审价是当事人意思自治范围,是否审价完全由当事人自主选择。其次,《工程造价咨询企业管理办法》仅为部门规章,依最高人民法院《关于适用〈中华人民共和国合同法〉若干问题的解释(一)》(已失效),在《合同法》(已失效)实施后,法院不得以行政规章作为确认合同无效的依据。

3. 以审计结果作为建设工程竣工结算依据的问题

(1)以审计结果作为建设工程竣工结算依据的相关规定

《审计法》第22条规定,审计机关对政府投资和以政府投资为主的建设项目的预算执行情况和决算,进行审计监督。《审计法实施条例》第20条规定,《审计法》第22条所称政府投资和以政府投资为主的建设项目,包括:①全部使用预算内投资资金、专项建设基金、政府举借债务筹措的资金等财政资金的;②未全部使用财政资金,财政资金占项目总投资的比例超过50%,或者占项目总投资的比例在50%以下,但政府拥有项目建设、运营实际控制权的。审计机关对前款规定的建设项目的总预算或者概算的执行情况、年度预算的执行情况和年度决算、单项工程结算、项目竣工决算,依法进行审计监督;对前款规定的建设项目进行审计时,可以对直接有关的设计、施工、供货等单位取得建设项目资金的真实性、合法性进行调查。

2012年以来,北京、上海、山东、江西等多个省市先后出台了地方性审计条例或审计监督条例,规定政府投资和以政府投资为主的建设项目"以审计结果作为工程竣工结算依据"。例如,2012年7月12日发布的《北京市审计条例》第23条规定,政府投资和以政府投资为主的建设项目,建设单位应当与承接项目的单位或者个人在合同中约定,建设项目纳入审计项目计划的,双方应当配合、接受审计,审计结论作为双方工程结算的依据;依法进行招标的,招标人应当在招标文件中载明上述内容。2012 年 9 月 26 日发布的《上海市审计条例》第 14 条第 3 款规定,政府投资和以政府投资为主的建设项目,按照国家和本市规定应当经审计机关审计的,建设单位或者代建单位应当在招标文件以及与施工单位签订的合同中明确以审计结果作为工程竣工结算的依据。2012 年 11 月 29 日发布的《山东省审计监督条例》第 38 条规定,审计机关对建设项目的审计结果,建设、施工和其他与建设项目直接有关的单位应当执行。建设项目纳入审计机关审计计划的,建设单位应当在审计结束后根据审计结果办理工程结算和竣工决算手续,并可以在相关合同中予以约定。

上述地方性法规规定"以审计结果作为建设工程竣工结算依据"出发点是保护国有资产不流失、监督财政资金合理使用。但是这一规定出台之后,施工企业认为这一规定损害了自愿、公平、公正的市场交易原则,严重损害了施工企业的合法权益。

(2)以审计结果作为建设工程竣工结算依据的相关争议

一些政府投资工程的建设单位以等候审计结果为由拖延工程结算时间,进而拖延支付工程款,为施工企业带来相当的压力,并直接影响对材料、设备供应商及劳务企业的款项结算和支付。有人认为,"以审计结果作为工程竣工结算依据"使施工企业丧失申辩权,遵循审减不审加的游戏规则,严重侵害企业利益。《审计法》规定,被审计单位对终审结论和决定不服的,可以向终审机关或者其上级审计机关提出申诉。而持有和出具"审计决定书"才能进行申诉。但是被审计单位是建设单位,不是施工企业。① 有学者认为,以审计结果作为建设工程竣工结算依据的规定将审计机关的"审计监督"职能改变为"审计决定"职能,与法律和行政法规原则不符。结算价款的确定是施工单位获得欠付工程款的直接依据,规定以审计结果作为结算依据,意味将工程价款确定的义务指向了合同当事人之外的第三方,即审计机关;同时因审计机关何时完成审计工作并不受施工合同的约束,也不受合同当事人左右,结算审计规定在一定程度上剥夺了施工单位对结算价款提出异议的权利,背离了合同意思自治原则。②

有学者指出,"以审计结论作为工程竣工结算依据"的规定直接剥夺了市场主体决定价格的权利,也剥夺了市场主体的自由意志,实际上是将审计部门的监管职能变成了对价格的直接干预。地方性法规中作类似"以审计结论作为工程竣工结算依据"的规定,还存在大量的体系化漏洞。一旦承发包双方出现了价格结算分歧,很难形成一个较好的救济机制解决这些问题。"以审计结论作为工程竣工结算依据"实际上还否定了在普通的民事合同当中当事人双方调解、协商、和解的可能性。③ 更有学者认为,"以审计结论作为工程结算的依据"实际是以行政定价来替代民事交易,这跟合同法的基本精神、原则是相冲突的,破坏了行政管制与市场的关系。不能以行政管制的方式来代替市场和市场经济。④ 也有学者指出,从我国立法法来看,基本的民事制度只

---

① 刘国柱、姜婉婷:《结算审计规定使企业苦不堪言——对北京 28 家建筑安装企业的走访调研》,载《施工企业管理》2017 年第 2 期。

② 谭敬慧、徐文斌:《论"以审计结果作为工程竣工结算依据"的合法性》,载《招标采购管理》2016 年第 3 期。

③ 孙贤程:《姚欢庆:行政权利不能剥夺市场主体意志——"以审计结论作为工程竣工结算依据"专家谈之五》,载《建筑时报》2013 年 12 月 30 日,第 1 版。

④ 孙贤程:《李永军:以行政定价替代民事交易与法冲突——"以审计结论作为工程竣工结算依据"专家谈之三》,载《建筑时报》2013 年 12 月 23 日,第 1 版。

能由法律来规定,特殊情况下全国人大可以授权国务院制定行政法规,地方性法规不能规定基本的民事法律制度。行政审计涉及行政机关行使行政权利的问题,地方性法规是没有资格赋予行政机关法律职权之外的权利的。①

有学者对“以审计结果作为工程竣工结算的依据”的实际效果持否定态度,认为应当取消。其反对“以审计结果作为工程竣工结算的依据”的理由有以下几点:①与审计的目的、本质不符。基于审计这种“免疫系统”的本质和监督职能,基本建设项目审计不应过分纠结于工程价款数额这一表象上,更不应当采用“以审计结论作为工程结算依据”的形式“自降身价”去充当建设单位的合同审算机构。②与民事行为“意思自治”原则相悖。“以审计结果作为工程竣工结算的依据”剥夺了施工单位在合同对价上的话语权,只以审计结果为准,有违《民法典》《建筑法》等法律的立法精神,且有以行政手段干涉民事行为之嫌。③工程价款结算技术复杂,结算价与审计结论的差异不可避免。④对招标投标制度产生冲击。“以审计结果作为工程竣工结算的依据”,强制由审计定价,招投标程序中的价格磋商机制便毫无意义,也造成招标文件与合同内容的不对称,对于投标人而言有失公允,有违《招标投标法》的规定。⑤审计机关的独立性难以保证。政府投资或以政府投资为主的基本建设项目中,建设单位很可能是政府工程部门或政府本身,由于我国的审计监督是行政型,而非司法型或独立型,造成的结果就是与建设工程施工合同一方当事人有利害关系,甚至是隶属关系的主体成了监督者,并且享受最终的“定价权”。监督者与操作者身份的错位使得审计监督主体的独立性难以保证,导致监督职能弱化。⑥审计时限不明确使审计结论难以作为结算的依据。⑦施工企业面临更大风险。②

通过地方立法强制性地将第三方作出的审计结果作为平等主体之间签订的民事合同的价款结算依据,实际上是以行政定价代替市场定价。审计机关和被审计单位之间是一种行政监督关系,审计机关并没有对具体交易行为进行定价的权力。2013 年,中国建筑业协会联合 26 家地方建筑业协会和有关行业建设协会,向全国人大常委会申请对规定“以审计结果作为工程竣工结算依据”的地方性法规进行立法审查,并建议予以撤销。2015 年 5 月,中国建筑业协会再次向全国人大常委会法工委提交《关于申请对规定“以审计结果作为建设工程竣工结算依据”的地方性法规进行立法审查的函》,引起了全国人大常委会法工委的高度重视。

2017 年 6 月 5 日,中国建筑业协会收到全国人大常委会法工委《关于对地方性法规中以审计结果作为政府投资建设项目竣工结算依据有关规定提出的审查建议的复函》,该复函中提出,地方性法规中直接以审计结果作为竣工结算依据和应当在招标文件中载明或者在合同中约定以审计结果作为竣工结算依据的规定,限制了民事权利,超越了地方立法权限,应当予以纠正。2017 年 2 月 22 日,全国人大常委会法工委印发《对地方性法规中以审计结果作为政府投资建设项目竣工结算依据有关规定的研究意见》,要求各省、自治区、直辖市人大常委会对所制定或者批准的与审计相关的地方性法规开展自查,对有关条款进行清理纠正。

(3)以审计结果作为建设工程竣工结算依据的取消

目前,已有北京、上海、河北、安徽、江西、云南、海南、宁夏等省区市对相关条例或办法进行了修改。其中,北京、上海、海南三地将各地相关条例中规定“应当”在招标文件中载明,或者在合同中约定以审计结果作为竣工结算的依据的情况,修改为“可以”。河北、安徽两地除将原条例

① 孙贤程:《王铁:“基本的民事制度只能由法律来规定”——“以审计结论作为工程竣工结算依据”专家谈之二》,载《建筑时报》2013 年 12 月 19 日,第 1 版。

② 何红锋:《“以审计为结算依据”的规定应何去何从》,载《中国招标》2019 年第 43 期。

中“应当”修改为“可以”外,还删去了关于保留一定比例的待结价款在审计后结清的有关规定。如2017年9月22日通过的《北京市人民代表大会常务委员会关于修改〈北京市审计条例〉的决定》将《北京市审计条例》第23条修改为:“政府投资和以政府投资为主的建设项目纳入审计项目计划的,建设单位可以与承接项目的单位或者个人在合同中约定,双方配合接受审计,审计结论作为双方工程结算的依据;依法进行招标的,招标人可以在招标文件中载明上述内容。”2017年11月23日通过的《上海市人民代表大会常务委员会关于修改本市地方性法规的决定》对《上海市审计条例》进行了修改,将第14条第3款修改为:“政府投资和以政府投资为主的建设项目,按照国家和本市规定应当经审计机关审计的,建设单位或者代建单位可以在招标文件以及与施工单位签订的合同中明确以审计结果作为工程竣工结算的依据。审计机关的审计涉及工程价款的,以招标投标文件和合同关于工程价款及调整的约定作为审计的基础。”在这一修改模式之下,建设单位仍然会普遍在合同或者招标文件中要求将审计结论作为双方工程结算的依据,因为这是审计部门希望的。但是,这样的结果导致地方性法规的修改失去了意义,施工企业结算时遇到的困难依旧。[①] 云南、宁夏两地在修改中直接删除了相关内容。江西虽未对原相关条例进行修改,但出台了《关于进一步完善和规范投资审计工作实施意见》,明确规定不能强制要求以审计结果作为建设项目竣工结算依据。一些省区市直接废止相关法律法规,另一些省区市选择修改相关法律法规。地方政府不再直接规定以审计结果作为政府投资建设项目竣工结算的依据,不再直接干预政府投资建设项目工程结算中多计工程价款问题。

国务院办公厅《关于促进建筑业持续健康发展的意见》规定,规范工程价款结算,审计机关应依法加强对以政府投资为主的公共工程建设项目的审计监督,建设单位不得将未完成审计作为延期工程结算、拖欠工程款的理由。2019年12月19日,住房和城乡建设部办公厅发布的《关于进一步加强房屋建筑和市政基础设施工程招标投标监管的指导意见》规定,推动市场形成价格机制,政府和国有投资工程不得以审计结论作为结算依据。

4. 工程审计结果的法律效力

(1)审计一般仅对建设单位产生约束力。工程审计,是指国家审计机构对建设单位如何使用财政资金,是否严格执行预算,是否存在超标建设等情况进行审核与监督,目的是“维护国家财政经济秩序,提高财政资金使用效益,促进廉政建设,保障国民经济和社会健康发展”,其审计对象是发包人,而非承包人。因此,在一般情况下,审计结论对承包人是没有约束力的。最高人民法院《关于建设工程承包合同案件中双方当事人已确认的工程决算价款与审计部门审计的工程决算价款不一致时如何适用法律问题的电话答复意见》([2001]民一他字第2号)中也指出:“审计是国家对建设单位的一种行政监督,不影响建设单位与承建单位的合同效力。建设工程承包合同案件应以当事人的约定作为法院判决的依据。只有在合同明确约定以审计结论作为结算依据或者合同约定不明确、合同约定无效的情况下,才能将审计结论作为判决的依据。”但这一答复意见给“以审计为结算依据”留了余地:“在合同明确约定以审计结论作为结算依据或者合同约定不明确、合同约定无效的情况下,才能将审计结论作为判决的依据。”

(2)审计结论在当事人认可的情况下可以产生约束力。正如前述最高人民法院的意见,如果发包人与承包人在合同或补充协议中约定认可审计结论,同样是双方当事人意思自治的范围,可基于双方合意产生效力。

---

① 何红锋:《“以审计为结算依据”的规定应何去何从》,载《中国招标》2019年第43期。

(3)在合同约定不明、无效,而且未进行司法鉴定的情况下,审计结论可以作为确认工程造价的依据。若双方对工程造价存在争议,没有证据可以确认,而又不进行司法鉴定,作为国家有权机关的审计机构作出的审计结论,可以作为确定工程造价的重要证据之一。

(二)建设工程竣工结算"以送审价为准"问题

1. 建设工程竣工结算"以送审价为准"相关规定

《建筑工程施工发包与承包计价管理办法》第 18 条规定,工程完工后,应当按照下列规定进行竣工结算:(1)承包方应当在工程完工后的约定期限内提交竣工结算文件。(2)国有资金投资建筑工程的发包方,应当委托具有相应资质的工程造价咨询企业对竣工结算文件进行审核,并在收到竣工结算文件后的约定期限内向承包方提出由工程造价咨询企业出具的竣工结算文件审核意见;逾期未答复的,按照合同约定处理,合同没有约定的,竣工结算文件视为已被认可。非国有资金投资的建筑工程发包方,应当在收到竣工结算文件后的约定期限内予以答复,逾期未答复的,按照合同约定处理,合同没有约定的,竣工结算文件视为已被认可;发包方对竣工结算文件有异议的,应当在答复期内向承包方提出,并可以在提出异议之日起的约定期限内与承包方协商;发包方在协商期内未与承包方协商或者经协商未能与承包方达成协议的,应当委托工程造价咨询企业进行竣工结算审核,并在协商期满后的约定期限内向承包方提出由工程造价咨询企业出具的竣工结算文件审核意见。

《建设工程价款结算暂行办法》第 16 条第 1 款规定,发包人收到竣工结算报告及完整的结算资料后,在本办法规定或合同约定期限内,对结算报告及资料没有提出意见,则视同认可。

《建设工程施工合同(示范文本)》(GF—2017—0201)第 14.2 条"竣工结算审核"规定,除专用合同条款另有约定外,监理人应在收到竣工结算申请单后 14 天内完成核查并报送发包人。发包人应在收到监理人提交的经审核的竣工结算申请单后 14 天内完成审批,并由监理人向承包人签发经发包人签认的竣工付款证书。监理人或发包人对竣工结算申请单有异议的,有权要求承包人进行修正和提供补充资料,承包人应提交修正后的竣工结算申请单。发包人在收到承包人提交竣工结算申请书后 28 天内未完成审批且未提出异议的,视为发包人认可承包人提交的竣工结算申请单,并自发包人收到承包人提交的竣工结算申请单后第 29 天起视为已签发竣工付款证书。

《建设工程工程量清单计价规范》(GB 50500—2013)第 11.3 条"竣工结算"下第 11.3.4 条规定,发包人在收到承包人竣工结算文件后的 28 天内,不核对竣工结算或未提出核对意见的,应视为承包人提交的竣工结算文件已被发包人认可,竣工结算办理完毕。

但是上述部门规章或者规范性法律文件的法律效力层级较低,在当事人没有明确约定适用的情况下,是不能作为司法裁判依据的。

2. 建设工程竣工结算"以送审价为准"适用

《施工合同司法解释(一)》第 21 条规定,当事人约定,发包人收到竣工结算文件后,在约定期限内不予答复,视为认可竣工结算文件的,按照约定处理。承包人请求按照竣工结算文件结算工程价款的,人民法院应予支持。在符合以下条件的情况下,可以适用《施工合同司法解释(一)》的上述规定,以"送审价为准"。

(1)发包人和承包人必须在合同中明确约定"发包人在收到竣工结算文件后,在约定期限内不予答复,视为认可竣工结算文件的"。2006 年 4 月 25 日,最高人民法院针对重庆市高级人民法院《关于如何理解和适用最高人民法院〈关于审理建设工程施工合同纠纷案件适用法律问题的解释〉第二十条的请示》(渝高法〔2005〕154号),作出了《关于发包人收到承包人竣工结算文件后,在约定期限内不予答复,是否视为认可竣工结算文件的复函》(〔2005〕民一他字第23号),复函认为,“建设部制定的建设工程施工合同格式文本中的通用条款第33条第3款的规定,不能简单地推论出,双方当事人具有发包人收到竣工结算文件一定期限内不予答复,则视为认可承包人提交的竣工结算文件的一致意思表示,承包人提交的竣工结算文件不能作为工程款结算的依据。”因此,承发包双方采用原建设部制定的《建设工程施工合同(示范文本)》(GF—1999—0201)的,不能当然适用“以送审价为准”原则。

(2)承包人确有证据证明发包人收到了完整的竣工结算文件。

(3)承发包双方合同约定的审价期届满,但发包人不予答复。如果发包人在收到文件后要求承包人补充竣工结算材料或者要求对账,可以视为发包人进行了“答复”,不能适用“以送审价为准”的原则。

(4)审价期满承包人及时发出催款函。审价期届满,发包人不予答复的,承包人应当及时向发包人发出竣工结算价以送审价为准的催款函。①

(三)无效合同的工程价款结算

1. 建设工程施工合同无效但建设工程质量合格的,也可参照合同约定结算工程价款。从建设工程施工合同的实际履行情况看,合同无效后的折价补偿方式主要有两种:(1)以工程定额为标准,通过鉴定确定建设工程造价。(2)参照合同约定结算工程价款。根据我国建筑行业的现状,衡平合同各方当事人的利益,《民法典》第793条沿用《施工合同司法解释》(已失效)的规定,建设工程施工合同被确认无效但工程质量合格的,或者经竣工验收不合格,但是经过承包人修复后验收合格的(修复费用应当由承包人承担),可以参照合同关于工程价款的约定补偿承包人。

2. 根据《民法典》第793条的规定,建设工程施工合同无效,建设工程经竣工验收不合格的,修复后也未经竣工验收合格的,承包人无权请求参照合同关于工程价款的约定折价补偿。

3. 因建设工程不合格造成的损失,发包人有过错的,也应承担相应的民事责任。不能按照合同约定支付工程价款,会给承包人造成损失,但承包人是建设工程的建设者,对工程质量不合格一般应当承担主要责任。因此,一般说来,造成的损失也应当由承包人承担。但是,如果发包人对造成工程质量不合格也有过错的,也应当承担与过错相适应的责任。也就是说,在发包人有过错的情况下,发包人虽然可以不承担按照合同约定支付工程价款的给付义务,但是应当对承包人不能得到工程价款的损失按照过错承担赔偿责任。

(四)合同价款约定不明确的工程价款结算

造成工程价款约定不明确的主要原因往往是工程设计尚未完成,无法依据施工图纸等确定工程量。根据《建设工程价款结算暂行办法》第11条及《民法典》第510条、第511条的规定,当事人双方在诉讼中可以协商补充工程造价及决算的约定;协商不成时,可按以下方法处理:

1. 合同中约定了工程造价及决算的计价方法的,应当从其约定。对于约定工程造价决算执行省、市有关文件规定的,如约定了明确的年度工程定额文件的,依据该文件确定;无明确约定的,依据当年工程定额文件确定。对于约定根据承包方式采用施工图预算加签证、工程概算包干、施工图预算加系数包干等的,如果施工图纸、工程概算等文件已经完成,并经双方签字,应作

---

① 陈平凡:《建设工程竣工结算“以送审价为准”的理解与适用》,载找法网2011年6月28日,http://china.findlaw.cn/lawyers/article/d30050.html。

为工程造价决算的依据。如仍不能确定工程价款的,应依据当地建设行政主管部门制定的当年工程计价文件。对于合同未就工程价款作具体约定的,或者无书面合同、双方对工程价款的确定又认识不一的,亦应依据当地建设行政主管部门制定的当年工程计价文件确定。

2. 对于双方当事人就工程造价及决算的计价方法能够形成一致意见,或者按照前述方法能够确定计价方法的,双方当事人应进行工程价款的核算。对因涉及专业性较强的问题不能核算的,可以申请委托专业部门进行鉴定,并经庭审质证后审查确定工程价款。

(五)建设单位以施工方违约作为拒付工程款抗辩的工程价款结算

1. 建设单位以存在工程质量问题为由拒绝工程结算。关于建设方能否主张同时履行抗辩权,以工程质量存在问题拒付工程款,应认真审查合同的约定及存在工程质量问题的具体情况,如工程质量问题属于根本性缺陷,无法通过竣工验收,建设单位有权拒绝工程结算和付款;如果工程已经竣工验收合格,但是存在部分需要修缮的质量问题,属于承包人应履行保修义务的,建设单位不得以质量问题为由拒绝工程结算和付款。

2. 建设单位以工程未竣工为由拒绝工程款结算。在工程施工中,由于一方或双方无力履行合同等,工程处于“半截子”或“烂尾”状态,由此引发的对已完工程结算的纠纷:已完成的建设工程质量合格的,按照合同约定支付相应的工程价款;质量不合格的,要依据前述的无效合同的工程价款结算原则处理。因一方违约而解除合同的,依合同约定由违约方赔偿因此给对方造成的损失。对于价款约定不明的合同,要依据建设行政管理部门颁布的计价方法或者计价标准结算工程价款。

3. 建设单位以施工方逾期竣工为由拒绝工程结算。如确因施工承包人原因造成工期延误,承包人应承担工期违约责任,但工期延误不构成建设单位拒绝工程结算的法定和约定事由。

4. 施工承包人未按约定垫付工程款,一般不构成建设单位拒绝工程结算的法定和约定事由拒绝工程结算,除非另有明确约定。

(六)关于发包人与承包人之间就同一工程签订几份不同版本合同的工程价款结算

《施工合同司法解释(一)》沿用《施工合同司法解释(二)》(已失效)的规定,招标人和中标人另行签订的建设工程施工合同约定的工程范围、建设工期、工程质量、工程价款等实质性内容,与中标合同不一致,一方当事人请求按照中标合同确定权利义务的,人民法院应予支持。招标人和中标人在中标合同之外就明显高于市场价格购买承建房产、无偿建设住房配套设施、让利、向建设单位捐赠财物等另行签订合同,变相降低工程价款,一方当事人以该合同背离中标合同实质性内容为由请求确认无效的,人民法院应予支持。

第四节 建设工程价款优先受偿权制度

一、建设工程价款优先受偿权的确立

为了规范建筑行业的交易秩序,保护施工承包人的权益,解决工程款拖欠现象,《合同法》(已失效)第286条确立了建设工程价款优先受偿权。《民法典》第807条沿用了原《合同法》第286条确定的建设工程价款优先受偿权制度,即“发包人未按照约定支付价款的,承包人可以催告发包人在合理期限内支付价款。发包人逾期不支付的,除根据建设工程的性质不宜折价、拍卖

外，承包人可以与发包人协议将该工程折价，也可以请求人民法院将该工程依法拍卖。建设工程的价款就该工程折价或者拍卖的价款优先受偿。”

2002 年 6 月 20 日最高人民法院发布《关于建设工程价款优先受偿权问题的批复》（法释〔2002〕16 号，已失效），对上海市高级人民法院《关于合同法第 286 条理解与适用问题的请示》，进行了答复，主要内容如下：（1）人民法院在审理房地产纠纷案件和办理执行案件中，应当依照《合同法》（已失效）第 286 条的规定，认定建筑工程的承包人的优先受偿权优于抵押权和其他债权。（2）消费者交付购买商品房的全部或者大部分款项后，承包人就该商品房享有的工程价款优先受偿权不得对抗买受人。（3）建筑工程价款包括承包人为建设工程应当支付的工作人员报酬、材料款等实际支出的费用，不包括承包人因发包人违约所造成的损失。（4）建设工程承包人行使优先权的期限为 6 个月，自建设工程竣工之日或者建设工程合同约定的竣工之日起计算。

2019 年最高人民法院《施工合同司法解释（二）》（已失效）第 17 条至第 23 条对建设工程价款优先受偿权的主体、范围、行使期限以及能否放弃作出了规定。《施工合同司法解释（一）》基本沿用原《施工合同司法解释（二）》关于建设工程价款优先受偿权的规定，在其第 35 条至第 42 条规定了建设工程价款优先受偿权的权利主体、行使条件、行使期限和优先受偿权的范围等。

二、建设工程价款优先受偿权的概念和法律性质

（一）建设工程价款优先受偿权的概念

建设工程价款优先受偿权，是指建设工程竣工后，建设工程承包人在发包人未按照合同约定给付工程价款时，承包人就该工程折价或者拍卖所得的价款，享有优先于抵押权和其他债权受偿的权利。建设工程价款优先受偿权显然是保护承包人依法获取工程价款的法律制度安排，所以，笔者将建设工程价款优先受偿权法律制度纳入建设工程价款法律制度之中。

（二）建设工程价款优先受偿权的法律性质

自从《合同法》（已失效）第 286 条确立建设工程价款优先受偿权以来，对建设工程价款优先受偿权的权利性质一直争论不断，归纳起来大体上有 3 种：留置权、法定优先权和法定抵押权。[①]

1. 留置权说

该观点认为，根据《民法典》的规定，债务人不履行到期债务，债权人可以留置已经合法占有的债务人的动产，并有权就该动产优先受偿。该权利属于债权人行使留置权。《民法典》第 783 条规定，定作人未向承揽人支付报酬或者材料费等价款的，承揽人对完成的工作成果享有留置权或者有权拒绝交付，但是当事人另有约定的除外。故承揽合同中承揽人在定作人未向承揽人支付报酬或者材料费等价款的，承揽人对完成的工作成果享有留置权。依据《民法典》第 808 条的规定，本章（建设工程合同）没有规定的，适用承揽合同的有关规定。由于建设工程合同在性质上属于特殊承揽合同，所以因建设工程合同中也可以发生留置。

《民法典》第 799 条规定，建设工程竣工后，发包人应当根据施工图纸及说明书、国家颁发的施工验收规范和质量检验标准及时进行验收。验收合格的，发包人应当按照约定支付价款，并接收该建设工程。在发包人未按约定支付价款的，发包人无权要求接收建设工程，显然承包人有权拒绝移交工程并行使留置权。承包人在行使《民法典》第 807 条规定的优先受偿权时，并未向发

① 杨永清：《〈最高人民法院关于建设工程价款优先受偿权问题的批复〉的理解和适用——兼与该权利有关的几个重要问题》，载曹建明编：《民事审判指导与参考》，法律出版社 2004 年版，第 341 页。

包人移交工程而实际占有工程。"留置权说"认为,承包人优先受偿权的性质为不动产留置权。因此,如果发包人不按约定支付工程价款,承包人即可留置该工程,并以此优先受偿。但是,留置权一般是发生承揽合同中,留置权以债权人对标的物的占有为成立要件和存续要件,留置权因债权人丧失对标的物的占有而归于消灭,留置权是以动产为标的,而《民法典》第807条规定的建设工程价款优先受偿权的标的是不动产,故不应作为留置权的标的。况且,留置权是法定的,不存在约定的留置权,当事人之间约定不能创设留置权,故绝大部分专家学者不赞同这种观点。

2. 法定抵押权说

这种观点认为,要判断《合同法》(已失效)第286条确立的建设工程价款优先受偿权的性质,必须考虑其立法背景,该条从设计、起草、讨论、修改、审议直至正式通过,始终是指法定抵押权,这是梁慧星教授的意见。王利明教授也认为,该条所规定的实际上是指承揽人的法定抵押权。建设工程价款优先受偿权是法定抵押权,属法定担保物权,它的设定是基于原《合同法》(已失效)第286条的直接规定,而不允许当事人任意创设。工程所有权属于建设人的,建设人未按约定支付建设费和其他应付的费用,承建人对建设的工程享有法定抵押权。"抵押权说"认为,承包人的优先受偿权符合抵押权的主要特征,与一般抵押权的区别仅在于一般的抵押权主要为约定的担保物权,由当事人以合同方式自由设定,而承包人的优先受偿权因具备法定要件而当然成立。所以,可以说,承包人优先受偿权是一种法律直接规定的抵押权。

但是依照《民法典》等法律规定,第一,不动产抵押权以登记为生效要件,而建设工程价款优先受偿权不以登记作为成立要件;第二,法定抵押权属于担保物权的范畴,按照《民法典》第116条的规定,物权的种类和内容由法律规定。而在之前的相关法律中并不存在关于法定抵押权的法律规定。第三,在建设工程合同中,发包人为取得贷款往往已经就建设工程设定了抵押权,在这种情形下,两个抵押权的优先性难以确定。因为,从时间上说,银行抵押权往往成立在先;而从抵押权所担保的债权性质上说,承包人的抵押权又应当优先于银行抵押权,所以应当赋予承包人以优先权。

3. 法定优先权说

该观点认为,建设工程优先受偿权在性质上属于优先权。优先权是基于维护社会公平和秩序的宗旨而赋予债权人对某种特殊的债权享有优先于一般债权人受偿的权利,其目的在于对某种特殊的债权加以特别的保护。针对建设单位拖欠工程款现象严重的情况,将建设工程价款优先受偿权定性为优先权,有助于切实保障承包人的合法权益。《民法典》在综合考虑的基础上,根据承包人享有的工程债权的性质,直接赋予承包人优先权。《民法典》规定的这种法定优先权实际上是指承揽人的法定优先权。法定抵押权与优先权并没有本质的区别,但在我国将《民法典》第807条解释为优先权更为合适,解决了法定抵押权说中不好处理抵押物的登记公示问题,而且在我国也有充足法律根据。《民法典》赋予承包人优先权无疑是科学合理的。

《民法典》第807条关于建设工程价款优先受偿权的规定比较符合优先权的性质和特点,将建设工程价款优先受偿权定性为优先权有助于实现《民法典》第807条的立法目的。"优先权制度是针对社会生活中实际存在的利益冲突而作出的一种价值取舍,它通过社会公共利益考量,认为某些既存的利益冲突只有以赋予某一方以优先权的方式才能解决,从而使其权利形态通过法律予以明确固定。"[①]现实生活中大量存在的拖欠建设工程价款问题,已经影响经济的发展和社

---

① 马荣:《论建设工程价款优先受偿权的权利属性及其在司法实践中的适用》,载《审判研究》2002年第10期。

会的稳定,《民法典》第807条的设置旨在解决这一问题。优先权是由法律直接规定的,而不是由当事人自己约定的。《民法典》第807条规定的承包人在工程的折价或拍卖价款中优先受偿,直接规定了承包人的优先受偿权,不需要以登记为成立要件,①由此可见,建设工程价款优先受偿权是依法律直接规定而成立,并以特定不动产(建设工程)为标的物,不以对标的物的占有为要件,且无须经过登记,效力优先于一般债权和其他担保物权,作用在于保证与标的物有牵连关系的特种债权(建设工程价款债权)的实现,其属于优先权。所以,笔者认同建设工程优先受偿权属于法定优先权的观点。

三、建设工程价款优先受偿权的权利主体

(一)与发包人订立建设工程施工合同的承包人

《民法典》第788条第2款规定,建设工程合同包括工程勘察、设计、施工合同。建设工程监理合同不属于《民法典》规定的建设工程合同,建设工程监理人不是建设工程价款优先受偿权的权利主体。根据《民法典》的规定,理论上可以认为,建设工程勘察合同、设计合同和施工合同的承包人均可以为建设工程价款优先受偿权的权利主体。不过,《施工合同司法解释(一)》沿用了《施工合同司法解释(二)》(已失效)的规定,在其第35条规定,与发包人订立建设工程施工合同的承包人,依据《民法典》第807条的规定请求其承建工程的价款就工程折价或者拍卖的价款优先受偿的,人民法院应予支持。根据这一规定,建设工程价款优先受偿权的权利主体只限于建设工程施工合同的承包人,不包括建设工程勘察合同和设计合同的承包人。

《施工合同司法解释(一)》第35条规定了承包人享有建设工程价款优先受偿权,同时也排除了其他主体能够请求建设工程价款优先受偿权。这一规定明确了建设工程价款优先受偿权的权利行使主体,即与发包人订立建设工程施工合同关系的承包人。该承包人订立的必须是建设工程施工合同,不是工程勘察、设计合同;该承包人必须是与发包人订立合同的承包人,不是分包人等。《施工合同司法解释(一)》第35条的规定严格遵循《民法典》第807条和合同相对性原则,规定建设工程施工合同的承包人就工程价款享有优先受偿权。实际施工人和发包人没有直接的合同关系,对发包人并不当然享有工程价款请求权,也就没有理由赋予其以工程价款为权利基础的优先受偿权。此外,转包、违法分包均被法律明确禁止,如果再赋予实际施工人以建设工程价款优先受偿权,有可能对建设工程市场秩序产生负面导向作用。故享有建设工程价款优先受偿权的主体只有与发包人订立建设工程施工合同的承包人,不包括勘察人、设计人、实际施工人以及次承包人和合法的分包人。

(二)装饰装修工程的承包人

关于装修装饰工程款是否属于工程款并且享有建设工程价款优先受偿权,实践中曾有不同的认识:第一种观点认为,装修装饰工程属于《民法典》第807条规定的建设工程,依法享有优先受偿权。第二种观点认为,土建工程和水电安装工程属于《民法典》第807条所规定的建设工程没有异议,但是对室内装修装饰工程是否属于建设工程,《民法典》没有明确规定,因此装饰装修工程的承包人的工程款不能享受优先受偿权。

最高人民法院《关于装修装饰工程款是否享有合同法第二百八十六条规定的优先受偿权的函复》([2004]民一他字第14号,已失效)规定,装修装饰工程属于建设工程,可以适用《合同法》

---

① 丁辉生:《略论〈合同法〉第286条的法律障碍及缺陷》,载《法律适用》2001年第11期。

(已失效)第286条关于优先受偿权的规定,但装修装饰工程的发包人不是该建筑的所有权人或者承包人与该建筑物的所有权人之间没有合同关系的除外。享有优先权的承包人只能在建筑物因装修装饰而增加价值的范围内优先受偿。随后,各个地方法院也作出了类似的规定。2004年广东省高级人民法院《关于在审判工作中如何适用〈合同法〉第286条的指导意见》(粤高法发[2004]2号,已失效)第3条规定,《合同法》(已失效)第286条所规定的建设工程价款优先受偿权适用于建设工程施工合同。建设工程幕墙装修、装饰合同属于建设工程施工合同。2009年安徽省高级人民法院《关于审理建设工程施工合同纠纷案件适用法律问题的指导意见》第16条规定,装饰装修工程承包人主张工程价款优先受偿权,可予支持。2012年浙江省高级人民法院执行局《执行中处理建设工程价款优先受偿权有关问题的解答》[浙高法执(2012)2号]第6条规定,装饰装修工程承包人主张工程价款优先受偿权的,可予以支持。但装修装饰工程的发包人不是该建筑的所有人,或者承包人与该建筑物的所有权人之间没有合同关系的除外。享有优先权的承包人只能在建筑物因装修装饰而增加价值的范围内优先受偿。工程勘察人或设计人就工程勘察或设计费主张优先受偿权的,不予支持。《施工合同司法解释(二)》(已失效)第18条规定,装饰装修工程的承包人,请求装饰装修工程价款就该装饰装修工程折价或者拍卖的价款优先受偿的,人民法院应予支持,但装饰装修工程的发包人不是该建筑物的所有权人的除外。

《施工合同司法解释(一)》在沿用原《施工合同司法解释(二)》第18条规定的基础上作出了修改。在其第37条规定,装饰装修工程具备折价或者拍卖条件,装饰装修工程的承包人请求工程价款就该装饰装修工程折价或者拍卖的价款优先受偿的,人民法院应予支持。这一规定重申了装饰装修工程的承包人就该装饰装修工程的价款享有优先受偿权,装饰装修工程必须具备折价或者拍卖条件。《施工合同司法解释(一)》第37条删除了原《施工合同司法解释(二)》"但装饰装修工程的发包人不是该建筑物的所有权人的除外"的规定,即不再要求装饰装修工程的发包人必须为该建筑物的所有权人。装饰装修工程的发包人即使不是建筑物的所有权人,但发包人依法享有处分权且按照建筑的性质可以折价或者拍卖的,装饰装修工程的承包人仍然享有工程价款的优先受偿权。

(三)分包人

通常情况下,只有与发包人签订建设工程施工合同的承包人才有权享有工程价款优先受偿权,但是在建设工程中,总承包人进行分包的情况大量存在,由此带来的问题是分包人是否享有优先受偿权。对此问题,有观点认为,如果是发包人、总包人、分包人三方签订合同,那么总包人、分包人连带享有优先权。如果发包人与总包人签订合同,总包人再与分包人签订合同,根据合同相对性原理,发包人与分包人之间没有直接的权利义务关系,即发包人对分包人没有支付工程款的义务。实践中,存在发包人指定分包人的情形,发包人与承包人签订的合同如果约定由发包人指定特定的项目由第三人作分包人,而且在履行的过程中,指定分包人完全代替承包人就特定工程项目履行了合同义务,承包人仅承担配合盖章等手续的义务,则在指定分包人与发包人之间形成了事实上的合同关系,在此情形下,指定的分包人享有工程价款优先受偿权。①

① 最高人民法院民事第一审判庭编著:《最高人民法院建设工程施工合同司法解释(二)理解与适用》,人民法院出版社2019年版,第171页。

四、建设工程价款优先受偿权行使的方式和程序

（一）建设工程价款优先受偿权行使的方式

根据《民法典》第 807 条的规定，行使建设工程价款优先受偿权的方式有两种：(1)由承包人与发包人协议将该建设工程折价；(2)由承包人申请法院依法拍卖。这两种方法的前提是工程款已被确认，同时承包人已书面催告，给发包人以还款的合理期限。建设工程价款优先受偿权人向法院申请依法拍卖的，须提出证明建设工程价款优先受偿权存在及建设工程价款优先受偿权具备执行条件的证据。法院受理后，应当通知发包人。发包人就建设工程价款优先受偿权是否成立及是否符合执行条件提出异议的，应当终止执行程序，驳回承包人之申请。此种情形，应由承包人另外提起确认之诉，以确认建设工程价款优先受偿权之成立，待获得生效胜诉判决后，始能申请法院依法拍卖。

（二）建设工程价款优先受偿权行使的程序

1. 催告

《民法典》第 807 条规定，发包人未按照约定支付价款的，承包人可以催告发包人在合理期限内支付价款。发包人逾期不支付的，除按照建设工程的性质不宜折价、拍卖的以外，承包人可以与发包人协议将该工程折价，也可以申请人民法院将该工程依法拍卖。建设工程的价款就该工程折价或者拍卖的价款优先受偿。这里的"逾期"不是指建设工程合同约定的发包人支付工程款的期限，而是指前面的"合理期限"，而此"合理期限"又是在承包人"催告"之后才能产生。实务中，如果承包人通过诉讼或者申请仲裁的形式主张工程价款优先受偿权，不宜受上述催告规定的影响。

2. 折价或者拍卖

折价时应当对建设工程的价值做出合理的评估，发包人、承包人可以共同聘请具有法定资质的评估机构对建设工程的价值做出科学的评估，并以该评估为基础确定具体的折价款。折价包括两个阶段：一是发包人、承包人之间形成新的合同关系。二是建设工程的所有权由发包人转移给承包人。折价协议达成后，原有的建设工程合同关系被折价协议替代，当事人不再履行原有的建设工程合同。发包人应当按照新的协议将建设工程转移给承包人，同时承包人应当将建设工程中超出发包人所欠额度的价款返还给发包人。折价协议达成后，如果当事人不履行该协议，承包人可否申请人民法院拍卖建设工程以实现其工程价款优先受偿权？折价协议达成后，当事人应当履行该协议。但如果折价协议因为发包人的过错被认定为无效，承包人可以申请人民法院拍卖。如果因为承包人的原因导致折价不能履行，则只能通过诉讼处理。实务中，通常由法院判决认定承包人享有优先权后，并由承包人向人民法院申请执行，通过执行程序实现其权利。

五、建设工程价款优先受偿权的行使条件

（一）工程质量合格是承包人行使工程价款优先受偿权的前提

《施工合同司法解释（一）》第 38 条规定，建设工程质量合格，承包人请求其承建工程的价款就工程折价或者拍卖的价款优先受偿的，人民法院应予支持。根据该条规定，建设工程价款优先受偿权的享有是以建设工程质量是否合格为条件，而不是以合同有效为条件。无论建设工程施工合同是否有效，只要工程质量合格，建设工程施工合同的承包人就能享有建设工程价款优先受偿权。

《民法典》第793条规定,建设工程施工合同无效,但是建设工程经验收合格的,可以参照合同关于工程价款的约定折价补偿承包人。无效合同下,只要建设工程经竣工验收合格,建设工程施工合同的承包人仍可以参照合同关于工程价款的约定折价补偿承包人。建设工程价款优先受偿权是为了保护承包人的工程价款给付请求权而设立的,二者的成立条件应具有一致性,否则建设工程价款优先受偿权制度的功能就会落空。在我国建筑市场中,无效合同普遍存在。如果将建设工程价款优先受偿权限定于有效合同的范畴,则会导致大量建设工程施工合同的承包人对建设工程价款失去优先受偿权的保护,最终使得建设工程施工合同的承包人的工程债权无法受偿,影响实际施工人特别是农民工工资权益的实现。因此,只要建设工程质量确认合格,即使合同无效,对于建设工程施工合同的承包人提出的建设工程价款优先受偿权主张,人民法院均应予以支持。

建设工程质量合格,是对已竣工或者未竣工的工程,经相关部门组织竣工验收、相关机构进行工程质量检测后作出符合国家建筑工程质量标准结论的事实。[①] 根据《建筑法》《建设工程质量管理》等的规定,建设单位收到建设工程竣工报告后,应当组织设计、施工、工程监理等有关单位进行竣工验收。建设工程竣工验收应当具备下列条件:(1)完成建设工程设计和合同约定的各项内容;(2)有完整的技术档案和施工管理资料;(3)有工程使用的主要建筑材料、建筑构配件和设备的进场试验报告;(4)有勘察、设计、施工、工程监理等单位分别签署的质量合格文件;(5)有施工单位签署的工程保修书。建设工程经验收合格的,方可交付使用。因此,满足了以上条件,建设单位组织的竣工验收通过后即为建设工程质量合格。司法实践中对于已经竣工验收的工程,当事人对工程质量基本上无较大的争议,存在争议的主要是未经竣工验收的工程质量的问题。对于建设工程质量异议,实务中通常采取建设工程质量进行司法鉴定以及司法推定的方式予以处理。

对于已经竣工验收的建设工程,其质量问题并无较大争议,司法实务中对于已经完工但未经竣工验收的建设工程的质量问题,通常借助司法鉴定以及司法推定的方式予以处理:(1)司法鉴定。《民事诉讼法》第76条规定,当事人可以就查明事实的专门性问题向人民法院申请鉴定。当事人申请鉴定的,由双方当事人协商确定具备资格的鉴定人;协商不成的,由人民法院指定。当事人未申请鉴定,人民法院对专门性问题认为需要鉴定的,应当委托具备资格的鉴定人进行鉴定。由此可知,对于建设工程质量有争议时,可以寻求司法鉴定的途径予以救济。(2)司法推定。《施工合同司法解释(一)》第14条及《建筑法》规定建设工程未经竣工验收,发包人擅自使用,可推定为发包人对建设工程的质量予以认可并自愿承担相应质量责任。司法推定的适用仅限于发包人擅自使用的部分,但若发包人能够举证证明推定的事实不正确,则法院对于推定的事实可不予认定。

(二)建设工程不存在不宜折价、拍卖的情形

工程价款优先受偿的对象为可以折价、拍卖的工程。工程不宜折价、拍卖的情形主要有以下3类:(1)违章建筑。现实生活中违章建筑比较常见,对于何为违章建筑,我国法律并未进行明确的界定,一般来说,违章建筑具有两个鲜明的特征:一是违章建筑是违反了相关的法律、行政法规规定而建造形成的一种状态;二是违章建筑不仅包括各种建筑物,还包括附属设施。违章建筑因

---

① 最高人民法院民事第一审判庭编著:《最高人民法院建设工程施工合同司法解释(二)理解与适用》,人民法院出版社2019年版,第188页。

为是违法建造,不能完成初始登记,不能够进行相应的处分行为,进而也不能够通过拍卖或者折价的方式予以转让。(2)工程质量不合格且难以修复的建筑。建筑工程质量不合格且难以修复的建筑,属于建设工程经竣工验收不合格的情形,根据《民法典》第793条的规定,建设工程施工合同无效,且建设工程经验收不合格的,按照以下情形处理:①修复后的建设工程经验收合格的,发包人可以请求承包人承担修复费用;②修复后的建设工程经验收不合格的,承包人无权请求参照合同关于工程价款的约定折价补偿。发包人对因建设工程不合格造成的损失有过错的,应当承担相应的责任。因此,质量不合格的工程,承包人并不享有请求发包人支付工程款的权利,更不能对相关的其承建工程的价款就工程折价或者拍卖的价款优先受偿。(3)法律、行政法规规定的其他情形。如根据《民法典》第399条的规定,学校、幼儿园、医疗机构等为公益目的成立的非营利法人的教育设施、医疗卫生设施和其他公益设施,属于禁止抵押的财产。这些财产不适合抵押,更不适宜通过折价、拍卖的方式进行转让。

(三)未竣工的建设工程质量合格

《施工合同司法解释(一)》第39条规定,未竣工的建设工程质量合格,承包人请求其承建工程的价款就其承建工程部分折价或者拍卖的价款优先受偿的,人民法院应予支持。该条规定了未竣工的建设工程,只要工程质量合格,承包人就能享有建设工程价款优先受偿权。建设工程在实践中的情况复杂,如果发包人因资金短缺等原因导致中途停工,承包人无法从发包人处获得工程进度款,又不能对现有工程折价或拍卖价款主张优先受偿权,对承包人不公平。而且实践中有关工程价款的支付期限和方式多种多样,包括预付款的支付、进度款的支付、竣工后付款、工程尾款的支付等。可见,并不是只有工程竣工验收后,承包人才能向发包人主张工程价款。从《民法典》第807条规定的条文表述看,也没有要求承包人必须以工程竣工验收作为享有优先受偿权的先决条件。在中途停工导致合同解除等原因下,对于未竣工的建设工程,只要承包人能举证证明工程质量合格,就能请求建设工程价款优先受偿权。

未竣工工程是指施工结束后的工程未能通过国家有关单位根据国家验收标准所进行的具有法律效果的验收。未竣工工程的范畴较为广泛,其主要包括两种情形:一种是工程已完工但未通过国家验收;另一种是工程未完工,与之对应也就不存在通过国家验收。对未竣工工程质量的认定,会因不同的情形而在方法上有所不同:(1)已完工工程的质量认定。对于已完工的建设工程,鉴于承包人已经将其人力、物力、财力物化至该工程之中,此时就工程质量的认定问题,不能一味地以未进行竣工验收而认定工程质量不合格,应当结合已完工部分的具体情况进行确认。当事人对建设工程质量存有异议时,可以采取司法鉴定或司法推定的方式予以解决。《施工合同司法解释(一)》第14条规定,建设工程未经竣工验收,发包人擅自使用后,又以使用部分质量不符合约定为由主张权利的,人民法院不予支持;但是承包人应当在建设工程的合理使用寿命内对地基基础工程和主体结构质量承担民事责任。基于此,当发包人在明知建设工程尚未进行竣工验收时便擅自使用,相当于发包人已然对工程质量予以认可,换言之,发包人对于工程质量可能存在的问题已经愿意承担相应的责任。(2)未完工工程的质量认定。对于承包人未完工工程质量的判断,应当在是否续建的基础上进行讨论:如果工程未进行续建,则应当结合工程的具体状态,以及当事人提供的相关证据综合确定未完工工程的质量;如果工程已由第三人进行续建,当第三人完成续建且最终工程经竣工验收达到合格标准时,推定承包人于续建前完成的工程部分质量合格,但是当第三人续建工程未通过竣工验收时,对于承包人未完工工程部分质量的认定应当由发包人在将工程交由第三人续建前先予确认,否则在对质量责任产生争议时,亦推定续建前的工程质量合格。

承包人未竣工工程价款优先受偿权的条件为未竣工的建设工程质量合格,并未要求承包人对建设工程未竣工不存在过错。因此承包人对工程未竣工存在过错的,并不影响其享有的工程价款的优先受偿权。如因承包人原因导致工程未竣工并造成损失时,发包人可以依法要求承包人承担相应的民事责任,而不应影响承包人工程价款优先受偿权的享有。①

六、建设工程价款优先受偿权的范围

对于建设工程价款优先受偿权的范围,2002 年《关于建设工程价款优先受偿权问题的批复》(已失效)第 3 条规定,建筑工程价款包括承包人为建设工程应当支付的工作人员报酬、材料款等实际支出的费用,不包括承包人因发包人违约所造成的损失。该批复将建设工程价款优先受偿权的范围限定为承包人为建设工程应当支付的工作人员的报酬、材料款等实际支出的费用。这一规定确定的优先受偿的范围过于狭窄,不利于对承包人合法权益的保护。《施工合同司法解释(一)》沿用《施工合同司法解释(二)》(已失效)的规定,在其第 40 条规定,承包人建设工程价款优先受偿的范围依照国务院有关行政主管部门关于建设工程价款范围的规定确定。承包人就逾期支付建设工程价款的利息、违约金、损害赔偿金等主张优先受偿的,人民法院不予支持。

(一)国务院有关行政主管部门关于建设工程价款范围的规定

《施工合同司法解释(一)》规定,承包人建设工程价款优先受偿的范围依照国务院有关行政主管部门关于建设工程价款范围的规定确定,但是并未明确哪些规定。根据国务院有关行政主管部门的规定,关于建设工程价款范围的规定主要有:《建设工程价款结算暂行办法》(财建[2004]369 号)第 3 条规定,本办法所称建设工程价款结算,是指对建设工程的发承包合同价款进行约定和依据合同约定进行工程预付款、工程进度款、工程竣工价款结算的活动。《建设工程工程量清单计价规范》(GB 50500—2013)第 1.0.3 条规定,建设工程发包、承包及实施阶段的工程造价应由分部分项工程费、措施项目费、其他项目费、规费和税金组成。第 2.0.47 条规定,签约合同价(合同价款)发包、承包双方在工程合同中约定的工程造价,即包括了分部分项工程费、措施项目费、其他项目费、规费和税金的合同总金额。《建筑安装工程费用项目组成》(建标〔2013〕44 号)第 1 条第 1 款规定,建筑安装工程费用项目按费用构成要素组成划分为人工费、材料费、施工机具使用费、企业管理费、利润、规费和税金。其中人工费、材料费、施工机具使用费、企业管理费和利润包含在分部分项工程费、措施项目费、其他项目费中。建筑安装工程费用按工程造价形成顺序划分为分部分项工程费、措施项目费、其他项目费、规费和税金。《建筑工程施工发包与承包计价管理办法》(住房和城乡建设部令第 16 号)规定,工程发包、承包计价包括编制工程量清单、最高投标限价、招标标底、投标报价,进行工程结算,以及签订和调整合同价款等活动。招标人与中标人应当根据中标价订立合同。不实行招标投标的工程由发包、承包双方协商订立合同。合同价款的有关事项由发包、承包双方约定,一般包括合同价款约定方式,预付工程款、工程进度款、工程竣工价款的支付和结算方式,以及合同价款的调整情形等。根据以上部门规章和规范性法律文件的规定,建设工程价款范围主要包括:人工费、材料费、施工机具使用费、企业管理费、利润、规费和税金(见图 4)。

---

① 最高人民法院民事第一审判庭编著:《最高人民法院建设工程施工合同司法解释(二)理解与适用》,人民法院出版社 2019 年版,第 189 页。

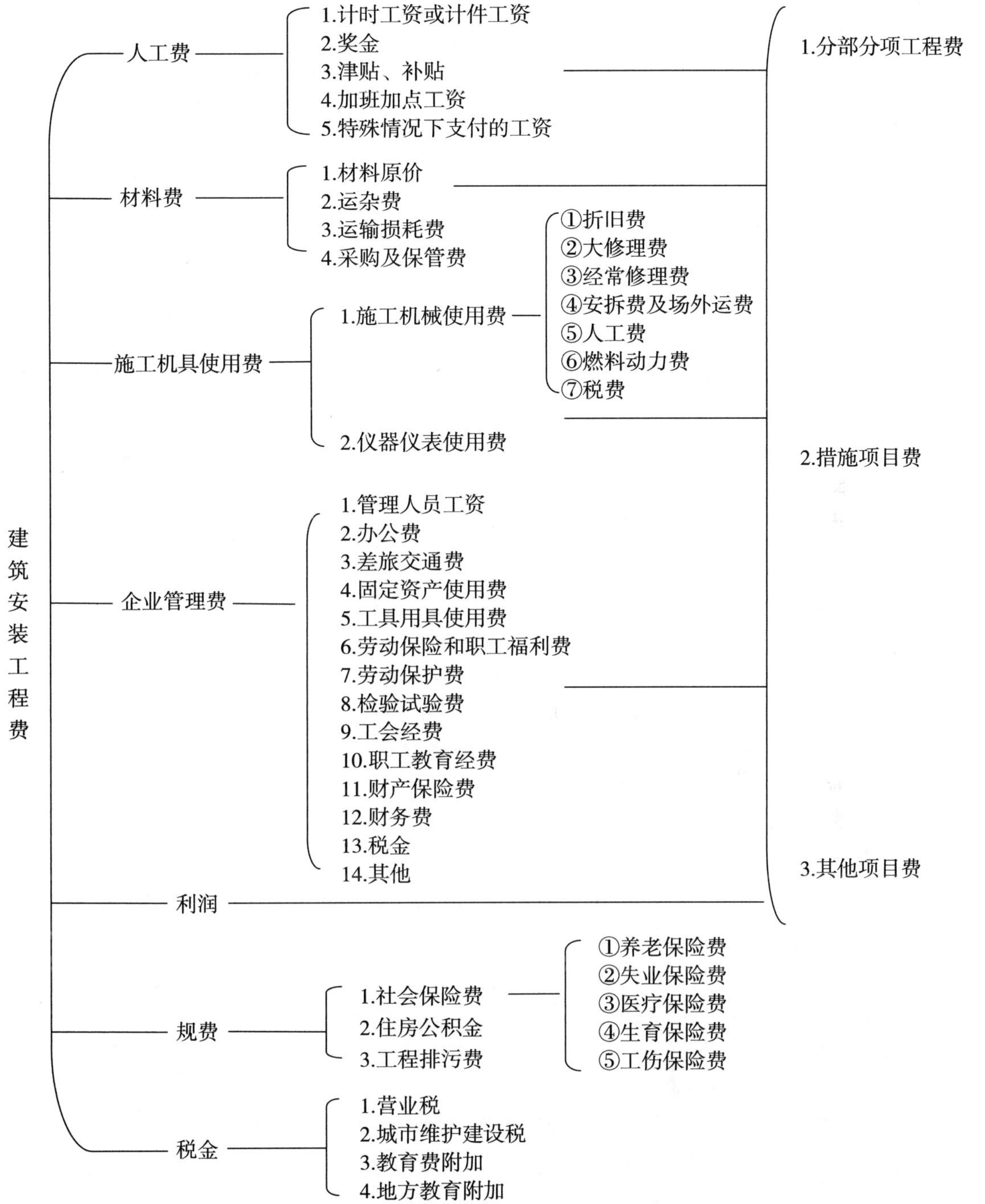

图4　建筑安装工程费用项目组成

（按费用构成要素划分）

1. 人工费

人工费是指按工资总额构成规定,支付给从事建筑安装工程施工的生产工人和附属生产单位工人的各项费用。包括:(1)计时工资或计件工资:是指按计时工资标准和工作时间或对已做工作按计件单价支付给个人的劳动报酬。(2)奖金:是指对超额劳动和增收节支支付给个人的劳动报酬。如节约奖、劳动竞赛奖等。(3)津贴补贴:是指为了补偿职工特殊或额外的劳动消耗和因其他特殊原因支付给个人的津贴,以及为了保证职工工资水平不受物价影响支付给个人的物价补贴。如流动施工津贴、特殊地区施工津贴、高温(寒)作业临时津贴、高空津贴等。(4)加班加点工资:是指按规定支付的在法定节假日工作的加班工资和在法定日工作时间外延时工作的加点工资。(5)特殊情况下支付的工资:是指根据国家法律、法规和政策规定,因病、工伤、产假、计划生育假、婚丧假、事假、探亲假、定期休假、停工学习、执行国家或社会义务等原因按计时工资标准或计时工资标准的一定比例支付的工资。

2. 材料费

材料费是指施工过程中耗费的原材料、辅助材料、构配件、零件、半成品或成品、工程设备的费用。包括:(1)材料原价:是指材料、工程设备的出厂价格或商家供应价格。(2)运杂费:是指材料、工程设备自来源地运至工地仓库或指定堆放地点所发生的全部费用。(3)运输损耗费:是指材料在运输装卸过程中不可避免的损耗。(4)采购及保管费:是指为组织采购、供应和保管材料、工程设备的过程中所需要的各项费用。包括采购费、仓储费、工地保管费、仓储损耗。工程设备是指构成或计划构成永久工程一部分的机电设备、金属结构设备、仪器装置及其他类似的设备和装置。

3. 施工机具使用费

施工机具使用费是指施工作业所发生的施工机械、仪器仪表使用费或其租赁费。

(1)施工机械使用费:以施工机械台班耗用量乘以施工机械台班单价表示,施工机械台班单价应由下列7项费用组成:①折旧费:指施工机械在规定的使用年限内,陆续收回其原值的费用;②大修理费:指施工机械按规定的大修理间隔台班进行必要的大修理,以恢复其正常功能所需的费用;③经常修理费:指施工机械除大修理以外的各级保养和临时故障排除所需的费用,包括为保障机械正常运转所需替换设备与随机配备工具附具的摊销和维护费用、机械运转中日常保养所需润滑与擦拭的材料费用及机械停滞期间的维护和保养费用等;④安拆费及场外运费:安拆费指施工机械(大型机械除外)在现场进行安装与拆卸所需的人工、材料、机械和试运转费用以及机械辅助设施的折旧、搭设、拆除等费用;场外运费指施工机械整体或分体自停放地点运至施工现场或由一施工地点运至另一施工地点的运输、装卸、辅助材料及架线等费用;⑤人工费:指机上司机(司炉)和其他操作人员的人工费;⑥燃料动力费:指施工机械在运转作业中所消耗的各种燃料及水、电等;⑦税费:指施工机械按照国家规定应缴纳的车船使用税、保险费及年检费等。

(2)仪器仪表使用费:是指工程施工所需使用的仪器仪表的摊销及维修费用。

4. 企业管理费

企业管理费是指建筑安装企业组织施工生产和经营管理所需的费用。包括:(1)管理人员工资:是指按规定支付给管理人员的计时工资、奖金、津贴补贴、加班加点工资及特殊情况下支付的工资等。(2)办公费:是指企业管理办公用的文具、纸张、账表、印刷、邮电、书报、办公软件、现场监控、会议、水电、烧水和集体取暖降温(包括现场临时宿舍取暖降温)等费用。(3)差旅交通费:是指职工因公出差、调动工作的差旅费、住勤补助费,市内交通费和误餐补助费,职工探亲路费,劳动力招募费,职工退休、退职一次性路费,工伤人员就医路费,工地转移费以及管理部门使用的交通工具的油料、燃料等费用。(4)固定资产使用费:是指管理和试验部门及附属生产单位使用的属于固定资产的房屋、设备、仪器等的折旧、大修、维修或租赁费。(5)工具用具使用费:是指企业施工生产和管理使用的不属于固定资产的工具、器具、家具、交通工具和检验、试验、测绘、消防用具等的购置、维修和摊销费。(6)劳动保险和职工福利费:是指由企业支付的职工退职金、按规定支付给离休干部的经费,集体福利费、夏季防暑降温、冬季取暖补贴、上下班交通补贴等。(7)劳动保护费:是指企业按规定发放的劳动保护用品的支出。如工作服、手套、防暑降温饮料以及在有碍身体健康的环境中施工的保健费用等。(8)检验试验费:是指施工企业按照有关标准规定,对建筑以及材料、构件和建筑安装物进行一般鉴定、检查所发生的费用,包括自设试验室进行试验所耗用的材料等费用。不包括新结构、新材料的试验费,对构件做破坏性试验及其他特殊要求检验试验的费用和建设单位委托检测机构进行检测的费用,对此类检测发生的费用,由建设单位在工程建设其他费用中列支。但对施工企业提供的具有合格证明的材料进行检测不合格的,该检测费用由施工企业支付。(9)工会经费:是指企业按《工会法》规定的全部职工工资总额比例计提的工会经费。(10)职工教育经费:是指按职工工资总额的规定比例计提,企业为职工进行专业技术和职业技能培训,专业技术人员继续教育、职工职业技能鉴定、职业资格认定以及根据需要对职工进行各类文化教育所发生的费用。(11)财产保险费:是指施工管理用财产、车辆等的保险费用。(12)财务费:是指企业为施工生产筹集资金或提供预付款担保、履约担保、职工工资支付担保等所发生的各种费用。(13)税金:是指企业按规定缴纳的房产税、车船使用税、土地使用税、印花税等。(14)其他:包括技术转让费、技术开发费、投标费、业务招待费、绿化费、广告费、公证费、法律顾问费、审计费、咨询费、保险费等。

5. 利润

利润是指施工企业完成所承包工程获得的盈利。

6. 规费

规费,是指按国家法律、法规规定,由省级政府和省级有关权力部门规定必须缴纳或计取的费用。包括:(1)社会保险费 :①养老保险费:是指企业按照规定标准为职工缴纳的基本养老保险费;②失业保险费:是指企业按照规定标准为职工缴纳的失业保险费;③医疗保险费:是指企业按照规定标准为职工缴纳的基本医疗保险费;④生育保险费:是指企业按照规定标准为职工缴纳的生育保险费;⑤工伤保险费:是指企业按照规定标准为职工缴纳的工伤保险费。(2)住房公积金:是指企业按规定标准为职工缴纳的住房公积金。(3)工程排污费:是指按规定缴纳的施工现场工程排污费。其他应列而未列入的规费,按实际发生计取。(4)税金:是指国家税法规定的应计入建筑安装工程造价内的营业税、城市维护建设税、教育费附加以及地方教育附加。

(二)建设工程价款优先受偿范围的例外

1. 利息、违约金、损害赔偿金不属于建设工程价款优先受偿的范围

《施工合同司法解释(一)》通过列举的方式明确了利息、违约金、损害赔偿金不属于建设工程价款优先受偿的范围。《民法典》第 807 条规定,建设工程的价款可以就该工程折价或者拍卖的价款优先受偿。利息、违约金以及损害赔偿金等均不属于工程价款,其并未实际投入到施工作业当中,也并未物化于建设工程本身,对建设工程的价值没有任何影响。因此,承包人就逾期支付建设工程价款的利息、违约金、损害赔偿金等主张优先受偿的,人民法院不予支持。

2. 承包人实现建设工程价款优先受偿权的费用

承包人为实现建设工程价款优先受偿权的费用能否就建设工程价款折价或者拍卖的价款中优先受偿的问题存在争议。有观点认为,承包人为实现建设工程价款优先受偿权的费用不能就建设工程价款折价或者拍卖的价款中优先受偿。理由如下:《民法典》第 807 条规定建设工程的价款可就建设工程折价或者拍卖的价款优先受偿,其规定的是建设工程的价款,而为实现建设工

程价款优先受偿权的费用并不属于建设工程的价款。《施工合同司法解释(一)》沿用了《施工合同司法解释(二)》(已失效)的规定,在其第40规定,承包人建设工程价款优先受偿的范围依照国务院有关行政主管部门关于建设工程价款范围的规定确定,因此这一范围内也不包含为实现建设工程价款优先受偿权的费用。

3.承包人支付的建设工程施工垫资款

有观点认为,垫资款不应纳入建设工程价款优先受偿权应支付的范围,理由如下:首先,由于垫资的有期限性、需返还性,垫资实为企业间融资,不仅为现行国家有关金融管理规定所不许,而且在法律上应为借贷的债权,与工程价款无关。因此,承包方优先受偿的工程价款不应包括垫资款。其次,垫资款虽已物化为建筑物,但垫资的约定不仅与原建设部《建设工程施工发包与承包价格管理暂行规定》(建标〔1999〕1号)中的工程预付款及进度款制度不符,而且明显违反了原建设部、国家计划委员会、财政部1996年发布的《关于严格禁止在工程建设中垫资承包的通知》(该文件已被2006年原建设部、国家发展和改革委员会、财政部、中国人民银行《关于严禁政府投资项目使用垫资承包方式进行建设的通知》废止)中关于禁止垫款施工的规定。因此,垫资作为一种违法行为,也不应受到《民法典》第807条关于工程价款优先受偿权的保护。[①] 也有观点认为,垫资款应纳入优先权行使范围,理由如下:(1)垫资是建筑行业的惯例,若将这种垫资排除在优先受偿权范围之外,则优先受偿权的范围将缩小到劳务部分,这显然与我国法律保护整个建筑业健康发展的目的不符。(2)垫资并不具有违法性。因为禁止垫资的规定既不属于法律,亦不属于行政法规,仅仅是一个规范性文件。[②]

《施工合同司法解释(一)》第25条规定,当事人对垫资和垫资利息有约定,承包人请求按照约定返还垫资及其利息的,人民法院应予支持,但是约定的利息计算标准高于垫资时的同类贷款利率或者同期贷款市场报价利率的部分除外。当事人对垫资没有约定的,按照工程欠款处理。当事人对垫资利息没有约定,承包人请求支付利息的,人民法院不予支持。因此,垫资在我国是可以合法化的,明确约定的垫资条款也应当获得法院支持。但是2019年4月14日国务院公布的《政府投资条例》第22条规定,政府投资项目所需资金应当按照国家有关规定确保落实到位。政府投资项目不得由施工单位垫资建设。因此如果出现政府投资项目由施工单位垫资建设的情况,应属于违反行政法规的禁止性规定无效。当然这种情况下的垫资款不应属于优先受偿权的范围。对于非政府投资项目的垫资款是否属于优先受偿权应支付的范围,司法裁判中,一般掌握的判断标准是垫资款是否属于承包人对建设工程的实际支出,如果承包人垫资款物化为了建设工程的实体,则该等垫资款应属于优先受偿权应支付的范围;而如果承包、发包双方以垫资为名,行资金拆借之实,则该等垫资款与发包人负担的其他普通债务性质相同,该垫资款不应在建设工程价款范围内优先受偿。

七、建设工程价款优先受偿权的行使期间

(一)建设工程价款优先受偿权的行使期间

《关于建设工程价款优先受偿权问题的批复》(已失效)第4条规定,建设工程承包人行使优

---

① 周剑浩、刘瑜:《"建设工程欠款优先受偿"的理解与适用》,载中国法院网2003年6月18日,https://www.chinacourt.org/article/detail/2003/06/id/64272.shtml。

② 朱树英编:《法院审理建设工程案件观点集成》,中国法制出版社2015年版,第849页。

先权的期限为6个月。在《施工合同司法解释(二)》(已失效)的起草过程中,关于建设工程优先受偿权行使期限,有两种观点:一是延续《关于建设工程价款优先受偿权问题的批复》的规定,建设工程承包人行使优先权的期限为6个月;二是建议建设工程承包人行使优先权的期限为1年,以此保护施工单位的利益。《施工合同司法解释(二)》(已失效)第22条延续了《关于建设工程价款优先受偿权问题的批复》(已失效)第4条的规定,规定优先权的行使期间是6个月。《施工合同司法解释(一)》对承包人行使建设工程价款优先受偿权的期限进行了调整,从6个月延长至18个月。《施工合同司法解释(一)》规定承包人应当在合理期限内行使建设工程价款优先受偿权,但最长不得超过18个月,自发包人应当给付建设工程价款之日起算。这一规定有利于对承包人权利的保护。

(二)建设工程价款优先受偿权行使期限的性质

由于建设工程价款优先受偿权的成立不需要登记,且不存在对外公示的形式,权利人怠于行使该权利时,会对其他权利人权利的行使造成严重影响。为了促使权利人承包人积极行使权利,也为了保护其他权利人的合法权益能够得到及时实现,稳定社会经济秩序,此期限作为承包人建设工程价款优先受偿权的权利行使期,应当是除斥期间。承包人必须在该期间内行使优先受偿权,否则其权利不能得到支持。除斥期间为不变期间,不存在中止、中断或延长的情形,更不存在当事人通过约定予以更改的情况,这样既可以促使承包人积极行使权利,也可以保障各权利主体的合法权益得到充分实现。

(三)建设工程价款优先受偿权行使期间的起算点

《关于建设工程价款优先受偿权问题的批复》(已失效)规定,建设工程承包人行使优先权自建设工程竣工之日或者建设工程合同约定的竣工之日起计算。2011年《全国民事审判工作会议纪要》(已失效)进一步规定,非因承包人的原因,建设工程未能在约定期间内竣工,承包人依据《合同法》(已失效)第286条的规定享有的优先受偿权不受影响。承包人请求行使优先受偿权的期限,自建设工程实际竣工之日起计算;如果建设工程合同由于发包人的原因解除或终止履行,承包人行使建设工程价款优先受偿权的期限自合同解除或终止履行之日起计算。上述规定将承包人行使建设工程价款优先权的期限设定为自建设工程竣工之日或者建设工程合同约定的竣工之日。从逻辑上看,建设工程价款的优先受偿权应当是自发包人给付工程款而未给付之时。当发包人支付工程款已届履行期时,承包人关于工程款的请求才可能得到支持,相应地,届时主张工程款的优先受偿权才有意义。但是建设工程竣工之后建设工程价款才能开始结算,从而使得建设工程价款的确定时间处于不确定状态,甚至6个月内不能完成结算,即建设工程价款尚未结算完成,建设工程价款优先权就已经逾期的情形,导致承包人无法行使建设工程价款优先权,这对承包人不公平。

鉴于建设工程结算周期长,流程较为复杂,为保护承包人的利益,《施工合同司法解释(一)》沿用了《施工合同司法解释(二)》(已失效)的规定,在其第41条规定,承包人行使建设工程价款优先受偿权,自发包人应当给付建设工程价款之日起算。修正了《关于建设工程价款优先受偿权问题的批复》关于的规定承包人行使建设工程价款优先受偿权期间起算点的规定。关于应当给付建设工程价款之日的确定,《施工合同司法解释(一)》第27条规定,利息从应付工程价款之日开始计付。当事人对付款时间没有约定或者约定不明的,下列时间视为应付款时间:(1)建设工程已实际交付的,为交付之日;(2)建设工程没有交付的,为提交竣工结算文件之日;(3)建设工程未交付,工程价款也未结算的,为当事人起诉之日。

八、建设工程价款优先受偿权的放弃

《民法典》施行之前的《合同法》(已失效)、《关于建设工程价款优先受偿权问题的批复》(已失效)均没有明确工程价款优先受偿权能否放弃。在实践中,有大量发包人使用在建工程抵押的方式向银行等机构融资贷款,银行及相关企业为确保自身债权的实现并优先受偿,常常会要求发包人提交承包人出具的放弃工程款优先受偿权的承诺书或者直接与发包人、承包人签订三方合同,要求承包人放弃工程款优先受偿权。此时,承包人为了获得建设项目,迫于发包人的强势地位,无奈作出放弃工程款优先受偿权的承诺,其损害了承包人的合法权益,甚至影响农民工等建筑工人工资权益的实现。

(一)关于建设工程价款优先受偿权放弃的争议

关于建设工程价款优先受偿权的放弃,学术界和实务界的观点大致可归纳为三类,主要存在相对无效说、有效说和相对有效说。① (1)相对无效说认为,建设工程价款优先受偿权是为保护建筑工人利益而设立,如果允许放弃,将会使立法目的落空,而且价款优先受偿权是法律赋予的权利,通过约定的方式放弃该权利,与其权利本质属性相违背。工程价款优先受偿权的设置主要在于保障施工人的材料款和工人工资,承包人在承接工程时处于弱势地位,一般不得不接受放弃优先受偿权的要求,牺牲了材料款和工人工资权益,明显侵害第三人利益。如果确认放弃优先受偿权的行为有效,可能造成发包人在签订合同时利用自身的优势地位强迫承包人放弃优先受偿权,不利于建筑市场秩序的维护,故承包人预先作出放弃优先受偿权的承诺无效。放弃建设工程优先权有违立法目的、诚实信用原则、公平和正义原则,系对意思自治和自由原则的滥用。② 由于我国建设工程存在拖欠价款严重的现实,预先放弃建设工程价款优先受偿权的行为应当以无效为原则,但发包人对建筑工人工资支付提供有效担保的除外。③ (2)有效说认为,建设工程价款优先受偿权属于承包人的法定民事权利,基于权利自由原则,民事权利可以自由处分,符合意思自治原则,承包人自愿放弃并不违反法律法规的规定。如广东省高级人民法院《关于在审判工作中如何适用〈合同法〉第286条的指导意见》(粤高法发[2004]2号,已失效)第9条明确:"承、发包双方当事人在建设工程承包合同中约定承包人不能行使建设工程价款优先权,事后承包人以建设工程价款优先权是法定权利为由向人民法院主张合同约定无效并要求行使建设工程价款优先权的,人民法院不予支持。"在"中国信达资产管理股份有限公司浙江省分公司与绍兴飞泰光电技术有限公司、绍兴汇金金属制品有限公司等金融借款合同纠纷案"中,一审、二审法院均认为,承包人绍兴永成建工有限公司作为法定在建工程优先受偿权的权利人,有权处置自己的权利,其向中国农业银行股份有限公司绍兴柯桥支行放弃优先受偿权的行为未违反法律强制性规定,应认定为合法有效。④ (3)相对有效说认为,对特定抵押权人不行使建设工程价款优先受偿权,实质上是放弃或变更债权的受偿顺位。只有在不违反社会公共利益的情形下,建设工程价款优先受偿权与抵押权的受偿顺位才可以放弃或变更。⑤ 在"浙江嘉禾建设有限公司与桐乡市世

---

① 谷昔伟:《建设工程价款优先受偿权放弃行为的效力问题探析》,载于建龙:《中国建设工程法律评论》(第九辑),法律出版社2019年版,第141页。

② 洪浩:《学说 制度 案例——建设工程优先权问题研究》,北京大学出版社2014年版,第183~189页。

③ 陈广华、王逸萍:《建设工程价款优先受偿权预先放弃之效力研究》,载《西部法学评论》2015年第4期。

④ 参见浙江省绍兴市中级人民法院民事判决书,(2015)浙绍商终字第1618号。

⑤ 陈信勇:《建设工程价款优先受偿权放弃行为的效力分析》,载《浙江社会科学》2016年第2期。

贸中心置业有限公司、桐乡世贸中心有限公司建设工程施工合同纠纷案”中，法院认为，“至于原告曾向四川信托有限公司出具《放弃在建工程价款优先受偿承诺》的问题，因原告该承诺系以四川信托有限公司作为相对人所作，并非对桐乡市世贸中心置业有限公司承诺，故原告仍享有优先受偿权，只是该优先受偿权不得对抗四川信托有限公司。”①

对于建设工程价款优先受偿权，理论界和司法实务上存在明显的分歧，诸多理论文章，多是基于优先受偿权的法定性及其立法目的，认为该权利主要保障建筑工人工资和材料款，承包人擅自放弃优先受偿权，实际上侵害了第三人权利，不应当认定其放弃行为的效力。但是，在司法实践中，认定放弃优先受偿权有效的判决占有绝对优势，通过检索该类案件可发现，除极少数案件中确认放弃行为无效外，基本的裁判观点都是认定优先受偿权乃私权，基于私法自治的原则，应当认定其效力。②

《施工合同司法解释（一）》沿用了《施工合同司法解释（二）》（已失效）第23条的全部规定，其第42条规定，发包人与承包人约定放弃或者限制建设工程价款优先受偿权，损害建筑工人利益，发包人根据该约定主张承包人不享有建设工程价款优先受偿权的，人民法院不予支持。这一规定在尊重当事人意思自治的基础上，允许当事人依法处分其就建设工程价款享有优先受偿的权利，即发包人和承包人原则上可以自由协商约定放弃或者限制建设工程价款优先受偿权的行使。与此同时，为维护《民法典》第807条的立法宗旨，也对发包人与承包人就放弃或者限制建设工程价款优先受偿权的约定进行了合理限制，但如果双方的约定损害到建筑工人利益，有关放弃或者限制权利行使的约定无效。也有观点认为，无论是预先放弃还是嗣后放弃，在探讨承包人放弃建设工程价款优先受偿权的效力问题时，最终需要回到《民法典》第807条的立法本意，即关键是看这一行为是否违背该条规定的立法本意。

（二）原则上承包人与发包人有权约定放弃或者限制建设工程价款的优先受偿权

发包人与承包人约定限制工程价款的优先受偿权含义广泛，既包括承包人只放弃部分建设工程价款优先受偿权，也包括为建设工程价款优先受偿权的行使设定时间、条件或者限定建设工程价款优先受偿权所针对的建设工程的范围等方面。基于承包人与发包人有权约定放弃或者限制建设工程价款的优先受偿权，其大致有以下几种情形的约定：承包人可以事先也可以嗣后放弃或者限制建设工程价款优先受偿权；承包人既可与发包人签订合同约定放弃或者限制工程价款优先权，也可以就放弃或者限制建设工程价款优先受偿权作出单方承诺；承包人可以约定放弃建设工程价款优先受偿权，也可以约定限制建设工程价款优先受偿权。承包人放弃其对发包人享有的建设工程债权就建设工程折价或者拍卖的价款优先受偿的权利，意味着承包人放弃该权利后，其对发包人享有的建设工程价款债权成为普通债权，清偿顺序排在担保的债权之后，与其他无担保债权处于同一清偿顺序。③

（三）损害建筑工人利益的确定

《民法典》第807条通过赋予承包人建设工程价款优先受偿权以保障建筑工人权益的实现，若承包人与发包人自行协商约定放弃或者限制建设工程价款优先受偿权的行使，导致承包人的工程价款债权无法得到实现，难以负担建筑工人的工资发放，那么其放弃或者限制建设工程价款

---

① 参见浙江省桐乡市人民法院民事判决书，(2016)浙0483民初1700号。

② 王勇：《承包人可以放弃建设工程价款优先受偿权》，载《人民法院报》2014年7月3日，第7版。

③ 张仁藏：《〈建设工程司法解释二〉解读二十二|建设工程价款优先受偿权的行使期限及起算时间》，载张仁藏律师的博客2019年7月11日，http://blog.sina.com.cn/s/blog_70ead15f0102z8ov.html。

优先受偿权行为就违背了《民法典》第 807 条的本意,在这种情况下,该约定无效。《施工合同司法解释(一)》沿用了《施工合同司法解释(二)》(已失效)第 23 条的规定,规定发包人与承包人约定放弃或者限制建设工程价款优先受偿权,损害建筑工人利益,发包人根据该约定主张承包人不享有建设工程价款优先受偿权的,人民法院不予支持。因此,如果发包人与承包人约定放弃或者限制建设工程价款优先受偿权,损害建筑工人利益,该放弃或者限制建设工程价款优先受偿权的行为无效。但是,如何判断是否损害建筑工人利益?该条司法解释并没有进一步规定。有观点认为,在判断承包人放弃或者限制建设工程价款优先受偿权是否损害建筑工人的利益时,要看承包人这一行为是否影响其整体的清偿能力,将承包人整体的资产负债情况以及现金流情况是否因此恶化到影响建筑工人支付的程度作为主要的考虑因素。同时应当从承包人整体的资产负债状况、现金流情况的做出判断,而不能以是否欠某一建筑工人的工资作为判断标准。[①]《施工合同司法解释(一)》第 42 条仅规定了发包人和承包人签订放弃或者限制建设工程价款优先受偿权的协议在损害建筑工人利益的情形下无效,但是不妨碍发包人和承包人签订放弃或者限制建设工程价款优先受偿权的协议可能因为其他原因无效,比如违反《民法典》第 153 条的规定,也将导致发包人和承包人签订放弃或者限制建设工程价款优先受偿权的协议无效。

九、建设工程价款优先受偿权的效力

(一)建设工程承包人的优先受偿权优于抵押权和其他债权

《施工合同司法解释(一)》沿用了《关于建设工程价款优先受偿权问题的批复》(已失效)的规定,在其第 36 条规定,承包人根据《民法典》第 807 条规定享有的建设工程价款优先受偿权优于抵押权和其他债权。建设工程承包人的优先受偿权优于抵押权和其他债权,主要理由如下:(1)建设工程是以承包人及建筑工人付出的劳动为前提的,没有承包人和工人的劳动及投入,发包方就不可能有作为抵押物的建设工程的存在,如果抵押权人对拖欠承包款的抵押物行使优先于承包人的优先权,这实际上就是以建设工程承包人的付出为发包人清偿债务,不符合民法的公平原则。(2)法定优先权应具有对抗其他担保物权之效力。如我国《海商法》第 25 条规定,船舶优先权先于船舶留置权受偿,船舶抵押权后于船舶留置权受偿,该规定确立了法定优先权高于法定担保物权、意定担保物权低于法定担保物权的权利效力位序。(3)建设工程是由承包人所雇劳动者劳动所累积。现阶段,我国农民工工资拖欠严重问题的一个重要根源就是发包人拖欠承包人工程款。从立法保护劳动者基本生活安全及鼓励建设者创造社会财富的政策目的角度来说,承包人优先受偿权的实现具有重大的生存保障意义。而一般抵押权所保障的是民事主体的普通利益。因此,当承包人优先受偿权与银行抵押权等一般抵押权发生冲突时,承包人优先受偿权优先于一般抵押权。

(二)对多个承包人主张优先权竞合的处理

《民法典》第 807 条规定的建设工程价款优先受偿权作为一种法定优先权,并不以登记为要件,如对于两个以上建设工程价款优先受偿权竞合(两个以上承包人对同一建设工程享有工程价款优先受偿权)的情形,还没有法律作出规定。

在我国的司法实践中,破产程序和执行程序中如果出现破产财产或被执行财产不足以全部

---

① 最高人民法院民事第一审判庭编著:《最高人民法院建设工程施工合同司法解释(二)理解与适用》,人民法院出版社 2019 年版,第 342 页。

清偿多个工人工资时,采取按比例清偿,该做法值得借鉴。可以在建设工程被折价或拍卖后以同一序列身份分配给各享有优先受偿权的承包人,如果折价或拍卖的变现款额不足以全部清偿给所有享有优先受偿权的承包人,则采取按债权比例的清偿办法进行分配。但在建设工程价款优先受偿权竞合的顺位上,可在以后为完善《民法典》第 807 条所作的司法解释中作出相应的规定,以适应此优先受偿权制度的立法本意。

第十二章 建设工程知识产权法律制度

第一节 建设工程知识产权法律制度概述

建设工程的实施过程以及最终形成的终端产品建筑物,均鲜明地打上了社会、历史、文化的烙印,凝聚了人类的创造才能和智慧,是人类最古老的创作形式,应当得到完善的知识产权保护。建设工程从勘察、设计、施工直至通过竣工验收交工的过程中,也往往涉及许多知识产权,我国建设工程施工合同示范文本也涉及专利技术或特殊工艺使用的法律责任等方面的约定,这说明运用知识产权法保证工程建筑活动的合法运作的观念已经得到确认。

一、建设工程实施过程中的知识产权

建设工程从勘察、设计、施工直至通过竣工验收交工的过程中,往往涉及许多知识产权:(1)工程勘察、设计和工程施工阶段的原始资料、计算书、工程设计图及说明书、技术文件和工程总结报告等勘察、设计、施工文件,包括工程技术方面的计算机软件,这些主要涉及著作权。(2)各种具有新颖性、创造性和实用性的新工艺、新设备、新材料、新结构等新技术和新设计,以及对原有技术的新改进、新组合等专利技术。如在国家体育场("鸟巢")工程施工过程中产生了多项重大创新的发明专利和实用新型专利,①中国建筑第三工程局混凝土公司新型建材厂研制的聚羧酸减水剂、马来酸酐系聚羧酸减水剂均是自主知识产权的外加剂产品。(3)具有实用性、收益性并采取了保密措施的不为公众所知悉的技术信息,包括各种新工艺、新设备、新材料、新结构、新技术、产品

---

① 国家体育场("鸟巢")在工程建造面临一系列重大技术难题且国内外无先例、无相关技术标准和规范的情况下,项目团队历时5年,在国家和北京市科技计划的支持下,完成了28个专题的系统研究,在特大跨度复杂钢结构、现浇异型混凝土框架结构、ETFE和PTFE膜结构等成套建造技术方面,取得了重大创新成果。研究成果8项达到国际领先水平,17项达到国际先进水平,获国家发明专利10项,实用新型专利18项,软件著作权6项,国家级工法4项。

配方、各种技术诀窍及方法等技术秘密。(4)具有实用性、收益性并采取了保密措施的,不为公众所知悉的经营信息,包括生产经营、企业管理、科技档案、客户名单、财务账册、统计报表等其他商业秘密。

二、建筑物上的知识产权

建筑物上主要有以下知识产权:(1)建筑物上的著作权。我国《著作权法》在2001年修订时即明确规定了对于建筑作品的保护。(2)建筑物上的商标权。我国《商标法》并没有排除建筑物立体商标,只要一个建筑物的外形能够标示相关的服务,具有显著性,就可以注册为商标。(3)建筑物上的外观设计。根据《专利法》第2条第4款的规定,外观设计,是指对产品的整体或局部的形状、图案或者其结合以及色彩与形状、图案的结合所作出的富有美感并适于工业应用的新设计。因此建筑物可以受到外观设计专利的保护。

长期以来,建设工程知识产权保护工作明显滞后,建设工程知识产权保护与行业的快速发展明显不相适应。为此,应当从行业发展的战略高度重视建设工程知识产权的发展和保护问题,高度重视建设工程知识产权法律制度的发展与完善问题。应当说明的是,我国建设工程知识产权法律制度并非指专门针对建设工程知识产权制定的法律体系,构建我国建设工程知识产权法律制度的法律法规散见于现行《著作权法》《专利法》《商标法》等知识产权法律法规以及我国加入的有关知识产权保护的国际公约之中;我国建设工程知识产权法律制度是我国知识产权法律制度中的一部分,既与一般知识产权法律制度有共性,也有许多特殊的个性。

第二节　建筑作品著作权

一、著作权概述

著作权,也称版权,是基于文学、艺术和科学作品而产生的法律赋予公民、法人和其他组织等民事主体的一种特殊的民事权利。著作权是作者基于对特定的作品依法享有的专有权利,是作者及其他著作权人对文学、艺术、科学作品等作品所享有的人身权以及全面支配该作品并享受其利益的财产权的总称。

(一)《著作权法》保护的对象

我国《著作权法》保护的对象为作品,作品是指文学、艺术和科学领域内具有独创性并能以一定形式表现的智力成果,包括:文字作品;口述作品;音乐、戏剧、曲艺、舞蹈、杂技艺术作品;美术、建筑作品;摄影作品;视听作品;工程设计图、产品设计图、地图、示意图等图形作品和模型作品;计算机软件以及符合作品特征的其他智力成果。

(二)著作权的内容

我国《著作权法》第10条规定:著作权包括下列人身权和财产权:(1)发表权,即决定作品是否公之于众的权利;(2)署名权,即表明作者身份,在作品上署名的权利;(3)修改权,即修改或者授权他人修改作品的权利;(4)保护作品完整权,即保护作品不受歪曲、篡改的权利;(5)复制权,即以印刷、复印、拓印、录音、录像、翻录、翻拍、数字化等方式将作品制作一份或者多份的权利;(6)发行权,即以出售或者赠与方式向公众提供作品的原件或者复制件的权利;(7)出租权,即有偿许可他人临时使用视听作品、计算机软件的原件或者复制件的权利,计算机软件不是出租的主要标的的除外;(8)展览权,即公开陈列美术作品、摄影作品的原件或者复制件的权利;(9)表演权,即公开表演作品,以及用各种手段公开播送作品的表演的权利;(10)放映权,即通过放映机、幻灯机等技术设备公开再现美术、摄影、视听作品等的权利;(11)广播权,即以有线或者无线方式公开传播或者转播作品,以及通过扩音器或者其他传送符号、声音、图像的类似工具向公众传播广播的作品的权利,但不包括第(12)项规定的信息网络传播权;(12)信息网络传播权,即以有线或者无线方式向公众提供,使公众可以在其选定的时间和地点获得作品的权利;(13)摄制权,即以摄制视听作品的方法将作品固定在载体上的权利;(14)改编权,即改变作品,创作出具有独创性的新作品的权利;(15)翻译权,即将作品从一种语言文字转换成另一种语言文字的权利;(16)汇编权,即将作品或者作品的片段通过选择或者编排,汇集成新作品的权利;(17)应当由著作权人享有的其他权利。

著作权人可以许可他人行使上述第5项至第17项规定的权利,并依照约定或者《著作权法》的有关规定获得报酬。著作权人可以全部或者部分转让上述第5项至第17项规定的权利,并依照约定或者《著作权法》的有关规定获得报酬。

二、建筑作品的著作权

(一)建筑作品的法律界定

1908年《保护文学和艺术作品伯尔尼公约》(以下简称《伯尔尼公约》)柏林文本中首次出现了"建筑作品",[①]建筑作品取得著作权保护源于此。按照我国《著作权法》及其实施条例的规定,建筑作品仅指建筑物本身,不包括建筑设计图和建筑模型,是指以建筑物或者构筑物的形式表现的有审美意义的作品,换句话说,《著作权法》所要保护的是建筑设计——建筑思想的表达,建筑作品可以通过不受保护的构筑建筑的要素如砖瓦木材等进行选择、协调或编排,而体现其建筑思想,从而受著作权法的保护。[②] 由于《著作权法》界定的建筑作品范围特定,笔者称为狭义的建筑作品(以下凡未特别注明的均指狭义的建筑作品)。

事实上,国外有研究者认为,受著作权保护的建筑作品既包括各种建筑物或类似建筑,也包括为了建造这些建筑物而拟定的,以平面图形、表格、文字或其结合表达的规划或建筑方案、设计图、草图和立体模型。美国联邦立法者也持相似的观点,美国《联邦著作权法》第101条规定,建筑作品是以某种表达方式完成的建筑物图,其中包括建筑物本身,建筑设计图或草图;作品包括外形以及图中场地与构件的安排与布局,但不包括各种定型构件。[③] 为了区别于我国著作权法界定的建筑作品,笔者将除了建筑物本身之外的建筑设计图纸、模型等称为广义的建筑作品。

(二)广义的建筑作品的著作权

根据《著作权法》第3条的规定,除建筑作品之外,在建设工程领域还存在以下作品:

1. 工程设计图

我国《著作权法》将"工程设计图"单列,表明我国立法上将"工程设计图"区别于"建筑作品"。根据我国工程设计的阶段,工程设计图应该包括工程方案设计图纸、初步设计图纸和施工

---

① 赵志威:《建筑作品著作权保护问题研究》,辽宁大学2012年硕士学位论文,第8页。

② 左金风:《论建筑物上的知识产权》,载《信阳师范学院学报(哲学社会科学版)》2010年第6期。

③ [西]德利娅·利普希克:《著作权法与邻接权》,联合国教科文组织译,中国对外翻译出版公司2000年版,第54页。

图设计图纸。工程设计图之所以被认为是受著作权法保护的作品，并不是其体现的设计有多么新颖，多么富有艺术性，而是因为建筑工程设计图所包含的点、线及各种几何图形所体现出来的严谨、精确、简洁、对称和谐之美，而不考虑按设计图建造而成的建筑是否具有艺术美感。因此，从这一角度来看，一个建筑工棚的设计图和悉尼歌剧院的设计图一样，都是受著作权保护的作品，虽然按图纸建造出的工棚只用实用性而不具有任何的艺术美感，但其设计图纸却体现了这种严谨、精确、简洁、对称和谐之美，即受著作权法保护，这也是《著作权法》对于工程设计图纸的保护没有像建筑作品那样必须具有审美意义才受保护的要件要求的原因。这是工程设计图和建筑作品本身的区别，在实践中要予以区分。

2. 建筑模型

建筑模型是为了展示、观测或施工等，根据一定比例，将建筑建成后的实物进行浓缩而成的立体作品。① 建筑模型是建筑物的浓缩，同样也是设计师的独创性智力成果。单独的建筑模型更接近模型作品，我国《著作权法》即将建筑模型作为模型作品予以保护。但是，为展示、观测和施工方便等制作的建筑模型，是构建建筑物过程中的一个环节，实质上是整个建筑的组成部分，从其存在的意义分析，将建筑模型作为模型作品而归入到建筑作品中予以保护，对于当事人的行为指引，以及司法实践都是有益的。在侵权认定中，建筑设计图、建筑模型和建筑物之间的复制转换过程，更进一步地证明建筑作品这3种类型之间密切的联系。

3. 工程技术文字作品、计算机软件

在建设工程实施过程中，有的施工单位总结经验，形成了具有独创性的建筑工法、技术标准、技术规范，有的编制了工程技术计算机软件，均应受到《著作权法》的保护。

4. 建筑业企业电子文档

随着越来越多的企业对自身档案建设的需求不断增加，档案管理信息化建设使企业的电子文档建设在整个档案管理中占了越来越大的比例，由此衍生出了更多涉及企业自身利益的版权、著作权问题。电子文档，是指人们在社会活动中形成的，以计算机盘片、磁盘和光盘等化学磁性材料为载体的文字材料，依赖计算机系统存取并可在通信网络上传输。主要包括电子文书、电子信件、电子报表、电子图纸等。笔者认为，从本质上说，企业的电子文档仍然属于《著作权法》上的文字作品，只要符合《著作权法》规定的保护条件，建筑业企业的电子文档应受到《著作权法》的保护。

三、建筑作品的保护条件

建筑作品的保护条件，实际上就是按照《著作权法》的规定建筑物享有版权从而能获得法律保护所应具备的基本要件，若建筑物不具备法律规定的基本要件，则不享有版权也不受著作权法保护。根据《著作权法实施条例》的规定，对作品要求包括：(1)作品的独创性：作品是独立完成且具有一定程度的创造性；(2)作品的可复制性：作品能够被有形复制；(3)作品的合法性：作品未被法律排除在保护范围之外。②

① 尹志强：《建筑作品的范围及复制侵权的认定》，载《知识产权》2009年第1期。

② 赵志威：《建筑作品著作权保护问题研究》，辽宁大学2012年硕士学位论文，第11页。

（一）建筑作品的独创性

1. 作品独创性的含义

把独创性作为构成版权作品的必备条件和本质属性，几乎无一例外地成为世界各国著作权立法的通例。① 世界主要国家的著作权法对于作品独创性的阐述大致分为以德国为代表的大陆法系观点和以美国为代表的普通法系观点。以德国为代表的大陆法系观点认为，作品必须达到一定的"创作高度"，即创作必须是作者运用创造力从事的智力创造活动，而单凭技巧的劳动，一般的智力劳动，单纯的手工、机械性的技术串联、材料组成以及按一定模型而成者，则在著作权保护之外。② 作品独创性即要求作品具有区别于"公共成分"的体现作者个性精神的"个性特征"，而"公共成分"不属于著作权的保护范围，任何人都可以对之加以自由利用。随着电脑程序、商品说明书一类作品进入著作权保护范围的形势发展，对于不同类型作品的创作高度又采取了不同要求，对于一般的文学、艺术、科学作品仍然要求具有较平均创造水准高的创作高度（所谓"特别个性"要求），而对于电脑程序、商品说明书、数据库一类创作自由度相对狭小的作品，仅要求"单纯个性"。③ 而以美国为代表的普通法系关于"独创性"的观点，正在经历一个从遵循只单纯要求"独立完成"的"额头流汗"理论到逐步倾向于要求"独立创作"加"少量创作性"的转变过程。④ 虽然这一过程尚未完成，但可以看出，两大法系对于作品独创性的观点正日趋融合。

我国《著作权法》及其实施条例、相关司法解释中对于作品独创性的解释并不明确，有研究者认为，根据建筑作品的特点，作品的独创性应该符合"独立创作"加"少量创作性"的要求。一方面，对于那些为实际建造而设计的大多数建筑作品（区别于大学建筑系学生为满足虚拟的要求而完成的设计作业一类的作品）而言，设计师具有的创作自由度相对于一般的文学艺术作品作者较低。与一般的文学艺术作品不同，建筑作品所表现的建筑物或构筑物首先要满足人类建造它们时的实用性要求，其次，某一类建筑物又应满足该类建筑物普遍具有的、基本的技术要求，即所谓技术可行性要求。违背建筑的实用性和技术可行性基本要求的作品不应称为"建筑作品"。比如，现代住宅建筑首先应满足现代人类对于居住的基本需求，而现代人类对于住宅的基本需求至少包括对于居住空间的通行、采光、通风的要求，因此，一幢没有门窗的"住宅"，无论其"建筑"外形多么具有独创性，或许可能称其为其他作品，但根本不能称其为建筑作品。建筑的实用性和技术可行性要求使建筑作品的作者在很大程度上必须依靠建筑领域应遵循的一般的功能要求和技术原则，建筑师的创作自由度必然低于美术家和其他允许借助虚构、夸张方式表达思想的纯粹的艺术家。如果再考虑到建筑作品的创作往往还必须遵循政府建筑规划管理部门的要求，建筑师的创作自由度实际上又会进一步降低。因此，对于受版权保护的建筑作品的"独创性"要求的高度应该低于一般文学、艺术作品。⑤

另一方面，对于一些建筑功能要求和技术要求都比较单一的建筑（如单层单跨轻工业厂房、形体方正的内走廊式教学楼），尽管不同的设计者均独立进行设计，但如果他们无意于在其设计

---

① 李伟文：《论著作权客体之独创性》，载《法学评论》（双月刊）2000 年第 1 期。

② 蔡明诚：《论著作权之原创性与创作性要件》，载《台大法学论丛》第 26 卷第 1 期。转引自李伟文：《论著作权客体之独创性》，载《法学评论》（双月刊）2000 年第 1 期。

③ 李伟文：《论著作权客体之独创性》，载《法学评论》（双月刊）2000 年第 1 期。

④ 蔡明诚：《论著作权之原创性与创作性要件》，载《台大法学论丛》第 26 卷第 1 期。转引自李伟文：《论著作权客体之独创性》，载《法学评论》（双月刊）2000 年第 1 期。

⑤ 曹文衔：《建筑作品著作人身权和财产权若干问题研究》，2002 年华东政法学院硕士学位论文，第 28 页。

成果中体现“个性特征”，他们的设计成果可能会非常相似。这是因为，在此情形下，不同设计者的设计成果中包含的几乎都是“公共成分”，而体现作者个性精神的“个性特征”几近于无。这些设计成果虽然是设计者独立完成的，但因为缺乏“少量创作性”而不能认为具有版权作品的独创性，就不应给予著作权保护。[①]

2. 作品“完成”的判定标准

只有“完成”的作品，才可能是受保护的版权作品。然而，对于作品的“完成”如何界定，至今鲜见论述。

有学者认为，创作完成分为全部完成和部分完成。部分完成，是指作者的某一思想或构思已经以某一形式完整地表达出来；全部完成，是指作者的思想已经在作品中全部完整地表达出来。[②] 诚然，对于一般作品而言，作品是否已经全部或部分完成，通常取决于作者本人的判断，因为作品是作者思想的表达，作者的思想表达到怎样的程度才算完整，作者本人最有发言权。但是，如果作品的完成与否仅凭作者说了算，一些空泛、零散的创作轮廓，尚未完成的创作构想就有可能被置于版权保护之下，从而不合理地扩大侵权的认定范围。[③] 还有研究者认为，[④]对于包含科学技术性的建筑作品而言，作者的某一思想或某一构思是否已经完整地表达出来，其判断的依据不应仅依赖于建筑作品作者本人的判断，也不应依赖于一般非特定的自然人的判断，甚或建筑专业领域的专家，而应主要依赖于作者本人的判断，同时参考建筑专业领域具有一般专业知识的人员的判断（类似《专利法》中关于专利说明书对于专利的技术特征的描述应达到的程度）。这是因为，建筑作品具有较强的科学性和专业技术性，一般非特定的自然人因为不具备建筑领域基本的专业知识，自然无法判断某一建筑思想或构思是否已经完整地表达出来。而建筑专家又由于具备“过于高深”的专业知识，对于某一建筑思想或构思表达中细微的缺陷和遗漏都可能敏锐地觉察到，他们对于建筑思想或构思表达完整性的要求往往过于严苛。所谓建筑领域的普通专业人员是一种假想的人，他具有建筑设计领域一般设计专业人员或建筑施工领域中一般施工技术人员所应具有的一般专业知识和能力，他的知识水平随着时间的不同而不同，以适应建筑领域科技水平的不断发展。设定这一概念并将其用于帮助判定一件建筑作品是否“完成”，能够在尊重作者思想表达自由的同时，也尊重建筑作品所包含的普遍的科技规律，确定建筑作品“完成”的相对客观的标准，尽量避免司法审判中法官对这一问题的判断采用自由心证或专家鉴定。

3. 创作程度是判断作品“独创性”的关键

著作权法中的作品“独创性”不同于专利法中专利的“新颖性”。后者具有前所未有性和强烈的排他性，而前者不具备这一特质。[⑤] 独创不是绝对的。作品的创造性，绝不意味着作品的所有成分都应当与众不同。只要作品是独立创作所形成的，即使其与在先创作出的某一作品非常相似或几乎相同，也不能轻易地否定其独创性。甚至可以说，绝大部分作品都借鉴了已有的其他作品或素材。

创作程度是判断作品“独创性”的关键。但创作程度如何确定，著作权界又提出多种方法。

---

① 曹文衔：《建筑作品著作人身权和财产权若干问题研究》，2002 年华东政法学院硕士学位论文，第 29 页。

② 吴汉东、曹新明、王毅等：《西方诸国著作权制度研究》，中国政法大学出版社 1998 年版，第 100 页。

③ 郑成思：《知识产权与国际贸易》，人民出版社 1995 年版，第 182 页。

④ 曹文衔：《建筑作品著作人身权和财产权若干问题研究》，2002 年华东政法学院硕士学位论文，第 29 页。

⑤ 萧雄林：《著作权法研究（一）》。转引自李伟文：《论著作权客体之独创性》，载《法学评论》（双月刊）2000 年第 1 期。

可以借鉴1992年美国第二巡回上诉法院在阿尔泰一案中所确立的“侵权认定法”,[①]并加以补充,以较为合理地确定一件作品的创作程度。具体步骤是:第一步,将需要检验创作程度的作品(以下简称检验作品)与享有版权的对比作品(可能不止一件)中共同存在的、不受保护的“思想”以及属于公有领域的内容过滤出去。第二步,将检验作品和对比作品中注明出处的引用部分删除出去。第三步,就检验作品和对比作品各自的剩余部分进行对比,考察两者之间是否存在实质上的相似性。如果确实具有实质相似性,再通过考察检验作品和对比作品的创作时间、检验作品作者在创作过程中是否“接触”过对比作品,以判断两者之间的相似是否属于创作上的巧合。第四步,将两者之间实质相似的部分再从检验作品中删除出去,考察检验作品中是否仍剩余构成其作者自身思想实质的部分。如果上述第三步中的实质相似属于巧合,则检验作品的创作程度反映在第二步结束后的作品剩余部分中;如果上述第三步中的实质相似不属于巧合,则检验作品的创作程度反映在第四步结束后的作品剩余部分中。

综上所述,衡量作品创作程度的高低,不仅要考察作品中体现出的创作的“量”,而且要考察创作的“质”,甚至“质”比“量”更关键。

4. 唯一的或有限的数种表达形式不具备“独创性”

著作权法保护的是创作者的思想表达的个性。如果某一种思想的表达只有唯一的形式,创作者的思想和人格个性便无法通过作品展现出来,所以,唯一的表达形式不具备“独创性”。类似地,如果某一种思想的表达只存在有限的数种表达形式,它们也不具备“独创性”,除非对于有限的数种表达形式的选择需要作者付出创造性劳动。比如,在建筑设计图纸作品中,工程制图标准中规定的某些构件的图示方法不止一种,设计师任选其中之一标示在图纸上,这样的表达即不具有独创性。再比如,对于在结构专业扩初图纸的基础上完成的结构专业施工图纸,后者实际上是前者的另一种具体的表达形式,一般不需要结构施工图的作者付出创造性劳动。

(二)建筑作品的可复制性

因为建筑作品根本不存在以非物质形式固定的作品。因此,建筑作品仍然应该满足可复制性的形式要件,方可获得著作权保护。

(三)建筑作品的合法性

作品合法性,是指作品未被法律排除在保护之外。这一看似简单明了的问题在司法实践中却往往产生歧义。首先,一般笼统的理解认为非法的作品当然不受著作权法的保护。但是,何为非法作品?就我国的立法体系而言,违背哪一位阶的法律构成“非法”?其次,非法作品是否完全等同于被法律排除在保护之外的作品?亦即,是否非法作品均不受著作权法保护?对于作品的适法性应该作狭义的理解,即:(1)这里所称的“适法”是指符合一个国家或者地区的著作权法;(2)除著作权法中明文规定不予保护的作品之外,其余作品均应视为“适法作品”。

《著作权法》明文规定不适用于《著作权法》的包括:法律、法规,国家机关的决议、决定、命令和其他具有立法、行政、司法性质的文件,及其官方正式译文;单纯事实消息;历法、通用数表、通用表格和公式。

就建筑作品而言,有时存在作品本身违反著作权法以外其他法律、行政法规的强制性规定的情形。最普遍的情形是,建筑设计图纸或实体建筑物因违反建筑法、城市规划法以及其他与建筑作品的技术性质密切关联的法律、行政法规(如防洪法、抗震法、消防法、卫生防疫法等)的强制

① 李伟文:《论著作权客体之独创性》,载《法学评论》(双月刊)2000年第1期。

性规定,构成违法作品,但是这些违法作品一般均不属于我国《著作权法》中明文规定的不受保护的作品。因此,它们仍应受到著作权法的保护。

四、建筑作品著作权的权能与限制

(一)建筑作品著作权的内容

1. 人身权利

(1)发表权。从建筑作品的特点来看,由于建筑作品尤其是建筑物的实用性特点,往往要向公众展示,而设计师在其作品发表或公示的方式和表现形式的选择上一般有各自的要求,建筑物的揭幕或者以建筑模型或建筑设计图的方式展示对于建筑设计者来说有不同的影响。与其他作品相比,建筑作品的发表权更集中体现在著作权人对于其作品发表方式和表现形式等的权利要求上。① 至于决定作品是否发表一般则无法行使,在建筑设计图和建筑模型阶段可以决定作品是否发表,但一栋落成的建筑物很难做到不为公众所见和感知。

(2)署名权。署名权在建筑作品上的行使则面临一些问题,在建筑物显眼之处刻上作者的姓名或名称很可能会破坏整个建筑物的美观。为此,联合国教科文组织及世界知识产权组织在一份文件中建议:各国在保护建筑作品作者的精神权利时,应强调"署名权应善意行使",也就是要对这项权利的行使加以一定的限制。因此,建筑物作品署名权要求作者以正常的方式,在不影响建筑物外观的前提下正当地行使。署名权有两方面的含义:一方面,作者有权在自己的作品上署名,表明自己的身份;另一方面,作者也有权禁止非作者在自己的作品上署名以及禁止在并非自己的作品上署该作者的名字。也就是署名权"行"和"禁"的两个方面。在建筑作品方面,某些作者可能就是作品质量、品位和档次的象征,名设计师的作品较一般建筑作品要受欢迎得多,甚至成了一种品牌效应,他人不正当的对作者及其作品在署名权方面的利用更值得关注。② 署名权在"禁"的方面要比在"行"的方面更容易出现问题,也应当是署名权保护的重点之所在。

(3)修改权与保护作品完整权。建筑作品,无论是建筑设计图还是建筑物,往往面临修改的问题,施工过程中,对建筑设计图的修改是经常出现的情况。由于建筑物的实用性特点,结构、排水、通风、电气等多个专业共同施加于建筑物之上,协调上述设施有时就需要对某些图纸进行必要的修改以确保建筑物的正常使用功能。这种修改一般都不是这些设计图的作者进行的,但是有时却是必须的,所以可以视为作者授权他人的修改,而且这种授权通常也是为各方所接受和认可的。建筑物由于使用或其他原因受损,必须进行的修缮或重建也常常会对作品进行修改,这种修改也是无法避免的。但是,对建筑作品的修改也不能是不受限制的,必须加诸必要的约束,以防止对作者保护作品完整权的侵害。所以,对建筑作品的修改必须在一定的前提下进行。首先,对建筑作品的修改要经过作者的同意或授权,包括默示的授权,或者是寻求作者的同意但是遭到非善意的拒绝。其次,对建筑作品的修改必须是基于合法的目的而为的善意的修改,如建筑物可能会与城市规划或建设法规的要求不符,此时所作的必要的修改;再如由于技术问题或安全要求而对建筑作品进行的必要修改,这也是由建筑作品的实用性特点决定的。有时基于使用上的目的也要对建筑作品进行一定的修改,此时作者的拒绝理由似乎要充分一些,但是,此种善意的修改如果是不得已的,并在最大限度上尊重了作者的设计,作者也应该予以容忍。有些国家规定,

① 李若颖:《建筑作品著作权保护探析》,河北经贸大学2009年硕士学位论文,第23~24页。

② 李若颖:《建筑作品著作权保护探析》,河北经贸大学2009年硕士学位论文,第26页。

如果进行了与作者建筑风格不同的、对其声誉有影响的修改，则不得再把该建筑师的姓名标志在建筑物上。这也是对作品修改权的一种限制，在另一个层面上保障了作者的保护作品完整权。

2. 财产权利

（1）发行权。建筑作品中涉及发行权的主要是建筑设计图，著作权人常常将建筑设计图中技术性不强的部分制作成房屋销售手册的一部分赠与公众，使公众可以了解建筑物的基本情况，一般都会包括建筑的结构安排、尺寸和外观效果图等。著作权对建筑作品的发表权予以保护。

（2）复制权。建筑作品的复制问题主要有下列几种情况：①从平面到平面的复制。主要是建筑设计图的复制问题，包括了印刷、复印和录像等情况，也包括电子形式的复制等情形。该种复制中涉及的问题与其他作品的复制没有差别。②从平面到立体的复制。是指根据建筑设计图制作建筑模型或建造建筑物的情形，这种复制并不在《著作权法》明确列出的几种复制行为之中，但是《著作权法》中还有“等方式”的回旋余地，而《伯尔尼公约》中并没有对复制进行具体的界定，我国《著作权法》中的这种列举并不应是穷尽式的。建筑作品的这种不增加再创作的作品再现活动也是复制行为的一种。③从立体到平面的复制。包括两种情形：一是根据建筑物制作建筑设计图，而且其后往往伴随着从建筑设计图到建筑物的复制；二是对建筑物的摄影，由于建筑物多是置于公共场所，这种情形涉及合理使用的问题，一般不构成对复制权的侵犯。④从立体到立体的复制。这种情形下的复制较为困难，也较难认定，但是在实际生活中可能也是最容易出现问题的。有时，复制可能是仅就建筑物的某些部分或特色进行的，而这些特色可能是建筑物艺术表现的精华所在，此种情形的法律规制应当是建筑物复制权保护的重点。① 当然，建筑物的建造并不是设计师亲手完成的，建筑师要先绘制出建筑设计图，再由施工者完成，所以，这种从立体到立体的复制中经常要涉及从立体到平面的复制，进而，这种复制不仅会侵犯原建筑物的著作权，还会侵犯原建筑设计图的著作权。

（3）改编权。对建筑作品改编的常见情况是按一定比例仿造建筑作品，包括微缩景观和各类雕塑等。这些作品保持了原作品的基本内容，使人一看便知其原型，同时这些作品又不是原建筑作品的简单再现，微缩景观融于环境当中，雕塑作品经过了艺术加工，都较原作品有了创造性的改变。还有一种情况是对建筑作品形象的改变，将建筑作品图案用各种美术表现方法用在商品包装、商品图案等上。上述改编行为如果未经著作权人同意，将构成对建筑作品改编权的侵犯。

（二）建筑作品著作权的限制

前述建筑作品的精神权利中已经涉及了关于权利行使的限制问题，如署名权的善意行使、修改权的限制等。

1. 建筑作品的保护作品完整权与修改权

关于建筑作品的保护作品完整权与修改权，在城市规划的大环境下能够得到保证，是建筑作品著作权得到保护的直接体现，而著作权的保护与城市规划的以公共利益为导向之间往往存在冲突。对建筑作品的修改显然不能因为城市规划，而将这具有审美意义的部分舍弃，必须是善意进行作品修改。

（1）建筑作品不得违反城市规划的强制性规定原则。如果是已经合法建成的建筑物，不符合现行的城市规划、建设行政法令的要求，需要进行改建甚至拆除，原建筑作品的作者同样必须

---

① 李若颖：《建筑作品著作权保护探析》，河北经贸大学2009年硕士学位论文，第25页。

容忍他人按照法令要求对其作品所作的修改,强制性城市规划法规不得违反。

(2)善意行使作品修改权与保护作品完整权原则。尽管基于维护社会公共利益的目的要对建筑作品进行一定的修改,但是这种修改必须是善意的,而不应成为政府的强制权力行为。只有作品的修改是善意的,建筑作品的著作权人才应该尽容忍的义务,不任意以维护自己的作品完整权和修改权为由,指控他人侵犯自己的著作权。

(3)城乡规划的信赖利益保护原则。行政信赖利益,是指当公民、法人或者其他组织对行政机关及其管理活动已经产生信赖利益,并且这种信赖利益因其具有正当性而应当受到保护时,行政机关不得随意变动这种行为,如果变动必须补偿相对方的信赖损失。以信赖利益保护为基础,政府城乡规划行为的撤销与变更应该设定严格的条件,并详细告知建筑物的设计者。《城乡规划法》规定,在选址意见书、建设用地规划许可证、建设工程规划许可证或者乡村建设规划许可证发放后,因依法修改城乡规划给被许可人合法权益造成损失的,应当依法给予补偿。经依法审定的修建性详细规划、建设工程设计方案的总平面图不得随意修改;确需修改的,城乡规划主管部门应当采取听证会等形式,听取利害关系人的意见;因修改给利害关系人合法权益造成损失的,应当依法给予补偿。

(4)听证原则。公众参与听证是城乡规划中不可缺少的步骤,在城乡规划与建筑作品的著作权的冲突衡量之间,也应该由公众进行评断,是否进行建筑作品的修改需要引入听证机制。城市规划影响着附近居民的生活品质、房屋价格、市容环境等问题,与居民日常生活息息相关,因此,听证前要广泛宣传,争取最大范围地听取公众意见。①《城乡规划法》规定,监督检查情况和处理结果应当依法公开,供公众查阅和监督。

2. 合理使用

合理使用,是指在某些情况下使用作品,可以不经著作权人许可,不向其支付报酬,但应当指明作者姓名、作品名称,并且不得侵犯著作权人依法享有的其他权利。《著作权法》第24条列举了几种情况,其中第10项明确的情形是对设置或者陈列在室外公共场所的艺术作品进行临摹、绘画、摄影、录像,这里提到了艺术作品。同时在《著作权法》第3条中对作品的界定包括了建筑作品,建筑作品本属于工程技术作品,但是由于建筑作品本身还具有艺术性,因而它也在艺术作品的范畴,这点在《著作权法》中也有体现,《著作权法》在作品类别划分上将建筑作品和美术作品放在一类也是有此考虑的。建筑作品一般都是置于公共场所的,所以他人对其进行绘画、摄影、录像均属于合理使用的范围,一般不须经著作权人许可。其他一些情况还包括个人学习、欣赏以及适当引用等。

五、建筑作品的版权归属

《著作权法》规定,著作权属于作者,《著作权法》另有规定的除外。创作作品的自然人是作者。由法人或者非法人组织主持,代表法人或者非法人组织意志创作,并由法人或者非法人组织承担责任的作品,法人或者非法人组织视为作者。在作品上署名的自然人、法人或者非法人组织为作者,且该作品上存在相应权利,但有相反证明的除外。作者等著作权人可以向国家著作权主管部门认定的登记机构办理作品登记。与著作权有关的权利参照适用上述规定。

要确定建筑作品的版权归属,关键是要确定建筑作品的作者。有人认为,建筑作品的作者是

---

① 孙秀丽:《浅析建筑作品的著作权保护与城市规划》,载《消费导刊》2007年第7期。

所有的参加者，即建筑设计师、其他专业设计人员、工程技术人员、建设单位（业主）。也有人认为："建筑作品与影视作品相比，无论在物权关系还是创作人员的组合上都有惊人的相似。在物权关系上，建筑作品的所有者是业主，影视作品的所有者是制片人。业主和制片人与其他创作人员的关系实际上是委托与被委托或雇用与被雇佣的关系。在创作过程中，业主和制片人都位居于'总体策划'的地位，其下分别形成了以建筑师和导演为中心的创作集体。"诚然，以建筑物或构筑物的形式表现的建筑作品是由建筑师设计、施工单位建筑、建设单位（业主）投资的，建设单位（业主）取得建筑作品的所有权（物权）是无可置疑的。但是建筑设计师、其他专业设计人员、施工单位的工程技术人员和建设单位（或业主）谁是建筑作品的作者？谁有权取得该建筑作品的著作权呢？

对于其他专业设计人员，如果他的设计在概念上与建筑物是分离的，并且不是建筑物的功能性及建筑元素的不可分割的组成部分，那么他可对自己的设计享有著作权保护，例如，建筑师设计一栋大楼，请园艺师设计了大楼顶部的花园阁楼，如果此花园阁楼具有原创性，园艺师可对此花园阁楼申请著作权保护；但是如果花园阁楼是建筑物功能性及建筑元素的不可分割的组成部分，就不能单独享有著作权的保护。对于施工单位及其工程技术人员，他只是运用其建筑技术把建筑设计以建筑物或构筑物形式体现，对建筑作品没有原创性，不能对建筑作品享有著作权。在建设施工过程中对技术难题突破的贡献，或者采用了新的施工技术、新材料、新工艺，可通过《专利法》来保护，而在施工中形成的具有独创性的施工技术作品如施工技术软件，也可通过《著作权法》来保护。

建设单位（业主）对建筑作品也不享有著作权，虽然没有他的投资，就不可能以建筑物或构筑物的形式表达建筑师有创意的建筑设计，但《著作权法》保护的是智力成果而不是投资。因此，在没有特别约定的情况下，建筑设计师才是建筑作品的作者。例如，美国版权法一般都不认为建筑物是雇佣作品，而是直接认定建筑师或他的事务所为建筑作品的作者。此外，美国建筑师协会所制定的标准建筑合同文本中明确指出了建筑师为建筑作品的版权所有者，而房地产开发商得到的是一个非专属性的许可使用权。

由于工程设计一般分阶段进行，即方案设计、初步设计、施工图设计，在方案设计、初步设计、施工图设计为不同设计师设计的情况下，如何认定建筑作品的作者？笔者认为，建筑方案设计、初步设计和施工图设计的主要区别在于设计深度不同，而方案设计是初步设计的基础，方案设计、初步设计都是施工图设计的基础，三阶段的设计构成具有密切联系的建设设计之整体，基于此，建筑作品的作者应当包括方案设计、初步设计及施工图设计的设计师。

在建筑作品著作权人的认定过程中，还涉及著作权人是单位还是个人的问题。依照我国建筑师执业制度，建筑师的创作活动是以设计单位为依托的。在设计过程中，单位的组织协调和创作意志是各不相同的。我国的设计单位应分别对待，一部分设计单位只负责工程的承接和图纸的规范审查，就很难说具有组织协调和创作意志；另一部分设计单位对设计进行集体创作，这一创作模式甚至已成为其创作风格（这种现象在某些国外的知名事务所比较常见），这种情况下，单位应被视为作者（著作权人）。

第三节　建筑物商标权

一、商标权概述

商标，是指企业、事业单位、个体工商业者、个人合伙为使自己生产、制造、加工、拣选或销售的商品与其他商品有区别，而在商品或其包装上，以文字、图形、记号等制作的标志。商标权，就是注册商标专用权，指商标注册人在指定商标上独占的排他的使用权。要取得注册商标专用权，商标专用人须依照《商标法》《商标法实施条例》的有关规定，向商标局申请注册。经过商标局的审查、核准后，商标申请人即获得所申请注册商标的专用权。我国《商标法》规定，注册商标的有效期为 10 年，自核准注册之日起计算；有效期满可以续展，每次续展注册的有效期为 10 年；注册商标专用权可以转让；商标注册人可以通过签订商标使用许可合同，许可他人使用其商标；商标专用权受到侵犯时，商标注册人可以请求工商行政管理机关给予处理，也可直接向人民法院提起诉讼，请求停止侵害，消除影响，赔偿损失。注册商标权人对注册商标主要享有以下权利：

（一）专有使用权

专有使用权是商标权最重要的内容，也是商标权中最基本的核心权利。其法律特征为，商标权人可在核定的商品上独占性地使用核准的商标，并通过使用获得其他合法权益。

专有使用权具有相对性，只能在法律规定的范围内使用。我国《商标法》第 56 条规定："注册商标的专用权，以核准注册的商标和核定使用的商品为限。"即注册商标只能在注册时所核定的商品或者服务项目上使用，而不及于类似的商品或者服务项目；商标权人也不得擅自改变构成注册商标的标志，也不能使用与注册商标近似的商标。

（二）禁止权

禁止权，是指注册商标所有人有权禁止他人未经其许可，在同一种或者类似商品或服务项目上使用与其注册商标相同或近似的商标。商标权具有与财产所有权相同的属性，即不受他人干涉的排他性，具体表现为禁止他人非法使用、印制注册商标及其他侵权行为。专有使用权和禁止权是商标权的两个方面。

使用权和禁止权的区别在于两者之间有不同的效力范围。使用权涉及的是注册人使用注册商标的问题，禁止权涉及的是对抗他人未经其许可擅自使用注册商标的问题。根据我国《商标法》的规定，注册人行使使用权时受到两方面限制：第一，只限于商标主管机关核定使用的商品，而不能用于其他类似的商品；第二，只限于商标主管机关核准注册的文字、图形，而不能超出核准范围使用近似的文字、图形。但是，禁止权的效力范围则不同，注册人对他人未经许可在同一种商品或类似商品上使用与其注册商标相同或近似的商标，均享有禁止权。这就是说，禁止权的效力涉及以下 4 种情形：第一，在同一种商品上使用相同的商标；第二，在同一种商品上使用近似商标；第三，在类似商品上使用相同商标；第四，在类似商品上使用近似商标。

（三）许可权

许可权，是指注册商标所有人通过签订许可使用合同，许可他人使用其注册商标的权利。许可使用是商标权人行使其权利的一种方式。许可人是注册商标所有人，被许可人根据合同约定支付商标使用费后，在合同约定的范围和时间内有权使用该注册商标。

(四)转让权

转让,是指注册商标所有人按照一定的条件,依法将其商标权转让给他人所有的行为。转让商标权是商标所有人行使其权利的一种方式,商标权转让后,受让人取得注册商标所有权,原来的商标权人丧失商标专用权,即商标权从一主体转移到另一主体。转让注册商标,应由双方当事人签订合同,并应共同向商标局提出申请,经商标局核准公告后方为有效。

在商标有效期内,商标注册人死亡的,其继承人应及时申报商标局,更改商标注册登记,变更注册人名称,成为新的注册人,即继承了商标权。同样享有转让商标专用权,通过商标许可合同许可他人使用并收取使用费的权利。在注册商标专用权受到侵犯时,同样可以请求侵权人停止侵害,赔偿损失。继承人在商标的有效期内继承商标专用权,若注册期满,继承人可以申请续展从而继续享有专用权。若继承人未申请续展的,则丧失注册商标专用权。

根据注册商标权利人的权利内容,下列行为均属侵犯注册商标专用权:(1)未经商标注册人的许可,在同一种商品上使用与其注册商标相同的商标的;(2)未经商标注册人的许可,在同一种商品上使用与其注册商标近似的商标,或者在类似商品上使用与其注册商标相同或者近似的商标,容易导致混淆的;(3)销售侵犯注册商标专用权的商品的;(4)伪造、擅自制造他人注册商标标识或者销售伪造、擅自制造的注册商标标识的;(5)未经商标注册人同意,更换其注册商标并将该更换商标的商品又投入市场的;(6)故意为侵犯他人商标专用权行为提供便利条件,帮助他人实施侵犯商标专用权行为的;(7)给他人的注册商标专用权造成其他损害的。

二、建筑物商标权

从时间上看,世界上最早在商标法中明确规定保护立体商标的是法国(1857 年),但是直到 1991 年 1 月 4 日法国商标法才对立体商标和颜色商标进行了补充规定,并编入《法国知识产权法典》第 L711 – 1 条,其中规定:"商标是指用以区别自然人或法人的商品或服务并可以用书写表示的标记。尤其可以构成这样的标记,包括:……图形标记,例如外形,尤其是商品或包装的外形,或者标示服务特征的外形……颜色的排列、组合及色差"。标示服务特征的外形可以作为商标保护,从而填补了法律上的一个空白。尽管司法判例早就承认对服务商标的保护,但有一个问题悬而未决,那就是建筑物的外形是否可以作为在该建筑物内所提供服务的商标。法国最高法院认为,只要建筑物的外形相对于所提供的服务足够明确且没有关联,那么将该建筑物特殊的外形作为商标注册,在法律上是完全可能的。

在美国,商品的包装和外观设计可以作为商标,餐馆和其他零售店的装饰可以作为商标外观而受保护。从现有资料可以看到,美国可能是最早对建筑立体商标提供法律保护,而且也是建筑注册为立体商标最多的国家。早在 1937 年,联邦第六巡回法院在白塔连锁公司诉白色城堡饮食连锁公司(White Tower System, Inc. v. White Castle System of Eating Houses Corp.)一案中就指出,被告在相同地理区域,用一个白色城堡模型,是为了搭原告的"便车",利用他人商标上的商誉获得利益,是侵犯商标权的行为。在 1968 年的美国杰夫公司(Grifs of America, Inc.)一案中,法院认为一个三维建筑的外形如果能作为一个标志,就能够注册为商标。

美国和其他一些国家将很多独一无二的建筑(这些建筑往往被认为是当地的地标性建筑)作为商标注册或申请,在美国有花旗集团中心(Citicrop Center)、克莱斯勒大厦(Chrysler Building)、洋基体育场(Yankee Stadium)、洛克菲勒广场(Rockefeller Plaza)、帝国大厦(Empire State Building)、海峡花园(Channel Gardens)、古根海姆博物馆(Guggenheim Museum)、大都会歌剧院（Metropolitan Opera House）等，在英国有马尔伯勒公爵的布莱尼姆官（Blenheim Palace）、德文郡公爵的查茨沃斯庄园（Chatsworth House），在委内瑞拉有加拉卡斯（LaPrevisora）保险公司的建筑和钟楼等，均作为三维立体商标登记注册。

我国《商标法》第8条规定："任何能够将自然人、法人或者其他组织的商品与他人的商品区别开的标志，包括文字、图形、字母、数字、三维标志、颜色组合和声音等，以及上述要素的组合，均可以作为商标申请注册。"其中"三维标志"，也就是通常所指的立体商标，列入可申请注册商标的行列，我国《商标法》并没有排除建筑物立体商标，只要一个建筑物的外形能够标示相关的服务，具有显著性，就可以注册为商标。如北京奥运会的标志性建筑之一——国家游泳中心别致的"水立方"形象令人印象深刻，它也因此具有了极大的市场价值，"水立方"的业主、颇具市场眼光的北京市国有资产经营公司已收到国家商标局颁发的"水立方"系列商标注册证书，成功取得了该商标的专用权，[①]除"水立方"外，北京奥运场馆的另一标志性建筑——外形酷似"鸟巢"的国家体育场也已由国家体育场有限责任公司向国家商标局申请注册商标，并且获得许可。

三、建筑物商标的商标权人

注册商标所有人即商标权人。建筑立体商标的所有人与建筑物的所有人是两个不同的概念，在有些情况下，一个建筑的所有人和该建筑立体商标的所有人是相同的，如克莱斯勒大厦的所有人和该建筑立体商标的所有者都是克莱斯勒汽车公司。但是，在有些情况下，建筑立体商标的所有人与建筑物的所有人是分离的。建筑物往往是城市环境的组成部分之一，建筑物的所有人不能阻止对其建筑物的无形资产的利用。例如在美国雷诺烟草公司被诉一案（Cecere V. R. J. Reynolds Tobacco Co.）中，法院认为建筑物的所有人和居民不能阻止一家烟草公司利用其建筑提高某一烟草的品牌。

根据我国《商标法》的有关规定，我国确定商标权的原则是注册原则，申请在先原则为主、使用在先为补充原则，即谁先申请商标注册获批，则该申请人即为商标权人；在无法确定谁是先申请人时，采用使用在先原则。但是，我国《商标法》对于谁可以作为建筑物商标的注册申请人并没有作出明确规定，一般情况下，我国建筑物商标的注册申请人为建筑物的所有人，建筑物所有人的商标申请经商标局注册为建筑物商标后，作为商标申请人的建筑物所有人就是商标权人。

四、楼盘名称商标权保护中的问题与对策

（一）楼盘名称商标权

在房地产市场，房地产商在售楼前都会为自己的楼盘起一个响亮的名字，一个楼盘的名称或者商标往往是开发商投入上百万元或上千万元得到的创意，花了上亿元甚至数亿元精心打造的品牌，代表着开发商的实力、信誉、质量、服务等多重内涵。但是，全国各个城市中不少楼盘案名与其他城市的某些楼盘相同或近似，与此相关案例层出不穷。2003年，深圳美地公司向上海市第一中级人民法院提起诉讼，状告上海龙仓公司、上海外滩公司侵犯其"香榭里CHAMPSELYSEES"注册商标专用权——本案被媒体称为"中国房地产商标侵权第一案"。2004年9月，上海市第一中级人民法院判决原告深圳美地公司败诉。2004年8月，万科集团向浙江省杭州市中级人民法院提起诉讼，状告浙江绿都公司侵犯其"四季花城"注册商标专用权——本案因原告在国内业界的

---

① 王刘芳：《"水立方"注册成商标（组图）》，载搜狐新闻，http://news.sohu.com/20070828/n251813274.shtml。

地位和声名而备受媒体和业内关注。2005 年 1 月,浙江省杭州市中级人民法院判决万科集团败诉。2004 年 8 月起,“东海花园”商标权人深圳东海公司在全国范围内陆续对广州、佛山、威海、宁波和杭州 5 座城市“东海花园”的开发商提起诉讼,创下国内房地产商标维权被告数量之最,再次引起媒体和业内的高度关注。深圳东海公司的诉讼请求仅在威海获得法院支持,在佛山、宁波均被法院驳回。2003 年 11 月,重庆协信集团将重庆南岸天骄公司告上法庭,指称重庆南岸天骄公司在某旧城改造项目中以“天骄花园”名义从事楼盘开发、销售侵犯了其“天骄(及图)”注册商标专用权——本案被某媒体称为“重庆地产商标第一案”。2004 年 5 月,一审法院未支持原告的诉讼请求;原告随后提起上诉。二审判决驳回上诉,维持原判。

(二)楼盘名称商标权保护中的问题

1.《商标法》立法不健全

我国《商标法》第 3 条规定,经商标局核准注册的商标为注册商标,包括商品商标、服务商标和集体商标、证明商标;商标注册人享有商标专用权,受法律保护。根据《商标注册用商品和服务国际分类尼斯协定》对商品商标和服务商标的分类,商品和服务共分为 42 大类,其中,商品占 34 类,服务占 8 类。但在 34 类商品中并不包括商品房等不动产,也就是说,商品房等不动产不能注册为商品商标。通观 42 类商品及服务,与不动产相近的类别为第 36 类中的“不动产事务”和第 37 类中的“房屋建筑”,但这两类对应商标均为服务商标。

原国家工商行政管理总局商标局《关于“商品房”如何确定类别问题的复函》[商标函(2003)32 号]进一步指出:在“商品房”建筑、销售等环节中,建造永久性建筑的服务属于第 37 类,以“商品房建造”申报;销售“商品房”的服务属于第 36 类,以“商品房销售服务”申报。因而上述房地产类企业开发的楼盘商标也只能申报为服务商标。即房地产行业仅能申请服务商标,对销售行为或建造行为申请商标,而对行为载体及行为成果,并不能申请商标,商品房本身并不能作为商品而申请注册商标,不受商标法保护。① 换言之,房地产企业为开发项目注册的商标实际上限于建造、销售、出租、管理等不动产服务活动,不能保护开发项目本身,即无关楼盘或小区的名称。

2. 地名使用权与注册商标权发生冲突

按照我国《地名管理条例》《地名管理条例实施细则》及有关地方的地名管理规定,除行政区划名称、重要的自然地理实体名称和居民名称,对国际公有的新的自然实体报国务院审批外,一般地名的命名、更名由各地方县(区)级以上的地方政府审批,特殊的各专业部门使用的具有地名意义的台、站、港、场等名称,在征得当地人民政府同意后,由专业主管部门审批。住宅小区、建筑物的名称均系地名,需报区县民政局批准。即地名作为楼盘名称,应遵守《地名管理条例》的规定,在全国范围内不允许县级及县级以上的名称重复,一个县、市内不允许乡、镇名称重复,一个城镇内的街道名称,一个乡内的村庄名称,不能重名。

地名管理的地域性决定了不同行政区域之间完全可能存在相同的地名。两个不同行政区域内使用相同名称的开发项目,若都没有注册商标,在现行法律框架下不存在相互侵权问题;如果发生跨区域法律冲突,可以提起反不正当竞争之诉,处理时应适用“在先使用”原则(同一行政区域内适用“申请在先”原则),即先使用、先申报的应优先保护。

《商标法实施条例》第 49 条的规定,也为他人合理使用相同楼盘名称作为宣传手段提供了法律依据。《商标法实施条例》第 49 条规定:“注册商标中含有的本商品的通用名称、图形、型号,

① 陈磊:《如何保护房地产企业的商标权》,载《中国房地产》2014 年第 3 期。

或者直接表示商品的质量、主要原料、功能、用途、重量、数量及其他特点，或者含有地名，注册商标专用权人无权禁止他人正当使用。”也就是说，注册为第36类、第37类的房地产服务商标，一旦被他人命名为楼盘名称并且完成了命名的行政审批手续，商标权人则无权阻止他人在广告宣传中使用该名称。

（三）楼盘名称商标权保护的对策

1. 在商标申请时进行充分考虑，使用联合策略申请注册商标

因为对房地产企业来说，除了要注册的商标具有显著性，使用有版权和专利权的商标、商号、域名一步到位，申请在先，考虑国际注册，正确使用商标之外，在现行的法律和规定之下，最重要的还是要考虑注册使用联合商标、主辅商标和防御商标，建设自己的商标保护体系。

联合商标，是指同一个企业在同一或类似商品上申请注册两个或两个以上的近似商标，其中一个指定为正商标，与其他近似的商标一起构成具有防卫性质的联合商标。联合商标中任一商标的使用视为其他商标也在使用。对房地产企业来说可以逐步建立并实施商标战略，首先需要确立一个主商标，然后以该主商标为母体，根据产业扩张和项目开发情况，逐步申请注册若干子商标（辅商标），最终形成自主的、系统的且层次分明的商标体系。

2. 注册及使用商标时认真区分地名与商标之间的联系与区别

最高人民法院《关于对南京金兰湾房地产开发公司与南京利源物业发展有限公司侵犯商标专用权纠纷一案请示的答复》（[2003]民三他字第10号）认为：“以地名作为文字商标进行注册的，商标专用权人有权禁止他人将与该地名相同的文字作为商标或者商品名称等商业标识在相同或者类似商品上使用来表示商品的来源；但无权禁止他人在相同或者类似商品上正当使用该地名来表示商品与产地、地理位置等之间的联系（地理标志作为商标注册的另论）。能否准确把握上述界限，是正确认定涉及地名的文字商标专用权的权利范围，依法保护商标专用权并合理维护正当的公众利益的关键。”同时认为，在审理商标权与地名权案件中应当注意以下问题：“一、使用人使用地名的目的和方式。使用地名的方式往往表现出使用目的。使用人使用地名的方式是公众惯常理解的表示商品产地、地理位置等方式的，应当认为属于正当使用地名。二、商标和地名的知名度。所使用的文字，如果其作为商标知名度高，则一般情况下，相关公众混淆、误认的可能性较大；如果其作为地名知名度高，则相关公众对其出处的混淆、误认的可能性会较小。三、相关商品或服务的分类情况。商品或服务的分类情况，往往决定了是否需要指示其地理位置。房地产销售中指示房地产的地理位置，一般应当认为是基于说明该商品的自然属性的需要。四、相关公众在选择此类商品或服务时的注意程度。根据相关公众选择此类商品或服务时的一般注意程度，审查确认是否会因这种使用而对该商品或服务的来源混淆、误认。五、地名使用的具体环境、情形。在房地产广告上为突出地理位置的优越而突出使用地名与在一般商品上、一般商品的广告上为突出商品的产地而突出使用地名往往给予公众的注意程度不同，产生的效果也有所差别”。因此，开发商在以注册房地产商标时应充分考虑到地名权与商标权有可能发生混淆和误认，并应充分考虑到对于商标使用环境、使用目的、商品或服务的认知度等因素，避免商标与地名的混淆与误认。最高人民法院提出了几方面问题，其中一点提及“商品或服务的分类情况，往往决定了是否需要指示其地理位置。房地产销售中指示房地产的地理位置，一般应当认为是基于说明该商品的自然属性的需要”。所以，若开发企业以某地名作为商标予以注册，实际上难以主张对该商标的专用权。

3. 申请驰名商标保护

由于我国《商标法》并不对商品房本身进行保护,所以,在司法实践中,部分维权行为转而求助于《反不正当竞争法》,即主张他人的模仿行为系不正当竞争。由于商品房本身不能注册商标,所以,若引用《反不正当竞争法》来保护权利,仅能引用第6条第1项的规定,即擅自使用与他人有一定影响力的商品名称、包装、装潢等相同或者近似的标识,引人误以为是他人商品或者与他人存在特定联系。也就是说,引用《反不正当竞争法》防止他人"搭便车"的前提是该商品为有一定影响力的商品。若某楼盘为全国性的知名楼盘,那么他人用相同的名称、相似的宣传风格,则权利人能以他人擅自使用商品特有的名称造成和他人有一定影响力的商品相混淆,相反,则主张难以得到支持。

企业应积极努力争取获得驰名商标的保护。因为所谓驰名商标是指"在中国为相关公众广为知晓并享有较高声誉的商标"。在商标被认定为驰名商标后,其被保护的范围就被大大地扩大和延伸了。首先,如果某商标或该商标的主要部分被在与使用某驰名商标的商品和/或服务相同或类似的商品和/或服务上使用、提出注册申请或注册,而该商标或该商标的主要部分构成对该驰名商标的复制、模仿、翻译或音译并易于造成混淆的,该商标将被拒绝注册,即使获得注册也将被禁止使用。和普通商标相比,驰名商标禁止使用的范围扩大到不相同和不相类似的商品上。其次,当驰名商标与企业名称发生冲突时,只要驰名商标所有人认为他人将其驰名商标作为企业名称登记,可能欺骗公众或者对公众造成误解的,就可以向主管机关提出撤销该企业名称的申请。最后,如果某域名或该域名的主要部分构成对某驰名商标的复制、模仿、翻译或音译,且该域名是依恶意注册或使用的情况下,驰名商标注册人有权请求主管裁决,对发生冲突的域名进行注册的机构撤销注册,或将其转让给驰名商标注册人。可见,在商标被认定为驰名商标后,其被保护和禁止使用的范围将更为宽广,驰名商标权人的利益将会得到有效的保护。

4. 在进行商标诉讼时选择适当的诉讼保护策略

在我国目前的司法体制中,对于商标权的诉讼也会因为商标权人选择不同的诉讼策略产生不同的保护后果。最常见的为采取不正当竞争诉讼或商标侵权之诉两种策略。而两种诉讼策略的采用将适用不同法律体系,产生不同的保护后果。因此,在具体案件中,房地产商标权人应当在起诉前进行认真分析和选择,以达到最有利于保护自己的合法权益的效果。

例如,2010年广州星河湾实业发展有限公司(以下简称星河湾公司)等诉江苏炜赋集团建设开发有限公司(以下简称炜赋公司)侵犯商标专用权及不正当竞争案中便使用了此策略。江苏省南通市中级人民法院经过审理认为,炜赋公司使用"星河湾花园"作为其开发的楼盘名称,未导致消费者对该楼盘来源产生混淆,不构成商标侵权。宏富公司开发的"星河湾"楼盘在广州地区具有较高知名度,但炜赋公司长期正当、合理使用"星河湾花园"这一名称,主观上并无搭便车之故意,客观上也未造成消费者误认,故炜赋公司使用该名称不构成不正当竞争。星河湾公司未能提供证据证明炜赋公司使用其企业名称或字号,因此,关于炜赋公司构成擅自使用其企业名称的不正当竞争的主张亦不能成立,判决驳回星河湾公司、宏富公司的诉讼请求。星河湾公司、宏富公司不服该判决,遂提起上诉。江苏省高级人民法院认为,炜赋公司使用"星河湾花园"作为楼盘名称合理正当,并不会造成相关购房者对涉案楼盘产生误认或混淆,其行为不构成对星河湾公司、宏富公司商标专用权的侵犯;炜赋公司使用"星河湾花园"作为楼盘名称的行为不构成不正当竞争。①

第四节　建设工程专利权

一、专利权概述

专利权，以下简称“专利”，是国家专利主管机关依照法律规定的条件和程序，授予申请人在一定期限内对某项发明创造享有的独占权。

（一）专利权的客体

专利权的客体也称为专利权法保护的对象，是指依法应授予专利权的发明创造，包括发明、实用新型和外观设计。发明，是指对产品、方法或者其改进所提出的新的技术方案。实用新型，是指对产品的形状、构造或者其结合所提出的适于实用的新的技术方案。外观设计，是指对产品的形状、图案或者其结合以及色彩与形状、图案的结合所作出的富有美感并适于工业应用的新设计。

对下列各项，不授予专利权：（1）科学发现；（2）智力活动的规则和方法；（3）疾病的诊断和治疗方法；（4）动物和植物品种；（5）原子核变换方法以及用原子核变换方法获得的物质；（6）对平面印刷品的图案、色彩或者二者的结合作出的主要起标识作用的设计。对上述第 4 项所列产品的生产方法，可以依法授予专利权。对违反法律、社会公德或者妨害公共利益的发明创造，不授予专利权。对违反法律、行政法规的规定获取或者利用遗传资源，并依赖该遗传资源完成的发明创造，不授予专利权。

（二）专利权的主体

专利权的主体即专利权人，是指依法享有专利权并承担相应义务的人，包括单位和个人。

1. 发明人或设计人

发明人或设计人，是指对发明创造的实质性特点作出了创造性贡献的人。发明人或者设计人包括非职务发明创造的发明人或者设计人和职务发明创造的发明人或者设计人两类。

执行本单位的任务或者主要是利用本单位的物质技术条件所完成的发明创造为职务发明创造。职务发明创造申请专利的权利属于该单位，申请被批准后，该单位为专利权人。非职务发明创造，申请专利的权利属于发明人或者设计人；申请被批准后，该发明人或者设计人为专利权人。利用本单位的物质技术条件所完成的发明创造，单位与发明人或者设计人订有合同，对申请专利的权利和专利权的归属作出约定的，从其约定。

对发明人或者设计人的非职务发明创造专利申请，任何单位或者个人不得压制。

2. 合作完成的发明创造

两个以上单位或者个人合作完成的发明创造、一个单位或者个人接受其他单位或者个人委托所完成的发明创造，除另有协议的外，申请专利的权利属于完成或者共同完成的单位或者个人；申请被批准后，申请的单位或者个人为专利权人。

---

① 张长琦：《楼盘名称相关知识产权案件的审理思路》，载《中国知识产权报（商标周刊）》2013 年 2 月 7 日，第 7 版。

3. 发明创造的合法受让人

专利申请权和专利权可以转让。中国单位或者个人向外国人、外国企业或者外国其他组织转让专利申请权或者专利权的,应当依照有关法律、行政法规的规定办理手续。转让专利申请权或者专利权的,当事人应当订立书面合同,并向国务院专利行政部门登记,由国务院专利行政部门予以公告。专利申请权或者专利权的转让自登记之日起生效。

二、建设工程的专利权

根据《专利法》第 2 条第 4 款的规定,外观设计,是指对产品的整体或局部的形状、图案或者其结合以及色彩与形状、图案的结合所做出的富有美感并适于工业应用的新设计。因此建筑物可以受到外观设计专利的保护。

(一)建筑领域专利的内容

建筑领域存在大量相关的产品专利、产品制造方法专利、产品使用方法专利、产品制造机械和产品模具专利等。因为相关产品专利在采购环节具有一定可控性,所以对建筑企业来讲,最重要的是建筑方法专利,如建筑规划、建筑工艺、建筑设计、建筑流程、建筑纠偏方法、建筑迁移旋转方法、建筑防水方法、环保建筑方法、节约公共面积建筑方法、建筑模块构建方法、适用于特定建筑方法的建材制造方法、屋顶绿化方法、建筑布局排列方法、景观设计方法等。①

根据有关规定,"建筑物、桥梁等不能在工厂组装的产品,如住宅、博物馆等"不能列入外观设计专利保护范围,但建筑构件,如门、窗及小型活动房屋等建筑可以在工厂形成批量生产的不在此限;并且"模仿有名的著作、建筑物、人物肖像的设计和图像,并将其原封不动的使用在申请专利的产品上"亦不能列入外观设计专利保护范围。

(二)建筑领域的专利保护现状

总体上讲,建筑领域可申请专利的地方很多,但在某知名专利搜索引擎上搜索"建筑方法",结果显示:中国范围内现在有效的发明专利中,外国专利权人占了很大比重,其中大多数申请者为公司;而中国的申请者大多数是个人、大学或其他科研机构,最应该重视专利技术的建筑行业公司却比较少。国外的建筑行业公司进入中国的时间还不是很长,正处于初步发展阶段,且正忙于产业布局,竞争还没有被激化,虽然持有一定数量专利,但在一段时间内不会对其他公司提起专利诉讼。东方财富旗下的 Choice 的数据显示,截至 2020 年 1 月 31 日,房地产行业共有 133 家公司拥有发明专利。六棱镜(Sixlens)的数据显示,这 133 家公司的外观设计专利申请总量为 1091 件,其中 52 家申请了外观设计专利,另外 81 家没有申请外观设计专利。平均而言,每家公司外观设计专利的申请量为 8.2 件。外观设计专利申请量前 3 名的公司分别是数源科技、上海临港、嘉凯城,所对应的申请量分别为 113 件、91 件、81 件。市值排名前 3 名的公司分别是万科 A、保利地产、招商蛇口,其外观设计专利申请数量分别为 63 件、51 件、4 件。专利授权总数量则是衡量公司科技综合实力最直接的指标。发明专利授权量反映了公司技术创新的质量情况,实用新型专利授权量和外观设计专利授权量反映了公司技术创新的活跃程度。我国房地产行业的专利授权总量总体偏低,且多以外观设计专利为主。

(三)专利侵权与被侵权的防范

建设工程招标方,在招标的过程中首先要声明投标者不能侵犯别人的知识产权,并在合同中

---

① 李良:《从宝安国际机场工程"幕墙活动连接装置"专利侵权案看建筑领域专利权保护》,载广东联建律师事务所网 2010 年 4 月 30 日,http://www. lianjiau lawyer. corl irdex. php/index/articlesclesc/id/81/catid/22。

约定施工者采用的技术和采购的物品等保证不侵犯第三方的知识产权,若侵犯别人知识产权的,责任由中标者承担,这样会减小招标方承担侵犯专利权赔偿责任的风险。同时,招标方也要对工程有个整体性的认识,最好提前进行专利信息检索,评估一下相关施工要求的实施是否会存在侵犯专利权的风险。

建筑设计、施工方,对建筑的具体结构形态和用到的技术与材料最清楚,所以在设计和施工前进行一下相关专利信息检索是必要的,在检索的过程中不仅可以发现将要用到的技术、材料等是否会侵犯别人专利权,同时也可以参考一些专利技术,对接下来的设计或施工有很大帮助。设计和施工单位做好前期的专利分析工作是对自身利益的一种关注,否则在真正发生专利纠纷时,一般承担责任的是直接参与设计或施工的企业。前期专利分析过程中发现很有可能会用到的专利怎么办呢?首先是分析一下能否进行规避设计,也就是看有没有其他技术可以替代,绕过这个专利。如果发现必须用到此专利技术,如果是材料就要在采购环节进行控制,尽量采购经过专利权人授权生产的产品;如果是建筑方法,就需要分析有无授权或与专利权人合作的可能,和授权后成本如何等因素,然后采取进一步措施。

专利权人对自己的专利技术应十分重视,专利怎么保护是个难题。首先,在对外信息发布上,应合理宣传自己的专利技术,如在投标过程中要说明自己采用的技术,同时也要说明这是专利技术,因为一般的专利侵权者大都是在并不知情的情况下侵犯别人专利权的,这样会使一部分要使用此专利技术的人选择其他技术或者主动接受专利许可,同时对招标方的选择也会有一定影响,在一定程度上保护了自己的专利权。其次,在对外宣传专利的同时也要注意相关反馈信息的收集,特别是有人或公司对专利技术提出疑问,反映其见过相同或类似技术的应用时,专利权人也许会发现其他专利侵权者,然后进一步采取维权措施。再次,评估收益与支出,有可能的话对一些重点工程进行调查,看其是否有侵犯己方专利权的情况。最后,还有一种模式在很多领域都常用到,就是把专利权授权给专门从事专利许可的公司来经营,由其寻找使用或潜在使用专利技术的其他方,并且收取专利许可费的任务都由该公司来完成,收取到的专利费与此公司按某种约定方式分配。

(四)专利侵权诉讼的应对策略

专利诉讼因其涉及技术和法律结合问题,难度较大,所以只有各省、自治区、直辖市人民政府所在地的中级人民法院和最高人民法院指定的一些城市中级人民法院才有权审理一审专利侵权诉讼。在专利诉讼过程中被告可能会去专利局申请涉案专利无效同时向法院申请中止诉讼,对专利无效结果不满也许还会发生行政诉讼,行政诉讼又可能会经历一审、二审,然后再返回到原来的诉讼中,整个过程也许需要很长时间。

被告在收到起诉书时就应该抓紧时间准备如何应诉,首先确认涉案专利的类型是发明专利、实用新型专利还是外观设计专利。发明专利案件的诉讼难度较大,由于发明专利经过实质审查,专利稳定性很好,无效的材料准备会比较困难。因发明专利法院对中止诉讼接受的可能较小,被告在答辩期内应当准备好材料对涉案专利向专利局提出无效请求。如果是实用新型或外观设计,先看其是否提供有国务院专利行政部门提供的专利评价报告(2009 年 10 月 1 日以前是专利检索报告),搜集资料争取在答辩期内对此专利提出无效请求。总之,专利诉讼一般首选策略是在答辩期内向专利局对涉案专利提出无效请求,然后向法院提出中止诉讼请求,如果法院认为无效请求的理由比较充分,很可能会做出中止诉讼的决定。如果提出无效请求后又发现新的无效证据,可以再提出一个无效请求,一般审查员会将两个无效请求合并审查。

对专利提出无效请求是一般情况下的优选方案,如果经过分析认为对方起诉指控的对象根本不在其专利保护范围内,可以直接进行不侵权答辩。若经过仔细研究发现对方专利被认定无效的可能性很小,而自己侵权的可能性极大,此时就该考虑如何与对方谈和解的条件。和解在有的时候也可以通过另一个诉讼来达到目的,研究一下原告是否也可能会用到自己的专利技术,如果发现有证据表明对方也用到自己的专利,用自己的专利来起诉对方侵犯专利权,此时形式上大家就平等了,再谈和解条件会更有利。此外,在诉讼或和解过程中证明自己从此涉案专利上获得的利益额度不高,可以作为最后付给对方的赔偿金或和解费用的参照标准。

第五节　工程建设中的知识产权归属

工程建设项目建设过程中形成的知识产权的权利归属问题,主要涉及三个方面:一是智力成果的精神权利归属;二是投资、勘察设计、施工单位与职工之间的知识产权归属;三是投资、设计、施工三方之间的知识产权归属。[①] 若对投资、设计、施工三方之间的知识产权归属问题,建设工程的特殊性以及对建设工程合同与技术合同的关系界定不清,极易导致建设工程的物权归属与工程建设中知识产权归属的混淆。

一、智力成果知识产权归属的法律规定

有关智力成果的知识产权归属的法律规定主要有:《民法典》第859条、第860条、第861条、第875条、第885条,《著作权法》第14条、第19条,《专利法》第8条以及《促进科技成果转化法》第26条等。

智力成果的知识产权归属的基本原则是当事人意思自治,但其前提是当事人之间构成合作开发或委托开发(创作)关系。如果当事人之间并无合作开发或者委托开发(创作)关系,则不应存在智力成果权利归属的约定问题,智力成果权利自然归属于完成者。如果当事人之间构成合作开发或者委托开发(创作)关系,则适用"有约定从约定,无约定从法定"的"合同优先"原则。在确定智力成果的知识产权归属中,主要影响因素如下:

(一)是否构成委托开发(创作)

《著作权法》第19条规定:"受委托创作的作品,著作权的归属由委托人和受托人通过合同约定。合同未作明确约定或者没有订立合同的,著作权属于受托人。"委托作品,是指委托人向作者支付约定的创作报酬,由作者按照他人的意志和具体要求而创作的特定作品。受委托创作的作品,其著作权的归属首先由委托人和受托人通过合同约定。在合同未明确约定著作权归属或者没有订立合同的情况下,著作权属于受托人。这是因为,一般来说,承担创作工作的是受托人,受托人是创作委托作品的作者,根据"著作权属于作者"的原则规定,在没有合同或者合同未明确约定的情况下,受托人享有著作权。但是,委托作品著作权属于受托人的,委托人在约定的使用范围内享有使用作品的权利;双方没有约定使用作品范围的,委托人可以在委托创作的特定目的范围内免费使用该作品。

---

① 许春明:《工程建设中的知识产权归属探析》,载《中外建筑》2005年第3期。

《民法典》第 859 条规定："委托开发完成的发明创造，除法律另有规定或者当事人另有约定外，申请专利的权利属于研究开发人。研究开发人取得专利权的，委托人可以依法实施该专利。研究开发人转让专利申请权的，委托人享有以同等条件优先受让的权利。"《专利法》第 8 条也有类似规定。委托完成的发明创造，是指当事人一方接受其他当事人委托的研究、设计任务所完成的发明创造。对于委托完成的发明创造，如果当事人之间合同约定了专利申请权及专利权的归属，应按照合同确定权利归属。如果当事人之间没有合同或者合同中没有约定，申请专利权及取得的专利权归受托人，即"完成"发明创造的当事人，但委托人可以免费实施。

《民法典》第 861 条规定："委托开发或者合作开发完成的技术秘密成果的使用权、转让权以及收益的分配办法，由当事人约定；没有约定或者约定不明确，依据本法第五百一十条的规定仍不能确定的，在没有相同技术方案被授予专利权前，当事人均有使用和转让的权利。但是，委托开发的研究开发人不得在向委托人交付研究开发成果之前，将研究开发成果转让给第三人。"技术秘密成果的使用权、转让权，是指特定的当事人之间，依据法律规定或者合同约定所取得的使用、转让技术秘密成果的权利。使用权，是指为生产经营目的实施该项技术秘密成果的权利。转让权，是指通过技术合同向他人提供或者转让该项技术秘密成果获得物质利益的权利。

（二）是否构成合作开发（创作）

《著作权法》第 14 条第 1 款规定："两人以上合作创作的作品，著作权由合作作者共同享有。没有参加创作的人，不能成为合作作者。"合作作品的作者必须是参加创作的人，没有参加创作的人，不能成为合作作品的作者。所谓"参加创作"，是指对作品的思想观点、表达形式付出了创造性的智力劳动，或者构思策划，或者执笔操作，如果没有对作品付出创造性的劳动，就不能成为合作作者，也就不能享有著作权。

《民法典》第 860 条规定："合作开发完成的发明创造，申请专利的权利属于合作开发的当事人共有；当事人一方转让其共有的专利申请权的，其他各方享有以同等条件优先受让的权利。但是，当事人另有约定的除外。合作开发的当事人一方声明放弃其共有的专利申请权的，除当事人另有约定外，可以由另一方单独申请或者由其他各方共同申请。申请人取得专利权的，放弃专利申请权的一方可以免费实施该专利。合作开发的当事人一方不同意申请专利的，另一方或者其他各方不得申请专利。"《专利法》第 8 条也有类似规定。合作完成的发明创造，是指两个以上的单位或者个人合作研究、设计所完成的发明创造。其中，"完成"是指对发明创造的实质性特点作出了创造性贡献。如果当事人均对发明创造有创造性的贡献，构成了共同发明创造，那么，合作开发的当事人共有专利申请权和专利权。否则，只有完成发明创造的当事人才有申请和获得专利的权利。

二、工程建设中的知识产权权利归属分析

在建设工程的勘察、设计和施工过程中，必然会产生一些智力成果，根据工程建设的实际情况，可将工程建设中订立的合同分为两大类：一类是纯建设工程合同，即《民法典》所规范的一类典型合同——建设工程合同，是承包人进行工程建设，发包人支付工程价款的合同，该类合同并未对工程建设中所产生和需要的智力成果的开发（创作）、经费承担、报酬支付、权利归属等作出约定。另一类是复合建设工程合同，即该合同的内容以建设工程合同为主，同时包含了工程建设中所产生和需要的有关智力成果的开发（创作）、经费承担、报酬支付、权利归属等内容，该类合同就是建设工程合同和技术合同的复合。

(一)纯建设工程合同履行过程中涉及的智力成果的知识产权归属

建设工程合同是承包人进行工程建设,发包人支付价款的合同。建设工程合同包括工程勘察、设计、施工合同。勘察设计合同,是指建设工程的发包人或承包人与勘察人、设计人之间订立的,由勘察人、设计人完成一定的勘察、设计工作,发包人或承包人支付相应价款的合同。勘察、设计合同的内容包括提交有关基础资料和文件(包括概预算)的期限、质量要求、费用以及其他协作条件等条款。建设施工合同,是指发包人(建设单位)和承包人(施工人)为完成商定的施工工程,明确相互权利、义务的协议。依照施工合同,施工单位应完成建设单位交给的施工任务,建设单位应按照规定提供必要条件并支付工程价款。施工合同的内容包括工程范围、建设工期、中间交工工程的开工和竣工时间、工程质量、工程造价、技术资料交付时间、材料和设备供应责任、拨款和结算、竣工验收、质量保修范围和质量保证期、双方相互协作等条款。建设工程合同具有如下特点:

1. 建设工程合同双方并未构成委托开发智力成果或者合作开发(创作)智力成果关系。建设工程合同为我国《民法典》所规定的有名合同,系属一种特殊形式的承揽合同,属于以特定的工具和技能完成一定工作任务的合同,合同双方构成建设工程承揽关系。

2. 建设工程合同的标的并非智力成果,而是特定的建设工程。建设工程合同的标的是承包人严格按照建设单位(业主)的要求所完成的工作成果:满足建设工程规划、选址、设计、岩土治理和施工需要的建设工程勘察文件;解决如何进行建设的具体工程技术和经济问题的建设工程设计文件;以及建设工程本身。需要说明的是,勘察设计文件本身的确可以是享有著作权的智力成果,但勘察设计以及建设单位(业主)需要的绝不是勘察设计文件本身而是最终的建设工程,勘察设计文件只是建设工程的前期表现形式。至于勘察、设计、施工中可能涉及的新工艺、新设备、新材料、新结构、新技术、新配方以及各种技术诀窍和方法,是勘察人、设计人、施工人为完成建设单位(业主)要求的特定建设工程所需的工具和技能。建设工程合同最终交付的是建设工程,而不是保证建设工程完成的智力成果。

3. 建设单位(业主)并未承担有关智力成果的研究开发费用及报酬,只承担建设工程款项。因此,建设单位只付出了取得建设工程物权的对价,而没有付出取得相关知识产权的对价。

因此,对于纯建设工程合同履行过程中涉及的智力成果的知识产权归属问题,不应适用《民法典》第二十章关于技术合同的规定,而应根据公平原则予以合理分配。纯建设工程合同履行过程中涉及的知识产权归属应遵循以下两点:(1)纯建设工程合同履行过程中涉及的智力成果的知识产权归属于该智力成果的完成人,不适用“合同优先原则”。其理由有3个:一是纯建设工程合同双方并未构成委托开发或者合作开发(创作)智力成果关系。二是建设单位(业主)并未付出取得相关知识产权的对价。建设单位(业主)支付的只是建设工程的款项,而未承担有关智力成果的研究开发费用及报酬。建设单位(业主)要取得智力成果的知识产权就应该承担相应的合理对价。三是知识产权属于智力成果的完成人是知识产权法的基本原则。(2)建设单位(业主)享有在合同约定的建设工程上的无偿实施使用权。建设单位订立建设工程合同的目的是获得符合要求的建设工程,这必然牵涉相关知识产权的实施使用,如果因其不享有知识产权而要求另行支付实施使用费,则显失公平合理。建设单位承担支付工程款项这一对价获取的权利应包含无偿实施使用相关知识产权。但是,这一实施使用权仅限于合同所约定的建设工程。这是平衡建设单位与勘察、设计、施工单位利益的结果。

(二)复合建设工程合同履行过程中涉及的智力成果的知识产权归属

复合建设工程合同是建设工程合同和技术合同的复合,当事人不仅以建设工程为合同标的作出约定，而且还以有关智力成果为合同标的达成合意。因此，其中技术合同部分完全适用《民法典》第二十章关于技术合同的规定，即当事人之间构成合作开发或者委托开发关系，知识产权归属适用"有约定从约定，无约定从法定"的"合同优先"原则。

（三）对工程建设中知识产权归属的建议

根据上述分析以及有关法律的规定，建议对工程建设中的知识产权归属作如下规定：

1. 建设单位（业主）按照合同约定支付勘察、设计、施工费后所获取的各类工程勘察、设计、施工文件，仅享有在合同约定的建设工程上的无偿使用权，其著作权各自属于勘察、设计、施工单位所有。

2. 建设单位（业主）未就工程建设相关发明创造与勘察、设计、施工单位订立技术开发合同的，相关发明创造的专利申请权及授权后的专利权各自属于相关发明创造的完成单位，但建设单位（业主）享有在合同约定的建设工程上的无偿使用权。

建设单位（业主）已就工程建设相关发明创造与勘察、设计、施工单位订立合作开发合同的，除当事人另有约定的以外，相关发明创造的专利申请权属于合作开发的当事人共有。当事人一方转让其共有的专利申请权的，其他各方享有以同等条件优先受让的权利。合作开发的当事人一方声明放弃其共有的专利申请权的，可以由另一方单独申请或者由其他各方共同申请。申请人取得专利权的，放弃专利申请权的一方可以免费实施该专利。合作开发的当事人一方不同意申请专利的，另一方或者其他各方不得申请专利。

建设单位（业主）已就工程建设相关发明创造与勘察、设计、施工单位订立委托开发合同的，除当事人另有约定的以外，相关发明创造的专利申请权属于研究开发单位。研究开发单位取得专利权的，委托单位可以免费实施该专利。研究开发单位转让专利申请权的，委托单位享有以同等条件优先受让的权利。

3. 建设单位（业主）未就建设工程相关技术秘密成果与勘察、设计、施工单位订立技术开发合同的，相关技术秘密成果权利各自属于相关技术秘密成果的完成单位，但建设单位（业主）享有在合同约定的建设工程上的无偿使用权。

建设单位（业主）已就工程建设相关技术秘密成果与勘察、设计、施工单位订立委托开发合同或者合作开发合同的，委托开发或者合作开发完成的技术秘密成果的使用权、转让权以及利益的分配办法，由当事人约定。没有约定或者约定不明确，依照《民法典》第510条的规定仍不能确定的，当事人均有使用和转让的权利，但受托开发的研究开发单位不得在向委托单位交付研究开发成果之前，将研究开发成果转让给第三人。

第六节　工程勘察设计知识产权保护

工程勘察设计是富有创造性的智力劳动。工程技术人员利用工程勘察设计理论、技术与实践经验所完成的每项工程勘察设计咨询成果都凝结着他们的心血、智慧和创新精神。对这种原创或创新性智力劳动成果的保护，是对工程技术人员创新与发展的鼓励，有助于工程勘察设计的技术进步，同时也符合建设单位（业主）和公众的利益。

我国已经加入WTO。作为WTO的三大支柱之一，知识产权保护问题越来越突出。面对日益激烈的市场竞争,我国勘察设计业迫切需要增强自身知识产权保护意识,同时承认并尊重他人的知识产权及合法权益。为此,原建设部、国家知识产权局于 2003 年 10 月 22 日联合发布了《工程勘察设计咨询业知识产权保护与管理导则》。导则对勘察设计行业和咨询行业的知识产权范围等进行了明确,以指导工程勘察设计行业知识产权保护和管理工作。

一、勘察设计的知识产权保护范围

《工程勘察设计咨询业知识产权保护与管理导则》所称的知识产权包括:著作权及与著作权有关的权利(邻接权);专利权;专有技术(又称技术秘密)权;商业秘密权;商标专用权及相关识别性标志权利以及依照国家法律、法规规定,或者由合同约定由企业享有的其他知识产权。

(一)著作权及著作邻接权

勘察设计咨询业的著作权主要包括勘察、设计、咨询活动和科研活动中形成的,以各种载体所表现的文字作品、图形作品、模型作品、建筑作品等勘察设计咨询作品的著作权。勘察设计咨询作品包括以下内容:(1)工程勘察投标方案、专业工程设计投标方案、建筑工程设计投标方案(包括创意或概念性投标方案)、工程咨询投标方案等;(2)工程勘察和工程设计阶段的原始资料、计算书、工程设计图及说明书、技术文件和工程总结报告等;(3)工程咨询的项目建议书、可行性研究报告、专业性评价报告、工程评估书、监理大纲等;(4)科研活动的原始数据、设计图及说明书、技术总结和科研报告等;(5)企业自行编制的计算机软件、企业标准、导则、手册、标准设计等。

(二)专利权

勘察设计咨询业的专利权,是指获得授权并有效的发明专利权、实用新型专利权和外观设计专利权,包括各种具有新颖性、创造性和实用性的新工艺、新设备、新材料、新结构等新技术和新设计,以及对原有技术的新改进、新组合等的专利权。

(三)专有技术权

勘察设计咨询业的专有技术权,是指对没有申请专利,具有实用性,能为企业带来利益,并采取了保密措施,不为公众所知悉的技术享有的权利,包括各种新工艺、新设备、新材料、新结构、新技术、产品配方、各种技术诀窍及方法等。

(四)商业秘密权

勘察设计咨询业除专有技术以外的其他商业秘密,是指具有实用性,能为企业带来利益,并采取了保密措施,不为公众所知悉的经营信息,包括生产经营、企业管理、科技档案、客户名单、财务账册、统计报表等。

(五)商标权及相关识别性标志权

勘察设计咨询业的商标权及相关识别性标志权,是指企业名称、商品商标、服务标志,以及依照法定程序取得的各种资质证明等依法享有的权利。

(六)其他方面的知识产权

其他方面的知识产权,是指依照国家法律、法规规定,或者由合同约定由企业享有的其他知识产权,如反不正当竞争方面的工业产权。

二、勘察设计的知识产权归属

根据《工程勘察设计咨询业知识产权保护与管理导则》的规定,勘察设计咨询业知识产权归属的认定共分为 8 种不同的情形。

（一）勘察设计咨询业著作权及邻接权的归属

勘察设计咨询业著作权及邻接权的归属，一般按以下原则认定：(1)执行勘察设计咨询企业的任务或主要利用企业的物质技术条件完成的，并由企业承担责任的工程勘察、设计、咨询的投标方案和各类文件等职务作品，其著作权及邻接权归企业所有。(2)直接参加投标方案和文件编制的自然人（包括企业职工和临时聘用人员，下同）享有署名权。建设单位（业主）按照国家规定支付勘察、设计、咨询费后所获取的工程勘察、设计、咨询的投标方案或各类文件，仅获得在特定建设项目上的一次性使用权，其著作权仍属于勘察设计咨询企业所有。(3)勘察设计咨询企业自行组织编制的计算机软件、企业标准、导则、手册、标准设计等是职务作品，其著作权及邻接权归企业所有。直接参加编制的自然人享有署名权。(4)执行勘察设计咨询企业的任务或主要利用企业的物质技术条件完成的，并由企业承担责任的科技论文、技术报告等职务作品，其著作权及邻接权归企业所有。直接参加编制的自然人享有署名权。(5)勘察设计咨询企业职工的非职务作品的著作权及邻接权归个人所有。

（二）勘察设计咨询业专利权和专有技术权的归属

勘察设计咨询业专利权和专有技术权的归属，一般按以下原则认定：(1)执行勘察设计咨询企业的任务，或主要利用本企业的物质技术条件所完成的发明创造或技术成果，属于职务发明创造或职务技术成果。(2)其专利申请权和专利的所有权、专有技术的所有权，以及专利和专有技术的使用权、转让权归企业所有。直接参加专利或专有技术开发、研制等工作的自然人依法享有署名权。(3)勘察设计咨询企业职工的非职务专利或专有技术权归个人所有。

（三）勘察设计咨询企业的人员，在离开企业期间形成的知识产权的归属

勘察设计咨询企业的人员，在离开企业期间形成的知识产权的归属，一般按以下原则认定：(1)企业派遣出国开展合作设计、访问、进修、留学等，或者派遣到其他企事业单位短期工作的人员，在企业尚未完成的勘察、设计、咨询、科研等项目，在国外或其他单位完成而可能获得知识产权的，企业应当与派遣人员和接受派遣人员的单位共同签订协议，明确其知识产权的归属。(2)企业的离休、退休、停薪留职、调离、辞退等人员，在离开企业一年内形成的，且与其在原企业承担的工作或任务有关的各类知识产权归原企业所有。

（四）勘察设计咨询业其他知识产权的归属

(1)勘察设计咨询企业在科研、生产、经营、管理等工作中所形成的，能为企业带来经济利益的，采取了保密措施不为公众所知悉的技术、经营、管理信息等商业秘密属于企业所有。(2)勘察设计咨询企业的名称、商品商标、服务标志，以及依法定程序取得的各种资质证明等的权利为企业所有。(3)勘察设计咨询企业与其他企事业单位合作所形成的著作权及邻接权、专利权、专有技术权等知识产权，为合作各方所共有，合同另有约定的按照约定确定其权属。(4)勘察设计咨询企业接受国家、企业、事业单位的委托，或者委托其他企事业单位所形成的著作权及邻接权、专利权、专有技术权等知识产权，按照合同确定其权属。没有合同约定的，其权属归完成方所有。(5)勘察设计咨询企业接收的培训、进修、借用或临时聘用等人员，在接收企业工作或学习期间形成的职务成果的知识产权，按照接收企业与派出方的协议确定归属，没有协议的其权利属于接收企业。

三、勘察设计知识产权的侵权行为

根据《工程勘察设计咨询业知识产权保护与管理导则》的规定，勘察设计咨询业侵犯知识产

权的行为主要包括以下4种。

(一)侵犯或侵占著作权

著作权及邻接权的权利人依法享有著作人身权和财产权,即发表权、署名权、修改权、保护作品完整权、复制权、发行权、改编权、信息网络传播权等。他人未经著作权人同意,不得发表、修改和使用其作品。

发生以下行为或情况的为侵犯或者侵占他人的著作权:(1)勘察设计咨询企业或工程技术人员不遵守行业道德和从业公约,抄袭、剽窃他人的勘察、设计、咨询文件(设计图)及其作品的;(2)勘察设计咨询企业的职工,未经许可擅自将本企业的勘察设计文件(设计图)、工程技术资料、科研资料等复制、摘录、转让给其他单位或个人的;(3)勘察设计咨询企业的职工,将职务作品或计算机软件作为非职务成果进行登记注册或转让的;(4)勘察设计咨询企业的职工未经审查许可,擅自发表、出版本企业业务范围内的科技论文、作品,或许可他人发表的;(5)任何单位或个人,未经著作权人同意或超出勘察设计咨询合同的规定,擅自复制、超范围使用、重复使用、转让他人的工程勘察、设计、咨询文件(设计图)及其他作品等。

(二)侵犯或侵占专利权或专有技术权

专利权人对其发明创造享有独占权。任何单位或个人未经专利权人许可不得为生产经营目的制造、使用、许诺销售、销售和进口其专利产品,或者未经专利权人许可为生产经营目的使用其专利方法,以及使用、许诺销售、销售和进口依照其专利方法直接获得的产品。专有技术是受国家法律保护的具备法定条件的技术秘密,任何单位或个人不得以不正当手段获取、使用他人的技术秘密,不得以任何形式披露、转让他人的技术秘密。

发生以下情况为侵犯或者侵占他人的专利权或专有技术权:(1)勘察设计咨询企业的职工违反规定,在工程项目或科研工作完成后,不按时将有关勘察设计文件、设计图、技术资料等归档,私自保留、据为己有的;(2)勘察设计咨询企业的职工违反规定,将应属于单位的职务发明创造和科技成果申请为非职务专利,或者将其据为己有的;(3)勘察设计咨询企业的职工,擅自转让本企业或他人的专利或专有技术的;(4)勘察设计咨询企业或工程技术人员,未经权利人允许,擅自在工程勘察设计中使用他人具有专利权或专有技术权的新工艺、新设备、新技术的;(5)任何单位或个人,采用盗窃、利诱、胁迫或者其他不正当手段获取、使用或者披露他人含有专有技术标识的文件、设计图及说明的;(6)任何单位或个人,违反双方保密约定,将含有专有技术标识的文件、设计图及说明转让给第三方,以及第三方明知是他人的保密文件、设计图及说明仍擅自使用等。

(三)侵犯商标权及相关识别性标志权

商标权的所有人对其注册商标依法享有专用权。他人未经商标权人的同意,不得在经营活动中擅自使用。

发生以下行为或情况的为侵犯他人的商标及相关识别性标志权:(1)勘察设计咨询企业擅自在其勘察设计咨询文件上使用其他勘察设计咨询企业的名称、注册商标、资质证明、图签、出图专用章等企业标识的;(2)任何单位或个人,未经勘察设计咨询企业授权,以勘察设计咨询企业的名义进行生产经营活动或其他活动的。

(四)侵犯商业秘密权

国家依法保护公民和法人的商业秘密。发生以下行为或情况的为侵犯他人的商业秘密:(1)勘察设计咨询企业的职工,私自将与本企业签有正式业务合同的客户介绍给其他企业,给企业造成损失的;(2)勘察设计咨询企业的职工,违反企业保守商业秘密的要求,泄露或私自许可他人使用其所掌握商业秘密的;(3)第三人明知或应知有上述第1项、第2项所述的违法行为,仍获取、使用或者披露他人的商业秘密等;(4)勘察设计咨询企业的离休、退休、离职、停薪留职人员泄露在职期间知悉的企业商业秘密的,均为侵犯了企业的商业秘密权。

除上述情形外,勘察设计咨询企业的离休、退休、离职、停薪留职人员将离开企业一年内形成的,且与其在原企业承担的工作或任务有关的知识产权视为已有或转让给他人的,也视为侵犯了企业的知识产权。

第七节　建设工程招投标中的知识产权保护

根据有关报道,很多建设工程企业的知识产权受到严重侵害,技术成果白白流失,其中一个重要原因是建设工程招投标中的不规范操作为侵权者提供了"方便"。这不仅损害了相关建设工程企业的合法利益,甚至给迫切需要创新精神的我国建筑业的长远发展埋下隐患。[①]

一、相关案例介绍

(一)深圳机场玻璃幕墙连接装置侵犯专利权纠纷案

1997年8月27日,原告珠海市晶艺玻璃工程有限公司(以下简称晶艺公司)就"一种幕墙活动连接装置"向国家知识产权局提出实用新型专利申请。1999年5月19日,被授予专利权(ZL97240594.1)。2003年4月,被告深圳市机场股份有限公司(以下简称深圳机场)就深圳机场1号候机楼改扩建幕墙工程进行招标,被告北方国际合作股份有限公司(以下简称北方公司)中标。北方公司基于履行合同为被告机场公司安装了幕墙工程。经过比对,北方公司安装的幕墙工程连接件的技术特征与晶艺公司涉案专利的必要技术特征相同,落入晶艺公司专利权的保护范围。涉案幕墙工程连接件的采购合同价款为132,480元。晶艺公司认为,两被告的行为侵犯了原告的涉案专利权,向人民法院提起诉讼,要求两被告停止侵权行为,赔偿原告经济损失并向原告支付专利技术使用费50万元,诉讼费由两被告承担。

深圳市中级人民法院经审理认为,原告晶艺公司实用新型专利的发明点在于可以防止因房顶的摆动、上升或下沉而使幕墙发生损坏,断裂或损裂,有更高的安全性,这些技术体现在原告实用新型专利的权利要求1中。被告涉案产品结构和特征与原告专利权利要求一一对应相同,应认定被告涉案产品落入原告ZLL97240594.1专利权保护范围。被告北方公司未经专利权人许可,以经营为目的,擅自制造并使用专利产品,侵犯了原告专利权,应当承担侵权责任。被告深圳机场为经营性质的企业,其候机楼为经营场所,因此其使用性质为商业使用,法律规定其应当停止使用,但考虑深圳机场的特殊性,停止使用不符合实际,因此法院责令被告深圳机场向原告晶艺公司支付合理的使用费。判决被告北方公司立即停止侵权,赔偿原告晶艺公司经济损失25万元,被告机场公司支付原告专利使用费15万元,驳回原告其他诉讼请求。一审宣判后,被告不

---

① 参见《招投标中知识产权谁来保护?》,载贵州省中小企业网2005年2月24日,https://sme.gxt.guizhou.gov.cn/news/show-61804.html。

服，向广东省高级人民法院提出上诉，该案最终以调解的方式结案。

（二）卡洛斯·奥特（Carlos Ott）和裴多福建筑师事务所（Petroff Partnership Architects）与杭州锦绣天地房地产开发有限公司一案①

裴多福事务所系一家在加拿大注册成立的合伙企业。2001 年 8 月，杭州锦绣天地房地产公司（以下简称锦绣天地公司）向包括原告裴多福建筑师事务所（以下简称裴多福事务所）在内的四家单位发出《锦绣天地·西湖国际俱乐部（暂定名）建筑设计方案招标邀请函》（以下简称招标邀请函），邀请其参加由锦绣天地公司开发的锦绣天地·西湖国际俱乐部（暂定名，后改名为锦绣天地·西湖国际商务中心）项目的建筑方案招投标活动。招标邀请函规定：投标后将组织专家评审组评审后选出前两名方案，提出修改和完善后推荐给业主，由业主决定竞争下一步设计；对未入围的应邀单位，如方案符合标书要求的各一次性支付人民币 5 万元，入围单位如最终被淘汰的则一次性支付人民币 10 万元；应邀单位的方案设计成果不退还，其著作权归业主所有，并有权引用在实施方案中。同时还规定：本文件将作为设计委托合同书的组成部分。裴多福事务所收到招标邀请函后，根据锦绣天地公司在招标邀请函中提出的具体要求设计了一套方案，原告卡洛斯·奥特参与了具体的方案设计工作。随后，裴多福事务所如期向锦绣天地公司提交了该投标设计方案，同时参与投标的还有被告浙江省设计院等另三家应邀单位。2001 年 10 月，锦绣天地公司组织专家对设计方案进行了评审，两个入围方案为裴多福事务所的“蝴蝶”设计方案和浙江大学建筑设计院的设计方案。但此后，锦绣天地公司最终决定该次招标没有任何单位中标，并按照约定向两家入围单位各支付了人民币 10 万元，对于裴多福事务所投标的设计方案及相关材料锦绣天地公司未予退回。同时，锦绣天地公司没有再次组织招标，而是于 2002 年 1 月 20 日与前次招标未入围的被告浙江省设计院订立了一份《建设工程设计合同》，直接委托浙江省设计院承担前述经过招标但宣布没有中标的“西湖国际商务中心”项目的工程设计，包括方案设计、初步设计及概算、施工图设计。浙江省设计院的方案设计和初步设计经审查并获批复，随后便进入了编制施工图设计及开工建设过程。2003 年 9 月，原告发现锦绣天地公司正在进行施工和商业推广的“锦绣天地”楼盘设计方案与原告当初投标的设计方案基本相同，但其设计单位署名却是浙江省设计院。原告认为浙江省设计院和锦绣天地公司的行为已经侵犯了原告享有的著作权，遂向法院提起诉讼。

法院认为：本案讼争的作品即总体设计方案是裴多福事务所根据锦绣天地公司提出的具体要求而特定创作的，从其产生和内容来看，是作者受他人的委托而创作的作品，其性质应属于委托作品。本案讼争之设计方案属于委托作品，根据约定著作权归属于委托人锦绣天地公司所有，原告裴多福事务所和卡洛斯不享有著作权，其主张被告锦绣天地公司和浙江省设计院侵犯著作权没有依据。本案经过比对的结果表明裴多福事务所的这套设计方案实际上应该是中标的，锦绣天地公司应该按照中标的情形与裴多福事务所签订具体设计合同并支付相应对价。但是，锦绣天地公司却是按照落标的处理方式只支付给裴多福事务所 10 万元，这显然是违背等价有偿和诚实信用原则，违背公平原则，其行为存在过错。并且锦绣天地公司这种规避中标程序、以极低的对价获取他人劳动成果的行为，不仅扰乱了建筑行业正常的招投标秩序和公平竞争秩序，也损害了裴多福事务所的合法利益。因此，锦绣天地公司应就此承担相应的法律责任，向裴多福事务所赔偿经济损失，锦绣天地公司赔偿裴多福事务所经济损失人民币 30 万元。

---

① 参见浙江省杭州市中级人民法院民事判决书，（2005）杭民三初字第 163 号。

（三）深圳市建筑设计研究总院有限公司与深圳市交通运输委员会、深圳市市政设计研究院有限公司著作权侵权纠纷案①

2003 年 5 月 10 日，深圳市交通局②对外发布《深圳福田交通综合枢纽换乘中心建筑设计方案征集公告》，2003 年 5 月 12 日，深圳市建筑设计研究总院有限公司（以下简称深圳建筑设计院）与奥雅纳工程顾问（香港）有限公司（以下简称奥雅纳公司）共同报名参与投标，深圳市市政设计研究院有限公司（以下简称深圳市政设计院）亦参与投标。2003 年 5 月 16 日，深圳市交通局对外发布《深圳市福田交通综合枢纽换乘中心建筑设计方案征集招标文件》。工程综合说明：项目名称福田交通枢纽换乘中心，本次招标为设计招标，中标单位就是项目的设计承担单位，需完成从建筑方案设计到所有专业的全部施工图设计（施工图设计不另行招标）。2003 年 7 月 3 日，深圳建筑设计院和奥雅纳公司以及深圳市政设计院向深圳市交通局交付设计文件，经评审确定深圳市政设计院提交的设计文件为六个入围设计方案之一，深圳建筑设计院提交的设计文件未入围。2003 年 8 月 8 日，经投票，深圳市政设计院提交的设计方案为得票最多的入围设计方案。2004 年 9 月 18 日，深圳市政府采购中心组织评标，评标委员会建议深圳市政设计院的方案为预中标单位。2004 年 10 月 11 日，深圳市政设计院收到深圳市交通局《福田交通综合枢纽换乘中心设计方案中标通知书》。2005 年 11 月 28 日，深圳市交通局与深圳市政设计院签订《深圳市福田交通综合枢纽换乘中心建设工程设计合同》及补充协议，确定深圳市政设计院中标单位，蝴蝶型方案为中标方案。2004 年 7 月 2 日，深圳市发展和改革局指出福田交通综合枢纽换乘中心按功能需要，中标方案已不能满足有关部门关于设计要点的要求。深圳市交通局要求深圳市政设计院重新设计，2004 年 11 月深圳市政设计院最终实施方案设计确定，最终实施的设计方案与中标方案相比，无论从面积、功能布局、立面造型还是交通组织上都大相径庭。

2005 年 2 月，福田交通综合枢纽换乘中心开工建设，2007 年 12 月 26 日，福田交通枢纽换乘中心投入试运行，原告参与设计工作的设计师发现该中心建筑方案实际采用了原告当时交付的投标方案，实施方案与原告投标方案完全相同。深圳建筑设计院认为深圳市交通运输委员会利用招标的强势地位，与深圳市政设计院合谋实施了剽窃原告建筑方案设计图著作权的行为，应承担侵权责任。

建筑的形式离不开三个密切关联的因素：功能要求、审美要求与技术手段。在现实中，这三方面的因素又是紧密相连，相互依存的，如大多数的建筑艺术性设计均同时实现一定的功能性要求，而功能性、艺术性的设计也脱离不了技术条件支撑。案涉建筑工程设计图中的方案设计图由于尚处建筑设计的初步环节，是设计者在外形结构与功能布局、空间组织有序结合通过图形、线条、标注等形式的平面体现，因相对缺少局部的、细节化的表达，兼顾制图辅助软件工具因素，故对于方案设计图比对，重点在于建筑外形结构的设计，内部空间的布局、排列、组合所体现出来的作者独创性安排，即作者以点、线、面、几何图形等方式对其构思、欲实现空间方案的艺术性具体表达。深圳建筑设计院主张保护的作品与被诉侵权作品在最直接体现建筑设计艺术独创性的整体外形结构和观感上迥然不同。在具体的效果图、平面图、立面图、剖面图、交通组织方面设计图上，两个设计的作者对各功能区的空间组织、安排，以及该独创性安排所展现出来的线条、图形与组合关系上表达均明显不相同。法院认为，深圳建筑设计院主张保护的《深圳市福田交通综合枢

① 参见广东省深圳市中级人民法院民事判决书，（2017）粤 03 民初 1455 号。

② 2009 年 9 月，深圳市交通局变更为深圳市交通运输委员会。

纽换乘中心方案设计》与深圳市政设计院的《深圳市福田交通综合枢纽换乘中心设计方案（设计号 04081－3）》既不相同，也不构成实质性相似。深圳建筑设计院主张深圳市交通运输委员会、深圳市政设计院侵害其涉案作品的署名权、复制权、修改权和保护作品完整权不成立，其诉讼请求不予支持。

二、招投标中侵犯知识产权的主要表现形式

在招投标中，侵权知识产权的形态各有不同。按照侵犯权利的不同来划分，在招投标活动中，主要涉及 3 种侵犯知识产权的表现形式，分别是侵犯专利权、侵犯非专利技术及商业秘密、侵犯著作权（侵犯商标权等权利的行为也可能发生，但概率较小，在此暂不作讨论）。

（一）侵犯专利权

1. 投标人故意侵犯专利权

投标人未经他人许可，将他人享有专利的技术方案作为自己的技术方案进行投标，如果该投标方案被招标人采纳并在项目中使用，直接导致招标项目的技术方案侵犯他人专利权，作为使用人，招标人需要承担相应的法律责任。

2. 招标人设计的技术方案导致落入现有专利的保护范围

招标人在制定招标文件中，拟定的技术需求方案正好落入了他人专利权权利要求书中涉及的技术特征范围。也就是说，无论有多少投标人参与投标，只要其提交的技术方案符合招标要求，那么该技术方案必定会落入他人专利权的保护范围。此种情况下，投标人、招标人也许都是不知情的，但是并不妨碍侵权行为的构成。相对于上一种故意侵犯专利权的行为，这种侵权形式非常隐蔽，但是一旦发生或被权利人主张，对招标人、投标人以及整个项目造成的危害要远远大于其他侵权方式。

3. 招标人将其他投标人的技术方案给中标人使用

有些侵权案件的发生是由于招标人擅自在项目中使用非中标人的方案，该行为出自招标人的主观故意或对法律规定的错误理解。这种侵权行为在比较规范的招投标操作中出现的较少，不过一旦出现，侵权行为会非常明显。

（二）侵犯非专利技术及商业秘密

招标人和/或投标人侵犯他人非专利技术的情形与上述侵犯专利权的情形基本相同，区别仅在于侵权对象为他人合法持有的非专利技术或者商业秘密：

1. 侵犯的是他人一项或数项专利申请，且未来能够得到专利授权的技术。

2. 侵犯的是他人合法持有的，未经披露的，采取了保密措施，并具有实用价值的商业秘密。

（三）侵犯著作权

1. 投标人的行为导致的侵权

在招投标中，如果投标人抄袭他人作品，如设计图纸、广告文案、软件源代码等，则一旦该投标人中标，那么招标人即会在项目中使用该作品。在实施项目的设计、生产、建造、销售的过程中，招标人使用侵权作品的行为必然侵犯了著作权人的合法权益。

2. 招标人的行为导致的侵权

鉴于中标人的唯一性，在有些招标活动中，招标人为了达到使自己的中标方案最优化，擅自使用其他未中标人的技术方案，融合到最后的中标方案中，并在项目中予以实施。招标人未经许可而使用他人作品的行为，侵犯了他人的著作权。

从上述分类可以看出，侵权主体和侵权方式的有所不同并不影响最后承担侵权责任的主体是招标人和投标人。原因主要基于两点：首先，招投标行为的特殊性，即招标人与中标人、投标人利益的一致性；其次，知识产权侵权责任归责原则主要适用的是无过错原则，即使无法证明招标人或投标人的侵权行为是否存在故意或过失，或有证据证明招标人或投标人对侵权行为没有任何故意，直接承担责任的主体仍然是招标人和投标人，他们中的任何一方都无法逃避侵犯他人知识产权带来的法律后果。

三、招投标中侵犯知识产权的侵权后果

（一）侵权著作权、专利权的法律后果

根据《著作权法》第52条的规定，未经他人许可而使用他人作品的，承担停止侵害、消除影响、赔礼道歉、赔偿损失等民事责任。依据《专利法》第11条的规定，发明和实用新型专利权被授予后，除本法另有规定的以外，任何单位或者个人未经专利权人许可，都不得实施其专利，即不得为生产经营目的制造、使用、许诺销售、销售、进口其专利产品，或者使用其专利方法以及使用、许诺销售、销售、进口依照该专利方法直接获得的产品。外观设计专利权被授予后，任何单位或者个人未经专利权人许可，都不得实施其专利，即不得为生产经营目的制造、销售、进口其外观设计专利产品。

可以看出，一旦被认定侵犯他人著作权和专利权的，侵权人首先承担的法律责任就是停止侵权，这意味着正在进行或已经完成的招投标项目将被直接叫停。而且就专利技术而言，侵权人不得在招投标项目中继续实施侵权技术。也就是说，由于技术上的瑕疵，招投标项目会因此终止，除非如上述案例中的结果，法院判令侵权但让招标人承担专利使用费的情形外，招标人无法避免整个招投标过程被废止，招标工程重头再来的不利法律后果。

除了停止侵害、停止使用外，对于侵犯著作权和侵犯专利权也要向权利人赔偿经济损失。由于法律对于侵权赔偿规定比较明确，在此不做过多探讨。

（二）侵犯商业秘密的法律后果

对于侵犯商业秘密的民事赔偿，《反不正当竞争法》没有作具体规定。法院在审理案件时，一般会根据具体的侵权行为、侵权方式和手段、侵权的后果和影响等实际因素来考量赔偿责任。这也导致法院在裁量时使用标准不一，案情相似但结果差距较大。

最高人民法院《关于审理不正当竞争民事案件应用法律若干问题的解释》对侵犯商业秘密的法律后果作了进一步明确规定，确定民事赔偿责任可依据以下方式：(1)因侵权行为导致商业秘密已为公众所知悉的，应当根据该项商业秘密的商业价值确定损害赔偿额。商业秘密的商业价值，根据其研究开发成本、实施该项商业秘密的收益、可得利益、可保持竞争优势的时间等因素确定。(2)确定《反不正当竞争法》第10条规定的侵犯商业秘密行为的损害赔偿额，可以参照确定侵犯专利权的损害赔偿额的方法进行。

（三）侵犯非专利技术的法律后果

依据《专利法》第74条的规定，发明专利申请公布后至专利权授予前使用该发明未支付适当使用费的，专利权人要求支付使用费的诉讼时效为3年，自专利权人得知或者应当得知他人使用其发明之日起计算，但是，专利权人于专利权授予之日前即已得知或者应当得知的，自专利权授予之日起计算。

可以看出，对于非专利技术权利人，其至少可以要求侵权人支付一定的使用费，而一旦专利

权被授予，那么侵权人必定会和上面专利侵权论述的结果一样。因此，对于非专利技术的未经授权的使用和实施，招标人和投标人同样要承受相应的法律责任。

另外，最高人民法院《关于对诉前停止侵犯专利权行为适用法律问题的若干规定》（法释〔2001〕20号）规定，法院可以根据权利人的要求颁布临时禁令，禁止侵犯专利权行为的实施。这一司法解释已因《民法典》的施行而被废止。后续最高人民法院会陆续出台关于临时禁令的相关司法解释。因此，对于招标人和投标人的专利侵权行为，可以颁布临时禁令，正在进行的招标项目或者整体工程都不得不中止。在建设工程招标中，由于工程的中断，招标方将承担巨大的资金压力。即便工程已经实施完毕，投入使用，一旦被判定侵权，法律风险将会超出工程本身。

四、在招投标程序中如何避免侵犯知识产权的风险

从招投标程序的准备阶段、开始阶段以及整个流程始终关注有关知识产权风险，并在相关程序上进行严格控制，利用相关专家资源，是避免日后产生侵权风险的主要策略。招标人可以采取以下方法进行招投标中的法律治理和知识产权侵权风险控制。

（一）建立独立专家制度，规范招标流程

基于招标人在整个招投标过程中的主导地位，一旦招投标出现任何问题，有关法律责任必然会与招标人相关。尽管在多数政府采购项目和某些招标项目中，招标人会聘请招标代理机构进行流程的规划和指导，但是由于招标代理机构仅是一个代理人，最终责任的承担主体仍然是招标人。因此，如果在招标项目中涉及技术较多，或技术背景较为复杂，或项目本身非常重要等情况，一般建议招标人为整个招投标过程设立独立的专家制度。其中既包括技术专家，也包括法律专家。

技术专家的作用在于在评标委员会组成之前，对相关技术作出独立的评估和审查，出具相关的专家意见，在评标委员会组成以后至评标结束，技术专家都能够给予招标人和评标委员会相关的专业性技术意见和指导。

由于是否侵犯他人专利权等知识产权是一个复杂的法律问题，因此聘请有关法律专家参与整个招投标流程显得比较重要。法律专家不仅能够对相关专业法律问题作出分析和判断，辨析招标中涉及的技术是否侵犯了他人的技术或落入了他人的技术范围；而且能够起到法律监督的作用，帮助招标人在整个招投标环节中规范招投标流程，保证招投标程序的依法进行，防止投标人行政投诉现象的产生。

（二）招标人的技术评估和检索程序

相对于投标人来说，招标人可能并不熟悉或不了解招标中的某些技术领域，但是，招标人负有起草招标文件的义务，其必须对技术范畴作出明确规定。因此，招标人在有些项目招标之前对相关技术进行评估和检索显得非常重要。

对于招投标项目涉及某领域的高新应用技术，特别是如果该技术属于一种更新较快或应用范围较广、前景较好的技术，或招标项目是在行业范围内较早使用此技术的，依据笔者的经验，招标人在起草此类技术标时，应当对该领域的相关技术或招投标项目会涉及的技术进行项目评估；并对与该技术相关的授权专利、申请专利以及未授权专利技术作相应的检索，明确技术标的范围。避免可能出现拟定的招标技术标准落入现有专利申请和授权专利范畴，从而失去招标的实际意义。当然，如果招标的技术标准无法绕过现有专利申请和授权专利的技术范围，招标人也可以按照法定程序变更采购方式，采用其他方式向有关权利人订购服务或产品。

（三）技术申报程序

招标人在进行有关评估和检索后，考虑专利的地域性以及检索的复杂程度等因素，招标人的评估检索结果可能会无法完全覆盖招标技术的范围。在此情况下，招标人可以在招标程序中设立相关的技术申报程序。也就是说，招标人可以通知投标人对其正在申请或已经授权的专利技术进行申报，使招标人能够结合投标人申报的技术资料，在法律规定的期限内，对招标文件作出符合法律规定的程序和形式的修改和澄清，避免侵权风险的同时，整个流程亦符合招投标的严格程序。

（四）投标人的知识产权保证

由于招标人对具体的技术领域并不熟悉，其也无法判断投标人起草的技术方案是否未经许可采用了他人的技术方案。为了防止投标人可能的侵权行为，招标文件中应当明确有关知识产权保证条款，规定招标人和投标人的知识产权保证责任和义务；或可以采用单独的承诺书向招标人提交。同时，该保证也能起到追索责任，挽回招标人有关损失的目的。

尽管如此，在起草相关知识产权条款时仍应当考虑其对整个招投标项目的影响和作用。否则，如果责任范围超出了投标人的限度，投标人可能不会再参加招标项目，而最终招投标项目也会因投标人参与人数的不足而无法进行下去。

（五）程序上的及时变更和调整

在招投标进行过程当中，投标人之间或投标人与招标人之间可能会因为技术问题产生争议，有些招标人往往害怕争议或者置争议于不顾，导致招投标被中止或者出现重大瑕疵，因此，招标人此时进行的公正、合理地评判和选择显得尤为关键。

出现这种情况时，招标人可以在法律规定的范畴内对招投标程序进行调整，及时对招投标程序作出合理变更，让招标人和评审委员会全面了解技术争议问题和有关风险。为了在招投标中避免有关知识产权侵权的法律风险，招标人可以建立独立专家制度，完善和规范招标流程，并在有关程序上作必要的补充和调整。当然，对于投标人来说，由于招标人的疏忽，招投标中的侵权风险也始终存在。笔者建议，投标人在参与招投标项目之前或进行时，也应当始终关注招投标可能会导致的知识产权侵权风险问题。因此，投标人做好相关的风险评估也显得十分必要。

第八节　施工企业工法的知识产权保护

一、工法是建筑施工企业的重要知识产权

施工工法是建筑施工企业特有的一种技术成果形式，是指以工程为对象，以工艺为核心，运用系统工程的原理，把先进的技术和科学管理结合起来，经过工程实践形成的综合配套的施工方法。它必须具有先进、适用和保证工程质量与安全、环保、提高施工效率、降低工程成本等特点。

从技术角度看，工法是企业技术实力的重要组成部分，是企业开发应用新技术工作的一项重要内容，也是企业技术水平和施工能力的重要标志。工法开发、编写和推广应用，可以促进企业进行技术积累和技术跟踪，提高企业的技术素质和管理水平，加速科技成果向现实生产力的转化。

从产权角度看，工法能够为其拥有者带来法律所认可的利益，这是工法的产权属性。《工程

建设工法管理办法》第24条规定,获得国家级工法证书的单位为该工法的所有权人。工法并非天然就是知识产权,须经一定程序才能转化为知识产权,得到法律的庇护。

二、工法的保护途径

(一)非公开性保护,即采取商业秘密的方式进行保护

商业秘密,是指不为公众所知悉、能为权利人带来经济利益,具有实用性并经权利人采取保密措施的技术信息和经营信息。工法显然是技术信息,如果采取一定的保密措施,工法就可以作为商业秘密受到法律保护。

非公开性保护,通常具有成本较为低廉,被侵权渠道较少,无期限限制的优点,但由于不具备排他性,即无法阻隔竞争对手通过合法手段开发出同样或类似的施工工艺。企业级工法由于其审定过程集中为企业内部,审定过程泄密渠道较少,且通常技术含量较低,申报为专利可能性不高,或保护成本与其收益脱节,一般来说,适用非公开性保护途径,作为企业商业秘密保护起来。

(二)公开性保护,将工法申报为专利进行保护

专利权,是指国家依法在一定时期内授予发明创造者或者其权利继受者独占使用其发明创造的权利,可分为发明专利、实用新型专利及外观设计专利。如果工法满足新颖性、创造性、实用性特征,就有可能成功申报为专利进行保护。这种权利在一定时期内是独占的、公开的。

公开性保护,保护程序较为复杂,成本较高,存在保护期限,由于公开性特点被侵权可能性大增,但由于具备垄断性、排他性、独占性,可公开阻隔竞争对手开发相同或类似工艺。能采取公开保护途径的工法必须具备较高的科技含量,以通过专利主管部门的审查,通常来说,省部级、国家级工法的技术含量较高,因为受过较高层次的审定,申报专利的成功率较高。

非公开性保护和公开性保护各有利弊,具体采取什么途径除了取决于工法本身的技术含量外,同样受企业知识产权保护策略的影响。

三、建筑施工企业对工法的知识产权保护策略

工法不仅是建筑施工企业技术实力的标志,还可增强企业的市场竞争力,对工法采用适当的保护策略则可使这种技术优势得到最大的发挥。

(一)培养工法的对外保密和知识产权意识

保密并非向外部隐藏企业的技术实力,而是应在展示实力的同时,不泄露工法的核心工艺秘密,最大限度发挥"人无我有""人有我优"的技术优势。如在申报省(部)级和国家级工法时,其保密部分可作为附件送审,工法在对外宣传和公开发表时,删除其保密部分;在国家级展览会或相关学术、技术会议公开发表的工法应在发表后6个月内,及时申报专利。工法的知识产权属企业所有,但应注意保护参与者署名等人身性权利,由于这些关系到参与者今后的职业生涯高度,如果未妥善保护,将极大引发员工的不公平感和降低员工的创造积极性。

(二)申报专利前实行评估制度,选择性申报专利

专利申报前应评估其成功难度、成本、收益、影响等。在专利申报前应充分评估工法的技术含量,申报程序的复杂性,做好维护成本收益分析等。并非所有工法工艺达到了专利申报的技术含量,就应该申报专利,专利保护有垄断性、排他性、独占性的优点,但同时具备有期限、易侵权的特点,工法申报专利应扬长避短。一般来说,基础性的工法适合申报专利,由于其基础性特征其他工法需在此基础上进行改进,专利的垄断性特征可在一定时期内阻隔竞争对手的开发步伐;属

于行业科技攻关热点的工法如果成功申报为专利,亦可在一定时期内保持行业领先地位。

（三）增强工法的利用水平

工法、专利多寡确实影响企业技术实力的社会美誉度,但绝不应该仅仅将之视作“荣誉”,作为保持技术实力行业领先的手段,应用于生产经营创造利润,才是专利存在的根本立足点。工法一旦形成,甚至上升到专利,不是工法使命的结束,恰是其使命的开始:一是推广工法应用于生产经营,直接为企业降低成本、创造利润;二是在技术投标前期策划阶段,以己方已掌握的工法(或专利)对招标方进行有意识地引导,提高竞争对手技术准入门槛;三是提高对外技术转让的“有偿”意识。

（四）选择专利代理机构代理申报增加成功率

虽然某些工法的技术含量足以申报为专利,但专利申报程序的复杂性非一般专利拥有者所能胜任,一旦决定申报,企业应该利用专利代理机构的专业判断、能力、人脉来增加成功率。

第九节　建筑业企业知识产权战略

企业知识产权战略是企业参与市场竞争的武器,是企业通过对市场及自身知识产权特点和规律的研究,建立企业自主知识产权,充分运用知识产权管理和保护制度,以达到确立市场竞争中的优势地位,谋取最佳经济和社会效益而制订的整体性规划和一系列的策略和措施。越来越多的中国企业家认识到知识产权战略的重要性,着手制定自己的知识产权发展战略。中国企业在知识产权上明显缺位,强化企业知识产权保护,提高企业发展创新能力,全面建立企业知识产权战略仍是一项重要而艰巨的工作。而这项工作的完成不能单纯依靠行政手段去促成,更重要的是需要企业提高自我发展意识。①

在经济全球化的今天,建筑业企业同样要面对知识产权带来的机遇和挑战,同其他领域相比,这种机遇和挑战或许更加的严峻。首先,建筑产品价值相对较高,技术层面上研发领域较宽,技术进步、技术创新所带来的经济效益应是可观的;其次,建筑业企业中人员素质参差不齐,高素质人才较少,技术研发能力较 IT 等行业有一定的差距。鉴于上述两点,当具有强劲知识产权战略的外国企业进入中国市场,将会使我国建筑业企业受到巨大的冲击,丧失技术上的优势,建筑业将处于被动地位。建筑业企业要做大做强,就必须建立企业知识产权战略,依靠技术使现有的与其他企业相同的资本、人力和生产资料发挥更高的效用,获取竞争优势。

一、建筑业企业知识产权发展存在的主要问题

（一）建筑业企业知识产权观念淡漠

建筑企业往往对知识产权重视程度不够,还没有充分意识到知识产权,尤其是专利技术对企业发展的重要性。有一些企业甚至不知道什么是知识产权,更不知道申请专利的重要意义。还有一些建筑企业之所以不申请专利,主要考虑以下几个原因:一是专利申请时间太长。在我国,一个发明专利从申请到授权需 5～6 年,更长的需 7～8 年,待审期间每年还要交 300 元维持费。

---

① 刘国涛、马凤玲:《知识产权战略》,世界知识出版社 2016 年版,第 256 页。

而一般工程建设期为2~3年,如果在工程施工中有了创新成果要申请专利的话,往往是专利还未申请到手,工程早已结束。所以施工企业大多不愿把精力放在马拉松式的专利申请上,而是把注意力放到下一个工程中。二是行政行为干预较强,缺乏有效的防范专利侵权的手段。建筑企业申请了专利,要防止别人来侵权,就必须时时注意其他施工企业是否使用了自己的技术专利,并且要花较多的精力去辨别、收集他人侵权行为的种种特征以及证据。即使上述过程都非常顺利,但真正解决专利纠纷争议又是一个漫长而且无奈的过程,少则两年,多则三四年,甚至更长的时间,加上地方保护主义,客观上使建筑企业对专利法律保护的信心不是很足。三是专利权属分配难。一个建设工程,往往有开发单位、设计单位、施工单位、监理单位等,其中施工单位中还分总承包单位、专业分包单位等。如果在实际施工中应用的科技创新申请了某项专利,该项专利的权属究竟归谁也是一个令人头疼的问题,弄得不好会使几家单位之间良好的合作关系出现裂痕。

上述原因是客观存在的,建筑企业专利申请虽然存在一定难度,但专利申请量少的一个最关键原因还是对知识产权的淡漠。建筑业不是没有可申请的创新成果,而是建筑企业对专利申请的不重视,加之我国知识产权管理制度方面的某些原因,导致建筑企业宁愿更多地让创新成果以技术秘密的形式存在,而不是去申请专利。技术秘密虽然对保护企业个体利益是有利的,但因缺乏相互间技术成果的交流借鉴,无助于整个行业技术水平的提升。

(二)建筑业企业知识产权保护意识不足

一项技术发明,只有经过法律程序确认才能取得专利权,才能够受到有关知识产权法律的保护,否则只能通过商业秘密的形式由企业自主地保护。但是在现实中,许多建筑业企业并不是对技术成果实施商业秘密保护,而是由于技术保护意识的不足,或是行政推广行为,致使具有经济价值的技术成果以各种形式公之于众。企业不将自己的技术成果申请知识产权保护,就会面临巨大损失;企业不珍惜自己的技术成果,就等于放弃在市场中的竞争优势,损失的不仅是一点经济利益,而是企业重大的发展机会。例如,“工程设计”被列入《著作权法》保护范围,建设工程设计企业、房地产开发企业应当重视著作权的保护工作,对设计图、模型等著作权进行保护,甚至对建筑物本身的著作权进行保护。然而,侵犯“工程设计”著作权的现象在现实中随处可见,并未引起建设工程设计企业、房地产开发企业的高度重视,大量智力劳动成果在无形中流失,十分令人痛心。

二、建筑业企业知识产权战略对策

建筑业企业制定知识产权战略的目的是把知识产权作为财富、无形资产和市场竞争的“武器”,提升企业竞争力,这就要求建筑业企业要正确确定知识产权战略与管理的原则、目标和基本任务。制定企业发展规划时,应将知识产权的发展作为重要的一部分纳入其中。国家建设行政主管部门对建筑业企业建立知识产权战略也相当重视。原建设部副部长黄卫在2004年11月召开的“建筑企业改革和发展研讨公”上的讲话中指出,“我国建筑业要实现跨越式发展,必须要制定建筑业中长期技术创新规划和有关政策措施,加大保护知识产权的力度,积极引导和促进建筑业总体技术水平的提高。同时要积极采用国际标准和国外先进标准,鼓励建筑业企业制定具有自身特点的企业技术标准和施工工法,不断增加企业的核心技术储备。要采用强制措施,即在以后的建筑业企业考核评定中,要将知识产权管理制度的落实状况和专利的申请数量作为重要的指标”。在考核企业发展业绩时,知识产权应是一个重要指标,这个指标除了对“获得多少专利数、申请多少商标”之类的数量考核,更应核定知识产权作为无形资产的价值变化。建筑业企业

如何建立知识产权战略,是知识产权理论和实践研究中的一个难点。建议应重点从以下几个方面入手:

(一)强化产权意识

对于国内建筑业企业家来说,建立知识产权战略要有一个全面、长远而行之有效的总体策略,其中包括转变思想,树立知识经济和知识产权意识,增强企业知识产权的信息管理,扩大企业品牌信誉,加大科研投入。产权意识的强化主要体现在以下几个方面:一是学习有关法律规定,能运用知识产权保护自身利益,又能规范行为,尊重他人的知识产权;二是无论新技术新产品的研发,还是设备与技术的二次开发,都应积极申请著作权与相关专利,保护企业的创新成果;三是在引进新技术、新工艺时明确知识产权归属与法律状态,提高建筑企业品牌意识,注重商标注册,充分发挥品牌优势,在工程招投标中要对标书采用技术进行专利检索和图纸版权登记检索,营造建筑业良好的知识产权保护氛围。

(二)建立健全知识产权管理和保护制度

结合建筑行业、企业自身的实际建立健全知识产权管理和保护制度,包括专利管理制度、商标管理制度、技术及商业秘密管理制度等,减少因专利保护不充分、不及时造成的高新技术流失。企业知识产权战略必须要通过上述具体的知识产权管理制度而具有可操作性。

(三)健全企业知识产权管理的组织体系

由企业决策层、企业的知识产权管理部门、企业中与知识产权有关的业务和技术部门及社会上知识产权专业服务机构构成的组织体系是知识产权战略得以实施的重要保障。加强知识产权信息收集与分析工作,利用先进的网络技术对专利文献、商标注册等知识产权信息进行检索查询,并对知识产权信息进行分类管理、分析研究、及时反馈,做到知己知彼。

(四)加速创新和技术开发,重视人才培养

有目的地加速创新和技术开发,在市场竞争中形成自主知识产权。要求建筑业企业了解自己所在领域中的主要竞争对手和竞争技术,在此基础上确定本企业的技术创新和技术开发战略。建立企业技术开发队伍,提高这支队伍的技术创新素质,重视知识产权法律人才的培养。不断通过会议、定期组织专项培训等形式,有效地强化知识产权保护意识,并使企业全员掌握知识产权保护的一些基础知识。① 改变科技成果评价体系,制定有利于促进专利保护的政策措施,推动技术发明的产业化。充分重视专利信息的检索、传播与运用,科研中避免重复研究,提高研究起点和水平,技术引进中避免侵犯专利权。

三、建筑业企业知识产权战略在现实中的运用

我国建筑业从内部来讲,亟须提升整体技术水平;从外部来讲,国内国际市场竞争日趋激烈,中国建筑业要走向世界,尽快改变目前知识产权保护不到位的状况刻不容缓。

(一)品牌提高了企业的竞争优势地位,成为建筑业企业巨大的无形资产

商标是商品或服务的标志,是企业的重要知识产权,是市场竞争的重要手段,也是企业最有增值潜力的财富。商标是用法律手段固定化的品牌。现代联合控股集团在十几年前就注册了198个"现代"商标,2004年年初,媒体传出消息:现代联合控股集团的董事长章鹏飞,状告"中鸿天"名下的北京现代城商标侵权,向潘石屹索赔1亿元人民币。2001年,大连万达集团在保护知

---

① 吴俊杰:《建筑业企业知识产权现状及战略分析》,载《城市建设理论研究》2013年第16期。

识产权方面出新招:将其住宅小区注册商标。由其开发的中央商务区豪华公寓项目“雍景台”获原国家工商局商标局受理注册,一同注册的还有该公司在大连开发建设的“星海人家”“龙祥花园”“香海花园”等6个住宅小区名称。

经过十几年的发展,中国的房地产也已经走上快车道。2003年国务院《关于促进房地产市场持续健康发展的通知》已经对我国房地产业的地位和作用做了充分的肯定。随着行业的发展,消费者的成熟,房地产市场要求有一个有序的市场竞争环境,“培育品牌,这是房地产市场发展的需要,也是企业提高市场竞争能力的需要。品牌的培育,首先必须有好的产品品质,第二要有准确的产品市场定位,要有好的文化内涵的产品品位”。① 企业商标权的价值会随着其传播范围的扩大而不断升值,这一点已成为无可争议的定论。房地产企业应树立商标意识和商标保护意识,尽快申请商标;并根据有关法律规定建立商标保护制度,申请防御商标,打击侵权行为。

(二)专利保护是新技术权益最有效的保护方式

建筑业企业通过专利权的获得取得某技术的独占权而取得经济上的垄断地位,同时可以通过专利权的实施许可融通资金,扩大市场占有率,从而实现企业的扩张。根据IPC国际专利分类表,房地产商可以在如下技术上申请专利:一般建筑物构造;建筑物的墙,如间壁墙、隔绝墙的构造;专门用于墙的连接;屋顶;楼板;顶棚;建筑物的隔绝或其他防护;结构构件;屋面覆盖层;天窗;檐槽;建筑物的装修工程,如楼梯,楼面;专门用途的建筑物或类似的构筑物;游泳或溅水浴槽或池;桅杆;围栏;一般帐篷或天篷;在建筑物的开口处用的固定式或移动式闭合装置,如门、窗、遮帘、栅门等。建筑业企业专利维权可以从政府监管部门施工图入手(施工图纸、水电图纸、工程质检部门图纸、燃气部门图纸、消防部门图纸、房屋销售图纸、产权证图纸等,都能反映出户型组合中是否有专利侵权行为),维权资料广泛,再加之不可移动建筑物为专利产品。对地产开发商、施工设计单位、施工建筑单位、销售代理商,侵权责任认定明确,维权是可靠的。

未来世界的竞争就是知识产权的竞争,而现在建筑市场竞争亦日趋激烈,一方面,随着城市建设步伐的加快,一大批重大工程纷纷上马,给建筑施工提出了更高的技术要求;另一方面,中国加入WTO后,建筑企业不仅要面对国内对手,还要与国外众多对手抢夺市场,企业自身拥有一批自主知识产权成为竞争的重要砝码。在经济日益发展的今天,建筑业企业要战胜竞争对手,必须增强知识产权战略意识,取得和保持竞争优势。知识产权是保护企业资源的一种有效的法律机制,企业在一定的期限内对受到保护的法律对象拥有垄断权;企业可以将这种垄断权转化成企业竞争优势的源泉。适应知识经济的发展,企业应围绕知识产权运营与保护开展工作,通过企业知识产权的法律运作实现经济利益。建筑业的知识产权保护是一项系统工程,需要政府监管,企业自律,工程建设方遵守法规,尊重工程承包企业,从业人员应增强知识产权保护的法律意识。只有环环相扣,全面重视知识产权的保护,才能推进行业的健康发展。

---

① 孟宪生:《房地产企业如何利用知识产权取得竞争优势》,载《住宅产业》2007年第7期。

第十三章　建设工程环境保护法律制度

基于建设工程对环境的巨大影响,各国都制定了相应法律法规来保护人类赖以生存的环境,防治建设工程对环境的影响。我国现行法律也有这方面的规定,但这些法律法规并未得到完全有效的实施,我国的建设工程环境保护法律制度还有待完善。一直以来,人类的生存和发展都离不开环境;而让生活于现代社会的人们摒弃各种建设工程活动,其情景也是不可想象的。如何进一步完善我国的建设工程环境保护法律制度,保护人类美好的环境,维护可持续发展的生存空间是本章的研究目的。本章对建设工程项目各个阶段对环境造成的影响进行了分析,对现行法律法规的制定和实施现状进行了研究,并提出一些具有创新性和可操作性的建议。

第一节　建设工程环境保护法律制度概述①

一、建设工程的环境问题

一个建设工程项目,寿命周期包括规划设计阶段、施工阶段、运行维护阶段和拆除阶段,而其对环境的影响贯穿各个阶段。

(一)建设工程项目规划设计阶段的环境问题

规划设计阶段虽然不直接产生环境影响和破坏,但是这一阶段对环境产生的间接影响却非常巨大。建设单位对项目的选址,以及设计师对建筑的结构、构件、材料的选用,均与建设项目对资源的消耗和环境的影响密切相关。因此,完善项目规划设计阶段的环境保护法律法规是从源头上解决建筑环境问题的治本措施。

---

① 本节主要资料来源为马凤玲、刘晓宏:《新〈环境保护法〉视野下的建筑工程环境保护法律制度研究》,载王彤宇主编:《山东省法学会课题研究成果选编(2016)》,山东人民出版社2016年版,第303~318页。该文章也是2015山东省法学会课题"新《环境保护法》视野下的建筑工程环境保护法律制度研究"[SLS(2015)G39]的结项成果。

(二)建设工程项目施工阶段的环境问题

任何建设工程都需要建筑施工,建筑施工对环境影响至巨。在施工准备期,原材料的获取对环境的不利影响包括以下方面:对能源和资源的耗费;对土地和森林的破坏;水、大气以及噪声污染的产生。① 在施工过程中,不同的施工阶段对环境有不同的影响,现简要分析如下:

1. 地下施工阶段

基坑,尤其是深基坑在开挖时,一般会对其周围的土体位移和地下水位产生不利影响,并可能对邻近结构的安全构成威胁,甚至对之构成破坏;在进行打桩施工时,通常会伴生剧烈的振动,并发出巨大的噪声,这会对周围居民的健康产生不利影响。

2. 地面施工阶段

在施工现场,建筑材料一般都是随意堆放,且无遮盖,无围栏;稍有风来,便是尘土飞扬,若有雨降,更是污水横流。施工废水一般含有大量的污染物质,如建材粉末、杂物、泥沙等,在绝大多数的施工场地,前述废水与建筑施工人员倾倒的生活污水往往不加区分,不经任何过滤措施就直接排入下水道,很容易在城市市区的排水管网中形成淤积,进而对雨季的排水防涝形成障碍。运载散粒状建筑材料、回填土、废料、废土的运输车辆,由于防范措施不到位,在运输途中往往会发生尘土撒落现象。在施工现场及其周围,树木往往会被任意砍伐,绿地会被肆意铲除。工程竣工后,平整场地通常会就地取材,使用施工剩余的灰土、沙石、砖瓦和杂物等,这一做法给园林绿化工作制造了很大的困难。前述种种行为,极为严重地破坏了城市环境。②

(三)建设工程项目使用养护至拆除阶段的环境问题

在使用养护阶段,建设工程引发的环境问题主要是其对能源的大量消耗。在世界范围,从平均水平来看,总能耗的37%为建筑能耗所占用。发达国家总能耗的30% ~40%为建筑能耗所占用,其中,约20%为建筑使用能耗所占用,约10%为设备、材料、施工用能所占用。③ 在我国,全国总能耗的大约25%为建筑能耗所占用;其中,9% ~11%为建筑使用能耗所占用;近几年来,随着商用建筑和住宅的增多,建筑能耗在总能耗中所占的比例还在不断增长。

在使用养护阶段,建设工程引发的另外一个环境问题是由装修材料带来的。装修材料会释放有害物质,对建筑物内的空气造成污染。装修材料中的化学物质渗透到室内,会对人体健康造成持续性的危害。重则致人生病,甚至死亡;轻则影响人的舒适程度。

在拆除阶段,建设工程引发的环境问题主要是由噪声、粉尘和建筑垃圾带来的。其中,对环境影响最大的当属建筑垃圾。在我国,每年城市垃圾的产生量已经超过1亿吨;其中,建筑垃圾占垃圾总量的三到四成,约为4000万吨。目前,我国多数建设工程尚未采取适宜的方式来处理建筑垃圾,大部分建筑垃圾以简易填埋方式进行处置,还有一部分建筑垃圾以露天堆放方式放置。④

二、建设工程环境保护法律制度的现状

目前,我国的环境保护法律体系已经相对健全,形成了以《环境保护法》这部环境基本法为

---

① 和丽萍、卢云涛、陈异晖:《建设项目环境影响评价中面临的政策性制约因素及对策研究》,载《环境与可持续发展》2012年第6期。

② 黄志军:《城市规划建设中的环境保护策略的分析》,载《民营科技》2014年第3期。

③ 蔡虎瑞、纪冰冰:《浅析建筑工程施工中节能技术的应用》,载《河南科技》2015年第9期。

④ 董伟、郭秋兰:《城镇建筑垃圾的处置现状及综合开发利用对策》,载《山西农经》2015年第12期。

中心,以污染防治控制法和环境要素保护法为两翼,并辅以环境监管方面的法律法规为一体的、全面协调的法律体系。在环境保护法律制度中,与建设工程关系最为密切的制度是建设工程项目环境影响评价制度和建设工程项目“三同时”制度。

(一)建设工程项目环境影响评价制度的现状

1. 建设工程项目环境影响评价制度立法概况

2002 年,全国人大常委会通过了《环境影响评价法》,该法于 2003 年 9 月 1 日施行。《环境影响评价法》共五章,三十八条,除了总则和附则以外,规定了环境影响评价(分为规划、建设项目两个类别)及其法律责任。该法的施行是我国环境资源立法进入新阶段的标志,我国环评法律制度自此发生了根本变化。

环境影响评价是一种方法和制度,方法和制度主要是分析、预测、评估规划和建设项目实施后可能造成的环境影响,进行跟踪监测,并针对不良影响提出预防或减轻的对策、措施。建设单位有义务在规划设计阶段,按照《环境影响评价法》的规定填报环境影响登记表、编制环境影响报告表或环境影响报告书。

2. 建设工程项目环境影响评价制度实施状况

第一,环境影响评价的技术和信息支持不足。目前,为环境影响评价体系提供服务的信息资源,如经济、生态、气象、水文、土壤等基础数据资料比较缺乏,不能全面满足环评工作需求;并且,前述信息分由多个不同的部门所掌握,尚未实现高效共享,这一现象在很大程度上影响了环评工作预测的准确性以及相应对策的有效性。为此,我国应当建立服务于环评工作的信息库,并将其交由一个部门管理,以便于使用。①

第二,环评工作经常落后于项目可行性研究的进度。项目可行性研究主要从财政、技术、经济等方面进行考察,前述资料相对而言容易获得,故而可行性研究的进度较快。而环评工作则要进行咨询、调查,有时还需要大范围地发放问卷,故而进度相对缓慢。一般而言,项目环评工作的完成都要滞后于项目可行性研究工作。为了解决这一问题,数据和信息库的建立和使用是方法之一;另外,可以考虑加强对环评人员的培训,提高其业务水平。

第三,环评工作的公众参与程度远远不够。在我国,公众参与环评工作的范围小,程度低。产生这一问题的原因主要有两点:首先,公民缺乏环境意识;其次,开发单位的建设要求较为迫切。在实践中,与公众参与程度不够相伴生的问题是,公众参与的有效性存疑。

第四,我国环境影响评价的主体单一,这与复杂的建设工程环评工作的开展不相适应。在我国,环评工作由取得相应资格的单位承担。就复杂的环评工作的开展而言,环评主体的范围有必要进行扩大。与此相关的是,环评主体之间的制约机制较为匮乏,为解决这一问题,有必要对环评主体的职责进行强化。

(二)建设工程项目“三同时”制度的现状

1. 建设工程项目“三同时”制度立法概况

“三同时”制度,是建筑项目规划设计阶段的一项重要法律制度。该制度始于 20 世纪 70 年代初。国务院在 1972 年批转的《国家计委、国家建委关于官厅水库污染情况和解决意见的报告》中,提出了“工厂建设与三废利用工程要同时设计、同时施工、同时投产”的要求。此后,“三同时”制度又在多项政策和法律中得到肯定和完善。1989 年颁布的《环境保护法》对“三同时”制度

① 余祺:《环评中的信息失真及纠正对策》,载《资源信息与工程》2016 年第 2 期。

再次进行确认。

按照 1989 年颁布的《环境保护法》第 26 条的规定,建设项目中有防治污染设施的,该设施要与主体工程同时设计、同时施工、同时投产使用。审批环境影响报告书的主管部门应当对防治污染的设施进行验收,验收合格后,建设项目方可投产、使用。对于防治污染的设施,建设单位不得擅自闲置或拆除,确需闲置或拆除的,须经环保主管部门同意。同时,为了促进“三同时”制度的有效实施,《环境保护法》在第五章“法律责任”中,针对违反“三同时”的行为,专门规定了法律责任。“三同时”制度在加强建筑项目环境保护、防止生态破坏和环境污染、防止环境质量恶化等方面发挥了重要作用。

2. 建设工程项目“三同时”制度实施状况

“三同时”制度与环境影响评价制度,共同构成了遵循“预防为主”原则的完整的建筑项目环境保护法律制度。二者相互结合,相得益彰,在环境保护方面效果显著。尤其是在防范对环境影响较大的建筑项目的环境污染方面,“三同时”制度发挥了重要作用。但该制度也有不足,主要表现在如下几个方面:

第一,在同时设计阶段,建设单位以及设计单位往往会抱着一切从简的心态,尤其是当遭遇资金不足的状况时,设计单位会主动放弃一些环保建设项目。

第二,在同时施工阶段,当遭遇资金短缺或资金不到位的境况时,建设单位往往会要求停建或缓建相关的环保项目。

第三,在同时投产阶段,在既无必要的环保设施,也未通过主管部门验收的情况下,一些项目就擅自投产使用;环保部门依法对其进行处罚时,往往又会遭到行政干预。

第四,环保项目的正常运转率较低。“三同时”制度对建设项目和配套的环保设施,从设计、施工到投产的全过程均进行了严格规定,其目的是确保污染防治设施的有效运作,保护环境。然而,在实践中,很多企业建设环保设施仅仅是为了应付主管部门的检查,据不完全统计,正常运转的污染防治设施仅占全部污染防治设施的 1/3 左右。在市场经济体制条件之下,建筑企业与其他大多数企业一样,是自主经营、自负盈亏的经济主体,仅仅依赖行政手段来保证“污染防治设施必须与主体工程同时设计、同时施工、同时投产使用”这一规定的施行,往往难以达到预期效果。主管部门为了查处违法,投入了大量人力、物力,但与数量巨大的排污企业相比,有限的执法人员必然会感力不从心。

第二节　建设工程施工环境保护法律制度

《环境保护法》规定,排放污染物的企业事业单位和其他生产经营者,应当采取措施,防治在生产建设或者其他活动中产生的废气、废水、废渣、医疗废物、粉尘、恶臭气体、放射性物质以及噪声、振动、光辐射、电磁辐射等对环境的污染和危害。排放污染物的企业事业单位,应当建立环境保护责任制度,明确单位负责人和相关人员的责任。

《建筑法》规定,建筑施工企业应当遵守有关环境保护和安全生产的法律、法规的规定,采取控制和处理施工现场的各种粉尘、废气、废水、固体废物以及噪声、振动对环境的污染和危害的措施。《建设工程安全生产管理条例》进一步规定,施工单位应当遵守有关环境保护法律、法规的规定，在施工现场采取措施，防止或者减少粉尘、废气、废水、固体废物、噪声、振动和施工照明对人和环境的危害和污染。

一、施工现场环境噪声污染防治

环境噪声，是指在工业生产、建筑施工、交通运输和社会生活中所产生的干扰周围生活环境的声音。环境噪声污染，是指产生的环境噪声超过国家规定的环境噪声排放标准，并干扰他人正常生活、工作和学习的现象。在工程建设领域，环境噪声污染的防治主要包括两个方面：一是施工现场环境噪声污染的防治；二是建设项目环境噪声污染的防治。后者主要是解决建设项目建成后使用过程中可能产生的环境噪声污染问题，前者则是要解决建设工程施工过程中产生的施工噪声污染问题。

（一）施工现场环境噪声污染的防治

施工噪声，是指在建设工程施工过程中产生的干扰周围生活环境的声音。随着城市化进程的不断加快及工程建设的大规模开展，施工噪声污染问题日益突出，尤其是在城市人口稠密地区的建设工程施工中产生的噪声污染，不仅影响周围居民的正常生活，而且损害城市的环境形象。

1. 排放建筑施工噪声应当符合建筑施工场界环境噪声排放标准

《环境噪声污染防治法》规定，在城市市区范围内向周围生活环境排放建筑施工噪声的，应当符合国家规定的建筑施工场界环境噪声排放标准。所谓噪声排放，是指噪声源向周围生活环境辐射噪声。建筑施工场界，是指由有关主管部门批准的建筑施工场地边界或建筑施工过程中实际使用的施工场地边界。2011 年 12 月经修改后公布的《建筑施工场界环境噪声排放标准》（GB 12523—2011）规定，建筑施工过程中场界环境噪声不得超过规定的排放限值。建筑施工场界环境噪声排放限值，昼间 70dB（A），夜间 55 dB（A）。夜间噪声最大声级超过限值的幅度不得高于 15 dB（A）。“昼间”是指 6:00～22:00 的时段；“夜间”是指 22:00～次日 6:00 的时段。县级以上人民政府为环境噪声污染防治的需要（如考虑时差、作息习惯差异等）而对昼间、夜间的划分另有规定的，应按其规定执行。

2. 使用机械设备可能产生环境噪声污染必须申报

《环境噪声污染防治法》规定，在城市市区范围内，建筑施工过程中使用机械设备，可能产生环境噪声污染的，施工单位必须在工程开工 15 日以前向工程所在地县级以上地方人民政府生态环境主管部门申报该工程的项目名称、施工场所和期限、可能产生的环境噪声值以及所采取的环境噪声污染防治措施的情况。

3. 禁止夜间进行产生环境噪声污染的施工作业

在城市市区噪声敏感建筑物集中区域内，禁止夜间进行产生环境噪声污染的建筑施工作业，但抢修、抢险作业和因生产工艺上要求或者特殊需要必须连续作业的除外。因特殊需要必须连续作业的，必须有县级以上人民政府或者其有关主管部门的证明。以上规定的夜间作业，必须公告附近居民。所谓噪声敏感建筑物集中区域，是指医疗区、文教科研区和以机关或者居民住宅为主的区域。所谓噪声敏感建筑物，是指医院、学校、机关、科研单位、住宅等需要保持安静的建筑物。

4. 政府监管部门的现场检查

《环境噪声污染防治法》规定，县级以上人民政府生态环境主管部门和其他环境噪声污染防治工作的监督管理部门、机构，有权依据各自的职责对管辖范围内排放环境噪声的单位进行现场检查。被检查的单位必须如实反映情况,并提供必要的资料。检查部门、机构应当为被检查的单位保守技术秘密和业务秘密。检查人员进行现场检查,应当出示证件。

(二)建设项目环境噪声污染的防治

《环境噪声污染防治法》规定,新建、改建、扩建的建设项目,必须遵守国家有关建设项目环境保护管理的规定。

建设项目可能产生环境噪声污染的,建设单位必须提出环境影响报告书,规定环境噪声污染的防治措施,并按照国家规定的程序报生态环境主管部门批准。环境影响报告书中,应当有该建设项目所在地单位和居民的意见。

建设项目的环境噪声污染防治设施必须与主体工程同时设计、同时施工、同时投产使用。建设项目在投入生产或者使用之前,其环境噪声污染防治设施必须按照国家规定的标准和程序进行验收;达不到国家规定要求的,该建设项目不得投入生产或者使用。

(三)交通运输噪声污染的防治

建设工程施工有大量的运输任务,还会产生交通运输噪声。所谓交通运输噪声,是指机动车辆、铁路机车、机动船舶、航空器等交通运输工具在运行时所产生的干扰周围生活环境的声音。

《环境噪声污染防治法》规定,在城市市区范围内行驶的机动车辆的消声器和喇叭必须符合国家规定的要求。机动车辆必须加强维修和保养,保持技术性能良好,防治环境噪声污染。

警车、消防车、工程抢险车、救护车等机动车辆安装、使用警报器,必须符合国务院公安部门的规定;在执行非紧急任务时,禁止使用警报器。

(四)对产生环境噪声污染企业事业单位的规定

《环境噪声污染防治法》规定,产生环境噪声污染的企业事业单位,必须保持防治环境噪声污染的设施的正常使用;拆除或者闲置环境噪声污染防治设施的,必须事先报经所在地的县级以上地方人民政府生态环境主管部门批准。

产生环境噪声污染的单位,应当采取措施进行治理,并按照国家规定缴纳超标准排污费。征收的超标准排污费必须用于污染的防治,不得挪作他用。

对于在噪声敏感建筑物集中区域内造成严重环境噪声污染的企业事业单位,限期治理。被限期治理的单位必须按期完成治理任务。

二、施工现场大气污染防治

在工程建设领域,对于大气污染的防治也包括施工现场和建设项目两大方面。

(一)施工现场大气污染的防治

《大气污染防治法》规定,企业事业单位和其他生产经营者应当采取有效措施,防止、减少大气污染,对所造成的损害依法承担责任。企业事业单位和其他生产经营者向大气排放污染物的,应当依照法律法规和国务院生态环境主管部门的规定设置大气污染物排放口。禁止通过偷排、篡改或者伪造监测数据、以逃避现场检查为目的的临时停产、非紧急情况下开启应急排放通道、不正常运行大气污染防治设施等逃避监管的方式排放大气污染物。

建设单位应当将防治扬尘污染的费用列入工程造价,并在施工承包合同中明确施工单位扬尘污染防治责任。施工单位应当制定具体的施工扬尘污染防治实施方案。施工单位应当在施工工地设置硬质围挡,并采取覆盖、分段作业、择时施工、洒水抑尘、冲洗地面和车辆等有效防尘降尘措施。建筑土方、工程渣土、建筑垃圾应当及时清运;在场地内堆存的,应当采用密闭式防尘网遮盖。工程渣土、建筑垃圾应当进行资源化处理。

施工单位应当在施工工地公示扬尘污染防治措施、负责人、扬尘监督管理主管部门等信息。暂时不能开工的建设用地，建设单位应当对裸露地面进行覆盖；超过 3 个月的，应当进行绿化、铺装或者遮盖。禁止在人口集中地区和其他依法需要特殊保护的区域内焚烧沥青、油毡、橡胶、塑料、皮革、垃圾以及其他产生有毒有害烟尘和恶臭气体的物质。

运输煤炭、垃圾、渣土、砂石、土方、灰浆等散装、流体物料的车辆应当采取密闭或者其他措施防止物料遗撒造成扬尘污染，并按照规定路线行驶。装卸物料应当采取密闭或者喷淋等方式防治扬尘污染。贮存煤炭、煤矸石、煤渣、煤灰、水泥、石灰、石膏、砂土等易产生扬尘的物料应当密闭；不能密闭的，应当设置不低于堆放物高度的严密围挡，并采取有效覆盖措施防治扬尘污染。码头、矿山、填埋场和消纳场应当实施分区作业，并采取有效措施防治扬尘污染。

住房和城乡建设部办公厅《关于进一步加强施工工地和道路扬尘管控工作的通知》（建办质〔2019〕23 号）指出，地方各级住房和城乡建设主管部门及有关部门要按照《大气污染防治法》的规定，依法依规强化监管，严格督促建设单位和施工单位落实施工工地扬尘管控责任：(1) 建设单位的责任。建设单位应将防治扬尘污染的费用列入工程造价，并在施工承包合同中明确施工单位扬尘污染防治责任。暂时不能开工的施工工地，建设单位应当对裸露地面进行覆盖；超过 3 个月的，应当进行绿化、铺装或者遮盖。(2) 施工单位的责任。施工单位应制定具体的施工扬尘污染防治实施方案，在施工工地公示扬尘污染防治措施、负责人、扬尘监督管理主管部门等信息。施工单位应当采取有效防尘降尘措施，减少施工作业过程扬尘污染，并做好扬尘污染防治工作。

建设单位和施工单位积极采取有效防尘降尘措施，提高文明施工和绿色施工水平：(1) 对施工现场实行封闭管理。城市范围内主要路段的施工工地应设置高度不小于 2.5 米的封闭围挡，一般路段的施工工地应设置高度不小于 1.8 米的封闭围挡。施工工地的封闭围挡应坚固、稳定、整洁、美观。(2) 加强物料管理。施工现场的建筑材料、构件、料具应按总平面布局进行码放。在规定区域内的施工现场应使用预拌混凝土及预拌砂浆；采用现场搅拌混凝土或砂浆的场所应采取封闭、降尘、降噪措施；水泥和其他易飞扬的细颗粒建筑材料应密闭存放或采取覆盖等措施。(3) 注重降尘作业。施工现场土方作业应采取防止扬尘措施，主要道路应定期清扫、洒水。拆除建筑物或构筑物时，应采用隔离、洒水等降噪、降尘措施，并应及时清理废弃物。施工进行铣刨、切割等作业时，应采取有效防扬尘措施；灰土和无机料应采用预拌进场，碾压过程中应洒水降尘。(4) 硬化路面和清洗车辆。施工现场的主要道路及材料加工区地面应进行硬化处理，道路应畅通，路面应平整坚实。裸露的场地和堆放的土方应采取覆盖、固化或绿化等措施。施工现场出入口应设置车辆冲洗设施，并对驶出车辆进行清洗。(5) 清运建筑垃圾。土方和建筑垃圾的运输应采用封闭式运输车辆或采取覆盖措施。建筑物内施工垃圾的清运，应采用器具或管道运输，严禁随意抛掷。施工现场严禁焚烧各类废弃物。(6) 加强监测监控。鼓励施工工地安装在线监测和视频监控设备，并与当地有关主管部门联网。当环境空气质量指数达到中度及以上污染时，施工现场应增加洒水频次，加强覆盖措施，减少易造成大气污染的施工作业。

（二）建设项目大气污染的防治

《大气污染防治法》规定，新建、扩建、改建向大气排放污染物的项目，必须遵守国家有关建设项目环境保护管理的规定。

建设项目的环境影响报告书，必须对建设项目可能产生的大气污染和对生态环境的影响作出评价，规定防治措施，并按照规定的程序报生态环境主管部门审查批准。例如，新建、扩建排放二氧化硫的火电厂和其他大中型企业,超过规定的污染物排放标准或者总量控制指标的,必须建设配套脱硫、除尘装置或者采取其他控制二氧化硫排放、除尘的措施;炼制石油、生产合成氨、煤气和燃煤焦化、有色金属冶炼过程中排放含有硫化物气体的,应当配备脱硫装置或者采取其他脱硫措施等。

建设项目投入生产或者使用之前,其大气污染防治设施必须经过生态环境主管部门验收,达不到国家有关建设项目环境保护管理规定的要求的建设项目,不得投入生产或者使用。

(三)对向大气排放污染物单位的监管

《大气污染防治法》规定,地方各级人民政府应当加强对建设施工和运输的管理,保持道路清洁,控制料堆和渣土堆放,扩大绿地、水面、湿地和地面铺装面积,防治扬尘污染。

从事房屋建筑、市政基础设施建设、河道整治以及建筑物拆除等的施工单位,应当向负责监督管理扬尘污染防治的主管部门备案。

企业事业单位和其他生产经营者在生产经营活动中产生恶臭气体的,应当科学选址,设置合理的防护距离,并安装净化装置或者采取其他措施,防止排放恶臭气体。

企业事业单位和其他生产经营者违反法律法规规定排放大气污染物,造成或者可能造成严重大气污染,或者有关证据可能灭失或者被隐匿的,县级以上人民政府生态环境主管部门和其他负有大气环境保护监督管理职责的部门,可以对有关设施、设备、物品采取查封、扣押等行政强制措施。

三、施工现场水污染防治

水污染防治包括江河、湖泊、运河、渠道、水库等地表水体以及地下水体的污染防治。《水污染防治法》规定,水污染防治应当坚持预防为主、防治结合、综合治理的原则,优先保护饮用水水源,严格控制工业污染、城镇生活污染,防治农业面源污染,积极推进生态治理工程建设,预防、控制和减少水环境污染和生态破坏。

(一)施工现场水污染的防治

《水污染防治法》规定,排放水污染物,不得超过国家或者地方规定的水污染物排放标准和重点水污染物排放总量控制指标。具体包括:(1)禁止向水体排放油类、酸液、碱液或者剧毒废液。禁止在水体清洗装贮过油类或者有毒污染物的车辆和容器。禁止向水体排放、倾倒放射性固体废物或者含有高放射性和中放射性物质的废水。向水体排放含低放射性物质的废水,应当符合国家有关放射性污染防治的规定和标准。(2)禁止向水体排放、倾倒工业废渣、城镇垃圾和其他废弃物。禁止将含有汞、镉、砷、铬、铅、氰化物、黄磷等的可溶性剧毒废渣向水体排放、倾倒或者直接埋入地下。存放可溶性剧毒废渣的场所,应当采取防水、防渗漏、防流失的措施。禁止在江河、湖泊、运河、渠道、水库最高水位线以下的滩地和岸坡堆放、存贮固体废弃物和其他污染物。(3)禁止利用渗井、渗坑、裂隙、溶洞,私设暗管,篡改、伪造监测数据,或者不正常运行水污染防治设施等逃避监管的方式排放水污染物。禁止利用无防渗漏措施的沟渠、坑塘等输送或者存贮含有毒污染物的废水、含病原体的污水和其他废弃物。(4)在饮用水水源保护区内,禁止设置排污口。在风景名胜区水体、重要渔业水体和其他具有特殊经济文化价值的水体的保护区内,不得新建排污口。在保护区附近新建排污口,应当保证保护区水体不受污染。(5)兴建地下工程设施或者进行地下勘探、采矿等活动,应当采取防护性措施,防止地下水污染。人工回灌补给地下水,不得恶化地下水质。

《城镇排水与污水处理条例》(国务院令第641号)规定,城镇排水主管部门应当会同有关部门,按照国家有关规定划定城镇排水与污水处理设施保护范围,并向社会公布。在保护范围内,有关单位从事爆破、钻探、打桩、顶进、挖掘、取土等可能影响城镇排水与污水处理设施安全的活动的,应当与设施维护运营单位等共同制定设施保护方案,并采取相应的安全防护措施。建设工程开工前,建设单位应当查明工程建设范围内地下城镇排水与污水处理设施的相关情况。城镇排水主管部门及其他相关部门和单位应当及时提供相关资料。建设工程施工范围内有排水管网等城镇排水与污水处理设施的,建设单位应当与施工单位、设施维护运营单位共同制定设施保护方案,并采取相应的安全保护措施。因工程建设需要拆除、改动城镇排水与污水处理设施的,建设单位应当制定拆除、改动方案,报城镇排水主管部门审核,并承担重建、改建和采取临时措施的费用。

《城镇污水排入排水管网许可管理办法》(建法规〔2019〕6号)进一步规定,未取得排水许可证,排水户不得向城镇排水设施排放污水。各类施工作业需要排水的,由建设单位申请领取排水许可证。因施工作业需要向城镇排水设施排水的,排水许可证的有效期,由城镇排水主管部门根据排水状况确定,但不得超过施工期限。排水户应当按照排水许可证确定的排水类别、总量、时限、排放口位置和数量、排放的污染物项目和浓度等要求排放污水。排水户不得有下列危及城镇排水设施安全的行为:(1)向城镇排水设施排放、倾倒剧毒、易燃易爆物质、腐蚀性废液和废渣、有害气体和烹饪油烟等;(2)堵塞城镇排水设施或者向城镇排水设施内排放、倾倒垃圾、渣土、施工泥浆、油脂、污泥等易堵塞物;(3)擅自拆卸、移动和穿凿城镇排水设施;(4)擅自向城镇排水设施加压排放污水。排水户因发生事故或者其他突发事件,排放的污水可能危及城镇排水与污水处理设施安全运行的,应当立即停止排放,采取措施消除危害,并按规定及时向城镇排水主管部门等有关部门报告。城镇排水主管部门实施排水许可不得收费。

(二)发生事故或者其他突发性事件的处理

《水污染防治法》规定,企业事业单位发生事故或者其他突发性事件,造成或者可能造成水污染事故的,应当立即启动本单位的应急方案,采取隔离等应急措施,防止水污染物进入水体,并向事故发生地的县级以上地方人民政府或者生态环境主管部门报告。

四、施工现场固体废物污染环境防治

固体废物污染环境,是指固体废物在产生、收集、贮存、运输、利用、处置的过程中产生的危害环境的现象。《固体废物污染环境防治法》规定,国家对固体废物污染环境的防治,实行减少固体废物的产生量和危害性、充分合理利用固体废物和无害化处置固体废物的原则,促进清洁生产和循环经济发展。

(一)施工现场固体废物污染环境的防治

施工现场的固体废物主要是建筑垃圾和生活垃圾。固体废物又分为一般固体废物和危险废物。所谓危险废物,是指列入国家危险废物名录或者根据国家规定的危险废物鉴别标准和鉴别方法认定的具有危险特性的固体废物。

1.一般固体废物污染环境的防治

《固体废物污染环境防治法》规定,产生固体废物的单位和个人,应当采取措施,防止或者减少固体废物对环境的污染。

收集、贮存、运输、利用、处置固体废物的单位和个人,必须采取防扬散、防流失、防渗漏或者其他防止污染环境的措施;不得擅自倾倒、堆放、丢弃、遗撒固体废物。禁止任何单位或者个人向江河、湖泊、运河、渠道、水库及其最高水位线以下的滩地和岸坡等法律、法规规定禁止倾倒、堆放废弃物的地点倾倒、堆放固体废物。

转移固体废物出省、自治区、直辖市行政区域贮存、处置的,应当向固体废物移出地的省、自治区、直辖市人民政府环境保护行政主管部门提出申请。移出地的省、自治区、直辖市人民政府环境保护行政主管部门应当经接受地的省、自治区、直辖市人民政府环境保护行政主管部门同意后,方可批准转移该固体废物出省、自治区、直辖市行政区域。未经批准的,不得转移。

《城市建筑垃圾管理规定》(建设部令第139号)进一步规定,施工单位不得将建筑垃圾交给个人或者未经核准从事建筑垃圾运输的单位运输。处置建筑垃圾的单位在运输建筑垃圾时,应当随车携带建筑垃圾处置核准文件,按照城市人民政府有关部门规定的运输路线、时间运行,不得丢弃、遗撒建筑垃圾,不得超出核准范围承运建筑垃圾。

2. 危险废物污染环境防治的特别规定

对危险废物的容器和包装物以及收集、贮存、运输、处置危险废物的设施、场所,必须设置危险废物识别标志。以填埋方式处置危险废物不符合国务院环境保护行政主管部门规定的,应当缴纳危险废物排污费。危险废物排污费用于污染环境的防治,不得挪作他用。

禁止将危险废物提供或者委托给无经营许可证的单位从事收集、贮存、利用、处置的经营活动。运输危险废物,必须采取防止污染环境的措施,并遵守国家有关危险货物运输管理的规定。禁止将危险废物与旅客在同一运输工具上载运。

收集、贮存、运输、处置危险废物的场所、设施、设备和容器、包装物及其他物品转作他用时,必须经过消除污染的处理,方可使用。

产生、收集、贮存、运输、利用、处置危险废物的单位,应当制定意外事故的防范措施和应急预案,并向所在地县级以上地方人民政府环境保护行政主管部门备案;环境保护行政主管部门应当进行检查。因发生事故或者其他突发性事件,造成危险废物严重污染环境的单位,必须立即采取措施消除或者减轻对环境的污染危害,及时通报可能受到污染危害的单位和居民,并向所在地县级以上地方人民政府环境保护行政主管部门和有关部门报告,接受调查处理。

3. 施工现场固体废物的减量化和回收再利用

原建设部发布的《绿色施工导则》(建质〔2007〕223号)规定,加强建筑垃圾的回收再利用,力争建筑垃圾的再利用和回收率达到30%,建筑物拆除产生的废弃物的再利用和回收率大于40%。对于碎石类、土石方类建筑垃圾,可采用地基填埋、铺路等方式提高再利用率,力争再利用率大于50%。施工现场生活区设置封闭式垃圾容器,施工场地生活垃圾实行袋装化,及时清运。对建筑垃圾进行分类,并收集到现场封闭式垃圾站,集中运出。

(二)建设项目固体废物污染环境的防治

《固体废物污染环境防治法》规定,在国务院和国务院有关主管部门及省、自治区、直辖市人民政府划定的自然保护区、风景名胜区、饮用水水源保护区、基本农田保护区和其他需要特别保护的区域内,禁止建设工业固体废物集中贮存、处置的设施、场所和生活垃圾填埋场。

第三节　建设工程节约能源法律制度

节约能源,是指加强用能管理,采取技术上可行、经济上合理以及环境和社会可以承受的措施,从能源生产到消费的各个环节,降低消耗、减少损失和污染物排放、制止浪费,有效、合理地利用能源。

节约资源是我国的基本国策。国家实施节约与开发并举、把节约放在首位的能源发展战略。

一、施工合理使用与节约能源

在工程建设领域,节约能源主要包括建筑节能和施工节能两个方面。《民用建筑节能条例》规定,"民用建筑节能,是指在保证民用建筑使用功能和室内热环境质量的前提下,降低其使用过程中能源消耗的活动"。施工节能则是要解决施工过程中的节约能源问题,如《绿色施工导则》规定,"绿色施工是指工程建设中,在保证质量、安全等基本要求的前提下,通过科学管理和技术进步,最大限度地节约资源与减少对环境负面影响的施工活动,实现四节一环保(节能、节地、节水、节材和环境保护)"。

(一)建筑节能

《节约能源法》规定,国家实行固定资产投资项目节能评估和审查制度。不符合强制性节能标准的项目,建设单位不得开工建设;已经建成的,不得投入生产、使用。政府投资项目不符合强制性节能标准的,依法负责项目审批的机关不得批准建设。国家鼓励在新建建筑和既有建筑节能改造中使用新型墙体材料等节能建筑材料和节能设备,安装和使用太阳能等可再生能源利用系统。建设工程的建设、设计、施工和监理单位应当遵守建筑节能标准。

1. 采用太阳能、地热能等可再生能源

《民用建筑节能条例》规定,国家鼓励和扶持在新建建筑和既有建筑节能改造中采用太阳能、地热能等可再生能源。在具备太阳能利用条件的地区,有关地方人民政府及其部门应当采取有效措施,鼓励和扶持单位、个人安装使用太阳能热水系统、照明系统、供热系统、采暖制冷系统等太阳能利用系统。

2. 新建建筑节能

国家推广使用民用建筑节能的新技术、新工艺、新材料和新设备,限制使用或者禁止使用能源消耗高的技术、工艺、材料和设备。国家限制进口或者禁止进口能源消耗高的技术、材料和设备。建设单位、设计单位、施工单位不得在建筑活动中使用列入禁止使用目录的技术、工艺、材料和设备。

(1)施工图审查机构的节能义务。施工图设计文件审查机构应当按照民用建筑节能强制性标准对施工图设计文件进行审查;经审查不符合民用建筑节能强制性标准的,县级以上地方人民政府建设主管部门不得颁发施工许可证。

(2)建设单位的节能义务。建设单位不得明示或者暗示设计单位、施工单位违反民用建筑节能强制性标准进行设计、施工,不得明示或者暗示施工单位使用不符合施工图设计文件要求的墙体材料、保温材料、门窗、采暖制冷系统和照明设备。按照合同约定由建设单位采购墙体材料、保温材料、门窗、采暖制冷系统和照明设备的,建设单位应当保证其符合施工图设计文件要求。建设单位组织竣工验收,应当对民用建筑是否符合民用建筑节能强制性标准进行查验;对不符合民用建筑节能强制性标准的,不得出具竣工验收合格报告。

(3)设计单位、施工单位、工程监理单位的节能义务。设计单位、施工单位、工程监理单位及其注册执业人员,应当按照民用建筑节能强制性标准进行设计、施工、监理。施工单位应当对进入施工现场的墙体材料、保温材料、门窗、采暖制冷系统和照明设备进行查验;不符合施工图设计文件要求的,不得使用。工程监理单位发现施工单位不按照民用建筑节能强制性标准施工的,应当要求施工单位改正;施工单位拒不改正的,工程监理单位应当及时报告建设单位,并向有关主管部门报告。墙体、屋面的保温工程施工时,监理工程师应当按照工程监理规范的要求,采取旁站、巡视和平行检验等形式实施监理。未经监理工程师签字,墙体材料、保温材料、门窗、采暖制冷系统和照明设备不得在建筑上使用或者安装,施工单位不得进行下一道工序的施工。

3. 既有建筑节能

既有建筑节能改造,是指对不符合民用建筑节能强制性标准的既有建筑的围护结构、供热系统、采暖制冷系统、照明设备和热水供应设施等实施节能改造的活动。

(二)施工节能

《循环经济促进法》规定,建筑设计、建设、施工等单位应当按照国家有关规定和标准,对其设计、建设、施工的建筑物及构筑物采用节能、节水、节地、节材的技术工艺和小型、轻型、再生产品。有条件的地区,应当充分利用太阳能、地热能、风能等可再生能源。

1. 节材与材料资源利用

国家鼓励利用无毒无害的固体废物生产建筑材料,鼓励使用散装水泥,推广使用预拌混凝土和预拌砂浆。禁止损毁耕地烧砖。在国务院或者省、自治区、直辖市人民政府规定的期限和区域内,禁止生产、销售和使用黏土砖。

《绿色施工导则》进一步规定,图纸会审时,应审核节材与材料资源利用的相关内容,达到材料损耗率比定额损耗率降低30%;根据施工进度、库存情况等合理安排材料的采购、进场时间和批次,减少库存;现场材料堆放有序;储存环境适宜,措施得当;保管制度健全,责任落实;材料运输工具适宜,装卸方法得当,防止损坏和遗洒;根据现场平面布置情况就近卸载,避免和减少二次搬运;采取技术和管理措施提高模板、脚手架等的周转次数;优化安装工程的预留、预埋、管线路径等方案;应就地取材,施工现场500公里以内生产的建筑材料用量占建筑材料总重量的70%以上。

2. 节水与水资源利用

《循环经济促进法》规定,国家鼓励和支持使用再生水。企业应当发展串联用水系统和循环用水系统,提高水的重复利用率。企业应当采用先进技术、工艺和设备,对生产过程中产生的废水进行再生利用。

《绿色施工导则》进一步对提高用水效率、非传统水源利用和安全用水作出规定,具体如下。

(1)提高用水效率:①施工中采用先进的节水施工工艺。②施工现场喷洒路面、绿化浇灌不宜使用市政自来水。现场搅拌用水、养护用水应采取有效的节水措施,严禁无措施浇水养护混凝土。③施工现场供水管网应根据用水量设计布置,管径合理、管路简捷,采取有效措施减少管网和用水器具的漏损。④现场机具、设备、车辆冲洗用水必须设立循环用水装置。施工现场办公区、生活区的生活用水采用节水系统和节水器具,提高节水器具配置比率。项目临时用水应使用节水型产品,安装计量装置,采取针对性的节水措施。⑤施工现场建立可再利用水的收集处理系统,使水资源得到梯级循环利用。⑥施工现场分别对生活用水与工程用水确定用水定额指标,并分别计量管理。⑦大型工程的不同单项工程、不同标段、不同分包生活区,凡具备条件的应分别计量用水量。在签订不同标段分包或劳务合同时,将节水定额指标纳入合同条款,进行计量考核。⑧对混凝土搅拌站点等用水集中的区域和工艺点进行专项计量考核。施工现场建立雨水、中水或可再利用水的搜集利用系统。

(2)非传统水源利用:①优先采用中水搅拌、中水养护,有条件的地区和工程应收集雨水养护。②处于基坑降水阶段的工地,宜优先采用地下水作为混凝土搅拌用水、养护用水、冲洗用水和部分生活用水。③现场机具、设备、车辆冲洗,喷洒路面,绿化浇灌等用水,优先采用非传统水源,尽量不使用市政自来水。④大型施工现场,尤其是雨量充沛地区的大型施工现场建立雨水收集利用系统,充分收集自然降水用于施工和生活中适宜的部位。⑤力争施工中非传统水源和循环水的再利用量大于30%。

(3)安全用水:在非传统水源和现场循环再利用水的使用过程中,应制定有效的水质检测与卫生保障措施,确保避免对人体健康、工程质量以及周围环境产生不良影响。

3. 节能与能源利用

《绿色施工导则》对节能措施,机械设备与机具,生产、生活及办公临时设施,施工用电及照明分别作出了规定,具体如下。

(1)节能措施:①制订合理施工能耗指标,提高施工能源利用率。②优先使用国家、行业推荐的节能、高效、环保的施工设备和机具,如选用变频技术的节能施工设备等。③施工现场分别设定生产、生活、办公和施工设备的用电控制指标,定期进行计量、核算、对比分析,并制定预防与纠正措施。④在施工组织设计中,合理安排施工顺序、工作面,以减少作业区域的机具数量,相邻作业区充分利用共有的机具资源。安排施工工艺时,应优先考虑耗用电能的或其他能耗较少的施工工艺。避免设备额定功率远大于使用功率或超负荷使用设备的现象。⑤根据当地气候和自然资源条件,充分利用太阳能、地热等可再生能源。

(2)机械设备与机具:①建立施工机械设备管理制度,开展用电、用油计量,完善设备档案,及时做好维修保养工作,使机械设备保持低耗、高效的状态。②选择功率与负载相匹配的施工机械设备,避免大功率施工机械设备低负载长时间运行。机电安装可采用节电型机械设备,如逆变式电焊机和能耗低、效率高的手持电动工具等,以利节电。机械设备宜使用节能型油料添加剂,在可能的情况下,考虑回收利用,节约油量。③合理安排工序,提高各种机械的使用率和满载率,降低各种设备的单位耗能。

(3)生产、生活及办公临时设施:①利用场地自然条件,合理设计生产、生活及办公临时设施的体形、朝向、间距和窗墙面积比,使其获得良好的日照、通风和采光。南方地区可根据需要在其外墙窗设遮阳设施。②临时设施宜采用节能材料,墙体、屋面使用隔热性能好的材料,减少夏天空调、冬天取暖设备的使用时间及耗能量。③合理配置采暖、空调、风扇数量,规定使用时间,实行分段分时使用,节约用电。

(4)施工用电及照明:①临时用电优先选用节能电线和节能灯具,临电线路合理设计、布置,临电设备宜采用自动控制装置。采用声控、光控等节能照明灯具。②照明设计以满足最低照度为原则,照度不应超过最低照度的20%。

4. 节地与施工用地保护

《绿色施工导则》对临时用地指标、临时用地保护、施工总平面布置分别作出了规定。

(1)临时用地指标:①根据施工规模及现场条件等因素合理确定临时设施,如临时加工厂、现场作业棚及材料堆场、办公生活设施等的占地指标。临时设施的占地面积应按用地指标所需的最低面积设计。②要求平面布置合理、紧凑,在满足环境、职业健康与安全及文明施工要求的前提下尽可能减少废弃地和死角,临时设施占地面积有效利用率大于90%。

(2)临时用地保护:①应对深基坑施工方案进行优化,减少土方开挖和回填量,最大限度地减少对土地的扰动,保护周边自然生态环境。②红线外临时占地应尽量使用荒地、废地,少占用农田和耕地。工程完工后,及时对红线外占地恢复原地形、地貌,使施工活动对周边环境的影响降至最低。③利用和保护施工用地范围内原有绿色植被。对于施工周期较长的现场,可按建筑永久绿化的要求,安排场地新建绿化。

(3)施工总平面布置:①施工总平面布置应做到科学、合理,充分利用原有建筑物、构筑物、道路、管线为施工服务。②施工现场搅拌站、仓库、加工厂、作业棚、材料堆场等布置应尽量靠近已有交通线路或即将修建的正式或临时交通线路,缩短运输距离。③临时办公和生活用房应采用经济、美观、占地面积小、对周边地貌环境影响较小,且适合于施工平面布置动态调整的多层轻钢活动板房、钢骨架水泥活动板房等标准化装配式结构。生活区与生产区应分开布置,并设置标准的分隔设施。④施工现场围墙可采用连续封闭的轻钢结构预制装配式活动围挡,减少建筑垃圾,保护土地。⑤施工现场道路按照永久道路和临时道路相结合的原则布置。施工现场内形成环形通路,减少道路占用土地。⑥临时设施布置应注意远近结合(本期工程与下期工程),努力减少和避免大量临时建筑拆迁和场地搬迁。

二、施工节能技术进步和激励措施

(一)节能技术进步

《节约能源法》规定,国家鼓励、支持节能科学技术的研究、开发、示范和推广,促进节能技术创新与进步。

1. 政府政策引导

国务院管理节能工作的部门会同国务院科技主管部门发布节能技术政策大纲,指导节能技术研究、开发和推广应用。县级以上各级人民政府应当把节能技术研究开发作为政府科技投入的重点领域,支持科研单位和企业开展节能技术应用研究,制定节能标准,开发节能共性和关键技术,促进节能技术创新与成果转化。

2. 政府资金扶持

《循环经济促进法》规定,国务院和省、自治区、直辖市人民政府设立发展循环经济的有关专项资金,支持循环经济的科技研究开发、循环经济技术和产品的示范与推广、重大循环经济项目的实施、发展循环经济的信息服务等。利用财政性资金引进循环经济重大技术、装备的,应当制定消化、吸收和创新方案,报有关主管部门审批并由其监督实施;有关主管部门应当根据实际需要建立协调机制,对重大技术、装备的引进和消化、吸收、创新实行统筹协调,并给予资金支持。

(二)节能激励措施

按照《节约能源法》《循环经济促进法》的规定,主要有如下相关的节能激励措施:

1. 财政安排节能专项资金

中央财政和省级地方财政安排节能专项资金，支持节能技术研究开发、节能技术和产品的示范与推广、重点节能工程的实施、节能宣传培训、信息服务和表彰奖励等。国家通过财政补贴支持节能照明器具等节能产品的推广和使用。

2. 税收优惠

国家对生产、使用列入国务院管理节能工作的部门会同国务院有关部门制定并公布的节能技术、节能产品推广目录的需要支持的节能技术、节能产品，实行税收优惠等扶持政策。运用税收等政策，鼓励先进节能技术、设备的进口，控制在生产过程中耗能高、污染重的产品的出口。对促进循环经济发展的产业活动给予税收优惠，并运用税收等措施鼓励进口先进的节能、节水、节材等技术、设备和产品，限制在生产过程中耗能高、污染重的产品的出口。企业使用或者生产列入国家清洁生产、资源综合利用等鼓励名录的技术、工艺、设备或者产品的，按照国家有关规定享受税收优惠。

3. 信贷支持

国家引导金融机构增加对节能项目的信贷支持，为符合条件的节能技术研究开发、节能产品生产以及节能技术改造等项目提供优惠贷款。推动和引导社会有关方面加大对节能的资金投入，加快节能技术改造。对符合国家产业政策的节能、节水、节地、节材、资源综合利用等项目，金融机构应当给予优先贷款等信贷支持，并积极提供配套金融服务。对生产、进口、销售或者使用列入淘汰名录的技术、工艺、设备、材料或者产品的企业，金融机构不得提供任何形式的授信支持。

4. 价格政策

国家实行有利于节能的价格政策，引导施工单位和个人节能。运用财税、价格等政策，支持推广电力需求侧管理、合同能源管理、节能自愿协议等节能办法。国家实行有利于资源节约和合理利用的价格政策，引导单位和个人节约和合理使用水、电、气等资源性产品。

5. 表彰奖励

各级人民政府对在节能管理、节能科学技术研究和推广应用中有显著成绩以及检举严重浪费能源行为的单位和个人，给予表彰和奖励。企业事业单位应当对在循环经济发展中作出突出贡献的集体和个人给予表彰和奖励。

第四节　绿色建筑法律制度

绿色建筑被认为是解决建筑业可持续发展的有效途径。发展绿色建筑在节能减排、保护环境和促进生态文明建设等多方面有重大意义。

一、绿色建筑的内涵

“绿色建筑”（Green Building）的理念在国际上最早产生于20世纪60年代，是在生态学和建筑学综合研究之下提出的。1990年，世界首个绿色建筑标准在英国发布。1992年，在巴西里约热内卢的联合国环境与发展大会上，与会者第一次正式确立“绿色建筑”概念，绿色建筑由此成为兼顾环境与健康的研究体系，并在越来越多的国家实施和推广，成为当今世界建筑发展的重要方向。此后，绿色建筑由理念到实践在发达国家逐步完善，各国先后成立了绿色建筑协会等组织，推出了各自的绿色建筑标准，同时通过加强技术交流与合作，共同探索继续深化实践绿色建筑的发展道路。

“绿色建筑”的概念于20世纪90年代开始引入我国，自1992年巴西里约热内卢的联合国环境与发展大会以来，我国政府相续颁布了若干相关纲要、导则和政策规定，大力推动绿色建筑的发展。2006年，原建设部正式颁布了《绿色建筑评价标准》（GB/T 50378—2006，已失效），同时签署了“绿色建筑科技行动”合作协议，为绿色建筑技术发展和科技成果产业化奠定了基础。2007年出台了《绿色建筑评价技术细则（试行）》（已失效）和《绿色建筑评价标识管理办法（试行）》（已失效），此后又相继启动了《绿色工业建筑评价标准》（GB/T 50878—2013）和《绿色办公建筑评价标准》（GB/T 50908—2013）的编制工作，逐步完善了适合中国国情的绿色建筑评价体系。①

绿色建筑也称生态建筑、生态化建筑、可持续建筑。关于绿色建筑的概念，美国环保署（EPA）将“绿色建筑”定义为以生态环保和节约资源的方式所设计、建造、翻新、运营或者再利用的建筑。② 我国《绿色建筑评价标准》也对绿色建筑进行了定义，根据住房和城乡建设部《绿色建筑评价标准》（GB/T 50378—2019，已失效）的规定，绿色建筑，是“指在建筑的全寿命周期内，最大限度地节约资源（节能、节地、节水、节材），保护环境和减少污染，为人们提供健康、适用和高效的使用空间，与自然和谐共生的建筑”。

绿色建筑的内涵包括4个方面：（1）广义上的节能，除建设节地、节能、节水、节材（“四节”）外，主要是强调减少各种资源的浪费；节能就是要求人们在构建和使用建筑物的全过程中，最大限度地节约资源、保护环境、呵护生态和减少污染，将因人类对建筑物的构建和使用活动所造成的对地球资源与环境的负荷和影响降到最低限度。（2）保护环境，强调的是减少环境污染，减少二氧化碳排放。（3）满足人们使用上的要求，为人们提供“健康”“适用”“高效”的使用空间；创造“健康”“适用”“高效”的使用空间是人们构建和使用建筑物的基本要求之一。（4）强调与自然和谐共生。自然和谐即要求人们在构建和使用建筑物的全过程中，亲近、关爱与呵护人与建筑物所处的自然生态环境，将认识世界、适应世界、关爱世界和改造世界统一起来，做到人、建筑与自然和谐共生。只有这样，才能兼顾与协调经济效益、社会效益和环境效益，实现国民经济、人类社会和生态环境的可持续发展。

二、我国绿色建筑的发展

中国绿色建筑的发展现状及方向一直是业界关注的热点。有学者认为按照时间顺序，中国绿色建筑发展可以分为3个阶段：“浅绿”“深绿”“泛绿”。③ 本书把中国绿色建筑的发展分为4个阶段：绿色建筑的萌芽阶段、绿色建筑的试点阶段、绿色建筑的推广阶段和绿色建筑的全面发展阶段。

---

① 牛东宇、张国川：《促进我国绿色建筑发展的若干问题及对策》，载《城市建设理论研究（电子版）》2015年第5期。

② 王义军：《中美绿色建筑政策法规比较研究及我国立法展望》，载《2012年中国国际经济贸易法学研究会第一次会员代表大会暨中国与国际经济法律秩序的变革研讨会论文集》。

③ 孙大明、汤民、张伟：《我国绿色建筑特点和发展方向》，载《建设科技》2011年第7期；王琴、张綦斌、赵丽坤：《中国绿色建筑区域发展路径研究》，载《价值工程》2018年第2期。

（一）绿色建筑的萌芽阶段（1994 年之前）

1973 年，在联合国人类环境大会的影响下，我国首部环保法规性文件《关于保护和改善环境的若干规定（试行草案）》（已失效）由国务院颁布执行。20 世纪 80 年代以后，我国开始提倡建筑节能，但是有关绿色建筑的系统研究还处于初始阶段，许多相关的技术研究领域还是空白。

绿色建筑首先从建筑节能起步。我国的建筑节能工作始于 20 世纪 80 年代。20 世纪 80 年代初期，我国开始改革开放，经济复苏。多年积压的住房紧缺问题爆发，全国范围内掀起了建筑热潮。由于当时建设水平相对较低，建筑质量较差，基本没有考虑保温隔热，建筑冬冷夏热问题突出。在这种情况下，各地尝试研究改善建筑性能的办法，较有代表性的是北方地区生土建筑的研究和实践。由于生土建筑取材方便、造价低廉、施工简单，又可以改善建筑室内环境，至今仍为人们津津乐道，成为中国建筑技术因地制宜的研究典范和绿色建筑的雏形。① 1997 年《民用建筑节能设计标准（采暖居住建筑部分）》发布，建筑节能率目标是 30%，2006 年，该标准修订，将建筑节能率目标提升至 50%，并制订了《建筑节能“九五”计划和 2010 年规划》。

（二）绿色建筑的工作试点阶段（1994 ~ 2004 年）

1994 年我国发表《中国 21 世纪议程》，同时启动国家重大科技产业工程项目——2000 年小康型城乡住宅科技产业工程，1996 年发表《中华人民共和国人类居住发展报告》，对进一步改善和提高居住环境质量提出了更高要求和保障措施。以 1994 年《中国 21 世纪议程》的通过为标志，建筑能耗、占用土地、资源消耗以及建筑室内外环境问题逐渐成为人们关注的焦点。建筑的可持续发展成为政府和行业的共识，绿色建筑探索性的研究开始活跃，通过政府资助和国际合作的研究项目，国外绿色建筑技术和研究成果进入中国，中国绿色建筑的理论逐渐清晰。②

2001 年，原建设部住宅产业化促进中心研究和编制了《绿色生态住宅小区建设要点与技术导则》，提出以科技为先导，以推进住宅生态环境建设及提高住宅产业化水平为总体目标，并以住宅小区为载体，全面提高住宅小区节能、节水、节地、治污总体水平，带动相关产业发展，实现社会、经济、环境效益的统一。2000 年原建设部发布《民用建筑节能管理规定》（已失效），并于 2005 年进行修订，其间还分别出台了夏热冬冷地区和夏热冬暖地区建筑节能规划。自 20 世纪 90 年代绿色建筑概念引入中国，1992 年巴西里约热内卢召开联合国环境与发展大会以来，中国政府相续颁布了若干相关纲要、导则和法规，大力推动绿色建筑的发展。2003 年，中共十六届三中全会提出了“以人为本，树立全面协调可持续发展观，促进经济社会全面发展”的科学发展观战略，为绿色建筑的发展提供了成长的动力和社会基础。

（三）绿色建筑的推广阶段（2004 ~ 2008 年）

2004 年 9 月。原建设部“全国绿色建筑创新奖”的启动标志着我国的绿色建筑发展进入了全面发展阶段。2005 年，首届国际智能与绿色建筑技术研讨会在北京召开。与会的各国代表发表了《北京宣言》，对 21 世纪智能与绿色建筑发展的背景、指导纲领和主要任务取得共识。《北京宣言》认为，世纪之交，国际社会普遍对全球环境保护和发展更为关注，致力于推进可持续发展，以“绿色”思想为指导，将各种先进适用技术应用于建筑物，促进资源节约与环境保护。《北京宣言》还提出，建筑的发展应服务于各类不同的民族和社会群体，尤其应当把服务处于贫穷和落后状态的民族和社会群体当作重任。我们要基于对自然和环境的尊重，植根历史传统，探索未

---

① 卜增文、孙大明、林波荣：《实践与创新：中国绿色建筑发展综述》，载《暖通空调》2012 年第 10 期。

② 刘先觉：《现代城市发展中面临的生态建筑学新课题》，载《建筑学报》1995 年第 2 期。

来,推进绿色适宜技术发展和使用,增强人类绿色价值观和促进绿色生活方式。同时,《北京宣言》还为以后的主要任务制定了方向:"推进思想交流,加强人才培养,完善制度建设,节约与合理利用资源,促进技术发展,重视产品研发,加强传统保护,优化人居建设"。2005年原建设部发布了《关于发展节能省地型住宅和公共建筑的指导意见》。2005年,原建设部、科技部联合出台《绿色建筑技术导则》(已失效),提出因地制宜发展绿色建筑。2006年在第二届国际智能、绿色建筑与建筑节能大会暨新技术与产品博览会上,时任建设部部长就建设发展节能省地型建筑进行了深入的剖析,提出发展节能省地型建筑应该从国民经济结构、经济增长方式转变、国家粮食和安全的高度进行研究、思考。就目前的发展而言,应该抓好建筑节地、节能、节水、节材,注重建筑建造过程中的总资源消耗,按照减量化、再利用、资源化的原则,搞好资源的综合利用,实现建筑的科学发展观,落实建筑可持续发展的具体要求。

这一阶段,一些先行者在建设中尝试使用绿色技术和产品,此阶段绿色理念往往仅体现在产品和技术的应用上,尚不能深入整体环节中,因此被称为"推广"阶段。该阶段建筑的特点主要是:(1)以试点建筑为主,如清华超低能耗楼、上海建科院办公楼等,注重探索绿色技术的效果;(2)较易出现技术堆砌现象,产生外表绿色,但实际能耗高的"外绿内红的西瓜式"建筑;(3)增量成本较高,因初期绿色产品尚未形成规模,小批量采购价格较高,使用进口产品多,种种因素导致此阶段增量成本较高;(4)发展不平衡。①

(四)绿色建筑的全面发展阶段(2008年以后)

这一阶段,我国绿色建筑的推广已不再是中央政府及地方政府为主要力量,拓展到了产业开发及业主,并从政府主导的法律法规转为市场的引导及经济的激励政策。2008年4月,住房和城乡建设部成立了绿色建筑评价标识办公室,其主要职责是对绿色建筑的标识评价进行管理工作,并发布有关的管理要求。2009年,国家开始大力推进一星级、二星级绿色建筑评价标识。在我国"十二五"纲要中,再次提到要大力推广绿色建筑、绿色施工,推广使用先进环保的建筑材料、设备,以及优化的信息结构管理模式。自此,国家第一次将绿色建筑的发展正式列入我国中长期发展规划中。"十二五"期间,财政部、住房和城乡建设部等部门相继发布了《关于加快推动我国绿色建筑发展的实施意见》《绿色建筑和绿色生态城区发展规划》《绿色建筑行动方案》等重要文件,标志着我国绿色建筑发展进入全速发展时期。

2008年举行的第四届国际智能、绿色建筑与建筑节能大会暨新技术与产品博览会以"推广绿色建筑,促进节能减排"为主题,筹建成立了城市科学研究会节能与绿色建筑专业委员会,启动了绿色建筑职业培训及政府培训。2008年,住房和城乡建设部组织推动绿色建筑评价标识和绿色建筑示范工程建设等一系列措施。2008年3月,成立中国城市科学研究会节能与绿色建筑专业委员会,对外以中国绿色建筑委员会的名义开展工作。2008年7月由国务院签发的《民用建筑节能条例》《公共机构节能条例》分别对民用建筑以及公共建筑进行节能管理,以便降低建筑使用过程中的能源消耗,提高能源利用效率。

2009年8月27日,我国政府发布了《关于积极应对气候变化的决议》,提出要立足国情发展绿色经济、低碳经济。2009年11月底,在积极迎接哥本哈根气候变化会议召开之前,我国政府作出决定,到2020年国内单位生产总值二氧化碳排放将比2005年下降40%到45%,作为约束性指标纳入国民经济和社会发展中长期规划,并制定相应的国内统计、监测、考核。2009年,中国建

① 孙大明、汤民、张伟:《我国绿色建筑特点和发展方向》,载《建设科技》2011年第7期。

筑科学研究院环境测控优化研究中心成立，协助地方政府和业主方申请绿色建筑标识。2009年、2010年分别启动了《绿色工业建筑评价标准》（GB/T 50878—2013）、《绿色办公建筑评价标准》（GB/T 50908—2013）的编制工作。2011年举行的第七届国际智能、绿色建筑与建筑节能大会暨新技术与产品博览会以“绿色建筑：让城市生活更低碳、更美好”为主题，传达了国家“十二五”国民经济和社会发展规划关于住房城乡建设领域节能减排的新要求。2012年，住房和城乡建设部发布《关于加强绿色建筑评价标识管理和备案工作的通知》（已失效），鼓励业主、房地产开发、设计、施工和物业管理等相关单位开发绿色建筑。2013年，国家首次出台了强制节能标准，对“十二五”期间的建筑发展提出了目标：城市及乡镇的所有新建建筑都要强制执行绿色建筑能源节约标准。

2013年1月1日，为深入贯彻落实科学发展观，切实转变城乡建设模式和建筑业发展方式，提高资源利用效率，实现节能减排约束性目标，积极应对全球气候变化，建设资源节约型、环境友好型社会，提高生态文明水平，改善人民生活质量，国务院办公厅转发国家发展和改革委员会、住房和城乡建设部制订的《绿色建筑行动方案》。该行动方案分为充分认识开展绿色建筑行动的重要意义，指导思想、主要目标和基本原则，重点任务，保障措施4个部分。重点任务是切实抓好新建建筑节能工作，大力推进既有建筑节能改造，开展城镇供热系统改造，推进可再生能源建筑规模化应用，加强公共建筑节能管理，加快绿色建筑相关技术研发推广，大力发展绿色建材，推动建筑工业化，严格建筑拆除管理程序，推进建筑废弃物资源化利用。

这一阶段，一些充分体现因地制宜思想的绿色建筑逐渐涌现，绿色理念开始深入策划、设计、建设、运行、产品等各环节。该阶段建筑的特点主要是：（1）注重因地制宜原则：对技术的本地适用性进行了分析，并引入传统的建筑节能理念。如重庆市节能示范中心，结合了重庆地区吊脚楼建筑风格。（2）出现绿色改造项目：根据当地气候特征，选择适用技术，使建筑焕发新生。例如南海意库，即结合深圳的气候特点，将旧厂房改建为绿色办公建筑，成为南方地区的节能典范。（3）在普通建筑中构建生态技术体系。如世博沪上·生态家项目，整合里弄、山墙、老虎墙、石库门等上海地域传统元素，并针对江南气候特征，结合上海气候，为高密度城市住宅生态示范。（4）获得绿色建筑设计标识的项目较多，获得绿色运行标识的项目较少。（5）申请多国绿色认证标识成为时尚，一些项目既希望获得国际认证，又能符合国标要求。（6）2010年起，全国绿色建筑增长极快。（7）绿色建筑多缺乏特点，除少量优秀项目外，多数项目相似度高。（8）绿色建筑增量成本呈下降趋势，其中太阳能光伏、地源热泵等设备价格有所下降。（9）绿色建筑的种类不断的增多，包括浙江妇幼保健医院、深圳宝安医院等多个医院进行绿色尝试；上海中心、武汉中心等10多个超高层探索绿色解决之路；苏州金鸡湖酒店、天津圣光酒店等6个绿色环保酒店；西安府谷中学、宁波莼湖中学等绿色学校等。①

自2011年起，国内出现生态城市热潮，带动了绿色建筑从建筑向城区的发展，其中生态城市要求新建建筑中绿色建筑的比例在80%以上，既有建筑改造的比例在50%以上。基于绿色建筑理论研究的成果，北京、上海、广州、杭州等经济发达地区结合自身特点，积极开展了绿色建筑关键技术体系的集成研究和应用实践。一系列示范建筑、节能示范小区、生态小区陆续形成，并且成为我国绿色建筑的技术展示、教育基地和促进研发的平台。截至2012年年底，全国累计评出绿色建筑评价标识项目742项，总建筑面积7581万平方米。由于经济发展水平、气候条件、政策

---

① 孙大明、汤民、张伟：《我国绿色建筑特点和发展方向》，载《建设科技》2011年第7期。

支持等的不同,我国绿色建筑评价标识项目分布不均衡,江苏、广东、上海、山东、北京等省市的项目数量和总建筑面积较多,五省市标识项目数量占全国的57.5%,总面积占全国的53.7%,其中仅江苏省就占全国的23.6%。绿色建筑的继续发展和最终实现,将是绿色的常态化,绿色建筑将成为普通建筑,生态(低碳)城市推动了绿色建筑发展。

三、我国绿色建筑法规体系

目前我国尚无专门对绿色建筑领域的立法,相关的法律中也缺少绿色建筑的具体内容,缺乏明确的法律责任与处罚措施。当涉及法律层面的问题时,现有政策和规定难以解决绿色建筑发展过程当中涉及的各种法律问题。我国第一部规范建筑活动的法律——《建筑法》对建筑节能、新型建材和建筑科技等工作没有作出强制性的规定,而是采用了"支持"、"鼓励"和"提倡"的文字表述。目前,出台的关于绿色建筑的文件,如国家发展和改革委员会、住房和城乡建设部颁布的《绿色建筑行动方案》,地方出台的关于绿色建筑和建筑节能的管理规定等文件多是以"方案""规定"等字样出现,缺乏对绿色建筑中行为各方的法律约束,缺乏法律效力,很难有效解决、制约和调节绿色建筑活动当中出现的与绿色建筑发展不符的各种问题和行为。① 我国绿色建筑法规制度体系的系统性不足,特别是《建筑法》《节约能源法》等没有明确绿色建筑的定位,绿色建筑的上位法缺乏。从绿色建筑规划到绿色建筑拆除都没有健全的法律法规予以支持,也没有有效的法规制度予以约束,必然会导致绿色建筑建设不佳,难以建成真正意义上的绿色建筑,相应的绿色建筑的发展也必然会受到一定影响。② 目前,我国绿色建筑的法律法规体系按照从宏观到微观的顺位,可以分为法律、行政法规及地方性法规、部门规章及标准和配套制度等4个层次。

(一)法律

我国在绿色建筑方面没有专门的法律,关于绿色建筑方面的法律规定,多散见于《节约能源法》《建筑法》《可再生能源法》等法律之中。

我国绿色建筑法律体系以建筑节能制度为基础。关于建筑节能方面的法律主要有:1998年3月1日起施行的《建筑法》,这是我国首次将建筑节能作为发展国家经济的一项长远战略方针;2006年1月1日起施行的《可再生能源法》;1998年1月1日起施行的《节约能源法》。

(二)行政法规

与法律相同,我国目前没有专门规制绿色建筑的行政法规。关于绿色建筑方面的行政法规方面的规定,多散见于《民用建筑节能条例》《公共机构节能条例》等行政法规之中。我国关于建筑节能方面的行政法规主要包括:1991年4月16日国务院发布的《固定资产投资方向调节税暂行条例》,规定节能建筑可以减免固定资产投资方向调节税。此规定对当时建筑节能的发展具有一定的刺激和推动作用,并于2011年1月8日进行修订。国务院还于2000年1月30日发布《建设工程质量管理条例》、2008年10月1日发布《民用建筑节能条例》。特别是《民用建筑节能条例》的出台,为绿色建筑的实施提供了可操作性的法规依据,把我国建筑节能工作推到了一个新的阶段。

(三)部门规章

目前,与绿色建筑相关的节能规章是我国绿色建筑制度的主体,为我国绿色建筑的发展提供

---

① 朱敏:《国内绿色建筑发展现状与立法的必要性研究》,载《城市建设理论研究(电子版)》2016年第15期。

② 李崇乔:《绿色建筑发展现状、挑战与政策建议》,载《建材发展导向》2017年第10期。

了重要的政策保证。

自1998年以来，国务院下属的各部委先后出台了多部与法律法规配套的关于建筑节能或绿色建筑的规章制度，主要有：原建设部1998年4月1日发布的《建筑节能试点示范工程（小区）工作要点》；原国家经济贸易委员会1999年3月1日发布的《重点用能单位节能管理办法》（2018年因国家发展和改革委员会等七部委联合发布的《重点用能单位节能管理办法》而废止）；原建设部、发展和改革委员会与财政部2003年12月5日联合印发的《关于实施〈夏热冬暖地区居住建筑节能设计标准〉的通知》（已失效），原建设部2004年2月11日发布的《建筑节能试点示范工程（小区）管理办法》、2005年11月10日发布的《民用建筑节能管理规定》、2007年8月21日发布的《绿色建筑评价标识管理办法（试行）》。2012年，各部委围绕建筑节能与绿色建筑先后出台了多个红头文件，对绿色建筑的发展起到积极的推动作用，如住房和城乡建设部印发的《"十二五"建筑节能专项规划》及科技部、外交部、发展和改革委员会等16个部门印发的《"十二五"国家应对气候变化科技发展专项规划》（已失效）等。其中财政部、住房和城乡建设部于2012年4月27日出台的《关于加快推动我国绿色建筑发展的实施意见》（以下简称167号文），对绿色建筑的发展起到重要的宏观指导作用，提出"到2020年，绿色建筑占新建建筑比重超过30%，建筑建造和使用过程的能源资源消耗水平接近或达到现阶段发达国家水平"的目标，并对高星级绿色建筑给予财政奖励：2012年奖励标准为二星级绿色建筑45元/平方米，三星级绿色建筑80元/平方米。167号文还提出对按绿色建筑标准设计建造的一般性住宅和公共建筑，实行自愿性评价标识；对按绿色建筑标准设计建造的政府投资的保障性住房、学校、医院等公益性建筑及大型公共建筑，率先实行评价标识。167号文对我国绿色建筑由"启蒙"时代向"快速发展"时代转变起到积极的推动作用，对建设生态城市也具有特殊意义。为落实《绿色建筑行动方案》和《促进绿色建材生产和应用行动方案》的有关要求，推动绿色建筑和建材工业转型升级、推进新型城镇化，2015年10月14日，住房和城乡建设部、工业和信息化部《关于印发〈绿色建材评价标识管理办法实施细则〉和〈绿色建材评价技术导则（试行）〉的通知》发布，要求做好《绿色建材评价标识管理办法》的实施工作。

（四）地方性法规和地方规章

在地方上，自1998年《节能法》开始实施以来，我国各地先后颁布了总计数十项以《节能法》实施条例或者实施办法为主要内容的节能法规。① 比如：《北京市民用建筑节能管理办法》《上海市节约能源条例》《重庆市民用建筑节能管理暂行办法》《山东省节约能源条例》《山东省节能监察办法》《山东省公共机构节能管理办法》等。

如《山东省节约能源条例》规定，对主要耗能行业的单位产品能耗实行预警调控制度。省节能行政主管部门应当会同有关部门根据产业发展水平，制定主要耗能行业单位产品能耗预警控制线。超出预警控制线的，生产单位应当在规定的期限内采取措施，降低能耗；逾期仍超出预警控制线的，可以对生产单位采取调控措施。省节能行政主管部门应当会同有关部门根据国家有关规定和本省经济发展水平，制定本省限期淘汰的用能产品、设备和生产工艺目录，报省人民政府批准后向社会公布。生产、进口和销售的用能产品、设备应当符合强制性能源效率标准。禁止生产、进口、销售国家和省明令淘汰或者不符合强制性能源效率标准的用能产品、设备；禁止使用国家和省明令淘汰的用能设备、生产工艺。

---

① 刘国涛、马凤玲、隋卫东：《协同创新视域中的工程法学研究》，法律出版社2019年版，第421页。

（五）技术标准规范、评估体系、技术导则等

我国目前已经制定了多个与绿色建筑相关的标准规范，包括推行新型建材和新型墙材的标准，初步建立了国家和地方绿色建筑标准体系，已经发布的绿色建筑标准包括《民用建筑热工设计规范》《民用建筑节能设计标准（采暖居住建筑部分）》《夏热冬冷地区居住建筑设计节能标准》，等等。

（六）政策

我国在绿色建筑的倡导和规制方面，政策居多。在国家节能减排大趋势下，政府的宏观政策导向要求商品房的开发更加注重节能和环保性能。为此，国家发展和改革委员会、住房和城乡建设部、自然资源部及生态环境部等部委相继为房地产行业制定了包括土地、财税、建筑标准、环境监督核查等措施在内的多项政策，用以保障绿色建筑的应用和推广。

纵观我国目前推动绿色建筑发展的法律法规，总体来说，我国绿色建筑的法律法规体系在结构上还很不完善，大部分法律规范偏重原则性，缺乏具体的实施细则，法律法规体系尚未完全形成。我国相关部门应继续深入研究和吸取发达国家的成功经验，对绿色建筑相关的法律法规政策进行补充、完善，特别要在《建筑法》《节约能源法》中填补与绿色建筑相关的内容，统筹考虑绿色建筑、建筑节能的有关规定，为其他效力层次较低的政策法规提供上位法的依据。同时，随着绿色建筑工作的深入，应尽快制定出台与绿色建筑密切相关的法律法规，建议以专门法的形式规范绿色建筑实施行为。另外，应加快《城乡规划法》《土地管理法》等有关法律关于绿色建筑条款的修订，使其适应绿色建筑的发展，保证绿色建筑立法体系的完善。我国有关部门应进一步完善配套的行政法规、部门规章以及规范性文件，逐步形成“法律 + 行政法规 + 部门规章 + 规范性文件”，由宏观到微观，相互联系、相互补充、协调一致的绿色建筑法律法规体系，共同推进绿色建筑的市场化和产业化。①

第五节　建筑垃圾治理法律制度

建筑行业是资源耗费巨大的产业，与此同时还要产生大量的垃圾，产生资源和能源的巨大浪费，城市环境也被严重污染。我国城市化的过程中建筑物的拆除，也导致了建筑垃圾的逐年增加，破坏了生态环境，影响了城市的建设和发展。

一、建筑垃圾

（一）建筑垃圾的概念

由于建筑垃圾来源不一、构成十分复杂，且常和城市生活垃圾混杂，由此产生了对建筑垃圾的定义不明确。

2003 年，原建设部发布的《城市建筑垃圾和工程渣土管理规定》（已失效）认为，建筑垃圾，是指建筑业的相关从业单位主要是建设单位和施工企业，在建筑物、构筑物等建设工程的建造、拆

① 王义军：《中美绿色建筑政策法规比较研究及我国立法展望》，载《2012 年中国国际经济贸易法学研究会第一次会员代表大会暨中国与国际经济法律秩序的变革研讨会论文集》。

除过程中所产生的包括弃土、弃料等各种废弃物。2005 年发布的《城市建筑垃圾管理规定》(建设部令第 139 号)对建筑垃圾作了进一步补充说明,从产生主体、产生建设工程和建筑垃圾的内容上看,与 2003 年的规定并无不同。

(二)建筑垃圾处理的相关立法

2020 年修订后颁布的《固体废物污染环境防治法》作为我国城市固体废物处理的根本大法,对建筑垃圾作了专门规定,施工企业有义务及时清运和处置在施工过程中产生的建筑垃圾,防止建筑垃圾污染环境。《城市市容和环境卫生管理条例》规定,城市的工程施工现场的材料、机具应当堆放整齐,渣土应当及时清运。

2012 年修订后颁布的《清洁生产促进法》规定,建设工程所用的建筑材料、构配件及设备等,必须符合国家标准,有毒、有害物质超出国家标准的建筑材料等不得用于生产、销售和使用。该法试图从源头上控制建筑垃圾的产出。

《城市建筑垃圾管理规定》对建筑垃圾的规定在内容上最为丰富和翔实,同时明显加强了对违规行为的处罚力度。该规定明确提出,建筑垃圾的处置要实行减量化原则、资源化原则和无害化原则,并且秉承产生和承担处置责任主体相一致的原则,在此基础上,国家倡导对建筑垃圾的综合资源化利用,引导建设单位、施工企业在施工过程中以采用建筑垃圾综合利用产品为优先选择。这是我国相关法律法规首次提出建筑垃圾综合利用方面的内容,表明了国家对建筑垃圾综合利用的支持政策。

2018 年修正后颁布的《循环经济促进法》规定,对于建设工程在施工过程中产生的建筑废物,建设单位有进行综合利用的义务。建设单位不能对建筑废物进行综合利用的,应当委托具有相关条件的专门的生产经营者进行综合利用或无害化处理建筑废物。这是我国首次强调对施工过程中的建筑垃圾进行处理,但是这只是一个原则上的描述,并没有提出具体惩罚措施。

我国开展资源综合回收利用虽然已经有十多年的历史,但立法主要还是针对建筑垃圾运输、倾倒和填埋过程进行控制,对建筑垃圾产生的源头管理只是作了原则上的说明,也没有强制性措施保障建筑垃圾的综合回收和利用,实践中难以贯彻执行。

二、建筑垃圾治理现状与存在的问题

(一)建筑垃圾治理现状

20 世纪 90 年代以来,发达国家就已经把城市建筑垃圾减量化和资源化处理作为环境保护和可持续发展的战略目标之一,目前一些发达国家的建筑垃圾资源化利用率已超过 90%。在建筑垃圾处理方面,发达国家主要采取"源头削减策略",即在建筑垃圾形成之前,就通过科学管理和有效控制将其减量化,对于已产生的建筑垃圾则采用科学手段再加工后使其成为再生资源。经过长期的努力,美、德、日、韩等国相继出台各种相关法规及政策,并通过不断完善相关工艺和技术,基本实现了建筑垃圾的资源化。根据中国战略性新兴产业环保联盟《建筑垃圾处理行业 2018 年度发展报告》,我国 2017 年共计产生建筑垃圾 15.93 亿吨。结合住房和城乡建设部公布的最新规划,到 2020 年我国建筑垃圾产生量将达到峰值,预计会突破 30 亿吨。[①] 建筑垃圾数量已占到城市垃圾总量的 30% ~40% ,且每年以 8% ~10% 的速度增长,而资源化利用率尚不足 10%,与欧盟等发达国家的利用率相比,差距较大。

---

① 康智明、李蕾蕾:《西安市建筑垃圾处理现状及资源化利用分析》,载《西北水电》2020 年第 S2 期。

目前,我国对建筑垃圾的处理方式是少部分建筑垃圾经分类回收再利用,如钢筋、铝合金等。我国大多地方采用垃圾填埋场或露天堆弃方式处理建筑垃圾,这不仅占用了大量土地资源,而且造成水土流失、污染大气环境及地下水、破坏市容及市区卫生。当前,建筑垃圾处置能力严重不足、管理水平不高、资源化利用水平低,已成为影响城市高质量发展的突出短板。

国家及地方政府正在不断完善建筑垃圾相关法规政策,国内建筑垃圾资源化利用政策环境趋好。《循环发展引领行动》(发改环资〔2017〕751 号)指出,加快建筑垃圾资源化利用。发布加强建筑垃圾管理及资源化利用工作的指导意见,制定建筑垃圾资源化利用行业规范条件。开展建筑垃圾管理和资源化利用试点省建设工作。完善建筑垃圾回收网络,制定建筑垃圾分类标准,加强分类回收和分选。探索建立建筑垃圾资源化利用的技术模式和商业模式。把建筑垃圾资源化利用的要求列入绿色建筑、生态建筑评价体系。到 2020 年,城市建筑垃圾资源化处理率达到 13%。住房和城乡建设部《关于开展建筑垃圾治理试点工作的通知》(建城函〔2018〕65 号)决定,在北京市等 35 个城市(区)开展建筑垃圾治理试点工作,明确要求加强建筑垃圾全过程管理,提升城市发展质量。从加强规划引导、开展存量治理、加快设施建设、推动资源化利用、建立长效机制、完善相关制度等六个方面提出了具体要求。地方层面,各地纷纷出台建筑垃圾相关管理办法 甚至条例,各地的政策与制度设计呈现明显的地区性特色。截至 2019 年 3 月,17 个省级行政区出台了相关指导意见或管理办法,188 个地级行政区对建筑垃圾管理与资源化利用建章立制,明确提出建筑垃圾资源化利用要求。

(二)建筑垃圾治理存在的问题

1. 法律法规不完善

直到 20 世纪 80 年代末,我国的建筑垃圾立法工作才陆续开展,原建设部的《城市建筑垃圾管理规定》作为建筑垃圾处理的一个规范性法律文件,总体力度不足。《城市建筑垃圾管理规定》是专门针对建筑垃圾的管理规定,其中也提出了建筑垃圾处理无害化、资源化和减量化的原则,但并未有具体的实施操作方式。我国《固体废物污染环境防治法》,坚持污染担责的原则,产生、收集、贮存、运输、利用、处置固体废物的单位和个人,应当采取措施,防止或者减少固体废物对环境的污染,对所造成的环境污染依法承担责任。工程施工单位应当编制建筑垃圾处理方案,采取污染防治措施,并报县级以上地方人民政府环境卫生主管部门备案。工程施工单位应当及时清运工程施工过程中产生的建筑垃圾等固体废物,并按照环境卫生主管部门的规定进行利用或者处置。工程施工单位不得擅自倾倒、抛撒或者堆放工程施工过程中产生的建筑垃圾。上述法律规范并未从根本上解决问题,建筑垃圾资源化的处理也出现很多漏洞。虽然《循环发展引领行动》《关于开展建筑垃圾治理试点工作的通知》以及地方性的规范性法律文件提出了建筑垃圾减量化和资源化治理的原则性规定,但是缺乏可操作性。我国对建筑垃圾的处置管理由于起步较晚,发展相对缓慢,尽管我国已经发布了一系列相关的法律法规,各地政府也陆续出台了鼓励建筑垃圾资源化的配套实施政策,但是现有的管理制度依然不够完善,相关法律体系也不够健全和合理,可操作性和实施性不强。①

2. 政府扶持力度不够

建筑垃圾的处理和利用是一个系统工程,涉及产生、运输、处理、再利用各个层面,只有所有的环节统一管理、协同配合、有效联动,才能形成一个闭合的建筑垃圾处理链,真正实现建筑垃圾

---

① 杨静,刘燕丽:《我国城市建筑垃圾资源化现状及对策研究》,载《中小企业管理与科技》2021 年第 5 期。

的再生利用。[1] 在我国,传统上从事建筑垃圾处理的行业为公益性事业,但是政府处理并未从根本没有解决我国建筑垃圾现状。尽管如此,我国建筑垃圾资源化的处置仍必须在政府的支持下才能进行。我国在建筑垃圾资源化的利用方面也相继出台了一些政策和相关制度性规定,但是囿于操作方式和标准的不完善和不固定,建筑垃圾资源化利用的优惠政策落实不够,从事建筑垃圾资源化处置的企业往往陷入困境。[2]

3. 资源化产品缺少相关认证

目前,我国对于建筑垃圾资源化的再生利用技术和设备已经有一定的基础,但是对于建筑垃圾资源化再生产品缺少相关的技术、质量和安全认证,使得房地产开发商、建筑企业和社会大众等对其质量安全保持怀疑态度,影响了建筑垃圾资源化产品的供给力度,降低了建筑垃圾资源化再生利用率。

4. 建筑垃圾分类收集程度低

施工企业及个人通常把建筑垃圾随意倾倒,钢筋、塑料混杂,有些建筑垃圾甚至露天堆放,间或与生活垃圾混在一起。环卫部门在回收时无法进行专门化的分类处理,一般仍是混合收集,加大了建筑垃圾资源化和无害化处理的难度。即使有垃圾分类处理的垃圾箱,居民和相关企业也很难按规定操作。只有对垃圾,包括建筑垃圾进行分类处理,如实掌握建筑垃圾的基本成分,方能对其进行治理,找到切实有效的回收利用方法,才能对症下药。

5. 建筑垃圾资源化程度不够

资源化处理是现代对于建筑垃圾最科学的处理方式,我国在建筑垃圾处理资源化利用方面的技术仍然很落后,也缺乏建筑垃圾处理新技术和新工艺的研究开发能力。缺少建筑垃圾资源处理的设备。实践中,相当部分的建筑垃圾经过简单处理甚至没有经过任何处理,就被运到城市边缘区域,直接进行填埋,甚或直接露天搁置,既造成了环境的污染,又浪费了资源。建筑垃圾治理的产业化发展缓慢,企业没有技术支持,也不会主动与高校合作,开发建筑垃圾循环技术应用。建筑垃圾资源化在产业链也不够完善和衔接,从事相关行业的企业少之又少,建筑垃圾治理的价格体比普通建材价格高,不易被市民接受。

三、建筑垃圾治理的措施

(一)推进建筑垃圾资源化利用

建筑垃圾资源化利用不仅可以有效地缓解建筑垃圾对环境的污染,也能发挥建筑垃圾的资源化价值,对解决我国资源瓶颈问题起着重要作用。目前,我国建筑垃圾资源化利用领域已经存在生产者延伸责任制度、管理制度、公众参与制度等法律制度,但是建筑垃圾资源化利用法律制度体系仍有改进的空间。[3] 建筑垃圾资源化处理是一个系统工程,关系建设、拆迁、运输、施工、生产处理、产品应用等多个环节,涉及自然资源、环保、市政建设、交通等多个行政管理部门。除了完善相关法律法规,还应建立科学规范的资 源化标准体系,如建筑垃圾资源化指标体系、考核监督管理体系等,确保每一个环节和产生的建筑产品都有相应的考核依据和标准,使建筑垃圾资源化过程有章可循。[4]

---

① 康智明、李蕾蕾:《西安市建筑垃圾处理现状及资源化利用分析》,载《西北水电》2020 年第 S2 期。

② 赵东杰:《我国建筑垃圾资源化利用法律制度研究》,西南政法大学 2013 年硕士学位论文,第 31 页。

③ 赵东杰:《我国建筑垃圾资源化利用法律制度研究》,西南政法大学 2013 年硕士学位论文,第 32 页。

④ 杨静、刘燕丽:《我国城市建筑垃圾资源化现状及对策研究》,载《中小企业管理与科技》2021 年第 5 期。

根据“谁产生、谁负责”的原则,全面落实并严格执行建筑垃圾处置的责任制,严格按照责任制方式对建筑垃圾进行收集和处理。在国家层面推进建筑垃圾的资源化利用,需要建立健全建筑垃圾的集中处理制度和分级利用体制,推进建筑垃圾处理技术的更新和设备的研发,组织编制建筑垃圾资源化处理的标准和产品标识制度。地方政府层面,设立专门的建筑垃圾集中处理基地,并对本行政区域内建筑垃圾的资源化利用负责。

1. 细化建筑垃圾回收制度

建筑垃圾资源化利用的前提是完善的建筑垃圾回收制度。建筑垃圾回收制度包括建筑垃圾从产生阶段到最终处置阶段所实施的分类制度、监测制度、预交费制度等一系列制度。

建筑垃圾的分类制度包括建筑垃圾产生阶段的现场初步分类和建筑垃圾利用阶段的系统分类。明确规定无论建设工程的规模是否达到大型工程程度,建筑垃圾产生单位在建筑垃圾产生后即对建筑垃圾进行初步分类,但建筑垃圾的成分复杂,初步分类无法达到建筑垃圾资源化利用的程度,故建筑垃圾处理场根据建筑垃圾的再利用用途对建筑垃圾进一步分类处理。对可回收进行循环利用的建筑垃圾进行再利用或循环利用,对以目前的科技水平无法进行循环利用的建筑垃圾进行无害化处理后焚烧进行热回收或者填埋等待技术革新后进行再利用、循环利用。①

2. 建筑垃圾监测制度

目前,我国对建筑垃圾未形成系统的监测制度,导致环境行政主管部门不能准确了解建筑垃圾的产生量和去向。按照建筑垃圾不同类型对其进行跟踪监测,达到准备掌握建筑垃圾处置情况的效果。建设工程的发包方和承包方无论是自行处理还是委托第三方处理建筑废物,均必须严格按照建筑垃圾处理的计划进行,以便主管部门对建筑垃圾的去向进行有效的监测。

3. 建筑垃圾运输管理制度

环境主管部门、市容卫生主管部门、交通部门等主管部门对建筑垃圾运输活动进行联合监管,督促建筑垃圾运输单位按照要求完成建筑垃圾运输活动,准确地将建筑垃圾运至建筑垃圾处理场,避免建筑垃圾在运输过程中的丢弃现象。

4. 建筑垃圾处理场建设制度

建筑垃圾处理场的建设必须符合环境保护的相关规定,进行环境影响评价。通过审核建筑垃圾处理场周边情况的相关资料,结合建筑垃圾处理场可能造成的环境影响,分析和规划建筑垃圾处理场所的选址,对符合条件的选址上报环境主管部门批准。选址得到批准后,建筑垃圾处理场建设时对于临时堆放建筑垃圾的地区采取防渗、收集、导排等措施,防止渗滤液、有害气体等对环境造成污染。在建筑垃圾处理场投入运营后,应对临时堆放建筑垃圾地区的防渗、收集、导排等措施进行实时监控,发现污染情况及时采取措施。

(二)建筑垃圾的全过程管理模式

建筑垃圾的处理是一个复杂的物质、价值的交换过程,包括收集、分类、运输、加工、交易、检查与监控等各环节的协调发展。分类收集建筑垃圾,并使之循环利用,更重要的是要通盘考虑,设计、规划、培育城市建筑垃圾处理的整个产业。建筑垃圾产业涉及回收利用企业、运输企业、拆除分拣企业、建筑施工企业、政府以及科研院所等相关单位,它们之间的相互协作配合形成了建筑垃圾处理的产业链:从生产到消费的垂直供应链,从技术、设备到政府监管的横向协作链。②

---

① 孙金颖编著:《建筑垃圾回收回用政策研究》,中国建筑工业出版社2015年版,第189页。

② 朱东风:《城市建筑垃圾处理研究》,华南理工大学2010年硕士学位论文,第24页。

建筑垃圾管理有必要引入全过程的建筑垃圾管理模式。所谓全过程管理，就是根据建筑垃圾的产生源→产生过程→回收利用整个阶段来区分，用不同的措施管理建筑垃圾。在建设工程施工过程中，最大限度地利用建筑原材料，使其价值充分发挥，并将其对自然环境的影响降低到尽可能小的程度，从而形成高利用、低排放的新兴建筑模式，保护环境并获取经济利益的最大化。

（三）完善相关法律法规、财政补贴和优惠政策

我国在建筑垃圾资源化方面的立法接近空白，无论是建筑垃圾资源化处理的管理模式，还是相关的管理制度，均有待完善，法制化、规范化程度欠缺。因为为建立健全建筑垃圾资源化处理的法律制度，需要进一步制定并完善建筑垃圾资源化处理的法律法规和相关制度，使建筑垃圾的处理实现法制化和规范化。

制定建筑垃圾处理及资源化再生利用的法律、法规，将建筑垃圾全过程处理以法律的形式确定，引导和鼓励建筑垃圾的正确处理，对于利用垃圾生产出的材料和产品，政府应在政策上给予优惠与支持。建筑垃圾处理在我国仅仅处于起步阶段，与建筑垃圾处理的产业化和市场化相差甚远。为促进建筑垃圾资源化处理产业的发展，国家和政府层面需要通过财政补贴和其他相关优惠政策予以激励。这些激励措施包括对建筑垃圾处理的示范工程进行专项财政补贴、建筑垃圾资源化产品利用的财政补贴，建筑垃圾资源化利用项目的财政返还等财政补贴政策，包括建筑垃圾资源化利用的税收减免和税收优惠政策，以及优惠贷款和贷款贴息等金融支持政策等。

（四）引入特许经营模式

根据2002年《关于实行城市生活垃圾处理收费制度，促进垃圾处理产业化的通知》，我国对生活垃圾的处理全面推行收费制度，通过招投标的方式，选择相关企业承担城市来及的资源化处理。2004年，根据原建设部《市政公用事业特许经营管理办法》（建设部令第126号）的规定，市政公用事业实施特许经营。这些规范性法律文件的规定，使建筑垃圾处理过程中引进民间投资具备了前提条件，以便引导建筑垃圾的资源化处理不再仅仅依靠政府投资，实现建筑垃圾资源化处理的投资主体的多元化，政府引导并支持建筑垃圾资源化处理的产业化，在建筑垃圾处理产业中发展生态恢复产业，调动房地产开发商和建筑企业、建筑垃圾资源化企业和社会公众三方的积极性。

（五）建筑垃圾资源化产业化

为保护环境，促进建筑垃圾的循环化利用，并将其转化成可以被重新利用的资源或产品，促进建筑垃圾资源化产业化利用。在建筑垃圾资源化、产业化过程中，坚持政企分开，政府作为建筑垃圾处理产业运行中的监督者、管理者、协调者及引导者，建筑垃圾资源化企业作为产业运作中的投资经营者，运用一定的技术、经济及管理措施等方式，通过为市场提供服务或产品求得生存和发展，允许社会资金投入到此行业中来，实现建筑垃圾资源化产业投资主体多元化。①

---

① 张小娟：《国内城市建筑垃圾资源化研究分析》，西安建筑科技大学2013年硕士学位论文，第41页。

第十四章　国际工程法律制度

国际工程承包事业，是国际技术经济合作的形式之一。通过国际性的市场竞争机制，以合同条款为纽带，实现各国人民之间在施工技术、施工管理、建设资金和劳务等方面的国际性交流，互补长短，促进共同发展。因此国际工程承包事业有着广阔的发展前景。

我国政府非常明确地提出要实施"走出去"的开放战略，通过"走出去"发展海外经营，可以同时带动我国民航、海运、进出口贸易和金融、保险等相关行业的业务发展，带动国外企业对中国的投资和其他经济技术合作，推动同有关国家的友好外交关系，推进中国建筑企业改革。这些年海外的业务实践也证明了国际工程承包事业的确是货物贸易、技术贸易和服务贸易的综合载体。随着中国加入 WTO 后建筑市场的开放，中国将有许多项目在世界范围内招标，中国工程市场也是国际市场的一部分，而且是最具活力、最具吸引力的市场。特别是独资、合资项目及国际金融组织贷款项目，这些项目从招标、投标到评标基本上是按国际惯例实施。在国内会越来越多地遇到大量国内习惯称为"涉外工程"的国际工程，我国的工程项目管理将逐渐与国际接轨。

第一节　国际工程法律制度概述

一、国际工程概念和特点

（一）国际工程的概念

国际工程（International Project），是指一个工程项目的咨询、设计、投资、融资、采购、施工以及培训等各个阶段的参与者来自不止一个国家、地区或国际组织，并且按照国际上通用的工程项目管理理念进行管理的工程。①

1. 国际工程包括咨询和承包

（1）国际工程咨询。包括对工程项目前期的规划、投资机会研究、预可行性研究、可行性研究、项目评估、勘测、设计、招标文件编制、工程

---

① 何伯森：《国际工程合同管理》，中国建筑工业出版社 2016 年版，第 1 页。

监理、工程管理、后评价等。咨询业是以高水平脑力劳动为主的智力服务型行业，既可以为建设单位——业主一方服务，也可以应承包商聘请为其进行施工管理、成本管理等工作，还可以为贷款方（银行）服务。

（2）国际工程承包。包括对工程项目进行投标、施工、设备和采购及设备安装调试、分包、提供劳务等。按照业主的要求，有时也做施工详图设计和部分永久工程的设计。

2. 国际上处于发展阶段的新工程建设管理模式

（1）将项目实施全过程或某一阶段的服务交由一家公司总承包的模式。如“设计—建造”（DB）模式，即将设计与建造工作统一由一家公司实施；又如“设计—采购—施工/交钥匙工程”（EPCT）模式，即将咨询设计的绝大部分工作内容和设备采购、安装、施工一并发包给一家公司实施；还有“设计、建造及运营”（DBO）模式，即除了设计、建造工作外，也将项目建成后一定期限的运营交由一家公司实施；此外还发展着各种“项目管理承包”（PMC）模式等。

（2）将项目的投融资与实施交由一家公司负责的模式。现在国际工程承包的一个重要的发展方向即项目业主方由于缺乏资金，因此要求项目实施的一方也承担项目的投资和/或融资。如“建造—运营—移交”（BOT）模式，即要求项目实施的公司从地方政府获得特许权，既负责项目的投资和/或融资以及设计和建造，又负责项目建成后的运营，通过运营收费来还贷和盈利，最终将项目交给地方政府；又如“公司伙伴关系”（PPP）模式，即要求私营企业按照相关政府部门的要求负责项目的投资和/或融资与实施，建成后交给相关政府部门运营，由相关政府部门和使用单位陆续向私营企业偿还资金。

国际工程项目实施的成果归业主所有，咨询工程师是受业主雇佣，在项目前期为业主进行策划、设计，并可为业主进行项目管理，承包商则是受业主雇佣完成项目的实施。从本质上看，咨询工程师和承包商出售给业主的均是技术能力和相应的管理能力，是一种服务，而非项目本身。因此，在国际贸易和 WTO 的贸易规则中，国际工程咨询和承包均被明确列入服务贸易的范畴。总之，国际工程涵盖了一个广阔的领域，各国际组织、国际金融机构、外国政府等投资方，各咨询公司和工程承包公司等在本国以外地区参与投资和建设的工程项目的总和，就组成了全世界的国际工程。①

（二）国际工程的特点

与一般的国内工程相比，国际工程存在如下特点：

1. 合同主体的多国性

多国性特征使国际工程的法律关系变得极为复杂和难以处理。签约各方属于不同国别，因此可能涉及多国的不同法律制度的制约。这种制约不仅有程序方面的，还有实体方面的。国际工程涉及的法律范围极广，包括招标投标法、建筑法、公司法、合同法、劳动法、投资法、金融法、外汇管制法、社会保险法、税法、外贸法等。作为国际承包商，除了应当聘请在工程承包方面有经验的律师或法律顾问以外，还必须在签订合同时澄清各项涉及法律和管理的重大问题。同时，国际工程涉及的利益相关方不断增多，业主、总包方以及不同的分包方、业务相关方都要组建具有不完全相同利益的团队。即使是同一个团队的成员，由于来自世界各地，利益诉求、工作习惯与风俗习惯也不尽相同，为了实现工程建设的总目标，跨文化管理的难度不断加大。

---

① 何伯森：《国际工程承包》，中国建筑工业出版社 2015 年版，第 3 页。

2. 货币和支付方式的多样性

国际工程承包通常要使用多种货币,包括承包商要使用部分本国货币支付其国内应缴纳的费用和总部开支,使用工程所在国的货币支付当地费用,使用多种外汇支付材料、设备采购费用等。国际工程承包的支付方式除了现金和支票支付外,还有银行信用证、国际托收、银行汇付等多种方式。由于业主支付的货币和承包商使用的货币整体上存在差异,而且在整个漫长的工期内按陆续完成的工程内容逐步支付,承包商时刻处于货币汇率浮动和利率变化的复杂国际金融环境之中,把握不好就可能带来巨大损失。

3. 国际政治、经济影响因素的权重很大

除了工程本身的合同权利和义务外,国际工程项目会受到国际政治、经济、文化等形势变化的巨大影响。例如,某些国家对于承包商实行国别或地区的限制或歧视性政策;或有些国家的项目受到国际资金来源的制约,可能因为国际政治经济形势变化(如制裁、禁运等)而终止;或因工程所在国的政治形势变化(如内乱、战争、派别斗争等)而使工程中断。国际承包商必须密切关注所在国及其周围地区,乃至国际大环境的变化和影响,采取必要的防范风险应变措施。

4. 规范标准庞杂、差异大

国际工程都要求采用国际上广泛接受的技术标准、规范和各种规程。国际工程承包的合同文件通常分两部分:一是针对商务和法律方面的文件,主要规定各方的义务、责任和权利;二是针对技术方面的细节,不仅包括工程的内容和范围,还要规定工程、设备、材料和工艺各方面的技术要求,这一部分主要包括图纸和详细的技术规范。

另外,国际工程的技术标准要求越来越高,工程建设中使用的技术、规范等越来越细化、多样,不同国家技术标准的规范很难统一。国际性的行业技术标准组织制定发布的技术标准、规范、规程与区域性组织、规程既有一致的地方,也有区别较大之处。各个国家也可能有自己的标准、规范和规程,在一项国际工程合同中如果不强调规定统一的标准、规范和规程,就可能会把工程搞得五花八门、互不协调,进而争议不断。

因此,承包商进入国际市场时,必须熟悉国际常用的各种标准、规范、规程,并使自己的施工技术和管理适应国际标准、规范和各种规程管理的要求。同时,也要熟悉进入国家和地区工程建设标准、规范和各种规程,并在工程建设的前期投入较大力量,尽量统一各利益相关方在这一工程上的标准、规范和各种规程,使各团队成员能够步调一致地开展工作。

5. 高风险行业

国际工程是一个充满风险的行业,这是国际形势的复杂性和国际工程本身的复杂性决定的。国际工程风险的特点有两点:(1)风险大。通常情况下,国际工程从策划、投标、缔约、履约到合同终止,再加上维修期,最少也要两年以上,大型或特大型工程的周期更长,有的甚至在10年以上。国际工程建设周期持续时间长,所涉及的风险因素多,如所在国政治、经济、文化、社会治安、自然条件、技术条件、市场价格等因素。它们相互作用,产生错综复杂的影响,同时每一种风险因素都可能产生许多不同的风险事件。国际工程涉及的领域广、合同期限长,常使承包商面临诸多难题,如资金紧张、材料供应脱节、清关手续烦琐等。(2)参与工程建设的各方均有风险,但各方的风险不尽相同。工程建设各方所遇到的风险事件有较大的差异,即使是同一风险事件,对建设工程不同参与方的后果有时也迥然不同。例如,同样是通货膨胀风险事件,在可调价格合同条件下,对业主来说是相当大的风险,而对承包商来说风险很小;在固定总价合同条件下,对业主来说不是风险,而对承包商来说是相当大的风险,这就需要承包商在报价时计入一定量的风险费或不可预见费来减少一旦风险发生时所受的损失。

与国内工程相比,除了政治、经济、文化因素可能带来的风险之外,宗教、自然、经营管理等风险亦普遍存在。只有将风险评估、预警、处理预案、保险等内容转变为企业海外经营的必修课和必要支出,才能防患于未然。

6. 跨多个学科的系统工程

国际工程涉及多个专业和多个学科,而且这个跨多个专业和多个学科的新学科也在不断地发展和创新。从工程项目准备到项目实施,整个项目管理过程十分复杂,对人才素质有很高的要求。从事国际工程的人员既要掌握某一个专业领域的技术知识,又要了解涉及项目管理、法律、金融、外贸、保险、财会等多方面的其他专业的知识。①

7. 严格的合同管理

由于国际工程的各个参与方来自不同国家或地区,不可能依靠行政管理的方法进行工程项目管理,必须采用国际上多年来业已形成惯例的、行之有效的一整套的合同管理方法。国际上常用的合同条件包括 FIDIC、ICE、AIA、NEC 等,已为国际工程界广泛采用,这些合同条件为各参与方制订了严格的参与规则。采用这套方法虽然从前期招标文件的准备到招标、投标、评标费时费力,但是能为以后订立合同,从而在工程实施阶段严格按照合同进行项目管理打下良好的基础。

8. 国际工程市场总体上是一个持续稳定的市场

国际工程市场是从西方发达国家多年前到国外去投资、咨询和承包开始的,他们凭借雄厚的资本、先进的技术、高水平的管理和多年的经验,占有绝大部分国际工程市场。就全球来说,尽管国际资本流向可能有所变动,但很大一笔投资是用于建设的,因而国际工程市场总体来说是稳定的。

二、国际工程招投标法律制度

国际工程有多种项目采购方法,但是作为一种跨国经济活动,一般业主方都采用招标方式进行采购,特别是世界银行、亚洲开发银行贷款的项目,一般都要求通过公开的竞争性招标来优选承包商或供应商。

(一)国际工程的招标程序

关于国际工程招标,在国际上逐渐形成了一套工程项目招标程序的国际惯例。具体工程项目在执行时,可以根据每一个项目的具体情况增减相关流程。

下面介绍“FIDIC 合同指南”(2000 年版)中编制并推荐使用的“招标程序”及附有的“招标程序流程图”,该流程图主要用于国际工程施工合同的招标。“流程图”共分为确定项目策略、资格评审、招标和投标、开标、评审投标文件和谈判、授予合同六个部分。(见图 5)

---

① 徐晓权:《国际工程项目管理的特点与管理模式分析(下)》,载《航天工业管理》2007 年第 10 期。

推荐使用的投标者资格预审程序

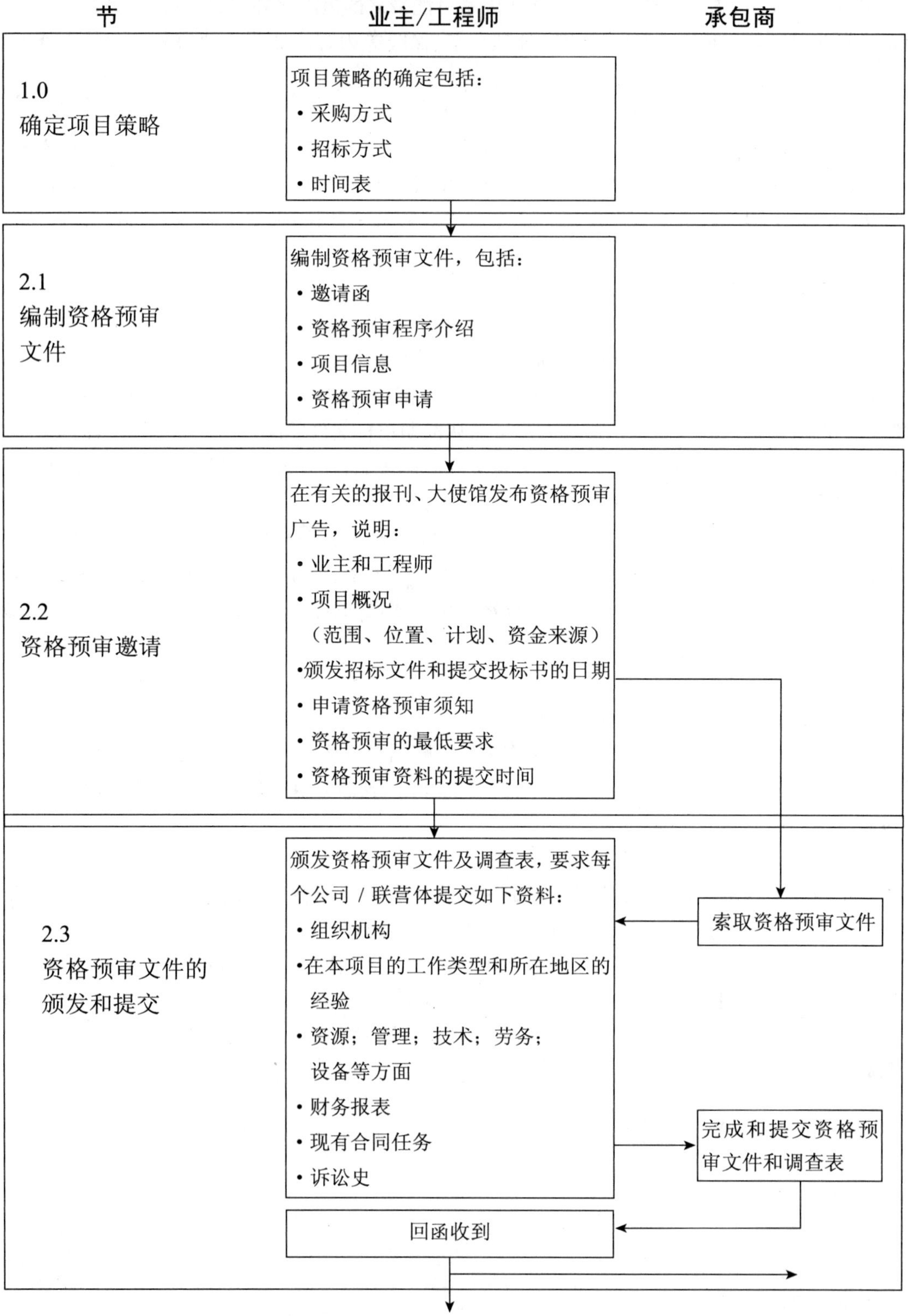

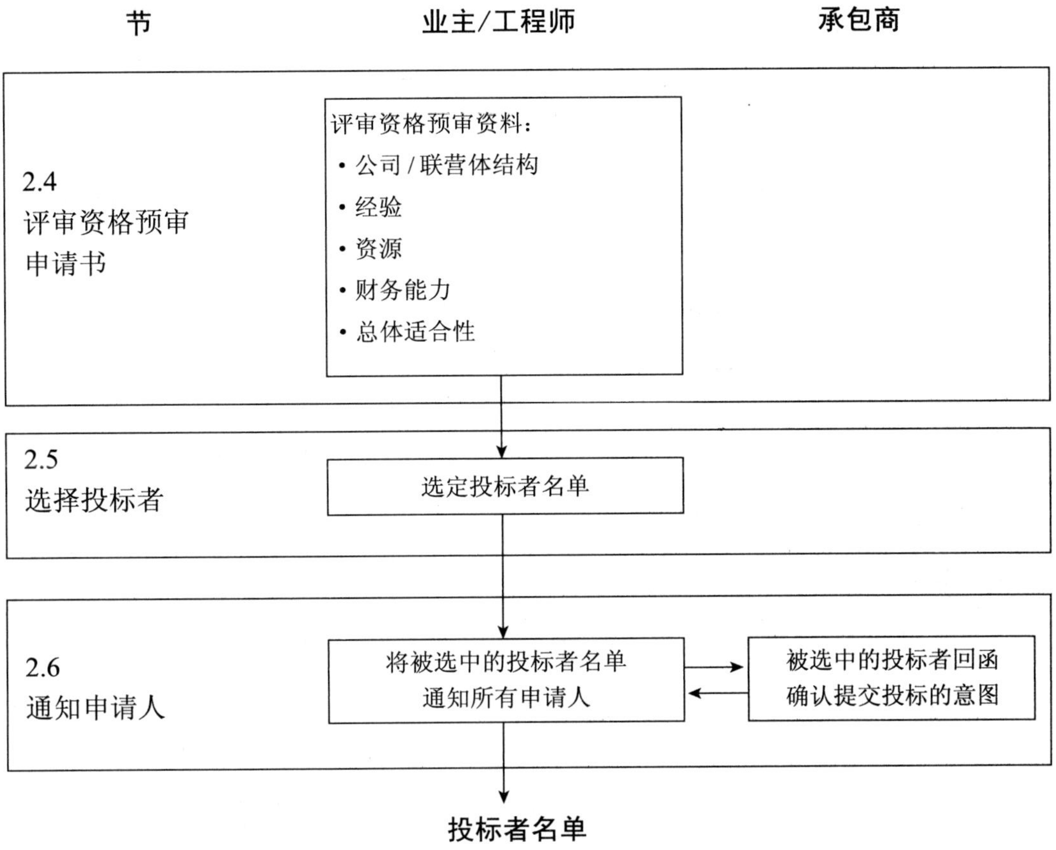
节
业主/工程师
承包商
2.4
评审资格预审
申请书
评审资格预审资料：
• 公司/联营体结构
• 经验
• 资源
• 财务能力
• 总体适合性
2.5
选择投标者
选定投标者名单
2.6
通知申请人
将被选中的投标者名单
通知所有申请人
被选中的投标者回函
确认提交投标的意图
投标者名单

推荐的招标程序

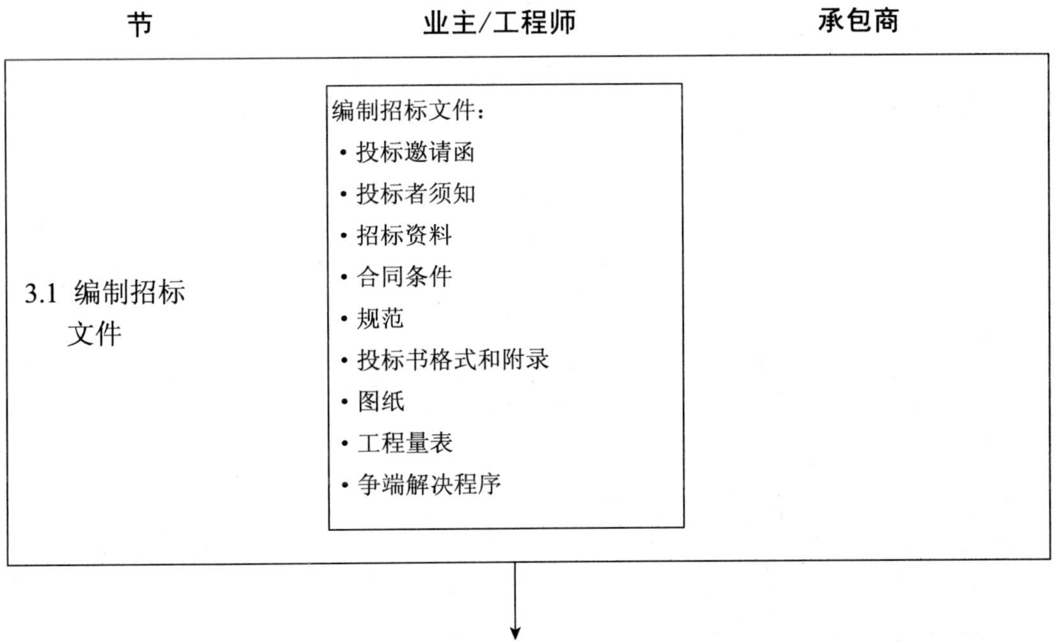
节
业主/工程师
承包商
3.1 编制招标
文件
编制招标文件：
• 投标邀请函
• 投标者须知
• 招标资料
• 合同条件
• 规范
• 投标书格式和附录
• 图纸
• 工程量表
• 争端解决程序

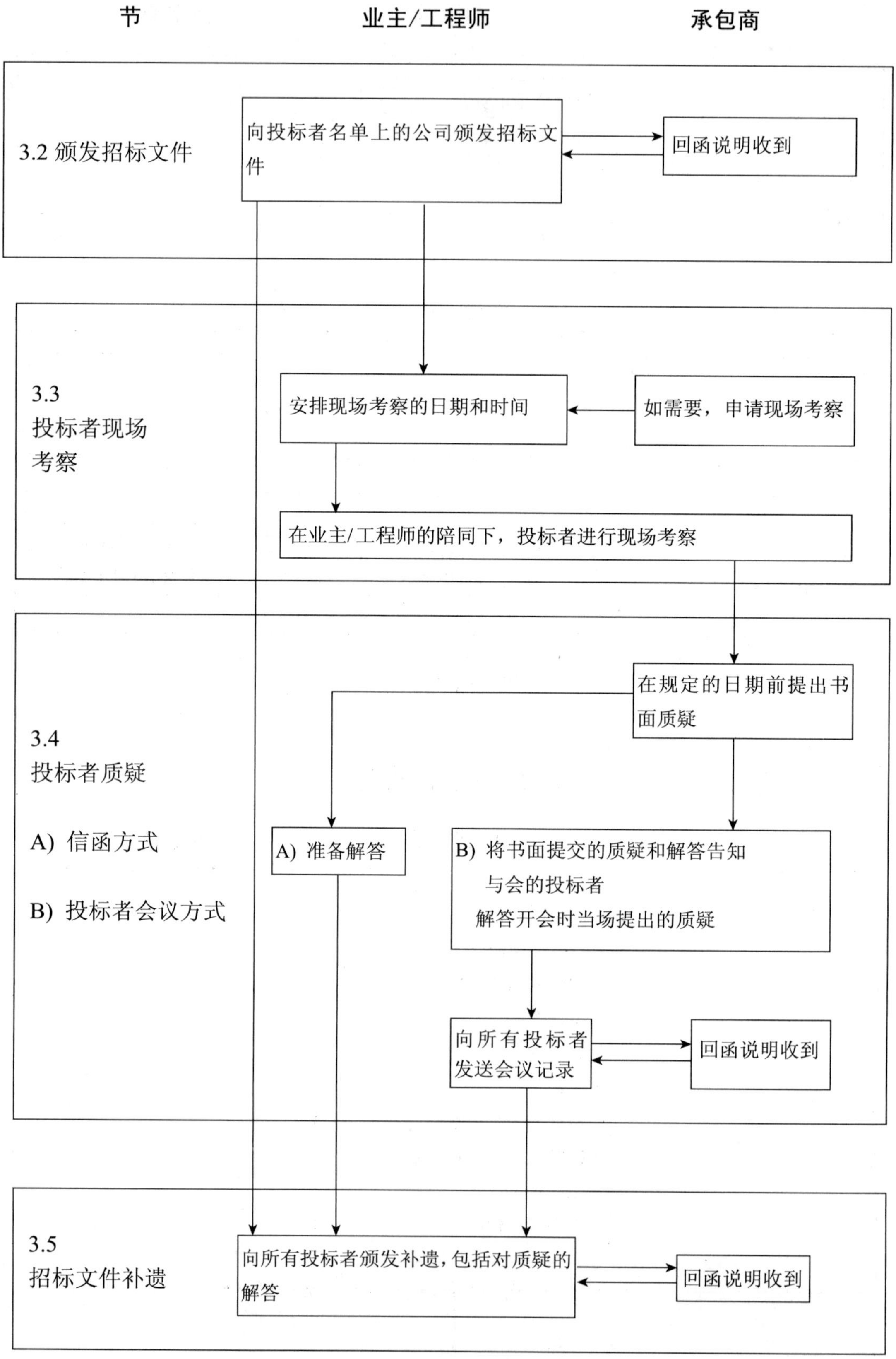
节
业主/工程师
承包商
3.2 颁发招标文件
向投标者名单上的公司颁发招标文件
回函说明收到
3.3
投标者现场
考察
安排现场考察的日期和时间
如需要，申请现场考察
在业主/工程师的陪同下，投标者进行现场考察
3.4
投标者质疑
A）信函方式
B）投标者会议方式
在规定的日期前提出书面质疑
A）准备解答
B）将书面提交的质疑和解答告知
与会的投标者
解答开会时当场提出的质疑
向所有投标者发送会议记录
回函说明收到
3.5
招标文件补遗
向所有投标者颁发补遗，包括对质疑的解答
回函说明收到

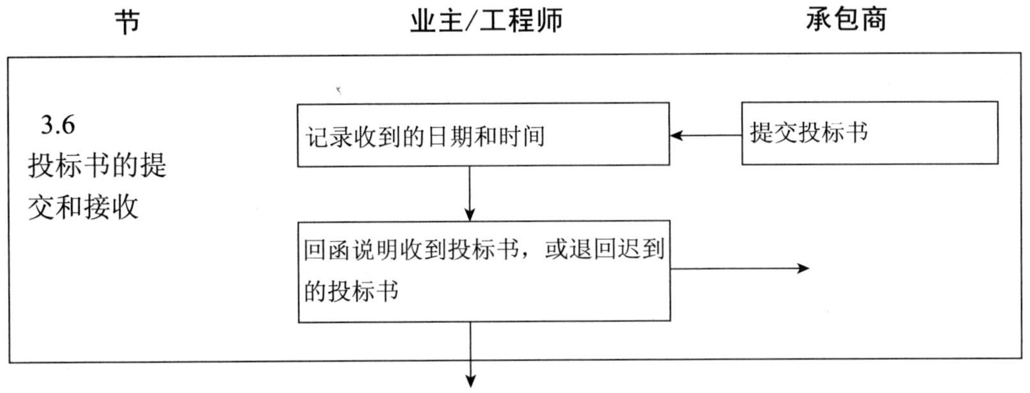
节
业主/工程师
承包商
3.6
投标书的提交和接收
记录收到的日期和时间
提交投标书
回函说明收到投标书，或退回迟到的投标书

推荐的开标和评审程序

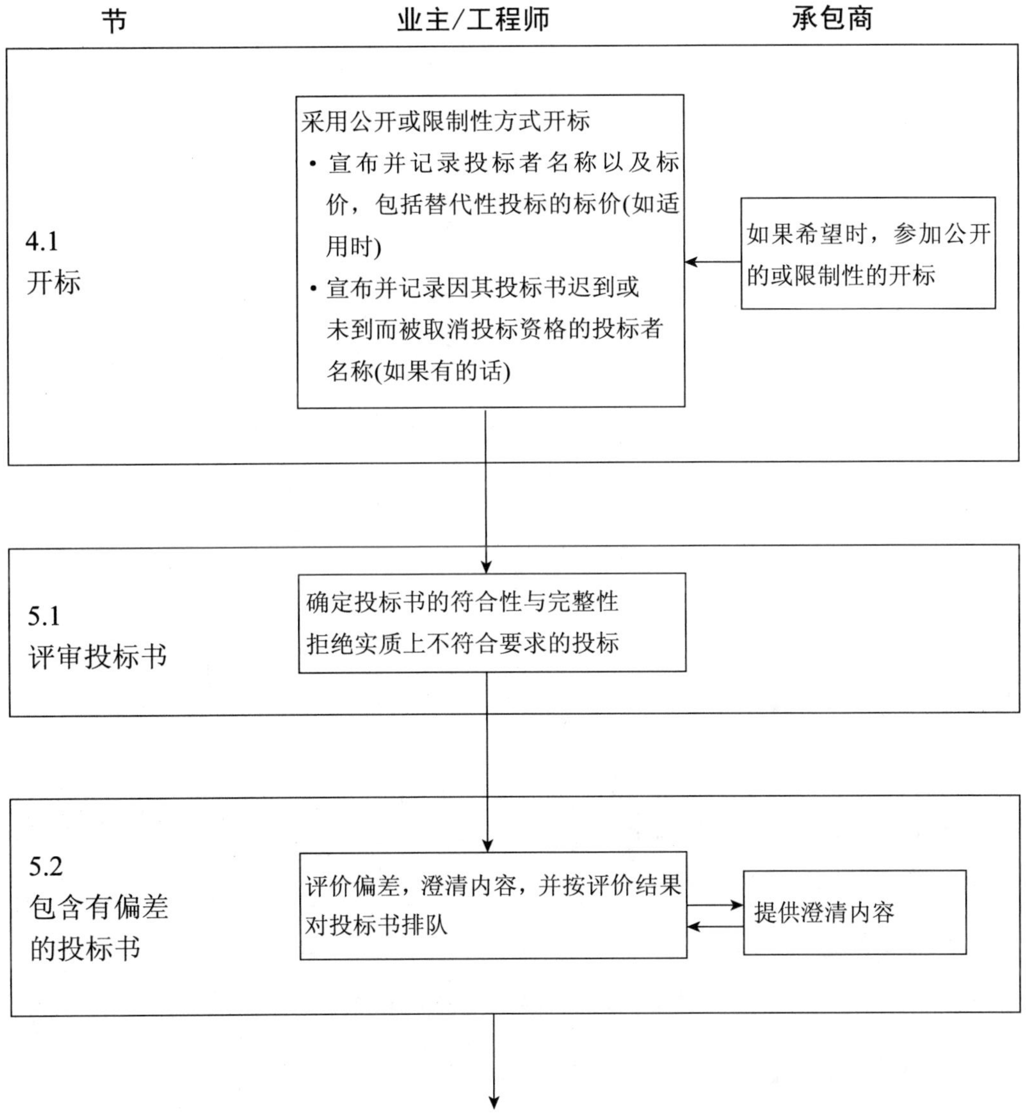
节
业主/工程师
承包商
4.1
开标
采用公开或限制性方式开标
• 宣布并记录投标者名称以及标价，包括替代性投标的标价(如适用时)
• 宣布并记录因其投标书迟到或未到而被取消投标资格的投标者名称(如果有的话)
如果希望时，参加公开的或限制性的开标
5.1
评审投标书
确定投标书的符合性与完整性
拒绝实质上不符合要求的投标
5.2
包含有偏差的投标书
评价偏差，澄清内容，并按评价结果对投标书排队
提供澄清内容

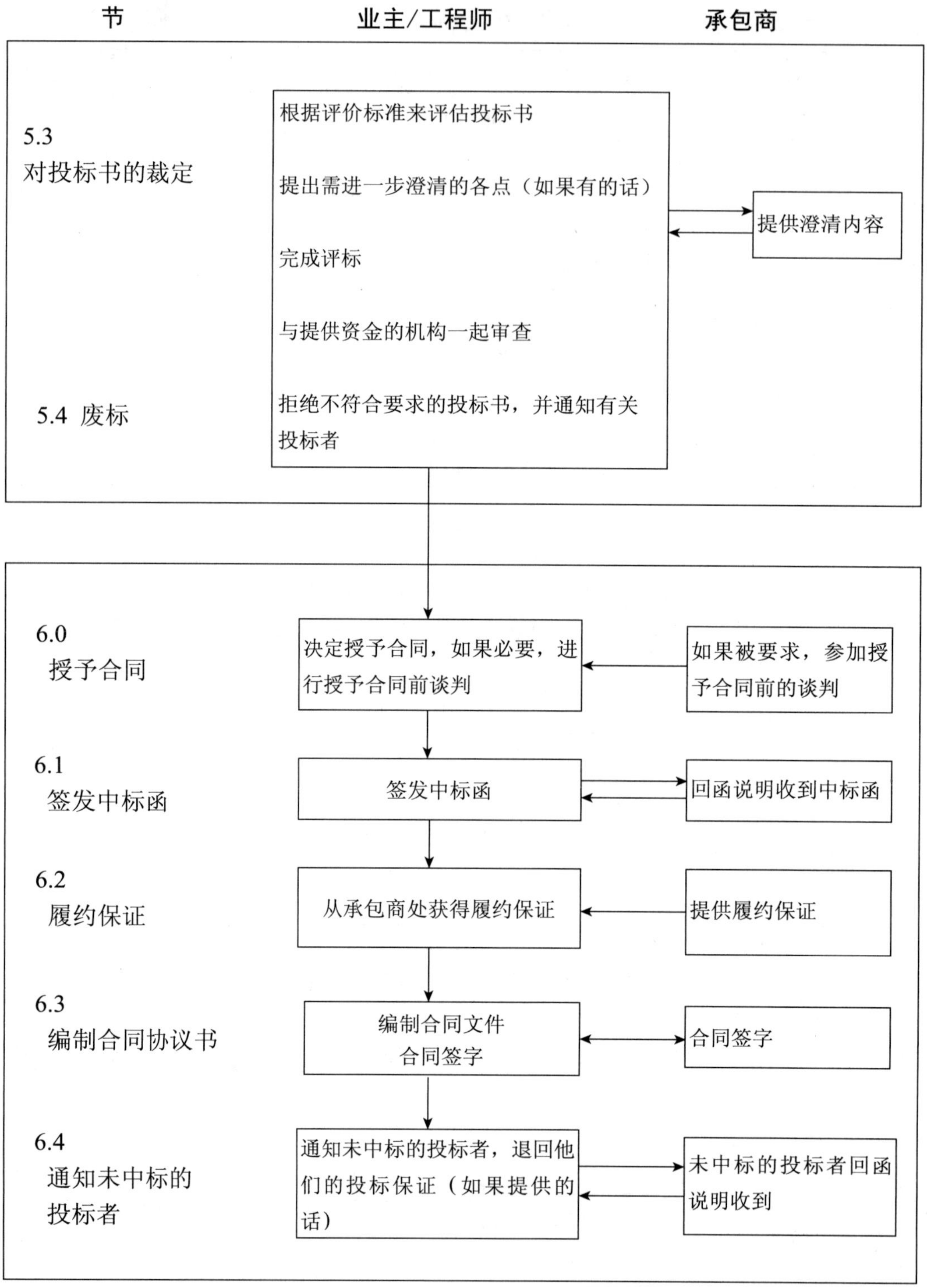

图5　国际工程施工合同招标流程

（二）国际工程的招标方式

1. 公开招标（无限竞争性公开招标）

公开招标，是指业主在国内外主要报纸及有关刊物上刊登招标广告，凡对此招标项目感兴趣的承包商都有均等的机会购买资格预审文件，参加资格预审，预审合格者均可购买招标文件进行投标。这种招标方式可以为一切有能力的承包商提供一个平等的竞争机会，业主方也可以选择比较理想的承包商，同时有利于降低工程造价，以合理的最低价采购合适的工程、货物或服务，保证采购按事先确定的原则、标准和方法公开进行，增加招标透明度，防止和减少贪污腐败现象的发生。因此，一般各国的政府采购，世界银行、亚洲开发银行的绝大部分采购均要求采用公开招标的形式。这种招标方式的不足在于从准备招标文件、投标、评标到授予合同，均要花费很长的时间，文件较烦琐。如果是货物采购，可能造成设备规格多样化，从而影响标准化和维修。此外还要防止一些投机商故意压低报价以挤掉其他态度严肃认真而报价较合理的承包商。

2. 邀请招标（有限竞争性招标）

邀请招标一般不在报上登广告，业主根据自己的经验和资料，或请咨询公司提供承包商的情况，然后根据企业的信誉、技术水平、过去承担过类似工程的质量、资金、技术力量、设备能力、经营能力等条件，邀请某些承包商来参加投标。邀请招标一般为5～8家为宜，但不能少于3家，投标者太少则缺乏竞争力。这种招标方式的优点是邀请的承包商大都有经验，信誉可靠。缺点则是可能漏掉一些在技术上、报价上有竞争力的后起之秀。世界银行、亚洲开发银行贷款项目如果要采用邀请招标需要征求银行同意，一般适用于合同金额较小，供货人数量有限等情况。

3. 议标

议标也称谈判招标或指定招标，适用于工期紧、工程总价较低、专业性强或军事保密工程，有时对专业咨询、设计、指导性服务或专用设备、仪器的采购安装、调试、维修等也采用这种方式。议标最好找两家公司同时谈判。这种招标方式可以节约时间，较快地达成协议，开展工作。但是无法获得有竞争力的报价。

4. 两阶段招标

对于某些大型的、复杂的设施，或特殊性质的工程，或复杂的信息和通信技术，要求事先准备好完整的技术规范是不现实的，此时可采用两阶段招标。先邀请招标人根据概念设计或性能要求提交不带报价的技术建议书，并要求投标人应遵守其他招标要求。在业主方对此技术建议书进行仔细评审后，指出其中的不足，并分别与每一个投标人讨论和研究，允许投标人对技术方案进行改进以更好地符合业主的要求。凡同意改进技术方案的投标人，均可参加第二阶段投标，即提交最终的技术建议书和带报价的投标文件，业主据此评标。世界银行、亚洲开发银行的采购指南中均允许采用两阶段招标。

5. 双信封投标

双信封投标适用于某些形式的机械设备或制造工厂的招标，其技术工艺可能有选择方案时，可以采用双信封投标的方式，即投标人同时递交技术建议书和价格建议书。评标时首先开封技术建议书，并审查技术方面是否符合招标文件的要求，之后再与每一位投标人就其各自的技术建议书进行讨论，以使所有的投标文件达到所要求的技术标准。亚洲开发银行允许采用此种方法，但需事先得到批准，并应注意将有关程序在招标文件中写清楚。世界银行不允许采用此种方法。

三、国际工程争议解决法律制度

国际工程项目通常具有跨文化、规模大、多参与方、长期性等特点。国际工程合同由于其技术上的专业性和内容上的复杂性,加之合同文件组成的多样性以及合同履行期间的长期性,已经成为合同争议类型中解决难度最大的一种合同类型。① 传统的争议解决方式如仲裁和诉讼由于效率低、费用高、对抗性强等缺点,已经不能满足复杂工程的需要。近年来,国际工程领域不断涌现新型的争议解决机制,其中包括调停方式、小型审判、争端审议委员会、争端裁决委员会、独立的裁决人等。这些机制与工程师决定、协商、调解等模式一起,统称为国际工程合同争议的"替代性争议解决"(Alternative Dispute Resolution,ADR)模式。国际工程合同领域越来越趋向于采用ADR模式解决国际工程合同争议。

第二节 国际工程合同法律制度

国际工程,是指一个工程项目的策划、咨询、融资、采购、承包、管理以及培训等阶段或环节,其主要参与者来自不止一个国家或地区,并且按照国际上通用的工程项目管理模式进行建设管理的工程。合同在国际工程中占据着中心地位,体现了相关的法律法规和惯例,规范了当事人的权利、责任与义务以及工程实施过程中的风险分担,是国际工程参与各方实施工程管理的基本依据。

一、国际工程合同的概念和类型

(一)国际工程合同的概念

合同的概念可表述为:合同是两个或两个以上当事人依法达成的明确相互权利义务关系的具有法律约束力的协议。其本质是规定合同双方的权利、义务,以及保证实现此类权利和义务的可靠且可操作的程序。国际工程合同,是指不同国家的有关法人或个人之间,为了实现在某个工程项目中的特定目的,所签订的确定相互权利和义务关系的协议。由于国际工程是跨国的经济活动,因而国际工程合同远比一般国内合同复杂。

(二)国际工程合同类型

国际工程合同的形式和类别非常之多,有许多分类方法。按工作范围分类,可分为全过程总包合同(EPC Turnkey)、设计—管理承包合同(Design - manage)、设计—采购承包合同(Design - procure)、管理承包合同(PMC)、设计服务合同(Design service)、咨询服务合同(Procurement service)、施工或供货安装承包合同(Construction/Supply - Erection/ME)等。按合同关系分类,一般分为总承包合同(Main Contract)和分包合同(Construction Subcontract);分包合同包括施工分包、设计分包、劳务分包、设备材料供应分包、运输分包等。按照支付方式进行的合同分类,一般分为总价合同、单价合同和成本补偿合同。

二、国际工程合同的基本内容

国际工程合同的基本内容依照合同类型的不同而有所不同。作为一种法律关系,其内容就是当事人享有的权利和承担的义务;作为一种法律文书,其内容是指合同的各项条款。此处所指

---

① 周佑勇:《工程法学》(第二版),高等教育出版社2017年版,第236页。

的合同内容即据以确定当事人权利义务和责任的合同条款。根据有关法律规定及工程实践,合同的基本条款可分为两大部分,即合同的必备条款和合同的选用条款。

(一)合同的必备条款

合同的必备条款,是指一项合同必须具备的条款,若合同中缺少这类条款,或这类条款不明确,合同就很难履行,甚至导致合同本身不成立。概括各类合同,下列条款一般是必备条款:(1)关于合同当事人的名称或姓名、国籍、住所的条款。(2)关于签约日期、地点的条款,合同成立日期是确定合同有效期的起点,签约地点是日后确定司法管辖权和选择适用法律的根据之一。(3)关于合同标的种类、范围、技术条件、质量、标准、数量的条款。(4)关于价格条件、支付金额、支付方式和各种附带费用的条款。(5)关于合同履行的期限、地点和方式的条款。(6)关于违反合同的赔偿和其他责任的条款。合同依法成立后,不按照合同规定履行可能有多种原因,合同中规定违约责任条款,可维护合同的严肃性,督促当事人切实履行合同。这类条款应明确当事人承担违约责任的方式。

(二)合同的选用条款

合同的选用条款主要包括:(1)关于合同能否转让或合同转让的条件。(2)关于合同发生争议时的解决方法:合同发生争议时,及时解决合同争议可有效地维护当事人的合同利益。当事人可以在合同中约定解决争议的办法,即约定在协商调解不成时,或不经协商调解解决时,是通过仲裁,还是通过诉讼来解决纠纷。(3)关于合同使用的文字及其效力。(4)关于履行合同承担风险责任的界限的条款:承担风险责任的界限,是指合同标的物的风险责任何时由一方转移到另一方。(5)关于标的物保险范围及保险费由何方负担的条款。(6)关于合同的担保条款:合同的担保是指合同当事人一方或第三方以确保合同能够切实履行为目的,应另一方之要求而采取的保证措施。合同的担保是通过签订担保合同或担保条款表现出来的,通常采用在合同中订立担保条款这种法律形式,来保证合同的全面履行。(7)关于不可抗力条款:不可抗力条款是规定不可抗力事故的范围,通告发生不可抗力事故的时限及方法,应提供的证明不可抗力的文件,负责事项以及善后处理办法等条款。(8)关于索赔条款:在索赔条款中,应确定解决索赔的基本原则,提出索赔的期限,提出索赔的通知方法及证明文件等。

上述条款,无论是必备条款还是选用条款,都是对一般合同而言的。对于某些合同,凡法律有特殊规定的,当事人还应依照有关的法律规定商订合同条款,以使合同条款趋于完备。此外,还有一些不必由当事人协商即成为合同内容的条款,这是指有关法律中规定的内容,就这些内容,当事人不论是否协商,是否写入合同,概不影响合同的效力,均为合同条款。

(三)合同的附件

在合同的主件之外,对合同中某些未能详尽说明的内容,一般作为合同的附件在合同中说明。附件是合同的组成部分,与合同主件具有同样的法律约束力。不同种类的合同,附件的内容也不相同。

三、国际工程承包的主要合同条件

(一)FIDIC 合同条件

1. FIDIC 的产生、发展和应用

FIDIC 是非政府国际组织——国际咨询工程师联合会法文全称的缩写,该组织于 1913 年成立,目前已有国家和地区中具有代表性的 60 多个工程咨询协会成为其成员协会,中国工程咨询协会于1996年成为FIDIC的正式成员协会。FIDIC是世界上多数独立的咨询工程师的代表,是最具有权威的咨询工程师组织。FIDIC下设2个地区成员协会:FIDIC亚洲及太平洋成员协会(ASPAC);FIDIC非洲成员协会集团(CAMA)。FIDIC下设许多专业委员会,如雇主咨询工程师关系委员会、土木工程合同委员会、电器机械合同委员会、职业责任委员会等。FIDIC总部机构现设于瑞士洛桑。

FIDIC专业委员会编制了一系列规范性合同条件,构成了FIDIC合同条件体系。它们不仅被FIDIC成员协会在世界范围内广泛使用,也被世界银行、亚洲开发银行、非洲开发银行等世界金融组织在招标文件中使用。在FIDIC合同条件体系中,最著名的有:《土木工程施工合同条件》(通称FIDIC红皮书)、《电气和机械工程合同条件》(通称FIDIC黄皮书)、《业主/咨询工程师标准服务协议书》(通称FIDIC白皮书)、《设计—建造与交钥匙工程合同条件》(通称FIDIC橘皮书)等。

为了适应国际工程业和国际经济的不断发展,FIDIC要对其合同条件进行修改和调整,以令其更能反映国际工程实践,更具有代表性和普遍意义,更加严谨、完善,更具权威性和可操作性。尤其是近十几年,修改调整的频率明显增大。如被誉为"土木工程合同的圣经"的FIDIC红皮书,第一版制定于1957年,随后于1963年、1977年、1987年分别出了第二、三、四版,1988年、1992年两次对第四版进行修改,1996年又做了增补。1998年发行第三版《客户/咨询工程师服务协议书范本》(FIDIC白皮书)。1999年,FIDIC在原合同条件基础上又出版了2份新的合同条件。具体包括:《施工合同条件》(FIDIC新红皮书)、《生产设备和设计—施工合同》(FIDIC新黄皮书)、《EPC交钥匙项目合同条件》(FIDIC银皮书)、《简短合同格式》(FIDIC绿皮书)。2004~2006年世界银行等九个国际金融组织对1999年第一版的FIDIC新红皮书进行了修改,形成了"多边银行协调版",2010年又对"多边银行协调版"进行了修改。2008年,FIDIC又出版了《设计、施工与运营项目合同条件》(FIDIC金皮书),以满足国际上新发展的工程项目管理模式的需求,进一步扩大了工程承包的彩虹合同系列。2011年,又出版了与FIDIC新红皮书配套使用的《施工分包合同条件》。[①] 至此,FIDIC向国际工程界提供了完整的标准合同体系。

2. FIDIC合同条件的特点与应用

(1)FIDIC所编制的合同条件具有以下特点:①国际性、通用性、权威性。FIDIC所编制的各合同条件是在总结国际工程合同管理的经验教训的基础上制定的,并不断吸收多个国际或区域专业机构的建议和意见进行修订,使之更臻完善。因此,FIDIC合同条件具有很高的国际通用性,适用于不同国家和地区的法律和规定,既可用于国际工程,经过一定修订后又可用于国内工程。②各方的权利义务和责任规定明确,公正合理,便于操作。由于FIDIC合同条件客观地吸取了合同有关各方的意见,所以在其规定中公平合理地考虑了各方的利益,对雇主、承包商和工程师的权利和责任,以及三者在履行合同中的相互工作关系都作了详尽而合理的规定。在FIDIC红皮书第四版中,更在雇主赋予工程师一定权限的同时,还在费用、工期和变更等事项的处理上,对工程师的权限加以合理的限制,以保证工程师在依据合同处理问题时能更加公正。③内容全面,条款前后规定一致,文字严谨,符合现有各法律体系的要求。④协议书、通用条件和专用条件三者形成既有分工又灵活适用的有机整体。协议书明确了整套合同文件的内容,合同双方的最主要的权利和义务,经双方签署后合同始能生效。通用条件是指对某一类合同标的都适用的规

---

① 米良:《论国际工程法的渊源及FIDIC合同条件的适用》,载《云南大学学报法学版》2011年第6期。

定;专用条件是专门为了合同所界定的具体工程项目所制定的,它是对通用条件的修改、删减和补充,这样就可以使合同条件适用于工程所在国家或地区的法规的差异、工程项目的特点以及雇主对合同的各种要求。①

(2)FIDIC 合同条件的应用范围:①土木工程项目。②雇主授权工程师对合同实施进行监督的工程。③主要适用于单价合同,但单价合同也可带有若干总价(包干)合同。

3. FIDIC 合同条件应用方式

FIDIC 合同条件是在总结了各个国家、各个地区的业主、咨询工程师和承包商各方经验基础上编制出来的,也是在长期的国际工程实践中形成并逐渐发展成熟起来的,是目前国际上广泛采用的高水平的、规范的合同条件。这些条件具有国际性、通用性和权威性。其合同条款公正合理,职责分明,程序严谨,易于操作。考虑到工程项目的一次性、唯一性等特点,FIDIC 合同条件分成了"通用条件"(General Conditions)和"专用条件"(Conditions of Particular Application)两部分。通用条件适于某一类工程,如 FIDIC 红皮书适于整个土木工程(包括工业厂房、公路、桥梁、水利、港口、铁路、房屋建筑等)。专用条件则针对一个具体的工程项目,是在考虑项目所在国法律法规不同、项目特点和业主要求不同的基础上,对通用条件进行的具体化的修改和补充。FIDIC 合同条件的应用方式通常有如下几种:

(1)国际金融组织贷款和一些国际项目直接采用。在世界各地,凡世界银行、亚洲开发银行、非洲开发银行贷款的工程项目以及一些国家和地区的工程招标文件中,大部分全文采用 FIDIC 合同条件。在我国,凡亚洲开发银行贷款项目,全文采用 FIDIC 红皮书。凡世界银行贷款项目,在执行世界银行有关合同原则的基础上,执行我国财政部在世界银行批准和指导下编制的有关合同条件。

(2)合同管理中对比分析使用。许多国家在学习、借鉴 FIDIC 合同条件的基础上,编制了一系列适合本国国情的标准合同条件。这些合同条件的项目和内容与 FIDIC 合同条件大同小异,主要差异体现在处理问题的程序规定上以及风险分担规定上。FIDIC 合同条件的各项程序是相当严谨的,处理业主和承包商风险、权利及义务也比较公正。因此,业主、咨询工程师、承包商通常都会将 FIDIC 合同条件作为一把"尺子",与工作中遇到的其他合同条件相对比,进行合同分析和风险研究,制定相应的合同管理措施,防止合同管理上出现漏洞。

(3)在合同谈判中使用。FIDIC 合同条件的国际性、通用性和权威性使合同双方在谈判中可以以"国际惯例"为理由要求对方对其合同条款的不合理、不完善之处作出修改或补充,以维护双方的合法权益。这种方式在国际工程项目合同谈判中普遍使用。

(4)部分选择使用。即使不全文采用 FIDIC 合同条件,在编制招标文件、分包合同条件时,仍可以部分选择其中的某些条款、某些规定、某些程序甚至某些思路,使所编制的文件更完善、更严谨。在项目实施过程中,也可以借鉴 FIDIC 合同条件的思路和程序来解决和处理有关问题。

需要说明的是,FIDIC 在编制各类合同条件的同时,还编制了相应的"应用指南"。在"应用指南"中,除了介绍招标程序、合同各方及工程师职责外,还对合同每一条款进行了详细解释和说明,这对使用者是很有帮助的。另外,每份合同条件的前面均列有有关措辞的定义和释义。这些定义和释义非常重要,它们不仅适合于合同条件,也适合于其全部合同文件。

---

① 何伯森:《国际工程合同管理》,中国建筑工业出版社 2016 年版,第 153 ~ 158 页。

4. FIDIC合同条件的内容

（1）《施工合同条件》（FIDIC新红皮书）。新红皮书与原红皮书相对应，但其名称改变后合同的适用范围更大。该合同主要用于由发包人设计的或由咨询工程师设计的房屋建设工程和土木工程。施工合同条件的主要特点表现为，以竞争性招标投标方式选择承包商，合同履行过程中采用以工程师为核心的工程项目管理模式。

（2）《生产设备和设计——施工合同》（FIDIC新黄皮书）。新黄皮书与原黄皮书相对应，其名称的改变便于与新红皮书相区别。在新黄皮书条件下，承包人的基本义务是完成永久设备的设计、制造和安装。

（3）《EPC交钥匙项目合同条件》（FIDIC银皮书）。银皮书又可译为"设计—采购—施工交钥匙项目合同条件"，它与原来的设计—建造和交钥匙（工程）合同条件（FIDIC橘皮书）相似但不完全相同。银皮书适用于工厂建设之类的开发项目，是包含了项目策划、可行性研究、具体设计、采购、建造、安装、试运行等在内的全过程承包方式。承包人"交钥匙"时，提供的是一套配套完整的可以运行的设施。

（4）《简短合同格式》（FIDIC绿皮书）。该合同条件主要适于价值较低的或形式简单的，或重复性的，或工期短的房屋建筑和土木工程。

5. 我国对外承包工程使用FIDIC合同条件应注意的有关问题

（1）对外承包工程使用FIDIC合同条件的版本问题。根据我国有关FIDIC实务专家介绍，我国在海外承包工程实践中仍以使用1977年版FIDIC合同条件较为多见。FIDIC不断推出新的合同条件文本，但这并不意味着旧版合同条件被废止。FIDIC合同条件1977年版对承包商更适用，因此在实践中使用1999年版FIDIC合同条件的不太多。但在EPC合同中较常使用1999年版FIDIC合同条件。①

（2）对外承包工程的关键是熟练掌握合同并熟练使用合同。在对外承包工程实践中，我国承包企业的工程技术能力都是非常强的，工程人员的个人技术能力也很强，但是法律和合同的概念及意识却非常弱。因此，有专家明确提出，要充分认识到合同的严肃性。我国对外承包工程的项目经理最重要的工作就是熟练掌握合同并熟练使用合同，要加强证据意识和取证能力；我国工程师的专业水平、技术能力和现场经验比许多外国工程师要强，但如果作为国际咨询工程师，则欠缺经济、法律、海外经验、FIDIC的系统知识和综合协调管理能力，也就是说太技术化，同时许多人存在语言障碍问题。

（3）务必走出超质量施工的误区。超质量施工是中国工程承包公司过去引以为豪的优点，但在现实的国际工程承包业中，中国公司应改变和扭转这种习惯，改变过去为争名誉、抢工期而不计成本的上设备、拼人力、投资金、提质量的粗放型管理方式。例如，按照FIDIC合同，如果承包商打的混凝土比合同中要求的标号高，业主只会按原低标号的混凝土价格支付；业主要求做三合板的桌子，承包商用纯木做，业主最终还是只会付三合板的桌子钱。许多人误认为质量就是高水准，而减少施工成本就会导致质量欠佳，这种观点其实忽视了质量与成本间的密切联系。在FIDIC合同的管理中，质量的真正定义应为"按照规范施工"。也就是说，在明确了合适的技术规范后，承包商要不折不扣地按其设计规定施工，同时注意成本核算。但实际工作中，施工人员在每个阶段往往喜欢加入个人想法，反而忽视了相应的成本变化，这种质量上的"改良"最终无疑

① 田威：《FIDIC合同条件在国际承包工程中的应用》，载《中国交通建设监理》2011年第10期。

会导致经济上的损失。因为业主雇佣的咨询工程师对规范及所需产品都了如指掌，他将根据合同条件规定和相关技术要求，在施工过程中认真检查每一种原料、每一件设备、每一道工序和每一个单项工程（特别是隐蔽部位）。如有问题，下一道工序不准施工，并且每一道工序都应有可靠的、经检验的施工现场记录。最后严格按合同中 B. Q. 单的规定价格付款。因此，承包商从开工之日就要建立质量/成本目标，仔细斟酌投入，严格照章办事，在确保规范要求质量的前提下，注重财务核算，努力降低费用。①

（4）摒弃对工程索赔的错误认识。国内有一种认识，“低中标、勤签证、高索赔”，实际上许多工程实务专家，特别是对外承包工程的实务专家对此认识提出了批评。在对外承包工程领域，低价中标，靠索赔赚钱谈何容易：小金额不值得你与业主撕破面皮；大金额则需要通过仲裁，而仲裁未知因素又太多。FIDIC 合同与贸易合同不一样的是，承包商的损失要由业主承担。它的理论是，假设承包商投标时如同处于平静的水面，只要考虑已知因素，不用考虑未知因素。例如 FIDIC 合同中所指的“自然力”的作用，1999 年版用了“不可抗力”，索赔事件的发生就像在平静的水面上扔进了一块石头，这块石头会引起扰乱，而这扰乱就要由业主负责——这就是“波纹理论”。承包商创收要靠“三大支柱”，第一是变更令，变更令比索赔要温和得多，也比较好操作；第二是调价方式；第三才是索赔。承包商要拿到索赔，一定要同仲裁联合起来操作，不通过仲裁要拿到大笔赔偿金额是不可能的。②

（二）英国主要工程合同条件

英国的合同制度起源较早，在维多利亚王朝时期，英国就已在市场管理与建筑合同体系上处于世界领先地位。其标准合同文本已经有 100 多年的发展与完善，许多国家和地区，比如澳大利亚、新加坡、我国香港特别行政区等地的工程建设合同体系都源于英国。英国工程建设合同体系中的 JCT 合同系列，主要适用于房屋建设工程，是由英国皇家建筑师协会、建筑业联合会、皇家特许测量师协会等协会组成的联合委员会起草的，其常设机构是建筑师协会。除了 JCT 合同系列外，英国还有由咨询（顾问）建筑师协会起草的 ACA 合同系列，主要适用于设计咨询活动；由土木工程师协会、咨询工程师联合会、土木工程承包商联合会等组成的联合委员会起草的 ICE 合同系列，主要适用于市政土木工程，有两种标准文本，分别适用于土木工程的分包和总包；此外，还有英国中央政府制订的皇家政府合同系列等（如图 6 所示）。

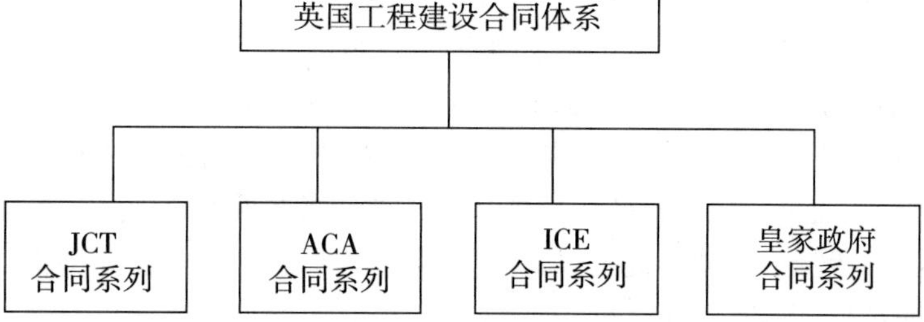

图 6　英国主要工程建设合同体系

根据有关研究，在英国工程领域 ICE5、ICE6 合同条件目前很少使用，JCT、JCT80、NEC 合同

---

① 田威：《FIDIC 合同的宗旨（上）》，载《国际经济合作》2000 年第 2 期。

② 田威：《FIDIC 合同条件应用实务》（第二版），中国建筑工业 出版社 2009 年版，第 86 ~ 87 页。

条件运用得较多,但 FIDIC 条款在英国用得很少。① 以下对 ICE 合同条件及 JCT 合同条件做简要介绍,重点阐述使用最多的 ICE 编制的 NEC 合同条件。

1. ICE 合同条件

ICE 是英国土木工程师学会(Institution of Civil Engineer)的简称。该学会是设于英国的国际性组织,拥有会员 8 万多名,其中 1/5 在英国以外的 140 多个国家和地区。该学会历史悠久,已成为世界公认的学术中心、资质评定组织及专业代表机构。ICE 在土木工程建设合同方面具有高度的权威性,它编制的土木工程合同条件在土木工程中具有广泛的应用。

尽管 ICE 合同第一版于 1945 年出版,但合同双方之间的风险分摊原则及大部分合同条件的原文在 18 世纪 60 年代至 19 世纪 50 年代英国工业革命后期实施的运河工程和铁路工程中就已被采用。1786 年,在施工连接苏格兰东西海岸的福斯河—克莱德河运河的工程中,咨询工程师支持使用承包商而不直接雇佣劳工并制定管理方案,明确工程总工程师及其下属各区段施工的驻地工程师及工料测量师的工作范围及职责,为随后两百年大多数土木工程项目的实施树立了榜样,并一直在以传统合同条件管理工程的项目上使用。

19 世纪 60 年代以来,英国的土木工程项目的业主都聘用咨询工程师负责工程的设计,用技术说明及详细的施工图来充分表达设计意图,并按照施工图编制工程量清单,要求承包商逐一报价。当时的合同条件把咨询工程师描述成主人,承包商描述为仆人。仆人必须接受工程实施中固有的风险。在工程进展过程中,咨询工程师随时有权发出新的指令,承包商必须无条件服从,而承包商执行咨询工程师的新的指令所应获得的额外工期和额外费用却由咨询工程师来决定。即使承包商与咨询工程师发生争端,该争端也由咨询工程师作出判断。由此可见,这种合同条件造成不少工程项目的合同双方争端不断,致使项目费用超支,工期目标无法完成,常常发展至项目建成后若干年内双方陷入耗资又费时的法律诉讼程序。这种情况在当今世界各地以传统合同实施的工程项目上屡见不鲜。

ICE 合同在随后的 11 年中修订了 3 次,并于 1956 年出版了 ICE 合同第四版,在英国及其海外工程项目上广为使用。以 ICE 合同第四版为蓝本的 FIDIC 合同的第一版于 1957 年出版,随后几乎每隔十年进行一次修订,成为适用于全世界的土木工程的施工合同。随着建筑业的发展,管理技术的不断进步,ICE 合同编制委员会力图对过去的合同条件进行改革,1973 年出版的 ICE 合同第五版,对土木工程项目实施中的固有风险在合同双方之间做了较为明确的分摊,成为合同双方都能接受的合同条件。1977 年 FIDIC 合同第三版便是以 ICE 合同第五版为蓝本修订的。②

1991 年 1 月出版的第六版《ICE 合同条件(土木工程施工)》共计 71 条 109 款,主要内容包括:工程师及工程师代表;转让与分包;合同文件;承包商的一般义务;保险;工艺与材料质量的检查;开工、延期与暂停;变更、增加与删除;材料及承包商设备的所有权;计量;证书与支付;争端的解决;特殊用途条款;投标书格式。此外,IEC 合同条件的最后也附有投标书格式、投标书格式附件、协议书格式、履约保证等文件。

ICE 合同的主要特点:(1)ICE 没有独立的专用条款部分,而是在第六版 ICE 合同的第 72 款中对项目的特殊要求进行约定,其第 72 款就相当于 FIDIC 的专用条款;(2)该 ICE 施工合同条件的第 69 款和第 70 款对税收做了专门的规定;(3)对工程师的权利进行了限制。

---

① 陈浩文主编:《涉外建筑法律实务》,法律出版社 2004 年版,第 237 页。

② 方志达:《新工程合同与传统工程合同》,载《重庆建筑大学学报》2001 年第 6 期。

2. JCT 合同条件

英国皇家建筑师学会于 1902 年编制出版的《建筑合同标准格式》是世界上第一部房屋工程标准合同。该合同后来以 1931 年成立的联合合同审理委员会(Joint Contract Tribunal,JCT)的名义发行,因此一般被称为"JCT 合同"。JCT 合同的主要内容包括:(1)总论部分;(2)指定的分包商及供应商;(3)价格调整;(4)仲裁。另外还附有 4 个标准表格格式。

以 JCT 合同系列为例(如图 7 所示),它的总包合同文本有 17 种,分包合同文本有 11 种,基本合同文本有 6 种,此外还有专用于苏格兰地区的 7 种合同文本,涵盖了房屋建设工程的各个方面。①

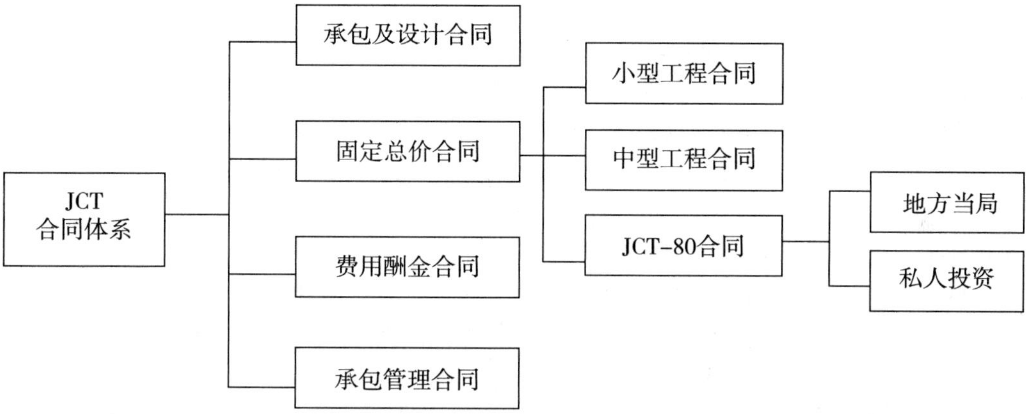

图 7　英国 JCT 合同系列的构成

3. NEC 合同条件

为了满足业主多样化的要求,便于对工程进行良好的管理,和各方共同协作并能有效地解决工程频繁的争议和造成的不利影响,1985 年 9 月,英国土木工程师学会(ICE)批准并开始编制新工程合同(New Engineering Contract,NEC),工作小组由土木工程师学会成员、承包商、咨询工程师和雇主代表组成。新工程合同的征求意见版于 1991 年出版。随后通过征求广泛的意见和多次讨论,并在一些国家的不同类型的工程中进行试用,第一版于 1993 年 3 月正式出版。1995 年通过对第一版进行大量的细微修改后出版了第二版,2005 年出版了第三版。NEC 合同在英国及英联邦国家得到了广泛使用,且其影响范围仍在不断扩大。目前,NEC 合同条件已成为英国工程界运用最为广泛的合同范本之一,其被政府部门采纳运用,并得到了伦敦 2012 年奥委会的认可。在我国香港特别行政区,渠务署在某项工程中采纳了 NEC 合同条件,并成为我国香港特别行政区在建设工程实践中采用 NEC 合同条件的先例。②

(1)NEC 系列合同的分类

为适用于合同各方之间不同的关系,NEC 合同包括了以下不同系列的合同和文件:①工程施工合同(ECC),用于业主和总承包商之间的主合同,也被用于总包管理的一揽子合同,可适用于不同形式的工程项目。②工程施工分包合同(ECS),用于总承包商与分包商之间的合同。③专业服务合同(PSC)以及工程施工简要合同(ECSC),用于业主与项目经理、监理工程师、设计

① 罗凤、向科:《英国土木工程师学会 NEC 合同及其特点》,载《四川建筑科学研究》2005 年第 6 期。

② 胥善林、傅鸿源:《NEC 与 FIDIC 合同条件的几点比较》,载《重庆建筑大学学报》2002 年第 6 期。

师、测量师、律师、社区关系咨询师等之间的合同。④裁判者合同,用来作为雇主和承包商(联合在一起)与裁决人订立的合同,也可以用在使用工程施工分包合同的分包合同中和新工程合同中的专业服务合同中。

(2)NEC 施工合同的特点

NEC 系列合同中的工程施工合同,类似于 FIDIC 的土木工程施工合同条件,是 NEC 系列合同中的核心文件,在许多国家得到广泛采用,并成为英国及英联邦国家施工行业的标准合同。其特点包括如下两点:①灵活性。NEC 施工合同可用于那些包括任一或所有的传统领域,诸如土木、电气、机械和房屋建设工程的施工;可用于承包商承担部分、全部设计责任或无设计责任的承包模式。NEC 施工合同同时还提供了用于不同合同类型的常用选项,如目标合同、成本偿付合同等。②清晰和简洁。尽管 NEC 施工合同是一份法律文件,但它是用通俗语言写成的。NEC 施工合同是根据合同中指定的当事人将要遵循的工作程序流程图起草的,其编排和组织结构有助于使用者熟悉合同内容,更重要的是让使用合同的当事人的行为被精确地定义。③促进良好的管理。NEC 施工合同基于这样一种认识:各参与方有远见、相互合作的管理能在工程内部减少风险,其每道程序都专门设计,使其实施有助于工程的有效管理。

(3)NEC 施工合同的内容及结构

NEC 施工合同包括以下几个部分:①核心条款。是所有合同共有的条款,共分为总则、承包商的主要责任、工期、测试和缺陷、付款、补偿事件、所有权、风险和保险、争端和合同终止 9 个部分。无论选择何种计价方式,NEC 施工合同的核心条款均是通用的。②主要选项条款。针对 6 种不同的计价方式设置,任一特定的合同应该而且只能选择 1 个主要选项,这种选择的范围涵盖了各种类型的工程和建筑施工中的大多数情况。每个选项的风险在业主和承包商之间的分摊不一样,向承包商付款的方式也就不一样。对一个特定的合同,必须选用一个主要选项条款和核心条款合在一起构成一个完整的合同。以下是对每个主要选项的特征和用途的简要概述:选项 A 是带有工程量表的标价合同,分项工程量表由承包商制定并对其进行报价,这些分项工程的价格总和就是承包商承包整个工程的价格,即价格风险和数量风险均由承包商承担;选项 B 是带有工程量清单的标价合同,工程量清单包含了工作项目和数量,承包商根据招标文件及有关资料进行报价,承包商承担价格风险,业主承担数量风险;选项 C 和选项 D 是带有分项工程量表和工程量清单的目标合同,按分项工程总价确定目标总价,价格风险和数量风险由业主和承包商按约共同承担,此种合同适用于拟建工程范围没有完全界定或预测的风险较大的情况;选项 E 是成本偿付合同,承包商不再承担成本风险,其得到的款项是实际成本加上所报价的间接费,此种合同适用于当施工工程的范围界定不充分,甚至作为目标价格的基础也不够充分而又要求尽快施工的情况;选项 F 是管理合同,管理承包商不必亲自施工,但其承担的责任等同于那些根据其他主要选项工作的承包商所承担的责任,分包商与管理承包商签订分包合同。这种合同的价格确定方式仍在不断地演变中。③次要选项。在决定了主要选项后,当事人可根据需要选择部分、全部或根本不选择次要选项,选定的次要选项和选定的主要选项必须在合同资料文件第一部分的首要说明中加以说明。次要选项包括保函、担保等 15 项条款。④成本组成表对成本组成项目进行全面定义,从而避免因计价方式不同、计量方式差异而导致不确定性。成本组成表的作用有两点:其一,规定了因补偿事件引起的成本变化的计价中所包含的成本组成项目,适用于选项 A、B、C、D 及 E;其二,规定了承包商可直接得到补偿的成本组成项目,适用于选项 C、D 及 E。而成本组成表不适用于选项 F(管理合同)。在使用时,业主要根据具体项目进行选择,如认为表中的任何项目与特定合同无关,可将其删除。⑤合同资料。它是指在合同生效日起有效的资料,包括由业主发给投标人的文件、投标人投标的文件、双方谈判期间的改动以及合同实施过程中的变更等。它明确了达成的合同协议的细节,使合同趋于完善。

(三)美国主要工程合同条件

美国的主要工程建设合同体系由 AIA 合同系列、AGC 合同系列及 SF23 合同系列等构成。其中 AIA 合同系列由美国建筑师协会制定,AGC 合同系列由美国总承包商协会制订,SF23 合同系列由联邦政府制定。其中应用最广的 AIA 合同系列由通用合同条款、协议书和附加条款构成,通用合同条款是 AIA 合同系列的精髓,又可分为《施工合同通用条款(AIA,A201)》、《建设管理合同条款(AIA,A201/CM)》以及《内部装修合同条款(AIA,A271)》。在通用合同条款的基础上又形成了其他的分项合同,总共有 14 项。AIA 合同系列的具体构成可参见图 8。[①]

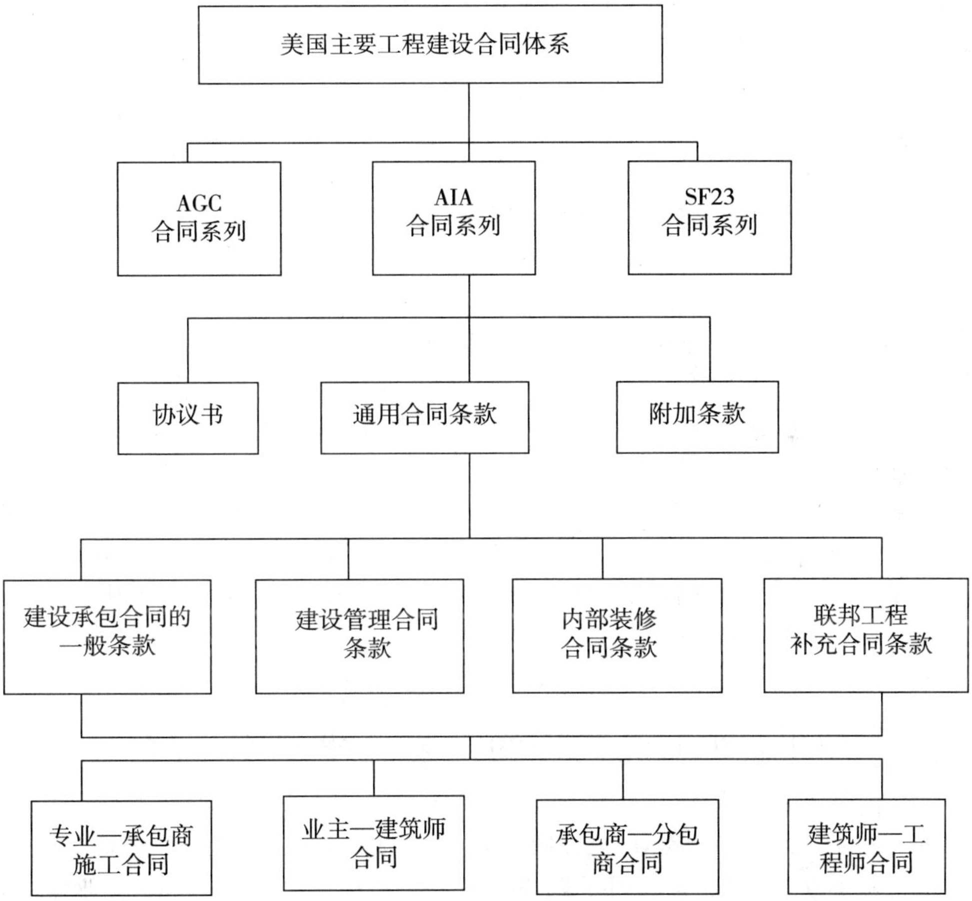

图 8　美国主要工程建设合同体系的构成

AIA 是美国建筑师学会(American Institute of Architects)的简称。AIA 出版的系列合同文件在美国建筑业界及国际工程承包界,特别在美洲地区具有较高的权威性,应用广泛。

AIA 系列合同文件分为 A、B、C、D、G 等系列,其中 A 系列是用于业主与承包商的标准合同

① 王要武、李清志、袁仁平:《AIA 合同文件介绍及其与 FIDIC 合同的比较研究》,载《建筑经济》2007 年第 11 期。

文件，不仅包括合同条件，还包括承包商资格申报表，保证标准格式；B 系列主要用于业主与建筑师之间的标准合同文件，其中包括专门用于建筑设计、室内装修工程等特定情况的标准合同文件；C 系列主要用于建筑师与专业咨询机构之间的标准合同文件；D 系列是建筑师行业内部使用的文件；G 系列是建筑师企业及项目管理中使用的文件。

AIA 系列合同文件的核心是“一般条件”（A201）。采用不同的工程项目管理模式及不同的计价方式时，只需选用不同的“协议书格式”与“一般条件”即可。如 AIA 文件 A101 与 A201 一同使用，构成完整的法律性文件，适用于大部分以固定总价方式支付的工程项目。再如 AIA 文件 A111 和 A201 一同使用，构成完整的法律性文件，适用于大部分以成本补偿方式支付的工程项目。

AIA 文件 A201 作为施工合同的实质内容，规定了业主、承包商之间的权利、义务及建筑师的职责和权限，该文件通常与其他 AIA 文件共同使用，因此被称为“基本文件”。1987 年版的 AIA 文件 A201《施工合同通用条件》共计 14 条 68 款，主要内容包括：业主、承包商的权利与义务；建筑师与建筑师的合同管理；索赔与争议的解决；工程变更；工期；工程款的支付；保险与保函；工程检查与更正条款。

（四）其他合同条件

日本建设工程标准合同条件，适用于日本国内的政府工程和民用工程。日本的建设工程承包合同的内容规定在《日本建设业法》中。该法的第三章“建设工程承包合同”中规定，建设工程承包合同包括以下内容：工程内容；承包价款数额及支付；工程及工期变更的经济损失的计算方法；工程交工日期及工程完工后承包价款的支付日期和方法；当事人之间合同纠纷的解决方法等。

韩国的建设工程承包合同的内容也规定在国家颁布的法律，即《韩国建设业法》（1994 年 1 月 7 日颁布实施）中。该法第三章“承包合同”中规定承包合同有以下内容：建设工程承包的限制；承包额的核定；承包资格限制的禁止；概算限制；建设工程承包合同的原则；承包人的质量保障责任；分包的限制；分包人的地位，分包价款的支付，分包人变更的要求，工程的检查和交接等。

欧洲发展基金 EDF 合同条件，以 1987 年版 FIDIC 合同条件为基础，适用范围较小。

第三节 我国对外承包工程的主要法律制度

2017 年 8 月 4 日，国务院办公厅《转发国家发展改革委商务部人民银行外交部关于进一步引导和规范境外投资方向指导意见》（国办发〔2017〕74 号）中提道：“近年来，我国企业境外投资步伐明显加快，规模和效益显著提升，为带动相关产品、技术、服务‘走出去’，促进国内经济转型升级，深化与相关国家互利合作，推进‘一带一路’建设和开展国际产能合作发挥了重要作用。”从“十一五”期间中国开始鼓励“走出去”战略，到“一带一路”倡议的发展，党和国家对于企业境外投资始终保持着鼓励加引导的态度。中国对外承包工程商会会长房秋晨在工作报告中指出，2018 年对外承包工程完成营业额 1216.7 亿美元，其中，“一带一路”国家业务贡献率为 53.7%。2019 年，我国对外承包工程业务完成营业额 11,927.5 亿元人民币，同比增长 6.6%（折合 1729 亿美元，同比增长 2.3%），新签合同额 17,953.3 亿元人民币，同比增长 12.2%（折合 2602.5 亿美元,同比增长7.6%)。中国对外承包工程行业向多元化、专业化、国际化方向发展的趋势日益明显。

"对外承包工程"在我国法律中有明确的定义界定。《对外承包工程管理条例》第2条规定,对外承包工程,是指中国的企业或者其他单位承包境外建设工程项目的活动。我国针对对外承包工程先后颁布实施了一系列法律法规,主要包括对外承包工程的综合性管理(如《对外承包工程管理条例》)、对外承包工程质量安全管理(如《关于对外承包工程质量安全问题处理的有关规定》)、对外承包工程项下外派劳务管理(如《对外承包工程项下外派劳务管理暂行办法》)、对外承包工程保函风险专项资金管理(如《对外承包工程保函风险专项资金管理暂行办法》)、对外经济技术合作专项资金管理、外汇、对外担保管理等方面的法律法规。这些法律法规对规范和促进我国企业对外承包工程起到了重要作用。

一、对外承包工程双边及多边投资保护制度

中国作为发展中大国,在与其他国家开展务实合作、参加国际经济组织和参与国际经济规则制定等方面表现积极,在"一带一路"路线图的"合作机制"部分也充分表达了这些意愿。目前,我国已累计建立了160多个双边经贸合作机制,签订了150多个双边投资协定,与美、欧、日、英、俄等国家和地区均建立了经济高层对话。与五大洲的28个国家和地区建设了15个自贸区,已签署10个自贸协定。在推动多哈回合谈判和贸易自由化的进程中发挥了建设性作用。与APEC、"10+1"、"10+3"、中非合作论坛等区域经济合作机制的合作日益深化。我国还坚持"与邻为善、以邻为伴"方针,与周边国家和地区建立和发展了多种形式的边境经济贸易合作。

2007年4月国务院发布的《关于鼓励和规范企业对外投资合作的意见》初步形成完整的境外投资政策体系。2010年商务部发布了《关于2010年全国对外投资合作工作的指导意见》,对外工程企业依据《对外投资国别产业导向目录(一)、(二)、(三)》承包工程,起到一定的投资引导作用。

二、对外承包工程资格制度

国务院2008年7月21日颁布的《对外承包工程管理条例》是我国对外承包工程管理的基本法律文件。《对外承包工程管理条例》规定,对外承包工程的单位应当依照规定,取得对外承包工程资格。申请对外承包工程资格,应当具备下列条件:(1)有法人资格,工程建设类单位还应当依法取得建设主管部门或者其他有关部门颁发的特级或者一级(甲级)资质证书;(2)有与开展对外承包工程相适应的资金和专业技术人员,管理人员中至少2人具有2年以上从事对外承包工程的经历;(3)有与开展对外承包工程相适应的安全防范能力;(4)有保障工程质量和安全生产的规章制度,最近2年内没有发生重大工程质量问题和较大事故以上的生产安全事故;(5)有良好的商业信誉,最近3年内没有重大违约行为和重大违法经营记录。为落实和实施《对外承包工程管理条例》规定的对外承包资格制度,商务部、住房和城乡建设部2009年发布《对外承包工程资格管理办法》(已失效),对对外承包工程资格的取得及管理作了详细规定。《对外承包工程管理条例》和《对外承包工程资格管理办法》规定的对外承包工程资格制度这一市场准入制度是我国近十年来对对外承包工程活动进行规范管理的重要制度和方式。

随着"走出去"和"一带一路"倡议的深化实施,为了依法推进简政放权、放管结合、优化服务改革,国务院于2017年3月1日颁布了《关于修改和废止部分行政法规的决定》,删去了《对外承

包工程管理条例》的第二章“对外承包工程资格”,并删除了《对外承包工程管理条例》中与对外承包工程资质相关的其他内容。根据2017年9月14日商务部发布的《关于废止和修改部分规章的决定》,《对外承包工程资格管理办法》废止。2017年9月29日,国务院下发了《关于取消一批行政许可事项的决定》,取消了商务部关于对外承包工程项目的核准制度,商务部也于2017年11月13日下发了《关于做好对外承包工程项目备案管理的通知》(商办合函〔2017〕455号),正式规定将对外承包工程项目的管理制度由“核准制”改成了“备案制”,并将地方企业和中央企业之下属单位的境外工程项目备案机构下放至省级商务主管部门(特定项目办理仍由商务部统一负责)。对外承包工程资格制度被取消后,企业承包国际工程项目将不再受该资格要求或门槛的限制。该制度的取消实际上是鼓励企业根据自身情况“走出去”,开拓国际工程市场,有助于我国企业占领更多的国际工程市场份额,提高国际影响力,促进我国企业的国际化发展,在企业获取利润的同时为国家创造更多的就业机会与财政收入,推进我国“一带一路”倡议的深化实施。

三、对外承包工程投标(议标)许可制度

为加强对外承包工程项目投标(议标)核准管理,规范对外承包工程项目投标(议标)活动,保障对外承包工程项目经济效益与社会效益,促进对外承包工程健康发展,2011年12月7日商务部、原中国银行业监督管理委员会、原中国保险监督管理委员会联合发布《对外承包工程项目投标(议标)管理办法》(已失效)。为继续深化简政放权、放管结合、优化服务改革,根据国务院要求及2017年9月14日商务部发布的《关于废止和修改部分规章的决定》(部分失效),删去《对外承包工程项目投标(议标)管理办法》第2条中的“依法取得对外承包工程资格的”。2018年2月22日商务部发布的《关于废止和修改部分规章的决定》废止了《对外承包工程项目投标(议标)管理办法》。

四、对外工程承包制度

(一)规范工程的承包行为

《对外承包工程管理条例》规定,对外承包工程的单位不得以不正当的低价承揽工程项目、串通投标,不得进行商业贿赂。对外承包工程的单位应当与境外工程项目发包人订立书面合同,明确双方的权利和义务,并按照合同约定履行义务。

我国法律明确规定禁止建设工程转包、违法分包、再分包。在对外承包工程中,我国法律同样禁止工程转包、违法分包、再分包。《对外承包工程管理条例》规定,对外承包工程的单位应当加强对工程质量和安全生产的管理,建立、健全并严格执行工程质量和安全生产管理的规章制度。对外承包工程的单位将工程项目分包的,应当与分包单位订立专门的工程质量和安全生产管理协议,或者在分包合同中约定各自的工程质量和安全生产管理责任,并对分包单位的工程质量和安全生产工作统一协调、管理。对外承包工程的单位不得将工程项目分包给不具备国家规定的相应资质的单位;工程项目的建筑施工部分不得分包给未依法取得安全生产许可证的境内建筑施工企业。分包单位不得将工程项目转包或者再分包。对外承包工程的单位应当在分包合同中明确约定分包单位不得将工程项目转包或者再分包,并负责监督。

禁止建设工程转包不仅为我国法律法规所明确规定,在国际上也是通行的做法,许多国家都对建设工程的转包作了禁止性规定。在实践中,我国经常存在的情形是,由总公司作为总承包商承接工程、再将施工和管理由下属的分公司承担。根据《公司法》的相关规定,分公司是总公司

的分支机构，没有独立的法人资格，不属于独立的第三方，其权利与义务均体现在总公司的层面上，因此由分公司分别承接工程一部分的行为就不属于转包行为，而是公司内部的经营分工。但对此，对外工程承包合同中要有明确的约定，以免引起法律纠纷。

《关于对外承包工程质量安全问题处理的有关规定》（外经贸发〔2002〕第500号）规定，境内企业对外承包工程的业绩和质量安全情况作为国内对勘察、设计、施工、监理等企业资质管理的内容。对外承包工程中发生质量安全事故或严重质量安全问题的，对外承包工程企业必须在事故发生之日起24小时内向驻外使（领）馆经济商务机构报告；驻外使（领）馆经济商务机构应当向国务院建设主管部门和商务部报告。对于在外承包工程中发生质量安全事故或者其他严重质量安全问题的企业，建设行政主管部门根据《建筑业企业资质管理规定》等有关规定予以处理；商务部根据有关规定，予以警告、不予通过《对外经济合作经营资格证书》年审的处理。

（二）规范劳动用工制度

截至2019年12月底，我国对外劳务合作业务累计派出各类人员100.2万人次。近年来，我国在外各类劳务人员主要分布在建筑业、制造业和交通运输业三大行业，2019年年末我国在外各类劳务人员分布在这三大行业的合计人数为71.9万人，所占比重为72.4%。其中建筑业在外人数42.5万人，在外人员规模占比达42.9%。根据不完全资料统计，仅近5年来，较大的中国海外工人遭遇劫持事件就有13起，涉及工人110名。其中，大部分发生在我国承包的非洲动荡地区工程领域，包括苏丹、也门、尼日利亚、埃塞俄比亚、尼日尔等国，而在其他发生劫持事件的国家中，哥伦比亚、阿富汗、巴基斯坦和印度尼西亚均名列其中。① 随着中国参与全球治理方式的转变与“一带一路”合作倡议的落实推进，我国对外投资合作规模不断扩大，每年赴境外的人员数量增幅加大，面临的国际形势日趋复杂多变，各类境外安全风险事件时有发生，不仅对我国企业境外经营造成影响，而且严重威胁我国境外人员的生命财产安全。自2012年以来，境外高风险地区针对中资机构和人员的安全事件频发，提升与加强中资企业境外机构与人员的安全风险防范能力已迫在眉睫。笔者认为，我国对外承包工程面临第一位的风险应当是人员和财产的安全风险，即保障海外中国人及中国财产的安全是第一位的，这是我国发展对外承包工程的基本前提条件和首要考虑的问题。

1. 对外承包工程项下外派劳务

对外承包工程的单位应当依法与其招用的外派人员订立劳动合同，按照合同约定向外派人员提供工作条件和支付报酬，履行用人单位义务，并且还应当为外派人员购买境外人身意外伤害保险。2005年12月商务部发布的《对外承包工程项下外派劳务管理暂行办法》（商合发〔2005〕726号）规定，外派劳务人员受雇于有关企业，而非外方企业。该办法中还明确了“劳务分包”的合法性，即外派劳务应由总承包商（对外签约单位）自营或通过签署分包合同将承包工程中的部分工程连同其项下的外派劳务整体分包给具有对外承包工程经营资格的分包商。总承包商或分包商须直接与外派劳务人员签订“劳务派遣和雇用合同”，不得委托中介机构或个人进行外派劳务招工；该合同须在外派劳务人员离境前签订，所签合同应符合有关规定，并保证外派劳务人员的工资水平不低于项目所在地同工种人员的工资水平。

2008年4月25日商务部发布的《关于切实做好对外承包工程项下外派劳务管理工作的紧急

① 王磊：《近五年百余海外华工遭劫》，载读我网2012年2月12日，http://www.readmeok.com/2012-2/12_5548.html。

通知》(商办合函〔2008〕54 号)进一步规定,为保证外派劳务人员的合理要求及意见建议能得到充分重视和及时处理,各驻外经商机构和企业应依据以下原则立即建立起由外派劳务人员代表、企业项目现场管理人员、企业国内本部及驻外经商机构共同构成的外派劳务人员对话沟通机制。企业应切实杜绝低价竞标和恶性竞争行为,避免因项目效益不好和赶工期损害外派劳务的工资收入和合法权益;企业不得向外派劳务违规或变相收取履约保证金。企业必须依据项目所在国劳动法及我国有关法律法规,与外派劳务签订劳动合同。企业在其与外派劳务已签及新签劳动合同中都应充分考虑汇率因素,并采取固定汇率等有效措施保证外派劳务工资不缩水。总包企业只能将部分工程连同其项下外派劳务整体分包给具有对外承包工程经营资格的分包商,不得将工程项下外派劳务单独分包或转包;分包企业不得将其承包的工程及项下外派劳务再分包或转包;总包企业对整个项目项下外派劳务管理负总责。

《对外承包工程管理条例》规定,从事对外承包工程外派人员中介服务的机构应当取得国务院商务主管部门的许可,并按照国务院商务主管部门的规定从事对外承包工程外派人员中介服务。对外承包工程的单位通过中介机构招用外派人员的,应当选择依法取得许可并合法经营的中介机构,不得通过未依法取得许可或者有重大违法行为的中介机构招用外派人员。对外承包工程的单位应当依法与其招用的外派人员订立劳动合同,按照合同约定向外派人员提供工作条件和支付报酬,履行用人单位义务。

2. 对外劳务合作及备用金制度

对外劳务合作,是指组织劳务人员赴其他国家或者地区为国外的企业或者机构工作的经营性活动。为规范对外劳务合作,保障劳务人员的合法权益,促进对外劳务合作健康发展,2012 年 6 月 4 日国务院发布了《对外劳务合作管理条例》。该管理条例规定,从事对外劳务合作,应当按照省、自治区、直辖市人民政府的规定,经省级或者设区的市级人民政府商务主管部门批准,取得对外劳务合作经营资格。申请对外劳务合作经营资格,应当具备下列条件:(1)符合企业法人条件;(2)实缴注册资本不低于 600 万元人民币;(3)有 3 名以上熟悉对外劳务合作业务的管理人员;(4)有健全的内部管理制度和突发事件应急处置制度;(5)法定代表人没有故意犯罪记录。对外劳务合作企业不得允许其他单位或者个人以本企业的名义组织劳务人员赴国外工作。任何单位和个人不得以商务、旅游、留学等名义组织劳务人员赴国外工作。

对外劳务合作企业应当自工商行政管理部门登记之日起 5 个工作日内,在负责审批的商务主管部门指定的银行开设专门账户,缴存不低于 300 万元人民币的对外劳务合作风险处置备用金。备用金也可以通过向负责审批的商务主管部门提交等额银行保函的方式缴存。负责审批的商务主管部门应当将缴存备用金的对外劳务合作企业名单向社会公布。备用金用于支付对外劳务合作企业拒绝承担或者无力承担的下列费用:(1)对外劳务合作企业违反国家规定收取,应当退还给劳务人员的服务费;(2)依法或者按照约定应当由对外劳务合作企业向劳务人员支付的劳动报酬;(3)依法赔偿劳务人员的损失所需费用;(4)因发生突发事件,劳务人员回国或者接受紧急救助所需费用。备用金使用后,对外劳务合作企业应当自使用之日起 20 个工作日内将备用金补足到原有数额。对外劳务合作企业应当为劳务人员购买在国外工作期间的人身意外伤害保险。但是,对外劳务合作企业与国外雇主约定由国外雇主为劳务人员购买的除外。根据 2017 年 9 月 14 日修订后发布的《对外劳务合作风险处置备用金管理办法(试行)》(商务部令 2017 年第 3 号)的规定,对外劳务合作企业应当自获得对外劳务合作经营资格并在工商行政管理部门登记之日起 5 个工作日内,在指定银行缴存备用金。备用金缴存标准为 300 万元人民币,以现金或等额银行保函形式缴存。备用金本金和利息归对外劳务合作企业所有,对外劳务合作企业可自由提取和使用备用金利息。对外劳务合作企业以银行保函形式缴存备用金的,由指定银行出具受益人为商务主管部门的不可撤销保函,保证在发生规定使用情形时履行担保责任。对外劳务合作企业应在其对外劳务合作经营资格存续期间提供有效的保函,保函有效期至少为两年。商务主管部门应在保函到期前一个月提醒对外劳务合作企业延长保函的有效期。保函正本由商务主管部门保存。

(三)对外承包工程的人员和财产安全管理制度

《对外承包工程管理条例》明确规定,国务院商务主管部门应当会同国务院有关部门建立对外承包工程安全风险评估机制,定期发布有关国家和地区安全状况的评估结果,及时提供预警信息,指导对外承包工程的单位做好安全风险防范。对外承包工程的单位应当有专门的安全管理机构和人员,负责保护外派人员的人身和财产安全,并根据所承包工程项目的具体情况,制定保护外派人员人身和财产安全的方案,落实所需经费。对外承包工程的单位应当根据工程项目所在国家或者地区的安全状况,有针对性地对外派人员进行安全防范教育和应急知识培训,增强外派人员的安全防范意识和自我保护能力。对外承包工程的单位应当为外派人员购买境外人身意外伤害保险。

2005年9月国务院办公厅下发的《转发商务部等部门关于加强境外中资企业机构和人员安全保护工作意见的通知》(国办发〔2005〕48号),对保护境外中资企业机构和人员的安全,促进对外投资合作业务的可持续发展,保障"走出去"战略的顺利实施起到了重要指导作用。随着对外投资合作业务的快速发展和规模不断扩大,我国"走出去"面临的国际形势更加严峻复杂,传统安全因素和非传统安全因素相互交织,国际恐怖势力活动日益猖獗,我国境外中资企业机构和人员的安全受到严重威胁。2010年8月,商务部会同外交部、发展和改革员会、公安部、国务院国有资产监督管理委员会、原国家安全生产监督管理总局、中华全国工商业联合会等7部委联合发布《境外中资企业机构和人员安全管理规定》,具有重要的现实意义。根据《境外中资企业机构和人员安全管理规定》的规定,对外投资合作企业要按照"谁派出,谁负责"的原则,对派出人员在出国前开展境外安全教育和应急培训,提高安全防范意识和能力,增强安全管理综合能力。实行项目总包合同的对外投资合作企业,应对参与合作的分包单位的境外安全教育和培训工作负总责。未经安全培训的人员一律不得派出。对外投资合作企业要制订派出人员行为守则,规范驻外人员行为方式,要求派出人员遵守当地法律法规,尊重当地风俗习惯。各地商务主管部门会同外事、发展改革、公安、国有资产管理、安全监管部门和工商联对本地区对外投资合作企业的境外安全教育培训工作进行监督检查。各驻外使领馆负责对驻在国中资企业机构定期进行安全培训监督检查。

境外中资企业在投资中可能会遇到政治、经济、商业、法律等各种风险,企业不仅需要全面准确梳理这些风险以及可能给企业造成的影响,还要系统地进行规划并提出预案举措,综合运用各种资源进行化解。2012年1月11日商务部发布了《境外中资企业机构和人员安全管理指南》(商合发〔2010〕313号,以下简称《安全管理指南》),要求企业针对海外经营的地区分布、所在行业、业务类型的不同特点,参照《安全管理指南》建立并完善本企业的境外安全管理体系和相关管理制度。《安全管理指南》全面介绍了企业境外安全风险管理的原则、目标和流程,重点关注社会公共安全风险,兼顾企业海外业务中常见的经营风险,旨在指导企业科学建立境外安全风险管理体系,有效规避、控制、转移和分散风险。《安全管理指南》是中国首个针对"走出去"企业境外安全风险管理的指导性文件，借鉴吸收了国际先进管理理论和一些企业在境外安全风险管理方面的成功经验和做法。为进一步扫清企业“走出去”征途上的诸多安全管理隐患，在充分吸收借鉴了国际先进安全管理理论的基础上，2017 年《境外中资企业机构和人员安全管理指南》修订版出台。《境外中资企业机构和人员安全管理指南》（2017 年版）针对境外各类非传统安全风险提出具体工作举措，内容上着重增加了境外安全管理制度保障和突发应急处置流程体系等内容，具有普遍的适应性、较强的针对性和一定的前瞻引领性。

（四）对外承包工程备用金制度

《对外承包工程管理条例》规定，对外承包工程的单位应当按照国务院商务主管部门和国务院财政部门的规定，及时存缴备用金。对外承包工程的单位缴存的备用金，用于支付对外承包工程的单位拒绝承担或者无力承担的下列费用：(1)外派人员的报酬；(2)因发生突发事件，外派人员回国或者接受其他紧急救助所需费用；(3)依法应当对外派人员的损失进行赔偿所需费用。

根据 2017 年 9 月 14 日修订后发布的《对外劳务合作风险处置备用金管理办法（试行）》，对外承包工程的单位应当自收到中标文件或签署项目商务合同后 15 个工作日内，在指定银行缴存备用金。备用金缴存标准为 300 万元人民币，以现金或等额银行保函形式缴存。对外承包工程的单位已取得对外劳务合作经营资格并足额缴存备用金的，不需依照本办法再次缴存备用金。以现金形式缴存备用金的，对外承包工程的单位应当在对外承包工程项目数据库系统中填写并打印《备用金缴存申请表》，连同《营业执照》副本或《事业单位法人证书》副本，到指定银行开设专门账户并办理存款手续，签订《备用金存款协议书》，并将复印件送注册地省级商务主管部门备案（原备用金账户余额已达到缴存标准的除外）。对外承包工程的单位以银行保函形式缴存备用金的，由指定银行出具受益人为注册地省级商务主管部门的不可撤销保函，保证在发生《对外承包工程管理条例》规定使用情形时履行担保责任。保函有效期至少为两年，注册地省级商务主管部门应在保函到期前一个月提醒对外承包工程的单位视情延长保函的有效期。保函正本由商务主管部门留存。备用金账户余额达到规定标准或持有效备用金保函的单位，可以就相关项目向境内金融机构申请办理履约保函、信贷或信用保险。向境内金融机构申请办理履约保函、信贷或信用保险时，应当提交备用金足额缴存的证明。

（五）对外承包工程报告、统计制度

对外承包工程的单位与境外工程项目发包人订立合同后，应当及时向中国驻该工程项目所在国使馆（领馆）报告。对外承包工程的单位应当接受中国驻该工程项目所在国使馆（领馆）在突发事件防范、工程质量、安全生产及外派人员保护等方面的指导。对外承包工程的单位应当制定突发事件应急预案；在境外发生突发事件时，应当及时、妥善处理，并立即向中国驻该工程项目所在国使馆（领馆）和国内有关主管部门报告。国务院商务主管部门应当会同国务院有关部门，按照预防和处置并重的原则，建立、健全对外承包工程突发事件预警、防范和应急处置机制，制定对外承包工程突发事件应急预案。

五、对外承包工程项下出口材料设备制度

原对外贸易经济合作部、海关总署 2001 年 12 月 25 日发布的《关于对外承包工程项目项下出口设备材料的工作规程》（外经贸合发〔2001〕579 号）规定，对外承包工程项目项下出口的设备（含成套设备）、材料、施工器械及人员自用的生活物资等，海关凭企业与境外业主签订的项目合同或其他文件和出口许可证件，办理海关验放手续：(1)不属出口许可证件管理的设备、材料、施

工机械等商品,海关凭企业与境外业主签订的项目合同(正本复印件并加盖公司印章,下同)或其他文件接受报关,办理海关验放手续。监管方式为“对外承包出口”,代码为3422;项目完工后运回的上述商品,监管方式为“退运货物”,代码为4561。(2)属于出口许可证管理的商品,企业须事先持有效项目合同或其他有效文件向外经贸主管部门办理报批手续,出口许可证发证机构按《出口许可证管理商品发证目录》发证范围,凭外经贸主管部门的批准文件和有效项目合同或其他有效文件签发出口许可证。属于配额有偿招标商品、配额有偿使用的商品,出口许可证发证机构按《出口许可证管理商品发证目录》发证范围,凭外经贸部配额招标、配额有偿使用主管部门的批准文件签发出口许可证。(3)出口自用的生活物资报关时监管方式为“其它”,代码为9900。

原国家质量监督检验检疫总局2002年2月10日发布的《关于对外承包工程项目项下出口设备材料检验检疫有关问题的通知》(国质检通函〔2002〕80号)规定,检验检疫机构对开展对外承包工程业务所需出境的施工器械(含配件)和人员自用的办公生活物资等免于检验检疫;对项目完工后属从国内运出返回的物资(不得含有食品)免于检验;免检项目不收取费用。对施工材料(包括安装设备)按有关规定实施检验检疫。检验检疫机构凭企业的《经营资格证书》复印件(含年审页、复印件加盖公司印章)以及企业与境外业主签订的项目合同正本复印件(加盖公司印章)或其他文件受理报检。企业报检时,应在报检单上注明《经营资格证书》的证书编号,并将货物按照施工材料、施工器械和自用办公生活物资等分类列出,以方便检验检疫机构对施工器械和自用办公生活物资办理免检放行手续。

六、对外承包工程扶持资金、贷款贴息及对外担保监管制度

(一)对外承包工程保函风险专项资金

2001年10月10日,财政部、原对外贸易经济合作部发布《对外承包工程保函风险专项资金管理暂行办法》(财企〔2001〕625号),解决对外经济合作企业承揽对外承包工程项目出现的开立保函资金困难问题。2003年3月31日,财政部、商务部《关于印发〈对外承包工程保函风险专项资金管理暂行办法〉补充规定的通知》(财企〔2003〕137号)发布。根据2008年10月15日发布的《关于在有关国家开展对外承包工程保函风险专项资金试点工作的通知》(财办企〔2008〕109号)的规定,对外承包工程保函风险专项资金系指由中央财政出资设立,为符合本办法规定的对外承包工程项目开具的有关保函提供担保、垫支赔付款的专项资金。保函风险资金支出范围包括:(1)为符合条件的项目开具的投标保函和履约保函提供担保;(2)垫支对外赔付资金;(3)垫支赔付资金的核销。

申请使用保函风险资金的企业须具备以下条件:(1)经对外贸易经济合作部门批准,具有对外经济合作经营资格并在工商行政管理部门登记注册的企业法人;(2)资产总额在8000万元人民币以上(含8000万元人民币),所有者权益在1500万元人民币以上(含1500万元人民币),连续两年盈利。(3)未发生拖欠或挪用各类国家专项基金、资金及其他违法违规经营记录。申请使用保函风险资金的项目须具备以下条件:(1)合同额(或投标金额)在500万美元或其他等值货币以上(含500万美元);(2)取得《对外承包工程项目投(议)标许可证》;(3)符合我国外经贸政策。同一企业累计开立保函余额为3000万美元。对承接发展前景良好,确有经济效益的特大型对外工程项目的企业不得超过4000万美元。

(二)对外经济技术合作专项资金

2005年12月9日,财政部、商务部发布《对外经济技术合作专项资金管理办法》(财企

〔2005〕255 号，已失效），以加强和规范对外经济技术合作专项资金的管理，提高资金的使用效益。《对外经济技术合作专项资金管理办法》规定，对于从事专项资金对企业从事包括对外承包工程业务、对外劳务合作等在内的对外经济技术合作业务采取直接补助或贴息等方式给予支持。专项资金直接补助内容包括境内企业在项目所在国注册（登记）境外企业之前，或与项目所在国单位签订境外经济技术合作协议（合同）之前，为获得项目而发生的相关费用，包括聘请第三方的法律、技术及商务咨询费、项目可行性研究报告编制费、规范性文件和标书的翻译费用；购买规范性文件和标书等资料费；对外劳务合作，境外高新技术研发平台，对外设计咨询项目运营费用等。专项资金贴息内容包括境外投资、合作和对外工程承包等项目所发生的境内银行中长期贷款。财政部、商务部以"通知"的方式，另行确定了当年专项资金重点支持的领域和范围。

申请企业应具备以下基本条件：(1)在我国境内依法登记注册，具有独立法人资格；(2)已取得国家有关部门批准（核准或备案）开展对外经济技术合作业务的书面文件；(3)近 5 年来无严重违规违法行为，无恶意拖欠国家政府性资金行为。(4)按规定报送统计资料。申请项目应具备的基本条件：(1)经国家有关部门批准、登记或备案；(2)在项目所在国依法注册、登记或备案，项目依法生效；(3)对外承包工程合同金额原则上不低于 500 万美元（或等值货币）；境外投资项目及农、林、渔业合作项目的中方投资额原则上不低于 100 万美元（或等值货币）；对外劳务合作、境外高新技术研发平台、对外设计咨询项目合同金额原则上不低于 50 万美元（或等值货币）。(4)对于申请中长期贷款贴息的项目，还应具备：申请贴息贷款为一年以上（含一年）中长期境内银行贷款；贷款用于对外经济技术合作项目的建设及运营；单笔贷款金额不低于 300 万元人民币（或等值外币）；每一项目申请贴息的贷款额累计不超过中方投资总额或合同总额。一个项目可获得累计不超过 5 年的贴息支持。

申请专项资金应提供如下申报材料：(1)申请报告，包括项目基本情况、项目贷款或费用支出情况、项目预期收益情况分析等；(2)国家批准开展对外经济技术合作业务的文件；(3)申请企业近 3 年来的年度审计报告；(4)费用支出凭证或付息结算清单（复印件应加盖单位公章）；(5)驻外使（领）馆经商处出具的书面意见。(6)要求报送的其他材料。专项资金以人民币计算并支付。直接补助费用比例原则上不超过申请企业实际支付费用的 50%，一个项目只能享受一次支持。

中长期贷款的贴息标准如下：(1)人民币贷款贴息率不超过中国人民银行公布执行的基准利率，实际利率低于基准利率的，不超过实际利率；(2)外币贷款年贴息率不超过 3%，实际利率低于 3% 的，不超过实际利率。

（三）外汇及对外担保监管

对外承包工程涉及大量外汇收付、对外担保事宜，应遵守我国有关外汇、对外担保的法律法规，根据国家外汇管理局更新发布的《现行有效外汇管理主要法规目录（截至 2020 年 6 月 30 日）》，截至 2020 年 6 月 30 日发布的外汇管理主要法规 219 件。按照综合、经常项目外汇管理、资本项目外汇管理、金融机构外汇业务监管、人民币汇率与外汇市场、国际收支与外汇统计、外汇检查与法规适用、外汇科技管理等 8 大项目分类，并根据具体业务类型分为若干子项。上述文件主要涉及外汇管理支持疫情防控、优化外汇管理和服务、支持贸易新业态发展、便利境外投资者投资我国银行间债券市场、规范个人本外币兑换管理等，其中许多规范性法律文件与对外承包工程密切相关，如《关于境内企业境外放款外汇管理有关问题的通知》（汇发〔2009〕24 号）旨在帮助境外企业解决融资难和流动资金不足的困扰；《跨境担保外汇管理规定》（汇发[2014]29 号）

旨在跨境担保项下收支行为,改进跨境担保外汇管理方式。《关于进一步促进跨境贸易投资便利化的通知》(汇发〔2019〕28号)和《关于优化外汇管理,支持涉外业务发展的通知》(汇发〔2020〕8号)旨在优化外汇业务管理,完善外汇服务方式,提升跨境贸易投资便利化水平。

根据《跨境担保外汇管理规定》的规定,跨境担保,是指担保人向债权人书面作出的、具有法律约束力、承诺按照担保合同约定履行相关付款义务并可能产生资金跨境收付或资产所有权跨境转移等国际收支交易的担保行为。按照担保当事各方的注册地,跨境担保分为内保外贷、外保内贷和其他形式跨境担保。内保外贷,是指担保人注册地在境内、债务人和债权人注册地均在境外的跨境担保。外保内贷,是指担保人注册地在境外、债务人和债权人注册地均在境内的跨境担保。其他形式跨境担保,是指除上述内保外贷和外保内贷以外的其他跨境担保情形。国家外汇管理局(以下简称外汇局)对内保外贷和外保内贷实行登记管理。

1. 内保外贷

担保人办理内保外贷业务,在遵守国家法律法规、行业主管部门规定及外汇管理规定的前提下,可自行签订内保外贷合同。担保人签订内保外贷合同后,应按规定办理内保外贷登记。担保人为银行的,由担保人通过数据接口程序或其他方式向外汇局报送内保外贷业务相关数据。担保人为非银行金融机构或企业(以下简称非银行机构)的,应在签订担保合同后15个工作日内到所在地外汇局办理内保外贷签约登记手续。担保合同主要条款发生变更的,应当办理内保外贷签约变更登记手续。外汇局按照真实、合规原则对非银行机构担保人的登记申请进行程序性审核并办理登记手续。银行、非银行金融机构作为担保人提供内保外贷,按照行业主管部门规定,应具有相应担保业务经营资格。

内保外贷项下资金用途应当符合以下规定:(1)内保外贷项下资金仅用于债务人正常经营范围内的相关支出,不得用于支持债务人从事正常业务范围以外的相关交易,不得虚构贸易背景进行套利,或进行其他形式的投机性交易。(2)未经外汇局批准,债务人不得通过向境内进行借贷、股权投资或证券投资等方式将担保项下资金直接或间接调回境内使用。担保人办理内保外贷业务时,应对债务人主体资格、担保项下资金用途、预计的还款资金来源、担保履约的可能性及相关交易背景进行审核,对是否符合境内外相关法律法规进行尽职调查,并以适当方式监督债务人按照其申明的用途使用担保项下资金。

内保外贷项下担保人付款责任到期、债务人清偿担保项下债务或发生担保履约后,担保人应办理内保外贷登记注销手续。如发生内保外贷履约,担保人为银行的,可自行办理担保履约项下对外支付。担保人为非银行机构的,可凭担保登记文件直接到银行办理担保履约项下购汇及对外支付。在境外债务人偿清因担保人履约而对境内担保人承担的债务之前,未经外汇局批准,担保人须暂停签订新的内保外贷合同。内保外贷业务发生担保履约的,成为对外债权人的境内担保人或反担保人应当按规定办理对外债权登记手续。境内个人可作为担保人并参照非银行机构办理内保外贷业务。

2. 外保内贷

境内非金融机构从境内金融机构借用贷款或获得授信额度,在同时满足以下条件的前提下,可以接受境外机构或个人提供的担保,并自行签订外保内贷合同:(1)债务人为在境内注册经营的非金融机构;(2)债权人为在境内注册经营的金融机构;(3)担保标的为金融机构提供的本外币贷款(不包括委托贷款)或有约束力的授信额度;(4)担保形式符合境内、外法律法规。未经批准,境内机构不得超出上述范围办理外保内贷业务。境内债务人从事外保内贷业务,由发放贷款或提供授信额度的境内金融机构向外汇局集中报送外保内贷业务相关数据。

外保内贷业务发生担保履约的,在境内债务人偿清其对境外担保人的债务之前,未经外汇局批准,境内债务人应暂停签订新的外保内贷合同;已经签订外保内贷合同但尚未提款或尚未全部提款的,未经所在地外汇局批准,境内债务人应暂停办理新的提款。境内债务人因外保内贷项下担保履约形成的对外负债,其未偿本金余额不得超过其上年度末经审计的净资产数额。境内债务人向债权人申请办理外保内贷业务时,应真实、完整地向债权人提供其已办理外保内贷业务的债务违约、外债登记及债务清偿情况。外保内贷业务发生境外担保履约的,境内债务人应到所在地外汇局办理短期外债签约登记及相关信息备案手续。外汇局在外债签约登记环节对债务人外保内贷业务的合规性进行事后核查。

3. 物权担保的外汇管理

外汇局不对担保当事各方设定担保物权的合法性进行审查。担保当事各方应自行确认担保合同内容符合境内外相关法律法规和行业主管部门的规定。担保人与债权人之间因提供抵押、质押等物权担保而产生的跨境收支和交易事项,已存在限制或程序性外汇管理规定的,应当符合规定。

当担保人与债权人分属境内、境外,或担保物权登记地(或财产所在地、收益来源地)与担保人、债权人的任意一方分属境内、境外时,境内担保人或境内债权人应按下列规定办理相关外汇管理手续:(1)当担保人、债权人注册地或担保物权登记地(或财产所在地、收益来源地)至少有两项分属境内外时,担保人实现担保物权的方式应当符合相关法律规定。(2)除另有明确规定外,担保人或债权人申请汇出或收取担保财产处置收益时,可直接向境内银行提出申请;在银行审核担保履约真实性、合规性并留存必要材料后,担保人或债权人可以办理相关购汇、结汇和跨境收支。(3)相关担保财产所有权在担保人、债权人之间发生转让,按规定需要办理跨境投资外汇登记的,当事人应办理相关登记或变更手续。

担保人为第三方债务人向债权人提供物权担保,构成内保外贷或外保内贷的,应当按照内保外贷或外保内贷相关规定办理担保登记手续,并遵守相关规定。经外汇局登记的物权担保因任何原因而未合法设立,担保人应到外汇局注销相关登记。

七、对外承包工程的行政处罚制度

商务部、住房和城乡建设部、原国家安全生产监督管理总局于2011年3月31日发布《对外承包工程违法违规行为行政处罚规定》,以规范对外承包工程违法违规行为行政处罚工作,维护对外承包工程正常经营秩序。《对外承包工程违法违规行为行政处罚规定》规定,商务部、住房和城乡建设部、安全生产监督管理总局负责对中央企业的对外承包工程违法违规行为实施处罚。省级商务、住房城乡建设、安全生产监管部门负责对本行政区域内注册单位的对外承包工程违法违规行为实施处罚。

商务主管部门实施行政处罚的对外承包工程违法违规行为包括:(1)未取得对外承包工程资格,擅自开展对外承包工程。(2)与境外工程项目发包人订立合同后,未及时向中国驻该工程项目所在国使(领)馆报告。(3)在境外发生突发事件,未立即向中国驻该国工程项目所在国使(领)馆和国内有关主管部门报告。(4)未定期向商务主管部门报告其开展对外承包工程的情况,或者未按照规定报送业务统计资料。(5)通过未依法取得许可或者有重大违法行为的中介机构招用外派人员。(6)对外承包工程的单位未依法与其招用的外派人员订立劳动合同,按照合同约定向外派人员提供工作条件和支付报酬,履行用人单位义务。(7)未按规定为外派人员购买境外人身意外伤害保险。(8)未按规定存缴备用金。(9)未经许可擅自从事对外承包工程外派人员中介服务。(10)申请对外承包工程资格的单位隐瞒有关情况或者提供虚假材料;或者以欺骗、贿赂等不正当手段取得《资格证书》。(11)涂改、倒卖、出租、出借《对外承包工程资格证书》或者以其他形式非法转让对外承包工程资格。(12)对外承包工程法律法规规定的其他违法违规行为。

下篇

第一章　建设工程招标投标法律实务

第一节　建设工程招标投标领域需要律师提供专业法律服务

在建设工程招标投标领域，律师提供专业的法律服务，能保障招标投标活动合法、规范的实施，及时解决招标投标过程中发生的有关争议和纠纷，维护招标投标活动中当事方的合法权益。

一、招标投标律师和招投标代理服务的差异

在建设工程招标投标领域，招标代理机构和招标投标律师的作用存在一定程度的竞合，但是又是相互独立且不可替代的。

1. 律师作为防范法律风险和处理法律纠纷的专业人士，具有处置相应法律问题的专业知识和实践经验。所谓的专业知识和实践经验，不仅指组织招标程序、起草招标文本的过程，更重要的是对有关的法律文件进行合法性和合规性的审核，并基于法律风险的判断，对招标或投标全过程提供法律服务，这是招标代理机构所不具备的。

2. 在招标人不符合《招标投标法》以及相关法律法规对于自行招标的要求时，委托具有相应资质的招标代理机构组织招标、评标、开标，不仅是保证招标过程符合法定程序要求，而且是保证招标质量、节省招标成本的客观要求。

3. 从服务对象的角度，招标投标律师的服务对象不仅针对招标人（业主），而且可能作为投标人的代理律师，筹划整个投标过程，根据招标文件的具体要求起草投标文件并保证投标文件对招标文件的响应（技术标除外）。此外，招标投标律师还可以作为招标代理机构的代理人，对于招标投标过程中可能发生的法律风险进行提示并进行相应文本设计。

4. 招标投标律师和招标代理机构对于招标投标活动关注的阶段不同，招标代理机构一般侧重于招标前的准备过程和整个招标过程的合法合规性，而招标投标律师不仅关注招标投保的过程，而且对于整个合同履行过程涉及的文本和法律风险进行提示和防范。

5. 招标代理机构的专业性更强,专业划分程度更高。例如,从事水利工程招标的代理机构和从事电子机械产品招标的代理机构不同,而招标投标律师主要侧重法律风险的防范,一般不受严格的行业和专业的限制。

6. 招标代理机构不具有后续索赔、诉讼的法律服务的资格,而招标投标律师具有全程服务的资格和能力。

二、律师提供专业招标投标法律服务的内容

建设工程招投标活动方式多样,服务对象广泛,相关环节多,涉及多方面的法律问题。在我国,律师作为专业法律工作者,在建设工程招投标领域可以充分发挥作用,规范招投标行为,同时协助完善相关立法。司法部办公厅、原国家计划委员会政策研究室《关于律师从事基本建设大中型项目招标投标法律业务的通知》(司办通字〔1998〕第6号)规定,律师从事基本建设大中型项目招投标法律业务,具体为招标数额较大或采取国际招标的建设项目的招投标文件、合同文本提供法律咨询,审查、修改、制作相关法律文件,以及就招标文件最终文本出具法律咨询意见书。笔者认为,招投标律师在招投标业务中能够为当事人提供的法律服务内容很广泛,上述通知所规定的内容应当是最基本的。例如,从主动性服务的角度,律师法律服务应贯穿于招投标活动的全过程,其核心服务内容则包括下述方面。

(一)律师为招标人提供法律服务的主要内容

1. 协助发布招标通告

发布招标通告是招投标活动的首要环节,律师在招标人发布通告前,应就委托机构的主体资格、工程或项目的合法性、相关政府部门的批准文件等事项开展相应的调查及审查,以确保在合法有效的前提下顺利进行。律师协助发布招标通告的内容主要包括:草拟或审查修改招标人在国内或国际上有重大影响的报刊或其他媒介上发布的招标通告,载明招标项目的性质与数量,对投标人的资格要求,招标人名称及联系方式,招标项目的地点与时间要求,获取招标文件的办法、地点、时间、费用,投标地点和时间等。如采用邀请招标的,律师还应协助招标人于规定日期前向特定的被邀请人发出投标邀请书。

2. 协助开展资格预审

资格预审是招标活动的重要环节,通过资格预审工作,可以筛选潜在的投标人,缩小投标人范围,减轻招标活动中无谓的人力物力损耗,提高效率,加速招标进度。律师在该环节可提供的法律服务包括:协助招标人在有关媒体上发布资格预审通告,着重载明获取资格预审文件的办法、地点和时间,资格预审的日程安排等各项内容;对拟投标的法人或其他组织进行资格预审,审查投标人经营业绩,近年来财务状况,是否具备提供同类货物、工程或服务的丰富经验等,着重审查投标人提交的证明其具有圆满履行合同能力的证明文件或资料。

3. 协助编制招标文件

此阶段律师应协助招标人编制招标文件,起草投标人须知,列明招标项目的性质、数量、质量、技术规格,投标价格的要求及其计算方式,投标人应提供的有关资格和资信证明文件,投标保证金数额及其他形式的担保,投标文件的编制要求,提交投标文件的方式、地点和截止时间,开标、评标、定标的时间,评标标准及方法等各项内容,就招标文件中表述不准确的内容,律师应协助审查和修改。此外,编制招标文件过程中,律师还应协助招标人编制标底,并密封保存。

4. 协助出售招标文件

协助招标人按照招标公告或投标邀请书规定的时间、地点、价格出售招标文件。

5. 协助澄清及修改

在必要时,协助招标人于提交投标文件截止日期15天前书面通知所有招标文件购买者,对招标文件进行澄清或非实质性修改,完善招标文件,防范可能发生的争议,确保招投标活动的顺利进行。

6. 协助组织开标

开标是招标投标工作的重要环节之一。其中,招标人应注重和体现的及投标人更关注的,是开标的公开、公平、公正。为此,律师应协助组织开标,并注重在开标每一细节上体现上述"三公"原则。在这一环节,律师应当做到:(1)协助邀请评标委员会成员、投标人代表和有关单位代表参加开标;(2)开标前,验明标函是否密封完好,并将验证程序公示;(3)启封后验证投标书是否符合招标文件的要求,剔除无效标。实践中,存在投标人为抢标而临场随意变更标书内容,以及投标书中有关技术条款不符合招标文件规定的技术要求,不具有法人资格的实体以法人名义参与投标,甚至存在投标人之间互相串通、抬高标底等情况。对此,律师应当与评标小组对每份投标书进行严格审查,剔除无效标书,确立有效标书,为下一步评标明确范围。

7. 协助定标

定标,是招投标活动的最后一个环节,也是最关键和需律师严加把握的一个环节。律师在定标阶段可提供的法律服务主要有:(1)按事先确定的评标办法进行评议。实践中,存在招标人无意中变更评标办法,直接影响投标活动公正性和严肃性的情况,对此,律师应提醒招标人严格遵循事先已公布给各投标人的评标办法,以避免因变更评标办法而引起的招标纠纷。(2)依评标办法择优选定中标人。(3)正式发出中标通知书。(4)协助招标人和中标人按中标通知书指定的时间、地点和招标结果签订相关合同。选定中标人后,律师应协助招标人,迅速与中标人签订相关合同,以便各自的权利义务得到明确。作为招标人的律师应起草和审核拟签订的合同文本,落实招投标之后所确定的各条款内容,同时从招标人角度,做到对其经济利益的切实维护,尤其应把握合同标的验收标准、结算办法、违约责任等条款,并切实注意合同在实践中的可操作性。还须注意的是,律师应把招标文件、招标书、中标通知书等招标投标过程的主要文件约定作为合同的附件,以使一个具体合同条款能够从中得到印证或体现。对未中标的投标人,律师应协助招标人退回落标的投标人提交的投标保证金。

8. 就招标文件和合同文本出具法律咨询意见

《关于律师从事基本建设大中型项目招标投标法律业务的通知》明确规定,基本建设大中型项目法人或其招标代理机构,应当聘请专业律师就招标文件和有关合同文本出具《法律咨询意见书》。

(二)律师为投标人提供法律服务的主要内容

律师为投标人提供的法律服务同样贯穿于招投标活动全过程,投标人律师服务重点在于维护投标人合法权益,确保招投标全过程的公开、公正与公平。律师为投标人提供法律服务的内容主要包括如下内容。

1. 协助审核招标人主体资格

审核招标人主体资格是投标人律师的首要工作,审查重点应包括以下两项内容:(1)招标人之资格证明,如是项目法人,应审验其企业法人营业执照,年检情况;(2)工程或项目的各项政府批准文件及其有效期。通过上述审验，审查招标活动的真实有效性，以便投标人在招标人及项目合法有效的基础上就商业决策作出正确判断。

2. 协助编制投标文件

投标文件的编制质量，直接关系到投标人中标的概率。因此，投标文件既要严格依招标文件要求的格式、体例等编写，又要注意有所偏重，以将本方优势区别于其他投标人。律师在此阶段可提供的法律服务包括：依据招标文件之规定，编制规范和完整的投标文件；具体包括投标函，载明投标人名称、联系方式、投标人资格、资信证明等证明投标人具有完满履行合同义务能力的文件，投标项目方案及说明、投标价格、投标保证金或其他形式的担保等各项内容。

3. 协助提交投标文件

在招标文件规定的截止时刻前将投标文件密封送达投标地点，要求招标人签收备案。于投标截止日期前，在必要时，对已提交的投标文件进行修改、补充或更正，特殊情况下撤回投标。

4. 开标过程中的法律服务

监督开标过程的合法有效性，验明各标函是否密封完好，协助投标人唱标并在不超过投标文件记载的范围或改变投标文件实质性内容的前提下，对唱标进行必要的解释。

5. 评标及定标过程中的法律服务

协助投标人对评标委员会组成人员的合法有效性进行审查，对评标委员会成员与其他投标人有利害关系的提出异议。

6. 就投标活动及合同文本出具法律咨询意见

着重阐述投标人主体资格、资质等级，投标人以往及现阶段生产经营状况，确认投标保函的内容及出具程序的合法性和规范性，就投标活动出具全面性和结论性的法律咨询意见。

投标人委托的律师出具法律意见书应说明如下要点：(1)招标人、投标人主体资格及资质等级是否符合招标要求；(2)投标人在以往经营活动中是否有重大违约；(3)投标人目前是否有重大诉讼事项；(4)投标人在过去3年内是否有工程质量事故或其他重大事故；(5)如附有投标保函等有关项目的担保，律师应审查担保书的内容及出具的条件，并发表意见，确认其内容和出具程序的合法性和规范性。

（三）在国际招标项目中的法律服务

国际招标项目较国内招标更为复杂，涉及的法律问题更加宽泛，因此，作为国际招标项目的代理律师，应对下述三个问题做重点审查和说明：

1. 项目法人、招标代理机构或投标人是否具有国际招投标的资格，是否经过正当审批。

2. 项目本身是否符合国际招标的条件，进行国际招标的各项程序性工作，包括立项、概算和审批文件是否完备和合法。

3. 招标投标文件是否存在违反中国法律或社会公共利益内容；是否符合国际惯例和通常的法律实践程序；索赔、环保、保险、仲裁和生效等重要条款是否存在潜在问题。

（四）接受委托以非诉讼或诉讼方式处理招投标争议和纠纷

律师可以接受招标人、投标人或招标代理机构任何一方，以非诉讼或诉讼方式处理招投标相关争议或纠纷。在发生招标投标争议或纠纷时，有关当事人及时委托专业律师介入处理，能及时有效避免损失，促进招标投标活动合法、规范地实施。

第二节　建设工程施工招标投标合法性审查

在建设工程施工招投标阶段,应当主要关注招标投标活动的合法有效性,而招标投标的合法性往往取决于招标人、投标人资格,招标方式,招投标程序的合法有效性。

一、招标人资格的合法性审查

建设工程招标是建设工程施工的第一步,应当遵循公开、公平、公正和诚实信用的原则。除《招标投标法》第3条及《招标投标法实施条例》规定必须进行公开招标的外,建设工程招标人可以选择采取公开招标或邀请招标。

根据《招标投标法》的规定,具备合法资格的招标人应当符合以下要件:(1)招标人为依法设立的法人或其他组织。若招标工程为房地产开发项目,招标人还应当符合《房地产开发企业资质管理规定》的规定,其招标房地产开发项目的规模应与其开发资质一致。(2)招标人已经履行了招标项目的审批手续,取得了相关行政批准许可,主要包括工程项目立项审批、规划审批、建设用地审批等,应当符合建设工程立项、规划、土地管理等法律的相应规定。(3)招标人应当有进行招标项目的相应资金或者资金来源已经落实,并应当在招标文件中如实载明。投标人应当注意调查了解招标人项目资金的落实情况,防范资金风险。(4)招标人选择招标代理机构委托其进行招标的,该招标代理机构应当符合《招标投标法》第13条及国家发展和改革委员会、住房和城乡建设部等有关部门规定。《招标投标法》规定,招标人具有编制招标文件和组织评标能力的,可以自行办理招标事宜。任何单位和个人不得强制其委托招标代理机构办理招标事宜。依法必须进行招标的项目,招标人自行办理招标事宜的,应当向有关行政监督部门备案。《招标投标法实施条例》进一步规定,招标人具有编制招标文件和组织评标能力,是指招标人具有与招标项目规模和复杂程度相适应的技术、经济等方面的专业人员。招标代理机构是依法设立、从事招标代理业务并提供相关服务的社会中介组织。《招标投标法》规定,招标人有权自行选择招标代理机构,委托其办理招标事宜。招标代理机构应当具备下列条件:(1)有从事招标代理业务的营业场所和相应资金;(2)有能够编制招标文件和组织评标的相应专业力量。按照《招标投标法实施条例》的规定,招标代理机构在招标人委托的范围内开展招标代理业务,任何单位和个人不得非法干涉。招标代理机构不得在所代理的招标项目中投标或者代理投标,也不得为所代理的招标项目的投标人提供咨询。

审查招标人是否具备合法的招标资格对于投标人而言十分必要,而且投标人对招标人资格的审查义务在法律上几乎是不可免除的。在建设工程实务中,由于在招投标阶段疏于审查招标人资格导致招投标无效的纠纷较多。《招标投标法》第9条规定:"招标项目按照国家有关规定需要履行项目审批手续的,应当先履行审批手续,取得批准。"《招标投标法实施条例》第7条规定:"按照国家有关规定需要履行项目审批、核准手续的依法必须进行招标的项目,其招标范围、招标方式、招标组织形式应当报项目审批、核准部门审批、核准。项目审批、核准部门应当及时将审批、核准确定的招标范围、招标方式、招标组织形式通报有关行政监督部门。"招标人是否取得了建设工程立项、规划和用地等行政许可,是对建设工程招标人资格的根本性、实质性要求,是招标人资格审查的关键，这些方面的欠缺会直接导致招投标活动无效。根据《城乡规划法》等法律的规定，在城市规划区域内进行工程建设，招标人应当取得建设用地规划许可证和建设工程规划类许可证。在城市、镇规划区内以划拨方式提供国有土地使用权的建设项目，经有关部门批准、核准、备案后，建设单位应当向城市、县人民政府城乡规划主管部门提出建设用地规划许可申请，由城市、县人民政府城乡规划主管部门依据控制性详细规划核定建设用地的位置、面积、允许建设的范围，核发建设用地规划许可证。建设单位在取得建设用地规划许可证后，方可向县级以上地方人民政府土地主管部门申请用地，经县级以上人民政府审批后，由土地主管部门划拨土地。以出让方式取得国有土地使用权的建设项目，建设单位在取得建设项目的批准、核准、备案文件和签订国有土地使用权出让合同后，向城市、县人民政府城乡规划主管部门领取建设用地规划许可证。在城市、镇规划区内进行建筑物、构筑物、道路、管线和其他工程建设的，建设单位或者个人应当向城市、县人民政府城乡规划主管部门或者省、自治区、直辖市人民政府确定的镇人民政府申请办理建设工程规划类许可证。

二、投标人资格的合法性审查

《招标投标法》规定，投标人是响应招标、参加投标竞争的法人或者其他组织。投标人应当具备承担招标项目的能力；国家有关规定对投标人资格条件或者招标文件对投标人资格条件有规定的，投标人应当具备规定的资格条件。《招标投标法实施条例》进一步规定，投标人参加依法必须进行招标的项目的投标，不受地区或者部门的限制，任何单位和个人不得非法干涉。与招标人存在利害关系可能影响招标公正性的法人、其他组织或者个人，不得参加投标。单位负责人为同一人或者存在控股、管理关系的不同单位，不得参加同一标段投标或者未划分标段的同一招标项目投标。违反以上规定的，相关投标均无效。投标人发生合并、分立、破产等重大变化的，应当及时书面告知招标人。投标人不再具备资格预审文件、招标文件规定的资格条件或者其投标影响招标公正性的，其投标无效。

《建筑法》规定，承包建设工程的单位应当持有依法取得的资质证书，并在其资质等级许可的业务范围内承揽工程。禁止建筑施工企业超越本企业资质等级许可的业务范围或者以任何形式用其他建筑施工企业的名义承揽工程。禁止建筑施工企业以任何形式允许其他单位或者个人使用本企业的资质证书、营业执照，以本企业的名义承揽工程。根据《建筑业企业资质管理规定》《建筑业企业资质标准》的规定，具备合法资格的建设工程投标人应当符合以下要件：(1)投标人为依法设立的建筑施工企业或其他组织。投标人为按照我国法律规定，经相应工商管理机关登记设立的建筑施工企业，持有有效营业执照；其他组织主要指联合投标体。(2)投标人具备所投标工程要求的施工资质等级。投标人应按照住房和城乡建设部有关施工资质管理的具体规定，取得有效施工资质等级证书，并按照资质等级和类别参与相应建设类型和规模的工程施工投标。(3)投标人非以借用、挂靠等任何形式使用其他建筑施工企业的名义进行投标。《建筑法》严格禁止任何形式的使用其他单位的施工资质证书、营业执照进行投标，投标人必须以本企业的名义进行投标。(4)投标人符合招标文件所要求的特殊条件。许多招标人在进行招标时往往对投标人的资格条件设定特殊要求，例如要有特殊建设工程的成功施工业绩或经验等，但这种要求不属于构成《招标投标法》规定的“招标人不得以不合理的条件限制或者排斥潜在投标人，不得对潜在投标人实行歧视待遇。”

施工企业在参加建设工程投标时，应当审慎考察自身资格情况，做到知己知彼，才能在建设工程招投标中争取良好的经营成效。由于投标人资格欠缺导致投标无效的例子比比皆是，只是造成投标无效进而形成诉讼的也并不罕见。但作为投标人的施工企业，应当注意因自身资格欠缺导致投标无效实际上已经造成了自身一些“不显著的”损失，如项目跟踪、投标等费用，加强投标人资格的审查，可以尽可能地避免这些费用的损失，提高投标效益。

三、招标方式的合法性审查

（一）公开招标和邀请招标

《招标投标法》规定，招标分为公开招标和邀请招标。公开招标，是指招标人以招标公告的方式邀请不特定的法人或者其他组织投标。依法必须进行招标的项目的招标公告，应当通过国家指定的报刊、信息网络或者其他媒介发布。《招标投标法实施条例》明确规定，国有资金占控股或者主导地位的依法必须进行招标的项目，应当公开招标。邀请招标，是指招标人以投标邀请书的方式邀请特定的法人或者其他组织投标。《招标投标法》规定，招标人采用邀请招标方式的，应当向三个以上具备承担招标项目的能力、资信良好的特定的法人或者其他组织发出投标邀请书。国务院发展计划部门确定的国家重点项目和省、自治区、直辖市人民政府确定的地方重点项目不适宜公开招标的，经国务院发展计划部门或者省、自治区、直辖市人民政府批准，可以进行邀请招标。《招标投标法实施条例》进一步规定，国有资金占控股或者主导地位的依法必须进行招标的项目，应当公开招标，但有下列情形之一的，可以邀请招标：(1)技术复杂、有特殊要求或者受自然环境限制，只有少量潜在投标人可供选择；(2)采用公开招标方式的费用占项目合同金额的比例过大。

《政府采购货物和服务招标投标管理办法》(财政部令第 87 号)规定，货物服务招标分为公开招标和邀请招标。公开招标，是指采购人依法以招标公告的方式邀请非特定的供应商参加投标的采购方式。邀请招标，是指采购人依法从符合相应资格条件的供应商中随机抽取 3 家以上供应商，并以投标邀请书的方式邀请其参加投标的采购方式。

（二）总承包招标和两阶段招标

《招标投标法实施条例》规定，招标人可以依法对工程以及与工程建设有关的货物、服务全部或者部分实行总承包招标。以暂估价形式包括在总承包范围内的工程、货物、服务属于依法必须进行招标的项目范围且达到国家规定规模标准的，应当依法进行招标。以上所称暂估价，是指总承包招标时不能确定价格而由招标人在招标文件中暂时估定的工程、货物、服务的金额。对技术复杂或者无法精确拟定技术规格的项目，招标人可以分两阶段进行招标。第一阶段，投标人按照招标公告或者投标邀请书的要求提交不带报价的技术建议，招标人根据投标人提交的技术建议确定技术标准和要求，编制招标文件。第二阶段，招标人向在第一阶段提交技术建议的投标人提供招标文件，投标人按照招标文件的要求提交包括最终技术方案和投标报价的投标文件。

四、招标投标程序的合法有效性审查

由于招标投标的重要性和严肃性，《招标投标法》《招标投标法实施条例》及相关部门规章、地方性法规、规章均对建设工程招投标的程序，作了严格规定。建设工程招标的基本程序主要包括：履行项目审批手续、委托招标代理机构、编制招标文件及标底、发布招标公告或投标邀请书、资格审查、开标、评标、中标和签订合同，以及终止招标等。招标投标程序的合法有效性审查主要包括以下内容。

（一）编制招标文件、标底及工程量清单计价

《招标投标法》规定，招标人应当根据招标项目的特点和需要编制招标文件。招标文件应当包括招标项目的技术要求、对投标人资格审查的标准、投标报价要求和评标标准等所有实质性要求和条件以及拟签订合同的主要条款。国家对招标项目的技术、标准有规定的，招标人应当按照其规定在招标文件中提出相应要求。招标文件不得要求或者标明特定的生产供应者以及含有倾向或者排斥潜在投标人的其他内容。招标人对已发出的招标文件进行必要的澄清或者修改的，应当在招标文件要求提交投标文件截止时间至少15日前，以书面形式通知所有招标文件收受人。该澄清或者修改的内容为招标文件的组成部分。招标人应当确定投标人编制投标文件所需要的合理时间；但是，依法必须进行招标的项目，自招标文件开始发出之日起至投标人提交投标文件截止之日止，最短不得少于20日。

《招标投标法实施条例》进一步规定，招标人可以对已发出的资格预审文件或者招标文件进行必要的澄清或者修改。澄清或者修改的内容可能影响资格预审申请文件或者投标文件编制的，招标人应当在提交资格预审申请文件截止时间至少3日前，或者投标截止时间至少15日前，以书面形式通知所有获取资格预审文件或者招标文件的潜在投标人；不足3日或者15日的，招标人应当顺延提交资格预审申请文件或者投标文件的截止时间。招标人对招标项目划分标段的，应当遵守《招标投标法》的有关规定，不得利用划分标段限制或者排斥潜在投标人。依法必须进行招标的项目的招标人不得利用划分标段规避招标。招标人应当在招标文件中载明投标有效期。投标有效期从提交投标文件的截止之日起算。潜在投标人或者其他利害关系人对招标文件有异议的，应当在投标截止时间10日前提出。招标人应当自收到异议之日起3日内作出答复；作出答复前，应当暂停招标投标活动。招标人编制招标文件的内容违反法律、行政法规的强制性规定，违反公开、公平、公正和诚实信用原则，影响潜在投标人投标的，依法必须进行招标的项目的招标人应当在修改招标文件后重新招标。

招标人可以自行决定是否编制标底。一个招标项目只能有一个标底。标底必须保密。接受委托编制标底的中介机构不得参加受托编制标底项目的投标，也不得为该项目的投标人编制投标文件或者提供咨询。招标人设有最高投标限价的，应当在招标文件中明确最高投标限价或者最高投标限价的计算方法。招标人不得规定最低投标限价。

国务院办公厅《关于促进建筑业持续健康发展的意见》（国办发〔2017〕19号）要求，完善工程量清单计价体系和工程造价信息发布机制，形成统一的工程造价计价规则，合理确定和有效控制工程造价。

《建筑工程施工发包与承包计价管理办法》规定，国有资金投资的建筑工程招标的，应当设有最高投标限价；非国有资金投资的建筑工程招标的，可以设有最高投标限价或者招标标底。最高投标限价应当依据工程量清单、工程计价有关规定和市场价格信息等编制。招标人设有最高投标限价的，应当在招标时公布最高投标限价的总价，以及各单位工程的分部分项工程费、措施项目费、其他项目费、规费和税金。招标标底应当依据工程计价有关规定和市场价格信息等编制。全部使用国有资金投资或者以国有资金投资为主的建筑工程，应当采用工程量清单计价；非国有资金投资的建筑工程，鼓励采用工程量清单计价。工程量清单应当依据国家制定的工程量清单计价规范、工程量计算规范等编制。工程量清单应当作为招标文件的组成部分。

（二）招标公告或投标邀请书

1. 招标公告或投标邀请书的内容

《招标投标法》规定，招标人采用公开招标方式的，应当发布招标公告。依法必须进行招标的项目的招标公告，应当通过国家指定的报刊、信息网络或者其他媒介发布。招标公告应当载明招标人的名称和地址，招标项目的性质、数量、实施地点和时间以及获取招标文件的办法等事项。招标人采用邀请招标方式的，应当向3个以上具备承担招标项目的能力、资信良好的特定法人或者其他组织发出投标邀请书。投标邀请书也应当载明招标人的名称和地址，招标项目的性质、数量、实施地点和时间以及获取招标文件的办法等事项。

招标人可以根据招标项目本身的要求，在招标公告或者投标邀请书中，要求潜在投标人提供有关资质证明文件和业绩情况，并对潜在投标人进行资格审查。招标人不得以不合理的条件限制或者排斥潜在投标人，不得对潜在投标人实行歧视待遇。招标人不得向他人透露已获取招标文件的潜在投标人的名称、数量以及可能影响公平竞争的有关招标投标的其他情况。招标人设有标底的，标底必须保密。招标人根据招标项目的具体情况，可以组织潜在投标人踏勘项目现场。《招标投标法实施条例》进一步规定，招标人应当按照资格预审公告、招标公告或者投标邀请书规定的时间、地点发售资格预审文件或者招标文件。资格预审文件或者招标文件的发售期不得少于5日。招标人发售资格预审文件、招标文件收取的费用应当限于补偿印刷、邮寄的成本支出，不得以营利为目的。

2. 招标公告发布

《招标公告和公示信息发布管理办法》（国家发展和改革委员会令第10号）规定，依法必须招标项目的招标公告和公示信息，除依法需要保密或者涉及商业秘密的内容外，应当按照公益服务、公开透明、高效便捷、集中共享的原则，依法向社会公开。

依法必须招标项目的资格预审公告和招标公告，应当载明以下内容：（1）招标项目名称、内容、范围、规模、资金来源；（2）投标资格能力要求，以及是否接受联合体投标；（3）获取资格预审文件或招标文件的时间、方式；（4）递交资格预审文件或投标文件的截止时间、方式；（5）招标人及其招标代理机构的名称、地址、联系人及联系方式；（6）采用电子招标投标方式的，潜在投标人访问电子招标投标交易平台的网址和方法；（7）其他依法应当载明的内容。

依法必须招标项目的中标候选人公示应当载明以下内容：（1）中标候选人排序、名称、投标报价、质量、工期（交货期），以及评标情况；（2）中标候选人按照招标文件要求承诺的项目负责人姓名及其相关证书名称和编号；（3）中标候选人响应招标文件要求的资格能力条件；（4）提出异议的渠道和方式；（5）招标文件规定公示的其他内容。依法必须招标项目的中标结果公示应当载明中标人名称。

依法必须招标项目的招标公告和公示信息应当在“中国招标投标公共服务平台”或者项目所在地省级电子招标投标公共服务平台（以下统一简称发布媒介）发布。发布媒介应当免费提供依法必须招标项目的招标公告和公示信息发布服务，并允许社会公众和市场主体免费、及时查阅前述招标公告和公示的完整信息。

任何单位和个人认为招标人或其招标代理机构在招标公告和公示信息发布活动中存在违法违规行为的，可以依法向有关行政监督部门投诉、举报；认为发布媒介在招标公告和公示信息发布活动中存在违法违规行为的，根据有关规定可以向相应的省级以上发展改革部门或其他有关部门投诉、举报。

(三)资格审查

投标人资格预审实质上是招标人对投标人是否具备合法的投标资格进行审查。招标人可以根据需要对投标人资格进行预审,主要审查投标人资质、业绩、技术装备、财务状况、拟派出项目经理及主要技术人员的简历和业绩等,资格预审后向通过预审的投标申请人发出通知,告知参加投标的有关事项。

资格审查分为资格预审和资格后审。《招标投标法实施条例》规定,招标人采用资格预审办法对潜在投标人进行资格审查的,应当发布资格预审公告、编制资格预审文件。招标人应当合理确定提交资格预审申请文件的时间。依法必须进行招标的项目提交资格预审申请文件的时间,自资格预审文件停止发售之日起不得少于5日。资格预审应当按照资格预审文件载明的标准和方法进行。国有资金占控股或者主导地位的依法必须进行招标的项目,招标人应当组建资格审查委员会审查资格预审申请文件。资格审查委员会及其成员应当遵守《招标投标法》和《招标投标法实施条例》有关评标委员会及其成员的规定。资格预审结束后,招标人应当及时向资格预审申请人发出资格预审结果通知书。未通过资格预审的申请人不具有投标资格。通过资格预审的申请人少于3个的,应当重新招标。潜在投标人或者其他利害关系人对资格预审文件有异议的,应当在提交资格预审申请文件截止时间2日前提出。招标人应当自收到异议之日起3日内作出答复;作出答复前,应当暂停招标投标活动。招标人编制资格预审文件的内容违反法律、行政法规的强制性规定,违反公开、公平、公正和诚实信用原则,影响资格预审结果的,依法必须进行招标的项目的招标人应当在修改资格预审文件后重新招标。

招标人采用资格后审办法对投标人进行资格审查的,应当在开标后由评标委员会按照招标文件规定的标准和方法对投标人的资格进行审查。

资格预审的方法有合格制和有限数量制两种,分别适用于不同的条件:(1)合格制。一般情况下,应当采用合格制,凡符合资格预审文件规定资格审查标准的,招标采购专业实务申请人均通过资格预审,即取得相应投标资格。(2)有限数量制。当潜在投标人过多时,可采用有限数量制。招标人在资格预审文件中应规定资格审查标准和程序,明确通过资格预审的申请人数量多少个,并应明确第多少名得分相同时的处理办法。资格审查委员会按照资格预审文件中规定的审查标准和程序,对通过初步审查和详细审查的资格预审申请文件进行量化打分,按得分由高到低的顺序确定通过资格预审的申请人。通过资格预审的申请人不得超过资格审查办法前附表规定的数量。资格审查委员会完成资格预审申请文件的审查,确定通过资格预审的申请人名单,向招标人提交书面审查报告。

(四)投标文件的编制与提交

投标人应按照招标文件的要求,对招标文件提出的实质性要求和条件作出响应。投标文件主要包括投标人基本情况(包括施工资质、业绩、财务状况、优势特点等)、施工组织设计(包括总体部署和施工方案、项目部机构、质量工期安全文明环保保证措施、土建装饰安装施工措施、新技术工艺措施、施工机械设备配置、劳动力安排、工程交付回访及维修等)、报价书及编制说明等。除特别情况外,投标人应当按照投标当时国家及工程所在地有效施行的施工标准规范及工程计价方式和标准编制投标文件,例如《建设工程质量管理条例》、《建筑工程施工发包与承包计价管理办法》《建设工程工程量清单计价规范》(GB 50500—2013)等;工程所在地的地方施工计价规范也是最常适用的,如《山东省建筑工程量计算规则》等。投标文件既要根据投标工程及投标人自身具体情况,全面响应招标文件的实质性要求,又不得违反国家及地方有关法律标准规范的强制性规定。

1. 投标文件的内容要求

《招标投标法》规定，投标人应当按照招标文件的要求编制投标文件。投标文件应当对招标文件提出的实质性要求和条件作出响应。招标项目属于建设施工项目的，投标文件的内容应当包括拟派出的项目负责人与主要技术人员的简历、业绩和拟用于完成招标项目的机械设备等。

《〈标准施工招标资格预审文件〉和〈标准施工招标文件〉暂行规定》进一步明确，投标文件应包括下列内容：(1)投标函及投标函附录；(2)法定代表人身份证明或附有法定代表人身份证明的授权委托书；(3)联合体协议书；(4)投标保证金；(5)已标价工程量清单；(6)施工组织设计；(7)项目管理机构；(8)拟分包项目情况表；(9)资格审查资料；(10)投标人须知前附表规定的其他材料。但是，投标人须知前附表规定不接受联合体投标的，或投标人没有组成联合体的，投标文件不包括联合体协议书。

《建筑工程施工发包与承包计价管理办法》(住房和城乡建设部令第16号)规定，投标报价不得低于工程成本，不得高于最高投标限价。投标报价应当依据工程量清单、工程计价有关规定、企业定额和市场价格信息等编制。

2. 投标文件的修改与撤回

《招标投标法》规定，投标人在招标文件要求提交投标文件的截止时间前，可以补充、修改或者撤回已提交的投标文件，并书面通知招标人。补充、修改的内容为投标文件的组成部分。《招标投标法实施条例》进一步规定，投标人撤回已提交的投标文件，应当在投标截止时间前书面通知招标人。

3. 投标文件的送达与签收

《招标投标法》规定，投标人应当在招标文件要求提交投标文件的截止时间前，将投标文件送达投标地点。招标人收到投标文件后，应当签收保存，不得开启。投标人少于3个的，招标人应当依法重新招标。在招标文件要求提交投标文件的截止时间后送达的投标文件，招标人应当拒收。《招标投标法实施条例》进一步规定，未通过资格预审的申请人提交的投标文件以及逾期送达或者不按照招标文件要求密封的投标文件，招标人应当拒收。招标人应当如实记载投标文件的送达时间和密封情况，并存档备查。

4. 联合体投标

联合体投标是一种特殊的投标人组织形式，一般适用于大型的或结构复杂的建设项目。《招标投标法》规定，两个以上法人或者其他组织可以组成一个联合体，以一个投标人的身份共同投标。联合体各方均应当具备承担招标项目的相应能力；国家有关规定或者招标文件对投标人资格条件有规定的，联合体各方均应当具备规定的相应资格条件。由同一专业的单位组成的联合体，按照资质等级较低的单位确定资质等级。联合体各方应当签订共同投标协议，明确约定各方拟承担的工作和责任，并将共同投标协议连同投标文件一并提交招标人。联合体中标的，联合体各方应当共同与招标人签订合同，就中标项目向招标人承担连带责任。招标人不得强制投标人组成联合体共同投标，不得限制投标人之间的竞争。

《招标投标法实施条例》进一步规定，招标人应当在资格预审公告、招标公告或者投标邀请书中载明是否接受联合体投标。招标人接受联合体投标并进行资格预审的，联合体应当在提交资格预审申请文件前组成。资格预审后联合体增减、更换成员的，其投标无效。联合体各方在同一招标项目中以自己名义单独投标或者参加其他联合体投标的，相关投标均无效。

(五)开标、评标及中标

1. 开标

《招标投标法》规定,开标应当在招标文件确定的提交投标文件截止时间的同一时间公开进行;开标地点应当为招标文件中预先确定的地点。开标由招标人主持,邀请所有投标人参加。开标时,由投标人或者其推选的代表检查投标文件的密封情况,也可以由招标人委托的公证机构检查并公证;经确认无误后,由工作人员当众拆封,宣读投标人名称、投标价格和投标文件的其他主要内容。招标人在招标文件要求提交投标文件的截止时间前收到的所有投标文件,开标时都应当当众予以拆封、宣读。开标过程应当记录,并存档备查。

《招标投标法实施条例》进一步规定,招标人应当按照招标文件规定的时间、地点开标。投标人少于3个的,不得开标;招标人应当重新招标。投标人对开标有异议的,应当在开标现场提出,招标人应当当场作出答复,并制作记录。

2. 评标

《招标投标法》规定,评标由招标人依法组建的评标委员会负责。招标人应当采取必要的措施,保证评标在严格保密的情况下进行。任何单位和个人不得非法干预、影响评标的过程和结果。依法必须进行招标的项目,其评标委员会由招标人的代表和有关技术、经济等方面的专家组成,成员人数为5人以上单数,其中技术、经济等方面的专家不得少于成员总数的2/3。与投标人有利害关系的人不得进入相关项目的评标委员会;已经进入的应当更换。评标委员会成员的名单在中标结果确定前应当保密。评标委员会可以要求投标人对投标文件中含义不明确的内容作必要的澄清或者说明,但是澄清或者说明不得超出投标文件的范围或者改变投标文件的实质性内容。评标委员会应当按照招标文件确定的评标标准和方法,对投标文件进行评审和比较;设有标底的,应当参考标底。评标委员会完成评标后,应当向招标人提出书面评标报告,并推荐合格的中标候选人。评标委员会经评审,认为所有投标都不符合招标文件要求的,可以否决所有投标。依法必须进行招标的项目的所有投标被否决的,招标人应当依法重新招标。

《招标投标法实施条例》进一步规定,评标委员会成员应当依照《招标投标法》和本条例的规定,按照招标文件规定的评标标准和方法,客观、公正地对投标文件提出评审意见。招标文件没有规定的评标标准和方法不得作为评标的依据。评标委员会成员不得私下接触投标人,不得收受投标人给予的财物或者其他好处,不得向招标人征询确定中标人的意向,不得接受任何单位或者个人明示或者暗示提出的倾向或者排斥特定投标人的要求,不得有其他不客观、不公正履行职务的行为。招标项目设有标底的,招标人应当在开标时公布。标底只能作为评标的参考,不得以投标报价是否接近标底作为中标条件,也不得以投标报价超过标底上下浮动范围作为否决投标的条件。有下列情形之一的,评标委员会应当否决其投标:(1)投标文件未经投标单位盖章和单位负责人签字;(2)投标联合体没有提交共同投标协议;(3)投标人不符合国家或者招标文件规定的资格条件;(4)同一投标人提交两个以上不同的投标文件或者投标报价,但招标文件要求提交备选投标的除外;(5)投标报价低于成本或者高于招标文件设定的最高投标限价;(6)投标文件没有对招标文件的实质性要求和条件作出响应;(7)投标人有串通投标、弄虚作假、行贿等违法行为。

投标文件中有含义不明确的内容、明显文字或者计算错误,评标委员会认为需要投标人作出必要澄清、说明的,应当书面通知该投标人。投标人的澄清、说明应当采用书面形式,并不得超出投标文件的范围或者改变投标文件的实质性内容。评标委员会不得暗示或者诱导投标人作出澄清、说明,不得接受投标人主动提出的澄清、说明。

评标完成后,评标委员会应当向招标人提交书面评标报告和中标候选人名单。中标候选人应当不超过3个,并标明排序。评标报告应当由评标委员会全体成员签字。对评标结果有不同意见的评标委员会成员应当以书面形式说明其不同意见和理由,评标报告应当注明该不同意见。评标委员会成员拒绝在评标报告上签字又不书面说明其不同意见和理由的,视为同意评标结果。

3. 中标和签订合同

《招标投标法》规定,招标人根据评标委员会提出的书面评标报告和推荐的中标候选人确定中标人。招标人也可以授权评标委员会直接确定中标人。招标人和中标人应当自中标通知书发出之日起30日内,按照招标文件和中标人的投标文件订立书面合同。招标人和中标人不得再行订立背离合同实质性内容的其他协议。《招标投标法实施条例》进一步规定,招标人和中标人应当依照《招标投标法》和本条例的规定签订书面合同,合同的标的、价款、质量、履行期限等主要条款应当与招标文件和中标人的投标文件的内容一致。《施工合同司法解释(一)》规定,招标人和中标人另行签订的建设工程施工合同约定的工程范围、建设工期、工程质量、工程价款等实质性内容,与中标合同不一致,一方当事人请求按照中标合同确定权利义务的,人民法院应予支持。招标人和中标人在中标合同之外就明显高于市场价格购买承建房产、无偿建设住房配套设施、让利、向建设单位捐赠财物等另行签订合同,变相降低工程价款;另一方当事人以该合同背离中标合同实质性内容为由请求确认无效的,人民法院应予支持。

4. 中标

(1)公示中标候选人。《招标投标法实施条例》规定,依法必须进行招标的项目,招标人应当自收到评标报告之日起3日内公示中标候选人,公示期不得少于3日。投标人或者其他利害关系人对依法必须进行招标的项目的评标结果有异议的,应当在中标候选人公示期间提出。招标人应当自收到异议之日起3日内作出答复;作出答复前,应当暂停招标投标活动。

(2)确定中标人。《招标投标法》规定,招标人根据评标委员会提出的书面评标报告和推荐的中标候选人确定中标人。招标人也可以授权评标委员会直接确定中标人。中标人的投标应当符合下列条件之一:①能够最大限度地满足招标文件中规定的各项综合评价标准;②能够满足招标文件的实质性要求,并且经评审的投标价格最低,但是投标价格低于成本的除外。在确定中标人前,招标人不得与投标人就投标价格、投标方案等实质性内容进行谈判。国务院办公厅《关于促进建筑业持续健康发展的意见》(国办发〔2017〕19号)规定,对采用常规通用技术标准的政府投资工程,在原则上实行最低价中标的同时,有效发挥履约担保的作用,防止恶意低价中标,确保工程投资不超预算。《招标投标法实施条例》还规定,国有资金占控股或者主导地位的依法必须进行招标的项目,招标人应当确定排名第一的中标候选人为中标人。排名第一的中标候选人放弃中标、因不可抗力不能履行合同、不按照招标文件要求提交履约保证金,或者被查实存在影响中标结果的违法行为等情形,不符合中标条件的,招标人可以按照评标委员会提出的中标候选人名单排序依次确定其他中标候选人为中标人,也可以重新招标。中标候选人的经营、财务状况发生较大变化或者存在违法行为,招标人认为可能影响其履约能力的,应当在发出中标通知书前由原评标委员会按照招标文件规定的标准和方法审查确认。

(3)中标通知书和报告招标投标情况。《招标投标法》规定,中标人确定后,招标人应当向中标人发出中标通知书,并同时将中标结果通知所有未中标的投标人。中标通知书对招标人和中标人具有法律效力。中标通知书发出后,招标人改变中标结果的,或者中标人放弃中标项目的,应当依法承担法律责任。依法必须进行招标的项目,招标人应当自确定中标人之日起15日内,向有关行政监督部门提交招标投标情况的书面报告。

(4)履约保证金。《招标投标法》规定,招标文件要求中标人提交履约保证金的,中标人应当提交。《招标投标法实施条例》进一步规定,履约保证金不得超过中标合同金额的10%。中标人应当按照合同约定履行义务,完成中标项目。国务院办公厅《关于促进建筑业持续健康发展的意见》还规定,引导承包企业以银行保函或担保公司保函的形式,向建设单位提供履约担保。

(六)终止招标

《招标投标法实施条例》规定,招标人终止招标的,应当及时发布公告,或者以书面形式通知被邀请的或者已经获取资格预审文件、招标文件的潜在投标人。已经发售资格预审文件、招标文件或者已经收取投标保证金的,招标人应当及时退还所收取的资格预审文件、招标文件的费用,以及所收取的投标保证金及银行同期存款利息。

(七)招标投标的主要禁止事项

1.禁止支解发包的规定

《招标投标法》规定,招标项目需要划分标段、确定工期的,招标人应当合理划分标段、确定工期,并在招标文件中载明。

《建筑法》规定,提倡对建设工程实行总承包,禁止将建设工程支解发包。建设工程的发包单位可以将建设工程的勘察、设计、施工、设备采购一并发包给一个工程总承包单位,也可以将建设工程的勘察、设计、施工、设备采购的一项或者多项发包给一个工程总承包单位;但是,不得将应当由一个承包单位完成的建设工程支解成若干部分发包给几个承包单位。

《建设工程质量管理条例》规定,建设单位不得将建设工程支解发包。建设单位将建设工程支解发包的,责令改正,处工程合同价款0.5%以上1%以下的罚款;对全部或者部分使用国有资金的项目,并可以暂停项目执行或者暂停资金拨付。

2.禁止限制、排斥投标人的规定

《招标投标法》规定,依法必须进行招标的项目,其招标投标活动不受地区或者部门的限制。任何单位和个人不得违法限制或者排斥本地区、本系统以外的法人或者其他组织参加投标,不得以任何方式非法干涉招标投标活动。

《招标投标法实施条例》进一步规定,招标人不得以不合理的条件限制、排斥潜在投标人或者投标人。招标人有下列行为之一的,属于以不合理条件限制、排斥潜在投标人或者投标人:(1)就同一招标项目向潜在投标人或者投标人提供有差别的项目信息;(2)设定的资格、技术、商务条件与招标项目的具体特点和实际需要不相适应或者与合同履行无关;(3)依法必须进行招标的项目以特定行政区域或者特定行业的业绩、奖项作为加分条件或者中标条件;(4)对潜在投标人或者投标人采取不同的资格审查或者评标标准;(5)限定或者指定特定的专利、商标、品牌、原产地或者供应商;(6)依法必须进行招标的项目非法限定潜在投标人或者投标人的所有制形式或者组织形式;(7)以其他不合理条件限制、排斥潜在投标人或者投标人。招标人不得组织单个或者部分潜在投标人踏勘项目现场。

住房和城乡建设部办公厅《关于支持民营建筑企业发展的通知》(建办市〔2019〕8号)中还规定,民营建筑企业在注册地以外的地区承揽业务时,地方各级住房和城乡建设主管部门要给予外地民营建筑企业与本地建筑企业同等待遇,不得擅自设置任何审批和备案事项,不得要求民营建筑企业在本地区注册设立独立子公司或分公司。招标人不得排斥民营建筑企业参与房屋建筑和市政基础设施工程招投标活动，对依法必须进行招标的项目不得非法限定潜在投标人或者投标人的所有制形式或者组织形式，不得对民营建筑企业与国有建筑企业采取不同的资格审查或者评标标准等。

3. 禁止投标人相互串通投标

《招标投标法》规定，投标人不得相互串通投标报价，不得排挤其他投标人的公平竞争，损害招标人或者其他投标人的合法权益。

《招标投标法实施条例》进一步规定，禁止投标人相互串通投标。有下列情形之一的，属于投标人相互串通投标：(1)投标人之间协商投标报价等投标文件的实质性内容；(2)投标人之间约定中标人；(3)投标人之间约定部分投标人放弃投标或者中标；(4)属于同一集团、协会、商会等组织成员的投标人按照该组织要求协同投标；(5)投标人之间为谋取中标或者排斥特定投标人而采取的其他联合行动。有下列情形之一的，视为投标人相互串通投标：(1)不同投标人的投标文件由同一单位或者个人编制；(2)不同投标人委托同一单位或者个人办理投标事宜；(3)不同投标人的投标文件载明的项目管理成员为同一人；(4)不同投标人的投标文件异常一致或者投标报价呈规律性差异；(5)不同投标人的投标文件相互混装；(6)不同投标人的投标保证金从同一单位或者个人的账户转出。

4. 禁止招标人与投标人串通投标

《招标投标法》规定，投标人不得与招标人串通投标，损害国家利益、社会公共利益或者他人的合法权益。

《招标投标法实施条例》进一步规定，禁止招标人与投标人串通投标。有下列情形之一的，属于招标人与投标人串通投标：(1)招标人在开标前开启投标文件并将有关信息泄露给其他投标人；(2)招标人直接或者间接向投标人泄露标底、评标委员会成员等信息；(3)招标人明示或者暗示投标人压低或者抬高投标报价；(4)招标人授意投标人撤换、修改投标文件；(5)招标人明示或者暗示投标人为特定投标人中标提供方便；(6)招标人与投标人为谋求特定投标人中标而采取的其他串通行为。

5. 禁止投标人以行贿手段谋取中标

《反不正当竞争法》规定，经营者不得采用财物或者其他手段贿赂下列单位或者个人，以谋取交易机会或者竞争优势：(1)交易相对方的工作人员；(2)受交易相对方委托办理相关事务的单位或者个人；(3)利用职权或者影响力影响交易的单位或者个人。经营者的工作人员进行贿赂的，应当认定为经营者的行为；但是，经营者有证据证明该工作人员的行为与为经营者谋取交易机会或者竞争优势无关的除外。同时，《反不正当竞争法》还规定，经营者在交易活动中，可以以明示方式向交易相对方支付折扣，或者向中间人支付佣金。经营者向交易相对方支付折扣、向中间人支付佣金的，应当如实入账。接受折扣、佣金的经营者也应当如实入账。《招标投标法》也规定，禁止投标人以向招标人或者评标委员会成员行贿的手段谋取中标。投标人以行贿手段谋取中标是一种严重的违法行为，其法律后果是中标无效，有关责任人和单位要承担相应的行政责任或刑事责任，给他人造成损失的还应承担民事赔偿责任。

6. 投标人不得以低于成本的报价竞标

低于成本的报价竞标不仅属不正当竞争行为，还易导致中标后的偷工减料，影响建设工程质量。《招标投标法》第41条规定："中标人的投标应当符合下列条件之一，(一)能够最大限度地满足招标文件中规定的各项综合评价标准；(二)能够满足招标文件的实质性要求，并且经评审的投标价格最低;但是投标价格低于成本的除外。"《建筑工程施工发包与承包计价管理办法》进一步规定,投标报价低于工程成本或者高于最高投标限价总价的,评标委员会应当否决投标人的投标。

7. 投标人不得以他人名义投标或以其他方式弄虚作假骗取中标

《反不正当竞争法》规定,经营者不得实施下列混淆行为,引人误认为是他人商品或者与他人存在特定联系:(1)擅自使用与他人有一定影响的商品名称、包装、装潢等相同或者近似的标识;(2)擅自使用他人有一定影响的企业名称(包括简称、字号等)、社会组织名称(包括简称等)、姓名(包括笔名、艺名、译名等);(3)擅自使用他人有一定影响的域名主体部分、网站名称、网页等;(4)其他足以引人误认为是他人商品或者与他人存在特定联系的混淆行为。

《招标投标法》第 33 条规定,投标人"不得以他人名义投标或者以其他方式弄虚作假,骗取中标"。《招标投标法实施条例》进一步规定,使用通过受让或者租借等方式获取的资格、资质证书投标的,属于《招标投标法》第 33 条规定的以他人名义投标。投标人有下列情形之一的,属于《招标投标法》第 33 条规定的以其他方式弄虚作假的行为:(1)使用伪造、变造的许可证件;(2)提供虚假的财务状况或者业绩;(3)提供虚假的项目负责人或者主要技术人员简历、劳动关系证明;(4)提供虚假的信用状况;(5)其他弄虚作假的行为。

第三节 招标投标投诉与处理制度

一、异议制度

异议制度对投标人和其他利害关系人来说是一种主张权利、表达争议的救济方式。是当投标人或者其他利害关系人认为资格预审文件或者招标文件、开标过程和评标结果违反法律规定或者使自己的权益受到损害时,向招标人提出疑问和主张权利的行为。[①] 异议制度使招标人组织的招投标活动置于所有投标人以及其他利害关系人的监督之下,其推行有利于规范招标人在招投标活动中的行为,也有利于维护广大投标及其他利害关系人的合法权益。《招标投标法》第 65 条规定确立了异议制度,该条规定:"投标人和其他利害关系人认为招标投标活动不符合本法有关规定的,有权向招标人提出异议或者依法向有关行政监督部门投诉。"《招标投标法实施条例》对异议制度作出了具体规定。

(一)异议的提出主体

提出异议的权利主体为与招标投标活动有直接利害关系的人,包括投标人和其他利害关系人。投标人,是指响应招标、参加投标竞争的法人或者其他组织或个人;其他利害关系人,是指投标人以外的,与招标项目或者招标活动有直接和间接利益关系的法人、其他组织和自然人。不同阶段提出异议的主体是不同的。对于资格预审文件或者招标文件有异议的,有权提出异议的主体为潜在投标人或者其他利害关系人;对开标有异议的,有权提出异议的主体为投标人;对依法必须进行招标的项目的评标结果有异议的,有权提出异议的主体为投标人或者其他利害关系人。

(二)异议的受理主体

《招标投标法实施条例》规定异议应当向招标人提出,招标人也是对异议作出答复的主体。

---

① 何红锋:《招标投标法实施条例条文解读与案例分析》,中国电力出版社 2015 年版,第 249 页。

招标代理机构是招标人的代理人，在招标人赋予的权限内协助招标人进行资格预审、编制招标文件以及主持开标等活动，但招标代理机构在其权限范围内进行的招标活动应当由招标人承担法律后果。如果招标人委托招标代理机构处理异议的代理权，招标代理机构可以在授权范围内代理招标人处理异议，但法律后果由招标人承担。

对于评标结果的异议，投标人能否向评标委员会提出？笔者认为，评标委员会是由招标人组建的，以评标专家为主组成的评审投标文件的专门工作机构。评标委员会依据招标文件规定的程序，对投标文件进行评审并撰写评标报告，向招标人推荐中标候选人。在招标投标过程中，评标委员会并不是一个能够独立承担责任的法定主体。因此，投标人或其他利害关系人对于评标结果的异议，不能向评标委员会提出，而只能向招标人或其委托的招标代理机构提出。①

（三）异议事项

《招标投标法实施条例》对异议事项进行了严格限制。根据《招标投标法实施条例》的规定，异议对象仅限于四项：(1)资格预审文件；(2)招标文件；(3)开标活动；(4)依法必须进行招标的项目的评标结果。除此之外，投标人或者其他利害关系人无权就其他事项向招标人提出异议。对于其他事项有异议的，投标人或者其他利害关系人可以向招标投标行政监督部门投诉。

按照《招标投标法实施条例》第60条的规定，对资格预审文件或招标文件、开标、依法必须进行招标的项目的评标结果等事项提出异议是对其提出投诉的前置程序。如果投标人或者其他利害关系人在对于上述事项进行投诉前没有对上述事项向招标人提出过异议，则招标投标行政监督管理部门对于该等投诉不予受理，即异议是投诉的前置程序。

（四）异议时间

为了督促异议权利主体及时行使权利和异议受理主体及时处理异议，《招标投标法实施条例》明确规定了投标人或者其他利害关系人提出异议的时间和招标人进行答复的时限。如果投标人或者其他利害关系人不在规定的时间内提出异议，则异议无效，招标人将不予受理。根据《招标投标法实施条例》的相关规定，如果投标人或者其他利害关系人在规定的时间内提出异议，招标人不在规定的时限内作出答复，继续进行招标投标活动的，由有关行政监督部门责令改正，拒不改正或者不能改正并影响中标结果的，如果不能采取补救措施予以纠正的，招标、投标、中标无效，应当依法重新招标或者评标。

根据异议事项的不同，异议的时限也不同：(1)潜在投标人或者其他利害关系人对资格预审文件有异议的，应当在提交资格预审申请文件截止时间2日前提出；对招标文件有异议的，应当在投标截止时间10日前提出。招标人应当自收到异议之日起3日内作出答复；作出答复前，应当暂停招标投标活动。(2)投标人对开标有异议的，应当在开标现场提出，招标人应当当场作出答复，并制作记录。(3)投标人或者其他利害关系人对依法必须进行招标的项目的评标结果有异议的，应当在中标候选人公示期间提出。招标人应当自收到异议之日起3日内作出答复；作出答复前，应当暂停招标投标活动。

（五）对招标投标活动的影响

投标人或者其他利害关系人在规定时间内提出异议后，将会对招标投标活动产生不同程度的影响。主要包括：(1)无论异议是否成立，招标人均负有在规定的时间内答复的义务。(2)除了对开标的异议外，在招标人作出答复前，招标投标活动暂停。(3)对资格预审文件或招标文件、

① 耿春：《关于招标投标法实施条例中异议制度的思考》，载《建设监理》2013年第11期。

开标、依法必须进行招标的项目的评标结果这些事项投诉的,应当先向招标人提出异议。投标人或者其他利害关系人就上述事项提出异议方可获得对异议事项向有关行政监督部门投诉权利。(4)招标人不按照规定对异议作出答复而继续进行投标活动,将面临不利后果。招标人不按照规定对异议作出答复,继续进行招标投标活动的,由有关行政监督部门责令改正,拒不改正或者不能改正并影响中标结果的,依照《招标投标法实施条例》第 81 条的规定处理。《招标投标法实施条例》第 81 条规定:"依法必须进行招标的项目的招标投标活动违反招标投标法和本条例的规定,对中标结果造成实质性影响,且不能采取补救措施予以纠正的,招标、投标、中标无效,应当依法重新招标或者评标。"

二、投诉及其处理制度

《招标投标法实施条例》规定,投标人或者其他利害关系人认为招标投标活动不符合法律、行政法规规定的,可以自知道或者应当知道之日起 10 日内向有关行政监督部门投诉。投诉应当有明确的请求和必要的证明材料。但是,对资格预审文件、招标文件、开标以及对依法必须进行招标项目的评标结果有异议的,应当依法先向招标人提出异议,其异议答复期间不计算在以上规定的期限内。

投诉人就同一事项向两个以上有权受理的行政监督部门投诉的,由最先收到投诉的行政监督部门负责处理。行政监督部门应当自收到投诉之日起 3 个工作日内决定是否受理投诉,并自受理投诉之日起 30 个工作日内作出书面处理决定;需要检验、检测、鉴定、专家评审的,所需时间不计算在内。投诉人捏造事实、伪造材料或者以非法手段取得证明材料进行投诉的,行政监督部门应当予以驳回。行政监督部门处理投诉,有权查阅、复制有关文件、资料,调查有关情况,相关单位和人员应当予以配合。必要时,行政监督部门可以责令暂停招标投标活动。行政监督部门的工作人员对监督检查过程中知悉的国家秘密、商业秘密,应当依法予以保密。

(一)投诉的提出主体与时限

1. 投诉的提出主体

与异议的提出主体基本相同,投诉的提出主体也是投标人或者其他利害关系人。投诉人不得以投诉为名排挤竞争对手,不得进行虚假、恶意投诉,阻碍招标投标活动的正常进行。为了防止投标人或者其他利害关系人任意进行投诉,影响招标投标活动的正常进行,《招标投标法实施条例》规定,投标人或者其他利害关系人捏造事实、伪造材料或者以非法手段取得证明材料进行投诉,给他人造成损失的,依法承担赔偿责任。

2. 投诉的时限

《招标投标法实施条例》规定,投标人或者其他利害关系人认为招标投标活动不符合法律、行政法规规定的,可以自知道或者应当知道之日起 10 日内向有关行政监督部门投诉。

对于投标人或者其他利害关系人超过投诉时效的投诉,行政监督部门不予受理。另外,对于对资格预审文件或招标文件、开标、依法必须进行招标的项目的评标结果这些事项投诉的,应当先向招标人提出异议。招标人收到异议后 3 日内进行答复,对于招标人的答复不接受的,投标人或者其他利害关系人才可以提出投诉。异议答复期间不计算在前款规定的期限内。

(二)投诉的形式

《招标投标法实施条例》对投诉有严格的形式要求,投诉应当有明确的请求和必要的证明材料。根据《工程建设项目招标投标活动投诉处理办法》的规定,投诉人认为招标投标活动不符合法律行政法规规定的，可以在知道或者应当知道之日起10日内提出书面投诉。投诉人投诉时，应当提交投诉书。投诉书应当包括下列内容：(1)投诉人的名称、地址及有效联系方式；(2)被投诉人的名称、地址及有效联系方式；(3)投诉事项的基本事实；(4)相关请求及主张；(5)有效线索和相关证明材料。对《招标投标法实施条例》规定的应先提出异议的事项进行投诉的，应当附提出异议的证明文件。已向有关行政监督部门投诉的，应当一并说明。

投诉人是法人的，投诉书必须由其法定代表人或者授权代表签字并盖章；其他组织或者自然人投诉的，投诉书必须由其主要负责人或者投诉人本人签字，并附有效身份证明复印件。投诉书有关材料是外文的，投诉人应当同时提供其中文译本。投诉人可以自己直接投诉，也可以委托代理人办理投诉事务。代理人办理投诉事务时，应将授权委托书连同投诉书一并提交给行政监督部门。授权委托书应当明确有关委托代理权限和事项。

(三)投诉受理主体

与异议的受理主体不同，受理投诉的主体是有管辖权的行政监督部门。根据《工程建设项目招标投标活动投诉处理办法》的规定，各级发展改革、工业和信息化、住房城乡建设、水利、交通运输、铁道、商务、民航等招标投标活动行政监督部门，依照国务院办公厅《印发国务院有关部门实施招标投标活动行政监督的职责分工意见的通知》和地方各级人民政府规定的职责分工，受理投诉并依法做出处理决定。对国家重大建设项目(含工业项目)招标投标活动的投诉，由国家发展和改革委员会受理并依法做出处理决定。对国家重大建设项目招标投标活动的投诉，有关行业行政监督部门已经收到的，应当通报国家发展和改革委员会，国家发展和改革委员会不再受理。行政监督部门应当确定本部门内部负责受理投诉的机构及其电话、传真、电子信箱和通信地址，并向社会公布。根据国务院办公厅《印发国务院有关部门实施招标投标活动行政监督的职责分工意见的通知》(国办发〔2000〕34号)的规定，对于招标投标过程(包括招标、投标、开标、评标、中标)中泄露保密资料、泄露标底、串通招标、串通投标、歧视排斥投标等违法活动的监督执法，按现行的职责分工，分别由有关行政主管部门负责并受理投标人和其他利害关系人的投诉。按照这一原则，工业(含内贸)、水利、交通、铁道、民航、信息产业等行业和产业项目的招投标活动的监督执法，分别由经贸、水利、交通、铁道、民航、信息产业等行政主管部门负责；各类房屋建筑及其附属设施的建造和与其配套的线路、管道、设备的安装项目和市政工程项目的招投标活动的监督执法，由建设行政主管部门负责；进口机电设备采购项目的招投标活动的监督执法，由外经贸行政主管部门负责。有关行政主管部门须将监督过程中发现的问题，及时通知项目审批部门，项目审批部门根据情况依法暂停项目执行或者暂停资金拨付。

《招标投标法实施条例》规定，投诉人就同一事项向两个以上有权受理的行政监督部门投诉的，由最先收到投诉的行政监督部门负责处理。

(四)投诉受理

《招标投标法实施条例》规定，行政监督部门应当自收到投诉之日起3个工作日内决定是否受理投诉。《工程建设项目招标投标活动投诉处理办法》进一步规定，行政监督部门收到投诉书后，应当在3个工作日内进行审查，视情况分别做出以下处理决定。不符合投诉处理条件的，决定不予受理，并将不予受理的理由书面告知投诉人；对符合投诉处理条件，但不属于本部门受理的投诉，书面告知投诉人向其他行政监督部门提出投诉；对于符合投诉处理条件并决定受理的，收到投诉书之日即为正式受理。

有下列情形之一的投诉，不予受理：(1)投诉人不是所投诉招标投标活动的参与者，或者与投诉项目无任何利害关系;(2)投诉事项不具体,且未提供有效线索,难以查证的;(3)投诉书未署具投诉人真实姓名、签字和有效联系方式的;以法人名义投诉的,投诉书未经法定代表人签字并加盖公章的;(4)超过投诉时效的;(5)已经作出处理决定,并且投诉人没有提出新的证据;(6)投诉事项应先提出异议没有提出异议、已进入行政复议或行政诉讼程序的。

行政监督部门负责投诉处理的工作人员,有下列情形之一的,应当主动回避:(1)近亲属是被投诉人、投诉人,或者是被投诉人、投诉人的主要负责人;(2)在近3年内本人曾经在被投诉人单位担任高级管理职务;(3)与被投诉人、投诉人有其他利害关系,可能影响对投诉事项公正处理的。

(五)投诉的处理

行政监督部门处理投诉时,应当坚持公平、公正、高效原则,维护国家利益、社会公共利益和招标投标当事人的合法权益。

1. 投诉处理的时限

《招标投标法实施条例》规定,行政监督部门自受理投诉之日起30个工作日内作出书面处理决定;需要检验、检测、鉴定、专家评审的,所需时间不计算在内。《工程建设项目招标投标活动投诉处理办法》进一步规定,负责受理投诉的行政监督部门应当自受理投诉之日起30个工作日内,对投诉事项做出处理决定,并以书面形式通知投诉人、被投诉人和其他与投诉处理结果有关的当事人。

2. 投诉处理措施

《招标投标法实施条例》规定,行政监督部门处理投诉,有权查阅、复制有关文件、资料,调查有关情况,相关单位和人员应当予以配合。必要时,行政监督部门可以责令暂停招标投标活动。行政监督部门的工作人员对监督检查过程中知悉的国家秘密、商业秘密,应当依法予以保密。

《工程建设项目招标投标活动投诉处理办法》进一步规定,行政监督部门受理投诉后,应当调取、查阅有关文件,调查、核实有关情况。对情况复杂、涉及面广的重大投诉事项,有权受理投诉的行政监督部门可以会同其他有关的行政监督部门进行联合调查,共同研究后由受理部门做出处理决定。行政监督部门调查取证时,应当由两名以上行政执法人员进行,并做笔录,交被调查人签字确认。在投诉处理过程中,行政监督部门应当听取被投诉人的陈述和申辩,必要时可通知投诉人和被投诉人进行质证。行政监督部门负责处理投诉的人员应当严格遵守保密规定,对于在投诉处理过程中所接触到的国家秘密、商业秘密应当予以保密,也不得将投诉事项透露给与投诉无关的其他单位和个人。行政监督部门处理投诉,有权查阅、复制有关文件、资料,调查有关情况,相关单位和人员应当予以配合。必要时,行政监督部门可以责令暂停招标投标活动。对行政监督部门依法进行的调查,投诉人、被投诉人以及评标委员会成员等与投诉事项有关的当事人应当予以配合,如实提供有关资料及情况,不得拒绝、隐匿或者伪报。

3. 投诉的撤回

投诉处理决定做出前,投诉人要求撤回投诉的,应当以书面形式提出并说明理由,由行政监督部门视以下情况,决定是否准予撤回:(1)已经查实有明显违法行为的,应当不准撤回,并继续调查直至做出处理决定;(2)撤回投诉不损害国家利益、社会公共利益或者其他当事人合法权益的,应当准予撤回,投诉处理过程终止。投诉人不得以同一事实和理由再提出投诉。

4. 投诉处理决定

《招标投标法实施条例》规定,投诉人捏造事实、伪造材料或者以非法手段取得证明材料进行投诉的，行政监督部门应当予以驳回。《工程建设项目招标投标活动投诉处理办法》进一步规定，行政监督部门应当根据调查和取证情况，对投诉事项进行审查，按照下列规定做出处理决定：(1)投诉缺乏事实根据或者法律依据的，或者投诉人捏造事实、伪造材料或者以非法手段取得证明材料进行投诉的，驳回投诉；(2)投诉情况属实，招标投标活动确实存在违法行为的，依据《招标投标法》《招标投标法实施条例》及其他有关法规、规章。

投诉处理决定应当包括下列主要内容：(1)投诉人和被投诉人的名称、住址；(2)投诉人的投诉事项及主张；(3)被投诉人的答辩及请求；(4)调查认定的基本事实；(5)行政监督部门的处理意见及依据。

行政监督部门在处理投诉过程中，发现被投诉人单位直接负责的主管人员和其他直接责任人员有违法、违规或者违纪行为的，应当建议其行政主管机关、纪检监察部门给予处分；情节严重构成犯罪的，移送司法机关处理。

当事人对行政监督部门的投诉处理决定不服或者行政监督部门逾期未做处理的，可以依法申请行政复议或者向人民法院提起行政诉讼。

第四节　建设工程施工招标投标的若干实务问题

一、中标通知书的法律效力

《招标投标法》第45条规定，中标人确定后，招标人应当向中标人发出中标通知书，并同时将中标结果通知所有未中标的投标人。中标通知书对招标人和中标人具有法律效力。中标通知书发出后，招标人改变中标结果的，或者中标人放弃中标项目的，应当依法承担法律责任。但是《招标投标法》没有规定中标通知书的法律性质以及中标通知书发出后书面合同未订立的法律责任，由此产生了诸多争议。

(一)中标通知书的法律性质

《招标投标法》第45条第2款规定，中标通知书对招标人和中标人具有法律效力，却未规定具有何种法律效力。2017年7月起草的《关于审理建设工程施工合同纠纷案件适用法律问题的解释(二)(征求意见稿)》对于中标通知书的性质也存在非常大的争议。其第1条为“中标通知书的性质”，列出了两种起草意见，第一种意见是：招标人向中标人发出中标通知书后，一方未依照《招标投标法》第46条第1款的规定履行订立书面合同义务，对方请求其承担预约合同违约责任或者要求解除预约合同并主张损害赔偿的，人民法院应予支持。第二种意见是：招投标文件与中标通知书已具备建设工程施工合同主要内容，且不得作实质性变更，即使未订立书面合同，本约亦成立。最终通过的《施工合同司法解释(二)》(已失效)回避了这一争议，2021年1月1日起施行的《施工合同司法解释(一)》也未对此问题作规定，目前尚未在相关司法解释中明确中标通知书的法律效力。对于中标通知书的法律性质如何界定，学界和实务界出现了“本约承诺说”“预约合同承诺说”“准法律行为说”三种观点。截至2019年6月3日，笔者在中国裁判文书网上进行检索，整理有关案例共104个，其中对中标通知书的法律性质采用“准法律行为说”的案例有

25 个,采用“预约合同承诺说”的案例有 24 个,采用“本约承诺说”的案例有 55 个。[①]

1.“本约承诺说”

“本约承诺说”认为中标通知书的法律性质是本约的承诺,中标通知书发出时,本约即当成立,此后拒签合同则应承担违约责任。招标人一旦确定中标人并发出中标通知书,就是同意接受中标人的投标条件,即中标通知书在法律性质上属于合同订立程序中的承诺。[②]

这一观点认为,“定标标志着招标投标程序的结束,就其法律性质而言,定标属于承诺,即招标人(发包人)同意建设工程施工任务由中标人(承包人)承揽。至此,通过招标投标程序,承包人与发包人已就签订建设工程合同的基本内容和条件分别提出了要约与作出了承诺,意思表示一致,合同已经成立。”[③]持这种观点的基本理由是,《民法典》规定承诺生效时合同成立。因此,中标通知书发出时,即发生承诺生效、合同成立的法律效力。[④]

这种观点在司法裁判中也属于多数观点。中标通知书的法律性质属于承诺,即使根据《招标投标法》招标人与中标人应当订立书面合同,但这并不影响双方本约合同在中标通知书发出时已成立并生效,违约方应当承担违约责任。[⑤] 裁判的理由主要有:

(1)根据《民法典》及《招标投标法》的规定,招标公告的性质属于要约邀请,投标行为属于要约,中标通知书实质上就是同意投标人要约的意思表示,因此其法律性质属于承诺,并且投标人要约的意思表示之一就是订立本约,因此该承诺当属本约承诺。

(2)招标公告与投标文件中都应已明确了合同的实质性条款,因此发出中标通知书就表明双方对合同的实质性条款已经达成了一致,中标通知书应属于对此前实质性条款的积极承诺,合同应当在中标通知书发出后成立。

(3)虽然依据《招标投标法》的规定,在中标通知书发出后需要订立书面合同,但这并不违反《民法典》中关于书面合同在当事人签字或盖章时成立的规定,因为招标公告、投标文件、中标通知书等均为书面形式,并且均有当事人的签字或盖章,可以视为当事人已以书面形式订立合同。

2.“预约合同承诺说”

“预约合同承诺说”认为,中标通知书发出后,招标人与中标人之间成立预约合同,因此对于中标通知书法律性质应定性为“预约的承诺”。

这一观点认为,根据我国《民法典》《招标投标法》,在中标通知书生效之后,当事人之间并没有立即产生合同成立和生效的效力,而仅在当事人之间产生订立合同的义务,需要在招标人和中标人签署书面合同之后,合同才成立并同时生效。[⑥] 提出这一观点的依据是,在一般情况下,承诺通知到达要约人时合同成立,但由于《民法典》规定,当事人采用合同书形式订立合同的,自双方当事人签字或盖章时合同成立;而《招标投标法》又规定,招标人和中标人应当自中标通知书发出之后依法订立书面合同,所以,在招标人向中标人发出中标通知书并且该中标通知书送达中标人后,依法未订立书面合同之前,合同还未成立。[⑦] 由于对中标通知书法律后果存在不同的观

---

① 何红锋:《修法方案对中标通知书法律效力的定性符合法理》,载《中国招标》2020 年第 1 期。

② 来奇:《建设工程合同》,中国民主与法制出版社 2003 年版,第 89 页。

③ 黄强光:《建设工程合同》,法律出版社 1999 年版,第 32 页。

④ 谷学良、孙波主编:《工程招标投标与合同》,黑龙江科学技术出版社 2000 年版,第 93 页。

⑤ 何红锋、郭光坤:《中标通知书法律性质的实证研究》,载《招标采购管理》2019 年第 7 期。

⑥ 曹富国:《中国招标投标法原理与适用》,机械工业出版社 2002 年版,第 10 页。

⑦ 全国人大法工委研究室编:《中华人民共和国招标投标法释义》,人民法院出版社 1999 年版,第 88 页。

点，在我国的司法实践中也出现了两种不同的裁判结果，有的认定合同成立，判令中标通知书发出后改变中标结果的招标人或放弃中标的中标人承担违约责任；有的却认定为合同不成立，判令改变中标结果的招标人或放弃中标的中标人承担缔约过失责任。①

还有学者从预约合同的角度解读中标通知书的效力，认为根据学界的一般观点，招标的法律性质为要约邀请，投标人的投标即发出要约，招标人的中标通知书则是对投标人要约的承诺。《民法典》第483条规定，承诺生效时合同成立，但是法律另有规定或者当事人另有约定的除外。以发中标通知书为标志，招标人与中标人之间的预约合同生效，招标人与中标人要受合同的约束。这就解释了《招标投标法》第45条规定的中标通知书对招标人和投标人具有法律效力的规定。而《招标投标法》规定的"招标人和中标人应当自中标通知书发出之日起三十日内，按照招标文件和中标人的投标文件订立书面合同"就是依照预约订立本合同。② 对于违反中标通知书产生的法律后果，相关学者进一步指出，招标投标中，对于违反预约合同义务的当事人可适用强制实际履行。招标投标中的预约合同已就本约的主要条款达成了合意，当事人在订立本约时仅需对非实质内容进行磋商即可订立本合同。根据《民法典》第580条的规定，法院依照预约内容强制订立本合同，除强制实际履行外，违约方亦应依《民法典》第577条"当事人一方不履行合同义务或者履行合同义务不符合约定的，应当承担继续履行、采取补救措施或者赔偿损失等违约责任"和《招标投标法》的规定承担其他相应的违约责任。③

这种观点在司法裁判中是少数说。这种观点虽然认为中标通知书确属于承诺，但根据《招标投标法》《民法典》的规定，此时本约合同还未成立，中标通知书的效力在于使招标人与中标人获得了订立本约合同的权利与义务。因此进行司法裁判的主要观点有：（1）根据《民法典》第473条第1款及《招标投标法》的规定，招标公告的性质属于要约邀请，投标行为属于要约，中标通知书属于承诺。但是该承诺却没有产生双方成立合同的法律效果，因为本约的订立根据《民法典》第490条与《招标投标法》第36条的规定需要签订书面合同。（2）中标通知书的效力在于使招标人与中标人获得了订立本约的权利与义务。虽然这一观点均没有明确表述认为中标通知书发出后成立预约合同，但是认为在当事人之间产生了新的权利义务关系，即订立本约，这其实就是成立预约合同的效果。招标人与中标人之间形成的预约合同，其标的就是订立本约的权利与义务关系。④

3."准法律行为说"

"准法律行为说"认为，中标通知书的性质不是承诺，但也未有准确定性，并且当中标通知书发出后，该招投标合同既未成立也未生效，中标通知书仅产生对双方应当订立合同的约束力，而违约方应承担缔约过失责任。持这一学说的裁判观点在其判决中没有对中标通知书的法律性质予以明确界定，对于中标通知书的法律效力一般认为是约束招标人与中标人应当按照招标文件、投标文件、中标通知书等要求订立书面合同，当中标通知书发出后，书面合同订立前，双方未成立合同关系，若在此过程中任何一方违背了订立合同的义务，则应当承担缔约过失责任。裁判的主

---

① 王建东：《论建设工程合同的成立》，载《政法论坛》2004年第3期。

② 陈川生、王倩、李显冬：《中标通知书法律效力研究——预约合同的成立和生效》，载《中国政府采购》2011年第1期。

③ 陈川生、王倩、李显冬：《中标通知书法律效力研究——预约合同的成立和生效》，载《中国政府采购》2011年第1期。

④ 何红锋、郭光坤：《中标通知书法律性质的实证研究》，载《招标采购管理》2019年第7期。

要理由有两点：(1)虽然当事人发出中标通知书有缔约的意思表示，但根据《招标投标法》第45条、第46条的特别规定，当事人应当订立书面合同，此时中标通知书的效力在于约束当事人订立书面合同。(2)根据《民法典》第490条的规定，若合同以合同书形式签订，则自当事人均签名、盖章或者按指印时成立，因此即使发出了中标通知书，双方当事人尚未在书面合同上签字或盖章，未对招标投标涉及合同的所有条款进行最终确认，此时合同无法成立。①

根据《民法典》第473条的规定，招标文件是招标人希望他人向自己发出要约的意思表示，是要约邀请。根据《招标投标法》第19条的规定，招标文件的内容应包含法律规定的招投标所有实质性要求和条件以及拟签订工程合同的主要条款。投标人向招标人提交投标文件，即希望承接工程而明确提出订立合同的意愿，在投标文件中对招标文件的内容进行具体明确的响应，且表明愿意受到该意思表示的约束。因此，投标人提交的投标文件构成要约。能够最大限度地满足招标文件中规定的各项综合评价标准和能够满足招标文件的实质性要求，并且经评审的投标价格最低的投标方能中标。中标通知书实质上就是同意投标人要约的意思表示，发出中标通知书就表明双方对合同的实质性条款已经达成了一致，因此其法律性质属于承诺。招标人经过评标后确定投标人中标并发出中标通知书，中标通知书的发出表明招标人对投标人投标文件表示认可，同意投标人的要约，那么该中标通知书即构成承诺。承诺生效时合同成立。

从应然意义上讲，中标通知书具有能够导致建设工程合同成立的法律效力，中标通知书意味着建设工程合同有效成立，即合同法意义上的合同生效。中标通知书发出生效后，任何一方的毁标行为，必须承担违约责任而非缔约过失责任。②

但从实然意义上，依据《民法典》关于要约和承诺的基础理论，应当将中标通知书的法律性质理解为承诺，至于中标通知书到达中标人以后，双方按照招标文件和中标人的投标文件订立的书面合同，只不过是对双方已成立的合同关系的进一步确认和细节补充，并不影响当事人之间已形成的合同关系。因此，当中标通知书发出以后，招标人改变中标结果或者中标人放弃中标项目的，应当依法承担"违约责任"，即继续履行；若约定有违约金的，要支付违约金，并可要求一方赔偿另一方合同在履行时可以获得的利益。③

根据《招标投标法》第46条的规定，招标人和中标人不得再行订立背离合同实质性内容的其他协议。《施工合同司法解释（一）》（已失效）第2条规定，招标人和中标人另行签订的建设工程施工合同约定的工程范围、建设工期、工程质量、工程价款等实质性内容，与中标合同不一致，一方当事人请求按照中标合同确定权利义务的，人民法院应予支持。因此，中标通知书的主要内容既已在中标通知书中体现，为保证正式合同与招投标文件统一，中标通知书的性质也应当是本约的承诺。

（二）中标通知书发出后书面合同未订立的法律责任

1. 招标文件和投标文件是订立书面合同的依据

《招标投标法》第46条规定，招标人和中标人应当自中标通知书发出之日起30日内，按照招标文件和中标人的投标文件订立书面合同。招标人和中标人不得再行订立背离合同实质性内容

① 何红锋、郭光坤：《中标通知书法律性质的实证研究》，载《招标采购管理》2019年第7期。

② 毛亚敏：《论中标通知书的法律效力及毁标行为的法律责任——兼论我国〈招标投标法〉及〈合同法〉的完善》，载《政法论坛》2002年第4期。

③ 李丽：《中标通知书的法律性质分析——兼论中标通知书发出后的责任形态》，载《河南司法警官职业学院学报》2010年第2期。

的其他协议。《招标投标法实施条例》第57条规定，招标人和中标人应当依照《招标投标法》和本条例的规定签订书面合同，合同的标的、价款、质量、履行期限等主要条款应当与招标文件和中标人的投标文件的内容一致。招标人和中标人不得再行订立背离合同实质性内容的其他协议。由此可见，招标文件和投标文件是订立书面合同的依据。

《施工合同司法解释（一）》第22条规定，当事人签订的建设工程施工合同与招标文件、投标文件、中标通知书载明的工程范围、建设工期、工程质量、工程价款不一致，一方当事人请求将招标文件、投标文件、中标通知书作为结算工程价款的依据的，人民法院应予支持。这一条款进一步明确吸收了《招标投标法》《招标投标法实施条例》中规定的"招投标文件与书面合同一致原则"。

2. 招标人和投标人未按照规定订立书面合同的行政责任风险

《招标投标法》第45条规定，中标通知书对招标人和中标人具有法律效力。中标通知书发出后，招标人改变中标结果的，或者中标人放弃中标项目的，应当依法承担法律责任。第59条规定了中标通知书发出后书面合同未订立的招标人、中标人应当承担的行政责任，即招标人与中标人不按照招投标文件订立合同的，或者招标人、中标人订立背离合同实质性内容的协议的，责令改正；可以处中标项目金额5‰以上10‰以下的罚款。《招标投标法实施条例》第74条规定，中标人无正当理由不与招标人订立合同，在签订合同时向招标人提出附加条件，或者不按照招标文件要求提交履约保证金的，取消其中标资格，投标保证金不予退还。对依法必须进行招标的项目的中标人，由有关行政监督部门责令改正，可以处中标项目金额10‰以下的罚款。第75条规定，招标人和中标人不按照招标文件和中标人的投标文件订立合同，合同的主要条款与招标文件、中标人的投标文件的内容不一致，或者招标人、中标人订立背离合同实质性内容的协议的，由有关行政监督部门责令改正，可以处中标项目金额5‰以上10‰以下的罚款。

由此可见，招标人和投标人未按照规定订立书面合同的，面临被行政监管部门责令改正、处以罚款的行政责任风险。首先，行政监督部门责令改正。即要求招标人和投标人将合同中与招标投标文件实质性内容及（或）主要条款不一致的内容进行修改，修改后的内容必须与招标投标文件一致。其次，行政监督部门"可以"罚款。即对招标人和中标人处以罚款，罚款标准为中标项目金额的5‰以上10‰以下。行政监督部门结合当事人事后是否及时纠正、违法情节的轻重程度等加以综合考虑。

3. 招标人和投标人未按照规定订立书面合同的民事责任

（1）招标人和投标人未按照规定订立书面合同的民事责任的各种观点

由于《招标投标法》对于中标通知书的法律性质没有界定，对于中标通知书发出后，招标人与中标人未订立书面合同产生的民事责任的性质仍存在争议。理论和实践中，对于中标通知书发出后书面合同未订立的民事责任的性质有违约责任和缔约过失责任两种观点。[①] 缔约过失责任说认为，中标通知书发出后，招标合同尚未成立，此时仍处于合同订立阶段，若因招标人改变中标结果的，或者中标人放弃中标项目等原因未订立书面合同，违反诚实信用义务，应承担缔约过失责任。违约责任说认为，中标通知书发出后招标合同即告成立，此后招标人改变中标结果的，或者中标人放弃中标项目的而导致书面合同未订立，应属当事人一方不履行合同义务或者履行合同义务不符合约定，因而应承担违约责任。

---

① 何红锋、赵奇：《中标通知书发出后书面合同未订立的法律责任》，载《招标采购管理》2017年第6期。

在构成违约责任的观点中,又存在两种不同观点,一种观点认为,中标通知书是预约合同的承诺,因此中标通知书发出预约合同成立,产生缔结本合同(招标合同)的义务,未订立合同违反预约合同的约定,承担违约责任①;另一种观点认为,中标通知书发出本合同即成立,未订立书面合同即是违反本合同约定而构成违约责任。

(2)关于缔约过失责任说

《民法典》第789条规定,建设工程合同应当采用书面形式。《建筑法》规定,建设工程的发包单位与承包单位应当依法订立书面合同,明确双方的权利和义务。《招标投标法》第46条规定,招标人和中标人应当自中标通知书发出之日起30日内,按照招标文件和中标人的投标文件订立书面合同。招标人和中标人不得再行订立背离合同实质性内容的其他协议。因此,建设工程合同是要式合同,只有签订了书面合同,方可成立,也即建设工程合同的"书面合同成立说"。

这一观点认为,书面合同即《民法典》所指的合同书,故在招投标双方未签订合同书前,仅有中标通知书是不能认定建设工程合同成立的,此时违约方承担缔约过失责任。这种观点过于片面地理解"书面形式",不仅合同书属于书面形式,招标公告、投标文件和中标通知书都应当视为书面形式。《民法典》第490条规定,法律、行政法规规定或者当事人约定合同应当采用书面形式订立,当事人未采用书面形式但是一方已经履行主要义务,对方接受时,该合同成立。因此,即使法律规定应当采取书面形式的合同,在没有订立书面合同前,有其他证据证明合同成立的,合同也已经成立。招标人和中标人自中标通知书发出后未按照招标文件和中标人的投标文件订立书面合同,如果一方当事人已经履行,对方也接受的,不影响建设工程施工合同的成立。因此缔约过失责任这一观点的法律依据不足。另外,一般认为,缔约过失责任中的损失主要是信赖利益的损失,即当事人因信赖合同的成立和有效,但合同却不成立或无效而遭受的损失,因而其赔偿范围也主要是与订约有关的费用支出,不包括期待利益和机会利益损失赔偿。招标投标过程中的实际损失通常包括招标文件、投标文件制作费、通讯费、交通费等小额费用。② 但是中标通知书发出后,招标人和投标人未按照规定订立书面合同,无论给招标人还是投标人造成的实际损失不止于此。因此,如果仅仅根据缔约过失责任要求当事人赔偿信赖利益损失,不仅不能有效阻止违约方违约,而且对守约方不公平。

(3)关于预约合同违约责任说

最高人民法院《关于审理买卖合同纠纷案件适用法律问题的解释》(法释〔2012〕8号,已失效)首次正式承认了预约合同。该司法解释第2条规定,当事人签订认购书、订购书、预订书、意向书、备忘录等预约合同,约定在将来一定期限内订立买卖合同,一方不履行订立买卖合同的义务,对方请求其承担预约合同违约责任或者要求解除预约合同并主张损害赔偿的,人民法院应予支持。《民法典》基本上沿用了最高人民法院《关于审理买卖合同纠纷案件适用法律问题的解释》的规定,在其第495条规定,当事人约定在将来一定期限内订立合同的认购书、订购书、预订书等,构成预约合同。当事人一方不履行预约合同约定的订立合同义务的,对方可以请求其承担预约合同的违约责任。根据上述的规定,预约就是约定在将来一定期限内订立合同。将来应当订立的合同,称为本约合同,而约定订立本约的合同,称为预约合同。预约合同的根本目的是签

---

① 陈川生、王倩、李显冬:《中标通知书的法律效力研究——预约合同的成立和生效》,载《中国政府采购》2011年第1期。

② 何锦秀:《建设工程中标通知书发出后未签订书面合同的法律责任问题——基于16例司法判例的分析》,载品略图书馆:http://www.pinlue.com/article/2018/09/1203/527048752602.html,2020年4月1日最后访问。

订本约合同。因此,在预约合同中一定要有当事人在将来一定期限内订立本约合同的意思表示。而本约合同的根本目的是确立当事人之间的权利义务关系并加以履行。按照上述界定,无论预约合同目的、合同内容,还是实践上来看,将中标通知书发出后成立的合同定性为预约合同并不恰当。预约合同的标的就是订立本约合同,其只是以订立本约合同为目的,只需要具备标的并包含将来订立合同的意愿即可,而无须包含本约合同的主要条款,但是在招标投标过程中,招标文件、投标文件和中标通知书均已经详尽地包含了未来订立建设工程合同的所有内容条款。根据《招标投标法》的规定,招标人和中标人应当自中标通知书发出之日起 30 日内,按照招标文件和中标人的投标文件订立书面合同。招标人和中标人不得再行订立背离合同实质性内容的其他协议。如果采用预约合同说,意味着中标通知书发出之后,招标人和中标人不得对与中标通知书中载明的未来合同的实质性内容进行协商,这显然与《招标投标法》的立法目的违背。

(4)违约责任说

《民法典》规定,当事人一方不履行合同义务或者履行合同义务不符合约定的,应当承担继续履行、采取补救措施或者赔偿损失等违约责任。当事人可以约定一方违约时应当根据违约情况向对方支付一定数额的违约金,也可以约定因违约产生的损失赔偿额的计算方法。我国《民法典》确定的违约责任的归责原则是严格责任原则,即只要不存在免责事由,违约方的违约行为就足以使其承担违约责任。严格责任的归责原则更有利于保护守约方的利益,能够维护合同的严肃性,增强当事人的责任心和法律意识。《招标投标法实施条例》第 74 条规定,中标人无正当理由不与招标人订立合同,在签订合同时向招标人提出附加条件,或者不按照招标文件要求提交履约保证金的,取消其中标资格,投标保证金不予退还。由此可见,投标保证金不予退还,是中标人无正当理由不与招标人订立合同应当承担的违约责任。但是《招标投标法》和《招标投标法实施条例》均没有规定,中标人无正当理由不与招标人订立合同给招标人造成的损失超出投标保证金应当如何处理,也没有规定招标人和中标人不按照招标文件和中标人的投标文件订立合同应当承担的违约责任。

2019 年 12 月,国家发展和改革委员会公布的《招标投标法(修订草案公开征求意见稿)》将第 45 条第 2 款修改为第 52 条第 2 款:"中标通知书对招标人和中标人具有法律效力。中标通知书发出到达中标人后,招标人改变中标结果的,或者中标人放弃中标项目的,应当依法承担违约法律责任。"未来,如果这一修改能够实现,关于中标通知书的法律性质,以及中标通知书发出后招标人和中标人未按规定订立合同的责任的争论也将结束。

笔者认为,中标通知书到达中标人后,招标人改变中标结果的,或者中标人放弃中标项目的,应当依法承担违约法律责任。中标通知书到达中标人后,招标人改变中标结果的或者不与中标人订立合同的,应当赔偿中标人的损失,损失赔偿额应当相当于因违约所造成的损失,包括合同履行后可以获得的利益。中标通知书到达中标人后,中标人放弃中标项目的,招标人有权不予退还中标人的投标保证金,如果投标保证金不足以弥补招标人损失的,招标人有权继续要求赔偿损失。

(三)中标后未签订书面合同但建设工程已经由中标人实施的法律分析

招标人发出中标通知书后,应当在 30 日内与中标人签订书面施工合同。在建设工程实务中,有一些中标后未能签订书面合同的情况。因采取非法招投标产生的无效中标结果而导致无法签订书面合同,法律后果和责任是明确的,在此不作分析。现就经合法的招投标产生有效中标结果后,未签订书面合同但建设工程已经实施的法律问题进行分析。

1. 中标后未签订书面合同但该工程已经中标人实际实施,该工程合同已经成立生效

《民法典》第490条规定:"法律、行政法规规定或者当事人约定合同应当采用书面形式订立,当事人未采用书面形式但是一方已经履行主要义务,对方接受时,该合同成立。"《建筑法》《民法典》均明确规定建设工程应当签订书面合同,而中标后出于种种原因或动机,建设工程发包人与中标人未签订书面合同,但发包人又指令或许可中标人进场施工,中标人也按照发包人的指令或许可实际进行了工程施工,履行了主要合同义务即施工义务的,符合《民法典》第490条的规定,应当认定双方的施工合同已经成立,同时《民法典》第502条规定依法成立的合同自成立时生效,这种情况形成的合同也是有效合同。

2. 有关当事人应当按照招投标文件、施工图纸等确定双方权利义务,承担相应合同责任

既然双方的工程施工合同已经成立并生效,就应当承担各自的合同责任,行使各自的合同权利。但毕竟双方未形成有详细具体文字条款的书面合同书,在这种情况下应当按照双方的招投标文件、中标通知书、施工图纸、有效施工标准规范、技术文件以及双方在实际施工中形成的各种签证、会商纪要等,确定双方的权利义务。若任何一方违反以上文件的规定,均视为违反合同,应承担违约责任。

3. 中标后未签订书面合同但该工程已经中标人实际实施更容易产生争议纠纷

尽管有招标投标文件等各种文书约束双方,但仍不可避免因缺乏详细具体的合同书带来的各种争议,在施工中出现的一些具体问题常常在招标投标文件等文书中找不到依据,例如设计变更施工计量取费、具体的违约责任等在招标投标文件中往往没有明确约定,因此更容易发生各种争议纠纷,造成不必要的损失。这种情况下不利于充分保障有关当事人的合法权益。中标后未订立书面合同便进行实际施工,不仅对于保护施工双方合法的权利不利,而且扰乱建筑市场,违反招投标法法律法规的规定。笔者认为,这种行为应当承担一定的行政责任,但《招标投标法》对此尚无明确规定,建议完善相应的行政处罚制度,便于有关政府部门加强监管,进一步规范市场。

二、招标代理

(一)招标组织形式

招标组织形式分为委托招标和自行招标。依法必须招标的项目经批准后,招标人根据项目实际情况需要和自身条件,可以自主选择招标代理机构进行委托招标;如具备自行招标的能力,按照规定向主管部门备案同意后,也可进行自行招标。

1. 委托招标

根据《招标投标法》的规定,招标人有权自行选择招标代理机构,委托其办理招标事宜。任何单位和个人不得以任何方式为招标人指定招标代理机构。招标代理机构应当在招标人委托的范围内办理招标事宜,并遵守《招标投标法》关于招标人的规定。以上规定表明:(1)招标人有权自主选择招标代理机构,不受任何单位和个人的影响和干预。任何单位包括招标人的上级主管部门和个人都不得以任何方式,为招标人指定招标代理机构。(2)招标人和招标代理机构的关系是委托代理关系。招标代理机构应当与招标人签订书面委托合同,在委托范围内,以招标人的名义组织招标工作和完成招标任务。招标代理机构不得无权代理、越权代理,不得明知委托事项违法而进行代理。为了规范招标代理的书面合同,原国家工商管理总局和原建设部还专门制定印发了《工程建设项目招标代理合同示范文本》(GF—2005—0215)。

2. 自行招标

自行招标，是指招标人依靠自己的能力，依法自行办理和完成招标项目的招标任务。根据《招标投标法》的规定，招标人具有编制招标文件和组织评标能力的，可以自行办理招标事宜。任何单位和个人不得强制其委托招标代理机构办理招标事宜。依法必须进行招标的项目，招标人自行办理招标事宜的，应当向有关行政监督部门备案。根据《工程建设项目自行招标试行办法》的规定，招标人自行办理招标事宜，应当具有编制招标文件和组织评标的能力，具体包括：(1)具有项目法人资格(或者法人资格)；(2)具有与招标项目规模和复杂程度相适应的工程技术、概预算、财物和工程管理等方面专业技术力量；(3)有从事同类工程建设项目招标的经验；(4)拥有3名以上取得招标职业资格的专职招标业务人员；(5)熟悉和掌握《招标投标法》及有关法规规章。招标人自行招标的，项目法人或者组建中的项目法人应当在向国家发展和改革委员会上报项目可行性研究报告或者资金申请报告、项目申请报告时，一并报送上述条件的书面材料。国家发展和改革委员会审查招标人报送的书面材料，核准招标人符合自行招标条件的，招标人可以自行办理招标事宜。任何单位和个人不得限制其自行办理招标事宜，也不得拒绝办理工程建设有关手续。国家发展和改革委员会审查招标人报送的书面材料，认定招标人不符合自行招标条件的，在批复、核准可行性研究报告或者资金申请报告、项目申请报告时，要求招标人委托招标代理机构办理招标事宜。一次核准手续仅适用于一个工程建设项目。

(二)招标代理机构资格认定的取消

1. 2000年《招标投标法》和2012年《招标投标法实施条例》的规定

2000年版《招标投标法》第13条规定，招标代理机构是依法设立、从事招标代理业务并提供相关服务的社会中介组织。招标代理机构应当具备下列条件：(1)有从事招标代理业务的营业场所和相应资金；(2)有能够编制招标文件和组织评标的相应专业力量；(3)有符合《招标投标法》规定条件、可以作为评标委员会成员人选的技术、经济等方面的专家库。第14条规定，从事工程建设项目招标代理业务的招标代理机构，其资格由国务院或者省、自治区、直辖市人民政府的建设行政主管部门认定。具体办法由国务院建设行政主管部门会同国务院有关部门制定。从事其他招标代理业务的招标代理机构，其资格认定的主管部门由国务院规定。招标代理机构与行政机关和其他国家机关不得存在隶属关系或者其他利益关系。2006年12月30日原建设部发布《工程建设项目招标代理机构资格认定办法》(已失效)，加强对工程建设项目招标代理机构的资格管理。

2012年版《招标投标法实施条例》规定，招标代理机构的资格依照法律和国务院的规定由有关部门认定，进一步明确了招标代理机构资格的认定。

2. 招标代理机构资格认定的逐步取消

2013年11月12日，中国共产党十八届三中全会通过的《中共中央关于全面深化改革若干重大问题的决定》指出，建设统一开放、竞争有序的市场体系，是使市场在资源配置中起决定性作用的基础。实行统一的市场准入制度，在制定负面清单基础上，各类市场主体可依法平等进入清单之外的领域。之后，国务院多次取消和下放行政许可项目，取消了包括工业和信息化部的“通信建设项目招标代理机构资质认定”和商务部“机电产品国际招标机构资格审批”在内的多项行政许可。根据2014年修订后的《政府采购法》，删除了政府采购代理机构资格认定制度，2014年住房和城乡建设部将招标代理机构资格认定的审批权下放。2017年12月27日，全国人民代表大会常务委员会对《招标投标法》作出修改，删除了第14条第1款“从事工程建设项目招标代理业务的招标代理机构,其资格由国务院或者省、自治区、直辖市人民政府的建设行政主管部门认定。具体办法由国务院建设行政主管部门会同国务院有关部门制定。从事其他招标代理业务的招标代理机构,其资格认定的主管部门由国务院规定。"自2017年12月28日起,各级住房城乡建设部门不再受理招标代理机构资格认定申请,停止招标代理机构资格审批。2018年4月,住房和城乡建设部废止《工程建设项目招标代理机构资格认定办法》。取消工程建设项目招标代理机构资格认定行政审批,减少行政审批等过多市场干预,是简政放权在招标代理市场的具体体现。招标代理机构是提供招标业务咨询和代理服务的中介机构,不对招标项目承担主体责任。招标人自主选择招标代理机构属于市场行为,招标代理机构通过市场竞争、行业自律作用来规范代理行为。

3. 招标代理机构的监管

根据2017年修订后的《招标投标法实施条例》的规定,国务院住房城乡建设、商务、发展改革、工业和信息化等部门,按照规定的职责分工对招标代理机构依法实施监督管理。招标代理机构不得涂改、出租、出借、转让资格证书。招标代理机构在其资格许可和招标人委托的范围内开展招标代理业务,任何单位和个人不得非法干涉。招标代理机构代理招标业务,应当遵守《招标投标法》和《招标投标管理条例》关于招标人的规定。招标代理机构不得在所代理的招标项目中投标或者代理投标,也不得为所代理的招标项目的投标人提供咨询。

取消招标代理机构资格认定后,招标代理机构不再需要取得资质证书即可承办招标代理业务,监管部门无法通过发放资质证书对不符合条件的代理机构进行限制。根据住房和城乡建设部办公厅《关于取消工程建设项目招标代理机构资格认定加强事中事后监管的通知》(建办市〔2017〕77号)的规定,建立信息报送和公开制度,招标代理机构可按照自愿原则向工商注册所在地省级建筑市场监管一体化工作平台报送基本信息并对报送信息的真实性和准确性负责。加大信息公开力度,强化信用对招标代理机构的约束作用,构建"一处失信、处处受制"的市场环境。深入推进工程建设领域"放管服"改革,加强工程建设项目招标代理机构事中事后监管,规范工程招标代理行为,维护建筑市场秩序。

(三)招标代理费的收取

1. 招标代理费实行市场调节价

招标代理服务收费,是指招标代理机构接受招标人委托,从事编制招标文件(包括编制资格预审文件和标底)审查投标人资格,组织投标人踏勘现场并答疑,组织开标、评标、定标,以及提供招标前期咨询、协调合同的签订等业务所收取的费用。2002年10月15日原国家计划委员会印发的《招标代理服务收费管理暂行办法》(已失效)规定,招标代理服务收费实行政府指导价。招标代理服务收费采用差额定率累进计费方式。收费标准按该办法附件规定执行,上下浮动幅度不超过20%。具体收费额由招标代理机构和招标委托人在规定的收费标准和浮动幅度内协商确定。在《招标代理服务收费管理暂行办法》之后,原国家发展和计划委员会又相继发布了《关于招标代理服务收费有关问题的通知》(已失效)和《关于降低部分建设项目收费标准规范收费行为等有关问题的通知》(已失效),对货物、服务和工程类的招标代理服务费收费标准进行了规定。

《招标投标法实施条例》第14条规定,招标人应当与被委托的招标代理机构签订书面委托合同,合同约定的收费标准应当符合国家有关规定。为贯彻落实党的十八届三中全会精神和国务院关于进一步简政放权、推进职能转变的要求,2014年7月10日国家发展和改革委员会发布的《关于放开部分建设项目服务收费标准有关问题的通知》(发改价格〔2014〕1573号)规定,放开除政府投资项目及政府委托服务以外的建设项目前期工作咨询、工程勘察设计、招标代理、工程监理等4项服务收费标准,实行市场调节价。采用直接投资和资本金注入的政府投资项目以及政府委托的上述服务收费,继续实行政府指导价管理,执行规定的收费标准。

根据国家发展和改革委员会《关于进一步放开建设项目专业服务价格的通知》(发改法规〔2015〕299号)的规定,在已放开非政府投资及非政府委托的建设项目专业服务价格的基础上,全面放开包括招标代理费在内的实行政府指导价管理的几种建设项目专业服务价格,实行市场调节价:(1)建设项目前期工作咨询费,是指工程咨询机构接受委托,提供建设项目专题研究、编制和评估项目建议书或者可行性研究报告,以及其他与建设项目前期工作有关的咨询等服务收取的费用。(2)工程勘察设计费,包括工程勘察收费和工程设计收费。工程勘察收费,是指工程勘察机构接受委托,提供收集已有资料、现场踏勘、制定勘察纲要,进行测绘、勘探、取样、试验、测试、检测、监测等勘察作业,以及编制工程勘察文件和岩土工程设计文件等服务收取的费用;工程设计收费,是指工程设计机构接受委托,提供编制建设项目初步设计文件、施工图设计文件、非标准设备设计文件、施工图预算文件、竣工图文件等服务收取的费用。(3)招标代理费,是指招标代理机构接受委托,提供代理工程、货物、服务招标,编制招标文件、审查投标人资格,组织投标人踏勘现场并答疑,组织开标、评标、定标,以及提供招标前期咨询、协调合同的签订等服务收取的费用。(4)工程监理费,是指工程监理机构接受委托,提供建设工程施工阶段的质量、进度、费用控制管理和安全生产监督管理、合同、信息等方面协调管理等服务收取的费用。(5)环境影响咨询费,是指环境影响咨询机构接受委托,提供编制环境影响报告书、环境影响报告表和对环境影响报告书、环境影响报告表进行技术评估等服务收取的费用。

为贯彻落实党中央国务院关于加强法治政府建设和推进简政放权、放管结合、优化服务的要求,营造良好营商环境,激发市场活力和创造力,根据国家发展和改革委员会令第31号,自2016年1月1日起《招标代理服务收费管理暂行办法》废止,招标代理费实行市场调节价,招标代理费的收费由招标代理机构和委托人自行协商。

2016年5月1日,中国招标投标协会组织编制的《招标采购代理规范》(ZBTB/TA 01—2016)发布实施,这是我国招标投标行业的第一部行业推荐性标准,在其通则的第12部分,对招标代理服务费的组成、计算规则、包括的工作范围等制定了详细的参考标准。尤其在第5小部分,对招标代理的价格监督机制作了相应的规定。

2. 招标代理费的支付主体

(1)招标代理费的支付方式

《招标代理服务收费管理暂行办法》第10条规定,招标代理服务实行"谁委托谁付费"。工程招标委托人支付的招标代理服务费,可计入工程前期费用。货物招标和服务招标委托人支付的招标代理服务费,按照财政部门规定列支。2003年9月15日,国家发展和改革委员会办公厅《关于招标代理服务收费有关问题的通知》(已失效)发布,将《招标代理服务收费管理暂行办法》中规定的招标代理服务实行"谁委托谁付费"修改为"招标代理服务费用应由招标人支付,招标人、招标代理机构与投标人另有约定的,从其约定"。《招标代理服务收费管理暂行办法》明确谁委托谁付费,指向的是招标人付费;国家发展和改革委员会办公厅《关于招标代理服务收费有关问题的通知》将此修改为原则上招标人付费,有约定从约定。2015年2月11日,国家发展和改革委员会《关于进一步放开建设项目专业服务价格的通知》发布,在已放开非政府投资及非政府委托的建设项目专业服务价格的基础上,全面放开包括招标代理费在内的实行政府指导价管理的几种建设项目专业服务价格,实行市场调节价。国家发展和改革委员会《关于进一步放开建设项目专业服务价格的通知》决定招标代理服务费实行市场调节价,取消了招标代理服务费的收费性质、计算标准,但招标代理服务费的支付主体和方式并未取消,国家发展和改革委员会办公厅《关于招标代理服务收费有关问题的通知》可以继续执行。

虽然2016年国家发展和改革委员会令第31号决定废止《招标代理服务收费管理暂行办法》及《关于招标代理服务收费有关问题的通知》,但在实践中,招标代理服务费的支付方式有两种:一是按照“谁委托谁支付”的原则由招标人支付;二是在招标代理合同或者招标文件中约定由中标人支付。国家发展和改革委员会办公厅《关于招标代理服务收费有关问题的通知》施行后,大部分招标人利用编制招标文件的权利,往往在招标文件中单方面规定本应由招标人自己支付的招标代理、工程量清单和控制价编制等费用,全部转嫁给了中标人,即规定由中标人支付。有学者认为,由中标人支付中标服务费违反了民法典的自愿原则。一般而言,招标代理合同中约定由中标人支付中标服务费后,招标人都会在招标文件中明确中标服务费的问题,中标人同意由其支付中标服务费是响应招标文件的必然要求,从中标人的角度讲,如果不响应“由中标人支付中标服务费”的要求,就不可能中标。不能仅仅因为合同文件中当事人“同意”了中标人付费,就认为符合《民法典》的自愿原则,而要看中标服务费在实际执行中是否真正实现了所有当事人实质上的自愿,自愿原则应当是实质上的自愿,而不是形式上的自愿。① 更有学者认为,由中标人支付招标代理费付费,将本可以一次完成的资金支付(招标人向招标代理公司支付),变成了两次支付(中标人向招标代理公司支付,招标人向中标人支付),增加资金的流转成本,而最终的流转成本由招标人承担。从招标代理机构的角度来看,如果出现招标失败等情况,导致中标服务费无法收取,招标代理机构既无法向中标人主张、也无权向招标人主张中标服务费。在正常的市场运行中,市场主体应遵循“谁委托谁付费”原则,即由接受服务的招标人向提供服务的招标代理公司支付招标代理费。② 也有学者认为,中标人支付招标代理费有其中的法理基础,否定中标人支付招标代理费,在现行法律体系下存在违反《民法典》的可能,也违反了当事人意思自治原则。“招标代理服务费用应由招标人支付,招标人、招标代理机构与投标人另有约定的,从其约定”,正是尊重当事人意思自治的体现。③

(2)中标人支付招标代理费的法律性质

有学者认为,将招标人本应承担的招标代理服务费转嫁给中标人,不仅于法不合,还潜藏着极大风险。从法理上看,约定招标代理服务费由现在不存在、将来可能存在也可能不存在的“中标人”支付,类似于在合同中约定把债务交由未出生的孩子履行,其合同的履约风险远远大于由招标人自己履行,因而不符合《民法典》中关于债务转让和代为履行制度设置的初衷,不属于债务转移或者债务代为履行,其约定的法律效力值得质疑。即其认为该约定不属于债务转移,也不属于第三人代为履行,但未指出该约定的法律性质。也有学者认为,招标人与招标代理机构为委托合同的当事人,但如果上述三方当事人均同意由中标人支付招标代理服务费,则在法律上构成了债务转移。即招标人将支付义务转移给了中标人。由于招标人由此不再承担支付的义务,中标人成为该义务的最终承担者,所以学理上将此情形称为“免责的债务承担”。此时,中标人也成为委托合同的当事人之一,并独立承担支付服务费的义务,招标代理机构依据委托合同向中标

---

① 付大学:《中标服务费违反〈合同法〉自愿原则》,载《中国政府采购报》2016年8月26日,第4版。

② 何红锋:《支付中标服务费应是一种特殊情况》,载《中国政府采购报》2016年8月26日,第4版。

③ 李德华:《中标人支付招标代理费的肯定性分析》,载《中国政府采购报》2016年8月26日,第4版。

人收取服务费。① 如果将中标人支付招标代理费理解为债务转移，则必然推导出以下结论：债务转移经第三人同意后，原债务人（招标人）退出债的法律关系，原债务消灭，由第三人（中标人）成为新的债务人履行债务。招标代理机构是招标人的代理人，招标代理费是对其服务的补偿。招标代理机构虽也有经营风险，但毕竟不应像建设工程合同或买卖合同等主体承担的市场风险那样，否则明显不公平。②

笔者同意大部分学者的观点，认为中标人支付招标代理费，其法律性质属“第三人代为履行”。根据2019年修订的《招标投标法实施条例》的规定，招标人应当与被委托的招标代理机构签订书面委托合同。根据《民法典》的规定，就招标代理委托合同中招标代理费的支付而言，作为委托人的招标人应当支付委托费用，是债务人，作为受托人的招标代理机构是债权人，中标人是第三人。《民法典》第523条规定，当事人约定由第三人向债权人履行债务的，第三人不履行债务或者履行债务不符合约定，债务人应当向债权人承担违约责任。因此约定招标代理费由中标人支付，应当属于第三人代为履行。

在第三人代为履行中，需要注意如下问题：首先，第三人代替债务人履行债务应当有约定。约定的形式可以为《民法典》第469条规定的书面、口头和其他形式。招标人与招标代理机构约定招标代理服务费由中标人支付而缔结的合同，招标代理委托合同只在招标人与招标代理机构产生效力，中标人作为“第三人”并非招标代理委托合同当事人，不当然承担招标代理委托合同中的招标人应当负担的义务。在实践中，招标人和招标代理机构订立书面委托合同后一般会在招标文件中规定“招标代理费由中标人支付”，中标人参加了投标，以其投标行为实质性响应了招标文件，便可以视为同意了中标人作为第三人代招标人支付招标代理费。

其次，当出现中标人不支付、招标失败等情形，招标代理机构收取招标代理服务费的问题。在第三人代为履行制度中，第三人并不成为新的债务人，债务人也不退出债的法律关系，债权人不能直接要求第三人承担合同责任，第三人不承担合同的继续履行责任和赔偿损失等违约责任。如果第三人不履行债务或履行债务不符合约定，债务人仍应向债权人承担违约责任。即招标人与招标代理机构约定了由中标人支付招标代理费的，不应发生招标人债务消灭的法律效果。如果中标人不履行或履行不适当，招标人仍负有向招标代理机构支付招标代理费或承担相应的违约责任。因此，当出现招标人与招标代理机构签订委托代理合同，中标人不支付、招标失败等情形时，根据《民法典》第928条的规定，招标人应支付相应的招标代理服务费。招标人和招标代理机构之间根据招标代理委托合同的约定享有权利，承担义务。

三、投标居间

居间合同，又称“中介合同”，是指居间人根据委托人的要求为委托人与第三人订立合同提供机会或进行介绍，而委托人须向居间人给付约定报酬的协议。居间合同是由居间人向委托人提供居间服务的合同。居间人向委托人报告订立合同的机会或者提供订立合同的媒介服务，委托人是否与第三人订立合同，与居间人无关，居间人不是委托人与第三人之间的合同的当事人。居间人对委托人与第三人之间的合同没有介入权。居间人只负责向委托人报告订立合同的机会

---

① 卢海强：《“招标代理服务费由中标人支付”的法律性质分析及实务操作要点探讨》，载《招标采购管理》2016年第9期。

② 李德华：《中标人支付招标代理费的肯定性分析》，载《中国政府采购报》2016年8月26日，第4版。

或者为委托人与第三人订约居中斡旋,传达双方意思,起牵线搭桥的作用,对合同没有实质的介入权。居间人在委托人与第三人订立的合同中既非当事人,亦非任何一方的代理人,而是中间媒介人。

在工程建设领域存在大量居间行为,居间人可以为投标人提供招标和订立合同机会的居间服务,如收集提供招标信息、制定投标文件、协助进行投标、与招标方之间进行工作沟通等业务,以获取一定的报酬。由于法律对于工程建设中能否进行居间的规定不明确,司法实践中也存在诸多争议,下面笔者将围绕居间合同以及投标居间的相关规定、居间人资格的特殊限制、投标居间的法律效力以及对投标居间进行审查等进行分析,以厘清工程建设投标过程中的居间行为。

(一)关于居间合同以及投标居间的相关规定

1987 年,原城乡建设环境保护部、原国家工商行政管理局发布的《关于加强建筑市场管理的暂行规定》(已废止)规定,承发包工程必须严格遵守国家政策、法规,严禁行贿受贿、索取回扣、弄虚作假。不准任何单位或个人私自介绍工程收取工程"介绍费"。《建筑市场管理规定》(建法[1991]798 号,已失效)规定,任何单位和个人都不得在承发包活动中行贿受贿或收受"回扣",不得以介绍工程任务为手段收取费用。最高人民法院《关于给承包单位介绍工程索要信息费如何处理问题的复函》([1990]民他字第 31 号)规定:"胡拴毛介绍五台县陈家庄乡建安公司四队梁宝堂与黄寨村委建筑队签订转包建筑工程合同,因向承包方索要信息费被拒绝而提起诉讼。经研究并征求有关部门的意见后,我们认为:1987 年 2 月 10 日城乡建设环境保护部、国家工商行政管理局所颁发的《关于加强建筑市场管理的暂行规定》第 7 条已明确规定:"承发包工程必须严格遵守国家政策、法规,严禁行贿受贿、索取回扣、弄虚作假。不准任何单位或个人私自介绍工程收取工程'介绍费'。"胡拴毛向梁宝堂索要'信息费'的行为违反了上述规定,其诉讼请求应予驳回。同时,根据《民法通则》第六十一条第二款和第一百三十四条第三款的规定,胡拴毛已经取得的部分'信息费'可予以收缴。"

《合同法》(已失效)第二十三章对居间合同作出了专章规定。《民法典》合同编中设置了专章对中介合同进行了规定,相较于《合同法》(已失效)关于居间合同的规定,《民法典》认为,中介合同是中介人向委托人报告订立合同的机会或者提供订立合同的媒介服务,委托人支付报酬的合同。《民法典》对中介合同必要费用的规定也与《合同法》(已失效)的规定有不同,《民法典》第 963 条规定,中介人促成合同成立的,委托人应当按照约定支付报酬。对中介人的报酬没有约定或者约定不明确,依据《民法典》第 510 条的规定仍不能确定的,根据中介人的劳务合理确定。因中介人提供订立合同的媒介服务而促成合同成立的,由该合同的当事人平均负担中介人的报酬。中介人促成合同成立的,中介活动的费用,由中介人负担。《民法典》第 964 条规定,中介人未促成合同成立的,不得请求支付报酬;但是,可以按照约定请求委托人支付从事中介活动支出的必要费用。针对实践中"跳单"行为,《民法典》第 965 条明确的规定,委托人在接受中介人的服务后,利用中介人提供的交易机会或者媒介服务,绕开中介人直接订立合同的,应当向中介人支付报酬。即如果在中介合同中没有另外约定,委托人在接受中介人的服务并利用其提供的机会、资源或服务后绕开中介人达成交易的,也应当向中介人支付服务费。《民法典》中介合同专章规范了交易行为,不仅保障了中介人的权益,而且也保护了委托人的权益。

(二)关于居间人资格的特殊限制

《合同法》(已失效)对居间人主体资格问题没有作出特别规定,最高人民法院《关于审理期货纠纷案件若干问题的规定》(法释〔2003〕10 号,已失效)第 10 条对期货居间人主体资格作了要求,但是并未对从事期货居间的居间人主体资格作出特别限制。在司法实践中,法院对居间合同纠纷中的居间人是否必须有资质有相关判例。在“斯某与浙江省机关事务管理局莫山管理局居间合同纠纷案”①一案中,法院认为:关于居间人资格问题。居间人是否必须经核准登记,即是否为特殊民事主体,我国《合同法》(已失效)等相关法律及司法解释均无明确规定。对被申请人不具有居间人资格的再审理由依据不足,法院不予采信。在“河南国基电气设备有限公司、陈某华居间合同纠纷”②一案中,法院认为,国基电气公司与陈某华签订的居间合同,是双方当事人真实意思的表示,其内容不违反法律、行政法规的禁止性规定,为有效合同。《合同法》(已失效)并未规定自然人不能成为居间人,故陈某华具有签订居间合同的主体资格,生效判决判令国基电气公司依照合同规定向陈某华支付居间报酬及利息并无不当。司法实践中的这些判决支持了一般情况下,居间人主体资格是没有特殊限制的。

2004年发布的《经纪人管理办法》(国家工商行政管理总局令第14号,已失效)规定,符合《城乡个体工商户管理暂行条例》规定条件的人员,应当向工商行政管理机关申请领取个体工商户营业执照,成为个体经纪人。符合《个人独资企业法》,应当向工商行政管理机关申请,设立个人独资经纪企业。符合《合伙企业法》规定条件的人员,应当向工商行政管理机关申请,设立合伙经纪企业。符合《公司法》规定条件的,应当向工商行政管理机关申请,设立经纪公司。经营经纪业务的各类经济组织应当具备有关法律法规规定的条件。

《民法典》在第961条至第966条中对中介合同进行了规定。但是对中介人主体资格问题,《民法典》并没有作出特别规定。2020年12月23日,最高人民法院修正了《关于审理期货纠纷案件若干问题的规定》(法释〔2003〕10号),修正后的第10条规定,公民、法人受期货公司或者客户的委托,作为居间人为其提供订约的机会或者订立期货经纪合同的中介服务的,期货公司或者客户应当按照约定向居间人支付报酬。居间人应当独立承担基于居间经纪关系所产生的民事责任。这一规定,也对从事期货居间的居间人主体资格作出特别限制。近年来,国家对居间服务的法律管制越来越放松,2016年4月29日根据原国家工商行政管理总局《关于废止和修改部分工商行政管理规章的决定》(国家工商行政管理总局令第86号)的规定,《经纪人管理办法》废止。目前,我国只有对从事证券、期货、保险等某些特定领域的居间活动的居间人实行主体资格认证等特殊规定。

(三)建设工程招投标领域中投标居间合同的效力

建设工程招投标领域中投标居间合同是否有效,司法实践中主要存在两种观点:

1.投标居间无效

1999年最高人民法院《关于适用〈中华人民共和国合同法〉若干问题的解释(一)》(以下简称《合同法司法解释(一)》,已失效)施行之前,认定投标居间无效的主要根据为最高人民法院《关于给承包单位介绍工程索要信息费如何处理问题的复函》《关于加强建筑市场管理的暂行规定》和《建筑市场管理规定》。其主要规定为,任何单位和个人都不得在承发包活动中行贿受贿或收受“回扣”,不得以介绍工程任务为手段收取费用。目前《关于加强建筑市场管理的暂行规定》《建筑市场管理规定》均已被废止。《合同法司法解释(一)》(已失效)规定,合同法实施以后,认定合同效力应当依据全国人大及其常委会颁布的法律和国务院制定的行政法规为依据,地

---

① 参见浙江省高级人民法院民事判决书,再审(2008)浙民再字第57号。

② 参见河南省高级人民法院民事判决书,(2013)豫法立二民申字第00516号。

方性法规和部门规章不能成为判断合同效力的依据。因此,在《合同法》(已失效)实施以后,人民法院当然不得以《建筑市场管理规定》确认投标居间合同无效。这一规定延续到了《民法典》,《民法典》第153条规定,违反法律、行政法规的强制性规定的民事法律行为无效。但是,该强制性规定不导致该民事法律行为无效的除外。

近年来,司法实践中认定投标居间无效的裁判理由主要有:(1)居间合同内容因违反法律法规的强制性规定应属无效。例如在"姜某与浙江海天建设集团有限公司居间合同纠纷案"①中,审理法院均认为,案涉建设工程依法属于必须通过招标的方式确定承建方的项目,而居间合同书系姜某为海天公司与发包方订立合同提供撮合服务的媒介居间,其居间合同内容本身就违反了《招标投标法》对依法必须招标项目的强制性规定。从之后的居间合同履行行为看,姜某作为居间人,其促成案涉《工程承包合同》订立的主要方式,系通过参与、实施串通投标违法活动行为得以实现,严重扰乱了建设市场秩序。(2)违反《招标投标法》中的"三公原则"及诚实信用原则,属于以合法形式掩盖非法目的而无效。例如在"胜某、高某与钧泰国际投资(集团)有限公司、钧泰国际投资(集团)有限公司新疆分公司居间合同纠纷案"②中,审理法院认为,涉案工程项目系根据法律规定应以招投标方式对外进行发包。根据《招标投标法》第5条的规定,招标投标活动应当遵循公开、公平、公正和诚实信用的原则。居间人与委托人签订的《建设工程居间服务合同书》约定:甲方委托乙方为其提供居间服务,并使委托人获得该工程项目一个或分期多个工程标段的中标。该约定明显违反了招投标活动中要求遵循的公开、公平、公正和诚实信用原则,扰乱了建筑市场的正常秩序,损害了其他参与招投标活动当事人的合法权益。对以"获得中标"为条件收取费用,明显违反招投标活动应遵循的"三公原则",扰乱市场正常秩序的行为,依法不予支持。故法院认定胜某、高某与钧泰新疆分公司签订的建设工程居间服务合同书无效,对胜某、高某要求钧泰公司、钧泰新疆分公司依照合同约定支付居间报酬的诉讼请求不予支持。③ 合同无效后的处理结果也不同:一种是驳回原告或者上诉人的诉讼请求;另一种是在驳回诉讼请求的基础上,还课以民事制裁——收缴居间费用。④

2. 投标居间有效

《民法典》第961条规定,中介合同是中介人向委托人报告订立合同的机会或者提供订立合同的媒介服务,委托人支付报酬的合同。认为投标居间有效观点的主要根据有:(1)我国《民法典》对居间合同有明确规定,同时《招标投标法》及相关法律、行政法规中对建设工程招投标领域是否允许居间并未作出明确禁止性规定。居间合同内容如果属于双方当事人真实意思表示,应尊重当事人的意思自治。因此,基于双方当事人真实意思表示的投标居间合同,不违反法律法规,应当受到法律保护。(2)虽然《招标投标法》明确要求招标过程必须遵循公开、公平以及诚实信用原则,但并不意味着在招投标过程中双方当事人所签订的居间合同就必然违反上述基本原则。如居间人基于自身优势,向投标人(委托人)提供招标信息,帮助完成投标资料的收集和整理等行为并不违法,因此应当有效。⑤ 招标公告虽然为公开事项,但并非公开的事项就众所周

---

① 参见最高人民法院民事判决书,(2016)最高法民申427号。

② 参见新疆维吾尔自治区高级人民法院民事判决书,(2014)新民一终字第91号。

③ 狄行思:《招投标中居间合同的效力及相关问题研究》,载《成都理工大学学报(社会科学版)》2019年第2期。

④ 王建东、杨国锋:《论招投标过程中居间行为的效力》,载《杭州师范大学学报(社会科学版)》2013年第5期。

⑤ 舒伟:《建设工程招投标领域中投标居间合同效力的认定》,载陈军杰律师的博客2015年8月13日,http://blog.sina.com.cn/s/blog_5e1caac00102vsnt.html。

知。因此,公开招标的事项也存在向他人报告投标和订立合同机会的情形,投标人也可以将自己在投标活动中所办理的投标事项委托他人代理或者协助进行。招投标活动遵循公开、公正、公平和诚实信用原则,但并非招投标活动有居间行为就违反了招投标活动的原则,只是招投标活动中的居间事项与其他合同的居间事项有所差别。委托人(投标人)提供投标所需的各种资料和投标书,让居间人参与其投标事务并支付一定劳务费的约定,没有违反我国法律规定,因此该行为为有效民事法律行为。

例如,河南省三门峡市中级人民法院在"马某珉、李某华诉中建三局二公司居间合同纠纷案"①中认为:"《合同法》确立了居间合同法律制度,我国法律没有禁止建设工程承包合同居间。招标公告虽然为公开事项,但并非公开的事项就众所周知。因此,公开招标的事项也存在向他人报告投标和订立合同机会的情形,投标人也可以将自己在投标活动中所办理的投标事项委托他人代理或者协助进行。招投标活动遵循公开、公正、公平和诚实信用原则,但并非招投标活动有居间行为就违反了招投标活动的原则,只是招投标活动中的居间事项与其他合同的居间事项有所差别。"又如在"山东黄河建工有限公司、东营君临商贸有限公司等居间合同纠纷案"②中,虽然山东省东营市东营区人民法院认为居间活动属于以合法形式掩盖非法目的,应认定协议无效。但是山东省东营市中级人民法院认为,该合同内容是双方当事人真实意思表示,不违反我国法律、行政法规的强制性规定,黄河建工公司诉讼中也没有提交证据证明君临商贸公司在履行合作协议过程中实施了违反相关法律规定的行为,因此合作协议合法有效。由于涉案工程的投标施工单位为黄河建工公司而非秘某军个人,秘某军与君临商贸公司签订《合作协议》的行为并不是处理个人事务而是处理公司事务,协议履行后的利益归属于黄河建工公司,虽然秘某军自认合作协议上的公章系私刻,但君临商贸公司对此并不知情。因此,原审认定秘某军签订《合作协议》的行为是职务行为并无不当。因此,居间合同内容是双方真实意思表示,不违反我国法律、行政法规的强制性规定,应属有效。③

(四)投标居间合同约定中的居间费用

1. 居间人的权利

根据《民法典》的规定,居间人的权利包括:(1)居间人的报酬请求权:《民法典》第963条规定,中介人促成合同成立的,委托人应当按照约定支付报酬。对中介人的报酬没有约定或者约定不明确,依据本法第510条的规定仍不能确定的,根据中介人的劳务合理确定。因中介人提供订立合同的媒介服务而促成合同成立的,由该合同的当事人平均负担中介人的报酬。中介人促成合同成立的,中介活动的费用,由中介人负担。(2)居间人未促成合同成立而支出的必要费用的请求权。《民法典》第964条规定,中介人未促成合同成立的,不得请求支付报酬;但是,可以按照约定请求委托人支付从事中介活动支出的必要费用。但是我国法律对居间报酬标准还没有相应的规定,因此应按照公平合理的原则确定居间人的居间报酬。

2. 审判实践中投标居间费用的处理方式

司法审判实践中对投标居间费用的处理上有两种做法:一种是尊重当事人的意思自治,按照合同约定的标准计算。例如,在"中铁七局集团第三工程有限公司、贵阳市云岩区建筑安装工程

---

① 参见河南省三门峡市中级人民法院民事判决书,(2005)三民三终字第41号。

② 参见山东省高级人民法院民事判决书,(2014)鲁民提字第350号。

③ 狄行思:《招投标中居间合同的效力及相关问题研究》,载《成都理工大学学报(社会科学版)》2019年第2期。

公司第五分公司合同纠纷案”[①]中,法院认为居间报酬的计算标准,应当充分尊重当事人的意思自治,在该标准不违反法律规定的情况下,应当以该标准来计算云岩建筑五公司所应获得的居间报酬。中铁七局三公司通过施工案涉工程能够获得多少利润,与居间报酬的计算标准无关,即便云岩建筑五公司所得居间报酬的金额高于中铁七局三公司所得施工利润的金额,也不能因此认定双方关于居间报酬计算标准的约定扰乱了社会经济秩序,损害了社会公共利益。在“青岛静安装饰工程有限公司与山东精诚消防工程集团有限公司居间合同纠纷案”[②]中,法院认为双方在招标之前签订了居间协议,对居间费用作出了明确的约定,在投标时应将居间费用考虑在投标价格中,故精诚消防公司应严格按照双方的居间协议约定向静安装饰公司支付居间费用。

另一种是在承认当事人意思自治的基础上,法院可以行使自由裁量权,居间合同费用过高时可以作出调整。例如在“中国中铁航空港建设集团有限公司、中国航空港建设总公司华东分公司与胡某明居间合同纠纷案”[③]中,最高人民法院基于两个理由认可了法院调整居间报酬的自由裁量权:第一,由于“案涉工程的招标投标活动必须遵守《招标投标法》第 43 条的规定……航空港总公司对该项目的承包权也正是通过招投标活动最终中标取得。……故胡某明居间的作用也仅仅限于报告招标信息及撮合招标投标双方相关负责人相识”,因而认为原告所取得的居间报酬应当与其从事居间活动所付出的劳动相符。第二,“近年来我国建筑工程施工行业属于微利行业。双方当事人在居间合同中对居间报酬的过高约定,存在利益失衡的可能”。法院行使自由裁量权,将当事人在居间合同中约定的居间报酬从工程总金额 5% 调整为 1% 的做法,既符合建筑施工行业系微利行业的基本情况,也与胡某明实际在居间活动中的付出相符,较好地平衡了双方当事人之间的利益。再如在“高某彬与江苏中联风能机械股份有限公司委托合同纠纷案”[④]中,法院认为基于双方之间订立的代理协议,约定服务费比例为合同总价 5% 的事实,依据中联公司的请求,从衡平当事人利益,权利、义务大体对等和一致出发,酌情确定居间报酬的合理比例为 3% 左右。[⑤]

3. 法院可以行使自由裁量权调整居间费率

在实践中,居间费率高是常见现象,其原因复杂。是否调整居间合同的报酬,属法院自由裁量权的范畴。但是,在行使调整居间报酬的自由裁量权时,应当遵循如下原则。

(1)应最大限度地满足当事人的意思自治。法院对案件事实进行审查后,如不存在当事人双方地位悬殊、信息严重不对称等显失公平的情形,法院应尊重当事人的意思自治肯定居间合同的报酬。(2)居间人的实际支出和付出。居间人有两个义务:居间人向委托人报告订立合同的机会或者提供订立合同的媒介服务。在建设工程领域,应充分考虑居间人在建设工程合同订立乃至于履行中的特殊性,根据相关证据判断居间报酬是否公平合理。(3)利益是否失衡。法院判决居间费率降低,依据平衡双方利益的原则。近年来我国建设工程施工行业属于微利行业,双方当事人在居间合同中对居间报酬的过高约定,存在利益失衡的可能。避免利益失衡才是居间合同订立和履行中考量的重点。利益失衡包括两种,第一种是委托人与居间人的利益失衡;第二种是居间人的获利与付出的失衡。此处的失衡可能是其中一种,也可能是两种都存在。

---

① 参见最高人民法院民事裁定书,(2017)最高法民申 4041 号。

② 参见山东省高级人民法院民事判决书,(2013)鲁民提字第 31 号。

③ 参见最高人民法院民事判决书,(2014)民提字第 74 号。

④ 参见江苏省高级人民法院民事判决书,(2016)苏民申 1139 号。

⑤ 狄行思:《招投标中居间合同的效力及相关问题研究》,载《成都理工大学学报(社会科学版)》2019 年第 2 期。

(五)投标居间合同的有效性审查

目前,我国法律、行政法规并未明确禁止建设工程招投标领域的居间行为。评判此类合同的效力问题,不仅需要考虑《民法典》中关于居间合同的规定及合同无效情形的一般性规定,还需结合《招标投标法》《招标投标法实施条例》《建筑法》等的相关规定,通过形式审查和实质性审查,以确定此类合同的效力。

1. 投标居间合同不存在违反法律行政法规的禁止性规定

《民法典》第144条规定,无民事行为能力人实施的民事法律行为无效。第146条规定,行为人与相对人以虚假的意思表示实施的民事法律行为无效。以虚假的意思表示隐藏的民事法律行为的效力,依照有关法律规定处理。第153条规定,违反法律、行政法规的强制性规定的民事法律行为无效。但是,该强制性规定不导致该民事法律行为无效的除外。违背公序良俗的民事法律行为无效。第154条规定,行为人与相对人恶意串通,损害他人合法权益的民事法律行为无效。《招标投标法》第5条规定,招标投标活动应当遵循公开、公平、公正和诚实信用的原则。第38条第2款规定,任何单位和个人不得非法干预、影响评标的过程和结果。《招投标法实施条例》第41条规定,禁止招标人与投标人串通投标。如果投标居间合同存在《民法典》《招标投标法》《招标投标法实施条例》《建筑法》等法律法规中导致合同无效的情形,将导致投标居间合同无效。

2. 投标居间的内容不得违反法律规定

居间合同内容不得违反公开、公平、公正和诚实信用原则,不得违反《招标投标法》中关于保密的法律规定,亦不得损害其他参与招投标活动当事人的合法权益。在不违反招投标"三公"原则的基础上,建设工程招投标中仅可存在以下有限的居间行为,司法实践中应当从严审慎认定。(1)为潜在投标人报告招标信息。由于招标人发布招标信息可能受发布媒体、发布区域的限制,可以由居间人向不知晓招标信息的潜在投标人报告招标信息,由潜在的投标人自行决定是否参加投标。(2)代表投标人与招标人进行沟通。例如就招标文件中的有关内容与招标人进行沟通,招标人进行释疑或组织现场查勘等。(3)代理投标人投标。受投标人书面委托代为编制投标文件、代为提交投标文件、代为参加投标活动等。

如果居间人提供的服务仅限于向委托人报告招标信息、撮合招投标双方相关负责人认识,不存在其他有违《招标投标法》以及其他相关法律法规的规定,应当认定合同有效。反之,如果居间人直接或间接地帮助委托人有下列行为之一:(1)合同约定以"保证中标""保证签订施工合同"为条件收取费用;(2)帮助委托人获取拟招标项目的概算资料、标底、其他投标人的报价、专家评审人员名单等信息以及向投标人泄露招投标过程中涉及的其他保密性信息;(3)撮合投标人与招标人在投标前对投标报价及方案进行磋商,协助投标人串标、弄虚作假等行为,根据《民法典》《招标投标法》《招标投标法实施条例》的相关规定,应当认定居间合同无效,构成犯罪的还应承担刑事责任。

四、《招标投标法》与《政府采购法》

《招标投标法》与《政府采购法》分别于2000年1月1日和2003年1月1日起生效施行,这两部法律的贯彻执行对于促进招标投标和政府采购活动的规范、健康发展,建立和完善公开、公平、公正的市场竞争机制,维护国家和社会公众利益,推动廉政建设和政府职能转变都具有十分重要的现实和历史意义。《招标投标法》是对招投标活动的一般性、普遍性规定。《政府采购法》

是对政府采购活动的一般性、普遍性规定。从效力层级来说,两者均为全国人民代表大会制定颁布的法律,是并列并行的。两法在立法宗旨、适用范围、程序要求、法律责任等方面各有侧重;在具体适用时,既有相对清晰的界限,又有千丝万缕的关联。仅就工程建设项目这一领域,两法的适用就错综复杂。

(一)《招标投标法》与《政府采购法》的区别

1. 规范的主体不同

《政府采购法》规范的主体主要是政府机关,如果事业单位和团体组织使用财政性资金则也应受该法规范。《招标投标法》规范的主体则无限制,在我国境内的任何主体,包括私人企业以及其他非法人组织,在进行货物、工程、服务采购时都可以采用招标投标的方式。根据《招标投标法》的规定,招标人是依照本法规定提出招标项目、进行招标的法人或者其他组织。《招标投标法》不但规范招标主体,也规范投标主体,这与《政府采购法》规范的主体有很大不同。实践中,《招标投标法》的许多条文是针对强制招标(工程建设项目及相关的货物、服务)而言,不适合当事人自愿招标的情况。

2. 规范的行为不同

(1)规范的行为性质不同。政府采购,是指各级国家机关、事业单位和团体组织,使用财政性资金采购依法制定的集中采购目录以内的或者采购限额标准以上的货物、工程和服务的行为。《政府采购法》规范的是政府采购行为,这种行为不仅包括招标采购,还包括询价采购、竞争性谈判采购、单一来源采购行为。学术界将政府采购行为视为一种行政行为,认为政府可以利用采购政策干预采购市场。[①] 招标投标是招标人发出招标公告或者投标邀请书,投标人提交投标文件响应招标,参加投标竞争,招标人对中标人发出中标通知书,并据此订立合同的过程。《招标投标法》规范的是招标投标行为,是指招标人以招标公告或投标邀请书的方式,公开选择卖方的一种交易方式,是一种民事行为。

(2)行为的范围不同。《政府采购法》只规范国家机关、事业单位和团体组织使用财政性资金的采购行为;而《招标投标法》规范所有的招标投标行为,包括政府的招标采购行为,也包括投标的销售行为。《政府采购法》规范的采购行为,也包括采取其他的采购方式,如询价采购、竞争性谈判采购、单一来源采购等。公开招标和邀请招标属于政府采购采用方式中的两种,公开招标应作为政府采购的主要采购方式。

(3)行为的运行过程不同。从行为的过程看,政府采购行为要比招标投标行为来得长且复杂。招标行为的起点是发出招标公告(或者投标邀请书),通过投标、评标和中标,授予合同标志着中标过程的结束。《政府采购法》对政府采购的采购行为进行了全面规范,政府采购行为从管理采购计划开始,通过规范采购计划的审批,合同条件的审查,采购方式的确定和采购程序的操作,签署合同,履行合同,最终到采购结果的审查。

3. 强调的法律责任不同

虽然《政府采购法》与《招标投标法》都涉及民事责任、行政责任和刑事责任的规定,但两者

---

① 对政府采购合同法律性质的认识有三种观点:民事合同论、行政合同论、混合合同论(何红锋:《政府采购合同法律性质再探析》,载《中国政府采购报》2017 年第 2 期)。我国《政府采购法》第 43 条规定,政府采购合同适用合同法。采购人和供应商之间的权利和义务,应当按照平等、自愿的原则以合同方式约定。采购人可以委托采购代理机构代表其与供应商签订政府采购合同。由采购代理机构以采购人名义签订合同的,应当提交采购人的授权委托书,作为合同附件。上述规定仅仅规定了政府采购合同适用合同法,并没有明确说政府采购合同就是民事合同。

的侧重点是不同的。由于《政府采购法》属于行政法的范畴,规范的是政府机关单位如何管理规范政府采购行为,强调的是行政责任。《招标投标法》属于民法、经济法的范畴,招标投标行为是一种民事行为,因而强调的是民事责任。

4. 管理体制与操作模式的不同

(1)管理体制不同。政府采购实行财政统一管理,监察、审计和行政主管部门分工监督的体制,最高领导机关是财政部。招标投标实行发展和改革委员会协调指导,各行业(行政)主管部门归口监督的体制,最高领导机关是国家发展和改革委员会。

(2)执行模式不同。政府采购实行集中采购和分散采购相结合的模式,采取强制委托和自愿委托的形式。招标投标实行分散采购(包括分散委托和自行组织)的模式,由招标人自愿委托。

(3)采购目录和限额标准(招标范围和规模标准)不同。政府采购按预算隶属关系由国务院和省级政府或授权部门制定并颁布。招标投标由国家发展和改革委员会会同有关部门制定,报国务院批准后公布。

(4)采购方式审批不同。非公开招标的政府采购方式由市级以上财政部门审批。邀请招标方式由国家发展和改革委员会或省政府批准。

(5)供应商(投标人)资格要求不同。政府采购对供应商资格除了技术要求和能力要求外,还有政策性要求,如纳税、环保、社保、就业等要求。政府采购除了邀请招标方式允许对供应商进行资格预审,公开招标不可以对投标人进行资格预审;而招标投标中却均允许对投标人进行资格预审,而且比较普遍。以联合体形式参加的,政府采购对一般供应商的资格条件要求,联合体各方均应具备,特定资格条件只需其中一方具备;招标投标要求联合体各方均应具备资格条件,并按资质最低的一方确定资质等级。

(6)救济程序(质疑、投诉)不同。政府采购中供应商质疑、投诉特指供应商认为采购文件、采购过程及采购结果使自己权益受到损害的,可以向采购组织单位和财政部门进行申诉和监督的行为。对政府采购供应商质疑、投诉按规定进行受理、答复是采购组织单位和财政部门的应尽职责和法定义务,否则供应商可以申请行政复议或行政诉讼。《招标投标法》规定的异议、投诉,是指投标人和其他利害关系人只要认为招投标活动不符合本法规定的,均有权向招标人提出异议或向有关行政监管部门投诉。投诉人和投诉事项宽泛,不必提供确切证据,不会引起诉讼风险。

(二)《招标投标法》和《政府采购法》在工程建设项目上存在关联性

1.《招标投标法》和《政府采购法》对工程建设项目的相关规定

《招标投标法》第3条规定,在中国境内进行下列工程建设项目包括项目的勘察、设计、施工、监理以及与工程建设有关的重要设备、材料等的采购,必须进行招标:(1)大型基础设施、公用事业等关系社会公共利益、公众安全的项目;(2)全部或者部分使用国有资金投资或者国家融资的项目;(3)使用国际组织或者外国政府贷款、援助资金的项目。前款所列项目的具体范围和规模标准,由国务院发展计划部门会同国务院有关部门制定,报国务院批准。法律或者国务院对必须进行招标的其他项目的范围有规定的,依照其规定。《招标投标法实施条例》第2条规定,《招标投标法》第3条所称工程建设项目,是指工程以及与工程建设有关的货物、服务。上述所称工程,是指建设工程,包括建筑物和构筑物的新建、改建、扩建及其相关的装修、拆除、修缮等;所称与工程建设有关的货物,是指构成工程不可分割的组成部分,且为实现工程基本功能所必需的设备、材料等;所称与工程建设有关的服务,是指为完成工程所需的勘察、设计、监理等服务。

《政府采购法》规定,在中国境内进行的政府采购适用本法。本法所称政府采购,是指各级国家机关、事业单位和团体组织,使用财政性资金采购依法制定的集中采购目录以内的或者采购限额标准以上的货物、工程和服务的行为。政府集中采购目录和采购限额标准依照本法规定的权限制定。政府采购工程进行招标投标的,适用《招标投标法》。《政府采购法实施条例》进一步明确规定,政府采购工程以及与工程建设有关的货物、服务,采用招标方式采购的,适用《招标投标法》及其实施条例;采用其他方式采购的,适用《政府采购法》及本条例。前款所称工程,是指建设工程,包括建筑物和构筑物的新建、改建、扩建及其相关的装修、拆除、修缮等;上述所称与工程建设有关的货物,是指构成工程不可分割的组成部分,且为实现工程基本功能所必需的设备、材料等;所称与工程建设有关的服务,是指为完成工程所需的勘察、设计、监理等服务。政府采购工程以及与工程建设有关的货物、服务,应当执行政府采购政策。

《政府采购法》所约束的行为主体仅是指各级国家机关、事业单位及社会团体组织,资金性质是财政资金,约束对象的范畴是集中采购目录以内及限额标准以上的,约束对象为工程、货物或服务。而且行为主体、资金性质及范畴、对象四要素必须同时具备才是政府采购行为,才适用《政府采购法》及其实施条例。而《招标投标法》所约束的对象仅从项目资金性质和项目性质来判断。这意味着采用非招投标方式的工程建设项目中,对于项目建设单位非国家机关、事业单位及团体组织,或非使用财政资金,或在集中采购目录以外且限额标准以下的,不适用《政府采购法》及其实施条例。

2. 政府采购工程以及与工程建设有关的货物、服务的法律适用问题

《政府采购法》和《招标投标法》在工程建设项目适用上存在关联性,究其原因是《政府采购法》第 4 条规定,政府采购工程进行招标投标的,适用《招标投标法》。《政府采购法实施条例》第 7 条对此条款进行了进一步的明确,政府采购工程以及工程建设有关的货物、服务,采用招标方式采购的,适用《招标投标法》及其实施条例;采用其他方式采购的,适用《政府采购法》及本条例。

从两法适用范围,《政府采购法》及《政府采购法实施条例》规定,政府采购工程以及与工程建设有关的货物、服务,可以采用公开招标、邀请招标,也可以采用竞争性谈判、单一来源采购、竞争性磋商方式。政府采购工程采用招标方式的,即采用公开招标和邀请招标方式的,适用《招标投标法》及其实施条例;政府采购工程及工程建设有关的货物或服务,采用非招标方式的,即采用竞争性谈判、单一来源采购、竞争性磋商的,适用《政府采购法》及其实施条例。但工程采用非招标方式适用《政府采购法》不能一概而论。使用财政性资金采购依法制定的集中采购目录以内的或者采购限额标准以上的货物、服务即使采用招投标方式采购,仍然优先适用《政府采购法》。

《招标投标法》与《政府采购法》的根本目的在于维护招投标市场秩序,规范当事人采购活动行为及公共利益,保障采购人合法权益。在实际操作过程中,有时会遇到两法适用冲突问题,比如招标公告发布媒体的确定、自然人供应商(投标人)资格的确定、监督机关的确定以及自主委托代理机构的确定等问题。我国目前《政府采购法》《招标投标法》两套法律体系的存在,造成不同体系下对采购方式、采购程序、评审专家和代理机构的管理、质疑投诉、法律责任等方面的规定存在诸多差异。[①] 从理论及立法演进史、我国加入 WTO《政府采购协定》(GPA)的要求、公共市

① 毛林繁:《谈〈招标投标法〉与〈政府采购法〉两法合一》,载《招标与投标》2018 年第 8 期。

场营商环境的改善以及业内期盼等多个角度看，按照国际政府采购惯例，与 WTO《政府采购协议》和联合国《工程、货物和服务采购示范法》等国际规则接轨，可以将我国现行的《招标投标法》和《政府采购法》合二为一，将招投标的内容统一纳入修改后的《政府采购法》中。

第二章 建设工程施工合同审查法律实务

中标人收到中标通知书后，即进入合同签订阶段。《建筑法》及《民法典》均明确规定，建设工程合同应当签订书面合同。书面的建设工程合同能证明双方的合同有效成立，具体约定双方权利义务，约束双方在建设工程中的行为，明确各方的法律责任，为在履约过程中发生的争议和纠纷提供解决依据。所以签订书面建设工程合同对于建设工程各方均具有重要法律意义。由于建设工程施工合同相对于勘察设计、监理等合同而言，重要性和复杂性更高，故本章在阐述建设工程合同审查的一般原则的基础上，重点阐述施工合同的审查要点及相关问题。

"合同审查"不是指狭义的对已有合同文本的审查，而是包含了合同文本的起草、审查、修改、签订；合同审查既包括对法律专业人员（如企业内部法务人员、外聘律师）进行法律审查，也包括非法律专业人员对合同文本进行审查（如工程、造价、财务等专业人员审查、领导审查等，但审查的侧重点可能不同）。因此，广义的合同审查是综合性审查，不仅是法律审查；只重视合同的法律审查是不够的，合同相关业务的专门审查也很重要，如工程设计合同中约定的设计深度要求、标准的审查等。

一、建设工程合同法律审查的原则

根据《民法典》的规定，合同当事人的法律地位平等，一方不得将自己的意志强加给另一方。当事人依法享有自愿订立合同的权利，任何单位和个人不得非法干预。当事人应当遵循公平原则确定各方的权利和义务。当事人行使权利、履行义务应当遵循诚实信用原则。当事人订立、履行合同，应当遵守法律、行政法规，尊重社会公德，不得扰乱社会经济秩序，损害社会公共利益。上述原则是民事主体从事民事活动、订立合同的基本原则。建筑施工合同作为民事合同的一种，亦应遵循以上基本原则。笔者认为，对建设工程合同的法律审查一般应遵循如下原则。

（一）以合法有效为原则，注意合同的有效性

保证合同的有效性，是合同审查的根本责任。要特别注意我国《民法典》第 144 条、第 146 条、第 153 条、第 154 条，以及最高人民法院《施工合同司法解释（一）》的相关规定。判断合同有效还是无效，除了上述

规定外，还要注意一些特别法的相应规定。关于合同有效性问题，包括四个方面的问题，一是合同主体是否适格，二是合同目的是否正当，三是合同内容是否合法，四是合同形式及程序是否合法。合同个别条款无效并不导致整个合同无效，整个合同无效并不导致合同约定的诉讼或仲裁条款无效。当合同个别条款无效时，只需修改该个别条款；当整个合同无效时，就要放弃原合同草稿，重新起草一份新的合同。

（二）以需求导向为原则，注意合同的目的性

在着手起草或审查合同之前，应通过电话、电子邮件、面谈等形式或直接参与谈判，摸清当事人拟签合同的真正目的，包括动机。只有明确合同的目的，法律专业人员才能搞清合同各方的真实意思；只有明确合同的目的，才能确定合同的性质及合同的准确名称；只有明确合同的目的，才能“规划”合同双方的权利和义务及违约责任；只有明确合同的目的，才能确保合同的有效性。例如，某开发公司曾向笔者提供其项目的一份施工图审查合同，要求笔者进行法律审查，笔者发现这份“施工图”审查合同中虽名为“施工图审查合同”，但其中的许多条款均约定为“勘查文件”审查，为此，笔者专门征询该公司的合同承办人员，经落实该合同确为“施工图”审查合同，但是由于合同对方误套用了“勘查文件”审查合同文本，导致出现偏差。之后经过笔者的审查修改，防止了该合同目的性错误。

（三）以利益平衡、坚持原则和灵活处理相结合为原则

所谓合同的平衡性，是指合同一方权利与义务要相对平衡，合同双方权利与义务要相对平衡。由于我国建设工程领域长期以来是“买方市场”，建设单位往往占有市场的优势地位，勘察人、设计人、承包人往往难以取得与建设单位完全平等的地位，造成建设工程合同中的利益平衡也十分困难。这就要求在建设工程合同审查中，要坚持原则和灵活处理相结合，在坚持原则的同时，应当兼顾交易的整体性，即在必要时要考虑在不违背实现交易大原则的情况下，对某些特殊条款或合同灵活处理。

（四）以可操作性为原则，注意合同的严谨、可操作性

实践中，许多合同缺乏可操作性，具体表现在：对合同各方权利的规定过于抽象，对合同各方的义务规定不明确不具体，或虽对各方的义务作了详细规定但没有违约责任条款或对此规定不清，合同虽规定了损失赔偿但没有计算依据，整个交易程序不清晰，合同用语不确切等。实现合同可操作性是合同得以有效利用、完成交易和实现利益均衡的具体保证。尤其是建设工程合同实务操作性非常强，涉及的细节问题繁多，合同要对双方作出详细的、有操作性的约定。从某种意义上讲，合同就是立约方对合同所涉事项的事先“规划”和“设计”，既包括对立约各方“角色”的规划和设计，也包括对交易程序的“规划”和“设计”，还包括立约各方如果在履行过程中产生争议不能达成共识一旦“诉诸法律”的“规划”和“设计”。

合同用语是大量法律语言的组合，法律语言有着独特的要求，严谨规范的法律语言具有独特的美感。合同用语不能使用如“巨大的”“重要的”“优良的”“好的”“大的”“合理的”等不确定性的形容词，尽量避免使用模棱两可的词语如“大约”“相当”，亦不要在不掌握全面情况下泛指如“一切”“全部”，简称必须有解释，容易产生误解和歧义的词语要定义，标点符号亦不可轻视。特别是建设工程合同，往往涉及大量专业术语，必须使用准确的专业术语，否则“一字之差，谬以千里”。合同用语不确切，不但使合同缺乏操作性，而且还会导致纠纷的产生，这方面案例可以说举不胜举。

（五）以合理设计合同结构为原则，注意合同结构的合理性

合同结构，是指合同各个组成部分的排列、组合和搭配形式。建设工程施工合同一般由协议

书、通用条款、专用条款、附件等组成。应充分注意合同各组成部分的条理性、一致性。追求合同结构合理性就是要让合同整体框架协调、各条款功能互补,从而避免和减少合同条款之间的矛盾和歧义。

(六)以采用适当的合同体例为原则,注意合同体例的适用性

合同体例通常是指合同简繁及合同各条内容排列形式。有的合同方方面面的内容都要涉及,有的合同力求简要;有的合同采取先有“章”,后有“条”,“条”下面是“款”,“款”下面是“项”,有的合同只有“条”“款”“项”,有的合同干脆就按“一、二、三”等顺序排列。合同体例既要视委托人要求和委托人情况而定,又要与合同所涉事项、金额、履行方式、有效期、操作难易程度等因素相一致,即因人而异、因事而异,不能千篇一律。

注意正确使用国家和地方颁布的建设工程的各种示范文本。示范文本一般可以作为起草相关合同的蓝本,其基本体例大致可以适用,但不可照搬照抄,机械套用,特别是有的范文文本颁布时间较长,可能已不适合目前使用,应当注意。

(七)注意涉外建设工程合同特殊性原则,谨慎处理涉外合同的特殊问题

由于不同的语言在运用习惯与概念的理解等方面存在差异,特别是大陆法系与英美法系在诸多法律概念上存在差异(突显定义的重要性),这就要求在合同中对不同语言文本的效力问题进行约定。

二、建设工程施工合同主体审查

(一)发包人的资格审查

施工单位作为承包人,在订立《建设工程施工合同》时对发包人主体资格的审查,是签约的一项重要的准备工作。在建设工程实务中,特别是房地产开发中,存在大量的委托开发、合作开发等情况,更有甚者,有的发包人为逃避法律责任,利用其他单位名义与施工承包人签订施工合同。施工承包人不能仅凭实际签约方来判定工程的发包人,应当认真调查有关情况,依法判断自己所施工工程的合法发包人,明确自己主张权利的合法对象,这对于承包人而言意义重大。根据我国法律规定,从事房地产开发的企业必须取得相应的资质等级,承包人承包的项目应当是经依法批准的合法项目。违反这些规定,将因项目不合法而导致所签订的建设工程施工合同无效。因此,在订立合同时,首先审查建设单位是否依法领取企业法人营业执照,是否取得相应的经营资格和等级证书,审查建设单位签约代表人的资格,审查工程项目的合法性;其次还应对发包方的履约信用进行审查。

1. 房地产开发企业的资质要求

应当注意的是,法律对房地产开发项目的发包人也有资质要求。《城市房地产管理法》规定,房地产开发企业是以营利为目的,从事房地产开发和经营的企业。设立房地产开发企业,应当具备下列条件:(1)有自己的名称和组织机构;(2)有固定的经营场所;(3)有符合国务院规定的注册资本;(4)有足够的专业技术人员;(5)法律、行政法规规定的其他条件。设立房地产开发企业,应当向工商行政管理部门申请设立登记。工商行政管理部门对符合本法规定条件的,应当予以登记,发给营业执照;对不符合《城市房地产管理法》规定条件的,不予登记。设立有限责任公司、股份有限公司,从事房地产开发经营的,还应当执行《公司法》的有关规定。房地产开发企业在领取营业执照后的一个月内,应当到登记机关所在地的县级以上地方人民政府规定的部门备案。房地产开发企业的注册资本与投资总额的比例应当符合国家有关规定。房地产开发企业

分期开发房地产的,分期投资额应当与项目规模相适应,并按照土地使用权出让合同的约定,按期投入资金,用于项目建设。根据《城市房地产开发经营管理条例》第9条的规定,房地产开发主管部门应当根据房地产开发企业的资产、专业技术人员和开发经营业绩等,对备案的房地产开发企业核定资质等级。房地产开发企业应当按照核定的资质等级,承担相应的房地产开发项目。

根据《房地产开发企业资质管理规定》(住房和城乡建设部令第45号)的规定,房地产开发企业应当按照本规定申请核定企业资质等级。未取得房地产开发资质等级证书(以下简称资质证书)的企业,不得从事房地产开发经营业务。房地产开发企业按照企业条件分为一、二、三、四,共四个资质等级。新设立的房地产开发企业应当自领取营业执照之日起30日内,在资质审批部门的网站或平台提出申请备案事项,提交营业执照、企业章程、专业技术人员资格证书和劳动合同的电子材料,房地产开发主管部门应当在收到备案申请后30日内向符合条件的企业核发《暂定资质证书》。《暂定资质证书》有效期1年。房地产开发企业应当在《暂定资质证书》有效期满前1个月内向房地产开发主管部门申请核定资质等级。房地产开发主管部门应当根据其开发经营业绩核定相应的资质等级。

申请核定资质等级的房地产开发企业,应当提交下列证明文件:(1)企业资质等级申报表;(2)房地产开发企业资质证书(正、副本);(3)企业资产负债表;(4)企业法定代表人和经济、技术、财务负责人的职称证件;(5)已开发经营项目的有关证明材料;(6)房地产开发项目手册及《住宅质量保证书》《住宅使用说明书》执行情况报告;(7)其他有关文件、证明。房地产开发企业资质等级实行分级审批。一级资质由省、自治区、直辖市人民政府建设行政主管部门初审,报国务院建设行政主管部门审批。二级资质及二级资质以下企业的审批办法由省、自治区、直辖市人民政府建设行政主管部门制定。任何单位和个人不得涂改、出租、出借、转让、出卖资质证书。企业遗失资质证书,必须在新闻媒体上声明作废后,方可补领。

房地产开发企业的资质实行年检制度。对于不符合原定资质条件或者有不良经营行为的企业,由原资质审批部门予以降级或者注销资质证书。一级资质房地产开发企业的资质年检由国务院建设行政主管部门或者其委托的机构负责。二级资质及二级资质以下房地产开发企业的资质年检由省、自治区、直辖市人民政府建设行政主管部门制定办法。房地产开发企业无正当理由不参加资质年检的,视为年检不合格,由原资质审批部门注销资质证书。房地产开发主管部门应当将房地产开发企业资质年检结果向社会公布。

一级资质的房地产开发企业承担房地产项目的建设规模不受限制,可以在全国范围内承揽房地产开发项目。二级资质及二级资质以下的房地产开发企业可以承担建筑面积25万平方米以下的开发建设项目,承担业务的具体范围由省、自治区、直辖市人民政府建设行政主管部门确定。各资质等级企业应当在规定的业务范围内从事房地产开发经营业务,不得越级承担任务。

关于《城市房地产管理法》实施前的房地产开发项目的发包人资格问题,最高人民法院1995年12月发布的《关于审理房地产管理法施行前房地产开发经营案件若干问题的解答》(已失效)第2条规定:"不具备房地产开发经营资格的企业与他人签订的以房地产开发经营为内容的合同,一般应当认定无效,但在一审诉讼期间依法取得房地产开发经营资格的,可以认定合同有效"。而在《房地产管理法》实施后,应当严格按照《房地产管理法》的规定处理。《民法典》第502条规定:"依法成立的合同,自成立时生效,但是法律另有规定或者当事人另有约定的除外。依照法律、行政法规的规定,合同应当办理批准等手续的,依照其规定。未办理批准等手续影响合同生效的,不影响合同中履行报批等义务条款以及相关条款的效力。应当办理申请批准等手续的当事人未履行义务的，对方可以请求其承担违反该义务的责任。依照法律、行政法规的规定，合同的变更、转让、解除等情形应当办理批准等手续的，适用前款规定。”但《民法典》此规定是指合同本身的批准登记手续，例如，国有土地使用权抵押合同的批准登记是其生效的要件，而房地产开发项目的施工合同本身无须批准登记（除非另有约定），因此，笔者认为，如果房地产开发项目施工合同的发包人不具备法定的资质条件，可以适用《民法典》第505条的规定，当事人超越经营范围订立的合同的效力，应当依照《民法典》第一编第六章第三节和本编的有关规定确定，不得仅以超越经营范围确认合同无效。

在房地产项目施工合同纠纷中，若发包人的房地产开发规模超越了其资质等级的要求，超越了其经营范围，但按照《城市房地产管理法》等法律规定，房地产开发的审批管理属于行政权管辖范围，只要该房地产开发企业取得了其房地产开发项目的立项、规划等相关行政许可，即视为该项目已经获得行政批准，法院一般不在施工合同民事纠纷中对该房地产项目的行政许可合法性进行审查，因此，即使发包人在资质上存在一定欠缺，法院一般不因此认定施工合同无效。同时如果在房地产开发项目实施过程中，房地产开发企业依法取得了与该房地产开发项目规模相符的资质等级，法院一般也不会认定施工合同无效。若认为该房地产企业超越其资质等级的要求，开发超规模的房地产项目所取得的行政许可违反法律规定，有关当事人可以提起行政诉讼，要求撤销相应的房地产开发行政许可。若通过行政诉讼撤销了相关房地产开发行政许可，在房地产施工合同民事纠纷中法院应当认定施工合同无效。

目前，我国法律对于房地产开发企业作为发包人必须具备相应的资质并无效力性强制规范，《施工合同司法解释（一）》中也未对发包人无资质或超越资质等级发包工程的合同效力进行规定，仅有作为行政法规的《城市房地产开发经营管理条例》规定了对未取得资质等级证书或超越资质等级从事房地产开发经营的企业的处罚措施，而学理上一般认为该规定属于管理性强制规范，不具有效力性，因此不应影响建设工程合同的效力。

2. 实践中建设工程发包人的确定

建设工程的发包人，是指具有工程发包主体资格和支付工程价款能力的当事人及继承人。依法取得建设工程“两证”，即建设工程土地使用权证和工程规划许可证，是具备发包人资格的主要实质要件。工程继承人，是指工程项目的受让方、发包人权利义务的承继人。

一般情况下，与施工承包人签订施工合同的合同甲方即发包人，但在以下情况中，应注意确定工程发包人：（1）合同甲方为法人的非法人分支机构、临时机构如分公司、基建办、工程指挥部等。由于这些机构均不具备独立的民事主体资格，发包人应为设立这些机构的法人单位。（2）在委托开发工程项目的情况下，若与施工承包人签订合同的甲方是受托方，则需要根据《民法典》关于委托的规定，结合工程实际情况，具体分析确定发包人及其责任。（3）发包人借用其他单位名义签订施工合同的，由于签约方并非工程项目的投资人、立项规划被许可人或工程用地使用权人的，发包人应为工程项目的投资人、立项规划被许可人或工程用地使用权人，但出借方也应承担相应法律责任。（4）在合作开发工程的情况下，确定发包人较为复杂。合作开发的形式主要有合伙方式、组建项目公司及多种形式的参建等。签约方往往只是工程项目合作人之一。需要区分不同情况，调查清楚合作各方的合作关系，发包人应为合伙合作的各方当事人、具备法定资格的项目公司等。（5）工程项目合法转让、发包人合并分立、改制等情况下，由于工程项目的受让人是该工程的承继人，出让人及受让人一般应是发包人，但当事人另有约定的除外；发包人若发生吸收合并，则合并后的法人公司为发包人，若新设合并，则合并后成立的新法人公司为发包人；发包人改制的,原公司注销的,改制后成立的新公司为发包人,若改制后原公司仍存在,发包人是原公司,但新成立公司应按承接财产的比例承担相应法律责任。

由于施工承包人往往不能准确掌握发包人的相关真实情况,施工承包人为了保险起见,确保自身权益不落空,在发生争议时,应查明工程各项手续,准确确定发包人,同时应按照最高人民法院《关于适用〈中华人民共和国民事诉讼法〉的解释》的规定,根据具体情况,将有关各方当事人均列为共同被告。

(二)承包人的资格审查

施工承包人应当具备法定资格,承包人具备相应施工资质是其具有合法资格的实质要求。《建筑法》《建设工程质量管理条例》等法律法规对建筑施工企业的资质取得、承揽范围等作了明确规定。同时,由于建设工程除房屋建筑外,还有市政、水利、电力、路桥等其他专业建设工程,具备相应专业建筑资质的施工企业才能承揽相应专业的建设工程。

山东省高级人民法院1998年10月发布的《关于审理建筑工程承包合同纠纷案件若干问题的意见》第21条规定:"建筑施工企业超越经营范围和资质等级所签订的建筑工程承包合同,应认定无效。但在合同履行期间如该建筑施工企业取得与所承包的工程相应的资质等级,可认定合同有效"。这说明,若只具有房屋建筑施工资质的建筑企业而承揽非房屋建筑的工程签订的施工合同,除非在施工中已取得相应资质许可,否则合同应归于无效;在房屋建筑工程实务中,施工企业超越本企业资质等级许可的业务范围承揽工程而签订的施工合同,除非在施工中已经取得相应资质许可,否则会因违反法律的强制性规定而归于无效。《施工合同司法解释(一)》第1条第1款规定:"建设工程施工合同具有下列情形之一的,应当根据民法典第一百五十三条第一款的规定,认定无效:(一)承包人未取得建筑施工企业资质或者超越资质等级的;(二)没有资质的实际施工人借用有资质的建筑施工企业名义的;(三)建设工程必须进行招标而未招标或者中标无效的。"这一司法解释明确了从严掌握施工资质与合同效力的认定。

三、建设工程施工合同内容审查

合同内容的法律审查往往是建设工程施工合同签字盖章前的最后把关。如果在此之前的招投标、承发包人资格审查、合同谈判、文本草拟过程中认真做好合法有效性考察,那么从某种意义上说,在正式签约前的合同内容审查,只是一个查漏补缺的过程。但不要因此而忽视合同最终文本内容的法律审查,特别是在目前施工企业对招标投标等过程中的法律把关做得还很不够的情况下,重视正式签约前的合同最终文本内容的法律审查十分必要。《民法典》规定,施工合同的内容包括工程范围、建设工期、中间交工工程的开工和竣工时间、工程质量、工程造价、技术资料交付时间、材料和设备供应责任、拨款和结算、竣工验收、质量保修范围和质量保证期、双方相互协作等条款。为了指导建设工程施工合同当事人的签约行为,维护合同当事人的合法权益,依据《合同法》(已失效)《建筑法》《招标投标法》以及相关法律法规,住房和城乡建设部、原国家工商行政管理总局制定了《建设工程施工合同(示范文本)》(GF—2017—0201),是目前我国建设工程施工领域使用较多的文本。根据施工合同审查工作的经验,以《建设工程施工合同(示范文本)》(GF—2017—0201)范本为基础,笔者认为以下问题应当重点审查。

(一)价格、付款及结算条款

建设工程施工合同最常见的纠纷是对工程造价的争议。《建设工程施工合同(示范文本)》(GF—2017—0201)规定,合同价格,是指发包人用于支付承包人按照合同约定完成承包范围内全部工作的金额,包括合同履行过程中按合同约定发生的价格变化。价格、付款及结算条款是施工合同的实质性条款之一,是投标文件的主要内容,也是涉及承包人利益的主要条款。一般情况下,工程进度款按月付款或按工程进度拨付,但如何申请拨款、需报何种文件、如何审核确认拨款数额以及双方对进度款额认识不一致时如何处理,往往缺少详细的合同规定,因而引起争议,影响工程施工。合同中必须对价款调整的范围、程序、计算依据和设计变更、现场身份证、材料价格的签发、确认作出明确规定。承包人应当注意招标投标文件要求采用何种合同价格形式,特别是采用固定价方式的,由于固定价包含风险费用,应特别注明风险费用的计算方法、风险以外价款调整的方法。施工合同明确约定预付款的支付、预付款的担保,工程进度款支付包括付款周期、进度付款申请单的编制、进度付款申请单的提交、进度款审核和支付、进度付款的修正以及竣工结算申请和竣工结算审核等。

《建筑工程施工发包与承包计价管理办法》规定,全部使用国有资金投资或者以国有资金投资为主的建筑工程,应当采用工程量清单计价;非国有资金投资的建筑工程,鼓励采用工程量清单计价。合同价款的有关事项由发包承包双方约定,一般包括合同价款约定方式,预付工程款、工程进度款、工程竣工价款的支付和结算方式,以及合同价款的调整情形等。发包承包双方在确定合同价款时,应当考虑市场环境和生产要素价格变化对合同价款的影响。实行工程量清单计价的建筑工程,鼓励发包承包双方采用单价方式确定合同价款。建设规模较小、技术难度较低、工期较短的建筑工程,发包承包双方可以采用总价方式确定合同价款。紧急抢险、救灾以及施工技术特别复杂的建筑工程,发包承包双方可以采用成本加酬金方式确定合同价款。发包承包双方应当根据国务院住房城乡建设主管部门和省、自治区、直辖市人民政府住房城乡建设主管部门的规定,结合工程款、建设工期等情况在合同中约定预付工程款的具体事宜。

依据《建筑工程施工发包与承包计价管理办法》的规定,工程完工后,应当按照下列规定进行竣工结算:(1)承包方应当在工程完工后的约定期限内提交竣工结算文件。(2)国有资金投资建筑工程的发包方,应当委托具有相应资质的工程造价咨询企业对竣工结算文件进行审核,并在收到竣工结算文件后的约定期限内向承包方提出由工程造价咨询企业出具的竣工结算文件审核意见;逾期未答复的,按照合同约定处理,合同没有约定的,竣工结算文件视为已被认可。非国有资金投资的建筑工程发包方,应当在收到竣工结算文件后的约定期限内予以答复,逾期未答复的,按照合同约定处理,合同没有约定的,竣工结算文件视为已被认可;发包方对竣工结算文件有异议的,应当在答复期内向承包方提出,并可以在提出异议之日起的约定期限内与承包方协商;发包方在协商期内未与承包方协商或者经协商未能与承包方达成协议的,应当委托工程造价咨询企业进行竣工结算审核,并在协商期满后的约定期限内向承包方提出由工程造价咨询企业出具的竣工结算文件审核意见。(3)承包方对发包方提出的工程造价咨询企业竣工结算审核意见有异议的,在接到该审核意见后 1 个月内,可以向有关工程造价管理机构或者有关行业组织申请调解,调解不成的,可以依法申请仲裁或者向人民法院提起诉讼。发包、承包双方在合同中对上述第(1)项、第(2)项的期限没有明确约定的,应当按照国家有关规定执行;国家没有规定的,可认为其约定期限均为 28 日。工程竣工结算文件经发承包双方签字确认的,应当作为工程决算的依据,未经对方同意,另一方不得就已生效的竣工结算文件委托工程造价咨询企业重复审核。发包方应当按照竣工结算文件及时支付竣工结算款。但是,《建筑工程施工发包与承包计价管理办法》只是部门规章,承包人可以与发包人在合同中约定适用该规定。另外,还要特别审查施工合同中合同总额或工程总价和款项支付条款之间的联系,以及是否有对工程款审计的条款。

（二）工期、质量及竣工验收交付条款

工期、质量和竣工验收交付是发包人最为关注的问题之一，也是承包人履约的重点，同时这些问题又往往是发包人对抗承包人工程款支付的主要理由。《建设工程施工合同（示范文本）》（GF—2017—0201）规定，工期是指在合同协议书约定的承包人完成工程所需的期限，包括按照合同约定所作的期限变更。施工合同应当明确约定实际开工日期的起算，工期延误及工期顺延的条件和方式。实践中关于工期的争议多因开工、竣工日期未明确界定而产生。开工日期有“破土之日”“验线之日”之说：竣工日期有“验收合格之日”“交付使用之日”“申请验收之日”之说。无论采用何种说法，均应在合同中予以明确，并约定开工、竣工应办理哪些手续、签署何种文件。对中间交工的工程也应按上述方法作出约定。

工程质量条款是明确施工人施工要求，确定施工人责任的依据。承包人必须按照工程设计图纸和施工技术标准施工，不得擅自修改工程设计，不得偷工减料。发包人也不得明示或者暗示施工人违反工程建设强制性标准，降低建设工程质量。施工合同中的竣工验收条款一般应当包括验收范围与内容、验收标准与依据、验收人员组成、验收方式和日期等内容。根据《建设工程质量管理条例》的规定，工程质量监督部门不再是工程竣工验收和工程质量评定的主体，竣工验收将由建设单位组织勘察、设计、施工、监理单位进行。因此，合同中应明确约定参加验收的单位、人员，采用的质量标准，验收程序，须签署的文件及产生质量争议的处理办法等。2013 年 11 月 1 日住房和城乡建设部遵循“验评分离、强化验收、完善手段、过程控制”的指导原则，批准发布了《建筑工程施工质量验收统一标准》（GB 50300—2013）。该标准在验收体系及方法上与原标准保持了一致，仅作了局部的修订，比如增加制定专项验收要求的规定，增加检验批最小抽样数量的规定，修改主体结构、建筑装饰装修等分部工程中的分项工程划分，增加工程竣工预验收的规定和实体检验或抽样试验的规定等。注意约定在竣工图等竣工资料移交完毕时发包人予以书面确认，且不得将资料移交设定为支付工程款的条件。竣工验收条款和付款条款是紧密联系的，因此要注意审查竣工验收条款。此外，竣工验收又关系到交付、保修期、建设工程质量保证金等相关问题。

（三）索赔条款

建设工程索赔，通常是指在工程合同履行过程中，合同当事人一方因对方不履行或未能正确履行合同或者由于其他非自身因素而受到经济损失或权利损害，通过合同规定的程序向对方提出经济或时间补偿要求的行为。

《建设工程施工合同（示范文本）》（GF—2017—0201）分别规定了承包人的索赔和发包人的索赔。根据合同约定，承包人认为有权得到追加付款和（或）延长工期的，应按以下程序向发包人提出索赔：（1）承包人应在知道或应当知道索赔事件发生后 28 天内，向监理人递交索赔意向通知书，并说明发生索赔事件的事由；承包人未在前述 28 天内发出索赔意向通知书的，丧失要求追加付款和（或）延长工期的权利。（2）承包人应在发出索赔意向通知书后 28 天内，向监理人正式递交索赔报告；索赔报告应详细说明索赔理由以及要求追加的付款金额和（或）延长的工期，并附必要的记录和证明材料。（3）索赔事件具有持续影响的，承包人应按合理时间间隔继续递交延续索赔通知，说明持续影响的实际情况和记录，列出累计的追加付款金额和（或）工期延长天数。（4）在索赔事件影响结束后 28 天内，承包人应向监理人递交最终索赔报告，说明最终要求索赔的追加付款金额和（或）延长的工期，并附必要的记录和证明材料。

根据合同约定，发包人认为有权得到赔付金额和（或）延长缺陷责任期的，监理人应向承包人发出通知并附有详细的证明。发包人应在知道或应当知道索赔事件发生后 28 天内通过监理人向承包人提出索赔意向通知书，发包人未在前述 28 天内发出索赔意向通知书的，丧失要求赔付金额和（或）延长缺陷责任期的权利。发包人应在发出索赔意向通知书后 28 天内，通过监理人向承包人正式递交索赔报告。

承包人和发包人应当坚持《建设工程施工合同（示范文本）》（GF—2017—0201）通用条款中关于索赔的约定，这一规定便于操作，但要注意索赔时应当留存好所有证据资料原件。

（四）违约责任条款

《建设工程施工合同（示范文本）》（GF—2017—0201）规定了发包人违约的责任和承包人违约的责任。根据《建设工程施工合同（示范文本）》（GF—2017—0201），发包人应承担因其违约给承包人增加的费用和（或）延误的工期，并支付承包人合理的利润。此外，合同当事人可在专用合同条款中另行约定发包人违约责任的承担方式和计算方法。承包人应承担因其违约行为而增加的费用和（或）延误的工期。此外，合同当事人可在专用合同条款中另行约定承包人违约责任的承担方式和计算方法。《建设工程施工合同（示范文本）》（GF—2017—0201）明确了发包人和承包人的违约责任由双方在专用条款中予以具体约定，应确定合理的违约金数额或计算方式。施工合同要特别关注违约责任的约定，尤其要注意因工期延误、因工程质量问题造成无法验收时的违约责任等。

（五）分包条款

《建设工程施工合同（示范文本）》（GF—2017—0201）规定了分包的一般约定，主要是承包人不得将其承包的全部工程转包给第三人，或将其承包的全部工程支解后以分包的名义转包给第三人。承包人不得将工程主体结构、关键性工作及专用合同条款中禁止分包的专业工程分包给第三人，主体结构、关键性工作的范围由合同当事人按照法律规定在专用合同条款中予以明确。承包人不得以劳务分包的名义转包或违法分包工程。很多施工合同发包人明确约定不得分包，但事实上大部分的工程均实施了分包。作为施工总承包人，可以按照《建筑法》等的规定，主张非主体工程可以分包。尽管发包方与总包方、总包方与分包方之间订有总包合同和分包合同，法律对发包方、总包方及分包方各自的责任和相互关系也有原则性规定，但实践中仍常常发生分包方不接受发包方监督和发包方直接向分包方拨款造成总包方难以管理的现象，因此，在总包合同中应当将各方责任和关系具体化，便于操作，避免纠纷。《建筑法》还规定分包未经发包人认可的无效，但对认可的方式没有明确规定，实践中可以有多种认可形式。如果不能与发包人约定可以分包，可以采取变通方法，比如在施工过程中通过与发包人施工协调会议纪要等其他方式，形成发包人已经认可分包的事实。

（六）担保、保险条款

建筑工程施工履约担保和保险越来越引起建筑业的重视，合法的履约担保和保险能促进顺利处理履约过程中的一些纠纷。《建设工程施工合同（示范文本）》（GF—2017—0201）规定了履约担保，发包人需要承包人提供履约担保的，由合同当事人在专用合同条款中约定履约担保的方式、金额及期限等。履约担保可以采用银行保函或担保公司担保等形式，具体由合同当事人在专用合同条款中约定。因承包人原因导致工期延长的，继续提供履约担保所增加的费用由承包人承担；非因承包人原因导致工期延长的，继续提供履约担保所增加的费用由发包人承担。履约担保应注意尽可能争取发包人与承包人均等提供担保，履约担保不仅要约束承包人，更要约束发包人，同时担保的方式应符合《民法典》的规定。例如在签订《建设工程施工合同》时，可以运用双向担保制度，来防范或减少合同条款所带来的风险。如施工企业向业主提供履约担保的同时，业主也应该向施工企业提供工程款支付担保。《建设工程施工合同（示范文本）》（GF—2017—0201）规定了工程保险，除专用合同条款另有约定外，发包人应投保建筑工程一切险或安装工程一切险；发包人委托承包人投保的，因投保产生的保险费和其他相关费用由发包人承担。工程一切险、材料安全保险、施工人员意外伤害保险等，应视情况将各种保险的承办方、保费承担等在合同中予以明确约定。

（七）不可抗力要量化

不可抗力，是指合同当事人在签订合同时不可预见，在合同履行过程中不可避免且不能克服的自然灾害和社会性突发事件，如地震、海啸、瘟疫、骚乱、戒严、暴动、战争和专用合同条款中约定的其他情形。不可抗力发生后，发包人和承包人应收集证明不可抗力发生及不可抗力造成损失的证据，并及时认真统计所造成的损失。

《建设工程施工合同（示范文本）》（GF—2017—0201）通用条款对不可抗力发生后当事人责任、义务、费用等如何划分均作了详细规定。例如规定，因不可抗力导致的费用增加或工期延误后果按照下列原则承担：因不可抗力影响承包人履行合同约定的义务，已经引起或将引起工期延误的，应当顺延工期，由此导致承包人停工的费用损失由发包人和承包人合理分担，停工期间必须支付的工人工资由发包人承担；发包人要求赶工的，由此增加的赶工费用由发包人承担。但在适用不可抗力主张免责或主张分担损失时需要注意，施工方应自行合理安排工期、工人、设备调配，以降低因不可抗力造成的损失。

国内工程在施工周期中发生战争、动乱、空中飞行物体坠落等现象的可能性很少，建设工程施工比较常见的是风，雨、雪、洪、震等自然灾害。但是达到什么程度的自然灾害才能被认定为不可抗力，《建设工程施工合同（示范文本）》（GF—2017—0201）没有明确，实践中双方难以形成共识，因此施工合同双方当事人应在合同中对可能发生的风、雨、雪、洪、震等自然灾害程序予以量化，以免引起不必要的纠纷。

（八）争议条款

《建设工程施工合同（示范文本）》（GF—2017—0201）规定了建设工程争议解决方式包括和解、调解、争议评审、仲裁或诉讼。合同当事人可以就争议自行和解，自行和解达成协议的，经双方签字并盖章后作为合同补充文件，双方均应遵照执行。合同当事人可以就争议请求建设行政主管部门、行业协会或其他第三方进行调解，调解达成协议的，经双方签字并盖章后作为合同补充文件，双方均应遵照执行。合同当事人在专用合同条款中约定采取争议评审方式解决争议以及评审规则，争议评审小组作出的书面决定经合同当事人签字确认后，对双方具有约束力，双方应遵照执行。任何一方当事人不接受争议评审小组决定或不履行争议评审小组决定的，双方可选择采用其他争议解决方式。

因合同及合同有关事项产生的争议，合同当事人可以在专用合同条款中约定以下种方式解决争议：（1）向约定的仲裁委员会申请仲裁；（2）向有管辖权的人民法院起诉。合同有关争议解决的条款独立存在，合同的变更、解除、终止、无效或者被撤销均不影响其效力。施工合同双方可以选择仲裁或诉讼解决争议，但不可同时选择仲裁和诉讼。应本着方便争议处理，减少争议处理成本的原则选择仲裁机构或诉讼法院。选择的仲裁机构应为依法设立的仲裁机构，选择的诉讼法院不得违反《民事诉讼法》的级别管辖规定，也不得同时选择两个或两个以上的法院管辖。

(九)其他条款

建设工程施工合同当事人有时会在合同中作一些特殊约定,如让利、优惠条款等,应注意量力而行,避免不必要的损失。比如有的施工合同中,发包人为规避有关规定,又为了达到要求施工企业垫资的目的,往往采取约定无预付款、施工至基础完成或其他部位完成后再付款等方式,有的以要求施工企业提交履约保证金或质保金等各种目的现款的名义变相垫资。《施工合同司法解释(一)》认为垫资既不同于拆借资金,又不同于一般工程欠款,认可了垫资合同的效力。在垫资合同或者合同中的垫资条款中对垫资本金及利息有明确约定的,如双方发生纠纷,应按照合同的约定处理本金及利息的问题;如果仅对垫资本金有约定,对利息没有约定,则承包人请求返还利息的请求不应支持;如果虽有垫资的行为,但合同中没有关于垫资的约定,则发生纠纷后,已经发生的垫资按照一般的工程欠款处理。因此在施工合同中涉及垫资条款时,需要特别注意是否约定利息以及利息的计算标准。

(十)合同形式细节

《民法典》规定,建设工程合同应当采用书面形式。书面形式,是指合同文件、信函、电报、传真等可以有形地表现所载内容的形式。关于合同文件构成,《建设工程施工合同(示范文本)》(GF—2017—0201)规定,该协议书与下列文件一起构成合同文件:(1)中标通知书(如果有);(2)投标函及其附录(如果有);(3)专用合同条款及其附件;(4)通用合同条款;(5)技术标准和要求;(6)图纸;(7)已标价工程量清单或预算书;(8)其他合同文件。在合同订立及履行过程中形成的与合同有关的文件均构成合同文件组成部分。上述各项合同文件包括合同当事人就该项合同文件所作出的补充和修改,属于同一类内容的文件,应以最新签署的为准。专用合同条款及其附件须经合同当事人签字或盖章。与合同有关的通知、批准、证明、证书、指示、指令、要求、请求、同意、意见、确定和决定等,均应采用书面形式,并应在合同约定的期限内送达接收人和送达地点。工程类合同涉及大量的合同附件,要注意与合同的相关条款的一致性。对于经过招投标程序的,还需要审查有关的招投标文件与合同约定是否相符。合同形式上的一些细节问题看似无关紧要,其实不然。有时候忽视一个合同形式上的小问题都可能带来较大的麻烦。应注意合同各文本在内容上保持完全一致,最好是打印文本,无内容的空档应画线删除,约定简便的合同生效条件等。

四、建设工程合同交底

(一)合同管理中的合同交底

1. 合同交底的概念和意义

合同交底是建设工程合同管理的重要制度,是指施工单位的合同管理人员在对合同的主要内容作出解释和说明的基础上,通过组织项目管理人员和各工程小组负责人学习合同条文和合同总体分析结果,使各执行部门和执行人员熟悉合同中的主要内容、各种规定、管理程序,了解施工单位的合同责任和工程范围、各种行为的法律后果等,从而保证施工单位正确履行合同和防范合同风险。包括合同分析、合同交底、交底的对象提出问题、再分析、再交底的过程。

合同交底有利于合同相关方统一理解合同,避免因不了解合同或对合同理解不一致造成工作上的失误,有利于合同当事人发现合同问题、完善合同风险防范措施,有利于合同风险的事前控制,有利于合同当事人内部进一步了解自己权利的界限和义务的范围、工作的程序和法律后果,摆正自己在合同中的地位,有效防止由于权利义务的界限不清引起的内部职责争议和外部合同责任争议的发生，提高合同管理的效率，有利于增强、促进当事人内部人员自觉执行合同管理程序和制度，并采取积极的措施防止和减少工作失误和偏差。

2. 合同交底的程序

合同交底是施工单位(承包人)合同签订、管理人员向项目部成员陈述合同意图、合同要点、合同执行计划的过程。通常可以按下列三个层次进行：

(1)施工单位向项目部负责人交底。施工单位向项目负责人及项目合同管理人员进行合同交底，全面陈述合同背景、合同工作范围、合同目标、合同执行要点及特殊情况处理，并解答项目负责人及项目合同管理人员提出的问题，最后形成书面合同交底记录。

(2)项目部负责人向项目职能部门负责人交底。项目负责人或由其委派的合同管理人员向项目部职能部门负责人进行合同交底，陈述合同基本情况、合同执行计划、各职能部门的执行要点、合同风险防范措施等，并解答各职能部门提出的问题，最后形成书面交底记录。

(3)职能部门负责人向其所属执行人员交底。各职能部门负责人向其所属执行人员进行合同交底，陈述合同基本情况、本部门的合同责任及执行要点、合同风险防范措施等，并答所属人员提出的问题，最后形成书面交底记录。各部门将交底情况反馈给项目合同管理人员，由其对合同执行计划、合同管理程序、合同管理措施及风险防范措施进行进一步修改完善，最后形成合同管理文件，下发各执行人员，指导其活动。

(二)律师应当协助企业做好合同交底

笔者在法律实务中率先提出律师应当协助企业做好合同交底业务，并倡导企业建立健全合同交底制度。合同交底，简单说就是将合同履行过程中应当注意的重要事项向合同履行的第一线工作人员交代清楚，从而使其对如何履行合同做到心中有数。建设工程合同，特别是施工合同，往往内容较为繁杂、复杂，在合同经审查签订后、工程开工前，应当对工程项目管理人员进行合同交底，这对于合同的顺利履行具有十分重要的意义。应当指出的是，目前无论是发包人还是承包人、设计人、勘察人或是监理人，都没有对合同交底引起足够的重视，没有形成规范的合同交底制度。笔者认为，工程项目主要管理人员(如发包人代表、承包人项目经理等)不仅应当是工程技术和管理方面的专家，还应当是熟悉工程合同和相关法律的工程合同专家；应当像工程设计交底、技术交底、安全交底那样，形成真正的工程合同交底工作程序和制度，只有这样才能逐渐培养工程项目管理人员的工程合同知识和能力，使其成长为熟悉工程合同和相关法律的工程合同专家，从而减少合同履行的争议纠纷。

合同交底可以分为两类：(1)合同双方的相互合同交底。对于合同主体双方权利、义务，相互向对方阐明；如有不明确或有争议之处，双方应协商确定，达成补充协议；明确双方约定的合同标的的范围、时间、要求等，使双方能很好地享受合同规定的知情权的权利，也能更好地使合同双方履行合同规定的自己的义务。(2)合同一方内部的合同交底。由于审查、签订合同的经办人不一定是合同履行的执行人员，这种内部的合同交底主要是合同审查、签订的经办人(如合同一方的内部合约管理人员、参与审查合同的律师等)向合同履行的执行人员(主要是工程项目管理人员)重点说明合同的范围、时间要求、质量要求、合同履行地点、合同规定的双方权利和义务，以及合同履行过程中应注意的事项等。

合同交底文件一般包括以下主要内容：(1)工程概况及合同工作范围；(2)合同关系及合同涉及各方之间的权利、义务与责任；(3)合同工期控制总目标及阶段控制目标，目标控制的网络表示及关键线路说明；(4)合同质量控制目标及合同规定执行的规范、标准和验收程序；(5)合同对本工程的材料、设备采购、验收的规定;(6)投资及成本控制目标,特别是合同价款的支付及调整的条件、方式和程序;(7)合同双方争议问题的处理方式程序和要求;(8)合同双方的违约责任;(9)索赔的机会和处理策略;(10)合同风险的内容及防范措施;(11)合同进展文档管理的要求。

第三章 建设工程施工履约相关法律实务

建设工程施工的顺利实施,不仅需要订立一份合法有效的合同,更需要将合同条款予以良好的履行,只有这样才能达到承揽建设工程的目的,取得良好的经济效益和社会效益。在工程施工履约阶段会发生许多经济行为,涉及的法律问题更为繁多和复杂,承包发包双方均应当按照施工合同的约定,运用相关法律法规及行业标准规范,做好施工合同履行工作,防范相关法律风险。

第一节 建设工程开工阶段的法律问题

一、施工许可证办理的义务转移

《建筑法》第7条规定,建筑工程开工前,建设单位应当按照国家有关规定向工程所在地县级以上人民政府建设行政主管部门申请领取施工许可证;但是,国务院建设行政主管部门确定的限额以下的小型工程除外。按照国务院规定的权限和程序批准开工报告的建筑工程,不再领取施工许可证。这一规定有两层含义,一是工程施工开工前应取得施工许可证或开工报告得到批准;二是在工程开工前,发包人(建设单位)负有办理施工许可证或开工报告的法定义务。

在工程开工前,发包人负有办理合法施工许可证或开工报告的义务,若未取得施工许可证或开工报告未经批准而进行施工的,承包发包双方均应当承担行政处罚的法律责任。发包人对造成工程施工的工期拖延及承包人的损失,还应当承担民事责任。但在实践中,有一些发包人在合同中不正当要求施工承包人单独或与其共同承担办理施工许可证或开工报告批准的义务,企图以此规避其应当承担的法律责任。解决这样的纠纷,就需要对法律义务的让渡问题予以解释。

所谓法律义务,是指法律规定的法律关系主体应当行为或不行为的一种限制或约束。义务是与权利紧密联系在一起的,此主体的义务,往往为彼主体的权利。原则上权利可以让渡和放弃,但是义务不能转让和免除。法律规定的义务是对义务主体行为或不行为的强制性要求,义务主体均不能通过转让义务或其他方式而免除自身的义务。但在民事义务中，存在一种特殊情况，即非义务主体自愿承担他人的法律义务，从而自愿放弃、限制其与义务相对应的自身权利的情况，即便如此，原义务主体仍不能免除其义务，只是该义务变为由其与自愿承担义务者共同承担。具体到施工许可证的办理，工程承包发包双方若约定办理施工许可证或开工报告批准完全由承包人单独承担，则约定无效，发包人不能免除其法律责任；若约定承包发包双方共同或发包人书面委托承包人办理施工许可证或开工报告批准的，则约定有效，承包发包双方共同承担法律责任。

二、履约保证金

（一）履约保证金及其缺陷

《招标投标法》第46条规定，招标文件要求中标人提供履约保证金的，中标人应当提交。第60条规定，中标人不履行与招标人订立的合同的，履约保证金不予退还，给招标人造成的损失超过履约保证金数额的，还应当对超过部分予以赔偿，这是在建设工程中实行履约保证金的法律基础。实际上，相当多的工程发包人出于保护自身权益，约束施工承包人的履约行为的目的，均要求施工承包人提交履约保证金。但由于履约保证金的法律规定有较大欠缺，实际操作中产生了许多问题，如发包人挪用履约保证金等，没有真正起到履约担保的作用，一定程度上还损害了承包人利益。

笔者认为，《招标投标法》对履约保证金的规定存在以下缺陷：

首先，履约保证金的法律属性不明。保持法律的一致性和统一性是基本的法律原则，在同一法律体系中不同的法律规定不得相互冲突。从《招标投标法》的立法本意来看，设立履约保证金制度的目的，是在施工中形成履约担保制度。如果将履约保证金界定为履约担保，但又似乎不符合我国《民法典》的规定，《民法典》规定的五种担保方式有明确而严格的形式和实质要件，履约保证金不符合其中的任何一种。

其次，履约保证金的规定不符合公平原则。《招标投标法》规定的履约保证金仅仅约束施工承包人。事实上，承包人可能会有不履约的行为，发包人也同样可能有不履约的行为。《招标投标法》仅仅规定了发包人要求作为中标人的承包人提供履约保证金，但没有规定发包人向承包人提供工程款的支付担保。这一规定实际上加剧了承包发包双方利益保护的失衡，不符合公平原则。

最后，不利于履约保证金的监管。按照《招标投标法》的规定，履约保证金是承包人向发包人交纳并由发包人监管的，实践中往往出现发包人挪用的问题，甚至将履约保证金作为承包人的变相垫资。这给承包人带来了极大的资金风险，不利于履约保证金的监管，妨碍履约保证金发挥真正的作用。

在目前情况下，履约担保对于建设工程双方都是必要的，能有效及时保护其合法权益，应在立法中明确承包发包双方均应提供对等的且符合《民法典》的履约担保。在《招标投标法》对履约保证金的规定作出修改之前，施工承包人按发包人要求提供履约保证金的同时，也可以要求发包人也向其提供符合《担保法》的有效履约担保如抵押、质押等，并可以约定共同监管或共同委托第三人监管履约保证金，从而保证履约保证金的安全。

（二）履约担保与工程款支付担保

工程担保是防范和化解工程风险的重要措施，是市场信用体系的主要支撑，也是保障工程质量安全的有效手段。当前建筑市场仍然存在工程防范风险能力不强，履约纠纷频发，工程欠款、欠薪屡禁不止等问题，亟须通过完善工程担保应用机制加以解决。工程履约担保的担保数额为合同价款的10%左右,担保形式分为履约保证金与履约保函两种。工程履约担保制度推行初期以保证金形式为主,一方面,起到保证承包商的合同履约义务,有效保障业主权益的作用;另一方面,由于工程履约担保多以承包人提交履约保证金形式,给承包人造成了严重的资金负担。

2003年3月,原建设部、原铁道部等七部委联合印发的《工程建设项目施工招标投标办法》第62条规定,招标人要求中标人提交履约保证金或其他形式的履约担保的,招标人应当同时向中标人提供工程款支付担保。从内容规定中可以看出,工程款支付担保与履约担保之间,存在一种对等、对立关系,即招标人通过履约担保,对中标人的合同履约形成制约作用的同时,工程款支付担保也要求其承担相应对等的支付工程款的担保义务,即"双重担保"。提出推行工程款支付担保制度,解决工程款拖欠及其导致的相关行业问题,与工程履约担保制度形成对等、对立的双向担保机制,对业主开发商与工程承包商双方,既发挥着保障作用又起着制约作用。工程履约担保与工程款支付担保,两者既有对等对立的关系,同时也发挥互相促进、互为补充、共同规范建筑市场秩序的作用。完整、完善的工程担保体系,需要两者同时发挥作用,实现业主与承包商之间权利与义务的对等,促进双方共同快速发展。

实践效果证明,工程款支付担保是维护建筑施工企业和农民工合法权益的必然要求,推行工程款支付担保是预防工资拖欠的关键。2016年1月,国务院办公厅印发《关于全面治理拖欠农民工工资问题的意见》(国办发〔2016〕1号),对改进建设领域工程款支付管理提出要求:在工程建设领域推行工程款支付担保制度,采用经济手段约束建设单位履约行为,预防工程款拖欠。2017年11月,住房和城乡建设部印发《关于培育新时期建筑产业工人队伍的指导意见(征求意见稿)》,强调要推行工程款支付担保制度:建设单位要求承包单位提供履约保证金的,应向施工承包企业提供相应的支付担保,采用经济手段解决工程款支付不及时将会导致拖欠建筑工人工资问题。

2017年2月,国务院办公厅《关于促进建筑业持续健康发展的意见》(国办发〔2017〕19号)指出,要通过工程款支付担保等经济、法律手段约束建设单位履约行为,预防拖欠工程款。2017年7月,山东省人民政府办公厅印发的《关于贯彻国办发〔2017〕19号文件促进建筑业改革发展的实施意见》指出,建设单位凡要求承包企业提供履约担保的,必须对等提供工程款支付担保,否则视为建设资金未落实,不予办理施工许可证。2018年7月,住房和城乡建设部办公厅发布《关于加快推进实施工程担保制度的指导意见(征求意见稿)》,该文件中指出:在依法必须招标的工程项目和民间投资的住宅工程中推行工程履约担保;在房地产开发项目中推行工程款支付担保;全面推行工程质量保证和农民工工资支付担保。(1)着力推行履约担保。依法必须招标的工程项目应当在招标文件中列明承包单位提供履约保函。民间投资的住宅工程应当实行履约保函。采用最低价中标的工程应当推行高保额履约保函,保函金额由建设单位在招标文件中确定。工程参建各方主体及保证人应当加强工程风险防控能力建设。保证人应当不断提高专业化承保能力,增强风险识别能力,认真开展保中、保后监管,及时做好预警预案,协助建设单位和承包商做好对工程承包合同的履约管理和合同争议调解等工作,并在违约发生后及时代为履行或承担损失赔付责任。(2)加快推行工程款支付担保。在房地产开发项目中推行工程款支付担保。项目所在地县级以上住房城乡建设主管部门应当组织开展对建设单位的诚信评价,将诚信评价结果作为实行工程款支付担保的重要依据,采取差别化的政策,以激励和强化对建设单位的行为规范。对于未提供工程款支付担保和预付款的政府投资工程,县级以上住房城乡建设主管部门应加大监管力度,对发现工程款拖欠记入信用记录。

第二节 建设工程施工现场管理阶段的相关问题

一、建筑材料设备供应问题

建设工程施工是一种特殊的加工承揽活动,施工承包人在施工的过程中,要使用大量的建筑材料和设备。没有必要的建筑材料和设备,建设工程只能是“空中楼阁”。可以说,建设工程就是大量建筑材料设备和建筑施工智慧人力的结合体。建设工程的材料设备提供人为发包人或施工承包人,供应的途径主要为买卖和租赁。工程材料设备的买卖和租赁具备一般买卖和租赁的基本特征(笔者所称一般买卖和租赁是指与其他法律关系没有交叉的单纯的买卖和租赁),应当遵守《民法典》关于买卖合同和租赁合同的规定,在此不做详细论述。同时,由于建筑材料设备的采购供应与建筑施工合同关系存在交叉,是建设工程施工合同履行的一个非常重要的方面,对建设工程的施工质量、施工进度、工程价款的计取等关键环节有着重要影响。因此笔者认为,在建设工程的材料设备供应中应注意以下几个问题:

(一)防止对建设工程的质量产生负面影响

对建设工程质量产生的负面影响主要是指因材料设备的不合格导致工程质量达不到质量标准、质量不合格的责任人不明确(指发包人和承包人内部的质量责任确定)。要尽可能防止负面影响,应该按照以下措施进行。

1. 应当严格遵守建设工程施工合同对承包发包双方各自供应的材料设备类别的约定

建设工程双方较多约定由发包人供应主要材料,如“三大材”“四小材”,承包人供应除这些主要材料之外的材料设备。不同的材料设备对工程质量的影响是不同的,如果不同材料设备有明确的供应人,出现工程质量问题,就可以具体分析确定是因何种材料导致的工程质量问题,并根据该材料的供应人确定工程质量的责任人。约定应当由发包人供应的材料设备就由发包人供应,施工承包人不要越俎代庖,除非有发包人特别授权委托,否则出现材料导致的质量问题,施工承包人难脱其咎。约定由承包人供应的材料设备,应当由承包人自主提供符合标准要求的材料设备,发包人不得指定生产商或供应商,否则出现因材料导致的质量问题,发包人也应当承担责任。

2. 应严格遵守建设工程施工合同对材料设备检验检测的约定

发包人供应的材料设备,承包人应当对该材料设备的数量和质量进行检验检测,符合约定标准和施工要求的才能接受和使用,否则,承包人有权要求发包人更换。若发包人拒不更换并强令承包人使用的,出现质量问题应当由发包人承担责任,但承包人应注意留存发包人强令承包人使用不合格材料设备的证据资料。承包人供应的材料设备,发包人应当检验检测,法律责任同上所述。

3. 应当严格按照施工标准规范和设计要求使用材料设备

施工承包人在使用符合要求的材料设备时,不得偷工减料,应当严格按照施工标准规范和设计要求使用各类材料设备,达到工程质量的要求。若根据工程施工的实际,需要使用代用材料的,应按照合同约定的程序,取得发包人或其委托的监理方或设计方的认可同意后,方可使用。

(二)防止延误施工进度

影响施工承包人的施工进度有多方面的因素,施工过程中的各个环节几乎都与之有关。在材料设备供应环节,往往会因建设工程各方供应材料设备的诸多问题延误施工进度,拖延整体工程的工期,从而造成损失。笔者认为,在材料设备供应环节影响施工进度的主要因素是,发包人或承包人原因造成的材料设备供应的数量短缺、不及时、质量不符,承包人不适当的使用材料设备造成的工程质量缺陷而返工等。因此,要防止以上问题的出现,应当注意以下方面。

1. 材料供应合同(买卖、租赁)应与施工合同衔接一致

在建设工程施工合同明确约定了承包发包双方的材料设备供应责任后,承包发包双方应严格按照施工合同的约定及工程施工的实际需要和材料设备标准,选择相关材料设备信誉较好的供应商,签订与施工合同衔接一致的材料设备供应合同。在材料设备供应合同中,应明确约定符合建筑工程需要的材料设备质量标准、供应时间、数量、合理价格、供货方式、检验检测、违约责任等,特别是应明确约定因供货商供应不及时、质量不符造成发包人或承包人在建筑工程上的损失赔偿。

2. 严格履行材料设备供应合同

在履行材料设备供应合同中,因发包人的供应商供应材料设备不符合约定而延误工程进度,发包人应向承包人承担违约责任;因承包人的供应商供应材料设备不符合约定而延误工程进度,承包人应向发包人承担违约责任。

3. 防止不当使用材料设备导致因工程质量问题延误进度

施工承包人不当使用材料设备造成工程质量问题而延误进度,承包人应承担违约责任;发包人指令承包人不当使用材料设备造成工程质量而延误进度,发包人应承担违约责任。

(三)争取合法合理的计取工程材料价款

工程价款由成本(包括直接费、间接费等)、利润和税金三部分组成。材料设备款属于工程成本的一部分。若施工合同约定工程价款为可调价,按照建设工程费用定额取费的一般标准和方式,对材料设备的价格按照有关建筑定额和相应地方的材料价目表计取,若实际采购价格与约定价格有差价,应调整差价。材料差价有正差和负差两种情况,正差要由发包人补足,负差要由承包人退还。承包人在工程结算中应注意材料价差的结算,特别是在材料设备涨幅较大的情况下,更应注意。同时,按照施工合同约定和建筑定额规定,承包人还可计取材料采购保管费、倒运费、检验检测费、保险费等费用。

施工合同如果约定工程价款为固定价(固定总价和固定单价),一般情况下材料价差不予调整,材料设备价格变动属于风险范围,但材料设备的价格变动应属于市场正常涨落,若发生严重通货膨胀或其他客观原因,导致材料设备价格幅度畸高的涨落,超出了正常合理范围,在正常合理范围之外的差价,应当按照公平、诚实信用原则予以调整。

二、建设工程施工的现场管理

建设工程施工的现场管理也是施工履约的一个重要环节,包括文明施工、环境保护、文物保护等。建筑施工企业在施工过程中应当做好施工现场的管理工作,应当遵守环境保护、文物保护等方面的法律法规,做好防范保护措施,防止环境污染和文物毁损,并遵守施工现场管理的有关法规,保持施工现场的良好秩序,文明施工。根据《环境保护法》《文物保护法》的规定,一切单位和个人均负有环境保护和文物保护的法定义务。在建设工程施工中,建设工程各方均应当履行该法定义务。按照废气、废水、噪声等污染物防治法律法规的有关规定,施工单位在施工过程中,应当采取相应措施,妥善处理施工产生的废气、废水、噪声等污染物,达到国家规定的排放标准。同时按照《文物保护法》第 32 条的规定,施工单位在施工中发现文物的,应立即报告有关部门,并

做好保护措施,防止哄抢、私分、藏匿、毁损。

(一)施工发现文物的报告和保护

《文物保护法》规定,地下埋藏的文物,任何单位或者个人都不得私自发掘。考古发掘的文物,任何单位或者个人不得侵占。

1. 配合建设工程进行考古发掘工作的规定

进行大型基本建设工程,建设单位应当事先报请省、自治区、直辖市人民政府文物行政部门组织从事考古发掘的单位在工程范围内有可能埋藏文物的地方进行考古调查、勘探。确因建设工期紧迫或者有自然破坏危险,对古文化遗址、古墓葬急需进行抢救发掘的,由省、自治区、直辖市人民政府文物行政部门组织发掘,并同时补办审批手续。

2. 施工发现文物的报告和保护

《文物保护法》规定,在进行建设工程或者在农业生产中,任何单位或者个人发现文物,应当保护现场,立即报告当地文物行政部门,文物行政部门接到报告后,如无特殊情况,应当在 24 小时内赶赴现场,并在 7 日内提出处理意见。依照以上规定发现的文物属于国家所有,任何单位或者个人不得哄抢、私分、藏匿。

3. 水下文物的报告和保护

《水下文物保护管理条例》规定,任何单位或者个人以任何方式发现遗存于中国内水、领海内的一切起源于中国的、起源国不明的和起源于外国的文物,以及遗存于中国领海以外依照中国法律由中国管辖的其他海域内的起源于中国的和起源国不明的文物,应当及时报告国家文物局或者地方文物行政管理部门;已打捞出水的,应当及时上缴国家文物局或者地方文物行政管理部门处理。任何单位或者个人以任何方式发现遗存于外国领海以外的其他管辖海域以及公海区域内的起源于中国的文物,应当及时报告国家文物局或者地方文物行政管理部门;已打捞出水的,应当及时提供国家文物局或者地方文物行政管理部门辨认、鉴定。

(二)按要求设置施工标牌

在工程建设中,应按照规定采取措施,保障施工现场作业环境、市容环境卫生和施工人员身体健康,并有效减少对周边环境产生不利影响的活动。2019 年 9 月修正后公布的《上海市建设工程文明施工管理规定》第 10 条规定,施工单位应当在施工现场醒目位置,设置施工铭牌。施工铭牌应当标明下列内容:(1)建设工程项目名称、工地四至范围和面积;(2)建设单位、设计单位和施工单位的名称及工程项目负责人姓名;(3)开工、竣工日期和监督电话;(4)夜间施工时间和许可、备案情况;(5)文明施工具体措施;(6)其他依法应当公示的内容。2019 年 12 月修正后公布的《杭州市建设工程文明施工管理规定》第 10 条规定,施工单位应当在施工现场的主要出入口设置施工告示牌,施工告示牌应当载明以下内容:(1)建设工程名称;(2)建设、勘察、设计、施工、监理单位名称及项目负责人姓名;(3)开工、计划竣工日期和投诉电话;(4)夜间施工的时间和许可情况;(5)文明施工的主要措施;(6)其他依法应当公示的内容。市政基础设施工程、城市绿化工程还应当在工程两端和交叉路口的明显位置设置公示牌,公示施工范围和联系电话等内容。施工标牌形象布置是文明施工现场管理的一个重要方面,施工单位若未按要求设置施工标牌,将会受到行政处罚。《上海市建设工程文明施工管理规定》规定,违反规定,施工单位未按照要求设置施工铭牌的,由建设行政管理部门或者其他有关部门责令限期改正,处 1 万元以上 5 万元以下的罚款,并可以责令暂停施工。《杭州市建设工程文明施工管理规定》规定,施工单位违反规定的,未按照规定设置施工告示牌、公示牌的,责令限期改正,处以 1000 元以上 1 万元以下罚款。

第三节 建设工程结算阶段相关问题

一、工程签证与索赔问题

工程签证和工程索赔是建设工程施工过程中经常出现的问题。

(一)工程签证

1. 工程签证的概念和种类

工程签证,是工程承包发包双方在施工过程中按合同约定对支付各种费用、顺延工期、赔偿损失所达成的双方意思表示一致的补充协议,互相书面确认的签证即可成为工程结算或结算增减工程造价的凭据。

工程签证可分为以下几类:(1)工程经济签证,是指在施工过程中由于场地、环境、业主要求、合同缺陷、违约、设计变更或施工图错误等,造成发包人或承包人经济损失方面的签证。经济签证涉及面广,项目繁多复杂,应严格控制签证范围和内容,把握好有关定额、文件规定。(2)工程技术签证,主要是施工组织设计方案、技术措施的临时修改,涉及的价款数额较大。一般应组织论证,重大变化应征得设计人员同意,做到安全、经济、适用。(3)工程工期签证,主要是在实施过程中因主要材料、设备进退场时间及业主等原因造成的延期开工、暂停开工,工期延误的签证。招标文件中一般约定了工期罚则,在工期提前奖、工期延误罚款的计算时,工期签证发挥着重要作用。(4)工程隐蔽签证,是指施工过程中对以后工程结算影响较大,资料缺失将无法补救,难以结算。主要有:基坑验槽记录、软地基处理、钢筋隐蔽验收等。

2. 工程签证的原则

(1)准确计算原则。如工程量签证要尽可能做到详细、准确计算工程量,凡是可明确计算工程量套用综合单价(或定额单价)的内容,一般只能签工程量而不能签人工工日和机械台班数量。

(2)实事求是原则。如无法套用综合单价(或定额单价)计算工程量的内容,可只签所发生的人工工日或机械台班数量,但应严格把握,实际发生多少签多少,不得将其他因素考虑进去以增大数量进行补偿。凡涉及现场临时的签证,施工单位必须以招投标文件、施工合同和补充协议为依据,研究合同的细枝末节,熟悉合同单价或当地定额及有关文件的详细内容,将在施工现场即将发生或已经发生,而在合同条款以及定额文件中没有明确规定的工作内容,及时以签证的形式和建设单位、监理人员交换意见。

(3)及时处理原则。现场签证无论是承包商,还是业主均应抓紧时间及时处理,以免由于时过境迁而引起不必要的纠纷,且可避免现场签证日期与实际情况不符的现象产生。

(4)避免重复原则。在办理签证时,必须注意签证单上的内容与合同承诺、设计图纸、预算定额、费用定额、预算定额计价、工程量清单计价等所包含的内容是否有重复,对重复项目内容不得再计算签证费用。

(5)废料回收原则。因现场签证中许多是障碍物拆除和措施性工程,所以,凡是拆除和措施性工程中发生的材料或设备需要回收的(不回收的需注明),应签明回收单位,并由回收单位出具证明。

(6)现场跟踪原则。为了加强管理,严格控制投资,凡是费用数额较大(具体额度由业主根据工程大小确定)的签证,在费用发生之前,承包商应与现场监理人员及造价审核人员一同到现场察看。

(7)授权适度原则。分清签证权限,加强签证管理,签证必须由谁来签认,谁签认才有效,什么样的形式才有效等事项必须在合同中予以明确。

3. 工程签证应注意的问题

工程签证是双方协商一致的结果,是双方法律行为。工程签证涉及的利益已经确定,可直接作为工程结算的凭证。工程签证是施工过程中的例行工作,主要针对施工过程中发生不同于原设计、原计划的变化如设计变更、进度加快、标准提高及施工条件、材料价格等变化,从而影响工期和造价,双方通过书面形式相互确认,在没有分歧的情况下,一般不依赖证据。工程签证在实践中存在一些问题:(1)应当签证的未签证。有很多发包人在施工过程中随意性较强,施工中经常改动一些部位,既无设计变更,也不办现场签证,到结算时往往发生补签证困难,引起纠纷。(2)不规范的签证。现场签证一般情况下需要发包人、监理、施工承包人三方共同签字盖章才能生效。缺少任何一方都属于不规范的签证,不能作为结算的依据。现场签证必须是书面形式,手续要齐全。工程签证的内容应尽量保证详细,包括签证的原因、位置、尺寸、数量、日期、所用材料、结算方式、结算单价等,签证单后必须附造成本次签证的原始资料,如技术核定单、设计变更、业主联系单等。另外,需要注意工程签证时间控制,凡涉及经济费用支出的停工、窝工、用工签证、机械台班签证等,应当及时办理现场签证,在施工中随发生随进行签证,应当做到一次一签证,一事一签证,及时办理。

(二)工程索赔

工程索赔是工程合同承包发包双方中的任何一方因未能获得按合同约定支付各种费用、顺延工期、赔偿损失的书面确认,在约定期限内向对方提出赔偿请求的一种权利。这种权利在获得双方协商一致或有关部门和机关的确认之前,不能作为工程结算的依据。工程索赔是单方法律行为,所涉及的是一种期待权益,必须依赖证据。工程索赔主要指承包人对发包人的索赔。《建设工程施工合同(示范文本)》(GF—2017—0201)明确规定了承包人和发包人索赔的程序。

1. 承包人索赔

《建设工程施工合同(示范文本)》(GF—2017—0201)规定,根据合同约定,承包人认为有权得到追加付款和(或)延长工期的,应按以下程序向发包人提出索赔:(1)承包人应在知道或应当知道索赔事件发生后28天内,向监理人递交索赔意向通知书,并说明发生索赔事件的事由;承包人未在前述28天内发出索赔意向通知书的,丧失要求追加付款和(或)延长工期的权利。(2)承包人应在发出索赔意向通知书后28天内,向监理人正式递交索赔报告;索赔报告应详细说明索赔理由以及要求追加的付款金额和(或)延长的工期,并附必要的记录和证明材料。(3)索赔事件具有持续影响的,承包人应按合理时间间隔继续递交延续索赔通知,说明持续影响的实际情况和记录,列出累计的追加付款金额和(或)工期延长天数。(4)在索赔事件影响结束后28天内,承包人应向监理人递交最终索赔报告,说明最终要求索赔的追加付款金额和(或)延长的工期,并附必要的记录和证明材料。

《建设工程施工合同(示范文本)》(GF—2017—0201)规定,对承包人索赔的处理如下:(1)监理人应在收到索赔报告后14天内完成审查并报送发包人。监理人对索赔报告存在异议的,有权要求承包人提交全部原始记录副本。(2)发包人应在监理人收到索赔报告或有关索赔的进一步证明材料后的28天内,由监理人向承包人出具经发包人签认的索赔处理结果。发包人逾期答复的,则视为认可承包人的索赔要求。(3)承包人接受索赔处理结果的,索赔款项在当期进度款中进行支付;承包人不接受索赔处理结果的,按照争议解决的约定处理。

2.发包人索赔

《建设工程施工合同(示范文本)》(GF—2017—0201)规定,根据合同约定,发包人认为有权得到赔付金额和(或)延长缺陷责任期的,监理人应向承包人发出通知并附有详细的证明。发包人应在知道或应当知道索赔事件发生后28天内通过监理人向承包人提出索赔意向通知书,发包人未在前述28天内发出索赔意向通知书的,丧失要求赔付金额和(或)延长缺陷责任期的权利。发包人应在发出索赔意向通知书后28天内,通过监理人向承包人正式递交索赔报告。对发包人索赔的处理如下:(1)承包人收到发包人提交的索赔报告后,应及时审查索赔报告的内容、查验发包人证明材料。(2)承包人应在收到索赔报告或有关索赔的进一步证明材料后28天内,将索赔处理结果答复发包人。如果承包人未在上述期限内作出答复的,则视为对发包人索赔要求的认可。(3)承包人接受索赔处理结果的,发包人可从应支付给承包人的合同价款中扣除赔付的金额或延长缺陷责任期;发包人不接受索赔处理结果的,按争议解决的约定处理。工程施工中发生索赔事由的,承包人应严格按照合同约定的期限内向发包人提出索赔报告,并提供充分证据资料,否则可能丧失应当取得的利益。

3.工程顺延

《建设工程施工合同(示范文本)》(GF—2017—0201)第19条索赔部分,就明确约定了承包人的索赔程序及时间要求。一旦发包人与承包人采用《建设工程施工合同(示范文本)》来确定双方的权利和义务,在没有其他特殊约定的情况下,如果发生工期顺延或者工期索赔的情形,承包人就应该按照示范文本中约定的程序和时间要求向发包人提出,否则就失去了索赔或者主张工期顺延的权利。《施工合同司法解释(一)》第10条规定,当事人约定顺延工期应当经发包人或者监理人签证等方式确认,承包人虽未取得工期顺延的确认,但能够证明在合同约定的期限内向发包人或者监理人申请过工期顺延且顺延事由符合合同约定,承包人以此为由主张工期顺延的,人民法院应予支持。当事人约定承包人未在约定期限内提出工期顺延申请视为工期不顺延的,按照约定处理,但发包人在约定期限后同意工期顺延或者承包人提出合理抗辩的除外。承包人应按照合同约定期限、程序及相关要求提出工期顺延主张,施工合同约定逾期未提出工期顺延申请视为不顺延的,按照约定处理。该条尊重当事人之间的约定,确定"当事人约定顺延工期应当经发包人或者监理人签证等方式确认"应该以签证等文件来确定工期是否应该顺延。司法解释也考虑到了建筑市场中发包人处于强势地位的现状,对于承包人合理发送的很多单证不予签收或者签字的情形,从而确定"承包人虽未取得工期顺延的确认,但能够证明在合同约定的期限内向发包人或者监理人申请过工期顺延且顺延事由符合约定,承包人以此为由主张工期顺延的,人民法院应予支持"。司法解释的这一规定与《建设工程施工合同(示范文本)》(GF—2017—0201)的约定相符,也符合建筑市场的现状,从而倒逼施工企业加强工期管理,注重与发包人单证传递手续的规范,增强保留单证送达的证据意识,从而达到工期顺延或者进行工期索赔的目的。

二、工程结算问题

(一)加强工程中间结算

形成大量建设工程拖欠款的现状,一个重要原因就是承包人忽视工程中间结算、草率放弃结算权利、发包人恶意拖延结算。因此,承包人应充分利用法定和约定权利,争取正当权益,特别是在施工过程中必须加强中间结算,使工程建设各形象阶段的造价在履行过程中及时得到确认。使工程造价的确认和结算贯穿于整个履约过程,在建筑物的基础、结构和装饰等建造过程中,强化合同价款中的各个形象阶段的进度款的确认和结算,形成系统的支付进度款的依据。中间结算就是指在工程建设各个阶段的造价预、决算并中间进行确认的过程。《建设工程施工合同(示范文本)》(GF—2017—0201)通用条款对工程竣工结算以及施工进度计划、工程量确认、进度款支付等的期限及责任后果作了较详细的约定。建议施工承包人完善相应合同约定并严格履行,在施工过程的各个形象阶段做好预结算工作,及时要求发包人确认中间结算,当工程竣工后便形成一个完整的结算链条,使竣工结算顺利快捷的完成。

(二)工程结算审核费用的承担

所谓工程结算审核,是指发包人在约定的期限内对承包人提交的结算报告予以审查核对并确认工程价款的行为。建筑工程结算审核是发包人的合同义务,发包人履行该合同义务可以亲自履行即自行审查核对后确认价款,发包人在自身不具备审核条件的情况下,也可以委托第三人即造价审核中介机构进行审核,该受托中介机构审核的结果视为发包人审核的结果。发包人委托中介机构对承包人提交的结算报告进行审核,有研究者称为“审价”,用以区分法律上的“审计”。国家审计不得收取任何审计费用,发包人或审计机关不得强制要求承包人支付任何审计费用。

无论是发包人自身审核还是其委托中介机构进行审核,都应当在约定的期限内完成。如果按照国家有关审计法律法规规定,工程项目应接受审计的,不影响承包发包双方已经明示或默示确认的工程价款。同时,无论是发包人自身审核还是其委托中介机构进行审核,都是发包人履行其自身合同义务的行为,发包人审核所发生的任何费用承包人均不应当承担,除非承包发包双方共同委托中介机构审核或对审核费用的承担另有约定。

三、工程施工债权人代位权问题

(一)工程施工债权人行使代位权的条件和程序

在民法上,一般把代位权分为代位求偿权和代位继承权。而代位求偿权又可分为债权人代位权和清偿代位权。债权人代位权,是指当债务人怠于行使其对第三人享有的到期债权而对债权人造成损害的,债权人为保全自己的债权,可以自己的名义代位行使债务人的债权的权利。债权人代位权着眼于债务人的消极行为,当债务人怠于行使属于自己的财产权利而损害债权人的债权实现时,债权人可依债权人代位权,以自己的名义行使债务人已消极处分的财产权利。它是债权的从权利,是一种以行使他人权利为内容的管理权,债权人以自己的名义代债务人之位而主张债务人的权利,其完全是为了保全自己的债权,增大债权的一般担保的资力,与债权人的撤销权共同构成完整的债的保全制度。

《民法典》第535条至第537条规定了是债权人代位权。在建设工程施工活动中,在符合代位权行使条件下,可以行使代位权的主要有几种情况:总承包人对发包人的债务人行使工程债权代位权、分包人对总承包人的债务人如发包人行使代位权、分包人的劳务提供人对分包人的债务人如总承包人行使代位权、建筑材料设备供应商对买受人或承租人的债务人行使代位权等。按照《民法典》的规定,债权人行使代位权应当符合以下条件和程序:(1)债权人享有的对债务人的债权是已经到期的数额确定的金钱给付之债。(2)债权人的债务人对次债务人享有到期债权应当是数额确定、已经到期应当履行且非专属于债务人的金钱给付之债。如果债务人对次债务人享有的债权是基于债务人的人身权益发生的专属于债务人的债权如请求给付劳动报酬、退休金、抚养金、抚恤金、安置费、人寿保险金、人身伤害赔偿金等，债权人不得主张代位权。需要说明的是，广义的劳动报酬分两种，一种是具有人身性，另一种不具有人身性。专属于债务人对次债务人的请求给付劳动报酬的债权，是指按照《劳动法》等劳动法律法规，在劳动法律关系中形成的，具有人身性的劳动债权，具体指债务人付出劳动后所应当获得的工资、奖金、津贴等劳动报酬。而按照《民法典》形成的劳务、服务合同，例如委托合同、中介合同、劳务服务等合同，尽管合同一方也是向对方提供了某种服务，一定意义上也是提供了劳动，但此种情况下的报酬不具有人身性，属于《民法典》意义上的一般债权债务，债权人对于债务人对次债务人享有的此类债权可以行使代位权。如果债务人对次债务人享有的债权数额未确定或履行未到期，债权人不得主张代位权；如果债务人对次债务人享有的债权不是金钱给付之债，债权人也不得主张代位权。另外，《合伙企业法》第 42 条规定，合伙人个人负有债务，其债权人不得代位行使该合伙人在合伙企业中的权利。(3)“债务人怠于行使其对次债务人享有的到期债权而对债权人造成损害”是指债务人不履行对债权人的到期债务，又不以诉讼方式或仲裁方式向其债务人主张其享有的已到期的金钱给付之债权，致使债权人的到期债权未能实现。(4)代位权行使数额不得超过债务人所负债务额及次债务人对债务人所负债务额。债权人行使代位权发生的必要费用，应由债务人承担。(5)代位权诉讼由被告(次债务人)住所地管辖，而且代位权只能通过诉讼方式行使，其他非诉讼方式主张代位权没有法律效力。(6)在代位权诉讼中，次债务人对债务人的抗辩，可以向债权人主张。同时债务人在代位权诉讼中对债权人的债权提出异议，经审查异议成立的，人民法院应当裁定驳回债权人的起诉。

(二)实际施工人主张权利的性质问题

1. 实际施工人的范畴

《施工合同司法解释》(已失效)第 26 条规定，实际施工人以转包人、违法分包人为被告起诉的，人民法院应当依法受理。实际施工人以发包人为被告主张权利的，人民法院可以追加转包人或者违法分包人为本案当事人。发包人只在欠付工程价款范围内对实际施工人承担责任。《施工合同司法解释(二)》(已失效)第 24 条进一步规定，实际施工人以发包人为被告主张权利的，人民法院应当追加转包人或者违法分包人为本案第三人，在查明发包人欠付转包人或者违法分包人建设工程价款的数额后，判决发包人在欠付建设工程价款范围内对实际施工人承担责任。

2020 年发布的《施工合同司法解释(一)》基本沿用了上述司法解释的规定，在其第 43 条规定，实际施工人以转包人、违法分包人为被告起诉的，人民法院应当依法受理。实际施工人以发包人为被告主张权利的，人民法院应当追加转包人或者违法分包人为本案第三人，在查明发包人欠付转包人或者违法分包人建设工程价款的数额后，判决发包人在欠付建设工程价款范围内对实际施工人承担责任。这一司法解释规定了实际施工人与转包人、违法分包人以及发包人之间权利义务关系，实际施工人应当包括非法转包中接受转包的承包人和违法分包中接受建设工程分包的分包人。

但是，对于《施工合同司法解释(一)》是否适用于借用建筑企业的资质证书承接建设工程的承包人，实践中存在争议。一种观点认为，不能适用借用资质的实际施工人。《施工合同司法解释(一)》只规定了实际施工人与转包人、违法分包人以及发包人之间权利义务关系，没有规定实际施工人与出借资质的施工企业之间的权利义务关系，因此这一规定不能适用于借用资质的实际施工人。另一种观点认为,可以适用借用资质的实际施工人。《施工合同司法解释(一)》虽然没有明确该条适用于借用资质的实际施工人,但是也没有排除借用资质的实际施工人不适用该条,从保护借用资质情况下实际施工人利益角度而言,应当一并纳入。北京市高级人民法院《关于审理建设工程施工合同纠纷案件若干疑难问题的解答》第18条规定,"实际施工人"是指无效建设工程施工合同的承包人,即违法的专业工程分包和劳务作业分包合同的承包人、转承包人、借用资质的施工人(挂靠施工人);建设工程经数次转包的,实际施工人应当是最终实际投入资金、材料和劳力进行工程施工的法人、非法人企业、个人合伙、包工头等民事主体。法院应当严格实际施工人的认定标准。四川省高级人民法院《关于审理建设工程施工合同纠纷案件若干疑难问题的解答》第12条规定,"实际施工人"是指转包、违法分包以及借用资质的无效建设工程施工合同的承包人。建设工程经数次转包或分包的,实际施工人应当是实际投入资金、材料和劳力进行工程施工的企业或个人。山东省高级人民法院《2011年全省民事审判工作会议纪要的通知》认为,实际施工人,是指工程转包合同的转承包人、违法分包合同的承包人、借用资质(资质挂靠)的承包人。司法实务中应当严格实际施工人的认定标准,不得随意扩大实际施工人的适用范围。实际施工人可以是法人、其他组织、个人合伙,也可以是自然人(俗称"包工头"),但从事建筑业劳务作业的农民工不属于实际施工人。

2. 实际施工人向发包人主张权利的法律途径

(1)实际施工人直接起诉发包人

根据《施工合同司法解释(一)》第43条的规定,实际施工人以发包人为被告主张权利的,人民法院应当追加转包人或者违法分包人为本案第三人,在查明发包人欠付转包人或者违法分包人建设工程价款的数额后,判决发包人在欠付建设工程价款范围内对实际施工人承担责任。《施工合同司法解释(一)》规定在实际施工人以发包人为被告的情况下,人民法院应当追加转包人或者违法分包人为本案第三人,明确要求应当查明发包人欠付转包人或者违法分包人建设工程价款的数额后,判决发包人在欠付建设工程价款范围内对实际施工人承担责任。这一规定允许在不损害发包人权益的情况下有限度地突破合同相对性,判决发包人在欠付建设工程价款范围内对实际施工人承担责任。最高人民法院《关于民事诉讼证据的若干规定》第5条规定,对合同是否履行发生争议的,由负有履行义务的当事人承担举证责任。发包人负有履行合同支付工程款的义务,应该对履行支付工程款义务进行举证。实际施工人行使对发包人的直接诉权的过程中,发包人持有向转包人或违法分包人支付工程款的证据,应该对合同履行中的付款情况承担举证责任。实际施工人不是发包人的合同相对方,对发包人付款情况往往难以举证。司法实践中,北京、广东、四川、安徽、江苏等地的高级人民法院均规定发包人应对欠付工程款数额举证。如北京市高级人民法院《关于审理建设工程施工合同纠纷案件若干疑难问题的解答》第19条规定,发包人以其未欠付工程款为由提出抗辩的,应当对此承担举证责任。江苏省高级人民法院《关于审理建设工程施工合同纠纷案件若干问题的意见》第23条规定,实际施工人要求发包人给付工程款,发包人以实际施工人要求给付的工程款高于其欠付的工程款进行抗辩的,应当由发包人承担举证责任。另外直接起诉发包人的条件相对简单,其实际已经突破了合同相对性,并没有明确限制层层转包、违法分包中的实际施工人起诉发包人,所以层层转包、违法分包中的实际施工人也有可能直接起诉发包人。

(2)实际施工人行使代位权

《施工合同司法解释(一)》规定,实际施工人依据《民法典》第535条的规定,以转包人或者违法分包人怠于向发包人行使到期债权或者与该债权有关的从权利,影响其到期债权实现,提起代位权诉讼的,人民法院应予支持。

实际施工人行使代位权的前提条件是因为转包人或者违法分包人怠于向发包人行使到期债权,以至于对实际施工人造成损害。根据《民法典》的规定,实际施工人提起代位权诉讼,必须符合下列条件:①债权人对债务人的债权合法;②债务人怠于行使其到期债权,对债权人造成损害;③债务人的债权已到期;④债务人的债权不是专属于债务人自身的债权。另外,“债务人怠于行使其到期债权,对债权人造成损害的”的表现形式,“是指债务人不履行其对债权人的到期债务,又不以诉讼方式或者仲裁方式向其债务人主张其享有的具有金钱给付内容的到期债权,致使债权人的到期债权未能实现。”即实际施工人对转包人或者违法分包人的债权也必须是到期债权。实际施工人依据《民法典》第535条规定对发包人提起代位权诉讼时,代位权诉讼被告主体只能为发包人,转包人或者违法分包人为第三人。实际施工人行使代位权诉讼,是基于转包人或者违法分包人怠于向发包人行使到期债权,即与实际施工人签订合同的转包人或违法分包人,必须与发包人具有施工合同关系,如果转包人或违法分包人与发包人没有合同关系,实际施工人就不得直接代位向发包人提起诉讼。代位权诉讼强调合同相对性,层层转包、违法分包中的实际施工人无法起诉发包人。当然,司法实践中对此仍有争议,现在也难以断言层层转包、违法分包中的实际施工人必然能直接起诉发包人。实际施工人应注意根据不同的案件情况,因案施策,选择不同的诉讼策略。实现执行中的利益最大化。

第四章 建设工程合同无效、撤销及解除法律实务

第一节 建设工程勘察、设计、监理合同的效力

一、正确认定跨境交付工程设计合同的效力

(一)《建筑法》《建设工程勘察设计管理条例》等的规定

《建筑法》规定,从事建筑活动的建筑施工企业、勘察单位、设计单位和工程监理单位,按照其拥有的注册资本、专业技术人员、技术装备和已完成的建筑工程业绩等资质条件,划分为不同的资质等级,经资质审查合格,取得相应等级的资质证书后,方可在其资质等级许可的范围内从事建筑活动。《建设工程勘察设计管理条例》规定,建设工程勘察、设计单位应当在其资质等级许可的范围内承揽建设工程勘察、设计业务。禁止建设工程勘察、设计单位超越其资质等级许可的范围或者以其他建设工程勘察、设计单位的名义承揽建设工程勘察、设计业务。禁止建设工程勘察、设计单位允许其他单位或者个人以本单位的名义承揽建设工程勘察、设计业务。《建设工程勘察设计管理条例》第 22 条规定,“外国勘察设计单位及其在中国境内的办事机构,不得单独承接中国境内建设项目的勘察设计业务。承接中国境内建设项目的勘察设计业务,必须与中方勘察设计单位合作勘察或设计”。

原建设部《关于外国企业在中华人民共和国境内从事建设工程设计活动的管理暂行规定》(建市〔2004〕78 号)规定,外国企业以跨境交付的方式在中国境内提供编制建设工程初步设计(基础设计)、施工图设计(详细设计)文件等建设工程设计服务的,应遵守本规定。提供建设工程初步设计(基础设计)之前的方案设计不适用本规定。外国企业承担中华人民共和国境内建设工程设计,必须选择至少一家持有建设行政主管部门颁发的建设工程设计资质的中方设计企业进行中外合作设计,且在所选择的中方设计企业资质许可的范围内承接设计业务。合作设计项目的工程设计合同,应当由合作设计的中方设计企业或者中外双方设计企业共同与建设单位签订,合同应明确各方的权利、义

务。工程设计合同应为中文文本。我国香港特别行政区、澳门特别行政区和台湾地区的设计机构在内地从事建设工程设计活动参照本规定执行。保密工程、抢险救灾工程和我国未承诺对外开放的其他工程，禁止外国企业参与设计。因此，外国投资者可以在我国依法设立外商独资、中外合资、中外合作的设计公司，取得我国主管部门颁发的设计资质后，方可在设计资质许可范围内从事我国国内建设工程设计任务，也可以由外国设计公司与我国国内设计公司共同作为设计人，在国内设计公司资质许可范围内承揽国内建设工程设计任务。境外设计企业要从事国内设计业务，需与国内有资质的设计企业合作，不得单独与发包人签订设计合同。否则境外设计企业将因缺乏资质导致合同无效。因此，在实践中外国设计公司与国内设计公司共同作为设计人，与我国国内建设工程的建设单位签订设计合同，以及外国设计公司在中国境内设立的中外合资、合作或外商独资设计公司与我国国内建设工程的建设单位签订设计合同，只要符合上述法律法规的规定，应当是合法有效的。

设计合同的内容涉及三个阶段，包括方案设计、初步设计、施工设计，《关于外国企业在中华人民共和国境内从事建设工程设计活动的管理暂行规定》适用于外国企业以跨境交付的方式在中国境内提供编制建设工程初步设计（基础设计）、施工图设计（详细设计）文件等建设工程设计服务，但不适用于提供建设工程初步设计（基础设计）之前的方案设计，因此在建设工程初步设计（基础设计）之前的方案设计不要求外国企业必须选择至少一家持有建设行政主管部门颁发的建设工程设计资质的中方设计企业进行中外合作设计，当然方案设计合同也不应当因为外国企业没有选择至少一家持有建设行政主管部门颁发的建设工程设计资质的中方设计企业进行中外合作设计而认定无效。但是《建筑法》《建设工程勘察设计管理条例》对设计各阶段限定了资质等级准入的要求，从事设计的单位具备相应的资质等级方能承揽工程。设计公司的全部设计活动均应遵守《建筑法》《建设工程勘察设计管理条例》的规定，包括方案设计阶段。因此，作为境外企业参与国内方案设计活动时，也应当依法取得设计资质。否则，也应当认定方案设计阶段的设计合同无效。

（二）《关于我国加入世界贸易组织的决定》的规定

《民法通则》（已失效）第142条规定，涉外民事关系的法律适用，依照本章的规定确定。中国缔结或者参加的国际条约同中国的民事法律有不同规定的，适用国际条约的规定，但中国声明保留的条款除外。中国法律和中国缔结或者参加的国际条约没有规定的，可以适用国际惯例。《民法典》整体上放弃了原《民法通则》第142条的规定，也未就国际条约的适用作出任何规定。我国《民事诉讼法》第260条规定，中国缔结或者参加的国际条约同本法有不同规定的，适用该国际条约的规定，但中国声明保留的条款除外。全国人民代表大会常务委员会《关于我国加入世界贸易组织的决定》批准中国加入世界贸易组织议定书，该议定书中《中华人民共和国服务贸易具体承诺减让表》规定，对建筑设计服务在市场准入方面，对于方案设计没有限制，基础设计和施工图纸要求与中国专业机构进行合作设计。因此，外国设计公司可以与我国国内建设工程的建设单位签订方案设计合同，采取跨境交付方式，不受限制。

在“美国KLP建筑设计公司与泉州市奥林匹克置业投资有限公司、中国华陆工程公司建设工程设计合同纠纷案”①中，泉州市奥林匹克置业投资有限公司（以下简称奥林匹克公司）认为，美国KLP建筑设计公司（以下简称KLP公司）在中国境内没有注册登记，也没有相应的资质证

① 参见福建省泉州市中级人民法院民事判决书，（2006）泉民初字第100号。

明,因此,三方签订的合同违反了《建设工程勘察设计管理条例》《外商投资建设工程设计企业管理规定》等行政法规的强制性规定,根据《合同法》(已失效)第52条的规定,奥林匹克公司与原告KLP公司、第三人中国华陆工程公司(以下简称华陆公司)签订的建筑设计合同应属无效合同。法院经过审理认为,全国人民代表大会常务委员会《关于我国加入世界贸易组织的决定》,批准中国加入世界贸易组织议定书。根据议定书中《中华人民共和国服务贸易具体承诺减让表》规定,“对建筑设计服务在市场准入方面,对于方案设计没有限制,要求与中国专业机构进行合作,方案设计除外。对于国民待遇,外国服务提供者应为在其本国从事建筑/工程/城市规划的注册建筑师/工程师或企业。”原建设部《关于外国企业在中华人民共和国境内从事建设工程设计活动的管理暂行规定》第4条规定,“外国企业承担中华人民共和国境内建设工程设计,必须选择至少一家持有建设行政主管部门颁发的建设工程资质的中方企业进行合作设计,且在所选择的中方设计资质许可的范围承接设计业务。”本案中,KLP公司、华陆公司与奥林匹克公司签订泉州奥林匹克花园概念规划调整及详规、单体方案设计合同,其中合同约定“甲方同意乙方技术协作单位丙方作为乙方在本项目上的设计咨询单位”。KLP公司和华陆公司作为接受承担中国境内建设工程的合作单位,其中KLP公司取得美国俄克拉荷马州注册建筑师和园林建筑师管理委员会核发的营业执照、华陆公司持有建设部核发的甲级工程设计证书,该二企业的资质符合《中华人民共和国服务贸易具体承诺减让表》和《关于外国企业在中华人民共和国境内从事建设工程设计活动的管理暂行规定》中关于服务贸易跨境交付的市场准入范围和相关的资质要求,应确认为有效合同。《外商投资建设工程设计企业管理规定》调整的对象属于外国企业在中华人民共和国境内服务贸易中的商业存在,即投资成立设计企业,外国企业在中国境内服务贸易中的跨境交付,法律适用不同。所以,外国设计公司以跨境交付方式,为我国国内建设工程建设单位提供工程方案设计而签订的工程设计合同,不应以外国设计公司不具有中国设计资质为由认定合同无效。

(三)建设工程设计领域外资准入限制的放开

2002年发布的《外商投资建设工程设计企业管理规定》规定,外国投资者在中国境内设立外商投资建设工程设计企业,并从事建设工程设计活动,应当依法取得对外贸易经济行政主管部门颁发的外商投资企业批准证书,在国家工商行政管理总局或者其授权的地方工商行政管理局注册登记,并取得建设行政主管部门颁发的建设工程设计企业资质证书。随着我国工程设计领域对外开放准入限制的逐渐放开,自2018年10月31日起,《外商投资建设工程设计企业管理规定》、《〈外商投资建设工程设计企业管理规定〉的补充规定》和《外商投资建设工程服务企业管理规定》废止。

在深化改革开放的背景下,2018年6月8日,国务院下发《关于同意深化服务贸易创新发展试点的批复》(国函〔2018〕79号),在深化服务贸易创新发展试点开放便利举措中指出:对于工程咨询服务,允许符合条件的外籍人员在试点地区执业提供工程咨询服务(法律法规有资格要求的除外),对外资工程设计(不包括工程勘察)企业,取消首次申请资质时对工程设计业绩要求。在北京、天津、上海、海南、深圳、哈尔滨、南京、杭州、武汉、广州、成都、苏州、威海和河北雄安新区、重庆两江新区、贵州贵安新区、陕西西咸新区等省市(区域)试点。深化试点期限为2年。2018年11月23日国务院《关于支持自由贸易试验区深化改革创新若干措施的通知》决定在所有自贸试验区放宽外商投资建筑业企业(包括设计、施工、监理、检测、造价咨询等所有工程建设相关主体)在资质、执业、承接业务方面的限制。该通知提出:(1)放宽外商投资建设工程设计企业外籍技术人员的比例要求。(2)将外商投资设立建筑业(包括设计、施工、监理、检测、造价咨询等所有工程建设相关主体)资质许可的省级及以下审批权限下放至自贸试验区。(3)自贸试验区内的外商独资建筑业企业承揽本省(市)的中外联合建设项目时,不受建设项目的中外方投资比例限制。(4)对自贸试验区内的港澳台资建筑业企业,不再执行《外商投资建筑业企业管理规定》中关于工程承包范围的限制性规定。(5)对于自贸试验区内为本省(市)服务的外商投资工程设计(工程勘察除外)企业,取消首次申请资质时对投资者的工程设计业绩要求。

2019 年 1 月 19 日,为支持自由贸易试验区深化改革创新,根据住房和城乡建设部《关于落实〈国务院关于支持自由贸易试验区深化改革创新若干措施的通知〉有关事项的通知》(建外〔2019〕10 号)的要求:(1)放开建设工程设计领域外资准入限制,取消外商投资建设工程设计企业外籍技术人员的比例要求,取消外商投资工程设计企业首次申请资质时对投资者工程设计业绩的要求。(2)放宽有关建筑业企业承揽业务范围限制。自贸试验区内的外商独资建筑业企业承揽本省(市)的中外联合建设项目时,不受建设项目的中外方投资比例限制。在《内地与香港关于建立更紧密经贸关系的安排》《内地与澳门关于建立更紧密经贸关系的安排》《海峡两岸经济合作框架协议》下,对自贸试验区内的港澳台资建筑业企业,不再执行《外商投资建筑业企业管理规定》中关于工程承包范围的限制性规定。(3)进一步推进粤港澳有关领域服务贸易自由化,允许具有港澳执业资格的建筑、规划等领域专业人才,经相关部门或机构备案后,按规定范围为自贸试验区内企业提供专业服务。

二、建设工程勘察、设计、监理合同无效或被撤销后的处理

根据《民法典》第 157 条的规定,合同无效或被撤销后的应当处理两大主要问题即返还财产(或折价补偿)、根据过错责任承担损失。但是,由于建设工程勘察、设计和监理主要体现为非物质性的专业技术服务,财产属性不强,而且难以量化专业技术服务,若建设工程勘察、设计和监理被确认为无效合同或被撤销,难以处理返还财产(或折价补偿)、根据过错责任承担损失的问题。笔者认为,建设工程勘察、设计及监理合同被确认为无效或被撤销后,合同已经履行的,应停止履行,合同未履行的,不得履行,并按以下原则处理返还财产(或折价补偿),根据过错责任承担损失问题。

(一)关于返还财产(或折价补偿)问题

1. 工程资料的返还

无论合同是否已经履行,勘察人、设计人及监理人已经取得发包人(或委托人)交付的工程资料的,均应当返还发包人(或委托人);若不能返还的,应当折价补偿,折价补偿的标准应当具体分析。例如,监理人不能返还委托人交付的工程图纸,委托人为了重新取得相同的工程图纸而实际发生的费用应当由监理人予以补偿。同时,勘察人、设计人、监理人已经交付给发包人(或委托人)的工程勘察资料、设计文件资料、监理资料等,发包人(或委托人)也应当予以返还。

2. 已支付费用的返还

发包人(或委托人)基于合同已经支付给勘察人、设计人、监理人的费用、报酬,勘察人、设计人及监理人应当予以返还。

3. 其他财产的返还

发包人(或委托人)为了实施工程勘察、设计、监理工作,而向勘察人、设计人、监理人交付的其他财产(如工程勘察、监理中,发包人或委托人给勘察人、监理人提供的勘察、监理辅助设施设

备;工程设计中,发包人向设计人提供的工程材料样品),勘察人、设计人、监理人应当予以返还。

(二)根据过错程度承担责任

《民法典》规定,合同无效或被撤销后的损失应当指直接损失(实际损失),而不应包括可得利益损失,因为《民法典》第584条规定的可得利益损失是基于合同有效、当事人一方不履行合同义务或者履行合同义务不符合约定而给对方造成的损失。

1. 勘察、设计、监理合同被认定无效或被撤销后,合同的当事人往往产生以下直接损失(且损失应当有证据证实)

(1)勘察人、设计人及监理人已发生费用的损失。在工程勘察中一般存在工程勘察设施设备费用、人员劳务费用、工资薪酬、加班费用、差旅费用、技术服务费用、勘察准备费用、管理费用等;在工程设计中一般存在工程设计人员工资薪酬、加班费用、差旅费用、技术服务费用、管理费用等;在工程监理中一般存在工程监理人员工资薪酬、加班费用、差旅费用、技术服务费用、监理辅助设施设备费用、管理费用等。(2)发包人(或委托人)重新招标选择合格勘察人、设计人、监理人而增加发生的费用,包括重新招标发生的招标代理费用、重新招标造成的工程工期延误产生的损失等。

2. 实践中存在以下几种主要过错责任的情况

一般情况下,发包人(或委托人)和勘察人、设计人、监理人对于勘察、设计、监理合同无效或被撤销均有相应的过错责任,特殊情况下为单方过错责任。实践中存在以下几种主要过错责任的情况:(1)勘察人、设计人、监理人不具备法定资质、发包人(或委托人)忽视对方不具有法定资质的而签订的合同被认定无效,勘察人、设计人、监理人应当承担主要过错责任,但发包人(或委托人)也应当承担资格审查疏忽的次要过错责任;过错责任的具体比例应由司法机关自由裁量。(2)勘察人、设计人、监理人故意隐瞒不具备法定资质事实或伪造资质、假借他人资质而签订的合同被认定无效或被撤销的,勘察人、设计人、监理人应当承担全部过错责任。(3)发包人(或委托人)不具有签订工程勘察、设计、监理法定资格而与勘察人、设计人、监理人签订合同被认定无效的,发包人(或委托人)应当承担主要过错责任,勘察人、设计人、监理人应当承担对发包人(或委托人)资格审查疏忽的次要过错责任;过错责任的具体比例应由司法机关自由裁量。(4)发包人(或委托人)故意隐瞒不具备发包(或委托)资格事实或伪造资质、假借他人名义而签订的合同被认定无效或被撤销的,发包人(或委托人)应当承担全部过错责任。如发包人(或委托人)实施的工程为违法工程,发包人(或委托人)不具有法律规定的法人资格或其他组织资格,发包人(或委托人)并不是工程的建设单位等情况。因此,应当根据上述过错责任的具体情况,具体分析判定无效或被撤销合同的当事人承担相应损失。

第二节 建设工程施工合同无效或被撤销后的处理

《民法典》第157条规定,民事法律行为无效、被撤销或者确定不发生效力后,行为人因该行为取得的财产,应当予以返还;不能返还或者没有必要返还的,应当折价补偿。有过错的一方应当赔偿对方由此所受到的损失;各方都有过错的,应当各自承担相应的责任。法律另有规定的,依照其规定。《民法典》第793条规定,建设工程施工合同无效,但是建设工程经验收合格的,可以参照合同关于工程价款的约定折价补偿承包人。建设工程施工合同无效，且建设工程经验收不合格的，按照以下情形处理：(1)修复后的建设工程经验收合格的，发包人可以请求承包人承担修复费用；(2)修复后的建设工程经验收不合格的，承包人无权请求参照合同关于工程价款的约定折价补偿。发包人对因建设工程不合格造成的损失有过错的，应当承担相应的责任。《施工合同司法解释(一)》第6条规定，建设工程施工合同无效，一方当事人请求对方赔偿损失的，应当就对方过错、损失大小、过错与损失之间的因果关系承担举证责任。损失大小无法确定，一方当事人请求参照合同约定的质量标准、建设工期、工程价款支付时间等内容确定损失大小的，人民法院可以结合双方过错程度、过错与损失之间的因果关系等因素作出裁判。

《民法典》《施工合同司法解释(一)》对建设工程施工合同整体被确认无效但合同已履行完毕的处理作出了如下规定：(1)建设工程施工合同已经履行完毕后，建设工程经竣工验收合格的，发包人可以参照合同关于工程价款的约定折价补偿承包人。但是，建设工程的发承包双方应按照双方的过错程度承担建设工程施工合同无效造成的损失。(2)建设工程施工合同已经履行完毕后，建设工程经竣工验收不合格的，要分两种情况给予不同处理：一是维修后建设工程经竣工验收合格的，发包人可以参照合同关于工程价款的约定折价补偿承包人，但发包人可以请求承包人承担修复费用。二是维修后建设工程经竣工验收不合格的，承包人无权请求参照合同关于工程价款的约定折价补偿，由此产生的损失由承包人自行承担。同时，按照发承包双方的过错程度对损失承担相应的赔偿责任。损失可以包括签订、履行合同和合同被确认无效后的后续费用，如拆除质量不合格的建筑物的费用、工程延期费用、材料费等。

然而，《民法典》《施工合同司法解释(一)》的上述规定并未解决实践中存在的建设工程施工合同无效或被撤销的其他一些特殊情况的处理问题，笔者结合相关法律规定，针对建设工程施工合同无效或被撤销的一些特殊情况提出相应的处理原则和方法：

一、施工合同整体被确认无效或被撤销时合同尚未履行

(一)禁止履行

如果建设工程施工合同整体被认定无效，即表明该施工合同已经违反法律、行政法规的强制性规定，该施工合同整体具有严重的违法性，依据《民法典》的基本原理，违反法律、行政法规的强制性规定的合同不应当履行。因此，施工合同被确认无效时尚未履行的，不得履行。《民法典》第155条规定，无效的或者被撤销的民事法律行为自始没有法律约束力。因此，施工合同整体被撤销与施工合同整体被确认无效的后果是一样的，都是合同自始没有法律效力，没有法律效力的合同不得履行。基于以上，如果建设工程施工合同整体被认定无效或被撤销，该合同尚未履行的，任何一方当事人均无权要求继续履行，施工承包人已进入施工场地进行相应施工准备的人员、机械、材料设备应当退场。

(二)折价补偿

折价补偿主要包括：(1)工程资料的返还。施工承包人已经取得发包人交付的工程图纸资料的，均应当返还发包人；若不能返还的，应当折价补偿，折价补偿可以发包人为了重新取得相同的工程图纸而实际发生的费用为标准。(2)已支付费用的返还。发包人基于合同已经支付给施工承包人的费用，施工承包人应当予以返还。施工承包人向发包人支付的履约保证金、银行保函等，发包人应一并返还施工承包人。(3)其他财产的返还。发包人为了实施工程施工，而向施工承包人交付的其他财产(如发包人给施工承包人提供的工程材料、设备等)，施工承包人应当予

以返还。

(三)根据过错责任承担损失

《民法典》规定,民事法律行为无效、被撤销或者确定不发生效力,有过错的一方应当赔偿对方由此所受到的损失;各方都有过错的,应当各自承担相应的责任。其法律责任的性质是侵权责任还是缔约过失责任?抑或两者存在竞合?按照通说认为,缔约过失责任是在当事人签订合同过程中违反先合同义务产生的责任。有研究者认为,若合同无效的原因属于缔约双方的故意时,法律没有保护恶意之人的必要,在双方恶意串通并损害社会公共利益、国家利益、集体利益或第三人的合法利益时,尤其如此。也就是说,于此场合不成立缔约上过失责任。笔者认为,尽管造成合同无效或被撤销的理由与承担缔约过失责任的原因存在重合,但是合同无效或被撤销的情况下,当事人之间已经完成了缔约行为,合同无效或被撤销后根据过错承担损失的责任不是缔约过失责任,而应当归入侵权责任的范畴。例如,因施工承包人故意隐瞒不具备承包资格事实或伪造资质、假借他人名义而签订的合同被认定无效或被撤销的,承包人应当承担全部过错责任,这是由于承包人的故意损害了发包人的合法权益,完全符合侵权责任的构成要件。

1. 建设工程施工合同被认定无效或被撤销后,合同的当事人往往产生以下直接损失(且损失应当有证据证实)

(1)施工承包人的损失。一般情况下,施工承包人的损失包括工程材料、设备采购、租赁费用、人员劳务费用、工资薪酬、加班费用、差旅费用、临时设施费用、管理费用等。(2)发包人的损失。由于施工合同无效存在多种情形,发包人在不同的施工合同无效情形下产生的损失也是不一样的,需要具体情况具体分析。例如,在发包人工程违法、未招标而直接签订的施工合同被认定无效情形下,由于发包人的工程因违法而无法继续实施,发包人为工程施工而投入的工程勘察、设计费用应当列入其损失范围;但是在发包人工程合法、因承包人不具备相应资质而造成施工合同无效的情况下,由于发包人工程合法可以更换合格施工承包人而继续实施工程,发包人为工程施工而投入的工程勘察、设计费用则不应列入其损失范围,但是因更换合格施工承包人而造成发包人重新招标发生的费用、工期延误的损失均应作为发包人的直接损失。

2. 实践中存在以下几种主要过错责任的情况

建设工程施工合同无效,一方当事人请求对方赔偿损失的,应当就对方过错、损失大小、过错与损失之间的因果关系承担举证责任。一般情况下,发包人和承包人对于施工合同无效或被撤销均有相应的过错责任,特殊情况下为单方过错责任。实践中存在以下几种主要过错责任的情况:(1)施工承包人不具备法定资质、发包人忽视对方不具有法定资质的而签订的合同被认定无效,施工承包人应当承担主要过错责任,但发包人也应当承担资格审查疏忽的次要过错责任;过错责任的具体比例应由司法机关自由裁量。(2)施工承包人故意隐瞒不具备法定资质事实或伪造资质、假借他人资质而签订的合同被认定无效或被撤销的,施工承包人应当承担全部过错责任。(3)发包人不具有签订工程施工合同的法定资格(如发包人并非工程的建设单位,其无权发包;工程未取得土地、规划等合法手续,发包人违法发包;发包人不具有法人资格或其他组织资格等)或违反法定程序(发包人按照法律规定应当招标而未招标)而与施工承包人签订合同被认定无效的,发包人应当承担主要过错责任,施工承包人应当承担对发包人资格审查疏忽的次要过错责任;过错责任的具体比例应由司法机关自由裁量。(4)发包人故意隐瞒不具备发包资格事实或伪造资质、假借他人名义、虚假招标而签订的合同被认定无效或被撤销的,发包人应当承担全部过错责任。因此,应当根据上述过错责任的具体情况,具体分析判定无效或被撤销施工合同的当事人承担相应损失。如果损失大小无法确定，一方当事人请求参照合同约定的质量标准、建设工期、工程价款支付时间等内容确定损失大小的，人民法院可以结合双方过错程度、过错与损失之间的因果关系等因素作出裁判。

二、施工合同整体被确认无效或被撤销时已经部分履行

如果出现施工合同整体被确认无效或被撤销时已经部分履行的情况时，应当采用以下处理方式：(1)禁止履行。未履行的部分不得继续履行。(2)返还财产（或折价补偿）及根据过错责任承担损失。

与施工合同整体被确认无效或被撤销时合同尚未履行有所不同，已经部分履行的无效施工合同或被撤销施工合同，应当区分不同的情况分别处理：(1)已完成部分工程质量低劣，无法补救或所建工程严重违反法律（如在防洪区域内对防洪工程构成威胁的严重违反城市规划的违法工程），应按照无效合同的一般处理原则，已经完成部分工程应予以拆除，发包人已支付的工程款应当返还。施工承包人已投入的人力、物力等应作为其损失，以及合同当事人的其他损失应根据《民法典》规定的双方按过错责任承担。(2)工程质量完全合格，且是经合法审批的工程项目，则已完成的“未完工”工程归发包人所有，承包人所付出的人力、物力等实际投入应当由发包人参照合同关于工程价款的约定折价补偿承包人。

《民法典》第793条规定，建设工程施工合同无效，但是建设工程经验收合格的，可以参照合同关于工程价款的约定折价补偿承包人。折价补偿给施工承包人仍应当参照合同关于工程价款的约定。关于工程资料的返还，除了应返还发包人工程图纸外，还应将工程施工过程中形成的施工资料交付给发包人。

三、施工合同部分内容被确认无效或被撤销

《民法典》第156条规定，民事法律行为部分无效，不影响其他部分效力的，其他部分仍然有效。如果建设施工合同的部分内容被确认无效或被撤销，也不能按照合同无效或被撤销的一般方式处理。由于只是施工合同的部分内容无效或被撤销，被确认无效或被撤销的部分合同条款不得履行；已经全部（或部分）履行的，应当具体问题具体分析处理返还财产（或折价补偿）和根据过错责任承担损失。例如，如果施工承包人的让利承诺被法院依法撤销，则发包人不得要求承包人履行让利约定，同时，如果发包人已经在工程款中扣除了承包人的让利部分，该让利部分应当返还给承包人，而且因此造成的损失即该让利部分的工程款的利息应当按过错责任承担。

四、发包人和承包人双方共同故意损害他人利益的后果

《民法典》第154条规定，行为人与相对人恶意串通，损害他人合法权益的民事法律行为无效。如果发包人和承包人在订立施工合同时，明知他们的行为会损害国家、集体或第三人利益而故意订立该合同的，其法律后果和其他认定为无效合同的处理结果是一致的，也即民事法律行为无效、被撤销或者确定不发生效力后，行为人因该行为取得的财产，应当予以返还；不能返还或者没有必要返还的，应当折价补偿。有过错的一方应当赔偿对方由此所受到的损失；各方都有过错的，应当各自承担相应的责任。

五、建设工程施工合同无效的行政责任

建设工程施工合同被确认无效后，除了承担民事法律责任外，还要承担相应的行政责任。建

设工程施工合同无效的行政责任主要有责令改正、责令停业整顿、降低资质等级、罚款等。例如承包人将承包的工程转包或非法分包的,可以责令停业整顿,降低资质等级、吊销资质证书。例如以欺骗手段取得资质证书承揽工程的,吊销资质证书。

第三节 建设工程合同当事人应审慎行使解除权

一、建设工程合同的任意解除问题

《民法典》第 787 条规定,定作人在承揽人完成工作前可以随时解除合同,造成承揽人损失的,应当赔偿损失。理论上一般认为,之所以仅赋予定作人而不赋予承揽人随时解除合同的权利,是基于对定作人的保护。在通常情况下,承揽合同的标的较小,涉及面也小,承揽人可以同时履行多个承揽合同,解除其中的某个合同对承揽人造成的影响不大。但定作人一般不会同时就同一定作物与多个承揽人签订承揽合同,定作之目的又多是为满足自身特殊的需要,如果承揽人解除合同,将会对定作人造成很大影响。此外,在合同履行过程中若定作人已不再需要定作物但合同又不得不继续履行,实际上增加了定作人不必要的开支。基于这些原因,《民法典》赋予定作人随时解除合同的权利,但应当赔偿承揽人由此而造成的损失。

《民法典》建设工程合同一章并未规定建设工程合同的发包人有随时解除权。但《民法典》第 808 条规定,本章(第十八章 建设工程合同)没有规定的,适用承揽合同的有关规定。从法律规定上理解,似乎《民法典》第 787 条关于定做人随时解除合同权的规定应当适用于建设工程合同。但是,如果根据《民法典》第 787 条的规定赋予发包人随时解除合同的权利,显然是不妥的。原因如下:(1)建设工程合同的标的物是建设工程项目,远非一般或传统意义上的普通定作物可比。后者一般而言,投资不大、涉及面小;而前者投资巨大,建设周期长,历经勘察、设计和施工三个阶段,且涉及面十分广泛。与定作人解除合同对承揽人造成的影响不大相比,发包人一旦解除合同,不仅对勘察人、设计人、施工承包人造成较大影响,而且还会对诸如材料设备供应商、房屋购买人、拆迁回迁户等众多单位和个人造成一系列负面影响,甚至危及社会稳定,后果是严重的。故从立法出发点的角度而言,建设工程合同的发包人不能象承揽合同的定作人那样可随时解除合同。(2)从法律上分析,发包人也不能享有随时解除合同的权利。《建筑法》第 15 条第 2 款明确规定,发包单位和承包单位应当全面履行合同约定的义务。不按照合同约定履行义务的,依法承担违约责任。将该规定与《民法典》第 787 条相比较,《民法典》第 787 条不仅允许定作人随时解除合同,且定作人仅需赔偿承揽人的损失,若无损失,定作人无须承担违约责任;《建筑法》第 15 条第 2 款要求发包、承包双方均应严格履约,违约者须承担违约责任,包括支付违约金和赔偿损失。(3)从后果来看,若允许发包人随时解除合同,实际上已赋予其重新挑选甚至不断地更换承包人的权利,无异于宣布建设工程招标投标等法律制度形同虚设。发包人享有随时解除合同的权利,可能增加建设工程领域的腐败。凡此种种,都是法律的严肃性所不允许的。综上所述,建设工程合同一经依法订立,发包人与承包人均应严格履行合同义务,没有法律或合同上的充分理由不得擅自解除合同,否则应依法承担违约责任。

二、建设工程合同的当事人应当审慎行使解除权

一般而言,建设工程勘察、设计、施工合同的标的额较大,涉及当事人的利益大,履行周期较

长。在合同履行过程中，如果履约管理不细致、不到位，合同解除可能造成一些不可弥补的损失。建设工程合同往往标的额大，合同解除处理不当会造成较大经济损失。基于此，建设工程合同的当事人应当审慎行使解除权。

（一）严格遵循建设工程合同的解除程序

建设工程合同解除程序要求严格，通过非诉或诉讼方式解除合同均有不同程度的难度。《民法典》第 562 条、第 563 条规定了合同解除的情形，并将合同解除区分为协商解除和法定解除。当事人协商一致，可以解除合同。当事人可以约定一方解除合同的事由。解除合同的事由发生时，解除权人可以解除合同。《民法典》第 563 条对合同解除法定解除的情形作出了一般规定。有下列情形之一的，当事人可以解除合同：（1）因不可抗力致使不能实现合同目的；（2）在履行期限届满前，当事人一方明确表示或者以自己的行为表明不履行主要债务；（3）当事人一方迟延履行主要债务，经催告后在合理期限内仍未履行；（4）当事人一方迟延履行债务或者有其他违约行为致使不能实现合同目的；（5）法律规定的其他情形。以持续履行的债务为内容的不定期合同，当事人可以随时解除合同，但是应当在合理期限之前通知对方。同时，《民法典》第 806 条分别对发包人和承包人的合同解除权作出规定。《民法典》第 806 条是在对《施工合同司法解释》（已失效）第 8 条第 4 项、第 9 条第 2、3 项以及第 10 条第 1 款合并整理的基础上而来的，对特定情况下建设工程合同的法定解除进行了细化规定。承包人将建设工程转包、违法分包的，发包人可以解除合同。发包人提供的主要建筑材料、建筑构配件和设备不符合强制性标准或者不履行协助义务，致使承包人无法施工，经催告后在合理期限内仍未履行相应义务的，承包人可以解除合同。根据《民法典》第 806 条的规定，承包人享有法定解除权的事由是发包人提供的主要建筑材料、建筑构配件和设备不符合强制性标准或者不履行协助义务，致使承包人无法施工，且有催告的前置要求。这一规定的内容实际上加大了对承包人合法利益的保护，加重了发包人违约的法律责任。实际上该条款是对法定解除在建设工程领域下的特殊解读，需要注意的是，承包人在行使解除权的时候，必须根据法律规定行使催告义务，在催告期届满之后，方可行使合同解除权。应当注意的是，建设工程合同解除的条件和程序要求，在实践中较为严格，而且，按照有关规定，建设工程合同一般是通过招投标方式签订的，并依法办理了招标备案手续，如果建设工程合同解除，在法理上应当办理招标备案的撤销手续。但是目前只有招投标备案的规定，并没有针对合同解除后的合同备案撤销之规定，造成实践中建设工程合同解除后施工许可证、竣工备案等手续均不能变更，给当事人特别是发包人造成较大麻烦。

（二）建设工程合同解除后的处理

《民法典》第 566 条规定，合同解除后，尚未履行的，终止履行；已经履行的，根据履行情况和合同性质，当事人可以请求恢复原状或者采取其他补救措施，并有权请求赔偿损失。合同因违约解除的，解除权人可以请求违约方承担违约责任，但是当事人另有约定的除外。主合同解除后，担保人对债务人应当承担的民事责任仍应当承担担保责任，但是担保合同另有约定的除外。《民法典》第 806 条规定了建设工程合同解除后的法律后果，即合同解除后已经完成的建设工程质量合格的，发包人应当按照约定支付相应的工程价款；已经完成的建设工程质量不合格的，参照《民法典》第 793 条的规定处理。建设工程施工合同无效，但是建设工程经验收合格的，可以参照合同关于工程价款的约定折价补偿承包人。建设工程施工合同无效，且建设工程经验收不合格的，按照以下情形处理：（1）修复后的建设工程经验收合格的，发包人可以请求承包人承担修复费用；（2）修复后的建设工程经验收不合格的，承包人无权请求参照合同关于工程价款的约定折价补偿。发包人对因建设工程不合格造成的损失有过错的,应当承担相应的责任。

建设工程施工合同在合同解除后,如工程质量合格,不存在恢复原状的问题,当事人一方主张恢复原状,是不能得到支持的。但当发包人没有支付已履行部分工程价款时,不能认为支付工程价款是已经履行的部分,因此需要参照合同关于工程价款的约定折价补偿承包人。这样处理表面上看是在解除合同的同时又要求当事人在履行合同,实质上是对合同解除后采取的一种补救措施,且仍然是向后解除的情况,即未履行的部分还是不再履行。建设工程合同解除时已经部分履行的情况下,如何支付已履行部分相对应的价款,在实践中是一个难以处理的问题,例如建设工程设计合同解除时,设计人只完成了部分设计图纸的设计,如何确定设计人应获得的该部分设计费?另外,在施工合同解除时工程尚未施工完毕的情况下,发包人与承包人就工程已完成部分的工程量的清点核对以及工程质量的检验,与后续施工承包人如何分清施工界面,也是要非常专业和认真对待的,处理不慎就可能留下隐患。有过错一方还应赔偿因合同解除给对方造成的损失。

根据《民法典》第584条之规定,当事人一方不履行合同义务或者履行合同义务不符合约定,造成对方损失的,损失赔偿额应当相当于因违约所造成的损失,包括合同履行后可以获得的利益;但是,不得超过违约一方订立合同时预见到或者应当预见到的因违约可能造成的损失。因发包人原因造成解除合同的,发包人除应当支付已完工程的结算款项外,还应当向承包人赔偿因解除合同承包人撤场费用损失包括材料、机械设备倒运费、人员遣散费、已订货的材料设备因订货或解除订货合同造成的损失等;对于合同不能履行造成承包人无法实现的工程利润,是承包人合同履行后可以获得的利益,发包人也应当赔偿。

第五章 建设工程价款优先受偿权法律实务

《民法典》第 807 条,《施工合同司法解释(一)》第 35 条 ~ 第 42 条对建设工程价款优先受偿权的主体、效力、范围、行使条件、行使期限以及能否放弃作出了规定。但在建设工程价款优先受偿权的实务操作中,仍然存在一些问题,建设工程价款优先受偿权的行使效果还不甚理想。

一、建设工程价款优先受偿权的权利主体问题

《民法典》第 788 条第 2 款规定,建设工程合同包括工程勘察、设计、施工合同。《施工合同司法解释(一)》第 35 条规定,与发包人订立建设工程施工合同的承包人,依据《民法典》第 807 条的规定请求其承建工程的价款就工程折价或者拍卖的价款优先受偿的,人民法院应予支持。第 37 条规定,装饰装修工程具备折价或者拍卖条件,装饰装修工程的承包人请求工程价款就该装饰装修工程折价或者拍卖的价款优先受偿的,人民法院应予支持。《施工合同司法解释(一)》明确了建设工程价款优先受偿权的权利行使主体,即与发包人订立建设工程施工合同关系的承包人,不包括工程勘察、设计合同的承包人,也不应当包括分包人。

建设工程价款优先受偿权是专属于建设工程施工承包人的一项权利。建设工程价款优先受偿权的权利人确定问题,应当严格遵循《民法典》第 807 条的规定和合同相对性原则,建设工程价款优先受偿权的义务主体是建设工程的发包人,应当是与发包人存在直接合同法律关系的施工承包人才能主张。依据《建筑法》第 24 条的规定,提倡对建筑工程实行总承包,禁止将建筑工程支解分包,即法律没有规定所有的建设工程均必须实行施工总承包制度。如果建设工程施工由总承包人与发包人签订了工程合同,其他分包人均经发包人认可与总承包人签订了分包合同,那么建设工程价款优先受偿权应当由总承包人享有;如果建设工程施工由总承包人与发包人签订了工程合同,而分包人是直接与发包人签订的工程合同,这是名为总承包实为分别承包,只要发包人不构成支解分包,与发包人直接签约的承包人均可行使建设工程价款优先受偿权;如果建筑工程施工未实行总承包,发包人将工程各主要部分直接分别发包的,只要不构成支解发包,与发包人直接签订工程合同的

承包人均可以就自己承建的工程部分主张建设工程价款优先受偿权。因此,享有建设工程价款优先受偿权的主体只有与发包人订立建设工程施工合同的承包人。

二、未竣工建设工程的行使建设工程价款优先受偿权问题

根据《民法典》第793条的规定,建设工程施工合同无效,但是建设工程经验收合格的,可以参照合同关于工程价款的约定折价补偿承包人。《施工合同司法解释(一)》第38条规定,建设工程质量合格,承包人请求其承建工程的价款就工程折价或者拍卖的价款优先受偿的,人民法院应予支持。建设工程质量合格,是承包人请求其承建工程的价款就工程折价或者拍卖的价款优先受偿的前置条件,即无论施工合同有效还是无效,只要工程质量合格,承包人就能享有建设工程价款优先受偿权。

(一)工程质量合格是承包人行使工程价款优先受偿权的前提

《建筑法》等法律规定明确规定,在工程竣工后,经竣工验收合格的,发包人应支付工程价款。例如工程竣工后发包人无理拒不组织验收或拒不签署验收合格报告,承包人的工程价款优先受偿权不是会落空?笔者认为,这两种情况均可能发生,但工程质量验收不是工程价款优先受偿权的条件,这两种情况均不会妨碍承包人主张工程价款优先受偿权。《施工合同司法解释(一)》第38条规定,工程质量合格是承包人享有建设工程价款优先受偿权的前提条件,建设工程价款优先受偿权无须以竣工验收合格作为成立条件,对于建设项目停工未能竣工的,只要质量合格仍可以行使建设工程优先受偿权的必然前提。对已竣工的工程予以拍卖或折价,应当通过竣工验收,只有竣工验收合格才能进行工程实体的市场流转。对于停建的工程项目,不可能进行竣工验收,借助司法鉴定以及司法推定的方式确定已经完工的部分质量是否合格,只要已建成的部分工程已经隐蔽验收和中间验收合格的,就可以确定建设工程价款优先受偿权的行使。

(二)建设工程未经竣工验收发包人擅自使用后的质量确定

《施工合同司法解释(一)》第14条规定,建设工程未经竣工验收,发包人擅自使用后,又以使用部分质量不符合约定为由主张权利的,人民法院不予支持;但是承包人应当在建设工程的合理使用寿命内对地基基础工程和主体结构质量承担民事责任。除了发包人与承包人依法进行的程序化的竣工验收外,如果其进场实际使用,本身也是一种默示验收行为,表示发包人对承包人的施工人员劳动成果的确认和接受。而且,发包人的实际进场使用也就意味着建设工程占有权已发生转移,转由发包人实际控制占有。因此,应当将发包人的提前使用视为法律意义上的竣工验收,从而使承包人从因没有形式上的验收而无法竣工结算的困境中解脱出来,并毫无争议地享有建设工程优先受偿权。而这种情形之下的"建设工程竣工之日",应当就是发包人实际进场使用建设工程即转移占有建设工程之日。《施工合同司法解释(一)》第9条规定,当事人对建设工程实际竣工日期有争议的,人民法院应当分别按照以下情形予以认定:(1)建设工程经竣工验收合格的,以竣工验收合格之日为竣工日期;(2)承包人已经提交竣工验收报告,发包人拖延验收的,以承包人提交验收报告之日为竣工日期;(3)建设工程未经竣工验收,发包人擅自使用的,以转移占有建设工程之日为竣工日期。

(三)承包人严重施工质量问题导致建设工程竣工验收不合格或承包人自己过错导致未能完工的情形

承包人施工过程存在严重施工质量问题导致建设工程竣工验收不合格,说明承包人尚未按照法律规定和合同约定履行完毕建设工程承发包合同,尚未能把成品工程交给发包人,如其主张

优先受偿权,应当分别情况处理:(1)经过修复后能验收合格的,可予认定承包人享有优先受偿权;(2)经过修复后过程质量仍不能合格的,则不仅应该不予认定承包人享有优先受偿权,而且发包人有权不付或少付工程价款,有权请求承包人承担违约责任。因承包人自己的过错导致工程未能完工的,则完全属于承包人单方面违约,此时不应再支持承包人的优先受偿权,此情况下发包人同样可请求承包人承担违约责任。

三、工程价款优先受偿权的行使方式问题

根据《民法典》第 807 条的规定,建设工程价款优先受偿权的行使方式有 2 种:一是与发包人协议将该工程折价,二是申请人民法院将该工程依法拍卖。在折价或拍卖前,应当向发包人催告在合理期限内支付价款。但是对“合理期限”没有法律明确规定,一般应当考虑承包、发包双方对付款的合同约定和交易习惯来确定。《民法典》第 807 条对于具体行使程序的规定均过于原则,这是工程价款优先受偿权实施以来效果不甚理想的一个重要原因,难以界定直接申请法院拍卖工程行使工程价款优先受偿权程序的性质。

承包人不同意以建设工程协议折价的方式实现工程价款优先受偿权的,或者承包人与发包人达不成建设工程折价协议的,《民法典》第 807 条的规定,承包人可以申请人民法院将该工程依法拍卖,建设工程的价款就该工程拍卖的价款优先受偿。承包人提出将建设工程依法拍卖以实现其工程价款债权的申请以后,在程序上应当如何操作,《民法典》第 807 条未作规定,实践中也有分歧。第一种观点认为,《民法典》第 807 条规定的不是“提起诉讼”,而是“申请法院拍卖”应当准用《民事诉讼法》规定的执行程序。法院受理申请后,应当通知发包人。发包人就工程价款优先受偿权是否成立及是否符合执行条件提出异议的,应当终止执行程序,驳回承包人之申请。此种情形之下,承包人可以另外提起确认之诉,以确认工程价款优先受偿权的成立,胜诉后始能申请法院依法拍卖。第二种观点认为,承包人向人民法院起诉,获得生效判决或者调解书后,向人民法院申请执行。当然承包人也可以根据仲裁协议申请仲裁,以仲裁裁决为依据申请人民法院强制执行。迄今为止,人民法院在司法实践中适用《民法典》第 807 条以及原《合同法》第 286 条的司法判例,大多数都是发生在审理程序中的。

笔者认为,承包人向人民法院申请行使建设工程价款优先受偿权,究竟是进入执行程序,还是进入诉讼程序应当具体问题具体分析,主要看承包人的申请有无执行依据。如果承包人与发包人办理了竣工结算,工程价款的数额已经确定,双方并就确定的工程价款进行公证,形成了公证债权文书,由于公证的债权文书具有执行效力,所以承包人持此公证债权文书,可以直接向人民法院申请执行。如果承包人与发包人未就确定的价款形成公证债权文书,承包人仅以工程价款已经发包人确认为由,向法院提出申请执行的,由于发包人对工程欠款确认的文书不能成为法院直接执行的依据,人民法院对该执行申请不能予以支持,应当告知承包人就工程价款纠纷提起诉讼,或依仲裁条款申请仲裁,待人民法院或仲裁机构作出的裁决生效后,再进入执行程序。

在执行程序中如何确认优先受偿的数额,通过什么程序予以确认,《民法典》《施工合同司法解释(一)》等法律法规并未作出规定。如果通过执行听证的形式加以确认,一种情形是申请执行人对发包人与承包人所计算的人工费和材料款无异议,则可视此数额为优先受偿数额;另一种情形是申请执行人不认可发包人与承包人所确认的人工费和材料款数额,对此有异议,或者发包人与承包人就工程款数额产生争议,则应引导当事人通过诉讼程序解决。该执行案件就此问题可予中止执行。《民法典》第 807 条对建设工程承包人的优先受偿权仅是在立法上作了原则性的

规定。最高人民法院《施工合同司法解释(一)》虽然对建设工程价款优先受偿权的主体、范围、行使期限以及能否放弃作出了规定,但对建设工程价款优先受偿权的程序性问题规定仍不够明确,应当在以下一些方面加以补充:(1)应当对主张工程价款优先受偿权的受限制情形详细规定出来,例如施工合同无效、建设工程标的物所有权已合法转移、商品房已办理预售登记、标的物不宜拍卖情形等。(2)应当对主张优先受偿权的确认之诉、执行程序中依据何种程序审查、径行申请拍卖承建工程的程序等作出明确规定。(3)应当对主张工程价款优先受偿权承包人的工程验收的要求和质量责任的要求问题,对多个承包人一起主张工程价款优先受偿权的竞合处理原则问题,对发包人和承包人恶意串通损害第三人利益的工程价款优先受偿权的撤消请求权问题等作出明确规定。

四、行使建设工程价款优先受偿权后的施工合同履行问题

建设工程施工承包人行使建设工程价款优先受偿权后,如果原施工合同尚未履行完毕,原施工合同构成法律上的履行不能,承包人不能主张继续施工未完工程。承包人行使工程价款优先受偿权后,在建工程被拍卖或折价变卖,发包人无法履行原施工合同,因为在建工程被拍卖后,在建工程的所有权不再属于发包人,而属于买受人,原施工合同构成法律上的履行不能。《民法典》第580条规定,当事人一方不履行非金钱债务或者履行非金钱债务不符合约定的,对方可以请求履行,但是有下列情形之一的除外:(1)法律上或者事实上不能履行;(2)债务的标的不适于强制履行或者履行费用过高;(3)债权人在合理期限内未请求履行。有上述规定的除外情形之一,致使不能实现合同目的的,人民法院或者仲裁机构可以根据当事人的请求终止合同权利义务关系,但是不影响违约责任的承担。行使建设工程价款优先受偿权后,在建工程被拍卖或折价变卖,原施工合同构成法律上的履行不能,依据《民法典》第580条的规定,承包人要求原发包人继续履行施工合同的请求不能得到法院的支持,即承包人不可以向发包人主张继续施工未完工程。

除非在建工程买受人同意,承包人不能向在建工程的买受人主张继续施工未完工程。承包人能否向买受人主张继续施工未完工程,即承包人能否要求买受人履行原施工合同,取决于原施工合同中发包人的权利义务是否概括转移给买受人。在承包人行使工程价款优先受偿权的情况下,在建工程通过拍卖或折价变卖进行处置,属于不动产产权转让的行为,买受人购买的是在建工程资产,而不是原施工合同中发包人的权利义务一并转移给买受人的行为。故承包人不能要求买受人继续履行原施工合同,即承包人不能向买受人主张继续施工未完工程。除非考虑到在建工程由同一承包人完成施工的便利性,买受人同意原承包人继续施工未完工程,即使在这种情况下,买受人为了保护其自身权益,一般也不会概括性的接受原发包人的权利义务,而会与承包人协商重新签订施工合同。

五、银行等金融机构在接受在建工程抵押时处理工程价款优先受偿权的问题

假如银行在发放房地产开发贷款时接受了在建工程抵押,但房产商并未如约支付承包人建筑工程款,银行的抵押权可能落空。为了最大限度地防范银行在建工程抵押权落空的风险,银行在发放开发贷款时应采取以下措施。

(一)审查建设工程承包合同并纳入信贷档案管理

银行在发放房地产开发贷款时,除了按照常规对开发商的资信情况进行审查外,还应注意了解该开发商在经营中是否习惯于让承包商垫资进场、是否有过拖欠工程款的历史等。尤其应该

引起重视的是，应要求开发商提供其与承包商签订的建设工程合同，注意审查、了解合同约定的工程的总价款、支付条件、支付方式以及是否存在承包商垫资建设的情况等。在承包人欲行使优先受偿权时，贷款银行应该协助开发商，根据建设工程施工合同的约定和法律的规定，对建设工程价款超过合同约定价格或超过预算数额时要求发包人行使拒绝给付权，对工程质量、工程价款优先受偿权程序行使异议权；对承包人带资带物进行建设或在施工中垫款所形成的债权行使抗辩权。另外，《施工合同司法解释（一）》第41条规定，承包人应当在合理期限内行使建设工程价款优先受偿权，但最长不得超过18个月，自发包人应当给付建设工程价款之日起算。因此，贷款银行可以根据建设工程施工合同掌握承包人行使优先受偿权的期限，以便及时提出抗辩。

（二）参与建设工程的折价、拍卖，以第三人的身份参加诉讼

《民法典》对建设工程承包人工程价款优先受偿权的实现规定了两种方式：一是通过发包人与承包人之间的协议，对建设工程进行折价，承包人在支付折价款与工程价款的差额后，取得该项建设工程的所有权；二是在人民法院的主持下，对建设工程进行拍卖，承包人在拍卖所得价款中优先受偿。可见，在法律上工程价款优先受偿权的实现不以通知贷款银行为必要，诉讼为非必经程序。换言之，发包人和承包人完全可以在贷款银行完全不知情的情况下将建设工程折价、拍卖，这对贷款银行的抵押权构成很大的威胁。作为贷款银行，应该充分利用贷款合同的约定，积极参与和监督建设工程的折价和拍卖活动。如果因发包人和承包人无法一致达成折价或拍卖的协议而引起诉讼的，贷款银行应及时向人民法院申请以第三人的身份参加诉讼，行使抗辩权。

（三）在确定抵押物价值时扣除工程价款

由于承包人的工程价款优先于贷款银行的贷款清偿，贷款银行在确定拟抵押的房地产的价值时，应将工程价款相应的部分剔除。但是，由于发包人支付承包人工程价款后，承包人的工程价款优先受偿权自然释放，贷款银行在办理抵押登记时仍然应对抵押的房地产作全部、第一顺序抵押权的登记，以便在工程价款优先受偿权终止后获得优先于发包人的其他抵押权人、无担保债权人优先受偿的效力。

（四）要求承包人提供担保或要求承包人书面放弃优先受偿权

为了对抗承包人的优先受偿权，债权银行可以通过发包人采取以下两种办法：(1)要求承包人提供担保。银行在向开发商发放贷款时，除要求在建工程抵押外，还可以要求承包人提供连带责任保证，并在与承包人的保证合同中要求承包人放弃《民法典》规定的抗辩权。另外，还应在合同中约定，承包人应在贷款银行开立账户，对于其行使"建设工程优先受偿权"获得的资金应存入该账户，并授权贷款银行进行扣划。如果开发商到期不能支付承包人工程价款引起承包人行使法定抵押权时，贷款银行即可根据贷款合同的约定宣布贷款提前到期，并要求承包人承担保证责任，扣划承包人行使优先受偿权所得款项。(2)要求承包人书面放弃优先受偿权。即在开发商申请以在建工程进行抵押时，要求开发商出具承包人同意放弃优先受偿权的书面承诺。但是，在目前对于承包人能否放弃有限受偿权尚存在争议，也无明确法律规定和明确判例的情况下，不应全部依赖于"承包人放弃优先受偿权"这一途径，而应结合前述的其他方法，保障贷款银行的贷款安全。

需要注意的是，《施工合同司法解释（一）》第42条规定，发包人与承包人约定放弃或者限制建设工程价款优先受偿权，损害建筑工人利益，发包人根据该约定主张承包人不享有建设工程价款优先受偿权的，人民法院不予支持。这一规定在尊重当事人意思自治的基础上，允许当事人依法处分其就建设工程价款享有优先受偿的权利，即发包人和承包人原则上可以自由协商约定放

弃或者限制建设工程价款优先受偿权的行使。但若承包人与发包人自行协商约定放弃或者限制建设工程价款优先受偿权的行使,导致承包人的工程价款债权无法得到实现,难以负担建筑工人的工资发放,其放弃或者限制建设工程价款优先受偿权的约定无效。

六、行使建设工程价款优先受偿权诉讼的证据准备

建设工程优先受偿权行使涉及较为复杂的工作程序,需要较高的法律专业技巧,以及必备、充足的证据材料。根据最高人民法院《关于民事诉讼证据的若干规定》(法释〔2019〕19号)的规定,为顺利地实现建设工程价款优先受偿权,建设工程施工合同的承包人应当准备如下主要证据:

(1)建设工程施工承包合同。提供的合同必须是原本,现复印件无法与原件核对的,不能作为有效证据,除非对方承认。

(2)工程竣工验收合格的证明。工程竣工的标志是承包人完成施工合同图纸中工程进度内容之后,由发包人组织竣工验收。根据《建设工程质量管理条例》,建设单位收到建设工程竣工报告后,应当组织设计、施工、工程监理等有关单位进行竣工验收。建设工程竣工验收应当具备下列条件:①完成建设工程设计和合同约定的各项内容;②有完整的技术档案和施工管理资料;③有工程使用的主要建筑材料、建筑构配件和设备的进场试验报告;④有勘察、设计、施工、工程监理等单位分别签署的质量合格文件;⑤有施工单位签署的工程保修书。建设工程经验收合格的,方可交付使用。根据《施工合同司法解释(一)》的规定,建设工程质量合格,承包人请求其承建工程的价款就工程折价或者拍卖的价款优先受偿的,人民法院应予支持。未竣工的建设工程质量合格,承包人请求其承建工程的价款就其承建工程部分折价或者拍卖的价款优先受偿的,人民法院应予支持。

(3)工程价款确认书。①工程进度款项确认,建筑工程依据工程进度支付价款的,按进度确认工程价款;②工程完工后,双方依合同约定结算,签字确认;③审价机关的审价结论。需要注意的是工程价款结算完成的时间,根据《施工合同司法解释(一)》的规定,承包人建设工程价款优先受偿权自发包人应当给付建设工程价款之日起算,最长不得超过18个月。

(4)支付价款的催告函。承包人应有向建设方催告的凭证,并已给予合理期限。合理期限的确定,有约定的按约定,没有约定的承包人可以根据欠款数额的大小给对方必要的准备时间,一般从15天至56天。可以参照《建设工程施工合同(示范文本)》约定合理期限为56天。

(5)优先受偿权申请。法律赋予承包人权利,承包人在行使优先受偿权时提出申请。

七、行使工程价款优先受偿权的法律操作

建设工程价款优先受偿权的行使在法律上一般需要注意以下程序:

(1)凡正在诉讼的或正在准备诉讼的案件,均应在要求确认造价的同时提出或补充提出确认优先受偿的书面请求,并且要明确在什么范围内确认。

(2)清理历年积累的拖欠款,凡已经被确认的欠款均应提出优先受偿权;凡正在执行的案件,均应要求执行庭确认优先受偿权,被中止执行的要求恢复执行,执行标的主要是原先已被银行抵押的财产,同时应向执行庭提交享有优先受偿权的法律文书。

(3)工程已经竣工验收合格,但尚未确认工程欠款的要及时确认,只能起诉要求确认同时提出优先受偿权请求。

(4)所有案件要及时查明发包人将项目抵押给银行的他项权益的情况,并以此作为行使工程价款优先受偿权的财产权利。

法律赋予建设工程承包施工企业优先受偿权是一项特殊的保护性权利,必将对规范建筑市场行为,改善建筑企业发展环境大有裨盖。建筑企业理应抓住司法解释实施的良机,尽快利用法律赋予优先受偿权借助专业律师在法律规定的时限内清理债务,实现债权,切实维护建筑企业的合法利益。

第六章　建设工程施工劳务分包法律实务

我国建设工程领域广泛存在施工劳务分包，应当针对我国建设工程施工劳务分包的现状和突出问题，从法律上明确界定建设工程劳务分包，进一步规范建设工程施工劳务关系，从而不断加强对建设工程施工劳务分包各方当事人，特别是施工劳务分包人的保护，这不仅有利于促进我国建筑业健康发展和国民经济的增长，对于构建和谐社会也具有重要的现实意义。

一、我国建设工程施工劳务分包的现状和突出问题

(一)我国建设工程施工劳务分包的现状

建筑业是国民经济支柱产业之一，根据国家统计局《2019 年国民经济和社会发展统计公报》，2019 年全年全社会建筑业增加值 70，904 亿元，比上年增长 5.6%。全国具有资质等级的总承包和专业承包建筑业企业利润 8381 亿元，比上年增长 5.1%。而且建筑业是劳动密集型行业，在吸纳农村转移人口就业、推进新型城镇化建设和维护社会稳定等方面继续发挥显著作用。截至 2018 年年底，全社会就业人员总数 77，586 万人，其中，建筑业从业人数 5563.30 万人，比 2018 年年末增加 26.40 万人，增长 0.48%。建筑业从业人数占全社会就业人员总数的 7.17%，比上年提高 0.04 个百分点，占比再创新高。根据国家统计局《2018 年农民工监测调查报告》，2018 年农民工总量为 28，836 万人，其中从事建筑业的农民工比重为 18.6%，约 5363 万人。

当前我国建筑劳务用工制度改革的目的就是去除正式工与零散用工方式，在全国范围内推行用工合同制。建筑企业劳务用工的模式主要有四种：(1)施工企业直接雇佣，即施工企业与劳务人员直接签订长期的劳动合同。该种用工模式一般只保留技术性人才和管理人员，签订劳动合同。(2)劳务分包企业用工，即施工企业或专业承包企业将其承揽的工程中的劳务作业部分分包给建筑劳务分包企业，施工企业与劳务分包企业签订正式合同，劳务人员相对较多。(3)架子队用工，即施工企业的管理人员、技术人员和具有生产技能的劳务人员组建的施工企业自有劳务作业班组。施工企业内部职工代替劳务组织施工，签订劳动合同。(4)非成建制用工模式，即建筑企业临时雇佣非成建的劳务，也是俗称的“包工头”模式。该种用工模式流动性强，劳务人员较

多,一般无正式合同。①

在以农民工为主的建筑劳务市场存在一些亟待解决的问题:一是用工企业与“包工头”签订劳务合同,一些“包工头”随意用工、管理混乱,违法转嫁经营风险,损害农民工的合法权益;二是农民工队伍职业技能培训和鉴定数量严重不足,从业人员素质较低,给工程建设质量带来隐患和安全隐患;三是农民工队伍庞大松散,无序流动,大量农民工随“包工头”无序流动,给城市管理带来困难;带来行业管理的困难;四是建设领域存在拖欠农民工工资问题。② “包工头”现象还直接造成转包、挂靠等扰乱市场秩序的违法违规行为。

(二)新时期建筑业劳务用工模式

1. 新时期建筑业劳务用工模式的改革

对建筑业而言,劳务大军是行业发展的基础,一线劳务人员的整体素质,在一定程度上决定着行业未来发展前景。在“创新、协调、绿色、开放、共享”五大理念指引下,装配式施工、BIM 技术在建筑工程中的应用、建筑智能化的发展,降低了施工现场的劳动强度和用工密度,减少了对工人数量的依赖,但对工人的素质有了更高的要求。2017 年 6 月,党中央、国务院印发了《新时期产业工人队伍建设改革方案》,提出要把产业工人队伍建设作为实施科教兴国战略、人才强国战略、创新驱动发展战略的重要支撑和基础保障,纳入国家和地方经济社会发展规划,造就一支有理想守信念、懂技术会创新、敢担当讲奉献的宏大的产业工人队伍。

随着建筑业“淡化企业资质”改革的推进,国务院、住房和城乡建设部相继发布一系列制度和文件,推进劳务资质的取消。住房和城乡建设部《关于进一步加强和完善建筑劳务管理工作的指导意见》指出,倡导多元化建筑用工方式,推行实名制管理。

首先,施工总承包、专业承包企业可通过自有劳务人员或劳务分包、劳务派遣等多种方式完成劳务作业。施工总承包、专业承包企业应拥有一定数量的与其建立稳定劳动关系的骨干技术工人,或拥有独资或控股的施工劳务企业,组织自有劳务人员完成劳务作业;也可以将劳务作业分包给具有施工劳务资质的企业;还可以将部分临时性、辅助性或者替代性的工作使用劳务派遣人员完成作业。

其次,施工劳务企业应组织自有劳务人员完成劳务分包作业。施工劳务企业应依法承接施工总承包、专业承包企业发包的劳务作业,并组织自有劳务人员完成作业,不得将劳务作业再次分包或转包。2014 年 7 月,住房和城乡建设部《关于推进建筑业发展和改革的若干意见》(建市〔2014〕92 号)提出,构建有利于形成建筑产业工人队伍的长效机制,建立以市场为导向、以关键岗位自有工人为骨干的多元化建筑用工方式。国务院办公厅《关于促进建筑业持续健康发展的意见》明确要求,推动建筑业劳务企业转型,大力发展木工、电工、砌筑、钢筋制作等以作业为主的专业企业。以专业企业为建筑工人的主要载体,逐步实现建筑工人公司化、专业化管理。鼓励现有专业企业进一步做专做精,增强竞争力,推动形成一批以作业为主的建筑业专业企业。2016 年住房和城乡建设部印发了《关于批准浙江安徽陕西 3 省开展建筑劳务用工制度改革试点工作的函》,批准浙江、安徽、陕西 3 省开展建筑劳务用工制度改革试点,取消建筑劳务资质办理和资质准入,积极发展建筑施工专业作业企业。建筑业劳务用工模式正在变化。2017 年后,山东省、江苏省、黑龙江省和河南省等相继取消建筑施工劳务资质,开启了建筑业用工制度改革的新局

① 张应珍、徐鹏鹏、刘贵文:《建筑劳务用工模式及其问题研究》,载《建筑经济》2018 年第 7 期。

② 原建设部《关于建立和完善劳务分包制度发展建筑劳务企业的意见》(建市〔2005〕131 号)。

面，逐步建立施工承包企业自有建筑工人为骨干，专业作业企业自有建筑工人为主体的多元化用工方式。鼓励施工总承包、专业承包企业培育以特种作业工种、高技能建筑工人为主的自有建筑工人队伍。

2. 新时期建筑业劳务用工模式的特点

在建筑业步入深化改革的新阶段，建筑业劳务用工模式面临新的变化，有着新的特点：(1)提供用工的模式发生改变。随着劳务企业资质逐步退出用工舞台，以劳务企业综合分包为主的传统用工模式也将逐步退出用工舞台，而走向以施工作业企业单纯提供合格劳动力资源为主的新型用工模式。(2)用工主要组织形式和载体发生改变。以劳务企业为建筑业用工主要组织形式和载体的局面面临转型重组的重大改革：一方面，劳务企业要按照国家政策转型为施工作业企业，使专业作业企业成为建筑工人的主要载体；另一方面，劳务企业下属的专业施工队和专业班组在条件具备时将分化成为若干个小微型专业施工作业企业，加速劳务企业改革重组，逐步实现建筑工人公司化、专业化管理。因此，未来建筑业用工主要组织形式和载体将由施工作业企业取代。(3)装配式建筑体系的兴起，将促使总承包企业向工业化生产转型，也将促使总承包企业建立自有技工队伍，目前劳务外包工占95%左右的用工格局将被打破，总承包企业自有的施工工人将逐步增加到30%以上，农民工城镇化的步伐将加快，建筑业现代产业工人队伍建设将逐步落实。(4)劳务用工承担的责任将大幅度减轻，总承包企业责任将加大。分包将由之前全面承担施工作业的质量、安全、技术、预算结算和工资分配转向单纯负责施工作业，总承包企业将对劳务用工负全责。(5)大批小微型企业的建立，将改变建筑业"头重脚轻"的不合理企业结构，建筑业农民工将获得"大众创业、万众创新"的历史发展机遇。一大批懂施工作业、懂管理的工人带头人将会成长起来，有利于提高作业人员素质，有利于搞活建筑用工市场。在建筑产业现代化推进过程中，一部分劳务工人将转变为小微型企业负责人，促使劳务企业转型重组；一部分劳务工人将转变为总承包企业的自有工人，逐步成为产业工人，这部分人员很多会融入城市，成为新市民。而与此同时，很大一部分劳务工人仍将集聚在新建立的施工作业企业中，在很长时期内仍然是农民工性质的建筑工人。①

二、目前我国建设工程施工劳务分包的制度缺陷

（一）法律缺陷

目前，我国建设工程施工劳务分包制度在法律方面存在以下缺陷：上位法与下位法不衔接、不统一、不协调，相关法规政策缺乏足够的稳定性、持续性和有效性。

1. 在法律和行政法规层次上

《建筑法》对建设工程总承包、工程分包和专业工程分包作了明确规定，但对施工劳务分包没有明确规定；仅有《民法典》的基本原则可以适用于施工劳务合同，而其他法律和行政法规对施工劳务分包均没有明确的规定。由于施工劳务分包不同于一般性的劳务关系，具有显著的特殊性，如果在法律和行政法规层次上没有基本规定，而仅仅依据《民法典》的规定，是远不足以建立和完善建设工程施工劳务分包制度的；而且由于目前法律没有对劳务分包的法律属性予以明确界定，导致在认识上和实践中产生大量将劳务分包认定为转包、违法分包的偏差。

---

① 宋健、黄梅：《把握劳务改革主动权建立转型升级新优势——新时期建筑业劳务用工制度改革探析》，载《就业与保障》2017年第7期。

2. 在部门规章和地方法规层次上

2018 年修订的《建筑业企业资质管理规定》明确提出了建筑业企业资质分为施工总承包、专业承包和劳务分包三个序列。《建筑业劳务分包企业资质标准》规定了 13 项作业分包企业资质标准。《建设工程施工劳务分包合同(示范文本)》(GF—2018—0214),对劳务分包合同形式和内容作了规范。2004 年 2 月 3 日建设部发布的《房屋建筑和市政基础设施工程施工分包管理办法》首次对劳务作业分包的定义进行了明确界定,2014 年 8 月 27 日住房和城乡建设部对《房屋建筑和市政基础设施工程施工分包管理办法》进行了修订,2019 年 3 月 13 日进行了再次修订。同时,一些地区也陆续出台了相关地方法规。但所有这些部门规章和地方法规均缺乏上位法的依据,法律效力较低,执行力度不强,而且各地的地方法规规定不统一,不利于有效规范建设工程施工劳务分包。

3. 在政策和规范性文件层次上

2001 年 5 月 9 日,原建设部发布的《关于进一步整顿和规范建筑市场秩序的意见》(建建〔2001〕94 号)规定,到 2001 年年底,直辖市、省会城市原则上都应当在有形建筑市场设立专业分包、劳务分包的分市场,发布分包工程和分包企业的信息,为总包分包双方和政府规范分包活动提供服务。2005 年 8 月 5 日,原建设部发布的《关于建立和完善劳务分包制度发展建筑劳务企业的意见》(建市〔2005〕131 号,已失效)规定,从 2005 年 7 月 1 日起,用 3 年的时间,在全国建立基本规范的建筑劳务分包制度,农民工基本被劳务企业或其他用工企业直接吸纳,“包工头”承揽分包业务基本被禁止。2014 年 7 月 28 日住房和城乡建设部发布的《关于进一步加强和完善建筑劳务管理工作的指导意见》(建市〔2014〕112 号)要求:(1)倡导多元化建筑用工方式,施工总承包、专业承包企业可通过自有劳务人员或劳务分包、劳务派遣等多种方式完成劳务作业推进和落实劳务人员实名制。(2)建筑施工企业应对自有劳务人员的施工现场用工管理、持证上岗作业和工资发放承担直接责任。施工总承包、专业承包企业承担相应的劳务用工管理责任。按照“谁承包、谁负责”的原则,施工总承包企业应对所承包工程的劳务管理全面负责。(3)推进建筑劳务基地化建设,推进建筑劳务人员组织化输出。同时,一些地区也相应出台了相关地方规范性文件。然而,无论是部门规章还是地方的政策、规范性文件,均未保持必要的稳定性和持续性,也没有切实可行的具体制度措施,规范性文件设定的目标未能得到实现。

(二)配套缺陷

劳务分包企业资质推行缺乏必要和有效的配套、保障措施,导致推行劳务分包企业资质难以克服实际困难,难以培育优秀的劳务分包企业,难以满足市场需求。

原建设部于 2001 年开始推行劳务分包企业资质管理,规定劳务分包企业获得施工资质的条件之一,即作业人员持证上岗率要达到 100%,但根据 2005 年有关统计数据显示,全国仅有 800 多个技能培训机构和 700 多个鉴定机构,全国累计培训和鉴定的建筑劳务人员仅 300 万人左右,总持证率还不到一线操作工人总数的 9%。① 目前,建筑劳务人员培训尚无行之有效的措施实施,建筑劳务技能培训和鉴定仍未有较大改观。

一些地区对总承包企业和分包企业税收政策执行不一,部分地区对劳务分包企业重复征税甚至不合理收费及摊派。在大力扶持、培育劳务分包企业的现阶段,大多数劳务分包企业规模较小、实力不强,如果不能从企业设立、税收、行政规费等有关方面给予优惠待遇,劳务分包企业将

---

① 陈晶晶:《建筑法修订拟明确建筑劳务分包企业法律地位》,载《法制日报》2005 年 7 月 8 日,第 6 版。

难以在激烈竞争的建筑市场中立足和发展。

（三）监管缺陷

监管依据不足，劳务分包的市场监管不力是目前我国建设工程施工劳务分包在监管方面的缺陷。建立劳务分包制度，必须要加强市场监管，严厉查处违法违规行为。但是由于目前我国法律和行政法规没有明确规定违法劳务分包的法律责任，建设主管部门实施监管时，缺乏直接有效的法律依据，而且由于受到立法权限的限制，部门规章、政策、规范性文件对于“包工头”等不规范的劳务分包形式，难以规定妥当、严格的行政处罚责任和其他法律责任，即使有所规定，法律效力也不强。另外，鉴于现阶段有资质的劳务企业数量较少，有的地方规定对于将工程分包给不具备法定资格的队伍或使用零散用工行为的，视为发包企业直接用工，企业必须依法与每个工人签订劳动合同，否则发包企业要依法承担相应责任。但这一措施缺乏明确的法律依据，在实践中也未能得到严格执行。随着建筑劳务资质的逐步取消，这一问题将得到逐步解决。

综上所述，笔者认为，目前我国建设工程施工劳务分包的突出问题无不与上述制度缺陷有关，而且法律缺陷是建设工程施工劳务分包的根本性制度缺陷，是阻碍劳务分包企业健康有序发展的主要原因。

三、对完善建设工程施工劳务分包制度的若干建议

建立和完善建设工程施工劳务分包制度，需逐渐改变建筑劳务市场“包工头”带队为主流的局面，加快发展培育劳务分包企业。笔者认为，应当在法律中明确建设工程施工劳务分包的以下问题。

（一）确立劳务分包的法律地位

确立劳务分包的法律地位，准确界定劳务分包的法律属性，规范劳务分包人的从业资格，逐步推进形成以具备相应劳务分包资质的劳务分包企业为主的建设工程施工劳务分包市场。

1. 明确规定施工劳务分包是合法的工程施工承包形式之一

应当明确规定允许工程承包人（包括工程总承包人、承包人、专业承包人及工程分包人）采取施工劳务分包方式，将施工劳务分包确立为一种合法的工程施工承包形式之一。

2. 准确界定劳务分包的法律属性

笔者认为，《房屋建筑和市政基础设施工程施工分包管理办法》对劳务分包作出的定义不够完善，应在法律中对劳务分包的定义作出准确界定。建设工程施工劳务分包具备以下基本特征：（1）建设工程施工劳务分包的主体包括两方，即作为施工劳务的发包人的建设工程施工（总）承包人、专业工程施工承包人及工程施工分包人，以及作为施工劳务的承包人的具备相应劳务资质的劳务分包人。（2）建设工程施工劳务分包的客体是建设工程施工劳务合同法律关系。（3）建设工程施工劳务分包的内容是建设工程施工劳务作业。参考原建设部发布的《建筑业劳务分包企业资质标准》的规定，建设工程施工劳务作业主要分为木工作业、砌筑作业等13类劳务作业。

因此，建设工程施工劳务分包，是指建设工程施工（总）承包人、专业工程施工承包人及工程施工分包人将其承揽的工程中的劳务作业，发包给具备相应劳务分包资质的施工劳务分包人完成的劳务合同行为。实践中存在的“包工包辅料”劳务分包合同，由于辅材一般在工程材料费中约占10%，“包工包辅料”并不能改变劳务分包合同的本质特征，因此，在法律上还应明确“包工包辅料”的分包形式仍属于建设工程施工劳务分包。

3. 明确劳务分包人应具备相应的从业资格

"包工头"带队的建筑劳务形式产生的严重弊端是显而易见的,但应当注意的是,"包工头"带队这种建筑劳务形式仍是目前的常见形式,由于这种劳务形式在我国具有很长的历史和社会渊源,试图采取"一刀切"式的简单处理方式将之取缔是不现实的,可以允许"包工头"设立独资劳务公司或个体工商户,由"包工头"依法承担法律责任。

(二)明确区分建设工程施工劳务分包与工程转包、违法分包

1. 建设工程施工劳务分包与工程转包的区别

根据《建筑法》的规定,工程转包,是指工程施工承包人违反法律规定,以非法盈利为目的,将与其承包内容相同的工程整体转让或支解后全部转让给其他单位或个人进行施工的行为。笔者认为,工程转包具有非法营利性、转让完全性、管理放任性等基本特征;工程转包不仅是将全部工程客体转包,而且是工程承包人将其承包全部工程的技术、质量、安全、现场、材料采购、劳务作业等工程施工的各主要工作完全转让给其他单位或个人承担和实施;工程承包人对于其转包的工程不进行实际管理和控制,而由受转让方对转包的工程进行实际管理和控制。

建设工程施工劳务分包完全不同于工程转包。劳务分包仅仅针对工程施工劳务作业(含部分辅材),劳务分包人只计取劳务费,其不承担工程技术、质量、安全、现场、材料采购等主要施工工作;工程承包人对工程施工进行实际管理和控制,不存在将工程整体或整体支解后转让给劳务分包人的行为。

2. 建设工程施工劳务分包与违法分包的区别

实践中,依据《建筑法》的规定,要求工程总承包人进行建设工程施工劳务分包须取得建设单位的"认可",或者将工程总承包人采取建设工程施工劳务分包形式而认为总承包人未"自行完成"工程主体结构,从而将这些情况认定为违法分包。

笔者认为,建设工程施工劳务分包只是工程(总)承包人对其施工劳务作业的安排,不构成将全部或部分工程的全部施工责任转交给劳务分包人的问题,工程(总)承包人仍实际管理和控制全部工程施工;工程(总)承包人与劳务分包人签订施工劳务合同后进行施工,与工程(总)承包人使用其自有劳务职工施工的差别,只是劳务分包是合同法上的劳务合同关系,而使用自有劳务职工是劳动法上的用人单位与职工的关系;即使施工单位不承接工程,其仍可能签订劳务合同,也完全应承担其对自有劳务职工的法律责任;因此,无论工程(总)承包人采用劳务分包还是使用其自有劳务职工,均与承揽建设单位发包的工程没有必然关系,不影响建设单位与工程(总)承包人形成的工程(总)承包法律关系。因此,现行《建筑法》第 29 条不适用于建设工程施工劳务分包,采取劳务分包无须建设单位的认可,也不影响工程总承包人"自行完成"工程主体结构。而且还应当对工程主体结构由工程总承包人"自行完成"的含义予以明确。笔者认为,所谓"自行完成",是指(总)承包人利用自身提供的机械设备、使用自购或发包人提供的建筑材料、有完善的项目管理机构、运用自身技术和管理力量全面管理施工进度、技术、质量、安全和资金等,达到向发包人交付符合约定的施工成果。对"自行完成"含义的界定,有利于进一步区分工程分包与施工劳务分包。

(三)明确建设工程施工违法劳务分包的法律责任

建设工程施工违法劳务分包的形式主要包括:(1)不具备劳务分包资质而从事劳务分包;(2)以劳务分包的名义进行"包工包主料"的分包等。须在法律上明确从事违法劳务分包的主体应承担相应的民事责任和行政责任。民事责任主要是将违法劳务分包认定为无效民事行为,按

照民事法律规定的无效民事行为承担责任;行政责任主要是应对从事违法劳务分包的主体予以相应的行政处罚,根据情节轻重予以罚款、降低资质、在一定年限内禁止从事工程施工或吊销资质等。

(四)确立对建设工程施工劳务分包人的保护措施

建设工程施工劳务分包人处于建设工程法律关系的最底层,其承担风险的能力相对较弱,明确对建设工程施工劳务分包人的保护措施,有利于促进施工劳务企业的培育和发展,有利于推进形成以施工劳务企业为主流的建设工程施工劳务分包制度。

1. 加强建设工程施工劳务分包人的劳务工人工资支付的监控

采取措施保障了劳务工人的工资支付,即在较大程度上保护了劳务分包人的合法权益。尽管原建设部和原劳动和社会保障部联合发布的《建设领域农民工工资支付管理暂行办法》(劳社部发〔2004〕22 号)规定了建筑企业建立工资支付监控措施,但该措施操作性不强,法律效力也不高。住房和城乡建设部《关于进一步加强和完善建筑劳务管理工作的指导意见》规定,施工总承包、专业承包企业将劳务作业分包时,应对劳务费结算支付负责,对劳务分包企业的日常管理、劳务作业和用工情况、工资支付负监督管理责任;对因转包、违法分包、拖欠工程款等行为导致拖欠劳务人员工资的,负相应责任。

为保障工程建设领域内农民工工资的支付,2020 年 5 月 1 日起施行的《保障农民工工资支付条例》(国务院令第 724 号)在第四章明确了工程建设领域特别规定,具体包括:(1)建设单位应当有满足施工所需要的资金安排。没有满足施工所需要的资金安排的,工程建设项目不得开工建设,建设单位应当向施工单位提供工程款支付担保。(2)施工总承包单位应当按照有关规定开设农民工工资专用账户,专项用于支付该工程建设项目农民工工资。施工总承包单位或者分包单位应当依法与所招用的农民工订立劳动合同并进行用工实名登记,具备条件的行业应当通过相应的管理服务信息平台进行用工实名登记、管理。(3)分包单位对所招用农民工的实名制管理和工资支付负直接责任。施工总承包单位对分包单位劳动用工和工资发放等情况进行监督。分包单位拖欠农民工工资的,由施工总承包单位先行清偿,再依法进行追偿。工程建设项目转包,拖欠农民工工资的,由施工总承包单位先行清偿,再依法进行追偿。工程建设领域推行分包单位农民工工资委托施工总承包单位代发制度。(4)施工总承包单位应当按照有关规定存储工资保证金,专项用于支付为所承包工程提供劳动的农民工被拖欠的工资。工资保证金实行差异化存储办法,对一定时期内未发生工资拖欠的单位实行减免措施,对发生工资拖欠的单位适当提高存储比例。工资保证金可以用金融机构保函替代。

2. 明确区分建设工程施工劳务分包报酬争议与劳动争议的不同法律性质

现阶段,实际施工人包括成建制的劳务企业即法人,非法人团体的民工队或称小包队伍,以及自然人即农民工个人等三种情况,就不属于一般的劳动争议;而且,实际施工人的劳务报酬是包含在工程价款中的直接费用中的人工费的一部分,要解决这部分特殊的劳务报酬争议,必然需要和工程款拖欠同步解决。笔者认为,劳动合同项下劳动者与用人单位的关系是特定而确定的,劳动者的工资具有严格的人身属性,而劳务分包合同项下的劳务分包人和工程(总)承包人不具有劳动法意义上的特定性和确定性,劳务报酬不具有严格的人身属性。

《施工合同司法解释(一)》第 43 条规定实际施工人行使权利,在法律上与《民法典》规定的代位求偿权有一定相似,但不是代位求偿权。由于劳务报酬不具有严格的人身属性,实际施工人也可以选择行使代位求偿权,但《民法典》第 535 条规定的债权人代位权,应当具备相应的前提条件，前提条件之一即“代位权的行使范围以债权人的到期债权为限”，而《施工合同司法解释（一）》的规定并无这一条件限制，《施工合同司法解释（一）》的规定对于保护劳务报酬更为便捷和有效，有必要在上位法中对《施工合同司法解释（一）》的这一规定予以支持，明确劳务报酬不具有严格的人身属性，使其在法理上完备。

3. 确立建设工程施工劳务分包人应为其职工办理相应保险的强制保险措施

笔者认为，有必要在法律上明确规定，确立建设工程施工劳务分包企业职工强制保险措施，若劳务分包企业不履行该法定义务的，则应当承担相应的民事和行政法律责任。另外，需要积极探索适合建筑行业特点的劳务人员参加社会保险的方式方法，允许劳务人员在就业地办理工伤、医疗及养老保险，做好劳务人员社会保障与新农合的合并统一及异地转移接续，夯实劳务人员向产业工人转型的基础建设工作。

（五）确立推行建设工程施工劳务分包制度的相应配套保障措施

首先，确立建设工程施工劳务作业人员培训和技能鉴定认证机制。通过这一机制，不断加强劳务作业人员的培训和上岗资格，促进劳务分包人监督管理的顺利实施。

其次，确立建设工程施工劳务分包合同备案制。通过这一措施，大力推行建设工程施工劳务分包合同的示范文本，对不合法、不规范的劳务分包合同不予备案，并将劳务分包合同作为建设工程施工许可审查的内容之一，且在法律上明确规定当事人的权利义务以经备案的劳务分包合同为准。

最后，明确对建设工程施工劳务分包企业的相关优惠待遇。在企业设立、税收、行政规费等有关方面给予优惠待遇，大力扶持、培育劳务分包企业。

第七章　建设工程安全生产法律实务

第一节　建设工程安全事故损害相邻建筑物的责任主体问题

随着城市建设的发展，一方面建筑物之间的间距越来越小；另一方面建筑物的高度越来越高，这在建设工程进行桩基施工和基坑开挖时，对周边建筑物的安全保护提出了非常高的要求。由于参与建设的有关主体对此问题重视不够或者缺乏经验，以致在施工时常常会造成周边建筑物的开裂，甚至倒塌的严重后果。[①] 目前，在司法实践中各地法院对此类案件处理不一，有的判令建设单位承担民事责任，有的判令建设单位和施工企业承担连带民事责任。因此，正确认定建设工程安全事故损害相邻建筑物的责任主体是非常必要的。

一、建设工程安全事故损害相邻建筑物的民事责任适用特殊侵权的民事责任

（一）建设工程安全事故损害相邻建筑物的侵权民事责任应当适用《民法典》

1.《建筑法》调整的范围和有关建筑安全管理规定及适用

《建筑法》第2条规定："在中华人民共和国境内从事建筑活动，实施对建筑活动的监督管理，应当遵守本法。本法所称建筑活动，是指各类房屋建筑及其附属设施的建造和与其配套的线路、管道、设备的安装活动。"由于从事建筑活动的主体包括建设单位、勘察设计单位、施工企业、监理单位，实施对建筑活动的监督管理的主体是管理机关，而并不包括建设工程相邻的一方，故该法调整的主体为建设单位、勘察设计单位、施工企业、监理单位以及管理机关，而并不涉及相邻建筑物的所有人或使用人。虽然，该法第五章有关建筑安全生产管理中规定了建设各方的法定义务，但并未规定发生安全事故损害相邻建筑物时，加害方

---

① 殷之杰、周吉高、鞠恒：《建设单位对建设工程安全事故损害——相邻建筑物特殊侵权的无过错民事责任及追偿权》，中国民商法实务论坛2001年论文。

对相邻一方的民事责任。

2.《民法典》调整的范围和有关相邻关系的规定及适用

《民法典》第2条规定:“民法调整平等主体的自然人、法人和非法人组织之间的人身关系和财产关系。”加害方侵害相邻建筑物属侵害他人的财产所有权或使用权,故该侵权的民事责任属《民法典》调整。《民法典》第288条规定:“不动产的相邻权利人应当按照有利生产、方便生活、团结互助、公平合理的原则,正确处理相邻关系。”第293条规定:“建造建筑物,不得违反国家有关工程建设标准,不得妨碍相邻建筑物的通风、采光和日照。”建设工程安全事故损害相邻建筑物,属建设单位依法取得土地使用权后使用土地时侵害相邻方不动产所有人或使用人的财产权利,故该侵权的民事责任应适用《民法典》规定。

(二)一般侵权的民事责任和特殊侵权的民事责任的区分

《民法典》第1165条规定:“行为人因过错侵害他人民事权益造成损害的,应当承担侵权责任。依照法律规定推定行为人有过错,其不能证明自己没有过错的,应当承担侵权责任。”第1166条规定:“行为人造成他人民事权益损害,不论行为人有无过错,法律规定应当承担侵权责任的,依照其规定。”第1165条第1款规定了一般侵权的民事责任,第1165条第2款、第1166条规定了特殊侵权的民事责任。

一般侵权的民事责任,是指行为人由于过错侵害他人的财产或者人身,依法应当承担的民事责任。其构成要件包括:(1)行为违法,包括作为与不作为;(2)有损害事实;(3)违法行为与损害事实之间有因果关系;(4)主观过错。特殊侵权的民事责任,是指不要求完全具备一般侵权的民事责任的四个构成要件,而是根据法律的特别规定应当对于他人的财产、人身损害承担的民事责任。

两者的主要区别在于:(1)一般侵权的民事责任主观上适用过错责任原则,即有过错承担民事责任,无过错不承担民事责任,受害人需承担举证责任。特殊侵权的民事责任主观上适用严格责任原则,也称无过错责任原则,即没有过错也应当承担民事责任;或适用过错推定责任原则,即加害人能证明自己没有过错,才能不承担责任,否则就推定其有过错,并承担民事责任;或者适用公平责任原则,即对于损害的发生,加害人、受害人双方均没有过错,法院视情况分担损失的原则。(2)一般侵权的民事责任由《民法典》第1165条第1款作出了原则性的规定,特殊侵权的民事责任由法律特别规定。《民法典》第七编侵权责任中分7章规定了7种特殊侵权责任的承担,具体包括产品责任、机动车交通事故责任、医疗损害责任、环境污染和生态破坏责任、高度危险责任、饲养动物损害责任和建筑物和物件损害责任。

二、建设单位承担民事责任后的追偿权

在建设工程安全事故损害相邻建筑物纠纷中,建设单位按无过错责任原则独立地向受害人承担民事责任后,如果参与工程建设的其他主体有过错,那么建设单位有权向有过错方行使追偿权。

(一)追偿权的取得

该权利不是按连带责任之规定取得而是按约定或者法定取得。连带责任,是指按照法律规定或者当事人约定,共同责任人不分份额地共同向权利人或者受害人承担民事责任。受害人有权向所有连带责任人请求承担民事责任,也有权向连带责任人之一请求承担全部的民事责任。向受害人承担责任超过自己份额的责任人有权向其他责任人追偿。承担连带责任需要法律规定

或者当事人之间约定。因参与工程建设的各方不可能与受害人约定承担连带责任;涉及建设工程安全事故的法律也没有规定参与工程建设的各方向受害人承担连带责任;相反,建设工程安全事故损害相邻建筑物,法律已规定建设单位应独立承担特殊侵权的无过错民事责任,故建设单位在承担民事责任后,不能按连带责任规定取得追偿权。

由于建设单位与参与工程建设的他方均有合同关系,与勘察设计单位有勘察设计合同关系,与施工企业有施工合同关系,与监理单位有委托监理合同关系,因此,建设单位在向受害人承担民事责任后,可以根据上述合同关系及履约事实,向过错方追偿。

《建筑法》第五章"建筑安全生产管理"规定了建设各方的注意安全义务。其中,第37条规定了设计单位的注意安全义务,即建筑工程设计应当符合建筑安全规程和技术规范,保证工程的安全性能。第38条至第41条、第44条、第47条、第51条规定了施工企业的注意安全义务,即制定安全技术措施,施工现场采取维护安全、防范风险等措施,对相邻的建筑物等可能造成损害的,应当采取安全防护措施,采取措施保护地下管线,执行安全生产责任制度,采取措施防止安全生产事故发生,不得违章指挥或者违章作业发生事故时,应当采取紧急措施减少人员伤亡和事故损失。第40条、第42条、第49条、第50条规定了建设单位的注意安全义务,即向施工企业提供与施工现场相关的地下管线资料,按照国家规定办理申请批准手续,涉及建筑主体和承重结构变动的装修工程,施工前委托设计单位提出设计方案,将房屋拆除委托给具备保证安全条件的施工企业承担。如果建设工程安全事故损害相邻建筑物是由于勘察设计单位、施工企业、监理单位违反上述注意安全义务造成相邻方的损害,那么建设单位可以根据上述法律规定,向过错方主张权利。

(二)追偿权的限制

按建设单位有无过错和其他参与工程建设的各方有无过错及大小,建设单位的追偿权受到一定的限制。建设工程安全事故的原因应当通过鉴定认定,有关事故的责任以及大小应根据履约事实确定。如果过错在于勘察单位、设计单位、施工企业、监理单位中的任何一方或多方,则建设单位有权向一方或多方主张权利;如果过错属于建设单位与上述单位中的一方或多方,则属混合过错,责任方应按过错大小承担相应的责任。建设单位就不能视自己的过错于不顾,而要求过错方承担全部责任。此外,建设工程安全事故损害相邻建筑物时,建设单位有义务防止损失的扩大;否则,建设单位无权就扩大的部分向责任方追偿。

综上所述,对于建设工程安全事故损害相邻建筑物纠纷,受害人有权依法向建设单位主张权利,建设单位应按特殊侵权的无过错原则承担民事责任。法院只能依法判决建设单位承担民事责任,而不能判决施工企业等向受害人承担连带民事责任。建设单位承担责任后,可以依约或者依法向参与工程建设的过错方追偿。

第二节 建设工程施工安全事故中的人身损害赔偿责任

建设工程施工事故,是指在工程建设过程中,由于责任过失或意外情况造成施工作业人员及其他工作人员人身伤亡或者较大经济损失的事故。工程施工事故人身损害赔偿责任,即对事故造成的人员伤亡,有关责任主体依法应承担的对受害人的民事赔偿责任。[①]

一、建设工程施工事故人身损害赔偿责任

(一)建设工程施工事故人身损害赔偿责任的构成要件

1.事故须发生在建设工程施工过程中

一项工程的建设一般包括勘察、设计、施工等一系列过程。人身伤亡只有发生在建设工程施工过程中,才构成建设施工事故赔偿责任。如果不是在施工建设过程中,如工程竣工验收后倒塌造成的人身伤亡和财产损害,不属施工事故的范围。

2.事故须发生在建设工程施工工作区域

这里的工作区域应作广义的理解,即因建造、安装等施工活动需要而必然到达的区域,包括施工现场、搬运建筑材料途中、拆装运输机械设备途中等。

3.事故受害人须为建设工程的施工作业人员及其他工作人员

事故受害人包括建筑企业或其他组织的职工、雇员、帮工、学徒工等,其根本特征是成为该企业或组织的成员并为工程建造、安装提供个人劳务。

4.事故受害人须有损害事实

确定民事赔偿责任应遵循"无损害、无赔偿"的原则,即以损害事实的存在为基础。建设施工事故赔偿责任也必须以受害人有损害为必要条件。如果只是出现意外事件、作业人员过失行为或违反操作规程的行为,没有发生人身、财产上的损害,则不应承担民事赔偿责任,只能从管理上严格措施,或对责任人员进行教育或纪律处分。

5.作业人员的致害行为及有关物件与受害人的损害事实有因果关系

需要明确的是,只有作业人员的行为是为工作需要和必须的,才构成施工事故。如果是作业人员因施工以外的原因,如职工殴斗造成人身伤害,不属建设施工事故,应按一般人身伤害赔偿纠纷处理。引起损害发生的有关物件主要指工程倒塌、机械设备毁坏、安全设施失当以及其他意外情况。

(二)建设工程施工事故赔偿责任与其他损害责任的区别

根据《民法典》关于特殊侵权民事责任的规定,工程施工事故赔偿责任与地面施工致人损害责任、建筑物致人损害责任、高度危险作业致人损害责任主要有以下区别:

1.赔偿原因不同

建设施工事故人身伤害赔偿,是施工作业人员在工作过程中遭受意外伤害而获赔偿。地面施工致人损害责任,是由于在公共场所、道旁或者通道上挖坑、修缮安装地下设施等,没有设置明显标志和采取安全措施造成他人损害而赔偿。建筑物致人损害责任,是由于建筑物或者其他设施以及建筑物上的搁置物、悬挂物发生倒塌、脱落、坠落造成他人损害而赔偿。高度危险作业致害责任,是由于从事高空、高压、易燃、易爆、剧毒、放射性、高速运输工具等对周围环境有高度危险作业造成他人损害而赔偿。

2.主体不同

建设施工事故的受害人是施工中的作业人员。赔偿义务主体一般为与受害作业人员有劳动

---

① 汤求忠、谢德森:《浅论建筑施工事故人身损害赔偿责任》,载中国法院网2004年9月8日,http://www.chinacourt.org/article/detail/2004/09/id/131657.shtml。

关系、雇佣关系的用人单位或雇主,即建设工程施工作业的经营管理人,也是致害人履行职务行为的受益者;地面施工致人损害的受害人为施工作业人员之外的不特定主体。致害人为地面工作物的现实占有人,针对不同具体情况,包括地面工作物的所有者、管理者、使用者、承包者、施工人等,赔偿义务主体相应地与具体致害人一致;建筑物致害的受害人为一般的民事主体,赔偿义务主体是建筑物及其他地上物的所有人和管理人及其他占有人,致害的是土地上的建筑物、地上物以及建筑物上的悬挂物、搁置物等物件,从致害主体上看,既包括一般的民事主体,也包括国家行政机关及其委托的单位,因而使其他能够概括进去国有公共设施瑕疵责任;高度危险作业致害的受害人,为高度危险作业占有人、所有人或经营者之外的不特定主体,因为高度危险作业致害责任是指对周围环境致害,即对他人致害,而不是对自己致害。赔偿义务主体是高度危险作业的作业人,是指实际控制高度危险作业客体,并利用该客体谋取利益的人,可能是高度危险作业的占有人、所有人或经营者,受害人不能向高度危险作业的具体操作人员请求赔偿。

3. 适用法律不同

由于国家对建筑市场准入的主体资格有明确、严格的要求,建设施工事故的赔偿主体一般是具有法人资格和相应资质的企业,而受害方往往与企业建立劳动关系。因此,对建设施工事故人身损害赔偿争议的处理以《劳动法》及相关法律法规为主,同时,因存在雇佣关系、帮工关系等,也经常适用《民法典》关于特殊侵权责任的一般规定。地面施工致害责任、建筑物致人损害责任、高度危险作业致人损害责任都是《民法典》明确规定的特殊侵权行为形态,自然适用《民法典》的具体规定。

二、建设工程施工事故人身损害赔偿中的法律关系

(一)工程施工事故中的工伤赔偿法律关系

工伤,是指职工在企业工作期间形成的,依照《劳动法》《工伤保险条例》等规定处理的人身伤亡事故。工伤赔偿,是指劳动者与用人单位之间因工伤事故而发生的经济性赔偿。建设施工事故构成工伤,当事人之间因赔偿问题发生纠纷,属于劳动争议案件的范畴。建设施工事故人身损害是否构成工伤,赔偿争议是否符合工伤赔偿案件的条件,应当从以下几点进行把握和界定。

1. 看争议双方是否符合特定主体要求

工伤赔偿案件主体是特定的,不适用一般主体,这是其作为劳动争议案件与其他民事纠纷一个很重要的区别。根据《工伤保险条例》的规定,中国境内的企业、事业单位、社会团体、民办非企业单位、基金会、律师事务所、会计师事务所等组织和有雇工的个体工商户应当依照规定参加工伤保险,为本单位全部职工或者雇工缴纳工伤保险费。中国境内的企业、事业单位、社会团体、民办非企业单位、基金会、律师事务所、会计师事务所等组织的职工和个体工商户的雇工,均有依照规定享受工伤保险待遇的权利。工伤赔偿案件主体一方是用人单位,另一方是与之建立劳动关系的劳动者。根据《劳动法》《建筑法》的规定,建筑市场的用人单位主要指国有企业、集体企业、中外合资、合作、独资企业和私营企业等符合资质条件的企业法人。虽然《劳动法》规定用人单位还包括个体经济组织,即雇工在7人以下的个体工商户,但法律对从事建筑活动的人员和单位有明确的技术和资质要求。对取得村镇建筑工匠从业资格的个人,也只允许独立或合伙承包规定范围内的村镇建筑工程。因此,农村中的各类个体建筑队、装修装饰队、承揽工程的合伙施工队等,不符合《劳动法》规定的用人单位条件,行政主管部门也不予核发营业执照。建筑市场的劳动者(建设施工事故的受害方)即与上述用人单位建立劳动关系的自然人。

2. 看争议双方是否存在劳动关系

《劳动法》实施以后，劳动关系的存在一般是基于用人单位和劳动者之间的劳动合同，确认用工双方是否存在劳动关系也主要审查是否签订了劳动合同。但是，由于多方面的原因，社会实际生活中用人单位与劳动者没有签订书面劳动合同的情形仍然大量存在。没有劳动合同，不能绝对地排除劳动关系的成立和存在。《劳动法》虽然对事实劳动关系未明确规定，但在劳动部门的有关规章中有条件地规定了事实劳动关系。根据原劳动部《关于贯彻执行〈中华人民共和国劳动法〉若干问题的意见》的规定，中国境内的企业、个体经济组织与劳动者之间，只要形成劳动关系，即劳动者事实上已成为企业、个体经济组织的成员，并为其提供有偿劳动，适用《劳动法》。在确定建设施工事故受害方与用人单位之间是否存在劳动关系时，关键要根据有关规定实事求是地认真审查是否存在事实劳动关系，依法保护受害方的合法权益。

3. 看人身伤亡事故是否发生在劳动过程中

劳动过程是界定工伤的一个关键环节。《社会保险法》第36条规定："职工因工作原因受到事故伤害或者患职业病，且经工伤认定的，享受工伤保险待遇。"该条对工伤的工作原因作出了规定，而对工作时间和工作场所未作规定。《工伤保险条例》对一般工伤的3种情形都作了相同规定，具体为"在工作时间和工作场所内，因工作原因受到事故伤害的""工作时间前后在工作场所内，从事与工作有关的预备性或者收尾性工作受到事故伤害的""在工作时间和工作场所内，因履行工作职责受到暴力等意外伤害的"。据此，一般工伤认定均必须具备工作原因、工作时间、工作场所三大要素。我国现有法律法规对"三工"的规定比较原则，缺乏操作性，实践中容易产生分歧，导致标准不统一。

2014年4月，最高人民法院《关于审理工伤行政案件若干问题的规定》（法释〔2014〕9号）第4条作了明确的细化规定，明确以下情况可以认定为工伤：（1）职工在工作时间和工作场所内受到伤害，用人单位或者社会保险行政部门没有证据证明是非工作原因导致的。（2）职工参加用人单位组织或者受用人单位指派参加其他单位组织的活动受到伤害的。（3）在工作时间内，职工来往于多个与其工作职责相关的工作场所之间的合理区域因工受到伤害的。（4）其他与履行工作职责相关，在工作时间和涉及的合理区域内受到伤害的。这一规定，为工伤行政认定和工伤行政案件审理中如何把握"三工"提供了具体的、操作性更强的标准，更有利于对工伤职工合法权益的保护。

（二）工程施工事故中的雇员受害赔偿法律关系

按照我国的传统法学理论，雇佣关系是以生产资料和劳动力私有为基础而形成的一种劳动关系。在新的形势下，如何区分劳动法律关系和雇佣法律关系？在劳动者（雇员）成为某主体（企业或组织）的成员并在其监督下提供劳务的前提下，应当主要从接受劳动者（雇员）提供劳务的主体上来区分和界定，凡是接受提供劳务的主体有合法的营业执照、用工权，即符合《劳动法》规定的用人单位条件，与向其提供劳务的劳动者之间存在劳动法律关系。没有领取营业执照和合法用工权的"组织"或个人，如村民委员会、村民小组、农村建筑队、农村承包户等，与向其提供劳务的劳动者或雇工、雇员之间只能发生雇佣法律关系。具体认定是否存在雇佣关系，还要从双方之间有无雇佣合同（口头的或书面的）、受雇人有无报酬、受雇人有无提供劳务、受雇人是否受雇佣人的监督和指挥等方面全面考察分析。

三、工程施工事故人身损害赔偿的归责原则和举证责任

(一)工程施工事故人身损害赔偿的归责原则

建设施工事故中的工伤赔偿与雇员受害赔偿,应当采用无过错责任的归责原则,即用人单位(雇主)对劳动者(雇员)在执行职务中所受的人身损害承担赔偿责任,不以其有过错为成立要件。用人单位(雇主)的免责事由主要限于劳动者(雇员)个人的犯罪、自杀、蓄意违章等故意行为。这是因为:(1)无论是劳动者在劳动过程中受损害还是雇员在执行职务中受损害,都是在为用人单位或雇主的利益、并在其委办的工作、事务中受到人身伤害。(2)用人单位(雇主)负有为劳动者(雇员)提供适于劳动的安全工作环境、条件的义务。劳动者(雇员)是利用用人单位(雇主)提供的劳动条件完成工作的,其所受损害,往往是由于所提供的工作条件(如工作的危险性)或物件(如机械)造成的。同时,这种人身伤害并非用人单位(雇主)的直接行为造成的,属于特殊侵权损害。(3)劳动者(雇员)对因执行职务所受人身伤害享有的请求赔偿权,是其享有的宪法赋予的劳动保护权利的自然延伸,任何人都不得剥夺和侵害,并非基于劳动合同或雇佣合同产生的。因此,劳动合同(雇佣合同)中的免责条款以及用人单位(雇主)和劳动者(雇员)有无过失,均不影响用人单位(雇主)承担民事赔偿责任,除非用人单位(雇主)能够证明人身损害是由劳动者(雇员)的个人故意行为造成的。这样处理自然会加重用人单位(雇主)的责任,但用人单位(雇主)可以通过为劳动者(雇员)投保人身或责任保险予以分散承担的风险。

(二)工程施工事故人身损害赔偿的举证责任

1. 建设施工事故中的工伤认定中的举证责任

在工伤认定过程中,用人单位与劳动者之间就是否构成工伤存有争议,能否认定工伤,存在举证责任承担的问题。为了确实有效的保护劳动者的合法权益,《工伤保险条例》规定了工伤认定不同阶段的举证责任分配。

(1)劳动者的举证责任——劳动关系存在与否。《工伤保险条例》第 18 条规定:“提出工伤认定申请应当提交下列材料:(一)工伤认定申请表;(二)与用人单位存在劳动关系(包括事实劳动关系)的证明材料;(三)医疗诊断证明或者职业病诊断证明书(或者职业病诊断鉴定书)。工伤认定申请表应当包括事故发生的时间、地点、原因以及职工伤害程度等基本情况。”《工伤保险条例》规定了劳动者的举证责任,即劳动者应当提供符合《工伤保险条例》第 14 条、第 15 条规定认定条件的证据,首先,劳动者应当提供证据证明与用人单位之间存在劳动关系;其次,应当提供证据证明劳动者在事故中受到了伤害;再次,应当提供证据证明工伤事故是在劳动者的工作时间、工作场所、因工作原因发生的;最后,应当提供劳动者的医疗诊断证明或者职业病诊断证明书。劳动者的举证责任主要是应当承担劳动关系存在的证明材料。劳动者证明劳动关系存在的材料应当多元化,工资单、工作证、操作证、考勤卡、出入厂证明等都可以作为证据。对于工伤认定申请表,劳动者只需写明事故发生的时间、地点、原因等工伤发生的过程,不需要提供证明材料。医疗诊断证明或者职业病诊断证明书也应当宽泛理解,应包括医院值班记录、职工发生工伤后在原诊疗医院的复诊病历等,不应仅仅是住院病历。

(2)用人单位的举证责任——是否符合工伤的标准。《工伤保险条例》第 19 条第 2 款规定,职工或者其直系亲属认为是工伤,用人单位不认为是工伤的,由用人单位承担举证责任。《工伤认定办法》(人力资源和社会保障部令第 8 号)第 17 条规定,职工或者其近亲属认为是工伤,用人单位不认为是工伤的,由该用人单位承担举证责任。用人单位拒不举证的,社会保险行政部门可

以根据受伤害职工提供的证据或者调查取得的证据,依法作出工伤认定决定。可见,在工伤认定的过程中,负主要举证责任的是用人单位。《工伤保险条例》规定了用人单位的举证责任,即用人单位认为不是工伤的,应当由用人单位举证,提供证据证明职工受伤的情形不符合《工伤保险条例》第14条、第15条规定的情况,不应当认定为工伤;如果用人单位拒不举证的,劳动保障行政部门可以根据受伤职工提供的证据依法作出工伤认定结论。劳动保障行政部门在工伤认定时应当审查劳动者提供的证据材料,根据证据规则对是否构成工伤进行举证责任分配,并根据需要对事实进行调查核实,最后在对双方提供的证据和调查的情况进行综合分析的基础上认定事实,依法作出工伤认定。①

2. 建设施工事故中雇员受害赔偿的举证责任

我国的《民法典》、《民事诉讼法》以及最高人民法院《关于民事诉讼证据若干问题的规定》中都没有具体规定建设施工事故中雇员受害赔偿的举证责任分配。根据公平原则和诚实信用原则,综合考虑这类案件当事人的举证能力,受害方只要能够证明自己与雇主之间存在雇佣关系和受损害的事实,雇主应就行为或物件与损害结果之间不存在因果关系及其提出的免责事由承担举证责任。理由是:这类赔偿案件作为一种特殊侵权案件,适用无过错归责原则。雇佣关系中,双方除了具有一般民事法律关系的平等性,还具有隶属性、人身依附性、财产性的特征,雇员往往在各方面处于被动、服从和弱者的地位,在调查取证方面受到很大的局限。

四、工程施工事故人身损害赔偿责任主体的确定

(一)工程施工事故人身损害中多个赔偿责任主体的确定

一般侵权行为适用"自己对自己的过错行为负责"的原则,即不对他人的行为负责,也不对自己无过错的行为负责。而特殊侵权行为,既可能有为他人行为负责的情况,也可能发生对自己没有过错的行为负责的情况。作为特殊侵权性质的建设施工事故工伤赔偿和雇员损害赔偿,有的损害是由于建设施工存在危险性发生意外情况出现的物件致害,有的损害是作业人员的过失行为,但致害的行为主体(具体致害人即作业人员)与赔偿责任主体(致害人与受害人共同的用人单位或雇主)是相分离的,对劳动者或雇员的人身伤害承担赔偿责任的,应当是建设施工作业这一客体或致害物件的经营管理人(也是具体致害人履行职务行为的受益者),即用人单位或雇主。现实生活中,工程建设存在许多违法的承包、分包合同关系和其他违法从事建筑活动的行为,使建设施工事故人身损害赔偿往往出现多个责任主体,需要依法确认,以维护正常的建筑施工市场秩序和保护劳动者的合法权益。对实践中出现多个赔偿责任主体的情形,笔者作如下初步探讨。

1. 建设工程直接发包情形下赔偿责任主体的确定

建设工程实行直接发包的,发包单位将工程发包给不具有相应资质条件的承包单位或个人的,以及工程实行总承包,总承包人违反规定将工程支解发包给不具有相应资质条件的承包单位或个人的,导致发生建设施工事故人身损害赔偿,承包单位或个人和发包单位为赔偿责任主体,并承担连带赔偿责任。形成工伤赔偿争议进入仲裁或诉讼程序时,发包单位列为第三人,形成雇员损害赔偿争议诉讼时,发包单位为共同被告。

---

① 缪玉勤、蒋华:《浅谈工伤认定中的举证责任》,载中国法院网2005年6月16日,http://www.chinacourt.org/article/detail/2005/06/id/166724.shtml。

2. 建设工程分包情形下赔偿责任主体的确定

总承包单位将工程分包给或合法分包的单位将承包的工程再分包给不具有相应资质条件的单位或个人，导致分包或再分包方发生建筑施工事故人身损害赔偿，分包方和总承包人、再分包方和分包方为赔偿责任主体，并承担连带赔偿责任。形成工伤赔偿争议进入仲裁或诉讼程序时，总承包人或分包方列为第三人。形成雇员损害赔偿争议诉讼时，总承包人或分包方为共同被告。

3. 建设工程转包情形下赔偿责任主体的确定

承包单位将其承包的建设工程转包给不具有相应资质条件的单位或个人，导致接受转包方发生建设施工事故人身损害赔偿，接受转包方和承包单位为赔偿责任主体，并承担连带赔偿责任。形成工伤赔偿争议进入仲裁或诉讼程序时，承包单位列为第三人。形成雇员损害赔偿争议诉讼时，承包单位为共同被告。

4. 转让、出借资质证书等情形下赔偿责任主体的确定

建筑企业转让、出借资质证书或者以其他方式允许他人以本企业的名义承揽工程的，导致接受转让方、接受出借方或借用他企业名义方发生建设施工事故人身损害赔偿，接受转让方和转让方、接受出借方和出借方、借用他企业名义方和允许借用方为赔偿责任主体，并承担连带赔偿责任。形成工伤赔偿争议进入仲裁和诉讼程序时，转让方、出借方、允许借用方列为第三人。形成雇员损害赔偿争议诉讼时，转让方、出借方、允许借用方列为共同被告。

（二）工程施工事故人身损害中确定连带责任承担的原因

上述赔偿责任主体，特别是连带责任主体的确定，主要原因如下：

1. 承担连带责任相关各方对建设施工事故人身损害的发生具有明显的过错

建筑施工行业是具有一定危险（有的还构成高度危险）的作业，国家对从事建筑活动的建筑施工企业在注册资本、专业技术人员、技术装备、已完成的工程业绩等方面规定了相应的资质条件。当建筑施工作业的经营管理人合法地从事建筑活动，依法承包、取得分包时，原经营管理人或占有人已不直接从事建筑施工作业，因此，当发生施工事故时，应由合法经营管理施工作业的人承担责任。当建设施工作业被他人非法经营管理，如将工程发包、分包、转包给不具有相应资质条件的单位或个人，导致发生建设施工事故时，发生事故的现经营管理人应当承担责任，原经营管理人或占有人也应承担相应的责任。原经营管理人或占有人虽然已不直接从事建设施工作业，但由于其明知建设施工作业的危险性，明知国家对建筑活动主体有法定的资质要求和限制，明知违法转移建设施工作业之后人身损害等事故发生的可能性会加大，仍然违法转移建设施工这一危险作业客体，显然没有尽到对损害后果发生应当预见和控制的注意义务，具有明显的过错，对受害人应承担相应的侵权法律责任，只不过这种侵权责任是一般侵权行为责任，不像现经营管理人对受害人承担的是无过错特殊侵权责任，即工伤赔偿责任或雇员损害赔偿责任。

2. 承担连带责任相关各方的违法行为与劳动者（雇员）人身损害之间存在因果关系

如何确定侵权损害赔偿领域的因果关系，历来有“相当因果关系”和“必然因果关系”两种对立的学说。在确定建设施工事故人身损害因果关系时，应当有条件地适用“相当因果关系”说，即应当查明引起人身损害发生的全部条件，并把对损害的发生起到一定作用的因素都作为原因来分析和对待。在此基础上，区别各种原因对损害结果发生所起的不同作用，“借助于过错因素从众多的因果联系中孤立地抽象出某一个或几个环节，从而确定因果关系”。如前所述，建设施工事故人身损害的直接原因一般是施工作业人员的行为或物件，施工人员行为或物件与损害结果之间内在的、必然的、本质的联系（因果关系）正是用人单位（雇主）承担无过错赔偿责任的根

本前提。按照“相当因果关系”说，这里的因果关系链条并未截止，违法转移建设施工作业客体方的违法行为也是人身损害发生的原因和条件。虽然这种违法行为只是为人身损害的发生提供了可能性，但违法转移方违反法律的禁止性规定，不履行对损害后果应当预见的注意义务，对损害结果的发生不仅具有明显的过错，其违法行为也是导致损害结果发生的原因和条件之一，让其承担相应的民事责任，既符合公平正义的要求，也有利于维护正常的建筑活动秩序，有利于保护劳动者基本的劳动权利和人身权利。如果转移方是合法地发包、分包等，这种转移施工作业危险客体的行为表明其已充分地、合理地履行了对损害后果发生的注意义务，对损害的发生没有任何过错和过失，不应认定与损害结果之间存在因果关系。

3. 相关法律明确地规定了相关各方的连带赔偿责任

《安全生产法》第100条规定，生产经营单位将生产经营项目、场所、设备发包或者出租给不具备安全生产条件或者相应资质的单位或者个人的，责令限期改正，没收违法所得……导致发生生产安全事故给他人造成损害的，与承包人、承租方承担连带赔偿责任。

第三节 建设工程施工安全事故伤亡赔偿标准及解决方式

建设工程领域是安全事故多发领域，施工企业遇到安全事故，特别是发生伤残、死亡后果的事故后，如果处置不当，会引发停工等群体性事件，严重影响施工顺利进行。建设工程施工安全事故人身伤害赔偿一般通过3种方式解决：(1)根据双方的实际情况协商确定赔偿数额协商解决，该种情况比较常见；(2)当事人提起人身伤害赔偿诉讼；(3)社会保险行政部门工伤劳动仲裁赔偿。

一、工伤认定及赔偿

建设工程安全事故大多发生在施工期间，如果双方存在劳动关系，可以通过社会保险行政部门的工伤劳动仲裁赔偿程序来要求单位赔偿。需要特别说明的是，如果单位没有为职工缴纳工伤保险，则应当按照工伤保险赔偿标准由用人单位给予一次性赔偿。

(一)工伤保险基金

工伤保险基金由用人单位缴纳的工伤保险费、工伤保险基金的利息和依法纳入工伤保险基金的其他资金构成。工伤保险费根据以支定收、收支平衡的原则确定费率。国家根据不同行业的工伤风险程度确定行业的差别费率，并根据工伤保险费使用、工伤发生率等情况在每个行业内确定若干费率档次。

用人单位应当按时缴纳工伤保险费。职工个人不缴纳工伤保险费。用人单位缴纳工伤保险费的数额为本单位职工工资总额乘以单位缴费费率之积。跨地区、生产流动性较大的行业，可以采取相对集中的方式异地参加统筹地区的工伤保险。

工伤保险基金存入社会保障基金财政专户，用于《工伤保险条例》规定的工伤保险待遇，劳动能力鉴定，工伤预防的宣传、培训等费用，以及法律、法规规定的用于工伤保险的其他费用的支付。任何单位或者个人不得将工伤保险基金用于投资运营、兴建或者改建办公场所、发放奖金，或者挪作其他用途。

(二)工伤认定

1. 工伤

《工伤保险条例》第14条至第16条分别规定了职工应当认定为工伤的情形,职工视同工伤的情形以及职工不得认定为工伤或者视同工伤的情形。

《工伤保险条例》第14条规定,职工有下列情形之一的,应当认定为工伤:(1)在工作时间和工作场所内,因工作原因受到事故伤害的;(2)工作时间前后在工作场所内,从事与工作有关的预备性或者收尾性工作受到事故伤害的;(3)在工作时间和工作场所内,因履行工作职责受到暴力等意外伤害的;(4)患职业病的;(5)因工外出期间,由于工作原因受到伤害或者发生事故下落不明的;(6)在上下班途中,受到非本人主要责任的交通事故或者城市轨道交通、客运轮渡、火车事故伤害的;(7)法律、行政法规规定应当认定为工伤的其他情形。

《工伤保险条例》第15条规定,职工有下列情形之一的,视同工伤:(1)在工作时间和工作岗位,突发疾病死亡或者在48小时之内经抢救无效死亡的;(2)在抢险救灾等维护国家利益、公共利益活动中受到伤害的;(3)职工原在军队服役,因战、因公负伤致残,已取得革命伤残军人证,到用人单位后旧伤复发的。职工有前款第(1)项、第(2)项情形的,按照本条例的有关规定享受工伤保险待遇;职工有前款第(3)项情形的,按照本条例的有关规定享受除一次性伤残补助金以外的工伤保险待遇。

《工伤保险条例》第16条规定,职工符合本条例第14条、第15条的规定,但是有下列情形之一的,不得认定为工伤或者视同工伤:(1)故意犯罪的;(2)醉酒或者吸毒的;(3)自残或者自杀的。

2. 工伤的认定程序

(1)工伤认定的申请主体

职工发生事故伤害或者按照职业病防治法规定被诊断、鉴定为职业病,所在单位应当自事故伤害发生之日或者被诊断、鉴定为职业病之日起30日内,向统筹地区社会保险行政部门提出工伤认定申请。遇有特殊情况,经报社会保险行政部门同意,申请时限可以适当延长。用人单位未按规定提出工伤认定申请的,工伤职工或者其近亲属、工会组织在事故伤害发生之日或者被诊断、鉴定为职业病之日起1年内,可以直接向用人单位所在地统筹地区社会保险行政部门提出工伤认定申请。

(2)工伤认定的处理

社会保险行政部门受理工伤认定申请后,根据审核需要可以对事故伤害进行调查核实,用人单位、职工、工会组织、医疗机构以及有关部门应当予以协助。职业病诊断和诊断争议的鉴定,依照职业病防治法的有关规定执行。对依法取得职业病诊断证明书或者职业病诊断鉴定书的,社会保险行政部门不再进行调查核实。社会保险行政部门应当自受理工伤认定申请之日起60日内作出工伤认定决定,出具《认定工伤决定书》或者《不予认定工伤决定书》。社会保险行政部门对于事实清楚、权利义务明确的工伤认定申请,应当自受理工伤认定申请之日起15日内作出工伤认定决定。

《认定工伤决定书》应当载明下列事项:①用人单位全称;②职工的姓名、性别、年龄、职业、身份证号码;③受伤害部位、事故时间和诊断时间或职业病名称、受伤害经过和核实情况、医疗救治的基本情况和诊断结论;④认定工伤或者视同工伤的依据;⑤不服认定决定申请行政复议或者提起行政诉讼的部门和时限;⑥作出认定工伤或者视同工伤决定的时间。

《不予认定工伤决定书》应当载明下列事项:①用人单位全称;②职工的姓名、性别、年龄、职业、身份证号码;③不予认定工伤或者不视同工伤的依据;④不服认定决定申请行政复议或者提起行政诉讼的部门和时限;⑤作出不予认定工伤或者不视同工伤决定的时间。

《认定工伤决定书》和《不予认定工伤决定书》应当加盖社会保险行政部门工伤认定专用印章。社会保险行政部门受理工伤认定申请后,作出工伤认定决定需要以司法机关或者有关行政主管部门的结论为依据的,在司法机关或者有关行政主管部门尚未作出结论期间,作出工伤认定决定的时限中止,并书面通知申请人。社会保险行政部门应当自工伤认定决定作出之日起20日内,将《认定工伤决定书》或者《不予认定工伤决定书》送达受伤害职工(或者其近亲属)和用人单位,并抄送社会保险经办机构。职工或者其近亲属、用人单位对不予受理决定不服或者对工伤认定决定不服的,可以依法申请行政复议或者提起行政诉讼。

(3)工伤赔偿劳动仲裁

职工因工作遭受事故伤害或者患职业病进行治疗,享受工伤医疗待遇。我国境内的用人单位与劳动者因工伤医疗费或者赔偿金等发生的争议适用《劳动争议调解仲裁法》。如果单位不主动支付工伤保险待遇,职工必须在收到工伤认定或者劳动能力鉴定结论后60日内申请劳动仲裁,要求单位依法承担工伤保险待遇。劳动争议仲裁委员会受理后,应当在组成仲裁庭后60日内作出仲裁裁决。当事人对仲裁裁决不服的,可以自收到仲裁裁决书之日起15日内向人民法院提起诉讼。

(三)劳动能力鉴定

职工发生工伤,经治疗伤情相对稳定后存在残疾、影响劳动能力的,应当进行劳动能力鉴定。劳动能力鉴定是指劳动功能障碍程度和生活自理障碍程度的等级鉴定。劳动功能障碍分为10个伤残等级,最重的为1级,最轻的为10级。生活自理障碍分为3个等级:生活完全不能自理、生活大部分不能自理和生活部分不能自理。

劳动能力鉴定由用人单位、工伤职工或者其近亲属向设区的市级劳动能力鉴定委员会提出申请,并提供工伤认定决定和职工工伤医疗的有关资料。

省、自治区、直辖市劳动能力鉴定委员会和设区的市级劳动能力鉴定委员会分别由省、自治区、直辖市和设区的市级社会保险行政部门、卫生行政部门、工会组织、经办机构代表以及用人单位代表组成。设区的市级劳动能力鉴定委员会收到劳动能力鉴定申请后,应当从其建立的医疗卫生专家库中随机抽取3名或者5名相关专家组成专家组,由专家组提出鉴定意见。设区的市级劳动能力鉴定委员会应当自收到劳动能力鉴定申请之日起60日内作出劳动能力鉴定结论,必要时,作出劳动能力鉴定结论的期限可以延长30日。劳动能力鉴定结论应当及时送达申请鉴定的单位和个人。

申请鉴定的单位或者个人对设区的市级劳动能力鉴定委员会作出的鉴定结论不服的,可以在收到该鉴定结论之日起15日内向省、自治区、直辖市劳动能力鉴定委员会提出再次鉴定申请。省、自治区、直辖市劳动能力鉴定委员会作出的劳动能力鉴定结论为最终结论。自劳动能力鉴定结论作出之日起1年后,工伤职工或者其近亲属、所在单位或者经办机构认为伤残情况发生变化的,可以申请劳动能力复查鉴定。

(四)工伤保险待遇

职工因工作遭受事故伤害或者患职业病进行治疗,享受工伤医疗待遇。

1. 工伤的治疗

职工治疗工伤应当在签订服务协议的医疗机构就医,情况紧急时可以先到就近的医疗机构急救。治疗工伤所需费用符合工伤保险诊疗项目目录、工伤保险药品目录、工伤保险住院服务标准的,从工伤保险基金支付。职工住院治疗工伤的伙食补助费,以及经医疗机构出具证明,报经办机构同意,工伤职工到统筹地区以外就医所需的交通、食宿费用从工伤保险基金支付,基金支付的具体标准由统筹地区人民政府规定。工伤职工到签订服务协议的医疗机构进行工伤康复的费用,符合规定的,从工伤保险基金支付。

工伤职工治疗非工伤引发的疾病,不享受工伤医疗待遇,按照基本医疗保险办法处理。社会保险行政部门作出认定为工伤的决定后发生行政复议、行政诉讼的,行政复议和行政诉讼期间不停止支付工伤职工治疗工伤的医疗费用。工伤职工因日常生活或者就业需要,经劳动能力鉴定委员会确认,可以安装假肢、矫形器、假眼、假牙和配置轮椅等辅助器具,所需费用按照国家规定的标准从工伤保险基金支付。

2. 工伤医疗的停工留薪期

职工因工作遭受事故伤害或者患职业病需要暂停工作接受工伤医疗的,在停工留薪期内,原工资福利待遇不变,由所在单位按月支付。停工留薪期一般不超过12个月。伤情严重或者情况特殊,经设区的市级劳动能力鉴定委员会确认,可以适当延长,但延长不得超过12个月。工伤职工评定伤残等级后,停发原待遇,按照有关规定享受伤残待遇。工伤职工在停工留薪期满后仍需治疗的,继续享受工伤医疗待遇。

3. 工伤职工的护理

生活不能自理的工伤职工在停工留薪期需要护理的,由所在单位负责。工伤职工已经评定伤残等级并经劳动能力鉴定委员会确认需要生活护理的,从工伤保险基金按月支付生活护理费。生活护理费按照生活完全不能自理、生活大部分不能自理或者生活部分不能自理3个不同等级支付,其标准分别为统筹地区上年度职工月平均工资的50%、40%或者30%。

4. 职工因工致残的待遇

职工因工致残被鉴定为1级至4级伤残的,保留劳动关系,退出工作岗位,享受以下待遇:(1)从工伤保险基金按伤残等级支付一次性伤残补助金,标准为:1级伤残为27个月的本人工资,2级伤残为25个月的本人工资,3级伤残为23个月的本人工资,4级伤残为21个月的本人工资。(2)从工伤保险基金按月支付伤残津贴,标准为:1级伤残为本人工资的90%,2级伤残为本人工资的85%,3级伤残为本人工资的80%,4级伤残为本人工资的75%。伤残津贴实际金额低于当地最低工资标准的,由工伤保险基金补足差额。(3)工伤职工达到退休年龄并办理退休手续后,停发伤残津贴,按照国家有关规定享受基本养老保险待遇。基本养老保险待遇低于伤残津贴的,由工伤保险基金补足差额。职工因工致残被鉴定为1级至4级伤残的,由用人单位和职工个人以伤残津贴为基数,缴纳基本医疗保险费。

职工因工致残被鉴定为5级、6级伤残的,享受以下待遇:(1)从工伤保险基金按伤残等级支付一次性伤残补助金,标准为:5级伤残为18个月的本人工资,6级伤残为16个月的本人工资。(2)保留与用人单位的劳动关系,由用人单位安排适当工作。难以安排工作的,由用人单位按月发给伤残津贴,标准为:5级伤残为本人工资的70%,6级伤残为本人工资的60%,并由用人单位按照规定为其缴纳应缴纳的各项社会保险费。伤残津贴实际金额低于当地最低工资标准的,由用人单位补足差额。经工伤职工本人提出,该职工可以与用人单位解除或者终止劳动关系,由工伤保险基金支付一次性工伤医疗补助金,由用人单位支付一次性伤残就业补助金。

职工因工致残被鉴定为7级至10级伤残的,享受以下待遇:(1)从工伤保险基金按伤残等级支付一次性伤残补助金,标准为:7级伤残为13个月的本人工资,8级伤残为11个月的本人工资,9级伤残为9个月的本人工资,10级伤残为7个月的本人工资。(2)劳动、聘用合同期满终止,或者职工本人提出解除劳动、聘用合同的,由工伤保险基金支付一次性工伤医疗补助金,由用人单位支付一次性伤残就业补助金。

5. 职工因工死亡的丧葬补助金、抚恤金和一次性工亡补助金

职工因工死亡,其近亲属按照下列规定从工伤保险基金领取丧葬补助金、供养亲属抚恤金和一次性工亡补助金:(1)丧葬补助金为6个月的统筹地区上年度职工月平均工资。(2)供养亲属抚恤金按照职工本人工资的一定比例发给由因工死亡职工生前提供主要生活来源、无劳动能力的亲属。标准为:配偶每月40%,其他亲属每人每月30%,孤寡老人或者孤儿每人每月在上述标准的基础上增加10%。核定的各供养亲属的抚恤金之和不应高于因工死亡职工生前的工资。(3)一次性工亡补助金标准为上一年度全国城镇居民人均可支配收入的20倍。伤残职工在停工留薪期内因工伤导致死亡的,其近亲属享受以上规定的待遇。1级至4级伤残职工在停工留薪期满后死亡的,其近亲属可以享受以上第(1)项、第(2)项规定的待遇。

6. 其他规定

职工因工外出期间发生事故或者在抢险救灾中下落不明的,从事故发生当月起3个月内照发工资,从第4个月起停发工资,由工伤保险基金向其供养亲属按月支付供养亲属抚恤金。生活有困难的,可以预支一次性工亡补助金的50%。职工被人民法院宣告死亡的,按照职工因工死亡的规定处理。工伤职工有下列情形之一的,停止享受工伤保险待遇:(1)丧失享受待遇条件的;(2)拒不接受劳动能力鉴定的;(3)拒绝治疗的。

用人单位分立、合并、转让的,承继单位应当承担原用人单位的工伤保险责任;原用人单位已经参加工伤保险的,承继单位应当到当地经办机构办理工伤保险变更登记。用人单位实行承包经营的,工伤保险责任由职工劳动关系所在单位承担。职工被借调期间受到工伤事故伤害的,由原用人单位承担工伤保险责任,但原用人单位与借调单位可以约定补偿办法。企业破产的,在破产清算时依法拨付应当由单位支付的工伤保险待遇费用。职工被派遣出境工作,依据前往国家或者地区的法律应当参加当地工伤保险的,参加当地工伤保险,其国内工伤保险关系中止;不能参加当地工伤保险的,其国内工伤保险关系不中止。职工再次发生工伤,根据规定应当享受伤残津贴的,按照新认定的伤残等级享受伤残津贴待遇。

最高人民法院《关于审理工伤保险行政案件若干问题的规定》中规定,社会保险行政部门认定下列单位为承担工伤保险责任单位的,人民法院应予支持:(1)职工与两个或两个以上单位建立劳动关系,工伤事故发生时,职工为之工作的单位为承担工伤保险责任的单位;(2)劳务派遣单位派遣的职工在用工单位工作期间因工伤亡的,派遣单位为承担工伤保险责任的单位;(3)单位指派到其他单位工作的职工因工伤亡的,指派单位为承担工伤保险责任的单位;(4)用工单位违反法律、法规规定将承包业务转包给不具备用工主体资格的组织或者自然人,该组织或者自然人聘用的职工从事承包业务时因工伤亡的,用工单位为承担工伤保险责任的单位;(5)个人挂靠其他单位对外经营,其聘用的人员因工伤亡的,被挂靠单位为承担工伤保险责任的单位。前款第(4)项、第(5)项明确的承担工伤保险责任的单位承担赔偿责任或者社会保险经办机构从工伤保险基金支付工伤保险待遇后,有权向相关组织、单位和个人追偿。

(五)建筑业工伤保险制度

人力资源和社会保障部、住房和城乡建设部、安全监督管理总局、全国总工会《关于进一步做好建筑业工伤保险工作的意见》(人社部发〔2014〕103 号)提出,针对建筑行业的特点,建筑施工企业对相对固定的职工,应按用人单位参加工伤保险;对不能按用人单位参保、建筑项目使用的建筑业职工特别是农民工,按项目参加工伤保险。

按用人单位参保的建筑施工企业应以工资总额为基数依法缴纳工伤保险费。以建设项目为单位参保的,可以按照项目工程总造价的一定比例计算缴纳工伤保险费。要充分运用工伤保险浮动费率机制,根据各建筑企业工伤事故发生率、工伤保险基金使用等情况适时适当调整费率,促进企业加强安全生产,预防和减少工伤事故。建设单位要在工程概算中将工伤保险费用单独列支,作为不可竞争费用,不参与竞标,并在项目开工前由施工总承包单位一次性代缴本项目工伤保险费,覆盖项目使用的所有职工,包括专业承包单位、劳务分包单位使用的农民工。施工总承包单位应当在工程项目施工期内督促专业承包单位、劳务分包单位建立职工花名册、考勤记录、工资发放表等台账,对项目施工期内全部施工人员实行动态实名制管理。施工人员发生工伤后,以劳动合同为基础确认劳动关系。对未签订劳动合同的,由人力资源社会保障部门参照工资支付凭证或记录、工作证、招工登记表、考勤记录及其他劳动者证言等证据,确认事实劳动关系。

职工发生工伤事故,应当由其所在用人单位在 30 日内提出工伤认定申请,施工总承包单位应当密切配合并提供参保证明等相关材料。用人单位未在规定时限内提出工伤认定申请的,职工本人或其近亲属、工会组织可以在 1 年内提出工伤认定申请,经社会保险行政部门调查确认工伤的,在此期间发生的工伤待遇等有关费用由其所在用人单位负担。对于事实清楚、权利义务关系明确的工伤认定申请,应当自受理工伤认定申请之日起 15 日内作出工伤认定决定。对认定为工伤的建筑业职工,各级社会保险经办机构和用人单位应依法按时足额支付各项工伤保险待遇。对在参保项目施工期间发生工伤、项目竣工时尚未完成工伤认定或劳动能力鉴定的建筑业职工,其所在用人单位要继续保证其医疗救治和停工期间的法定待遇,待完成工伤认定及劳动能力鉴定后,依法享受参保职工的各项工伤保险待遇;其中应由用人单位支付的待遇,工伤职工所在用人单位要按时足额支付,也可根据其意愿一次性支付。针对建筑业工资收入分配的特点,对相关工伤保险待遇中难以按本人工资作为计发基数的,可以参照统筹地区上年度职工平均工资作为计发基数。未参加工伤保险的建设项目,职工发生工伤事故,依法由职工所在用人单位支付工伤保险待遇,施工总承包单位、建设单位承担连带责任;用人单位和承担连带责任的施工总承包单位、建设单位不支付的,由工伤保险基金先行支付,用人单位和承担连带责任的施工总承包单位、建设单位应当偿还;不偿还的,由社会保险经办机构依法追偿。

建设单位、施工总承包单位或具有用工主体资格的分包单位将工程(业务)发包给不具备用工主体资格的组织或个人,该组织或个人招用的劳动者发生工伤的,发包单位与不具备用工主体资格的组织或个人承担连带赔偿责任。施工总承包单位应当按照项目所在地人力资源社会保障部门统一规定的式样,制作项目参加工伤保险情况公示牌,在施工现场显著位置予以公示,并安排有关工伤预防及工伤保险政策讲解的培训课程,保障广大建筑业职工特别是农民工的知情权,增强其依法维权意识。开展工伤预防试点的地区可以从工伤保险基金提取一定比例用于工伤预防。

二、人身伤害赔偿

在发生建设工程安全事故后,如果只存在雇佣关系,则应通过雇佣人身伤害赔偿程序来处理。目前,我国法律对人身伤害事故赔偿作出规定的主要是《民法典》以及最高人民法院对人身损害、精神损害赔偿的司法解释。这3部法律文件是法院判决的主要依据。由于人身伤害赔偿计算方式比较简便,因此,在双方协商过程中也可以通过这种方式计算出基础赔偿数额供双方协商时参考,使双方的协商有个基础底线。损害发生后,当事人可以协商赔偿费用的支付方式。协商不一致的,赔偿费用应当一次性支付;一次性支付确有困难的,可以分期支付,但应当提供相应的担保。

(一)赔偿范围

《民法典》第1179条规定,侵害他人造成人身损害的,应当赔偿医疗费、护理费、交通费、营养费、住院伙食补助费等为治疗和康复支出的合理费用,以及因误工减少的收入。造成残疾的,还应当赔偿辅助器具费和残疾赔偿金;造成死亡的,还应当赔偿丧葬费和死亡赔偿金。

根据《民法典》的相关规定,被害人情况赔偿费用计算方式是:(1)轻伤害赔偿项目,因就治疗支出的各项费用以及因误工减少的收入,包括医疗费、误工费、护理费、交通费、住宿费、住院伙食补助费、必要的营养费,赔偿义务人应当予以赔偿。(2)伤害致残赔偿项目,除了上述医疗费、误工费、护理费、交通费、住宿费、住院伙食补助费、必要的营养费,还应赔偿受害人残疾赔偿金、残疾辅助器具费。同时由于残疾给被害人及家属造成了精神损害,应当额外支付一定数额的精神损害抚慰金。(3)致人死亡赔偿项目,受害人死亡的,应当赔偿抢救治疗所付出的医疗费用以及丧葬费、死亡补偿费以及受害人亲属办理丧葬事宜支出的交通费、住宿费和误工损失等其他合理费用。同时,由于被害人死亡给其家属造成重大精神伤害,还需要额外支付一定数额的精神损害抚慰金。虽然从目前的法律规定来看,还是根据被害人户籍有不同的赔偿标准,但是需要特别注意的是,根据《民法典》的规定,由于同一次事故导致多人死亡,被害人户籍不同的,可以按照相同数额给予赔偿。

受害人或者死者近亲属遭受精神损害,赔偿权利人向人民法院请求赔偿精神损害抚慰金的,适用最高人民法院《关于确定民事侵权精神损害赔偿责任若干问题的解释》予以确定。精神损害抚慰金的请求权不得让与或者继承。但赔偿义务人已经以书面方式承诺给予金钱赔偿,或者赔偿权利人已经向人民法院起诉的除外。

(二)各项赔偿费用的计算

1.轻伤害赔偿项目的计算

(1)医疗费,根据医疗机构出具的医药费、住院费等收款凭证,结合病历和诊断证明等相关证据确定。赔偿义务人对治疗的必要性和合理性有异议的,应当承担相应的举证责任。医疗费的赔偿数额,按照一审法庭辩论终结前实际发生的数额确定。器官功能恢复训练所必要的康复费、适当的整容费以及其他后续治疗费,赔偿权利人可以待实际发生后另行起诉。但根据医疗证明或者鉴定结论确定必然发生的费用,可以与已经发生的医疗费一并予以赔偿。(2)误工费,根据受害人的误工时间和收入状况确定。误工时间根据受害人接受治疗的医疗机构出具的证明确定。受害人因伤致残持续误工的,误工时间可以计算至定残日前一天。受害人有固定收入的,误工费按照实际减少的收入计算。受害人无固定收入的,按照其最近三年的平均收入计算;受害人不能举证证明其最近三年的平均收入状况的,可以参照受诉法院所在地相同或者相近行业上一年度职工的平均工资计算。(3)住院伙食补助费,可以参照当地国家机关一般工作人员的出差伙食补助标准予以确定。受害人确有必要到外地治疗,因客观原因不能住院,受害人本人及其陪护人员实际发生的住宿费和伙食费,其合理部分应予赔偿。(4)护理费,根据护理人员的收入状况和护理人数、护理期限确定。护理人员有收入的，参照误工费的规定计算；护理人员没有收入或者雇佣护工的，参照当地护工从事同等级别护理的劳务报酬标准计算。护理人员原则上为1人，但医疗机构或者鉴定机构有明确意见的，可以参照确定护理人员人数。护理期限应计算至受害人恢复生活自理能力时止。受害人因残疾不能恢复生活自理能力的，可以根据其年龄、健康状况等因素确定合理的护理期限，但最长不超过20年。受害人定残后的护理，应当根据其护理依赖程度并结合配制残疾辅助器具的情况确定护理级别。（5）交通费，根据受害人及其必要的陪护人员因就医或者转院治疗实际发生的费用计算。交通费应当以正式票据为凭；有关凭据应当与就医地点、时间、人数、次数相符合。（6）住宿费，按照事故发生地国家机关一般工作人员的出差住宿标准计算，凭据支付。参加处理事故的当事人亲属所需交通费、误工费、住宿费，参照有关规定计算，按照当事人的事故责任分担，但计算费用的人数不得超过三人。（7）营养费，根据受害人伤残情况参照医疗机构的意见确定。

2. 残疾赔偿项目的计算

（1）残疾者生活补助费，根据受害人丧失劳动能力程度或者伤残等级，按照受诉法院所在地上一年度城镇居民人均可支配收入或者农村居民人均纯收入标准，自定残之日起按20年计算。但60周岁以上的，年龄每增加1岁减少1年；75周岁以上的，按5年计算。（2）残疾辅助器具费，按照普通适用器具的合理费用标准计算。辅助器具的更换周期和赔偿期限参照配制机构的意见确定。

3. 死亡赔偿项目的计算

（1）丧葬费，按照受诉法院所在地上一年度6个月职工月平均工资标准总额计算。（2）死亡补偿费，按照受诉法院所在地上一年度城镇居民人均可支配收入或者农村居民人均纯收入标准，按20年计算。但60周岁以上的，年龄每增加1岁减少1年；75周岁以上的，按5年计算。（3）被扶养人生活费，根据扶养人丧失劳动能力程度，按照受诉法院所在地上一年度城镇居民人均消费性支出和农村居民人均年生活消费支出标准计算。被扶养人为未成年人的，计算至18周岁；被扶养人无劳动能力又无其他生活来源的，计算20年。但60周岁以上的，年龄每增加1岁减少1年；75周岁以上的，按5年计算。被扶养人是指受害人依法应当承担扶养义务的未成年人或者丧失劳动能力又无其他生活来源的成年近亲属。被扶养人还有其他扶养人的，赔偿义务人只赔偿受害人依法应当负担的部分。被扶养人有数人的，年赔偿总额累计不超过上一年度城镇居民人均消费性支出额或者农村居民人均年生活消费支出额。该部分费用在《侵权责任法》（已失效）后不再予以认可。（4）精神抚慰金。（5）受害人亲属办理丧葬事宜支出的交通费、住宿费和误工损失等其他合理费用。

三、协商调解赔偿

这种方式是建筑领域内常用的处理方式，即由施工单位和被害人家属直接协商，达成赔偿意向。一般采用这种方式要注意以下几点：（1）赔偿数额要合理合法，由于事故发生后被害人家属情绪比较激动，因此会提出一些不合理的要求，对此，施工企业应当及时咨询律师，根据被害人情况以及上述工伤、伤害赔偿标准计算出一个合理的数字作为双方协商的基础，并说明这个数字的法律依据，或者建议被害人家属咨询律师等专业人士后再行协商，这样就减轻了协商的难度。（2）要签订书面赔偿协议，为了防止被害人家属反悔，因此最好是草拟书面赔偿协议，必要时进行公证；书面约定领款人、领款人与被害人关系、数额、支付时间和方式、付款方式等，关键需要注意的是一定要约定清楚一次性赔偿包括的费用项目，否则约定不明被害人还可能重新起诉。

第四节 建筑意外伤害保险与相关保险的关系

一、建筑意外伤害保险

《建筑法》规定，鼓励企业为从事危险作业的职工办理意外伤害保险，支付保险费。《建设工程安全生产管理条例》还规定，施工单位应当为施工现场从事危险作业的人员办理意外伤害保险。意外伤害保险费由施工单位支付。实行施工总承包的，由总承包单位支付意外伤害保险费。意外伤害保险期限自建设工程开工之日起至竣工验收合格止。

（一）建筑意外伤害保险的范围、保险期限和最低保险金额

原建设部《关于加强建筑意外伤害保险工作的指导意见》（建质〔2003〕107号）指出，建筑施工企业应当为施工现场从事施工作业和管理的人员，在施工活动过程中发生的人身意外伤亡事故提供保障，办理建筑意外伤害保险、支付保险费。范围应当覆盖工程项目。已在企业所在地参加工伤保险的人员，从事现场施工时仍可参加建筑意外伤害保险。保险期限应涵盖工程项目开工之日到工程竣工验收合格日。提前竣工的，保险责任自行终止。因延长工期的，应当办理保险顺延手续。各地建设行政主管部门要结合本地区实际情况，确定合理的最低保险金额。最低保险金额要能够保障施工伤亡人员得到有效的经济补偿。施工企业办理建筑意外伤害保险时，投保的保险金额不得低于此标准。

（二）建筑意外伤害保险的保险费和费率

保险费应当列入建筑安装工程费用。保险费由施工企业支付，施工企业不得向职工摊派。施工企业和保险公司双方应本着平等协商的原则，根据各类风险因素商定建筑意外伤害保险费率，提倡差别费率和浮动费率。差别费率可与工程规模、类型、工程项目风险程度和施工现场环境等因素挂钩；浮动费率可与施工企业安全生产业绩、安全生产管理状况等因素挂钩。对重视安全生产管理、安全业绩好的企业可采用下浮费率；对安全生产业绩差、安全管理不善的企业可采用上浮费率。通过浮动费率机制，激励投保企业安全生产的积极性。

（三）建筑意外伤害保险的投保

施工企业应在工程项目开工前办理完投保手续。鉴于工程建设项目施工工艺流程中各工种调动频繁、用工流动性大，投保应实行不记名和不计人数的方式。工程项目中有分包单位的由总承包施工企业统一办理，分包单位合理承担投保费用。业主直接发包的工程项目由承包企业直接办理。投保人办理投保手续后，应将投保有关信息以布告形式张贴于施工现场，告之被保险人。

（四）建筑意外伤害保险的索赔

建筑意外伤害保险应规范和简化索赔程序，搞好索赔服务。各地建设行政主管部门要积极创造条件，引导投保企业在发生意外事故后即向保险公司提出索赔，使施工伤亡人员能够得到及时、足额的赔付。

（五）建筑意外伤害保险的安全服务

施工企业应当选择能提供建筑安全生产风险管理、事故防范等安全服务和有保险能力的保险公司，以保证事故后能及时补偿与事故前能主动防范。目前还不能提供安全风险管理和事故

预防的保险公司，应通过建筑安全服务中介组织向施工企业提供与建筑意外伤害保险相关的安全服务。建筑安全服务中介组织必须拥有一定数量、专业配套、具备建筑安全知识和管理经验的专业技术人员。安全服务内容可包括施工现场风险评估、安全技术咨询、人员培训、防灾防损设备配置、安全技术研究等。施工企业在投保时可与保险机构商定具体服务内容。

二、建筑意外伤害保险与工伤保险

《建筑法》第48条规定，建筑施工企业应当依法为职工参加工伤保险缴纳工伤保险费。鼓励企业为从事危险作业的职工办理意外伤害保险，支付保险费。《建设工程安全生产管理条例》第38条规定，施工单位应当为施工现场从事危险作业的人员办理意外伤害保险。

（一）工伤与用人单位以外的第三人侵权责任发生竞合

职工在执行职务时因第三人原因受伤，一方面可依《民法典》向加害人请求损害赔偿，另一方面可依据《工伤保险条例》的规定请求保险给付。请求支付工伤保险待遇和请求侵权损害赔偿，二者的请求权基础不同，归责原则和权利保护范围不一样。前者适用无过错责任原则，后者则适用过错责任原则；前者不能要求精神损害赔偿，后者则可以。前者不适用混合过错，后者则适用过错相抵。由于存在以上区别，对于两者如何适用，在审判实践中存有争议：（1）“单份赔偿”，即工伤职工只能选择民事侵权赔偿和工伤保险待遇中的一种，如选择享受工伤保险待遇，则工伤保险基金在赔付后取得了对第三人的代位追偿权；如工伤职工选择民事侵权赔偿，则不能再享受工伤保险待遇。尊重劳动者的选择权，即劳动者可向任何一方主张权利。但是不得向双方同时主张权利。（2）“双份赔偿”，即工伤职工既可以选择民事侵权赔偿，也可以申请工伤保险待遇，工伤职工可以享受工伤保险待遇的同时并获得民事侵权赔偿。（3）“补差赔偿”，即应当实行民事侵权赔偿和工伤保险相结合，由工伤保险基金先行赔偿，民事侵权赔偿超出工伤保险待遇的部分，归工伤职工所有。

《社会保险法》第42条规定，由于第三人的原因造成工伤，第三人不支付工伤医疗费用或者无法确定第三人的，由工伤保险基金先行支付。工伤保险基金先行支付后，有权向第三人追偿。该条规定了因第三人造成工伤的劳动者的医疗费用工伤保险基金先行支付后有权向第三人追偿，但是并没有明确规定工伤保险待遇与民事侵权赔偿二者可以兼得。最高人民法院《关于审理人身损害赔偿案件适用法律若干问题的解释》第3条规定，依法应当参加工伤保险统筹的用人单位的劳动者，因工伤事故遭受人身损害，劳动者或者其近亲属向人民法院起诉请求用人单位承担民事赔偿责任的，告知其按《工伤保险条例》的规定处理。因用人单位以外的第三人侵权造成劳动者人身损害，赔偿权利人请求第三人承担民事赔偿责任的，人民法院应予支持。最高人民法院《关于因第三人造成工伤的职工或其亲属在获得民事赔偿后是否还可以获得工伤保险补偿问题的答复》（[2006]行他字第12号）规定：“……因第三人造成工伤的职工或近亲属，从第三人处获得民事赔偿后，可以按照《工伤保险条例》第三十七条的规定，向工伤保险机构申请工伤保险待遇补偿。”最高人民法院《关于审理工伤保险行政案件若干问题的规定》第8条规定，职工因第三人的原因受到伤害，社会保险行政部门以职工或者其近亲属已经对第三人提起民事诉讼或者获得民事赔偿为由，作出不予受理工伤认定申请或者不予认定工伤决定的，人民法院不予支持。职工因第三人的原因受到伤害，社会保险行政部门已经作出工伤认定，职工或者其近亲属未对第三人提起民事诉讼或者尚未获得民事赔偿，起诉要求社会保险经办机构支付工伤保险待遇的，人民法院应予支持。职工因第三人导致工伤，社会保险经办机构以职工或者其近亲属已经对第三人提起民事诉讼为由,拒绝支付工伤保险待遇的,人民法院不予支持,但第三人已经支付医疗费用的除外。

基于以上法律法规和司法解释的规定,笔者认为,基于劳动关系主张的工伤与第三人侵权系两种不同的法律关系,第三人侵权产生民事侵权赔偿基于平等民事主体间的侵权行为,属于私法领域的赔偿,而工伤保险赔偿基于劳动者与用人单位之间的劳动关系,属于公法领域的赔偿。基于不同法律关系产生的不同赔偿请求权即民事侵权赔偿和工伤保险赔偿,两种请求权可独立存在。故劳动者可以同时向用人单位和侵权人主张权利,并同时得到用人单位和侵权人给予劳动者的工伤待遇和赔偿。但是《民法典》中规定的民事责任的方式中的"赔偿损失"就是赔偿相当于损失的数额,其目的是弥补受害人的损失。《工伤保险条例》规定的是"为了保障因工作遭受事故伤害或者患职业病的职工获得医疗救治和经济补偿",无论赔偿还是补偿,如果"兼得"就有可能造成赔偿加补偿的数额大于工伤职工实际损失,必然造成在单位受到伤害的职工和在交通道路上受到伤害的职工赔偿或补偿数额不平等。因此对于已经获得赔偿的项目,如果职工再重复要求的,如已经获得的医疗费等,人民法院不予支持。

(二)建筑意外伤害保险与工伤保险的竞合

建筑施工企业应当依法为职工参加工伤保险缴纳工伤保险费,工伤保险属于社会保险,具有强制性,用人单位必须按照规定为员工参保,否则要承担一定的法律责任。施工单位应当为施工现场从事危险作业的人员办理意外伤害保险,属于商业保险。建筑意外伤害保险主要针对被保险人因意外伤害导致的医疗费用予以报销。同时,如果被保者因意外伤害导致残疾,还可以按比例赔偿残疾津贴;工伤保险只对因工作原因遭受意外伤害而产生的医疗费用进行报销。因此建筑意外伤害保险与工伤保险不可互相替换,但是可以互相补充。

1. 安某重、兰某姣诉深圳市水湾远洋渔业有限公司工伤保险待遇纠纷案①

(1)主要案情

2011 年 11 月,深圳市水湾远洋渔业有限公司(以下简称水湾公司)与浙江鑫隆远洋渔业有限公司(以下简称鑫隆公司)签订委托招聘合同,约定鑫隆公司为水湾公司名下 6 艘船舶招聘远洋船员。2012 年 7 月 8 日,安某卫与鑫隆公司签订大管轮聘用合同,约定鑫隆公司招聘安某卫为远洋大管轮职务船员,鑫隆公司负责为安某卫投保人身意外险,如在聘用期内发生因工伤亡,按有关意外保险条款执行。2012 年 8 月 22 日,水湾公司作为投保人,为包括安某卫在内的 48 名船员向中国人民财产保险股份有限公司深圳市七分公司投保团体意外伤害保险,保障项目为额外身故、残疾、烧伤给付,每人保险金额为 60 万元。2012 年 9 月,安某卫等 14 名船员被派遣至轮上进行远海捕鱼作业。2013 年 8 月 5 日,轮船在法属波利尼西亚南方群岛拉帕岛附近海域遇险侧翻。2014 年 1 月 16 日,安某卫被河南省栾川县人民法院宣告死亡。人保公司向安某重和兰某姣实际支付了安某卫身故赔偿金 60 万元。2014 年 12 月 10 日,浙江省绍兴市越城区人民法院判决,确认水湾公司与安某卫存在劳动关系。2015 年 3 月 16 日,深圳市人力资源和社会保障局认定安某卫属于工伤。安某重是安某卫的父亲,兰某姣是安某卫的母亲。兰某姣肢体残疾等级为 3 级。安某重、兰某姣请求判令水湾公司支付拖欠安某卫的工资及奖金,以及丧葬补助金、供养亲属抚恤金、一次性工亡补助金等工伤保险待遇。

---

① 《工伤保险待遇与人身意外伤害保险待遇可并存》,载《最高人民法院公报》2017 年第 12 期。

(2)案件审理及裁判理由

广州海事法院一审认为:安某卫受水湾公司聘用在轮上进行远海捕鱼作业,安某卫与水湾公司存在劳动合同关系。水湾公司没有为安某卫买工伤保险,根据《广东省工伤保险条例》的规定,水湾公司应向安某重和兰某姣支付安某卫依法应享有的工伤保险待遇。水湾公司虽然为安某卫购买了意外伤害商业保险,并与安某卫在聘用合同中约定在聘用期内如因工伤亡,按有关意外保险条款执行,但依法缴纳工伤保险是用人单位的法定义务,该项义务不能通过当事人协商予以免除。安某重和兰某姣以意外伤害保险单受益人身份取得商业保险赔偿金后,仍有权主张工伤保险赔偿。水湾公司关于安某重和兰某姣已取得 60 万元商业保险金即无权再主张工伤保险赔偿金的抗辩不能成立。广州海事法院判决:①水湾公司向安某重、兰某姣支付安某卫的工资、奖金共计 26,709.2 元;②水湾公司向安某重、兰某姣支付丧葬补助金、一次性工亡补助金共计 520,808 元;③驳回安某重、兰某姣的其他诉讼请求。

水湾公司不服一审判决,向广东省高级人民法院提起上诉。广东省高级人民法院认为:《工伤保险条例》第 2 条第 1 款规定:"中华人民共和国境内的企业、事业单位、社会团体、民办非企业单位、基金会、律师事务所、会计师事务所等组织和有雇工的个体工商户(以下称用人单位)应当依照本条例规定参加工伤保险,为本单位全部职工或者雇工(以下称职工)缴纳工伤保险费",根据该规定,为职工缴纳工伤保险费是水湾公司的法定义务,该法定义务不得通过任何形式予以免除或变相免除。《工伤保险条例》第 62 条第 2 款又进一步规定:"依照本条例规定应当参加工伤保险而未参加工伤保险的用人单位职工发生工伤的,由该用人单位按照本条例规定的工伤保险待遇项目和标准支付费用"。在水湾公司未为安某卫缴纳工伤保险费的情况下,水湾公司应向安某卫的父母安某重和兰某姣支付工伤保险待遇。水湾公司为安某卫购买的商业性意外伤害保险,性质上是水湾公司为安某卫提供的一种福利待遇,不能免除水湾公司作为用人单位负有的法定的缴纳工伤保险费的义务或支付工伤保险待遇的义务。此外,法律及司法解释并不禁止受工伤的职工或其家属获得双重赔偿。最高人民法院《关于审理工伤保险行政案件若干问题的规定》第 8 条第 1 款规定:"职工因第三人的原因受到伤害,社会保险行政部门以职工或者其近亲属已经对第三人提起民事诉讼或者获得民事赔偿为由,作出不予受理工伤认定申请或者不予认定工伤决定的,人民法院不予支持"。第 3 款规定:"职工因第三人的原因导致工伤,社会保险经办机构以职工或者其近亲属已经对第三人提起民事诉讼为由,拒绝支付工伤保险待遇的,人民法院不予支持,但第三人已经支付的医疗费用除外"。由此可见,上述规定并不禁止受工伤的职工同时获得民事赔偿和工伤保险待遇赔偿。水湾公司称安某重和兰某姣同时获得保险金和工伤保险待遇属一事二赔、违反公平原则,没有法律依据,不予支持。一审法院判决水湾公司向安某重和兰某姣支付工伤保险待遇正确,予以维持。

从一审、二审法院的裁判说理部分可知,两个法院的判决思路总体相近,均认为水湾公司不能以购买人身意外伤害保险的行为替代工伤保险的缴纳义务。二审判决更是明确将商业性意外伤害保险定性为公司的福利待遇,且肯定了双重赔偿路径的可行性。①

2. 建筑意外伤害保险与工伤保险竞合时的处理

国内司法实践中涉及工伤保险与人身意外伤害保险竞合问题的相关案例,存在严重分歧,判决结果与说理部分差异较大。有学者通过法院裁判案例及裁判结果分析了建筑意外伤害保险与

---

① 姚珧:《工伤保险与意外伤害保险竞合研究》,浙江大学 2019 年硕士学位论文,第 9 页。

工伤保险竞合时的处理模式。

(1)工伤保险与意外伤害保险可以双重赔偿

建筑意外伤害保险与工伤保险竞合时,职工既可以要求工伤保险赔偿,也可以要求意外伤害保险赔偿,二者可以并存。

在"中国太平洋财产保险股份有限公司铜仁中心支公司与姚某富意外伤害保险合同纠纷上诉案"①中,江口开元公司(发包方)为江口建筑公司(承包方)的施工人员投保建筑工程施工人员团体人身意外伤害保险,其后江口建筑公司的施工人员姚某富意外从脚手架上坠落受伤,经铜仁市劳动能力鉴定委员会鉴定为八级伤残。姚某富(原告)遂向法院提起诉讼,请求法院判令中国太平洋财产保险股份有限公司(被告)赔偿医疗费、护理费、误工费、住院伙食补助费、伤残赔偿金、鉴定费,合计 192,995 元。一审、二审法院均认为本案涉及的工程施工人员团体人身意外伤害保险,属于平等主体之间的商业保险行为,具有意思自治;而工伤保险属于强制性社会保险,目的在于保障劳动者合法权益、以及预防并分散用人单位的工伤风险。受伤职工姚某富基于其与用人单位之间的劳动关系获得工伤保险待遇后,仍可以作为团体人身意外伤害保险的被保险人和受益人要求保险公司承担保险责任,不属于重复主张赔偿请求。一审、二审法官均认为公法体系下的社会保险法律关系与私法体制下的商事法律关系互不干涉、影响,不存在法律竞合问题。

在"四川华夏军安建设有限公司与中国大地财产保险股份有限公司黔西南中心支公司意外伤害保险合同纠纷上诉案"②中,四川华夏军安建设有限公司(以下简称华夏军安公司)(原告)作为用人单位并没有为职工缴纳工伤保险,但投保了团体意外伤害保险,认为投保团体意外伤害保险的行为间接等同于缴纳工伤保险的义务,继而在赔偿伤亡职工家属 78 万元后,向法院起诉,请求取得团体意外伤害保险保险金请求权。一审法院裁定驳回起诉,认为华夏军安公司不是本案适格原告主体。二审法院则认为,案涉保险属于特殊的人身保险合同,从上诉状陈述中可以看出,上诉人华夏军安公司具有为规避缴纳工伤保险义务而投保团体意外伤害保险的明显意图。若法院认可该团体意外伤害保险保险金请求权的转让行为生效,即等同于允许用人单位通过投保人身保险的行为来转让工伤责任风险,不符合劳动者权益保护的要求。同时,根据《保险法》第 39 条第 2 款规定,用人单位在为劳动者投保人身保险时,其受益人范围具有严格限制,即只限于劳动者及其近亲属,用人单位不属于法律规定的合格受益人。本案中用人单位本身并不属于涉案保险法定受益人范畴,却以取得保险金请求权作为支付工伤赔偿的条件,规避了《保险法》第 39 条规定,依照最高人民法院《关于适用〈中华人民共和国保险法〉若干问题的解释(三)》第 13 条规定,适用其但书部分。综上所述,上诉人华夏军安公司无权在赔偿受伤职工家属 78 万元后自然取得团体意外伤害保险保险金请求权。法院依据劳动者利益保护原则,否定了用人单位以支付商业保险费规避缴纳工伤保险义务的合法性、合理性,不允许其借此转让责任风险。

(2)工伤保险与意外伤害保险之总额抵偿

工伤保险与意外伤害保险之总额抵偿即工伤保险赔偿与意外伤害保险赔偿竞合时,二者可以在金额上进行一定的抵偿处理。总额抵偿即以一方的全部赔偿金所得来抵偿另一方的赔偿金额。总额抵偿则更注重当事人各方的利益平衡,在保护劳动者权益的同时也防止其因工伤事故

---

① 参见贵州省铜仁市中级人民法院民事判决书,(2017)黔 06 民终 740 号。

② 参见贵州省黔西南布依族苗族自治州中级人民法院民事判决书,(2017)黔 23 民终 690 号。

不当得利,从而减少道德危险的产生。

在“浙江宏成建设集团有限公司与陶某平劳动争议案”[①]中,陶某平与浙江宏成建设集团有限公司(以下简称宏成公司)存在事实劳动关系,双方虽未签订书面劳动合同,且宏成公司也没有为陶某平缴纳社会保险,但为其购买了建筑工程团体人身意外伤害保险。后陶某平在工作中受伤,被西宁市人力资源和社会保障局认定为工伤,因不服西劳人仲案字(2017)93号仲裁裁决,遂诉至法院。案中针对陶某平已取得的25,500元意外伤害保险金是否能抵扣宏成公司支付的赔偿总额这一争议点,一审法院根据原建设部《关于加强建筑意外伤害保险工作的指导意见》第1条和第6条的规定认为,建筑行业法律法规之所以将意外伤害保险设置为法定强制,正是考虑到建筑行业相比其他行业危险性更高的特殊性,而意外伤害保险对于及时维护建筑业从业人员合法权益、分散工伤事故风险有较强的功能,同时也是促进建筑企业安全生产、减轻其用工风险责任的重要手段之一。法院从该设立目的与功能进行考量,认同宏成公司投保意外伤害保险的行为具有转移工伤风险责任的意图,基于公平合理的基本原则,对被告宏成公司在赔偿款总额中抵扣该25,500元意外伤害保险金的辩称予以采信。二审法院态度相同。本案中,两审法院均支持了总额抵偿,认可建筑企业用保险公司应承担的商业险赔偿责任来替代或减轻自身所负担的工伤事故责任,肯定了该做法的合法性与合理性,并按照总额扣减的方式在应支付的工伤保险赔偿额度上一次性扣除全部意外伤害保险赔偿金。

(3)工伤保险与意外伤害保险之款项分别抵偿

在差额补偿路径下,除了将竞合的保险以总额相抵之外,还有另外一种处理方法即将工伤保险待遇与意外伤害保险赔偿中具体项目分别抵偿。在“刘某等与辽源市环境卫生管理处劳动争议纠纷上诉案”[②]中,环卫处保洁员梁某芹在从事路段清洁工作时被车撞伤,其伤情经辽源市人力资源和社会保障局认定为工伤,环卫处并没有为梁某芹参保工伤保险,但投保了团体意外伤害保险。事故发生后,梁某芹通过意外伤害保险获得20余万元赔偿款,随后向法院起诉请求判令环卫处支付其医疗费、护理费、一次性伤残补助金、伤残津贴等。二审法院在判决理由中指出:工伤保险制度作为社会保障机制的重要组成部分,从设立目的角度出发,主要是为了保障受工伤职工能够得到及时充分的救济,促进劳动力的再生产,同时这种救济途径也对转移分散用人单位的经营用工风险起到了一定的作用。工伤保险赔偿金从工伤保险基金中支出,而工伤保险基金的资金来源更多来自社会统筹支出,与商业保险公司以营利为目的不同,具有较强的社会公益性,若是滥用势必会引发社会不公现象丛生。梁某芹已获得环卫处为其缴纳的团体意外伤害险理赔20余万元,其因交通事故造成的损失已基本得到弥补,故二审法院对于梁某芹请求判令环卫处向其支付全额工伤保险待遇的上诉请求不予支持。法院选择在“损益相抵”的原则下差额保护梁桂芹各项经济损失,对于已获得足额给付赔偿的直接物质损失(一次性伤残补助金、医疗护理费、伙食补助费等),不支持重复保护的主张,以体现公平合理的原则。即在遵照“损益相抵”的原则下,考量受工伤职工应获赔的各个法定或约定款项的具体金额,对于不存在重复的项目按照规范或合同进行相应赔偿,而对于工伤保险和意外伤害保险赔偿下的重叠项目,尤其是存在实际物质损失(如医疗费、护理费等)的,在保证职工已获得足额给付赔偿的前提下,不支持重复保护,以体现公平合理的原则。

---

① 参见青海省西宁市中级人民法院民事判决书,(2018)青01民终386号。

② 参见吉林省辽源市中级人民法院民事判决书,(2018)吉04民终218号。

工伤保险与意外伤害保险的竞合问题涉及受工伤职工方、用人单位、社会等多方的切身利益。双重赔偿对受工伤职工的权益保护最为显著,但同时可能出现劳动者获得超额赔偿的情况,不仅对用人单位、保险公司有不利可能,社会保险机制也承受了较大的给付压力;而总额抵扣的差额补偿模式虽然避免了劳动者因工伤事故不当得利的可能性,但可能导致用人单位利用商业保险和事前约定规避其应当履行的法定义务,不利于工伤保险制度的推进。考虑到意外伤害保险本身存在定额型和补偿型两种不同的给付方式,有学者建议在司法实践中可从类型化角度出发,按照不同给付方式分别进行分析判断从而解决工伤保险给付与意外伤害保险赔偿并行的问题。当意外伤害保险为定额保险(如团体意外伤害保险)时,此种人身保险不适用损害补偿原则,无所谓超额赔偿或不当得利,可与工伤保险赔偿兼得;当意外伤害保险的赔付方式存在具体项目损失计算、为补偿型保险时,应考察赔付项目是否与工伤保险赔偿中的细分类别在功能与目的上重复一致,对于已获得足额给付赔偿的重复项目(如一次性伤残补助金、医疗护理费、伙食补助费等)不支持兼得保护的主张,适用损害补偿原则,而在功能目的上并不存在竞合冲突的其他赔付项目则按其相应标准分别计算予以赔偿。①

三、建筑意外伤害保险与雇主责任险

(一)雇主责任险的概念

雇主责任险,是指被保险人所雇佣的员工在受雇过程中从事与保险单所载明的与被保险人业务有关的工作而遭受意外或患与业务有关的国家规定的职业性疾病,所致伤、残或死亡,被保险人根据《劳动法》及劳动合同应承担的医药费用及经济赔偿责任,包括应支出的诉讼费用,由保险人在规定的赔偿限额内负责赔偿的一种保险。我国的雇主责任险是随着市场经济的发展而建立起来的。1980 年,中国人民保险公司开办了涉外雇主责任保险,主要针对的是三资企业。迄今为止,我国并没有制定专门的雇主责任险法,也没有立法强制实施雇主责任保险,只是规定某些行业必须为从业人员购买团体人身意外伤害保险,如建筑业、高危行业等。

(二)我国建筑意外伤害保险与雇主责任险的区别

1. 保险标的不同

建筑意外伤害保险的保险标的是被保险人的人身,当被保险人因意外而受伤害时,保险人应当按照保险合同的约定赔偿。而雇主责任险的保险标的是雇主承担的赔偿责任,雇主只有对雇员履行了赔偿义务后,保险人才对雇主赔偿。构成"雇主责任险"的前提是雇主与雇员之间签订的书面雇佣合同所确认的直接雇佣关系,而建筑意外伤害保险并不局限于这种雇佣关系。

2. 保障的范围不同

建筑意外伤害保险对职业病是不予承保也不予赔偿的,而雇主责任险对雇员在受雇期间因职业病导致的损害给予承保和赔偿。建筑意外伤害保险仅对被保险人的损害进行补偿,如果被保险人对第三人侵权致有损害需要赔偿时,适用《民法典》的规定,由被保险人自己承担民事责任,雇主、保险人均不承担赔偿责任;而雇主责任险不同,当雇员在完成雇主交付的工作或者任务时,侵犯了第三人的合法权益导致第三人损害的,雇主与雇员承担连带赔偿责任,雇主赔偿给第三人的损失可向保险人索赔。

---

① 姚珧:《工伤保险与意外伤害保险竞合研究》,浙江大学 2019 年硕士学位论文,第 37 ~ 39 页。

3. 保障的期间不同

在保单有效期内，雇主责任险只保障雇员在受雇并且在执行任务期间；虽然在保险期间，但雇员所受伤害或者侵犯第三人权益并不是发生在执行雇主安排的任务，或者与完成安排的任务有关的活动期间，雇主是不承担赔偿责任的，保险人也就当然地不承担对雇主的赔偿义务。而建筑意外伤害保险不同，只要在保单有效期内，排除合同规定的除外责任的情形，无论被保险人是在受雇期间并执行任务，还是受雇期间不执行任务，还是不受雇也不执行任务，被保险人由于意外事故受到伤害都能得到保险人的赔偿。

4. 被保险人不同

建筑意外伤害保险的被保险人是保险合同中指明的具体的人，如果某雇员的名字不在保险名单中，这个人不是被保险人；而雇主责任险的被保险人是雇主。

5. 保险受益人不同

建筑意外伤害保险的被保险人可以指定与他有利害关系的第三人为受益人。如果被保险人没有指定受益人，被保险人在事故中伤残的，保险金一般由被保险人自己享受。如果被保险人在事故中死亡的，被保险人指定受益人的，那么被指定的人是保险受益人；没有指定受益人的，保险金按照法定继承的方式由法定继承人继承，法定继承人为保险受益人。雇主责任险的受益人只能是雇主。如果雇主在投保时指定了受益人的，那么被指定的人就是“雇主责任险”赔偿金的受益人。由于雇员不是“雇主责任险”的被保险人，因此，雇员不能指定第三人为保险赔偿金的受益人。

6. 两种赔偿金的处理方式不同

建筑意外伤害保险的保险赔偿金是由保险人支付给受益人的，被保险人或者被保险人的法定继承人有权按照法律的规定继续向雇主或其他肇事者提出人身伤害赔偿请求，请求事故赔偿金，雇主或其他肇事者履行赔偿义务的，保险赔偿金不在事故赔偿金中扣除；雇主责任险的保险赔偿金是支付给雇主的，或者支付给雇主指定的受益人或者他的法定继承人的，雇员只能得到雇主的事故赔偿金，不能得到雇主责任险的保险赔偿金。

第八章　建设工程质量问题法律实务

设计单位、监理单位也是建设工程的重要参与者，设计单位、监理单位在建设工程质量损害中的责任也应引起高度重视。对于设计单位而言，其工作内容主要包括制作施工设计文件、设计文件的技术交底、现场施工技术配合、参加工程质量验收等，设计质量缺陷将带来实际工程质量的先天不足。对于监理单位而言，其主要工作内容之一就是对施工质量进行施工前、施工中、施工后的全过程的技术控制和监督，而对于施工质量控制和监督的任何疏忽和差错，均可能使设计的意图和法定的技术标准不能实现。基于监理单位工作性质的特点，在委托监理的工程发生施工质量损害的多数情况下，往往不同程度地存在监理工作的过错。① 因此，为工程质量首先奠定技术基础的设计单位和对施工质量进行全过程监督管理的监理单位对于建设工程的最终质量负有重大责任。

一、设计单位、监理单位承担建筑质量损害赔偿责任的法律依据

鉴于设计、监理工作在工程建设活动中对于工程最终质量的重要性，我国现行法律、法规对有关设计单位、监理单位在建设工程质量责任方面已有一系列相应的规定。我国法律法规对设计、监理单位及其从业的专业技术人员实行严格的资质资格管理，严禁无资质或超越资质承揽设计、监理业务。设计、监理单位及其从业的专业技术人员应当对自己的工作成果负责；对于因工作质量不符合法定和约定的要求，给建设单位造成损失的，应当承担赔偿责任。设计的质量不符合要求或者未按照期限提交设计文件拖延工期，造成发包人损失的，设计人应当继续完善设计，减收或者免收设计费并赔偿损失。工程监理单位不按照委托监理合同的约定履行监理义务，对应当监督检查的项目不检查或者不按照规定检查，给建设单位造成损失的，应当承担相应的赔偿责任。工程监理单位与承包单位串通，为承包单位谋取非法利益，对建设单位造成损失的，应当与承包单位承担连带赔偿责任。工程监理单位与建设单位串通，弄虚作假，造成工程质量损害的，应当与建设单位承

---

① 朱树英、曹文衔：《设计单位、监理单位在建设工程质量损害赔偿中的法律责任》，中国民商法实务论坛2001年论文。

担连带赔偿责任。

二、设计单位、监理单位违约损害赔偿责任的构成要件

依据民法理论,损害赔偿的责任形态一般分为违约损害赔偿责任和侵权损害赔偿责任。但是,设计单位、监理单位对于建设工程质量的损害赔偿责任主要是违约损害赔偿责任,而在侵权损害赔偿责任方面,与其他一般主体相比并无特殊性。因此,现仅就违约损害赔偿责任进行讨论。设计单位、监理单位在工程质量方面的违约损害赔偿责任,是指设计单位、监理单位不履行或者不当履行与参与工程建设的其他主体(主要是建设单位,即合同法中的发包人)之间合同约定的义务,造成合同相对人(主要是建设单位)因工程质量问题而产生财产损失,应当承担的赔偿损失的民事责任。

针对设计单位、监理单位主要是以智力劳动参与工程建设的行业特点,他们在工程质量的违约损害赔偿责任的构成要件通常包括:(1)合同义务的不履行或不当履行。具体表现为拒绝履行、因设计单位、监理单位的原因造成的履行不能、不完全履行、履行迟延和履行瑕疵。工程实践中,主要又表现为履行迟延和履行瑕疵。如设计单位迟延交付后续施工所需的图纸;监理单位迟延下达必要的停工指令;设计文件内容的差错;监理单位对施工机械的质量控制不力等。(2)合同相对人(建设单位)因工程质量问题遭受损害。这种损害具体又可分为直接损害和间接损害。关于损害的范围,下文将专门讨论。(3)违约行为与损害事实之间具有因果关系。如果违约行为与损害事实之间没有因果关系,违约方只承担违约的其他民事责任,而不承担损害赔偿责任。确定有无因果关系,笔者赞同采用相当因果关系说,[①]即应以自合同成立至违约行为出现时,依具有相应资质的设计人员、监理人员的一般专业知识经验而可得知,以及设计单位、监理单位所知或应知的条件为基础,一般有发生同种结果可能。这种条件和结果即构成相当因果关系。(4)设计单位、监理单位对于合同义务的不履行或不当履行具有过错。过错包括故意和过失。就一般情形而言,如果设计单位、监理单位虽然违反了合同义务,但并无故意或过失,亦不承担责任。

三、设计单位在工程质量方面的合同义务及其违约的主要表现

在一项工程建设活动中,涉及工程质量问题的、以设计单位作为合同当事人的合同一般即指建设单位与设计单位之间签订的“工程设计合同”。在“工程设计合同”中,设计单位的合同义务主要包括按约定的时间交付用于施工的设计文件、设计文件施工交底、根据工程进度完成现场施工技术配合(包括对施工中出现工程安全和质量的问题,参与技术分析和提出相关的技术解决方案)、参加隐蔽工程、单项、单位工程验收和项目竣工验收。此外,设计单位的合同义务还明示或隐含地包括设计工作的程序及成果应该符合国家法律、法规、规章、技术标准、规范的要求。因此,根据以上法律、法规的规定和工程设计工作的实际情况,设计单位违反合同义务,可能导致工程质量出现问题的情形主要表现在如下方面。

(一)迟延交付设计文件

设计单位迟延交付设计文件,在工程施工过程中前后工序时效性较强的情况下,往往造成工程质量事故。例如某工程在基础基坑开挖后,由于设计单位的基础底板施工图迟延交付,造成基坑暴露时间过长,对地铁隧道的安全造成巨大威胁,同时,该工程本身的地基土受扰动而导致实

---

① 曾宪义、王利明:《中国民法案例与学理研究 · 债权篇》,法律出版社 1998 年版,第 351 页。

际承载力降低，建设单位为了保证地铁隧道的安全和工程本身的地基安全，不得不增加巨额支出采取临时保护措施，还造成工期延误，银行贷款利息增加，施工单位提出索赔。

（二）设计错误

设计错误是设计单位违反合同义务，造成工程质量事故的主要表现形式。具体又表现为未根据勘察成果文件或其他基础性技术文件进行工程设计、计算错误、标示错误、设计单位屈从于建设单位违法降低工程质量的要求导致设计不符合工程质量的强制性标准等多种形式。由于设计合同规定的设计时间紧迫，设计单位根据勘察单位的初步勘察成果，即进行了建筑地基和基础的施工图设计。随后，勘察单位又提供了详细的勘察报告，但由于设计人员的疏忽，未对原已交付施工的地基基础施工图进行复核，结果因局部区域桩基设计不符合国家强制性规范的要求，造成工程质量出现严重问题。2000 年被原建设部通报全国的陕西省子洲县子洲中学教学楼质量事故也主要是由于设计错误引起的。由于施工图设计文件未严格按该地区 6 度抗震设防的规定进行设计，结构体系不合理，整体性差，构造措施不符合要求，这座教学楼投入使用仅 2 个月，就在部分大梁及五层多功能厅、阶梯挑梁处出现不同程度的裂缝，最宽处达 1.5 毫米左右。

（三）设计文件不符合国家规定的设计深度要求

为了保证工程设计文件符合必须的编制深度要求，国家颁布了有关设计文件内容和深度要求的一系列强制性规范。比如，在建筑制图的有关国家标准中，就对工程设计各专业各设计阶段的设计文件的基本图目、图例、数量单位、图纸比例、文字、标注方法等作了详细的规定。如果设计文件不完全符合国家对设计文件的编制深度要求，虽然不属于设计错误，但由于设计意图的表达过于粗糙或含糊，轻则影响各专业图纸的相互协调和后续施工准备工作，重则因施工图缺漏、矛盾或施工人员对施工图纸的理解产生错误，从而出现建筑工程质量和安全事故。例如上海郊区某钢结构厂房，在吊装施工就位后屋面板铺装前，即发现多榀钢屋架发生过大变形。经调查分析发现，导致事故的直接原因是设计图纸上关于钢屋架屋脊连接节点处的高强螺栓的标示不明，施工单位误用了同直径的普通螺栓。

（四）设计单位对施工图交底不清

施工图完成并经审查合格后，设计文件的编制工作已经完成，但并不是设计工作的完成，设计单位仍应就设计文件向施工单位作详细的说明，这对于施工人员正确贯彻设计意图，加深对设计文件难点、疑点的理解，确保工程质量具有重要意义。按照行业惯例，设计单位将完成的设计文件交建设单位，再由建设单位转发施工单位后，由设计单位将设计的意图、特殊的工艺要求，以及建筑、结构、设备等各专业在施工中的难点、疑点和容易发生的问题等向施工单位作详细说明，并负责解释施工单位对设计文件的疑问。如果因设计人员的过错，在施工图交底时，尤其是对于在施工中需要特别重视的问题交底不清，可能导致工程质量出现问题。前文提到的上海郊区某厂房钢屋架工程质量事故，其部分原因也是设计单位在施工图交底中，对需要使用高强螺栓的特殊设计意图未能向施工单位作出明确的说明，从而造成施工人员对螺栓的误用。

（五）设计单位未参加建设工程质量事故的分析，或对于因设计造成的质量事故未提出相应的技术处理方案

工程质量事故发生后，工程的设计单位有义务参与质量事故分析。建设工程的功能、所要求达到的质量在设计阶段即已确定，工程质量在一定程度上就是工程是否准确表达了设计意图，因此，当工程出现质量事故时，该工程的设计单位对事故的分析具有权威性。对于因设计造成的质量事故，工程设计单位同时也有义务提出相应的技术处理方案。设计单位违反上述义务，未参加

建设工程质量事故的分析，或对于因设计造成的质量事故未提出相应的技术处理方案，均有可能造成工程质量事故危害和损失的扩大。

（六）设计单位非法转包设计任务

曾经轰动上海的贝港桥垮塌事故的部分原因是设计单位非法转包设计任务，事故发生后，设计单位虽然承担了相应的赔偿责任，但其中的教训值得所有设计单位吸取。

四、监理单位在工程质量方面的合同义务及其违约的主要表现

在一项工程建设活动中，涉及工程质量问题的以监理单位作为合同当事人的合同一般即指建设单位与监理单位之间签订的“委托监理合同”。在“委托监理合同”中，监理单位的主要合同义务之一就是对施工质量进行控制和监督。根据有关法律、法规的规定和工程监理工作的实际情况，监理单位违反合同义务，可能导致工程质量出现问题的情形主要表现如下。

（一）对应当监督检查的项目不检查或者不按照规定检查

这是监理单位违反合同义务，造成工程质量事故的主要表现形式。所谓“不检查”，是指监理单位对监理合同中规定应当监督检查的项目不履行检查义务，导致工程质量问题；所谓“不按照规定检查”，是指监理单位不按照法律、行政法规，有关的技术标准、设计文件和建筑工程承包合同规定的要求和检查办法进行检查。如前文提到的上海郊区某厂房钢屋架工程质量事故，对事故调查的结果还表明，在该事故中，工程监理人员未按照中国工程监理协会主编、原建设部批准的强制性技术规范《建设工程监理规范》（GB 50319—2000）关于专业监理工程师应履行的“核查进场材料、设备、构配件的原始凭证、检测报告等质量证明文件及其质量情况，根据实际情况认为有必要时对进场材料、设备、构配件进行平行检验，合格时予以签认”的职责要求，对施工单位自行采购的螺栓进行质量证明文件的核查。在钢屋架进行现场地面拼装时，又由于监理工程师的经验不足，未对拼装中的螺栓扭矩进行平行检验，从而丧失了在吊装就位前发现和避免质量问题的机会，导致了事故损失的扩大。

（二）虽按照规定进行了检查，但对质量监督权行使不力

监理单位在按照规定进行了检查，发现工程质量隐患或已经出现的工程质量问题后，由于过失或故意，对质量监督权行使不力，如迟延或未下达停工、整改指令，可能导致工程质量问题。在某高层商住楼的基础基坑支撑拆除施工中，由于邻近的高层建筑同时进行基础施工，监理工程师根据基坑边坡变形监测记录，发现了基坑边坡变形出现异常，未能及时下达有关停工、整改指令，导致相邻基坑出现局部坍塌。

（三）与建设单位或施工单位串通，降低质量标准，造成损害

建设单位与监理单位之间是一种委托和被委托的关系，监理单位与施工单位之间是一种监督和被监督的关系，监理单位依据委托监理合同代表建设单位进行工程建筑活动的监督。但实践中确实存在监理单位与建设单位或施工单位串通，偷工减料、降低质量标准，谋取非法利益的行为，这样做的结果将严重影响建筑工程的质量和安全，因此为建筑法所严格禁止。对于监理单位的此类行为导致工程质量损害，造成损失的，应当由过错方，即监理单位和建设单位或监理单位和施工单位共同承担责任或相应的连带赔偿责任。

五、设计单位、监理单位违约损害赔偿的责任范围

《民法典》和《建筑法》对设计单位、监理单位的违约责任的规定均包括赔偿损失。就一般违

约损害赔偿的责任范围而言,应当以实际损失为限,损失多少,赔偿多少。其损失范围,应包括直接损失和间接损失。在确定设计单位、监理单位违约损害赔偿的责任范围时,原则上也应如此。直接损失,是指设计、监理单位因违反合同而给建设单位实际上已经造成的财物的减少、灭失、损毁或者支出的增加。比如,由于设计单位迟延交付基础施工图,为保证已开挖基坑的干燥,施工单位采取延长基坑降水时间的措施而导致建设单位工程款支出的增加。间接损失,是指设计、监理单位因违反合同而使建设单位减少的可得利益,一般具有以下特征①:首先,损害的是未来的可得利益,不是既得利益;其次,该未来利益是必得利益而不是假设利益;最后,可得利益必须在设计单位、监理单位对合同义务的不履行或不当履行所直接影响的范围内。例如因设计错误或监理中未发现施工错误致使楼层局部标高错误,导致建设单位可销售的建筑面积减少。

对于损害赔偿数额的计算方法,可以在合同中约定;合同没有约定的,按照通常的计算方法计算。在建设工程实践中,不仅工程的投资远大于工程设计费或监理酬金,而且在某些情况下,如果出现由于设计单位或监理单位的违约而引起的工程质量损害,其赔偿的金额也可能远远大于工程设计费或监理酬金。如果按照上述的一般违约损害赔偿的责任范围,由违约的设计单位或监理单位赔偿全部损失,可能导致其赔付不能。因此,在实务操作中,设计单位/监理单位可以通过在合同中约定最高损害赔偿数额的办法来实际缩小法定的损害赔偿的责任范围,或者通过投保设计师、监理师职业责任险等方式扩大实际的损害赔偿能力。

建设工程的质量问题往往由多个主体的违约行为共同引起。此时,各违约主体损害赔偿责任的分担仍应视各方的违约行为是否符合违约损害赔偿责任的四个构成要件来决定。如果属于设计合同或监理合同双方的混合过错,或者属于合同一方设计单位或监理单位与合同以外的施工单位的共同过错,共同造成了建设单位的损失,应采取过错与责任相当的原则处理。比如,由于建设单位向设计单位提供了错误的基础性文件,同时设计单位的设计本身也有错误,共同造成了工程质量瑕疵,致使建设单位遭受损失,则设计单位对于建设单位仅承担因设计错误所造成的那一部分损失的赔偿责任。又如,在监理单位不按照监理合同的约定履行监理义务,出现工程质量瑕疵,给建设单位造成损失的情况下,建设单位所受到的损失,通常既与监理单位的违约行为有关,也与施工单位的有关施工项目本身不合格有关。在此情况下,监理单位与施工单位都应当向建设单位承担各自的赔偿责任。

---

① 黄赤东、梁书文主编:《建筑法及配套规定新释新解》(中),人民法院出版社2001年版,第253页。

第九章　建设工程节能环保法律实务

环境与资源保护法的法律责任，是指因实施了违反环境与资源保护法的行为、造成生态破坏或环境污染的主体，依据环境与资源保护法的规定，应当承担的法律责任，包括行政责任、刑事责任和民事责任。

一、建设工程环境保护行政责任

环境行政法律责任，是指环境行政法律关系的主体违反环境行政法律规范或不履行环境行政义务所应承担的否定性的法律后果。以当事人违法或不履行环境行政法律义务、主观上存在故意或过失为前提。

环境行政责任是环境行政法律关系主体责任，包括环境行政管理主体和环境行政相对人责任。环境行政责任是一种法定责任，任何环境行政法律关系主体不履行法律义务都应依法承担，且不能以内部处分代替。环境行政责任是环境行政违法行为的必然法律后果，它不同于环境民事责任。

（一）环境行政责任的主体

环境行政责任的承担主体包括行政主体和行政人（具有一定环境行政管理职权的机关及其工作人员），也包括行政相对人。《环境保护法》第59条至第63条和第65条规定的是环境行政相对人的行政责任，第67条和第68条规定的是环境行政机关工作人员的行政责任。至于环境管理机关的行政责任，《环境保护法》没有直接规定。

环境行政责任追究机关，是指具有一定环境行政管理职权，有权追究责任者环境行政责任的机关，包括地方各级人民政府、县级以上人民政府环境保护主管部门和其他负有环境保护监督管理职责的部门。环境行政主管部门是环境行政责任的当然追究机关，其他依照法律规定行使环境监督管理权的部门也是环境行政责任的追究机关，对此，《环境保护法》第68条有明确规定："地方各级人民政府、县级以上人民政府环境保护主管部门和其他负有环境保护监督管理职责的部门有下列行为之一的，对直接负责的主管人员和其他直接责任人员给予记过、记大过或者降级处分；造成严重后果的，给予撤职或者开除处分，其主要负责人应当引咎辞职：（一）不符合行政许可条件准予行政许可的；（二）对环境违法行为进行包庇的；（三）依法应当作出责令停业、关闭的决定而未作出的；（四）对超标排放污染物、采用逃避监管的方式排放污染物、造成环境事故以及不落实生态保护措施造成生态破坏等行为,发现或者接到举报未及时查处的;(五)违反本法规定,查封、扣押企业事业单位和其他生产经营者的设施、设备的;(六)篡改、伪造或者指使篡改、伪造监测数据的;(七)应当依法公开环境信息而未公开的;(八)将征收的排污费截留、挤占或者挪作他用的;(九)法律法规规定的其他违法行为"。"其他部门"成为行政责任追究机关必须依照法律规定。至于"其他部门"的范围,应包括依法设立的各级环境保护部门的派出机构,法律、法规授权的环境保护组织,受委托的环境保护组织等环境保护行政相关部门。《水污染防治法》第79条和第80条规定的海事管理机构、渔业主管部门。

(二)承担环境行政责任的客观方面

《环境保护法》第59条至第63条列举了相对人应当承担环境行政责任的9种环境违法行为。具体包括:(1)企业事业单位和其他生产经营者违法排放污染物;(2)企业事业单位和其他生产经营者超过污染物排放标准或者超过重点污染物排放总量控制指标排放污染物的;(3)建设单位未依法提交建设项目环境影响评价文件或者环境影响评价文件未经批准,擅自开工建设的;(4)重点排污单位不公开或者不如实公开环境信息的;(5)企业事业单位和其他生产经营者建设项目未依法进行环境影响评价,被责令停止建设,拒不执行的;(6)企业事业单位和其他生产经营者违反法律规定,未取得排污许可证排放污染物,被责令停止排污,拒不执行的;(7)企业事业单位和其他生产经营者通过暗管、渗井、渗坑、灌注或者篡改、伪造监测数据,或者不正常运行防治污染设施等逃避监管的方式违法排放污染物的;(8)企业事业单位和其他生产经营者生产、使用国家明令禁止生产、使用的农药,被责令改正,拒不改正的;(9)环境影响评价机构、环境监测机构以及从事环境监测设备和防治污染设施维护、运营的机构,在有关环境服务活动中弄虚作假,对造成的环境污染和生态破坏负有责任的。

《环境保护法》第67条和第68条规定了环境保护监督管理人员应当承担行政责任的渎职行为,可以追究行政责任。此外,环境行政管理机关承担行政责任,也是通过环境行政复议、环境行政诉讼、环境行政赔偿等来认定其具体行政行为违法或侵权的。

由此可见,环境行政法律关系的主体承担环境行政责任,是以主体违法或不履行环境行政法律义务为前提的,或是环境行政管理主体违法而承担行政责任,或是环境行政管理相对人违法而由环境行政管理主体追究其行政责任。

(三)环境行政责任的构成要件

1.行为具有违法性

行为的违法性是构成环境行政责任的第一必要条件。法学界对"违法"含义的解释有"主观违法说"和"客观违法说"两种。"主观违法说"立足于行为人的行为本身,认为凡行为违反法律强制性或者禁止性规范即构成违法;反之,即使行为侵犯了应受或者已受法律保护的权益,如果行为本身并未违反法律强制性或者禁止性规范的,也不构成违法。"客观违法说"则以行为效力为着眼点,以应受或者已受法律保护的权益为根本,认为即使行为未违反法律强制性或者禁止性规范,但行为已经侵犯了合法利益,也就构成违反《环境保护法》关于环境污染损害民事赔偿责任的规定,采用的是"客观违法说"。而环境行政责任则应采用"主观违法说"。

2.行为人主观上有过错

环境行政责任中的过错亦分为故意和过失,此为环境行政责任的必要条件之二。过错的形式不同,行为人承担环境行政责任的形式也不一样,对故意心理状态的行政责任追究,较之过失心理状态的行政责任追究要严厉。一般来说,对环境和资源的破坏多为故意所致,对环境的污染多系过失所为。实际操作中,判断环境违法行为过失与否具有相当的难度。有的国家主要依据注意义务来作为判断环境违法过失的客观标准,有的国家则以是否设置了符合标准的防治污染设施来作为认定过失的依据。

3. 行为的危害后果

行为的危害后果是承担环境行政责任的选择条件之一。在某些情况下,法律规定没有造成危害后果的违法行为也要承担环境行政责任;而在另一些情况下,根据法律规定,环境违法行为必须产生了危害环境的后果才承担环境行政责任。此外,在某些场合,法律规定只有危害后果较严重时,才成为追究环境行政责任的条件。但是我国《环境保护法》第59条至第63条列举了相对人应当承担环境行政责任的9种环境违法行为均未将危害后果作为承担环境行政责任的条件。在一些环境单行法规中有不同的规定,如《大气污染防治法》第58条、第61条则规定环境违法行为必须产生了危害环境的后果才承担环境行政责任。

4. 环境违法行为与危害后果之间的因果关系

环境违法行为与危害后果之间的因果关系是构成环境行政责任的选择条件。但是,在法律规定不以危害后果作为承担环境行政责任条件的场合,则不存在确定因果关系的问题。反之,法律规定以行为造成了危害后果作为承担环境行政责任的条件的场合,必须确定危害后果与环境违法行为之间存在因果关系。在确定行政责任构成要件中的因果关系时,必须坚持直接、必然的因果关系,不适用环境民事赔偿责任中的因果关系推定原则。

(四)环境行政责任的形式

环境行政责任的形式从责任性质的角度分为上述两大类,恢复权利性的行政责任旨在消除环境违法行为造成的环境损害,恢复被侵犯的环境权益和环境要素的功能或使用价值,保证已有的环境法上的义务的履行。这类责任既适用于环境行政管理主体,又适用于环境行政相对人,其具体形式包括责令赔礼道歉、恢复名誉、行政赔偿、支付治理费用等;惩罚性的行政责任旨在使环境违法实施者承担惩罚性的责任,即追加一个承受不利后果的新的负担。其形式包括通报批评、行政处分、行政处罚等,通报批评既适用于环境行政管理主体又适用于管理相对人;行政处分适用于环境行政管理主体或管理相对人内部;行政处罚只适用于环境管理相对人。另外,还可以根据责任主体的不同,把环境行政责任分为环境行政管理主体的责任和环境行政相对人的环境行政责任。我国现行环境法规定的环境行政责任的主要形式包括:环境行政处分和环境行政处罚。

1. 环境行政处分

环境行政处分,是指政府主管机关、企事业单位,按照行政隶属关系,依据环境法律、法规和企事业单位内部规章的规定,对其下属的环境监管人员、环境行政相对人的违法、失职但尚未构成犯罪的行为,实施的一种行政法律制裁。环境行政处分可分环境监管人员的行政处分和环境行政相对人的行政处分。

2. 环境行政处罚

环境行政处罚,是指由法律授予处罚权的环保部门和其他行使环境与资源保护监督管理权的机关,按照国家有关行政处罚法律规定的程序,对违反规定但是尚未构成犯罪的行为给予的行政制裁。

环境行政处罚的种类,是指对环境行政违法者实施环境行政处罚的形式与方式。《行政处罚法》第8条规定,行政处罚的种类包括:(1)警告;(2)罚款;(3)没收违法所得、没收非法财物;(4)责令停产停业;(5)暂扣或者吊销许可证、暂扣或者吊销执照;(6)行政拘留;(7)法律、行政法规规定的其他行政处罚。《环境保护法》中规定的行政处罚的形式主要包括罚款；责令停止建设、限制生产、停产整治；责令停业、关闭；责令恢复原状；拘留等。

《环境保护法》确立了按日连续处罚的罚款方法。按照《环境保护法》的规定，企业事业单位和其他生产经营者违法排放污染物，受到罚款处罚，被责令改正，拒不改正的，依法作出处罚决定的行政机关可以自责令改正之日的次日起，按照原处罚数额按日连续处罚。上述规定的罚款处罚，依照有关法律法规按照防治污染设施的运行成本、违法行为造成的直接损失或者违法所得等因素确定的规定执行。地方性法规可以根据环境保护的实际需要，增加上述规定的按日连续处罚的违法行为的种类。

为规范实施按日连续处罚，2014 年 12 月 15 日由环境保护部部务会议审议通过了《环境保护主管部门实施按日连续处罚办法》（环境保护部令第 28 号），自 2015 年 1 月 1 日起施行。该办法规定，实施按日连续处罚，应当坚持教育与处罚相结合的原则，引导和督促排污者及时改正环境违法行为。排污者有下列行为之一，受到罚款处罚，被责令改正，拒不改正的，依法作出罚款处罚决定的环境保护主管部门可以实施按日连续处罚：（1）超过国家或者地方规定的污染物排放标准，或者超过重点污染物排放总量控制指标排放污染物的；（2）通过暗管、渗井、渗坑、灌注或者篡改、伪造监测数据，或者不正常运行防治污染设施等逃避监管的方式排放污染物的；（3）排放法律、法规规定禁止排放的污染物的；（4）违法倾倒危险废物的；（5）其他违法排放污染物行为。按日连续处罚的计罚日数为责令改正违法行为决定书送达排污者之日的次日起，至环境保护主管部门复查发现违法排放污染物行为之日止。再次复查仍拒不改正的，计罚日数累计执行。再次复查时违法排放污染物行为已经改正，环境保护主管部门在之后的检查中又发现排污者有本办法第 5 条规定的情形的，应当重新作出处罚决定，按日连续处罚的计罚周期重新起算。按日连续处罚次数不受限制。按日连续处罚每日的罚款数额，为原处罚决定书确定的罚款数额。按照按日连续处罚规则决定的罚款数额，为原处罚决定书确定的罚款数额乘以计罚日数。

二、建设工程环境保护民事责任

环境民事责任，是指环境法律关系主体依照民法规定的法律责任形式所承担的法律后果。环境民事法律责任是以传统民事责任为基础发展而形成的，是民事责任的一个重要组成部分，但同时又是一种特殊的相对独立的民事责任。与传统民事责任相比较，环境民事责任除以财产权和人身权为依据外，还以环境权益为依据。

（一）环境损害

《环境保护法》舍弃了环境侵权和环境侵害概念，直接采纳更为科学合理的环境损害概念。而关于环境损害，大体上包括两层含义：一是对环境的损害，二是经由环境致人的损害。于是，狭义的环境损害仅指纯生态环境损害；而广义的环境损害既包括污染环境和/或破坏生态导致人的损害，又包括对生态环境本身的损害。根据上述结论，笔者就《环境保护法》有关涉及“损害”的条文规定进行合理解释。《环境保护法》第 64 条和第 66 条中的“损害”，是指环境损害的第二层含义，即经由环境致人的损害；换句话说，就是因污染环境和/或破坏生态导致人身、财产权益的损害（乃为环境侵权应有的含义）；第 34 条、第 38 条和第 58 条中的“损害”应为环境损害的第一层含义，即环境污染和生态破坏这一社会公益的损害。第 5 条和第 6 条中的“损害”应解释为广义的环境损害，既包括污染环境和/或破坏生态导致人的损害，又包括对生态环境本身的损害。基于第 58 条提起的环境公益诉讼，由于涉及公共利益的维护，解释上应当不受第 66 条所规定的诉讼时效限制。

(二)环境民事责任的构成

环境民事责任,是指环境法律关系主体依照民法规定的法律责任形式所承担的法律后果。

民事责任构成要件,也就是行为人承担责任所必须具备的条件,包括 4 个方面:行为的违法性、损害结果、违法行为与损害结果具有因果关系和主观上具有过错。由于我国环境民事责任分别适用过错责任原则(主要适用于生态破坏责任)与无过错责任原则(主要适用于环境污染责任),环境民事责任的构成要件也相应地分为过错责任要件和无过错责任要件两种。关于过错责任的构成要件,理论界争议不大,按照传统的民事责任构成四要件,即行为人有过错、行为有违法性、有损害结果、违法行为与损害结果之间有因果关系。与一般民事责任相比,环境民事责任的特殊性主要表现在无过错责任的构成要件上。

环境侵权行为一般分为污染环境的侵权行为和破坏环境的侵权行为,因此,环境侵权民事责任亦分为污染环境的民事责任和破坏环境的民事责任。《环境保护法》第 64 条规定,因污染环境和破坏生态造成损害的,应当依照《侵权责任法》(已失效)的有关规定承担侵权责任。该条首次从环境基本法的角度与原《侵权责任法》对接,对环境侵权责任构成条件进行立法。2014 年《环境保护法》延续原《侵权责任法》对环境侵权责任构成条件割裂式的处理,污染环境的民事责任适用特殊侵权责任构成条件,破坏环境的民事责任适用一般侵权责任构成条件。破坏环境的民事责任一般适用过错责任原则,其构成要件包括四要件,即行为的违法性、损害结果、违法行为与损害结果具有因果关系和主观上具有过错。环境污染责任适用无过错责任的归责原则,其构成要件包括污染环境的侵权行为、损害结果、侵权行为和损害结果之间的因果关系。

(三)环境污染责任的归责原则

环境污染责任作为一种特殊的侵权责任,其特殊性首先表现在其采用了无过错责任的归责原则。我国《民法典》和环境保护法律中对环境污染侵权都规定了无过错责任的归责原则。

《民法典》第 1229 条规定,因污染环境、破坏生态造成他人损害的,侵权人应当承担侵权责任。《海洋环境保护法》第 90 条第 1 款规定,造成海洋环境污染损害的责任者,应当排除危害,并赔偿损失;完全由于第三者的故意或者过失,造成海洋环境污染损害的,由第三者排除危害,并承担赔偿责任。《水污染防治法》第 85 条第 1 款规定,因水污染受到损害的当事人,有权要求排污方排除危害和赔偿损失。《环境噪声污染防治法》第 61 条第 1 款规定,受到环境噪声污染危害的单位和个人,有权要求加害人排除危害;造成损失的,依法赔偿损失。《放射性污染防治法》第 59 条规定,因放射性污染造成他人损害的,应当依法承担民事责任。环境污染责任属于特殊侵权责任,从《民法通则》(已失效)到《侵权责任法》(已失效)再到《民法典》,对于环境污染侵权责任均规定适用无过错责任,即不考虑侵权人的主观过错,只要污染环境造成了损害,就应当承担侵权损害赔偿责任。

(四)环境污染责任的构成要件

依无过错责任原则,在受害人有损害、污染者的行为与损害有因果关系的情况下,无论污染者有无过错,都应对其污染造成的损害承担侵权责任。

1. 污染环境的侵权行为

行为的违法性是构成民事责任的必备条件,只有实施了违法行为才承担民事责任。行为是人们有意识的活动,因此,违法行为是对法律规定的违反,包括作为的违法行为和不作为的违法行为。环境民事责任中,不把侵权行为的违法性作为承担民事责任的必要条件,只要从事了污染环境的行为并发生了危害后果,即使行为是合法的,也要承担民事责任。

2. 损害结果

环境损害的事实即环境侵权造成的环境损害后果,根据侵权行为法补偿功能的基本要求,无损害即无救济,因而它是环境民事责任的构成要件。环境损害具体包括财产损害、人身损害和环境享受损害三种。

(1)财产损害。是指因环境侵权造成权利人财产的损害,如因污染使农作物受害减产、牲畜死亡,因污染水源致使水生养殖物死亡而减产,因污染使动产或不动产使用价值降低或增加修缮费用,因污染风景区、疗养地、公园使经营者因游人减少而减少了门票收入等,国家亦可因国有财产受污染损害而成为赔偿请求人,如《海洋环境保护法》第 89 条第 2 款规定,对破坏海洋生态、海洋水产资源、海洋保护区,给国家造成重大损失的,由依照《海洋环境保护法》规定行使海洋环境监督管理权的部门代表国家对责任者提出损害赔偿要求。

(2)人身损害。是指因环境侵权对公民的生命健康权的损害,主要发生在环境污染民事责任中,如因严重超标排放"三废"污染环境,造成受害者致伤、致残、致死、致病等。这是最严重的环境损害,许多国家对此适用惩罚性的民事赔偿方法,体现了现代民法对公民生存权利严格的法律保护。

(3)环境享受损害。这是对公民享受良好环境质量权益的损害,它与财产损害和人身损害有关,但并不等同。财产损害与人身损害法律界定标准明确,而环境享受权益标准具有不确定性,但这种损害是客观存在的,而且是环境侵权中最常见的,随着经济和社会文化的发展,公民对这方面的法律保护要求也不断提高,因而法律对此必须合理规范。环境享受损害通常表现在两个方面:一是妨碍他人依法享受适宜环境的权利或正常生活,如排放恶臭气体,使周围居民难以忍受,排放强大噪声、振动,使周围居民不能正常休息、工作,此种损害往往与人身损害相关联;二是对环境要素造成非财产性损害,降低环境要素的功能或价值,如污染或破坏自然风景区,使其风景减色而降低其观赏娱乐价值,污染疗养胜地使之失去疗养舒适价值,污染或破坏人文古迹,使其科学研究价值或美学价值降低或丧失等。对环境享受损害的认定比较复杂,关于其依据,有些国家直接在法律中规定了环境权,受害者可以此作为诉讼请求依据。此外,在缺少明确法律标准的情况下,前述忍受限度论原理也可作为求偿权的依据。

3. 侵权行为和损害结果之间的因果关系

因果关系,是指环境损害行为与损害事实之间具有直接因果关系,即受害人的损害是因行为人排放污染物或破坏环境所造成。在环境污染责任的认定中,由受害人对污染者的行为与其损害之间存在因果关系进行举证非常困难,如果仍然按照民事诉讼中"谁主张,谁举证"原则,由受害人承担因果关系的举证义务,则受害人很难获得救济,这是由环境污染侵权的特殊性决定的。

《民法典》第 1230 条规定,因污染环境、破坏生态发生纠纷,行为人应当就法律规定的不承担责任或者减轻责任的情形及其行为与损害之间不存在因果关系承担举证责任。这表明环境污染侵权实行因果关系的举证责任倒置。将污染行为与损害之间的因果关系的举证义务加于污染者,有利于保护受害人的合法权益。

(五)环境污染共同侵权

在一定的时间、空间里,环境容量是有限的,多个污染者共同排污的行为可能超过环境容量和环境的自净能力,污染环境给受害人造成损害。在这种情况下,多个污染者之间对受害人如何承担责任,污染者之间的责任大小如何确定尤为重要。有两个或者两个以上的污染者在无意思联络情况下实施的污染环境的行为,数个侵权行为与损害有总体上的因果关系,造成了同一损害,根据《民法典》第1231条的规定,两个以上侵权人污染环境、破坏生态的,承担责任的大小根据污染物的种类、浓度、排放量,破坏生态的方式、范围、程度,以及行为对损害后果所起的作用等因素确定。如果污染者之间有意思联络,应由《民法典》第1168条规定的"二人以上共同实施侵权行为,造成他人损害的,应当承担连带责任"所调整,构成有意思联络的共同侵权,污染者承担连带责任。

(六)环境民事责任的免责事由

环境侵权的免责事由又称抗辩事由,是指环境保护法所规定的在因环境侵权致人损害时加害人可以不承担民事责任的事由。通常是由环境侵权责任的归责原则和构成要件所决定的。

1. 相关法律规定

《民法典》第1233条规定,因第三人的过错污染环境、破坏生态的,被侵权人可以向侵权人请求赔偿,也可以向第三人请求赔偿。侵权人赔偿后,有权向第三人追偿。

《海洋环境保护法》第89条第1款规定,造成海洋环境污染损害的责任者,应当排除危害,并赔偿损失;完全由于第三者的故意或者过失,造成海洋环境污染损害的,由第三者排除危害,并承担赔偿责任。《海洋环境保护法》第91条规定,完全属于下列情形之一,经过及时采取合理措施,仍然不能避免对海洋环境造成污染损害的,造成污染损害的有关责任者免予承担责任:(1)战争;(2)不可抗拒的自然灾害;(3)负责灯塔或者其他助航设备的主管部门,在执行职责时的疏忽,或者其他过失行为。《水污染防治法》第85条第2款至第4款规定,由于不可抗力造成水污染损害的,排污方不承担赔偿责任;法律另有规定的除外。水污染损害是由受害人故意造成的,排污方不承担赔偿责任。水污染损害是由受害人重大过失造成的,可以减轻排污方的赔偿责任。水污染损害是由第三人造成的,排污方承担赔偿责任后,有权向第三人追偿。

2. 免责事由

我国环境保护方面的法律中对不承担责任或者减轻责任的情形有所规定,主要涉及不可抗力、受害人故意和第三人责任。

(1)不可抗拒的自然灾害。《海洋环境保护法》第91条都规定不可抗拒的自然灾害为民事责任的免责事由。不可抗拒的自然灾害不等于不可抗力,即使发生了不可抗拒的自然灾害,加害人必须采取了合理措施,仍不能避免造成环境损害的,才可以免责,如果加害人未及时采取合理措施致使损害发生的,仍不得免责。只有损害完全是由于不可抗拒的自然灾害引起的,才可免除加害人的责任,如果此灾害只是引起损害发生的部分原因,则不能免除加害人的责任。

(2)受害人的过错。《水污染防治法》等法律中规定,如果损害是由于受害人自身的责任所引起的,排污者不承担责任。受害人对损害的发生具有故意或重大过失,足以表明受害人的行为是损害发生的直接原因,即该损害与排污者无因果关系,则免除排污者的责任,但被告应对受害人的过错举证。

(3)第三人的过错。《海洋环境保护法》等法律中规定,完全是由于第三者的故意或者过失造成污染损害海洋环境的,由第三者承担赔偿责任。但被告亦应对第三人的过错举证。对于第三人或受害人的过错作为免责事由环境保护的基本法并无明文规定。但它们显然应当成为污染赔偿的一般性原则。

(4)战争行为。我国《海洋环境保护法》第91条规定,战争行为是海洋污染造成损害的免责条件。此外,我国《民法典》中规定的作为一般民事免责条件的正当防卫和紧急避险,也适用于环境责任制度。

（七）承担环境民事责任的方式

《民法典》第179条规定，承担民事责任的方式主要有：（1）停止侵害；（2）排除妨碍；（3）消除危险；（4）返还财产；（5）恢复原状；（6）修理、重作、更换；（7）继续履行；（8）赔偿损失；（9）支付违约金；（10）消除影响、恢复名誉；（11）赔礼道歉。法律规定惩罚性赔偿的，依照其规定。本条规定的承担民事责任的方式，可以单独适用，也可以合并适用。承担环境民事责任的方式适用《民法典》的规定，环境民事责任承担的主要方式是停止侵害、消除危险、排除妨碍和赔偿损失。

（八）环境公益诉讼

环境公益诉讼，是指社会成员，包括公民、企事业单位、社会团体依据法律的特别规定，在环境受到或可能受到污染和破坏的情形下，为维护环境公共利益不受损害，针对有关民事主体或行政机关而向法院提起诉讼的制度。建立环境公益诉讼制度，主要目的不是通过诉讼解决环保问题，而是增加公众监督的手段和途径。

2012年修订的《民事诉讼法》增加了民事公益诉讼制度，第55条规定，对污染环境、侵害众多消费者合法权益等损害社会公共利益的行为，法律规定的机关和有关组织可以向人民法院提起诉讼。2014年《环境保护法》第58条规定，对污染环境、破坏生态，损害社会公共利益的行为，符合下列条件的社会组织可以向人民法院提起诉讼：（1）依法在设区的市级以上人民政府民政部门登记；（2）专门从事环境保护公益活动连续5年以上且无违法记录。符合上述规定的社会组织向人民法院提起诉讼，人民法院应当依法受理。提起诉讼的社会组织不得通过诉讼牟取经济利益。

三、建设工程环境保护刑事责任

环境刑事责任，是指行为人违反环境法造成环境严重污染或破坏，构成犯罪时，依法所应承担的以刑罚为处罚方式的法律后果。它是刑事责任的一种，又是环境法律责任的一个重要组成部分。追究环境刑事责任是对环境违法行为的最严厉制裁，是国家运用刑事手段调整有关环境保护的社会关系的具体表现形式。

（一）破坏环境资源保护罪

破坏环境资源保护罪，是指个人或单位故意违反环境保护法律，污染或破坏环境资源，造成或可能造成公私财产重大损失或人身伤亡的严重后果，触犯刑法并应受刑事惩罚的行为。它是1997年刑法增设的一类犯罪。其侵犯的客体是国家对环境资源保护的管理制度。构成此类犯罪的主体，为一般犯罪主体。关于破坏环境与资源保护的犯罪，在我国，破坏环境与资源保护犯罪不是一个法定的罪名，而是指同一类型的犯罪形态。

（二）破坏环境资源保护罪构成要件

1. 危害环境罪的主体

破坏环境与资源保护犯罪的主体包括一般主体（普通公民）和特殊主体（国家公职人员）。其中自然人多为破坏自然资源的犯罪，法人多为污染环境的犯罪。特殊主体，是指行为人除了符合一般主体的条件外，法律还要求他具有某种特殊的身份。例如，环境立法中规定的“有关责任人员”“直接责任人员”“环境保护监督管理人员”“单位主管人员”等均属于特殊主体，他们在职务上对环境和资源的保护和管理负有特别的义务。

2. 危害环境罪的主观方面

犯罪的主观方面，是指犯罪主体对他所实施的危害社会行为的危害结果所持的心理态度。危害环境犯罪的主观方面的构成要件，多数国家均是采取故意和过失作为要件。一般来说，在污染环境而构成的犯罪中，行为人的行为多出于过失，如重大环境污染事故犯罪等，他们大多是由于行为人在生产、经营或管理活动中对环境污染可能造成的危害后果认识不足，疏忽大意或过于自信而未预见，从而违反环境法的规定所致。如果污染环境行为人的行为是出于故意的话，那么该行为就可能构成其他犯罪。在破坏环境与资源而构成的犯罪中，行为人的行为多为故意，都是行为人出于非法占有或营利为目的的心态而故意违法所致，过失的行为在此一般并不构成犯罪。

3. 危害环境罪的客体

犯罪客体，是指我国刑法所保护的，为犯罪行为所危害的社会关系。危害环境的行为侵害了环境要素，损害了环境利益，而且直接危害的是人与自然之间的生态关系，间接危害到人类的生存与延续。

4. 危害环境罪的客观方面

在危害环境的犯罪中，危害环境罪的客观方面，是指造成重大环境污染事故导致公私财产重大损失或者人身伤亡以及造成环境与资源破坏且情节严重，具有社会危害性的行为。

危害环境罪的行为，一般表现为人们在开发、利用自然资源的过程中，过度地开发资源或超标准排污，导致自然资源遭受破坏，环境遭受污染的行为。危害环境罪的行为包括作为和不作为两个方面。作为就是行为人积极地实施了刑法和环境法所禁止的行为。如向环境排放严重超标的污染物质或捕杀国家重点保护的珍贵、濒危野生动物等，它是破坏环境与资源保护犯罪的一种基本形式。不作为就是行为人在能够履行刑法和环境法规定必须履行的特定义务的情况下消极地不履行的行为。所谓“特定义务”，主要来源于法律的明文规定（如环境立法对化学危险物品管理的规定）、职务和业务上的要求（如工矿企业中与污染物质排放有关的职务或业务）、行为人的先行行为（如当行为人造成环境严重污染时，就负有采取措施消除因严重环境污染带来重大危害后果的特定义务以及及时通报、报告的特定义务）等几个主要方面。

从行为手段上看，危害环境的犯罪行为主要有污染行为和破坏行为两大类。污染环境的行为，通常是指自然人或非自然人在生产或生活过程中，超过了环境的自净能力而过量地排放、倾倒、处置、泄漏导致环境污染因而引起环境质量下降，造成了严重后果或造成引起严重后果的危险状态。污染环境行为的实质在于向环境中输入的大量物质和能量，它既可由作为行为构成，也可由不作为行为构成；既可由故意构成，也可由过失构成，甚至可能由无过错构成。破坏行为，一般是指自然人或非自然人在开发、利用自然资源过程中的非法砍伐林木、捕杀珍稀濒危动物、乱挖植被等破坏资源、情节严重的行为。这类行为的实质在于人们在开发、利用环境的过程中，过度地向环境索取物质和能量，超出了环境及资源的再生更新能力，使物种消亡或濒于消亡，或使生态平衡遭受破坏。这类行为只能由作为构成，亦只能以过错为构成要件。此外，还有破坏文化环境及破坏公海、臭氧等犯罪行为。所有这些行为构成犯罪的关键是侵害了公民、法人、国家、人类的环境权，其危及人类的健康、生命和可持续性发展。

（三）我国危害环境犯罪的主要罪名及其处罚

《刑法》第六章“妨碍社会管理秩序罪”中专门设立了“破坏环境资源保护罪”一节，从第338条至第346条，共9条20款，设立了重大环境污染事故罪、非法处置或擅自进口固体废物罪、非法捕捞水产品罪、非法猎捕和狩猎罪、非法占用耕地罪、破坏矿产资源罪和非法采伐、盗伐森林罪等。

1. 污染环境罪

最高人民法院、最高人民检察院对《刑法修正案(八)》罪名作出的补充规定,取消了原“重大环境污染事故罪”罪名,改为“污染环境罪”。污染环境罪,是指违反国家规定,排放、倾倒或者处置有放射性的废物、含传染病病原体的废物、有毒物质或者其他有害物质,严重污染环境的行为。

污染环境罪侵犯的客体是国家防治环境污染的管理制度。污染环境罪在客观方面表现为违反国家规定,向土地、水体、大气排放、倾倒或者处置有放射性的废物、含传染病病原体的废物、有毒物质或其他危险废物,造成环境污染,致使公私财产遭受重大损失或者人身伤亡的严重后果的行为。污染环境罪的犯罪主体为一般主体,在主观方面表现为过失。

根据《刑法》第 338 条的规定,违反国家规定,排放、倾倒或者处置有放射性的废物、含传染病病原体的废物、有毒物质或者其他有害物质,严重污染环境的,处 3 年以下有期徒刑或者拘役,并处或者单处罚金;情节严重的,处 3 年以上 7 年以下有期徒刑,并处罚金;有下列情形之一的,处 7 年以上有期徒刑,并处罚金:(1)在饮用水水源保护区、自然保护地核心保护区等依法确定的重点保护区域排放、倾倒、处置有放射性的废物、含传染病病原体的废物、有毒物质,情节特别严重的;(2)向国家确定的重要江河、湖泊水域排放、倾倒、处置有放射性的废物、含传染病病原体的废物、有毒物质,情节特别严重的;(3)致使大量永久基本农田基本功能丧失或者遭受永久性破坏的;(4)致使多人重伤、严重疾病,或者致人严重残疾、死亡的。有上述行为,同时构成其他犯罪的,依照处罚较重的规定定罪处罚。同时,根据《刑法》第 346 条的规定,单位犯本罪,对单位判处罚金,对直接负责的主管人员和其他直接责任人员,依上述规定处罚。

2. 非法处置进口的固体废物罪

根据《刑法》第 339 条第 1 款、第 346 条的规定,非法处置进口的固体废物罪,是指自然人或单位违反国家规定,将境外的固体废物进境倾倒、堆放、处置的行为。

非法处置进口的固体废物罪在客观方面表现为违反国家规定,将境外的固体废物进境倾倒、堆放、处置的行为。本罪属行为犯,只要实施了进境倾倒、堆放、处置固体废物的行为,即构成犯罪。本罪在主观方面表现为故意,过失不构成本罪。

《刑法》第 339 条第 1 款对非法处置进口的固体废物罪设置了三个量刑档次。违反国家规定,将境外的固体废物进境倾倒、堆放、处置的,处 5 年以下有期徒刑或者拘役,并处罚金;造成重大环境污染事故,致使公私财产遭受重大损失或者严重危害人体健康的,处 5 年以上 10 年以下有期徒刑,并处罚金;后果特别严重的,处 10 年以上有期徒刑,并处罚金。

3. 擅自进口固体废物罪

根据《刑法》第 339 条第 2 款、第 346 条的规定,擅自进口固体废物罪,是指自然人或者单位未经国务院有关主管部门许可,擅自进口固体废物用作原料,造成重大环境污染事故,致使公私财产遭受重大损失或者严重危害人体健康的行为。

《刑法》第 339 条第 2 款对擅自进口固体废物罪设置了两个量刑档次。未经国务院有关主管部门许可,擅自进口固体废物用作原料,造成重大环境污染事故,致使公私财产遭受重大损失或者严重危害人体健康的,处 5 年以下有期徒刑或者拘役,并处罚金;后果特别严重的,处 5 年以上 10 年以下有期徒刑,并处罚金。

擅自进口固体废物罪在客观方面表现为未经国务院有关主管部门许可,擅自进口固体废物用作原料,造成重大环境污染事故,致使公私财产遭受重大损失或者严重损害人体健康的行为。在主观方面表现为过失,以原料利用为名,进口不能用作原料的固体废物的,依照走私罪定罪处罚。

4. 环境监管失职罪

根据《刑法》第408条的规定,环境监管失职罪,是指负有环境保护监督管理职责的国家机关工作人员严重不负责任、导致发生重大环境污染事故,致使公私财产遭受重大损失或者造成人身伤亡的严重后果的行为。

《刑法》第408条规定,负有环境保护监督管理职责的国家机关工作人员严重不负责任,导致发生重大环境污染事故,致使公私财产遭受重大损失或者造成人身伤亡的严重后果的,处3年以下有期徒刑或者拘役。负有食品安全监督管理职责的国家机关工作人员,滥用职权或者玩忽职守,导致发生重大食品安全事故或者造成其他严重后果的,处5年以下有期徒刑或者拘役;造成特别严重后果的,处5年以上10年以下有期徒刑。徇私舞弊犯前款罪的,从重处罚。

环境监管失职罪的主体为特殊主体,即负有环境保护监督管理职责的国家机关工作人员,具体是指在国务院环境保护行政主管部门、县级以上地方人民政府环境保护行政主管部门从事环境保护的人员,以及在国家海洋行政主管部门、港务监督、渔政渔港监督、军队环境保护部门和各级公安、交通、铁路、民航管理部门中,依照有关法律的规定对环境污染防治实施监督管理的人员。此外,县级以上人民政府的土地、矿产、林业、农业、水利行政主管部门中依照有关法律的规定对资源的保护实施监督管理的人员,也可以构成本罪的主体。环境监管失职罪侵犯的客体是国家环境保护机关的监督管理活动和国家对保护环境防治污染的管理制度,或者是负有环境监管职责的国家执法人员的勤政性及权力行为的正当性。环境监管失职罪的在客观方面表现为严重不负责任,导致发生重大环境污染事故,致使公私财产遭受重大损失或者造成人身伤亡的严重后果的行为。环境监管失职罪的主观上是过失,也不能排除放任的间接故意的存在。例如明知有关单位排放污水、废气或固体废料的行为违反环境保护法,可能造成重大环境污染事故,危及公私财产或人身安全,但严重不负责任,不采取任何措施予以制止,而是采取放任的态度,以致产生严重后果。

第十章　建设工程行政管理与监督法律实务

第一节　工程建设领域的行政许可现状及问题

行政许可制度作为一项重要法律制度,旨在通过对行政管理事项的事先控制,实现对行政限制或禁止的解除,最终维护国家经济秩序、社会秩序和公共利益,保护资源和生态环境,保障公民权利,这一制度因其无可替代的基本社会功能为世界各国所普遍重视和广泛适用。

一、工程建设领域行政许可制度的现状

据不完全统计,多年来,我国工程建设领域先后颁布的法律、法规、地方法规、部门规章达1300余部,基本形成了全国工程建设领域的法律框架,初步实现了依法治理的基本格局。工程建设领域的行政许可制度业已形成涵盖工程设计、施工、验收、监理、招标投标等各个环节,调整工程建设领域内所有主体从业资质、财产关系、劳资人事关系诸多方面的庞大体系。这些行政许可制度在工程建设领域发挥着重要作用:一是有利于国家对建设领域重大事务的有效控制。二是在一定程度上保护社会公众利益免遭侵害。三是保证建设领域社会资源的合理配置,避免资源的盲目性、重复性开发和利用,促进行业持续稳定发展。四是通过提升建设行为人素质促进其事业发展。五是制度性地协调建设领域行为人相互之间的关系。通过审批科学核定具体区域内的建设项目,适当调控市场份额。①

《行政许可法》施行后,工程建设领域行政许可制度进行了大规模改革。取消的审批项目有153项,改变管理方式的审批项目有5项。经过改革,目前工程建设领域主要行政许可事项有以下类型:第一,报请审批事项。如挖掘、占用城市道路、排水设施及临时封闭道路交通;临时占用或拆除、改动、迁移城市照明设施;依附城市道路建设的各种管

---

① 刘鹏:《工程建设领域的行政许可制度讨论》,载《中国集体经济》2010年第12期。

线、杆线建设;延长拆迁期限;延长或暂停办理新建、改建、扩建等相关手续期限;未完成拆迁补偿安置的建设项目转让;临时占用城市绿化用地;城市绿化工程及工程建设项目附属绿化工程设计方案;户外广告、霓虹灯设置;砍伐、修剪城市树木;占用城市公共绿地开设商业、服务摊点;在城市建筑物、设施上张挂、张贴宣传品;拆除环卫设施等。第二,报请核准事项。如建设工程施工许可;商品房预售许可;房地产开发项目竣工验收;住宅小区等群体房地产开发项目竣工综合验收;建设项目需要取用城市规划区内地下水;建设工程施工合同审查;房屋拆迁资格;拆迁产权不明的房屋补偿安置方案;建筑垃圾处理;城市排水许可等。第三,申报审核事项。如建筑、房地产开发企业资质;迁移古木名树;建筑安装工程取费类别确认;国有和集体投资工程施工合同价;房屋拆迁验收;及建筑施工企业安全认证等。①

为进一步深化建筑业"放管服"改革,促进建筑业持续健康发展,2017 年 2 月 21 日发布的国务院办公厅《关于促进建筑业持续健康发展的意见》要求,深化建筑业简政放权改革,优化资质资格管理。一是进一步简化工程建设企业资质类别和等级设置,减少不必要的资质认定。选择部分地区开展试点,对信用良好、具有相关专业技术能力、能够提供足额担保的企业,在其资质类别内放宽承揽业务范围限制,同时,加快完善信用体系、工程担保及个人执业资格等相关配套制度,加强事中事后监管。大力推行"互联网 + 政务服务",实行"一站式"网上审批,进一步提高建筑领域行政审批效率。二是完善招标投标制度。缩小并严格界定必须进行招标的工程建设项目范围,放宽有关规模标准,防止工程建设项目实行招标"一刀切"。进一步简化招标投标程序,尽快实现招标投标交易全过程电子化,推行网上异地评标。

为贯彻落实党中央、国务院关于深化"放管服"改革和优化营商环境的要求,2018 年 5 月 14 日发布的国务院办公厅《关于开展工程建设项目审批制度改革试点的通知》(国办发〔2018〕33 号)把工程建设项目审批流程主要划分为立项用地规划许可、工程建设许可、施工许可、竣工验收等四个阶段。要求优化审批阶段,压缩审批时间,分类细化流程,大力推广并联审批。精简审批环节,取消不符合上位法和不合规的审批事项,取消不合理、不必要的审批事项。下放审批权限,合并审批事项,推行告知承诺制。对通过事中事后监管能够纠正不符合审批条件的行为且不会产生严重后果的审批事项,实行告知承诺制。2019 年 3 月 13 日发布的国务院办公厅《关于全面开展工程建设项目审批制度改革的实施意见》(国办发〔2019〕11 号)以推进政府治理体系和治理能力现代化为目标,加大转变政府职能和简政放权力度,全面开展工程建设项目审批制度改革,统一审批流程,统一信息数据平台,统一审批管理体系,统一监管方式,实现工程建设项目审批"四统一"。对工程建设项目审批制度实施全流程、全覆盖改革。改革覆盖工程建设项目审批全过程(包括从立项到竣工验收和公共设施接入服务),主要是房屋建筑和城市基础设施等工程,不包括特殊工程和交通、水利、能源等领域的重大工程;覆盖行政许可等审批事项和技术审查、中介服务、市政公用服务以及备案等其他类型事项,推动流程优化和标准化。

二、工程建设领域的行政许可制度存在的问题和原因

当前工程建设领域行政许可仍然存在不少问题:一是行政许可事项过多,审批范围太广。工程建设每个环节、不同侧面设置的行政许可制度在无形中非理性地扩张了行政权限。二是审批机构不协调,审批程序不透明。各部门审批程序重叠交叉,一事多批现象突出;同一部门的内设

① 刘鹏:《工程建设领域的行政许可制度讨论》,载《中国集体经济》2010 年第 12 期。

机构推诿扯皮、内部窝工情况严重。三是重审批，轻监管，漠视责任。对工程施工企业资格审验及其他资质审批，往往只“批”不管，一“批”了之。四是立法主体多元化。在我国，不仅最高权力机关制定行政许可法律，国务院也可以以行政法规形式设置审批权，地方各级人大也可以出台地方性法规设置行政许可。这种局面，很容易造成建设领域此一事多头管理、彼一事无头管理的尴尬情形。五是立法技术缺陷、宏观调控水平低下。基本法律调整范围界定模糊；在日常工作中则继续沿袭惯常做法，采取审查、审核、核准、批准、同意、登记、备案等更多形式，紧紧抓住工程建设每个事项，以杂糅式的审批实现调控、管理、服务职责，无限扩张行政权限；把共性问题、个性问题混同处理。

三、工程建设领域行政审批的改革方向

行政审批应最大限度淡出经济管理事项。行政许可应主要用于对工程建设等领域社会性事务的管理，尽可能不作为经济管理手段。工程建设领域行政审批应进一步加大改革力度，减少审批项目。一是属于工程建设相关企业组织、经营范畴的行政管理事项，属于工程建设普遍性、倾向性、经常性的事项及重大事务，可以设置行政许可。二是明确规定禁止设置行政审批的区域，属于维系建设领域企业基本生存权利和自由的事项不得设立审批；对建设领域企业没有法定特殊义务和义务能力要求的权利和自由，不必设置审批。三是明确行政审批资源总量平衡原则，对工程建设直接涉及自然资源和环境保护考虑设置审批，确保把有限的资源配置给生产能力最强、技术水平最高的企业，实现社会的最终公平，法律的配套实施措施作用不容低估。

完善行政许可制度立法技术，优先考虑三项制度：一是许可事项遴选和逐级上报制度，各级建设主管部门应对工程施工领域日见突出、须经行政许可的共性问题归纳分析，由住房和城乡建设部或省级地方政府形成立法建议报送国务院，由国务院审查后出台、修改行政法规或提请全国人大出台、修改相关法律。二是司法解释立法吸收制度，最高人民法院基于全国各级法院审判实践研究发布的司法解释，已经成为工程施工领域的民事、行政纠纷的裁决依据，将司法解释界定的法律现象、法律理念、法律取向融入行政许可制度立法、执法程序。三是公示制度，把所有行政许可动态、及时公布。

随着建筑业“放管服”改革的推进，工程建设领域行政审批的改革主要涉及以下几个方面：

(1)深化建筑业简政放权改革，优化资质资格管理与完善招标投标制度。进一步简化工程建设企业资质类别和等级设置，减少不必要的资质认定。大力推行“互联网＋政务服务”，实行“一站式”网上审批，进一步提高建筑领域行政审批效率。缩小并严格界定必须进行招标的工程建设项目范围，放宽有关规模标准，防止工程建设项目实行招标“一刀切”。进一步简化招标投标程序，尽快实现招标投标交易全过程电子化，推行网上异地评标。对依法通过竞争性谈判或单一来源方式确定供应商的政府采购工程建设项目，符合相应条件的应当颁发施工许可证。

(2)精简审批环节。精简审批事项和条件，取消不合法、不合理、不必要的审批事项，减少保留事项的前置条件。下放审批权限，按照方便企业和群众办事的原则，对下级机关有能力承接的审批事项，下放或委托下级机关审批。合并审批事项，对由同一部门实施的管理内容相近或者属于同一办理阶段的多个审批事项，整合为一个审批事项。转变管理方式，对能够用征求相关部门意见方式替代的审批事项，调整为政府内部协作事项。调整审批时序，地震安全性评价在工程设计前完成即可，环境影响评价、节能评价等评估评价和取水许可等事项在开工前完成即可；可以将用地预审意见作为使用土地证明文件申请办理建设工程规划许可证；将供水、供电、燃气、热

力、排水、通信等市政公用基础设施报装提前到开工前办理,在工程施工阶段完成相关设施建设,竣工验收后直接办理接入事宜。

(3)规范审批事项。各地要按照国务院统一要求,对本地区工程建设项目审批事项进行全面清理,统一审批事项和法律依据,逐步形成全国统一的审批事项名称、申请材料和审批时限。要本着合法、精简、效能的原则,制定国家、省(自治区)和地级及以上城市工程建设项目审批事项清单,明确各项审批事项的适用范围和前置条件,并实行动态管理。下级政府制定的审批事项清单原则上要与上级政府审批事项清单一致,超出上级政府审批事项清单范围的,要报上级机关备案,并说明理由。

(4)合理划分审批阶段。将工程建设项目审批流程主要划分为立项用地规划许可、工程建设许可、施工许可、竣工验收四个阶段。其中,立项用地规划许可阶段主要包括项目审批核准、选址意见书核发、用地预审、用地规划许可证核发等。工程建设许可阶段主要包括设计方案审查、建设工程规划许可证核发等。施工许可阶段主要包括设计审核确认、施工许可证核发等。竣工验收阶段主要包括规划、土地、消防、人防、档案等验收及竣工验收备案等。其他行政许可、强制性评估、中介服务、市政公用服务以及备案等事项纳入相关阶段办理或与相关阶段并行推进。每个审批阶段确定一家牵头部门,实行"一家牵头、并联审批、限时办结",由牵头部门组织协调相关部门严格按照限定时间完成审批。

(5)分类制定审批流程。制定全国统一的工程建设项目审批流程图示范文本。地级及以上地方人民政府要根据示范文本,分别制定政府投资、社会投资等不同类型工程的审批流程图;同时可结合实际,根据工程建设项目类型、投资类别、规模大小等,进一步梳理合并审批流程。简化社会投资的中小型工程建设项目审批,对于带方案出让土地的项目,不再对设计方案进行审核,将工程建设许可和施工许可合并为一个阶段。试点地区要进一步加大改革力度,也可以在其他工程建设项目中探索将工程建设许可和施工许可合并为一个阶段。

(6)实行联合审图和联合验收。制定施工图设计文件联合审查和联合竣工验收管理办法。将消防、人防、技防等技术审查并入施工图设计文件审查,相关部门不再进行技术审查。实行规划、土地、消防、人防、档案等事项限时联合验收,统一竣工验收图纸和验收标准,统一出具验收意见。对于验收涉及的测绘工作,实行"一次委托、联合测绘、成果共享"。

(7)推行区域评估。在各类开发区、工业园区、新区和其他有条件的区域,推行由政府统一组织对压覆重要矿产资源、环境影响评价、节能评价、地质灾害危险性评估、地震安全性评价、水资源论证等评估评价事项实行区域评估。实行区域评估的,政府相关部门应在土地出让或划拨前,告知建设单位相关建设要求。

(8)推行告知承诺制。对通过事中事后监管能够纠正不符合审批条件的行为且不会产生严重后果的审批事项,实行告知承诺制。公布实行告知承诺制的工程建设项目审批事项清单及具体要求,申请人按照要求作出书面承诺的,审批部门可以根据申请人信用等情况直接作出审批决定。对已经实施区域评估范围内的工程建设项目,相应的审批事项实行告知承诺制。

第二节　建设工程领域的行政处罚现状及问题

一、现行规范建设工程领域行政处罚工作的法律法规政策依据

(一)法律

《行政处罚法》从行政处罚的种类、设定、实施机关、管辖和适用、处罚程序、执行和法律责任等方面进行了总体上、原则性的规定,是开展行政处罚工作的纲领性文件。

(二)部门规章

《建设行政处罚程序暂行规定》(建设部令第 66 号)是建设部门行政处罚工作的主要依据。其着重从程序方面进行了较为具体详尽的规定,是建设系统行政处罚工作的重要依据。

(三)地方法规、规章

各省级地方政府制定了行政处罚的地方法规、规章,如《湖北省行政处罚听证规则》(湖北省人民政府令第 131 号),主要就听证程序的组织实施进行了规定,是指导听证工作的重要依据。

(四)规范性文件

各地、各部门结合自身实际也制定了一些规范性文件,如《关于印发湖北省建设行政执法(处罚)文书格式文本的通知》(鄂建〔2008〕59 号),为各地建设行政处罚工作提供了文本上的指导格式。

二、建设工程领域行政处罚的基本程序

结合《行政处罚法》《建设行政处罚程序暂行规定》的有关规定,建设行政处罚程序应遵守如下规定:

(一)行政处罚的决定程序

1. 一般规则

(1)公民、法人或者其他组织违反行政管理秩序的行为,依法应当给予行政处罚的,行政机关必须查明事实。违法事实不清的,不得给予行政处罚。

(2)行政机关在作出行政处罚决定之前,应当告知当事人作出行政处罚决定的事实理由和依据,并告知当事人依法享有的权利。行政机关及其执法人员违反该规定,未向当事人告知行政处罚的事实、理由和依据的,行政处罚决定不能成立。

(3)当事人有权进行陈述和申辩。行政机关必须充分听取当事人的意见,对当事人提出的事实、理由和证据,应当进行复核;当事人提出的事实、理由或者证据成立的,行政机关应当采纳。行政机关不得因当事人申辩而加重处罚。行政机关及其执法人员违反该规定,拒绝听取当事人的陈述、申辩的,行政处罚决定不成立。

2. 行政处罚的程序

基于建设行政处罚的不同情况,《行政处罚法》《建设行政处罚程序暂行规定》规定了简易程序、一般程序和听证程序。

(1)简易程序。简易程序,是指针对违法事实确凿并有法定依据,对公民处以 50 元以下、对法人或者其他组织处以 1000 元以下罚款或警告的行政处罚而设定的行政处罚程序。适用简易

程序可以当场作出行政处罚决定。

(2)一般程序。一般程序,是指普遍适用的行政处罚程序,适用于除适用简易程序的行政处罚以外的其他行政处罚。

(3)听证程序。听证程序,是指针对行政执法机关作出吊销资质证书、执业资格证书、责令停产停业、责令停业整顿(包括属于停业整顿性质的,责令在规定的时限内不得承接新的业务)、责令停止执业业务、没收违法建筑物、构筑物和其他设施以及处以较大数额罚款等行政处罚,而设定的行政处罚程序。对于适用听证程序的行政处罚,行政机关在作出行政处罚决定前,应当告知当事人有要求举行听证的权利;当事人要求听证的,行政机关应当组织听证。当事人不承担行政机关组织听证的费用。

(二)行政处罚的执行程序

行政处罚的执行程序,是指确保行政处罚决定所确定的内容得以实现的程序。行政处罚决定一旦作出,就具有法律效力,当事人应当在行政处罚决定的期限内予以履行。当事人对行政处罚决定不服申请行政复议或者提起行政诉讼的,除法律另有规定的以外,行政处罚不停止执行。

三、建筑领域行政处罚工作中存在的问题和难点

尽管从法律规章到规范性文件对建筑领域行政处罚工作都做了一些规定,有效地规范了行政处罚工作,但在实际操作过程中仍存在一些问题。

(一)法律法规规章对违规行为的规定存在交叉不一致的情况

《建设工程质量管理条例》第 49 条规定,建设单位应当自建设工程验收合格之日起 15 日内办理竣工验收备案手续。《房屋建筑工程和市政基础设施竣工验收备案管理暂行办法》(建设部令第 78 号)规定,建设单位在工程竣工验收合格之日起 15 日内未办理工程竣工验收备案的,备案机关责令限期改正,处 20 万元以上 50 万元以下罚款。2008 年 1 月 1 日起施行的《湖北省建设工程造价管理办法》(湖北省人民政府令第 311 号)规定,工程竣工后,承包人应当于竣工验收合格之日起 28 日内,向发包人提交竣工结算文件。竣工结算文件经承包人和发包人双方确认后 10 日内由承包人报工程所在地工程造价管理机构审查备案。工程竣工结算文件未经工程造价管理机构审查备案的,不予办理竣工验收备案。将以上规定衔接起来,不难发现一个问题:如果按照《湖北省建设工程造价管理办法》的规定,承包人在竣工验收合格后可以在 28 日内向发包人提供竣工结算文件,之后,经过建设单位办理竣工结算备案,到建设单位办理竣工验收备案,时间必定超过了《建设工程质量管理条例》《房屋建筑工程和市政基础设施竣工验收备案管理暂行办法》规定的 15 天。显然,《湖北省建设工程造价管理办法》《建设工程质量管理条例》《房屋建筑工程和市政基础设施竣工验收备案管理暂行办法》存在不一致之处。按照《立法法》规定,2000 年起施行的《建设工程质量管理条例》的效力高于《湖北省建设工程造价管理办法》,但《湖北省建设工程造价管理办法》是 2008 年才开始实行的地方性规章,如何执行确实是一个问题。

(二)认定事实的法律依据存在含糊不清晰的问题

对未取得资质证书的预拌商品混凝土企业擅自生产提供商品混凝土的查处问题。根据《建筑业企业资质标准》,预拌商品混凝土企业属建筑业企业的一种,但不管是《建筑业企业资质管理规定》还是《建设工程质量管理条例》仅有对"未取得资质证书承揽工程的,予以取缔,处以罚款"的相关规定,在这些罚条中用的都是"无资质承揽工程"的表述。作为预拌商品混凝土生产企业,其"无资质生产提供商品混凝土"能否按"无资质承揽工程"进行定性?显然不够贴切。如

果适用该条规定作出了处罚决定,是否会引起行政诉讼或复议?这是当前执法机构左右为难的问题。目前的实际状况是,作为建设行政主管部门,为避免陷入行政诉讼或复议,一般采取了不进入处罚程序的办法,这样做,显然又不利于市场的规范。

(三)罚款基数认定上的难题

建设处罚条款中的处罚罚款规定相当一部分是按合同价款的一定百分比计算,这就出现一个问题:未签合同,不提供合同的情况下如何认定"合同价款"?目前,出于避免出现行政诉讼的考虑,一般采用拟处罚对象自己的笔录中提供的数据,一般来讲该数据数值偏低,其适用性、合理性有待商榷。

(四)从轻、减轻行政处罚的程序问题

《行政处罚法》第27条规定了依法从轻或者减轻行政处罚的几种情形,但遇到适用从轻、减轻处罚的情形时,程序怎样走才算合法?对这个问题亟须从法律法规规章层次上予以规范。

(五)调查取证存在"空档"

具体表现在调查对象不配合。《建设行政处罚程序暂行规定》中明确规定了书证、物证、证人证言、视听材料、当事人陈述、鉴定结论、勘验笔录和现场笔录等多种证据形式。实际工作中,最普遍、最基本的证据形式就是调查笔录。而制作调查笔录的一个难点就是当事人不配合时如何处理。一般来讲,当事人大多是拟处罚对象,相对于管理职能相对薄弱的具体办案单位来讲,遇到拟处罚对象不接受调查、不配合取证的情况,往往感到束手无策。如建筑装饰项目周期一般较短,施工队伍经常无正规资质,在现场调查时无人配合,取证艰难,往往还未取证到位,工程已结束。而作为行政处罚案件的审查惯例,无调查笔录的处罚案件一般来讲是证据不充分的案件,难于继续运行。

(六)行政处罚工作灵活性的适度把握

具体体现在对事实性质及情节轻重认定的自由裁量权和在行政处罚幅度内的自由裁量权的适度把握。如进不进入处罚程序;罚款额度取上线、下线还是中线;情节是否严重,需不需要并处其他罚款类型等。这些情况在建筑领域行政处罚工作中经常遇到,若自由裁量权适用不当,就会造成情节认定不准确,行政处罚显失公正的问题。

四、完善建设工程行政处罚的若干建议

(一)进一步提高行政处罚工作的认识,加强建设行政执法队伍建设

尽管《行政处罚法》已实施多年,但对建设行政处罚工作的落实仍存在诸多需要改进的地方,因此,要进一步提高行政执法人员特别是领导干部对建设行政处罚工作的认知水平。同时,坚持不懈地开展业务培训,对那些不再适宜从事建设行政执法活动的人要坚决调出,使建设行政执法队伍廉正而富有效率。

(二)清理、规范建筑领域法律法规政策等执法依据

一方面,对建筑领域法律法规规章进行一次梳理,突出清理条文中交叉、过时或变动频繁的问题,对不一致的规定进行修改,该废止的立即废止,不一致的及时修订;对一些措辞的不严谨,存在的法律空白点进行必要的补充,该完善的完善,该规范的规范,真正做到违法必究、究其有据、依据充分。另一方面,对建筑领域行政处罚工作中需要从立法层次解决的问题(如从轻、减轻处罚的程序问题)进行完善。

（三）及时探索归纳建筑领域行政处罚工作操作规范和指导性意见，增强建筑行业行政处罚工作的可操作性

针对建筑行业行政处罚工作中的一些操作性难题，进行调研，并上升到一定高度，出台具有积极指导性的意见。例如对无施工许可证开工建设的违法问题，在当事人不配合做调查笔录的情况下如何完善证据？笔者认为，无证施工作为一个程序问题，其违法事实在施工现场显而易见，通过实地勘验拍照完全可以认定事实情况，无须强求调查笔录。还有，前文提到的作为罚款数额计算依据"合同价款"的科学认定问题等。

（四）完善执法机构和法制机构的分设体制

对行政执法工作中，一方面具体的执法调查等前期工作由执法机构承办并提出处罚建议，处罚案件的最后审查归口到法制机构进行，也就是说执法机构和法制机构合理分工，各司其职。另一方面会审制度实现执法机构和法制机构意见的充分沟通。这样，在执法机构和法制机构相互监督的同时，法制机构掌握本单位内所有处罚案件情况，有利于实现对于违法主体、性质、情节、危害后果等相同或相似的案件，在实施行政处罚时，适用的法律依据、处罚种类及处罚幅度应当相同或相近，从而实现行政处罚的合法合理和公平性。

（五）加强制度建设，强化自我监督措施

一是严格落实回避制度。建设行政执法工作中，执法对象有利害关系的，应当回避。未进行回避的，对直接负责的主管人员和其他直接责任人员，依法给予行政处分。二是建立会审制度。对建设行政处罚案件的审核，由具体办案人员，办案单位领导、业务科室科长、法制科室科长和分管领导参加的会议合议决定，然后再送主管领导批准。三是说明制度。凡处罚案件涉及罚款额度或处罚类型存在灵活选择情况的，办案单位要对自己提出的处罚建议，以及处罚的适当性问题，在行政处罚会审时进行专题说明，接受各方审查。

第三节　建设工程夜间施工噪声行政处罚问题

夜间工程施工噪声监管、执法是建设工程行政执法的一项重要职能，随着城市化建设的规模及力度加大，城市市区范围内在建或即将开建的施工工地增多，而且相当多的一部分建筑工地分布于城市市区噪声敏感建筑物集中区域内，几乎每个工地都涉及夜间施工问题，随之而来的是市民对夜间施工噪声扰民的投诉日益增多，这关系到城市千家万户居民的夜间休息安宁权益和社会生活环境问题。然而夜间施工案件查处存在一定的现实难度，如法律法规的滞后性、审批与监管的脱节及没有一套完善的案件操作规范和程序等，这些都给行政执法带来严峻的挑战和考验。

一、查处夜间施工案件必须掌握理解的几个概念

环境噪声，是指在工业生产、建筑施工、交通运输和社会生活中所产生的干扰周围生活环境的声音。环境噪声污染，是指所产生的环境噪声超过国家规定的环境噪声排放标准，即由原国家环境和保护部制定的《建筑施工场界噪声排放标准》（GB 12523—2011），并干扰他人正常生活、学习的现象。噪声敏感建筑物集中区域，是指医疗区、文教科研区和以机关或者居民住宅为主的区域。

二、查处夜间施工案件的几个主要程序问题

夜间施工案件适用《行政处罚法》规定的一般程序，一般涉及现场勘查、询问调查、调查终结、做出决定几个程序。

（一）现场勘查

现场勘查，是指办理案件人员全面记录案发现场及相关场所的勘验、检查情况，以及依法搜索、提取证据的一种活动。其生成的书面记录就是现场勘查笔录，现场勘查笔录是执法人员进行立案的重要依据，也是整个案件主要证据之一，其制作的质量直接关系到整个案件的成败。夜间施工案件现场勘查活动的主要内容有现场拍照、现场录相、制作现场勘查笔录、测量现场环境噪声值等。现场拍照活动所反映的是一种静态场景，如工地的位置、周边情况、施工机械的种类等；现场录像可反映施工现场的进展情况，记录产生噪声的机械等；现场勘查笔录的制作是现场勘查活动的重点，其记录的主要内容有：（1）检查的时间（要尽量详细）；（2）检查的地点；（3）检查的对象，如某某工地；（4）天气情况，这点在夜间施工案件现场勘笔录中尤为重要，因为雨、雪天气是不能测量噪声数据的；（5）检查人员，必须有两名以上执法人员；（6）施工过程中产生噪声的机械（噪声源）的位置、种类、数量等；（7）现场是否有夜间施工核准文件，（注意核准的施工内容与实际施工内容）；（8）记录现场拍照、录像的时间和份数；（9）周边居民区情况；（10）经过测量后的噪声值；（11）经过现场被勘查对象签字确认或现场见证人见证签字；测量施工场界噪声，必须由经过专业培训的执法人员严格依照《建筑施工场界环境噪声排放标准》（环境保护部2011年第86号）进行测量并制作测量表附于现场勘查笔录。

（二）询问调查

询问调查笔录也是案件的主要证据，其特点比较灵活，对询问地点基本没具体要求，但有条件的最好在现场制作现场询问调查笔录。询问对象可以是涉嫌违法行为当事人、证人、投诉人。询问调查笔录的内容要尽量跟现场勘查笔录能相互印证，但必须实事求是地记录当事人的陈述。

（三）调查终结

经过以上各种证据的采集之后，可以形成一份综合的、客观的案件调查终结报告，形成一个评述当事人违法与否、处罚与否、处罚的幅度等系统的、直观性书面建议。

（四）作出决定

依据最终调查报告，对当事人作出相应处理决定。

三、现阶段夜间施工案件存在的几个主要问题和解决方法探讨

目前，相对集中行政处罚权的实施已经十分普遍。但是由于法律法规的规定尚不完善及一些客观因素，夜间施工监管行政执法案件查处工作仍存在一些有待解决的问题。

（一）行政执法人员是否有权利测量建筑施工场界噪声

关于该问题一直存在争论。有种观点认为，测量建筑施工场界噪声是一项专业技术，必须由专业的中间机构测量，测量的数据才可以作为证据使用。否则，行政机关“既做运动员又做裁判”，其取得的证据是无法律效力的。对这种观点，笔者是不赞同的。测量建筑施工场界噪声值活动属于一种调查取证工作，执法人员在查处案件时可以依照法律法规的规定进行进行检查或调查活动，包括拍照、录像、制图、测量等调查活动。

(二)施工场地夜间施工违法主体是否就是该建筑工地的施工单位

施工场地夜间施工违法主体的认定,也是夜间施工条件处理遇到的问题之一。例如有居民举报×市区×街某安置房工地正在进行夜间施工,行政执法人员赶赴现场,发现该工地正在进行外运建筑垃圾施工作业,噪声源是挖掘机以及运输车,经查,当晚夜间该安置房工地的施工单位××建筑工程有限公司并未进行施工活动,挖掘机与运输车都是建筑垃圾运输单位×市××环卫运输有限公司的,整个施工活动都是×市××环卫运输有限公司在进行。那么,应该认定谁是违法主体呢?行政法律责任跟民事法律责任是不能混为一谈的,二者法律责任形成的要件不同,笔者认为,该案例中应该将×市××环卫运输有限公司认定为实施夜间施工的实际施工单位(违法主体)。因为如果建筑工地原施工单位合法地将该工地的部分施工项目(如建筑垃圾运输处置项目)分包或转包给其他有资质的单位施工,那么此时,彼"施工单位"已非此"施工单位"了,分包或转包单位成了实际的施工单位,并实施了违法行为。符合行政法律责任构成要件,应依法认定其为违法主体。

第四节　建设工程领域的行政强制应严格执行《行政强制法》

《行政强制法》是继《行政诉讼法》《国家赔偿法》《行政处罚法》《行政许可法》之后,我国在行政法领域出台的重要法律,与行政机关关系重大。其宗旨是通过规范行政强制的设定和实施,保障和监督行政机关依法履行职责,维护公共利益和社会秩序,保护公民、法人和其他组织的合法权益。有专家指出,《行政强制法》就是给行政机关"立规矩",是一部"控权法",具有应用法律保留、落实比例原则和遵循正当程序三大亮点。① 建设工程领域存在大量行政强制,包括行政强制措施和行政强制执行,建设工程领域的行政强制应当严格执行《行政强制法》。

一、行政强制法是控权法

(一)行政强制法是通过应用法律保留来实现对行政权设定的控制

《行政强制法》第10条规定:"行政强制措施由法律设定。尚未制定法律,且属于国务院行政管理职权事项的,行政法规可以设定除本法第九条第一项、第四项和应当由法律规定的行政强制措施以外的其他行政强制措施。尚未制定法律、行政法规,且属于地方性事务的,地方性法规可以设定本法第九条第二项、第三项的行政强制措施。法律、法规以外的其他规范性文件不得设定行政强制措施。"行政强制既包括行政强制措施,又包括行政强制执行,该法关于行政强制执行的规定也强调了法律保留——该法第13条内容就是"行政强制执行由法律设定",从而排除行政法规、地方法规和其他规范性文件设定行政强制的可能。

(二)《行政强制法》落实了比例原则

比例原则是许多国家行政法上一项重要的基本原则。19世纪,德国的警察法中首次出现比例原则概念,之后比例原则在理论与实践中都得到了极大的发展。对比例原则的内涵,学界有不

① 朱世海:《行政强制法三个亮点》,载搜狐新闻,http://news.sohu.com/20110829/n317656668.shtml。

同的解读。一般认为,比例原则包括妥当性原则、必要性原则与狭义比例性原则3个子原则。其中,妥当性原则,是指行政机关所采取的方法必须有助于达成所追求的目的;必要性原则,是指在能达到法律目的各种方式中,应选择对相对人权利侵害最小的方式,这是从法律后果上来规范行政权力与其所采取的措施之间的比例关系,故此原则也称为"最小侵害原则";狭义比例原则,是指行政主体实施行政行为时,对相对人造成的损害应小于达成目的所获得的利益,避免行政主体为了实现行政目的而造成相对人权益的过度损害,故也称"均衡性原则"。比例原则着眼于法益的均衡,是拘束行政权力违法最有效的原则,该原则在行政执法中的运用会有效遏制行政自由裁量权的滥用,限制行政权恣意,也给监督机关和行政相对人监督行政主体是否依法行政提供了一把标尺,比例原则以维护和发展公民权为最终归宿,称为行政法中的"帝王条款",对我国行政法治建设具有很强的借鉴意义。

《行政强制法》落实了比例原则,该法第5条规定:"行政强制的设定和实施,应当适当。采用非强制手段可以达到行政管理目的的,不得设定和实施行政强制。"因为与非强制手段相比,行政强制往往给相对人的人身、财产等权益带去较多的危害,该条的规定体现了比例原则中的必要性原则。此外,《行政强制法》第43条规定:"行政机关不得在夜间或者法定节假日实施行政强制执行""行政机关不得对居民生活采取停止供水、供电、供热、供燃气等方式迫使当事人履行相关行政决定"。这些针对行政机关的禁止性规定,其目的在于确保行政强制执行的实施对于相对人的身心损害达到最小,或实现行政管理的目标不以影响当事人的基本生活为代价,都是应用比例原则的具体体现。

(三)遵循正当程序

正当程序,即正当法律程序,源于英国成文法,其内涵则受到英国普通法上的自然正义原则的影响。在英国行政法上,经过法院解释的自然正义原则有确定的内涵,包含了两项基本的程序规则,即"任何人不能作为自己案件的法官""人们的辩护必须公平地听取"。

正当程序的精神已经融入《行政强制法》的某些章节和条款。该法第三、四章分别规定"行政强制措施实施程序"和"行政机关强制执行程序",其中第三章的第18条关于"行政机关实施行政强制措施应当遵循下列规定"的第5项要求行政机关"当场告知当事人采取行政强制措施的理由、依据以及当事人依法享有的权利、救济途径";该条第6项要求行政机关"听取当事人的陈述和申辩"。第四章的第35条规定:"行政机关作出强制执行决定前,应当事先催告当事人履行义务。"第36条规定:"当事人收到催告书后有权进行陈述和申辩。行政机关应当充分听取当事人的意见,对当事人提出的事实、理由和证据,应当进行记录、复核。当事人提出的事实、理由或者证据成立的,行政机关应当采纳。"此外,第二章的第14条规定:"起草法律草案、法规草案,拟设定行政强制的,起草单位应当采取听证会、论证会等形式听取意见,并向制定机关说明设定该行政强制的必要性、可能产生的影响以及听取和采纳意见的情况。"遵循了具有时代特色的正当程序——公众参与。

二、建设工程领域内《行政强制法》的实施

(一)行政强制措施和行政强制执行

《行政强制法》规定,本法所称行政强制,包括行政强制措施和行政强制执行。行政强制措施,是指行政机关在行政管理过程中,为制止违法行为、防止证据损毁、避免危害发生、控制危险扩大等情形,依法对公民的人身自由实施暂时性限制,或者对公民、法人或者其他组织的财物实

施暂时性控制的行为。行政强制执行,是指行政机关或者行政机关申请人民法院,对不履行行政决定的公民、法人或者其他组织,依法强制履行义务的行为。行政强制易导致的行政纠纷,通常是行政强制超越职权、滥用职权、违反法定程序、事实认定错误、适用法律错误等。

1. 行政强制措施与行政强制执行的区别

行政强制措施与行政强制执行存在以下区别:(1)前提不同。行政强制措施不以行政相对人不履行法定义务为适用条件,而是以危害社会的行为或事件的发生为前提;行政强制执行的前提是法定义务人不履行法定义务。(2)目的不同。行政强制措施的目的则是使相对人的人身与财产保持一定的状态,从而预防、制止或者控制正在发生或可能发生的违法行为或危险状态;行政强制执行的目的在于强制相对人履行义务或达到与履行义务相同的状态。(3)实施主体不同。行政强制措施的实施主体只有行政机关;行政强制执行的实施主体包括行政机关和人民法院。(4)结果不同。行政强制措施在情况调查清楚后,经认定不需要继续实施行政强制措施的,应该解除强制、恢复原状,经认定需要继续实施强制措施的,应依法采取相应的处理决定;行政强制执行的结果是以义务人履行义务或达到与履行义务相同状态而结束。

2. 行政强制措施的种类和行政强制执行的方式

行政强制措施的种类:(1)限制公民人身自由;(2)查封场所、设施或者财物;(3)扣押财物;(4)冻结存款、汇款;(5)其他行政强制措施。

行政强制执行的方式:(1)加处罚款或者滞纳金;(2)划拨存款、汇款;(3)拍卖或者依法处理查封、扣押的场所、设施或者财物;(4)排除妨碍、恢复原状;(5)代履行;(6)其他强制执行方式。

3. 行政强制的设定

行政强制措施由法律设定。尚未制定法律,且属于国务院行政管理职权事项的,行政法规可以设定除限制公民人身自由、冻结存款汇款和应当由法律规定的行政强制措施以外的其他行政强制措施。尚未制定法律、行政法规,且属于地方性事务的,地方性法规可以设定查封场所、设施或者财物,以及扣押财物的行政强制措施。法律、法规以外的其他规范性文件不得设定行政强制措施。

(二)行政强制措施实施的一般程序

行政强制措施由法律、法规规定的行政机关在法定职权范围内实施。行政强制措施权不得委托。依据《行政处罚法》的规定,行使相对集中行政处罚权的行政机关,可以实施法律、法规规定的与行政处罚权有关的行政强制措施。行政强制措施应当由行政机关具备资格的行政执法人员实施,其他人员不得实施。

行政机关实施行政强制措施应当遵守下列规定:(1)实施前须向行政机关负责人报告并经批准;(2)由两名以上行政执法人员实施;(3)出示执法身份证件;(4)通知当事人到场;(5)当场告知当事人采取行政强制措施的理由、依据以及当事人依法享有的权利、救济途径;(6)听取当事人的陈述和申辩;(7)制作现场笔录;(8)现场笔录由当事人和行政执法人员签名或者盖章,当事人拒绝的,在笔录中予以注明;(9)当事人不到场的,邀请见证人到场,由见证人和行政执法人员在现场笔录上签名或者盖章;(10)法律、法规规定的其他程序。

依照法律规定实施限制公民人身自由的行政强制措施,除应当履行以上规定的程序外,还应当遵守下列规定:(1)当场告知或者实施行政强制措施后立即通知当事人家属实施行政强制措施的行政机关、地点和期限;(2)在紧急情况下当场实施行政强制措施的,在返回行政机关后,立即向行政机关负责人报告并补办批准手续;(3)法律规定的其他程序。实施限制人身自由的行政强制措施不得超过法定期限。实施行政强制措施的目的已经达到或者条件已经消失，应当立即解除。

（三）行政强制执行的一般程序

行政强制执行由法律设定。法律没有规定行政机关强制执行的，作出行政决定的行政机关应当申请人民法院强制执行。

1. 具有行政强制执行权的行政机关实施行政强制执行

行政机关依法作出行政决定后，当事人在行政机关决定的期限内不履行义务的，具有行政强制执行权的行政机关依照《行政强制法》规定强制执行。

行政机关作出强制执行决定前，应当事先催告当事人履行义务。催告应当以书面形式作出，并载明下列事项：（1）履行义务的期限；（2）履行义务的方式；（3）涉及金钱给付的，应当有明确的金额和给付方式；（4）当事人依法享有的陈述权和申辩权。当事人收到催告书后有权进行陈述和申辩。行政机关应当充分听取当事人的意见，对当事人提出的事实、理由和证据，应当进行记录、复核。当事人提出的事实、理由或者证据成立的，行政机关应当采纳。经催告，当事人逾期仍不履行行政决定，且无正当理由的，行政机关可以作出强制执行决定。强制执行决定应当以书面形式作出，并载明下列事项：（1）当事人的姓名或者名称、地址；（2）强制执行的理由和依据；（3）强制执行的方式和时间；（4）申请行政复议或者提起行政诉讼的途径和期限；（5）行政机关的名称、印章和日期。在催告期间，对有证据证明有转移或者隐匿财物迹象的，行政机关可以作出立即强制执行决定。催告书、行政强制执行决定书应当直接送达当事人。当事人拒绝接收或者无法直接送达当事人的，应当依照《民事诉讼法》的有关规定送达。

实施行政强制执行，行政机关可以在不损害公共利益和他人合法权益的情况下，与当事人达成执行协议。执行协议可以约定分阶段履行；当事人采取补救措施的，可以减免加处的罚款或者滞纳金。执行协议应当履行。当事人不履行执行协议的，行政机关应当恢复强制执行。行政机关不得在夜间或者法定节假日实施行政强制执行。但是，情况紧急的除外。行政机关不得对居民生活采取停止供水、供电、供热、供燃气等方式迫使当事人履行相关行政决定。

对违法的建筑物、构筑物、设施等需要强制拆除的，应当由行政机关予以公告，限期当事人自行拆除。当事人在法定期限内不申请行政复议或者提起行政诉讼，又不拆除的，行政机关可以依法强制拆除。最高人民法院《关于违法的建筑物、构筑物、设施等强制拆除问题的批复》规定，根据行政强制法和城乡规划法有关规定精神，对涉及违反城乡规划法的违法建筑物、构筑物、设施等的强制拆除，法律已经授予行政机关强制执行权，人民法院不受理行政机关提出的非诉行政执行申请。

2. 没有行政强制执行权的行政机关申请人民法院强制执行

当事人在法定期限内不申请行政复议或者提起行政诉讼，又不履行行政决定的，没有行政强制执行权的行政机关可以自期限届满之日起3个月内，依照《行政强制法》规定申请人民法院强制执行。

行政机关申请人民法院强制执行前，应当催告当事人履行义务。催告书送达10日后当事人仍未履行义务的，行政机关可以向所在地有管辖权的人民法院申请强制执行；执行对象是不动产的，向不动产所在地有管辖权的人民法院申请强制执行。

人民法院发现有下列情形之一的，在作出裁定前可以听取被执行人和行政机关的意见：（1）明显缺乏事实根据的；（2）明显缺乏法律、法规依据的；（3）其他明显违法并损害被执行人合法权益的。

因情况紧急,为保障公共安全,行政机关可以申请人民法院立即执行。强制执行的费用由被执行人承担。人民法院以划拨、拍卖方式强制执行的,可以在划拨、拍卖后将强制执行的费用扣除。

参考文献

1. 王利明、杨立新、王轶、程啸:《民法学》(第五版),法律出版社 2017 年版。

2. 崔建远:《合同法》(第六版),法律出版社 2016 年版。

3. 张明楷:《刑法学》(第五版),法律出版社 2016 年版。

4. 姜明安:《行政法与行政诉讼法》(第六版),高等教育出版社 2015 年版。

5. 杨紫烜:《经济法》(第五版),高等教育出版社 2014 年版。

6. 张德美:《探索与抉择——晚清法律移植研究》,清华大学出版社 2003 年版。

7. 李峻编著:《建筑法概论》,中国建筑工业出版社 2008 年版。

8. 刘亚臣、李闫岩:《工程建设法学》,大连理工大学出版社 2009 年版。

9. 王胜明:《中华人民共和国侵权责任法解读》,中国法制出版社 2010 年版。

10. 刘春田:《知识产权法》(第五版),高等教育出版社 2015 年版。

11. 马凤玲、刘晓宏:《建设法规》(第二版),中国建筑工业出版社 2018 年版。

12. 马凤玲:《经济法概论》,中国建筑工业出版社 2014 年版。

13. 马凤玲、李敏、王德东:《工程建设法规概论》(第三版),中国建筑工业出版社 2018 年版。

14. 马凤玲、刘晓宏、马利军:《建设工程安全生产法规及应用》,中国电力出版社 2016 年版。

15. 隋卫东、马凤玲、刘晓宏:《建设工程环保节能法规及应用》,中国电力出版社 2016 年版。

16. 马凤玲:《建设工程法律法规实务》,中国矿业大学出版社 2016 年版。

17. 刘国涛、马凤玲:《知识产权战略学》,知识产权出版社 2016 年版。

18. 刘国涛、马凤玲、隋卫东等:《协同创新视域中的工程法学研究》,法律出版社 2019 年版。

19. 王振民、吴革:《建设工程指导案例与审判依据》,法律出版社

2011 年版。

20. 谭敬慧:《建设工程疑难问题与法律实务》,法律出版社 2016 年版。

21. 何佰洲:《工程建设法规教程》,中国建筑工业出版社 2009 年版。

22. 何佰洲、周显峰:《建设工程合同》(第 2 版),知识产权出版社 2005 年版。

23. 朱宏亮:《建设法规》(第三版),武汉理工大学出版社 2011 年版。

24. 朱宏亮:《建设法规教程》,中国建筑工业出版社 2009 年版。

25. 何红锋:《建设工程施工合同纠纷案例评析》(修订版),知识产权出版社 2009 年版。

26. 何红锋:《招标投标法实施条例条文解读与案例分析》,中国电力出版社 2015 年版。

27. 何红锋:《工程建设中的合同法与招标投标法》(第三版),中国计划出版社 2014 年版。

28. 朱树英:《工程合同实务问答》,法律出版社 2007 年版。

29. 朱树英:《建设工程法律实务》,法律出版社 2001 年版。

30. 朱树英:《法院审理建设工程案件观点集成》,中国法制出版社 2015 年版。

31. 徐占发:《建设法规与案例分析》,机械工业出版社 2011 年版。

32. 马楠:《建设法规与典型案例分析》,机械工业出版社 2011 年版。

33. 刘仁辉:《建设法规》,科学出版社 2011 年版。

34. 郑润梅:《建设法规概论》(第二版),中国建材工业出版社 2010 年版。

35. 高玉兰:《建设工程法规》,北京大学出版社 2010 年版。

36. 臧炜彤、韩丽红:《建设法规概论》,中国电力出版社 2010 年版。

37. 顾永才、杨雪梅:《建设法规》,科学出版社 2009 年版。

38. 徐雷:《新编建设法规教程与案例》,机械工业出版社 2009 年版。

39. 赵力军:《建设工程合同法律适用与探索》,中国人民公安大学出版社 2012 年版。

40. 赵曾海:《招标投标操作实务》,首都经济贸易大学出版社 2015 年版。

41. 朱昊:《建设法规案例与评析》,机械工业出版社 2007 年版。

42. 王俊安:《招标投标案例分析》,中国建材工业出版社 2005 年版。

43. 葛培建、张燎:《基础设施 BT 项目运作与实务》,复旦大学出版社 2009 年版。

44. 古嘉谆、陈希佳、吴诗敏:《工程法律实务研析》,北京大学出版社 2011 年版。

45. 王旭光:《建筑工程优先受偿权制度研究——合同法第 286 条的理论与实务》,人民法院出版社 2010 年版。

46. 张水波、陈永强:《国际工程总承包 EPC 交钥匙合同与管理》,中国电力出版社 2009 年版。

47.《建设工程法规及相关知识》编写组成员:《建设工程法规及相关知识》(全国一级建造师执业资格考试用书),中国建筑工业出版社 2020 年版。

48. 张艾:《建设工程风险防范与裁判规则》,法律出版社 2017 年版。

49. 郭家汉:《建设工程法律风险防范实务》,知识产权出版社,2013 年版。

50. 周佑勇:《工程法学》(第二版),中国人民大学出版社 2017 年版。

51. 殷瑞钰、汪应洛、李伯聪:《工程哲学》,高等教育出版社 2007 年版。

52. 最高人民法院民事审判第一庭编著:《最高人民法院人身损害赔偿司法解释的理解与适用》,人民法院出版社 2004 年版。

53. 何伯森:《国际工程合同管理》,中国建筑工业出版社 2016 年版。

54. 何伯森:《国际工程承包》,中国建筑工业出版社 2015 年版。

55. 车丕照:《国际经济法》,中国法制出版社 2008 年版。

56. 余劲松、吴志攀:《国际经济法》(第三版),北京大学出版社 2009 年版。

57. 最高人民法院民事审判第一庭编著:《最高人民法院建设工程施工合同司法解释(二)理解与适用》,人民法院出版社 2019 年版。

58. 李俊晔、杜传金:《建设工程施工合同司法解释(二):条文适用·关联规则·典型案例》,法律出版社 2019 年版。

59. 邬砚:《建设工程合同纠纷:254 个裁判规则深度解析》(增订第二版),法律出版社 2019 年版。

60. 汪金敏:《工程纠纷 100 讲:建设工程施工合同司法解释二及最高院民一庭指导性案例应用全书》,中国建筑工业出版社 2019 年版。

61. 朱树英:《墨斗匠心定经纬:建设工程疑难案件办案思路与执业技巧》,法律出版社 2017 年版。

62. 朱树英:《最高人民法院建设工程施工合同司法解释(二)理解适用与实务指南》,法律出版社 2019 年版。

63. 朱树英:《工程总承包(EPC/DB)诉讼实务:基于裁判文书网之大数据检索研析》,法律出版社 2019 年版。

后　记

这本书写到最后，我感慨良多。我想起13年前那个夏天的清晨，经过千里之遥的旅程，我来到了陌生的济南。当我随着熙熙攘攘的人流涌出济南火车站时，我默默无语，茫然而无助。也许是冥冥之中注定我要与建设工程法律打交道，刚刚大学毕业的我顺利进入了济南的一家大型国有建筑企业从事法律工作，我在这家建筑企业扎扎实实工作了5年，也正是得益于在建筑企业的工作经历，我不再茫然和无助，对建筑行业和工程法律有了许多的体会和认识。在建筑企业的工作结束后，我正式开始律师执业，建设工程仍是我的主要专业之一，不同的是，我开始从不同的立场和视角审视、思考建筑业以及建设工程法律制度。

在不断研习和运用建设工程法律的过程中，我深切地感受到建设工程法律理论和实务的许多问题往往需要我们从宏观的、微观的多角度、多层次去理解，方可找到切实可行的解决思路和方法；而且，建设工程法律制度中“公法”与“私法”高度交叉，错综复杂，行政权几乎涉足了建设工程全过程，在某些情况下行政干预、管制取代了建设工程民事法律，造成了建设工程法律理论和实务上的一些偏差谬误。我还深切地感受到不能囿于一隅，我们不仅要从我国某一地区、从全国范围来审视和思考，还要从全球的视角审视和思考我国的建筑业和建设工程法律制度，无论是建筑业的各种从业者，还是建设工程的行政管理者、司法裁判者，以及法律专业人员，都应当具有更加开阔的视野和更加深入的思考，方可更好地促进我国建筑业和建设工程法律制度的完善发展。所以，我多年以前就梦想写一本建设工程法律理论和实务相结合的书。希望可以通过这本书对我13年的法律工作做一个总结，希望读者能够在这本书里看到我的真诚、真心，也能体会到我的困惑、不足。

我于2008年9月5日开始草拟写作提纲，然而力有不逮，加之平时忙于工作，一直没有真正动笔写书。为此我常觉心有不甘，也常暗自懊恼，久而久之，写书一事也成了我的心结。直到去年我受聘担任山东建筑大学建设法实务研究中心研究员，有机会与山东建筑大学的马凤玲老师多次会面交流，与她商谈了我对这本书的写作构思，并向她表达了合作完成本书的愿望。令我十分感动的是，虽然马老师教研工作很忙，但是她很快就接受了我的合作邀请，在认同我对本书总体写作构思的同时，对本书的写作提出了许多非常中肯的建议，从而使我坚定了尽快完成这本书的决心和信心。

这本书的写作从去年冬天持续到今年的秋天，历经三百多个日日夜夜。在共同写作的日子里，我时常看到马老师在凌晨给我发来的书稿邮件，令我感佩至深，可以说，如果没有马老师的辛勤写作，在今年如期完成这本书对我而言几乎是不可想象的。所以，我首先要衷心感谢马凤玲老师！正是由于她专业而卓有成效的努力，这本书才能得以顺利完成。

现在这本书即将付梓，我如释重负，完成写作的欣慰似乎极大地缓解了身体上的疲惫。而我在写作过程中，最大的痛苦是精神上的苦痛，这本书是我“哪有一天不想”的“她”，“天天问自己”，却又因为律师业务，不得不经常中断对这本书的思考和写作。为了完成写作计划，我常常自我鼓励，也有时回忆起做了一辈子教师的父亲挥汗如雨、埋头备课的情形，感谢我的父母言传身教，赋予我坚持不懈、认真处事的精神和态度！为了让我安心写作、工作，我的妻子、岳父母都为我付出了很多很多，感谢他们的关爱、理解！我和年幼的儿子在一起，总有那么多快乐，我希望儿子长大后能看到这本书，希望他能体会我此时的心情，以及对他的期望。所有这些，都令我终生难忘，倍感珍惜。

我要感谢王连生、于照文、高波、陈太祥、田世芳、李三省、孙和平、王新堂等我原单位的各位领导，感谢他们对我的关心和栽培！我要感谢王广仁、韩洪钢、耿国玉等律师，感谢他们引领、指导我从事律师工作！我要感谢孙瑜先生、李红兵先生、徐义公先生、王志华先生、王利民先生、邵长忠先生、张新先生、强锋先生、战礼勇先生、杨传军先生、于兆义先生、张怀征先生、苏静女士，十分有幸能在他们的领导下工作，令我获益良多！我要感谢山东建筑大学党委书记王崇杰教授、法政学院院长隋卫东教授、李祥金教授！这本书能够成为山东建筑大学建设法实务研究中心的研究成果，得益于他们！我还要感谢我原单位和现单位的各位同事，伴我一路走来，感谢他们给我的支持、鼓励和帮助！

我书房对面楼宇的施工一直伴随着这本书的写作，无论寒暑辛勤劳作的建筑工人，他们是我们的父兄、姊妹，感谢他们！这本书也献给他们！

李 恒

2012 年 10 月 30 日于泉城济南

第三版后记

本书自2013年第一版、2014年修订版出版后，至今已过六七年，真是如白驹过隙，忽然而已。

这些年以来，我一直不能忘怀，时任法律出版社应用分社社长的戴伟先生在收到本书初稿后，很快与我们签订了支付版税的出版合同，他对本书的肯定平复了我的忐忑之心，令我感佩至深！这些年以来，我一直不能忘怀，时任山东省律师协会秘书长龚再坤先生收到本书初版后，立即发表了名为《一份厚礼》的文章，对本书热情推介，对我们给予了真诚的鼓励！这些年以来，我一直不能忘怀，不时有读者通过各种方式向我和马老师提出问题和意见，秉承对工程法律专业的执着，与我们进行认真而坦率的交流！这些年以来，我一直不能忘怀，本书虽在2015年获得山东省法学优秀研究成果评选二等奖，许多法律同仁和朋友在工作中也时常和我提起本书，但本书需要与时俱进，对我们提出了更高的要求！

正是因为无法忘怀，我未敢懈怠也未曾懈怠。这些年以来，我一直在繁忙的律师工作中度过：办案、讲课、作文、办论坛、带团队，等等，今天蓦然回首，可以欣慰的是自己没有虚度年华。现已不再年轻的我，一直想在办案工作和法律写作间寻求一定的平衡，虽然也不间断地形成了一些专业成果，但仍不遂我愿，对本书的修订工作一拖再拖，令我十分纠结。

2020年初新冠肺炎疫情发生后的春节居家期间，我和马凤玲老师再次沟通，确定一定要克服困难完成本书的修订。为此，我们大致商定了本书的修订时间计划和安排，经过努力，我们基本完成了全书的修订。

本书原版出版后，建设工程领域的法律法规发生的一些重大变化，以及自2014年以来建筑业改革、建设主管行政机关“放管服”改革等一系列变化，是本书这次修订中重点关注的。本次修订基本保持了原版的体例，但对大部分章节的内容进行了多处修改、完善和补充，对原版中的部分观点也进行了必要调整，还增加了建设工程环境资源保护专章的内容。

本书在2020年完成修订工作，终于了却我了的一桩心事。当然我也深知，尽管我们为本书修订付出了很大努力，但是建设工程法律法规浩如烟海、建设工程法律实务新老问题层出不穷，难免挂一漏万，而且当前及今后改革不断深入、政策法规更新变化较快，本书的有些观点或内容在不久后就可能“过时”，如有问题只好留待下次修正了。希望读者们不吝赐教，继续坦率地向我们提出批评和建议，以便我们进一步完善和提高。

最后，感谢法律出版社的信任和支持！感谢法律出版社朱铁佳编辑的辛勤付出！感谢马凤玲老师付出的辛勤努力，也感谢我的助理韩宁帮我初步校阅了全部修订文稿；还要特别感谢我在建设工程领域的法律同仁及朋友们，是你们给了我执着于建设工程法律专业的信心和力量！同心戮力、未来可期！与诸君共勉。

李 恒

2021 年 4 月 5 日夜

图书在版编目(CIP)数据

建设工程法：法律制度与实务技能／李恒，马凤玲著. --3版. --北京：法律出版社，2021
(新版"律师业务必备"丛书)
ISBN 978-7-5197-5405-1

Ⅰ.①建… Ⅱ.①李… ②马… Ⅲ.①建筑法-研究-中国 Ⅳ.①D922.297.4

中国版本图书馆CIP数据核字(2021)第038200号

建设工程法:法律制度与实务技能(第三版)
JIANSHE GONGCHENGFA:FALÜ ZHIDU YU SHIWU JINENG (DI-SAN BAN)

李 恒 马凤玲 著

责任编辑 朱铁佳
装帧设计 贾丹丹

出版发行 法律出版社
编辑统筹 司法实务出版分社
责任校对 王晓萍
责任印制 胡晓雅
经　　销 新华书店

开本 787毫米×1092毫米 1/16
印张 41.25 **字数** 1087千
版本 2021年6月第3版
印次 2021年6月第1次印刷
印刷 三河市龙大印装有限公司

地址:北京市丰台区莲花池西里7号(100073)
网址:www.lawpress.com.cn
投稿邮箱:info@lawpress.com.cn
举报盗版邮箱:jbwq@lawpress.com.cn
版权所有·侵权必究
销售电话:010-83938349
客服电话:010-83938350
咨询电话:010-63939796

书号:ISBN 978-7-5197-5405-1
定价:148.00元

凡购买本社图书,如有印装错误,我社负责退换。电话:010-83938349